五代十国之

龙腾吴越

（上册）

景星 / 风起 ◎ 著

中国海洋大学出版社

·青岛·

图书在版编目（CIP）数据

五代十国之龙腾吴越 / 景星，风起著. -- 青岛：
中国海洋大学出版社，2022. 4

ISBN 978-7-5670-3092-3

Ⅰ. ①五… Ⅱ. ①景… ②风… Ⅲ. ①中国历史－吴
越－通俗读物 Ⅳ. ① K243. 209

中国版本图书馆 CIP 数据核字（2022）第 010680 号

五代十国之龙腾吴越

WUDAI SHIGUO ZHI LONGTENG WUYUE

出版发行	中国海洋大学出版社	
社　　址	青岛市香港东路 23 号	**邮政编码**　266071
出 版 人	杨立敏	
网　　址	http:// pub. ouc. edu. cn	
电子信箱	18438520８@qq. com	
订购电话	0532-82032573（传真）	
责任编辑	付绍瑜	**电　　话**　0532-85902533
印　　制	青岛国彩印刷股份有限公司	
版　　次	2022 年 4 月第 1 版	
印　　次	2022 年 4 月第 1 次印刷	
成品尺寸	170 mm × 240 mm	
印　　张	49. 5	
字　　数	820 千	
印　　数	1—500	
审 图 号	GS（2022）3338 号	
定　　价	129. 00 元（上、下两册）	

发现印装质量问题，请致电 0532-58700166，由印刷厂负责调换。

关于本书

　　本书讲述了五代十国时期吴越国钱氏三代五王的故事，展示了自初祖武肃王钱镠起兵立国至末代忠懿王钱俶纳土归疆近百年时间他们对吴越地区做出的巨大贡献。书中内容涵盖了吴越国时期政治、军事、经济、文化、宗教等诸多方面，透过本书可深刻体会由他们倾力打造的儒、佛、道全面发展的社会体系以及倡导的上进、和谐、忠顺、孝悌的社会风气对后世社会发展的影响。

武肃王钱镠像

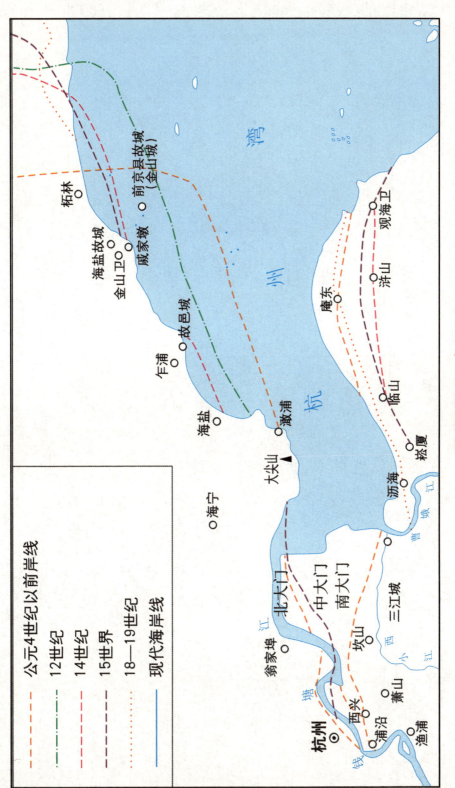

钱塘江河口变迁图

图例：
- 公元4世纪以前岸线
- 12世纪
- 14世纪
- 15世界
- 18—19世纪
- 现代海岸线

（地图标注）

杭州

湾

杭 州

柘林

海盐故城
金山卫
戚家墩
前京县故城（金山城）

乍浦
故邑城

海盐
澉浦

大尖山

海宁

庵东
浒山
临山
松厦
观海卫

沥海

曹娥江
小江
西

北大门
中大门
南大门
坎山
三江城

翁家埠
西兴
浦沿
萧山
渔浦

钱塘江

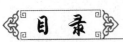

CONTENTS

引　言

　　唐朝初年,全国实行府兵制,共设六百三十四个折冲府,其中二百六十一个位于关中地区,以保卫京师长安、保卫皇权为要务,军力外轻内重,军队由朝廷集权掌控。武则天时期,均田制遭到严重破坏,府兵制失去经济基础,府兵地位下降,不断出现大规模逃亡现象,为维持军事实力,朝廷不得已以募兵作为补充。到了开元年间,府兵制彻底崩溃,募兵制取而代之,军队由职业士卒组成,兵将间形成长期稳定的隶属关系,军队力量得以加强,但同时也伴随着军阀势力的形成。不断开疆拓土使得盛唐国境日益辽阔。开元十年(723),唐玄宗为加强中央对边疆的控制,在边境以数州为一镇,共设立十个军镇,称为藩镇。朝廷向各藩镇派驻节度使,不但管理辖区军事,同时兼领按察使、安抚使、支度使等职,统管辖区行政、财政、人口、土地等事物,原有地方官员州刺史沦为其下属。众藩镇节度使长期拥兵自重,雄踞一方,尾大不掉,军阀称雄的局面愈演愈烈,成为皇室隐忧。

　　开元晚期,唐玄宗生活日臻奢靡,一味宠幸杨贵妃,朝政上完全倚重奸相李林甫、杨国忠,致使国事日非,社会各方面矛盾日益尖锐。天宝十四载(755),安史之乱爆发,彼时安禄山身兼范阳、平卢、河东三大兵镇节度使,统领精兵十五万人,而朝廷镇兵总共四十九万人,禁军仅有八万人。为抵御叛军进攻,朝廷将军镇制度扩展至内地,使得藩镇数量不断增加。安史之乱历时八年,战火席卷半壁江山,长期的动荡使得朝廷的中央政权日益衰弱,而诸藩镇节度使集地方军事、行政、财政大权于一身,河北三镇遂长期割据,河南、河东诸镇亦不时叛乱,互相吞并,形成短期割据势力,只有关内、剑南、江南诸镇尚多数听命于朝廷,官员任免、税赋缴纳均由朝廷掌控,成为唐朝中后期朝廷财政收入的主要来源。

　　广德元年(763),安史之乱叛军势力逐渐瓦解,部将相继投降,史朝义自缢,叛乱宣告平定。多年战争使得国土沦丧,人口凋敝,国力锐减,朝廷渴望和平,人民亟待休养生息,然而投降的叛军将领们手中仍握有兵权,存在复叛的可能。为笼络他们,朝廷以赏功为名,对其授以节度使称号,并由其分统原安史所占之地:降将李怀仙授幽州卢龙(又名范阳)节度使,统领今北京及河北东北部;降将李宝臣授成德(又名镇冀或恒冀)节度使,统领今河北中部;降将田承嗣授魏博节度使，统领今河北南部、山东北部；降将薛嵩授相卫节度使，统治今河北西南部及山西、河南各一部，后被田承嗣吞并。这些降将名义上归顺朝廷，实际上各握强兵数万，租赋不上供，军中主帅或自传子侄，或由部下悍将取而代之，不受朝廷管控。大历三年（768），幽州卢龙节度使李怀仙被部将朱希彩、朱泚、朱滔合谋杀害，朝廷被迫同意朱希彩接任节度使；朱希彩为政苛酷，大历七年（772）再被部下杀害，朝廷再次被迫同意朱泚继任；大历九年（774），朱泚因战功升任检校户部尚书，入朝觐见，其从弟朱滔趁机夺取兵权，朱泚不得已自请留任京师，朝廷任朱滔为幽州卢龙留后。大历十四年（779），魏博节度使田承嗣死，朝廷又被迫同意由其侄田悦承袭节度使之职。

与此同时，平卢（淄青）节度使李正己据有山东十五州之地，拥兵十万，割据一方，世袭相承达三代四人。山南东道（治所在今湖北襄阳）节度使梁崇义亦实行割据，统治今湖北西北部达十九年。

德宗继位后力图削减藩镇势力，希冀拿回藩镇官员的任免权。建中二年（781）正月，成德节度使李宝臣死，其子李惟岳要求继位，朝廷拒绝。为彻底摆脱朝廷控制，李惟岳伙同田悦、李正己、梁崇义联兵反叛，朝廷闻讯后立即晋封幽州卢龙留后朱滔为节度使，令其与周边诸节度使合力平叛。不久，叛军大败：梁崇义被淮西节度使李希烈击溃自尽；李正己病死，其子李纳继续统领平卢兵，被平叛大军围困；李惟岳部将王武俊杀李惟岳投降朝廷；田悦在平叛大军的征讨下，势力亦逐渐衰败。

眼见平叛已见成效，朝廷乃对有功的诸将进行封赏，不曾想朱滔、王武俊认为封赏不公，由此对朝廷心生怨恨。田悦闻之，趁机遣使分别前往二人驻地，进一步挑唆二人与朝廷间矛盾，并游说二人："……三镇连后，若耳目手足之相救，则他日永无患矣！"三人一拍即合，朱滔、王武俊加入反叛阵营，出兵前往魏博、淄青救援田悦、李纳。四人结盟之后相约称王：朱滔称冀王，田悦称魏王，王武俊称赵王，李纳称齐王。朱滔被推举为盟主，自称孤，其余三人自称寡人，各以其所治州为府。

征讨叛军的淮西节度使李希烈闻听朱滔、李纳等已称王，不免心动，派人暗中与叛军联络。朱滔等疲于征战，经济日益困弊，眼见李希烈兵强马壮，便力劝其称帝。建中三年（782）秋，淮西节度使李希烈据镇反叛，自称天下都元帅、太尉、建兴王，占据今江苏、湖北各一部分，联合已称王的卢龙、成德、魏博、平卢四镇节度使抗拒朝廷，黄河下游的藩镇叛乱越演越烈。

朝廷派兵讨伐李希烈，久战不下。建中四年（783），李希烈发兵三万进攻河南襄城。为解襄城之围，九月，德宗诏令泾原诸道兵马救援。十月，泾原节度使姚令言率五千士卒救援襄城。途经长安,时已入冬,天寒地冻,士卒又累又饿,盼望得到朝廷赏赐,不想直至离开长安城始终一无所得,不满情绪不断发酵。行至浐水,愤怒的士兵发生哗变,掉头返回长安。德宗急令奖赏,但众人怒火已不可平抑,士卒斩断城门,陈兵丹凤楼下,泾原兵变爆发。德宗仓皇出逃,在宦官等护卫下前往奉天(今陕西咸阳),哗变的泾原士卒大肆掳掠朝廷府库财物。此时,朱泚因从弟朱滔叛乱被朝廷革职留居于长安家中。当夜姚令言与众哗变士卒商议拥其为王,朱泚乃登宣政殿,自立为帝,国号大秦,改元应天,诛杀宗室七十七人,遣使遗书朱滔:"三秦之地,指日克平;大河之北,委卿除殄,当与卿会于洛阳。"他亲率大军进攻奉天,与各藩镇反叛势力相呼应。

德宗在奉天下诏征集附近诸道出兵勤王。十一月,神策河北行营节度使李晟进驻东渭桥(在今西安东北),朔方节度使李怀光进驻蒲城(在今陕西渭南),神策兵马使尚可孤击败朱泚军,收复蓝田,进驻七盘山(今蓝田南),河东节度使马燧进驻中渭桥,镇国节度使骆元光进驻昭应(今临潼),诸道援军聚集长安附近救驾勤王。朱泚加紧围攻奉天,战事惨烈,死伤无数。李怀光率先赶来救援,李晟紧随其后,击败朱泚军于醴泉(今陕西礼泉北),朱泚惧,撤离奉天退回长安。至此,奉天被围一月有余,城中粮草俱尽,靠野菜树根为生。

李希烈叛军攻下汴州,占领大梁,又攻拔襄邑,迫降滑州,乘胜攻击宁陵,江淮一带大为震惊。

哀哉,大唐帝国北至燕冀、南达江淮、东濒大海、西讫长安皆为叛军所据。皇帝不得已,乃于建中五年(784)正月初一下罪己诏,改元兴元,大赦天下,制曰:"……朕嗣服丕构,君临万邦,失守宗祧,越在草莽。不念率德,诚莫追于既往;永言思咎,期有复于将来。明征其义,以示天下……""……李希烈、田悦、王武俊、李纳等,有以忠劳,任膺将相,有以勋旧继守藩维。朕抚驭乖方,信诚靡著,致令疑惧,不自保安。兵兴累年,海内骚扰,皆由上失其道,下罹其灾,朕实不君,人则何罪,屈己宏物,于何爱焉?庶怀引慝之诚,以洽好生之德,其李希烈、田悦、王武俊、李纳及所管将士官吏等,一切并与洗涤,各复爵位,待之如初,仍即遣使,分道宣谕。朱滔虽与贼泚连坐,路远未必同谋,朕方推以至诚,务欲宏贷,如能效顺,亦与维新。其河南河北诸军兵马,并宜各于本道自固封疆,勿相侵轶。朱泚大为不道,弃义蔑恩,反易天常,盗窃暴犯陵寝,所不忍言。获罪祖宗,朕不敢赦。其庆被朱泚胁从将士官吏百姓及诸色人等,有遭其扇诱,有迫以凶威,苟能自新,理可矜宥。但官军未到京城以前,能去逆效顺,及散归本军本道者,并从赦例原免,一切不问……"

王武俊、田悦、李纳见赦令,皆去王号,上表谢罪;李希烈自恃兵强财富,乃登皇帝位,国号大楚,改元武成,以汴州为大梁府;朱泚不在赦例,遂改国号汉,自称汉元天皇。

李怀光因救驾自恃功高,德宗却听信谗言不肯召见,怀光心下滋生不满。德宗命怀光与李晟合力攻取长安讨伐朱泚,怀光屯兵咸阳两个多月按兵不动,德宗不得已加封其太尉头衔,增加食邑,并赐铁券。怀光愤愤不平,将铁券掷于地道:"吾昔日忠心勤王,赤胆报国,皇上竟不予召见,今吾姑息乱臣,按兵不进,却赐铁券,岂非使吾反也!"遂暗中与朱泚通谋。二月,李怀光公开与朱泚联兵反叛,并企图劫持德宗,德宗仓皇逃往山南梁州(今陕西汉中),授李晟尚书左仆射同平章事之职,令其抵御叛军。起初,朱泚畏惧李怀光兵强,相约与其分帝关中。及至李怀光反叛,麾下将士纷纷离散,怀光势力大为减弱,朱泚便将其视为臣下,征用其兵,二人矛盾日益加深,联盟瓦解。李怀光烧毁大营退归河中,朱泚陷入孤立。四月,李晟大败朱泚军,攻占长安、奉天。六月,朱泚欲逃往吐蕃,至泾州被部将杀死。七月十三日,在历经十个月的逃亡生涯后,德宗终于得返长安。

在朝廷诸路兵马的合力围剿下,兴元元年(784)六月朱滔投降,次年病死;贞元元年(785),李怀光被部将所杀,余部投降;贞元二年(786),李希烈被部下毒杀,余部投降,叛乱陆续平定。

泾原兵变后,大唐天子的威严完全扫地,中央权力进一步削弱,应对地方藩镇割据更是有心无力。如何压制藩镇势力,重建中央集权,成为唐朝君臣亟待解决的问题。朝廷苦于连年战争,国库空虚,兵力不足,对待藩镇不得不采取姑息的态度,以求暂时安定,但暗地里却在慢慢加强禁军势力,充实府库,为削藩做准备。

唐朝禁军是由皇帝直接调遣的军队,其中神策军是禁军的精锐力量。泾原兵变之时,德宗面临兵临城下的危局,召集禁军竟无一人至,唯有百余名宦官护驾逃往奉天。乱后德宗返回长安,对掌握兵权的宿将始终心存顾忌,遂设立神策军,将神策军交由宦官掌管,从此宦官主管禁军成为唐朝定制,同时诸道节度使处亦派宦官为监军使,以致凡有兵马处皆有宦官监督。朝廷中又设枢密使和宣徽使,皆任用宦官,枢密使负责在皇帝和宰臣之间上传奏章、下达诏命、参与政事,宣徽使则统管内诸司使,起着庞大宦官系统的管家作用。被授予大权的宦官势力迅速壮大,充任监军使的宦官与朝中宦官互为表里,在全国形成一个自上而下的势力网,为宦官专权提供便利条件。朝堂上宦官跋扈,不仅干预朝政,掌握官员任免权,甚至操纵帝位废立,逼宫弑君。

德宗在位时,太子李诵身边形成了以王伾、王叔文为核心的政治集团,其周围聚集一批年富力强、拥有共同政治理想的成员。这些成员当时都是知名人士,其中最著名的有刘禹锡和柳宗元。他们主张加强中央集权,反对藩镇割据,反对宦官专权。贞元二十年(804),德宗病重,太子李诵监国,王伾、王叔文秉政,着手整肃朝政,准备变法维新。九月,太子突然中风,行走和语言均不方便。次年(805)正月,德宗驾崩,以大太监俱文珍为首的宦官顽固势力担心太子即位实行新政,便欲阻其登位,"乃议秘三日后下遗诏",意图拖延时间,篡改遗诏。朝中保守派大臣翰林学士卫次公等力主"太子乃嫡长子,虽有痼疾,却中外归心。必不得已,就应立太子之子广陵王李淳,不然必起大乱"。改革派王叔文、王伾等认为广陵王李淳英敏睿智,不便操纵,不如李诵容易控制,便抢先于次日发丧,拥太子灵前即位,称顺宗。顺宗皇帝病重不能言语,更难以决事,唯宦官李忠言、宠妃牛昭容随侍左右,百官奏事,皆由此二人自帷中认可准奏而已。顺宗诏命王叔文于翰林院中处理朝中事务,由王伾向李忠言转达王叔文之意,再由李忠言告知皇帝,皇帝认可后诏行天下。王叔文等掌权后立即着手进行改革:免除部分民间欠税,禁止官吏在正税之外额外进献,以减轻人民负担;宣布停止宫市,杜绝宦官借此掠夺人民财务;罢免五坊小儿,禁止宦官向人民敲诈勒索等等,史称永贞革新。此举触动了宦官及朝中保守势力的既得利益。三月,他们借口皇上久病不愈,迫使顺宗立广陵王李淳为太子,更名李纯,伺机行废立之事。之后改革派欲撤换神策军将领以控制禁军,却被宦官识破,拒不交出军权,双方矛盾激化。六月,部分藩镇节度使联合奏表进谏,攻击改革派。至此,宦官、朝中保守大臣及藩镇节度使为各自集团利益各自结成联盟,改革派势单力薄,没有兵权,内部又出现分化,势头渐弱。七月,俱文珍联合朝中保守派大臣逼迫顺宗下旨:"积疚未复,其军国政事,权令太子李纯勾当。"八月,顺宗被迫"内禅",太子即位,是为宪宗,历时八个月的永贞革新宣告失败,改革派官员全部被放逐。次年正月,顺宗在忧虑中死去。

在祖父德宗十多年的努力下,中央军力、财政均有了一定的基础,宪宗即位后开始执行削藩政策。永贞元年(805)至元和末年(820)是宪宗武力讨伐叛镇时期,先后平定了西川节度使刘辟、镇海节度使李锜的叛乱,招降了河北藩镇,消灭了淮西节度使吴元济、淄青节度使李师道,诸藩镇迫于朝廷威势,相继归命,大唐王朝终于出现久违了的国家统一、中央强盛的中兴局面,史称元和中兴。在武力讨伐的同时,朝廷亦采取和平削藩措施,将败亡藩镇分为两镇或数镇,使每镇经济实力不足以与朝廷相抗衡。至元和十五年(820),藩镇数量增至四十八镇,其中二十八镇盘踞在秦岭、淮河之北,共领一百零二州,平均每镇仅领三个半州,实力已大为削减,而秦岭、淮河之南二十镇多为观察使、经略使、防御使,尚遵朝命,共领一百九十二州,平均每镇领九个半州。

宪宗尽管靠武力平定了藩镇的叛乱，通过削藩政策弱化了藩镇的实力，但始终未能从根本上消除造成割据的根源。藩镇首领从地方豪强那里得到庞大的军费开支，保护他们在地方聚敛财富，不向中央纳税，二者相互勾结，共同对抗中央政府。要想彻底打击藩镇势力，必须同时打击地方豪强势力。由于宪宗削藩政策不彻底，当强权约束减弱时，藩镇割据的局面必将卷土重来。

宪宗上位依靠宦官政变所得，情感上自然与宦官亲近。在平藩的战争中，他重用宦官，不仅使其担任监军使，更是委以心腹太监吐突承璀统帅之职带兵出征，宦官势力进一步加强。有大臣提醒宪宗防止宦官专权，宪宗始终不以为然。

元和六年（811）十二月，十九岁的太子李宁病死。悲伤之余，宪宗不得不考虑再立之事。最受皇上恩宠的宦官吐突承璀建议按惯例以长幼次序立次子李恽为太子，宪宗亦属意此子，然李恽生母地位卑贱，难以取得朝臣的支持。三子李宥的生母郭妃乃是对唐室有再造功绩的太尉兼中书令郭子仪的孙女，郭氏一系在朝野上下的势力使得立三子宥的呼声喧嚣尘上。宪宗迫于无奈，十月立李宥为太子，将其改名李恒。其实宪宗内心对这位太子并不满意，吐突承璀也一直没有放弃为李恽经营。

取得一系列成就的宪宗日渐骄奢起来，信仙好佛，寻求长生不老。元和十三年（818），宪宗开始服用丹药，性情变得暴躁易怒，经常责打、诛杀左右宦官。元和十五年（820）正月，宪宗因服用丹药身体恶化，吐突承璀立即加紧实施改立李恽为太子的计划。而拥立太子的神策军太尉梁守谦、宦官王守澄等也着手准备应对措施。二十七日，宦官陈弘志等潜入寝宫秘密谋害了宪宗，然后守住宫门，不准朝臣入内，伪称皇上"误服丹食，毒发暴崩"。与此同时，梁守谦、王守澄等人抢先拥立太子即位，称穆宗。穆宗憎恨吐突承璀偏袒李恽，与自己作对，遂令梁守谦诛杀二人。

宪宗时期多年争战，使得国库再度空虚，穆宗不得已实施销兵政策，以图节省财政开支，而被裁士卒无以为生，遂成为新的动乱根源。河北三镇招降后，朝廷派员接管。将士们长年未见朝廷委派官员，如今见到的却是昏庸骄矜、把河北士兵视为降虏之徒的节度使。长庆元年（821），卢龙发生兵变，囚禁了朝廷所派节度使。紧接着成德军、魏博军先后兵变，朝廷派任的节度使被害，河北三镇复叛，新的割据者恢复旧制，宪宗创下的统一局面破灭。随着三镇的复叛，全国多地陆续出现割据者，但由于宪宗时期的削藩政策，新的藩镇势力大不如前，对朝廷的危害程度也不似德宗时期恶劣。

穆宗即位后热衷于吃喝玩乐，不以国事为意，朝政日益腐败。宦官王守澄拥立穆宗有功，被封为枢密使，参与机密，干预朝政，与朝中朋党领袖之一的李逢吉相互勾结，专制国事，势倾朝野。长庆二年（822）十一月，穆宗与宦官在宫中击球游乐，有宦官坠马，穆宗受惊中风，从此不理朝政。十二月，经朝议决定立景王李湛为皇太子。病中的穆宗期望长生不老，开始服用方士所进金石之药，身体日渐虚弱。长庆四年（824）正月二十二日，穆宗崩于寝殿，太子李湛即位，称敬宗。

敬宗即位时年仅十六岁，奢靡荒淫、无心朝政之气比其父有过之而无不及，为人苛刻，宦官小过便严惩，众人既恨又怕。宝历二年（826）十二月，敬宗郊猎还宫，与宦官刘克明等二十八人饮酒，酒酣，入室更衣，灯烛忽灭，敬宗被弑杀于室内。刘克明等弑君后矫称圣旨，欲迎宪宗之子绛王李悟入宫为帝。两天后，王守澄、梁守谦指挥神策军杀入宫中，诛刘克明、李悟，立敬宗之弟李昂为帝，称文宗。

文宗即位后，梁守谦请求致仕，本已为枢密使的王守澄又接任神策中尉之职。王守澄历经宪宗、穆宗、敬宗、文宗四朝，三度参与皇帝废立，在朝中掌权达十五年之久，与朝廷朋党势力相互勾连，今又兼领军政大权，结党营私，排除异己，公然收受贿赂，卖官鬻爵。不甘受其控制的文宗对宦官专权日益不满，几经较量均未成功。此时李训、郑注为文宗心腹，二人本缘王守澄提拔入仕，与皇上相处日久，知文宗有除去宦官之念，三人相商，认为以李、郑二人谋事不易引起宦官警觉，遂达成共识，利用宦官间矛盾行事。首先任命素与王守澄有嫌隙的宦官仇士良担任左神策中尉，以分化其军权，再提升王守澄为左、右神策观军容使，使其名义上为神策军最高首领，实际上完全丧失军权。之后，文宗于太和九年（835）十月，秘密鸩杀了王守澄，又设计欲将宦官势力彻底剪除。

太和九年十一月二十一日，紫宸殿早朝，左金吾卫大将军韩约称"金吾卫府后院石榴树上夜降甘露，视为祥瑞，皇上宜亲往一看"。文宗允，遂前往含元殿，并令宰相及中书、门下两省官员先行前往观看。官员们看后怀疑非真甘露，文宗乃再命左、右神策军中尉仇士良、鱼弘志等率领诸位宦官前往查看。宦官走后，李训急命事前陈兵于丹凤门外的邠宁节度使郭行馀、河东节度使王璠率兵赶往含元殿护驾，诛除宦官。王璠心生畏惧，临阵脱逃，只有郭行馀引兵前往。仇士良率领宦官至金吾卫府后院，却感觉左金吾卫大将军韩约神情惊慌，便心生疑虑。此时一阵风吹起帷幕，露出幕后埋伏的甲兵，仇士良心知不好，急向外跑，守门士卒正要关门，仇士良夺门而出。仇士良等人急奔含元殿，强拉文宗乘软舆往北入内宫，进入宣政门后大门随即关闭。此时，郭行馀一众已赶至含元殿，会同金吾卫士卒击杀宦官数十人。众大臣不明真相，退至中书省等候文宗召见。仇士良等人随即命左、右神策军将帅领兵反击，关上宫门，逢人就杀，死伤千余人。之后又在京城大肆搜捕，出城追击余党，凡参与者均遭族诛，牵连枉死者不计其数。禁军们大开杀戒，掠夺财富，公报私仇。经过这次宦官领导的大屠杀，朝列几乎为之一空，史称甘露之变。

此后，文宗被宦官软禁，国家政事由宦官专权，朝中宰相只是行文书之职，宦官凌暴朝士如草芥。

开成五年（840），文宗抑郁成病，嘱咐宰相辅助太子李成美监国。仇士良、鱼弘志得讯，当晚伪造诏书，废太子为陈王，立文宗之弟颍王李炎为皇太弟，处理军国大事，文宗、百官莫不敢言。正月初四，文宗崩，皇太弟即位，称武宗。

穆宗以来，朝廷官僚、宦官集团以及各地节度使之间权力之争此消彼长，极大地消耗了统治集团内部的力量，国家正常的政治生活受到了严重的影响，使得割据势力更加有恃无恐，朝廷政权处于风雨飘摇之中。

大唐乃李姓王朝，为借助神权提高皇家地位，自称老子后代，推崇道教。与此同时，佛教依托自己完善的理论体系以及自汉代以来积累的信众基础走向繁荣，唐朝历代皇帝多对佛教比较重视，多次赏赐寺院大量土地，贵族和地方豪民也大规模向寺院捐赠财产。朝廷明令"凡道士给田三十亩，女冠二十亩，僧尼一如之"，寺院土地享有不课税优惠，僧侣免除赋役。如此以来，寺院财产不断增加，加上土地兼并所得，逐渐形成独立的金融体系，甚至包括质举、借贷等。大量的寺院土地需雇佣众多佃户耕种，寺院经济因不纳入国家赋税体系而与世俗经济产生矛盾，越来越多的人口藏匿于寺院中以躲避赋税。

佛道两派长期共存，而佛教势强，崇道政策下仍然处于弱势的道教便不断寻机打压佛教。武宗即位，崇信道教，拜道士赵归真为师。赵归真等对武宗宣扬佛道不能并存，使武宗深信佛僧的存在影响了他修炼成仙。加上寺院经济的存在严重损害国库收入，会昌年间讨伐藩镇财政急需，在道士赵归真的鼓动和宰相李德裕的支持下，从会昌二年（842）开始，武宗渐进地推行毁佛政策，这一政策至会昌五年（845）达到高潮。据统计，三年共拆除寺庙四千六百余所，拆除招提、兰若四万余所，强迫僧尼二十六万余人还俗，没收寺院所拥有的膏腴上田数千亩、奴婢十五万人。此举使得百姓祈求平安、福报的佛门被毁，他们心中仅存的一点希望亦被粉碎。被迫还俗的僧侣失去生计，很多人不得已成为祸害一方的流寇。

武宗迷信道教的长生不老之术，长期服用道教方士所炼丹药，身体受到极大损伤，无心朝政，任由宦官把持。会昌六年（846）三月二十一日，武宗病重，诸宦官商议立储之事。光王李忱为宪宗第十三子，平日少言寡语，常被同龄的晚辈文宗、武宗等捉弄，宦官们觉得李忱容易控制，就拥立他为皇太叔，主持军国政事。二十六日，武宗崩，光王李忱即位，称宣宗。

宣宗登基听政，一改往日木讷之态，行事决断，明辨是非，众人方知宣宗乃深藏不露、胸怀大志之人。宣宗诏令仗杀道士赵归真,将权臣宰相李德裕一贬再贬,次年又赦令"凡会昌五年所废寺,有僧能营葺者,听自居之,有司毋得禁止"。但诸寺皆已拆毁,木、石、舍、器皆散失,佛像不存,仅依僧侣之力一时如何能复其旧。

安史之乱以来,北方藩镇割据,国家财政只能依靠南方税赋支撑,江南八道一百四十万户农民除需承担朝廷正常开支外,还要承担平藩的兵马粮饷,朝廷宦官专权,贪污纳贿,强取豪夺,更增添了人民的负担。自广德二年(764)至元和十二年(817)的五十三年间,关中、河南、河北、江淮、荆襄、二浙等地共发生大规模水灾、旱灾、蝗灾十余起,朝廷腐败,救灾不力,灾荒之年常常竟至斗米值千余钱,不堪重负的人民只能奋起反抗。

宝应元年(762),朝廷为追征江淮地区八年赊欠租调,派酷吏为县令,搜刮民间粟帛。浙江东道台州临海小吏袁晁不肯残虐百姓,又征赋不力,遭受鞭背之刑,受刑后县令仍令其次日捕捉欠税农民。当夜,袁晁率众在翁山岛起义,即刻攻破临海城,赶走了台州刺史史叙,随后连续攻克十州,据有浙东广阔地区。一路所至,贪官污吏望风披靡,百姓苦于苛赋暴敛,纷纷归附,义军很快发展到二十余万人。接着袁晁又以临海为根据地,建立农民政权,年号"宝胜"。朝廷震惊,派李光弼率精锐部队前往镇压,前后十余战,义军失败。宝应二年(763)四月,袁晁在唐兴石垒寨(今天台关岑)战败被俘,送长安遭杀害。其弟袁瑛率五百余人退守临海北的紫溪洞,被唐军包围,拒不投降,全部饿死。

宝应元年(762),歙州豪士方清因疾疫灾荒、官府暴虐聚众起军,义军迅速发展到数万人。次年,与江西陈庄所率义军联合,屯兵于秋浦(今安徽贵池)乌石山,连克县邑城镇。永泰元年(765),攻克歙州,杀刺史庞浚。朝廷急调重兵将农民军分割围堵,大历元年(766)义军起义失败,方清被杀。

宝应元年(762),舒州(今安徽潜山)杨昭起义,新安(今安徽休宁一带)沈千载起义,余姚(今浙江余姚)龚厉父子起义。

广德年间(763—764)常州、苏州一带萧廷兰起义,浙江三霸起义,常州张度起义。

永泰初年(765),宣州太平县王方起义。

大历初年(766),江东潘狞虎、胡参起义。

大历四年(769),湖州德清县朱潭、姚廷起义。

大历末年(779),浙江僧惟晓起义。

元和年间(806—820),江西一带毛鹤起义,吉州(今江西吉安)赤石徐庄起义。

大中年间，朝廷为支付庞大的经济开支，除加重土地税外，更进一步加重了盐、茶、酒的税收。大中十三年（859）十二月，以买卖私盐为业的裘甫率领百余农民起义，攻克象山，屡次战败官军，浙江东道震惊。咸通元年（860）正月，裘甫攻下剡县，开府募兵，赈济贫民，拥有兵马数千人。二月，浙东观察使派兵镇压，裘甫大破官军，声势大振，附近农民纷纷加入，队伍迅速发展至三万人。随后裘甫自称天下都知兵马使，建元罗平，攻打衢州、婺州、台州，攻破唐兴、上虞、余姚、慈溪、奉化、宁海（今属台州）等县城。四月，朝廷派重兵镇压，起义军多次迎战，均不能胜。六月兵败，裘甫被俘，就义于长安。

咸通三年（862），朝廷从徐州募兵八百戍守桂林，按规定服役期三年。由于将帅治军严苛，行为残暴，戍兵一忍再忍，希望忍满三年回乡与家人团聚。不想三年期满，朝廷以种种理由将他们强行留下。又过三年，朝廷仍不履约，戍兵拿不到回家的路费，义愤填膺，一些下级军官密谋酝酿兵变，杀了监视他们的军官，推举颇有人望的粮料判官庞勋为主，劫了仓库，北向家乡徐州打去，沿途州县毫无阻挡之力。咸通九年（868）八月，朝廷遣使赦免戍兵之罪，答应送还徐州。到了湖南，戍兵们怀疑朝廷有诈，于是重新武装，乘船东下，过浙西进入淮南，沿途召集散落乡间的军士，人数达千人。九月二十八日，庞勋等至徐州，又传言朝廷密令缴杀戍兵。众人皆以为与其自投罗网，不如同心协力，遂竖起起义旗帜，农民争相响应，军势强盛，迅速发展至二十万人。起义前后历时一年零两个月，起义军于咸通十年（869）九月全军覆灭，庞勋在突围中战死。

反抗暴政的农民起义此起彼伏，严重打击了唐王朝的统治，使得本已千疮百孔的社会更增添了不安定因素，很多地方自发形成武装集团，以求乱世自保。乾符五年（878），唐朝末期规模最大、历时最长的王仙芝、黄巢农民起义爆发。朝廷顾此失彼，急征各镇围剿的同时，对一些地方武装集团首领如杨行密、董昌、钱镠等授予节度使之职，借以安抚。在此期间，许多藩镇利用时机扩充自己的势力，并伺机割据。农民起义失败后，这些藩镇立即转入互相兼并的战争中，数十年战火不断，几乎遍及全国。

天祐四年（907），唐王朝瓦解，国家步入混沌、离乱的五代十国大分裂时期。这一时期各地枭雄迭起，虽只有短短的七十多年时间，却历经五个朝代（后梁、后唐、后晋、后汉、后周），诞生十个国家（前蜀、后蜀、吴、南唐、吴越、闽、楚、南汉、荆南、北汉），朝代更迭之快速，着实令人目不暇接，感叹不已。吴越国即诞生于这一历史时期。自天祐四年（907）钱镠建国，至太平兴国三年（978）钱俶纳土归宋,历经三代五主,始终坚持以保境安民、休兵息民为基本国策,扶农桑,兴水利,重文化,发展与日本、朝鲜等国海外贸易,使得国家经济繁荣,百姓生活安定。北宋著名诗人苏轼曾评说:"其民(指吴越国百姓)至于老死,不识兵革,四时嬉游,歌鼓之声相闻,至今不废,其有德于斯民甚厚。"这是对吴越钱氏历史功绩的客观评价。本书将以五代十国为背景,详细讲述吴越国钱氏三代五主的传奇历史,以此纪念为一方百姓带来和平安宁的英雄们。

第一回　断龙脉龙投临安县　规顽童争锋少年郎

　　浙江临安县以西有天目山，分为东西两座，遥相对峙，山顶各有一池，长年不枯，宛若双眸仰望苍穹，谓之天目。西山绝顶称仙乐峰，人迹罕至，每当久晴将雨或阴霾渐散之夜，常闻丝竹之声徐徐从空中飘来，或隐隐回响于岩谷。东山绝顶称大仙峰，相传有仙人在此修炼，练成即飞升而去。山上峰岩矗立，古树参天，池潭深澈，泉瀑飞悬，乃是仙灵之居所。临安县以东八十里为杭州府，境内西湖被武林群山自三面环抱，状如游龙探首钱塘江。群山中之龙山（今玉皇山）似龙首高昂，远视东方，大有跃入钱塘江，似飞腾入海之状。群山腹部南北高峰间有灵隐、天竺等诸佛山，龙泓、玉泉、黄龙等诸灵泉，紫云、烟霞、石屋、水乐等诸洞府，乃是神佛之道场。天目与武林间，九仙、玲珑、葛仙、安乐诸山高低起伏，连绵不断，其间错落分布着众多清泉、飞瀑、深潭、龙池、危岩、洞府。临安县以南有大涤山，主峰名天柱，如碧玉簪插地刺天，山中洞霄宫乃道教三十六洞天之一，终日仙云绕峰，紫气环山。钱塘江由临安县南向东北流经杭州，沿途有源于天目山的天目溪汇入，最终流归东海，又有源于天目山的苕溪注入太湖并入长江，乃是神龙遨游长江、钱塘之水道。如此神佛仙道聚集之地，灵山妙水相结之所，实乃神龙孕育之圣地也。

　　天目山东麓有一山，因有二径通往天目，故名径山，周围五峰环抱，终日云雾缭绕，飞瀑叠布，花径通幽，茂林修竹，鸟语花香，是个山青水秀、远离世间喧嚣的佛门修行极佳去处。山凹处有一寺名曰"径山寺"，乃佛教临济宗祖庭，香火甚是旺盛。寺中住持法号洪湮禅师，俗姓吴，湖州吴兴人，年过三十，生得身材魁伟，声音洪亮，深沉机敏，交友颇广。洪湮年十九时入径山寺为僧，礼无上大师。大师见他聪颖好学，举止端庄，遂遣其赴杭州灵隐寺参学。会昌年间武宗毁佛，灵隐寺被毁，洪湮遂返还径山寺，此时无上大师已去，而径山寺因地处深山，朝命来迟，故毁佛事件中受损较轻。会昌六年（846）武宗崩，宣宗即位，次年赦令"凡会昌五年所废寺，有僧能营葺者，听自居之，有司毋得禁止"，洪湮遂四处奔走，募捐化缘，着力修复寺院，寺内僧众乃恳请洪湮禅师为径山寺住持。

　　唐宣宗大中六年（852）二月二十六日，洪湮禅师刚处理完日常事务，有小和尚来报，临安大涤山洞霄宫道长东方先生来访。禅师赶忙出门迎接，将东方先生延入方丈室内坐定,命小和尚沏上自制的径山茶,摆上素果点心款待。佛道二门在宫廷中常常为拥有权势、博取皇帝宠信而明争暗斗,在民间却是另外一般情形,与世无争、普度众生为他们共同心愿。洪湮禅师与东方先生尽管信仰不同,但在关心天下大势、了解民心民意,乃至时政利弊、盗贼兵火、天文地理、农桑耕织等诸多方面都能互相切磋,视彼此为挚友。

这位东方道长年过五旬,生得仙风道骨、鹤发童颜,清秀机敏,口齿伶俐,颇通一些天文地理、阴阳八卦、农耕渔织、仙人交融之道,在临安很有名气。但凡祈天求雨、避灾禳祸等事,地方上多请他做法事,大多灵验。去年夏天(大中五年)临安大旱,县令请东方道长率众请龙祈雨。道长独自察看了临安县数个深潭大池,只见诸潭水浅断流,浑浊不堪,自无任何鱼龟虾鳖游动,亦无灵蛇神鳅欢跃水面,又至天目山龙潭察看,亦是如此,潭边岩壁上干燥蒙尘,山上林木枝垂叶枯,潭中水浅浑浊不清,山林中青蛙、昆虫亦绝迹,乃知近日不雨,强求不得,遂回告县令:"大官山前池虽有龙,近日却闭宫修行,不可请起,若强请之,必招大患,只等挨过些日子再做道理。"县令心中不快却也只好作罢。挨过三四个月,果然不曾下雨,道长心中不免焦躁,今日得空,遂安排妥宫中事务,前往径山寺拜访洪湮禅师。

说起今已半年多无雨,河溪断流,农田绝收,东方道长叹息道:"如此以往,真不知有多少贫苦百姓将忍饥挨饿。"

禅师道:"天作孽尤可违,人作孽不可活! 当今天下骚乱,你攻我伐,搅得黎民百姓流离失所。朝廷无力制止动乱,却把灾难降到佛寺庵庙上,杭州好端端一个灵隐寺竟被拆得精光,梁柱木料被拆去修了官舍,佛祖菩萨金身全毁,僧众被逐,庙产没官,佛祖再慈悲也容忍不得如此深重罪孽,大旱也是报应,只是苦了百姓。"

道长说道:"当今皇上倒是比武宗圣明,早年曾避难佛门,也算是佛门中人,登基以来未曾以恨报怨,亦不曾排斥道教,只是令恢复寺庙,不然我们道教也必然遭殃。真是一朝天子一朝臣,一个皇帝一个令,如此翻来复去,最倒霉的自是黎民百姓。"

禅师接言道:"今上确比武宗皇上圣明,但他下旨'凡会昌五年所废寺,有僧能营葺者,听自居之,有司毋得禁止'实在是空口说白话,寺产没官后谁还有许多银两来修复寺院。谕旨下了已数年,灵隐寺还不是一片废墟,真是罪过,阿弥陀佛。如今善男信女礼佛无门,狂徒恶奴凶焰日长,长此以往,天下难得太平。"

停了片刻,道长悄悄道:"有消息说数月前京中司天监观察天象,紫微星昏暗不明,牛斗星璀璨耀目,因这牛斗位于吴越上空,皇上乃遣御史许浑、中使许计带玉璧来杭州秦望山中瘗埋,欲打断杭越之龙脉,以免在两浙之地再出草头王与朝廷抗衡,想必禅师亦有所闻吧?"

禅师点头道:"天下大事自有定数,岂能人为阻止,且杭州龙脉由天目山而来,龙首在龙山,秦望山在龙山之东,凤凰山之南,在此地断龙脉,龙脉毫发无损。"

道长叹息不已,突然吃惊道:"我临安地区数月天旱无雨,所有池潭几乎干涸。今朝廷意欲打断龙脉,却是打在龙脉之末,莫非此龙将降生于临安?无怪乎此龙长期闭宫静养,似有寻机出世、一鸣惊人之举啊。"

听道长如此说,禅师亦大为震惊:"此龙果然降生于临安,我两浙之地不免又要大起兵燹矣。百余年来两浙地区出了多少草头王,最终都被官兵镇压。这些官兵本就对黎民百姓百般敲诈勒索,闹得百姓苦不堪言,若是临安再出个草头王,我杭越之地又不得安宁了。"

临安县南二十里有一大官山,高三十五丈,东西两侧山脚向南延伸,抱定中间一方平地,开垦得百来亩旱地,居住着数户人家,地名曰石镜乡临水里钱坞垅。再往南百余步乃方圆数十亩水塘,此处便是东方道长所言有龙在闭宫修行的大官山前池。

钱坞垅住着一位年轻人,姓钱名宽字洪道,年方一十有八,身材不甚高大,倒也颇有些秀气,早年上过数年私塾,志气清高,性情谦和,为人忠厚,平时忙于耕作,闲暇时喜好吟诗作赋,看些圣贤之书。父亲钱宙,字遵古,曾承严师教训,颇通文墨,喜好结交友,州郡屡曾延聘,皆被婉言谢绝。母亲水丘氏勤劳持家,心地善良,于家务生计上精打细算。一年前钱宽娶妻亦是水丘氏,长钱宽一岁,而今身怀六甲,已近临盆。钱家有旱地数十亩,种些粮食蔬菜,一家四口过得还算殷实。

这日早晨,钱宽想着妻子已近临盆,便与妻子商量去径山寺拜访洪湮禅师求签问个凶吉,万一有什么事好有个应对。商定之后,便起身奔径山寺而来,进得寺院先参拜佛祖,又拜诸菩萨,再去求签,却得一张下下签,当下心中一惊:莫非妻子临产母子有难?或是将生得一个不肖之子?心中甚是忐忑,急欲请洪湮禅师指点签语,化疑解难,却因洞霄宫道长来访,只得耐心在客房等候。这客房与方丈室相邻,中间用板壁隔开,方丈室中谈话客房中大致可以听见,禅师与道长谈话钱宽听了十之七八。开始时钱宽听得不在意,后来渐渐听得入了神,也就听得仔细些,再后来听到京中派人来杭州断龙脉,我临安池龙可能降临人间为害两浙等等,越听心中越毛,心想:大官山前池正在我家前面,石镜乡孕妇近日临产的唯我一家,今日我求签又是下下签,难道我妻怀孕正是一条孽龙,将来为非作歹,残害百姓？我若得此孽子，岂不要祸灭九族，辱没祖宗？想我祖上亦曾在朝廷为官，建有功勋，近世亦是代代清明，到我代竟要出个大逆不道的恶子，我将如何有脸面去见祖宗？想到此，心中发怵，浑身颤抖，事情已经明白，签也不必解了，忙起身向小和尚道别。小和尚见他这般光景，便问道："施主脸色不甚好，不舒服？"钱宽随口应道："可能清早起来赶路着了凉，走一走身子热了发点汗就会好的，今日禅师有贵客，不便搅扰，先告辞了，改日再来拜见。"

钱宽昏昏沉沉离了径山寺，踉踉跄跄下得山来，过了猷溪木桥，遇见里人王阿兴，远远就喊钱宽道："钱宽兄去哪儿了？"钱宽一路只管想着心事，不曾注意远处王阿兴走来，听得喊自己名字方抬起头来应声道："去径山寺走走。"阿兴道："午间从你家门前走过，远远地听得有甲马之声从你家后边传来，莫非有盗匪去你家？快回去看看吧！"钱宽听了猛吃一惊，把刚才想的心事也丢在脑后，忙不迭说声谢谢向家奔去。

一路跑回钱坞垅已是傍晚时分，西边天空布满片片晚霞，大地洒满落日余晖。进了家门，只见满室红光，时值早春，此等光景前所未见，心想难道家中已被盗匪抢劫一空？急忙推开寝室门，却是一片寂静，夫人水丘氏安卧床上，沉沉入睡，绝无盗匪洗劫之状，一颗急慌慌剧跳的心方才慢慢安定下来。又见一沉稳熟睡的婴儿，用小被包成蜡烛包，安睡在水丘氏身旁。仔细端详，那孩子额宽鼻高，方口浓眉，绝无半点龙形蛇影，更无一丝妖模怪样，伸手解去带子，打开襁褓查看周身，肤色红润，机体光滑，也绝无丝毫魔形鬼态。此时水丘氏醒来，见钱宽站在床前，便欲欠身坐起，问道："回家多久了？"钱宽忙按住水丘氏，说道："刚进家，你可好？"水丘氏道："你走后婆婆叫我吃点心，吃完便昏昏睡去，感觉似乎躺在门前廊下躺椅上。突然间听得屋后刮啦啦一阵巨响，加上山间回声震荡，好长时间都未停下，由远到近似排山倒海，抬头看时只见乌云翻滚，隐约间似有许多兵马，正看着却见云层里突窜下一个怪物向我扑来，吓得我惊叫一声，猛然坐起，原来是个噩梦。"水丘氏心有余悸，伸手拽住钱宽，停顿片刻接着道："这一惊出了一身冷汗，觉得腹中阵阵疼痛，婆婆听得我叫喊，知是要分娩了，急去请稳婆来，待准备停当就临产了。孩子落地，我吃过鸡蛋点心就昏昏睡去，婆婆忙了这大阵子，也是极累的，想是回房歇息了。"

钱宽听妻子说完这番话，心下又是一惊，难道那孽龙出世真的应在我儿身上？忍不住便把径山寺道长与禅师的对话告诉了妻子，又把王阿兴的话说了一遍，接着道："我从径山寺回来，一路寻思禅师、道长的谈话，越想心中越是害怕。道长说大官山前池之龙已隐伏数月，今将降临人间，我石镜乡近日临产的仅我一家，阿兴又听见我家后面有甲马之声，你也梦见天上有众多甲马奔我家而来，如此看来,这前池之龙投于我家是十之八九了。如今天下丧乱,盗贼蜂起,群雄割据,攻伐不绝,一旦我家出个草头王,必将遭灭门之祸,辱没祖宗英名。"水丘氏听了丈夫的话,不免也害怕起来,二人愣愣地盯着襁褓中熟睡的婴儿不知如何是好。

过了好一会儿,钱宽身体颤抖起来,一个念头涌上心头,嗫嚅说道:"不如把这孩儿投之于井,绝了祸根。"水丘氏听得丈夫如此说,如五雷轰顶,一把将婴儿紧紧搂在怀里,大声道:"这是我们的骨肉啊,怎么忍心?再说孩儿降生公婆亲眼所见,你将他溺了,如何向公婆交代?"钱宽颤声道:"你我都还年轻,溺了此儿尚可再生。此事若先禀告父母,他们自然不依,只得先溺了再说,那时木已成舟,再讲清原委,申明大义,父母自会体谅。"说着便伸手来抱孩子。水丘氏万箭穿心,边哭边拼命护住孩子,二人争抢间孩子被惊醒,大声啼哭起来,声音响亮犹如牛吼,似抗争又如呵斥,钱宽不由得松了手。他愣了片刻,清醒过来,心想一旦孩子的哭声唤来父母,事情就难办了,便果断地从水丘氏怀中抢过啼哭的孩子,大步向门外走去。

母亲听见孩子的哭声,急从上房出来,正见钱宽抱着孩子大步流星向外奔去,心中诧异,慌忙追了出来,边追边喊钱宽站住。眼见得钱宽抱着孩子急奔东边山脚下水井,母亲似乎明白了钱宽的企图,越发心急,紧追几步,竟被石头绊倒。钱宽本是孝子,听见母亲的呻吟,回头见母亲跌倒,一下子心软下来,抱着孩子走回几步将母亲搀起,又便跪倒在母亲面前哭着说道:"此儿是祸根,不能留啊!"母亲骂道:"这是什么混账话,好好的孩子,怎么就是祸根?也不和父母商量就自作主张,虎毒不食子,你连畜生都不如?真是罪过啊!"此时天色已渐昏暗,早春天气早晚颇为寒冷,母亲从钱宽手中抢过孩子,解开自身衣裳将孩子包在怀里说道:"有话回家细细说,莫把孩子冻坏了。"

远远地便见父亲焦急地等在门口,众人一起回到家中,母亲把孩子交给水丘氏,说道:"一家老小都齐了,畜生你就把非溺死孩子的道理向大家说清楚,大家评一评,如若理亏,看大家饶得了你!"钱宽只得把事情原原本本向二老说了一遍,最后道:"如今只有溺了此儿方可免除大患,一旦此儿羽翼丰满,就谁都无法制御了,任其为所欲为,必生大祸。"父亲道:"为何不当面向道长和禅师问个明白?仅凭听来的只言片语就回家莽撞行事?"钱宽辩解道:"小和尚说师傅关照过,今日与道长谈话,任何香客暂不接见。"母亲平时是极信这道长和禅师的,如今却是孙儿生死存亡的紧要关头,便顾不得这许多,道:"道长和禅师也没说此龙就肯定在我们家,龙行千里,兴许生在外乡外县不知啥地方呢。再说他们说话就这么灵验?就没有说错算错的时候?前几月道长求雨就没求来,灵啥?验啥?"钱宽道:"那阿兴与媳妇听到的甲马之声作何解释?"父亲道:"哪里有什么甲马之声，那是近来数月无雨，草枯土松，后边大官山上土石崩塌坍将下来，又是三面环山，回声振荡久久不绝，我正欲午睡，亦被此巨响惊醒。"母亲接着说道："你把儿子投井溺杀，就不怕老天报应？"钱宽道："宁可我一人遭报应，总比将来遭灭门之祸辱没祖宗强啊。"父亲道："若此儿果是龙胎，你把他溺死，兴许更会祸及满门。我看甬管道长、禅师怎么说，一切随天意吧，好好看顾这孩子，等长大了再说。"毕竟自己骨肉，钱宽其实亦心有不忍，便不再作声。父亲又道："禅师与道长之言乃是他二人对时势国事之议论，并非指我家之事。这且不论，若果真龙投我家，焉知一定是逆龙？如若正龙，当是我家之幸、国家之幸，我们当好生抚养此儿，早授蒙学，使其走上正道。另外，托生之说切莫外传，一旦官府得知，必给我家带来大祸，切记切记！"

此儿性命全赖婆婆全力维护得以留存，乳名遂唤作"婆留"，而大官山东山脚下水井亦被后人唤作"婆留井"，至今犹存。此事自有罗隐诗句《婆留井铭》为证。

> 于维此井，渟育坎灵。有莘有邰，实此储英。
>
> 时有长虹，上贯青冥。是惟王气，宅相先征。
>
> 爰启霸王，莫绥苍氓。沛膏渐泽，配德东溟。

岁月荏苒，光阴似箭，不觉已过了数年，小婆留长成一个聪颖顽皮、有胆有识的少年。七岁，婆留有了两个弟弟一个妹妹。由于连年灾害，八口之家境况已大不如前。为了让儿子早受忠孝之道，钱宽送婆留上了乡里的学馆，先生给孩子取名钱镠，号具美。学馆中蒙童家境多比钱镠强，不屑与其交好。钱镠心中不平，暗想道：总有一天强过你们，让你们刮目相看。

大官山西有一座孤立石山，高二十余丈，山石裸露，悠然独立。其东峰有一圆石，直径二尺七寸，一侧甚平，且光莹如境，里人称此石为石镜，山为石镜山。山顶有巨石，形如笔架，西侧山腰有洞，深约两丈，名仙人洞。依石镜山之东有小石山，前有一大樟树，树冠十丈余，枝繁叶茂，主干须数十人才能合抱。山前为临水里，石镜溪由南向北沿石镜山脚折向东北流过。

一日，众蒙童放学回家，路过石镜山，在山下玩耍。钱镠爬上东峰，站立石镜前审视良久，模糊照见自身影像隐约似穿戴了袍带冠冕，遂大喊："快来看，石镜能照影啊。"众蒙童听得钱镠喊，都纷纷爬上山来，周围一些村童也随之上山。钱镠对众儿童说道："你们看石镜中有我的影子，身穿蟒袍，腰系玉带。"众儿童争相照看，只见模糊一片，哪里有什么蟒袍玉带。钱镠见大家不信，就越要叫大家信，故意摇摆几下身子说："看见么？头冠前后还有冕旒，摆动起来多好看？"又转了几圈说："看见蟒袍飘舞么？"众儿童又争相向前，在石镜前左照右看，还是模糊一片,不免都垂头丧气起来。钱镠道:"或许将来位高权重之人、福多寿高之人才能照见自身,你等下山,到石镜溪中好好洗洗脸再上山来,或可照得清晰些。"众儿童见钱镠如此说,蜂拥下山到溪边好生洗涤,不一会儿回到石镜前,左照右看,仍不见自己的"富贵相"。有个李生倒是聪敏乖巧,在石镜前照看多时,突然心想:凭什么只钱镠照得见,看他得意的,我也说照见了,又能怎样?便兴奋地笑道:"看,你们看,我戴得乌纱帽,还有绯红的官服。"众多孩子在石镜前照不见影子,正在疑惑不定,听李生一说,顿时疑惑消失,确信无疑,只是自己未照见富贵相,愈发觉得失落。钱镠心想这是一个笼络伙伴的好机会,便说道:"大家不必灰心,今后无论谁有了权势,有了财富,我们都要互相帮助才是。"听钱镠这么说,众孩童转忧为喜,从此成天围着钱镠转,唯钱镠之言是听。小伙伴们常常在石镜山下玩耍,钱镠把他们分成数队,或是分据石镜溪两旁互相开战,或是各守石镜山与大官山往来冲杀,或是在大官山树林中设伏阻击,或是在大樟树下操练阵法。大家悉听钱镠指挥,赏功罚罪,奖胜责败,事事分明,人人叹服。后人张昱有《临安访古·石镜》诗为证:

> 临安山中古石镜,曾照钱王冕服来。
> 天谴紫苔封里后,等闲不许别人开。

　　不久,钱宽获悉儿子石镜照影的传闻,心中不免慌乱。傍晚,钱镠玩耍后回家,钱宽问道:"听说你与众伙伴在石镜前照影,唯你照见了头戴王冠、身穿蟒袍的帝王像,此事当真?"钱镠低头不语。钱宽见状心下明白几分,又道:"是你事先想好的?"钱镠依旧不语。钱宽怒喝:"逆子,你是要置一家老小于死地吗?早知今日,当初定不留你这祸根。"说罢便狠踢了几脚。钱宙闻声赶来,护住孙儿道:"说话要真,待人要诚,此乃人间交往之本,你欺骗众人,便无法取信于人,将来在人群中就难以立足,尤其是王者之说怎可信口雌黄,不怕招来杀身之祸?以后切莫做此荒唐事!"钱镠知道自己错了,哭道:"孙儿谨记,绝不再做此荒唐事!"钱宙又叮嘱道:"孙儿欲在同窗间取得尊重,就需用功读书,发奋上进,有了成就,先生、同窗自会刮目相看,绝不可投机取巧。"钱镠点头称是,从此更加勤奋学习,广览群书,本就天资聪敏,善思强记,因此学业大进,成为学馆中的佼佼者,颇为先生所赏识。

　　钱镠九岁时,浙东裘甫聚集农民暴动,先后攻占剡县(今嵊州新昌)、台州、唐兴(今天台)、宁海、上虞、余姚、慈溪、奉化、象山等县,两浙一片惊恐。一日晚餐,全家围桌而坐,钱宽道:"近日风声甚紧,裘甫攻占半个浙东,聚集三万多兵马,如今驻兵越州城南东小江。"钱宙道:"据传裘甫有个部将叫刘暀,扬言攻打越州城,派兵驻守西陵(今肖山县西兴镇),还要调集战船,率大军进取浙西,攻打宣歙,甚至要渡过长江剽掠扬州财富!"钱宽叹息道:"果真如此,我们又要遭兵燹之苦了。"停了片刻,又悄声道:"听说裘甫盘踞剡县并未为难黎民百姓,倒是打开府库,赈济贫民,因之父老乡亲都欢迎裘甫军兵,好几千人投靠他的队伍,怪不得短短数月就聚集了数万兵马。果是如此,攻下浙西也未见得对我临安百姓有何损害。"钱镠边吃饭便仔细听着祖父与父亲谈话,听父亲说裘甫优抚百姓、百姓拥戴裘甫时,心中起了疑问,遂轻声道:"既然裘甫关爱百姓,皇上又是万民之主,那裘甫为何要攻打官府?皇上又为何派官军攻打裘甫呢?"钱宽听儿子如此问,想起儿子出生时节的情形,知道自己在孩子面前失言,一时又无言以对,心中发急,便随口说道:"小孩子懂什么?军国大事,不要随便插言,更不得在外面说长道短,免生祸端。"钱宙理解儿子心事,但孙儿心中既然存有疑惑,不如好好引导,处置得当或可教育孙儿走上正道,光宗耀祖,处置不当反会使孙儿走上邪路,祸及满门,沉思良久,钱宙慢慢说道:"孙儿问得极当,可见孙儿思虑颇深!皇帝乃万民之主,理当为民保安造福,让百姓安居乐业。去年大行的宣宗皇帝也着实为百姓做了许多实事,被世人盛赞为小太宗。只是当今世道藩镇拥兵,互相攻伐,奸臣弄权,尔虞我诈,宦官专政,惑乱君主,搞得天下大乱,民生凋敝,因此当务之急乃是辅佐朝廷铲除弊端,而非起兵谋反祸乱天下。再说皇帝乃紫微星入世,谓之天子,紫微星仅有一颗,皇帝也只许有一个,天下臣民须听命于皇帝,不可造次。裘甫既体恤百姓,当辅佐皇上铲除宫廷弊端,拨正朝纲,不应反叛朝廷,自立为王。而今裘甫自称'天下都知兵马使',铸'天平'大印,改元'罗平',众节度使一旦效仿,都自立为王,天下岂不大乱?百姓岂不遭殃?裘甫既非紫微入世,贸然称王,必将遭受天谴,孙儿须切切记取!"钱宽听父亲教训孙儿有理有据,乃频频点头,等父亲说完便接言道:"吾儿,方才祖父所言你当牢记于心,必将终身受益!你长大后若有出息,须以忠为大,以孝当先,切不可有逾越之念,做越轨之事。"钱镠见祖父语重心长地说了这番话,父亲又郑重其事地谆谆嘱咐,遂一一应承,牢记于心。

　　朝廷为了征讨裘甫农民军,任用前安南都护王式为浙东观察使,并下诏调发忠武、义成、淮南诸道军兵交由王式调遣,不出三月,围歼裘甫于剡县。消息传来,人们沸沸扬扬,议论纷纷。钱镠乃孩子王,被众小伙伴围在核心说道:"天下荒乱,盗贼蜂起,群雄拥兵,皆以武力为之,而浙东之乱盖因各州县不修武备,库虚兵弱,不堪一击,以致不数月裘甫兵即攻下数州县。当今治国平天下,当以武备为重,从今以后我等须用心习武,下可护卫乡里,上能报效朝廷。"自此,小伙伴们常从大人那儿学习一些拳脚功夫,互相揣摩效仿,倒也有些成效。

　　钱镠十二岁时已有了三弟两妹,家境益贫,上学之余常上山砍柴,或田野牧牛，或随父耕作，或集市卖菜。一日与伙伴们砍完柴，在山坡草地上作官兵捕盗游戏，钱镠指挥"官兵"围剿"强盗"，已将两名"盗匪"围困在一块孤立的大岩石上，久攻不克。时值初春，野草枯黄，钱镠决定火攻，小伙伴即以火石击火点着枯草，霎时间岩石前面升起腾腾火焰，浓烟直扑岩石上的"盗匪"，两名少年急忙跳下岩石逃窜，被"官兵"截住拿获。孩子们只顾玩耍，不曾注意此时野火已经燃起大片，直向山上蔓延，离此地二三十丈远便是山林，松树、灌木漫山遍野。见此情景，钱镠大叫："不好，别烧着了上面山林，山山相连，恐就不可收拾了，大家赶紧扑火！"顿时，伙伴们不知所措，有的想逃跑，有的想回家取桶挑水灭火，有的要去叫大人扑火，乱成一团。钱镠叫住众伙伴高声说道："快解开柴捆，抽出青枝扑打火苗，好在荒草不甚茂密，风势不大，火势不猛，大家分头扑打定能扑灭。"众孩子如获将令，纷纷抽取青枝四散扑打野火。钱镠见大家乱糟糟分头扑火，又叫道："都站到已烧过火的一边来，不然会烧到自己，大家沿火线站成一排，并肩一起扑火，扑灭一片再换一片，要快！"刚说完，猛然见一伙伴已被野火包围，再迟疑即有被野火吞没危险，便奋不顾身猛蹿几步跃入火圈，抱住伙伴摔倒在地，就势滚将出来，由于动作敏捷迅速，二人身上竟未被烧着。钱镠边扑火边指挥，不出半个时辰，野火终被扑灭。小伙伴们此时才感觉精疲力竭，紧张情绪亦放松下来，气喘吁吁地躺倒在荒草地上，你瞧我我瞧你，个个满脸灰土、汗痕，活像个花脸猫，不觉哈哈大笑起来。他们奔到溪边洗了脸，拍打灰土，嘻嘻呵呵回到草地上，纷纷寻找自己的柴担。一个小伙伴的柴担在火场之内，已烧成灰烬，不禁茫然失色，泪水浸润双眼。众伙伴见此情形亦甚同情，钱镠道："我们是好朋友，无论谁有困难，都应互相帮助，如今烧了一担柴，大家都在自己柴担中抽出一把来，凑成一担，你们说好与不好？"众伙伴异口同声道："好！"立即七手八脚凑出一担柴来，大家高高兴兴回家去。

钱镠回到家中，放下柴担，见过父母。钱宽见儿子回来这么晚，衣裤上满是柴灰，还有许多破洞，便皱眉问道："如何回来这么晚？"钱镠回道："和小伙伴们玩了一会。"钱宽又道："如何搞成这副样子？"钱镠只得如实说来。钱宽听罢喝道："在山野中玩火烧着人如何得了？烧着山林得造成多大损失？整日里就知道惹祸，功课都温习好了？如今家计艰难，勉强供你一人读书，有时间就该多教导弟妹，多帮家里干活。"钱镠知错，低头不语。过了好一会儿，钱宽渐渐和缓下来，道："罢了，你能为伙伴设法解难，这很好，伙伴间本该互相关爱，吃饭去吧。"

在兵荒马乱、艰难困苦的岁月中，小钱镠一天天长大了，长成一个有胆、有识、关心伙伴的勇敢少年。无论发生什么事，他总能挺身站在伙伴们的前面，勇于面对，敢于担当。

第二回　贩私盐婆留历沧桑　荐县学洪湮引正道

钱镠十五岁时家境亦发贫困,祖母也因病故去,只得休学在家做些农事。一日,钱镠正在山坡草地牧牛,突然听得山上一阵凄厉喊声,寻声看去,只见一头牛顺着山坡斜向冲将下来,势不可挡,后面一个人被牛绳拖着高喊救命。不远就是陡坡,一旦滚将下去必定牛毁人亡,钱镠见事不好,要出人命,顾不得自己被狂牛撞下陡坡的危险,紧赶着自家牛冲上前去,于一棵大树前挡住狂牛去路。受惊的狂牛见有牛拦截,哪敢挑战,向右转个弯,便逆着山坡又向上斜奔而去。这一来牛绳绕过大树树干,狂牛受到羁绊,又是上坡,遂慢慢停了下来。钱镠紧赶过去扶起被牛绳拖拽之人,却是自己平日里同玩的伙伴,幸好救得及时,虽受了些擦伤,并无大碍。伙伴捡回一条命,惊恐之余向钱镠千恩万谢,二人于山坡上并肩坐下。慢慢地,伙伴从惊吓中平复过来,问道:"怎么不上学了?""家境不济,只好休学。""那今后怎么办?""只得相机而行,若有机会也许出山去闯荡闯荡。""如今山野之地盗匪出没,一个人闯荡甚是危险。""若能有数人同行自然好。"伙伴沉默良久,看看周围无人,小声附耳对钱镠道:"有一桩买卖不知你愿不愿意做?""什么买卖?""贩卖私盐,就是从海边盐产地买得私盐,再到山僻之地卖出,可以赚一半钱。"钱镠想了想说道:"贩卖私盐可是违法的事,沿途设有许多盐监,一旦被抓就得坐牢。"伙伴笑笑道:"就是不能让官兵抓住,所以需要几个人合伙同行。""到哪儿去找这许多人呢?"伙伴神秘地悄悄道:"我告诉你,可不能告诉别人。"钱镠点了点头。"我表兄前两年就同邻村人跑过几趟买卖,如今他正自己张罗人呢,你若愿意,我去和他说说。"钱镠对贩私盐之事从未想过,也不甚了解,肚里寻思半天,定不下主意,遂说道:"我可以见见令表兄吗?"伙伴道:"我先与表兄说过再定,如何?"钱镠点头同意。

过了几日,伙伴带钱镠来到偏僻山凹处,表兄顾三郎已在此等候。这顾三郎二十三四年纪,生得浓眉大眼,高颧阔唇,膀宽腰圆,身材挺拔,一看就知是个勇猛汉子,望了望钱镠问道:"你叫钱镠?今年多大了?"钱镠点头答道:"过了年十六岁。"钱镠年纪虽小,却长得高大,看起来已是一个青年小伙子模样。三郎接着问:"你小小年纪能挑动几百斤?能走得山道夜路?""上下山能挑二百多斤,夜路也是常走的。"三郎把钱镠重又打量一番,觉得说的是实话,先前已听表弟说过钱镠为人机灵仗义，还会些拳脚枪棒，觉得是个用得着的人，便想把贩卖私盐赚钱的门道跟他说一遍，看看他作何反应，便道："听说你想打听贩卖私盐的事？那我就先给你说说。如今江淮一带官定盐价每斗三百文，官商为牟取暴利，售给百姓却多于四百文，偏远山村，穷乡僻壤，如宣歙地区竟高达五百文，很多百姓无力买盐，只得常常淡食。海边盐场，收盐官价仅一百文，其间每斗盐数百文的暴利被官府和官商折去，你道可恨不可恨？"三郎瞟一眼钱镠，见他低头沉思不语，知已被说动心思，遂继续说道："我等若从海边盐场以每斗百钱购得，转运至宣歙一带，再以每斗三百钱卖出，每人一趟可获利二千六七百钱。这些钱取于贪官、奸商，不可谓不义；以每斗盐三百钱卖给山民穷苦百姓，解了他们缺盐之苦，不可谓不仁；除贩盐可得利外，我等还可以从山里购得山货卖于州府县城，如此往返一趟可净赚三千多钱，相当于八九亩田地一年收入，交于父母，不可谓不孝。如此好事，何乐而不为！"钱镠听了频频点头称是。三郎见钱镠已被打动，接着严肃说道："此事虽好，却须冒巨大风险！官府官商颁布了严厉的禁令：盗盐一斗即遭杖背之刑，并没收运输器具、牛马等；盗盐一石者处死；盐盗持有武器者亦处死。"三郎瞧瞧钱镠，见并无惧色，便继续说道："吴越扬楚一带有涟水、湖州、越州、杭州四大盐场，积盐上万石，防卫甚严，设有嘉兴、海陵、盐城、新亭、临平、兰亭、永嘉、大昌、侯官、富都十监，周围盘查得紧，能捕得私盐一斗者，赏千钱。这些地区均在平原，极难隐蔽贩运，须从浙东沿海购得私盐，穿越四明、会稽、龙门诸山进入浙西山区，再转至宣歙地区卖于百姓，如此方可避开官府盘查，通过平旷地区或过江时还须夜行，这个行当既辛苦又危险，你要仔细想好了再做决定。"钱镠沉思半晌，答道："此事关系重大，待我回家禀过父母。"三郎急忙说道："千万不可与家人商量，父母听了绝不会让你去冒此危险，即便他们同意你去也会终日不安，一旦他们口风不严，露了出去，还可能给全家带来更大的不幸。你可以告诉父母与我们合伙做买卖，在山里买些山货去各州县卖，再在州县买些纸笔、丝绸等日常用品进山区卖，如此可叫家人安心。"钱镠一一答应了。

回到家中，钱镠依三郎所言与父母商议，父母既高兴又担心：高兴的是孩子长大了，知道为家庭分挑担子；担心的是小小年纪就要远离家乡外出谋生。钱镠安慰父母："路上自有三郎大哥照应。"父母只得依了他。

接下来一家人开始为钱镠远行筹集本钱、路费，准备干粮、咸菜，整理衣衫、鞋袜，钱镠自己收拾了一付笋担，还带了两本喜欢的书。

几天来父亲一直沉默不语，只是用心地在用硬木棒做搭柱。这搭柱立起来略高于肩，上端刻成圆弧形凹槽，休息时将搭柱立于地上，扁担水平搁置于搭柱上端凹槽内，只需将搭柱靠于胸前，用手扶之使之不倒，重担便由搭柱托起，以此可解除身体重负,得以休息。搭柱上端的一个侧边刻有一个凹槽,挑担行走时,若重担挑于右肩,则搭柱搭于左肩,上端侧槽交叉托住扁担,左手压住搭柱下部,便可将担子重量通过搭柱分递于左肩,变单肩挑为双肩挑,大大减轻单肩负担。单肩挑须腰部侧弯行走,双肩挑则腰部挺直,行走方便。父亲又在搭柱下端镶嵌一个八角铁球,不仅可以防止柱底磨损劈裂,遇到土匪或野兽,还可当做长柄铁锤使用。

数日后,三郎与大家约定了时间,各自回家采购山货土产,一切准备停当,不日起程。正是初春时节,天气风和日丽,恰是出门上路的好季节,一行六人经过杭州、越州、上虞、明州等州县,卖了山货,来到浙东海边偏僻村落,向村民购足私盐,上面盖上杂物,挑着盐担往四明山而来。山上道路崎岖,树高林密,人烟稀少,官兵团丁亦极少进山,白天可以放心行路。待要越过州府县治,便少不得需绕道而行,穿越平原亦需昼宿夜行,一路上风餐露宿,忍饥受渴。

一日,渡过曹娥江,绕过剡县,进入会稽山区。傍晚时分一行人来到王家岭,不想走了十来里山路却未见一户人家,直至天近黑时才见山凹里有三间茅屋。三郎叫大家在隐蔽处暂歇,自己去茅屋前叫门。开门的是一位老丈,三郎上前说明来意:"我们兄弟六人做些买卖,路过此间却未遇到歇息处,可否借住一宿,请老丈行个方便。"老丈道:"歇宿无妨,只是我家贫寒,既无床榻,又无被褥,房子也是四壁透风。"三郎道:"不妨事,我兄弟都是穷人家子弟,随便打个地铺即可。"三郎出门招呼大家进屋,在门里歇了担子。老丈与婆婆熬了一锅玉米糊,端出一盆红薯,一碗干菜,请大家吃饭。六人不免对周围观察一番,中间是堂屋,两侧是卧房及储藏室,下手是厨房,老丈与婆婆五十开外年纪,有一个孙子八九岁。三郎问老丈:"怎么不见孩子父母?"老丈回道:"七年前就双双过世了。""莫非出了什么变故?怎么就双双去了?"老丈只是叹气,婆婆却在卧房里抽泣起来,见此情景,三郎不便再开口。站在一旁的钱镠却沉不住气,说道:"老伯有何伤心事,不妨给我们说说。"老丈被钱镠央求不过,缓缓说道:"你们也是穷人家孩子,说说也无妨。以前我们住在剡县城里,一家五口守着几亩薄田,家境甚是贫困,我儿屡因交不起租税被官府抓去受鞭笞。七年前,有个叫裘甫的和尚领了许多穷苦百姓攻下了剡县县城,进城后杀贪官,开仓放粮,满城百姓眼见得变了天,真是大快人心。后来听说官府派兵攻打剡县,县中青年纷纷投奔裘甫军保城御敌,我儿也投了义军,没几天义军就增加到数千人。初时倒也打了几场胜仗,义军声威大振,听说发展到三万多人,接连打下了浙东许多州县,可后来朝廷增派大批官兵前来围剿,义军全军覆没,可怜我儿也战死了。儿媳为寻找我儿尸身被官兵发现,侮辱后也被杀了,那时小孙儿才两岁,他们也不放过,三天两头来家搜寻,不得已我们只好悄悄带孙儿逃来这山里藏身,开出几亩山地勉强糊口。"三郎吐了口长气说道:"这些官兵和强盗有什么区别?"老丈道:"如今官兵远不及强盗!不瞒你们说,我们这里也曾有土匪来过,见我老汉穷,并不为难于我,喝点水歇歇脚就走了,有一次还扔下几十文钱。官府的关可就难过了,我四壁空空,还时不时来逼捐邀税,酬劳罚役,交不起就当堂鞭笞,日子真是苦不堪言啊!"钱镠在旁听着,甚是愤愤不平:"皇帝就不派人来管管这些贪官污吏?"老丈道:"孩子,你还年轻,皇帝还眼巴巴等着官府向百姓搜刮更多的钱粮供奉朝廷呢。"大家你一言我一语议论一阵,又安慰老丈几句,纷纷倒地睡了。第二日早起,喝了点粥,留给老丈几十文钱,准备上路。临别时老丈叮嘱:"往西五十里有座鹿鸣山,那里聚集有二三十个盗匪,你们须绕道过去。"大家谢过老丈,各自挑了盐担匆匆赶路。

连日里向西行来,翻山越岭,一路无阻。正值阳春天气,路上山清水秀,鸟语花香,处处是明媚的景色,六人私盐在肩,只顾赶路,哪里有心赏景抒情。

这日傍晚来到富春江边,六人在林中隐蔽了担子,三郎一人来到江边雇好小船,约定三更时分过江。挨到半夜,六人挑担上船悄悄渡过江去,对岸却是桐庐县,上岸后六人绕过县城向天目溪大山奔去。不想行至县城边时,城内群犬狂吠起来,警醒了民团兵丁,竟有十来名团丁紧随赶来。幸好六人已上了头道山岭,三郎见此情形,边走边对大家说:"为今之计,我一人挑担沿南坡下山,团丁见我必尾随我追去,你五人快快往北翻过山岭,再向西沿天目溪前行,在前面高处等我,若我午后仍不赶来,你们就自己前往宣歙。"钱镠急道:"我五人全赖大哥照应,不可没有大哥,引走团丁由我担当,只是我担中之盐还烦各位哥哥分担,即便团丁抓了我,没有凭证也奈何我不得,再说我还会一点拳脚枪棒功夫,三五个人也不一定抓得住我。"众人见钱镠如此说,也就没有异议,随即放下担子,把钱镠的盐分担了,三郎又向钱镠嘱咐几句,引大家钻进树林。

钱镠担子已空,只装了些随身物品,轻松沿南坡斜穿下山。团丁赶到岭上,四面看去一片密林,不见人影,山脚下却一目了然,只见钱镠挑了担子急急前行,随即边喊边往山下追来。钱镠听得喊声知道团丁已向自己追来,便快步向山咀边跑去。团丁见钱镠紧跑,追得更急,却哪里跑得过,钱镠转过山咀,估计团丁已被甩开了一段距离,便往岭上跑去,在半山腰拣了个陡坡的隐蔽处,脱下外衣挂到坡下小树上,又扔下脚上的草鞋,然后向山顶跑去。几个团丁追到此处不见了钱镠,及见树上衣裙,认定是摔下山了,便不再追赶。钱镠翻过山脊,看看已甩掉了团丁,便向西追赶三郎。赶了一程,来到天目溪边,沿溪西行,转了几道弯,见远处山顶有几个人影,其中一人手擎扁担,顶了个笠帽,知是三郎。钱镠上得山来,与大家相拥在一起,又向众人说了引走团丁的经过,大家连连夸赞他机敏勇敢。

浙西与宣歙之间,北有天目山为界,只有千秋关山路通行,南有昱岭为界,只有昱岭关官道通行,两关都有官兵把守,严查来往商货行人。三郎等人贩运私盐绝不能过此二关,好在既无车又无马,皆靠肩挑人扛,翻山越岭要方便得多。三郎已经走过多次,地形熟悉,带领大家在大山之间的山弯道上穿行了整整一天,终于越过分水岭。

傍晚时分,六人来到一个小山村,约有三十来户人家,此等山高林密远离州县的山村,官兵极少上来,三郎让大家先在村外歇了担子,休息片刻后,三郎道:"如今已到宣歙山区,这一带山民极为贫穷,常因无钱买盐而淡食,我等以官价斗盐三百文卖了,也算为山民们做了好事,今日就在此村开卖,明日再走他村去卖。"吩咐完毕,大家一起进村,开始卖盐。

村民们听说来了盐贩,斗盐仅卖三百文,纷纷围拢来,你三升我五升的争相购买。买完盐,眼见天色已晚,热情的村民纷纷邀请六人回家住宿。钱镠来到一户陈姓村民家中,陈大哥边倒水让钱镠洗脸洗脚,边说道:"你们送来了廉价盐,真是雪中送炭啊。平时我们需下山去买盐,最近的镇也要往返数十里,斗盐需四五百文钱,每次只能买一升。我山中村民贫困,常常买不起盐而吃淡食,许多人因缺盐虚弱无力,上山劳作时亦常有人虚脱昏倒。往前面茅屋里的张姓后生,就是在前年上山砍柴时昏倒后掉下山崖摔死了,留下孤儿寡母实在可怜。"钱镠道:"你们也可以联络几个人去贩盐呀。""一来村中大多家庭都有老小妻儿,随时都需照顾,只有二三户家中有小伙子离得了家;二来山村草民未见世面,路上又多有官兵草寇阻截,哪像你们走南闯北,有胆有识,做得了这等事!"说话之间陈嫂已做好了荞麦饼、番薯粥和一盘青菜,说道:"荒山穷村无甚好饭菜,小兄弟随意吃。"钱镠道:"我等都是穷苦人家,粗茶淡饭吃饱肚子就很好了。"停了片刻又问道:"此地离州县远,官兵又极少进山来,何不在山上多开些荒地种粮食呢?"陈大哥答道:"这里山崖陡,泥土少,砂石多,水难留,开不出多少地来,开出几块巴掌大的地,也只能种荞麦、番薯等杂粮,一年收不了多少。"钱镠接着说道:"这里山高雾大,何不开些山坡砂地种些茶叶呢?我们临安径山,还有一路经过的杭州武林山、剡县四明山都在山坡砂地上种茶,一年可以卖不少钱。"陈大哥沉思一会儿,道:"这倒是条路子,不妨试试,看不出小兄弟还真有些心计。"大家又谈论了好一阵才分别安睡。

第二天,一行六人转山过岭,走村串巷,行过了十来个小村落,终于卖完了六担盐,紧张的心情顿时松弛下来。眼见山民们买足了廉价私盐,个个千恩万谢,自己又赚得数千文钱，六人兴高采烈，挑起空箩筐嬉戏着飞奔下山，又在城中买了些宣纸、歙砚等土特产品，启程赶往临安回家。

离家一月有余，一家人终于团聚，钱镠与家人说了一路经历：临安的山货在杭州卖了，又在杭州买了丝绸布匹、湖笔铜镜去越州卖了，再买了越窑的瓷器去宣歙地区卖了，如今买了些文房四宝及山货准备下次出山去卖，先后赚了三千多钱，只字未提私盐之事，家人自是十分高兴。看看孩子虽只有十六岁，却宛若成年汉子，挑得起养家度日的担子，母亲高兴之余亦是心酸，见儿子风吹雨淋，皮肤晒成紫铜色，衣服刮破了无数处，一双鞋露着脚指头，满身灰土，两行热泪滴了下来。钱镠见母亲落泪，不免鼻子也有些酸楚，连忙说道："母亲，孩儿赚钱归来，今日全家当高高兴兴吃团圆饭。"母亲破涕为笑，忙应着准备饭去。几个弟妹围了上来，七嘴八舌问了许多风土人情、买卖行当之类的话，一家人好不欢喜。

此后，三郎又约大家跑了几趟，六人也都攒下了些钱，贩盐之余钱镠除了做些农事，闲暇时或是读书，或是习武。

钱镠十六岁时，朝廷在徐州招募的八百戍兵已在桂林戍守六年，早已超过戍守三年的约定，戍兵们渴望回乡与家人团聚。不料朝廷言而无信，还要他们留戍一年，戍兵们终于忍无可忍，杀了暴虐的都头王仲甫，推举粮料判官庞勋为都将，劫了仓库，北向家乡徐州打来。先是攻下衡山、湘潭两县，再沿长江东下转入淮南，沿途州县毫无阻挡之力，戍兵们一路召集散落乡间的军士，到达徐州城下时已达六七千人。朝廷遣使赦免戍兵之罪，并答应他们可以回乡，谁知本已准备解散武装回家团聚的戍兵又获悉朝廷密令欲将其全部缴灭，不得已竖起起义旗帜，攻取徐州，杀死徐州节度使崔彦曾等暴虐官吏，随后又出兵攻打周围州县，南到庐州、和州、滁州，北至沂州、海州。沭阳、下蔡、乌江、巢县等地悉为义军占领，各地农民争相响应，队伍迅速发展至二十余万人，又控制了运河，截断了朝廷江南财路，声势日盛。朝廷急命右金吾卫大将军康承训为义承节度使、徐泗行营兵马都招讨使，命羽林将军戴可师、神武将军王晏权为南、北面招讨使，调集军马围剿义军。到了秋天，江淮地区官兵如飞蝗般铺天盖地而来，义军岌岌可危，百姓亦惶惶不可终日，纷纷离家逃难。

顾三郎等人在宣州山区卖完盐，本想去城里买些当地物产带回临安，却见百姓已是人心惶惶，于是众人商议在山里分手，各自分头行事，以免人多惹人注意，旁生事端。

钱镠与众人告别，先是买了些山货到湖州卖了，又于湖州买了银鱼、铜镜、湖笔等直奔临安而来。

这一日行至径山脚下，只见大片乌云从西、南两面向头顶滚滚卷来，顷刻间电闪雷鸣,大地昏暗。钱镠看向四周,前无村后无店,只有一条山道直通山上径山寺,便不由得急步奔径山寺而来。

洪湮禅师见天色骤变,大雨将临,领了小和尚四处察看是否做好防雨准备,来到山门时,恰好看见钱镠挑着担子急匆匆走上山来,知是避雨来了。正看间,钱镠可巧也抬头向山门里瞧去,见山门里几个和尚向他张望,犹豫一下,便折向旁边小路走向后边侧门去了。禅师纳闷,便也走去侧门看个究竟,却见钱镠正从侧门进来,禅师安排钱镠歇好担子,问道:"小施主贵姓?家居何处?"钱镠答道:"敝姓钱,单名镠,家住石镜乡临水里钱坞垅,因天将降雨,只好借宝寺暂避一时,望禅师宽谅。"禅师道:"你可是钱宽施主长子?""钱宽正是家父。""请小施主随老衲在方丈室稍坐叙话。""怎敢烦劳法师?"钱镠心想,自己贩盐乃非正当买卖,本不该进佛门来,怎奈山雨欲来只得暂避寺中,偏偏禅师又要叫自己去方丈室,莫不是贩盐之事他有所察觉?正为难之际,听得禅师说声"请",只得乖乖随禅师进方丈室来。禅师请钱镠坐,钱镠哪里敢坐客位,便在禅师下首端条凳子上坐了。

原来东方道长那日与洪湮禅师谈话后,因天气仍然干旱无雨,便又去大官山前池察看,见池面平静,毫无生气,却听得钱坞垅院落中有婴儿啼哭,声音宏亮,又未见附近其他村落近期有婴儿降生,便认定钱宽家婴儿乃池龙转世,从此格外关注。东方先生不幸于三年前仙逝,临终前嘱咐洪湮禅师一定要关注钱镠,务必引导其走上正道,以免日后滋生祸端,危害两浙百姓,如果扶持得当,此子或可成为栋梁之才,造福一方。从此,每当钱宽家人来寺求签拜佛,禅师总要详细询问家中情况,或遇石镜乡香客,也常常询问乡中动向及钱家境况。这一年多来,钱镠外出行贩之事禅师也约略听说些,今日恰好钱镠独自进寺来,正是劝导其上进的好机会。

小和尚奉上茶,禅师开言道:"小施主做何等营生?"钱镠心中盘算,绝不能说贩盐之事,便顺口答道:"不怕大师笑话,近几年家中拮据,两年前辍学,先是在家做些农事,后来做了些行贩生意,在各州县间往返做些买卖,挣点钱贴补家用而已。""小施主都去过哪些地方?沿途有何见闻?老衲愿闻其详。"钱镠先说了些杭州、会稽、明州、湖州等州县中见闻,官府如何暴虐,百姓生活艰难,见禅师听得甚是仔细,还常插问,便放心大胆地往下说。讲到穷山僻壤、沿海渔村,更是感叹村夫山民缺衣少食、苦不堪言。"官府勒逼赋税,动辄捕人杖责,百姓怨声不绝,真是官逼民反,难怪丛林中多有盗匪出没。"

禅师听得钱镠所言,心下已甚明了,说道:"你们数人合伙做远途行贩,着实不易,平原州县官府盘查得紧,稍有不慎即遭体罚,一旦查得违禁之物,轻则挨打，重则收监，以致丧命。荒野山岭又多有盗匪出没，剽掠财货，防不胜防。这等私贩生意，担惊受怕，极无保障，若有违禁之处，一旦遇有灾难菩萨也庇佑不及。"

听见禅师如此说，钱镠心知失言，自己贩盐之事怕是已被禅师猜到了几分，赶忙换了话题，说起裘甫、庞勋来："义军所到之处开仓放粮，百姓感其恩德，往往一呼百应，队伍迅速扩大。"禅师道："据说裘甫曾在明山保国寺为僧，那年武宗皇帝下令拆毁天下寺院，保国寺被毁，遂回家乡象山县裘家村还俗。裘甫为人耿直，心地善良，练就了一身拳脚功夫，见到欺软压弱之事好出头相帮。后来不知怎的反了官府，打下了象山县，又攻占了大半个浙东地方。凡打下州县，必开仓赈济穷苦人，颇受百姓拥戴。怎奈他既无治国安邦之策，又无用兵攻伐之谋，哪里抵得住老谋深算的安南都护王式的进攻呢？人世间之事本来自有因果，非真命天子切不可有非分之想，莽撞行事。那庞勋大抵也是如此，因一时获得百姓拥立，便有了自大之念，做起帝王之梦，如今被官兵包围，亦是强弩之末。"

钱镠听了，颇有些不平，问道："如今官府暴虐横行，百姓饥寒悲苦，反又反不得，从又从不成，如何才能摆脱此等惨境，还百姓一个清平天下呢？"禅师道："听小施主所言，颇有慈悲之心，同情贫苦百姓，反对官府暴政，实乃有志之士啊。然裘甫、庞勋亦为有志之士，同样同情贫苦百姓，反对官府暴政，却以失败收场，本人不得善终，百姓亦受牵连，小施主可想过原因？""请禅师明示。""裘甫、庞勋之辈文不能安邦，武未能定国，空有一腔热血，焉能立国建业？况世间万物皆有因果，人各有命，若人人自立为王，个个争当皇帝，大家拼个你死我活，岂不更加祸害百姓？"禅师见钱镠低头不语，似有所思，便接着说道："天下太平，百姓方能安居乐业。皇帝乃真龙天子，有志之士如为百姓着想，当辅助朝廷使得国家走上正道，而非自立为王，搞得天下狼烟四起，兵连祸结。""如何才能使国家走上正道？"钱镠插言道。"弘扬佛法，使人人心存慈悲。平民百姓有慈悲之心，可以尽自己之能帮助周围百姓救难解困；地方官吏有慈悲之心，便会扶助农桑，兴盛百业，保障百姓安居乐业；皇帝朝臣有慈悲之心，即能取消苛捐杂税，均受田地，强兵保境，消灾佑民。"

禅师说得有些动情，平静片刻，又道："若要造福百姓，光有志向是不够的，还需有见识！更需有胆略！贫僧有几句肺腑之言，不知小施主是否愿听？"钱镠赶忙道："愿禅师赐教！"禅师道："当今天下动乱，群雄争霸，草寇蜂起，黎民遭殃，小施主乃年轻有为之人，只要一心礼佛向善，发奋读书习理，苦练武艺兵法，将来必有成就，届时保障地方安宁，为百姓造福，乃是正道。"钱镠道："怎奈我家境贫困，父亲无力供我求学，且在穷乡僻壤，哪里请得良师教授？"禅师道："小施主若有此心，不必担心良师，老衲这现有一位朋友，姓钟名起，是临安县录事，我今修书一封,你带去他府上,必会照应于你。"钱镠赶忙向前跪下,说道:"禅师教诲,弟子当永远铭记于心,承蒙引荐得以求学习武,弟子必不负禅师大恩,潜心礼佛,刻苦学习,他日若有所作为,定造福百姓,保障一方。"说罢,向禅师拜了四拜。禅师扶起钱镠,随即修书,嘱咐再三,钱镠再拜而别。

第三回　拜恩师义结挚三友　殄二寇初露锐锋芒

　　却说钱镠收好洪湮禅师书信，外面已是雨过天晴，遂拜别洪湮禅师，收拾货担赶路回家。

　　回至家中，钱镠向家人说起此次买卖经过，说到庞勋占领淮北广大地区，宣歙官民惊慌不安，偏僻山区盗寇日增，长途贩运益发艰难，大家都无奈地摇头叹息。再说到径山寺避雨受洪湮禅师教诲以及禅师修书荐县学一事，全家人都激动起来，这一时期靠钱镠长途贩运，家里已添置了十几亩田地，收入较前宽裕许多，以此对钱镠求学之事一致赞成。接下来，家人忙着为钱镠准备衣衫行装、文房四宝、日常用品，长辈们又少不得千叮咛万嘱咐。几日后，钱镠拜别亲人踏上求学之路。

　　钟起，洪州高安人，已过不惑之年，生有二子，长名"传"，年十八，次名"承"，小兄三岁。这钟起生性正直，性格开朗，多结交清流雅士，远离阿谀之徒，免不得被人谮言，不受上司赏识，在临安县充当录事十余年未有升迁，平日里与洪湮禅师、东方道长交往甚厚，而东方道长亦是洪州人，因有同乡之情，遂相交更密。

　　四年前，东方道长曾造访钟起，谈起天下大势，临安忧患，道长道："如今两浙多事，局势动荡，盗贼横行，百姓苦难，值此多事之秋，正是英雄治乱世、奸雄图霸业之极好机会！大中六年，朝廷曾派员来杭州，于秦望山瘗埋玉璧，试图打断龙脉，乃是为了扼杀杭州出现王者。我今观察天象，仍然紫微星不明，牛斗星耀目，杭州地区必有贵人出世，杭州龙脉既遭打断，此贵人或应在临安登世。今临安有一后生姓钱名镠字具美，家居石镜乡，我已关注多年，听说此儿出生时有种种异象，其父怕日后多事受连累，曾试图将他溺于井中，却被他婆婆抢回，现在乡学中多受先生赞誉，蒙生拥戴。吾观此儿颇有王霸之气，相信将来必能成就一番霸业。若有良师益友时时点拨辅佐，引其走上正道，将来成王之日或可造福一方；若受旁门左道影响走上邪路，一旦称霸或将贻害两浙。先生正可做他良师，为两浙黎民做一件大好事，如此则功德无量，不知肯允否？"钟起忙起身道："道长嘱托，晚生自当效力，但不知如何得见此生？"道长道："此事先生不必费心，等他寻你就是了。"沉思片刻，道长又轻声道："先生若能辅助此生走上正道，将来必是贵不可言,对贵公子亦将大有俾益,虽不及此生,却也有许多富贵年华!"钟起道:"多蒙道长指点,晚生当尽心竭力遵照道长嘱托辅助钱生。"不想第二年东方道长竟仙逝了。

钟起因两个儿子不争气,整日与邻里一帮小后生饮酒赌博,惹是生非,游手好闲,不求上进,气得无可奈何。一日午间,钟起办完县衙差事回家午休,刚坐定,门外有一后生来访。那后生生得浓眉大眼,鼻隆耳垂,腰阔膀圆,身材高大,健步上得堂来躬身问道:"大人可是钟伯父钟起先生?"钟起欠身答道:"鄙人正是钟起,壮士有何见教?"后生上前两步,行完大礼说道:"晚生姓钱名镠字具美,家住石镜乡临水里,幼年曾在乡学求学,今蒙径山寺住持洪湮禅师引荐欲进县学求学,特来拜见钟先生,烦请先生帮忙玉成入学之事。"说完,拿出洪湮禅师书信,双手奉与钟起。钟起听得钱镠自荐,先是一怔,四年前东方先生所言果然不虚,又见钱镠相貌不凡,举止有礼,不免心生好感,待看罢洪湮禅师书信,这后生来历自是分明了。简单问过钱镠近况后,钟起吩咐下人准备午饭,又让人叫两位公子出来相见,兄弟二人却外出未回,钟起不禁轻轻叹气。盛情难却,钱镠遂于钟府午餐,正吃饭间,两位公子吆三喝四地从外面回来,钟起向两人介绍了钱镠。两人勉强地拱了拱手算是见礼,大家坐下一起吃饭,席间兄弟二人频频窥视钱镠,钱镠与他们说话也不甚搭理。吃罢饭,钟起领钱镠去县学办手续,安顿住宿,从此钱镠每日在县学听课读书,用心学习。

县学紧挨钟起宅院,一日傍晚,钱镠下学过府拜访,钟起尚未回家,只有兄弟二人在家无聊。见钱镠到来,两兄弟互相使个眼色,待钱镠走到庭院中间,便一前一后猛扑上来,钟传从后面用双臂抱住钱镠脖子,膝盖顶住钱镠腿弯,试图迫使钱镠跪下,钟承则从前面出手压住钱镠双肩。谁知钱镠手疾眼快,先飞起右腿横扫钟承下身,钟承不提防,站立不稳,被扫翻在地,接着钱镠双手抱住钟传脑袋弓身用腰一顶,钟传被仰面朝天摔翻在钱镠面前。钱镠指着俩兄弟笑道:"你二人要与我切磋,也不先告诉我一声,也好找个宽敞点的地方。"俩兄弟赶紧爬起来赔礼,钟传道:"听说老弟颇有些拳脚功夫,想试试功夫究竟如何,不想尚未交手就被摔翻在地,老弟功夫了得啊!从今以后愿尊老弟为师,教我们学两手,不知可肯答应?"钟承也赶忙道:"正是这个意思。"钱镠道:"我未曾受过名师真传,哪里有什么功夫?不过力气大些罢了。若真能访得名师,你我共同延师学艺,互相切磋,岂不更好。不过,仅学点拳脚功夫、刀枪棍棒,亦只能防身,却不足以建功立业。当今之势,虽可以武力称雄,但欲为国效力,保障一方,更应演练排兵布阵,学习攻战兵法,非如此不足以领军带兵。"兄弟二人历来只听父亲教导要学习孔孟之道、忠孝仁爱之类的儒家思想,他们又只肯练武,不愿习文,所以父亲教导从来不以为然，今日听钱镠一番言论，耳目一新。钟传先说道："老弟之言有理，今后凡老弟欲做之事，当全力追随。"钟承也道："我亦追随钱兄，不离不弃。"

正说话间，钟起从县衙回来，见三人说得高兴，问道："何事如此高兴？"钱镠起身施礼，钟传兴奋地把刚才之事讲述一遍。钟起知道这兄弟二人从未佩服过任何人，今见二人对钱镠敬服态度，心中高兴，又听钱镠所说一番言论，甚合自己心意。其实县中就有一位武师，与钟起相交甚密，只因二子游手好闲、不学上进，担心习武后为祸乡里无人能制，遂不曾请来教授二人，今见钱镠肯引导二子学好，此乃他二人从此上进的契机，遂满心欢喜吩咐下人设宴。席间钱镠向钟起敬酒，感谢连日来的照应，钟传兄弟亦频频向钱镠劝酒。酒过数巡，钟起道："今日你三人所言甚称吾心，从今以后你兄弟二人当以钱生为榜样，多向钱生学习，也望钱生对他二人多加引导管束。习武之事，倒有一位朋友名唤马明，可任你等教师。兵法阵法非旁人可以教习，须你等各自多看兵书，潜心研究。要读兵书，须先习文，你二人可与钱生同入县学学习，此乃正道。"钱镠道："伯父所言极是，我三人今后当同窗学习，同师习武，互相切磋，共同上进，学成之后同心报效国家，合力保卫家乡。"钟起又道："当今天下虽是打打杀杀，唯以武力争霸，但若不兴文治，国无纲纪，黎民必不拥戴，霸业不稳，终将得而复失，争之何益？徒给百姓带来兵燹之苦罢了。唯有文治武功，方能使万民安居，百姓乐业。"钱镠道："伯父教训极是，我等习文非为科举仕途，吟诗作赋，乃为治国安邦，强兵富民。"钟起今日一字不提孔孟之道、科举官场之事，却说出了一番道理，钟传兄弟耳目一新，听得仔细，频频称是。

从此以后，钟传兄弟每日与钱镠一起上学，勤奋读书，早、晚又与钱镠一起苦练武功，马明师傅亦常来钟家指导。这兄弟二人往日游手好闲，天资却聪明，什么东西一学就会，如今又有钱镠引导，几个月下来，学业、武功都大有长进。钟起见两个儿子一改过去游手好闲、惹事生非的做派，今日却是勤勉学习，努力进取，看在眼里，喜在心上，对钱镠更有一份感激之情。

马明，余杭人，为人耿直，性情急躁，不善交结，不多言谈，在县衙不受重用，少年习武，十八般兵器样样都会，如今却只是临安县衙役班头。其妻子早年去世，膝下只有一子，年方一十有六，与钱镠同岁，生得身材高大，杏眼粗眉，取名一个"绰"字，为人忠诚老实，不善言辞，却观察细微，有胆有识，自幼读过几年私塾，如今亦在临安县学就读。自马明收钱镠三人习武，马绰也常与他三人一起演练切磋。

钟起对他四人的学业、武艺自然十分关注，常常考察他们。一日，钟起得闲，便来教场看他四人俩俩较量。见他们精神抖擞，个个奋勇，你来我往，人人争强，动作越打越灵活，身手越练越敏捷，钟起眼花缭乱，心潮腾涌，直在心中暗暗叫好。大约过了小半个时辰，只听得马明高叫一声"住手"，四人遂收住手脚，围到马明身旁，听师傅点评，紧要处马明亲自做些示范。稍事休息，各自又操起兵器对阵，你刺我防，你劈我挡，刀枪舞动，只见闪光不见人影，进击攻防，快似游龙迅如闪电，钟起看得入了神。

待众人休息时钟起方才进来，马明与四个年轻人见钟起到来，都围了过来，马明问道："钟先生何时到来？"钟起道："我来了多时，看大家练得认真，不敢打扰。"马明道："这些后生练习颇为用心，又肯互相帮助，进步很快，眼见得我快教不得他们了。"钱镠忙道："师傅何出此言，我等还刚刚学点皮毛罢了。"钟起道："大家进步这般快，全赖马师傅悉心教导。方才见大家真刀真枪演习，都未穿戴盔甲，深怕一旦失手伤人可不是儿戏。"马明道："县衙兵器库中有几副盔甲，如今闲置着，不妨借来用用。"钟起道："如此甚好，我给县令打个招呼，用时去借，用完就还。"马明道："还是先生有脸面，相烦先生了。"钟起思索一会对马明道："打起仗来，冲锋陷阵、越壕攻城常需驱马驰骋，师傅不妨再教他们一些马上功夫，不知可好？县衙中有几批战马，我一并借来如何？"四个后生勤奋练习，迅速上进，马明心里高兴，今见钟起要教他们马战，便满口应承。钟起又道："除了刀枪剑戟等近兵器，还应练习弓矢弩箭等远兵器，打仗时都是用得上的。"钱镠忙不迭说道："先生所言极是，我们也想早日练习！"马明道："只要大家想学，我自当尽力而为。"

经过大半年的刻苦训练，四人武艺都大有长进，尤其钱镠，挽三石弓竟可命中二百步开外之的，尤擅长矛，刺杀时迅如闪电，舞动时不见人影，人人喝彩，个个叫绝。

钟起有一好友姓吴名仲忻，在浙西观察使府任判官，家住临安县，有一女，知书达理，颇为贤淑，仲忻曾向钟起提起，若遇贤达青年不妨为之做媒。钟起见钱镠一表英才，气度不凡，又为东方先生、洪湮禅师所看重，言及此人将来必成大器，便有意为钱镠与吴女说合。一日钱镠过府探望钟起，旁无别人，钟起便将此意告诉钱镠，探询意见。钱镠因十二岁时由父母作主，与本县石屋岭浪碧村戴氏女定为娃娃亲，以此不便与吴家再提婚事，遂婉言谢绝。

咸通十一年（870），天目山周边盗匪越发猖獗。北坡安吉县西南五十里的龙王殿一带聚集了三百多喽啰，匪首姓孙名端，为人奸诈狠毒，不时摽掠安吉、临安、余杭诸县。山南唐山县（今昌化）东南三十里的柳相山聚集了一百多喽啰，匪首姓朱名直，为人凶狠残暴，不时抢劫唐山、於潜、临安诸县。秋收时节，盗匪更是频频出动，扰得百姓常常整日躲避于山林，郡县官兵则终日守望于城楼。

近日，临安县天目山东麓的一个小村落被孙端盗贼抢劫一空，村民反抗，竟被杀死了数人，郡县束手无策。消息传来，县中学子个个义愤填膺，钱镠拍案而起，对众学友慷慨说道："如今山贼土匪猖獗到如此地步，大丈夫岂可怀安端坐？须当投笔从戎，奋力拨乱平贼，为民除害！"话音刚落，钟传大声道："当今郡县羸弱，我等当自告奋勇，协力破贼。"众学子纷纷议论，一致要求州县迅速募兵讨贼。

钱镠等人来到钟府，与钟起商讨此事，钟起叹道："尔等有此报国热情实属难能可贵，州县理当全力支持。盗寇猖獗，杀人越货，县中吏役亦无不愤慨，县令召集衙役幕僚商讨对策，大家亦有募兵剿匪之议，怎奈县库空虚，供不起数十名兵丁所需给养，只好作罢。"钱镠道："如今乡里频频受害，苦挨时日，百姓都翘首盼望官兵保护，可否向乡绅们募捐集资，招兵买马，组建乡兵。"钟起道："此事须得有声望的社会贤达出面，方能成就，这是一；如今捍卫乡里，乃火烧眉毛之急，从募捐做起，何时才能了当？这是二；建起数十人的队伍，怎能对付数百人的盗贼？这是三。有此三疑问，百姓怎肯冒然出资？"钟传道："那就由县府申报州府，请求拨款。"钟起道："县里何曾不想过此道，只是如今盗匪横行天下，绝非仅我天目山周围诸县，若县县都向州府申报组织乡兵，州府又如何应对得起？"这个不行，那个也不行，众皆默然。沉闷良久，钟起道："倒是有一条路，只是非得钱生不可。"钱镠道："先生但说无妨，凡是我能做的绝不退避。"钟起道："前数月曾向你提起娶吴家小姐之事，可曾记得？吴小姐之父吴仲忻现在浙西观察使府供职，乃我临安名门贤达，上可通达州府，下可号召乡里，如得此人支持，事必济矣！若钱生与吴家小姐订立百年之好，吴通判自当鼎力相助，钱生岂非一举两得！"钱镠忙道："我已与戴氏订有婚约，岂不太委屈了吴家小姐？又伤了戴氏。"钟起道："吴家这边我尽力说服，戴氏之事须你回家同你父母商议。"事已至此，钱镠不便再推辞，只得应允。

年关临近，吴仲忻回家过年，钟起前往吴府探望，仲忻兄长伯忻作陪。钟起提起钱镠欲娶小姐之事，将钱镠如何年轻有为、才智过人、文才出众、武艺超群细细描述一遍，又将钱镠欲起兵讨贼之举赞誉一番。吴判官详细询问了钱镠家世境况、生辰八字等等，心中说道："我乃官宦之家，钱镠却是文系白丁，武无战功、身无绝技、家无余财，怎能把女儿嫁给一个普通百姓，而且还做偏房，我若应了这门亲事，岂不叫人笑话？这钟起真不懂事，竟为这等人向我提亲。"想到此，默然不语，脸上不免流露难色。兄长伯忻倒是痛快，他久居临安，听说过钱镠一些轶事，知钱镠绝非常人，将来定有一番作为，遂竭力劝说仲忻答应这门亲事。吴判官心中不满，却又不便驳了钟起和兄长面子，沉默良久，开言道："钟兄这番美意小弟十分感谢，组建乡军之事于国于民皆有利，近可保家乡，远可卫社稷，乃当前大事，我当鼎力相助。乡军人数少了不足以御寇，多了负不起军饷，暂定百人如何？过年期间，借会亲访友之机吁请乡绅们协力办好此事，待回府后再禀明观察使恩准动用库银，定时发放军饷。只要乡绅们肯捐钱、捐物筹建队伍，再由府县维持军饷，观察使应该会恩准，别的府县也无可挑剔。乡军建成不妨由钱镠总管，钟兄所言钱生英才必能显见，待稍建业绩，添了几分光彩，再恳请钟兄为小女正式做媒，我吴门当不胜荣幸。如此安排钟兄以为如何？"吴仲忻这番话虽未答应婚事，却满口应承了帮助筹建义军，钟起明白，只要义军建成，钱镠定能建功立业，婚姻之事自然水到渠成，遂高兴答道："吴兄此举乃我临安百姓之幸，必为县民称颂。将来钱镠若有所作为，届时再与令爱定婚，亦可光耀门庭，我这做月老的脸上也光彩，如此安排甚妥。"兄长伯忻亦附和道："妙哉妙哉，如此甚好！既保我家乡安全，钱镠亦有用武之地。一旦建功立业，钱吴两家自然门当户对，钟兄为之做媒乃我吴家之幸也。"吴仲忻也渐渐兴奋起来，当晚设席宴请钟起，三人越说越投机，夜深方散。

钱镠回到家中，把商议建立乡军、钟起做媒与吴家联姻等事一一禀明父母。吴家乃临安名门，吴仲忻在浙西观察使府为官，临安百姓谁个不知，哪个不晓。钱宽听儿子说要与吴家联姻，心中自是十分欢喜。自钱镠出生，钱宽对儿子的未来始终心存忧虑，前两年贩卖私盐之事钱宽后来也渐渐有所察觉，深怕儿子从此走上邪路，所以洪湮禅师引荐去县学读书，钱宽极力支持。如今若能与吴家联姻，以后吴家必然提携儿子，从此走上为官之路，报效朝廷，此乃杜绝儿子走邪路的极好契机，便道："能与吴家联姻乃是你小子的造化，我自然首肯。只是与吴家门第悬殊，吴家未必答应。再是你与戴氏订婚在先，不可委屈了戴家。"钱镠道："吴家联姻之事自有钟先生做主，戴家婚事我绝不会做不仁不义之事，父亲尽管放心！"

转眼又至麦黄时节，杭州府受浙西观察使之命着令临安县筹建讨寇乡军，吴仲忻募集乡绅捐款亦已齐备，钱镠即命钟传兄弟及马绰分赴各乡镇招募兵丁。百姓深受盗匪之害，乡里青年纷纷争先报名，数日之间报名者竟有百数十人，钱镠在其中挑选了一百名精壮机敏后生编成三队，命钟传、钟承、马绰分别管带，筹建营房，平整教场，定制衣甲，置办兵器。随即开始教习刀枪剑戟诸般兵器，演练攻袭防守许多战法，熟识各种信号，运用有利地形。数月之后，已是一支训练有素的精兵。练兵同时，派出精干哨兵隐伏于盗匪出没要道，探测盗匪动向，一旦来犯，立即出兵阻击。数月来，盗匪已不敢再犯临安县境，县民人人安定，百业复兴。

咸通十三年(872)年关过后，选定良辰吉日，临安乡军正式竖旗建营。钱镠任百总，选出十名强悍勇猛精兵为亲兵，由钱镠直接带领。余下分三队，钟传、钟承、马绰分别任队长，每队三十人。营地上树起一面深红大旗，上书"临安乡军"四个大字。

　　这一日，钱镠召集三队队长商讨如何祭旗，三人一致认为祭旗最好方式莫过于剿寇建功，打一个漂亮的胜仗。如何打法却众说不一，有说朱直手下匪兵较少，可先劫朱直营寨，有说先引朱直下山再行伏击，总之以目前乡军实力，宜先剿灭人数较少的朱直兵。钱镠道："此次行动至关紧要，若失败则我军威信扫地，非但不能祭旗，亦将无颜面对临安父老乡亲。若小胜，我们仅能在县中立足，亦羞谈祭旗。现如今必得大胜，方能风光祭旗。"钟承急问道："依百总之见，如何才能得大胜？"钱镠道："我临安相邻诸县饱受孙、朱二寇祸患已久，百姓盼望早日扫除匪患，我等若能一举歼灭二寇，遂百姓之愿，则可谓大胜。"马绰道："今孙端有三百余人，朱直有百余人，我乡军仅百人，且二寇深据山林，易守难攻，无绝妙之策，极难取胜。"钟传道："若能挑起两山矛盾，让其先行自相残杀，我再相机帮助弱小方消灭强势方，最后一网打尽，或可取胜。"钱镠道："我有一调虎离山、两虎争食之计，已思虑很久。"三人都凑到钱镠跟前，听钱镠往下说："据龙王殿、柳相山两地山民报说，两山贼寇近年来远出抢劫屡受我乡军阻击，累累不能得逞，只得在附近穷乡僻壤活动，山中财物日渐匮乏。若有富商过境，两山贼寇必然争相下山劫取，我等可在险要处预先设伏，待二匪抢夺财物至两败俱伤时再合围歼灭之。"大家都说此计甚妙，只是不知如何方能确保二贼获悉消息并同时在同一地点劫货。钱镠道："我们乡军分作三队，第一队由我与钟承带领四十人，再争取临安县衙兵丁十余人参加行动，共五十余人，需借调马三十四，准备绫罗绸缎、金银珠宝、珍玩器皿等货物三十驮，行动之日扮作商队，押运货物由杭州缓缓向西行来，经临安、於潜、唐山向昱岑关而去，引诱两山贼寇前来截劫。第二队由钟传带领本队兵丁，行动之前先派出十名精细兵士去龙王殿周边山乡村民中广为散布消息，说有商队于某日经天目山过昱岭关去歙州，并伺机观察龙王殿周边地形，同时派人联络安吉、余杭两县衙兵与尔等共同行事。举事之日，先伏兵于龙王殿贼窝周围，待大队喽啰下山远离山寨后向寨中发射火箭，务必烧毁全部山寨房舍、仓廪、寨栅、关隘。大队喽啰出发后，寨中多数必是老弱病残，尔等不必恋战；可任其逃散，事成后即刻快速翻过天目山与我会合。第三队由马绰带领本队兵丁，同样先派精细兵士去柳相山周边散布商队消息，并联络於潜、唐山两县衙兵与尔等共同行动。举事之日，先伏兵于柳相山贼窝周围，相机捣毁贼窝，事成后亦不必恋战，即刻赶来与我会合。於潜西距唐山仅四十里，盗贼若在此截劫，两县军兵会迅速赶到，因此盗贼必不敢在此动手，临安境内有我乡军，盗贼亦不敢在此动手。临安、於潜相距百里，于交界处拦截，官兵不易赶到，并且劫货后可迅速撤回山里，极易得手，盗贼必会选择在此截劫。你等捣毁山寨后可直奔此地与我会合。我在此遇到第一批山贼时，用弓箭逼住他们，继续押货向西奔逃；遇到第二批山贼时，即弃货向西突出，再分南、北两边散开埋伏山间。山贼们见如此贵重货物定是分外眼红，到嘴肥肉岂肯拱手让人，必然互相争夺火拼，待到两败俱伤时，我向东、南、西、北天空射出四支火箭，尔等即迅速合围消灭残匪。此时盗匪已精疲力竭，必然闻风丧胆，可一举全歼。"众人听了拍手叫好，钟传道："若山贼不肯出山，将如何应对？"钱镠道："若等到巳时仍不出山，即用火箭烧毁山寨，并佯装攻打，引出山贼交战，尔等且战且退，把贼兵引至商队。"钟传道："好好好，此计应称之为调虎离山连窝端，两虎争食双落网。"众人哈哈大笑。

诸事准备停当，行动开始。钱镠、钟承带领五十余人，头一天从杭州领了马队货物，打着旗帜，从杭州城缓缓而来，傍晚时分进入临安宿歇。第二天清早马队向於潜进发。与此同时，钟传、马绰亦于天亮前各自领兵埋伏于两座山寨周围。天刚亮，钟传见寨中山贼迤逦走出寨门，匆匆出山向苕溪、藻溪一带飞奔而去。过了大半个时辰，估计贼兵已经远去，钟传发声喊，寨子四周火箭似火龙般纷纷飞起。时值寒冬刚过，树木、房舍皆干燥易火，顿时风助火势，火添风威，刮刺刺烧成一片火海。寨中山贼似火燎蜂房般到处乱窜，哪里还有藏身之处，只好向寨外流窜，纷纷逃生去了。钟传见火势正旺，谅此山寨已不能复存，便带领军兵捣毁关寨、哨位，急匆匆向苕溪一带赶来。钱镠、钟承催赶马队徐徐向西而行，马队首尾旗帜飘扬，分外醒目，货物沉重，行走缓慢，忽听得苕溪边山梁上一阵锣响，山林中跳出一二百毛贼，喊声震天，向马队扑来。这边五十多军兵早有准备，弓箭手纷纷向山贼放箭，压住山贼。钟承开路，钱镠断后，众军汉急急催动马队向西奔走。后边山贼紧紧尾随，跑了十来里路，只听得前边又一阵锣响，崖石边又跳出百来个山贼拦住去路。钱镠知道贼已上钩，发声喊，众军兵弃了马匹货物向两边山坡上逃去，迅速隐伏于山林之中，等着坐山观虎斗。朱直山匪眼见前面数十匹马驮了许多货箱，便一哄而上，哪有心思追赶押送士兵。后面孙端贼寇亦已赶了上来，见朱匪竟抢先劫掠财货，到嘴肥肉怎肯被他人夺去，赶忙上前抢夺。两帮山贼都是杀人越货高手，霎时间你砍我杀乱作一团。砍杀了个把时辰，只见尸横遍地，血染荒丘，众山匪已是精疲力竭，伤痕累累。此时马绰军兵已捣毁柳相山贼寇巢穴，悄悄赶到预定地点埋伏，见众贼兵杀得难解难分，呼天抢地，差一点叫起好来。钟传亦已赶到预定地点，各路人马静等钱镠信号。这边钱镠见时机已到，点燃号箭向东、西、南、北四方天空射出去。只见天空中冒出四道弧形白烟，慢慢随风向东南方向飘去，顿时三支人马从三面山林中冲杀而下，喊杀之声威震山谷。众山贼见此情形，惊得魂飞九天，魄散四方，纷纷跪地投降，只有几个骑马头领见势不妙策马从溪谷里逃入山林中。钱镠等眼见得贼首们策马逃窜，连忙快步追赶，怎追得上马跑，眼睁睁被他逃脱。

清理完战场，各县衙兵各自回县告捷，钱镠乡军押解俘获贼兵浩浩荡荡回临安而来。县令早已率领县中官吏、地方乡绅百姓于十里长亭摆酒迎接，沿途百姓献茶送酒分外亲切。当夜县中又设宴为乡军庆功，席间钱镠向地方官吏、乡绅们报告了歼匪经过，说到匪首们骑马逃脱一节，愤愤道："可惜我乡军没有战马，哪怕有一匹好马，绝不容贼寇逃脱。"众乡绅顿时议论纷纷，道："我临安百姓全赖乡军守护，百总大人出生入死为民除害，岂可没有坐骑！我等理当集资捐物为乡军添置衣物马匹，以壮我乡军神威。"钱镠忙离座向前，深深向众乡绅施礼道："前者蒙众乡亲不弃，慷慨捐资建立乡军，我钱镠方得以剿灭盗匪，保卫家乡。今再蒙诸位乡绅抬爱，添我乡军装备，壮我乡军神威，钱镠定当肝脑涂地，誓保我县境安宁，以报效县中父老乡亲！"宴会上一边觥筹交错，一边募资集财。县令更是喜上眉梢，一是有此乡军可保县境安宁，二是剪除二寇乃我县之大功，遂频频向乡军们敬酒祝贺。

各县衙兵回到县中不免添油加醋，高谈阔论此次剿匪战况，一时间钱镠乡军神勇殄灭二寇之事在天目山周边各县及至杭、湖诸州传颂不已。各县衙门轮番宴请临安乡军，各县乡绅亦纷纷为临安乡军捐资捐物，以期受到保护。钱镠把一部分款物上交县府，一部分购买十余匹战马、衣甲等军器，一部分按战功大小为乡兵行赏。

此役一举殄灭二寇，临安乡军威名远播，钱镠从此开始建功立业。

第四回　散家财董昌领镇将　布奇兵钱镠屡退敌

　　浙西观察使府得到临安县、杭州府捷报,最兴奋的自然是判官吴仲忻,一是筹建临安乡军没白费心血,二是家乡从此有了保障,三是由钟起提亲,除暴英雄将成为自己的女婿。欢喜之余,仲忻乃向观察使告假赶回临安县。钟起得知仲忻已回到临安,便备了礼物,领钱镠登门拜访,吴府盛宴款待。钱镠举杯向仲忻敬酒道:"承蒙吴大人上下奔走,鼎力相助,方得以筹足军资建立乡军,钱镠之愿亦得以实现,此恩定当铭记于心。"仲忻道:"小将军为保家乡平安投笔从戎,干净利落,一举歼灭二寇,为浙西地区除去大患,真乃少年英雄。老夫奔走乡里,呼吁州府,亦是为了百姓安宁,家乡和平,何言致谢!倒是小将军以寡胜众,建立奇功,可喜可贺!"伯忻道:"小将军建此奇功,足见智谋超群,将来必能成就一番事业,前程无量!"钱镠道:"区区小功何足挂齿,全赖临安与邻县军民同心协力所致。"

　　钟起见伯忻、仲忻兄弟对钱镠大加赞赏,便趁机对仲忻俯耳低声道:"吴兄对钱生可满意?"仲忻拈须点头不语。钟起进一步问道:"那令爱与钱生婚事吴兄可首肯?"仲忻道:"好,好,好!全凭钟兄说合。"钟起早已知道钱镠与他父母同意这门婚事,只是吴家尚未表明心意,今见仲忻欣然答应,便叫钱镠:"钱生,快快过来拜见泰山。"钱镠心里对此事虽有准备,然钟起言语未免太过突然,不免有些迟疑。钟起急忙又道:"吴大人已应允你与小姐婚事,还不拜见岳丈!"不知是因为刚才反应迟缓,还是羞谈婚姻,钱镠微微脸红,亦有些慌乱,上前向仲忻、伯忻与钟先生分别施礼。见此情形,众人哈哈大笑,伯忻赶忙打浑道:"我侄女今日得配英雄,乃兄弟之福,吴门之幸,还不引领快婿去后堂拜见岳母大人。"吴夫人早就听说钱镠英勇,今见他少年俊才,英气勃发,心中甚喜。见过礼,叙过一番家常,吴判官复领钱镠回到席间继续畅饮,夜深方散。

　　初夏时节,钱宙偶感风寒,初时并不在意,谁知迁延时日病情日益沉重。钱镠每日回家探视祖父,送水喂饭,求医问药,夜不解衣,甚是殷勤。到了十月终是一命归天,入土前夜大风不止,次日清晨抬了灵柩上路,将至墓地,却见近旁一大树被狂风连根拔起,留下诺大一个空穴。送葬人中有一术者指空穴对钱宽道:"此穴乃上天为汝父开启,甚宜安葬,汝子孙将来必贵不可言!"钱宽遂依了术者之言,将父亲安葬于树穴中。

第二年,钱镠二十一岁,迎娶戴氏夫人,县中官吏兵丁、乡绅豪士皆来贺喜。又过一年九月,迎娶吴氏夫人,有观察使府吴判官情面,更是高朋满座,贺礼盈庭,鼓乐喧天,好不热闹。

钟起亦为长子钟传娶了妻室,但不幸父亲亡故,母亲病重,遂不得不携二子及长媳回归洪州老家。自钱镠拜识钟起至今已是六年有余,那钟起视钱镠犹如亲生,甚至更甚于亲生,为他举荐入县学修文,引他拜马明为师习武,辅他组建临安乡军,替他做媒与吴家联姻,六年来耗费了多少心血,如今也算是引领他走上正道,足以坦然告慰东方道长与洪湮禅师自己无负重托矣。钱镠亦视钟起如慈父,视钟传、钟承如亲兄弟,如今他父子三人要离别,心中着实难以割舍。临别在即,钟起频频告诫钱镠,凡事要以国体稳定为要,百姓安宁为重。钱镠承诺:"先生教诲定铭记于心,时时处处以国事为重,民生为重,绝不以个人私利荣辱为念!"钱镠、马绰将钟家一行送出二十余里,方依依拜别。

咸通十四年(873),中原大旱,自虢州至东海广大地区夏收不足常年一半,秋季几乎颗粒无收,百姓逃荒都无处投奔,怨声载道,饿殍遍野。懿宗皇帝束手无策,只好求救于佛门,花费巨资大排銮驾,浩浩荡荡前往凤翔法门寺奉迎佛骨,又大建浮屠宝账,广设法事道场。一时间从凤祥到京都,官僚僧侣、善男信女拥塞官道,争相参拜,仪仗之盛远过于元和迎佛之举。然事不如愿,不仅旱象未减,迎取佛骨之举尚未完成,懿宗皇帝竟一命归天。当天僖宗皇帝匆匆即位,待法事结束,草草将佛骨奉还法门寺地宫封存。次年正月,朝臣上言诉说中原百姓之苦,乞望朝廷敕令各州县停征一切所欠残税,开仓放粮,赈济饥民,僖宗皇帝即令下诏施行,而有司却阳奉阴违,诏令只成一纸空文。

乾符元年(874)十二月,濮州(今山东濮县东)王仙芝聚集数千饥民在长垣(今河南长垣东北)竖起大旗,反抗朝廷,自称"均平天补大将军,兼海内诸豪都统",声势浩大,发展迅速。义军次年攻克曹、濮二州,大败唐廷天平节度使薛崇,气势磅礴,威震中原,队伍迅速扩张至数万人,随即冤句(今山东曹县北)人黄巢亦聚众数千响应。

中原振荡,四方波及,乾符二年(875)四月,浙江西道狼山(今江苏南通)镇遏使王郢与同伍六十九人因浙西观察使克扣衣粮申诉无效,遂利用当地饥民对朝廷的不满情绪聚众起事,很快聚集上万人。王郢兵分两路,东路乘战船由江入海,攻打浙东沿海,不久攻陷明州、台州,西路攻克苏、常二州,大有沿太湖南下之势。朝廷震惊,僖宗皇帝连忙下诏调兵讨贼,因江浙一带官兵力量严重不足,遂令各地征兵。

这诏书一下，便引出了一位英雄。此人姓董，单名一个昌字，临安县东天目山南庄人，已过而立之年，生得蚕眉凤眼，额宽鼻隆，白脸黑须，举止儒雅。董昌本是书香门第，满腹经纶，胸多机谋，又颇有些田地，在乡中甚有声望，早有报国之志，却酬志无门，眼见得钱镠一举扫灭二寇，风光乡里，誉满浙西，心中遂萌动出山之意。如今天下混乱，朝廷下诏征兵讨贼，再不出山更待何时！遂上下奔走，四方呼号，广散家财，招聚乡勇，不多几日便募集了二百壮士。这日，董昌挑选四名勇壮之士作为随从，策马飞奔临安县拜访钱镠。董昌乃精细之人，深知临安县镇兵只能有一支，朝廷征兵必然以钱镠乡军为核心扩军建镇，这镇将自然是钱镠，以此乃先行募得二百丁壮，使人数多于钱镠，再上下疏通关节，诸事安排妥帖后方才与钱镠商谈共建石镜镇兵之事，仗着自己年长几岁，加上在县中声望原高于钱镠，心中便有了争当镇将的底气。钱镠亦知自己年轻身微，尚不足以成大事，今有董昌斡旋于官场，号召于乡里，石镜镇兵才得以壮大，遂欣然同意与董昌合建石镜镇兵，推董昌为镇将，自己为裨将，驻地设于本县石镜乡大官山北，苕溪之滨，上报州县核准备案。

时值王郢西路军攻占常州，兵临义兴（今宜兴），形势危急，钱镠对董昌、马绰道："如今王郢占据常州，势必南下攻击湖州，若湖州失守，则杭州无险可凭，临安亦危矣。我石镜镇兵宜速速开赴义兴南界，此乃贼兵南进必经之地，西有牛头山、顾山，东有太湖，且丘陵绵延，山洞遍布，林深树密，溪壑纵横，极有利于伏兵阻击，却不宜大队兵马作战。我军可分两部，一部由我统领，由七十名原乡兵组成，隐伏于山林险要之处，伏击南犯贼兵；另一部由马绰统领，由新兵和三十名原乡兵组成，驻守于顾山，日夜加紧操练，准备御敌。若遇大队贼兵南犯，马绰可领兵直插太湖边，拦劫贼兵南下，我率兵从北面包围，南北夹击将其消灭。"马绰道："如此安排甚好，钱兄前沿要紧，我只留二十名原乡兵足矣，事不宜迟，须尽快行动。"董昌道："二位将军之言甚当，可早日北进，我即日赴杭州府、湖州府及长城（今长兴）、安吉、武康、德清诸县联络，争取各州县相助，以保我湖、杭二州安全。"大家商量既定，各自分头行动。

诸事安排停当，钱镠回家向父母、妻子辞行。钱镠与戴氏成婚方一年有余，如今要远赴沙场，戴夫人想到战争残酷，生死难料，心中不免泛起一丝忧伤，眼中噙满泪水，低头不语。钱镠见了心中不快，脸色略显不悦。吴夫人新婚燕尔，心中更是百般不舍，然此行乃职责所在，只得强颜欢笑说道："浙西动乱，夫君乃一方镇将，守土有责，自当报效国家，捍卫乡里，奋勇杀贼，建功立业。家中一应事务自有戴夫人与我承担，夫君尽可放心。"钱镠见吴夫人如此通情达理，善解人意，遂和缓了面色，道："夫人说得是，如今国难频起，大丈夫自当立志报国，除贼平寇,守卫乡里,安抚百姓。自古忠孝难两全,家中一应事务全托付二位夫人了,遇到难事,你二位还须同心协力。"告别了亲人,钱镠匆匆回驻地带兵出发。

此时义兴已被王郢攻陷,钱镠领兵赶到义兴南界,隐蔽好队伍,又选派哨马打探叛军动静。过了十几日,有数十名叛军来山中查看动静,被石镜镇兵用乱箭射杀过半,残兵败卒狼狈逃窜而去。又过一月有余,叛军二百余人再次南犯,钱镠一面派人知会董昌、马绰,一面率兵西撤,依之前约定之计绕至敌后截断叛军退路,与马绰南北两面夹击。叛军见中埋伏,急急回撤,却被钱镠兵挡住截杀,死伤无数,残兵败将一路逃至太湖边,却无船只,遂纷纷跳入水中逃生。钱镠、马绰赶至湖边,一顿乱箭又射杀无数,仅有少数贼兵泅水逃脱。自此,王郢贼兵不敢南犯。

乾符四年(877),朝廷以右龙武大将军宋皓为江南诸道招讨使,率一万五千人讨伐王郢,并命镇海、浙东、福建三镇对其进行围剿。不久,王郢部将朱实投降,部众亦开始离散,王郢遂聚集残余叛军逃至明州(今宁波),却被甬桥镇遏使刘巨容射杀。王郢自叛乱到被射杀,前后近两年时间,攻掠横行于苏、常一带,而湖、杭二州未受其害,乃董昌、钱镠之功也。

叛乱既平,董昌、钱镠遂率镇兵回至石镜乡,每日操练人马,讲授兵法。董昌素知钱镠善于带兵,而自己不谙兵法,因此对钱镠始终心存戒备,对其言行格外关注。一日,董昌令钱镠点阅队伍却未给名籍,钱镠整好队伍开始点名,点了十数人,未有遗漏,马绰上前递给钱镠数张白纸,悄悄道:"老子(董昌)正考察你,见你如此强记,颇为吃惊,恐心存忌惮,今后对你不利。你可以此白纸代替名籍,继续点名,以消老子疑虑。"钱镠遂手拿白纸一一历唱。钱镠与马绰多年挚友,深知其为人性气淳直,忠诚孝义,后以从妹嫁与马绰。

再说王仙芝、黄巢带领农民军转战山东、河南,各地贫民百姓纷纷响应,如今更发展到江西、淮南,宋、亳、曹、颍皆为其占据,朝廷一面派兵围剿,一面进行招抚。乾符五年(878)二月,王仙芝不幸在黄梅被杀,属将尚让率领余众尽归黄巢,推黄巢为冲天大将军,改元王霸,设置官署,率领河南、山东农民军转入淮南。三月,黄巢摆脱了大唐官军包围,渡江攻克虔(今江西赣州)、吉(今江西吉安)、饶(今江西鄱阳)、信(今江西上饶)等州。每克州县,必开仓济民,由是百姓欢迎,踊跃投军,迅速发展到十余万人,觊觎杭州。朝廷震惊,急调镇海军节度使高骈保卫淮南、江南,保障运河漕运,相机围剿黄巢军。

高骈,字千里,幽州人。早年因平定党项羌人叛乱有功授为秦州(今甘肃天水)刺史,后又以招抚蛮夷、收复交州郡邑之功迁为郓州刺史、天平军节度使。治郓期间颇有德政,民皆称颂,朝廷屡迁其为成都尹、剑南西川节度观察等使,以镇云南蛮夷。王仙芝党徒多郓州人，皇帝以高骈在郓人中威望甚高，故于乾符四年（877）晋封其为检校司空、润州刺史、镇海军节度使、浙江西道观察使等使，封燕国公，以便招抚王仙芝党徒。

乾符六年（879），黄巢见江淮势盛，防守严密，遂率军由宣州回师东南。七月，眼见得浙西危急，董昌急与钱镠商议对策。董昌道："黄巢二十万大军压境，我石镜镇兵仅三百，如何是好？"黄巢大军动向钱镠心中甚是清楚，知其迟早会进犯浙西，今见董昌询问，便说道："黄巢由宣州而来，欲犯我浙西必经千秋岭，此岭两侧皆为四五千尺高山，唯此岭高约一千五百尺，两边山崖陡峭，中间仅有可容单人通行之山道，乃是我浙西与宣州间重要门户。黄巢虽有数万之众，过此山岭必单人独马而行，旗鼓相去甚远，首尾不能呼应。山岭两侧山高林密，正宜伏兵隐蔽。我军虽只有三百兵士，坐骑也仅有二十，可挑选二十名精于骑射之士伏于山岭两侧险要处待机截杀，进可迅出，退可速遁，其余步兵可埋伏于两侧稍远之山间，相机截杀。若能守住此门户，我杭州之境安矣！"董昌闻言喜道："将军之策甚好，就请将军亲率二十骑兵伏驻险要处阻击贼兵，我与马将军分率步兵助阵。"

不几日，黄巢前军二千余人果然沿崎岖山路迤逦而来，前面旗纛飘扬，中间一小将单骑缓缓而行。钱镠见小将渐渐走近，即起身弯弓搭箭，弦响箭发，小将应声而毙，周围兵卒惊慌不知所措，呆若木鸡。众伏兵趁势个个踊跃向前，连发数箭，顿时射杀黄巢兵数十人。后面兵卒见状顿时大乱，急急回头向岭下逃跑，怎奈队伍绵长，山路弯弯，又人马嘈杂，后军不知前军发生何事，只顾低头上山，前后军互相冲撞践踏，死伤无数。钱镠见黄巢军大乱，对空发射三支号箭，率先统领二十骑兵如饿虎扑食杀奔黄巢军中。两边山上隐伏步兵见号箭升空亦同时向黄巢军冲杀过来，杀得黄巢兵丢盔卸甲，抱头鼠窜。钱镠率兵一直追杀到岭下开阔处方才鸣金收兵。此一战石镜镇兵大获全胜，斩敌首百级，凯歌而还。

钱镠对董昌及众将说道："此次伏击乃出其不意，击其不备，遂得胜之。此计只可用一次，黄巢大军不久必再次有备而来，我军寡不敌众。"董昌问道："如之奈何？"钱镠道："我以三百兵抗击黄巢二十万大军，乃是以卵击石，必遭覆灭，由是只可智取，不可死拼，可用'水淹骄兵'之计。"董昌急道："请钱将军细细讲来。"钱镠道："石镜乡东北十里有一山，名曰八百山（又名百岗岭），乃彭祖筑庐之山，今山中尤有彭祖墓及彭祖庙，彭祖寿八百岁，故得名八百山。又有苕溪水自山南麓流过，溪对面有霍山、东山。我与马绰各领兵百余名，分别伏于八百山与东山丛林中，伺机截杀贼兵。如今正值盛夏，乃山洪常发季节，水势极盛，董将军可带领五十兵士，再征集附近百姓，在苕溪上、下游分别作堰，截断溪水，并沿途晓谕百姓，凡遇贼兵可告知我军屯驻八百山。如今贼军连破数州，其势正盛，虽在千秋岭稍挫锐气，然骄横之势未衰，必急于寻找我军报复，不会顾忌我军设伏，得知我军驻扎八百山，必沿苕溪急急赶来复仇，于八百山下过河向我军进攻。我军可待贼兵渡河过半时于八百山上放火为号，将军可令军民迅速决开上游水坝，山洪奔腾而下，至此处苕溪两岸山崖相逼，水势甚急，贼兵躲避不及，被溺毙冲走沉于下游坝前深水中。残敌被苕溪阻隔成两段聚集于山下溪边，进退不得，我与马将军再在山上遍布旗帜，令百姓擂鼓助阵，以为疑兵，同时释放乱箭射杀贼兵。贼兵一受洪水冲淹惊吓，二被旗帜鼓声震骇，三被乱箭射杀无数，早已丧魂失魄，此时我与马将军带领伏兵下山围歼残敌，必可大获全胜。贼兵前军既已覆没，后军焉敢轻易前进……"钱镠尚未说完，董昌大喜道："钱将军神机妙算，黄巢乱军虽有二十万，大多乃数月之间匆匆扩编而成的乌合之众，焉能识得此等机谋。"略停片刻又道："钱将军所言，晓谕百姓凡遇贼兵可告知我军屯驻八百山，若改为令百姓告知贼兵临安兵屯驻八百里（彭祖居所乡村之名），贼兵闻知我军驻有八百里之营地，当有数十万之众，或认为我有备而不敢犯，如此则不战而屈敌矣，此为上策。若贼兵不以为然，仍贸然前进，再以钱将军之策歼灭之。"钱镠虽觉董昌之意有些侥幸，但也无伤大体，可以一试。议定之后，分拨人马，各自行事。

不久，黄巢军数千人翻越天目山而来，过了千秋岭，路遇一老妇，探问浙西兵行迹，老妇告之："临安兵屯驻八百里。"又遇一樵夫，亦告之："屯八百里。"黄巢兵不知"八百里"乃地名，见数人皆言八百里，惊骇道："前几日在千秋岭仅十余骑就杀死我们几百名兄弟，今竟驻有八百里，以此推算或有数十万兵马，我今攻之，岂不是自投罗网。"急速派人回报大将军营。主帅闻报，遂令前军改道向西，出昱岭关经歙州山区向南进发，直下三衢。钱镠得知贼兵改道而去，"八百里""八百山"一字之差竟吓退数千之众，"水淹骄兵"之妙计也未能得以实施，难免心有不甘，却也顾不得许多，急忙调集人马追杀贼兵后军，斩获百余人，得胜而还。

董昌、钱镠令黄巢贼兵胆寒而不敢犯境之事经县、府层层上报直至诸道兵马都统，高骈见报啧啧赞叹，连声称奇："董昌、钱镠仅以三百壮士于千秋岭布奇兵破巢贼，于临安设良谋退群寇，奇哉壮哉！此二人他日必成统兵良帅。"当下一面申令嘉奖临安石镜镇兵，一面调遣大将张璘、梁缵率兵南下三衢堵截黄巢大军。

黄巢大军连年转战于中原地区，疲于奔命，原以为两浙地区远离京都，又有裘甫、庞勋抗击官府的影响，官军势弱，理应易于攻取，且是贡赋充足之地，遂欲占据两浙休整兵马，发展势力与朝廷抗衡，不成想在江南受到高骈主力阻击，刚入千秋岭又遭挫折,只好率军南下攻击衢州,再伺机夺取浙东。为牵制高骈主力不使其南下支援浙东,黄巢派大将曹师雄、王知新率五千兵马留驻宣州,以骚扰润、常地区。当年的唐山山贼朱直在天目山麓一役仅带数骑逃至宣州山区,又拉起了一帮土匪占山立寨,贻害一方。今黄巢大军进入宣歙地区,朱直遂率队加入,成为曹师雄手下将领,黄巢大军南下后,曹师雄部便盘踞于朱直寨中。

一日,得知高骈大军已经南下,曹师雄与王知新、朱直商议道:"高骈既调大军南下,润州必然空虚,何不趁此良机攻打润州,若能得手最好,即使攻不下,亦可牵制高骈兵马不敢远离润州,尔等以为如何?"王、朱二贼欣然同意。即日整装点兵,除留少数老弱病残看守山寨,其余兵马统统杀奔润州而来。高骈得报,急令亲信吕用之率兵拒贼,同时调遣江淮守军过江协力御敌,并申令杭州府、湖州府出兵合力围剿。

董昌接杭州府令,要石镜镇配合围剿曹贼,即与钱镠商议道:"杭州府令我出兵配合围剿曹贼,将军有何良策?"钱镠沉思不语,董昌又道:"不如仍用拒王郢之策,驻守顾山,拒贼于湖州之外,然后再相机行事。"钱镠道:"如今此令由杭州府下达,杭州府、湖州府自然要合力守卫此道,并相机合围曹贼。我石镜镇兵不如采用'围魏救赵'之计,出其不意,进击贼寇老巢。润州乃浙西首府,高帅亲自驻守,贼寇欲进犯润州必倾巢出动,寨中自然空虚,我趁虚击之必获全胜。端掉贼窝,贼兵即成丧家之犬,气势顿衰,润州之围可解,然后我军再北上截断其南逃之路,高帅大军即可合围全歼此贼。"董昌大喜,道:"将军'围魏救赵'之计极妙,可速调兵行之,破贼之后将军当立头功。"

董昌即刻派人将拟定计策飞报诸道兵马都统府及杭州府,只等各路兵马对曹师雄展开反击,石镜镇兵便可对贼巢发起突然袭击。钱镠派出马探步哨,分头探测曹师雄动向以及贼巢虚实,除少数人马留守营寨外,大部人马已悄悄越过千秋岭直奔贼巢而来。

曹师雄领兵驻扎朱直山寨后,即在老寨之外左右两个山头上增建了两个小寨,形成三足鼎立之势,一营遭劫,其余两营即可出兵合围,加之周围地势险要,营寨坚固,极难攻破。钱镠接到巡哨报告,当即与马绰计议,商定捣毁贼巢计策。当晚,钱镠领兵隐伏于大寨门外山林之中,马绰率一百兵勇突然猛攻右寨。大寨及左寨贼兵接报立即蜂拥而出,前往右寨救援,马绰兵勇被寨内寨外贼兵两面夹击,稍事抵抗便纷纷遁入山林之中,放大寨、左寨援兵进入右寨。钱镠见大寨、左寨贼兵大部已进入右寨,便率兵冲上山岭猛攻大寨,守寨贼兵被突如其来的狂砍乱杀吓得魂不附体,也不知来了多少官兵,遂纷纷向大寨深处退去。钱镠兵紧随贼兵杀入大寨,随即在寨中放起火来,右寨中贼兵见大寨烈焰冲天,知已被破,叫苦不迭，更不敢出寨反击。马绰见大寨已破，留下半数人马守住右寨，率领其余兵士亦杀入大寨。寨中贼兵因增援右寨所剩不多，见钱镠、马绰人马杀进来，势不可挡，早已吓得失魂丧胆，遂纷纷投降。钱镠把降卒集合到一起，晓谕他们："朱直贼匪曾在杭州府对百姓犯下许多罪行，现又在此地横行乡里，继续作恶，你等跟随他胡作非为，岂不遭千人唾、万人骂？今又领兵攻打润州、湖州，黄巢有二十万大军尚且不敢犯境，曹贼仅五千人马，岂能不败？你等原也是穷苦百姓，今既投降，我且放你们回家好生从事生业，切不可再跟从曹师雄、王知新、朱直之流祸害百姓！你等可把我所言去左右两小寨中告知你们同伙，劝其投降，我必不追究他们。"降卒们纷纷拜谢钱镠出寨去了。马绰又带领兵士捣毁两小寨水源，从而迫使贼兵出降。第二天一早，两小寨贼兵即来大寨中投降，钱镠向他们晓以利害后也放他们下山去了。清理完寨中财物，装运下山，放火焚毁了寨子，钱镠带领人马向北进发，直至牛头山下安营扎寨，切断曹师雄贼兵南逃之路。

曹师雄、王知新、朱直带领三千贼兵北上攻打润州城，满以为城中空虚，一举可得，谁知高骈已调集江淮守军，由亲信吕用之统领，固守润州、常州。曹贼久攻不下，军中粮草殆尽，士兵们正人心惶惶，忽又报老巢已被石镜镇兵捣毁，消息传开，军营中立时慌乱起来。众人纷纷议论："窝既被毁，不如散伙各回老家，强似在此等死！"几个头领更急得如火燎汤浇，捶胸顿足。曹师雄与王知新、朱直商议道："如今润、常已调集大量援兵，我军却损失近半，攻击润、常料难得手，且粮草告罄，难以为继，不如暂且收兵，打回老营，重新整顿山寨。所过乡镇，再搜聚些粮草一并带回老营，供日常之用。"王知新说道："如今山寨已毁，又无粮草，回去何益？不如去攻打湖州，那里是鱼米之乡，百姓富庶，且历来疏于防范，比攻打润、常容易得多。等打下湖州，取得官府财物，再回老营不迟。"朱直道："老营尚未收复，取得财物又往何处安顿，岂不累赘？"三人乱纷纷商议不定，最后曹师雄下令："王将军带一千五百兵卒先行攻打义兴；朱直带领五百兵卒打回老营，修建营寨；其余兵卒由我率领断后，待王头领打下义兴后，我即领兵去义兴会合，一同攻打湖州。"商议既定，三人分头行动。

王知新、朱直各自点齐军马于半夜三更悄悄拔营而去。二贼领兵离营向南行动，早有哨马察知报告，吕用之即刻调集诸将道："如今贼寇兵分三路，此乃剿灭曹贼之大好时机，诸将即刻集合本部兵马包围曹贼大营，力求全歼，勿使一贼漏网。"众将连夜带兵出发，切断曹贼退路，次日拂晓合围进攻，步步紧缩，不出几个时辰，将曹师雄兵马全部歼灭。稍事休息，吕用之即率本部兵马杀奔义兴而去。

王知新领兵来到义兴城外立足未稳，吕用之人马即随后赶到。义兴城中军兵见吕用之人马到来，亦从城中杀将出来，贼兵被团团包围，原本已斗志颓丧，见此阵势，哪里还有心厮杀，遂纷纷投降。王知新见大势已去，乃带领几名亲兵杀开一条血路，遁入山林之中，终得以逃脱。

朱直领兵南来欲夺回老营，之前在唐山、临安一带曾多次与石镜兵交锋，深知钱镠善于袭击，甚是厉害，因此尤为小心谨慎，遂兵分三路，间隔数里，向南慢慢搜索前进。挨到牛头山口，突然战鼓震天，旗帜遍野，石镜镇兵如猛虎下山，蛟龙出水，向朱直兵杀将而来。朱直兵本是丧家之犬，惊弓之鸟，见此情景哪里还有心反击，急忙掉头逃跑。朱直急传令各小头目督阵抵抗，哪里还抵得住，早已被钱镠兵马砍杀了数十人。其余贼兵急急向来路逃跑，跑了几十里，正遇上吕用之兵马从义兴杀将过来，将残余贼兵团团围住，迫令投降，朱直被擒。

曹师雄、王知新、朱直之乱平息，吕用之回润州向高骈报告歼贼战果，对董昌率石镜镇兵捣毁贼兵巢穴、截杀南逃贼兵之举大嘉赞赏。高骈亦十分欢喜，申报朝廷分别重赏吕用之、董昌。

黄巢带领二十万大军直奔衢州，不想在衢州又受到高骈所部大将张璘、梁缵率兵阻击，损失将领数十、兵卒数千，竟未能进入浙东，遂率大军继续南下，进入仙霞岭。一路劈山开道，伐木叠桥，穿林涉险，忍饥耐渴，修通七百里山道进入建州，又攻克福州。乾符六年（879）正月，张璘、梁缵二将率兵进军福建，再败黄巢，迫使其手下三名大将毕师铎、秦彦、李罕之投降。黄巢只得继续南下，于六月进入广州。广州远离京都，又有五岭阻隔，朝廷鞭长莫及，岭南地域广阔，物产丰富，是割据休整的好地方，巢军正可以在此养精蓄锐，待集聚力量后再行北伐朝廷。怎奈黄巢兵将大半生于北方，不服南方水土，时值夏季，天气闷热，瘴疠频发，疫疾蔓延，病死者十之三四。不得已在广州稍事休整后黄巢即发露布，痛斥唐廷朝政昏暗，宦官专权，群雄割据，战祸不断，赋役苛重，民生涂炭，宣告将挥师入关，夺取京都。随即起兵北上，越过南岭，从桂阳乘数千木筏由湘江直下潭州（今长沙）。所到之处，士民欢迎，踊跃投军，大军号称六十万，进逼江陵。诸道行营都统王铎见黄巢势盛，尚未开战即先行逃跑，部下官兵趁乱大肆抢掠江陵士民，百姓逃避不迭，亡窜山谷，江陵焚剽殆尽。黄巢大军攻下江陵后即一路北上荆门，遇朝廷大军所阻，遂又沿大江东下。

黄巢军一旦过江渡淮，则中原甚是危急，且切断江淮漕运，朝廷供给不保，事态十分严峻。僖宗皇帝于乾符六年（879）冬急调高骈任扬州大都督府长史，徙迁淮南节度使，进检校司徒，又调周宝接任镇海军节度使，兼南面招讨使，以固江淮、江东之防御。周宝为人刚强坚毅，从不求人，曾与高骈同在右神策军供职，高骈视周宝为兄长。

广明元年（880），为阻黄巢大军沿江东下，高骈令各部固守江淮各州府，募集工役修缮城池,完备壁垒,又传檄天下广募军旅。杭州府奉檄,责成下属八县各自募集乡里壮丁千人,设为一都,八县共计八都,统称杭州八都军,分别为:临安县石镜都,都将董昌,副将钱镠;钱塘县浙江都,都将成及,副将刘孟安;余杭县清平都,都将陈晟,副将曹信;富春县靖江都,都将闻人宇,副将阮结;盐官县海昌都,都将徐及,副将沈夏;新登县东安都,都将杜稜,副将文禹;於潜县天目都,都将吴文举,副将沈粲;唐山县龙泉都,都将饶景,副将凌文举。八都兵组建完毕,杭州府将情况申报高骈,高骈素知董昌、钱镠在平贼讨寇中屡建战功,颇有统军用兵之才,心甚爱之,遂委董昌统领杭州八都兵,钱镠副之。

周宝到任后立即整顿操练镇海军,时润州周围多有群盗盘结,柳超据常熟,王熬据昆山,王腾据华亭(今上海松江),宋可复据无锡,周宝将其一一消灭,以绝后顾之忧。

第五回　欲割据二节度反目　拒汉宏八都兵告捷

黄巢六十万大军浩浩荡荡顺江东下,所过州县官兵吏役或闻风而逃,或开城投降,其势犹如破竹,所到之处均迎刃而解,仅数月,大军已过饶州、池州,直逼宣歙,形势危急。

杭州八都兵日夜操练演习,严守浙西各关口要隘,严阵以待保卫家乡。春末夏初,黄巢领兵从宣歙分数路向浙西进攻,原以为今日兵力已远非往昔可比,此番进攻稳操胜券,谁知董昌、钱镠率领八都兵凭险固守,日夜奋战,大小战役凡数十仗,黄巢始终未能进入浙西,只好折回宣州,继而决定渡江北上。

僖宗皇帝急招诸大臣朝议对策,宰相卢携素与高骈相善,殿奏:"高骈于浙西讨贼颇有功效,如今又调集兵马于淮甸,拥有十万之众,宜凭江淮之险阻贼于江南,不宜舍贼,以致士气涣散。"宰相豆卢瑑道:"昔日黄巢贼兵仅二十万,高骈虽败之,守住两浙,却未能重创。如今黄巢拥有六十万之众,高骈实有兵马不足七万,如何抵敌。不如授黄巢天平节度使节钺,待其赴任时再行攻讨。"卢携道:"巢贼贪得无厌,虽授以节钺,未必能阻止其四出剽掠,不如调发诸道兵马扼守江淮,巢贼见不能北上,必将转向两浙,遁入海岛。"二人相持不下,言辞不逊,僖宗皇帝只得不了了之。

高骈得知朝中有不逊于己之言论,心中愤愤不平,遂欲纵任黄巢贼兵长驱北上,扰乱中原,令朝廷惊恐,然后再出兵攻讨,以谋求对朝廷立有再造之重勋。巢贼降将毕师铎以为不可:"朝廷所依恃者乃都统,破贼要害之地乃江淮,敌众而我寡,若不凭借江淮天险阻击,待黄巢北渡江淮,再无天险可依,中原必将陷落,届时高公以区区数万之众如何攻讨贼兵?"高骈闻言似有所动,亲信吕用之本为术士,向以谗言魅惑高骈,劝道:"相公功勋业绩高甚,今妖贼未灭,朝廷中对相公已有微词,一旦妖贼荡平,则功高震主,皇上将如何对待相公?不如静观事态发展,自求多福。"高骈听了颇合己意,遂令诸将握兵保境,不得擅自出击。

黄巢大军乃于七月渡过长江,十月渡过淮河直插中原,十一月东都洛阳陷落。十二月初五,僖宗皇帝在五百神策军士兵的护卫下自金光门出城,逃往汉中兴元府。黄巢随即率领大军入城,于十三日在含元殿即皇帝位,定国号大齐,改年号金统,凡唐朝四品以下官员皆保留原官职,任命尚让为太尉兼中书令,崔璆与杨希古同任宰相，又以太常博士皮日休、进士沈云祥为翰林学士。

高骈见黄巢称帝长安，自知已不能与之较量，遂萌生广招军将割据江东、兼并两浙之念，以效三国时孙策三分天下之计。当年被钱镠殄灭的安吉山贼孙端仅带了数名喽啰逃往宣歙山区继续为盗，后来黄巢大军两次过境，孙端趁乱得以迅速发展，如今已拥有六千之众。高骈为了发展自己实力，以宣歙观察使之职招降了孙端。

中和元年（881）十二月，高骈召董昌、钱镠赴扬州，在诸将面前大肆称赞二人智胜黄巢之功勋，又对左右道："如今建成杭州八都，黄巢六十万大军顺江东下，势如破竹，无人能敌，却在浙西山区历经大小数十战，均被八都兵拒之岭外，不能入浙西半步。"接着，又指钱镠说道："此人之才非常人能比，他日爵禄必远过于我。"董昌、钱镠听了，心知是一番恭维话，等待着下面说出如何调遣八都兵。高骈停顿一刻，喝几口茶，接着说道："如今国家多难，黎民遭殃，皇上蒙尘，贼寇猖狂，黄巢已经攻陷京城，自立帝号，残杀皇族大臣，践踏社稷宗庙，罪恶累累，神人共愤。今上既委骈以重任，岂可坐视盗贼窃国、百姓罹难于不顾！本都统将尽快调集诸道兵马北上讨贼，请二位将军助我，率杭州八都共同讨贼。"董昌忙道："俗话说，国家兴亡，匹夫有责，高帅举雄师讨贼，我杭州八都岂有坐视旁观之理。"钱镠亦道："高帅起兵北伐，我等当领兵听命，但不知高帅何日举旗起师，我等当早做准备。"毕师铎附和说道："高帅既有意起兵讨贼，则宜速不宜迟。今黄巢虽得京都，然根基未稳，部署未实，尚易撼动，尽早发兵讨伐或可号召各地劲旅合力勤王，克服京都有望，届时高帅当推首功。"高骈道："诸将所言甚当，备细之事尚待本都统与诸道商议，拟定稳要方略方可。"

当下高骈大宴诸将，毕师铎因慕钱镠智勇欲与其交好，以此宴罢即邀钱镠回府再叙。二人来到毕府，毕师铎道："你看高帅会否马上起兵讨贼？"钱镠道："我亦有此疑问。"毕师铎因多喝了几碗酒，便滔滔不绝地说了起来："黄巢渡江前，我提出率师坚守长江天险、江淮要津，或可阻止巢贼北进，可高帅偏偏听信吕用之奸佞之言，令诸将只守州城不得出击。如今巢贼已据有京都，我等远隔千山万水，其间多有险要关隘，况且我军兵不足十万，粮仅供数月，如何远征巢贼数十万之众。你再看高帅是否真有北伐迹象？自然他无法回答你何日能够举师北伐。"钱镠道："那高帅这次召我们来究竟何等用意？"借着酒劲，毕师铎嘴上已无遮拦，遂把心中所想全部倒了出来："我观高帅这段时日目光所注不在北方，倒是在南方。宣歙草寇孙端如今拥有六千多人马，羽翼已丰。前段时间高帅多次派人与其联络，如今竟以宣歙观察使之衔招降了此贼。还有一个刘汉宏，原是兖州刺史院小吏，朝廷为抵御黄巢进犯将其晋升为大将，令统领本州兵马。谁知不久这刘汉宏即劫掠辎重叛变，朝廷又命忠武军讨伐，先是被他击败，后来濠州刺史崔锴将其招抚，于都统王铎手下为将，驻守江陵。黄巢大肆北进时王铎逃走，刘汉宏趁机大肆抢掠江陵百姓，不胜残酷，士民纷纷逃亡山谷避难，江陵被剽掠殆尽，朝廷竟于七月以战功为名授其为宿州刺史。刘汉宏晋升后非但不感恩朝廷，却认为赏赐太薄有了怒意，高帅得知又上书朝廷奏请以刘汉宏任浙东观察使。前任浙东观察使柳瑶因贪赃受贿被免职，浙东民怨颇深，人心不稳，京中官员皆不肯接任，高帅上奏后诸官皆笑道：汉宏乃一降将，以降将代赃官却也相宜。刘汉宏到任后自然感谢高帅，如今二人交往甚密。浙西观察使周宝早年即与高帅称兄道弟，如今自然关系甚好。你看这一两年之间，江淮、两浙、宣歙尽在高帅掌握之中矣！"说到此，毕师铎察觉自己言多有失，便收口锁言不再继续，钱镠也不便继续谈论高帅之事，喝了几盏茶便告辞离府。

此事关系重大，钱镠当夜便密报董昌，董昌听了亦是谔然，喃喃说道："看来毕师铎所言非虚，高帅并无北伐讨贼之心，至少目前是如此，召我等来此究竟是何用意？"钱镠道："高帅之心莫测高深，我等宜谨慎防备，如今若从其行，不仅不能建功立业，反会旁生事端，甚至同坐连罪。"董昌问道："明日当如何回高帅？"钱镠道："不如先辞回杭州，静观事态，再定对策。"

次日，董昌、钱镠拜见高骈，董昌道："昨蒙高帅抬爱，命我举师北伐，昌等敢不从命？誓当为国效力。高帅一旦定下举师日期，晓谕昌等，自当率八都兵前来效命。而今八都兵组建不久，杭州山乡尚不安宁，我等暂行辞回杭州，以捍卫乡里，恳请高帅允准。"高骈见说，知董昌有意追随自己，便以礼送还杭州。

镇海军节度使周宝见西京陷落，整日痛心疾首，筹谋领兵赴难，遂在原镇海军之外又招募兵勇千人，名为"决胜军"，置亲信统领，由其子周玙总管，总部设于后楼，众军士称为"后楼军"，负责沿江及北固、金、焦三山防务及府署禁卫。僖宗皇帝得知周宝有勤王赴难之志，遂下诏进周宝同中书门下平章事，兼天下租庸副使，加授右仆射检校司空，封为汝南郡王。高骈得知此事，心中不平，遂致书周宝，相约各自带兵共同入援京师，请周宝赴东塘共同商议此事。周宝大喜，准备赴约，部下有人告诉周宝："高骈有兼并浙西之图谋，公切莫赴会。"周宝起初未信，悄悄派人至扬州打探，侦知高骈并无入援京师之意，遂托词未去赴约。高骈又派人请周宝赴瓜州相会，阴谋软禁周宝，亦被周宝以染疾为由辞往，自此高骈与周宝反目。

中和二年（882）正月，僖宗皇帝逃往蜀中已整整一年，迟迟不见高骈有任何勤王举措，遂再命高骈为东、西行营都统，勒令起兵西进勤王，收复长安。高骈托以浙西节度使周宝不服调遣或为后患为由，按兵不动，只是命其幕客崔致远作

《檄黄巢文》，又出兵至扬州东塘百余日，以虚张声势。

高骈扣押了上交朝廷的贡赋，却放出流言假说贡赋被周宝侵夺。僖宗皇帝对其中原委心知肚明，遂彻底失望，知高骈绝无赴难之可能，乃以宰相王铎为京城四面诸道行营兵马都统，权知义成军节度使，以韦昭度领江淮盐铁转运使，罢黜高骈一切军权、财权，加封一个淮南节度使兼侍中的空头衔。高骈接诏大怒，令幕僚起草表文，强调"是陛下不用微臣，固非微臣有负陛下"，措辞傲慢不逊。僖宗令司空郑畋草诏痛斥："……朕拔卿汶上，超领剑南、荆、润、淮扬联居四镇。绾利则牢盆在手，主兵则都统当权。直至京北、京西神策诸镇悉在指挥之下，可知董制之权，而又贵作司徒，荣为太尉。以为不用，如何为用乎？……朕缘久付卿兵柄，不能剪荡元凶，自天长漏网过淮，不出一兵袭逐，奄残京国，首尾三年。广陵之师，未离封部，忠臣积望，勇士兴讥，所以擢用原臣，诛夷巨寇。"自此，高骈兵权、财权尽失，威望大减，江淮、江东之局势再次陷入了新的混乱。

浙东观察使刘汉宏见驻守浙西的周宝与驻守淮南的高骈有隙，天子又远在西川，而今高骈失却兵权，遂起吞并浙西之意。一日会客多喝了些酒，席间对众人道："如今天下丧乱，这金刀（刘）之谶或许就应在我身上了。"说完哈哈大笑。又一日于观察使院会客，庭院大树上有群鸦呱噪，汉宏颇为不悦，令人砍伐此树。有人劝道："此树已有数十年矣，乌鸦呱噪乃常有之事，何足为怪。"汉宏道："吾将斩白蛇（汉高祖刘邦曾斩白蛇起事），岂止此树耶？"遂令人伐去。汉宏在使院之外又另造府第，极为宏伟壮丽，中堂悬一黄锦伞盖，守卫甚严。一日忽见一帛书插于府第大门，上书："汉宏是贼，岂宜造此大宅？"伞盖亦不见了。此事一时间盛传于民间，汉宏谋逆反唐野心已昭然若揭。

中和二年（882）七月，刘汉宏派其弟刘汉宥、马步军都虞侯辛约领兵二万屯驻西陵镇（今肖山县西兴镇），欲渡钱塘江攻击杭州，进而夺取浙西。

唐时钱塘江地形与今日大相径庭。钱塘江过富春向东北奔腾而来，经袁浦直冲东岸的渔浦与闻家堰，被堤堰与山石所阻，急转向西北，冲击山岩，绕过山脚后江面渐渐开阔，再向北而行。东岸过浦沿、杨家墩后转而向东，过长河、西陵涌向坎山、海门。西岸向西北过新沙、浮山、定山至云栖、九溪后再向东北冲击杭州府的月轮山、龙山，沿杭州城东涌向海门、河庄山。钱塘江水波涛汹涌，江中又有礁石，乃是浙东与浙西间的天堑。闻家堰与渔浦之间的急弯处江面宽不足一里，至浦沿与浮山、定山之间江面又有七八里之宽。海门位于杭州府东四十里，南有坎山，北有河庄山，大江之中尚有一中流砥柱名为赭山。赭山之北谓之北小门，其南谓之南大门，滔滔江水被三山分成两股，汹涌澎湃，奔腾而出。出海门后，水面宽达三十多里，乃钱塘江入海口，越往东海口越发扩大，宽达百里。西陵镇在杭州府东南方向,是钱塘江南岸的渡口,与杭州府的龙山渡口遥遥相对,晋时在此开通连接越州(今绍兴)的西兴运河,是越州至杭州的必经渡口。西陵镇东接肖山县,西有长河村,再往西是浦沿村,这数个村镇北面是宽阔的江滩,长满深密的芦苇,西南面有萧然山(今西山),再西有城山、东头山(今老虎洞山),三山之间有湘湖。长河村南面有寇山、白马湖,浦沿村南面有回龙山及庙山,诸山相连,形成南边的屏障。

马探步哨探得刘汉宥军情后迅速报告钱镠,当日钱镠即召集八都诸将商议对策,各都都将皆已到齐,唯盐官县海昌都将徐及未到,派人报告说:"越州军有迹象将在海门渡江袭击盐官,然后西进包围杭州,军情紧急,由是不能赴会。"诸将听说议论纷纷,钱塘县浙江都将成及道:"越州军于海门虽停泊三十余条战船,然马步兵仅千余人,绝不敢在此渡江袭击杭州,此战船应系西陵贼兵渡江之用,徐将军袭击盐官之疑实属多虑。"富春县靖江都将阮结道:"多半是被数万越州军吓破了胆,不想参战,以求自保。"诸将纷纷不已,见此情形,钱镠截住话题道:"诸位将军不必盲目猜度,此事待我详查后再作处理,当今先商议如何讨伐越军为要。"

众将稍微平静,钱镠把当前形势向大家一一介绍:"哨探报来,刘汉宥率兵两万屯于西陵、长河、浦沿一带,意欲于西陵渡江兼并我杭州,气焰嚣张,志在必得。如今已将中军设于西陵镇中,江边芦苇均被焚烧殆尽,山上林木亦被砍伐净光,依回龙山北麓、湘湖与白马湖之滨围起寨栅,粮草尽屯于寨中,又有三十余条五十人战船停泊于海门一带,以备西陵渡江之用。越军一旦渡过江来,兵力数倍于我,则杭州危矣,杭州如若失守,我八都将士将有何面目面对杭州父老乡亲?为此必须在越州军渡江之前将其大败于南岸。今日请诸将前来商议,望多献良策,以破贼军。"众将面面相觑,一时无计可出。沉默一会儿后,钱镠继续说道:"这第一仗若败,挫了锐气,我八都兵今后在强敌面前将难以抬头,可能会一败再败;如若胜了,扬了锐气,我八都兵将节节胜利,因此这第一仗至关重要,我等须仔细筹划,运用智谋战胜强敌,望诸将用心运筹。"钱镠见诸将仍然低头锁眉,面有难色,便接着说道:"越州军虽数倍于我,欲犯我杭州却有三不利:其一,越州军乃不忠不义之师,刘汉宏素有谋逆野心,今又擅自兴兵侵犯邻镇,师出无名,军中将士必不用命;其二,越州将士大多生长于北方,不惯于南方水乡之地,如今正值盛夏季节,难免水土不服,精神不振;其三,越州军扎营于钱塘江南岸江滩,西、北两面为大江,南面有群山、诸湖阻隔,只有东边及西南沿江通道可以进退,因此在人和、天时、地利上都处于不利。我八都兵向以匡扶朝廷、保境安民为主旨,人心向背,天时地利都与我有利,今我以正义之师讨伐不义之贼,焉能不胜?但欲战胜数倍于我之强敌，尚须出奇制胜，尽量减少我军损失，取得最好战果。诸将心中一旦确定必胜信念，就一定会有战胜越州军的绝妙机谋。"

钱镠说完，气氛渐渐活跃起来，浙江都将成及先说道："钱将军所言甚是有理，我军须出奇兵方能制胜。如今，越军营地北面、西面均临大江，水宽浪急，又有重兵把守，我军难以渡江。只有南面闻家堰在庙山之南十里，越州军防守薄弱，我军宜在此处夜渡钱江，再突袭越州军营寨。"靖江都将阮结说道："闻家堰夜渡最好，只是我七千军士少说也得有百五十条战船，从哪里调得？"东安都将杜稜也说道："我军尽于闻家堰渡江只能单攻其西线，越州军以两万之众，尽可拒我于浦沿南，我军又无后援，岂能获胜？"成及接着杜稜说道："不妨分一半人马在闻家堰渡江袭击浦沿，得手后再派另一半人马从正面渡江攻击，如此两面夹击，使越州军首尾不能相顾，或可取胜。"大家道："如此虽好，没有船仍然行不通。"众将议论纷纷，仍无万全之策。

成及道："不知钱将军有何良策。"钱镠本想多听听大家意见，见成及问，便说道："诸位将军所言甚是有理，诸多难题正需我们设法解决，我先说个粗浅之见，大家再议。大战之前我们先要做些准备工作，需兵分三路：第一，陈晟将军带领本都兵马招募造船工匠，在龙山脚下钱塘江边显眼之处建立造船场，须在三个月内造成百人战船六十条。越州军每天见我忙于造船，知我近日无法进攻，必然将士麻痹、兵卒懈怠。我军此战如大获全胜，越州军必不会善罢甘休，他日还会大举进犯。这六十条战船此战不用，将来必有大用，此乃明修栈道，暗度陈仓之计。第二，阮结将军带领本都兵马悄悄奔赴袁浦一带隐蔽处建立制筏场，招募制筏工匠砍伐排竹，秘密赶制竹筏百张。今日是七月初七，须在七月十一日午时前赶制完成，同时派出得力哨探，于十一日傍晚前探知越州军号令及营寨相关军情。第三，成及、杜稜将军各带二千人马分头征购民船各五十条，并在城北运河中加紧训练渡江、强攻之法，做好强渡大江的准备。渡江强攻时间定于七月十二日子时，我与陈晟将军须于十一日晚各率本部兵马悄悄赶赴袁浦与阮将军会合，子时一到，乘竹筏顺流而下，在闻家堰与渔浦之间的急弯处随波直冲对岸。此处江面最窄，水流湍急，旋涡腾涌，水深岸陡，岸上乃一山崖，又背靠丛山，十分凶险，无人在此渡江，敌军疏于防备，而且恶浪滔滔，狂击岸礁，其声如雷鸣，不易被察觉。登岸后将竹筏拖上岸隐蔽好，以免被越州军发觉。阮将军带领本部兵马沿江岸奔赴回龙山隐蔽，等待信号，我与陈将军率二千军兵抄小路翻过东头山冲开越州军后营营寨，放火烧毁辎重，再趁乱直插西陵镇越州军大营。越州军见后营起火，必调大营主力兵力前来救援，前沿阵地防守削弱，大营的注意力也被起火的后营吸引。我与陈将军趁乱围困主帅营帐，使越州军失去指挥，两万军兵陷于混乱。阮将军见越营火起，立即带领本都兵马直冲浦沿，放火烧毁越州军营寨，堵塞沿江道路，勿使越州兵从江边小路逃脱。成及、杜稜二位将军亦以越营火起为号，各率二千兵马由龙山乘船渡江。成及将军登岸后猛攻越州军西陵大营，并切断其东逃之路，使之成为瓮中之鳖。杜稜将军登岸后从北面杀入越营，任你纵横驰骋，往返冲杀，杀他个鬼哭狼嚎，人仰马翻。本次行动关键在于出其不意，击其不备，各都军兵在行动前务必严守秘密，不使敌军察觉。各都兵卒除哨探外，在全面进攻前不得有人渡江。行动之日各都兵将都须头包白巾，臂缠白布，以便联络，避免误伤。行动之时要猛、要狠，勿使敌军稍有喘息，令其立时处于瘫痪状态，如此我军必可大获全胜。诸位将军，对如此安排有何异议或补充？"

诸将听完群情振奋，摩拳擦掌，齐声叫好。这暗度陈仓、声东击西、关门捉贼之连环计，真可谓天衣无缝，环环紧扣。稍后，成及问道："将军安排甚是精细确当，只是七月十二日已近望日，半夜子时明月当空，若天空无云，月光洒地如同白昼，行动极易被发现，如何夜渡？"钱镠笑道："成将军不必多虑。十二日子时出发至发起攻击前，应是月近西山，此时月光惨淡，星光亦甚微弱，唯近处景物可以辨清，远处却是漆黑一片，正有利于我夜间行动而越州军却不易发觉。"成及笑道："钱将军如此精细，我等皆不及也！"钱镠道："我早年常于夜间赶山路，随时留心记忆而已。不过作为将帅必须通晓日月星辰之运行，熟习山水地理之迁延，掌握敌我军情之变化，了解民心背向之趋势，才能运筹帷幄，决胜千里。"众将皆叹服不已。

议论完毕，钱镠将拟定计策报与董昌知道，并派人去盐官秘密观察徐及动向，各都都将亦各自回营依计行事。

越州军将士见北岸开辟船场，大造战船，皆捧腹弯腰大笑不止，汉宥笑道："人说八都兵善运筹，多机巧，今日见此，其智谋皆小儿游戏而已。如今我大军已屯住南岸，他倒临时抱佛脚，才想起大造战船，真是临渴掘井，可笑可叹！等我兄长调集船只即可大举渡江，攻取杭州，我得杭州之日，彼等所造战船皆归我矣！"辛约道："这八都兵造战船为何不在隐蔽之处？偏选在我面前？或许彼等另有图谋。"刘汉宥笑道："我军一旦渡江，八都兵不足一万，焉能敌我数万之众？彼等所依赖者唯钱江天堑耳，因此需有足够战船以拦截我军渡江，怎奈无有现成战船可调，只好选靠近渡口处赶紧修造，这亦在情理之中。可惜远水不解近渴，可悲可悲！"当下，汉宥修书一封，将八都兵造战船之事报告刘汉宏，并催促征调战船尽快渡江。

七月初十夜，钱镠命陈晟安排船工于次日照常修船，却与陈晟、马绰各带本都军兵悄悄奔裘浦而来。阮结向钱镠报告了渡江准备情况，又预备了渡江、引火、劫营所需诸多物品，一一检查一遍。

次日，命将士军卒充分休息，吃罢晚饭，士卒们将竹筏抬至江边，每十张竹筏用竹索连成一组。待到半夜子时，果然月已西斜，地面灰暗微明，众将士登筏用竹篙撑至江心顺江漂流而下。来到急弯处，江流急剧转向西北，竹筏被激流冲到对面岸边颠簸撞击崖岸。众将士急用竹篙奋力挂住岸边岩石纷纷上岸，又把竹筏抬到山上隐蔽起来。整好队伍，钱镠嘱咐阮结道："你带兵马沿山间小道悄悄靠近回龙山隐蔽，千万不得惊动越州军，须等我冲开寨栅，放火烧营之后再急速冲击浦沿。"吩咐完毕，钱镠、陈晟、马绰带领二千兵马顺小路奔东头山而来。到得山上，先摸到哨位杀死步哨，向越寨中张望，只见寨中一片沉寂，帐篷之间稀疏挂着几盏灯笼，依稀照见营中小路纵横交错，南部有数多大帐，周围多有士兵把守，又有游动步哨巡逻，料想必是辎重所在，钱镠吩咐陈晟、马绰："我们在那边山弯黑暗处悄悄下山，撞开寨栅后我与马绰即带一千兵马杀奔西陵大寨，陈将军领本部兵马直扑辎重大帐放起火来，务使火势猛烈，然后率兵一边放火烧营，一边杀奔西陵与我会合。行动务必迅速，不可恋战。"说完带领众将士悄悄摸下山来，越过堑壕杀死敌哨，众将士合力撞开寨栅，迅速冲入越营。顿时后营中多处火起，烈焰腾空，越州兵睡梦正酣即被砍杀无数，待到惊醒出营看时，后营已是火光冲天，惊恐慌乱之际却又见西边浦沿方向烈焰腾起，杀声阵阵，正欲整兵相援，东边又报军营起火，已经烧成一片火海。军情紧急，却又兵找不到官，官驱不动兵。正乱之间，北面杀来大队人马，整个营寨四面火起，烟焰腾空，火光照耀得如同白昼。怒骂声，呼号声，惨叫声，一片鬼哭狼嚎，越州兵各自逃命，不少士兵被拥入白马湖、湘湖中淹死。那边西陵大寨，刘汉宥本在睡梦之中，正梦见越州军大举渡江，八都兵出城投降，洋洋得意间却被帐外呼叫声惊醒，忙出营察看，却见四面火势猛烈，杀声阵阵，大帐已经被围。此时辛约带兵赶来，好一阵厮杀，终于拼开一条血路冲至主帅帐前。与此同时又一支人马自北面杀奔西陵而来，辛约本想救出主帅再组织人马进行反击，不想攻打西陵的人马源源不断，越聚越多，也不知对方到底来了多少兵马，再眼见这满寨的烈火，不免心虚，对汉宥道："八都兵已从西、南、北三面向西陵合围拢来，将军速速退兵再做打算吧！"汉宥还想问个明白："这八都兵没有战船，如何得以过江？"辛约道："刘帅保命要紧，留得青山在，不怕没柴烧，行动慢了，被八都兵截断东边退路，我等就全完了。"早有四名亲兵牵了马匹候着，几个人急忙上马匆匆向东逃命去了。这边钱镠、成及两支人马很快合围过来，将西陵镇团团围住，截断了所有东逃之路，镇中越州兵被杀得人仰马翻，仅余少数向东逃得一条性命。杜稜亦率队往返冲杀，东西驱赶。约莫过了一个半时辰，天色渐明，越州兵早已个个失魂落魄，人人心惊胆颤，遂纷纷跪地投降。钱镠命众将士清理战场，又亲自带领几位将军安抚西陵、长河镇中百姓，诸事处理完毕，命成及领二千人马断后，自己率队分批渡过江来。

董昌亦是一宿未眠，带领府中官僚吏役在凤凰山上观看江南战况，见南岸火光映空，浓烟冲天，知道战事进展顺利。待到天明火势渐息，钱镠派人过江报捷，一颗悬着的心便放了下来，急命官僚吏役邀请地方官绅一起来到龙山渡口欢迎慰问八都将士。到得渡口，江边已经挤满百姓。将近午时，钱镠率船队渡过江来，缓缓停泊于龙山渡口，董昌急忙率领僚属迎上船去向诸将一一慰问，又拉了钱镠之手并肩走下船来，到了人群中间额手说道："诸位父老乡亲，浙东刘汉宏素怀不尊王命意欲自大之念，屯兵数万于钱江之南，觊觎我杭州、浙西，激起我杭州军民同仇敌忾。昨夜钱将军率八都将士以数千之众渡江杀贼，一举全歼江南数万越军，为保卫杭州免受蹂躏立下汗马功劳，可敬可贺。"转身接过吏役递过的酒说道："我今代表杭州父老乡亲向诸位将军敬献水酒，以表对全体八都将士崇敬之心。"双手捧酒奉于钱镠。钱镠接过酒杯一饮而尽，说道："今日初战告捷非我一军之功，亦是父老乡亲全力支持之功，只要钱镠一息尚存，定誓死保卫杭州平安，以谢乡亲厚爱之情！"董昌又向各都将敬酒，众乡亲亦纷纷向八都将士献酒敬茶，约莫过了半个时辰方才慢慢散去。

这次渡江之战共斩杀、踩死、溺毙越州军一万多人，夏公顺、陈正公、孙环、徐度等越州将领投降，俘获越州兵八千余人，只有刘汉宥、辛约等数百人得以逃脱。俘获军士凡愿回浙东者悉数放归，任凭自己择业谋生，愿留军中效力者分别编入八都兵中。越州士卒对刘汉宏枉自尊大、到处攻掠、残害百姓、不恤士兵等残暴行径本来就怀有怨愤，今见八都兵作战勇猛，锐不可挡，又亲见杭州官员、百姓盛情迎接八都将士胜利归来，此情此景怎不感慨动容，纷纷要求加入八都兵效力。钱镠命诸都将亲自挑选越州军精壮士兵五千多人分别编入各都，日夜加紧演练，以备越州军再犯杭州，又命陈晟率所部军卒继续加紧修造战船，以便早建水师，保卫杭州。

第六回　趁夜雾再败浙东军　渡大江三挫悍凶顽

　　话说刘汉宥、辛约等带了数百残兵败将从西陵逃回越州，向刘汉宏报告惨败经过，把个刘汉宏气得暴跳如雷，欲斩杀刘汉宥、辛约以儆效尤，众将属僚纷纷求情方得幸免。这一仗刘汉宏虽是大败，但浙东实力并未伤及元气，经过多番筹谋，重新调集衢、婺（金华）、处（缙云）、越四州兵马共七万余人，以登高镇将王镇率领，再赴钱塘江南岸扎营。东起肖山县，西讫浦沿江边，连营三十五余里，伺机渡江夺取杭州。王镇吸取了上次大败的教训，于西陵、鱼浦渡口、闻家堰、长河江边、城山、东头山等处建立小寨，以小寨守护大寨；又训练四五百条猛犬，日夜在寨栅壕沟外警戒，防止杭州兵偷袭。如今万事具备，只等战船备齐即可渡江开战，只是七万人渡江须数百条船只，一时如何能调得齐。

　　越军行动早有哨探报知，钱镠立即召集八都诸将商议对策，说道："如今越军五倍于我，防守比前更加严密，我等若要取胜，更需缜密谋划，请诸将多献计策。"稍待片刻，成及道："越军数倍于我，欲取胜则不可硬攻，只宜智取。首先是渡江之策，上次乃利用月黑星稀得以夜渡，如今是十月初冬，夜间天气寒冷而江水尚温，肖山至浦沿地区北、西两面临江，南面多湖，夜间时常多雾，弥漫两岸，我军正可利用夜雾渡江。"阮结道："夜雾可蒙蔽越军视线，狼犬却靠鼻闻耳听，远远即可发现我军行动，咬将起来，我们如何上得了岸？"众将面有难色，无计可施。杜稜见钱镠微笑不语，说道："想必钱将军胸有成竹，直说与大家听便了。"钱镠笑笑道："我从军前常于夜间赶路，每过山村茅舍常有恶犬吠咬，上路前备上几块骨头，遇到恶犬扔出一块便会停止吠咬，即可趁隙过去。如今我们趁夜雾渡江，亦可采用此法对付越军凶犬。出征前准备几十条小船，仓中载上炭火风炉，用锅先煮好肉汤，再放进萝卜块，大小正好堵住狗嘴。众军士趁雾渡江，靠岸前把煮得滚烫却半生不烂的萝卜块抛上岸去，越犬闻香必来抢食，一旦咬入嘴中即被烫得疼痛难忍，想甩却已被犬牙牢牢啮住甩不掉，想咬又烫得疼痛难忍不敢咬，想叫被萝卜卡住嘴叫不得，只好夹着尾巴逃跑，我军即可乘乱登岸攻入寨中。"未等钱镠说完，众将皆捧腹大笑。阮结笑道："听钱将军说打仗，好似说书人说笑话，竟如此轻松诙谐，令人忍俊不禁。"钱镠道："笑归笑，却千万不可马虎轻敌。"

　　待众人止住笑，杜稜道："可否从西陵到肖山全线渡江，重点进攻肖山，力争全歼越军？"成及道："这次越军有七万多人，我军仅一万五千人，全歼越军恐难实现。"钱镠道："敌众而我寡，欲全歼敌军实难实现，我认为此番出击的重点可放在捣毁萧山越军中军大营上，使得越军短时间内无法组织力量进攻杭州，为我军争取备战时间。"众将纷纷点头赞同。钱镠继续部署道："靖江都将阮结、海昌都将徐及领本部军马各自征集狼犬二百条，日夜加紧训练，七日内务使狼犬能识别我军及越军衣甲、头盔，能泅江渡水，翻越堑壕，撕咬越军却绝不咬肉味萝卜，同时备好喂烫越犬的炉具、萝卜等器物。成及、杜稜、陈晟、吴文举、饶景、马绰六位将军率本都军兵各领新造战船十条及小船数条，加紧操练渡江。五日后，各都将士白天充分休息，夜里一旦大雾漫江，听我号令随时渡江劫营。阮将军率本都军马及二百条狼犬驾小船乘夜雾悄悄渡江，袭击西陵至长河一线越军，徐将军率本部军马及二百狼犬驾小船袭击长河至浦沿一线。船近江岸，先依计抛出萝卜封堵越犬之口，同时驱使我军狼犬泅水登岸。越犬从犬道逃回越营之时，我军狼犬即尾随追入营中撕咬越军，此乃以其人之道还治其人之身，以犬制犬之计。混乱之际，你等迅速登岸，拔开寨栅冲入越营，在营中放起火来，将沿江越兵斩杀驱赶一空，为大军渡江扫清障碍。其余各都将士预先乘战船借夜雾隐伏于江心，见越营火起，立即渡江登岸。陈晟、马绰将军带领本都兵马随我在西陵登岸，径直向东杀奔萧山捣毁越军中军大营。成及、吴文举将军率本部军兵在西陵至长河一线登岸，与阮结将军会合，力争全歼西陵至长河越军。杜稜与饶景将军率本部军兵在长河以西登岸，与徐及将军会合，力争全歼长河以西越军。此番夜袭关键仍然是快、狠、猛，使敌人无还手之力。诸位将军对如此安排以为如何？"众将皆以为甚好，各自回营准备。

万事俱备，只待雾锁大江。过了四日，已是十月中旬，这日气温突降，寒气袭人，却是风平云霁，月光微明。半夜过后果然雾起，渐渐雾漫大地，江面数丈之外难辨景物，钱镠随即下令全线渡江。

阮结、徐及首先驾小船渡过江来，隐隐望见江岸，停稳小船，用勺子将滚烫的萝卜纷纷抛上岸去。越犬闻到肉香味争相抢食，咬上的烫得疼痛难忍，呜呜哀咽，遂又抓又跳，夹起尾巴窜回营去，未咬上的亦追随众犬窜回营去。这边船上的杭犬也已纷纷泅上滩头，紧随越犬追入越营。数百条狼犬窜入营中，有的呜呜哀鸣，有的见兵就撕、遇卒即咬。越军只知有越犬，哪知还有杭犬，可怜这些越兵很多尚在睡梦之中就被抓咬得伤痕累累，浑身是血，搞不清来的是虎豹豺狼还是天狗神犬，乱作一团。守寨越军本以为有猛犬巡守万无一失，因而疏于防范。阮结、徐及率领兵士轻而易举撞开寨栅，排山倒海般冲杀进寨，在营中放起火来，杀声震撼夜空，烈焰烧遍营寨。

隐伏于江心的八都将士早已执戟待命,见越营火起,知阮结等得手,迅速驾船登岸,冲入越军营寨。成及、吴文举率两都军兵迅速截断由西陵东逃之路,把西陵镇中越军杀得尸横遍地,血流成河。饶景率兵迅速截断由渔浦南逃小路,杜稜率兵杀奔长河各营,杀得越军魂飞四海,魄散九霄。钱镠与陈晟、马绰率领两都兵马由西陵登岸,直杀奔肖山县来。

这王镇本来仅是一员镇将,因刘汉宏急于攻占杭州扩张势力,遂任命其为衢、婺、处、越四州兵马统帅,于肖山县中设中军大帐。一时间王镇趾高气扬,不可一世,自恃兵强马壮,防守严密,哪里把杭州八都兵放在眼里,一心只等刘汉宏调集船只即可渡江攻取杭州。连日来王镇等在乡里抢掠民女数百人寻欢作乐,这日又与诸将狂欢滥饮直至更深,刚刚昏昏睡去,隐隐听得远处骚乱之声,猛然惊醒,侧耳细听,骚乱之声由远入近,哭喊叫骂声、犬吠马嘶声汇成一片,情知不好,急跳下床奔出账外,只见西边火光通明却又被大雾遮隔看不清楚,料到西部大营已被八都兵偷袭,急唤周边诸将赶紧集合兵马准备拒敌。一时间金鼓齐鸣,人喊马嘶,众军士夜梦中被突然惊醒,人未披甲,马不及鞍,钱镠却已率八都兵掩杀过来,刚刚集拢来的越军被杀了个七零八落,四散奔逃,哪里还有还击之力。王镇眼见大势已去,无力挽回,只好招呼身边将士带领本部军兵往南逃窜,奔入诸暨城中闭门不出。未及随王镇逃跑的越军已群龙无首,任凭八都兵在城中驰骋砍杀,直杀得越兵鬼哭狼嚎,鼠窜狼奔。待到天明雾散,越军兵马已被砍杀大半,侥幸生还者也四散逃命去了。

西山及北干山越军眼见西边火光烛天,杀声动地,知有杭州兵劫营,然周围大雾弥漫看不清实情,怎敢贸然下山。

钱镠一面出榜安民,一面清点越军营寨,俘获将吏数十人、兵卒二万余人,斩杀万余人,收缴伪敕书二百余道。被劫掠的数百民女悉数送归乡里,所抢夺的牲口、贵重财物由原主领回。肖山县万民感泣,百姓颂恩,众多乡绅里士要求钱镠驻兵肖山,以免再受刘汉宏贼兵之害。此时成及、吴文举等都将亦已来到,见此情形纷纷赞同留驻肖山,钱镠额手称谢道:"承蒙诸位父老乡亲厚爱,具美万分感谢!只是我八都兵之责乃守护杭州,今因刘汉宏兵临西陵欲侵我杭州,不得已乃领兵过江讨贼,若留驻于此则有违皇命,请父老乡亲谅解。"送走诸乡绅,钱镠对众将道:"我八都兵虽两败刘汉宏,重创浙东军,然刘贼沿海诸州未曾参战,其实力犹强于我。今若分兵驻守肖山,背水孤城实难坚守,况我杭州空虚,刘贼若驱兵从他处渡江击我杭州,则杭州不保也。此地不可久留,请成及将军、马绰将军率本都兵马断后,其余诸都兵马尽速整兵渡江。"

二败刘汉宏董昌甚是高兴,仍率府中官僚吏役亲赴龙山渡口,迎接将士凯旋归来。董昌对两次袭击越军大获全胜颇为自得，欲上奏朝廷邀功请赏。钱镠道："请赏之事为时尚早，越军实力强我十倍，我今虽两败刘贼，皆凭机巧取胜，浙东实力尚存，刘贼绝不肯就此罢休。而主帅周宝正谋划举师勤王，讨伐黄巢，亦无力南顾，为今之计可申报周帅从所降越军中再挑选五千军士，将我八都兵扩增为十三都，以保浙西安全。"董昌道："钱将军思虑甚全，我即呈文周帅。"

董昌将刘汉宏藐视朝廷、擅废贡输、广招兵马、残害百姓、陈兵江南、觊觎杭州种种恶行，以及杭州八都兵为振我皇威、保我州境而二登江南、挫其凶焰诸多事迹皆行文申报浙西节度使，周宝派人赴京上奏僖宗皇帝，皇帝见报下诏封钱镠兼侍御史，并授命将杭州八都兵扩建为十三都。钱镠从自愿留在杭州军中效力的俘兵中挑选五千精壮兵卒与八都兵混合后编成十三都，除原有八都之外，新组成紫溪、保城、分水、三泉、建宁五都，日夜操练准备御敌。

中和三年（883），朝廷任命路审中为杭州刺史，高骈暗中知会董昌。路审中前往杭州赴任，行至嘉禾得知董昌已引石镜镇兵入驻杭州，并自称杭州都押衙，主持州内事务，心中不免害怕，未及上任便原路返回。董昌遣部将向周宝请求任命。周宝亦不能节制董昌，乃向朝廷上表举荐，皇帝只得恩准周宝奏请，诏授董昌为杭州刺史，钱镠为杭州都知兵马使。自此，董昌、钱镠据有杭州之地，并不断扩军，以备浙东军再次来犯。

三月，刘汉宏吸取前两次教训，改变由肖山单军进攻的战略，兵分三路虎踞钱塘、富春江畔，拟全线大举渡江围歼杭州兵。第一路由刘汉宏亲自率领二万五千人马，屯驻于诸暨的古剥岭，为中路军。这古剥岭俗称虎扑岭，乃越州城过会稽山通向西南的必经之地，两边山崖陡峭，有两虎相扑之势，故有虎扑岭之名，是越州城西南的重要隘口，进可经诸暨由富春江进入浙西，退可回越州城自保。中路军前沿于黄岭、岩下、贞女三镇各驻有近两千人马。这黄岭镇在肖山县西南四十八里，有虎爪山临江突峙，可控制富春江江面，岩下、贞女二镇俱在黄岭西南，离肖山县百里。三镇皆背靠龙门山，面对富春江，进可强渡富春江，进击桐庐、富春，退可死守诸暨城，由诸暨守将王镇统辖，诸暨城中又有守军五千人坐镇。第二路由将军柳超率五千多兵马驻扎三都镇，位于桐庐县南百里，西距睦州（建德）六十里。第三路由大将黄珪、何肃及都虞侯章公直等率本道精锐排门军一万五千余人，扎营于肖山、临浦，待第一、二路军渡江北进时即可趁机渡江，围攻杭州。

睦州刺史韦诸得报，急忙调兵遣将加强富春江防卫，怎奈手下兵少将寡，如何能敌刘汉宏大军，急得如热锅上蚂蚁，还是手下裨将提醒赶快派人向杭州求援联手对敌，遂连夜修书派人急送杭州。

钱镠亦已探知刘汉宏三路大军动向，连日来正在筹谋御敌之策，今又有睦州刺史派人求援，遂召集十三都将士共同商议御敌之策。钱镠对众将道："刘汉宏连遭两次惨败，如今吸取教训改变战略，现分三处陈兵江东，我军若攻其一处，他处越军即可救援，致我于腹背受敌境地。若全面渡江出击，实力又远不及越军，诸位将军可有何破敌妙计？"成及应声道："越军分兵三路，我军宜各个击破之，三路军中唯柳超最弱，仅五千兵马，可先将其围而歼之，再直捣刘贼大营！"阮结道："刘贼大军驻于古剥岭，离前沿三镇甚远，每镇守军不足两千，我军可一面攻击刘贼大营，使其不能出援前沿，一面强攻前沿三镇，必可奏效。"马绰、杜稜等人都表示赞同。钱镠最后说道："诸位将军所言甚合我意，如今刘贼实力仍胜于我，若硬打死拼，我军必然吃亏，采取各个击破之策正可避强击弱。柳超原在常熟一带聚众为盗，贻害百姓，后被节帅周宝围剿，仅带了数名亲随登船渡海逃到浙东，投在刘汉宏门下。此人心浮气躁，心狠手辣，却寡谋少算，今倚仗刘汉宏实力得以耀武扬威。若设计使其远离刘贼大军，不难将其全歼，不妨先引狼入室，再关门杀之。"阮结性急，问道："如何引狼入室？"钱镠继续说道："此事请陈晟将军为之。如今柳超渡江船只泊于三都镇江边，你可带二千兵马秘密驻守富春江岸山林中，并派人与睦州韦诸刺史联络，请他出兵过江偷袭柳超船只或水军营寨，且只可败不可胜，须反复为之，引得柳超性起过江追击。睦州兵且战且走，柳超必分水、陆两路追击。陈将军迅速出兵切断柳超退路，并将其水、陆两路分隔，与睦州兵联合将过江的柳超陆军围而歼之，料其水军绝不敢弃船登岸救援。柳超陆路军兵不过三千，陈将军与睦州兵共五千，其陆路军不难歼灭，待陆路军被歼，水军势孤，必欲顺水路退回三都镇，你可事先安排船只在江中拦截，务必将柳超兵马全部歼灭。"钱镠停顿片刻，扫视诸将，见都在静听安排，便继续说道："待柳超过江后，我即率大军东渡富春江，兵分两路，一路奔袭古剥岭，阻断刘汉宏大军出援之路；一路直奔诸暨，陈将军消灭柳超后即刻率兵渡江东进，与大军会合围攻诸暨。我军一旦攻下诸暨，必然大大挫伤越军士气，即可合力向北掩杀，围歼肖山守敌。"停了片刻，继续说道："此番渡江之战离本府较远，万一刘汉宏得知我主力已南下，定会渡过钱江袭我杭州，我若无备，则杭州危矣。马绰将军可领两千兵马，驻守杭州江岸，以防不测。如此安排诸将以为如何？"众将皆无异议，领命回营准备。

钱镠留下马绰单独吩咐道："此番越军欲攻浙西，中军驻于古剥岭，肖山越军不会擅自行动攻击杭州，但仍须密切观注其动向，防其万一，如有异动，即刻派快马禀报于我。"

陈晟回营即命副将点起兵马船只，分水、陆两路沿富春江过桐庐向南进发，自己带两名亲兵快马加鞭驰入睦州城中。睦州刺史韦诸闻讯，急忙率府中将吏迎出府衙，与陈晟执了手并肩步上堂来。礼让完毕，大家分坐商议军事，陈晟将钱镠部署详细禀告，请刺史即刻整点兵马船只准备袭击柳超。刺史安排完毕，与牙将陪同陈晟察看睦州至三都镇沿江地形，陈晟一一记于心上，第二天清早驰回营中。

　　却说柳超把战船分成十数排，每排五船，泊于富春江边，三都镇江中仅余十数条小船在江中往返巡哨。岸上建立营寨，周围竖立寨栅，寨中建有南北两个高台可瞭望对岸及周围动静。万事俱备，单等刘汉宏下令即可渡江进发。

　　这一日哨马来报，从新安江上游驶来数十条战船，每船约有数十名兵士，个个手持弓箭兵器，柳超急令各战船分散驶入江中，拦截睦州船只。睦州船渐渐驶近，船上兵士张弓搭箭，一声令下射过无数火箭来。柳超急令各船水兵一面发箭敌住睦州船只不让靠近，一面赶紧灭火。双方相持了约一炷香功夫，睦州船掉头返航，柳超也不追赶，收兵检点船只并无大损失。当天半夜三更时分，柳超军中各营兵将刚入幽梦，忽听得金鼓齐鸣，喊声大振，只见上游岸边火光耀天，一彪兵马杀将过来，柳超急令擂起战鼓催督各营军兵出寨迎战，睦州兵与越军交战只几个回合即败退回船遁去。第二天巳牌时分，新安江上游又顺流驶来数条战船，驶在前面的十来条战船前面又各推着一条小船，上面装满了干草和引火之物，柳超见状急令所有船只向江心散开，并向睦州船只放箭。睦州船渐渐靠近越军船只，点燃前面小船上干草，顿时火焰腾天，向越船撞来。小船船头和两侧都钉有铁钉，一旦撞上越船即难以解脱。越船躲避不迭，不长时间竟有三条战船被撞上着起大火，船上越军一片慌乱，纷纷跳水逃命。其余越船赶忙避过火船，冲上前来欲拦截睦州船只，睦州军又鸣金收兵向新安江上游退去。

　　柳超两天之内经受三次袭击，白白损失了三条战船和许多兵丁，气得暴跳如雷，如此下去，若再损失许多船只，谈何渡江攻取杭州？心想：我柳超寸功未立就损船折兵，有何面目在越军中立足？不禁火从肝上起，恶向胆边生，命旗牌传令，明天五更造饭，天明渡江，分水、陆两路并进杀进睦州城去。

　　柳超一边拔寨起兵渡江西进，一边派人报知刘汉宏。这边巡哨快马驰报陈晟，陈晟亦立即分水、陆两路悄悄尾随柳超前进，同时派人报知主将钱镠和睦州刺史韦诸。钱镠得报，立即率全军大举渡江，命阮结、成及、杜稜各率两千人马分别攻打黄岭、岩下、贞女诸镇，自己亲率一万大军封死古剥岭越军主力出路。刘汉宏刚得知柳超已率兵渡江，正准备派兵支援，却又得报钱镠大军已经渡过江来，诸暨各镇被围，古剥岭出口被封，哪还有心思支援柳超，赶紧调兵遣将迎击钱镠各路军兵。

陈晟令水军船只泊驻于新安江口，自己率兵西进赶上越军后队，好一场厮杀！越军不曾想后面会有杭州兵杀来，顿时后军大乱。睦州兵在城头上先是远远望见越军战旗飘飘，气势汹汹杀奔睦州城而来，眼见得将近城下，未等立住脚却见后军突然大乱。守城军士急忙报与刺史，韦诸知道陈晟已率兵咬住柳超屁股，急令各门守军大开城门出城杀敌，切断柳超步骑兵与水军的联系。柳超首尾受敌，只好拼力厮杀，力图冲出重围与水军会合。怎奈陈晟兵马已与睦州兵马形成合围，越战越猛，哪里冲得出去，只好率兵转头向北突围。北面却是连绵大山，步行尚且困难，何况又有强兵阻截，左冲右突哪里冲得动，柳超最后力竭死于乱军之中，残余越军见主将战死纷纷投降。江中水军见柳超被困，本想上岸增援，又怕船只被劫，眼睁睁看着柳超军兵力竭难支，不得已调转船头顺流逃跑，却又被陈晟水军船只拦住去路，只好投降。

韦诸命牙将安排军士清理战场，自己执了陈晟手道："你我同入城中，为陈将军摆宴庆功。"陈晟道："刘汉宏主力尚盘踞诸暨，军务紧急不敢久留。"韦刺史请求再三，陈晟因军命不可违，坚持向韦刺史告别，整点军马欲赶赴诸暨与钱镠会合。韦刺史见此情形，命牙将留一千军兵驻守睦州，其余两千兵马随陈晟同赴诸暨，共讨刘汉宏。

经过几番激战，阮结、成及、杜稜诸将已将黄岭、岩下、贞女三镇越兵歼灭，攻破附近蛮兵盘踞的山洞三十余所，共灭敌五千余人，生擒贞女镇将杨元宗、岩下镇将史弁等，缴获兵甲无数。

柳超及诸暨外围三镇军兵既灭，钱镠一面加紧攻击古剥岭刘贼大营，一面命阮结、成及、杜稷、陈晟诸将率兵合力攻取诸暨城。诸暨城守将王镇乃八都兵手下败将，今见前沿三镇越军均被殄灭，恐诸暨城难以守御，遂连夜领兵逃往婺州。杭州兵长驱直入，缴获城中所备粮食两万余斛，武器衣甲无数。

时值梅雨季节，连日阴雨绵绵，行动颇为不便，然军情紧急，不容懈怠。钱镠一面命人在诸暨城中张榜安民抚慰百姓，一面与诸将商议道："如今刘汉宏已丧失左翼及前沿，主力被堵截于古剥岭，右翼正处于孤立无援之境，宜乘胜将其鄏灭。陈晟将军率领本部及睦州军兵连夜乘战船顺富春江而下，冲击杀退越军驻西陵、肖山的战船，切断越军水上退路。成及、杜稜将军率本部兵马连夜奔袭肖山东面的钱清镇及南面的临浦镇，切断其陆上退路，使其成为笼中之鸟，网中之鱼。我随后发兵与你等会合，一举将其右翼殄灭。"诸将领命分头准备，即刻发兵。钱镠亦领阮结等诸将率兵轮番去古剥岭挑战，并在岭口两侧山上集聚巨石、滚木、柴草，以备阻击刘汉宏大军向外冲击。

次日傍晚，各路兵马来报均已按预定计划到达指定地点埋伏，钱镠当即传令明日寅时向肖山越军发起攻击，务求全歼；又命阮结统率五千兵马，死守古剥岭山口，拖住刘汉宏主力。将诸事安排停当，钱镠亲自率领其余人马连夜冒雨悄悄赶赴临浦与杜棱会合。

寅时一到，一声令下，钱镠自领三千兵马向东北杀来，攻占通往越州的榆林关大桥，与成及会合，切断黄珪东逃会稽之路，其余兵马随杜棱向肖山冲杀。肖山守将黄珪、何肃、章公直等得知柳超被歼，接着又获悉诸暨及前沿三镇失守，眼见肖山已孤立无援，都慌了手脚。黄珪命何肃带三千兵马东进驻守钱清镇及榆林关，保障东退越州之路，又命章公直带三千兵马南下驻守临浦，防范杭州兵由诸暨进击肖山。不料行动慢了一步，几处均已被杭州兵抢先攻占。待二人赶到指定地点，刚好与杭州兵迎头相碰，一场厮杀，二人只带得少数残兵败将逃回肖山。西陵战船受陈晟冲击烧毁数条，其余船只都逃回越州北面三江口去了。

黄珪等人被围于肖山，如惊弓之鸟，也不知杭州兵何时发起进攻，眼睁睁守了一夜，至次日清晨已是兵疲将乏。众将合计如今肖山独木难支，不如先逃回会稽再作打算。正在此时，各路探马来报，杭州兵从四面合围，正向肖山袭来。黄珪急命各部兵马冒雨向东突围，章公直率三千兵马断后。黄珪、何肃率兵向东逃，才跑了五六里即被成及截住，两军相遇，一个是猛虎扑食，志在必胜，一个是死里求生，意欲突围。正在混战之时钱镠率兵赶到，杭州兵军威大振，个个奋勇，直杀得越军丧魂落魄，陈尸遍野。黄珪、何肃眼见得所带军兵难以杀出重围，身边兵卒亦越来越少，只好率领数十名亲兵策马拼死杀出重围逃回越州城，残余越兵成了无头之蛇、无主之羊，纷纷投降。章公直率兵断后，未等出发即被杜棱、陈晟等率兵截住，区区三千越兵怎禁得数路杭州兵冲杀，章公直被杜棱生擒，残余兵卒俯首投降。

钱镠率杭州将士进入肖山城中，张榜安民，整顿军马。诸事刚处理完毕，成及带十余亲兵押了儒童镇将徐靖及手下五六个兵士来到中军大帐前禀告："我带亲兵在街市上巡视，正撞见这几人在街坊中抢夺财物、打伤百姓，当场捉获，请将军发落。"钱镠问清事实，赃物俱在，多人俱已承认，气得暴跳如雷，吼道："我自起兵以来，除贼平乱，保境安民，从未发生贻害百姓、令市庶唾骂之事，以此杭州父老乡亲都视我军为自己之子弟兵，倾心相依，竭力支持。而今你等几人竟在光天化日之下对百姓施暴，强夺财物，犹如伤我父母，害我兄妹，岂能容得。"遂命左右将徐靖押赴市曹斩首，几个兵卒亦各重责二十军棍押赴街市示众，所掠财物悉数归还原主，县中百姓交口称赞，传闻不绝。

诸事已毕，一面派人去古剥岭命阮结撤回肖山会合，一面整顿兵马班师回杭，董昌接着自是十分欢喜，为诸将设宴庆功。

陈晟送二千睦州兵回乡，刺史韦诸亲率属僚乡贵到城外迎接，并为众人设宴庆功。刺史府内单设一席，主要属僚列坐两旁。韦刺史挽了陈晟欲同坐主位，陈晟哪里敢当，连忙推道："末将乃杭州府一名都将，怎可与韦大人同坐，于礼不尊，于法不容。"韦刺史道："若非陈将军鼎力相助，我睦州之地或许已被柳超海匪攻占蹂躏，我等今日焉能安坐堂上？陈将军乃我睦州军民之恩人，岂能不坐主位？"众属僚也纷纷劝陈晟上座。实在推诿不过，陈晟只好在韦刺史下手落座。席间韦刺史一边劝酒，一边询问董昌、钱镠、杭州府等情况，陈晟一一解答，又问陈晟个人情况，陈晟笑了笑道："末将只是杭州府一员都将，在钱将军手下听命而已。"

夜深宴散，刺史命人带陈晟及所随亲兵至馆驿歇息，自己回到家中却辗转难眠。原来这韦刺史已年过六旬，体弱多病，而今州事维艰，实在力不从心，早有退居田林之意，然自己儿子却不成器，整日游手好闲，迷恋于犬马声色，州中属僚又多阿谀奉承、明哲保身之徒，不堪重任，因此归隐之心未敢表露。此次柳超犯境，虽已被歼，却担惊受怕，劳累不轻，越发感到不堪重负，今见陈晟谦恭儒雅，忠君爱民，有胆有识，骁勇善战，心想若将睦州托付此人，当可保睦州平安，遂萌生让贤之心。

次日，韦刺史遣人请陈晟过府，摆下家宴，席间韦刺史道："近数年来睦州盗匪猖獗，百姓不宁，又东有刘贼汉宏，西有草寇孙端，皆对睦州虎视眈眈。老夫整日焦躁不安，心力交瘁，愿将军赐教良策，以保我睦州平安。"陈晟道："末将何能？敢在老大人面前卖弄。不过杭州在各县建都之法或可在睦州尝试。"韦刺史道："我睦州多贫穷山地，有的县恐难承担军资。"陈晟道："有能力之县可先建都，无能力之县不妨先在主要寨镇建立义军，平时从事农耕，闲暇加紧训练，遇事即可组成联军防匪剿贼。"韦刺史道："将军此见甚好！若有州兵、都兵、义兵联手保卫，我睦州无忧矣！"接着又与陈晟讨论了农桑耕织、山林水利、百业兴废、礼教人情诸多事情，陈晟侃侃而谈，刺史频频点头。不知不觉时已黄昏，仆役点灯上来。陈晟见天色已晚，欲起身告辞，刺史哪里肯放，再三挽留。刺史又详细询问了杭州府及董刺史、钱将军等诸多情况，陈晟一一作答。二人娓娓而谈，不觉时已入更，陈晟再向刺史辞行，准备明日一早返回杭州。刺史见陈晟再三告辞，动情说道："请将军少待一时，老夫尚有一事相求，万望将军允诺。"陈晟道："大人有事尽管吩咐，末将自当听命。"刺史道："老朽年迈，体弱力衰，不堪州府重任，早有退隐之心，只是不得其人才苟延至今。将军此番助我灭贼，实乃天赐将军于我睦州，今日与君一席长谈，更知将军胸怀韬略，心存百姓，忠顺仁义，勇冠三军。我今将州事托付与将军，必能保睦州安宁，施黎民恩泽，恳请将军切莫推辞！"陈晟见刺史如此说，连忙起身推辞："韦大人切莫如此说！晟乃区区一员都将，怎能与韦大人相提并论，更兼晟才疏学浅，一介武夫如何能问鼎州事，韦大人切莫再提此事。"韦诸急道："当今天下动乱，州府郡长多以武将充任，将军正应当今之势，怎说不能问鼎州事？那刘汉宏不过是兖州刺史院一小吏，朝廷不是任他为浙东节度使么？以将军之德才，府中上下都交口称赞，将军充任本州事，哪个不听，哪个不服？"陈晟道："我乃杭州都将，自当听从杭州府差遣。"刺史道："此事当由老夫具文与杭州府会商，再报节度使院，申奏朝廷定夺，将军自可放心。"陈晟再无法推辞，只是低头不语，当夜回驿馆歇息。

次日清晨，陈晟率几个亲兵向韦刺史辞行，刺史也已于夜间分别写好给董昌、钱镠的密函，交与府中干办与陈晟同行前往杭州。

董昌看了睦州密函皱起眉头，心想："陈晟乃钱镠手下都将，若是任了睦州刺史，钱镠会怎么想？如何才能安抚钱镠？"正思虑间，钱镠来访，说道："适才陈晟一行回到杭州，睦州干办送来密函，韦刺史意欲请陈晟将军接任睦州刺史，董公以为如何？"董昌道："我已看过韦刺史来函，正思虑此事。陈晟乃你手下爱将，不知钱将军之意若何？"钱镠笑道："此事对陈将军，对睦州、杭州都是好事。陈将军任睦州刺史，有了更广阔的用武之地；睦州有了年轻有为的新刺史，州府面貌自会焕然一新；杭州有了以陈将军为首之友邻，当可联手共同御敌。如此好事不可迟疑，当早做决断！"董昌没想到钱镠竟如此痛快，便说道："钱将军既肯割爱，我即修书回复韦刺史。"钱镠道："陈晟若孤身去睦州，恐一时难以打开局面，不如令其将原领的清平都兵马一并带去睦州，既便于陈将军坐镇睦州，也有利于杭州安全。"董昌道："钱将军如此大度，真乃大将风范，就依钱将军。"

睦州韦刺史见了董昌回函心中高兴，即刻写了奏折呈送浙西节度使周宝，周宝再派人由南方曲折来到蜀中将奏折转呈朝廷，僖宗皇帝并不细问，即刻下旨任陈晟为睦州刺史。自此，杭州、睦州遂结成联盟。

第七回　不死心败寇陷穷途　遵圣命杭越暂休兵

　　刘汉宏堂堂浙东观察使，竟屡败于一个小小杭州府，岂能容忍，直气得头脑发胀，手脚发麻，暴跳如雷道："不报此恨，誓不为人！"遂调集温州、处州、台州等州数万兵马，又在民间强征百姓十万余众，以刘汉宥、辛约、巴立、李万敌等为将，于十月在肖山扎营数十里，再调集战船数百条停泊于西陵、肖山至海门一带沿岸，戒备森严，气势汹汹，大有一举吞并杭州之势。

　　这日，钱镠等正筹谋破敌之策，守门军士来报，有肖山县王、张二老丈求见。钱镠将老丈延入客堂坐定，王老丈先开言道："一年前刘贼派王镇盘踞肖山，掳掠民女寻欢作乐，小女亦被掳入营中，多亏将军及时解救才得生还，将军恩德我肖山百姓没齿难忘。如今刘贼再派重兵驻守肖山，侵房派粮，拉夫使役，闹得鸡犬不宁，扬言近日即发兵攻打杭州，为防杭州兵袭击，迫令肖山百姓数千人沿江分段巡逻，如有疏漏必定重责。我肖山百姓屡受刘贼扰害，人人愤恨，个个切齿，企盼将军早日过江剿灭刘贼。"老丈越说越激愤。钱镠道："请老伯先喝口茶，慢慢说。"老丈喝了茶，情绪平和了些，缓缓说道："这次过江来见将军非我一人之意，乃受众乡亲之托，临行前乡亲们将所见所闻之越军部署情况一一嘱我转告将军，以便决策用兵。"老丈将所知军情详细报告之后，钱镠道："多谢老伯专程告知越军部署情况，我即刻召集诸将商讨过江破敌之计，请老伯好生休息，待我商定计策之后再烦请老伯为我军领路，过江讨贼。"说罢派人引二老下去安歇。

　　不一刻，诸将会齐，钱镠将二老所言一一叙述，再加上之前哨探所得情报，诸将一致认为宜趁刘贼兵马立脚未稳，又有百姓民心向我，尽快过江迅速讨贼。钱镠当即下令："成及带领五千兵马悄悄赶赴新沙，此处与浦沿南之半片山隔河相望，颇为僻静隐蔽，便于渡江。登岸后迅速消灭浦沿守军，然后向东扫除沿岸越军，为大军渡江扫清障碍。其余诸都兵马隐蔽集结，待成及得手后立即全线渡江。"

　　安排停当，钱镠来见二老伯，告知即将渡江讨贼。两位老人听了精神振奋道："钱将军雷厉风行，我沿江百姓有救了。"张老伯道："如今天黑得早，我傍晚时分先过江去通知巡逻百姓准备接应，留下王兄带领众将士过江。"钱镠道："如此甚好！老伯过江后告诉乡亲们，我八都子弟感谢父老乡亲，请大家脖颈上围上白色汗巾,免得冲杀中被误伤,切记切记!"

半夜子时,王老汉带路,成及率部由新沙悄悄渡江。沿江巡哨的百姓已将驻守越军哄入营内安息,江岸寂静,偶尔传来巡江百姓的平安梆子声。成及兵马业已全部过江,浦沿守军尚在睡梦之中,众乡亲早已摩拳擦掌,个个手提棍棒准备拼杀。成及一声令下,军民们争先冲入浦沿越军营中,可怜这些越军士卒睡梦中被一顿乱打送入了鬼门关,守将黄珪亦当即毙命。成及带领军民沿江向东杀来,巡江百姓早已做好准备,所到之处纷纷响应,又在沿岸放起火来,顿时火随风势,风助火威,杀声震天,哀声恸地,守江越军被杀得片甲不留。

北岸杭州将士早已登船蓄势待发,见南岸火光耀天,烟腾雾漫,知成及已经得手。钱镠一声令下,数百条大小战船争相渡过江来,于浦沿至西陵一带登岸,与成及会合杀奔西陵。

刘汉宏此次出征意欲一举荡平杭州,因此调集浙东大部兵马亲自坐镇肖山指挥,如今杭州兵竟送上门来,真是胆大包天,欺人太甚,心中骂道:"杭州毛贼,看我如何收拾尔等!"一边令肖山到海门的水军沿江西进,封锁江面,截断杭州兵渡江退路,一边令刘汉宥、辛约分别领兵驻守北干山、西山,切断杭州兵东进、南逃之路。原来这肖山县北面自东向西有北干山横亘,西面有西山(亦名肖山,肖山县以此山得名)向西南绵延而去。北干山西麓与西山东麓之间仅一箭之地,为肖山县西北之通道,而北干山以北乃是江滩,仅数里之宽,抑守北干山即可控制江滩,杭州兵自难东进,如此即形成东、南、北三面合围之势。诸事安排完毕,刘汉宏亲率八千兵马杀奔长河,欲从西面进击,与西陵守军一道对杭州兵形成两面夹击之势。

然而事态发展并非如刘汉宏所料。一是越军水军西进被杭州水军战船所阻,杭州水军用连环竹排点燃薪柴,以战船顺流推送直冲越军水军。见此光景越军水军哪敢靠近,急忙掉头向海门逃去,少数战船逃避不及被火排撞上烧毁。二是越军人数虽多于杭州,但被越军挟迫的百姓临阵倒戈,反使杭州军民总数多于越军;加之杭州兵屡胜越军,士气正盛,而越军乃浙东南部诸州乌合之众,士气衰落,尚未开战气势上就已处于下风。三是西陵本乃小镇,并无城池要隘可依,怎经得杭州军民猛烈冲击,仅拼杀了半个时辰便告陷落。刘汉宏带领八千军兵尚未赶到长河即被杭州兵切成数段,包围于湖边一带,眼见大事不妙,只得带领残兵败将狼狈逃回肖山,幸得北干山、西山上的守军用乱箭逼住杭州兵才得以逃回城中。

钱镠率领众将士追击刘汉宏,被北干山、西山越军乱箭阻于山口之外,几次冲击都不得过,急调盾牌军,然盾牌只能遮挡前面,却挡不住两侧飞蝗般飞来的乱箭,杭州兵死伤无数。再汇集人马向北干山猛冲,怎奈山高坡陡,上面越军雨点般向下抛掷石块,如何冲得上去。钱镠令向山上发射火箭,欲火烧北干山,此山却是石山,树寡草稀,山火寥落稀疏连不成片。山上越军戏谑叫骂不止,气得钱镠搓手顿足直打转转。从午时直战到申时始终不得进展,眼见得太阳渐渐西沉,众将士战了一天早已精疲力竭,再延搁下去,一旦刘汉宏调来援兵进行反扑如何得了。正无计可施,亲兵领进两位壮年百姓,乃兄弟两人,复姓司马,兄名福,弟名喜,顾不得礼节暄叙,开门见山道:“这等打法白白便宜了越军,如今要破此局,可用稻桶顶在头上遮挡乱箭杀入城去。”钱镠听了眼前一亮,拍手叫好道:“此法甚妙,速派人向附近乡亲借用稻桶。”壮年道:“我等是本地人,可叫上众乡亲与将士们同去借调,会方便许多。”钱镠随即调集数百军士,壮士亦向随军冲杀而来的百姓讲明情由,众人一起分散去邻近各村借调,不多时便筹来数百个稻桶。这稻桶乃是水稻收割季节脱粒之用,以木板制成,上口约五尺见方,下口约三尺见方,高约三尺,底部中央有一活动窄板可以抽出,便于扫净桶中稻谷。钱镠立即将稻桶分与军士们,四人一组将稻桶浇上水,覆于头上,准备完毕,即刻向山口发起冲击。时已天黑,山上越军不时向山口施放火箭,烧着了零星的茅屋、树木,将山口照耀得十分明亮。猛然间杭州军阵中冲出许多方形怪物,越军哪管三七二十一,急向怪物施放乱箭,却射不透;再改发火箭,又烧不起来;用山上石块往下猛砸,却又投不到山口,只是顺着山坡滚落下去。实在无计可施,眼睁睁看着这些怪物就要冲过山口,山上越军只好乱哄哄向山下杀来。钱镠早有准备,不等山上越军冲下山口,杭州兵即从北坡向山上杀来,把北干山越军团团围住,杀得呼天抢地,鬼哭狼嚎。随军百姓对越军恨之入骨,一哄而上,竟将北干山越军杀得一个不留。钱镠趁势率兵翻过山来,将肖山城围得水泄不通。

　　仅带了二千余残兵败将逃回肖山城的刘汉宏,犹如输红了眼的赌棍,不把赌注输光绝不善罢甘休,喘息稍定即命军士向越州及附近各州府传令,火速征调全部兵马前来越州集结,待命支援肖山;又令属下务必严守肖山各城门要道,并派人去北干山、西山守军处传令务必加强戒备,严守阵地,不得放杭州一兵一卒冲过山口来。安排完毕稍稍安下心来,好不容易挨到天黑,他心想:“只要过了今夜,各州兵马即可前来支援,看你杭州兵有何能耐再与我较量。”正寻思间,就听得喊杀声一阵紧似一阵,各门守军来报,杭州兵已将肖山城包围。刘汉宏急忙披挂上马,准备巡视各门亲自督阵,刚出门又有军卒慌张来报:“杭州兵已攻入北门。”刘汉宏情知肖山不保,急忙退回府中再寻逃跑之策。

　　钱镠在攻城之前,一是为了不伤及随军攻战的百姓,二是见百姓对越军深切痛恨,所到之处斩尽杀绝,不利分化瓦解越军,遂竭力劝说百姓们各自回家歇息。

待百姓们散去之后，攻城开始，首先攻下北门，杭州将士如决堤河水涌入城中，其余各门守军见状纷纷投降，到戌牌时分战斗结束。钱镠进入刘汉宏中军大帐，安排各部清理死伤兵卒，看守俘降越军，清点收缴财物，张贴安民告示，派人向杭州府报捷。

　　杭州兵在清理死伤兵卒时，于东门内死人堆中拖出一个活人，生得魁梧高大，满脸横肉，浓眉豹眼，直鼻方口，脸上蹭满锅灰，手握杀猪尖刀，身穿市侩便服，脚蹬八搭麻鞋。面对杭州兵的盘问，这人战战兢兢答道："俺是北方人氏，杀猪宰羊为业，因北方连年战乱流落江南，不想被刘汉宏掳来军中充当屠夫。今日大战，为避杀身之祸，遂躲避死尸堆中，不想被军爷搜出，乞望放还江北老家。俺家中尚有老父老母、贫妻幼子日夜思念，盼俺早日回家团聚。"众人见他说得可怜，又是北方口音，手拿屠刀，与其所述情况基本吻合，就行个方便放他出东门而去。此人正是刘汉宏，方才被杭州兵抓住盘问，直吓得浑身哆嗦，面无血色，幸好脸上抹了锅灰，又是黑夜，未被发觉。出得城来，刘汉宏急忙抄隐蔽小路直奔越州城而去，赶了一程并未再遇到麻烦，胆气才慢慢恢复过来，心想："我刘汉宏大难不死，必有后福，待回到越州调集兵马，新账旧账一并清算。"

　　匆匆奔回越州城，刘汉宏顾不得休息，急调诸路将领商议反攻杭州兵对策。刘汉宏先是痛斥水军将领道："今日之败，罪责首先在尔等水军将士。若水军行动迅速，则不至遭遇火攻。遇到火攻之后若沉着应战，亦可争取时间让将士们登岸。只要水军登岸与我主力在长河会合，杭州兵即是我越军圈中之羊，任我宰杀。尔等不战而退，以致我军大败，罪责难逃，于理当斩。只因今日尚须用兵，姑且留下尔等狗头，如讨贼成功，或可将功折罪，若再不用命，休想活矣！"发泄完毕接着检点兵马，计有水军一万二千，马军七千，步军一万二千，还有从肖山城及西山逃回的步军四千人，合计三万五千人，号称四万。刘汉宏心想："我越军实力尚存，今日必得斩尽杭州兵方解我心头之恨。"当下开始调兵遣将："水军除留少部军兵驻守三江口、海门等营地外，其余悉数乘战船西进，攻占肖山以北沿江地带及西陵镇，再向肖山城逼进。辛约率六千马步军兵从南面绕过肖山城夺取长河，与水军会合，对肖山城形成包围。我随后率一万六千军兵过渔林关主攻肖山城，待夺下肖山后再与你二部合围消灭杭州兵于西陵地区。"诸事安排完毕，觉得无甚疏漏方退后堂歇息。

　　钱镠得到各路哨探报告，三江口越军水军船只已全部离埠，逆钱塘江而上，大将辛约率领数千兵马自越州向西而来，刘汉宏本部尚有一万余兵马整装待发。钱镠急召十三都将领商议破敌之策，说道："此番越军西进必欲夺回肖山，如今水军逆江而来，料必抢占江边，包围我北线；辛约所领数千军兵或欲包围我南线，充任攻打肖山之前锋；中军主力必由刘汉宏亲领，主攻肖山。而今辛约先锋与刘汉宏主力首尾不相接，正好给我以可乘之隙，成及将军可率五千兵马正面迎击辛约，使其欲进不能、欲退不得。我自率兵八千东出肖山，再沿钱清江南下抢占渔林关大桥，将刘汉宏主力堵截于钱清江之东。如此即可关门打狗，将辛约人马一举歼灭，然后回师北上，合力围歼越军水军。众将一致赞同，分头行事。

唐钱清江亦称西小江，其上游乃浦阳江，经临浦镇直流向北，至肖山县南折向东流，为肖山与会稽间界河，过了肖山继续东流，经钱清镇、安昌镇至三江口与东小江（曹娥江）汇合，注入钱塘江。

辛约与杭州兵已打过数次交道，深知杭州兵神出鬼没，防不胜防，因此行动格外小心谨慎。渡过钱清江，辛约自忖道："如今主力离我尚远，我若继续西进，一旦被杭州兵抢占双童桥及渔林关，我命休矣。"遂命众将士暂在江边歇息，待中军主力靠近后再行西进。钱镠见辛约赖在桥头不走，即命成及带二千人马从正面向辛约冲击，试图将其引离江边。辛约却不上钩，只是把杭州兵驱散了事。钱镠性起，命成及按原计划行动，成及乃率五千兵马猛烈冲击，辛约拼力抵抗。钱镠一马当先，手持长枪顺江边向南冲杀，逢人便刺，遇兵便砍。后边紧随着众多杭州将士，人人勇猛如天兵神将，个个凶狠似厉鬼恶煞，谁人敢拦，哪个敢挡，硬是在江边杀开一条血路。到得桥边，钱镠跃马挺立桥头，众将护住两侧，威风八面，英气勃发，盔甲染赤，枪尖滴血，越军见了哪个还敢靠近前来。杭州兵涌上双童桥，不多时将桥断开。原来这双童桥是一座浮桥，用数条竹篾缆索将数十条小船连成一串，在每船之间搭上桥板，水涨桥也高，水落桥便低，桥上行人、走马、抬轿、推车分两侧有序通行。如今，杭州兵砍断竹篾缆索，将数十条小船划过江来缆于一处，刘汉宏主力便是插翅也难过江来。钱镠、成及率领一万余杭州将士将辛约兵马团团包围，越军早已丧魂失魄，怎经得起杭州兵如此围攻，人马死伤近半，辛约亦战死，剩下残兵败将纷纷投降。

双童桥之战一结束，成及率所部兵马立即回师西陵，整顿战船，准备迎击越州水军。钱镠率部挥师北上，攻占海门龛山，俘获越军战船百余条，然后立即登船西进，切断越军水军东逃水路。此时越军水军东、西两头受阻，大江两岸尽是杭州兵，又无港口可依托，早已成为瓮中之鳖、网中之鱼，哪里还有出路，即便拼死杀出重围逃回越州，刘汉宏又岂能容得，寻思再三不如投降或可活命。主意既定，遂纷纷向杭州兵投降。

再说刘汉宏稍事休息，诸多神将已将所领军兵集结完毕，随即刘汉宏督率中军向西奔来，待到中军行至离渔林关约五里时，隐隐听见金鼓齐鸣，人喊马嘶。刘汉宏急忙催赶人马快速前进，待赶到江边，浮桥已被拆去，杭州兵正将小船向对岸划去。眼见对岸辛约人马被杭州兵团团围困，刘汉宏却无能为力，直气得顿足捶胸，瞪眼翘须，自恨晚了一步，乃令众军士四下里去寻找船只，却一只也寻不见。约莫过了半个时辰，好容易从附近村镇抢得百多条民船，待把中军兵将分批渡过江来，杭州兵早已渺无踪影。刘汉宏只好率军直奔肖山占据空城，准备进击西陵杭州兵。谁知杭州兵竟又抢先一步，迫降了越军水军。刘汉宏丧失了左膀右臂，成了一支孤军，正在进退两难之时，钱镠已率军南下杀回渔林关来。刘汉宏情知一旦渔林关有失，自己将陷入杭州兵重围，不得已急匆匆撤离肖山，逃过钱清江来，准备死守钱清江退保越州城。钱镠亦在钱清江西、北两侧安营扎寨，与刘汉宏隔江对峙。

这一仗共消灭越军一万八千人，其中俘获一万五千人，斩杀大将刘汉宥、辛约及招讨判官谭昇、都知兵马巴立、先锋李万敌等。缴获刘汉宏伪淮海招讨使印一枚，战船五百艘，马二千匹，兵甲万余，钱镠派快马将战况报知董昌。

几天来，肖山百姓纷纷至钱镠营中控诉刘汉宏军兵种种劣迹，请求杭州兵打过钱清江，消灭刘贼，为民除害。钱镠对刘汉宏罪恶行径早有所闻，听了百姓控诉，更增添几分义愤，心想："如今刘汉宏实力已消灭大半，残存势力不堪与我匹敌，不如顺应百姓请求打过钱清江去，剿灭刘贼，为国锄奸，为民去害。"遂当即修书快马送至杭州府禀报董昌。

董昌乃书生出身，不谙武事，几年来依靠钱镠东拼西杀取得了如今地位。刘汉宏欲攻取杭州，董昌终日惶惶，亏得钱镠屡屡败之，因此董昌对钱镠不仅宠信，更为倚重。如今杭州百姓多知有钱镠，少知有董昌，越州百姓更是只知钱镠不知董昌，对此董昌心中常隐隐作痛，心想："钱镠若乘胜直捣越州府，消灭刘汉宏，越州百姓自然额首相庆，必定拥戴钱镠主持越州军府事，皇上亦极有可能任钱镠为浙东观察使，那时钱镠官阶将跃居我之上，于名于利岂能甘心？"翻转辗侧一夜未眠，他最后决定先阻止钱镠过江，待时机成熟，自己亲自挂帅，再一举歼灭刘汉宏，那时自是头功一件，理当得浙东观察使之职。思谋既定，当即翻身下床修书一封，交快马递送钱镠，大意是：朝廷各路人马正于河南与黄巢大军激战，急需各地调集粮草，补充兵马，我杭州亦当以全国大事为重，竭全力支援剿贼大战。如今刘贼汉宏势单力孤，已无力扰我杭州，待剿灭黄巢之后再除之不迟。且汉宏毕竟乃朝廷命官，除去此贼理应由皇上下旨，我军可暂于钱清江边扎营固守，我即刻上书奏请皇上，待请得圣旨即可名正言顺奉旨除贼。钱镠接书心中叹道："如今正是除贼最好时机，失此良机，刘贼得以喘息，百姓又要多受其害矣。"钱镠毕竟是忠孝男儿，尽管心中不快，还是按照董昌之意安排大军固守钱清江，从此钱镠威名传遍大半个浙东地区。

这边董昌先稳住钱镠，然后拟了奏折呈送镇海节度使周宝，再请周宝转奏皇上，奏折大意是：浙东观察使刘汉宏屡次调集兵马，意欲吞并杭州，攻取浙西，被我杭州兵屡屡挫败。因连年战争，双方死伤军卒数万，消耗财物无数，闹得百姓流离，贡路断绝，田园荒芜，百业俱废。如今中原剿贼大战方兴，急需各地保持安定，保障军需供给，请圣上明裁，派中使赴两浙调停，并责令刘汉宏改过。周宝派员将董昌奏折由南路呈送西川僖宗皇帝。此时朝廷上下正忙于调兵遣将，征剿中原齐寇，僖宗皇帝哪有心思细究杭越纷争，当即在朝堂上恩准了董昌所请，派遣中使焦居璠为杭越通和使，赴杭越调停。

原来，这边杭越交战正酣之时，亦是中原剿寇炽烈之际。黄巢聚众起义乃是因为唐朝末年土地兼并剧烈，农民失去大片土地，甚至无地。"懿宗以来，奢侈日甚，用兵不息，赋敛愈急。关东连年水旱，州县不以实闻，上下相蒙，百姓流殍，无所控诉。"义军采取流动作战，所过之处惩枉治贪，铲恶除霸，开仓济贫，抚慰百姓，受到平民百姓热烈拥护和支持，势力日盛一日。攻入长安城后，黄巢急于登临"大齐皇帝"宝座，因而未能迅速消灭唐军实力，也没有使百姓长治久安的策略。义军势力仅限于东不出同州（陕西大荔县）、华州，西不过兴平的一隅之地，以致很快陷入朝廷各路兵马的包围中，自此城中物资匮乏日甚一日，百姓期望日落一日，军事实力亦日衰一日。

黄巢手下有一员大将，同州防御使姓朱名温，乃宋州砀山午沟里人，其父名诚，于乡里教授五经。朱温有兄弟三人，长兄全昱为人温和诚实、谦恭节俭；次兄单名一个存字，性刚勇好斗，臂力过人；朱温最小，却最是凶狠彪悍，恃力好斗，为人阴险狡诈，善于投机钻营。不幸父亲早丧，兄弟三人只得随母亲寄居肖县刘崇家中帮佣。正在穷困潦倒时，黄巢登高一呼，百姓振臂响应，群情激奋，势若雷霆，朱温心中羡慕不已，便与次兄朱存一起投身义军。攻打岭南时朱存战死，朱温当上了将军，后来黄巢攻陷京师，朱温擢升东南面行营先锋使。如今大齐政权四面被围，八方受攻，军力日衰，民心不稳，朱温数次向黄巢请求援军均无回应，心中遂盘算道："唐朝皇帝调集各路大军，又借用党项、沙陀骑兵诸路兵马合围大齐，而大齐皇帝却死守长安，兵源粮草断绝，怎能维持长久？劝说大齐皇帝投降是万万不可能，当年王仙芝欲降唐，被他骂得狗血喷头，还挨了一顿痛打，如今我去劝他降唐还不得斩首示众？"想到此心中不免打了几个寒噤。左思右想，盘算再三，心中说道："我如今手中有十万大军，兵力强于多路唐军，是实实在在的筹码，不若先秘密派人与河中行营招讨使王重荣接触。若唐军接纳归降，不削兵权给予重用，我即带兵降唐；若不如我愿，即率兵杀出同州攻占洛阳，与长安相呼应，一旦长安不保，还可率兵下江南自立。"主意既定，心中豁然许多，事不宜迟，立即派人去王重荣营中秘密商谈。

　　蜀中僖宗皇帝接王重荣密报,喜出望外,连连叹道:"天赐予也。"立即封朱温为河中行营副招讨使,进封宣武节度使、汴州刺史,又笑道:"只是此人叫朱温,'猪瘟'实在不雅,不吉利,朕今赐名朱全忠,以表彰其忠顺我大唐之心!"朱温得到唐朝廷重用,又得唐皇帝赐名,真是受宠若惊,心道:"我初降朝廷即受重用,自当展示我的能力,竭力表现对朝廷的忠心。"于是率兵倒戈猛攻长安。

　　黄巢在长安已无法支撑,乃于中和三年(883)四月初十夜退出长安,经蓝田进入河南,后攻陷蔡州,蔡州刺史秦宗权战败投降。随后黄巢又集中主要力量围攻陈州,双方相持了三百多天,死伤惨重。

　　中和四年(884)二月,婺州镇将王镇因见刘汉宏大势已去,钱镠势盛,遂欲执刺史黄碣向钱镠请降。王镇偏将娄贵将此事密告刘汉宏,汉宏大怒,令娄贵诛杀王镇取而代之。钱镠出兵攻打婺州,浦阳镇将蒋环出降,钱镠令其随师攻打婺州,蒋环生擒娄贵而还。

　　四月,中使焦居璠历经数多崇山恶水、险关要隘,辗转南方诸道,行程万余里,终于抵达润州,向周宝传达圣意;随后又奔走于杭越之间,宣读圣旨,协商调停,并责令刘汉宏改过。董昌一心要暂停伐越,为亲自领兵讨贼争得时间,自然顺水推舟愿遵圣命。刘汉宏正穷途末路,今有中使出面调停,正是喜从天降,自当遵命。钱镠及众将士失此伐越良机,虽心中不平,然皇命不可违,只得班师回杭州。肖山百姓情知刘汉宏卷土重来必受其害,遂纷纷弃家,随杭州兵渡过江来。又有司马福兄弟两人带领七八十青年人要求参加杭州兵,钱镠见大家志坚意决,亦知其作战勇猛,颇多智谋,便当即编入军中同回杭州。

　　中和四年(884)七月,僖宗皇帝下诏升浙东为义胜军,以刘汉宏为节度使,又敕授钱镠升国子祭酒兼御史大夫、右千牛卫将军。次年(885)又授钱镠检校散骑常侍、右武卫将军,以表彰其捍卫杭州之功。

第八回　兴水师汉宏终覆灭　据越州董昌治浙东

自刘汉宏官拜浙东观察使以来，浙东局势极为混乱，战乱频仍，盗贼蜂起，攻州掠县，境无宁日。

台州草寇婺文纠集临海人杜雄于中和元年（881）九月攻陷台州，杀死刺史罗蚪，又攻打越州，被刘汉宏击败后投降，时刘汉宏正大肆兴兵，遂以婺文知明州事，以杜雄知台州事。

朱褒乃温州永嘉人氏，善属诗文，有兄弟三人，长兄朱诞任温州通事官，次兄朱敖性较温和。温州盗寇频发，兄弟三人聚集乡人御寇有功，遂由长兄朱诞摄本州司马，后温州刺史胡璠病死，朱诞便自据温州。朱褒生性强悍狂暴，颇为跋扈，州中幕僚与其多有嫌隙。某日一厅吏忤逆朱褒，朱褒即将其捆绑欲处死，母亲出面劝阻，朱褒对母亲道："待我取得本州，正要杀了这些人。"说完即将厅吏斩杀。朱诞得知此事十分气愤，痛责朱褒。朱褒非但不听，反而领兵包围州府，强令其兄交出印绶，并派人联络刘汉宏，愿以温州属越州，刘汉宏即以朱褒知温州事。

刘汉宏虽屡次被杭州军击败，却始终心有不甘，遂密令朱褒广征水师，大造战船，以图一雪前耻。如今水师已成，刘汉宏命史惠、施坚实、韩公汶率领战船至望海（今宁波镇海）待命，又命婺文、杜雄迅速调集本州兵马，准备水、陆并进，复图杭州。

钱镠陆续得到马步哨探报告，刘汉宏再次蠢蠢欲动，遂至府中与董昌商议。钱镠道："刘汉宏不遵圣意，不思改悔，今又调集明州、台州、温州等州马步水军数万人，欲水、陆并进攻我杭州。如今之计宜以全师过江，与之生死一战，除恶务去本根，否则待其于南岸站稳脚跟必为大患。"董昌心中早有此意，只是不便由自己提出，见钱镠如此说，自然满口应允："既然刘贼屡违圣命，执意犯我杭州，我杭州军兵理当全师赴越讨伐，上尊圣意，下符民心。钱将军可早日整顿军马过江，董某当与将军共赴越州阵前与刘贼决一死战。"钱镠忙道："军事征战何劳大人，有钱某与众将士全力以赴必无闪失，刺史大人尽可放心！"董昌道："以往屡次过江讨伐刘贼，乃是以攻为守，保卫杭州，都是钱将军亲临指挥，董某未有寸功。此番伐刘与往常不同，乃是生死之搏，董某理当与钱将军同生死共患难，请将军不必推阻。"钱镠仍欲劝阻董昌，乃道："杭州不可无人坐镇，以防不测。"董昌急道:"若取得越州,吾将以杭州授汝。"钱镠见董昌如此说,心中方知董昌乃为着伐刘之功,意在浙东观察使之职,便不再多言。

那时钱塘江南岸沿线与今日不同,由浦沿径直往东经西陵、肖山北,再往东至海门的龛山,又向东至三江口之北,继续往东直至明州的慈溪北,其间沿岸并无诸多曲折。越州城坐落于三江口以南三十余里,地处钱塘江南岸平原。府城南二十五里为会稽山北麓,有兰亭山、秦望山等诸多山峦连绵错落于前。府城西、北四十五里有西小江,源自浦江县之浦阳江,北流至诸暨县,因有西施浣纱故事故称浣江,再北流过渔林关折而往东,经钱清镇至三江口,汇流于钱塘江入海口,谓之钱清江,全程统称西小江,为越州城西、北两面之屏障。府城东六十里有东小江,发源于剡县(今嵊州),谓之剡溪,北流至上虞曹娥庙前,因孝女曹娥投江寻父故事,故称曹娥江,由此折向西北,与西小江汇于三江口,流入钱塘江入海口。又因舜帝曾巡访至此,曹娥江又称为舜江。府城东南六十里有小舜江,向东北流入舜江,为州城东、北之屏障。府城南至会稽山下有鉴湖(又名长湖、南湖),自东门至曹娥江畔谓东湖,自南门至西小江畔谓西湖,湖水与州城漕渠相连。越州罗城、子城乃隋朝权臣杨素修筑。罗城周围四十五里,有城门九座,东门为五云门,稍北二里有都赐门,南二里有东廓门,南门为南堰门,之东有稽山门,之西三里称西偏门(今水偏门),再往西一里有常喜门,又西而转北约五里为迎恩门,由此往北转东过蕺山约六里即三江门。子城周围十里,在罗城西部,西、北两面依府山而筑,不设壕堑,东、南两面皆有城河。罗城中有三座山:一在子城之北,为府山,行似卧龙,又名龙山,州府即在府山东麓,登府山之巅四望,越州四境数十里尽在眼前;府治东南二里有宝林山,又名飞来山,山顶有应天塔,故又名塔山;府治东北六里有蕺山,相传为越王采蕺处。

钱镠早年去过越州无数次,对越州地形、城池、关卡、兵营了如指掌,与董昌商定主动出击、渡江伐越的战略后,又详细策划了各路人马的行动方案。本次伐越大军拟兵分三路。第一路由诸都兵马使阮结将军统领,于西陵大举渡江,形成浩荡之势攻打肖山。刘汉宏必重兵西调增援肖山,监阵使钱爽渡江后,率部直抵渔林关潜伏,待增援越军渡过双童桥赶赴肖山后,立即抢占双童桥,堵住越军西逃之路,并与阮结将军形成合围之势围歼肖山越军。待肖山越军歼灭后,主帅董昌领亲兵坐镇渔林关,阮结将军继续率军过渔林关直奔越州城。第二路由江海游奕使崔则率战船百余条,驻守三江口以外三十里的羊石,阻止越军水军从海上逃跑。第三路由钱镠亲自率领八千兵马,趁刘汉宏专注西线战事之机,由渔山夜渡富春江,再经湄池、溪口、王化直奔曹娥埭,攻取东关镇。东关镇得手后,二、三路军可南、北两面夹击越军,夺取北关,完成对越州的合围。届时若朱褒水师已至三江口，二、三路军可水、陆夹击，先行剿灭朱贼。行动方案既定，立即召集诸路兵马集结。

盐官县海昌都将徐及接到钱镠将令，自己按兵不动，只遣副将沈夏与高彦来杭州听令。钱镠安排众将完毕，将沈夏、高彦邀入内室，密与二人道："如今东讨之师已部署完备，渡江之役无需劳动海昌都兵将。但徐及平素强势，常不听令，欺压百姓，民多怨愤，如今我东讨不肯发兵，或为后患。我素知汝二人对徐及所作所为颇有不满，今宜速还本营，观察徐及动静，一旦有变，可先杀之，以免境土动乱，干戈相向，百姓流离，生灵涂炭。不仁者应尽除之，汝二人当识我意，为民立功，为国除奸，将来必定升赏。"徐及平素对下残暴，对上傲慢，对民欺压，对财贪婪，二将心中早有怨愤，见钱镠如此说，正合心意，遂满口应承，拜辞回营。

徐及接着，动问伐越之事，二将一一向徐及禀明，徐及又问："钱将军为何不调我海昌兵将前往征讨？"二将道："钱将军命海昌兵将好生守护州府东大门，免遭城外袭击。"徐及听了哈哈大笑，道："如今杭州空虚，真乃天赐良机也！"二将听了愕然相视，当夜各自回营歇息。

时有一偏将在侧，待二将去后对徐及道："我看他二人神色，似乎心有隐情，况此番伐刘正需用兵，钱镠何以只留我海昌兵马留驻本地，恐其中有诈，将军需做防范。"徐及觉得有理，第二天设宴为二将接风，席间又一一细问起钱镠部署伐越情况，越问越紧，最后厉声问道："钱将军独派你二人回营，究竟所为何事？"二人从昨夜谈话中已知徐及不可改悔，故而早有防备。见此情况，沈夏先一跃而起拔出佩剑刺向徐及，高彦亦随即拔剑在手面对众将道："徐及不听将令，欺压百姓，图谋不轨，钱将军命我二人回营除去此贼，望诸将听从将令，各守本职，守土卫民，不得妄动。"众将平素对徐及亦颇有怨愤，见此情景，乐得顺水推舟，纷纷道："愿听二位将军指挥。"沈夏、高彦遂斩杀徐及，并将事情经过派人禀告钱镠。

光启二年（886）十月初四晨，诸都兵马使阮结率杭州大军强渡钱塘江进击肖山城，旗帜招展，锣鼓震天，刀枪耀日，杀声动地。刘汉宏得报，急忙调兵遣将增援肖山，又派快马去明州、望海、台州告急，命速速发兵共御杭州兵。处置完毕，他心中叹道："我欲先发制人，却被杭州兵抢了先，杭州有此等将帅，我刘汉宏不及也。"

这边杭军监阵使钱爽待增援肖山的越军走远后，即刻攻占渔林关，与诸都兵马使阮结一道完成对肖山越军的合围。那边朱褒接到刘汉宏急令，火速调集战船西进，于十月初五驶抵三江口，令施坚实领三千人马与刘汉宏右直将张师友共守梅城，韩公汶率五千兵马驻守曹娥埭，与三江口水军形成互为犄角之势。杭军江海游奕使崔则待朱褒水军驶抵三江口，立即率战船百余条守住三江口外三十里的羊石。钱镠亲率八千人马悄悄渡过富春江，翻越三百里山路，出平水镇，直奔曹娥埭。

十月初六，神不知鬼不觉，钱镠已将曹娥埭团团围住。这曹娥埭在曹娥江西岸，无坚可守，无城可依。韩公汶进入曹娥埭，在东关镇及曹娥江东岸龙山上派兵戍守，尚未来得及修筑寨栅，做梦也不曾想到杭州兵会突然出现，立时惊慌失措，哪里还有还手之力，不多时即被钱镠兵马分割消灭。钱镠命众军士于龙山上点起大火，烈焰腾腾，浓烟滚滚。十月初正值天高气爽，万里无云，烽烟直冲九重天外，向各路兵马宣告合围已经完成。

阮结、钱爽二将率领杭州大军将肖山越军歼灭后，一路斩杀，所向披靡，过柯桥直抵越州，又把城外围越军统统一扫而光。然这越州城墙既高且厚，防守严密，一时间极难攻下。

朱褒水军战船密密层层停泊于三江口钱塘江南岸，突然得报曹娥埭遭杭州兵攻击，朱褒无比震惊。这曹娥埭离三江口约五十里，一旦失守，三江口即受威胁。朱褒急命水军将领整顿军兵，尽速登岸，向曹娥埭方向杀奔而来。此时钱镠已率领众将士退出曹娥埭，西进东关镇，待朱褒赶到，早已人去寨空，只留下横七竖八的尸体。朱褒叫苦不迭，当下命令军卒收拾残局，修复寨栅，准备进攻东关镇。

江海游奕使崔则在羊石得报曹娥埭方向升起一缕黑烟，知道钱镠已攻下曹娥埭，即刻下令全体水军船只出发。只见战船将装满柴草及引火之物的小船推在前面，浩浩荡荡向三江口进发，从西、北、东三面将朱褒水军船只围于江边，引燃小船上柴草，令其直冲入朱褒水军阵中。朱褒水军大多已登岸去救援曹娥埭，留守船只的多是年老体弱的兵士，哪里招架得了如此猛烈的火攻，急忙欲将船开往曹娥江逃命，一时间互相挤撞翻沉无数，只有十数条战船驶进曹娥江溯江而逃，其余全部焚毁沉溺于江中。众兵卒见战船不保，亦只好纷纷弃船登岸逃命。

水师战船乃是朱褒的命根子，见战船起火，他如同烧在心头，气得捶胸蹬足，急令水师军兵回师扑救。钱镠见北边海湾方向黑烟翻腾，知道崔则已将朱褒战船烧着，又见朱褒匆匆回师，便命全军将士紧随其后大肆掩杀。朱褒军中大乱，互相践踏，死伤无数。正逃命间，前面崔则率领水军又掩杀过来，后有追兵，前有强敌，东、北两面都临大江，哪里还有逃生之路？正在危难之际，逃进曹娥江的十数条战船开将过来，朱褒急忙上船逃命。好在水军多会泅水，已跑到江边的纷纷跳入江中逃命。来不及跳江的被团团包围，如同受伤野猪狠命冲突，奈何兵弱将寡，哪里冲得出去？战了将近半个时辰，死伤大半，残余兵将只好纷纷投降。

朱褒水师既灭，钱镠于十月初七率师进屯丰山（在越州城东北，临曹娥江，东南接壕山），直逼梅城。梅城守将施坚实见朱褒被歼，越州城已势如累卵，岌岌可危，便将刘汉宏右直将张师友拿获，向钱镠请降。

刘汉宏上次惨败只带得一万五千残兵败将逃回越州，幸得天子派通和使调停，方得以喘息。此间温州刺史朱褒大兴水师，明州、台州亦广招兵马，合计浙东已有五六万大军，于是刘汉宏又野心勃发，下令温州、明州、台州三州兵聚集越州，再谋攻讨杭州。台州刺史杜雄、明州刺史娄文虽起于草莽，却不残害百姓，对刘汉宏横征暴敛、欺压百姓、招降纳叛、连年用兵之种种恶行亦甚是厌恶。二人早年曾领兵攻击刘汉宏被其击败，不得已而归降，后见刘屡被钱镠所败，就有了反刘之意，只因朝廷派中使调停，双方罢兵，遂只得作罢。此次刘汉宏命发兵西进越州，二人都以种种理由迟迟未动。刘汉宏正欲令朱褒发兵向明州、台州兴师问罪，逼令两州速速发兵，却被钱镠抢先突袭曹娥埭，全歼了朱褒水军。眼见越州已陷入杭军重兵包围之中，情势甚是危急，刘汉宏连忙召集属下将领商议抵敌之策。越军将领早已领教杭州兵神威，如今被重兵包围，哪里还有什么锦囊妙计。刘汉宏只好给大家打气道：“虽然杭州兵已包围我越州地区，然我越州如今尚有一万五千精兵强将，且城固池深，水宽地广，城中粮草足可供一年之需。只要众将士合力死守，明州、台州必会速速发兵，届时我越州将士内外夹击，必可置杭州疲惫之师于死地。”刘汉宏注视众将片刻，见大家仍然低头不语，只好继续说道：“杭州用兵善于偷袭，我军失利多因疏忽，今朱褒之败亦在于此，尔等回营务必谨慎提防。邻近村镇大小船只务必集中拘留，紧急时便于使用，多余船只统统烧毁，以免被杭州兵利用。芦荡、树木务必砍光烧尽，以免杭州兵隐蔽入城。各营寨需多备弓箭，便于控制周边旷野。各营尚须多派巡哨及早探知杭州兵动向，以便及时筹措对策。谁御敌有功，事平后我必要重赏，谁有失我必要重罚，诸将务必用心防守。”诸事安排完毕心神方得稍定。

钱镠在营外见越军把越州城外树木、村落、茅草烧毁殆尽，又将所有船只拘集于各军营，越州城周围河深湖稠，港汊交错，城高墙坚，防守严密，如何才能攻进城去？正无计可施，司马福领着一人走上前来向钱镠施礼道：“钱将军可是为攻城筹谋？”钱镠道：“正为此事，不知司马将军可有良策？”司马福道：“这是小人表兄，家住三江门外，常架船从各水门进出，对水门、陆门情况都颇知晓，或许对将军攻城略有帮助。”钱镠问了许多越州城各水门、陆门的情况，又与司马福兄弟两人谈起攻城之策，问道：“依你兄弟二人之见，从何门最易攻进？”司马福表兄道：“只有西北迎恩门外和东边五云门外场宽地阔，马步军摆得开。但城上有重兵把守，防卫严密，一时间恐怕打不下来，其余各门外或是湖宽水深，或是港汊纵横，马步军用不上。”司马福抢着说道：“我与表兄商议，这越州城墙坚门固，池宽水深,凭马步军进攻恐难取胜,不如用小划船从水门进攻较为容易。越州城内河道纵横,四通八达,因此州城四周多有水门以便小船出入,水门中设有木栅门,却容易砍开,我表兄对水门情况较为熟悉,可便宜行事。"司马福所说小船乃由古时独木舟演变而来,船身窄小低矮、无舵、无橹、无帆,用划桨及踏桨划水前进,十分轻快。表兄抢说道:"目今我大军屯驻梅城,离三江门最近,划小船顺梅山口至三江门不用半个时辰。"钱镠问道:"众多小船向越州城划进,城上军兵焉能不察觉?岂能容你靠近?"司马福道:"我与表兄商量过,城外房屋、树木、杂草已被烧得净光,一片焦土,四野墨黑,不防将小划船船身、船篷、划桨都涂黑,船上人都身穿黑号衣,头戴黑毡帽,趁夜深天黑沿江边悄悄划行。如此城上人极难发现,待到察觉,船近城下已措手不及。"钱镠问道:"三江门外港汊交错,河道纵横,你少数小船虽然得以靠近州城,我中军人马却不易及时跟进,你等人单势孤,如何支撑得住?"司马福道:"可调水军船只大队跟进,只要砍开水门即可鱼贯而入。"钱镠道:"水门狭窄,紧急之间众多船只如何得进?我诸多船只滞留城外,若城上施放火箭烧我船只,我水军岂不束手待毙?"司马福兄弟见事情并非如此简单,一时间亦想不出主意,沉思良久。钱镠道:"你兄弟主意甚好,只是将进攻三江门改在都赐门,那里只有一河通城内,城外地面较开阔,便于大军集结攻城,与五云门相距不足二里。白日里我率马步军猛攻诸城门,令守城军卒不堪困乏。夜静月黑之时,你等带四十条乌篷小船悄悄逼近都赐门,那里河道狭狭,不易察觉,一是将小船用木板在护城河上搭成浮桥,便于我大军过河攻城;二是砍开水门入城夺下都赐门,便于我大军入城。攻下越州城,尔等当授首功。"司马福兄弟见钱镠如此说,心中一阵欢喜,连忙道:"好,好,好,我们这就去百姓家筹借小船,点起会水兵卒,等钱将军号令。"二人兴冲冲跑回自己营寨,安排攻城准备。

钱镠登帐下令,各路兵马明日卯时向越州全面进击,拔除城外越军营寨,并向各城门发起猛烈冲击。

次日早晨,钱镠留下三千兵马驻守营中,令好生休息,其余诸路兵马向越州发起全面攻击。很快,诸路兵马陆续攻下城外越州兵营,并将各城门紧紧包围,向其轮番发起攻击。只见越州城四周旌旗蔽日,刀光耀眼,鼓声动地,喊声震天,矢箭如蝗,兵马如潮,大有山雨压城城欲摧之势。刘汉宏急得犹如热锅上蚂蚁,急盼着明州、台州援军到来,却始终杳无音讯,只好亲自披挂上城督战,忽儿奔东城,忽儿窜西城,忽儿登南城,忽儿爬北城,频频给兵将打气以助军威。

杭州兵攻城一整天,怎奈越州池深城坚,越军实力尚存,急切间难以攻下。眼见日已西沉,兵士们亦疲惫不堪,遂鸣金收兵,只留少部兵将驻守要道隘口,其余兵马皆回营休息。刘汉宏见杭州兵退去，松了口气，令守城士兵除留少数警戒外其余就地休息，准备明日恶战。

时值十月上旬，太阳刚落，月已当空，钱镠派人令各路兵马随时待命，但见五云门、都赐门发起进攻，即刻配合全面攻城。待到亥时初刻，钱镠命司马福兄弟率领四十余条小划船、三百余名兵卒悄悄顺水路向都赐水门进发，又命日间休整的三千兵马披挂出发，悄悄奔赴五云门、都赐门外，待司马福等架起浮桥时，直逼城下猛攻都赐门。当夜星光璀璨，月已西下，脚下道路尚可认辨，远处景物却是一片漆黑，正宜问道行军。兵将们休整了一整天，今夜要攻下越州城，活捉刘汉宏，个个摩拳擦掌，精神抖擞，不大工夫已来到五云门、都赐门护城河边悄悄潜伏，等待司马福接应。

再说司马福兄弟驾驶小划船悄悄驶向都赐门水门，此时天空灰蒙蒙只闪星光，大地黑沉沉一片焦土，水面乌油油不泛银波，众兵卒身穿黑衣，头戴乌帽，乘了乌篷船，与天地水融为一体。城上越军战了一整天，人困马乏，眼前是静悄悄一片乌黑，怎能察觉杭州兵正悄悄向都赐门划来。司马福等将小船划入护城河都赐门水门外，迅速用缆绳、木板架起两座浮桥，然后率领百数十名兵卒潜水进入水门木栅下，拔出利斧猛砍栅门。城上越军闻声纷纷警醒，急向小船施放乱箭、火箭，试图射杀、烧毁小船，阻止杭州兵过河，又派兵下城赶到水门边拦截从水门进入的杭州兵。城上越军人马困乏，浑身无力，杭州兵却是休息了一整天，如今攻城正如狼似虎，人人奋勇，越军如何顶得住，不大工夫，司马福等人就砍开都赐门水门寨栅，冲入城中杀散守城越军，打开都赐门。隐伏于护城河边的杭州兵见都赐门已开，遂擂响战鼓，高呼呐喊，一手擎了挡箭盾牌，一手高举杀人砍刀，泼刺踏过浮桥冲进越州城。进入城内的杭州兵迅速分兵杀向东、西、南、北各城门，开门迎接城外众杭州将士。

刘汉宏督战一天精疲力竭，刚刚入睡即有人来报杭州兵又来攻城。刘汉宏急忙披挂上阵，点起一千兵马，准备随时奔援守军。心神稍定，又有人来报都赐门失守，入城杭州兵已杀向东、西、南、北各城门。刘汉宏顿时吓得腿软手麻，头昏脑胀，不知如何是好，待缓过气来，心想："罗城已破，子城弹丸之地，兵微将寡，实难死守。俗话说，三十六计走为上计，如今趁乱尚可走脱，若再迟缓，子城被围就难走脱了。"主意既定，立即率领兵马杀出偏门，杭州兵正与守城越军拼命搏杀，不曾想从子城中突然杀出一彪人马，一时抵挡不住竟被走脱。刘汉宏率军出城，连夜沿西湖（鉴湖之西湖）东岸直奔会稽山，向台州逃窜。

越州城中直战到次日（十月初九）黎明，越军残兵败将方全部投降，钱镠一边派人迎接董昌，一边命人清点降将降兵，处置死伤兵卒。董昌进驻越州府，下令犒赏三军,出榜安民,恢复市肆,清点府库,开仓放粮,诸事处理得有条不紊,百姓称颂。十月十四日,将刘汉宏老母、妻、子、弟、侄及死党史惠、史侃斩杀于军门。

攻下越州城时,杭军都将刘孟安擅自动用府库物资散发给本部军兵,钱镠得知此事十分生气。一日,钱镠于校场犒赏全军将士,盛赞杭州军兵机智、勇敢、密切配合的战斗精神,亦严厉谴责刘孟安目无军纪、擅动府库的恶劣行为。刘孟安不服,与钱镠发生口角,随即拔出佩剑刺向钱镠,一旁成及举起交椅奋力将刘孟安手中佩剑击落,偏将盛造将刘孟安当场刺死。刘孟安之弟刘孟宿及其所部军兵皆屯于城外,今刘孟安既死,钱镠亲往安抚,并向众将士陈述军纪涣散、擅动府库的危险,众人皆叹服。

此战司马福的乌篷船队当推首功,越州船民皆以乌篷船为荣,众船民纷纷效仿,从此越州乌篷船、乌毡帽、黑领衣直流传至今。

再说刘汉宏率领残兵败将翻过会稽山、天台山,辗转来到台州府,刺史杜雄盛情接入府中,刘汉宏满腹怨气劈头盖脸撒向杜雄:"今日之败就败在明州、台州两州兵马迟迟不到越州,被杭州兵所趁,陷我越军于孤立无缘之境……"杜雄连连劝慰:"俗语说胜败乃兵家常事,刘帅不必为此大动肝火,台州虽穷僻之地,足以供刘帅休养生息,待时机成熟,必能东山再起。"刘汉宏从越州杀出重围,慌不择路,风餐露宿来到台州,两天多未曾吃过饱饭,如今空肚吃了几碗酒,又听杜雄说了许多宽心话,心境平复了许多,慢慢进入醉乡。刘汉宏手下一千名亲兵一路死伤数百,又逃亡数百,到得台州只剩六百余人,杜雄命偏将方师立于馆驿中好生款待,将众兵将通通灌醉,随后将刘汉宏捆绑送归越州。

董昌命人将刘汉宏押至堂上松绑赐座,问道:"刘帅因何屡欲犯我杭州?"刘汉宏哈哈大笑道:"刺史大人真乃一介书生!当今中国各地藩镇有几个不互相攻伐,拥兵自大?黄巢起于草莽,尚且在京都坐了两年多龙椅,如今秦宗权又自称皇帝,成则是,败则非,历来如此,有何怪哉?"董昌自知问得实在毫无意义,便想转换话题,一时却又找不到恰当的,便随口问道:"刘帅拥有七州之地,十数万兵将,兵精粮足,何以败于一个小小的杭州?"刘汉宏长叹一声道:"刺史大人手下有名将,将有良策,宏手下多是庸材,胸无良谋,以致屡败至此。自古哪有不败之家、不亡之国?何必多问。"董昌本打算给刘汉宏留条生路,毕竟是一道之帅,朝廷封疆大吏,因此起初对其还略有谦让之意,谁知刘汉宏竟如此傲慢不逊,蛮横无理,遂命左右将其押赴大校场斩首示众。一路上刘汉宏大骂董昌:"我乃一道之廉察,朝廷之命官,怎容汝辈不经朝廷审理,任意斩杀,王法何在?"行刑剑子手将此等言语禀告钱镠,钱镠对董昌礼待刘汉宏之举心中本就不快,听了此等言语,顿时火起心中,血涌脑门,手提三尺剑,亲赴刑场斩杀刘贼。刘汉宏人头落地,大校场四周观看行刑的百姓顿时欢声雷动,真是人心大快,历时四年的杭越大战也终以刘汉宏的灭亡画上了句号。

这日,董昌与钱镠及诸将于观察使府大厅中商议军州事,门吏来报有越州各界父老乡绅十数人于门外求见,董昌命请至大厅相见。众人叙礼毕,一老乡绅开言道:"刘贼在浙东主政数年,不遵皇命,不恤民苦,穷兵黩武,劳民伤财,连年攻战不休,百姓流离失所,折腾得天怒人怨。钱将军及诸位将军屡屡过江讨伐,每战必胜,而对百姓却是秋毫无犯,抚慰有加,我越州百姓无不翘首以待,切望钱将军早日率兵扫除刘贼,为越州百姓除害。如今刘贼既灭,越州无主,我等与各方士庶绅缙、黎民百姓商议,欲请钱将军长驻越州,主持军州大事,恳请列位大人俯允。"听老乡绅所言,两旁诸将频频点头,董昌却是心中不快。钱镠性急,听老丈言罢,赶忙起身向众位父老乡绅额首言道:"具美何德何能敢受列位父老乡亲如此抬爱,切切不可。钱某乃杭州府董大人手下一员武将,刘贼屡次欲犯杭州,董大人遂命具美率军过江讨伐,如今讨灭刘贼更是董大人亲自挂帅,钱某只是听命于董大人在前线冲锋陷阵而已,首功当推董大人。而且董大人自出任杭州府以来,事必躬亲,把杭州治理得井然有序,库丰民殷,深得万民拥戴,如蒙诸位父老乡绅抬爱,不妨请董大人权且主持越州军州事,钱某自当追随董大人,全力辅佐处理军务。若列位父老乡绅另有所选,钱某自当随董大人同返杭州,请列位乡亲三思!"董昌听了,心绪转忧为喜,心中念道:"知我者钱镠也!"众乡亲听钱镠如此说,相视片刻,其中数人点头示意,老乡绅遂说道:"钱将军之言甚是。我等早已听说董大人在杭州为官清正,颇孚民望,只怕董大人乃一州父母,今上钦定,因此不敢冒然请董大人移驻越州。今有钱将军提出,想必此事就好办了,我等自当遵奉钱将军之意,但不知董大人是否俯允?"董昌闻听心中欢喜,赶忙道:"军州大事自当由朝廷裁定,董某不敢擅自做主,列位乡亲美意董某万分感谢,待董某奏请朝廷,请今上定夺。"众乡亲见董昌应允,能把董昌、钱镠都留下,自然高兴,遂拜谢告辞。

董昌随即修书,将刘汉宏不遵皇命屡欲兴兵侵杭,被杭州兵讨灭,越州百姓欲推举自己为主等诸事禀报浙西节度使周宝,又命书吏将书中内容及杭州士庶绅缙请由钱镠出任刺史以代董昌一并写好奏折,报送朝廷。时僖宗皇帝被宦官劫持在兴元,无心细察两浙事务,于光启三年(887)正月,敕授董昌为越州观察使,钱镠为检校工部尚书、杭越管内都指挥使、左武卫大将军、杭州刺史。

从此钱镠开始主政杭州。

第九回 掀风浪衙兵乱江东 除叛军钱镠镇浙西

且说浙西节度使周宝于中和五年（885）被僖宗皇帝授特进、检校太保兼侍中，进封本郡王，自此醉心于寻欢作乐，不问军政，为剿巢贼所置的亲兵"后楼军"，衣食供应、赏赐常数倍于原来的镇海军，且多骄横跋扈，因此镇海军士卒颇有怨言，常于街市中横行滋事，军纪涣散。光启三年（887）三月，周宝于后楼宴请宾客，席间有人说起镇海军兵卒闹事，周宝颇为气愤，欲处死这些兵卒。度支催勘使薛朗与润州客司军将刘浩交友甚密，遂将席间周宝所言告之，劝其约束部下。刘浩听了，顿时将郁积于胸的怨气爆发出来，道："忍受如此不公待遇有谁心甘？可以免祸者不过一'反'字也。"当天夜里即率领镇海军叛乱，并推举薛朗为主帅，放火焚烧节度使府。周宝醉酒方睡，忽听得外边有兵格斗，火照府中，知发生骚乱，急匆匆领了家眷光脚跑出芙蓉门，向"后楼军"大喊："镇海军叛变，后楼军儿郎快快救我！"谁知"后楼军"听说镇海军叛变，竟无一兵一卒出门相助。不得已，周宝又领了家眷从小门奔出节度使府，出润州青阳门（东门）直奔常州而去，刘浩遂在府中大肆砍杀佐僚，携掠财物。

常州刺史姓丁名从实，原为浙西一名小将，因有微功被周宝委以此职，为政暴虐，百姓号为"丁灭门"。周宝奔至常州，大骂薛朗、刘浩作乱，命丁从实兴兵讨伐，丁从实却不以为然，令人送周宝至驿馆歇息。入夜，丁从实使人给周宝送去一包齑葛粉，暗讽周宝已经失势，不必再装腔作势命令他人。周宝见了勃然大怒道："如此小辈焉敢欺我！待调得浙西诸郡兵将，看尔等如何下场！"丁从实闻得周宝言语，索性命兵卒将其看管起来，不得与诸郡联系。

杭州刺史钱镠得知周宝有难，急命杜棱父子兵分两路进攻常州，营救周宝：一路由杜棱之子杜建徽率领八千水军乘船入太湖，围歼常州水军；一路由杜棱亲自率领一万步骑兵经长兴、义兴进击常州。

六月，杜棱率兵抵达义兴县南五里的阳羡城，丁从实命李君旺带领五千人马在此镇守。阳羡城虽小，但城前临荆溪，城后阻太湖，左右都有壕堑，易守难攻。幸得时值盛夏，多日无雨，壕堑皆涸，杜棱命兵卒在壕堑中架设梯板，众兵将迅速冲过壕堑，从四面围攻土城。常州兵哪里抵得住，李君旺只好率众投降。

杜棱攻下阳羡、义兴，即刻派人命杜建徽率战船向太湖之滨的东洲进发，又命五千先锋兵换了常州兵号衣盔甲，打了阳羡李君旺旗帜，急匆匆直奔东洲，自己率后军尾随先锋军急进。这东洲在常州府东南一百里的太湖之滨，是常州的东南水路大门，丁从实在此驻有水、陆重兵，外可控制太湖湖面，内可扼守百里湖溪地区。义兴至东洲不足百里，三个时辰后，先锋军已来到东洲寨外，向寨中把门军士喊话："我们乃阳羡守军，如今阳羡、义兴均已被杭州兵攻破，特来投奔东洲寨，与你寨联合阻击杭州兵，后边杭州兵追赶甚紧，快让我等进寨。"瞭哨在台上向南瞭望，果见远处大路上黄尘滚滚，斜阳下刀光闪闪，人马攒动，旗帜飘扬，急忙让把门军士大开寨门，放下吊桥。先锋军士卒蜂拥入寨，个个奋勇，人人争先，挺枪便刺，举刀乱砍。东洲兵被杀得人仰马翻，哭爹骂娘，尚不知发生了什么事，就急慌慌进了鬼门关。前军正杀得兴起，后军已冲入栅中四处放起火来，东州兵惊得不知所措，还是逃命要紧，乱纷纷蜂拥上船，正待开船，却见四面杭州战船已密麻麻合围拢来，哪里还有逃生之路？不到一个时辰，东洲兵便放下刀枪俯首投降，寨中八百余条战船全部被缴。当夜，杜稜父子率众军士在东洲寨中歇息，凌晨仍分两路，杜建徽率水军顺江南运河西进，杜稜率马步军向禹城进发。

这禹城乃一小镇，城墙低矮，河池浅涸，无险可凭，无隘可守，守将丁重德率领三千兵马在此驻守。丁重德得报杭州兵已连连攻下阳羡、义兴和东洲，正乘胜急奔禹城而来，自知禹城弹丸之地实难守御，立即点起兵马欲逃回常州城去。谁知出城不远即被杜稜前军截住，好一场厮杀，士卒死伤大半，丁重德亦死于乱军之中，唯属将赵君度带领少数兵马趁乱逃脱。

常州外围守军已被扫清，杜稜即率领杭州将士进击常州，刺史丁从实自知难以拒守，遂连夜弃城出逃。

杜稜率众兵将列队入城，秋毫无犯，一边出榜安民，一边部署军务，又亲自至囚室中请出周宝。周宝脸色蜡黄，瘦如枯柴，四肢无力，咳嗽不止，杜稜忙命人将其搀扶至府后卧室中将息。得知是钱镠发兵前来营救，周宝连连感慨道："想我周宝炽盛之时，各州军将趋炎附势，一呼百应，何等威风，如今竟被小小牙将驱逐出府，真是可恼可恨。本想至常州整顿军马发兵讨贼，却不料刚离虎穴又入狼窝，被这等无耻之徒囚禁于此，数月之间邻近州府竟无人问津，这等不忠不义之徒不除，国何以安，民何以顺？"周宝越说越气，连连咳嗽，杜稜见状忙扶住周宝说道："节帅不必气恼，这几个月间大江南北发生了许多变故：节帅从润洲出走不久，淮南节度使高骈已为其属下所囚，如今江淮地区正兵连祸结，战乱不休，其灾祸远甚于江南；六合镇将徐约因受蔡州秦宗权部下所攻，带兵逃至江南，今已攻陷苏州，以此苏州不曾发兵来救大人；杭州钱将军闻听节帅出走，日夜坐立不安，曾派人四处打探，始终不得节帅下落，以此未曾贸然行动，后得知节帅被困于常州，立即令我等前来营救。"听杜稜说到苏州被徐约攻陷，周宝急问道："可知道苏州刺史现在何处？"原来这苏州刺史杨茂实乃周宝女婿，以此周宝颇为着急。杜稜道："末将只听说苏州被攻破时，刺史大人带了数十名亲兵冲出城去了，但不知去了何处。"周宝心中稍稍平和。停了片刻，周宝说道："如今是皇上蒙尘，天下大乱，我浙西数州之地只有钱将军忠于朝廷，匡扶正义，将来收拾浙西残局，恢复一统，必钱将军也。"杜稜又安慰周宝一番，待周宝完全冷静下来，杜稜道："我看节帅身体虚弱，如今正值盛夏，不便行动，不妨暂时在常州将养数月，待身体康复天气转凉后再去杭州，节帅意下如何？"周宝自知体弱难行，便点头道："遵从杜将军安排就是。"

再说淮南节度使高骈自失军权、财权，日益消沉，终日不理政事军务，诸事但凭亲信吕用之处置，自己沉迷于长生不老之术。东南城外有一后土庙，名"琼花观"，已破败不堪，吕用之劝说高骈重修扩建此庙。高骈即命人赴江南遍选石材木料，广招工匠，大兴土木，把"琼花观"修建得富丽堂皇，改名为"唐昌观"。从此高骈即在"唐昌观"中醉心于神仙之道，一应军政大权皆由吕用之把持，吕用之本乃一术士，全无领军理政之才能，把淮南搅得乌烟瘴气。

当年黄巢军退出长安一路向东，引得朝廷各路围剿藩镇尾随而去，使得降巢后滞留于河南的秦宗权得以趁隙大肆扩张。至中和四年（884）六月黄巢于山东泰山败亡时，其于河南的实力已相当强大，遂于光启元年（885）二月在蔡州称帝，并派兵四出攻城略地：秦宗言攻荆南；秦诰出山南陷襄阳；孙儒破洛阳，围陕州；秦宗衡乱岳、鄂。秦军所到之处，屠老孺、焚屋庐，粮草不足竟以百姓及战死士卒的尸身盐腌而食，人称"食人魔王"。光启三年（887）三月，因长期征战粮草匮乏，秦宗权派其弟秦宗衡为主帅，骁将孙儒为副将，攻略淮口，以期据有富庶的淮南、江南。

此时的淮南早已人心涣散，高骈很多部下都已离散而去，猛将张磷亦战死沙场，梁缵因屡次进言被解除兵权，可以任用的仅剩昔日黄巢降将毕师铎，吕用之遂急命毕师铎率三百骑兵增援高邮。毕师铎有一小妾十分貌美，吕用之对其很是垂涎，待毕师铎出征，吕用之趁机将其霸占。毕师铎在高邮得信勃然大怒，加之对高骈失望至极，遂联合高邮镇将郑汉章等起兵反攻扬州。

毕师铎等人率三千步骑兵于扬州城西北之蜀岗大明寺扎营，吕用之率兵出战，相持数日，城不能克。毕师铎担忧：北有秦宗衡大兵压境，扬州又急切难下，若迁延时日，北兵南下，将如何立足？与郑汉章商议后，他决定派人去宣州向昔日同时归降高骈的黄巢军旧友秦彦求援，道："若得相助，攻下扬州必迎秦公为帅。"秦彦遂命衙将秦稠率三千兵马赶往扬州与毕师铎等合力攻城。四月城破，高骈被囚禁于"唐昌观"，吕用之逃走，秦稠放纵兵卒在城中剽掠三天，广陵财货为之一空。

毕师铎围攻扬州之时，高骈曾派人密令庐州刺史杨行密派兵前来救援。这杨行密字化源，庐州人，生得长大有力，能单手举百斤。乾符年间，江淮盗贼蜂起，官府合力围剿，行密在群盗中被获。刺史郑棨见其壮貌伟岸，言语不多却谈论有据，行止稳重且落落大方，心中有几分喜爱，遂将其释放。后应募为州兵，赴朔方戍守，与戍兵相交甚好，不久迁升队长。行密处事智深，行止果毅，期满还州后，州中军吏既忌其才，又恶其与士卒交好，遂命其再次戍边。行密行前偶过军吏居舍，军吏佯以好言相慰，问行密行前有何要求，行密愤愤说道："别无他求，只缺你首级。"随即拔出佩刀将军吏斩首，而后赴军营聚众起事，自号八营都知兵马使，刺史郎幼复弃城逃走，行密遂据有庐州。淮南节度使高骈闻讯，即向朝廷上表力荐杨行密，中和三年（883），唐廷拜行密为庐州刺史。

行密接高骈密令立即率兵一万前来扬州救援。行至天长，高邮镇遏使张神剑、海陵镇遏使高霸等皆率众归之，行密队伍迅速扩大至一万七千人。待得知宣州秦稠兵已入扬州，高骈被囚，杨行密遂屯兵于蜀岗。

五月，秦彦得知杨行密攻打扬州，遂亲率三万宣歙兵顺江而下前往增援，却不知张神剑等已归于行密，毫无戒备，被驻守上元的张神剑战将赵晖袭击，杀溺殆半。秦彦收拾残兵进入扬州，自任淮南节度使，署毕师铎为行军司马，令其移居衙外，毕师铎心中颇为不悦。

八月，毕师铎率兵万余袭击杨行密，行密佯输诈败，弃营四散奔逃。毕师铎兵卒争相入营抢夺物资，行密率兵返回合围厮杀，毕师铎大败，单骑走脱逃回扬州城中。毕师铎怀疑乃高骈暗使人与行密联络致有此败，遂于九月将高骈杀死。行密得知高骈死讯，令全军缟素，向城中痛哭三日。

十月，扬州城被围已有半年，城内粮草尽无。行密率军猛攻西门，秦彦、毕师铎仓皇逃出开化门（东门），奔于东塘，行密遂领兵入驻扬州。

杨行密围攻扬州城时，受命攻略淮口的秦宗衡、孙儒部亦趁乱扫荡淮南，不想秦宗权却于攻打汴州时被汴州刺史、宣武军节度使朱全忠（朱温）举宣武、兖、郓三镇兵力大败，只得退守蔡州。宗衡乃宗权亲弟，闻讯急欲率兵回援，孙儒却暗忖："淮南富庶，眼见到口之肉怎能放弃？那秦宗权已是强弩之末，谁去为他陪葬？不若手握大军据有淮南。"遂设计斩杀宗衡，自为主帅，宗衡属下沙陀族部将安仁义举兵投奔杨行密。

十一月，孙儒率三万军马兵临扬州城下。不久，逃离扬州的秦彦、毕师铎亦率残部来降，行密闭城不敢出，扬州城岌岌可危。

幕僚袁袭对行密道："我今虽有三万之众，然多系新收集之兵，诸将亦多是高骈旧人，杨公与其尚无厚恩，不能使其心服效力。如今孙儒方盛，所攻必克，以此诸将多持观望，待明辨强弱后再择其背向，诸如海陵镇遏使高霸乃高骈旧将，必不为我所用。"行密将信将疑，乃令高霸率兵来扬州，置于眼鼻之下，伺察其动静。后又欲使高霸守天长，袁袭对行密道："既疑高霸而招来扬州，怎可复用？我若能胜孙儒，即无需用高霸，若不能胜，高霸在天长岂肯归我？不如杀之而并其兵，以禁观望摇摆之将。"行密从其言，乃犒赏高霸三军，席间擒杀高霸，得兵数千。常州刺史丁从实自常州被杜棱攻克，先是逃至海陵，又随高霸至扬州，如今亦同被杨行密擒杀。

行密又派人赴汴州求救于朱全忠(朱温)。全忠派大将李璠率军至淮口进攻孙儒后方，孙儒因扬州未克而汴军袭后，又怕秦彦、毕师铎生异志，遂斩杀秦彦、毕师铎于高邮之南。昔日毕师铎斩杀高骈，同时被杀的还有高骈子弟、甥侄十余人。临刑之时，有一妇人大骂毕师铎："我死之后必向上天玉帝控诉，让汝等日后举家遭杀，有如我之今日。"如今果应妇人所言，毕师铎全家亦被斩杀。

孙儒下令急攻扬州城，行密因城中物资匮乏难以固守而欲走海陵，袁袭道："海陵乃一小县，城颓难守，庐州乃我旧治，城池完备，仓廪充实，可以坚守以为后图。"行密从其言，于文德元年(888)四月率兵回庐州，孙儒据有扬州。

再说周宝在常州将息数月，病情略有好转，天气已经秋凉，遂于十月由杜建徽护送乘船由太湖至杭州。此时僖宗已下诏，加钱镠为检校户部尚书，钱镠仍以属郡之礼率诸僚吏至拱宸桥迎接周宝。船到埠头，钱镠等人登船至周宝榻前拜见。周宝见钱镠等人进来，欲起身下榻，钱镠紧走上前扶其斜卧榻上，叙礼毕，与众将在榻前落座，动问路途辛苦，贵体安康。说起润州动乱、常州被禁等等经历，周宝激愤不已，最后道："短短数月之间，润州、常州、苏州均陷乱贼之手，好端端一个浙江西道竟被搅得天昏地暗，可气可恨。这亦是我周宝失察失职，有负皇恩，咎由自取。"钱镠见周宝越说越激动，连忙劝道："节帅无需气恼，亦不必自责，尽管安心调养，待身体康复，钱某当尽全力助节帅扫除浙西乱贼，廓清江南吏治，保我百姓安宁。"周宝见钱镠如此说，从卧榻上坐起，郑重说道："我浙西诸州唯钱将军最是忠于朝廷，精于军政，惠于子民，若得钱将军发兵扫除浙西逆贼，周某当向朝廷力举将军为浙西节度使。若得如此，我周宝心愿足矣。"钱镠起身道："扫除顽贼乃我浙西百姓所愿，亦我杭州将士所愿，钱某自当竭力而为。待廓清浙西，节帅仍然坐镇，钱某理当回归杭州，绝无非分之想。"周宝道："老夫年迈，体弱多病，纵然不生变乱，亦须选贤让位。将军平定浙西之乱，必然威震江南，百姓拥戴，就任浙西理所当然。"钱镠道："当务之急是扫除凶顽，安定江南，钱镠当奋力为之。节帅先至樟亭驿静心将养，等待消息，其余之事再从长计议。"说话之间，船已行至樟亭驿，钱镠亲扶周宝下船至馆驿。这樟亭驿地处柳浦钱塘江之溪，四周风景优雅，平时闲人稀少，是调养身体、修心养性的极好去处。

回到府中，钱镠即着手运筹征讨润州逆贼计划，先请周宝仍以浙西节度使之名任命杜稜为常州制置使，负责筹集粮草以供征讨之需；又从浙西诸州调集两万马步军，由阮结统领，调集四百条战船、水军一万五千人泊驻钱塘江的定山湾，由成及统领，准备攻打润州城。

润州城地处长江南岸，城北州治后一里有北固山，下临长江，三面皆水，峰陡岭回，势最险固，故名为北固山，乃郡之主山。州治西北七里有金山砥立于大江中，江水两分，波涛激荡，实为中流之险，其北岸对江为瓜洲渡口，南岸紧傍西津渡口，百姓呼之为西码头。州治东北九里又有焦山挺立江中，山上设焦山戍，与金山并峙，相去十五里，为润州府左膀右臂，合抱大江。焦山之东又有二岛对峙于江流之中，名为双峰山。唐末时，长江于瓜洲至西津渡口宽约二十里，行至双峰山外江面渐宽，因此双峰山又称之为海门山或海门关。焦山南岸有东码头，背靠石公山，与焦山对峙。府东北六十里有圌山屹立江滨，凌峰峭壁，俯瞰大江。江中有顺江、扁担诸沙洲绵亘数里，船行洲间仅有一路，曲折缓行，矢石可及，若设重兵于此，敌不敢西进，为润州之咽喉。润州之南有大、小砚山，黄鹤山等诸山，乃宁镇山脉之尾，峰峦相依，岭豁回转，为润州之西、南屏障。周宝为润帅时筑润州罗城，周二十余里，因山为垒，俯视江津，环城设五门，东曰青阳门，西曰登云门，南曰通吴门，东南曰朱方门，又有南水门曰利涉门，这润州城实是易守难攻之江南重要隘口。

出征前，钱镠与阮结、成及同至樟亭驿拜望周宝，询问病情，向周宝报告讨伐润州叛贼的准备情况。周宝顿觉精神振奋，连连说："好，好，好！不知你们将如何攻城？"钱镠道："润州防务乃节帅一手经营，我等此来一是探望节帅，望节帅早日康复，重新主持浙西军府之事；二是请教节帅进攻润州良策。"周宝道："这润州城北临大江，又有三山峙立江中，下游又有海门岛及圌山抑守，因此润州城北面极难进攻。城西有西津渡口，由渡口进城须通过韶关，北依大江，南挨云台山，只容单人通行，因此由城西进攻亦是极难。城南有大、小砚山等诸山与润州城相望相依，若反贼在诸山上扎营驻兵，则由城南进攻时将受山上及城中兵马两面夹击，因此南门亦难以进攻。只有东门外地面较开阔，宜于作战，攻城时大多由东门进击，然反贼必置重兵把守。如今攻城，将军不若先克大、小砚山之贼，然后再全力攻城。"诸将听了面面相觑，钱镠道："节帅所言甚是精当，末将都记下了，我等回府后还须仔细商讨。"周宝又嘱咐道："钱将军攻下润州后可权任浙西观察使之职,主持浙西军政。"钱镠道:"此事万万不可!"周宝叹道:"非我勉强钱将军,乃是浙西军民企盼,浙西不可无主啊!"钱镠只得道:"此事日后再议吧。"

钱镠等回到府中继续商讨进攻之策,钱镠道:"依周帅所言,润州城地形复杂,易守难攻,因此不可强攻,只宜智取。"阮结性急,道:"智取虽好,但不知如何才能智取?"钱镠道:"叛军暴乱,刘浩斩杀了许多润州幕僚将佐,如今城中肯于用命的将佐不多,只是依城凭险而已。听闻我军征讨润州,刘浩必置重兵驻守城南大、小砚山,而府北江边有三山之险,极难进攻,定不会置强兵守御,我今以声东击西之计攻之,应可奏效。阮结将军与杜稜将军先率马步军由常州发兵直捣润州,一路扫清沿途叛军,形成浩大声势,至润州城东门外下寨。之后连日轮番攻击东、南诸门,引得大、小砚山守军下山与城中军兵合力围剿于我,待山上守军下山,尔等即撤回兵马,如此反复为之,使得守山叛军频频下山、上山,疲于奔命,兵士斗志衰竭。刘浩见我主力攻打南门,必抽调江中诸山守军加强城南军力,成及将军可先领水军至江阴集结待命,见江中诸山守军被抽调前往城南,即率水军逆江西进,突袭润州江边三山,一举攻下润州城。润州城既破,阮将军与杜将军可合力围攻大、小砚山。"阮结道:"此计甚好!我先率兵消灭圌山守军及焦山海门守军,便于成将军顺利逆江西进北固山。"钱镠道:"不忙,过早消灭圌山、焦山守军必然打草惊蛇,使刘浩警觉反而不利,须待成及将军领水军到达圌山、焦山时,方可与成将军配合一举消灭此两处叛军。"商量既定,众将领命而去。

十二月初,成及发船出钱塘湾北上入长江口,泊驻江阴待命。钱镠率大军过义兴至常州,于常州设立中军营帐,自己亲自坐镇指挥。阮结、杜稜稍事休息即各率队伍分两路北上包围曲阿(丹阳),此乃小城,池涸城矮,将寡兵少,如何守得住,过了七八天守城兵将便出城投降。阮结、杜稜又领兵继续北进,至丹徒镇下寨,准备攻城。

润州叛贼薛朗、刘浩得报杭州兵前来攻城,已克曲阿,连忙召集诸将商议,安排分兵把守:薛朗、刁颙坐镇润州城;刘浩领兵一万五千驻守大、小砚山及黄鹤诸山,与润州城成犄角之势,互相策应;又分八千水军分驻于北固山、金山、焦山及海门山、圌山,以防杭州军从水路进攻。

阮结领兵攻下润州城东五里的京砚山,在山上扎寨驻兵,又将兵马分成四组连日轮番向润州城进攻,刘浩每战必发兵下山,协同守城,杭州军每日交战仅数回合即鸣金收兵,退回营地。一连数日,刘浩兵将上山下山不时应战,搞得人人精神紧张,精疲力竭,城中守军亦是人困马乏,疲于应战。刘浩遂调江中诸山守军增援,阮结见状派快马回常州禀报。钱镠急命成及水军自江阴快速逆江而上,从水路进攻润州城。成及水军很快来到圌山前，圌山守军施放乱箭阻截，阮结得报立即派兵合力攻打圌山，不多时圌山即破。成及水军又来到焦山，山上守军大部被抽调城南，兵单力薄，见杭州兵声势浩大，怎敢发船拦截，只是向杭州战船发射乱箭，怎奈江面宽阔，如何射得到。成及却顾不得焦山守军，径直向西继续挺进，直抵北固山周围靠岸。北固山守军亦被抽走大半，所余守军不敢下山，只是在山上施放乱箭、投掷石块，怎奈杭州军兵多势盛，如何拦得住。薛朗见杭州兵自北面攻城，遂手忙脚乱调集城中兵马增援北固山。这薛朗本乃小吏，不谙军事，属下对其多有不服，军令下达后城中守军反应迟缓，阮结即迅速率领杭州兵攻下北固山，冲进润州城。薛朗眼见城破，正准备逃跑，却被杭州兵抓获。成及又命诸将冲杀各门守城军兵，各门守军纷纷投降。

阮结、杜稜见成及已攻下润州城，即命大队人马包围大、小砚山。刘浩忙命诸将领兵分头冲击，奈何兵卒人困马乏，杭州兵又来势凶猛，怎敢用命上前。刘浩见状连斩了几个小校，众兵卒仍然不肯向前，皆怒目而视。刘浩恐逼紧了反遭不测，遂带了几十名亲随向茅山逃奔而去。众兵卒见刘浩逃跑，皆纷纷放下刀枪向杭州兵投降。

攻克润州已是光启四年（888）正月，周宝却于去年十二月病逝，钱镠亲至润州府代周宝出安民告示，命阮结为润州制置使，负责处理战后安抚诸事及日常军政要务，诸事安排完毕率大军返回杭州。

回到杭州，钱镠亲至樟亭驿祭奠周宝，命将薛朗绑至灵前剖腹剜心。遵照周宝生前遗言，钱镠权且担起浙西观察使一应军政事务，并向朝廷写了奏折奏明润州刘浩、薛朗叛乱，驱赶节度使周宝，及杭州起兵讨伐逆贼经过，唯不提周宝荐己接任浙西观察使之事。润、常既克，只有苏州尚陷贼手，钱镠继续着手运筹征讨，命从弟钱铢率兵屯驻嘉兴，修筑嘉兴城，相机攻打苏州。

二月，僖宗皇帝自凤翔回到长安，改元文德，大赦天下。三月，僖宗病重，命立寿王杰为太弟，几天后皇帝驾崩，太弟即位，是为昭宗。这位昭宗皇帝生得精明而有英气，喜好文学，感慨先皇威令不振，朝政日衰，乃有重振朝纲之志，即位后尊礼大臣，渴思贤豪，不久即下诏授钱镠金紫光禄大夫、检校司空，授阮结刑部尚书，成及、杜稜等将亦皆授封赏。

钱镠受封后于七月荣归临安省亲，赡拜钱氏九州庙，捐资修茸殿堂，亲撰钱氏九州庙碑记，文曰：

若夫，本大枝长，源探派远。哲贤之后，灵庆常存。我钱氏，实皇帝之苗，彭祖之裔。三季之前，两汉之际。轩冕勋业，辉映士林。祖德家声，迄于唐史。临安县有遗庙九所，水旱祀焉！俗谓：钱氏九州庙。年代寝远，铭记不存。空仰威灵，罔知官宦。镠始戡越难，遂忝珪符；复救吴灾，又叨节制。因归宁故里，历览遗踪。噫！承天子之优恩，亦吾祖之余庆也！因以俸钱，新其庙宇。式刊贞石，用播清尘。镠常阅家牒，至让公，未尝不执卷移时，恍若神会。让公，字德高，仕后汉，刚毅武勇，学通韩诗。时太守薛固，举孝廉，迁历陵、安章等郡牧。后固为廷尉所枉，公朝贺之际，大呼称冤。顺帝令虎贲以矛楯夹胁，问所陈之事，公辩舌如流，神色不异。百辟莫不俯伏。迁征东大将军，破贼功高，为徐、兖二州刺史。后十四代孙逵，字通甫，出身入仕，与让祖相类。梁大同中，为庐陵王国侍郎、羽林监。及陈祖龙飞，迁东海太守。娶琅琊王氏，生九子，皆相次为将军、郡守。因移家江南，子孙隆盛。初立祠堂，年代绵邈，居人祀焉！故老相传：九州庙，或作洲字。元显圣迹，出在汀河，故有此误也。愚鏖兵之暇，与记其事，以示来者云：第一造公，字子荣，陈荡寇将军，迁高、密二州牧。第二玮公，字慧高，陈太建中，由句容令，拜神武将军，迁都督虏山镇使，押御北藩；至唐武德中，镇唐、温、滔州，终于王事。第三势公，字道摹，陈太建中，除伏波将军；又拜和戎将军，镇威将军，镇国山。第四环公，字德囿，太建中，亦拜伏波将军，理新蔡。第五瑶公，字德珪，太建中，拜宣威将军，鄱阳王府中兵参军；除骠骑大将军。第六珍公，字智武，至德四年，拜昭远将军；隋大业十年，授溪阳令；唐武德七年，与郡王平辅公祏，改授宜春。第七填公，字轩直，太建十四年，拜宣猛将军；隋大业九年，平沧海道，填与大将军周法尚西讨，破杨玄感，加朝散大夫。第八璠公，字子玉，仕陈，为亲信子弟、内衙直；大业九年，平沧海道，璠与填同破杨玄感，加朝散大夫。第九瑜公，字子横，亦为亲信子弟，羽林宿卫。同破贼赏功，与填、璠并同。兄弟九人，显达相次。时人以为荀龙、贾虎，无以相若也。列祖显荣，焕赫前史。镠忝为后裔，籲继清风。特创新祠，兼剖贞石。时玉辂东还，新主登极。两浙渠魁已珍，十州内获安。将示后代宗支，知于祖祢。文德元年七月七日记。

秋九月，钱镠命从弟钱铢率兵攻打苏州徐约。这徐约乃山东曹州人，初随黄巢攻天长，归降高骈，封为六合镇将，后受秦宗权部将围攻，领兵逃往江南，攻破苏州，遂据其地。

苏州城乃春秋时伍子胥所筑，城周四十二里三十步，开陆门八以象天之八风，水门八以法地之八卦。唐乾符三年（886）王郢叛乱，刺史张博重筑，共置十门：城西北有阊门，南有胥门；城南西有蟠门，正南赤门，东有蛇门；城东南有葑门，正东匠门，北有娄门；城北东有齐门，西有平门。城内外皆夹以长濠，水深面宽，城内有三横四直诸大河与城濠相通，各水门都置有水闸。如此坚城深壑，易守难攻。

钱铢率兵包围苏州城，徐约命兵士将苏州城中青壮百姓尽数驱至城上守卫，并在面上刺字"愿战南都"。徐约手下有一军事衙推陈佑车私下里道："'南都'

者乃国都之称，杭州终将建国乎？"苏州兵听了个个泄气，叹息不止。钱镠见苏州城上众多百姓，恐伤及无辜，遂命各部将士对苏州城围而不攻，不让一人进出，静观其变，再相机行事。又命人写了许多告示，晓谕苏州军民徐约的种种罪行，杭州兵为不伤及百姓才不急于攻城，但最终总须攻克，望百姓好自为之，不替徐约卖命，命兵士用箭将告示射上城去。守城百姓及兵将对徐约反复无常的所作所为本就不满，如今怨愤之情日益增长，城中粮食亦日益匮乏。到了龙纪元年（889）三月，苏州城被围已整整半年，兵将士气日益衰落，谁肯用命守城，徐约无奈杀了几个小校以儆效尤。众兵将忍无可忍，大开城门放钱镠兵马拥入城中，徐约只得带了几名亲兵仓皇出逃，至常熟登船准备入海，被钱镠率兵赶上射杀。徐约既除，钱镠命都将沈粲临时管理苏州。

攻克了润、常、苏诸州，得以收编各州军兵近两万，加上原有兵马，如今钱镠拥兵共计六万余，除分兵驻守各州府外，尚有约一万五千兵马，钱镠命驻扎于临安县安国山之南，由自己直接统领，名为"安众营"。

至此，浙西润、常、苏、杭、睦、湖诸州尽归钱镠所镇守，军政要务皆由钱镠所掌握。

苏州城破之时，徐约手下数千人曾献城投降，钱镠将其分别编入各州军中。内有三千余人编入润州，这些人多年追随徐约攻城略地，流窜四方，散漫成性，危害地方，故此阮结将他们分散编入各营，由军校严加约束。一些人自恃献城有功，如今不但未受封赏，反受营中管束，心中颇积愤懑。龙纪元年（889）五月某日，阮结至甘露寺礼佛散香，数十名徐约党徒竟趁其不备将其捆绑推入大江，后虽被救起，却因羞愤交加而一病不起。几日后阮结不幸亡故，年仅四十有六。钱镠见报气愤已极，连夜奔赴润州亲自处理，凭吊阮结之后，命阮结之弟右骁卫将军阮绰继续统领本部军兵，又命成及接任润州制置使，并将叛卒全部斩杀。

第十回 掠江淮食人军肆虐 联两浙杨行密平贼

龙纪元年(889)十月,昭宗皇帝敕授给事中杜儒休为苏州刺史,仍以沈粲为制置使。此时润、常、苏三州虽归钱镠管辖,然浙西重心已移向杭州,鞭长莫及,因此三州隐存颇多忧患。

杨行密自去年四月退守庐州后,日夜思虑如何向外扩张势力。一日于府中同袁袭对饮,谈论进取邻郡之事,行密问道:"以我精锐主力快速西取洪州是否可行?"袁袭道:"钟传新得江西,其势正盛,且未可图。宣州秦彦率主力进入扬州,仅留池州刺史赵锽驻守宣州。如今秦彦已死,赵锽失去依靠,而驻守宣州亦非其本意,赵锽其人绝非杨公对手,袭取宣州当唾手可得。"行密从其言,于龙纪元年(889)十月发精兵突袭曷山,大败曷山守军,又急进合围宣州。赵锽见来势凶猛、锐不可挡,急忙弃城而逃,被追兵赶上杀死。行密遂据有宣州,不久昭宗下诏授行密为宣州观察使。

杨行密既得宣州,更望浙西,十一月遣部将李宥率兵攻打常州,杜稜一面令兵卒严密守御,一面派人驰报钱镠,同时使人赴润州、苏州求援。钱镠得报亦命润州成及、苏州沈粲分别派兵从东、西两面合击李宥后方,再命杜稜出城正面迎击,以求合力歼灭李宥于常州城下。谁知祸不单行,先是沈粲因朝廷以杜儒休为刺史而耿耿于怀,找种种借口迟迟不肯发兵驰援常州,再是孙儒突袭江南,润州不幸失守,亦无力顾及常州。

那孙儒逐走杨行密之后自入扬州,怎奈城中物资匮乏,军中无食日久,乃杀老弱病残百姓为食,饥民亦时有屠卖人肉、易子而食之事,一时间扬州城内遍地白骨,阴森凄凉。孙儒见城不能守,遂火焚其城,又纠集百姓号五十万,孙儒军兵皆混杂其中,从瓜埠洲登船南渡直至西津渡口上岸。润州城中成及见状竟无对策,攻之必伤及百姓,不攻则润州不保,如之奈何?犹豫之间,数十万百姓及孙儒"食人军"已奔至城下,在城门外放起火来,成及情知已无力挽回,只好率军杀出城来,孙儒又率兵在后边掩杀,成及大败奔回杭州。

钱镠安慰道:"此败非将军之过,孙儒乃一恶盗,食人王!我等率兵打仗乃是为了保护百姓,安定地方,孙儒却残害百姓,攻掠地方,竟至驱百姓以冲阵,如此丧心病狂,神人共愤,将来必遭天谴,自有报应,将军不必自责。"钱镠又把杨行密遣李宥攻打常州，杜稜求援，沈粲不肯发兵等情况——告知成及。这成及本就一肚子气，听钱镠说完常州情况早已气得暴跳如雷，连连拍桌捶案道："沈粲小儿竟不顾道义，不听军令，军法难容！待我先率兵去常州解杜稜之危，回头再去苏州找他算账！"钱镠道："将军不必性急，杨行密发兵攻打常州必是有备而来，我当亲自前去会上一会，以观虚实，待解了常州之围再相机收复润州，将军暂且在杭州将息，需要时我命人请将军北上会战。"

杜稜之子杜建徽闻得常州被围心急如焚，又听说主帅已令润州、苏州出兵合围李宥以解常州之危，方才放下心来，如今见成及奔归，沈粲不肯发兵，急忙来见钱镠请求领兵驰援常州，以解父难。钱镠即命杜建徽先领五千兵马火速驰援常州，自己率兵随后赶来。

再说李宥攻打常州城，攻了数日都被杜稜杀回，情知自己孤军深入浙西，若久攻不下，一旦润、苏、杭数州兵合力围剿，自己纵有双翅亦难飞出罗网，以此必须速战速决。这常州城周长七里，府治偏南，地势西高东低，城内河流池塘无闸堰节制，漕渠岁久浅淤，故常年干涸，即使下雨亦是随下随泄，晴未数日复又干涸，如今正值隆冬季节，极少雨水，城池河道早已枯竭。李宥一面命兵将继续天天攻城，一面命两百兵卒于南门外一处民居内秘密开挖地道。常州地下多是黄土，松软易挖，不数日地道已挖至城内。当日夜深之时，李宥亲率数百名精兵由地道入城，遁入州府，适入杜稜寝室，杜稜正在安睡，不幸于卧榻被执。其余兵卒砍开南门，宣州兵蜂拥而入，等到杜建徽率兵赶到城下，常州已经陷落，只好退回杭州另谋解救办法。

钱镠得知常州陷落，深悔自己行动慢了一步，竟被李宥占先，以致痛失良将。常州失陷原因之一在沈粲不听军令，倘若沈粲及时发兵两面夹击，李宥岂能在常州城外立足！常州焉能陷落！越想越觉得沈粲可恶，此人不可留用。但如今孙儒据润州，李宥据常州，都对浙西虎视眈眈，以此苏州尚须保持稳定，以免孙儒、李宥趁虚而入。想到此，钱镠只好暂且忍耐一时，静观事态再做打算。

沈粲见杜稜被执，常州陷落，自知难逃干系，日夜担心钱镠兴师问罪，思来想去，当前江南三股势力当推孙儒最强，李宥其次，钱镠最弱，既如此不如杀了杜儒休献城孙儒。思谋既定，沈粲当即领兵冲进府署，执刺史杜儒休及其异母兄延休。儒休乃一文官，对沈粲道："请不要杀我，家中金银财宝全部归你。"沈粲道："杀了你，金银财宝焉能飞了？"遂将儒休兄弟杀死。儒休、延休乃异母兄弟，同日而生，今又同日而死，世人以为奇事。

常州李宥得知苏州有变，于大顺元年（890）七月发兵进攻苏州。李宥来得太快，沈粲尚未与孙儒联络即遭进攻，如今是西有李宥，南有钱镠，北面大江，东临大海,孤守苏州外无援兵,如何守得住,只得弃城逃往润州投奔孙儒。李宥既据有苏州,杨行密乃遣张行周为常州制置使。

闰九月,孙儒命部将刘建锋率兵攻常州。时张行周到任仅一月有余,常州城小池浅,又猝不及防,很快被刘建锋攻占,常州遂为孙儒所据。孙儒复命刘建锋进攻苏州,这苏州乃一水城,孙儒多系北兵不善水战,一时攻城不下,遂将苏州城团团围困。李宥被围三月,兵疲粮绝,不得已率兵冲出苏州奔常熟而去,孙儒仍以沈粲为苏州制置使,自己返回淮南。

自龙纪六年(889)三月,钱镠曾接连攻下润、常、苏三州据有浙西之地,一年多时间三州又全部复失,钱镠总结教训,自忖道:"城不坚人如何得安?臣不忠州怎能固守?若非沈粲之流叛逆,苏州焉能失守?常州岂能陷落?若常州城广池深,李宥焉能穿道而入?如今我江南三州失陷,贼兵压境,没有坚城良将如何抵御贼寇?"遂传令各州县广泛寻访贤臣良将,发现人才火速报来,又命人筹划修建杭州城,以固城防。

旧杭州城乃隋开皇时杨素所建,周长三十六里九十步,南起凤凰山,东临盐桥河,西濒西湖,北至钱塘门,时运河刚修到杭州,钱塘郡始改为杭州府,城池十分简陋。如今历经三百年风雨,旧城墙已是破败不堪,又处动乱争战时期,怎保得一城百姓安宁?因此钱镠发动十三都兵将及数万百姓开始修筑。扩建部分从西湖边开始,环包家山(龙山之北),过秦望山,依钱塘江边而迴,沿途皆穿山岭、依险壑、临大江、踞雄关而筑,其余各段大多仍用隋代城基。墙体皆夯土版筑,比旧墙既宽又高,城周围五十余里,城门及敌楼皆砌城砖。众军士及民夫取土夯墙,炼泥烧砖,运砖砌城,锯木修楼,挖濠浚池,铺石修路,各司其职,井然不紊。钱镠见状心潮涌动,欣然向前奔入运砖行列,扛起百六七十斤重的城砖健步捷走,周围兵将民夫见了齐声喝彩,欢声四起。钱镠见群情振奋,乃将城砖运到砖堆放好,登高向众人挥手道:"如今天下纷扰,战祸迭起,无城则将士无依托,百姓亦无保障,以此我杭州军民当同心竭力尽早建好新城墙,以使我将士少流血,百姓不遭殃。"众兵将役夫欢呼雀跃,人人争强,个个奋力,修城进展越加快捷,数月之间新城告成。

各州县接到钱镠推举贤臣良将之命即四处寻访,积极发掘有识有才之士向州府举荐。时有越州余姚人顾全武,少年时曾为僧,为人机警,颇有才略,亲见钱镠屡败刘汉宏,百姓视其为恩人,又听说钱镠发雄兵连克江南三州,一统浙江西道,心甚崇敬,今得知钱镠延揽人才,遂前往杭州求见。钱镠以礼相待,与之交谈甚是投机,谈到当今之势,钱镠问道:"如今孙儒势盛,此人乃恶鬼剧盗,所到之处屠杀百姓,掠夺财物,焚烧庐舍,惨绝人寰,不思自守淮南,直欲南下侵我浙西,依汝之见当如何御之？"顾全武对孙儒南下扩张之势早有所闻，御贼之策心中已有成竹，见钱镠问，便不慌不忙道："依愚见，孙儒乃一北方蛮将，凶恶猖狂，手下将士亦多仿效，北军善马战，进袭迅速，故于江淮之地所向披靡，锐不可挡。然我浙西多水乡泽国，马军被阻隔于河网港汊之间不得施展，北军优势无从发挥。我南军优势却恰在于水战，河湖江滩任我纵横，进退自如。我以舟师分驻太湖之东及淞江之南，若孙儒南侵，我舟师即从东、西两面合击苏州，切断孙儒粮道及归路，孙儒必回救苏州。孙儒凶残成性，久之必生变，待其势衰，我水师可一鼓而克苏州，然后乘胜再图常、润。"钱镠边听边频频点头，待顾全武说完，哈哈大笑道："我亦正有此意，真是不谋而合。"钱镠遂留顾全武在身边以为裨将，并当即派遣舟师分别开赴太湖大椒山（今西洞庭山）及淞江驻泊。

孙儒自入苏州，有如贪狼恶虎残害百姓，短短数月即把苏州搅得食尽民愤，难以立足，遂屡欲南下由嘉禾（嘉兴）进击湖州，却被杭州水兵东、西两面夹击，屡屡受挫。守城兵卒饥肠辘辘，怨声四起，孙儒眼见得苏州无法固守，遂与众将商议掉过头来改掠西境。大顺二年（891）春，孙儒先是从扬州抽调兵马向西进攻庐州，刺史蔡俦见孙儒势盛难以抵御，遂出城献州投降。十二月，孙儒又调集五十万大军向南攻打广德，进围宣州。

此时袁袭已死，杨行密手下诸将多有惧色，见此情形行密叹道："袁公早丧不能为我筹谋，乃上天不助我成大功也！"寻思片刻对诸将道："孙儒部众十倍于我，屡次与他争战均遭失利，如今儒兵已进逼广德，不如避其锋芒退保铜官，诸将以为如何？"众将面面相觑，无言以对。静默片刻，大将李神福说道："孙儒以主力远道而来，必欲与我速战速决，我军宜避其锐气屯据险要，坚壁清野，以疲其师，并随时出轻骑抄掠其馈饷，切断其供给，使其进战不得，退又财粮匮乏，可束手就擒矣。"庐州人戴友规道："孙儒与我争战数年，胜负大致相当，今尽举其兵欲置我于死地，我若望风弃城而去正遂其愿。当初淮南士民追随杨公渡江及自孙儒军来降者人数甚众，杨公宜派兵护送他们回淮南复事生业，如此孙儒军听说淮南百姓已经安居乐业，人人都思归故里，儒兵军心即会动摇，击败易矣！"行密听了频频点头，众将气氛亦活跃许多。大将台濛道："宣州地处山区，土地贫瘠，府库不丰，人民不富，一旦被围日久，军民供给难保，如之奈何？"行密叹道："宣州东、北两面皆被孙儒抑守，西临大江，南方又尽是贫困山区，如今只有派人去杭州向钱镠求援，请其筹粮助我以解燃眉之急。"众将皆以为不可，同声道："昔日我军曾袭取苏、常，执其主将，如今向他求援，倘他得知我被孙儒所困，处境窘迫，乘机向我报复，岂不自取灭亡？"杨行密道："素闻钱镠忠于朝廷，恭行皇事，爱护百姓，行事仁义，他绝不会去帮助杀人如麻的反贼而与我为敌，我今派人与他联络,请他共同抗击孙儒,他必应允。"众将见行密如此说便不再反对,行密便分拨众将分头行事。

诸事安排停当,众将散去,杨行密命人请出原浙西常州制置使杜稜。原来杜稜于常州被执,行密知其乃杭州猛将,素行忠义,便以礼相待欲请其为自己效力,谁知杜稜宁死不肯,行密只好将其安置于府中,礼遇有加。如今行密请来杜稜,讲清当前大势,欲请其回杭州与钱镠会商联手消灭孙儒"食人军"。行密道:"若得钱将军出兵袭取苏州,并以粮草援我,则宣州之围可解,届时杭州、宣州再联手合力,即可全歼孙儒。"杜稜觉得行密之言句句在理,所定之策个个可行,便满口应承回杭州说服钱镠共歼孙儒,行密遂派大将台濛领兵一千护送杜稜返回杭州。

行密知钱镠昔日乃浙东观察使董昌部下,对董昌素来甚是尊重,因之又派人日夜兼程赶赴越州拜见董昌,说明孙儒"食人军"之残暴。"孙儒今欲吞并江南,进攻两浙,其野心一旦得逞,则江淮、两浙皇威扫地,黎民百姓备受蹂躏,如今江淮、两浙当同仇敌忾共讨剧贼,请观察使出面劝说杭州钱将军出兵,与我联手围攻孙儒,则大功必成。"董昌对钱镠擒薛朗、平江东以及孙儒掠润常、攻宣州诸等大事心知肚明,心想:"今杨行密前来求助,如能促成联手之事,则孙儒灭而浙西自然归钱镠,钱镠素来听命于我,届时浙东、浙西岂不尽为我所有?"想到此,董昌便乐得在杨行密面前讨个人情,答应道:"联手平儒于国于民皆是大好事,只是钱将军个性倔强,以前与杨公又有过冲突,恐不易说动,我尽力而为就是。我这里先命我侄儿董真带一千兵马与你同赴杭州,若钱将军肯出兵相助,尔等即合兵一处同赴宣州。万一钱将军不肯出兵,我越州一千兵马也可助杨公一臂之力。"遂修书一封,点起一千兵马,由董真带领奔赴杭州府。

钱镠见杜稜完好无损归来,心中甚喜,遂摆酒为杜稜及台濛接风洗尘。席间杜稜向钱镠讲述自己常州被执、受行密礼遇等等经过,又介绍了行密为人:"行密对于骑射、武事不甚擅长,然待人宽厚,处事简约,智略过人,善抚将士并与之同甘共苦,推心待物且无所猜忌。一日早出,从人砍断马鞲窃取金马饰,行密却知而不问,以后照常早出如故,下人皆叹服其度量之大。"台濛亦向钱镠介绍:"杨公素尚忠义仁爱,当初高骈被毕师铎所杀,杨公素服痛哭三天后攻入扬州。见城中百姓缺粮断炊,斗米竟值四十千钱,饥民争食尸肉,惨不忍睹,遂调集粮食周济城中百姓,即日米价降至三千钱。撤离扬州时,城中黎庶多有弃家而追随杨公者,如今又出川资派兵护送这些百姓回归江北操持生业,此等忠君爱民之事不胜枚举。"钱镠听了感叹不已。台濛又将行密对钱镠的高度评价以及欲请钱镠助粮出兵共同消灭孙儒之意细细说了一遍。钱镠听后道:"孙儒乃祸国殃民之剧贼,中原、江淮、江南多受其害,天下人当共诛之。今杨公已举起讨儒大旗,我浙西军民自当竭力相助,台将军可在馆驿中稍事休息,具体部署待我与诸将会商后再与台将军议定。"

钱镠召集众将商议联合灭儒之事,众将中多有人愤愤不平,成及道:"当初我杭州兵讨平薛朗之乱,收复润、常、苏诸州,正欲安抚百姓发展生业,是他杨行密派兵围我常州,执我主将,后又陷我苏州,他杨行密哪有忠哪有义?如今受孙儒围攻乃是现世报应,两贼相争必有一伤,我杭州正可坐收渔利,趁机将二贼一一歼灭,岂不美哉!"众将多有附和,也有说:"趁两虎相争之机不如出兵袭取苏、常、润诸州,收复我浙西之地,待其两败俱伤再夺取江淮、宣歙之地。"唯顾全武反对道:"我等领兵打仗乃是为的除暴安民,非为攻城略地,孙儒乃杀人魔王,天下众生之公敌,只有除却此等恶贼天下人才得以安生。杨行密能慈爱百姓,抗击强暴,算得是仁慈之主,虽曾攻我苏、常,而今已送还杜将军,表明与我交好之意,故而应是我之友军,联友而拒敌乃天经地义也。从兵力而言,孙儒强于我与行密,我若独立进攻苏、常、润,则孙儒必回师救助,届时我必难以取胜,却被行密笑话,此举切不可取。如今孙儒主力盘踞广德,与润、常、苏有群山阻隔,我与行密联手,则实力胜于孙儒,必可围孙儒而歼之,从此江南方可太平,此乃上策。"钱镠听了深为赞许道:"顾将军所言极是,我与众将兴兵正是为的固守皇土,保护百姓。如今剧贼孙儒践踏江淮之地,蹂躏江东百姓,天下人当共讨之。杨行密已在宣州、广德拴住其主力,使其兵力分散于江淮、润常、广德三处,首尾不能相救,正是消灭他之极好时机,我杭州当尽速筹粮发兵援助行密,消灭孙儒后再攻取苏、常、润不迟。"

众将正议论间,报说越州董帅有书信到来,并派董真率一千兵马来杭州会合,同赴宣州解杨公之围,钱镠看了董昌来信,乃请董真一道共商讨儒大计。

众将先是听了顾全武、钱镠如此说,后又闻得董昌之意,皆深觉在理,对联合灭儒遂达成共识。钱镠命从弟钱铢率马步军二千并太湖、淞江水军共同进围苏州,相机攻取苏州城,又命粮料官从各粮仓调集粮食十万石,运粮小船四百条,随时准备起程。

次日,钱镠招来杜稜、台濛,与二将道:"台将军先在此休息数日,杜将军方回,本当在家与家人好好团聚,只是杜将军对宣州将帅较熟悉,对路途关险更了解,于本次运粮救宣行动有诸多方便,以此只得委屈杜将军先与家人暂聚几天,数日后即率一千水军会同台将军兵马率运粮船队出太湖运送宣州,以解宣州军民之饥。"杜稜赶忙道:"宣州被孙儒阻隔已有数月,城中军民皆引颈盼援,我岂忍心置宣州军民生死于不顾而图回家安享天伦之乐?请钱公速速下令发船进兵!"台濛见杜稜如此说,亦道:"钱公厚意在下衷心感谢,回宣州后定向杨公一一禀明。发船进兵之事,既然杜将军表明心迹欲从速行之,台某自当随杜将军而行,不必在此耽搁。"钱镠道:"既然二位将军都如此说,就以解宣州之危为重,尽速起程。"

钱镠命人请来诸将与二位将军相见,叙礼毕,大家商议运粮路线。一是经太湖入大江逆长江西行,但如今大江两岸皆在孙儒控制之下,极难通行。二是经太湖入义兴逆中河西行,翻过分水岭,由宛水(水阳江)驶入宣州城。后者于春秋吴伐楚时开河运粮,今已淹塞废坏,若先派人稍加修治,贯通航路,乃由杭州至宣州之最近航道,只是南近广德,北达润、常,皆有孙儒贼兵,一旦船队被截,粮草落入贼手,则非但助不了宣州,反而便宜了孙儒,因此须派兵护送,确保万无一失才好。杜稜、台濛同声道:"有我二人及二千兵马护送绝无闪失!"

运粮路线既定,钱镠遂命梅世忠、李开山二位将军率领六百名工于治河修闸的兵士先行出发,沿河查看整治。运粮船队即日启航,先驶入太湖,再由义兴西行。台濛亦派人驰回宣州报与杨公。行密听了大喜,即刻命大将张训率领二千兵马沿中河护航,确保运粮船只顺利通行。

梅世忠、李开山二将得令兵分两路,一路由李开山率二百名官兵逆中河西行,检查浚治河道,一路由梅世忠率四百名官兵日夜兼程赶赴鲁阳,凿石砌坝,伐木作闸,修成五个堵水堰闸,计有银林堰(或银澍堰),稍东南有分水堰,又东南五里有苦李堰,又五里有何家堰,又五里有余家堰,谓之鲁阳五堰(今称为东坝)。如今各堰已下闸储水,只待水位升高即可分批放船入堰逐级爬过分水岭。

杜稜、台濛二将率领船队过太湖进入义兴后,便各自率领本部兵马分别登上中河南、北两岸,一路沿河向西行去。约莫行了三五十里,便有张训派人前来联络,说宣州人马已驻扎在离此地四五十里去广德的主要路口,北岸去润、常的主要路口亦派人把守,严防孙儒贼兵截取运粮船队。

孙儒得知杭州运粮船队由中河西行支援行密,急忙调兵遣将欲行拦截,怎奈近日杨行密频频派兵反击,自己屡屡受挫,哪里敢派主力前去拦截?只得勉强抽调一千兵马袭扰,行至半路即遭张训阻截败退而回。孙儒又派人命刘建锋从润州发兵拦截,亦被张训、杜稜率兵击退。

这边船队扬帆西行已到堰外,那边李开山、梅世忠二将早已将各堰蓄满了水。杜稜命船队分批依次入闸,再关闭闸门抬升水位,次第通过各级闸门,船队遂井然有序分批爬过了分水岭,众将皆满心欢喜,盛赞梅世忠、李开山等人之精巧。

船队过了五堰即驶入宛水,沿江逆行直达宣州城,杨行密亲率诸将早已迎立于宛水边。数百船粮食运抵城中,真是久旱逢甘霖,重病遇良医,宣州军民皆欢呼雀跃,额手相庆。

为了进攻宣州，孙儒已将润、常、苏主要兵力调至广德、宣州一带，余下兵将由刘建锋统领。如今得报钱镠率杭州兵进攻苏州甚紧，刘建锋急命甘露镇使陈可言率本部兵马二千驰援苏州。陈可言将兵马驻扎于灵岩山麓，与苏州城成犄角之势相互应援，钱镠攻城屡遭夹击不能得手，双方相持于苏州城外。

杨行密召集诸将议事，道："如今孙儒与我相持于宣州、广德之间已有数月之久，如何方能尽快取胜？"原为秦宗衡部将的安仁义道："孙儒能在广德支撑至今，概因润、常不时供其粮草军需。如今刘建锋派大将陈可言率兵驻守灵岩山，与钱镠相持于苏州城下，常州必然空虚，我可趁刘建锋分兵之机，派精锐之师袭击常州，钱镠必然响应亦攻击苏州，两下联手定可一举攻克苏、常，如此润州、广德遂置于孤立无援之境，则孙儒、刘建锋即可分别破之！"众将皆以为此计可行。

杨行密命大将张训潜行出城突袭常州，陈可言原以为杨行密被困于宣州疲于应付，不曾想竟出奇兵突袭常州，一时间心慌意乱，遂亲率一千兵马匆忙赶回常州应援，与张训大战于常州城外，竟被张训手刃于两军阵前，张训遂攻克常州城。

钱镠得知张训突袭常州，陈可言分兵回救，即刻命一千兵马进围灵岩山，其余兵马合力攻打苏州城，不一日苏州城破。沈粲见势不妙，急忙带了几个亲兵突围出城奔润州而去。

刘建锋坐镇润州，先是常州败兵逃来润州报说陈可言被杀，常州失守，急欲调兵遣将夺回常州之时，却又报说苏州被杭州兵攻占，沈粲逃来润州。此时刘建锋方寸已乱，正犹豫间，又报说张训派兵攻下溧阳，润州与广德间联系被切断。副将马殷道："如今润州三面皆有杨行密兵马，其势正盛，我润州兵却不足二千，且锐气已挫，为今之计宜坚城死守，待孙公取得宣州再两面夹击，则常、苏当复归于我。"刘建锋从其言紧闭城门，准备死守。

张训攻克常州后即兵屯溧阳，孙儒遂被困于广德弹丸之地，东有杭州兵把守安吉，南有天目山险峻阻隔，西有杨行密交战不休，军中粮草日益匮乏，境况十分窘迫。景福元年（892）六月，时值大暑，阵雨频发，营地积水，疟蚊肆起，役疾大发，军中食尽，又无医药，孙儒军兵只是苟延残喘而已。一日，杨行密帐下有一张军师对行密道："明晨有暴雨，大水将淹儒营，出兵袭取必可擒获贼首孙儒。"说话时天已过午，日晒正烈，众人听了多不以为然。次日清晨，西北乌云滚滚而来，渐渐弥漫，不多时狂风大作，暴雨倾下，大水暴涨，天昏地暗，果然水淹儒营。孙儒见状对周围诸将道："天降大水，诸将速速回营自保，不必相互救应。"过午以后雨势略减，孙儒营中积水深处竟达数尺。杨行密见状，急令安仁义、田頵率兵全面出击。孙儒兵本已饥病难耐,又淋了大半日雨,早已体力不支,安仁义遂一举破营五十余寨,田頵亦破中军大营,擒获贼首孙儒。

"食人王"孙儒终于在百姓的一片唾骂声中被斩于宣州市曹,真是大快人心。行密收编了数千名孙儒余兵,因见其作战勇猛,所向披靡,遂选出特别健壮勇敢的五千人收为亲军,以黑衣蒙甲,号为"黑云都",每逢争战先令其冲阵、登城,四邻军队都甚畏之。

苏州叛将沈粲亦在孙儒营中被擒,行密将其解归杭州,钱镠下令将其戮杀于市,并命从弟钱铢为苏州招缉使。

刘建锋、马殷得知孙儒败亡,深知在润州难以立足,即刻带领本部兵马撤出润州南下,沿途又招集孙儒败残军兵七千余人。众人推举刘建锋为帅,马殷为先锋指挥使,张佶为谋主,南走洪州(今南昌)。

杨行密一面命人追击刘建锋、马殷,一面命安仁义带兵抢占润州,又命大将田頵驻守宣州,自己带兵北上,于七月攻占扬州。昔日扬州曾富甲天下,号称扬(扬州)一、益(益州,今成都)二,经过秦彦、毕师铎、孙儒、杨行密屡屡交战,如今只剩下断墙残桓,枯木荒草,江淮之间东、西千里田地荒芜,十室九空。

朝廷得报孙儒已除,昭宗皇帝大喜。八月,敕命杨行密为淮南节度使,加封同平章事,命田頵为宣州留后,安仁义为润州刺史;敕封董昌为陇西郡王,授威胜军节度使,检校太尉,同平章事,开府仪同三司;敕升杭州为武胜军,授钱镠为本军团练使,苏、杭等州观察、处置使,进封彭城郡开国侯,赐食邑七百户。

至此,董昌仍领浙东瓯越,杨行密据有江淮宣歙,钱镠控制杭、湖、苏、睦诸州,各自相安邻善。

第十一回　征强藩朝廷失禁军　睦邻境杭州筑新城

　　当今圣上昭宗皇帝乃懿宗皇帝第七子，初名李杰，咸通八年（867）二月二十二日生于大明宫。其生母出身低微且早丧，因此昭宗自幼在人前言谈不多，性格文静，少年时"攻书好文，尤重儒术"，咸通十三年（872）授封为寿王。广明元年（880）十二月，黄巢大军攻进潼关，直奔长安，僖宗皇帝惊慌失措，急匆匆带了福、穆、泽、寿四王及妃嫔数人于五日凌晨由观军容使（宦官头领）田令孜率领五百神策军护卫逃离长安。一路颠沛流离，啼饥号寒，长途跋涉来到蜀中成都，由于朝中大臣、皇亲国戚大多未能随行，僖宗皇帝只好在成都另立小朝廷。按唐朝惯例，诸王不得参政，但仓促组阁顾不了许多，寿王李杰遂进入朝政，从此明察宫廷是非，关注军政大势，考察朝野人才，数年间在政治上逐渐成熟。李杰自知在诸王中自己年龄小，出身低，遂从不与诸王争锋，也不妄议政事，朝中上下多视其为无足轻重，渐渐长大成人，生得身材伟岸，神气雄俊，动止端庄，言谈儒雅。文德元年（888）三月五日，僖宗皇帝身患沉疴却太医们已回天无术，朝廷急忙议立储君，宦官杨复恭心中盘算立个无足轻重的小皇帝有利于自己控制朝政，便矫昭立寿王李杰为皇太弟，监军国事。次日僖宗驾崩，李杰即皇帝位。

　　昭宗继位时逢乱世，虽一心欲中兴大唐却面临着重重困难，乃先于宫廷中厉行节俭，免除历代奢华侈靡陋习以示天下。黄巢之乱后长安宫廷数经劫掠，宫室焚毁殆尽，僖宗还京前曾命京兆尹王徽修缮宫室，但因国库空虚，只是草草修复数栋而已，昭宗即位后有人奏请恢复宫廷旧貌，昭宗以国库空虚不准。僖宗皇帝数度避乱逃离长安，身边宫女太监已所剩不多，有人奏请从民间采选宫女太监，昭宗为紧缩开支不许，还下昭免去每日更换新装的习惯。多年动荡使得昭宗深感宦官专权、藩镇割据对国家危害之大，如今的宦官势力不仅左右朝政，甚至控制皇帝废立，自己得以继承大统亦是宦官杨复恭为了把持朝政而一手操控，而诸藩镇割据不向国家缴纳税赋，不服从朝廷号令，又互相攻伐，使得国家连年战事不断，百姓人口凋敝，无以为计。昭宗明白朝廷中只有宰相能与宦官集团相抗衡，只有重用和依仗宰相才能削弱宦官势力，遂将朝臣中凡有谋略才干者多封为宰相，又大力选拔人才以充实朝堂。大顺元年（890），昭宗与诸宰相议事，问道："如何得以内不受制于宦官，外不依仗于藩镇。"宰相张俊道："不如以强兵威服天下。”由是在京师广为募兵，得十万之众组成禁军，由皇帝亲自掌控，远远超过前代所募禁军数。至此，昭宗皇帝已充分显示非昏庸无为之君，颇有会昌主政之风，朝廷上下官僚为之振奋，看到了大唐中兴的希望。

黄巢兵败以后，中原最有实力的藩镇当属河东节度使李克用及宣武军节度使朱全忠，然此二人如今却是水火不容。

李克用祖先本号朱邪，出于西突厥，至后世自号为沙陀，以朱邪为姓，当年其祖于战斗中被执归唐，随范希朝徙镇太原，部落万骑皆骁勇，善骑射，遂号“沙陀军”。父名赤心，为太原行营招讨沙陀三部落军使，因破庞勋有功，拜单于大都护、振武军节度使，御赐姓名曰李国昌。克用年少骁勇，军中号曰“李鸦儿”，尤善骑射，能仰中双凫，因瞎一眼又号“独眼龙”，其威名盖于代北。

黄巢在长安称帝时，李克用为代州刺史、雁门以北行营节度使，亲率步骑兵万七千人赴京师与巢军大战。巢军败退入城，克用乘胜追之，自光泰门先入，战于望春宫升阳殿，平定京师之乱克用功数第一，僖宗皇帝拜其为检校司空、同中书门下平章事、河东节度使。

中和四年（884），黄巢兵围陈州，李克用率五万兵马前往救援，时汴州刺史、宣武军节度使朱全忠已先行率兵赶到，并数败巢军。黄巢见陈州不能克，遂领军败退，且走且战，至中牟，尚未来得及渡河，克用兵已追至，黄巢兵惊呼“鸦儿军至矣”，随即不战而溃。李克用与朱全忠各自率军紧追不舍，至封丘又大败巢军，黄巢仅带少数亲随脱身而去。

李克用回兵途中路过汴州，大军驻于尉氏门外封禅寺，自己仅带少数亲随歇息城中上源驿。汴州乃朱全忠军府，因之于上源驿设宴款待克用，以略尽地主之谊，宴至夜深方罢，李克用醉卧榻上。朱全忠乃阴险狡诈之徒，数日来心中一直寻思：“当今中原藩镇唯李克用与我实力最强，所据地域最广，在收复长安之战中，我有率军归唐扭转战局之功，而克用有平京师之乱首功，如今解陈州之围，追击黄巢败军，又是我与克用之功。无论是在天子面前论功，或是在中原称雄，李克用总是占先，将来必是中原争霸之大患，不如乘今日在我馆驿之中醉卧之机将其除去，以免去后患。”心中主意已定，便吩咐左右安排行事。李克用正酣酣而睡，驿馆四周突然伏兵大发，火起焰腾，使从见状急吹灭灯烛，将克用藏匿于床下，并以凉水拂面催其醒来。幸得老天相助，天空突降大雨，火灭焰消，克用在几名侍从护持下杀出馆驿，借着闪电从尉氏门城上用绳索缒出城外逃还军中。

七月，李克用回到太原，将汴州遇害之事申奏朝廷，奏请朝廷派兵前往汴州向朱全忠问罪，同时派弟李克修领兵万人屯驻河中，以便朝廷发兵攻汴时共讨朱全忠。僖宗皇帝见奏，竟不问是非曲直下诏令双方和解，并以破黄巢之功封李克用为陇西郡王,同时又以朱全忠为检校司徒、同中书门下平章事,封沛郡侯。

光启元年(885),权宦田令孜欲夺取河中池盐之利,河中节度使王重荣坚不相让,二人相持不下。皇上下诏徙王重荣为兖州节度使,以定州王处存为河中节度使,且诏命李克用以兵护送王处存至镇所。王重荣对朝廷心生不满,命人骗告李克用:"天子诏命重荣待克用至与处存共诛之。"并以伪诏书出示李克用道:"此乃朱全忠之谋。"克用信之不疑,八次上表请讨朱全忠,僖宗皇帝不许,克用大怒。王重荣不奉诏命,不肯徙迁兖州,朝廷出兵讨伐,李克用因朱全忠之事对朝廷极为不满,遂出兵助重荣大败朝廷军,并一鼓作气领兵直入京师。僖宗皇帝被迫再次出逃至兴元,克用纵火焚烧宫室,大掠财物而还。

光启三年(887),秦宗权势盛,亲率大军围攻汴军,朱全忠危急之际向天平节度使朱瑄和泰宁节度使朱瑾求援,兖、郓、汴三军遂合击秦宗权,将其大败于边孝村,斩首二万余级,事后三人结为兄弟。待秦宗权势衰,朱全忠已在中原站稳脚跟,便想兼并兖、郓,却又出师无名,有门客敬翔献策道:"明公可暗令麾下将士诈为叛者逃,而后奏于主上并告四邻,以自袭叛徒为名进击之。"全忠大喜道:"真乃天降奇人,以妙计助我。"便命宣武军士潜逃至兖、郓,朱瑄、朱瑾知朱全忠将士强悍善战,遂皆留用于军中。朱全忠致函二人责其诱招汴军将士,要求遣还,二人复函严词拒绝,却正中奸计,为朱全忠出兵提供了借口。自此,朱全忠与兖、郓互相攻伐,争战连年不休。

昭宗皇帝组建禁军之时,李克用正四处征掠,夺取了邢、洺、磁三州,又命部将安金俊在云州攻打赫连铎。幽州李匡威出兵救援赫连铎,李匡威与安金俊在蔚州交战,安金俊大败。李匡威、赫连铎和朱温同时上书朝廷,欲趁李克用兵败之机一举将其讨灭。

昭宗皇帝览罢奏章不禁狂喜,心中想到:"当今朝廷处处受制于强藩,各镇之中又以李克用、朱全忠为最强,如今两强相攻,必致两败俱伤,凡参战各藩亦会大伤元气,从此天下藩镇势力必然大为削弱,实乃大唐之幸也。"但此事关系重大,对朱全忠等奏章总不能不闻不问,遂命三省及御史台四品以上官员于朝堂上议论此事。多数官员以为禁军初建整训未善,未经战事不宜仓促上阵,而且国祚未安,不宜生事,不主张出兵,昭宗听了正合心意。正庆幸之时,却有宰相张濬出班奏道:"先帝(僖宗)再幸山南,沙坨所为也,臣常虑其与河朔相表里,致朝廷不能制。今两河藩镇共请讨之,此千载一时,但乞陛下付臣兵柄,旬月可平。失今不取,后悔无及。"又有宰相孔纬道:"朱全忠、李匡威、赫连铎三军已经败李克用于蔚州碣山,今以朝廷名义率禁军亲征,诸军必然仰我皇威士气大振,却令李克用气馁,此战必胜无疑。至于军需、犒赏等准备足供两年之用,陛下尽可放心。"昭宗皇帝见二相战意坚决,言之凿凿,遂下旨出征,命张濬为行营都招讨制置宣慰使,京兆尹孙揆为副使,镇国军节度使韩建为都虞侯兼供军粮使,又下诏以朱全忠为南面招讨使,王镕为东面招讨使,李匡威、赫连铎为北面正、副招讨使。

大顺元年(890)五月四日,昭宗皇帝及满朝文武送出征将士至郊外,张濬等人率中央禁军五十二都及邠、宁、鄜、夏诸镇兵五万人浩浩荡荡迤逦向东进发,到得晋州(今山西临汾)又与宣武、镇国、静难、凤翔、保大、定难诸镇兵会合,大有山雨压城城欲摧之势。南线朱全忠令骁将葛从周率千余骑自壶关杀入潞州城,又令李谠、李重胤、邓香筠率兵攻打泽州(今山西晋城)的李罕之,北线的赫连铎、李匡威亦发兵进攻李克用。

面对三路强兵压境,李克用深知西路军统帅张濬、孙揆都是一介书生,所率军兵虽众却无实战经验,所属诸路兵马亦是乌合之众,不足为虑,可暂不理会。南路军朱全忠地处中原,如今正与徐泗的时溥、兖郓的朱瑄互相攻伐,数面受敌,又有孙儒不时与之冲突,以此亦无更多兵力北进。李克用命康君立率兵围困潞州,命李存孝增援李罕之,固守泽州城,阻止朱全忠北进,自己亲率李存信、李嗣源重点回击李匡威、赫连铎。

西路军由孙揆率领三千人马为先锋。这孙揆乃皇帝近臣,从未亲历战事,竟建方仗节,宽衣大盖前呼后拥排场而行,沿途既无哨马探路,亦无两翼护卫,行至长子县西谷时遭遇李存孝三百骑兵伏击。李存孝不费吹灰之力,轻而易举即擒获孙揆及宦官韩归范以及牙兵五百多人,其余残兵全被杀死。李存孝乘胜率五千精骑驰援泽州,汴州兵见状料难取胜,遂回营闭门不出。李存孝每日率骑兵闯营,汴军被搅得似惊弓之鸟,趁夜引兵逃走。李存孝、李罕之紧追不舍,大败汴军于马牢山,斩获万人。李存孝再回师北上攻打潞州,葛从周料难坚守孤城,只好弃城逃回。朱全忠恼怒,痛责败亡诸将,知道败局已难挽回,只得悄悄收兵回汴,南路之围遂化解。

北线进攻初时倒还顺利,李匡威攻占了蔚州,执获刺史,赫连铎亦击溃鞑虏军,斩杀鞑虏军使。李克用命大将李存信为主帅,李嗣源为副帅,迎击北军。李嗣源每有激战必是身先士卒,勇拼猛杀,手下将士多紧随其后,奋力冲阵,李匡威竟被李嗣源一败再败。继而李克用亲率大军接应,李匡威、赫连铎损失一万余人马,节节败退。

西线本系杂牌军,行动缓慢,粮草供应又受宦官杨复恭牵制。这杨复恭素日与李克用颇有些交情,因此在粮草供应上很不及时,致使大军在阴地关(山西灵石县西南)滞留三个多月才向晋阳进发,给李克用击败南线、北线之敌争取了时间。如今李克用南、北之围已解,正可全力应对西线,乃遣薛志勤、李承嗣率三千兵驻于洪洞，李存孝率五千兵驻守赵城，遏住官军进路。镇国节度使韩建挑选三百精干壮士夜袭李存孝营寨，反被李存孝伏兵打得大败。静难、凤翔两道兵得知南、北两线均被李克用击败，不战自溃，禁军亦闻风溃散。河东兵乘胜追击，直抵晋州城下，张濬麾下只剩下一万残兵，只好紧闭城门死守。李存孝攻了数日未下，便对部下道："张濬宰相，俘之无益，天子禁军不宜加害。"命军兵后撤五十里。张濬见状急忙率残兵逃出晋州，翻过王屋山到达河阳，待渡过黄河，士卒将校已散失殆尽。

昭宗皇帝东征之举结果是李克用、朱全忠诸藩倒未曾削弱，而自己刚刚新建的禁军却丧失殆尽，心中原本充斥的憧憬、希望、兴奋倾刻间变成了悔、恨、惊、恐、羞：悔的是当初没有坚持自己和多数朝臣的不出兵主张，如果当初不出兵，隔岸观火，任凭河东诸虎相争，朝廷坐收渔利，岂不美哉；恨的是张濬、孔纬本无统军之才，却不自量力，将刚刚组建尚未经过实战锻炼的禁军仓促推上东征大战，以致有此惨败，数年心血付之东流；惊的是诸镇将帅见利即蜂拥而上，一有风吹草动却如鸟兽散，置朝廷禁军陷入重围于不顾，不忠不义竟至如此；恐的是已经与李克用翻脸，一旦他拥兵进京将如何应对；羞的是东征之举惨败，引得诸藩笑话，以后还如何制藩。越思越想心中越不是滋味，然此事总得有个交代，俗话说解铃还需系铃人，此举惨败根子就在张濬、孔纬两人，现今将责任推在他二人身上也是顺理成章，遂下诏罢黜二人宰相之职。东征之前曾下诏削夺李克用一切官爵，收回皇帝所赐李姓，如今再下诏恢复李克用一切官爵，仍赐李姓。

宰相孔纬素恨宦官干政，与宦官头领杨复恭嫌隙颇深，如今孔纬被贬为荆南节度使，杨复恭命人于孔纬赴任途中阻截加害，孔纬只以孤身逃脱。杨复恭与国舅王瑰亦有矛盾，遂设计使其出任黔南节度使，然后指使山南西道节度使杨守亮凿沉其船，使王瑰及其宗族宾客全部淹死。昭宗皇帝得知真相后对杨复恭恨之入骨，心想："自己的先皇顺宗、宪宗、敬宗皆死于宦官之手，近年来皇位的废立也都由宦官把持，此次东征若非杨复恭牵制，贻误战机达三个多月，亦不至有此惨败，如此祸国殃民之徒不除，何谈中兴大唐永保社稷？杀了杨复恭不仅仅是为国家除去一害，对众宦官亦可起到威慑作用，进而限制宦官势力，提高皇权威势。可是杨复恭身为六军十二卫观军容使，手握禁军，又广收养子，号称'外宅郎君'，其中许多人在各地任职节度使、刺史或派驻各地监军，其权势如此，如何能制？"昭宗与近臣密谋后，终于想出吕布除董卓之计。杨复恭有个养子，本姓胡名弘立，身材魁梧，勇猛过人，被杨复恭收为养子后改姓杨名守立，任职天武都头。昭宗令其执掌禁军诸事，升为天威都将，领镇海军节度使、同平章事，并赐姓李，改名顺节。这李顺节日渐受皇帝宠幸，不再依赖杨复恭，为了报答皇恩，表示衷心，便将杨复恭往日种种恶行报告昭宗。昭宗皇帝将李顺节拉拢到身边后无需再担心杨复恭兴风作浪，随即将杨复恭诸多罪行公之于朝，罢黜其神策军中尉之职，并勒令致仕。天威都将李顺节自恃除杨复恭有功，又得皇帝宠幸，日益骄横跋扈，军中将校多有不满，昭宗亦有意要除此祸患，便命两军中尉设法除之。大顺二年（891）十二月十一日，皇帝召李顺节入宫，宫门侍卫让李顺节一人入宫，将随行军士阻于宫外，两军中尉请李顺节入座，供奉官史先知从后面将其砍杀。昭宗皇帝总算除去了权宦杨复恭，但兵权却仍执掌于宦官手中。

浙江西境的江西如今已归钟传据有。当年蔡贼秦宗权屡屡侵扰江淮之地，洪州郡将闻风丧胆，不敢出战，手下却有两位部校，一名杜洪，一名钟传，常趁蔡贼疲怠之时出击而取胜，在军中颇有威信。杜洪，江夏人，曾为伶人，光启二年（886）鄂州空虚，杜洪乘隙带兵入鄂，自为节度留后，僖宗拜其为本军节度使。钟传，洪州人，曾随父钟起在杭州临安就学，回洪州后即在军中任部校，因战功在军中威信日增。军中将士对观察使高茂卿畏敌如鼠见猫、对下作威作福的行径愤懑之情日增，终至于光启三年（887）驱走高茂卿。钟传遂据有洪州，僖宗皇帝擢钟传为江西团练使，不久又拜镇南军节度使。时江西境中诸州多有不听命节度者，尤以抚州危全讽、吉州韩师德为甚，危全讽并使其弟危仔昌进据信州。钟传终不能忍，乃发兵攻之，诸州遂渐听命，唯有抚州不能下，遂亲自率兵围攻。某夜，城中突然起火，手下诸将请命乘火急攻，钟传对诸将道："常言道君子不乘人之危。城中百姓正忙于救火，若无外来干扰或可尽快扑灭，我若趁机杀入城去，百姓自顾逃命，这大火自然迅猛蔓延，岂不贻害百姓？"于是命人扫地摆案，焚香祭天，向城再拜，祷告："全讽不肯投降非民众之罪，愿上天早早止火。"危全讽闻知此事，知钟传绝非拥兵争霸之徒，乃是爱民伐罪之贤，便于次日派人至钟传营中请求言和，以抚、信两州听命于钟传，并请求与钟传结为亲家，以己女嫁与钟传长子匡时为妻，自此江西境内稍得安宁。不料孙儒余部在广德之败后推刘建锋为帅，马殷为先锋，逆大江而上，聚众数万转攻洪州，劫掠虔州、吉州，附近黎庶皆受其害。幸得钟传治理江西颇有声望，待刘建锋兵犯江西时，各州府军民同仇敌忾，互相支援，刘建锋未曾攻下一州一府，只得转入湖南。

浙江南境的福建现由王潮兄弟统领。王潮兄弟起初跟随光州刺史王绪，因受秦宗权攻击，遂自南康南奔入临汀，攻陷漳浦，拥兵数万。王绪生性多疑，凡有才能部将多被其借故除去。待到达南安，王潮对其前锋将道："咱们弃祖坟、别妻子，跟随王绪，如今竟沦落为盗贼一般，岂是我等本意？概因王绪胁迫所致！王绪为人多疑，凡有才能将吏必被杀死，我等自身朝夕难保，更不用说欲成大事矣！"前锋将听了深有感触，与王潮相拥大哭。二人经谋划，在军中挑选精壮军士数十人隐伏于竹林之中，待王绪至，跃出竹林将其擒获，囚于军中，王绪遂自杀，众将推王潮为主帅。泉州刺史廖彦若为政贪暴，泉州百姓多怨恨。听说王潮率军入境，军纪整肃，众父老乡亲当道挽留，请为泉州百姓除害，王潮即引兵围困泉州，隔年攻克。光启二年（886），福建观察使陈岩上表奏请以王潮为泉州刺史。王潮有弟名审知，字信通，生得状貌雄伟，鼻隆口方，常乘白马，军中号为"白马三郎"。景福元年（892）陈岩病死，其婿范晖自称留后，王潮遣审知率兵攻范晖，久不能克，士卒死伤甚众。审知请求班师，王潮不许，审知又请王潮发救兵，王潮答道："兵与将都已全部上阵，无救兵可发，只有我可以亲自上阵。"审知乃亲自上阵督战，众士卒个个奋勇向前，遂攻下福州城，斩杀范晖。朝廷见报，即以王潮为福建观察使，王潮又以其弟王审知为副使，从此福建为王氏所有。

如今江淮有杨行密，江西有钟传，皆与杭州交好，王潮新得福建，亦是自顾不暇，因此浙东、浙西太平安定。

中原、江淮广大地区历经黄巢、秦宗权、孙儒、朱全忠、李克用等数十年的征战攻伐、烧杀抢掠，民不聊生，十室九空，田园荒芜，饿殍遍野。杭州自建立八都兵至今十余年间，浙西杭、湖、秀、睦诸州一直远离战事，黎庶安宁，农桑不怠，百业兴盛，因此北方流民纷纷逃来杭州谋生。

景福二年（893）五月某日，观察使钱镠带了数名亲随登城视察，见城东沙地上新搭建了许多草房，鳞次节比，密密麻麻直抵江边，心中暗道：如此众多密集草房，一旦发生战事，这些百姓必然首先遭殃，此其一；若敌军先据有这些草房再趁间攻城，我却难以应战，此其二；众多草房如此密集，但有火情必然尽遭其殃，此其三。想到此，不免忧心忡忡，下得城来便出城到棚户中访问父老乡亲，原来这些棚户许多是为避孙儒之乱由江淮扬常润而来，亦有许多来自中原，还有来自宣歙等地。钱镠问道："一旦遇敌来攻杭州，你们将如何应对？"众人道："我们都因杭州十数年未有战事才来此安家，有钱帅保护，岂能有战祸降临？"钱镠又问众人："欲求安宁就须得有城池，若依江扩建城池，把众位房舍围入城中，列位乡亲可愿为修城出力？"众人听说激动万分，答道："大家来此本就为躲避战乱，如今钱帅为保我等平安而扩建城池，我们感恩戴德尤恐不及，为修城出力实乃分内之事。"钱镠听了心中甚是宽慰，便道："如此甚好，我回府即筹措资金，调集军民，与你们一起扩建城池。"

钱镠回到府中召集官吏幕僚，向大家讲明城外棚户拥挤江岸之隐患，又阐明自己欲扩城之想法，征求大家意见，众人都以为扩城之举甚有必要。事情确定之后，钱镠分别命人制定方案，编制预算，预备材料，组织军兵民工，做好扩城准备。万事俱备，钱镠又拟了奏折向朝廷申报。

夏天刚过，七月某日，钱镠亲率两万士兵，带领二十万民工，热火朝天开始修筑新罗城。南自秦望山向东，由夹城东亘江干沿江岸渐转向北，再由范浦折向西，至霍山（宝石山之北一小山）折向南，沿西湖之滨渐折向西，经雷峰山下又环包家山折向南，再环龙山而折向东，直至秦望山，凡七十里，都用粘土夯实，墙高一丈九尺，顶宽十尺。新罗城设有城门十座：南有龙山门（今六和塔下）；东有竹车门（或名侯潮门，在今望仙桥东南或古杭州城夹城巷口）、南土门（荐桥门外或清泰门处）、北土门（旧菜市门外庆春门）、宝德门（今艮山门处无星桥）；北有北关门（夹城巷口武林门）；西有涵水门（清波门处）、西关门（雷峰塔下）、炭新门（今炭桥东）、盐桥门（旧盐桥西）。各门路面中间铺设石板，两边砌以大块卵石，又在城中吴山脚下建朝天门（镇海楼）。各城门都用城砖砌面，城基上建城楼，重檐翘角，朱门红墙，甚是壮丽。北城外深挖护城河，宽数十丈，西通运河，东接大江，便利运输。原来棚户地区适当拆迁疏散，修筑街道形成坊市，经过修整，居住环境焕然一新，民众皆大欢喜。再在城中建营设屯，共六处：有白壁营（城南上隅）、宝剑营（钟公桥北）、青字营（盐桥东）、福州营（梅家桥东）、马家营（修文坊内）、大路营（在褚家塘）。

杭州修成如此高城深池，坚营固垒，军民皆扬眉吐气，钱镠亲作《杭州罗城记》以载其事：

大凡藩篱之设者，所以规其内。沟洫之限者，所以虞其外。华夏之制，其揆一焉。故鲁之祝邱，齐之小谷，犹以多事不时而城，况在州郡之内乎？自大寇犯阙，天下兵革，而江左尤所繁并。余始以郡之子城，岁月滋久，基址老烂，狭而且卑。每至点阅士马，不足回转。遂与诸郡聚议，崇建雉堞，夹以南北，蠹然而峙。帑藏得以牢固，军士得以帐幕。是所谓固吾圉。以是年上奏，天子嘉以出政，优诏奖饰，以为牧人之道。其尽此乎？俄而孙儒叛蔡，渡江侵我西鄙。以羸以逐，蹶于菀陵。劲弩之次，泛舟之助。我有力焉，后始念子城之谋，未足以为百姓计。东眺巨浸，辖闽粤之舟楫。北倚郭邑，通商旅之宝货。苟或侮劫之不意，攘偷之无状，则向者吾皇优诏，适足以自荣。由是复与十三都经纬罗郭，上上下下，如响而应。爰自秋七月丁巳，讫于冬十有一月某日。由北郭以分其势，左右而翌合于冷水源，绵亘若干里。其高若干丈，其厚得之半。民庶之负贩，童髦之缓急，燕越之车盖，及吾境者，俾无他虑。千百年后，知我者以此城，罪我者亦以此城。苟得之于人，而损之己者，吾无愧与。

钱镠见扩修杭州城颇得军民拥护，便一鼓作气，命安众营军兵率当地百姓工匠修筑临安城，并表奏朝廷。临安城依茅山（后称太庙山）而筑，北临苕溪，南濒锦溪，周围五千五百六十步，设城门四：东曰迎恩门，西曰惠政门，南曰望锦门，北曰拱辰门。再将县治由高陆乡溪东迁于临安城内，从此临安成为浙西重要的军事基地。

自光启三年（887）三月，先是刘浩、薛郎作乱逐周宝，继之有杨行密、孙儒交战于润、常、苏、宣，诸州归属不定，朝廷难以任命浙西节度之职。后来孙儒败亡，钱镠据有浙西杭、苏、湖、睦诸州，而杨行密据有浙西润、常二州，究竟委任何人统领浙西朝廷仍然举棋难定。景福二年（893）春三月，皇帝下诏以凤翔宿卫、耀德都头李铤授特进同平章事，统领浙西之职，希望能将钱镠四州及杨行密两州仍然合并为浙江西道，然江淮之地已归杨行密据有，李铤无法由江淮至润州治所，以此无功而返。九月，昭宗皇帝下诏授钱镠镇海节度、浙江西道观察、处置等使，并任命为润州刺史。

乾符元年（894）春二月，钱镠任命成及权知苏州刺史。

三月，朝廷敕诏钱镠由光禄大夫、检校司徒进充本道营田、招讨、盐铁、制置、发运等使。五月，皇帝遣中使刘延钜至杭州，特授钱镠开府仪同三司，同中书门下平章事。六月，又遣中使贾居瞻至杭州赐钱镠私门立戟，并加封钱镠父亲钱宽为朝散大夫、检校礼部尚书，赐宅地于茅山，子姓一十六枝并立门戟。

至此，钱镠拥有浙西，领浙西节度使之职。

钱镠父亲钱宽一直窝居临安家中，如今茅山老宅被重新修造，在山僻之地显得格外宏伟壮丽，比县衙官宅还要光彩许多，坐落于青山绿水之间，宛若人间仙境，世外桃源。钱宽居住其中，诸多杂事都有仆役、丫鬟伺候，闲来无事不免思绪万千，想起钱镠出生前后种种异象，更是心潮起伏："东方道长与洪湮禅师所说之事不是都应验了么？儿子官越做越大，世道却越变越乱，今天还在称王称霸，说不定明天就满门诛灭。世事险恶，变化无常，我钱家今日显贵，明日复又如何？"越想越不是味，终日闷闷不乐，时间一长便生起病来。

除夕日钱镠带了几十名亲随回临安探望父亲，到得安众营，命众亲随留驻营中以免惊扰父亲病体，自己徒步回到茅山家中。到得门口，仆人要传报，钱镠急忙制止，自己悄然趋步来到父亲床前轻声呼唤。钱宽听见呼唤睁眼看时，见儿子伫立床前，惊喜交加，欲起身说话，钱镠忙扶住父亲躺下，再行施礼后坐于床前，问起父亲发病经过。钱宽道："我儿来得正好，我有许多话要嘱咐于你。"钱镠命人端上茶来亲手递与父亲说道："父亲先喝水，躺好了慢慢说，孩儿在此恭听。"钱宽喝几口茶水说道："儿啊，你可知刚出生时为父何以要将你投于井中？"钱镠道："儿子不知，请父亲明示。"钱宽将当年东方道长与洪湮禅师所说的话，当时自己的担心，详详细细说了一遍，说着说着心情激动起来，说到婆婆跌跌撞撞追赶自己抱回钱镠，竟至抽泣起来，钱镠也不免眼中湿润，忙用汗巾替父亲擦去眼泪。钱宽继续道："后来洪湮禅师怕你走上歪路,把你托付给钟起先生,让你读书习武,你岳丈吴仲忻又为你筹集资金招募乡兵,如今你终于身任节度使,可谓功成名就矣,这许多人为你付出多少心血,你千万不可忘了他们的恩情!"钱镠道："儿子永远铭记于心。"钱宽休息一会接着说道："如今你贵为四州之主,身封公侯,位高权重,但是当今之势动荡不定,皇纲不振,奸佞横行,各地藩镇攻伐不休,多少藩镇今日雄贵明日败亡。刘汉宏、孙儒之流都曾觊觎浙西,侵我边境,扰我民安,今后亦难免再发生这等事情,我儿千万以百姓为重,唯朝廷是命,不可与邻争利,以免四面受敌,致使浙西百姓遭殃,甚至殃及我钱氏遭灭门之祸,切记切记!"钱镠听罢不禁痛哭失声道："父亲教诲儿子刻骨铭心,一定遵嘱而行,绝不辱没父亲和诸多前辈一片苦心!"当夜钱镠卧于父亲病榻之前。

第十二回　觅贤才浙西得良臣　应谶语浙东僭称帝

　　钱镠自主政杭州以来，广觅良将，遍寻贤臣，各地人才纷纷来投，至今府内已是文士荟萃，武将济济，最有影响的当属罗隐、皮日休、顾全武等。

　　罗隐，生于太和七年（833），杭州新城人，字昭谏，祖知微曾任福唐县令，父修古应开元利科得中。罗隐本名横，少年即能诗，自号江东生，性格怪癖骄傲，相貌怪异丑陋，科场上常因恃才傲物、文锋尖刻而为公卿所憎恶，十次应试均不中第，遂作下第诗曰：

　　六载辛勤九陌中，却寻归路五湖东。名惭桂苑一枝绿，鲙忆松江两箸红。

　　浮世到头须适性，男儿何必尽成功。唯惭鲍叔深知我，他日蒲帆百尺风。

从此更名为隐，性更狂傲，言语颇多尖酸讽刺，人多远之。

　　宰相郑畋有女，好诗文，常览罗隐诗卷朗诵，爱不释手。一日罗隐至府中，郑畋女于帘后窥视，见其相貌怪丑，自此决不咏罗隐诗。当时罗隐诗京城称为第一，僖宗欲以甲科处之，有大臣奏道："罗隐虽负才名，然文词多轻薄，明皇圣德犹横遭讥谤，将相臣僚岂能免乎。"僖宗问何等讥谤之词，大臣举罗隐诗对曰：

　　楼殿层层佳气多，开元时节好笙歌。也知道德胜尧舜，争奈杨妃解笑何。

僖宗遂作罢。后来中原大旱，皇帝诏命僧人于京兆作法祈雨，罗隐上疏谏曰："闻诏大京兆，用器水炉香蒲萧绛幡辈，致于坊市外门，将以用旧法而召甘雨也。受祭据封者尚未能为陛下出力，彼蒲萧辈复何足以动天。臣为陛下不取也……"僖宗置之不理。

　　时长安有异人罗尊师，深暗相术，罗隐自知相貌怪诞，怕被尊师说成异相，每与交谈常自夸大，后来科场累被黜落，不得已前往询问。尊师以相术笑劝道："贫道早已知之，但你志在科考及第，未可与你说破，今日你既相问，贫道自当直言相告。以贫道看来，你即使首冠群英得中一第，将来做官亦不过薄、尉而已，你若罢举东归霸国，访得明主必得重用，这两条道路你可自己选择。"罗隐闻言心中犹豫不决。又过数日，邻居有一老妪见罗隐吃惊道："你脸色何以如此沮丧？莫非有大事不能相决？"罗隐遂以尊师之言一一告知。老妪叹道："秀才为何如此迷惑？天下人都知你罗秀才，何必非得先中第而后再进取功名，不如东归，径直取富贵为快！"罗隐听了心中豁然开朗，遂离长安南下。

起初罗隐事于湖南，不得志，因与钟陵营妓云英有旧，遂赴钟陵与之相见，并赠诗曰：

钟陵醉别十余春，重见云英掌上身。我未成名君未嫁，可能俱是不如人。

二人同去拜见淮南节度使高骈，云英为人雅律，高骈遂留之，云英既依附于高骈便与罗隐渐渐疏远。夏日，高骈与宾僚宴饮于海风亭，因青蝇绕飞席间，便命仆人用扇驱赶，并戏逗罗隐"青蝇被扇扇离席"，罗隐心中不快，抬头见门上钉有白泽图（一种兽），乃反唇相讥"白泽遭钉钉在门"。时高骈喜好神仙之术，罗隐乃题诗延和阁讽刺高骈：

延和高阁上干云，小语犹疑太乙闻。烧尽降真无一事，开门迎得毕将军。

罗隐题罢连夜扬帆而去，后来高骈果被毕将军所害。

罗隐著有《江东集》十卷，其诗作于广明至光启年间，多叙述中原动乱，朝廷流迁种种惨状。时魏博节度使邺王罗绍威酷爱其作，曾遣使赠金以表爱敬之意，罗隐亦将所著诗赋酬寄绍威。如今来到魏博之地，罗隐先寄书于邺王叙己家世，书中称邺王为侄。幕府僚吏见其书皆怒道："罗隐乃一布衣，竟称大王为侄，太无礼！"绍威素来重士，便道："罗隐名震天下，王公大夫多为其所轻，今既肯惠顾于我，称为侄辈有何不可？比之彼等王公大夫荣幸多矣，请诸公慎勿言！"遂即率众展旗赴郊外迎接，见罗隐策马缓步而来，即迎上前拜见，罗隐亦不相让。罗隐在府中与绍威共吟唱和，绍威将自己所作诗文亦汇成诗卷，名曰《偷江东集》，其意谓从罗隐所学。中原动乱不止，罗隐思归故里，将行，邺王致书钱镠称罗隐为季父。时值江南三州动乱刚平，又被杨行密所攻，随即陷入孙儒贼手，罗隐南归时亲眼所见江淮惨状，目不忍睹，因此回到家中，无意于仕途，隐居新城。

时隔不久，钱镠下令寻访有才有识之士，如今朝廷又升任钱镠为节度使，声誉日盛，罗隐知道此乃自己仕途良机，便携带诗集及邺王荐书来杭州谒见钱镠，因以往拜见王公大臣多不接纳，罗隐乃以自己所做《夏口诗》标于诗集卷首。钱镠对罗隐素有所闻，甚爱其文才，今日罗隐来见自然十分高兴，甚是礼遇。罗隐奉上诗卷，钱镠见卷首有诗，诗中末联曰"一个祢衡容不得，思量黄祖漫英雄"，又看了邺王荐书，遂哈哈大笑道："仲宣远托刘荆州，都缘乱世；夫子辟为鲁司寇，只为故乡。"

原来罗隐诗中说的是三国时书生祢衡欲为国家效力前去拜见曹操，而曹操见祢衡相貌丑陋，遂态度狂傲，欲借刀杀人，转荐祢衡于夏口黄祖，最后祢衡终被黄祖所杀的典故，意在将己比作祢衡，拜遍王公大臣不为所容。钱镠说的是三国时仲宣为了建功立业，不远数千里去拜托刘备，以及孔夫子被任为鲁国司寇，虽官小职卑却是为了自己故乡的事迹，暗指罗隐乃因乱世，不得已请邺王举荐，而今能来杭州,虽然职位低微,却是为家乡出力。罗隐对钱镠把自己比作孔夫子,并恭请为家乡效力,甚是感激,暗自忖道:"今遇明主,不可他往矣!"钱镠对罗隐甚是器重,暂时留于幕府中作从事,很快又任罗隐为钱塘县令,罗隐为此赋诗道:"正忧衰老辱金台,敢望昭王顾问来。"从此罗隐定居吴越,事从钱镠。

皮日休,襄阳竟陵人,字逸少,自幼攻文,早年隐于鹿门山,改字袭美,自号鹿门子,文号闲气布衣、醉吟先生等。咸通八年(867)登进士第,十年(869)任苏州军事判官。好诗文,常常与陆龟蒙唱和交游,人称皮陆,著作有《读司马法》等,其文多针砭时弊,文风犀利,为世人所称颂。

乾符年间(774~779),僖宗皇帝命皮日休入京任太常博士。不久黄巢攻入长安,皮日休为黄巢所得,黄巢对其文采以及文章中的"仁德取天下"的立论颇为赞赏,以此任其为大齐翰林学士。黄巢兵败,皮日休逃出长安,时中原战火炽盛,江淮兵燹尤烈,哪有立足之地,颠沛流离辗转来到江南,一路上闻得杭州钱镠举兵保境,除寇安民,东扫汉宏,北清浙西,如今又新任浙西节度使,四出招贤纳士,便贸然来到杭州。待得知新近罗隐已在杭州任职,心中更是欢喜,遂进府拜见钱镠。

钱镠对皮日休文名早有所闻,今见其亲自造访自然十分高兴,延入客厅设宴款待。席间二人谈论诗文、时政,说到当今大势,皮日休道:"历朝历代许多皇帝往往取天下以仁而得天下则不仁!取国以义而得国则不义!大唐立国二百余年,自安史之乱以后还有哪个皇帝以仁德治天下?如今皇帝自身尚且不德,岂能为天下之帝?岂能主国家之事?"钱镠待人处事向以忠孝为上,闻听皮日休言论颇不以为然,道:"皮公所言也不尽然。近代的宣宗皇帝体恤民情,廓清吏治,有'小太宗'之美誉。又如当今皇上,初登大宝即着手整治宦官专权、藩镇割据之顽疾,倚重能人贤才为相,生活上提倡节俭,若今上诸举得以实现,当今之势或可复兴!"皮日休道:"今上诸般举措无非是为了复兴李家天下,却不见得对黎庶有多少恩泽,况且纵然今上有复兴唐室之心,然而观其手下之臣又有几人能以天下为己重?还不尽是些以己为天下重之徒?如此一班大臣能助今上实现复兴?"钱镠心想皮日休在黄巢殿下为臣两年,难免对朝廷有诸多积怨,便换个话题道:"皮公曾在京师与黄巢同殿为伍两年,依皮公之见,黄巢得而复失其根由何在?"皮日休道:"懿宗以来用兵不息,赋敛愈急,民众怨望,百姓流离。黄巢举兵意在推翻昏庸残暴之朝廷,与平民百姓共享财富,所过之处惩贪官、杀酷吏、开府库、赈饥民,因此民众拥戴,所向披靡。初进长安,杀了不少皇族高官,又能安抚赈济平民,以此百姓十分拥戴。可惜进京之后黄巢迷恋于皇帝宝座,不能及时彻底清除地方藩镇势力,以致京都被唐军重重围困,又不颁行奖励农桑、繁荣百业之政策,以致农事俱废,百业萧条,粮食告罄,民怨积深。古云'水能载舟亦能覆舟',至此黄巢失去民心,怎能不败。加之手下将帅有几人真心以民为重,多是些投机钻营之徒,如朱温之流,见黄巢势衰,立即调转枪头助唐攻巢,甚至连主要助手尚让在危急关头亦叛他而去,真是可悲可叹!"钱镠接言道:"皮公所言甚是,无论帝王还是将帅,理政处事都须以黎民百姓为根本方能得到百姓拥戴。再者黄巢先是流动攻战,没有自己根本之地,后又贸然攻占大唐根基深远的京城,匆匆登上龙位,成为众矢之的,终至被困孤城。那黄巢终非真命天子,方有此等失策,以致惨败。"皮日休听罢亦表赞同。钱镠知皮日休经历曲折,秉性耿直,文锋犀利,文采横溢,是不可多得的人才,遂请皮公暂留身边为从事。

乾宁二年(895)春二月,昭宗皇帝进封钱镠开国公,赐食邑一千户。

再说董昌,自除任杭州刺史至越州任浙东观察使以来,颇为勤政清廉,西、北两面有钱镠守护,南面有重山阻隔,数年间地方安定、农桑丰稔,比前几年刘汉宏连年征战、百业俱废真有天渊之别,以此深得百姓拥戴。董昌对朝廷亦是勤于贡赋,几乎月发一纲,遣金万刃,银五千铤,越绫万五千匹,还有其他诸多稀珍物件、本地特产,其数为天下之最。朝廷为表彰董昌忠顺爱民,特授其开府仪同三司、检校太尉、同平章事。又因剿灭孙儒之功,封其为陇西郡王。京师连年丧乱,书库文籍大多散失,越州有裴氏书楼,董昌悉数征取其书进献京中,以此朝廷再授董昌诸道采访图籍使。

待到剿灭秦宗权、孙儒之患,钱镠、杨行密亦屡屡受朝廷加封,董昌心中不免泛起一丝酸意,心想:"钱镠乃我手下战将,如今已封为浙西节度使;钟起更是钱镠手下小将,如今亦是江西节度使;杨行密、王潮也起于无名之辈,如今亦是节度使。我虽连年恭勤王事,贡赋丰厚,却只封了个陇西郡王虚衔,如今与他们已是平起平坐,长此下去,怕是自己再没有多少前程了。"想到此,心中未免有些失落,渐渐疏于政事,不察民情,以致水利失修,农桑不保,百业渐萧,民心涣散,数年之后更发展为恣意枉为,施淫作威,暴虐无道。如今浙东百姓除交纳常赋之外,官府又以各种名目增加赋税,以至达常赋两三倍之多,除进贡朝廷,还要馈赠权贵、藩镇,几乎每旬发运一次。押送之人无论遇到雨雪风水或其他意外,凡误期即受诛。获罪之人判刑,无论轻重枉直必命以骰子对掷,胜者宽赦,输者杀之,不需调阅罪犯案卷即行诛杀。越州有白门楼,门外即当时杀人之所,杀戮之多常使地面一片殷红,门楼变得阴森可怖,守门者常夜闻鬼哭,即使白天人亦不敢进。军中制度也改了许多,隶属中军者皆穿黄衣,背印"威仪"二字,俨然是宫室禁军;隶属外军者皆穿白衣,字号如旧。越州府凡所用器具,不论大小贵贱皆号以"元"字,军中文臂者亦文以"元"字。当年殄灭刘汉宏之时,越州百姓多欲留钱镠为越主，如今董昌暴虐，百姓又开始怀念钱镠，因此越州纷纷传言"元"者即铜钱也，凡文以"元"字者自当归于钱氏，无论文臂军士还是府中号以"元"字器物，迟早归钱氏所有，越州亦迟早归于钱氏。

渐渐地身边僚属体会到，董昌近来行止失常实乃源于对朝廷封赏不满、对委任周边节度使嫉妒、对自己前程感到茫然所致，由此周围佞臣小人便不断在董昌耳边吹起风来，有一名唤倪德儒的客使对董昌道："咸通末年（871～873）城中流传一本秘籍，记载有一则奇事：越州山中有罗平鸟，体形大，四眼三足，常于山林间鸣叫'罗平天册'。传言此鸟主宰越州人祸福，敬则福，慢则祸，凡亲眼见此鸟者即遭殃。中和辰巳年间（884～885），此鸟又见于山中，因之民间多画其形象，祈祷以攘兴避祸。我看大王署名与民间罗平鸟图颇为相似，大王正宜驾临主宰越州人祸福之位！"倪德儒即拿出所带鸟图展开。董昌听倪德儒所言，特别是最后一句，心中为之一振，盘算道："这不是劝我自立为帝么？倒是一个绝妙的主意。但不知身边臣僚看法如何？尚须从长计议。罗平鸟之事倒是可以借题发挥，先造成声势，探探臣僚们态度。"心中主意既定，便道："此鸟正是我越州之凤凰，今有此鸟出现，象征我越州吉祥如意，或有圣人出我越州。你可告谕众人广为宣扬，令平民百姓知我越州盛德无量，洪福齐天。"董昌又命人赐赏，倪德儒早已心领神会，谢恩而退。这倪德儒与妖人应智、王温，女巫韩媪等相交甚密，便将此事及董昌所言告知，这些人见董昌态度暧昧，便四出活动，使人对董昌进一步煽动。从此不时有俗吏土民或进贡奇鸟怪兽、巨龟珍鱼，或上献伪符金印、符瑞谣谶，不可胜数，董昌皆喜而纳之，开始赏之以钱数百缗，以后献者日多，遂赏钱三百、五百而已。

董昌虽已身为郡王，然自觉深得越州百姓拥戴，多年来对朝廷又供奉颇丰，以此上书求为越王，不想朝廷竟不许。董昌心中极为不悦，叱道："朝廷负我太甚！连年累月贡奉金帛赋税竟换不来一个越王，吾当自取之。"从此征兵修城，各县自防，准备自立。

董昌命道士朱思远于南郊筑立坛场以祀苍天，这朱思远亦是乖巧之人，见董昌周围多请其自立为帝，便向董昌言道："昨夜天阴雨，忽有天符随雨飘落于坛上，是楮树皮制的绿色纸，字红色。"言罢呈上天符，皆鸟文不可识。董昌问道士所写何意，思远道大意乃是天命在于董氏也。董昌大喜，连称此乃天降符命。

一日，有数位山阴老人拜见董昌，进言道："三十年前越中曾闻传言：'欲识圣人姓，千里草青青（董字），欲知圣人名，日从日上生（昌字）'，此言正应在今日。大王仁布浙东，德满越州，愿请于越中称帝，千秋万代以福佑民。"董昌闻言大喜，设盛宴款待诸位老人，并厚赠金珠钱帛，免除其税赋。

董昌心中想道："如今天示瑞应符命，百姓纷纷拥戴，臣僚歌功颂德，越中物阜财茂，自立时机已经成熟，但不知周边藩镇态度如何？一旦朝廷命诸藩会剿越州如何是好？"不免心中又有了几分惶恐。但细细想来，眉梢又添了几分喜色："我越州西、北两面乃浙西之地，节度使钱镠随我起兵于临安，历来是我手下战将，我自立之后只要委以重任，自当追随于我。浙东之西南与江西接邻，节度使钟传早年乃八都兵中钱镠手下战将，只要拉拢了钱镠，自然亦会追随于我。江淮杨行密我曾派兵助其剿灭孙儒，向与我交好。如今皇权岌岌可危，其余诸藩互相攻伐，自顾不暇，只要我与江南诸镇结成联盟，有谁奈何得我！"

董昌思虑成熟，乃召集府中官僚将吏会商此事，先命倪德儒将罗平鸟故事叙述一遍，继命朱思远出示天符说明天意，又命山阴老人向众官将陈述请董昌于越中称帝的请求，再向众臣僚介绍近年来越中出现的诸多瑞应象征，最后道："我越州连年贡赋丰厚，而朝廷竟吝啬一越王之名不肯赐我，岂不欺我越中无人！近年来越中诸多瑞征已明示天命当归于我，如今自当应天承命、爱民顺人另立朝廷，尔等亦可拜相封侯，众卿以为如何？"董昌刚一说完，倪德儒抢先道："大王早该如此，上应天命，下顺民意，乃我越州士民之幸。既有罗平鸟降我越州，可定国号罗平。"见董昌、倪德儒如此说，有献媚之人更劝道："大王欲请朝廷封为越王，不如自立为越帝来得痛快。"属下僚佐都虞侯李畅之，掾吏吴瑶、秦昌裕、卢勤、朱瓒、董庠、薛辽等人亦诏谀董昌道："如今我浙东长治久安，物阜民殷，天时至此，与其求为越王，不若自为越帝。"董昌听了这班佞臣之言，心中自然喜欢。

却有会稽县令吴镣上前说道："大王身居藩镇，恩泽一方，功德丰厚，正可子孙传芳，而今大王不愿作真诸侯却欲为假天子，必遭天下人反对，乃自取灭亡。"董昌正当兴奋，突然当头浇了一盆冷水，心中既气愤又懊恼，遂气冲冲打断吴镣道："众臣僚皆为我越州立国出谋划策，你却咒我自取灭亡，可气可恼！还不速速住口退下！"这吴镣本来听了一帮阿臾小人献媚奉承之言心中早已憋了一肚子气，尚未发作，却遭董昌呵斥，正是火上加油，遂怒吼道："如今天下丧乱，朝廷危难，你身居藩镇，国家重臣，不思忠贞报国，却甘当叛臣逆子，岂能有好下场！灭族之祸近矣！"董昌听了火烧肝胆，气塞心肺，拍案叫道："如此恶贼，还不快快与我拉出去斩了！"杀了吴镣还不解气，心想必须杀杀反对派的气焰，乃下令灭其三族。待气氛稍稍缓和，董昌又对山阴县令张遂道："我深知你为政贤能，等我登基为帝，委任你知御史台，望你忠心事我！"张遂上前冷静说道："大王兵起石镜镇，建节浙东道，荣贵已近二十年，可谓极矣。浙东地处偏僻海疆，属地仅有六州，大王若是称帝，诸州或许不从，届时大王徒守孤城，不免为天下取笑，何苦仿效李锜、刘辟所为！"此时董昌已是骑虎难下，又命军士将张遂推出辕门斩杀，会商不欢而散。

浙东节度副使黄碣对董昌近年来宠信妖人、扰乱纲纪、不理州事、贻害百姓之种种恶行心中既恨又怕,恨的是董昌在反叛之路上越走越快,怕的是越州距离刀兵之灾越来越近,遂屡屡向董昌进谏,切戒远离小人,不可自立。董昌哪里还听得进,知道黄碣不同心,便拉拢黄碣家奴作为内线向其报告黄碣言行举止。黄碣曾写密信递于管榷官李滔,信中有“公欲自立,其如之何?以愚计之,针岂为槊耶!”之句,书被家奴秘密抄录送于董昌。董昌召集臣僚欲治罪黄碣,黄碣道:“今皇室虽然衰微,但天下未厌!齐桓晋文皆拥戴周室,以成霸业。大王起于田间,受朝廷厚恩,位兼将相,富贵极矣,奈何今日忽为灭族之计乎?碣宁死为忠臣,不生为叛逆。”众臣听了皆默然不语,甚至轻声叹息。董昌本欲治罪黄碣,反被黄碣数落,甚至蛊惑众臣,顿时气塞胸膛,大呼:“来人,速速将此逆贼拿去斩了。”待刽子手将黄碣首级呈送至董昌面前,仍然怒骂不止,道:“这等逆贼,负我太甚!本当我自立为帝时封你为三公,却背地捣乱,当面辱骂,真是自寻死路,咎由自取!”命人将黄碣首级投于厕中,又下令族诛,将八十余口尸身同埋于一坎之中,李滔亦惨遭杀害,从此越州众臣僚皆知董昌称帝已无可挽回,不再有人进谏。董昌见再无人反对,倒心安了许多,对人说道:“除去此三人,再无人违逆我矣!”

一日董昌午睡醒来,睁眼看见室内有红光数丈,以为是吉兆,便将寝室题名为“明光殿”。又一日于思道亭小憩,见一金蛇长丈余,至面前频频点头,随即隐没于草丛之中,董昌又以为是黄龙致意,遂题此亭为“黄龙亭”。凡此种种奇事在臣僚中大肆吹嘘,借以神化自己。

董昌生于卯年,属兔,应智、王温、韩媪等人道:“民间有谶语‘兔上金床’,大王卯年生,此谶正应在大王身上,当早登金床。”董昌认为此谶对登基十分有利,便道:“依众位仙长所言,此谶当应董某,列位不妨将此谶语传告众臣僚,生我时太岁在于卯地,故有此谶。明年岁次复是卯年卯月,朔之明日却是卯日,卯年卯月卯日卯时当是我应谶之时,其时我当即帝位,万世之业即在于此。”

乾宁二年(895)二月二日辛卯(即卯年卯月卯日卯时),董昌终于身穿龙袍,头戴冠冕,僭称皇帝。当日,将各地呈送的玉、石、金、铜诸等吉庆宝物以及鸟、兽、龟、蛇各种祥瑞生灵统统陈列于庭,称为天瑞,供臣僚百姓拜赏。董昌在仪卫、侍从簇拥下登上子城门楼受臣僚、百姓朝贺,拜舞完毕,宣谕自即日起建立大越罗平国,自称大越罗平国皇帝,建元年号顺天,所下诏书皆亲自署名,称为“帝王无押诏”,并解释道:“不亲自署名怎知我为天子?”宣谕完毕,再受群臣百姓拜舞。之后由仪卫引领,在侍从簇拥下回宫登上宝座,接受臣僚朝贺,继续朝会。

先是依次拜置百官，以前杭州刺史李邈、前婺州刺史蒋环、两浙盐铁副使杜逞、前屯田郎中李瑜为相，又以吴瑶等为翰林学士，李畅之等为大将军。监军与属官先向西北拜舞恸哭，与唐朝廷作别，再北面拜舞董昌称臣，董昌令属官将校等皆呼"圣人万岁"。有臣奏请董昌多设近侍，董昌不许，道："我权处此位，怎能和朝廷宫禁一样，搞得如此繁杂。"命人下书于所属各州："以某日，权即帝位。昌荷天子恩，死不敢负。"赐南门城楼曰"天册楼"，以会府为宣室之地，又命人铸金印，方四寸，镌"顺天治国之印"六字。诸事既毕，董昌宣告散朝，众臣再欲拜舞，董昌连声止之道："今日商议诸般事情，众卿说了许多言语，压得朕头疼，今日免去拜舞也罢。"原来当地土人所制天冠稍重，故压得董昌头疼，此话传入民间，闻之皆捧腹大笑。

董昌称帝后立即修书知会钱镠，称已于乾宁二年二月二日建大越罗平国，权即罗平国位，委任钱镠为两浙都指挥使，落款印文顺天治国之印。

钱镠之前亦曾听闻董昌有自立之意，将信将疑，待接到书信知道事态严重，立即召集众臣僚宾客商议对策，众臣僚皆以为应奏请朝廷发兵讨伐。钱镠道："董昌昔日是我乡里，当下是我邻藩，其功劳政绩值得我等赞扬褒彰，而今听信妖妄之言，遂图僭乱之行，我受朝廷之恩委以将相之位，按理当征兵讨之，然董氏与我同起兵于石镇，共讨逆于两浙，同生共死十余年，以此不宜骤然讨伐。如今董昌恶迹刚刚显露，我不妨先修书劝其改过，兴许可救其灭族之祸。"众人皆以为如此甚好，钱镠遂亲自修《劝董昌仍守臣节书》，曰：

窃镠与节度，同起布衣，均膺组绶。既受皇家厚禄，宜尽臣下微忱。诗曰："大邦维翰。"书曰："以蕃王室，惟屏惟翰。"正我辈报国之职也。方今天子宽仁，在庭忠恕。我辈御巢微劳，伐宏寸录，过蒙拔擢，位至公王。感难胜任，愧无以酬。何期麾下，壮志未满，别有所图。始则阴谋微露，疑信相参。今则僭号俨加，神人共愤。镠与节度，生同里，起同时。又有寅恭之谊，相好之情。心有不忍。谊难缄默。敬奉一言以劝曰：与其闭门作天子，使九族百姓受涂炭，不如开门为节度，俾子孙富贵无忧。祸福去取，惟节度裁之。如以镠言为然，及早改悔，仍尽臣节，尚可及矣！谨劝。乾宁二年二月二十三日，钱镠顿首。

命宾客沈滂率领将吏数百人将书信送至越州。

董昌向来以为钱镠必与自己同心，而钱镠身兼杭越管内都指挥使，杭越兵权归其一手掌握，正因如此，董昌才敢自立称帝。今见钱镠如此迅速致书于己，心中不免暗喜，以为钱镠迅速回书，多半是拥戴自己自立，果若如此，则大事成矣，急忙拆开信函阅览，读到"……何期麾下，壮志未满，别有所图。始则阴谋微露，疑信相参。今则僭号俨加，神人共愤……"，犹如头脑遭一猛击，只听得耳中嗡嗡作响，眼前白茫茫一片。待回过神来再仔细查阅一遍，知道事情不妙，心中又气又悔，又怕又急："气的是自从起兵以来，自己一直器重钱镠，他之有今日亦是我提携之功，而且一向依顺于我，如今关键之际却与我翻脸，真是气剎人也；悔的是事先不曾与他通气，如若早知他有此意，也好及早设法处之；怕的是杭、越相间仅百余里，他若举兵伐我，朝发午至，而且钱镠身为杭越管内都指挥使，我越州诸军亦会听他号令，一旦有变，如之奈何；急的是自己不谙军事，不知该如何处置。"

好在身边有个侄儿董真还颇有些谋略，亦深受众将士拥戴，自从带兵增援杨行密破除孙儒之后，很得董昌器重，如今又遇到难题，急忙找来商议对策。董真听说钱镠反对越州自立也觉意外，沉思半晌说道："事已至此，叔父也不必惊慌。周边邻境王潮新据福建，钟传刚平江西，均无暇顾我浙东，唯有浙西钱镠。然浙西之西之北皆在江淮杨行密包围之中，当年行密被孙儒困于宣州，末将曾率兵救援，行密为人丈义，叔父可派可靠之人潜往扬州告以越州有难，望其出兵击钱镠以助我，且许以苏、湖之地。湖州乃杨行密出生之地，行密为得苏、湖必出兵助我。"董昌听说此言，心中豁然开朗，笑道："我儿真乃将帅之才，待击败钱镠，我必委你为都指挥使。如今钱镠兵临城下，当务之急你先率兵守好越州城，杨行密处我即修书请其出兵助我。"董真又道："浙东四境西、南两面暂时不会有事，而东濒大海，我只需堵截浙西水军南下之路，则万无一失。叔父尽可将温、处、衢、台诸州兵马主力调来越州，增强越、明、婺州防务，集中对付钱镠，各州水军可集中于钱塘江至明州翁山一线，以防浙西水军来袭。"董昌道："我儿所言极是。"随即按董真之意传令各州各军调集兵马来越州听令。

钱镠见董昌毫无悔改之意，遂修表呈报朝廷，言明董昌在越中自立称帝、浙西拟出兵讨伐之事由，又立即调集三万大军渡江向越州进发。越州兵见了，一是钱镠乃杭越管内都指挥使，二是猝不及防，三是南方各州兵马尚未到来，因此钱镠兵马畅行无阻，直抵越州城下，将越州城围得水泄不通。越州城中众人见钱镠兵至，反应各不相同，有人惊、有人喜、有人悲、有人乐：董昌等人见钱镠率兵来得如此之快，顿时惊慌失措，不知如何应对；越州都指挥使马绰、指挥使骆团等将领早就对董昌近年来倒行逆施种种恶行恨之甚切，料到钱镠会率兵前来，如今已至城下，心中自然高兴；董昌手下一帮佞人深知董昌称帝系自己撺掇所致，城破之时亦是自己末日，不免悲哀；城中百姓早已怨恨董昌，盼着钱镠前来攻城，自然乐不可支。

马绰从小与钱镠一起习武，情同手足，后又娶钱镠从妹为妻，董昌得越州之时马绰跟随董昌驻守越城，如今为越州都指挥使。自董昌僭号，马绰便欲率军投奔钱镠，又有指挥使骆团愿同往，两人本想先举兵讨逆，但同室操戈，死伤的都是兄弟,正思虑既能擒逆贼又不伤兄弟的良策,见钱镠已兵围越州城,正是极好时机,当即整顿所部兵马,打开城门直奔钱镠军中。

　　钱镠兵临城下,董昌已是心慌意乱,又报说马绰、骆团率兵投钱镠而去,顿时吓得目瞪口呆。城中总共只有三万兵马,马绰、骆团竟带去了大半,南方各州兵马还不知何时方能到达,淮南行密亦毫无消息,这越州城如何能支撑得住?急得董昌有如热锅上的蚂蚁在厅堂之中团团打转。钱镠终是仁义之士,虽已兵临城下,仍然约请董昌至迎恩门对话,钱镠亲至迎恩门前,望城楼再拜,高声对董昌说道:"大王已拥有数州之地,位兼将相,非为不贵,非为不富矣!何必做不臣之事,舍安而就危。一旦颠倒兵权,改易臣节,给自己留下忧患,灾祸即接踵而至。我今率领诸州兵至于城下,目的在于请大王改过,如果不听劝告,则天子震怒,帝王之师渡江而至,袭击大王之城,那时非但大王有累卵之危,乡里生灵亦将涂炭矣!福祸之道请大王选择。"董昌心中慌乱如麻,如何应对得了?看看身边众臣僚,皆呆若木鸡,垂头不语,只好向城下喊话道:"容董某与属僚细细商议,隔日再与钱帅回话,请钱帅暂且回营。"

　　董昌回到府中急忙与众臣僚商议对策。众人心中清楚,如今局面钱镠要攻进城来真是易如反掌,欲坚守待援已不可能,若果真出城投降,心犹不甘,弄不好就丢了性命,因此皆低头犹豫不决。等了许久,还是董真首先说道:"今日听钱帅之言似乎对我依然旧情不忘,看来还有回旋余地,我们正可利用此情先行诈降,以争取时间。待我南方诸州兵马到来,部署完毕,江淮杨行密亦出兵助我之时,再重振旗鼓,立国称帝。"众人别无他法,董昌只好依董真之意安排行事。

　　杨行密刚于正月上表历数朱全忠种种罪恶,请朝廷会合定、兖、郓、河东之兵共同讨之,才不过十数天即得董昌来书请求支援,乃知董昌已称帝,钱镠正出师伐越。当年杨行密被孙儒围困于宣州,危难之际曾得助于董昌与钱镠,如今他二人兵戎相见,遂同时给二人修书,一是劝董昌撤去帝号国号,恢复浙东建制,向朝廷进贡表示悔罪,以免招来邻藩围攻;二是告诉钱镠自己已去信劝董昌改过,还请钱帅宽宥。董昌正危急之时,见行密来信,正合众人之意,心中放宽许多,遂行诈降。

　　董昌本非迷信之辈,当初喜听佞臣、妖人之言,主要是利用这些人为自己登基称帝广造舆论,而今要诈降,还得拿这些人开刀,便把称帝之罪推在他们身上,将这些人统统抓了起来。第二天董昌令从府库取出二百万钱作为送给钱镠军兵的犒师钱,押送妖人应智、王温,巫媪阿韩,掾吏吴瑶、秦昌裕等人来到钱镠军门,表示向朝廷认罪并痛改前非。钱镠亦已接到杨行密来信,见董昌真诚悔过,遂将应智等人斩杀于军门,修表呈报朝廷后带兵返回杭州。

第十三回　讨叛逆钱镠请旨东征　袭杭州淮将趁间犯境

自钱镠越州撤兵回到杭州，不久其父亲钱宽病重，及至四月十八日，终是不治而终，享年六十一岁。钱镠放下公事，急急驰归临安料理后事，想起父子除夕长谈竟成了永诀遗言，不免珠泪双流，哀恸几绝，于灵前对母亲说道："孩儿初生之时，父亲为保一方百姓平安，免除钱氏灭门之祸，曾欲将孩儿投之于井，临终前仍不忘谆谆教诲孩儿要忠顺朝廷，爱护百姓，我今欲将平时常用的盔甲、佩剑代我之身投于井中，以遂父亲之愿，亦表我永遵父训、忠贞爱民之心。"母子相拥失声痛哭，众弟妹亦伤心流泪不止，钱镠遂将自己盔甲、佩剑捆成一包，亲自投于井中，众人皆慨叹不已。

五月，董昌已将南部诸州兵马战船陆续调集至越州及沿海各地，一时间气又粗将起来，遂恢复称帝。钱镠知董昌已不肯改悔，无可救药，遂修《奏请出师讨董昌表》上报朝廷。

谨奏：为逆情愿著，请师讨贼。臣父病故，循例乞休事。窃念臣于乾宁二年乙卯岁二月，屡得东来塘报，皆言昌有异志。水则广调雄师，陆则分布精锐；越之东南，悉为昌霸。臣始疑信相参。当一面驰书，勉其仍守臣节，一面拨将防西陵，一面据闻奏明，各在案。兹闻董昌大有悔心，并言待罪于天子。而其妖人应智等，谋心未泯，拥昌为尊。改僭帝制，国号罗平，建元顺天。初传是信，人臣骇震；今则僭号妄加，神人共愤。臣受圣恩，如同高厚，本应疾趋西陵，都师往讨。奈臣父，于本年四月十八日病故，理应乞休守制。用再据实奏明，伏乞速发讨贼之师。悬上爵以待有功，假便宜而收成效。搜罗天下忠义之士，庶使行间猛将劲卒，有所激励。则贼寇除而民心安，圣主康而社稷固矣。臣已丁忧，不应与问军政。然贼一日不灭，小民一日不宁；贼寇一日不除，臣心一刻不安。故不敢不布愚昧之忱，以冀国泰民安之意。臣于苫次之余，意乱心迷，语无伦次。临奏涕泣，不知所云。谨奏。乾宁二年六月。

见到钱镠奏折之时，昭宗皇帝正逃离长安，避难于石门镇。

原来，自大顺元年（890）朝廷讨伐李克用失败后，昭宗皇帝心知已无力挽回强藩割据局面，遂由削藩政策转为诸藩互制之策，以使朝廷得以在诸藩互相制约中喘息生存。景福二年（893），凤翔节度使李茂贞之养子李继鹏任左军指挥使，邠宁节度使王行瑜之弟王行实任右军指挥使,从此神策军落入此二人之手。乾宁二年(895),河中节度使王重盈死,王珂与王珙争夺节度使之位。重盈乃重荣兄长,光启三年(887)重荣为部将所害,重盈继任河中节度使。王珂乃重荣养子,王珙乃重盈之子。在李克用支持下,朝廷以王珂继任河中节度使,然李茂贞却站在王珙一边,遂伙同王行瑜及镇国军节度使韩建在五月各带精兵数千前往长安兴师问罪,逼迫昭宗皇帝改换节度使人选。有大臣认为此三人太过猖狂,竟带兵入京逼宫,眼中毫无君主,遂对其加以斥责,三人干脆奏称:"南衙、北司都有朋党紊乱朝政,宰相韩昭度征讨西川失策,李溪为相不合众心,请皇上诛此二人。"皇上不许,王行瑜等擅自杀死昭度、李溪于都亭驿,又杀枢密使康尚弼及宦官数人,三人密谋废掉昭宗改立吉王李保为帝,以便控制。李克用闻讯欲渡河入关进京勤王,三人惧怕,遂匆匆带兵撤回本镇。七月,左军指挥使王行实借口李克用沙陀兵将至,奏请皇上至邠州避难,欲挟持昭宗。枢密使骆全瓘与右军指挥使李继鹏闻讯亦奏请皇上驾幸凤翔。王行实闻讯,即于五日以左军攻右军,鼓噪声喧天动地。昭宗皇帝急忙登上承天楼欲加制止,李继鹏竟率凤翔兵向皇上侍卫进攻,矢箭拂皇帝龙袍而过,着于楼楠,左右急忙扶皇上下楼躲避。李继鹏又放火焚烧宫门,情势万分危急。当时有盐州六都兵驻屯于京师,昭宗急忙派人召入宫中进行弹压,左、右两军才各自撤回邠州、凤翔。昭宗皇帝担心王行瑜、李茂贞再来劫持车驾,遂于七月六日在捧日都头李筠、护跸都头李居实护送下逃离京都,八日来到石门镇,待得知李茂贞、王行瑜并未出兵长安,心中方才稍稍安定下来。十一日,昭宗皇帝诏命李克用、王珂发兵讨伐邠州王行瑜,又命彰义节度使张鏻以泾原兵控制凤翔,再命薛王李知柔与枢密院刘光裕回京城,负责守卫、修缮宫禁,诸事处理完毕才松了一口气。

宫廷动乱,皇帝仓皇出逃,十多天来行踪飘忽,惊魂未定,各地奏报积压了一大堆,直到此时昭宗才静下心来御览各地奏报,得知董昌复反,遂即下诏:

……制授钱镠检校太傅,封彭城郡王,兼浙江东道招讨、制置、两浙盐铁、发运等使。

昭宗又见钱镠主动请求发兵征讨董昌,心中无限感慨:"历数各镇节度使,唯此人始终忠于朝廷,勤于皇事,拒黄巢、灭汉宏、擒薛朗、剿孙儒,无攻不克,屡屡得胜,若得此人在朕身边统领十万禁军,各地强藩岂敢挟制于朕,使朕蒙难至此!可惜此人远在数千里之外,欲解近日之危还得求救于李克用。当年李克用带兵入京,逼得朕颠沛流离,朝廷发兵征剿又反受其辱,如今却要靠他来保护朕,真是可悲可耻,可叹可笑!"想到这里不禁伤心落泪,静默良久才慢慢冷静下来,心道要摆脱困境必须延揽人才,象钱镠这等忠臣良将实在难得,将来必得依

仗重用,遂制昭:

>……起复云麾将军,左金吾卫大将军,员外,置同正员。

因钱镠正在丁忧,昭宗特诏许夺情出征。

钱镠虽进封为郡王,然因要奉诏出兵讨伐浙东,又正值丁忧(居丧),忠孝不能兼顾,心中难免闷闷不乐,遂移床于父亲灵前素服坐镇,并命左右传令各军营做好东征准备。

此时中原朱全忠正与兖、郓混战,江淮杨行密遂趁其无力南顾而出兵征讨。三月,杨行密亲至泗州视察,调动兵马进攻濠州,不久濠州攻克,随即又进围寿州,却久攻不下,乃欲暂时退兵另谋良策。手下猛将朱延寿请求再攻一次,回营对所部将士说道:"如今淮河之南楚、泗、濠州皆已攻克,唯此寿州不能得手,难道淮南之役功亏一篑就此罢休不成!明日我愿与众将士披坚执锐同临城下,一鼓作气攻克寿州,以酬杨公之德!"第二天朱延寿身先士卒,军中鼓角震天,一鼓作气攻克寿州,杨行密乃以朱延寿暂任寿州团练使。

从此淮河以南皆为杨行密所有。

杨行密讨伐朱全忠正节节胜利之际,再次收到董昌求援书信。行密哪有心思顾及董昌,又不愿东西两浙互相争斗,弄得两败俱伤,遂又修书两封分送浙东、浙西,仍劝董昌恢复浙东旧制,除去国号帝号,又劝钱镠暂不出兵,以待董昌悔过。但是皇帝已下昭讨逆,董昌亦已发兵杭州,如今箭在弦上不得不发。行密知事关重大,遂召集众将官属僚共同商议。行密道:"当年孙儒围逼宣州,董昌、钱镠都曾出兵助我灭儒,对我有恩。如今两浙开战,董昌求救于我,该如何是好?"众人皆以为此事乃董昌称帝引起,明摆着是董昌有谋逆之罪,理应讨伐。

宣州留后田頵道:"当今天下群雄争霸,哪有什么逆顺之理?朱全忠反复无常,李克用亦曾兵犯朝廷,如今李茂贞又带兵入京,哪个忠?哪个顺?朱全忠吞并徐、兖,独霸中原,对我江淮之地亦是虎视眈眈,我江淮若不及早自强,早晚会受制于他。两浙相拼乃我极好良机,待我夺取两浙,称霸东南之势遂成,届时进可以击朱全忠而取中原,退可以据江淮而自保,有谁能奈何我?"杨行密道:"各藩镇虽然互相攻伐,争霸中原,但于面上还是尊奉朝廷,唯独董昌夜郎自大,竟自立为帝。钱镠出兵讨伐师出有名,我若助董伐钱,岂不伐顺助逆,遭天下人唾骂?更给朱全忠以口舌出兵攻我之背,届时我腹背受敌,岂不危哉?"不等行密说完,润州刺史安仁义道:"杨公不必多虑,钱镠实际上仅据有苏、杭、湖、睦数州之地,我率兵出润州过太湖南下直击杭州,田将军率兵出宣州过千秋关东进,我二人合击杭州,再命董昌出兵,大家水陆并进,由东、南两面进攻杭州,旬月之间即可攻克。待夺取杭州后,我与田将军再一鼓作气包围越州军,聚而歼之。一旦剿灭叛贼董昌,朝廷封赏尚且不迭,诸藩还有何话可说?"杨行密道:"钱镠、董昌皆有恩于我,今不思图报,反而趁间加害于人,尔等又陷我于不义也!如此不忠不义之举,非我所为!"田頵道:"机不可失,时不再有,若杨公执意不肯出兵,我与安将军可率本部兵马出击杭州,一切后果自由我二人承担。"安仁义心想:"你杨行密再三阻止出兵,待我攻下两浙,看你有何脸面接管?自然便归我二人所有。"遂连连点头道:"田将军所言甚好,就由我二人率兵进击杭州。"杨行密素知二人勇猛强悍,难以制御,以此平日里多让之,后因歼孙儒有功,两人便更显倔强,今二人话已至此,知不可挽回,只得道:"既如此,我先修书告知董昌,待杭、越之战炽盛时你二人再领所统军兵出发,根据进展情况我再调兵支援。"

董昌素知钱镠用兵贵于神速,常常先发制人,这次却是因父丧丁忧耽误了时间,遂抓紧时机调兵遣将,欲一举制服钱镠使其仍听命于自己。董昌遣裨将钟福、朱党屯兵于府北三十里的香严寺,遣李蕙、崔温屯兵于府西三十里之石候,谴汤臼领兵守东北三十里之石城、城南亭山等,与城中诸军互为应援,加强越州防御,全归董真统领。遣暨阳(今诸暨)镇将陈郁、白南臻自丫口出兵屯驻西陵、渔浦,以阻止杭州兵渡江,并责令婺州诸镇兵相策应。遣徐淑率船队自余姚渡海,围困嘉禾(今嘉兴),以袁邠领兵守永宁(今台州黄岩),策应徐淑。遣大将徐章、徐珣、李元实等据守钱清江及钱塘江沿岸之地,于钱塘江沿岸泊驻五百余条战船,阻击浙西水军。董昌如此部署乃以钱塘江沿岸为第一防线,派兵驻守暨阳、渔浦、西陵、海门、三江口、直至余姚、明州。又以西小江为第二防线,派兵驻守钱清江及西小江沿岸。越州城外围为第三防线,派兵驻守香严寺、石候等地。

湖州刺史李师悦原本是徐州马步院一小吏,王仙芝起兵时投身于行伍,后以击败黄巢之功授以湖州。师悦能书写,擅长审案定罪,又善能用人,州中有十五都头,手下各领千人,师悦把他们安抚得各尽其所。朝廷曾欲将师悦调任他处,师悦召集诸将校商议,众人皆道:"只怕君侯嫌湖州太小,否则即便朝廷派人来湖州接任,我们也决不奉诏。"师悦听了心中颇觉宽慰。正巧有进士叫顾云的游历于湖州,就请他代写奏折,申诉众将上挽留之情,不愿他调,朝廷遂作罢。钱镠委任浙西后,对李师悦亦甚器重。日久,师悦认为湖州地腴粮丰,将勇兵强,遂置舟楫,树仓廪,渐渐萌生割据之心。适逢浙东董昌称帝,钱镠举兵伐越,李师悦即派人与董昌联络,欲发兵四千从北边进犯杭州,以策应董昌。

钱镠正调兵遣将,筹集粮草,准备出兵讨伐董昌,却有报说:宣州田頵发兵五千,已越过千秋岭向东而来;润州安仁义发兵六千,已渡过太湖,兵分两路,一路向东直奔嘉禾,另一路过湖州杀向杭州。短短十来天时间,杭州城竟四面受敌成了一座孤城,面对如此严峻局面,彭城郡王钱镠清醒地认识到必须冷静应对,不可莽撞行事，一番深思熟虑后，钱镠召集众将士来议事厅听令。

众将到齐，钱王开言道："董公素来不谙军事，不知战略，这一次居然用了远交近攻之策，远交杨行密，近攻我杭州，可见董公亦有很大进步，不可小视了他。而今杭州如何才得以摆脱被动受困态势？我看也不妨用远交近攻之策，对杨行密实行反包围，牵制其兵力，以分其势。前数月间，杨行密趁朱全忠攻讨朱瑄之机转战于兖、郓，袭取了淮河之南泗、濠、寿诸州之地，我今致书朱全忠告以杨行密发兵攻我杭州，他必会趁机攻杨行密北境，夺回江淮之地。杨行密素有攻取洪州、鄂州之心，钟传常受其扰，我再致书钟传邀其发兵攻杨行密于歙州、池州，他必会助我。如此杨行密腹背受敌，自顾不暇，再无力增兵攻我浙西。湖州刺史李师悦请求朝廷授予节度使之职，朝廷不允，遂仿效董昌欲举兵起事，如今安仁义南侵，长据州境，李师悦焉能授节度使之职！我今遗书于他，向他申明利弊，师悦必不会弃我而投安仁义。如此我北面、西面之患大为减轻，便可集中力量征讨董昌。"钱镠说到这里，看看众将士，见大家全神贯注地听自己讲话，堂上悄无声息，便继续说道："近年来，我杭州、苏州、嘉禾、临安、东安等地都新修了城池，对防守州城、保卫浙西都极为有利。杨行密对苏州早有觊觎之心，苏州又是我浙西之北大门，请成及将军务必坚守。临安乃杭州西大门，请马绰将军领兵驻守安众营，务必阻止淮南田頵东来。杜棱将军在新登东安镇依山傍水新筑罗城，必可坚守，就请杜将军领本部军兵镇守东安，与临安成犄角之势，互为应援，且扼守大江，务必阻止田頵兵马渡江东进。嘉禾乃杭州东大门，仍由钱铢将军镇守。湖州乃李师悦之地，或可劝说其助我而拒淮兵，如今暂不派兵前往，待其有回应之后再做道理。武勇都知兵马使顾全武、马步军都知兵马使王球统兵三万，出师讨伐越州，并保卫杭州周边之地。渔浦以东钱塘江沿岸全部水军悉归顾将军指挥，负责保卫杭州及进攻越州。渔浦以西水军尚有战船二百余条，悉由杜将军指挥，以阻止淮兵东进，或越州兵西掠，切断他们连络。太湖沿岸及苏州地区水兵统归成及将军指挥，扼制淮军由太湖东进南下，保卫苏州。如此安排，众位将军以为如何？"

钱镠说完众将纷纷交头接耳，互相议论，正嘈杂议论之间，成及站起来说道："如此安排甚是确当，杨行密兵强马壮，虎也，董昌地狭兵弱，狼也，先是关门拒虎，室内套狼，待套了狼再开门驱虎，廓清余患，这是先易后难，避强击弱，乃是取胜之道。只是如此安排尚有一个缺口，那就是湖州，如果李师悦不听劝，或者安仁义强行冲击杭州，则杭州将直接面临强敌，我将如何应对？"顾全武道："成及将军所言极是，先易后难，避强击弱，乃伐越取胜之保障。杭州防御之责钱帅既托付于我，自当妥善安排，保证杭州安全。回营之后我即派兵进驻于杭州、嘉禾、湖州之间，静待湖州之变。若湖州起兵攻击杭州，我即率兵先取湖州，而后合围湖州兵于湖、杭之间将其消灭；若湖州顺我，则可助李师悦而拒安仁义。同时派兵先渡江袭取渔浦、西兴之地，作为杭州南面之屏障，如此杭州安危万无一失。"马绰亦说道："若湖州兵或淮兵进犯杭州，我即率兵从临安东进，与顾将军合围敌兵于杭州城下。"钱镠道："诸位将军务要各负其责，杭州有危时我再派人与众将军联络，切不可盲动，以致乱了部署，给敌军造成可乘之机。"安排了当，众将各自回营调兵遣将，准备御敌。

顾全武回到营中即找来司马福，命他带领家在西兴、渔浦一带的兵士共数十人，先趁月黑风高之时秘密渡江潜回老家，发动当地百姓于杭州军渡江时向越州兵营及江滩苇丛中放起火来，并大声呐喊，以乱越军军心，丧其斗志，保证杭州军顺利渡江。又命孟宝、蒋璠二将军在两日内调集三百条战船，率领一万兵马渡江，先行攻占西陵。又命内衙都虞侯方密率兵五千东进，迎击越州徐淑之兵以解嘉禾之危，疏通至苏州道路。

越军暨阳镇将陈郁自西陵、长河直至渔浦安营扎寨，又在江边滩地高阜上构筑瞭哨，营外深挖壕沟，江中使战船不断游弋巡视，自以为万无一失，单等越州发兵前来一起渡江，攻击杭州。时值秋末冬初，天高气爽，夜晚时分月明星朗，江面上银光闪闪，照耀得十分明亮，一旦杭州兵渡江自然看得十分清楚，因此陈郁和手下兵将对江防都十分放心。

这一日半夜时分，越军众兵将刚刚入睡，突然间营中各寨、江滩芦苇及瞭哨同时起火，营外喊杀声四起，惊天动地。营中兵将从睡梦中惊醒，只见四面火起，烈焰熊熊，浓烟滚滚，却不知兵从何来、战于何处，惶惶然乱作一团，人喊马嘶，哭爹骂娘，一片嘈杂。江中战船见岸上一片火海，沿江岸边也烈焰冲天，知道军中有变，哪敢继续在江中游弋巡逻，纷纷掉头逃回三江口。孟宝、蒋璠二将军看得真切，急命三百条战船同时向南岸驶来，岸上越州兵瞭哨早已化为灰烬，因此未遇到任何抵抗便登上南岸，直扑越军各营寨，逢人便砍，见兵便杀。陈郁见大势已去，正欲集合身边兵将逃回暨阳，却为时已晚，战死于乱军之中，剩余兵将只好缴械投降。

肖山守将见西陵失守，杭州兵势盛，知肖山已不能守，急忙召集兵马退回暨阳。

顾全武命王球率兵两万渡江与孟宝、蒋璠会合，乘胜出师东征。仍命司马福率领善水士兵百人，绕道西小江上游，于山湾荒僻之所趁夜泅渡过江，隐伏于山林之中，待大军过江之前杀奔渔林关，抢占大桥，保证大军顺利渡江。

王球大军与孟宝、蒋璠兵马会合后杀奔肖山而来，此时肖山已无一兵一卒，遂稍事休息又直奔渔林关而来。

那时的西小江由暨阳向北翻转奔腾而来，过临浦镇继续向北，再过渔林关折而向东，过钱清镇继续向东，直至三江口注入大海，江宽百余丈，水深盈丈。由杭州至越州陆路必须过西小江，而渔林关浮桥是江上唯一陆路桥。徐章驻守钱清镇乃是越州的第二防线，因之徐章领兵到达钱清镇后，立即命徐珣率兵驻守从海门坎山到三江口的沿江地区，北拒杭州水兵，南控西小江东段，又命李元实率兵驻守西小江渔林关桥以南地区，阻止杭州兵渡河东进。徐章自己坐镇钱清镇，控制西小江全线防务，于渔林关桥头驻兵五百，每日里盘查过往行人甚紧，傍晚将对岸桥板折去，断开浮桥禁止通行。

司马福令数名哨兵隐蔽于山中树梢上，时刻观察肖山动静，这肖山县与渔林关相隔仅十五六里，于高处观看，县里凡有大举动都能看见。正午刚过，哨探们陆续来报，肖山县尘土起处旗帜飘扬，大队人马正向渔林关奔来，司马福立即集合百名勇士飞奔渔林关桥头。此时守桥兵卒亦已发现肖山有大队人马向渔林关而来，一面急忙派人向钱清镇大营报告，一面准备过桥去河西砍断缆绳把浮桥缆过东岸来，不提防背后却奔来一彪人马，也不知这是些什么兵、从何而来、想什么。守桥兵卒个个瞪着眼睛看着这些人，愣怔良久方回过神来向前盘问。谁知对方也不答话，一气冲到跟前便径直杀入人群中，一阵乱砍乱杀，立时即砍翻了七八十人，其余越州兵一阵惊呼四散而逃。司马福等人也不去追赶，径直抢占桥头，紧紧护住浮桥。越州兵见这些人并不追杀却去保护浮桥，方才清醒过来，知道此乃杭州兵，为抢占浮桥而来，遂急忙集合众兵卒回身向桥头合围。怎奈司马福等人紧紧守护桥头弹丸之地，背靠钱清江，任那越州兵纵然数倍于己，一时间却是施展不开。越州兵越聚越多，杭州兵因知自己大军眨眼即到，遂拼死抵抗。越州兵靠近不了桥头，又见杭州大军越来越近，只得派兵下水泅渡过江去拆浮桥，泅水兵卒尚在江心，杭州大军已经冲上浮桥，见势不妙，越州兵纷纷四散逃命。

钱清镇离渔林关却有二十七八里路程，比肖山至渔林关远了许多，待徐章得报发兵来救，王球大军早已过江向钱清镇杀来。半道上两军相遇，好一顿厮杀，区区几千越州兵怎敌得住两万杭州兵攻击，大半柱香的功夫，越州兵死伤过半，剩下的残兵败将如丧家之犬、漏网之鱼，飞奔逃回钱清镇。

顾全武又亲率水军五百条战船顺江东下，出海门攻击越州水军，一路浩浩荡荡、倒海翻江而来。越州水军试图逆江迎战，尚未交手却有数条战船被撞翻，杭州战船上矢箭、抛石如飞蝗般投射过来，越州兵躲避尚且不及，哪里还有还手之力。越州守将徐珣眼见得再抵挡下去无非是螳臂当车，自取灭亡，急令船队掉转船头向东逃窜,不想慌乱之间越军船只互相碰撞,乱纷纷又撞翻了几只。后队船只拼命得以逃脱,前队船只却被杭州兵截住,杭州兵纷纷跳过敌船乱砍乱杀,只杀得越州兵血流满仓,尸积甲板,徐珣见已无法逃脱,遂命剩下的残兵败将投降。

越军水军溃逃,钱清江防线告破,钱清镇处于孤立无援之境。这钱清镇既无坚城深池可守,亦无险关要寨可凭,徐章自知钱清镇已无法固守,急匆匆率领所部军兵逃回越州。顾全武随即与王球、许再思等大将率领二万五千马步军并一万五千水军乘胜东进,直逼越州城。

越州都指挥使董真乃董昌之侄,通晓兵法,深为董昌所倚重,此番越州防御部署多出于此人。如今杭州兵已逼近越州,董真却早有防备,于城东、西、南、北各三四十里皆驻有重兵,营寨依山傍水而筑,立木为栅,挖河为池,寨中皆设烽火台,一寨有事,烽火为号,互相支援。董真治军颇有章法,号令严明,素为众将士所拥戴,打仗时将士无不用命。因此顾全武大军虽已兵临城外,却屡攻不胜,只好在周边安营扎寨,以便长期围困越州,静观其变,再谋进取。

宣州田頵得知顾全武已出师越州,立即调集马步军一万五千人,准备寻机进攻杭州。今日得报顾全武率三万多将士进围越州城,久攻不下,心想这正是进攻杭州极好时机,立即发兵向千秋关奔来。

宣州与杭州之间有天目山阻隔,唯千秋关与昱岭关两处山岭较低,是主要通道。马绰奉命驻守临安后,立即派重兵驻守两关口,扼制田頵领兵进犯。田頵兵马到得岭下,因山岭险阻,只能单兵独马曲折盘旋而上,马绰在山上命众将士用弓箭、石块射击,田頵兵马死伤无数。田頵见强攻不下,命兵卒放火烧山,时值冬季,林木枯槁,遇火即着,马绰却已防了这一着,在山岭岩壁之下已砍去林木,刨去草皮,挖壕掘堑,修成防火带。又逢寒冬节气,地上积了一层雪,因此火烧到壕边便停止不前。田頵见状气得捶拳蹬脚,暴跳不止,只好移兵昱岭关,却同样受到阻击。两次攻关,田頵损失兵将近千,却仍不甘心,又领兵继续沿昱岭西麓南行,绕道四五百里来到新安江。这里已是睦州地面,因山高人稀,防范不严,因此田頵兵马不甚费力即由此闯入浙西,直奔杭州而来。

杜稜将军自扫平孙儒之乱后即带兵回到故乡新登,时杭州初筑新夹城,杜稜为加强杭州外围的防御,命其手下将领李可球、胡瑾等率领军民数万人,仿照杭州城的模式于东安镇筑城。这东安镇位于新登县东南,在富春县(富阳)西南四十五里,东濒大江,处丘陵地带,形势险要,乃是由西南进入杭州的水陆要道。

田頵率兵进入新登地界,周围紫溪、南堡、建宁、胥口、靖江等地皆无城,难以御敌,诸地兵将、百姓遂纷纷投奔东安城。杜稜派兵将各镇粮食提前搬入城中以备长期御敌,又带领军民在城中挖井十数口。因地势高峻,井深皆百尺以上,后人感谢其恩德，取名"杜公井"，因此城中军民无饥渴之忧，得以凭城坚守。

临安与东安犹如一把铁钳牢牢护卫着杭州城，田頵清楚，若贸然领兵越过东安城进犯杭州，则临安安众营与东安城兵马即会从两边合围，自己将全军覆没，因此田頵拼命欲攻占东安城。杜稜也清楚田頵绝不敢越过东安城进犯杭州，这田頵兵马远道而来，粮草不继，周围村镇亦无粮可抢，因此只要坚守数月，宣州兵必然断粮自退，彼时出击必获大胜。田頵轮番搦战，杜稜闭门坚守，田頵向城中抛石射箭，怎奈东安城地势高峻，收效甚微；欲挖地道，地下尽是山岩，实难挖动。东安城中兵不足五千，田頵虽有万余大军却奈何不得，眼见得军中粮草一天天减少，田頵急得如汤浇蚁穴，火燎蜂房。杜稜知道田頵已黔驴技穷，亦常常乘间出城偷袭，搞得田頵兵将日不甘食，夜不安枕，人心惶惶，斗志消沉。如此相持了两个多月，田頵眼见得粮草不济，若继续相持下去，军心涣散，后果不堪设想，只好下令趁黑夜向睦州撤退。杜稜在城上看得田頵营中灯火晃动，知其欲拔营撤退，立即集合兵马向田頵营中冲击，田頵急命后军拦截，催攒前军火速逃跑，杜稜领兵一直追杀到天明，大获全胜方才回城。

田頵仓惶逃至睦州地界，心想："我攻杭州未能得手，如此狼狈回宣岂不被人笑话？如今既至睦州城外，不如先攻下睦州，筹足粮草再谋进取。"主意既定，遂下令众将士即刻包围睦州城。睦州刺史陈晟急忙修书向杭州告急，钱镠命行军司马杜稜、都监史吴璋率一万兵马前往驰援。田頵城未攻下反被杜稜、吴璋阻隔于睦州城外弹丸之地。时值二月，天寒地冻，粮草告罄，军心颓丧，如此下去必生变故，田頵只得点齐兵马组织突围，却又被杜稜、吴璋截住厮杀。城中陈晟见城外厮杀，亦点起兵马大开城门冲杀过来，田頵被前后夹击，兵马死伤近半，好容易杀出重围，狼狈逃出浙西。

第十四回　围魏救赵淮军克苏州　远交近攻杭师灭罗平

却说越州大将徐淑受董昌之命于乾宁二年(895)十月率领一万马步水军浩浩荡荡自余姚渡海奔袭嘉禾,时钱镠因父丧丁忧于临安,无暇顾及,诸将亦未曾料到董昌会有此举,因此沿海诸地疏于防务,致使徐淑渡海后长驱直入,直至嘉禾城下。

这嘉禾城北通苏州、大江,西连湖州、太湖,东靠华亭(上海)、大海,南接杭州、钱塘湾,乃杭州府北进东出之门户,为兵家常争之地。嘉禾地处杭嘉湖平原,境内河湖港汊密布,连年稻米桑麻丰稔,《唐志》中有言:"广德中(763~764),浙西有三屯,而嘉禾为最大。"李瀚《苏州嘉兴屯田纪绩颂》云:"嘉禾穰,江淮为之康,嘉禾欠,江淮为之俭。"因此嘉禾亦是吴越贡赋之支柱。嘉禾县城新筑于文德元年(888),城西、城北有运河环绕,河面宽阔,水深盈丈,城南有鸳鸯湖(又名南湖、彪湖),面积百二十顷,湖水绕城之东,下流即秀水,与运河相连,鸳鸯湖之南通长水塘,南北长五十里,宽百丈余,是鸳鸯湖之上游,由此可见嘉禾城坚水宽,仓储丰富,是易守难攻之地。

嘉禾守将钱铢得知越州派兵来犯,立即派出二千军兵驻守长水塘,欲与嘉禾互为应援,不想立寨未稳即被越州兵冲开寨栅杀进寨中,区区二千兵卒怎敌得住上万兵马冲击,只得匆匆退回嘉禾城,紧闭城门坚守不出。顾全武命内衙都虞侯方密率领三千人马前往驰援,却是晚了一步,于半道即遭到徐淑伏兵阻击,方密损兵折将而还。

湖州刺史李师悦接到钱镠来信,心想:"如今是杭州、越州、润州三方都欲夺取我湖州,我若投靠一方,一旦失败将死无葬身之地,即使获胜亦不过一州刺史,最好也不过节度副使,如果趁乱向朝廷要节制,三方谁也不得罪,岂不更好?"主意既定,写好奏折呈报朝廷,说明湖州之境三方相争,为保护州境安宁,百姓安定,奏请升湖州忠国军节度使,不参与三方之争。

润州安仁义早已将马步水军万余人集结于常州之东洲及义兴两地,得知董昌发兵进攻嘉禾,顾全武大军威逼越州城,料想杭州兵力必然空虚,便同时从两地发兵,陆路由义兴沿太湖之滨南下,过湖州直逼杭州,水路由东洲乘战船过太湖攻击嘉禾。

安仁义陆路军刚一踏上湖州地界即得到湖州通报，润州兵马可以借道湖州，却不得在湖州境内驻留，更不得入城，以免搅扰百姓。安仁义听了心中烧起一股无名之火，但转念一想，只要拿下杭州，哪还有湖州发话之分，于是暂不理会湖州，率领兵马直扑杭州而来。到得杭州城外看时，城高数丈，池宽十数丈，情知一时难以攻下，便于城外十里安营扎寨。安仁义接连数日率兵攻城，都被杭州兵杀回，又无法过河，遂派人调来战船二百余只，准备在河上架设数条浮桥，以便大举渡河攻城。钱镠命武勇都知兵马使许再思等率战船攻击，安仁义船队受到水陆夹击只好退回太湖。这一战安仁义损失了许多战船，实在无计可施，只好暂时休战，待觅得战机再行出击。水路军乘船渡过太湖顺利登岸，因嘉禾已被越州大将徐淑包围，以此周边地区杭州兵防守薄弱，安仁义很快便抢占了太湖周边许多村镇。

钱镠急与顾全武商议："安仁义率兵攻我杭州、嘉禾。若嘉禾有失，则苏州失去依托，孤立无援，自难固守；若苏州有失，则杭州失去右臂，如今左右面临强敌，如之奈何？"全武思索片刻，缓缓道："我大军方围越州，一旦有机可乘即可一鼓作气将其攻克，因此伐越之兵只可加强而不可轻调。嘉禾虽然被围，但城坚河深，又有钱铢将军四千兵马守卫，城中仓廪丰实，粮草无虞，足可长久守护。所虑者乃杨行密大军出江淮渡太湖与徐淑联手，若如此，则非但嘉禾有失，苏州亦是不保，杭州则危矣。为今之计，我先征调杭州守兵四千，再命盐官高彦、沈夏两将军抽调两千兵马，由我亲自率领北进，收复嘉禾西境太湖之滨，直抵苏州。如此措置，其一不必调动太多兵马即可为之；其二打通了杭州至苏州通道，可以随时驰援苏州、嘉禾；其三切断了嘉禾与江淮、湖州的联系，使之不能联手攻我杭州。郡王以为如何？"钱镠道："如此甚好，待攻下越州再围歼徐淑之兵，解嘉禾之围。"当下钱镠即下令，命高彦、沈夏发兵，归顾全武统一指挥。

顾全武随即出兵北上，趁安仁义立脚未稳一举攻下乌墩（今嘉兴、湖州、桐乡交界处的乌镇），然后继续北上，将占据太湖之滨的淮南军全部赶下太湖，一路直至苏州，与成及兵马会合。又将苏州西南五十五里太湖边的光福砦（今光福山）淮南军团团围住。小小山砦被围十数日，粮尽援绝，淮南兵只好拼死突围，终是死伤无数。至此，苏州至杭州沿太湖之滨又归于杭州兵控制。

杨行密见田頵损兵折将无功而返，安仁义进攻杭州亦是进退难定，便亲自领了田頵一万兵马赶到杭州城下增援安仁义。这日清晨，杨行密、田頵、安仁义等至杭州城周围视察军情，安仁义道："杭州城形似腰鼓，东、南两面皆临大江，西侧临西湖，城下均无开阔地面，兵马不得展开，不宜用兵。北面依大运河，水面宽阔，水深丈余，亦难逾越，只有西北隅连宝石山，西南隅接大慈山，然却山峦陡峭，亦是易守难攻，以此末将虽兵临城下却进取不得。"正视察间，忽闻城中鼓角之声骤起,高亢嘹亮,激越振奋,威震山岳,再观周遭,凤凰山犹如祥凤展翅欲飞,玉龙山好似蟠龙昂首探空,山巅青云缭绕,水面薄雾笼罩,城上旗帜飘舞,城中楼阁参差,此时朝阳冉冉升起,一片五彩缤纷,置身其间,真不知是天上瑶台还是人间仙境。随行一袒肩和尚诧异说道:"贫僧观此城中祥云瑞霭缭绕,必有佛法护佑,那钱氏子孙皆当贵盛,如今正是飞黄腾达之时,急切间未可图也。"田頵道:"浙西城池要寨布设皆依山傍水,凭险扼要,而且城坚池宽,深得筑城之法,而浙西将士亦足智多谋,广通兵法,以致末将攻浙西之举无功而返,看来这钱镠非孙儒、董昌、刘汉宏之流可比,真乃帅才。"闻听此言,杨行密心中暗自吃惊,心想:"田頵、安仁义皆我江淮猛将,平素桀骜不训,自行其事,时常不听号令。如今攻打杭州俱束手无策,那田頵从未听他说过赞誉某人之言,今天却如此称颂钱镠,这钱镠确非等闲之辈。"

杨行密心中最为焦虑的还是北境的安危。原来朱全忠得到杨行密发兵攻打杭州的信息,知道淮南境中空虚,立即调集万余马步精兵由许州刺史朱友恭率领,于乾宁三年(896)四月渡淮南下,欲夺回海、泗、濠、寿诸州。杨行密得报立即命台濛率兵增援海州、泗州,又欲调安仁义率兵北上增援寿州,然安仁义兵马业已南下渡过太湖奔袭杭州去了。寿州被围,团练使朱延寿左等右盼不见援兵,只得苦苦支撑,亏得原孙儒兵改编的黑云队在队长李厚的率领下奋力拼杀,都押牙汝阳柴再用从两侧夹击,延寿自己亦亲率全部兵马相助,大家同心协力,终杀得汴军大败,渡淮而逃。濠、泗、海诸州亦是有惊无险,暂时均得以保全,然北境的安危仍是杨行密心腹大患。洪州钟传平素亦常受宣州田頵侵扰,得知田頵出兵攻打杭州,遂不时发兵袭扰歙州边镇。

杨行密此番来杭视察,为的是尽快结束杭州之战,以便回兵拱卫北境,见大家如此说,心中便有了底数。回到营中,杨行密对诸将道:"今日视察杭州战势,诸将所见略同,攻取杭州非今日所宜。北境之朱全忠乃虎狼之辈,对我江淮之地一直虎视眈眈,如今攻取兖郓正节节胜利,一旦兖郓到手,必会兴师南来,我江淮须早做准备,以防不测。为此,请安将军率师北归润州,以为寿、濠、泗、海诸州后援,洪州、鄂州兵力薄弱,对我西境尚无威胁,因此田将军可率本部军兵暂时留驻杭州相机而行,以牵制杭州兵,减轻其对越州攻击的压力。如此安排,汝等以为如何?"

安仁义正骑虎难下,见杨行密给他搭了个很好的台阶,便痛快说道:"杨公所虑极是,末将谨遵杨公之命。"田頵进攻浙西损兵折将,无功而返,自觉脸上无光,见杨行密留自己驻守杭州,心想:"上次攻打浙西失败乃因地形险要、粮草不继所致,这杭、嘉、湖诸州均地处平原,物阜民丰,驻留于此地当无粮草不继之虞,如今杭州虽然难取，尚有嘉禾、苏州、湖州诸州可取，若得此数州之地，亦不虚此行了。"想到此心中高兴，便满口答应道："杨公所言极是，杭越相争之事可交与末将应对，杨公尽可专心对付北境之敌。"行密见众人皆无异议，便命诸将分头行事，田頵亦将兵马撤至杭州城北二十余里下寨。

杭州之围既除，顾全武遂增兵进攻越州，由于董真防守严密，全武始终进取不得。

浙东永宁镇将朱威与招缉使贺兰风、孙仲殷等对董昌盲信妖言、妄自称帝、擅杀大臣、挑起战乱等种种倒行逆施早已愤愤不平，一心想趁杭州兵东进之时倒戈，只因永宁镇距余姚仅二十余里，越军大将袁邠控制严密，未曾得手，遂秘密投书钱镠，相约进攻袁邠。不意事泄，袁邠发兵围攻，幸得事先有所防范，朱威等率所部兵马突围，至海边乘船来到杭州。

钱镠立即召来顾全武商议："今越州一时难以攻取，不如趁朱威等新投于我，对越东军情了如指掌，命其率所部兵马为先锋，领大军先攻袁邠，待取得越东之地，再东、西合击越州，则越州易取矣！"顾全武道："郡王所言极是，只是明州方面尚需有所防范，否则一旦明州、越州出兵增援袁邠，我军恐难以在永宁镇立足。"钱镠道："据朱威所言，明州刺史黄晟对董昌自立称帝亦颇不满，我可致书于他向其阐明大义，或可倾向于我，至少不会助逆伐顺。"顾全武道："若得明州相助，则越州易取矣。"

乾宁三年（896）三月，顾全武抽调一万兵马，以朱威所部兵马为先锋，乘船由海道驶向余姚岸边，朱威对此地马步水军部署了如指掌，迅速带领大军登岸，进逼袁邠驻地。明州刺史黄晟见了钱镠信函，亦立即命明州兵马指挥使梁从晖点起兵马从东面进攻袁邠。突如其来的两面夹击致使袁邠应援不及，很快便丢了周边几个营寨，戍守兵卒死伤、逃跑、溺水者过半，袁邠只好率兵退守余姚城。董昌得报急忙命徐章率兵增援余姚，顾全武却早有防备，事先便命武勇队主刘彦章率兵隐伏于曹娥江畔龙山之后，趁徐章兵马渡过江来尚未整队之际即从龙山冲杀过来。徐章毫无防备，立时陷入一片混乱之中，被刘彦章兵马冲得七零八落，斩杀二百余人，徐章亦被生擒。一些兵将跳入曹娥江逃生被溺死无数，其余兵将纷纷投降。余姚地处平原，南距四明山麓十余里，东至大肚山三十里，城南濒临余姚江，无坚可守，无险可据，袁邠欲死守余姚城，如何守得住，不几日城破，俘获袁邠及偏将潘荐等共二千余人，仅少数兵将溃逃。

原先余姚有袁邠镇守，明州黄晟亦听命于董昌，因此越州无东顾之忧，防务着重于西、北两面，一处受攻多处相援，以此难以进取。如今杭州兵已据有余姚、明州，越州便是腹背受敌，东部防务又一向薄弱，顾全武即命朱威为先锋，亲率主力西进上虞,陈兵曹娥江东岸,又调集数百条船只准备大举渡江。

石城守将汤臼得报,一面派人赴越州告急,一面急忙抽调船只分遣兵将赶赴曹娥埠,准备迎击杭州兵。此时越州西线亦面临王球的猛烈进击,自顾不暇,董真已无兵可派,汤臼望眼欲穿,心急如燎,翘首待援,却毫无踪影。顾全武见汤臼已将大半兵马调集曹娥埠,便命许再思仍率东征船队连夜悄悄浮海至三江口上游,向三江口突然袭击。汤臼船队大半泊驻曹娥埠,其余船只都被死死封堵于三江口内,水军难以施展。许再思命兵士们将包围越军的船只放起火来,紧逼越州船只,并用铁钩牢牢钩住。越州兵只好纷纷逃上岸来,杭州兵亦冲上岸狠命冲杀,越州兵势孤,且战且走,死伤无数,残兵败将逃回石城。

顾全武在曹娥江边龙山上远远望见西北方向升起大火,知道许再思已经得手,便命士兵在龙山上亦放起大火。一时间金鼓齐鸣,喊杀声威震大地,数百条战船竞相冲向西岸。越州兵先是见西北方大火熊熊而起,知道形势不妙,已是心惊胆寒,后又见西岸火起,杭州战船排山倒海而来,更是失魂落魄,不知该如何应对。船上将官见状知道自己兵寡势弱,败局已无可挽回,遂急命众兵卒弃船退守东关。此地虽名曰东关,却一无高山大河,二无雄关险隘,只是一个小镇而已,实在无法坚守,待顾全武兵马到来,越州兵即弃关逃回石城而去。

石城又名石头城,在越州城东北三十里之石城山下,汤臼在此地驻守后,便于石城镇周围及石城山上各自树木成寨,挖堑成濠,以使山上山下两寨相依,互相应援。如若抵挡数千兵马,在石城寨内坚守月余,当不在话下,然如今却是万余精锐之师,欲死守待援,又能坚守几日?而援军又在哪里?汤臼想到这里,心中焦躁不安,寻思道:"与其束手待毙,不如拼死一搏,若能杀开一条血路,或可冲出重围逃回越州。"当晚即点齐兵马冲出寨门,奔入杭州兵阵营见人便杀,遇兵便砍,拼死相搏,勇不可挡。怎奈杭州兵人多势众,围困重重,任凭汤臼左突右冲,横冲直撞,终杀不透重围。越州兵被切成数个小块,体力渐渐不支,汤臼身边只剩下数十人,经过苦苦争战幸得走脱,逃回越州城去,残余兵卒纷纷投降。

西线王球得知顾全武已攻下余姚,正发兵西进,便命手下兵将加紧攻击香严寺、石候等地越州兵。董真亲往前线指挥督战,命李惠、崔温等率精兵夜袭杭州兵,又命神将刺羽作为后援。却不料杭州兵早有防备,李惠、崔温等陷入重围,倘若刺羽后军能立即前往救援,形成里外夹击之势,李惠、崔温等或可杀出重围。而刺羽却被吓破了胆,竟不顾被围兵将,自己领兵逃了回来,致使李惠、崔温等人被斩杀于乱军之中。第二天,王球再命全体将士猛攻越军营寨,此时董真亦得知石城失守,眼见香严寺、石候也守不住,只得领兵退回越州城。

至此,越州城外围已基本廓清,顾全武、王球、许再思等率兵将越州城团团包围。

杨行密虽然命安仁义停止攻击杭州，但终究已与钱镠反目，再说亦不愿看到董昌被灭而钱镠更加强盛，成为自己东南面之劲敌，遂在得知董昌危急后便命泗州台濛领兵攻打苏州，以解越州之危。台濛发兵南下，乘船渡太湖入吴淞江，与杭州兵大战于葑门外六里的黄天荡，将苏州城团团包围。但苏州城坚池宽，城中粮草充足，又有成及率领精兵良将把守，台濛用尽种种战术进攻却无丝毫进展，行密亲赴台濛营中督战亦无济于事。

苏州所辖常熟镇镇将陆郢、巡检郭用素与苏州偏将赵邘交好，三人过往甚密，因见淮南杨行密势力日盛，遂有依附之意。如今台濛兵围苏州，三人秘密商议，陆郢道：“台濛兵临城下却久攻不克，正是你我献城之最佳时机，切不可错过，我有一计可保万无一失。”赵邘道：“陆兄不要卖关子，快快道与我二人听。”陆郢笑笑道：“先派人与台濛联络说明我等之意，再请他派强兵佯攻常熟镇，我与郭将军领兵略作抵抗之后即佯装大败，逃回苏州城中与赵将军会合。事先与台濛将军约好时日，到时我三人同时打开苏州各门，迎接台将军兵马入城，如此可以兵不血刃而献城立功，二位觉得此计如何？”郭、赵二人笑道：“陆将军之计果然高明，佩服佩服。”三人依计行事。

这日，成及在苏州城上视察军情，有军士来报，远远望见一彪军马由北向苏州城匆匆赶来，旗帜凋零，衣甲不整，像是北边的败兵，后面另有人马紧追不舍。成及急忙驰向北关看时，果是常熟败兵，遂急命大开城门，亲自率领兵马接应常熟败兵入城。陆郢、郭用向成及哭诉：“淮南兵多势众，围攻常熟甚急，我常熟将士死命御敌，终是寡不敌众，被攻破城池，末将只得率众杀出重围退回苏州，末将有失职守，请将军治罪。”成及安慰道：“淮南兵马数倍于我，常熟之失非将军之过，待援兵到时再合力逐走淮兵收回常熟，但不知常熟兵马损失如何？”陆郢道：“幸得突围及时，偏、裨将无一损失，只死伤了一些兵卒。”成及心中疑惑：“既是淮南兵多势众攻破城池，又复杀出重围，岂有不损失偏、裨将官而兵卒又死伤不多之理？此疑未解之前常熟兵不宜驻于城中，但苏州城周围皆驻有淮南兵马，又怎能让常熟兵孤驻城外？眼见得已日傍西山，没有时间细细盘问，先安排常熟兵将休息要紧，以免败兵浮躁生变。”想到此，成及遂命人于城中择地安置常熟兵扎营休息。待陆郢等人带兵离去后，成及又召集赵邘及各门守将命令道：“各门务必谨慎提防，不得让生人及常熟兵靠近城门，以防不测，若遇险情早举烽火。”处置完毕，成及又亲自视察各门防务，夜深方回至府中休息。刚刚上床朦胧入睡即被阵阵呐喊声惊醒，成及急忙跃起，睁眼看时已被众兵卒用刀剑逼住。原来成及刚刚视察完各门防务，赵邘就用自己亲信兵将换下了各门守军及苏州府守卫军士。待到三更时分，赵郐下令大开各门，早已隐伏城外的淮军如潮水般拥入城来，此时陆郿等人已将苏州城中各营守军逼在营中动弹不得。当夜守卫府署的赵郐亲信兵将冲入府中砍杀亲兵，又钩执刺史成及，苏州城陷入淮军之手。

清晨，杨行密进入苏州城，首先来到州府亲自点阅府库，但见库中物品分门别类摆列整齐，账目清晰，账物相符；再巡视城中所贮粮草，又见分囤别垛储藏丰足，防火防盗措置精当；最后来到成及私室，所见皆图书杂物而已，却无任何珍贵之物。杨行密叹道："当今为官有如此勤于政务、精于军事却又秉公清廉者，实在少见。"遂以礼与成及相见，甚是珍重。

到得淮南，行密对成及道："以将军之德之才当为国为民做一番大事业，我欲请你担任行军司马，充分发挥你的才能，望勿拒却。"成及答道："成及对杨帅之盛情相邀心甚感激，但成及百口之家属亲戚皆托于钱塘，今不幸城池为叛徒所陷，以至于此，岂能再以本州符竹攀富贵于邻境？不但彭城郡王不能容忍，我百口之家又会如何看我？"说完从旁边侍卫身上拔出佩刀欲自刎，行密急忙上前夺下佩刀掷之于地，叹道："将军忠贞如此，行密感佩之至，请将军暂留淮南，待战事平息之后定依将军所愿送归杭州。"遂以厚礼相待。

却说彭城郡王钱镠得报苏州被叛贼所陷，成及为杨行密执归淮南，心中又急又气。苏州城池坚固，粮草充足，又有强将精兵驻守，本可持久固守，不成想却第二次被叛军所陷，以致爱将成及被杨行密执回淮南，钱王心中之愤怒犹如波涛翻滚。嘉禾尚陷于越军之手，如今苏州又陷于淮南，一旦两方联手南来，则杭州吃紧，想到此，急派人召顾全武回杭州商议，钱镠道："如今杭州吃紧，顾将军可将围攻越州兵马分出一部分回驻西陵，以备北寇攻击杭州。"沉思片刻，全武道："淮寇之攻苏州乃围魏救赵之计，其目的在于救援越州，我若分兵驻守西陵，正中淮寇之计，必然给董昌以喘息之机。一旦董昌重整旗鼓，元气得以恢复，我欲再讨之则必然要付出许多代价。依末将之见，不如一鼓作气先拔除越州城，而后再整师北上收复苏州、嘉禾。越州离杭州不过百数十里，万一淮寇南下杭州吃紧，届时我再分兵赴杭共御淮寇，四五个时辰即可到达，杭州安危不必忧虑。"钱镠听了也觉在理，遂命全武加紧攻击越州城。

顾全武回到越州城外中军大营，立即调兵遣将准备攻城：以孟宝为东面都知兵马使，领兵从东面进攻五云门；王球为左副指挥使，与蒋璠等领兵从南面进攻亭山及申光门；陈璋为右副指挥使，与钱彦等领兵进攻关子门；许再思任水军都虞侯，北面都知兵马使，从东北攻击昌安门；骆团任西面都指挥使，领兵从西北进攻迎恩门。

董真退回越州城后即刻部署兵马严密防守越州各城门，这越州城四周河湖深阔,水中又以棕绳竹索密布,欲渡水攻城极其不易。董真凭着坚城高墙,在城上架设抛石机抛投石块,再命众兵士挽强弓硬弩射杀攻城杭州兵,因此顾全武屡屡攻城皆无进展。

董昌坐镇宫中,军事防务悉由董真处置,如今杭州兵紧围越州城,不免心中焦燥,动辄发怒,凡有人议论杭州兵如何雄壮强盛等等即大发雷霆,令人拘捕而斩之,若有人讥笑杭州兵马疲惫不堪、粮草将绝等等则窃喜而赏之,如有人密报军将有临战畏缩不前或秘密与杭州兵交往者则不须审问即行斩决。董真裨将刺羽素与董真不和,这刺羽在杭州兵进攻石候时临阵脱逃,致使李惠、崔温等兵将全军覆没,为此董真曾重责之,以此刺羽怀恨于心。待董真领兵退回越州城后,刺羽遂趋告董昌道:“如今杭州兵已进逼城外,陛下宜亲自督率诸军以防不测。”董昌道:“真儿颇通兵法,众兵将亦愿听命于他,诸将皆不及也,由他担当守城之责朕甚放心,有何不宜?”刺羽道:“话虽如此,常言道人心隔肚皮,当今危难之际难免滋生变故,不可不防。”董昌见话中有话,追问道:“难道将军听到什么风声?”刺羽察看董昌颜色,见脸上已颇有几分疑虑,便进一步说道:“陛下可知余姚、永宁之失是何原因?”董昌道:“不是永宁镇将朱威叛变投敌遂有此败吗?”刺羽道:“陛下可知小将军平时与朱威等人过往甚密?”董昌道:“这倒不知。”刺羽道:“朱威平时常对手下士卒说董公无能,不谙军事,全仗董真小将军调遣部署。陛下您想,此等话语不是小将军亲口对他们说,一个小小镇将焉敢随便乱说?”董昌听了面含怒色,双眉略蹙。刺羽见状越发放大胆,添油加醋往下说道:“朱威等人乘船叛逃需途经三江口,小将军何以不调遣水军拦截?”董昌暗暗吃惊,刺羽继续道:“后来朱威带了杭州兵进犯余姚,陛下派徐章率兵增援,此事只有陛下和小将军知道,何以徐章刚渡过曹娥江即陷入包围,以致徐将军被俘?”刺羽观察董昌脸色已是怒不可遏,便又放了一把火:“李惠、崔温对小将军所为颇有不满,小将军心中清楚,因此命李惠、崔温等率兵夜袭杭州兵营,却陷入重围,全军覆没。若无人通风报信,焉能败得如此凄惨。”董昌听完后说道:“如你所说之诸般情状,如何证明均系董真所为?”刺羽不慌不忙道:“此事不难,明日朝会陛下可命小将军领兵收复曹娥埭,打通越州至台州、温州通道,如今杭州兵已命朱威率兵把守此地。若小将军欣然奉命出兵,擒获朱威,则证明传闻纯属子虚乌有;若小将军推三阻四不肯出兵,则证明小将军与朱威通谋无疑。陛下可再命小将军出兵夺回香严寺、石候两寨,以固越州之防御,若再次托词不奉命,则足以证明其与杭州兵确有勾连,陛下可收其兵权以防不测。”

次日早朝,董昌按照刺羽意见命董真出兵收复曹娥埭,董真奏道:“我越州至台州、温州可出平水经剡县而至,路虽崎岖却无强敌。而曹娥埭东有余姚,西有石城，皆有杭州强兵，我孤军进击实难取胜，即使得之亦难固守，因此收复曹娥埭既无必要亦难实行，请陛下明察。"董昌见董真所奏果如刺羽所言，心中冷笑，便继续说道："既然曹娥埭东、西两侧均有强敌，难以攻取，那就先发兵收复香严寺、石候两地，与越州城互成犄角，以便相互应援。"董真道："如今安仁义兵马已撤回润州，杭州之危已除，顾全武遂得以集中兵力攻我越州。我越州兵马经过余姚、三江口、香严寺之战后损失严重，兵力远弱于杭州，以当今之势只宜集中不宜分散，不然有被杭州兵各个击破之虞。末将以为当务之急还是派人请杨行密领兵从苏州南下再攻杭州，以分杭州兵之势，唯如此方可解越州之围，请陛下圣裁。"董昌心中想的并非越州安危，却一心要证明刺羽所言是虚是实，见董真所言均如刺羽所料，心中早已怒火升腾："亏我如此倚重于你，而你却屡屡忤逆于我，甚至与叛逆相勾结，岂能容得。"想到此，遂道："当今越州危难之时你却畏缩不前，不听圣命，要你何用？着即革去越州都指挥使之职，权由刺羽将军接任。"殿中众将见状，急忙为董真求情，纷纷奏道："董将军虽屡屡冲撞陛下，但所言亦有几分道理，请陛下三思。""临危换将乃兵家大忌，请陛下宽容，命董将军戴罪立功。""董将军自领军以来屡有战功，又深受众将士拥戴，如今正是用兵之际，不可轻废。"……董昌听得脑袋嗡嗡鸣响，胸中怒气翻腾，心中骂道："你们心中只有董真，哪里还有我董昌，如此下去我还如何坐得天下！不如先杀了这个小畜生，省得他以后领你们闹事。"便对众将愤愤说道："尔等可知他怂恿朱威叛逃又引领杭州兵袭取余姚之事吗？可知他与杭州兵串通消息致使徐章被截杀，李惠、崔温全军覆没吗？尔等为他求情就不怕牵连？"董真听说正欲申辩，董昌一是火气正旺，二是怕董真申辩又引来众将议论，发生事端，便不容分说，急匆匆命武士将董真推出宫门斩首。众将见了面面相觑，目瞪口呆。

乾宁三年（896）五月初一日，顾全武、孟宝等率兵进攻五云门，为鼓舞士气，董昌亲自登五云门城楼阅战，并悬挂玉帛张榜公布赏格，凡作战杀敌有功者皆有不同赏赐，复命擂响战鼓，催促诸将出城迎敌。众将见无端杀了董真，人人自危，又见董昌催得紧，只得勉强领兵出城应战。然将无斗志，兵乏士气，怎经得杭州兵勇猛厮杀，不大工夫即被杀得七零八落，死伤近半。董昌平日深居宫中不见不知道，今日登城观战方知杭州兵厉害，登时吓得瞠目结舌，赶紧悄悄下城退回宫中。刺羽见董昌离去，遂鸣金收兵。战阵中残兵败将哪还有什么前军后军，一窝蜂乱纷纷逃回城来，顾全武、孟宝等亦趁势率兵紧随其后冲入五云门来。其余各门守城越军得知五云门已失守，遂急忙退入子城。

越州子城围龙山而建，周长二十余里，西、北两面皆依龙山山麓，外有城河，龙山之南为州府所在，东、南两面皆傍河筑城，城外则民居拥塞，店铺鳞次节比。

董昌在子城中整日惶惶不安，登龙山之巅张望，四围尽是杭州兵旗帜，再看周围兵将，一个个垂头丧气，像是得了瘟疫的病鹅，眼见得硬顶下去已毫无希望，心想："不如再次自去帝号向朝廷请罪，可是朝廷能答应吗？能保我不死吗？"心中犹疑不定，整日急得坐卧不安，团团打转。

顾全武率兵入城后，因子城西、北两面皆临高山峭壁，上有弓箭手把守难以攻取，东、南两边民居商号密集，一旦强攻又恐伤及无辜，以此不急于向子城进攻，等待适当时机再做进取。过了十数日，骆团对顾全武道："从城中传出消息，董昌计穷，连日惶恐不安，欲自去帝号以求生，又怕朝廷不允。明日我进子城，谎称：奉大唐天子口谕，令浙东观察使董昌出城投降，撤去陇西郡王、浙东观察使之职，可致仕放归临安。董昌求生心切，或可听命出降。"顾全武道："将军亲入子城太过危险，万一董昌拼死不降，岂不被其所害？"骆团道："董昌若有拼死不降之心，十几天来早就该有所行动，之所以毫无动静，亦是为求降留下后路。董昌生性胆小，求生心切，如今被围困于小小子城之中，岂敢对末将下毒手。再说末将先前与越州众将官相交甚善，如今越州势如累卵，我今入城劝降，众将巴之不得，如若董昌欲加害末将，诸将岂能坐视不管？将军尽可放心。"顾全武见骆团言之有理，遂命骆团次日入城劝降。

骆团仅带了两名亲兵入子城来见董昌，向董昌转达今上口谕。董昌心中犹疑，便问骆团："圣上为何不下圣旨却由将军转达口谕？"骆团道："末将只是传达口谕，别的事不便动问。"董昌又问："将军如何保得罪臣性命？"骆团道："只要陇西郡王出城投降，末将自当护送去杭州，至于以后如何安置，当由彭城郡王定夺。"董昌心想："钱镠乃我十余年的部下，不至于太为难于我。"想到此，心中安定了许多，遂决定次日出子城南门投降。

第二日，董昌手捧牌印，率领手下文武官员出常僖门向杭州兵投降。顾全武命众将士暂时将董昌及文武官员收押看管，然后一面派快马向彭城郡王钱镠告捷，一面进入子城派人清点府库，出榜安民，整顿越州兵马。

越州城未破之前，城中旗亭、客舍等处曾有人多处题曰："日日草重生，悠悠傍素城。诸侯逐白兔，夏满镜湖平。"当时市人皆不明其意。今董昌既败，诗中之意方明："草重"乃董字，"日日"乃昌字，越城因系杨素所筑，故称"素城"；钱镠生于申年，属猴，侯乃猴之谐音字，"诸侯"者指钱镠也，董昌卯年生，属兔；"夏满"代指六月，"镜湖"代指越州。

第十五回　挟天子悍藩将逞凶　领两浙忠郡王明志

　　乾宁三年（896）五月，越州之乱终于平息，顾全武命武勇都监使吴璋率兵押送董昌及其伪官吏三十余人乘船前往杭州。

　　董昌自被押送上船，心中就泛起许多疑窦："既是致仕，放归临安，何以不许带家眷，却带了许多罪臣？又为何动用数千兵马押送，犹如押送十恶不赦的钦犯？骆团口称传达圣上口谕，如此重大案情岂有不下圣旨而用口谕之理，圣上竟会如此草率？"思来想去，知道十有七八自己被骆团骗了，便悄悄问吴璋道："将军押罪臣是去杭州还是去临安？"吴璋道："去临安作甚？自然是去杭州见彭城郡王，听候发落。"董昌听了犹如寒冰落肚，一时间口噎目眩，竟说不出话来。行船驶过十里地，董昌慢慢缓过气来，对左右诸臣道："我与钱公同起于临安乡里，钱公素为我手下大将，同生共死，情同手足，当年拒黄巢、灭汉宏我才据有浙东，诛薛朗、御孙儒钱公方得浙西，越州、杭州本是唇齿相依，浙东、浙西实乃腹背相连，怎就鬼迷心窍，竟欲与钱公以两浙之地自立称帝？钱公曾数次劝我放弃此念，若是当初肯听劝，哪能有杭、越之战？怎会落得今日之窘困？事已至此，还有何面目复见钱公？"董昌越说越激动，左右臣下见此情景亦相对而泣，船上一片唏嘘声。待行至西小江（钱清江），董昌已伤心欲绝，忽瞑目大呼道："昔日刘贼汉宏以越州之乱诛灭九族，今日我以浙东自立又怎得幸免？与其愧对钱公不如将此身投之于江，归之于海！"说罢纵身跃入江中。众军士见状急忙停船命善水兵卒营救，时值盛暑，江中水深浪大，加之船停之时已驶出数十丈远，哪里还找得到董昌身影。吴璋只好将船靠岸，再命众军士下船沿江寻找，幸好正逢涨潮时分，潮水逆江而上，董昌尸身不致漂流太远，寻找了数个时辰方在江边芦苇丛中找到。因天气炎热尸身不便携带，只好割下首级，尸身就地掩埋。

　　回到杭州，吴璋向彭城郡王报告了事情经过，钱镠想起早年曾与董昌同起于临安，十余年来屡经磨难，共赴征战，如今竟落得如此下场，真是可怜可叹，遂吩咐吴璋道："董昌首级本应传送京师，然天气炎热，又须数日行程，多有不便，还是有劳将军将其首级示众一日后送回西小江，与尸身合葬一处吧。"

　　彭城郡王亲自审问董昌手下伪官吏，问明犯罪事实后，钱镠道："尔等身为大唐命官，本应在董昌自立称帝之前与黄碣、吴镣、张遂等臣僚一起力劝其应天顺命，或许可以避免这场杭、越之战，如此尔等不仅有功于朝廷，还将因避免了一场战乱而深受黎民百姓所拥戴，然尔等助纣为虐，倒行逆施，今日事败，理当伏法。"遂将伪宰相李邈、蒋环等十余人推出辕门斩首，以下胁从者或入狱或赦免。又命将董昌家属百余人，董昌手下官吏、僚佐等及其家属数百人集中建都，使其从事百业，自食其力，后人称之为"感恩都"，以谢彭城郡王不斩之恩。

却说昭宗皇帝自去年避乱石门镇回京后，痛定思痛，深感无论是为了维护皇权尊严还是为了性命安危，都务须拥有一支绝对忠于自己的禁军队伍，遂于年初施行亲王典兵制，以通王李滋判侍卫诸道军事，以覃王李嗣周、延王李戒丕等分别统领禁军，组成安圣、捧宸、保宁、宣化等军，再招募数万禁兵以增强禁军实力。谁知此举却令心怀不轨的李茂贞深感不安。六月十七日，李茂贞率凤翔兵东进，于兴平县西大败覃王禁军，进逼京师。七月十二日，朝廷准备再度逃亡，商议由鄜州（今陕西富县）渡河投奔太原李克用。镇国节度使韩建闻讯，即欲效法曹操挟天子以令诸侯，乃不断遣使恳请昭宗临幸华州。那韩建去年刚与李茂贞、王行瑜领兵入京逼宫，还欲废昭宗改立吉王李保，昭宗对其又恨又怕，怎肯前往华州。韩建以兵力施压，昭宗惶恐，不敢得罪，心中又想如投奔李克用便不得不远离京都，李克用又能有几分忠心？遂于七月十七日在禁军护卫下携朝臣来到华州，从此落入镇国节度使韩建的掌控之中。昭宗皇帝眼见得诸藩如此嚣张跋扈，自己却无力回天，每日里精神紧张，心情沮丧，唯盼望着能早日脱离韩建的掌控重返京师。

八月，昭宗接到彭城郡王奏报，得知越州董昌之乱已平，心中有了些许宽慰，当即敕授彭城郡王为检校太尉兼中书令，加食邑一千户，实封一百户，并派遣宫中供奉官宁全道至杭州赐彭城郡王旌节，不久又遣中使韩彝范至杭州宣谕授彭城郡王出镇越州。身为浙西节度使的钱镠对浙西之苏州、润州、常州如今仍陷于淮南杨行密之手耿耿于怀，一心只想尽快收复三地，无心再领浙东之职，几番推让，中使韩彝范只好回华州如实禀明圣上。昭宗皇帝听了连连叹道："我大唐诸藩常年无端用兵，攻掠邻地，扩张实力，甚至累犯京师，唯彭城郡王时时处处以皇室为重，为剿灭逆贼董昌，浙西丢了苏州、嘉禾之地，如今董昌已灭，竟以收复苏州、嘉禾为先不肯接受浙东之地，真乃朝廷忠臣，国家栋梁。朕今蒙难于华州，有心请钱镠发兵勤王，怎奈他远在东南边疆，实难劳师远征。即便领兵前来，不待其到得华州，怕是早已打草惊蛇，朕命休矣。"想到此，不免有些唏嘘，便改派宰相王溥出镇越州。王溥力陈当年钱镠歼灭汉宏，越州百姓原本只知钱镠不知董昌，盖因钱镠固让董昌才得以出镇越州，如今钱镠又平董昌之乱，越州百姓对其更是感恩戴德，钱镠领浙东节度使之职乃民意所向。十月，昭宗皇帝下昭，敕改越州威胜军为镇东军,授予彭城郡王钱镠领镇海、镇东等军节度使。

越州之乱初平之时,新科状元沈崧来到杭州拜见彭城郡王。沈崧,字吉甫,闽人,祖父沈辂曾任大理寺评事,赐绯,父亲沈超曾任福州长溪县令。沈崧降生时有一大蛇忽然坠落于床前,并引首向床吐舌注视良久方才离去,正洗浴间,外面又风雨大作,众人一时忙乱踩坏浴盆,水溢满室,家人皆以为诸多异相预示此子当非凡人,因此格外悉心教养。乾宁二年(895)开科致仕,刑部尚书崔凝主持礼闱,考生登进士第者共二十五人,颇有滥竽充数之嫌,昭宗皇帝亲御武德殿,命翰林学士陆扆、秘书朗冯渥复试,落选十人,沈崧仍以文章得中状元。然而时运不济,适逢李茂贞率兵进犯长安,昭宗皇帝仓皇出逃,长安士民数十万人亦随后避入南山。沈崧眼见京师动乱,国无宁日,仕途无望,亦只好登上归途另谋出路。沈崧知道,中原朱全忠早年投身黄巢,后因黄巢势衰,复投于大唐,如今是一味攻城略地,扩张实力,多用阴谋,不修文治,搞得中原鸡犬不宁,人烟稀少,因此便悄悄绕过洛阳渡淮南下。一进入淮南地界,沈崧即感觉到远离战乱、一片祥和的气氛,遂至扬州拜访淮帅。杨行密见沈崧神采俊逸,文思敏捷,颇有几分喜爱,乃留于府中辟为从事。数月之后,沈崧见杨行密身边诸将如田頵、安仁义、朱延寿之流专横跋扈,而文士寥寥,寻思自己一介书生在此难有作为,便以回家省亲为由拜别行密渡江南来。到得杭州城,但见市井有序,货丰物茂,百业兴盛,老幼欢颜,自从离乡赴京应试,复又回到江南,所过之处哪里有这等景象?遂兴冲冲进府拜见彭城郡王。钱王问过沈崧身世经历,又问起来杭州途中见闻,沈崧答道:"如今京师、中原兵燹不断,民不聊生,路遗白骨,十室九空,置身其境犹在地狱;进入淮南始入人间,地有青苗,人可安居;来到杭州恰似仙境,人欢物阜,楼阁相间,山清水秀,万象太平。"钱王叹道:"如今大唐残破,战乱不休,废了百业,苦了黎民。"又询问沈崧治理国家根本之策,如何才能强国富民。沈崧对答如流,钱王频频点头,十分赞赏。晚上设宴为沈崧洗尘,罗隐、皮日休赴席作陪,席间大家说些所见所闻,气氛格外热烈,文人相聚免不了作诗赋词,又都是江南人,沈崧如有回家之感。第二天,彭城郡王请沈崧暂于府中充从事,日后再正式委任,沈崧欣然从命。

这日,杭州接到昭宗皇帝诏书,敕命彭城郡王授镇海、镇东军节度使,钱王即命沈崧起草谢表。沈崧拟完初稿,请镇海军掌书记罗隐阅示,罗隐见谢表中有盛赞两浙经由彭城郡王治理秩序井然,兵精粮足,市肆繁华,庶民富足之言,便皱眉道:"如今我浙东兵火方罢,浙西仍须用兵,两浙地区还需休养生息以保障供给,而朝廷执政却又急需各地贡输,朝中大臣亦是切求贿赂,此表一旦入奏,岂不加重两浙负担?表中词句尚须妥帖修改。"遂将"市肆繁华,庶民富足"等句删去,添上"天寒而麋鹿常遊,日暮而牛羊不下"等句,其意为:天寒地冻,麋鹿尚在寻找食物，日落西山，牛羊尚未填饱肚子，以表达两浙之地尚不富裕。谢表送达朝廷，诸臣见了都道："此必罗隐之托辞也。"

沈崧从此留居杭州，历任镇海军掌书记，授浙西营田副使，奏授秘书监，检校兵部尚书，右仆射，凡两浙书檄表奏多出其手。

再说湖州刺史李师悦，自从奏报朝廷欲升为忠国军节度使，却如石沉大海，始终没有回音。待到越州之乱荡平，师悦寻思道："董昌称帝时我曾与之联络欲发兵策应，后得钱镠书信才未能成行，却又申报朝廷欲请授忠国军节度使，如今朝廷尚杳无音讯，越州之乱却已平定，眼见得杭州势力日盛，今后该如何应对钱镠？"从此忧心忡忡，闷闷不乐，日复一日便一病不起。待到十一月，师悦又得知朝廷已授钱镠镇海、镇东等军节度使，病情益发加重。师悦之子继徽对诸将吏道："父帅病重如此，一时难以康复，究其病源在于钱镠以平越之功授镇海、镇东军节度使，而父帅曾奏请朝廷授忠国军节度使，却渺无音讯。父帅对诸将多年追随自己却不得升迁深感有愧，又恐日后我湖州受钱镠欺凌，以此郁闷成疾。为今之计，不妨向父帅谎称朝廷已下诏，恩准升湖州为忠国军，授父帅为忠国军节度使，父帅得此消息或可使病情好转，诸将以为如何？"师悦历来善待众将，因此诸将皆希望主帅能早日康复，却苦于无力回天，今见继徽如此说都喏喏连声赞同。继徽率诸将至师悦病榻前告曰："朝廷已下昭升湖州为忠国军，授父帅为忠国军节度使，中使已赍昭出京向湖州而来。"师悦听了精神为之一振，忙命继徽派人逆途迎接。次日，继徽又命人特向师悦回报说："中使赍旌节已至芜湖。"师悦听说，一颗悬荡、寒颤、绞痛数月之久的心骤然变得兴奋、激动，入夜面含微笑泰然而终。继徽派人向彭城郡王报丧，钱王亲自带人赶赴湖州吊唁，安抚众将官，复命李继徽权任湖州刺史之位，待奏请朝廷复准再正式嗣位。湖州众将官无不赞叹彭城郡王之大度："若刺史大人早知钱王如此大度，亦不至于郁闷成疾，早早归天。"自此湖州兵将多倾心于彭城郡王。

转眼过了年关，一日彭城郡王刚处理完军州事务，门子来报，有禅月禅师拜见，钱王忙令下人引禅师至书房相见。禅师俗姓姜，名贯休，字德隐，号禅月，婺州兰溪登里人，生于大和六年（832），如今年纪六十有六，身体发福，体态矮矬，面色红润，精神焕发，耳聪目明，谈笑朗朗，有如罗汉转世。禅师降生之时因脐带缠于颈项有如念珠垂胸，里人多以为是菩萨转世。幼年即从父研习儒学，聪颖强记，甚得父母喜爱，课余却喜欢诵读佛经，常询问许多佛经中的疑难问题。父亲解答不出，只好常请和安寺园贞长老为他讲解，日复一日，小贯休对佛学渐渐有了许多认识，颇得园贞长老赞赏，七岁时园贞长老对其父道："此子颇有佛缘，难得有如此幼童喜欢诵读佛经，如入佛门，将来必有高深造诣。"父亲见长老钟爱，说得真切，即令其入和安寺为僧，拜园贞长老为师，除学习佛经之外亦学习诗词、书法、绘画等。会昌五年（845），贯休十四岁，武宗皇帝敕命毁天下寺院，和安寺被毁，贯休只得随师颠沛流离，最后来到处州遂昌翠峰寺隐居。贯休在园贞长老影响下养成胸怀坦荡、刚直不阿的性格，十五六岁时诗名即已远近闻名。咸通四年（863），贯休云游至江西钟陵（南昌），隐居于庐山，并在此逗留数年。广明元年（880），为避黄巢之乱又云游于浙东、浙西。贯休向爱赋诗，著有诗集《西岳集》，辑录约一千首，又擅长书画，其草书与怀素相媲美，绘画与阎立本齐名，尤其所作十六罗汉像，风格特异，时人见之无不赞叹不已。彭城郡王素来亦喜好诗词书画，只是十几年来戎马倥偬，无暇吟作，对贯休之诗、书、画亦早有所闻，今见其来访自然十分高兴。两人从儒家、释家之理义，到古今名人诗词、书法、绘画之佳作，再到远近灵山佛寺，各地名山大川，以及民间风俗习惯等无所不谈。钱王命人于府侧清净之处临时僻置禅房，与禅师畅谈至深夜方送至禅房休息。

次日，钱王处理完军政事务后又来探望禅师，贯休展开十六罗汉图请彭城郡王观赏，并一一详细讲解。只见图中罗汉胡貌梵相，面容夸张，个个宛若夷獠，绝非汉人，形骨古怪，姿态各异，或丰腮愁额、深目大鼻，或凸额枯项、脸色黝黑，有的瘦骨嶙峋、暴筋虬曲，有的肌肉遒劲、体态生动，或倚松石上，或坐山水旁，背景简素，更突出了罗汉神韵。钱王一边看画，一边听禅师讲解，一边赞叹不止："以往所见罗汉像都是正襟跏趺，双手合十，慈眉善目，乃是汉人形象。今见禅师画作，个个神态生动，动止鲜活，活龙活现于布帛之上，一反以往罗汉像的呆板之气，令人观之妙趣横生，真是空前之作。但不知禅师是亲眼见过胡僧，或是凭自己想象而作？"禅月禅师道："德隐早年即有绘罗汉像之愿，因此每当闭目禅定之时常有众罗汉浮现眼前，姿态各异，神情怪诞，云游各地之时亦曾见过胡僧，与梦中所见大致相同，这十六罗汉画像即按梦中所见而作。"钱镠一边继续看画，一边叹道："奇哉妙哉！禅师竟在梦中常见罗汉，怪不得所作罗汉像如此栩栩如生，禅师真乃活罗汉也！"这罗汉画像乃是贯休的得意之作，见钱镠如此赞赏，手不释卷，心中自是十分得意，又见钱镠对书画亦似有些研究，便含笑问道："听郡王之评论，对书画亦颇有造诣，不知平时是否也喜欢作画？"钱镠道："具美少年时即爱好书画，亦常涂鸦把玩。从军之后戎马倥偬，难得有暇习作，以此所存书画寥寥无几。"禅师道："可否赐贫僧一饱眼福？"钱镠起身至书房中找出两轴水墨画于禅师面前展开。一轴题曰"寒梅傲雪"，画的是一株老梅，枝干虬劲，却长出许多新枝，绽开满树鲜花。天上密密麻麻飘落雪花，寒风吹过雪花斜落于树干上，半边树干积雪，另半边被雪水湿透，下边垂挂着几个冰凌。再展开另一轴，题曰"翠竹风流"，画的是一丛翠竹，老竹挺拔，竹节刚劲，新竹柔韧，枝梢飘逸，劲风吹拂新竹躬身摇曳。近竹用浓墨一气呵成，竹节用焦墨勾勒，远竹用淡墨一挥而就，枝叶亦浓淡分明，观者如置身于竹丛之中，远近皆竹。禅月禅师一边观赏，一边夸赞不绝，最后叹道："这'寒梅傲雪''翠竹风流'意境洒脱，寓意深邈，所谓见画如见人，此二佳作正凸显了郡王不畏强暴、不屈不挠的风采和意志。当今中国之各地藩镇节度使、刺史多是兵痞、土匪出身，攻城略地起家，有几个能粗通文墨？早年曾听说郡王精通儒学，对佛学亦有所了解，又工于诗赋，因此贫僧贸然拜访，想不到郡王对书画亦有如此精深造诣。浙东、浙西有郡王统辖，黎民百姓将来必能安定富庶，向善幸福。"二人越谈越投机，直至深夜方各自休息。

第三日，钱王又去探望禅师，贯休奉上诗五章，每章八句，钱王一一认真拜读，其中一首题曰《献彭城郡王诗》：

> 贵逼人来不自由，龙骧凤翥势难收。
>
> 满堂花醉三千客，一剑霜寒十四州。
>
> 鼓角揭天嘉气冷，风涛动地海山秋。
>
> 东南永作金天柱，谁羡当时万户侯。

钱王吟罢略皱眉头道："禅师诗中'一剑霜寒十四州'之句有些不符事实，如今浙西之润州、常州、苏州以及嘉禾均被淮南兵所占，浙西仅有杭州、湖州、睦州三州为我所有，加上浙东七州，合计为十州，此句宜改为'一剑霜寒一十州'。"禅师寻思片刻答道："浙东、浙西合计应为十四州，此乃朝廷明令建制，今虽润、常、苏等州被淮人所占，而今上仍命郡王兼润州刺史，足见今上希望郡王早日收复此数州，因此郡王统辖十四州是迟早之事。且'一剑霜寒十四州'之句若改为'一剑霜寒一十州'多有不雅，因此州不必减，诗亦不须改。"禅师与钱王又就诗词、书画切磋了一阵，禅师提出告辞："贫僧于府中叨扰多日，颇有收获，明日便告辞。"钱王忙道："禅师难得来府中，具美正有许多疑难问题欲请教禅师，怎说叨扰？还请禅师宽心多住几日。"禅师道："贫僧乃闲云野鹤，散漫惯了，踏遍大唐河山、参遍国中寺庙乃贫僧平生所愿，只缘当今国中兵乱，路途艰险，遂难以成行，如今江南形势稍稍安定，贫僧遂有心逆江而上去潭州、西川一行。"钱镠见禅师去意已决，不便勉强挽留，即命选派人员护送，并赠以礼品及川资。禅师一概谢绝道："各处皆有禅门接纳，郡王不必费心，且贫僧行踪不定，带着如此丰厚礼品行路反倒不便，不如一切从简。"

禅月禅师辞别彭城郡王后先是游历于黟、歙间，后又辗转来到潭州，于天复年间进入蜀中，此时禅师已年过七旬，方停止了长途跋涉，终老于蜀中。后人称贯休大师乃《出世间罗汉画》之鼻祖和代表人物，是野逸派罗汉画之创造者，亦是传统简素画风之继承人。各地爱慕禅师画作的人士纷纷将十六罗汉画隽刻于石碑上，最有名者为杭州圣因寺（今中山公园）所存石刻（今收藏于杭州碑林博物馆）。因贯休擅长诗词书画，后人称其为艺僧。

乾宁四年（897）四月，董昌残余势力已基本扫清，彭城郡王命顾全武与王弟钱镇并武胜军都指挥使沈夏、陈章、高遇、许再思等率兵渡海以解嘉禾之围。众将皆以为不可贸然急进，可使杭州发兵东进，同时从三江口渡海北进，形成两路夹击之势。顾全武力排众议道："诸将所言乃常人用兵之道，我今却以非常人之道单军急进，出其不意，击其不备，必可令敌惊慌失措，一举而使其元气大伤。"全武遂命诸将率兵登船火速渡海，倍道兼行直逼嘉禾城外。

嘉禾被围已一年有余，城中粮草皆罄，人困马乏，人人望眼欲穿盼着救兵早日到来。这日，城上兵卒突然看见南方尘土飞扬，不多时隐隐似有旗帜飘扬，再定睛细看却是杭州兵旗帜，顿时城上众兵将欢腾雀跃，终于盼到了杀贼解围的日子。钱镠得报亦急冲冲奔上城楼，果然是杭州兵如钱塘江潮水般奔涌而来，急命诸偏裨将校马上整点兵马，待杭州兵杀入敌营即出城迎接，两面夹击消灭淮军。

当初徐淑率兵直逼嘉禾城下却被阻于城外，后来安仁义遣魏约率淮南兵前来援助，仍然久攻不下，再后徐淑、魏约围而不攻，欲待城中粮草殆尽不攻自破，谁知围了一年多也未奏效。城外军兵因围而不战每日里无所事事，渐渐地军心涣散，军纪懈怠。待到台濛袭取苏州，田頵屯兵湖州，西、北两面更有了保障，从此徐淑、魏约高枕无忧，只把眼睛盯住杭州方向以防突袭。如今悄无声息地从南方杀过一支兵马，宛如天降神兵，待到发觉，这支兵马离营地已只有十来里地，此时正以排山倒海之势滚滚向营地冲来。徐淑、魏约急忙整顿兵马拦截，哪知手下兵马久不经战，早已是鸭子听雷，个个吓得目瞪口呆，眼见杭州兵就要杀入阵来才勉强起来反抗。

城中军兵起初对南边来的杭州兵意图不得而知，亦未能鉴别真伪，故先是按兵不动静观事态发展，待城外杭州兵已冲入敌军阵中厮杀，遂大开城门亦奋力杀向敌阵。徐淑、魏约兵马两面受到猛攻，如何招架得住？腿快的拔腿就逃，腿慢的即被包围截成数块，兵不见将，将不见兵，溃不成军。不到一个时辰，杭州兵即大获全胜，擒贼将李宗礼、偏将顾金等二十余人，俘获、斩杀敌兵不可计数。顾全武复命诸将带领各自人马乘胜分头冲击敌寨，当天共破敌寨十有八所，又擒贼将魏约、张宣、杨燔、阎建等，俘获士卒三千余人。

嘉禾被围一年有余，今日终于解围，城中军民一片欢腾，争相出城迎接顾全武大军，比远道归来的亲人还亲，顾全武命将缴获敌营的粮食散给城中百姓以解燃眉之急。

顾全武大军于嘉禾休整两日复西进与田頵军战于驿亭埭，田頵得知嘉禾之围已破,进击浙西之梦想遂成为泡影,赶忙匆匆撤出驿亭埭率兵逃往吴兴。时逢夏季,山洪常发,东、西苕溪暴涨,田頵兵马被阻于湖州。后边顾全武追杀甚紧,前军又被河湖阻隔,兵卒争抢渡船互相拥挤,很多沉溺水中,浮尸竟飘塞十里有余,田頵率残兵败将匆匆登船渡过太湖,终于逃回宣州。

嘉禾即平,钱王命顾全武乘胜率师收复苏州。

六月,中使韩彝范奉昭宗皇帝之命赍镇东节钺至越州,封授彭城郡王为镇海、镇东军节度使,彭城郡王率亲从官员赴越州受封。听闻钱王将至,城门外早有越州缙士乡绅、黎民百姓闹哄哄迎候于道路两旁,钱王远远望见连忙下马步行至人前,向父老乡亲们额手致谢。一行人缓步来到河边,但见桥头两旁摆列了香案、供桌、果品、美酒,几位老翁手捧佳酿向钱王敬酒,内有一人致词道:"大王对朝廷有扫除刘贼汉宏、荡平叛逆董昌之功,对越州子民更有两番救黎民于水火之德,越州子民永世不忘。"钱王答谢众乡亲道:"本王受今上圣恩委以重任,理当为国锄奸、为民除害,扶助黎民振兴百业亦是本王不怠之责任,今蒙父老乡亲隆重相迎,具美实不敢当。"边说边扶起两边跪拜的父老乡亲,后人称此桥为"拜王桥",今讹称为"霸王桥"。

进得越州府衙,早已摆好香案,供奉圣旨,钱王进得厅中与中使叙礼毕,韩彝范请彭城郡王接旨,制曰:

门下。登坛命帅,俾宣力于四方。畅毂戎车者寄崇,付机权于十乘。镇于列土,委兹诚臣。所以功著者寄崇,劳大者赏厚。由是将应兼领,迭拥戎旃。爰稽至公,遂行殊渥。镇海、镇东节度,浙江东道观察、营田、招讨、处置等使,开府仪同三司、检校司空、持节润州诸军事兼润州刺史,上柱国,彭城郡王,食邑五千户,实封一百户。钱镠:凌霜劲节,溢匣奇锋。功成不居,卑以自牧。钟山西之秀气,将禀威棱;读圯上之素书,洞知韬略。名齐飞将,绩茂冠军。自抚藩条,绰闻政理。法去滋彰之弊,人称劳来之安。蔚然风声,远陈谣咏。昨者董昌辄生狂逆,显负恩荣。既署官僚,复更正朔。自稔贯盈之罪,敢凭城社之安。谓天网之可逃,宜有土之共弃。悖慢之状,远迩咸知。镠于此时,独奋忠节。扫欃枪之巨祲,清沴气以无遗。爰整干戈,竟开城垒。捷书上献,殊庸卓然。且思劝善之文,遂举畴庸之命。是用,益其疆土,盛彼旌旄。增镜水之名封,兼金陵之奥壤。合此重寄,殷为大藩。风烟载严,控制甚广。允畅万夫之望,弥张列郡之雄。我所报功,斯谓格宠;尔当勿私彼教,每务谧宁。偃戢兵戎,拊循凋弊。动体安仁之本,自成乐土之风。奖任益崇,镇临攸重。勉承明训,德惟钦哉!

宣读完毕,钱王接过圣旨恭问圣上安泰,韩彝范长叹一声道:"皇上在华州事事受韩建挟制,十分艰难。"

原来，韩建自去年七月接走昭宗后不久即开始发号施令，皇帝被其控制于股掌之中，群臣亦不敢处理政务。韩建见诸王统领禁军护卫在皇帝身边，担心对自己不利，遂想尽办法意欲除掉诸王解散禁军，于今年正月初八上奏："防城将张行思等人向我告发：睦王、济王、韶王、通王、彭王、韩王、仪王、陈王密谋加害微臣，并欲劫驾去河中。"昭宗览罢大惊失色，知道此乃韩建欲加害诸王制造借口，遂急召韩建入宫，韩建竟谎称有病不奉召，昭宗只好命诸王去韩建府中解释，韩建又闭门不见。不久，韩建再上奏表："诸王忽至臣治所，臣担心事有不测，再三斟酌，觉得不应与诸王相见，诸王应当自避嫌疑，不可轻易有所举动。陛下若以友爱为重，请依旧制令诸王仍归十六宅（诸王旧居），给他们选择师傅教以诗书，不必典兵干预政事，臣乞请陛下解散这等乌合之众的禁军以光大麟趾之化。"韩建料知昭宗皇帝不会轻易照办，乃带领手下精兵包围行宫，并连上奏表，昭宗皇帝不得已当晚下诏命诸王解散所统军士，将其放归田里，并令诸王回归十六宅，衣甲兵器由韩建收管。罢了诸王兵权韩建仍不罢休，又奏道："陛下只要选贤任能就足以清除祸乱，何必别置殿后四军，显得陛下对军队恩德有厚薄之分，背离无偏无党之道。且四军所募军士皆是坊市无赖奸猾之徒，平时犹想策动祸乱，危难之时必不为用，使此等人张弓挟刀守护皇驾前后，微臣甚是寒心，乞请罢除之。"昭宗无奈，只好将殿后四军两万余人全部解散，从此天子亲军丧失殆尽。捧日都头李筠在李茂贞等发动京都之乱时护从皇帝避过灾难，其功第一，韩建竟奏请皇帝将其斩于大云桥。韩建对散处各地的诸王亦不放过，向昭宗奏道："玄宗末年，永王李璘出使江南，遽谋不轨。代宗时吐蕃入寇，光启中朱玫叛乱，皆是援立宗亲，以惑人心。如今诸王奉命出使四方者，乞请一并召还。"又奏："诸多方士出入宫禁，眩惑圣听，宜皆禁止，无得入宫。"昭宗心中极度愤慨，却又万般无奈，只好准奏照办。二月，韩建以"莫须有"之罪诬杀得幸于昭宗的方士马道殷、许岩士，并称门下侍郎、同平章事孙偓，中书侍郎、同平章事朱朴常与二方士交通，请昭宗下旨罢去此二相之职。四月，韩建又因讨厌刑部尚书张玮等人，上书诬陷将其贬官。至此，昭宗皇帝已是孤家寡人，事事受制于韩建。韩彝范最后道："皇上在华州终日身不由己，郁郁寡欢，唯盼望能早日归返京都。每至游晏西溪之时，常与臣下吟诗赋词，排解心中郁闷：

（一）登楼遥望秦宫殿，茫茫只见双飞燕。渭水一条流，千山与万丘。

远烟笼碧树，陌上行人去。安得有英雄，迎归大内中。

（二）飘飘且在三峰下，秋风往往堪沾洒。肠断忆仙宫，朦胧烟雾中。

思梦时时睡，不语长如醉。早晚是归期，苍穹知不知。

陛下吟唱之时眼含泪光，如诉如泣，众臣见状无不垂头暗泣，却又不敢放声大哭。"韩彝范越说越伤心,此时已是泣不成声,泪如雨下。钱镠听着早已义愤填膺,却又无可奈何,只是连连叹息,见彝范说得伤心,便安慰道:"大人不必如此伤心,请回奏皇上:微臣之志,上保朝廷,下卫黎民,矢志不渝。皇上有难,微臣必当奉诏护驾。"

次日,韩彝范辞别彭城郡王,起程返回华州向昭宗皇帝复命。

第十六回　施皇恩昭宗赐铁券　息兵戈浙西迁治所

　　中使韩彝范回到华州后即向昭宗皇帝转奏了彭城郡王"上保朝廷,下卫黎民,皇上有难必当奉诏护驾"的决心,又详细叙述了越州百姓夹道拜迎彭城郡王的盛况。昭宗皇帝听了连连叹息,心中想道:"若得如此忠臣良将在身边,朕怎会落得任由藩将挟持的境地?可惜钱镠远在东南海疆,关山重重,强藩阻隔,如何才能帮得上朕?"一连数日思来想去,终是无计可施,但无论如何此人总是可用之才,必须重予褒扬,遂命人纂文铸制铁券一道,此乃唐朝表彰功臣之最高礼遇,初唐至今不过数人而已。待铁券制成,昭宗皇帝又遣中使焦楚锽赍至杭州。

　　九月,彭城郡王得报皇上遣中使赍御赐铁券来杭,遂率领众官僚将佐至城外十里长亭拜迎。一行人护持铁券回到杭州府,将铁券供于香案之上,彭城郡王率领众人跪拜。礼毕,焦楚锽洗手打开宝匣,只见在黄缎之中包着铁券,拱形如瓦状,宽一尺八寸三分,高一尺一寸,厚一分五厘,重一百三十二两,铁铸而成,凸面镌字,字字镂金,晶光闪烁,券文曰:

　　维乾宁四年(897),岁次丁巳。八月,甲辰朔,四日丁未。皇帝若曰:咨尔镇海、镇东等军节度,浙江东西等道观察、处置、营田、招讨等使,兼两浙盐铁、制置、发运等使,开府仪同三司,检校太尉,兼中书令,持节润、越等州诸军事,兼润、越等州刺史,上柱国,彭城郡王,食邑五千户,实封一百户,钱镠:朕闻:铭邓骘之勋,言垂汉典;载孔悝之德,事美鲁经。则知:襄德策勋,古今一致。顷者,董昌僭伪,为昏镜水;狂谋恶贯,渫染齐人。而尔披攘凶渠,荡定江表。忠以卫社稷,惠以福生灵。其机也,氛祲清;其化也,疲羸泰。拯於粤於涂炭之上,师无私焉;保馀杭成金汤之固,政有经矣。志奖王室,绩冠侯藩。溢於旗常,流在丹素。虽锤鏻刊五熟之釜,窦宪勒燕然之山。未足显功,抑有异数。是用,锡其金版,申以誓辞:长、河有似带之期,泰、华有如拳之日。惟我念功之旨,永将延祚子孙。使卿长袭宠荣,克保富贵。卿恕九死,子孙三死,或犯常刑,有司不得加责。承我信誓,往惟钦哉!宜付史馆,颁示天下。中书侍郎,兼户部尚书,平章事臣崔胤宣奉。

　　焦楚锽宣读券文毕,彭城郡王谢恩,命罗隐起草谢表。

　　御赐铁券古已有之,唯赐予对朝廷有特大功业的勋臣,起初乃丹书铁券,至唐代改为金书铁券,以示尊贵,郑重荣宠。终唐一代仅颁铁券四次,今昭宗皇帝将此金书铁券颁赐彭城郡王，足见对其倚重与期望，钱王亦深深理解今上之处境，君臣之间肝胆相照，心迹相通，只是关山重重，藩镇阻隔，无缘面见。

彭城郡王复恭问圣上安好，焦楚锽满面愁容地讲述了圣上的近况："上月韩建上奏：'自陛下即位以来，多与近辅诸藩交恶，皆因诸王典兵，凶徒肇祸，致使陛下颠沛流亡。前者臣奏请罢除诸王兵权，实在是怕有不测之变，如今闻听延王、覃王尚在酝酿阴谋诡计，愿陛下早作圣断，制阴谋于未乱，即是社稷之福。'皇帝惊异，未予允准，韩建乃与枢密使刘季述假传圣旨，发兵包围十六王宅。诸王闻讯惊慌失措，被发而逃，或爬墙、或登顶，惊呼救命，韩建将通王、沂王、睦王、济王、韶王、彭王、韩王、陈王、覃王、延王、丹王共十一位王爷拥至华州西之石堤谷处死，以谋反罪奏报皇上。"说到此，焦楚锽已泣不成声，众人亦是静默无语。好一会儿，焦楚锽方慢慢平复，最后道："如此大规模残杀皇亲真是闻所未闻，实为天理所不容。"彭城郡王怒道："圣上如此受欺凌，与汉献帝何异！若不及早摆脱韩建控制终受其害！"焦楚锽道："圣上亦是此意，上月欲亲幸奉天讨罚李茂贞，同时摆脱韩建控制，命诸宰相议论此事，诸相摄于韩建势力极力谏阻，圣上也只得作罢。"钱王道："当今北方之势朱全忠实力最强，雄据中原，李克用其次，称雄河东，而李茂贞、韩建远不是他们对手。韩建既欲挟天子以令诸侯，自然不肯放圣上回京，圣上不妨以当今大势向韩建陈以利弊，使其明白长期挟制圣上于华州，朱全忠、李克用必不甘心，定会起兵攻击华州，届时韩建安能在关中立足？韩建欲与朱全忠、李克用抗衡，唯一出路即是与李茂贞联手，如此则实力倍增，而欲与李茂贞言和则必须恭送圣上回京，由皇上出面居中调解。如此，朱全忠、李克用、韩建与李茂贞三者基本可形成均势，鼎立于中国。圣上以此理晓谕韩建，韩建或可送圣上回京，而圣上一旦回归京师便可驾驭于三强之上。朱全忠与李克用连年互相攻伐，李克用与李茂贞亦屡屡交锋，朱全忠亦扬言要进攻华州迎皇上去洛阳，圣上正可利用三强矛盾斡旋其间，或可得一时之安宁。"焦楚锽听罢连声道："彭城郡王所言极妙，如此皇上不但可以摆脱韩建控制，还可利用三方矛盾驾驭诸藩，待臣回华州复命时定当详细报告皇上。"钱王道："此乃是权宜之计，圣上尚须有固本正源之策方可保天下太平。"

次日，谢表已成，表曰：

伏承恩旨，赐臣金书铁券一道，恕臣九死，子孙三死者。出於睿眷，形此纶言。录臣以丝发之劳，赐臣以山河之誓。镂金作字，指日成文。震动神祇，飞扬肝胆。伏念臣微从筮仕，逮及秉麾，每自揣量，是何叨忝。所以行如履薄，动若持盈。惟忧福过祸生，敢望慎终获末？岂期此志，上感宸聪。忧臣以处极多危，虑臣以防微不至。遂开圣泽，永保私门。勖以功名，申诸带砺。虽君亲属念，皆云必恕必容。而臣子为心，岂敢伤慈伤爱？谨当日慎一日，戒子戒孙。不敢因此而累恩，不敢乘此而贾祸。圣主万岁，愚臣一心。臣镠诚惶诚恐，稽首顿首。

焦楚煌辞别彭城郡王，带了谢表回到华州复命，昭宗皇帝听了焦楚煌之转奏，精神为之振奋，万分感慨道："若有钱卿辅朕，早得此计，朕何至久困华州，诸王亦不至被害，禁军、诸大臣亦可保全。"不久，昭宗皇帝下诏解散各地赶来的勤王军兵，恢复李茂贞官爵及姓名，命韩建与李茂贞言和，共同翼戴天子。韩建与李茂贞慑于朱全忠欲征讨关中迎奉昭宗去洛阳之压力，遂急忙遵旨言和，并负责修复已破坏殆尽的宫阙，然后护送天子回京，此乃后话。

湖州刺史李师悦病逝后，其子李继徽嗣位。因董昌作乱时李师悦曾欲助其发兵攻打杭州，后又允许安仁义、田頵兵马驻留湖州，攻扰杭州、嘉禾，故李继徽心中始终惴惴不安，担心彭城郡王不忘前嫌报复于己，遂欲携州归附淮南杨行密。九月某日，李继徽召诸将商议，指挥使沈攸道："彭城郡王诛薛郎、灭汉宏、拒孙儒、平董昌皆出于忠君爱民，属忠义之举，杨行密亦曾讨伐毕师铎、扫平孙儒，亦属忠义之举，但出兵据占苏州、围攻杭嘉、协助董昌却是不忠不义，我湖州若归附杨行密乃是弃明投暗，此一不可；湖州北临太湖，西依天目，而东、南皆浙西之地，我若归附杨行密，浙西必然发兵讨伐，而湖州与淮南有此山水阻隔难以救援，此二不可；自平孙儒之乱，杨行密即据有润、常，朝廷至今仍以彭城郡王为润州刺史，我以湖州依淮南，朝廷岂能承认，此乃三不可也，请主公三思。"李继徽不听，众将鼓噪道："愿附李氏而归淮南者可立于厅西，愿附沈氏而依两浙者可居于厅东。"居厅东者竟十有其九，继徽见状惊慌不已，遂连夜逃往扬州。

九月末，彭城郡王亲巡吴兴，安抚沈攸等湖州将士，安置李继徽家属共二百余人，命海昌镇将高彦为湖州制置使。

十一月，台州刺史杜雄病逝，彭城郡王命越州指挥使骆团为台州制置使。

十二月，福建王审知遣使来报，福建观察使王潮于十二月初六病逝，肯请彭城郡王协同福建申报朝廷，以期任命王审知为福建观察使。钱王向来使询问了王潮病因，又询问王潮、王审知兄弟治理福建诸般情况，来使一一详细作答。王潮任福建观察使期间勤于政务，严以律己，对属僚过失从不轻宥，即使王审知有过亦要责罚，甚至鞭挞。而王审知亦从无怨言，五年来上恭于皇事，下爱护黎民，境中百姓安居乐业。王审知貌雄体伟，鼻隆口方，出行时常乘白马，军中号为白马三郎，为人俭约，礼士好学，善抚将士，爱护百姓，颇得王潮信赖。王潮有延兴、延虹、延丰、延休四个儿子，病重后却舍弃亲子而命审知治理军府事，王潮去世后审知欲让位于其兄泉州刺史王审邽，审邽又以审知有大功而不肯受，审知遂暂时自称为福建留后，上表朝廷。来使最后道："王帅早就听说彭城郡王勤于政事，安抚百姓，二平越叛，恩布浙西，心中甚是敬佩，以此命下官来杭州，一是向彭城郡王表达交好之意，二是请大王协同奏请朝廷授王帅福建观察使之职。"钱王道："王帅之意正合本王心愿。本王主张忠君安民，非不得已绝不对外擅动干戈，以使百姓能得以休养生息，若王帅亦奉行忠君安民之策，则闽、浙两地将永无争战，百姓安宁，世代友好，此乃闽、浙百姓之大幸。"钱王当即命人写好奏折，奏请朝廷授王审知本道廉察及福州符印。

乾宁五年（898）初春，收复苏州之战已经持续半年之久，双方死伤兵将无数，彭城郡王心中郁闷："如今只攻一个苏州损失已经不少，再要收复润、常，自比收复苏州更难，不知得有多大伤亡，即使收复了苏、润、常，江淮又岂能甘心？如此以往我两浙岂不要与江淮长久为敌？岂不要岁岁兵戎相见，年年百姓遭殃？再说杨行密毕竟亦是忠君爱民之主，绝非刘汉宏、孙儒、薛朗、董昌等叛贼之类，只要大家都忠君爱民，润、常之地由谁管辖又有何大碍？不如先将浙西治所由润州迁至杭州，再相机缓图润、常。"想到此，遂召集诸将幕僚商议欲将浙西治所迁来杭州，钱王道："镇海军治所润州已被江淮军占领日久，且有强兵镇守，近期难以收复，即使被我收复，润州与淮南军治所扬州隔江相望，多有不安之忧，乃是两州军民之忧患。如今浙东、浙西既成一体，为便于联合治理，不如将镇海军治所移至杭州，众将以为如何？"众将纷纷道："迁移治所可以，却绝不允许江淮长久占据润、常。""不收复润、常，岂不屈服于江淮，而让天下人耻笑？"钱王缓缓道："众将心情本王理解，但迁移治所非是不收复，只是不须操之过急。本王素来主张忠君爱民，想那杨行密亦是忠君爱民之主，绝非刘汉宏、董昌之辈，普天之下莫非王土，润、常两州属此属彼亦都是王土，只是莫要损扰军民，害苦百姓，早收晚收不必计较。"众将见钱王如此说，深感其心胸之宽广。钱王遂命人起草上奏，将镇海军治所移于杭州。

再说顾全武收复嘉禾后，于去年七月受彭城郡王之命继续率军北进，准备收复姑苏。八月，顾全武率一万余大军分两路北上，一路向东北径取华亭，再西进攻取苏州南四十五里之松江砦（今吴江市松陵镇），另一路乘战船过太湖进击无锡，仅仅六天两路皆告捷，斩杀淮将梁琮、张颢等人，生擒淮将李近思，斩首千余级。随后顾全武大军乘胜北进合围常熟，并一举攻克，数月间又拔除周边十余寨，屡战皆捷，将淮南军兵围困于苏州、昆山两地。杨行密得报急忙遣将李简率兵五千来救，欲趁顾全武集中兵力进攻苏州之机偷袭无锡，顾全武立即分兵回击，大败李简，擒获其偏将陈益等，李简率残兵逃回常州。今年三月，杨行密又遣将周本率兵来救苏州，再被顾全武击退。淮将台濛困守于苏州，偏将秦裴困守于昆山，两城互为应援，顾全武久攻不下。曾有人献计以火攻城，全武道："城中民居密集,战火无情难免殃及百姓,不可造次。"此后,杨行密又多次派兵进攻无锡、常熟,欲增援苏州、昆山,皆被杭州兵击退。苏州被围已经一年有余,眼见得城中料空粮尽,援兵无望。九月初一,刺史台濛、大将李德诚等趁着夜无月色,星光惨淡,率兵悄悄出城,杀开一条血路,冲出包围逃回常州,顾全武也不追赶,放了他一条生路。

苏州既平,顾全武乃命士卒向昆山城楼喊话,令秦裴出城投降,秦裴却突然率兵冲出城来见人便杀,遇兵便刺,因事发突然,杭州兵被砍杀了不少。顾全武急忙率兵上前截杀,秦裴即收兵退回城中,顾全武每日临城挑战,秦裴屡战屡败,士卒死伤无数。如此维持月余,昆山城中早已粮草告罄,士卒饥病交加,秦裴仍命披甲执矛,壮者张弓搭箭,死守城门。全武至阵前见此情景心有不忍,遂回营亲自书写檄文命人射入城中,以理劝秦裴投降。次日,秦裴命人携一密封书函送至全武营中,全武甚是高兴,立即召集诸将拆函观看,函中却是一卷佛经。诸将又气又恨,都知道全武曾当过和尚,这分明是嘲笑全武既入佛门却又领兵打仗,杀戮生灵,乃是投机钻营之徒,遂气愤道:"此贼欺人太甚,死到临头还如此挑衅,明日全力攻城,拿下此贼看他还如何嚣张?"顾全武却哈哈大笑道:"秦裴并非戏谑于我,而是要我出家人以慈悲为怀停止攻城,避免杀戮,却不思侵我州县、把我浙西军民搅入战乱以致生灵涂炭的是他们淮军,我浙西将士收复失地、捍卫百姓实为正义之战。待我再修书向他晓谕义理,劝其投降,才是免得生灵涂炭最好之举。"当下顾全武再修书命人送入城去,限他三日之内出降。

过了三天,秦裴既不出战亦不出降,城上鼓角无声,士卒无影,顾全武料得城中已是食尽力竭,急忙命众将士挖开护城河直至城墙之下贯通城基。这昆山城墙乃是用土坯夯筑而成,城基虽实以卵石,周围泥土被水侵泡却是松软易挖,不费太多功夫城墙即被挖通,挖出土石均被填入护城河中。城墙一旦挖通,顾全武大军蜂拥而入,守城将士数日无食,城中已是猫狗无存,鸟雀殆尽,哪里还有抵抗之力,秦裴只得率手下兵将出降。顾全武将城中降兵集中一起,统共不足百人,个个歪头垂手,站犹不稳,全武见之心有不忍,即命军士煮三千人稀粥供城中军民饮食。众百姓见这些淮兵也在人丛中吃粥,心有怨恨,纷纷上前斯打骂道:"我昆山好端端一座城池被你们淮兵搅扰到如此地步,许多人家破人亡,好不凄惨。"顾全武急命将士把这些淮兵护送回军营,并劝说众人道:"父老乡亲穷困至此,其罪不在这班兵卒,乃在淮帅杨行密,请不要为难这些兵卒。"众怒遂慢慢平息。

顾全武将俘得淮军将士押赴杭州,彭城郡王见了秦裴问道:"你将寡兵少,粮缺料乏,疲弱如此,怎敢抗拒我军竟达一年之久?"秦裴答道:"昔日有关云长义不负刘备,我秦裴自当义不负杨公,今粮尽力屈而降,乃为全城百姓和众将士之活命而已，非秦裴心降也。"全武对钱王道："如此忠贞之将今不多见，还望大王宽宥之。"钱王亦颇赏识秦裴英勇气概，乃从全武所请，从此军中多称顾全武为"长者"。

苏州既复，钱王命嘉兴都将曹珪为苏州制置使，不久又命曹珪为苏州刺史。

再说昭宗皇帝终于说服韩建与李茂贞言和，共同辅佐皇帝，眼见回京有望，想到可以结束这噩梦般的流亡生活，祈盼着从此走向光明之路，遂于乾宁五年（898）春正月改元光化。

二月，彭城郡王奏请移镇海军治所于杭州，昭宗皇帝制敕从彭城郡王所请。

七月，昭宗皇帝又敕授彭城郡王为检校太师，赐定乱安国功臣。

八月，京都宫殿修整完工，昭宗皇帝终于车驾还京。

十月，皇上敕命彭城郡王兼两浙安抚使，加食邑一千户，实封一百户。

十一月，淮南送前苏州刺史成及回杭州，钱王亦送魏约等淮将回淮南。

昭宗皇帝自回到京都后时常想起彭城郡王，光化二年（899）二月遣中使高品、周道安至杭州，敕改钱镠故乡石镜乡为广义乡，临水里为勋贵里，并命于大官山之巅建塔，赐名功臣塔，以表彰彭城郡王之功绩。又赐号两浙行军司马杜稜以下一百二十人为赞忠去伪功臣，敕授行军司马杜稜为检校太子太保，以表彰平董昌之功。四月，敕升杭州为大都督府。五月，遣中使王金峰赍昭封钱王为南康王，加食邑一千户，实封一百户，至此钱镠以南康王之尊一统吴越，位尊极品，上上下下好不荣光。

在满堂的赞誉声中，钱王不仅有些思念故乡，亦深感上报皇恩至德、下保百姓福庭之重任仍须依仗天助，更当虔仰神灵，遂欲重修临安大涤山天柱观。

这大涤山在茅山之东二十里，乃道教洞府名山，被后人列为天下二十四洞天之第五，谓之大涤元盖之天，意为可以洗涤尘心。主峰为大涤山之天柱山，周围有青檀山、青梓山、青苔山、高黄山、白鹿山、九锁山、龙山、凤山、狮山、象山、丹山、案山、乳山等山相拥，主峰独尊，气势恢宏。山上岩石或矗立或倒悬，或如高台，或似露盘，大树参天，野果累累，山花烂漫，清露晶莹，曲径清溪，云蒸霞蔚，青山倚天分九峰，深居虎豹盘蛟龙，集天地之精气，采日月之华光，真乃返璞归真之福地也。山中又多有洞窟，有大涤洞、石室洞、栖真洞、归云洞、白茅洞（据传此五洞相连）、桃花洞、蜕龙洞、鸣凤洞，洞皆有泉，有大涤泉、天柱泉、桃花泉、抚掌泉、洗药泉、冰泉、丹泉等。其中大涤洞在天柱观（宋时改名洞霄宫）西北半里许，洞门有天成石鼓，径约八尺，击之有鼓声。委曲入内，有一石柱倒悬当道，犹如门帘，使仙凡阻隔，名曰过柱。入得洞内，宽约丈余，中有园井，深邃莫测，闻之有水浪之声。据传，这大涤洞有隧道与华阳、林屋二洞暗通，华阳洞乃道教第八洞天，位于金陵句容东南茅山之大茅峰下,林屋洞在太湖中包山(今西洞庭山)下,一名洞庭穴,潜行水底,无所不通,确是修心养性之所在。如此洞天福地自当引得无数高士名道前来传经布道、修身炼丹:汉代元封三年(前108)即在大涤洞前建有汉宫坛,为考校灾祥之所;东汉道教天师张道陵降生于天目山下,从太学学成后亦曾来天柱观讲授五经,彼时有杜琛先生居栖真洞,不食烟火,日行千里;东晋有郭文举在此修炼多年,得飞化之道,能驯服猛虎,乘鹤升天;江西许迈、江苏葛洪均曾在此炼丹制药;唐代天师叶法善亦在此仙居二十余年。本朝高宗皇帝于弘道元年(683)使道士奉敕在此创建天柱观,中宗皇帝又赐观庄一所,历经二百余年,如今天柱观已是殿宇破败,门庭冷落。

南康王恭请道士闾丘方远携道众三十余人同行,周游洞府,历览诸山,规划重建天柱观,并奏请皇帝恩准。

闾丘方远生于舒州天柱山下,祖先齐人,父闾丘闿以文学见长。方远幼时聪慧善辩,师从庐州道士陈玄悟,不久传法箓于天台主洞霄宫叶藏质,又好儒学,以葛稚川、陶隐居为师友,诠注太平经十三篇。方远初次入府拜见钱王,席间谈论庄子、老子学说,见钱王谈兴不浓,遂匆匆结束话题告退,心中叹道:"钱王乃一盖世英雄,不宜与之谈论玄虚之道。"次日再入府拜谒,陈述春秋之义,钱王与之交谈直至日尽兴犹未了,从此钱王对方远先生厚加礼遇,如今更委以重建天柱观之重任。

光化三年(900)七月,天柱观建成,钱王亲作《天柱观记》以记其事:

天柱观者,因山为名。按传记所载,皆云天有八柱,其三在中国:一在舒州,二在寿阳,洎今在馀杭者,皆是也。又按道经云:天地之内,有十大洞天、三十六小洞天,如国家之有藩府、郡县,递相禀属。其洞天之内,自有日月分精;金堂、玉室仙官,主领考校灾祥。今天柱山即真诰所谓:大涤洞天者也。内有隧道,暗通华阳、林屋。皆乘风驭景,倏往忽来,真踪杳冥,非世俗所测。而况大江之南,地兼吴越,其峰峦,西接两天眼之龙源,次连石镜之岚岫,东枕浙江之迢派,可谓水清山秀,兼通大海,及诸国往还。此外又有东天目、西天目及天竺之号,得非抗苍崖於穹昊,耸绝壁於云霄。立天为名,以标奇特耶! 若乃登高望远,则千岩万壑,金碧堆叠;龙蟠虎踞,灵粹滋孕。代生异人,非山秀地灵之所钟袭,其孰能与於此乎? 就中天柱,风清气和,土腴泉洁。神蛇不螫,猛兽能驯。自汉武帝酷好神仙,标显灵迹。乃於洞口建立宫坛,历代祈禳,悉在此处。东晋有郭文举先生,得飞化之道,隐居此山,群虎来柔。史籍具载,乃於蜗庐之次,手植三松,虬偃凤翘,苍翠千载,今殿前者是也。洎大唐创业,以元元皇帝为祖宗,崇尚元风,恢张道本。天皇大帝,握图御宇,授箓探符。则有潘先生宏演真源,搜访神境。宏道元年，奉敕创置天柱观焉。仍以四维之中，壁封千步，禁彼樵采，为长生之林。中宗皇帝玉叶继昌，元关愈辟，特赐观庄一所，以给香灯。於是台殿乃似匪人工，廊槛而皆疑化出。星坛月砌，具体而微。则有被褐幽人，据梧高士，挹澄泉之味，息青萝之阴。叶天师法善、朱法师君绪、吴天师筠、暨天师齐物、司马天师承祯、夏侯天师子云，皆继踵云根，栖神物表。骨腾金锁，名冠瑶编，出为帝王之师，归作神仙之侣。金错标字，翠珉流芳。昭晰具存，不俟详录。其馀三泉合派，双石开扉，药圃新池，古坛书阁，各有题品，足为耿光。镠此际蒙圣朝叠安藩阃，绾阃间之封略，统勾践之山河，宠极萧、曹，荣兼李、郭。缅怀斯地，实而维桑。素仰真风，备详前事。但以此观创置之始，本对南方。后有朱法师相度地形，改为北向，虽依山势，偏侧洞门，其洞首阴背阳，作道宫而不可，致左右岗垅与地势，以相违背洞门而不顺百灵，使清泉欲侵白虎，致使观中寥落，难驻贤能。皆为尊殿背水，激冲之所致也。乾宁二年，镠因历览山源，周游洞府，思报列圣九重之至德，兼立三军百姓之福庭，於是斋醮之馀，遍寻地理，观其尊殿基势，全无起发之由，致道流困穷，二时而不办香灯，竟岁而全无醮阅。遂抗直表，上闻圣聪，请上清道士闾丘方远与道众三十馀人，主张教迹，每年春秋四季，为国焚修。镠特与创建殿堂，兼移基址，山势有三峰两乳，兼许迈先生丹灶遗迹犹存，遂乃添低作平，减高为下，改为甲向，是五音第一之方，而乃添培乳山，却为主案。寻即一二年内，法主两沾渥恩，道侣益臻，常住咸备。青牛白鹿，堪眠琪树之阴；绛节霓幢，不绝星坛之上。得不因移山势，而再振元风者哉？寻又续发荐章，奏闾丘君道业，圣上以仙源衍庆，真派流辉，方瑶水以游神，复华胥而入梦，欲阐无为之教，欣闻有道之人。敕赐法号：为妙有大师，兼加命服。虽寒栖带索之士，不尚宠荣；在法桥劝善之门，何妨显赫？其次毕法道士郑茂章，生自神州，久栖名岳，元机契合，负笈俱来。镠幸挹方瞳，常留化竹，副妙有大师，三元八节，斋醮同修。福既荐於宗祧，惠颇霑於军俗。寻发特表，蒙鸿恩，继赐紫衣，焚修於此。其大殿之内，塑天尊真人，龙虎二君，侍卫无缺。其次别创上清精思院，为朝真念道之方。建堂厨，乃陈鼎击钟之所。门廊房砌，无不更新。天风每触於庭除，地籁时闻於窗户。兼为亲隶观额，以炫成功。非矜八体之能，贵立永年之志。妙有大师闾丘君，灵芝禀异，皓鹤标奇，诞德星躔，披灵霓洞。朝修虔恳，科戒精严，实紫府之表仪，乃清都之辅弼。加以降神之地，即舒州之天柱山也。游方有志，蹑屩忘疲，自生天柱之前，驻修天柱之下，察其符契，信不徒然。此乃修崇，实同搜抉，所谓道无不在，代有其人。爰自开基，至於功毕，备仙家之胜概，畅圣祖之真风，遂录画图，封章上进。奉光化二年十一月二十七日诏旨：敕钱镠，省所奏进重修建天柱观图一面事，具悉。我国家袭庆仙源，游神道域，普天之下，灵迹甚多，然自兵革荐兴,基址多毁,况兹幽邃,岂暇修营?卿考辑图经,知列圣崇奉,亲临胜概,重葺仙居,仍选精悫之流,虔备焚修之礼,冀承元贶,来佑昌期。岂唯观好事之方,抑亦验爱君之节,既陈章奏,披玩再三,嘉叹无已,想宜知悉。冬寒,卿比平安好,遣书,指不多及。懿夫!地出灵阜,天开洞宫,三皇之前,真圣非一,莫匪乘虚蹑景,出有入无,虽或挂於传闻,不可知其名氏,皆分洞天而理,即大涤居其一焉。天柱观即汉以来,迄於唐室,修真之士,继蹑清尘,当四方俶扰之时,见一境希夷之趣。今也,仙宫岳立,高道云屯,六时而钟磬无虚,八节之修斋罔阙,有以保国家之景祚,福两府之蒸黎。镠今统吴越之山河,官超极品。上奉宗社,次及军民,莫不虔仰神灵,遵行大道。时也,圣明当代,四海归心。忝蒙委以东南封爵功臣,兼颁金券,家山衣锦,兼两道之油幢,上承一人,倚注之恩;次荷正真,护持之力。元元至圣,崇敬福生。大道真科,是无为化致,乃及身於此。合刊贞石,用俟后贤。时光化三年七月十五日记。

天柱观建成,方远先生即为住持,钱王又奏请皇上赐紫,加敕号玄同先生。某日夜,钱王梦见方远驾鹤而至,甚是称奇。罗隐亦常来听方远讲学,方远只是闭目授课,从不与罗隐谈论他事,门人夏隐言对方远道:"罗记室乃王上幕宾,先生为何不与叙话?"方远道:"罗隐才高而性情怪癖,我除了授书不想谈及他事。"罗隐亦尽师弟之礼。这是后话,按下不提。

光化三年(900)九月,南康王巡视婺州,命浙西营田副使沈夏权任婺州刺史,次日又至东阳处理王永之乱。

原婺州刺史王坛本系孙儒部将,孙儒败亡后,王坛不得已率手下三千人投奔浙西睦州,睦州刺史陈晟怀疑王坛诚意,遂只是命其于城外驻扎兵马。不久,王坛煽动睦州的三河镇将陈岩与其合兵攻打浙东的婺州。婺州刺史蒋环不敌,乃弃城奔会稽董昌而去,王坛即据有婺州。王永,婺州所属东阳镇镇将,自恃有实力,于东阳镇修城墙、置鼓角,又建宫楼舞榭,甍栋相接,因不服王坛据有婺州,遂图谋攻取本郡,累与王坛互相攻伐。时董昌之乱刚平不久,钱王因婺州黎庶受董昌之乱困扰多年,不欲百姓再受战乱之苦,乃命王坛罢兵并招王永回杭州处置。王坛不服,乾宁五年(898)九月又遣将攻打东阳,钱王再勒令其不要挑起战乱,王坛竟联合衢州刺史陈岌一起发动叛乱,宣布投靠淮南杨行密。钱王忍无可忍,闰十月下令顾全武出师讨贼。

衢州、婺州地处狭长的金衢盆地,自西向东有衢州、龙丘(龙游)、兰溪、婺州、义乌、东阳等州县,盆地之南为仙霞岭,盆地之北自西向东有千里岗及龙门山、会稽山,盆地西段有衢江东流,东段有东阳江西流,于兰溪会合成兰江,乃是钱塘江之上流。顾全武命副指挥使王球率领五千兵马经睦州南下,于光化二年(899)正月在龙丘之西渡江,迅即包围龙丘。不几日,王球冲开寨栅大败守军,并攻占龙丘,切断了婺州与衢州联系,顾全武随即发兵进攻婺州。彼时王坛已成围中之兽,危在旦夕,遂急忙派人至宣州求田頵出兵相救,田頵对两浙觊觎已久,今有王坛求援,机会难得,乃于四月命淮将康儒等调集一万大军径奔婺州而来。五月,康儒攻占龙丘,王球败走兰溪。钱王令副指挥使方秘、罗聚等率兵一万前往增援,随即又攻取兰溪、义乌等县,仍将康儒兵马拒之于兰溪以西。淮将康儒、徐从皋等屡屡进攻兰溪,欲与婺州王坛连成一片,却屡屡失败。钱王遣从弟钱铢率兵大败淮军于轩诸,断绝其所有粮道,双方相持数月之久,康儒等终因粮草不济难以坚持,于光化三年(900)三月率兵由清溪逃回歙州。如今王坛被困于婺州孤立无援,这婺州又没有罗城只有子城,城周仅四里,虽然南临金华江,东近义乌江,西、北两面却无屏障,实是易攻难守之地。王坛自知难以固守,只好弃城北逃投奔田頵去了。婺州之乱平,钱王以沈夏为婺州刺史,又亲至东阳诛杀王永,以谢东阳百姓。

随后,钱王又亲至衢州,刺史陈岌出城请罪。陈岌乃陈儒之弟,两人本是黄巢部将,投降朝廷后,陈儒任衢州刺史,任职十年,与衢州百姓颇有惠爱,每年秋收季节,陈儒兄弟必至城南绿野亭观看农民收割,视年景好坏量情定赋。后陈儒病故,遂以陈岌为衢州刺史。王坛之叛陈岌虽曾响应,却并无攻城略地、兴兵杀伐之举,今既请罪,念及兄弟两人在衢州有德政,钱王仍以陈岌为浙东安抚副使,以顾全武暂时代理衢州刺史。

至此,浙东、浙西之乱皆平,终于归为一统。

十月,昭宗皇帝遣使命写南康王钱镠真容,列于皇城凌烟阁,此乃唐朝皇帝对勋臣的特殊褒奖,以示皇帝子孙对勋臣的永志不忘。钱王即命画师写容,交天使呈进。

第十七回 宦官弄权圣上屡蒙难 藩将争雄皇帝频遭挟

  昭宗皇帝从华州回到京都,虽摆脱了韩建的挟持,却又陷入宦官与官僚争斗的旋涡中。昭宗皇帝历来憎恶宦官专权,一心依仗以宰相为首的朝臣与宦官集团相抗衡,大顺二年(891)曾设计除去权宦杨复恭,使得宦官势力备受打击。然多年来,神策军却始终掌握在宦官手中,那些手握军权的宦官怎甘心坐以待毙,于是一场宫廷政变始终在权宦们的心中酝酿。

  光化三年(900)十一月初六,昭宗率侍从狩猎于苑中,夜深方归,因醉酒缘小故而手杀黄门、侍女数人,至次日晨巳尚未开启宫门。宦官刘季述时任神策军左军中尉,得宫中太监密报,即至中书省对宰相崔胤道:“此时宫门尚紧闭,宫中必有变故,我乃内臣,须得入内宫查看处置。”遂亲自率领神策军千人破门而入,见宫中情状,知这是废尊立幼之极好机会,便出宫对崔胤道:“圣上如此所作所为岂能继续治理天下! 废昏立明自古有之,为社稷大计,非不顺也。”崔胤在众禁军面前不敢反驳,刘季述乃陈兵于殿庭,伙同宦官神策军右军中尉王仲先、枢密使王彦范、薛齐偓等强迫百官作联名上书,请太子监国,崔胤等不得已而署之。拿到百官联名状后,刘季述即刻率领神策军至乞巧楼面见皇上,奏曰:“陛下厌倦大宝,中外群情愿太子监国,请陛下保颐东宫。”皇上欲申辩,季述不允,皇后无奈取传国玉玺授予季述。宦官送皇上、皇后及嫔御侍从十余人至少阳院幽禁,由神策军左军副使李师虔领兵看护。为防止昭宗出逃,又下令熔铁浇于锁上,每日饭食从墙根挖小洞送入。次日,刘季述矫诏令太子嗣位,更名缜,以昭宗为太上皇,皇后为太上皇后。

  宦官们一面为稳定局面而大肆封赏文臣武将,求媚于众,一面为震慑朝野大开杀戒,先是斩杀了御弟睦王李倚,又杀死得宠于昭宗的宫人、方士、僧侣。刘季述还欲杀宰相崔胤,后因得知崔胤与朱全忠有交,恐全忠报复,遂只是解除了崔胤的度支、盐铁、转运使,宰相之职如故。对各地藩镇首领亦分别升官晋爵,进封南康王钱镠为东安王,钱镠拒不受命。

  宦官囚禁昭宗,拥立太子,引得朝野上下有识之士义愤填膺:致仕左仆射张浚急至洛阳拜见刺史张全义,劝说其出兵匡复,又修书给各地藩镇劝诸藩出兵勤王;无棣进士李愚客居华州,上书给韩建道:“明公地处要冲,位兼将相……驰檄四方,谕以逆顺,军声一振,则元凶破胆,旬浃之间,二竖之首传于天下,计无便于此者。";天平节度使李振劝朱全忠道:"公为唐之恒、文,安危所属,季述一宦竖耳,乃敢因废天子,公不能讨,何以复令诸侯!且幼主位定,则天下之权尽归宦官矣,是以太阿(宝剑名,指权柄)之柄授人也。"

　　因担心诸藩镇兴师问罪,刘季述欲将矛盾转移至朱全忠方面,乃派自己的干儿子刘希度到大梁,向朱全忠说明自己废立皇帝的原因,并许诺把唐政权交给全忠,又派遣供奉官李奉本将伪造之太上皇的退位诏书给朱全忠看,以求得朱全忠的支持。宰相崔胤也私下遗书朱全忠,请他带兵攻打刘季述,以清君侧,靖君难。起初,朱全忠因贪婪于唐政权而欲与季述联手,遂把崔胤的书信转交于季述,并说崔胤反复无常,让其多加小心。刘季述看信后立即把崔胤找来责问,崔胤急中生智推说信件是奸人伪造,自己与百官均上了联名状,与季述自是同盟,又游说季述:"全忠一旦进入京师,你、我都会被其以剿灭叛逆为名而诛杀,当务之急应团结一致,共同商议对付诸藩之良策。"事后,崔胤再致书于朱全忠,阐明此时如贪恋唐政权,则正中季述之下怀,将成为诸藩众矢之的。朱全忠刚沉浸于权力的幻想,被崔胤一封信唤醒过来,遂坚定了讨伐叛逆宦官的决心,立即下令将刘希度一伙人扣押,同时派天平节度副使李振到京城与崔胤合谋讨伐刘季述一党。

　　争取到了朱全忠的支持后,崔胤又策反了左神策军将校孙德昭、周承诲、董彦弼。天复元年(901)正月初一,王仲先坐着轿子上朝,行至安福门时被预先埋伏于此的孙德昭部下斩杀,德昭又将监守少阳院的看守统统捉获,随后恭请昭宗与皇后一起出少阳院,由宰相崔胤搀扶登上长乐门城楼,百官齐呼万岁,拥护昭宗复位。周承诲等将刘季述、王彦范等押解上殿,众人愤怒,手持廷杖将二人杖毙于乱棍之下。昭宗复命将刘季述、王彦范、王仲先、薛齐偓满门抄斩,太子李裕罢黜为濮王,对有功之人大行封赏,任孙德昭为平章事充静海节度使,赐姓李,名继昭;任周承诲为岭南西道节度使,赐姓李,名继诲;任董彦弼为宁远节度使,赐姓李,名彦弼,三人同为平章事,同留京宿卫,时人称为"三使相"(节度使宰相),对崔胤亦更加宠信。

　　此次变故朝廷上下大多支持昭宗复位,使得皇帝精神为之大振,即于复位后改年号天复,发布《改元天复赦文》,提出恢复经济、稳定民心、选拔贤能、整顿吏治、体恤民间疾苦、减免租税徭役等诸多措施。但是朝廷历经多次变乱,皇威早已扫地,如此诏令也只能是一纸空文。

　　光化三年(900)十月,镇海军治所于杭州建成,新治所由旧州治扩建而成,内有握发殿、都会堂、叠雪楼、思改堂、青史楼等。治所落成之日,南康王钱镠亲率文武臣僚、宾佐从事游览各殿堂,兴致所至诗兴勃发,遂作《青史楼引宾从同登》

诗云：

云阁霞轩别构雄，下窥疆宇壮吴宫。洪涛日日来沧海，碧嶂联联倚太穹。

志仗四征平逆孽，力扶三帝有褒崇。如今分野无狼孛，青史楼标定乱功。

复命镇海军观察判官罗隐作《镇海军使院记》，曰：

惟天子建国，必维九牧。九牧既序，区分局署。两汉三公府有掾属，魏晋而降，则置行台。若魏以秦王仪镇中都，高齐以辛术监治东徐州事，皆行台之任也。其官属，则令仆，以至于尚书丞郎。唐制：由行台而置采访使，殆今节制之始也。镇海军旧治京口，大丞相以钱塘之众，东戡汉宏，西歼逆朗。天子不欲易其土，故自符竹四命，然后移军于钱塘。生物以宜，租赋以便。斥去旧址，广以新规。廓开闱阁，拔起阶级。俾幢节之气色，貔虎之出入，得以周旋焉！庚申年，加辟大厅之西南隅，以为宾从晏息之所。左界飞楼，右翦严城。地耸势峻，面约背敞。联楹巨栋，间架相称。雕爰之下，朱紫苒苒。非若越之今而润之旧也！疆场之事，则议之于斯；聘好之礼，则接之于斯；生民之疾痛，则启之于斯；军旅之赏罚，则参之于斯。非徒以酒食骈罗，而语言嘲谑者也！其府属以下，或八都旧将，或从公于征，或禀之于朝廷，或拔之于乡里。故天子，用清宫传道之选，以佐之；辑教民，论道之任以副之。其馀省秩卿曹，职领相次，自我朝藩服官属之盛，无加也。噫！大丞相之勋德，既藏之天府，而攀鳞附翼者，非镌刻乐石，其可久乎？光化三年冬十月，始命观察判官罗隐为记。

次日，南康王钱镠携吴夫人等挽扶太夫人至新治所，只见殿宇重重，飞檐层层，月台宽阔，楼阁高耸，雕梁画栋，朱门彩纬，好不宏伟气派。进入后庭便是使院，正中乃三层楼台，太夫人春秋已高，见楼高阶密遂望而却步，南康王素性至孝，索性蹬身背负太夫人稳步登上三楼，又命人搬来几案交椅，奉上茶果，一家人坐于前廊观赏四周景色。

这镇海军治所正坐落于凤凰山向阳坡上，地势高展，后庭更高，坐于三层台上，远近景色尽收眼底：只见近处脚下殿堂亭阁错落有致，列布眼前，虽不壮丽豪华却也威严肃穆；子城之外是街坊市肆，鳞次栉比，熙熙攘攘，气氛活跃却又井然有序；罗城之外却是大江，东连海天，西阻高山，隔江南望，农田阡陌片片相连，远山云峰参差天际，江面渔舟帆影飘忽，近处江岸又有许多码头，船只往返穿梭，人役来去匆忙，放眼望去一片太平祥和景象。太夫人长年生活于临安山区，如今见了这般光景连连赞叹不已。大家谈笑一阵后，太夫人收了笑颜道："可怜你父亲临弃世前尚念念不忘临境兵压杭州，深忧家乡不测，一晃儿过世已有数年，这番太平景象再也无缘看到。"钱镠忙道："父亲生前教诲孩儿铭记于心，绝不会让两浙百姓蒙受战乱之苦，自当尽力与邻境和睦相处。只是连年征战皇事繁忙，直至今日父亲灵柩尚未入土，实是孩儿不孝，现下两浙稍事安定，孩儿定为父亲选个绝佳的安息之所。"次日，南康王即令人选择墓址，营造墓室。

十一月，葬王考太师于安国县锦北乡清风里之南原。

转过年来春二月，一来老太师墓室已成，太夫人欲亲往祭祀以了却心愿，二来离乡多日，太夫人亦思乡心切，三来大官山顶峰功臣塔建成，正好举办落成庆典，以此南康王率领眷属及数十名亲兵奉太夫人同回安国县广义乡勋贵里。钱镠既贵为南康王、两镇节度使，如今算是衣锦还乡，便欲宴请众乡里以答谢幼时乡亲们的眷顾之情。一行人行至离勋贵里尚有十余里之青山镇，便有马绰率领百余名安众营兵将在此迎候，钱镠与马绰乃同窗好友，同起兵于临安，又是舅兄，旧地相见自是十分亲切。两人并辔缓缓而行，谈起早年往事，时而喜形于色，时而愤愤不已，时而笑声朗朗，时而低声慨叹，不知不觉间已临近勋贵里，马绰道："兄长如今贵为王爷，既然衣锦还乡，自当隆重热闹，小弟回营带上几百兵丁，多备木料器材，在钱坞垅旧居前搭建厅堂，再备些彩缎绸布装饰一下，里边摆上百数十张桌子，两三天即可准备停当。"钱镠忙摆手制止道："十余年来两浙战事不断，人力、财力损耗无数，岂可因我回乡省亲再耗费精力！一旦我起了头，大家争相效仿，岂不增加乡里负担，坏了风气。钱坞垅前皆是乡亲们耕地，一旦被毁更伤了乡亲们的心，此事万万不可如此铺张。我看宴饷乡亲之所不妨选在石镜山旁大樟树下的晒谷场上，那里场地宽阔，足可摆下百余张桌子。就以大樟树之荫作厅堂，树上横挂几匹红绸权作天棚，以免鸟粪下落，周边树丛再披挂几匹彩缎以充四壁壁衣，如此既省钱省力、不占农田，又热闹喜庆、轻松随意。"马绰道："兄长不愧是一代明主，时时处处想的是父老乡亲，我这就回营去办理此事。"

清明这日，南康王钱镠率家眷奉太夫人来到清风里南原之明堂山太师墓前，祭奠王考钱宽。只见太师陵寝规模虽不宏大，倒也庄严肃穆，后有青山依靠，前有土岗朝案，左右龙砂、虎砂相扶，周围群山环抱。宝顶东西宽十余丈，南北长四十余丈，内有两个墓室，太师墓居西，东墓室乃为太夫人预留。墓前有神道，两旁列置石象生，墓旁建有享堂。钱王在太师灵柩归葬时曾亲率儿孙前来拜送祭奠，只有太夫人因年事已高又逢天气寒冷未曾来过，今日一见如此光景，心中十分宽慰，对钱镠道："这陵墓修得十分考究，你父也已入土，我已无任何牵挂了。"祭拜完太师墓又至九州庙及茅山等处祭拜列祖列宗。

次日，阳光和煦，春意盎然，石镜山下熙熙攘攘好不热闹，大樟树树荫下横挂着十数幅红缎，后面山脚和两侧树上亦悬挂了数十匹锦缎，宛如一座无比宏大秀丽的殿堂。南康王钱镠携传玠、传瑛、传璙、传懿、传璛、传瓘等几位较年长的儿子及安众营诸位将领款款入场，众人起立额手相迎，几位长者乡绅走上前向钱王施礼问安。钱王请大家入席，并邀请几位耄耋老人共同在首席落座，诸子及众将亦分别与乡亲们一起在各席就座。钱王举杯向乡亲们问候致意，请大家开怀畅饮，众乡亲哪里见过这等场面？谁敢放肆痛饮？钱王见此情形便说起儿时趣事，说到乐处逗得众人哈哈大笑，气氛也逐渐活跃起来，大家遂频频举杯，满堂欢声笑语，气氛十分热烈。钱王又向几位老翁动问近几年来乡中是否平安及年景收成情况，一老翁道："托王爷福，县中驻有安众营官兵，外无强敌侵扰，内无盗贼姿事，民众自然安泰。"又一老叟道："这几年百姓安定，勤于农桑耕作，收成也很好。"另一老者道："乡中百姓生活虽都有所提高，然天目山年年都爆发山洪，一旦山洪暴下，笤溪两岸农田多被冲毁，甚至冲塌沿溪民居，实在是乡中大患。"钱王请教大家治理意见，众人道："历来防治洪汛就是勤修堤坝，在堤外险要处增修斜向竹篾，实以大卵石，以阻洪峰水势，保护堤坝安全。"当下钱镠即命马绰在雨季之前带领安众营官兵修好苕溪堤坝，尽量避免山洪冲毁堤坝、毁坏农田民舍之事发生，众人听了更是兴奋万分。钱王又与乡亲们谈论如何发展农桑，如何开发山林，不知不觉日已西沉，钱王方向众乡亲告辞。

第三日，南康王亲率马绰等将领及临安县官吏僚佐一同登上大官山，庆祝功臣塔落成。此塔乃昭宗皇帝为表彰彭城郡王功绩而建，赐名"功臣塔"，建于大官山之巅。大官山高六十丈，周五百丈，满山青松滴翠，山脊多奇岩怪石，石镜溪绕西北山脚潺潺流过，功臣塔犹如擎天玉柱自万绿丛中拔地而起。此塔共五层，层层重檐，四面设门，顶置葫芦，拾级而上，通达顶层。在塔顶极目四望，远山近水、村落军营尽收眼底，山之阴直至北面茅山下皆为安众营驻地，山之阳乃是钱坞垅钱王旧居之地，驻足塔顶令人增添无限遐想。

自临安返回杭州，南康王心中时时挂念家乡父老所言苕溪山洪暴发冲毁农田庐舍之事，遂与皮日休讨论，皮公建议道："我两浙多丘陵，各处皆有山洪急下冲毁农田民居之事，唯东府越州有鉴湖之利，可使下游农田旱涝无虞，大王不妨亲去越州考察，或有裨益。"钱王道："如此我们可同去越州考察。"

四月，南康王率领皮日休、沈崧等属僚亲巡东府，考察越州水利农桑诸事。这越州地界南面有会稽山脉，山高峦密，沟壑纵横，多雨季节时有山洪暴出，山下即一片倾斜平原，南高北低，留不住积水，一旦数日无雨，则田无积水，禾苗干枯。北面却是钱塘江口，浩瀚海湾一望无际，潮汛暴涨时海水倒灌，浸泡农田，碱杀禾苗。因此自古越民深受南边洪水、北面海浸、地无积水之苦，所垦农田皆属"下下等"。

东汉顺帝永和五年（140），会稽太守马臻为彻底改良越州农田，带领十万会稽百姓从会稽城东大门（五云门）起向东直至东小江（曹娥江）边修起一条大堤,长七十二里,又从常僖门起向西直至西小江(钱清江)边也修起一条大堤,长四十五里,将三十六条出自会稽山之水截留于堤内,形成东湖、西湖,合称为鉴湖(或镜湖、长湖),南岸至会稽山脚,周三百五十八里。鉴湖湖面高出堤外农田丈余,而农田又高出海面丈余,堤上设数十所水门,山洪暴出,水积于湖,久旱不雨,开闸灌田,这鉴湖水可溉田九千余顷,使"下下等"田地一变而成膏腴之地,堪与关中八百里秦川媲美。

鉴湖湖中错列有岛屿一百多个,岛上不乏奇山怪石,绝尘幽洞。如城东十余里的箬簀山,今东湖因取石修城,凿去了北面半座山,留下屈曲的悬崖峭壁立于深水之中,幽谷深潭,石壁漏窗,岩屋洞天,乘轻舟穿梭其间,如入蓬莱仙境。又如城西三十里的柯山,漂浮于西湖水面,犹如太液琼台,山上因采石留下了诸多绝壁、洞穴、石潭、天柱。最为奇特的是一炷云骨,高十余丈,底围仅丈余,上宽底瘦,顶有古柏,虬劲屈曲,苍翠欲滴,从湖上远望,犹如玉簪自苍天直插于湖中。南岸会稽山如鉴湖屏风矗立湖面,中间高峰云雾缭绕,晨昏之时紫气蒸腾,犹如天际烟火朝天焚祭,人们名之为香炉峰,人登其间倍感飘飘欲仙。山谷之中有几处寺庙,晨钟暮鼓,香火不绝。山下湖边又有兰亭、禹王陵庙等古迹,红墙灰瓦,飞檐晓角,隐现于绿树荫中。东、西湖之间有一条石板铺就的曲折官道,自越州城偏门外蜿蜒通向会稽山下,犹如鉴湖身上的一条玉带,更有数个凉亭、虹桥如玉带袴镶嵌其间,又似一条天路从越州城引向会稽山,登上香炉峰,在云雾飘缈间升上云天。越州城东二十二里的石帆山(吼山)亦有许多长期采石遗留下的险峻怪异的石景,有直切成壁,有尖削为峰,有劈为二门,有直竖为柱,形态各异,散布山间,其中以名为"棋盘石""云石墩"的景致最为著名,高二十余丈,顶广八丈,底部瘦削,一似蘑菇,一似石案,人人见之皆愕然惊叹,远处望之又犹如船帆,因之名为石帆山。

会稽山深处曲曲弯弯、文文静静流淌出一条若耶溪(又名浣沙溪,今名平水江),溪水清澈,两岸叠翠,给会稽山增添了几分神秘色彩。

自马太守修堤建湖以来,水患变为水利,越州一跃成为沃野千里的鱼米之乡,而越人以鉴湖之水酝酿之酒亦醇香满室,远近闻名,成为文人墨客、英雄贤士抒发豪情壮志、诗情画意的良朋好友。鉴湖之美似一副天然长卷,山清水秀,柳暗花明,引得无数文人墨客来此游山玩水,吟诗作画。晋永和九年(353),书圣王羲之与谢安、孙绰等四十一位名流会聚兰亭,流觞作诗,王羲之乘兴而作《兰亭集序》成为永世佳话。王羲之曾描绘山阴道及鉴湖曰"山阴道上行,如在镜中游";唐代诗仙李白畅游鉴湖亦有"镜湖水如月,耶溪女如雪"之叹;诗圣杜甫也咏诗"越女天下白,鉴湖五月凉";贺知章在《采莲曲》中道"稽山罢雾郁嵯峨,镜水无风也自波"。

此次考察使南康王深深认识到治水之利广惠于民。回到杭州，南康王即命马绰在修完苕溪防洪堤后，继续率兵前往浙西其他洪水多发之山区治理水患。

五月，昭宗皇帝敕授钱镠守侍中，进封彭城王，加食邑一千户，实封一百户，又封石镜山为衣锦山，大官山为功臣山，安众营为衣锦营。

八月，昭宗皇帝敕授钱镠第七子钱传璛为礼部尚书，遥领邵州刺史。

九月，钱王命指挥使陈璋为衢州刺史。

九月四日，太夫人水丘氏于大都督府无疾而终，钱王悲痛欲绝，好在生前墓已建成，太夫人亦亲往视察，甚觉满意，钱王心中寥为宽慰，即命人操办丧礼，与王考太师合葬于锦北乡。太夫人生前因钱王而屡屡升迁，初封为河南太君，再晋封吴兴郡太夫人，如今封为秦国太夫人。

宣州留后田頵得知钱王因母丧丁忧，衣锦营兵马又大批开赴浙西山区治理水患，心道此乃攻取杭州天赐良机，遂派大将李神福、吕师造率兵进犯杭州。李神福与田頵等同随杨行密起兵于行伍，虽不通儒学，却为人忠顺仁义，为士卒所拥戴。神福先以五千兵马进攻千秋岭，而千秋岭守关杭州兵仅千人，情急之下守关军将急调昱岭关等处守军支援，神福趁机率主力兵马万余急攻昱岭关，迅速攻陷关隘直取临安，此时衣锦营已经空虚，遂为李神福占据。

军报传至将军府，顾全武见事态严峻，急与方密率师西进御敌，与宣歙兵马相峙于余杭镇、青山镇之间。全武将兵马从径山至午潮山列成八寨，取拦截之势，李神福将前锋驻扎青山镇南苕溪外，主力营于衣锦营西北，取进攻之势，两军相持，频频相攻，互有伤亡，却都进取不得。李神福心知自己劳师远征，如此相持颇为不利，须得引杭州兵离营远出于路中突然袭击才能取胜，主意既定，于军中大肆诡言："粮草不济，宜尽速还师。"对俘获杭州兵亦看管松懈，任其逃还不加追究。次日黄昏，神福命老弱残兵高举旗纛缓缓前行，又命吕师造率精兵五千于青山设伏，自己则率领其余兵马殿后，缓缓向北退去。顾全武得报即命方密西进收复衣锦营、青山镇，自己则率领三千精兵连夜追击李神福。追了两三个时辰，队伍进入一个山谷之中，此时天已微露晨光，只见两边山高崖险，绝壁难登，前后仅有一山径相通，全武心道不好，急命退兵。然为时已晚，前面李神福已率兵返回堵住去路，后边吕师造亦伏兵四起，截断归途，更兼峡谷之中广布棕绳竹索，来时因天色昏暗，又追敌心切，顾全武未曾警觉，如今两边山上宣歙兵士已将绳索拽起，挽于岩石或树上，顾全武兵将遂被困于绳网之间。急切间那棕绳竹索哪里砍得断？众兵卒纵有千般武艺、万斤臂力亦是施展不得，三千兵将都被生擒活捉。

李神福擒了顾全武即刻回师南下围攻衣锦军，方密据城坚守，神福久攻不下，两军相持于衣锦城内外。李神福怕宣歙兵骚扰钱王祖先陵寝，乃派兵将日夜守护，禁止人畜进入，不得樵采砍伐，又命全武及所拘诸将书写家信派人送往家中，免却家人担忧。被俘兵将深深感谢神福之德，顾全武亦对神福道："将军之仁厚恩德可谓大矣！倘若将军以诸葛孔明火攻之计堆起柴草一把火烧之，我三千生灵即刻化为灰烬，或者从山上施放乱箭，三千兵将亦无生还之理，我等得以生还，全赖将军之善念。"李神福道："神福素知顾将军乃出身佛门，即使于战场上亦不愿多伤害兵将，以此不得不给顾将军留一条生路。"顾全武等众兵将虽被看守于宣歙军营之中，却受到较好的待遇。

钱王得报大惊道："丧我良将也！"急忙派人至新城，命杜稜火速派兵增援衣锦城。临安乃钱王发祥之地，祖茔多置于此，因此顾不得丁忧，亲自率领杭州驻兵赶往临安。李神福得知两路援军到来，一旦被切断退路则势危矣，遂令各路兵马还师宣歙。钱镠来到衣锦城，见故居及祖茔完好无损，又听说李神福待顾全武等众将士甚善，乃深深慨叹道："杨行密有这等儒将岂有不盛之理。"

李神福担心顾全武等将领一旦落入田頵之手恐有不测，遂直接押往扬州来见杨行密。行密知顾全武乃不可多得的儒将，所行多仁义，以此待之甚厚，并欲劝其归附，怎奈全武对钱王忠贞不二，始终不肯应允，行密只好将全武款留扬州，待日后再作道理。

宦官韩全诲原是凤翔军监军，与凤翔节度使李茂贞相交甚厚，自年初刘季述一党被扫除后，全诲接任右神策军中尉一职。昭宗皇帝复位后，更坚定了彻底剿灭宦官势力的决心，遂与宰相崔胤商定凡有机密奏章一定装入囊袋中密封后呈送，不可在便殿面奏，以此避开宦官耳目。韩全诲等搜罗了数名美女进献给昭宗，通过这些美女暗中掌握皇上与宰相密谋之事，以此得知君臣二人正谋划欲彻底诛灭宦官。韩全诲急向李茂贞求援，李茂贞即以保护长安为名派几千兵马驻守京城，崔胤见此情景知计划已经泄露，忙致书朱全忠，称奉昭宗皇帝密诏令朱全忠率兵来长安讨伐韩全诲，恭迎圣驾。

十月，朱全忠发兵七万由河中向关中进发，迅速兵临长安近郊，韩全诲忙命李茂贞养子神策军都指挥使李继筠、李彦弼等率领禁军抵御，并准备劫持皇帝逃往凤翔。二十九日，宦官们将诸王及宫人先行送往凤翔，并将内库财务抢掠殆尽，十一月初一又放任诸军抢劫街市，京城大乱。十一月初四，韩全诲陈兵殿前威逼昭宗皇帝："朱全忠已兵逼京城欲挟持陛下东去洛阳，大有谋逆之心，臣等愿奉陛下西幸凤翔，再图讨伐逆贼。"昭宗不允，持剑登上乞巧楼，欲与逆贼拼死一搏。李彦弼纵火大肆焚烧后宫，昭宗不得已在熊熊火光中与皇后、妃嫔、诸王等百余人被迫离宫,恸哭之声不绝于途。十一月初五,李茂贞前来迎驾,昭宗被带往凤翔。

得知皇城遭劫,昭宗皇帝蒙尘凤翔,南康王钱镠悲泣不止,遣使至凤翔恭问皇上安好,并探听动向。昭宗皇帝召见来使,左右却都是李茂贞、韩全海一党,无奈只能对南康王问安表示赞许,又当着众人之面赐钱王御服夹袄子一副,降御札于衣襟以表示褒奖。使者回到杭州,禀明凤翔之行经过情形,并呈上御赐衣物,钱王心中悲痛,气愤难抑,待心境稍平,静思道:"昭宗皇帝御赐衣物难道是效汉献帝衣带诏故事命我发兵勤王?"遂将御赐夹袄仔细翻看一遍,除有御札一道外别无他物,御札中亦只有褒奖之词却无勤王之意。沉思片刻又将夹袄拆开翻看,亦无异常迹象,复命人唤来使者讯问,使者道圣上并无令南康王发兵勤王之意,钱王又问:"皇上赐衣物时都有何人在场?"使者道在场许多人,其中多是李茂贞、韩全海亲信。钱王终于彻底明白:昭宗皇帝已被李茂贞、韩全海严密控制,其人身自由已远不及汉末献帝,因此连衣带诏都莫能为之,但御赐夹袄已明示"衣带诏"之意。钱王忖道:"自两浙至凤翔远隔千山万水,中间还有杨行密、朱全忠、韩建、李茂贞等强藩重重阻隔,我两浙却只有区区数万兵力,岂能通过这等虎狼之地到得凤翔救驾?即使到了凤翔,这粮草如何接济?此事实难为之。且邻境田頵、安仁义对我两浙之地始终虎视眈眈,如今我主力一旦离境远征,则两浙之地必为二贼占据,吴越百姓亦必然遭殃,此举万万不可行。如何才能解脱皇上之危呢?"思来想去实在无能为力,也只好恳请苍天保佑吧。

次日,钱王亲至大涤山天柱观,命玄同先生闾丘方远于龙瑞宫建上元金箓醮,降神驱魔,攘灾祈福,保佑皇帝早日脱难,降福百姓岁岁平安。接连三日大雪纷飞,只有醮坛之上、殿宇屋顶无所沾洒,又有一黑虎,于举醮期间常蹲于宫门外守候,直至醮罢才去。三日醮毕后,钱王辞别玄同先生返回杭州府。

朱全忠率领宣武、宣义、天平、护国四镇兵马七万余人出河中后即进攻同州、华州,韩建自知无力守拒只好请降,朱全忠担心韩建久据华州已得人心,恐日后不好控制,便命其为忠武节度使迁去陈州,同、华两州粮食财物皆为朱全忠所得。朱全忠进入京都后,滞留京都的崔胤等大臣恳请其西迎圣驾,全忠却道:"进军恐获劫君之罪,退军又有负国之疚,真是进退两难,但岂能不尽心竭力?"遂应允暂驻长安。又派李择、裴铸前往凤翔奏称:"奉密诏及宰相手谕率兵迎请皇上还朝。"韩全海等矫诏宣谕:"朕至凤翔非受宦官挟持,尔等密诏乃崔胤伪造,应尽快收兵回镇。"十一月二十日,朱全忠率大军兵临凤翔,二十九日攻下邠州,十二月十一日攻盩厔,将全城军民斩尽杀绝。眼见朱全忠势大,昭信军节度使(陕西安康市)冯行袭、西川节度使王建都已倒向全忠,自此李茂贞闭城不敢出。

天复二年（902）初，韩全诲请昭宗皇帝下诏命李克用发河东兵前来勤王，李茂贞亦致信李克用求援，李克用命李嗣昭、周德威率骑兵南下攻打晋州却被朱全忠战败。昭宗心中既怕韩全诲、李茂贞，却也憎恶朱全忠的奸诈狠毒、穷兵黩武，本来对李克用寄予一线希望，如今李克用亦被战败，如之奈何？真是急得终日心慌意乱。无奈之下昭宗命给事中严龟为歧、汴和协使，命朱全忠与李茂贞议和，赐朱全忠李姓，朱全忠却拒不从命。昭宗有心诏命钱镠出兵勤王，却深知远水不救近火，且被杨行密阻隔，既如此，只能命杨行密与钱镠一起出兵。四月，昭宗皇帝派遣金吾卫将军李俨为江淮宣谕使，拜杨行密为东面诸道行营都统、检校太师、中书令，晋封吴王，以朱瑾为平卢节度使，冯弘铎为武宁节度使，朱延寿为奉国节度使，令共同讨伐朱全忠。又派人敕封检校太师、中书令钱镠为越王，起复云麾将军、左金吾卫大将军员外置同正员，加食邑一千户，实封一百户。制曰：

惟天作元后，所以保兹黎元；惟王亲诸侯，所以建我藩屏。盖一人不能以独任；故列辟逐布于四方。自昔权舆，匪今作俑。检校太师，守尚书，守侍中，兼中书令，上柱国，彭城郡王钱镠：浙江孕灵，天目钟秀。文足以佐理经邦，武足以安民定乱。属天步之维艰，投笔而起；愤皇灵之不振，枕戈不忘。人方效忠，天未厌乱。汉宏托金刀之谶，董昌借越乌之妖。尔独忧僭伪之争强，共行天讨。雪朝廷之深愤，自造地维。屡挫淮封，式遏广寇。俾两浙郡邑，永保金汤之固。属部人民，永享衽席之乐。尔四国有西归之望，子一人无东顾之忧也！昔平王东迁，庸依晋郑。典午南渡，允赖并凉。卿之封地，朕在不蔽。援番君之故事，环勾践之旧疆。建尔真王，尹兹东夏。於戏！节制两藩，车徒万乘。有子夺生死之权，骄心易满。有人民社稷之奉，侈心易生。不存忠义之心，曷保功名之盛？书曰：惟命不于常道。善则得之，不善则失之。常厥德保厥位。钦哉！钦哉！勿替朕命。可进封越王，增食邑一千户，实封一百户。馀如故。

制文中虽未提及勤王之事，其用意钱王却是心知肚明，但因两浙与江淮处于交战状态，谁都不敢单独发兵西进勤王，钱王乃将收复苏州时所获江淮降将秦裴护送回扬州，以示和解通好。行密本意亦不愿与两浙为敌，只是田頵一意孤行屡屡进犯浙西，今钱王已放归秦裴，也就顺水推舟将顾全武护送回杭州，互相通好。

六月，武宁节度使冯弘铎发兵进攻宣州宁国节度使田頵。早在杨行密战败孙儒之时，冯弘铎既是昇州（今南京）刺史。及行密拜淮南节度使，乃以田頵守宣州，安仁义守润州。这昇州地处两者之间，田頵、安仁义皆杨行密猛将，常自恃强悍屡屡攻掠邻郡，昇州多受其害。冯弘铎拥有众多楼船，船体高大，上下三层，上层架设抛石机，可投掷石块，中层设弓箭手，下层陈列士卒，以进击敌船，弘铎遂以水军优势不屈于宣、润两道。近来田頵欲夺取昇州，遂招募弘铎船工制造楼船，弘铎得悉急忙先发制人,率船队逆江而上,声言攻打洪州,实乃袭击宣州。杨行密对田頵桀骜不驯、不听号令早有不满,且如今皇帝蒙难,正欲出兵北伐,须全军将士同心同德、合力出征才是,如何能起内讧,遂急忙派人制止。然弘铎战船却是已经出发。田頵亦早有准备,一面发战船顺江而下于葛山拦截弘铎水军,一面发马步兵疾速北上趁空虚袭取昇州。弘铎见昇州告急,忙率战船回师救援,又被田頵水军追击损失颇重,待弘铎回到昇州,州城已失。弘铎见已无处立脚,即准备率水师顺大江东下拟再择地而据,杨行密得报遣使至弘铎军中劝说道:"胜败本是兵家常事,何必以一战之失而自弃于海岛。冯公兵势犹盛,岂可一蹶不振!吾府虽小,足以容纳冯公之众,使所属将吏各得其所,请公三思!"弘铎左右深为感动,甚至有人恸哭不已。待弘铎驶抵东塘,行密亲自率十余人乘轻舟、穿便服至弘铎楼船表示抚慰欢迎,全军将士为之动容。回到扬州,行密犒劳弘铎三军,署弘铎为淮南节度副使,又命李神福为昇州刺史,消息传到宣州,田頵心中愤恨不已。

田頵、冯弘铎之争既平,杨行密乃以副使李承嗣权知淮南军府事,自己亲自挂帅发兵六万欲征讨朱全忠,以解皇上之难。此行军需粮草甚巨,粮料官拟用巨舰运粮,都知兵马使徐温道:"航运水路已久不通行,芦苇漫长,航道堰塞,不如小艇或许较易通行。"行密从其言,以小艇代替部分巨舰。待兵马行至宿州附近,却是逢久未雨,重载巨舰早已前进不得,眼见粮草不济,兵士面有饥色,恰在此时小艇先至,遂解了一时之饥。行密连日向宿州发动进攻,终不能克,而运粮巨舰又始终无法行进,军中粮草告罄,勤王之举只得无功而返。

从此行密看重徐温,重要军事多与其商议。徐温,字敦美,海州朐山人,年轻时曾贩运私盐,行密于合肥起兵时即隶于帐下,在与行密共同起事的刘威、陶雅等三十六英雄中唯独徐温未曾有战功,直至此时行密才对其刮目相看。

第十八回　恶劳役武勇都作乱　赴江淮二王子解危

自天复二年（902）四月昭宗皇帝敕封钱镠为越王，并起复云麾将军、左金吾卫大将军之后，钱王一直在思虑救驾之法，心中盘算道："李茂贞、朱全忠皆豺狼之辈，凤翔之战乃是为了争夺天子以号令天下，皇上无论落入谁手都摆脱不了被挟制的窘境。若我两浙与江淮联合北上进攻朱全忠，虽可解了凤翔之围，却解不了皇上之困，皇上仍将被控制于李茂贞、韩全诲手中。如今唯一办法是联合江淮、鄂岳、荆襄诸镇节度使组成勤王联军，逆大江、汉水而上，直逼京都，以武力迎奉昭宗皇帝还京，如此一则实力强于诸藩，二则粮草由荆襄、鄂岳就近供应，不须长途运输。朱全忠、李茂贞势若水火，不可能联手对付我联军，两者都打着拥立皇上的旗号，任何一方都无理由反对我迎帝还京的主张，如有一方仍坚持劫持皇上，则另一方必与我联合将其消灭，勤王救驾主动权将操于我手。只是杨行密早有兼并鄂岳、江西之心，之前几方多有嫌隙，尚须派专使多方说合，勿以大局为重才行。"为了能尽快发兵西进勤王，钱镠将两浙主力集中于衣锦、杭州二城，只待专使各方说合完毕即刻发兵。

不料说合专使尚未出行，六月，宣州、昇州即刀枪相向，行密自顾不暇，勤王联军一时难以组建。适逢山洪多发季节，苕溪堤坝竹篰多处被毁，护城沟洫亦有多处堰塞，钱王遂命驻衣锦城军兵整治溪坝沟洫。

当年孙儒败亡，所部兵将多投奔于浙西，钱王爱其骁勇彪悍遂将其编入中军，号为"武勇都"，以孙儒旧将徐绾为武勇右都指挥使，许再思为武勇左都指挥使。行军司马杜稜曾对钱王密谏道："徐绾、许再思之流乃狼子野心，由此二人统领'武勇都'恐日后酿成大患，其下众将士亦非大王所宜大用之人，不如以浙西之将代之。"钱镠不以为然，未予采纳。

武勇右都指挥使徐绾自恃征讨董昌有功，本就嫌钱王封赏不足，心中颇有怨愤，以前在孙儒手下只管攻城略地、抢掠财物，从不参加劳役，如今钱王竟命众军士整治溪坝沟洫，心中愤懑几欲爆发，所领部下兵卒亦是个个恨恨不平。镇海节度副使成及觉察此情，担心军中发生骚乱，即刻上报钱王请求暂停劳役，钱王因整治溪坝沟洫事关衣锦城军民安危，遂未应允。

天复二年（902）八月十三日，为庆贺工程告竣，于衣锦城设宴犒劳三军将士，徐绾等密谋欲在席间刺杀钱王，遂将自己部下将士之席位均置于厅前。成及担心钱王安危，紧挨钱王右侧而坐，四名亲兵侍立钱王左右，厅前两厢亦都是成及手下将士，徐绾始终无从下手，酒过三巡后乃称身体不适告退。宴会开始后钱王亦察觉出徐绾神色紧张，寡言少语，眼神始终紧盯自己左右，其手下却又全神贯注于徐绾，见其告退，为防不测，遂命徐绾率领所部兵将先回杭州。

徐绾心中充满恶气，到得杭州城下，武勇左都指挥使许再思出城迎接，徐绾将自己在衣锦城遭遇及胸中恶气倾情相告。二人同起于孙儒手下，意气相投，相交甚厚，如今一拍即合，左、右都兵将会合后即直奔入外城，焚掠街市，进逼子城，企图攻占衙署。

之前钱王欲联合诸镇亲自率兵西进勤王，遂将两浙军府诸事托付于三子传瑛，并任马绰为三城（子城、夹城、罗城）都指挥使，统领守城兵马掌管诸城城门。传瑛乃吴夫人所出，生于乾符五年（878），英俊潇洒，处事干练，颇为钱王看重，以此托以如此重任。徐绾、许再思突发骚乱，传瑛、马绰急令众衙将紧闭各门，严加防范，北郭城门衙将潘长率兵痛击徐绾，斩首二百余级，贼兵被迫暂退龙兴寺。

次日，钱王、成及率兵返回杭州，下午未时行至龙泉（今杭州龙井）得报徐绾、许再思在城中兵变，传瑛、马绰仍坚守子城。钱王对成及道："武勇都兵将历来不爱护百姓，几年来虽屡屡教诲，稍有改观，但其劣根未除。为避免城中百姓遭殃，将军可遍举本王旗号速率兵奔城北进攻龙兴寺，将徐绾乱军引向城外，避开村镇与其交战，务必阻止其入城再度骚乱。"成及领命而去。不多时即听得城北战鼓阵阵，杀声震天，知道成及已展开猛攻。

入夜，钱王带了两名贴身亲兵，都改扮成百姓模样，驾小舟穿过西湖抵达子城西北隅，随后命一亲兵速至新城，传命武安都指挥使杜建徽率兵来杭抑制兵变，又派另一亲兵至湖州，令刺史高彦派兵驰援杭州。待两名亲兵领命而去，钱王将挠钩抛上城墙攀绳登城，却见城上寂静无声，二值更兵卒依鼓而睡，直驱跟前亦未觉醒，顿时火起，心中念道："城中骚乱如此，尔等尚且高枕无忧，一旦贼兵登城偷袭，岂不害我满城军民！千里长堤毁于一穴，我满城兵将岂可毁于此等小卒。"遂大吼一声，拔剑将二值更兵卒斩杀，城上兵将方惊醒。

钱王急奔署府，传瑛、马绰得报忙出府迎接，二人向钱王汇报了目前城内情况，府中军兵坚守子城，外城守军据城抗击叛军。钱王听了稍觉宽慰，亦将成及领兵进攻乱军，自己已派人至新城、湖州调取援兵等情况一一介绍，最后对传瑛、马绰当机立断的处置措施表示赞赏，对守城兵卒值更懈怠的情况进行斥责。马绰理解，以往都是对外作战，钱王总能镇定自若，如今却是内部作乱，又在自己府城之中，以此钱王心中尤其窝火，任何宽慰劝解都无济于事，遂缓缓说道："兵士军风军纪卑职即刻部署整顿，目前三城城楼均在我掌握之中，城中局势尚能控制，短时间内骚乱不致扩大，大王连夜回城路途劳顿，不妨乘间稍事休息，待新城、湖州兵马到来再共商平叛之策。"钱王道："如此也好，只是军风军纪之事切不可小视了，徐绾、许再思之所以有今日之乱，亦怪我平日疏忽所致！"

当初杭州新罗城刚刚筑成，钱王率众将校宾僚登城巡视游览，边走边对左右道："州城每百步有一敌楼，可谓金汤之固了。"时罗隐在侧，插言道："城上敌楼皆一致向外，不若内外双向为佳。"众人听了皆窃笑不已："筑城皆是为防御外部来犯之敌，哪有防内患之理。"如今"武勇都"于城中兵变，守城将士须与城中乱军作战，至此人们皆钦佩罗博士有先见之明。

钱王亲兵天明时分到得新登，将徐绾、许再思兵乱，钱王命武安都将士速速赴杭州平乱——向武安都将杜建徽传达清楚。

杜建徽，字延光，乃赞忠去伪功臣、两浙行军司马、镇海军节度副使杜稜次子，咸通四年（863）生于新登。建徽少年时即倔强刚毅，勇猛果敢，曾于山庄中自建一小茅庐，于栋梁上书写"军州押衙"，乡里们见了都甚是吃惊，告知其父，杜稜严加责问，建徽答道："大丈夫当作人杰，何止一名小小押衙？"从军之后，屡屡征战常常单一入阵，贼兵见之望风披靡，兵之所至即立大功，军中称之为"虎子"。建徽常于父前表现出不事于人之志，及至杜稜归于钱镠，对几个儿子说道："我自领兵至今，重责属下尚不足十人，每逢责罚往往为之伤心，而观钱公，每有斩决皆谈笑自若，处之泰然，将来此人必成大器，尔等当一心事之，则吾族必贵。"自此，建徽遵从父命，尽心事于钱镠，平汉宏、讨薛朗、征董昌，屡立战功，镇守新登亦是军纪整肃，粮秣充足。

得知杭州骚乱，建徽急忙点齐兵马命裨将率兵火速前往救援，自己则带了两名亲兵先行策马疾驰杭州。进得府中拜见钱王，钱王即命都监使吴璋、三城指挥使马绰率本部兵马驻守子城北门，内城指挥使王荣、武安都指挥使杜建徽驻守子城南门。这子城东起中河，西抵九华山，南自笤帚湾，北至万松岭，周长九里，高三四丈，多建于山势险要之处，全城仅设南、北两门，城门皆"铁铺金叶"，十分坚固。

徐绾、许再思在北郊与成及所部兵马好一场混战，从下午战到天黑，又从次日晨打到午后，双方死伤惨重。终于徐绾察觉钱镠并不在军中，料已进城，遂又调转主力猛攻子城，然城墙高峻，城门坚固，又把守严密，矢箭如雨，实在难攻。天已傍晚，徐绾发急道："如此拖延，损兵折将，如何了得？不如一把火烧了城门。"乃命众士卒强拆民居，搬来门窗桌椅堆置于北门外，准备放火烧城。

此时武安都兵马已经赶到，在杜建徽指挥下杀向北门，徐绾、许再思措手不及，不知来了多少援军，众贼兵纷纷逃窜。杜建徽一面分兵将北门外木柴推至空旷处烧毁，一面分头追杀贼兵，至天黑方回。为防贼兵再次放火烧门，钱王命在南、北城门之外埋下木椿，架设鹿角，缠上铁索竹绳，拒贼于护砦之外。

　　湖州刺史高彦闻听徐绾、许再思暴乱，急命其子高渭率兵赶赴杭州平乱，高渭道："今乃凶日，明日可化吉，待明早再行方可取胜。"高彦怒斥道："事急才须赴难，谈何凶时吉辰，难道贼兵因逢凶日而不作孽呀！"偏将苏州海盐人屠环智拍案而起，说道："违主之命为不忠，畏缩不前乃无勇，死于忠卒于勇才是大丈夫处世之道！"遂催促高渭速行。高渭不敢抗命，率所部兵马急匆匆杀奔杭州而来，因来得匆忙，事先未与城中诸军取得联络，对贼军动向亦不明了，竟孤军闯入贼军营垒。其时贼势正嚣张，高渭、屠环智率众兵勇奋力厮杀，自晨至暮转战数里，身被剑伤竟达百处，被逼至西部灵隐山岭之间又遇伏兵袭击，两人尤奋力搏击迎战数十人，直至矢尽刀失犹赤手空拳与敌相搏，终至全军覆没。

　　此时顾全武亦已率一千兵马赶到杭州，徐绾、许再思见子城墙高门坚难以攻克，又有杜建徽、成及、顾全武诸路兵马先后回到杭州，知道单凭自己实力已不可能攻下杭州，遂派人去宣州与田頵联络，请求派兵支援。

　　田頵觊觎浙西已久，见徐绾、许再思已占领杭州罗城、夹城，真是天赐良机，遂一面调兵遣将，一面命客吏何饶随来人先行同往杭州。何饶进得杭州府城，拜见钱王道："我家相公向大王致意，如今杭州遭此暴乱，相公心甚不安，不如暂请大王东迁至越州，以待我家相公来府调解，必使杭州之乱早日平息，免得百姓遭殃，兵士流血。"钱王听了顿时胸中燃起一股火来，心中骂道："我浙西之事关你田頵屁事，用得着你来调解，还要我让出杭州，真是岂有此理！"不过自徐绾、许再思发难，钱王早已料到田頵会插手进来，届时局面会更加复杂，因此必须缜密考虑，妥善处置，遂缓缓道："此事本王尚须与属下仔细商议，请贵使暂且至馆驿中休息。"因何饶乃一文官，钱王乃命罗隐、皮日休等文士去馆驿相陪，先将其稳住，以拖延田頵发兵，这边又忙与诸将商议对策。

　　罗隐、皮日休来到驿馆与何饶小饮，皮日休道："先生远道而来，本当同登凤凰山观赏钱塘江大潮，可城外常有叛军不期而至，多有不测，我等只好在馆驿中小酌。久闻先生风雅，不如我三人轮流吟诗，以助酒兴如何？"何饶忙道："二位乃当今名士，所作诗文天下吟咏，学生怎敢高攀与二位同吟，还是免了罢。"罗隐道："先生既不肯赐教，那就做拆字游戏如何？"何饶自知不及二人，但总不能一味推三阻四，只好勉强答应。于是日休道："取一字，依次使其四面被围而不失其原本之音，如何？"罗隐点头同意，何饶亦只好依从。日休道："那我就先取'其'字，'其'上加草为萁菜，'其'下加石为碁子（棋子），'其'左加玉为琪玉，'其'

右加月为期会。"接着罗隐道："我取'于'字，上加雨为舞雩，下加皿为盤盂，左加玉为玗玉，右加邑为邘邢(国名)。"轮到何饶道："我取'亡'字，上加草为芒，下加心为忘，右加邑为邙，左加心为忙。"何饶原意是取笑杭州将亡，欲得点便宜，但慌忙之间每句少了一字即不成词，失了词义，且有的字声韵亦与亡字不同，因此其令不通，罗隐、皮日休听了皆嬉笑不止，何饶羞愧不已。

署府中钱王与众将官商议对策，马绰道："一旦宣州兵马到来，我孤守子城则势危矣，必须在田頵到来之前将叛军统统赶出罗城，可从越州调来兵马增援，尽快清除贼兵后专心应战田頵。"钱王心中一时也没了主意，自语道："狗急尚且跳墙，徐绾、许再思之流被逼急了恐怕会死命报复，如此我杭州百姓涂炭，城池尽毁矣。"顾全武道："万万不可从浙东调兵，徐绾、许再思皆当年孙儒部下，如今越州客军指挥使张洪、衢州制置使陈璋亦是孙儒部下，一旦他们进入杭州，岂不是火上加油，只要他们不闹事就已是阿弥陀佛了。"钱王听了猛然警醒，思虑片刻道："不然请顾将军亲自去越州坐镇，以免浙东响应闹事？"全武道："现下徐、许尚未得势，陈璋、张洪还在观望，只要不去触动，东府尚不足虑。当务之急乃田頵来犯，一旦田頵得了杭州，淮南杨行密绝不会坐视田頵独得浙西，定然兴师同来攻我，须及早设法阻止。"杜建徽道："如今是战之过急怕杭城被毁，百姓遭殃，迁延时日则田頵逼境，战事扩大，为今之策，以釜底抽薪为上。"众将齐声问道："如何釜底抽薪？"杜建徽继续说道："想那杨行密虽有扩张疆域之心，却终究是忠于王事、爱护百姓的贤能之主，与朱全忠、李茂贞之流有本质不同。当年大王曾征发兵马粮草助其解脱孙儒之难，那行密亦是铭记于心，正因如此，家父被擒方能得以完好送归。后来董昌自立，行密为救董昌攻我苏州，如今董昌既灭，苏州亦被我收回，此事已烟消云散。再后来宣州屡犯浙西，皆是田頵所使，非行密之意。大王若派人去扬州告知杭州之难，田頵觊觎之心，请吴王予以阻止，行密或可报大王前恩解了杭州之危。"众将听了皆拍案叫好，顾全武道："杜将军之意甚妙，末将被掳，在扬州之时亦曾听说田頵、安仁义、朱延寿三人傲视行密，不听军令，行密多有不满。那田頵屡犯浙西亦是其擅自发兵，结果损兵折将，劳民伤财，行密屡屡斥责，田頵却不以为然。田頵种种所为行密手下将领早有怨言，冯弘铎、田頵之战即起因于此，冯弘铎败走，行密却拜其为淮南节度副使，又拜李神福为昇州刺史，田頵虽胜却一无所得，足见行密亦在扶植反对势力以期抑制田頵。如今田頵蠢蠢欲动，攻我杭州，我命人赴淮告知行密并请其相援，必能成功。"越王亦觉大家意见甚是有理，因全武曾在扬州逗留数月，对吴王及众属僚略有了解，遂命全武赴淮说服吴王。全武又道："此事关系到行密可能与田頵反目，因此行密定然慎重处理，可能会迁延时日，而我杭州之危却迫不及待，早一日结束百姓

178

则少受一天苦,如此请大王在诸公子中选出一人与我同往,必要时暂作人质,表明杭州支持吴王的决心,以促使吴王早作决断。"钱王思考片刻后道:"顾将军言之有理,待我入后庭与诸子商议后决定。"

钱王来到后庭,与吴夫人言明情况,吴夫人深明大义,历数诸子后说道:"二子传玑、三子传瑛、四子传璲、五子传懿皆已成婚,有妻室儿女拖累,不便长期远行,且传玑、传瑛、传璲又都有职务在身,远去扬州多有不便,只能在六子传璙、七子传璛、八子传瓘、九子传球中选择一人,再以下诸子又太过年幼,不便远行,不如就让传璙去吧。"长子传琏已于乾宁元年(894)因病去世,以此吴夫人并未提及。

传璙生于光启三年(887),年方十六,乃吴夫人亲生。吴夫人知道无论哪位夫人都不愿让自己未成年的儿子出远门,尤其是去作人质,不得已忍痛推荐自己亲子,以免钱王及诸夫人作难。钱王道:"璙儿自幼心思缜密,口齿伶俐,处事机灵,身手敏捷,定不负此行,就定璙儿去吧,夫人当真舍得?"吴夫人道:"哪个孩儿不是亲生?大王为了保境安民舍得让亲子作人质,贱妾亦当全力支持大王啊。"钱王叹道:"夫人真是深明大义!"吴夫人唤出传璙,钱王先将当前杭州形势、诸将商议对策以及选择传璙随顾全武同去扬州等事细细说明,又将杨行密为人处事、扬吴诸将情况、种种矛盾以及江淮周边形势反复交待,最后叮咛道:"你在杨吴的言行关乎吴越两地关系、杭州的安危,凡事既要大胆而为,又须谨慎缜密,切不可畏缩不前,亦不可莽撞行事。"吴夫人一边亲手为传璙改装扮成跟随小厮模样,一边又谆谆嘱咐道:"吾儿远去吴境他乡,须随时随地注意周围动向,随机应变,以防不测。……你独身在外,需自己注意冷暖,若有意外一定设法派人送信来。"改装完毕,吴夫人又前后左右审视良久,直至认为已看不出破绽,想到传璙此去不知会有什么凶险,不禁抱住儿子落下泪来。传璙道:"父王、母妃尽管放心,孩儿此去必定不辱使命,尽快说服吴王抑制田頵。孩儿远行不能侍奉二老,请多多保重。"

钱王带了传璙来到大殿,顾全武已改扮成客商,另一名小校扮做仆役,都已在殿中等候。三人相见,看着彼此装扮不免有些好笑,钱王又嘱咐一番,挨到夜深人静,乃从子城西墙缒城而出。三人悄悄离了杭州地界,又寻得三匹马,随即快马加鞭径向扬州奔去。

到了润州天色渐黑,三人正要寻船渡江,却被渡口把关军士发现,见他们行色匆匆,马匹汗湿,又要连夜渡江,甚觉可疑,便将三人带进府中来见团练使安仁义。三人自称是商人,因货物被抢,事关重大,所以匆匆赶回扬州商议对策。安仁义反复查问并无破绽,因见传璙生得眉清目秀,且举止大度,谈吐风雅,料定将来绝非常人,心中甚是喜爱,便欲留于自己身边,全武自然不放。安仁义以十名下人与之交换,全武仍不答应,安仁义索性将三人交门吏看守,待明日再做处理,半夜全武将所带银两贿赂门吏,三人逃出州府,连夜乘小船渡过江去。

次日天明,三人来到扬州府拜见杨行密,顾全武将徐绾、许再思骚乱以及田頵遣何饶来杭州提出无理要求诸事如实相告,随后说道:"我两浙军民并非无力抵御叛军及宣州兵,只是越王不愿把战事扩大,一是怕祸及杭州全城百姓,二是怕开启江淮与两浙的战端,使两境都不得安宁,以此欲请吴王召回田将军,俾使江淮与两浙得以安宁。"众将听了议论纷纷,有的说当今中国就是弱肉强食,谁实力强就可以吞并别人,天经地义,有的说既然杭州骚乱越王控制不了,田将军出兵收拾残局无可非议,杨行密只是在一旁静静地听着众人议论。

传璙见此情形心中发急,遂高声道:"越王并非控制不了杭州之乱,亦非不能取胜宣州兵,田頵将军曾屡屡侵犯我新城、嘉禾、衢婺、临安,哪次不是被我两浙将士击退,损兵折将一无所得?如果田将军执意插手杭州之乱,趁火打劫,我两浙将士必将同仇敌忾将其挫败,徐绾、许再思之乱更是不在话下。越王只是为了杭州城尽量少受损失,百姓尽量少遭祸害,两地兵马避免厮杀,双边关系免被破坏,使得两地之兵能尽早联合勤王,化解今上之难,以此乃命我等来此与吴王相商。"满堂将士初见一黄毛少年谈论军州大事,皆不屑一顾,仍然议论纷纷,待听到此处,见少年之言颇有分量,遂安静下来。传璙见气氛已被控制,即降低声调缓和语气继续说道:"越王治国之道历来是忠君爱民,始终把忠于皇上、爱护百姓放在首位,若是各藩镇皆能恪守忠君爱民的本分,则天下太平矣。福建王审知与我共奉忠君爱民之道,我两浙民力兵力虽强于福建,却多年没有边患。江西钟传亦与我和睦相处,从不用兵,边境安宁,和睦相邻。这与中原互相厮杀连年征战相比,不知少损失多少兵马,百姓少遭多少祸殃。越王素闻吴王亦主张忠君爱民,曾经扫灭孙儒剧贼,平定淮南之乱,今又出兵勤王,征讨朱全忠,只是那田頵素有扩张野心,屡犯浙西,民怨颇深,以此命我三人来与吴王相商,欲共同弘扬忠君爱民之道,抑制战事蔓延。"说到此,传璙已把田頵置于孤立境地,虽然降低了音调,放松了口气,却理据充足,事例感人,满座文武鸦雀无声。传璙见自己言论已打动众人,遂进一步言道:"退一步而言,田頵一旦得了浙西局面又将如何?届时田頵拥有宣歙、浙西,自然就要求润常之地,待这几处连成一片,田頵即是江东之主,与淮南将形成势均力敌之势,他又岂肯顺从于吴王之下。吴王北有朱全忠,南有田頵,皆系野心扩张之徒,那时淮南北门虎啸,南门狼嚎,日子何以安稳?请吴王三思,早下决心防患于未燃。"说到此,殿内寂寂无声,满堂文武皆已被传璙之言所震慑,都在思考摆在面前的问题,传璙又道:"请吴王明裁!"行密听了方

"啊"了一声醒过神来。因事关重大，行密乃道："此事待本王与属僚商议后再做定夺，请钱公子与顾将军先回馆驿休息。"

众人散去，行密来到后庭沉思不语，夫人关切询问有何心事，行密遂将方才钱传璙、顾全武之言及众臣僚反应向夫人说了一遍，长叹一声道："越王有子如此，后继有人啊！而我之子皆豚犬之辈，如何托与后事？真是望尘莫及呀！"夫人听吴王口气，知其对传璙不仅叹服而且十分钟爱，遂即说道："大王既如此看重钱公子，何不于后庭设晚宴与其接风，也好让我见上一见，若果真出众，让我女儿与他配婚，既办了女儿的婚姻大事，又与越王结成秦晋之好，岂不两全其美！"行密道："本王正有此意。"随即吩咐于后庭设晚宴款待客人。

天色傍晚，顾全武与钱传璙来到署府后庭，下人请出杨行密与夫人。因系家宴，顾全武与杨行密夫妇行了宾主之礼，传璙又行了晚辈之礼。夫人见传璙生得脸如满月，眉目清秀，举止大方，彬彬有礼，初见形象已是十分满意。行密知全武习惯素食，遂单为其摆列菜肴，席间宾主频频劝酒，全武亦向行密介绍了越王喜好及两浙属僚等等情况。听到越王在公务之余亦间或吟诗作画，弯弓习武，行密叹道："越王真乃贤明之主，严以律己，宽以待人，忠于朝廷，爱护百姓，我虽贵为吴王，却文不习诗画，武不精军事，自愧不如呀！"吴王夫人向传璙询问了越王诸夫人及传璙诸兄弟情况，亦探问了传璙习惯、爱好等，传璙都一一如实禀告。见传璙温文儒雅，坦然而谈，态度谦和，吴王夫人益发喜欢。

酒过数巡全武如厕，行密随至堂外向全武问及传璙婚配情况、越王对联姻的态度，全武听了心中高兴，乃道："越王素来主张与邻境和睦，亦早有与江淮交好之意，只是田頵屡犯浙西，因此未得实行。吴王若与越王联姻结成秦晋之好，我想这应该也是越王之愿，不至有多大阻碍。只是吴王可否让顾某见上一见小姐，回杭州后也好对越王有个交代。"行密道："这是当然。"

回到席间，行密对夫人耳语一翻，夫人满面笑容来至后堂。其实小姐在隐蔽处已看了多时，听母亲说传璙如何如何之好，自然也是心上暗喜，再听母亲问起是否愿意，便羞红了脸点了点头。夫人挟了小姐来到厅中向全武、传璙作了介绍，命小姐为贵客斟酒。传璙虽然年少，却精明过人，席间行密与夫人诸多行止和问话，现在又唤小姐出来亲自斟酒，心中已猜着了六七分，暗里盘算着如果吴王提出婚姻之事该如何应对。正想着此事，小姐已至跟前斟酒，传璙不免多看了几眼，小姐亦正看向他，四目相对，小姐一时慌了神，忙避开目光低了头为传璙斟满酒，轻声说道："请公子慢饮。"传璙亦面红耳赤，回道："有劳小姐。"那杨小姐脸似梨花，颊如海棠，唇若樱桃，眼闪秋波，声胜丝弦，移步轻柔，宛似人间仙姬，传璙只看一眼便已心生爱慕，该如何应对行密提亲之事已了然有数。小姐斟酒三巡后即随夫人回房，夫人又问了小姐意愿，自是称心如意，夫人乃回到席间细声告诉行密。

行密问传璙道："本王欲令小女与公子结成鸾凤，公子可愿意？"传璙答道："我奉越王之命来请求吴王命田頵不要插手杭州之事，吴王早一日决断，杭州黎民少一日遭殃，今使命尚未完成岂敢先谈婚姻之事？"杨行密本来就想抑制田頵势力，今日堂上碍于文武臣僚众多，内里又多有田頵密友，所以不便在殿上表明态度，现被传璙将了一招棋，便连忙道："此事依了钱公子便是。"当场命人取来笔墨给田頵下了一道密令，密令最后写道："……尔不还师，我当以宣城授他人矣！"又命人盖了吴王之印，请全武、传璙过目后即刻命人火速送往田頵处。使命既已完成，传璙遂爽快答应了婚事，行密命人重新摆上宴席，大家尽情畅饮，直至深夜。

顾全武三人出杭州城后，越王于次日晨召见田頵来使何饶，说道："请回告你家相公，军中叛乱之事何方没有？无须田将军操心费事。如果你家相公执意要利用我部下作乱趁火打劫，那就直接派兵前来与我较量，何用危言耸听？"何饶诺诺而退，大惭离去。

田頵听了何饶回禀，怒冲冲亲率大军来攻杭州，将兵马带至子城北门外，此处右侧靠山，左侧乃繁华街市，众多兵马无法展开。越王得知田頵亲率兵马来到城下，便登城欲与田頵对话，只见城外旗纛拥蔽，乱糟糟不见田頵将领，遂命人向下喊话，要田頵近前对话。田頵竟不向前，更不答话，钱王取过强弓连发数箭，前面执旗纛者一一应声倒地，众兵将见状顿时哗然散逃，此时城上鼓声大作，田頵急忙领兵退还营中。

次日，田頵将前锋军营进驻于子城西北（今清波门外），命众兵卒轮番至城下辱骂，欲引诱越王出城决战。越王仍以强弓利箭射杀辱骂兵士，却闭门不与交战，尽量避免殃及居民百姓。田頵派兵拘集附近舟船，准备渡江攻击西陵，越王命副指挥使盛造、朱郁率水兵驱散田頵兵马，将所拘舟船拖过江去。入夜，田頵又率兵进攻子城西北隅，集中大量竹梯长木试图攀援登城。守城军士早有准备，城上矢石犹如暴雨倾压而下，田頵兵卒中箭、被砸、坠于沟洫者不可胜数，田頵只好拔营而退。

第三日中午时分，杨行密信使来到杭州，田頵带数名亲兵至半道红迎接（半道红地处北郊，驿道两边多辟桃园，烟花三月，桃花绽放有数里之遥，故名），与来使并辔而行，使者言及罢兵之事，直言若不还师吴王将以宣州授与他人。

回到营中，田頵越想越窝火，心道："我数攻浙西未曾得手，如今有如此大好机会，行密却来掣肘于我，实在憋气。"联想到自己大败冯弘铎，行密升冯为副使,自己得了昇州却被行密授予李神福,越想越生气,却又无可奈何。转又想道:"如此看来,在行密手下既不得升迁,又不能向外扩张,永无出头之日,反目乃早晚之事。可一旦反目,将北受行密挟制,东与钱镠为敌,南与钟传不和,于夹缝之中我当如何应对?"想到此不禁打了个寒颤:"罢罢罢,即便撤回宣州亦不能便宜了钱镠。"当即唤来何饶,命他再入杭州府与越王谈判,若要宣州兵撤离,需答应三个条件:其一,征犒师钱二十万缗,以饷三军;其二,为防范撤退时被袭击,需求越王一子为人质;其三,徐绾、许再思及其所部兵马需随宣州兵一并撤离。

这边杭州哨探亦已探知行密遣使至田頵营中,即刻报告越王,越王因不能确知行密之意,遂对属僚道:"田頵为人多悖逆而无机谋,今得行密谕意,必来我府中言明,我只需耐心等待。"果然,田頵复遣何饶前来商谈撤军条件。越王欲早解杭州之乱,使黎庶少受灾殃,乃三事皆慨然答应,只是将犒师钱减为十万缗。

越王退至后庭与吴夫人商议人质之事。田頵非杨行密,其人凶残暴躁,又久与两浙为敌,在田頵处作人质怕是凶多吉少,且传璙已去扬州,余下诸子皆非吴夫人所生,事关重大。吴夫人只好请诸位夫人及年龄稍长的诸子皆出至中堂共同商定,只有七子传瓘因随马绰巡视防务而未回。钱王对众人言明当前形势及吴王已命田頵撤兵,田頵欲以一子为人质诸等情形,由诸子主动请缨应命。过了良久,钱王见无人响应,无奈之下环视诸子后将目光落向九子传球,问是否敢往,传球面有难色,低头不答。钱王不由心生怒气,正要发作,七子传瓘急匆匆奔上堂来,原来是吴夫人命人找到传瓘,告知田頵要带人质才肯退兵回宣州,请传瓘速回后庭共商此事。

传瓘,字明宝,恭懿夫人陈氏所出,光启三年(887)十一月十二日生于杭州府之东院。先是有一胡僧,手持玉羊,大有数寸,光彩异常,进献钱王并说道:"得此玉羊当生贵子。"不久传瓘即降生。传瓘自幼聪慧好学,甚得钱镠喜爱,如今更是长得印堂饱满,眉宇轩昂,英气勃发,风流儒雅,文工于诗书,武粗通韬略,上孝敬父母,下爱护兄弟,处事精明果断,待人诚信宽厚,深为钱王看重。乾宁元年(894)二月,授盐铁、发运巡官,奏授金部郎中,赐金紫。天复元年(901)八月,诏改授礼部尚书,遥领邵州刺史。三城指挥使马绰亦甚喜爱传瓘,又有姑侄之亲,因此常带传瓘于左右。

钱王原本计划将来要委传瓘以重任,而宣州人质凶多吉少,所以不想让传瓘前往,以此在传瓘回宫之前即欲确定去宣州作人质人选,谁想诸子竟无人应承,见传瓘义无反顾独力承担,心中既高兴又不舍,乃进一步说道:"吾儿尚须仔细思量,此去乃是虎豹之穴,面对的是豺狼之辈。"传瓘道:"孩儿能以身解国家之难,虽死而无恨,只是无从回报父母养育之恩。"钱王见传瓘如此大义凛然,慷慨赴难，心中既酸楚又宽慰，手扶传瓘双肩良久，道："我有如此孩儿，天必相助，放心去吧！"吴夫人也十分钟爱传瓘，听钱王如此说，亦是泪流满面，搂住传瓘哭泣道："置我儿于虎口也！"陈夫人更是泣不成声，紧紧抱住传瓘不肯放手。钱王只得说道："时间紧迫，不可耽搁，二位夫人先去为传瓘准备行装，我尚有许多事情交代。"

诸夫人领众王子散去后，钱王对传瓘道："吾儿此去处境凶险，须察言观色，时刻提防。田頵其人初通文墨，善抚将士，厌弃诡诲，急躁耿直，却又雄心勃勃，素有自大之志，因此常不听行密节制，对邻镇常伺机攻掠，不择手段，若有人忤逆或与之为敌，则决不宽容，手段残忍。但此人尚属孝顺，对其母常言听计从，其母却颇明事理，为人慈爱，吾儿此去须善事其母，如得其母相助，必能安生。"传瓘答道："父王教导孩儿铭记于心，请父王放心，孩儿在彼自当随机应变，绝不辱使命。"吴夫人、陈夫人出至堂前，想到传瓘此行生死难料，不知是否还能相见，不禁紧抱传瓘相拥而哭，周围众人见之亦不免心酸落泪。钱王怕临别之时给传瓘留下如此悲切印象会消蚀壮志，影响在宣州与敌斗争的意志，便大声道："瓘儿今日为国赴难，为民消灾，替父分忧，如此壮举岂可以泪相送，快拿酒来，当以酒为瓘儿壮行。"吴夫人、陈夫人见钱王如此说，连忙止住悲切，亲手奉上壮行酒，钱王与元瓘各自举杯一饮而尽，传瓘向父王、母妃再拜而出。

传瓘在亲兵护送下登上子城北门，命人向田頵兵马喊话，待田頵兵马来到城下，传瓘蹑绳梯而下，直去田頵营中。不久，田頵率徐绾、许再思带了传瓘同回宣州城。

至此，徐绾、许再思之乱方平，越王表彰了顾全武、成及、杜建徽、马绰等将领，并赏赐有功兵将。湖州高渭、屠环智在驰援杭州时遇害，越王命以二将衣冠招魂厚葬，追赠高渭为忠义军节度使，匡国功臣；屠环智为武康节度使，旌表其忠。

杭州骚乱期间，后庭郑姬之父趁乱使人抢劫街市财物，按律当斩，府中属僚因郑姬关系出面向钱王求情道："看在该犯之女侍奉大王左右的份上请大王宽宥。"钱王见说，益发愤怒道："岂可以一妇人而乱国法，置百姓利益于不顾！"遂即下令，命郑姬出宫，仍斩其父。

第十九回　逼迁都梁王欲篡天下　盼勤王天子密诏诸藩

　　却说田頵大军撤回宣州，传瓘即被带到观察使府内宅，与田夫人及其两个孩子相见。田頵长子年龄与传瓘相仿，次子约十三四岁，身材比同龄人略高大些，传瓘上前分别施礼，田夫人见了连忙还礼，而两个孩子却相视一笑并不答礼，传瓘便知他两人非知书识礼之人。田頵、田夫人又领传瓘至后堂拜见太夫人，传瓘忙趋步向前施大礼，田母着人搀起，问起越王及诸夫人安好，传瓘兄弟姐妹几人诸等情况，传瓘一一作答。太夫人见传瓘少年英俊，一表人才，又礼仪周全，谈吐儒雅，与自己孙儿有天渊之别，心中已是十分喜爱，心想若自己的孙儿能随此子学走正道，那真是田家之福气，便对田頵道："我儿不妨安排钱公子与你那两个宝贝儿子同寝同食，同读同耍，好让他二人学点好，免得到处闯祸。"田頵诺诺称是。

　　辞别太夫人，田頵又领传瓘来到书房，只见书架空空，桌案上凌乱不堪，心中不快，唤来两个儿子斥责道："为父不在，你俩个就翻天作浪，看看你们书房成何体统？"本想发作，却碍着传瓘之面只好忍了下去，接着说道："从今以后钱公子与你俩人同寝同食，同读同耍，要好好跟钱公子学，不得胡闹。"二子垂手而立，连声称"是"。两人挨了训，心中有气，又知传瓘乃是杭州人质，岂不如囚徒一般？待田頵离开便恶性发作，哥哥扯过一条绳索上前就要绑传瓘，传瓘早有提防，向侧面一闪。哥哥扑了个空，又将绳索抛将过来欲套住传瓘，只见传瓘顺手抓起一把交椅向上一挡，绳索便套住了椅子，传瓘轮动椅子，绳子便死死缠在了椅子上，任哥哥如何使劲却是拽不动。弟弟向前帮忙，兄弟二人合力猛拉，传瓘一松手，二人四脚朝天摔倒在地，椅子也打在了身上。二人顿时火起，哥哥爬将起来顺手抄起一根木棍披头盖脸向传瓘打将过来，传瓘斜步向前，木棍打在桌子上断成两截。传瓘向哥哥后背挥了一拳，哥哥一是向前出手过猛，二是后背被传瓘猛击，一时立脚不住便趴在了地上。弟弟见状忙举拳向传瓘击来，传瓘眼捷手快，左手接住弟弟右手，却用右手猛推弟弟，将他也推倒在哥哥身上。传瓘指着俩兄弟说道："就凭你俩这点功夫也敢与我较量，如若不服，快快起来继续过招，若是服了就乖乖拜我为师兄，你们也好学上几招。"兄弟俩趴在地上小声商量："这小子还真有两下，刚出手就吃了他的亏，我俩绝非他对手，拜师兄就拜师兄，先学上几招再说。"哥哥先跪地说道："师兄在上，小弟有眼无珠不识好歹，请师兄见谅，从今以后还望师兄多多教诲。"弟弟见哥哥如此，也赶忙跪地道："愿遵师兄教诲。"传瓘道："单学拳脚功夫不免粗野，尚须刀枪剑戟、诗书礼仪都学才行，你俩可愿意？"两人同声道："愿意。"

次日早晨，传瓘领了兄弟两人来到田夫人、太夫人处请安，说到三人要同学刀枪剑戟、诗书礼仪，老夫人、田夫人顿觉喜从天降，太夫人拉了传瓘手道："我儿子常年累月领兵打仗，东征西讨，从不过问孙儿教养，致使两个孙儿成天顽皮闯祸，不知上进，钱公子若能引导他们走正道，是我田家大恩人了。"又对田夫人说要找个寺院烧香礼佛，求菩萨保佑两个孙儿从此好学上进。

田頵自撤回宣州常常郁闷，手下败将冯弘铎升了副使，昇州授予了李神福，浙西眼见就要到手，却又被杨行密召回，越想越憋气，遂至扬州入觐行密，要求将池州、歙州划归宣州管辖。行密自平定淮南后便一心欲行保境息民之策，那田頵自恃兵强财富，一味攻掠邻境，屡禁不止，行密对其亦是极其不满。李神福曾对行密道："田頵必反，须早除去。"行密道："田頵有大功，如今反状未露，如若杀之，会使诸将人人自危，影响大局。"行密虽未对田頵下手，却已视其为心头隐患，如今田頵欲求池州、歙州，行密怎肯应允。田頵请行密左右僚吏为其求情，又遭冷遇，更有无耻之徒趁机索贿，甚至狱吏亦要索贿，田頵愤愤道："这等俗吏，亦要我下狱呀！"从此田頵对行密耿耿于怀，离开扬州时用马鞭指着南水门说道："我不会再入此门矣！"

回到宣州，田頵决心与行密做一番较量，彻底摆脱控制，但自己兵马远不及行密之众，怎能与之相敌？思来想去，唯有与润州安仁义联盟，一是安仁义亦有反对杨行密之意，有共同基础；二是都在大江之南，联盟之后可与行密隔江对峙。再就是寿州奉国节度使朱延寿，此人平素对杨行密亦颇有怨愤，不听召唤，有此人加盟，则行密势孤矣。

安仁义以剿灭孙儒之功除为润州刺史，时润州因孙儒之乱而士庶逃亡，经济凋敝。安仁义到任后不知体察民情，仍然横征暴敛，其时周围诸郡流民皆纷纷回归本土，唯有润州、常州流民听说安仁义种种作为互相悲叹道："独我郡以一番人为郡守，继续遭殃如此！"由是润州、常州流民多滞留于杭州、湖州等地。安仁义亦颇有扩张野心，常不受行密节制，屡屡出兵攻略湖州、杭州、嘉禾、苏州等地，却屡败于杭州兵，行密却不出兵相助，因此对行密亦颇有怨言。田頵提议携手对付杨行密，安仁义一拍即合，两人秘密筹划反叛计谋。

天复三年（903）八月，田頵遣人至大梁，密告朱全忠自己欲联络诸州攻击行密，恳请梁王予以支持。时朱全忠已迎御驾返回长安，朝廷、京城尽在其掌握之中。

　　原来自天复元年（901）十一月，宦官韩全诲等联合李茂贞将昭宗皇帝掳至凤翔，朱全忠即进驻长安，并率大军迅速包围凤翔城，宣称奉密诏及宰相手谕迎请皇上还朝。汴军环城挖堑，并在营地多养警犬，遇敌即狂吠撕咬，又绕营架设鹿砦绳网，绳上挂铃，有人触绳即铃声大作，从此凤翔成为隔绝于世之孤城。天复二年（902）十二月下旬，凤翔被围一年有余，城中渐渐粮货不济，饥民开始抢食人肉，以至父子相食。李茂贞内外交困，实难支撑，遂有与汴军议和之意，乃致信于朱全忠："祸乱皆起于韩全诲等宦官，我奉天子来凤翔乃是为了天子免受伤害，朱帅既有匡复之志，即请护驾还京。"朱全忠清楚，自己七万大军集中于凤翔周围，河中地区、淮河沿线亦各驻有数万大军与李克用、杨行密相互抗衡，中原已是十分空虚，那平卢节度使王师范又与杨行密结盟，一旦兴师西进，将会势如破竹，直指汴梁老营，解脱凤翔之困实乃刻不容缓，且京都已在自己掌握之中，皇上回京亦是受制于己，不如卖个人情，遂复信李茂贞道："我举兵至此正是要阻止车驾播迁，迎皇上还宫。"

　　天复三年（903）正月初二，昭宗皇帝遣殿中侍御使崔构、供奉官郭遵海至朱全忠大营商议回京之事，李茂贞亦遣心腹与汴军议和。初六，李茂贞将韩全诲等宦官斩首，当晚又斩李继筠、李继诲、李彦弼等十六人，将劫持皇驾罪责全部推脱于这些人身上。二十二日，昭宗皇帝一行人来到朱全忠营地，全忠满面泪容跪迎皇上，昭宗忙扶起全忠落泪道："大唐江山全赖爱卿扶持，朕及宗族亦全凭爱卿才得保全。"并解下玉带亲手赐予朱全忠。二十七日，御驾回到长安。

　　此时的朱全忠破茂贞，吞关中，数败群雄，威震天下，其野心早已不满足于挟天子以令诸侯，而是欲自取神器，篡夺天下；宰相崔胤一味借助朱全忠之威独揽朝政，两人互相利用，一唱一和左右朝廷，昭宗皇帝因畏惧二人，唯有照准而已。先是将七百余名宦官集中于内侍省处死，并下令各地官衙捕杀出使外地宦官，仅留三十余名黄门小太监及少数近身太监。接着又以各种罪名贬逐宰相陆扆、韩偓，赐同平章事工部侍郎苏桧、吏部侍郎卢光启自尽，贬逐朝臣三十余人。再命朱友伦为左军宿卫都指挥使，张廷范为宫苑使，王殷为皇城使，蒋玄晖为充街使，汴军留京步骑兵多达万余人，至此京城、朝廷乃至皇上均由二人控制。皇上又赐朱全忠回天再造竭忠守正功臣，守太尉，充诸道兵马副元帅，进爵梁王。

　　梁王朱全忠得田頵密报大喜，当即派兵屯驻宿州，只待田頵起事即向淮南进兵。田頵又遣两名密使扮作商人去寿州联络朱延寿，不想半道被冯弘铎部将抓获，并搜出田頵密信。行密得知三人密谋叛乱，当即密令李神福率兵从鄂州东下讨伐田頵，又从青州调回王茂章为润州行营招讨使进攻安仁义，再遣使至杭州请求越王派兵同剿田頵、安仁义。

一切安排妥当后，行密乃于府中佯装头疼，双目失明，在众人面前对所见事物胡指乱说，或视而不见，甚至在府中行走时触柱倒地，撞得鼻青脸肿，对服侍于身边的朱夫人道："我不幸失明不堪任事，诸子愚沌又不谙军府事，如今天下多事，我江淮不可一日无主，思来想去还是将军府之事交与三舅全权处理较为妥贴。"原来这朱夫人乃朱延寿之姐，未曾生育，听了行密所言心中暗自想道："诸子皆非我亲生，又个个不争气，将军府之事交付兄弟或许比交付诸子更好。"遂将行密双目失明及欲授延寿军府之事修书报与其弟。行密亦遣使至寿州召延寿速速赴扬州，并于事先设下埋伏，延寿刚到行密内室门口即被徐温士卒执而斩杀。延寿所带兵将听说主将被杀皆惊慌骚乱，徐温派兵将其包围，亲至军中宣布延寿串通田頵、安仁义发动叛乱之罪，又对众将士多加安抚，从此皆听命于徐温。

李神福正于鄂州攻打杜洪，忽得行密密令讨伐田頵，为迷惑杜洪及田頵，遂扬言奉命攻打荆南。李神福大肆调集战船、兵马，入夜后悄悄顺江东下，此时方告知众将士田頵、安仁义叛乱，行密密令回兵征剿之事。神福本欲兵分两路，一路趁夜色悄悄北上，先回昇州接取妻儿之后再回师南下合击宣州，另一路进攻芜湖，再东进合击宣州，但舟楫行至吉阳矶即被田頵部将王坛、汪建的水军截住。田頵得报当即派兵先行袭取昇州，收取神福妻儿，遣使对神福道："李公若识时务，即与我联手讨伐行密，我将与公分地而治，各自为王，不然汝妻儿之命不保矣！"神福道："我起于行伍，追随吴王，今为上将，岂能为妻儿之命而易我之志，作不义之举。你亦有老母，却不顾老母之命而谋反，三纲尚且不知，也配与我论事？"言罢命斩使者，随即发起进攻，左右将士皆感动，奋勇向前。王坛、汪建将李神福儿子李承鼎推至船前，神福仍命左右用乱箭逼住敌船。神福对诸将道："敌众我寡，须以奇计取胜，敌船高大，动止不便，我舟轻小，行动快捷，我先让他一步，待夜里之时再与他计较。"黄昏之后两军激战，神福诈败，引舟船逆江而逃。王坛、汪建不知是计，率领楼船紧追不舍，时已天黑，楼船上下火炬通明，神福命军士："调转船头，包围敌军楼船，向火炬施放乱箭。"王坛、汪建忙命众兵卒熄火，霎时间一片漆黑，楼船船体高大，难以转弯，互相撞碰，损坏不少。神福又命向楼船发射火箭，楼船上旗帜交杂，遇火便着。适逢西南风盛，王坛、汪建楼船大多被焚，士卒多被烧死、溺死，只有少数船只逃回营地。次日，神福又与王坛、汪建战于宛口，王坛、汪建只身逃还宣州。

交战中徐绾被活捉，行密乃以槛车囚了送至杭州，越王命将其绑赴高渭坟前，剖其心以祭高渭之灵。

天复三年（903）九月，越王命指挥使方永珍率师至润州支援行密讨伐安仁义，又命从弟钱镒率兵至宣州支援行密征讨田頵。行密遣涟水制置使台濛共讨田頵，王茂章久攻润州不下，行密亦命其分兵会合台濛共击田頵，四路大军会剿田頵，安仁义被阻于润州无法相援。田頵每天疲于应战，焦头烂额，每当战败，回至营中总是暴跳如雷，对越王派兵援助行密尤为恼火，几次迁怒于传璙欲图报复加害，太夫人每每出面保护，责骂田頵："你身为州将、节度使，不好好治理宣州却要起兵反对吴王，是为不忠；你屡屡进兵攻打邻州近郡，搞得百姓不得安生，是为不义；钱家公子辅助教育你两个宝贝儿子走上正路，不到一年时间两个放荡不羁的孩子如今已经初通礼仪，文墨大进，是你田家的大恩人，你竟要加害于他，是为不仁；这桩桩件件我都多次相劝于你，你却听不进去，一意孤行，此是不孝。像你这样不忠不孝、不仁不义的儿子迟早要遭上天报应。"田頵向来孝顺母亲，见母亲动怒，只好顺从而退。

不到一个月时间，田頵节节败退，被合围于宣州城狭窄之地。这宣州城周围九里多，有城门五座，城西、南两面皆环群山，东北有宛水流过。如今西、南山岭之间已被台濛军兵扎营驻守，纵然插翅亦难飞过，宛水之东有钱镒兵马驻守，宛水之北又有王茂章兵马驻守，田頵已是笼中虎狼，浅水蛟龙，纵有称霸山林之威，吞云吐雾之能，亦已无法施展。

钱镒手下有一猛将，姓吴名敬忠，於潜人，每战必是冲锋在前，登阵领先，田頵数次出城交锋都被敬忠大败而归。这一日，吴敬忠率领兵马攻至宛水之滨，并强攻宛水桥，田頵知道，宛水桥一旦失守，杭州兵即将大举过江，兵临宣州城下，宣州弹丸小城势难固守，遂急忙披挂提枪，临行还恶狠狠说道："今日若还不胜，必杀钱郎。"太夫人嗔目而视，答道："鼠雀之辈，死到临头了，还做什么孽！"田頵怒冲冲跃马挺枪冲过宛水桥，率领兵马猛扑吴敬忠，犹如受伤的野猪、无羁的疯狗，见兵便刺，遇人便杀，众兵将紧随其后，亦是大显神威，终于杀开一条血路。吴敬忠见田頵拼死厮杀、只顾向前，便率领众兵将且战且走，直退出五里之地。钱镒见田頵兵马紧随吴敬忠而去，忙率军从两翼斜刺里杀到江边径夺宛水桥。田頵见状忙急急回军，却为时已晚，宛水桥已为杭州兵占领。田頵一马当先，奋勇杀上桥来，怎奈桥面狭窄，只有少数兵卒跟随而进，其余兵马皆被钱镒兵将堵截于宛水桥外。田頵被困于桥上，前进不得，后退不能。因桥面狭窄，只能单兵相接，无法群卒围攻，钱镒一时也奈何他不得，眼见许多兵卒被杀伤，遂下令河边兵卒向田頵放箭。霎时间十数支利箭射向田頵，田頵中箭落马坠入河中，钱镒命人割其首级高悬于竹竿上，令众兵卒喊话，守城兵将见田頵首级遂开门投降，其余兵将纷纷逃散。

消息报入府中，田夫人得知田頵身亡，悲痛欲绝，又见各路兵马即将拥入府中，不知自己会是如何下场，便悄悄进入内室自缢身亡。太夫人早已料到会有今日下场，心中倒也坦然，只是又恨又痛：恨的是儿子不听劝告做出不忠不孝之事，致有今日之祸；痛的是白发人送黑发人，尤其是田夫人不该自寻短见，留下两个孙子今后如何安生。想到这里不禁老泪纵横，亦不知该如何处置。传璙见此情形心中也颇不是滋味，想到："我既在府中，总得帮太夫人料理好后事才行。"便劝太夫人道："太夫人不要过于伤心，当务之急是处理好田将军与田夫人后事，稍后我即去见钱镒将军，请他出面会同台濛、王茂章等诸位将军向吴王报告，恩准将田将军与田夫人合葬。待丧事完毕，若太夫人愿意，不妨带了两位孙子与我同去杭州，请我父王好生安置，不知太夫人意下如何？"太夫人道："钱公子说得极是，难得钱公子如此宽宏大量，摒弃犬子逆天妄为、加害公子之举，若能使我祖孙三人免受冻馁之苦，我田家世代不忘公子大恩大德。"传璙道："太夫人休要如此说，传璙之命乃是太夫人所赐，今太夫人有难，传璙理应相助。"

十一月，钱镒带了传璙、田太夫人及两个孙儿回到杭州。钱镠见传璙安全归来，毫发无损，十分高兴，吴夫人、陈夫人见了亦悲喜交集，含泪相拥。传璙叙述了留驻宣州一年的种种情形，以及田頵屡欲加害，太夫人全力保护等情状，钱王对田太夫人深明大义之举赞叹不已，遂命人妥善安置太夫人及其两位孙儿。

再说安仁义与田頵同时起兵叛乱，先后发兵攻打常州及东塘（扬州东水军驻地）均未得手，后被淮将王茂章与越将方永珍包围于润州，屡屡出战，未能突破包围。待到田頵被歼，征讨宣州之兵回师北上共罚润州，安仁义见大势已去，无力回天，便带领家眷登上城楼对楼外淮将李德诚喊道："你是福人，我将性命交与你了。"掷去手中弓箭武器，令德诚上楼自请其缚。安仁义父子被押往扬州，杨行密将其斩于街市。

宣润之乱既平，江淮与两浙又结为秦晋之好，从此边境安宁，钱镠命钱镒、方永珍将所部兵马撤回本境。

次年（904）三月初六，杨行密派遣使者护送传璙及爱女回杭州，次日钱王为传璙与杨小姐办理婚事。同月十二日，越王又为传璙娶马绰之女为妻，杭州府中双喜临门，一片欢乐景象。

此时，昭宗皇帝又再次被迫离开长安，正在迁都洛阳的途中。

原来，朱全忠虽雄踞中原，控制朝廷及京城，却始终担心帝都离自己的大本营汴梁太远，恐李茂贞再度劫持昭宗，遂有东迁帝都之念，乃于去年十月令东都（洛阳）留守张全义修缮宫室，为迁都做准备。宰相崔胤虽与朱全忠互相勾结，独揽朝政，却也不愿见李唐朝廷亡于汴梁，崔胤深知朱全忠为人阴险残忍，遂在征得其同意后，令六军诸卫副使、京兆尹郑元规招募禁军六千六百人，以补充六军十二卫，保卫宫禁。朱全忠早有防备，暗派手下精兵数千人伪装成平民前往应募，崔胤毫不察觉。崔胤暗里建议昭宗："全忠乃虎狼之性，如今邻近藩镇唯赵匡凝兄弟尚忠于朝廷，陛下宜伺机巡幸荆襄，以免蒙受朱全忠挟制。"不久事泄，朱全忠乃决心除去崔胤。天祐元年（904）正月，朱全忠向昭宗密奏："崔胤专权乱国，离间君臣，请诛崔胤及其同党郑元规等人。"昭宗见机谋已泄，因畏惧全忠只好罢黜崔胤、郑元规等人，并命朱全忠党羽裴枢、独孤损接任崔胤职务。朱全忠又令侄儿朱友谅连夜包围崔胤宅邸，崔胤令新募禁军闭门拒战，岂不知禁军中多混有汴兵，纷纷倒戈合攻崔府，崔胤遂遭诛杀。朱友谅随即又攻下京兆府诛杀郑元规等人，所募新军随之解散。崔胤既除，朝中大权皆由朱全忠一人掌握。正月二十一日，朱全忠派牙将寇彦卿奉表入京，称邠、岐兵逼畿甸，请皇帝迁都洛阳，未待昭宗应准，宰相裴枢已按全忠之意督促百官东行。汴兵又强令京城百姓亦东迁洛阳，百姓哭骂之声不绝于路，老弱妇孺搀扶蠕行，路人见了为之落泪。汴兵再三催逼昭宗启程，昭宗思量："以往虽然多次蒙难离京，身边却总有一些听命于己的大臣、宦官和禁军，如今左右却皆是朱全忠的人。以往即使落入韩建、李茂贞之手，周边尚有实力更强的藩镇，因此尚有回旋余地，如今朱全忠乃群雄之首，一旦反目，谁都无力救驾。如此迁都洛阳远离邻藩，岂不受朱全忠任意摆布！"昭宗越想越怕，预感此次东迁恐怕回京无日了，因此每日里只以各种理由拖延，不肯起行。朱全忠令部将御营使张廷范将所有宫室、衙署统统拆毁，木料由渭河浮运东下洛阳，以补充洛阳修建新宫之用，使长安城夷为废墟。昭宗没了存身之所，不得已于正月二十六日离开长安东迁洛阳。

二月初十，昭宗一行来到陕州，因洛阳宫室未竣，皇后产期临近，昭宗亦不愿东进，遂暂时驻跸于陕州。

三月十二日，朱全忠进逼昭宗委自己兼判左、右神策军及六军诸卫事，直接掌管禁军，昭宗见朱全忠步步紧逼，肆无忌惮，其谋逆之心日益彰显，遂密派使者持御札赴成都、襄阳、扬州、杭州等地向各镇节度使告难。

西川节度使王建得讯，即刻率兵出成都攻打兴平。朱全忠寻思自己与王建从未交恶，王建此次出兵事出蹊跷，乃命人入川探听原由。得知昭宗皇帝曾秘密派人告难，全忠心中气恼，乃暗下决心另立新君。但转念一想："弑帝之举必然招来周边诸藩联合讨伐，欲成事当先设法削弱诸藩实力，不如先在诸藩之间挑起纷争，使其互相制约，自己则可坐收渔利。如今北边李克用、西边李茂贞已经大伤元气，谅无近忧，东边王师范已经投降，亦无后顾之忧，所虑者乃江淮杨行密及西南襄州忠义节度使赵匡凝、荆南留后赵匡明兄弟。此三人素来效忠朝廷，屡有进犯中原之意，一旦联手北上，则我南线必溃，若李克用、李茂贞再趁乱攻我，则中原危矣！"想到此，心中凉了半截。朱全忠毕竟奸诈狡猾、胸多诡计，又盘算道：

"杨行密素有扩张野心，如今正命大将李神福率兵攻打鄂州，江西钟传与鄂州杜洪同时起兵攻取州郡，历来互相倚傍，我若出兵鄂州增援杜洪，一则可分散江淮兵势，二则可威慑江南各镇。再奏请皇帝分封江南诸镇，派人联络使诸镇皆倾心于我，届时谅杨行密等人虽有雄心亦不敢轻举妄动。"主意既定，次日朝见昭宗奏道："当今天下战事迭起，百业颓废，唯两浙钱镠、江西钟传、湖南马殷能恪守本土发展农桑，施惠百姓，以此民皆称颂。陛下可下诏封钱镠为吴王，钟传为南平王，马殷为楚王，以伸张陛下愿天下诸镇各守本土、安邦扶民之圣意。"昭宗吃惊道："杨行密早已封为吴王，怎可又封钱镠为吴王？"全忠道："吴地乃指昇、润、常、苏、杭、湖诸州，本归浙江西道，钱镠既为浙江东、西两道节度使，封为吴王乃名正言顺。杨行密出兵强行占领昇、润、常三州，朝廷理当予以制止，而陛下却封杨行密为吴王，岂不令天下人心寒。今封钱镠为吴王，乃应天顺人之举，有何不可？"昭宗皇帝见全忠脸有愠色，言语决绝，只好照办，命人按全忠之意写了诏书。朱全忠领了诏书即派亲信赴各地颁诏，并命诸镇节度使兴兵支持鄂州杜洪。全忠去年四月已派部将韩勍率兵万人屯于湋口救援杜洪，今又命大将曹延祚率汴兵万余人奔赴鄂州，会同杜洪兵马共同抗击江淮杨行密，同时牵制荆襄赵匡凝兄弟。

　　昭宗皇帝按朱全忠之意下了封王诏书，心中却是越想越疑惑：所封诸王都与杨行密相邻，且与行密常有嫌隙纷争，尤其是两浙钱镠与杨行密同封为吴王，显然是欲扩大二人矛盾，挑起纷争，此阴谋一旦得逞，朱全忠便可毫无顾忌在中原肆意枉为。想到这里，昭宗心中一阵颤栗，不敢往下多想，眼下最紧要的是往各地发密诏，告知诸镇自己被幽囚真相，望各藩镇火速发兵救驾。趁朱全忠回洛阳检查宫室修缮进展之机，昭宗秘密写好绢诏，分别遣使再次向王建、李克用、杨行密、钱镠等人告急，命率各镇兵马救驾，诏曰："朕至陕州即被幽闭，诏书制令均由朱全忠擅为，不可轻信，……见诏速来救驾。"

　　四月十六日，洛阳宫室修缮告竣，朱全忠催促昭宗启程东行。昭宗翘首期盼勤王之师到来，坐卧不安，度日如年。朱全忠接连上表催促皇驾启行，昭宗命宫女告谕朱全忠："何皇后新生龙子，不堪路途颠簸，待十月秋凉后再赴洛阳。"同时命司天监派人报告朱全忠："夜观星象，皇上近日不宜出行。"朱全忠勃然大怒，哪里理会这许多，命牙将寇彦卿去陕州催促皇帝明日起驾。

　　昭宗情知再也推脱不得，与何皇后相拥而泣，却又不敢大放悲声，悲泣稍定，昭宗喃喃叹道："朕继位之初，曾致力于中兴大唐，广选人才，举贤任能，倚重宰相，抑制宦官，又广募兵丁，数建禁军，欲削减诸藩势力，结果是屡屡受挫，宦官势力未曾除去，藩镇实力日益增强，分裂割据之势终是无力挽回。之后朕施行平衡政策,利用诸藩矛盾互相牵制,保持诸藩势力大体均衡,我皇家政权驾驭于诸藩之间,结果却是皇驾数度播迁,频频蒙尘。如今朱全忠已势压诸藩,雄踞中原,其觊觎神器之狼子野心日益暴露,我一旦进入洛阳落入朱全忠掌握之中,恐再难脱离虎掌矣!"说罢泪如雨下。皇后亦泣不成声,宽慰昭宗道:"陛下不要过于伤心,既发了勤王诏书,或许几天之内就会有救兵到来,还是多想想拖延东迁时间的办法吧。"昭宗道:"朕今日处境竟不如当年汉献帝,还有何办法!只是大唐江山断送于朕之手,实在无颜面对列祖列宗。"两人泪眼相视,欲哭无声。

叹息半晌,昭宗道:"我皇家子孙已被众贼斩尽杀绝,仅留下几个皇儿,皆被管束于府中,亦难保不遭毒手,不如将新生小皇子设法送出府去,寄养于民间,也好为我皇室留下一条血脉。"何皇后听昭宗如此说,心头一震,此儿初生就要离开母身而流落民间,实难割舍,若留于身边,恐将来亦遭朱全忠毒手,感情与理智极度矛盾,终归还是保命要紧,乃洒泪同意将皇儿送民间抚养。

随皇帝同来的京官皆被朱全忠严密监管,难托此事,思来想去,唯有每日进宫送膳的小吏胡三可委此任。胡三家居歙州婺源,为人忠诚机敏,自皇上车驾来到陕州即负责皇家饮食供奉,三个月来屡见皇上受制于汴人,备受欺凌,多有愤恨之态,然地位卑微,终是无力相援。胡三有出入府门之便,巧的是四个月前又刚生一女,由他将皇儿暗中带往民间抚养当是最佳人选。

心里确定了托付人选,昭宗又想到:"皇家子孙如今只剩下几个皇儿,全部被汴人监管,一旦遭其毒手,或可依靠此子报仇雪恨,光复山河。但如何使吾儿成人之后知悉自己身世,又如何才能取信天下,得各藩镇相助呢?"思来想去,最有力凭证莫过于御玺。皇帝之宝共有八枚,其一是神玺,秦时由楚地和氏璧镌刻而成,正面刻有李斯所书"受命于天,既寿永昌"八个鸟形篆体字,背面刻有蟠龙钮,乃传国之宝,藏而不用;其二是受命玺,印文曰"皇天景命,有德者昌",乃封禅礼神之用;其三是皇帝行玺,用以王公之事;其四是皇帝之玺,以劳王公;其五是皇帝信玺,以召王公;其六是天子行玺,用以答四夷之书;其七是天子之玺,以劳四夷;其八是天子信玺,以召四夷之兵。昭宗皇帝乃召符玺郎进宫,这符玺郎专门掌管这八枚皇帝之宝,自然是皇帝最亲信之人,此人姓王,都称为王公公。待王公公进宫,昭宗皇帝便直言相告,最后问道:"爱卿肯否替朕分忧,携带'皇帝信玺'出宫,与胡三共扶皇儿成人,以图中兴大唐?"王公公连忙跪地说道:"小奴誓死不负皇上重托。"

傍晚,胡三带了一名下人送御膳入宫,昭宗将其招至私室,把朱全忠紧逼东迁、自己欲托付他将皇儿秘密带至民间抚养诸等事情匆匆说了一遍,胡三听了早已泪流满面。待昭宗说完,胡三跪地说道:"圣上重托,小臣纵然肝脑涂地,诛灭九族，亦要保护好小皇子，待长大成人再辅佐皇上中兴大业。"昭宗扶起胡三，告诉他有王公公携宝玺同行，便于皇儿长大后行事。随即招来王公公，昭宗皇帝对二人说道："朱温篡夺大唐江山之心已日益彰显，我大唐宗亲多遭逆贼残害，仅存几位皇子全被朱温监管于此，一旦事变突发，我皇家根苗或许全部遭殃。今日朕将小皇子托付二位爱卿带回乡间抚养成人，朕观当今天下诸藩，以越王钱镠最为忠诚可靠，只是中间有强藩阻隔，难赴中原勤王。待小皇子长大后，万一朱温谋逆，尔二人可携小皇子带御玺去找越王，命他辅佐小皇子寻机号令天下，共同兴兵讨伐逆贼。若得保我大唐江山社稷，中兴唐室，你二人当是第一功臣。"二人听罢泪流满面，泣不成声，道："皇上重托，微臣铭记于心，纵然粉身碎骨亦要保护好小皇子，待皇子长大成人再行中兴唐室。"

三人又商议如何出得宫去，商议既定，何皇后抱出小皇子，用御酒灌醉，放入食篮底层，王公公取来"皇帝信玺"，用缎子包好亦放入食篮底层，上面几层食盒放了剩饭剩菜，王公公换了下人服装，二人向皇上、皇后跪叩拜别。昭宗皇帝与何皇后忍泪目送三人抬了食篮缓缓离去。平日里胡三每天出入行宫数次，守门兵士大都认得，而且所带只有食篮而已，所以三人得以顺利出宫。

到得舍下，胡三急忙与妻子简略说明了偷携小皇子出宫之事，夫妻俩抱了两个孩子，带了路上必需物品，同王公公一起乘了马车奔出城来。因胡三有出入宫禁腰牌，出城亦未遭遇麻烦。出了陕州城，一行人连夜赶路，天明时分进入山区。又走了一程，渐渐山高林密，人烟稀少，总算逃出了汴军的控制，大家才稍稍安心，辗转往南而去。

第二十回　惧整顿浙南结盟反叛　窃江山权臣弑帝监国

　　话说杨行密自平息田頵、安仁义、朱延寿之乱后，仍命李神福领兵攻打鄂州。不料李神福病重返回扬州，不久即逝去，行密乃以舒州团练使泌阳人刘存任招讨使，继续攻打鄂州。

　　天祐元年（904）五月，朱全忠所遣中使来到潭州，宣读圣旨，封马殷为楚王，并宣扬梁王恩德，命马殷发兵援助鄂州。马殷召众将商议，其弟马賨道："朱温乃国贼，阴险狠毒，凭借兵力东征西讨，劫持天子伪令诸侯，将来必祸乱天下。吴王地广兵强，与吾邻接，不若与之结好，大可以为缓急之援，小可以通商旅之利，进可以联手北伐，退可以凭江联防，上可以合兵勤王，下可保江南黎民，此乃上策。"大将高郁道："杨行密昔日乃孙儒死敌，与我等亦交恶颇深，今纵以万金相交，恐亦不能得其欢心，即使能容得一时，亦难盟好永久。而朱全忠如今兵强势盛，称雄中原，又独拥天子，政令可畅行天下，今遣中使封主公为楚王，乃遵从皇命，依顺中原之极好时机，不可错失。当今之计，宜内奉朝廷以应封爵，外夸邻敌以宁边境，然后退修兵农，蓄力而伺机应变。"马賨听了不以为然，欲与争辩，马殷见状正色制止道："杨行密不事天子，屡犯邻境，终将招致天讨，我若与之结盟，罪将及吾，汝应速消此论，勿为我招来灾祸！"遂遣秦彦晖、许德勋发水军助杜洪，以解鄂州之围。

　　正值双方争战相持不下之时，昭宗密使来到扬州，行密延入书房，密使出示绢诏。行密览毕，顿足叹道："朱温蟊贼竟如此丧心病狂，做出这等谋逆之事，天下人当共讨之。"行密详细询问了昭宗被幽禁情况、朱全忠行止动向、与周边藩镇联络往来等情况，最后道："此贼不除，朝纲怎得正，天下何以安？只是我江淮之地，宣歙、润常之乱刚平，军力、财力消耗颇巨，西部邻郡又有杜洪与朱温相勾结，正与我交战，因此单凭我江淮之力难以征讨进取，待我与两浙钱镠、荆襄赵匡凝兄弟、成都王建联络，约定时日共同发兵征讨，方可取胜。"密使道："如此甚好，我尚须赶赴杭州，将皇上绢诏宣谕越王，顺便将吴王之意亦转告越王。"行密道："既如此便有劳天使。"密使道："事情紧急，不便耽搁，就此别过。"遂拜别吴王，匆匆赶赴杭州。

　　越王钱镠自平息徐绾、许再思之乱，一面命人修整受损城池街坊，扶助平民恢复百业，一面命各地整顿军务，修葺城池，防止再生暴乱。

婺州乃杭州通往衢州、处州、睦州之冲要，浙东之重镇，越王命刺史沈夏率领军民筑城修池。不久，婺州城修葺完成，城周长九里许，南临大江，东、西、北三面环濠，城高三丈，顶宽两丈，设城门十一，沿江自西向东依次有通远门、长仙门、清波门、桐树门、保宁门、赤松门，东有义乌门，西有兰溪门，北有天一门，府治子城南有熙春门，北有金华门。

越王又命衢州刺史陈璋修筑衢州城。衢州城修筑完毕，陈璋命人绘城池图献于越王。越王览之，手指图中西门外樟树对左右亲信言道："樟树不入城，陈璋当非我蓄也。"

越王命各地整顿军务之举本意出于训导军兵忠君爱民，严肃军纪，防止再生暴乱，不想却惊动了孙儒余党。先是越州客军指挥使张洪，其原与徐绾同属孙儒旧部，平时二人素有交往。今徐绾既除，越王又命整顿军务，自疑越王有害己之意，遂于天复三年（903）十二月，率其党羽三百余人投奔衢州陈璋。又有睦州陈询，余杭人，乃陈晟之弟。早年董昌、钱镠建八都兵，陈晟为清平镇将，陈询随兄在清平镇任职，后随兄至睦州。陈晟在睦州爱护百姓，复兴农桑，颇受黎民拥戴，在郡十八载，不幸病逝，由其子绍权嗣位。陈询自恃掌握兵权，遂罢黜绍权自立，事后担心钱王怪罪心中常常不安，却在此时，徐、许在杭骚乱，后又串通田頵，陈询亦趁机与田頵联络。待田頵败亡，陈询益发害怕，今钱王命各地整顿军务，陈询已是心惊，又闻越王命将桐庐县划归杭州府，终于拒不听命而行叛乱。温州刺史朱敖乃朱褒之兄，早年朱褒曾助刘汉宏动乱，后以同姓结缘于朱温，得以授本州刺史。天复二年（902）五月，朱褒病故，其兄朱敖领温州。十一月，朱敖被裨将丁章所逐奔于福州，丁章乃自据温州，今因惧怕钱王整顿军务遂叛于永嘉。衢州陈璋亦是原孙儒部下，因随钱王征讨董昌有功，于天复元年（901）二月委以衢州制置使，九月拜本州刺史，赴任时钱王于江干亲为之饯行，勉励其赴任后须清廉为政，体恤百姓，安宁边境，扶助农桑。陈璋到任后，起初倒也勤于政事，时日一久便逐渐疏怠，徐、许在杭州发动暴乱，陈璋亦萌生响应之意，遂频频与宣州田頵往返联络，待到田頵败亡，心中亦常自疑不为越王所容。后因献衢州筑城图，越王有"樟树不入城，陈璋当非我蓄也"之语，陈璋大为吃惊，料已不能在浙西安身，适有越州张洪来投奔，遂决心反叛。陈璋一面派人与睦州联络，一面亲自带了数十名亲兵前往永嘉与处州，与丁章及处州刺使庐约商讨共同起事对抗越王之策。

以上种种情况越王钱镠早已得报，心想一旦陈璋阴谋得逞，则两浙南部及西南皆被贼人占据，届时再发兵征讨，少不得一场大战，劳民伤财，祸及百姓，思来想去,欲避免这场战祸,只有清除首恶、说服胁从才是良策。主意既定,即刻派人分头活动:一是派密使至衢州,命罗城指挥使叶让设法刺杀陈璋;二是派密使至温州,命裨将张惠刺杀丁章;三是派人至处州,说服刺史庐约,不要参与陈章、丁章叛乱。

恰在此时,昭宗皇帝密遣卫尉卿许浑持御札潜来杭州宣谕:"今上已被朱温监控于陕州,越王可从速起兵赴陕勤王。"许浑详细叙述了朱全忠如何命人强拆宫殿、驱赶皇族廷臣东迁、滥杀大臣、如今皇上已被严密监控等等情况,说得涕泪纵横,泣不成声。越王听得更是气愤填膺,怒火中烧,恨不得即刻点起兵马杀奔中原,以解皇上之难,怎奈境内战祸不断,哪有能力劳师远征?沉思良久,缓缓对许浑说道:"天子蒙难,微臣理当火速发兵勤王,只是近期境中多事,徐、许之乱刚平,孙儒余党又再起祸端,实在不便率主力远征。为今之计,还请皇上设法摆脱朱温控制,或在陕州拖延时日,再酌情请诸镇联合勤王。"许浑道:"微臣此番秘密潜来杭州,路途耽搁日久,恐那朱温早已察觉,已是回不得陕州,发兵勤王之事就请钱王相机而行吧。"

衢州罗城指挥使叶让接到钱王密令,选出三百名精兵连夜奔赴陈璋必经之路的险要处埋伏,欲待陈璋返回时截杀。不料谋划不密,被陈璋亲信得知,派人连夜通报陈璋,陈璋即刻翻越山间小道返回衢州,叶让措手不及,反被陈璋斩杀。

温州张惠得越王密令,命木工李彦刺杀丁章,李彦趁丁章不备用斧将其砍杀,越王命张惠为温州制置使。

处州刺史庐约接到越王密令,心中犹豫不定,与弟庐佶商议,庐佶却坚欲与陈璋结盟,力主斩杀密使,以绝庐约归顺越王之心。庐约担心陈璋乃孙儒旧党,是反复无常之人,终不能成大事,与之结盟恐反受其所害,因此举棋不定。过了两日,温州传来消息丁章被杀,越王命张惠为制置使,陈璋之盟已失去一翼,庐约遂决心拒绝陈璋,听命于越王。

天复四年(904)四月,朱全忠所遣中使给事中郑祈、刑部员外郎杨永休至杭州宣谕,进封越王为吴王,加食邑二千户,实封二百户,制曰:

朕嗣登大宝,统理万方,有推诚待人之心,少拨乱反正之略。京畿叛乱,宗庙震惊,采周公宅洛之谋,定商王迁殷之业。当兹更始,式表殊勋。检校太师、守侍中、兼中书令、上柱国、越王钱镠:一代伟人,三朝元老。定衰救乱,素存忠义之心;济世经邦,凤擅英雄之志。乡兵一起,义声四驰。黄钺初麾,江表大定。包茅时登乎天府,版籍岁贡於有司。日月尘昏,牛女寻常拱北;淮河鼎沸,浙江日夜朝东。用徙於越之封,大畀勾践之境。尔其纠率侯服,翼戴中朝。选将练兵,务农积粟。进可参桓、文之烈,退可守吴、越之区。宁俾古人,专美前史。於戏!

夫差遇颠沛之际，罔替尊周；仲谋方争攘之时，犹知有汉。况尔名德，殿此大邦。必能宏济艰难，一匡天下。予一人实有赖焉。《诗》不云乎：「干不庭方，以佐戎辟」，尔尚勉旃。可徙封吴王，加食邑二千户，实封二百户。余如故。

　　钱王拜接圣旨毕，请郑祈、杨永休两位钦差入座献茶，心中却充满疑虑："上月圣上刚遣许浑来杭言说被朱温严密监控，极难与宫外联络，今日却派两位钦差堂堂皇皇来到杭州；许浑来杭只有要各藩镇起兵勤王的口谕，两位钦差却手捧御旨，庄重宣读；今日下旨封我为吴王，而之前却早已封杨行密为吴王，天下怎可同时有两个吴王？"思来想去，其中颇多奥妙必须谨问慎言，探得底细方可表态，乃向两位钦差道："圣驾东行，路途劳顿，如今龙体可安好？"郑祈答道："皇上此番出行有梁王派人悉心护从，自然一路平安，非往昔仓皇播迁可比。"杨永休亦滔滔不绝地颂扬起朱全忠来："大王此次进封吴王乃是承梁王所请，梁王素知吴王忠君爱民，屡扫顽贼、诛薛朗、戬汉宏、除董昌、拒行密，战功赫赫。尤其江淮杨行密常有窥测浙西之心，屡屡犯境，皆因大王多谋善战，将士用心，杨吴野心始终未能得逞，因此梁王极力在天子面前表奏大王功绩，请准封赏。"越王知郑、杨二人乃朱全忠一党，闻听此番言论，对此次封王之意心知肚明，实为挑起两浙与江淮纷争，决不能进此圈套，遂答道："皇上之恩，梁王美意，本王铭记于心，只是早年杨行密已封为吴王，今又徙封本王为吴王，一国之中两个吴王，实为不便，还请两位天使回到皇上身边奏明本王之意，不便领受吴王爵位。"杨永休见越王如此说，心中恼恨其不识抬举，便说道："吴王请三思，千万莫要拂了天子与梁王之美意。吴地素来就是浙西所辖之地，今昇、润、常诸州竟被杨行密霸占，难道大王不欲收复失地，竟甘心被江淮鲸吞？今封大王为吴王，皇上之意正在于希望大王收复此数州，乃至取得宣、歙、庐、杨诸州，那时大王名正言顺为吴王，一如孙权独霸江东，岂不美哉？那杨行密辖地乃在淮南，本不应封吴王，待大王授吴王之后可徙封为淮南王。"越王对道："普天之下莫非王土，只要都能忠君爱民，归谁管辖并无妨碍，若为夺取数州之地挑起战乱，陷黎民百姓于刀兵水火之中，乃千古罪人，我不为也，还望两位大人将本王之意转奏圣上，恳请收回吴王封号。"郑、杨二人见钱王不为所动，话已说绝，虽然心中气恼却又无可奈何，只好答应回奏皇上另行议处。

　　又过了半月，昭宗密使携绢诏到来，绢诏道："朕至陕州即遭幽闭，诏书制令均由朱全忠擅为，不可轻信，……见诏速来救驾。"越王顿时心急如焚，欲火速起兵勤王，又担心境内大乱，陈璋、陈询一旦攻破杭州，当如何自保？遂急问来使："其他各镇如何应诏？"来使道："江淮杨行密正与荆襄赵匡凝兄弟、成都王建等人联络准备同时起兵讨贼，吴王亦命下官转告越王，一旦确定起兵日期，请越王一同发兵相助。"越王听了心中稍稍安定道："如此甚好,待确定了日期,本王定当竭力与诸王共同发兵讨贼,匡扶朝廷。"

送走中使,越王即刻命指挥使杨习率兵征缴睦州陈询,又命从弟钱镠、指挥使顾全武等发兵讨伐衢州陈璋,欲尽早扫平二贼再兴兵勤王。

却说昭宗皇帝送走小皇子之后心中忐忑不安,生怕被汴军识破截回,一夜不眠。次日清晨,汴军牙将寇彦卿催逼皇上起驾,清点人员却少了王公公,逼问众人都说不知,寇彦卿一面派人飞报朱全忠,一面命人严密搜查各门出入人众。有门吏报说昨晚有三人手持宫禁腰牌乘车出了南门,寇彦卿急忙派人火速向南追赶。诸事安排完毕,寇彦卿即命众兵将护送皇驾东行。

朱全忠得报王公公潜逃,只道是昭宗命他去各藩镇活动,心中十分恼火,决心除去昭宗身边所有人。朱全忠率领亲兵至新安迎接御驾,密令御医许昭远在皇帝面前诬告医官使阎祐之、司天监王墀、内都知韦周、晋国夫人可澄等密谋加害自己,不等昭宗询问,即下令将此数人全部处死。车驾行至谷水,又命人将昭宗随行的击球供奉、内园小儿二百余人秘密缢死,再以事先选好的二百小儿换其衣帽侍于皇上左右,昭宗竟至月后方才察觉,自此皇帝左右几乎全是朱全忠之人。

五月初,皇驾来到洛阳,按照朱全忠安排皇帝颁诏大赦天下,改元天祐以示庆贺。昭宗于崇勋殿设宴款待朱全忠及百官,宴罢,又单召朱全忠于内殿小宴。全忠担心对己不利,乃推托已有醉意不肯前往,昭宗道:"全忠既不肯来,可令敬翔来。"全忠出宫后命敬翔使者回禀皇上"敬翔亦已醉矣",遂匆匆回大梁而去。

六月,王建、李茂贞传檄天下合兵讨伐朱全忠,朱全忠以镇国节度使朱友裕(朱温长子)为行营都统率步骑兵迎击,又命保大节度使刘鄩由鄜州(陕西富县)引兵屯驻同州,以为后援,再亲率大军二十万,自大梁发兵西讨李茂贞等。几经争战,七月,李茂贞等皆溃败逃回本境,朱全忠心中即有了底数:原先最担心的江淮杨行密,如今受鄂州战事牵制,已无力北进中原;荆襄赵匡凝、赵匡明兄弟因有潭州马殷虎视在后,亦不敢轻举妄动;李茂贞、王建新败,再无力回兵。朱全忠思量:尽管李茂贞、李克用、刘仁恭、王建、杨行密、钱镠、赵匡凝、赵匡明等书信往来频繁,宣称复兴大唐,却都无力进攻中原,如今正是诛弑昭宗另立傀儡皇帝的极好时机,乃命判官李振到洛阳,与宣徽南院使兼枢密使蒋玄晖、左龙武统军朱友恭(朱温养子)、右龙武统军氏叔琮等人合谋弑帝。

昭宗皇帝得闻李茂贞、王建讨伐朱全忠失败,最后一线希望破灭,知道自己气数已尽,无路可走,倒镇定了许多,心中打定主意:"身为高祖皇帝子孙,堂堂大唐皇帝,绝不在乱臣贼子面前示弱,我虽无力维护大唐江山社稷,却总可以保持自身的坚贞刚烈。"从此昭宗皇帝每日里镇定自若，处处坦然，剑不离身，以备不测。

八月十一日夜，昭宗在椒殿何皇后居处安歇，蒋玄晖率领龙武牙官史太等百余人紧扣宫门，言道军前有急事上奏，需面见皇帝。夫人裴贞一开门，见众多兵卒拥堵门外，知道发生事变，遂大声喝问："既是急奏，何须带众多兵卒？"以唤起皇上警惕。史太等人不容裴夫人再开口，上前举刀便砍，裴夫人当即身亡。众兵卒蜂拥入宫，蒋玄晖见昭仪李渐荣，问道："皇上何在？"李渐荣大声呼喊道："请杀我们，莫伤皇上。"裴夫人、李昭仪的喊声昭宗听得真切，急忙起身从床前掣剑在手，准备最后一搏。史太举刀向前，李昭仪以身抵挡，被史太砍杀，昭宗举剑相拼，亦被史太砍杀。何皇后产下皇子后身体虚弱，又遇路途风寒，加之思念皇儿心切，一直卧病在床动弹不得，蒋玄晖见此情景遂未加害。

八月十二日，蒋玄晖登殿向百官宣读昭宗遗诏：

我国家化隋为唐，奄有天下，三百年之盛业，十八叶之耿光。朕自缵丕图，垂将二纪。虽恭勤无怠，属运数多艰，致寰宇之未宁，睹兵戈之屡起。赖勋贤协力，宗社再安，岂意宫闱之间，祸乱忽作。昭仪李渐荣，河东夫人裴贞一，潜怀逆节，辄肆狂谋，伤害既深，已及危革。万机不可以久旷，四海不可以乏君，神鼎所归，须有缵继。辉王祚，幼彰岐嶷，长实端良，衰然不群，予所锺爱，必能克奉丕训，以安兆人。宜立为皇太子，仍改名柷，监军国事。於戏！孝爱可以承九庙，恭俭可以安万邦，无乐逸游，志康寰宇。百辟卿士，佑兹冲人，载扬我高祖、太宗之休烈。

诏书宣读完毕，朝堂上顿时笼罩一片忧伤的气氛，然朝堂外甲兵重重，杀气腾腾，众臣又怎敢失声痛哭？只能暗自饮泣。诏书中疑窦颇多，明白人一听便知究竟：李渐荣、裴贞一两人与皇帝素来感情深笃，处事忠贞，怎会突然"潜怀逆节，辄肆狂谋"；昭宗既知"伤害既深，已及危革"，甚至到了"万机不可以久旷，四海不可以乏君"的地步，何以不从速除去李、裴二人，却忙于写此遗诏，结果反遭二人所害；昭宗共有十七位皇子，唯德王李裕标宇轩秀，敢作敢为，有昭宗风度，且年岁茂壮，颇得昭宗钟爱，如今多事之秋，世事维艰，理当立李裕为皇太子，遗诏却立年仅十三岁稚嫩怯懦的辉王李祚为太子，岂是昭宗之愿？

八月十五日，蒋玄晖等以皇太后名义扶太子李祚在昭宗灵柩前即位，是为昭宣帝。

弑帝行动人员众多，纵使严密封锁消息也难保不泄露，一时间洛阳城街谈巷议满城风雨，纷纷传言皇上乃是被朱友恭、氏叔琮等人所害，这分明指责主谋乃朱全忠。为了掩人耳目，嫁祸于人，朱全忠匆匆赶到洛阳，身伏梓宫恸哭不已，大骂朱友恭、氏叔琮:"无耻奴辈负我太甚,竟做下如此伤天害理、大逆不道之事,令我蒙受不白恶名,遗臭万年。"哭罢,随即进见昭宣帝,陈述自己忠君之志天地可鉴,请皇上恩准立即缉拿叛贼,以正国法,还己清名。适逢有护驾军士于街市抢劫粮米,朱全忠以放纵士卒侵扰市肆之名收捕朱友恭、氏叔琮,随即贬朱友恭为崖州司户,夺去朱姓,恢复其原来姓名李彦威,贬氏叔琮为白州司户,不久又赐二人自尽。李彦威临刑时才明白自己成了替罪羊,高声骂道:"出卖我以堵塞天下人之口,岂能堵得了鬼神! 如此行事,还望有子孙后代吗!"朱全忠处死李彦威、氏叔琮,暂时缓和了舆论压力。

小皇帝李祚更名李柷,因慑于朱全忠威势,乃命全忠为宣武、护国、宣义、天平四镇节度使,命原天平节度使张全义为河南尹兼忠武节度使,掌管六军诸卫事。诸事处理完毕,朱全忠又返回大梁镇所。

吴王杨行密正与诸镇节度使紧密联络,欲联合讨伐朱全忠,却传来消息全忠已诛弑昭宗立李祚为帝。杨行密气得捶胸跺脚,正欲调集人马北伐,又报说光州(河南潢川县)刺史投靠朱全忠,遂急忙派兵围困光州。朱全忠得报杨行密急攻鄂州、光州,乃于十一月初八亲率五万大军从颍州(阜阳)渡过淮河,屯驻霍邱,分拨兵马驰援鄂州。此时朱全忠军势正盛,杨行密经田頵、安仁义之乱已远非昔日之威,见全忠来势凶猛,只好放弃光州,一面命周边寿州、庐州、舒州等各州凭城坚守,一面撤下围攻光州兵马,除少部分驻守大别山抑制汴兵外,主要兵力继续南下增援刘存攻打鄂州。大将刘存久攻鄂州不下,天祐二年(905)二月,下令兵士采取火攻,焚毁城门、城楼。城中鄂州兵见城已被毁,遂突围而出,刘存手下诸将见状欲乘乱截杀,刘存制止道:"诸将若乘乱截杀,敌兵必返城死守,则更难攻取,不如任鄂州兵四散逃去,则此城唾手可得矣!"直待鄂州兵散尽,刘存方领兵入城执缚杜洪、曹延祚及残余汴兵千余人,并押送至扬州。行密将杜洪、曹延祚等将领斩首,封刘存为鄂岳观察使。

天祐二年(905)二月初九,朱全忠授命蒋玄晖邀请昭宗诸子德王李裕、棣王李祤、虔王李禊、沂王李禋、遂王李祎、景王李秘、祁王李祺、雅王李禛、琼王李祥于洛阳宫中九曲池旁设宴置酒,将诸王灌醉后用绳子缢杀,并投尸于九曲池中,自此昭宗诸子仅余昭宣帝。

五月初七,彗星横贯整个天空,有占卜者对朱全忠道:"君臣皆有灾祸,须诛杀一批人才能攘祸。"宰相柳璨趁机拟出三十余人名单,对朱全忠道:"这些人常聚会,一起横议朝政,埋怨朝廷,心存不轨,宜用以攘灾避祸。"朱全忠心腹李振亦道:"朝纲所以不顺,皆因这等浮薄官僚紊乱纲纪所致,大王欲图大事,此辈宜尽除之。"这些奏议正和朱全忠心意,遂于十五日贬独孤损为棣州刺史、裴枢为登州刺史、崔远为莱州刺史，十七日又贬吏部尚书陆扆为濮州司户、工部尚书王溥为淄州司户，二十二日再贬太子太保致仕赵崇为曹州司户、兵部侍郎王赞为潍州司户。六月初一诏令裴枢、独孤损、崔远、陆扆、王溥、赵崇、王赞等就地自尽，当天黑夜即将裴枢等被贬朝官三十余人集中于滑州白马县白马驿全部处死。李振早年屡试进士不中，因而对这些所谓衣冠大族非常痛恨，同时也痛恨科举出身的朝士，遂对朱全忠道："此辈常自称清流，宜投入黄河，使为之浊流。"朱全忠听了不禁大笑，甚觉讽趣，乃从其言将这些文人抛入黄河的波涛之中，从此朝中再无人敢非议全忠。

　　荆襄节度使赵匡凝素来对朱全忠阴险狡诈、专横欺君之行为极为愤恨，遂东连杨行密，西与王建结儿女姻亲，心存匡扶唐室之志。天祐二年（905）八月初九，朱全忠遣武宁节度使杨师厚率兵攻打襄州，随即又亲自领十五万大军以闪电雷鸣之势南征，欲切断赵匡凝与杨行密联系，不几日接连攻下唐、邓、复、郢、随、均、房七州，汉水以北之地尽被汴军占领。九月，赵匡凝眼见大势已去，无力挽回，遂放火焚毁府城，率领麾下将士携带眷属族人登船，顺汉水入长江东下投奔杨行密。荆南留后赵匡明得知兄长败走江淮，自知亦难以自保，遂率部众二万人弃城投奔成都王建。朱全忠乃以杨师厚为山南东道留后，贺环为荆南留后，不久又表奏杨师厚为山南东道节度使，如此朱全忠遂据有荆襄之地，彻底改变了中原被敌对藩镇包围的境况。

第二十一回　平衢睦越王驱二陈　破温处传瓘斩庐佶

越王钱镠自接昭宗密诏积极准备起兵，不料八月即有中使来宣告昭宗于洛阳宫中驾崩，太子李柷即位。越王心中早料到朱全忠有弑逆之心，却不料竟来得如此之快，听此噩耗，却似晴天霹雳，顿时张口结舌，不知所措，良久才缓过神来，失声痛哭道："圣上以绢诏召我救驾，我竟无所作为，以致被贼人所害，臣之罪也。"大放悲声，众将佐幕僚亦含悲垂泪不止。越王命众臣僚身穿缟素，军府内外举哀服丧。

次日，越王召集臣僚商议对策，有的说天高皇帝远，中间隔着江淮之地，管不了这些事，有的主张联合杨行密讨伐朱全忠，众说纷纭，莫衷一是。大将顾全武道："境中陈璋、陈询乱军气势嚣张，若分兵北上讨伐朱全忠，只怕压不住二陈之乱，反被贼兵乘虚袭击杭州。如今朱全忠刚击败李克用、李茂贞，又新得兖郓之地，兵势正盛，即使我两浙与江淮联合发兵征讨，恐怕亦未必能取胜。依末将之见，不如先集中兵力扫平二陈之乱，清除后顾之忧，再图北伐。"镇海军掌书记沈崧道："弑帝滔天大罪朱温已嫁祸于李彦威、氏叔琮二人，如今又奉李柷为天子，朱温仍然控制着大唐朝廷，我若起兵北伐，不仅师出无名，反被骂为反叛逆贼，多有不妥。不如采纳顾将军意见，先集中兵力剿灭二陈之乱，再观诸道兵马动向，相机北伐。"越王听了众人意见，仍命钱镒、顾全武、杨习等诸将集中兵力剿灭陈璋、陈询叛军。

顾全武、钱镒、杨习先集中兵力猛攻睦州。陈询依凭州城弹丸之地守了数日，怎守得住，只好率兵逃往衢州。顾全武进入睦州城后，一面命杨习率领主要兵马攻打衢州，一面命人修整睦州城池，安抚百姓。

陈璋本想衢、睦、温、处四州同时起兵，形成南北对峙之势，然后徐图北进，不曾想尚未起兵即被越王化解了温、处二州，不仅北进的梦想破灭，衢、睦二州的处境亦堪忧。后来得知台濛病逝后由吴王长子杨渥出任宣州观察使，此人年轻气盛，心情浮躁，刚愎自用，颇有野心，陈璋即修书请求杨渥出兵相助，并答应以衢、睦二州依附宣州。陈璋之意正合杨渥扩张野心，杨渥乃命歙州刺史陶雅出兵相助。

陶雅生性沉静谨慎，自幼戏弄玩耍从未伤及自身，少年时好读书，常手不释卷,年长为将遇乱不惊,胸多谋略,将士诚服,为人疏财重士,礼待宾佐,在歙州十余年为人所尊重。

天祐二年(905)正月,睦州大雪,雪深数尺,压塌了数多民房,亦压死了许多百姓,越王命顾全武、钱镒开仓赈济灾民,送衣放粮,加意抚恤。陶雅闻讯乃命裨将阚睦率两百精兵化装成灾民先行混入睦州城中,自己又亲率三千兵马自歙州沿新安江顺流而下,直至睦州城外隐蔽。顾全武不曾想宣州会突发奇兵,又逢大雪封山,故此疏于防备。深夜,阚睦伏兵齐发,杀散守门军士,放陶雅兵马入城,又领兵冲入睦州府,一举俘获劳累一天方刚入睡的顾全武、钱镒。睦州城中浙兵主力已随杨习南下,只有数百兵马留守,陶雅入城杀散守城兵卒,剩下残兵任其逃出城去。

越王得报陈璋竟勾结杨渥损失自己的两员主将,心急如焚,暴跳如雷,复命弟钱镖率一万大军先夺回睦州,以阻绝宣州增兵支援陈璋,再发兵大举讨伐衢州。

钱镖派兵封锁歙州边界,防止宣州增兵支援陈璋,又以主力围攻睦州。歙州兵虽攻下睦州,却因顾全武、钱镒开仓放粮赈济灾民,以致府库空虚,使得军中粮草无从补充,又因百姓遭遇雪灾,刚受越王抚恤,却遭歙州兵偷袭,以此百姓对歙州兵颇有敌意。如今钱镖主力攻城,陶雅自知在睦州难以坚守,只得弃城南下投奔衢州。

天祐二年(905)四月,陈璋会同陈询的睦州兵以及陶雅的歙州兵一起进攻婺州。

婺州刺史沈夏,海盐人,原为海昌都将徐及部下,征讨刘汉宏时奉钱王命杀死徐及,得其兵众七千余人,乃集聚于临平山下自立。待钱王灭汉宏返回杭州时,沈夏即将手下老幼赢弱统统杀死,只余四千余精壮者奔往嘉兴,劫持县尉吴公约,欲一同入海自立。起初公约不从,沈夏便欲杀之,公约遂叩头哀告道:"惟吾兄之命是从。"遂同往。不久,沈夏见公约实在庸懦无用,遂放其回乡。沈夏暴虐,不为岛民所容,竟被驱逐出岛,没了立脚之地,只好复归钱王。当时正是用兵之际,钱王遂准其复归,令其改过遵奉将令,不得施暴,善待部卒,爱护百姓。此后,沈夏追随钱王南征北伐,多有战功,乃于光化三年(900)九月奏授婺州刺史。沈夏到任之后渐渐旧病复发,左右部卒小不称意即命斩杀,又于府城北郭大建私第,规模宏丽,相当于公府。一日,沈夏长子犯有小过,沈夏随手即将其杀死。越王见他如此凶残,毫无改过之意,心中甚是失望。如今陈璋、陈询、陶雅兵犯婺州,越王知其难以共事,遂只命杨习率兵固守暨阳(诸暨)、稠州(义乌),以便紧急时刻相机驰援婺州,避免婺州城中因有二虎而相争。

陈璋进攻婺州数月未下，遂与陶雅、陈询商议道："沈夏刚愎自用，为政暴虐，胸无谋略，难与共事。这婺州城却是新修城池，城坚池宽，南依大江，易守难攻，欲取婺州不宜强攻，只可智取。"三人商议之后，命准将阙睦率兵五千去稠州城外山间安营扎寨，日夜攻城，务使稠州兵马疲于守备，无心南下支援婺州。陈璋亲自率领主力从东、西、北三面包围婺州城，严密封锁沿江渡口，不得有任何人出入婺州城，并领兵轮番冲击义乌门、兰溪门、天一门，相机夺取婺州城。陶雅率领五千兵马待陈璋向婺州发起攻击后突袭兰溪城，在夺取兰溪城后改装成兰溪守军装束，打了兰溪守军旗号，装成兰溪败兵逃回婺州城，一旦进得婺州城，即迅速攻占州府，成败在此一举。

不说阙睦、陈璋率兵按计行事，单说陶雅如何攻取兰溪。这兰溪乃一小县城，方圆约五里，虽然一面临兰江，可以凭江坚守，另三面却是城矮池浅，易攻难守，怎经得起五千大军冲击。陶雅命军士先用乱箭压住守城兵将，大军迅速冲到城下，架起浮桥云梯，不多工夫就纷纷杀入城来。陶雅又命严密把守城门，不得有任何人私自出入，免得走露消息。众军士随即装扮成兰溪守军，打起兰溪守军旗号，急匆匆逃奔婺州而来。这兰溪城离婺州不过六七十里路程，约两个多时辰就到了婺州城外。

沈夏在婺州城中日夜被陈璋挑战，搞得心烦意乱，待率兵出城冲杀时，陈璋又迅速退避山中不与交战，实在奈何不得，因此日夜心浮气躁，动辄暴跳如雷。手下军士见此情形总是提心吊胆，避而远之。这一日黄昏，守城军士报说有一队兵马由西北向婺州急奔而来，沈夏忙奔上城楼观看，果见西北方向尘土飞扬，一彪军马向婺州急奔而来，不多时已渐靠近婺州城。城外陈璋兵马匆匆迎上前去拦截阻挡，双方混战成一团，只听得战鼓擂鸣，杀声震天，阵中烟尘翻滚，旌旗飘舞。眼见得天色越发昏暗，双方人马亦已逼近城下，守城军兵看得出阵中来军旗号乃是兰溪守军，兵卒所穿衣甲亦是兰溪守军模样，沈夏也看得真切，料定兰溪失守，败兵投婺州而来，遂急忙集合城中兵马，大开城门杀入阵中，营救兰溪兵。谁知这些兰溪兵倒也乖巧，见城中兵马出城接应，马上停止厮杀，直接冲入城中来，进城后横冲直撞，见兵就砍，遇卒就杀，迅速攻下各城门，又攻下府衙。沈夏兵马被陈璋团团包围，只见城上到处换了陈璋、陶雅旗帜，方知中了诡计，城池已失，霎时间婺州兵个个心惊胆寒，慌了手脚。这些兵将素来对沈夏颇有怨恨，如今到了这等地步，谁还肯为他卖命，便纷纷投降。沈夏眼见大势已去，便急于脱身逃跑，却左突右冲怎么也杀不出重重包围，终于死于乱军之中。

天祐二年（905）九月，陈璋终于夺得婺州，乃自称衢、婺二州刺史，随即命陶雅率兵增援阙睦，攻打稠州，又命陈询率兵攻打暨阳。

越王得报婺州失守，陈璋又派兵进犯暨阳、稠州，即命钱镖分兵东进，切断陶雅、陈询粮道，再增兵杨习与钱镖共同合围陶雅、陈询于暨阳、浦阳、稠州地区。

暨阳、浦阳、稠州一带西有龙门山，东有会稽山，山高岩陡，难以通行，中间是一盆地，只有南口稠州、北口暨阳与周边有交通之便。陶雅清楚一旦此二口被越军重兵把守，自己将被困其间成为瓮中之鳖，因此得知钱镖率兵东来，已据守浦阳，便急忙率兵欲撤出稠州地区。杨习趁机随后掩杀，陶雅、陈询损兵折将，待退至稠州城附近，又被稠州守军、浦阳钱镖兵马截杀，陶雅、陈询只带得一半残兵败将逃回婺州。杨习、钱镖乘胜包围婺州城，此城易守难攻，因此杨习、钱镖准备长期围困婺州，再寻机进攻。

十月，杨行密身患重病，长子杨渥自宣州返回扬州探视。杨渥字承天，骄横奢侈，声誉素来不好，颇为军府中将吏所轻视。去年八月宣州观察使台濛病逝，行密以杨渥为宣州观察使。杨渥在扬州停留数日后，行密即命其返回宣州任所，临行时右衙指挥使徐温对杨渥道："大王身患重病，正需嫡嗣紧侍左右，如今偏令公子远赴宣州，其中必有奸臣之谋。今后若大王召见公子，非温所派使者，务必谨慎，切勿轻信应命回府。"杨渥听罢含泪泣谢徐温而去。不几日，行密愈发病重，与诸位臣僚商议身后之事，判官周隐等力主由大将刘威主持军府事，行密不允，乃使众人离去，独将幕僚严可求留下，嘱咐道："即刻召回杨渥，以润州团练使王茂章为宣州观察使，我今强忍不死，即是要等他回来托以后事。"可求与徐温取了牒文遣使前往宣州召回杨渥。杨渥见是徐温所遣使者，即刻起行回到扬州，行密乃以杨渥为淮南留后。十一月，行密病笃，召杨渥于床前嘱道："从今以后，吾儿要勤于政事，广听众言，善待将士，爱护百姓，莫再贪杯嬉耍，偏信谗言，恣意妄为，不然会引来杀身之祸，切记切记。"言罢病逝于扬州，享年五十四岁，谥号武忠。

杨渥嗣立，召来周隐骂道："汝乃欲卖吾国者，有何面目见我杨氏！"即命推出辕门斩杀。

十二月，陶雅、陈询被围困于婺州城已有两月，城中粮草告罄。一日，陈询率兵突然冲出婺州城北门狂砍乱杀，杨习迅速率兵前往北门截杀。陶雅见杨习兵马已被引去北门，乃率领大队人马冲出西门，狠命杀开一条血路向西逃窜。陈询见陶雅出城，随即率兵尾随其后亦向西逃去，杨习追杀一阵，看看天色不早，乃率兵返回进入婺州城。

陶雅、陈询一路向西北逃窜，趁黑夜渡过兰江，因不敢过睦州城，乃翻山越岭，终于逃离浙西回到歙州。

杨渥继位后即居于扬州，心中却念念不忘宣州府库中财物，乃令新任宣州刺史王茂章将财务悉数送至扬州。王茂章以宣州库藏乃宣州百姓、官府之物,拒不送交,杨渥大怒,遣使至歙州命陶雅与大将李简合兵除掉王茂章。

宣州观察使王茂章见杨渥不听劝谏,专行跋扈,不恤民情,恣意枉为,是个昏庸之主,又见杨渥调来陶雅、李简兵马欲围困宣州,遂弃宣州奔于杭州越王。越王素知王茂章乃忠正不阿、胸多韬略、能征惯战、不可多得的将士,遂委以浙东节度副使之职,并奏请朝廷,可遥领宁国军节度使。

天祐三年(906)二月,越王亲至睦州巡视,命浙西营田副使马绰权任睦州刺史,同时命方永珍、杨习等率兵攻打衢州,彻底消灭叛贼。

八月初,衢州被围已经数月。眼见孤立无援难以困守,这日,陈璋与淮将周本、吕师造等趁黑夜渡过衢江,一路向北逃窜投奔淮南,越王乃以方永珍为衢州制置使。

十一月,湖州刺史高彦病逝,钱王命其子高澧嗣位。

高彦,海盐人,性格淳厚,忠诚刚直,当年钱王征讨刘汉宏时曾命其与沈夏一起诛杀徐及。平董昌后,湖州刺史李继徽弃郡投奔淮南,高彦随钱王巡视湖州,钱王临行对高彦道:"我以此郡托付于你,须尽心安抚百姓。"从此高彦任职湖州一十载,为政清廉,忠于职守,钱王奏请朝廷使其遥领费州刺史。

十二月,朝廷恩准钱王所请,诏命前淮南宣歙观察使检校司徒王茂章为金紫光禄大夫、检校太保,领宁国军节度使。

钱王又命王弟钱镖为婺州制置使,割睦州分水县之南新、宁善、新登、广陵、铜岘等五乡隶属于杭州临安县。

处州刺史庐约因受陈璋煽动曾欲随其一起反叛,后经钱王遣使晓以利害,又见温州丁章被张惠所杀,遂按兵未动。庐约有弟庐佶,性格刚勇,身任兵马指挥使,处事刚愎自用,常不听其兄约束,见陈璋、陶雅攻取了婺州,乃不听其兄劝告,径自率兵突袭永嘉,守将张惠猝不及防被攻破城池,只身带了少数兵马逃往福建投奔王审知。如今陈璋、陈询之乱既平,钱王即命王七子传瓘率兵征剿庐佶。此时传瓘年方二十,自幼受钱王、马绰熏陶,博览群书,能武善文,广通韬略,胆略过人。自从其去宣州做人质安然返回后,钱王对其越加钟爱,天祐二年(905)正月,敕授礼部尚书,遥领邵州刺史。如今温州庐佶已孤立无援,钱王派传瓘征讨温州正可历练考察其才能。

温州地处浙东之东南隅,东面濒临大海,西面横亘洞宫山,东北有北雁荡阻隔,西北有括苍山为屏,南面有南雁荡作障,中间围护了一块海滨小平原,虽有山道通达台州、处州、福建,却有莆门镇下关噐、南台等险关危隘,足以抵御来犯之敌。永宁江(今瓯江,又名永嘉江)自西向东蜿蜒流过平原,水面阔二百余丈,至入海口成喇叭状，喇叭口中有灵昆岛，是从海上进入永宁江、温州城的门户。永宁江口外四十余里有诸多小岛为永宁江天然屏障，其中有大小青澳岛，两山对峙如门，称为青澳门，乃是由大海进入永宁江的必经水道。温州城位于永宁江南岸，东至海六十里，周边沃野纵横百余里，稻谷丰稔，庶民富足，因此地方虽小却足以自立自给。永宁江之南八十余里有安固江（亦名安阳江、罗阳江、瑞安江、飞云江），自西向东曲折流过平原，下游水阔百余丈。安固江北岸有安固县（今瑞安县），东至海十里，县南岸有飞云渡，此处江面波涛汹涌，为南来北往行人必经之地，设有飞云关，驻重兵把守。飞云渡之东有飞云水寨，寨南邻海港，乃水兵舟师驻地。口外三十余里海中有凤凰山等小岛，为飞云江口之屏障。

天祐四年（907）二月，庐佶得知传瓘率水师渡海南来，料想传瓘必经青澳海门入永宁江，再逆江西进攻击温州，因此于青澳海门列巨舰四十艘、艨艟船三十条，又于永宁江入海口列百条战船，只待传瓘水军一到，即发巨舰、艨艟出港拦截，使传瓘船只不能在附近海域驻留，时日一久，粮尽援绝自然败退。若青澳海门被突破，则青澳海门之水军将与永宁江口之驻军合力包围传瓘船只，将其消灭于永安江入海口外。

传瓘率水军乘战船三百余条浩浩荡荡向南驶来，庐佶得到消息即命水军船只列于青澳海门之外，准备拦截厮杀。传瓘水师渐渐驶近庐佶船队，约莫相距数箭之地，传瓘命各船停止驶近。只见庐佶阵中有巨舰、艨艟各数十条，巨舰高大如堡，艨艟护列左右，队列整齐，旗鼓严明，传瓘对左右将校道："今日庐佶兵将以逸待劳，兵势正盛，我军远涉东海，兵疲将劳，先不与他交战，暂回玉环岛再作商议。"传瓘当下写了战表，命小校驾船送与庐佶，约定明日在此交战。

来到玉环岛，传瓘召集将校商议道："今日阵前我看庐佶阵中约有大型战舰四五十条，周围尚有数十条艨艟，每条战舰约有兵将百五十至二百人，每条艨艟约有五十人，合计有八九千人；各岛上尚应有兵马驻守，如此当有万人；永宁江口尚有重兵把守，两处军兵总数估计万三四千人。温、处二州兵马总数不过两万人，可见已大部集结于此，准备孤注一掷与我在此决一死战。我军远道而来，粮食供给困难，不宜长久对峙，只可速战速决，因此宜避其主力寻找薄弱之处突袭，然后再围攻温州，如此方为上策，诸将以为如何？"众将议论纷纷，有的道："如今我军既驻于玉环，不妨由北雁荡山南下直接围攻温州。"有的说："北雁荡有重兵驻守，易守难攻，且仍需过永宁江，必遭庐佶水军拦截，难以过江，不如乘船南下，袭击安固江，由安固县北进围攻温州。"有的说："乘船南下谈何容易，庐佶岂有不拦截之理？"传瓘道："三个突破口相比较，以安固江最为有利。永宁江口有青澳海门之险，又有主力军驻守，江口亦驻有重兵，急切间难以突破；由玉环经北燕荡南下,不仅有重山阻隔,又有永安江天险拦截,江中尚有孤屿山相屏障,岛上有东、西二峰,乃是天然要塞,若在雁荡山要扼处驻守少量兵力,再于孤屿山及江岸驻守少量水军,则纵有千军万马亦难攻克;唯有安固江,虽口外亦有凤凰山等诸岛屏障,但诸岛甚小,不足驻守重兵,江口亦远比永安江窄浅,虽有飞云水寨,却泊不得巨舰,只能停泊少量小型战船,因此较易攻取。只要入了江口再无险要之处,即可大举北进直取温州,且庐佶兵马已集中于永宁江口,安固江防守必然薄弱,因此安固江口乃是最佳突破口。"众将问道:"只是如何才能甩掉庐佶阻截?"传瓘道:"这正需要众将出谋划策。"众将纷纷议论道:"可以分出少部兵力进攻北雁荡,使庐佶分兵增援。"有的道:"庐佶自信北线防守严密,万无一失,岂能调重兵增援北线?不如将我军兵分两路,一路强攻庐佶主力,另一路可强行南下夺取安固江。"又有人说:"庐佶亦非痴呆,我军强行南下,他岂有不分兵增援安固江之理?南下须得不使庐佶知晓才好。"又有人道:"要不使庐佶知晓,只有夜间摸黑驶船南下,只是这一带岛屿礁石颇多,黑夜行船颇有危险。"传瓘见众人意见基本一致,遂决定道:"综合众将意见,可以采取声东击西之计。大军兵分两路:一路攻击庐佶,牵制主力;另一路趁黑夜悄悄南下,突袭安固江。近数日内可轮番攻击庐佶水军,偷袭青澳岛,使庐佶水军疲于应战,但又无需强攻,宜以弱示人,敌兵反击即退,以麻痹、消怠其斗志。另外,加紧训练黑夜行舟,并派人就地寻访熟悉此海域地形的渔人以为向导,再准备二十条小船,装满柴草以便火攻。"诸事安排完毕,众将校分头行事。

次日,传瓘率船队逼近青澳岛,庐佶早有准备,列船队于青澳海门外迎战。两军船队渐渐逼近,双方战鼓如雷鸣般敲响,喊杀声直冲云天。只见传瓘手持令旗向前一指,顷刻间杭州战船迅速冲向敌阵,庐佶急命施放乱箭压住杭州船队。庐佶大舰楼高墙宽,居高临下,杭州水军靠近不得,传瓘传令杭州船队散开,避敌巨舰,专攻艨艟船。双方战船相并,拼杀一阵,传瓘即令鸣金收兵,庐佶水军见传瓘率船队仓皇退去,皆哈哈大笑。

第三日,传瓘又率船队挑战,待庐佶水军迎战,杭州船队又向南退去。传瓘复命少部分船只回头攻击青澳岛,庐佶大船调头不便,忙命艨艟船回师营救,这一日传瓘仍然一无所获。

杭州军接连几日反复进攻,都遭庐佶水军堵截,温州兵颇为得意,趾高气扬。

第五日,杭州军诸事准备停当,当日照常挑战庐佶"失败",返回到玉环岛。传瓘立即召集众将下达命令,除留少部分战船次日照常攻击庐佶战舰,拖住其主力外,其余战船全部于傍晚时分出发,南下偷袭安固江。

是夜月明星璨,正宜夜航,又是东北风,顺风行船更是快捷。杭州战船黄昏起航,夜半时分绕过永宁江外诸岛,调转船头向西驶来,神不知鬼不觉,于东方发白之前已绕过凤凰岛,拂晓即来到安固江口。瞭哨报告隐隐望见远处有旌旗飘扬,地面却笼罩在一片迷雾之中,估计已靠近飞云水寨。传瓘命十条战舰护送二十条柴草小船快速前行,来到跟前看时,果然已是飞云水寨,寨中泊靠了许多战船。众小船奋力向前,砍开寨门冲入寨中引燃柴草,顿时烈焰飞腾,借着风势直撞寨中战船。寨中瞭哨看见火光,知有敌兵攻入,忙击鼓鸣金报警,却为时已晚。船上兵卒被金鼓惊醒,睁眼看时周围已是一片火海,赶忙跳起身来,也顾不得穿衣提裤,光脚就跑出舱外。眼见火势炽盛,离岸近的赶忙登岸逃跑,离岸远的即跳海求生,行动慢的只得葬身火海。霎时间叫骂声、哭喊声、火爆声、金鼓声一齐奏响,方才还是一片安详宁静的水寨,顿时烈焰腾空,浓烟翻滚,鬼哭神嚎,狼奔鼠窜,好一派惨烈景象。

传瓘见飞云水寨已被摧毁,即命船队快速驶入安固江,只留少量兵力留守船队在后面跟进,大队人马登上北岸向温州府捷进。晋时将永嘉县迁至永宁江南岸,上元元年(674)初始为温州府治,历唐一代未筑子城,更无罗城,因此易攻难守,若有外军来袭,全凭周边诸关及青澳海门、飞云水寨守护。传瓘既破飞云水寨,温州府已无险可守,无城可依,因此传瓘大军迅速攻下温州府。

庐佶尚在青澳岛海门外与传瓘水军激战,却有飞云水寨哨马来报水寨已毁,传瓘大队兵马正北进取温州府。庐佶听了犹如迅雷击顶,顿时慌了手脚,急命船队回师永宁江救援温州。庐佶巨船体大笨拙,行动迟缓,后边杭州水军紧紧追击,温州船队损失惨重。待庐佶水军赶到温州府外江中,府治早已被传瓘攻占,孤屿山亦被传瓘占领,江面已被杭州水军封锁,此时庐佶腹背受敌,别无退路,唯有拼死一搏。庐佶命所有船只向南岸冲击,试图夺回温州府。传瓘兵马坚守江边,用弓箭封锁江滩,庐佶兵马死伤无数,进展不得。传瓘于江边海坛山、孤屿山等高阜处架起数多抛石机,向庐佶船队抛投石块,又砸死、砸伤兵将无数,船只亦大多被毁。庐佶仍命将士拼死冲击,众将忍无可忍,执缚庐佶投降。

温州平,传瓘斩庐佶于市曹,又率兵进军处州,刺史庐约出城迎接。到得处州府,庐约向传瓘陈述庐佶不听劝告、径自率兵侵据温州经过,并向越王请罪。

传瓘带庐约回杭州复命,越王为传瓘及众将校摆酒庆功,命都监使吴璋为温州制置使,指挥使俞浩为处州制置使,又命庐约为浙江安抚副使。

至此,浙东八州(越、明、睦、台、衢、婺、温、处)终被越王彻底掌控。

第二十二回　逼禅位朱梁代李唐　守臣节吴越尊中原

天祐三年（906）十月，洪州镇南节度使南平王钟传之妻携次子钟匡范来杭州投奔越王。

原来，南平王钟传已于今年四月病逝，军中拥立其子匡时代为留后。钟传有养子江州（九江）刺史钟延规自恃颇有战功，早已觊觎嗣位，如今却被匡时所得，心中颇为不平，遂与淮南新主杨渥联络，请求发兵攻击匡时。杨渥派秦裴率兵进攻洪州。九月，洪州城告破，匡时及行军司马陈象被执送扬州，杨渥命斩陈象于街市，后放归匡时，又命秦裴为江西制置使，从此江西为杨吴所有。

此前洪州有一寺院名上兰院，其间住有一和尚，精于术数，颇受钟传礼遇。天祐二年（905）和尚病重，钟传前往探望，问道："老夫与和尚可谓亲密无间，如不避讳，可否嘱咐小王一言半语。"上兰和尚勉强起身，要来纸笔写下偈语授予钟传，偈语末尾道："但看来年二三月，柳条堪作打钟槌。"和尚随即瞑目而逝。钟传反复揣测，始终不解其意。第二年春淮兵大举进攻，洪州陷落，江西为杨氏所有，人们才领悟其中道理：柳条指杨氏，钟即钟氏，此偈已明示来年二三月杨吴将灭钟氏。

洪州既已陷落，钟氏家族难以立足，遂各奔东西。钟夫人乃临安人，初建八都兵时钟传与钱镠亲如兄弟，钟夫人与越王几位夫人亦亲如姐妹。如今钟氏既散，钟夫人只好回到家乡投奔越王。

诸位夫人今日相见，大家都感慨万千，昔日初见之时都是青春年少，花颜玉貌，分别时尚且体态轻盈，丰姿绰约，数十年不见，如今却是鬓发染霜，满脸皱纹，体态龙钟，步履蹒跚，不禁有些伤感。钟夫人说到钟传去世，洪州被淮兵攻占，诸子流落各方互无音讯，不免伤心落泪，泣不成声。众夫人好言安慰，良久才收了伤心泪。

越王唤出诸子与钟匡范相见。匡范献上云鹤通天离水犀带一围，玉盂一件，言道："此玉带乃唐明皇御玩，散落于西川，有川客献于家父，珍藏于宝阁，极少示于人。将此带围于腰间，即自觉身体轻了许多，直欲腾跃翻飞，若跃入水中，水不没腰，带亦不湿，水中行走如履平地，因有此特点，故名为云鹤通天离水犀带。此玉盂则可避火，曾将五雀雏覆于盂内，周围架以炽碳烤之许久，再开启玉盂时，雀雏皆腾飞而去。如今父王已经去世，洪州亦被杨氏侵据，此二宝物在我钟家亦难保全，故携来献于越王。"钱镠道："此二物皆无价之宝，须得妥为保管，免得遭战火毁损。通天离水犀带既是皇家之物，本王可暂为保管，待天下太平、皇上安泰时再送归皇家。玉盂乃钟家传家之宝，仍由贤侄自家保管。你母子就在杭州安身，谅也不会有闪失。"越王欲安排匡范在府中任职，匡范经过洪州之难已无心从政，遂婉言谢绝。越王又赠钱两万缗，命人妥为安置匡范一家，从此匡范母子定居杭州。

护送匡范母子来杭州投奔越王的乃是洪州都督府参军张蕴，越王命为江阴县令。

再说朱全忠自从诛弑昭宗、扶上十三岁的娃娃皇帝李祚之后，便加紧篡位步伐。天祐二年（905）九月，朱全忠新得襄阳、荆南之地，气焰日盛，日思夜想急欲称帝，心腹宰相蒋玄晖、柳璨、太常卿张廷范等却认为天下未平，不可太急，全忠不悦。十一月，蒋玄晖等加紧启动受禅程序，上奏昭宣帝请封朱全忠为相国，总理国事，将所辖之宣武、宣义、天平、护国、天雄、武顺、佑国、河阳、义武、昭义、保义、戎昭、武定、泰宁、平卢、忠武、匡国、镇国、武宁、忠义、荆南等二十一道建立魏国，封朱全忠为魏王，加九锡，特许入朝不趋（不需小步行走），剑履上殿，赞拜不名（不直呼姓名）。此时的朱全忠名义上虽在一人之下，实际上早已凌驾于皇帝之上，却仍然觉得柳璨、蒋玄晖办事不力，进展太慢，恨不得一步登上皇帝宝座，认为何必这么按部就班行事。十二月，柳璨等欲行三揖三让之受禅古礼，遂劝昭宣帝禅位，昭宣帝早已被吓破了胆，岂有不应之理？柳璨遂"奉皇帝命"赴汴州向朱全忠表达昭宣帝禅位之意，被全忠假意拒绝。就在柳璨、蒋玄晖等日夜筹谋改朝换代之际，何太后也派宫女向蒋玄晖乞求，希望禅位后能放过自己母子。宣徽副使王殷、赵殷衡早就想扳倒蒋玄晖取而代之，见朱全忠对柳璨、蒋玄晖渐生嫌隙，乃屡进谗言："蒋玄晖、柳璨诸人心存唐室，欲延唐祚，故拖延禅让伺机待变。"后又诬告蒋玄晖私通何太后，蒋玄晖、柳璨、张廷范三人与何太后秘密策划欲于积善宫复兴唐祚。此时，朱全忠已三次上表假意辞让魏王、九锡，谁知昭宣帝却顺水推舟下诏许之，改封其为天下兵马元帅。朱全忠早已将汴州府舍修为宫阙，只等称帝，今见昭宣帝所为，乃对王、赵二人之言深信不疑。朱全忠命人立即拘捕蒋玄晖斩杀于洛阳城外，焚毁尸身，以王殷代替蒋玄晖任枢密使，赵殷衡任宣徽使，又令赵殷衡于积善宫秘密杀害何太后。不久，贬宰相柳璨为登州刺史，太常卿张廷范为莱州司户。三日后将张廷范于洛阳街市五马分尸，柳璨押至上东门外斩首。一年多时间，几个积极效力于朱全忠加害昭宗皇帝的亲信皆被朱全忠斩杀殆尽。昭宣帝被迫下诏称母后之死系私通蒋玄晖事发而自尽，追废母后为庶人，新年祭天也因太后亡丧以及"宫闱丑闻"而不得举行。此时的昭宣帝身后无亲人，左右无亲信，又年少气衰，朝廷大权彻底落于朱全忠之手。

天祐三年（906）九月，朱全忠得悉江淮杨渥攻占江西、灭了钟氏，心中想道："显然杨渥比其父杨行密扩张野心更大，更不择手段。如今杨渥既得鄂岳全境，又夺取江西之地，境土扩大一倍，与我中原大体相当，实力堪与中原匹敌，已成我称霸中原、一统天下之大患，若不及早扼制，恐怕反受其害。"左思右想还得利用杭州钱镠、潭州马殷从东、西两边钳制杨渥，以分其势。朱全忠又想起前年封钱镠为吴王之事，当年因杨行密已封吴王在先，以此钱镠不肯再受封。如今行密已去世，杨渥尚未受封，正好趁此机会再封钱镠为吴王，使钱镠无理由拒封。那杨渥年轻气盛，见钱镠封为吴王，夺了自己爵号，必然满腔怨恨撒向钱镠，正可挑起两虎争斗，削弱江淮势力。主意既定，即向昭宣帝奏请正式册封钱镠为吴王，并命钱镠于本道建三代私庙，昭宣帝一一准奏。

按照唐朝典制，凡皇帝赐封外藩为王，须先遣使宣读制文征询意见，若不愿受封便就作罢，若无异议即回奏天子，再铸制印绶、封册，遣使正式册封，授印举行典礼。而此次册封昭宣帝却按朱全忠之意，直接派遣右散骑常侍王矩、司勋郎中裴筠来杭州勅授钱镠为吴王，一并行册封礼。册文曰：

皇帝若曰：惟后法天以降命，式协无私；惟王体国以垂功，乃兴厥后。周裂宗盟之土，汉分子弟之邦。非刘式论于诸儒，同姓亦讥于太史。畴庸懋赏，是曰能君。顾兹渺躬，实属多难；允赖元勋，廓清寰宇。勤劳夙著，悯予急荒；开创箕裘，保我丕嗣。举同心协力者无虚日，推秘略宏谋者无间时。俾列疏封，以昭勋绩。况江山右地，吴越名区。百雉则前朝旧都，会稽乃夏后遗址。宜旌社土，以统藩维。咨尔检校太师，守侍中，兼中书令，上柱国钱镠：大昴流精，维嵩孕祉。萃东南秀异之气，钟文武英略之姿。褒然不群，卓尔有立。自总戎二纪，作莫两藩。崇名辉于庙堂，茂绩册于盟府。处股肱执政之寄，服貂珰清道之荣。行必求人，勋无任己。胜残务理，经远询谋。不恃贵以专刑，不矜能而骄志。深厚廓公侯之度，刚明执忠孝之风。威加敌国而愈谦，化被邻封而垂训。以百当千之锐卒，勇且知方；育幼养老之编氓，恭而好礼。负戡乱济时之术，蕴天资神授之机。而设燎探微，筑坛礼士。诗盈箧笥，传癖横经。比饭均羹，席上尽雕龙之客；投醪散库，营中皆搏虎之人。劲节贯于雪霜，至诚格于天地。顷者越人，蚁市称霸，蚊雷振妖。尔则统仗顺之师，整争先之旅。飚驰勇敢，冰泮渠魁。书于鼎彝，焕若缣素。近则淮夷作孽，伧俉无君。拒抗王师，邀截贡赋。窃据州邑，断绝梯航。先皇上宾之时，不展号弓之慕。群后咸秩之礼，莫申执币之仪。神人共愤其侵陵，华夏争诛其干犯。尔则率义兵以疾讨，统王师而急征。共粉巨盗之骨，必摧元凶之颅。是用金玺昭德，彤弓报功。明国法之是彰，示王泽之非滥。麟符出征，鹙冕专祭。慎尔脩之，克有终也。今遣使臣中散大夫右散骑常侍上柱国赐金紫鱼袋王矩副使朝议郎守尚书司勋郎中上柱国赐绯鱼袋裴筠持节册尔为吴王。於戏！加王爵之极号，授封建之殊名，天鉴孔昭，则俾子永契鱼水。盟践如日，则俾尔益繁子孙。往尽乃心，服我徽命！

钱王接旨，一则吴王杨行密已谢世，已释争夺吴王之嫌；二则既授皇帝正式册封，不便抗命；三则杨渥嗣位，所作所为远不如杨行密忠正仁义，对邻郡颇有野心，以此钱王坦然接受封赐，不再推辞。

晚上钱王设宴款待中使，席间对两位中使婉转说道："蒙皇上圣恩徙封微臣为吴王，微臣当鞠躬尽瘁报效皇恩，只是此前已有杨行密为吴王，今行密谢世其子杨渥嗣位，按惯例杨渥仍应秉承吴王之位，皇上却徙封微臣为吴王，不知皇上将封杨渥为何王？若为顺理起见，不如命微臣为吴越王，一则浙东为越地，浙西则多属吴地，名为吴越则名正言顺；二则可避开与杨渥同为吴王之弊，请二位大臣将微臣之意回奏皇上，请皇上圣裁。"两位中使见钱王如此说，心中也知甚是有理，便答应回京后面奏皇上。

朱全忠闻得钱王接受吴王封号，知其近期不会助江淮杨渥，随即又上奏皇上徙封杨渥为弘农郡王，昭宣帝吃惊道："江淮杨行密封为吴王，如今其子杨渥攻占江西，气势更盛，却徙封为郡王，他岂肯甘休？"朱全忠气愤道："杨渥嗣位不久即兴兵攻掠邻道皇土，心无皇上，目无朝廷，是为不忠；其父新丧，竟点燃十围巨烛聚众击球，昼夜酣饮，寻欢作乐，是为不孝；擅调宣州府库财物供己挥霍，逼走王茂章，滥杀大臣，是为不仁不义。这等不忠、不孝、不仁、不义之人岂可僭居王位？今赐予郡王已是最大开恩，还有何言可说？"皇上见全忠动怒，只好照办。

钱王因浙东陈璋、陈询之乱已平，皇上又赐封吴王，命建三代私庙，心中感慨万分，想道："自咸通十三年（872）入军，至今三十有四年，历经多少征战方有今日两浙的安宁，今日之荣贵全赖众将士奋斗拼搏而成就，岂可归功于我一身？尤其是众将士有的捐躯疆场，有的患病过世，有的被执生死不明，皇上命我钱镠建三代私庙，我又如何彰显那些生死与共的诸将之功？"思虑再三，决定建功臣堂，在府门之西树功臣碑，将有功宾僚将校之名氏刻于碑阴，共五百余人，以彰显众臣之功。完工之日，钱王作《功臣堂诗并序》，曰：

伏自九五降恩，远颁封册。皇华涉于大海，宣命正值青阳，两邦父老喧然，皆来相贺。时在功臣堂设乐，聊述七言，以志其事。

今夕虽非丰沛酒，醪醨同醉洽吾乡。两邦父老趋旌府，百品肴馔宴桂堂。

宝剑已颁王礼盛，锦衣重带御炉香。越王册后封吴主，大国宣恩达万方。

钱王又于府中建"握发殿"作为居室,取周公"吐哺握发"之意,以彰显礼贤下士、殷切求才之心。钱塘人口音"握""恶"不分,又不明"吐哺握发"之意,有人将"握发殿"误称为"恶发殿",钱王听了付之一笑。

府中旧有虚白堂,乃大唐太傅白居易所建,今已倒塌,基址尚存。钱王命于此基之上重建一亭,取名八会亭,不久更名为都会堂;又于该厅之后建一阁,名曰蓬莱阁。

衣锦城功臣山下钱王旧居于数年前已翻修扩建一新,如今只有戴夫人与仆役数人在此居住。钱王奉皇上御旨于本道建三代私庙,遂僻旧居后堂为私庙供奉祖、父三代。如此,一来三代先祖都居住此处,尤其父亲不愿见到天下纷争、刀兵相向的残酷现实,以此将私庙设于家乡,列祖列宗都会安泰;二来省去了不少开支,可以用于修建功臣堂等殿堂。

众臣僚见钱王处事先公后私,厚臣薄己,皆啧啧称赞,十分叹服。

再说昭宣帝在皇帝的宝座上日日如坐针毡,一心只想保住性命,恨不能早早让位,天祐四年(907)正月二十七日,遣御史大夫薛贻矩至大梁探询朱全忠态度。贻矩入得汴府,请以君臣之礼觐见梁王,全忠揖让再三,贻矩道:"殿下功德泽被天下,天命所归,人心所向,皇帝正想行尧舜禅让之事,臣怎敢违皇上之意。"说完贻矩向北行臣子面召拜舞之礼。朱全忠本想于扫平幽沧威震天下之后再风风光光受禅让之礼,不想幽沧未得却被李克用偷袭了潞州,担心此时受禅招天下人笑骂,可是内心却巴不得越早受禅越好,见贻矩在庭中拜舞,便迟疑不决地起身缓缓侧过身去回避。待贻矩拜舞完毕,全忠叹口气说道:"国中尚有叛贼未平,安可行禅让之礼。"贻矩一一看在眼里,回到洛阳便向昭宣帝回奏道:"元帅已有受禅之意矣!"昭宣帝当即下诏禅位于梁,命宰相修书告谕梁王。全忠接诏,心中欢喜,面上却仍然辞让不受。

禅让之事在朝野闹闹嚷嚷,人人皆知,惯于见风使舵的朝中大臣们亦纷纷奏请昭宣帝逊位。二月初五日,昭宣帝诏命宰相张文蔚率领百官去大梁元帅府劝梁王受禅,全忠仍命使臣推让,于是朝臣乃至湖南马殷、岭南刘隐等诸藩都纷纷上表劝梁王受禅。三月十三日,昭宣帝命薛贻矩再赴大梁宣谕禅位之意,又命礼部尚书苏循带了百官劝梁王受禅的表章赴大梁劝进,朱全忠见众大臣及许多藩镇皆已臣服,知道时机已到,遂表示接受禅让。三月二十七日,昭宣帝正式下诏禅位于梁。

朱全忠早已在大梁建成皇帝宫殿,正殿名崇元殿,东殿称玄德殿,内殿为金祥殿,如今接到禅位诏书,即登金祥殿受百官称臣朝贺,并自称寡人,所颁文书称为教令。四月初五,朱全忠下令所有文书、表册、簿籍皆除去唐朝年号,只书写年、月、日，昭宣帝闻讯赶忙派摄中书令张文蔚为册礼使，礼部尚书苏循为副使，摄侍中杨涉为押国宝使，翰林学士张策为副使，御史大夫薛贻矩为押金宝使，尚书左丞赵光逢为副使，率领百官排了天子的法驾赴大梁。

四月十六日，朱全忠改名为朱晃。

十八日乃甲子黄道吉日，举行禅让大典。张文蔚、杨涉从上源驿乘坐辂车出发，手捧禅位玉册、传国宝玺，前面有诸司率领仪卫卤簿为前导，后面跟随唐朝百官，迤逦来到金祥殿前排列整齐，朱晃身穿龙袍，头戴衮冕登皇帝位。张文蔚、苏循恭奉玉册，外殿杨涉、张策手捧传国宝玺，后边薛贻矩、赵光逢依次奉宝升殿。张文蔚上前宣读禅位玉册，读毕退回班中，率百官舞踏称贺。

十九日，有司祭告天地、宗庙、社稷。

二十一日，分别遣使宣谕各州、各镇。

二十二日，大赦天下，改元为开平，定国号为大梁，以汴州为开封府，称为东都，以洛阳为西都，废去西京，以京兆府为大安府。

梁帝朱晃奉废昭宣帝为济阴王，将其迁至曹州（山东菏泽附近），安置于亲信氏叔琮的宅第，住所四周围以荆棘，并以甲兵看守。次年二月二十一日，昭宣帝被毒杀，死后谥号为哀皇帝，梁帝以王礼葬其于济阴县定陶乡（今山东菏泽定陶县）。

五月，梁帝以唐宰相张文蔚、杨涉为门下侍郎，御史大夫薛贻矩为中枢侍郎、同中书门下平章事；封兄全昱为广王，子友珪为郢王、友璋为福王、友贞为均王、友雍为贺王、友徽为建王，侄友谅为衡王、友能为惠王、友诲为邵王，养子友文为博王。改枢密院为崇政院，以敬翔知崇政院事，为皇帝顾问，在宫禁中承受皇帝旨意，再付与宰相旋行，宰相除需当面启奏或应对外，一般均以奏章由崇政院转呈皇帝。七月追尊祖：

高祖黯谥宣元，庙号肃祖，祖妣范氏谥宣僖；尊祖茂琳谥光献，庙号敬祖，祖妣杨氏谥光孝；祖信谥昭武，庙号宪祖，祖妣刘氏谥昭懿；考诚谥文穆，庙号烈祖，妣王氏谥文惠。

朱晃受禅登皇帝位，各藩镇反响不一，诸多弱小藩镇大多顺服称臣，素与朱晃为敌的李克用、李茂贞、王建、杨渥等人则坚决抵制。西川蜀王王建与河东晋王李克用向诸道发出檄文，声称欲联合凤翔歧王李茂贞、江淮弘农郡王杨渥发兵讨伐朱梁，兴复唐室，时过数月却迟迟无人响应。

晋王李克用坚欲兴复唐室却不得各地藩镇相助，而此时北方契丹八部已经统一并为一国，国主耶律阿保机正率三十万大军进攻云州，晋王遂与其在东城会盟，结为兄弟，约定今冬共同击梁。阿保机在云州停留十余日，晋王赠以金珠财宝，阿保机亦留下马匹三千、杂畜万计作为酬谢。谁知刚一回到契丹阿保机即背弃盟约转而归附于梁，李克用气愤之极又无计可施，终至一病不起，临终于床前交与儿子李存勖三支箭矢道："今付汝三矢，一矢讨刘仁恭，汝不下幽州河南未可图也；一矢击契丹，阿保机与吾曾把臂而盟誓复唐室，今背约附梁，汝必伐之；一矢灭朱温。汝能成善志，死无恨矣。"说罢含恨而终。

九月某日，蜀王王建召集将佐僚属商议称帝之事，众臣皆道："而今唐室已亡，大唐江山各地藩镇争相取之，大王虽忠于唐，然此时不取，正所谓'天与不取也'。"王建乃采用安抚副使掌书记韦庄之谋，率领官吏百姓为亡唐痛哭三日，九月二十五日登皇帝位，建国号大蜀，任命前东川节度使兼侍中王宗佶为中书令。

岐王李茂贞自知兵马羸弱，地域狭小，遂不敢称帝，然亦开岐王府，设置百官，称自己居室为宫殿，妻子为王后，凡将吏僚属上书皆称笺表，上朝时鸣鞭朝拜，下令发文皆比照皇帝制度。

弘农郡王杨渥早在昭宣帝禅位之前便急于要当皇帝，曾致书西川王建、南海刘隐、福建王审知等劝各自称帝，又致书劝钱王亦自称帝，并为钱王送上龙衣、玉册、书疏，以备登基之用。钱王接到书疏礼物大笑道："尔等自己坐于炉炭之中承受被炭火烘烤之险，还想把我也置于炭火之中，陷我吴越百姓于战火，我以去伪平贼之微劳蒙承天子酬庸之命，至于封建车服之制悉有所由，岂图一时之利乃随波于尔彼耶！"立即回书拒绝，并劝杨渥仍守臣节以免灾祸。钱王复书道：

浙中屡得喜音，未敢驰书致贺者，非置麾下于不议，盖以春秋之义，大夫无私交也。天祐三年闰十二月十七日，忽接翰教，并惠隆仪，不啻从天而降。读至僭号称尊，不禁战栗恐惧。伏念唐朝三百年以来，历圣相承，勤政爱民，深仁厚泽，皆尧舜之主也。如镠昔年，不过去伪平贼微劳，获蒙圣慈，锡以封建车服之荣。镠自分过优，再三坚让不允辞，始敢拜受。如麾下位至藩王，今上待臣工未尝薄也。祗以庸臣误国，豪杰并起，遂致国乱民愁。凡为大唐臣子，理应各矢忠忱，以扶唐室，连兵共讨，以报君父之雠，庶不愧为臣职。兹辱明谕，竟乘君难而欲自立，乃蔑礼忘恩、弃德背义小人所为；岂庙堂之上，亦忍出此言也？承惠龙衣玉册书疏，断不敢领。谨以奉璧，并有一言奉劝，惟望采纳：窃思汉之王莽、董卓，我朝之禄山、黄巢、汉宏、董昌辈，才势过人，卒致家破身亡。皆以不守臣节之故。今麾下之才，恐未能如汉之莽贼，与其取祸于将来，毋宁退守藩封，以全臣节。共竭股肱之忧，以效忠贞之志。则麾下之英风义勇，自必光耀史册，名垂千古。倘以镠劝为非，窃恐祸至临头，异日相处，镠惟知唐而不知有麾下。非以力视，理则当然，祸福去取，君自裁之。不赘。

昭宣帝禅位后，朱晃派遣左金吾卫大将军石彦辞、刑部郎中薛昭序来杭州宣谕此事，钱王召集众臣商议对策，众臣气忿填膺，纷纷主张拒不听命于梁。镇海军节度判官罗隐更是力劝钱王举兵讨梁，说道："即使讨梁不成功，还可以退保杭州、越州，然后自立称帝于东南，何必从事于窃国之贼？"钱王原先一直以为罗隐不被朝廷所用，未得唐帝赏识，所以心存积怨，常常语言刻薄，谈吐尖酸，今日听其所言却知其心存唐室，胸怀正义，因此对罗隐益加敬重。

初闻朱梁篡唐消息，钱王亦是怒火中烧，但事关家国安危存亡，决不可莽撞行事，须得仔细斟酌谋划才是，如此想来心情渐渐平静下来，暗自忖道："如今两浙处境已非数年前可比，以往南邻福建，西连江西，皆能和睦友好相处，北境杨行密亦称得忠义之主，尤其结成儿女姻亲之后与我关系颇为友善。现时江淮由杨渥控制，此人乃不忠不孝、不仁不义之辈，多有扩张野心，江西亦被其据有，对我两浙始终心怀叵测。古人云'道不同，不与共谋'，今日我与江淮已难以共谋，既如此，我孤军北上讨梁必被杨渥趁机袭取后方，届时我前有虎后有狼，处境危矣，两浙百姓亦要遭殃。"想到此遂冷静说道："当今之势朱晃炽盛而唐室衰微，遂有昭宣帝禅位之举。如今大唐皇族已被斩尽杀绝，昭宣帝亦被囚禁，我若举兵伐梁当推谁为帝？奉谁之命？岂不名不正言不顺？我以杭越之兵捍卫两浙之境当足以胜任，但远征中原，若无邻境相援，则是以卵击石，或反被邻镇趁虚滋扰，此是自取灭亡，反陷我两浙百姓于水火，因此北伐之举条件尚不成熟。如今首要之事是保护百姓，只要百姓安泰，我还有什么难为之忍？"众人听钱王铿锵而言，有理有据，无可辩驳，气氛渐渐平复。

不久，梁帝朱晃又派右金武卫大将军安崇隐来杭州宣谕，进封钱王为吴越王，增食邑二千户，实封三百户，赐号启圣匡运同德功臣，封衣锦军为安国衣锦军。众臣僚又是一番议论，多劝钱王拒绝受封，认为若受封即须听命于梁，实属背叛唐室。钱王笑道："古人有言'屈身于陛下，是谋略也'，我岂不能学三国时孙仲谋呀！我当以保土安民为主，故不忍兴兵杀戮耳。"遂接受梁帝所封。

梁帝得知钱王接受封赐，即欲进一步拉拢吴越使之与江淮相对抗。天祐四年八月，敕授钱王兼淮南节度、扬州大都督，淮南四面招讨使、制置使。九月又诏封镇东军神祠，号曰"崇福侯"。

吴越王钱镠亲撰重修墙隍神庙（"墙隍"即"城隍"，因避哀帝海遂改之）兼奏进封崇福侯记：

若夫冥阳共理之规，人神相赞之道。传于史册，今昔同符。切以浙东，地号奥区，古之越国。当舟车辐凑之会，是江湖冲要之津。自隋末，移筑子墙，用迁公署。据卧龙之高阜，雉堞穹崇；对镜水之清波，风烟爽朗。缅惟深固，宜叶冥扶。故唐右卫将军、总管庞公讳玉，顷握圭符，首临戎政，披榛建府，吐哺绥民。仁施则冬日均和，威肃则秋霜布令。属墙爱戴，黔庶歌谣。寻而罢市兴嗟，馀芳不泯。众情追仰，共立严祠。振百雉之冈峦，宰军民之祸福。殿堂隆邃，仪卫精严。式修如在之仪，仰托储灵之荫。每畅吴风越俗，共歌道泰人安。昔为两镇之疆，今作一家之庆。遂驰笺表，请降崇封。所冀朝恩与汉牧齐标，美称共泰峦对耸。寻蒙天泽，果赐允俞。勅：镇东使墙隍神庙玉：前朝名将，据郡良材。顷因剖竹之辰，实有披榛之绩。并修府署，绥缉吏民。岂独遗爱在人，亦抑垂名于古。况钱镠仕隆三镇，功显十臣。能求福而不回，至效灵而必应。愿加懿号，以表冥符。宜旌发崇之功，用显优隆之泽。宜赐号：崇福侯！仍付所司。牒至，淮勅者。噫呼！人惟神祐，神实人依。爰自始建金汤，肃陈祠宇。奠兹中垒，三百年来，虽享非馨，未登列爵。今则值予佐国，连统藩维。启吴越之双封，为东南之盟主。况遇金星应志，梁德克昌。道既泰於君臣，泽遂加於幽显。获申奏荐，遽降徽章。今则象轴焕新，龙纶远至。表勋名於万代，昭灵感於千秋。固当永荷皇私，长垂幽赞。卫我藩宣之地，遄清灾沴之源。共泰斯民，永安吾土。烜矣赫矣！永作辉华。今当吴越双封，一王理事。亦仗土地阴骘，冥力护持。神既助今日之光荣，予亦报幽灵之焕耀。但虑炎凉改易，星岁徂迁，不记修崇，莫原事始。聊刊贞石，以示後来。

十月，梁帝敕授传瓘金紫光禄大夫，在温州筑子城，周围三里十五步。

开平二年（908）春正月，梁帝下诏改临安县为安国县，广义乡为衣锦乡，以示荣宠。

六月，梁帝制授吴越王为检校太师，守中书令，增食邑一千户，实封一百户。

八月敕升杭州、越州为大都督府，以示荣宠。命改杭州唐山县为吴昌县，台州唐兴县为天台县，以避亡唐江山复兴之意。又命改新城县为新登县，长城县为长兴县，乐成县为乐清县，以避梁之讳。不久，又制授镇东节度使成及为保大军节度使，同平章事副使。

开平三年（909）春正月初二，梁帝迁先祖神主于洛阳太庙，初五以博王朱友文为东都留守，十二日由汴梁迁都至洛阳，二十三日祭祀太庙，二十四日祭祀园丘，又颁令大赦天下，庆贺迁都之喜。

第二十三回　修水利明越八方获益　掠邻境江淮四面受阻

自讨平董昌至今已有十年，其间两浙境中虽有徐绾、许再思之乱，陈璋、陈询叛变，皆因措置及时得当而未酿成大患，境中黎民多年来尚属安宁。陈璋、陈询之乱平定后，吴越王亲自走访了杭、苏、湖、越、明、台、衢、婺、睦诸州县，所到之处百业繁荣，万民称颂。却也有许多百姓反映水利设施不足灌溉之需，常常干旱歉收，逢雨即涝；又有钱塘江潮为患，轻则冲坏农田，淤塞河槽，重则毁坏村落，卷走人民。吴越王深知治理江潮之患工程复杂庞大，花费资财颇多，非短时间所能解决，乃欲先从财力、物力、人力所及之事做起，遂与营田副使沈崧商议兴修水利之事，命沈崧召集相关人员根据实际情况制定实施计划。沈崧经与各州府相关人员反复商讨，拟定了广开明州万金湖、整修越州鉴湖的计划，吴越王甚为赞赏，言道："越州、明州地处浙东北部平原，乃浙东稻米主要产区，此两项工程一定要做好，尤其是万金湖要修得比越州鉴湖还要好，待工程告竣，明、越两州可旱涝保收，浙东百姓温饱无忧矣。"遂命立即付诸实施。

明州地区地处浙东东北隅，北临大海，东南依象山港海湾，天台山由西南向东北伸延，州境西面盘亘四明山，全境状如簸箕，北部与中部地势低平，南高北低，面向大海，一旦连续阴雨则农田内涝，若遇暴雨更是山洪暴下冲毁农田，如旬月无雨又田旱苗枯，以此农民常受旱涝之苦。唐时曾于州治东二十五里诸山之间修万金湖，因湖小仅可溉田五百顷，不足解旱涝之忧。

沈崧一面命人筹集钱粮，一面与明州刺史黄晟谋划广开万金湖之策，责成鄞县县令陆南金征集民夫工匠数万人，会同明州万余官兵，凿山取石，挖土浚湖，夯土筑坝，伐木修闸，掘地开渠，铺路架桥，各项工程开展得井然有序。众民夫盼望万金湖修成之后明州平原能成为丰腴之地，旱涝无虞，乃个个精神振奋，人人努力劳作，工程进展甚快。

开平三年（909），万金湖工程告竣，湖周围扩展至八十里，纳七十二溪流之水，方圆广阔八百顷，足有杭州西湖四个之大。万金湖四岸共设有七堰，有钱堰、大堰、莫支堰、高湫堰、栗木堰、平水堰、梅湖堰，又于湖周围广开河渠，使湖高于河，需灌田时即启闸放水入渠，可溉鄞、定、海等七乡之田五千余顷，遇暴雨或连阴雨即下闸蓄水，从此明州农田连年丰收，再无旱涝之苦，与越州平原连成一片成为浙东粮仓。吃水不忘挖井人，为了纪念吴越王钱镠的恩德，黎民百姓乃呼万金湖为钱湖，又因此湖在明州之东，遂亦称之为东钱湖。

东钱湖四周青山耸立，湖岸蜿蜒曲折，暖春时繁花争艳，五彩缤纷，暑夏时浓荫蔽日，郁郁葱葱，凉秋时红叶似火，映红湖水，寒冬时山披银装，水如白练，四时景色倒映湖中，月月变换，四季如新。林中翠鸟长鸣，余声萦绕山间，游人身陷此境不免心醉神逸。湖心有陶公山与西岸相连。相传春秋时越国大夫范蠡曾携西施隐居于此，改名陶朱公，耕作垂钓之余与西施遍游诸山或泛舟诸水，后人为纪念陶朱公，遂呼所居山峦为陶公山，垂钓之地为陶公钓矶。湖之北有白石山，其上有巨石面湖突出，相传曾有仙人在石上对弈，后人称之为"白石仙枰"，游览其间，湖光山色颇为优雅。环湖诸山最高峻者称为百步尖山，峰峦峭拔，雄峙湖滨，林木葱郁，轻雾飘渺，登临山顶，湖光山色尽收眼底。湖中又有霞屿、烟屿二小岛，犹如两颗翠珠滚动于湖盆之中，元代诗人袁士元作诗赞道：

尽说西湖足胜游，东湖谁信更清幽。一百五十客舟过，七十二条春水流。

白鸟影边霞屿寺，翠微深处月波楼。天然景物谁能状，千古诗人永不休。

广开万金湖的同时，沈崧亦募集民夫疏浚越州鉴湖，共整修湖塘三百五十八里，于各河道入海口修缮设置堰闸，阻止海潮倒灌，使得越州水利焕然一新。又于武义县新筑长安堰，可灌溉万余顷农田，在睦州寿昌县彭头山下开湖以灌溉东郭之田，其余州县亦根据本地人力、物力相应修建起许多水利设施，灌溉农田五十万亩。从此浙东多年未有重大旱涝之患，农桑丰稔，百业兴盛。

再说江淮弘农郡王杨渥，自攻取洪州后气势益盛，一心欲称霸江南，开平元年（907）五月，以鄂岳观察使刘存为西南面都招讨使，岳州刺史陈知新为岳州团练使，庐州观察使刘威为应援使，别将许玄应为监军，调集三万水军逆江而上，进攻楚军，一路上无险可阻，无人敢拦，直逼潭州（长沙）城外。楚王马殷一面凭城坚守，一面命在城都指挥使秦彦晖调集各地水军三万顺江而下，迎击淮南兵，又命水军副指挥使黄璠率领战舰三百条屯驻浏阳河口。刘存连日攻城毫无功效，时已六月，酷暑难耐，又接连数日大雨，兵疲将乏，只好退还城堤之北，秦彦晖趁机追杀，使其颇受损失。秦彦晖与刘存隔江对峙数日，对众将道："贼兵侵犯我境，我若不予回击，有何面目面对子孙。"率领全军擂鼓鸣金猛冲刘存水军，刘存败走。黄璠遥遥望见，指挥战舰出浏阳河口横截大江，拦住刘存退路。刘存被秦彦晖、黄璠水军前后夹击，一时队形大乱，被杀得落花流水，刘存、陈知新亦被活捉。这一仗淮军裨将战死者百余人，士卒死者以万计，战舰被夺八百余艘，岳州被秦彦晖攻占，刘存、陈知新被马殷斩杀。庐州观察使刘威、别将许玄应率败兵逃回，许玄应乃弘农郡王心腹，常干预政事，张颢、徐温对其早已心存芥蒂，如今攻楚惨

败，二人遂借机将其治罪斩杀。

十月，弘农郡王派冷业率领水军屯驻平江，李饶率步骑兵屯驻浏阳，欲与楚军决战，楚王马殷派岳州刺史许德勤率领军兵与之相拒。许德勤挑选善于游泳的军士五十人，以木枝、树叶覆盖头部为伪装，携带长刀顺水漂流而下，趁夜深人静疏于防范之时突袭冷业，于淮军营中各处放火。淮军惊慌失措，立时乱了阵脚，楚军趁乱进击，直追至鹿角镇生擒冷业，又破了浏阳寨生擒李饶，随即再进攻上高、唐年等地，冷业、李饶被斩于潭州。

杨渥见西进屡屡失利，乃于十一月命右都押牙米志诚等率兵渡淮袭击中原颍州。淮军一鼓作气攻入外廓，颍州刺史张实死守子城。十二月，梁帝朱晃命发步骑兵五千援救颍州，米志诚内外受敌，又无粮草，只好引兵杀出城来逃回淮南。

杨渥虽然攻下洪州，夺取周边江州等地，而江西南部诸州却始终未臣服于淮南，尤其是抚州危全讽、信州（上饶）危仔昌兄弟，拥兵自守，在江西境中形成南北对峙之势，危全讽自称为镇南节度使。杨渥西进北攻均失败，遂转而南下，十二月发兵攻打江西信州，刺史危仔昌连连受挫，只好闭城坚守，派人求救于抚州和吴越。开平二年（908）春正月，吴越王钱镠派兵驰援信州，时江西境内已被淮南兵占领，各山都有重兵把守，吴越王乃派兵突袭甘露镇（常山县西北四十里山口），再西进切断淮兵粮道。此时抚州危全讽兵马亦已逼近信州，淮南兵眼见得粮道被绝，已成三面合围之势，只好率兵突破重围逃回洪州。

弘农郡王杨渥对外连连用兵，劳民伤财，对内排除异己，培植亲信，为政独断专行，擅杀大臣，凡此种种，众臣僚多有怨意。左牙指挥使张颢、右牙指挥使徐温则利用手中兵权悄悄铲除杨渥亲信：杨渥嗣位之初，将宣州的三千亲兵召归扬州，由亲信朱思勍、范思从、陈璠任指挥使，袭取江西时张颢、徐温即命此三将随秦裴戍守洪州，后诬以谋叛，命别将陈祐至洪州会同秦裴将三人斩杀；不久张颢、徐温又率领牙兵二百人冲入宫庭，当着杨渥面历数其亲信十余人罪状，当即拽下庭阶用铁槌击杀。杨渥心中愤恨，久欲除去张、徐二人，却始终未得机会，二人亦知杨渥之心，遂不能自安。

开平二年（908）五月，张颢遣其党徒纪祥等带人冲入杨渥寝室将其杀害，对外诈称弘农郡王暴薨。次日，张颢于府庭中召集众将吏，命令诸将皆不得携卫从进入，而夹道及庭中堂上皆列兵士刀枪。待众将站定，张颢厉声问道："嗣王已薨，军府当由谁主之？"问之再三无人应答。幕僚严可求趋前细声密启道："军府如此之大，四境边患甚多，自然非张公主之不可，但是今日即行恐怕太速。"张颢问道："怎么说太速呢？"可求道："刘威、陶雅、李遇、李简皆先王股肱之将，张公如今自立，彼等能听命于汝？不如先立幼主，由张公辅之，众将谁敢不从！"张颢愕然，沉默良久只好依从可求之言。众人散去之后，可求又至张颢宅中祝贺，于袖中取出一纸跪于堂上宣读，乃假托太夫人史氏之言："先王创业艰难，嗣王不幸早逝，隆演以次当立，诸将宜无负杨氏，善辅导之。"张颢无奈，不敢违抗，遂奉杨渥之弟隆演为淮南留后、东面诸道行营都统。

张颢处事刑罚残酷，滥杀部卒，又放纵亲兵剽夺市肆，众臣僚多畏惧疏远之，如今又有弑逆之举，众人皆心存怒意而不敢言。可求说服徐温及左监门卫将军钟泰章刺杀张颢，数日后泰章率三十壮士直入张颢牙堂，斩杀张颢及其亲信，徐温宣布张颢弑君之罪，并将纪祥等人斩于街市。

杨隆演嗣位，以徐温为左、右牙都指挥使，统揽军府之事，以严可求为扬州司马。

徐温性格刚毅，处事沉稳，虽不知书，却常使人读狱讼辞书，所作判决皆合情理。诸事既定，徐温对严可求道："大事已定，我与严公等自当力行善政，使人人得以解衣安寝。"从此立法度、禁强暴、举大纲，军民安定。徐温又以军旅之事委托可求，财赋之事委与支计官骆知祥，各人皆称其职。

徐温、严可求大权在握，一面悉心治理江淮，一面又欲独霸江南，几经西进、北攻、南战，皆屡屡惨败。见梁帝频频向吴越示宠，甚至授予钱镠兼淮南节度，扬州大都督，淮南四面招讨、制置使，矛头直指淮南，而钱镠竟一一接受封赠，毫无抵制之意，遂将攻击目标转向吴越。目标既定，八月，徐温命步军都指挥使周本、南面统军使吕师造率兵东进，九月包围苏州。苏州刺史曹珪闭门坚守，吴越王命从弟钱锯率兵驰援。

周本、吕师造率大军东进围攻苏州，吴越王料其后方必然空虚，遂命张仁保率水师两万人，自湖州发战舰入太湖，直击常州之东洲。果然东洲守备薄弱，又疏于防范，被张仁保一举攻克，仁保随即率兵北进，切断周本、吕师造退路。周本、吕师造急忙回兵来救东洲，曹珪、钱锯率吴越兵大举掩杀，苏州、无锡之间河道纵横，周本、吕师造统领皆是步军，以此行动迟缓，被吴越兵首尾夹击斩杀万余人，残兵逃入无锡城中死守待援。

徐温得报急忙命池州团练使陈璋为水陆行营都招讨使，统领柴再用等诸将领兵来救东洲，柴再用命士卒驾小舟穿行于鱼荡、苇荡，冲击吴越守军。张仁保命兵将施放火箭点燃苇荡，烧毁淮兵小舟。时已初冬，芦苇干枯遇火即着，刹时间只见烈焰浮空，浓烟翻滚，尸满鱼荡，船成薪炭。柴再用所乘战船亦被烧坏，急忙手持长矛跳入水中，周围兵卒纷纷上前扶持，再用对兵卒大呼道："舟船皆毁，已无退路，欲求生还，唯有杀上岸去拼死一搏。"命众兵卒强行涉水登岸，自己亦持矛奋勇向前。众兵将见状忙用湖泥抹满全身，穿过火荡奋不顾身争先登岸。

此时陈璋已率大军自常州杀奔而来，周本、吕师造亦率兵从无锡赶来，张仁保知道若再恋战必遭三面合围，致使全军覆没，遂只得放弃东洲撤回苏州。事后，柴再用家人得悉再用死里逃生，为感恩佛祖保佑，特设千人素宴以斋僧人。再用将全部素食皆用以犒劳部兵，对家人说道："是士卒救我，僧人何曾出力。"

吴越王深知尽管淮人此次袭取苏州未能得逞，但其侵吞吴越之心未死，扩张野心难收，遂与宁国节度使王景仁商议道："如今淮人扩张之心正盛，实力已强我吴越许多，早晚还会侵犯吴越，当如何应对才是？"王景仁即王茂章，因梁帝朱晃曾祖名茂林，为避梁朝之讳乃改名。景仁思索片刻之后答道："昔日江西钟帅与大王交好，亲如兄弟，若当时江西与吴越结成一体，今日自无江淮之忧。如今危全讽一门在信州、抚州有德政，颇有影响，一旦举旗北进，各地必会响应，大王可联合危全讽共同出兵攻打洪州，夺回江西当稳操胜券。我吴越与江西形成一体，实力强过江淮，届时可以独霸东南，还有谁敢侵犯！"吴越王道："昔日大唐尚存，普天之下莫非王土，我吴越与江西乃至江淮都是大唐藩镇，皆忠于朝廷，岂能擅自兼并邻镇，以此我吴越始终奉行忠君爱民、睦邻友好之策。谁承想近数年间变乱竟如此之大？先是朱氏弑逆昭宗皇帝，挟天子而号令天下；随之是江淮杨行密谢世，杨渥继位，滥杀臣僚，攻略邻郡；继而江西钟传病逝，钟氏兄弟相争，以致被杨渥趁间夺取洪州。如今大唐已不复存在，何谈忠君之事？邻境始终虎视眈眈，从今以后我吴越之策当以保境安民为上。如君所言，若联合危全讽攻取洪州，则陷吴越、江西于战火之中，即使夺得江西，江淮杨氏岂肯善罢甘休，从此我与江淮必将连年攻伐，战火不息，两地百姓再无宁日矣，我江南岂不成了中原之后第二大战争苍夷之地。"王景仁心中不服道："既怕挨打，又怕主动出击挑起战争，大王还有什么万全之策？"沉默片刻之后，吴越王缓缓说道："当今之势朱晃称帝中原，实力最强，但其北有李存勖、刘守文，西有李茂贞、王建，南有杨隆演，因此兵力分散，江淮才能与之对抗。若使朱晃在其南境驻扎重兵，则江淮必于其邻境亦置重兵与之抗衡，如此江淮即无力大举南侵，我吴越边境自然安宁。"王景仁道："此主意虽好，却如何使朱梁兵压南境？"吴越王道："王将军久事江淮，对江淮境中诸事了如指掌，朱晃必然听信将军之言，若将军肯助本王一臂之力，欲请将军亲赴汴梁说服朱晃，不知可否？"景仁答道："愿奉大王派遣。"

王景仁悄悄来到汴梁觐见朱晃，早在天福三年（903）争夺青州之役时，朱晃曾亲眼见过其勇闯汴军，驰骋冲杀，所向披靡，无人敢敌的情景，当时曾感叹道："若得此人为将，天下不足平矣！"如今此人来到汴梁，又是受吴越王所遣，朱晃心中自然十分高兴，当晚即于宫中设宴款待，直至夜深才送景仁回馆驿休息。

次日，王景仁再进宫面见梁帝，陈述吴越王之意："如今江淮杨隆演嗣位，实权尽操于左右牙都指挥使徐温之手，徐温一心欲向四邻扩张，吴越王奏请皇帝驻重兵于淮河之北，吴越王则陈兵太湖之滨，无论江淮发兵攻击何方，都可互为支援。若江淮西进攻楚，即可趁其后方空虚合击扬州。"朱晃早有此心，见王景仁如此说，遂满心欢喜道："吴越王所言正合寡人之意。"

第三日上朝，梁帝即命亳州团练使寇彦卿为东南面行营都指挥使，统领亳州、宿州、泗州、楚州四万兵马陈兵淮北。

十一月，寇彦卿命二千兵马偷袭霍邱，被当地土豪朱景所败。彦卿又亲率二万大军进攻庐州、寿州，淮南徐温遣滁州刺史史严领兵御敌，彦卿见庐、寿二州防备严密，一时难以攻取，便引兵退回淮北。从此江淮亦调重兵驻守淮南，以防梁突然袭击，两军隔淮对峙，大有一触即发之势，如此江淮再无力调集兵马进攻吴越，吴越边境暂时得以安宁。吴越王派遣孙琰为苏州守将，此人乃临海人，骁勇善战，足智多谋，被人呼之为孙百计，屡有战功，因此受命苏州衙将。

开平三年（909）春正月，梁帝朱晃迁都洛阳，率领满朝大臣于南郊祭祀天地，颁布诏令大赦天下。

二月，为进一步拉拢吴越，梁帝敕选吴越王第三子、两浙节度副使元瑛为驸马都尉，尚寿昌公主。元瑛，吴夫人生于唐乾符五年（879）九月二十一日，曾于乾宁二年（895）娶马氏为妻，生有次孙，取名仁健，不久马氏病逝。天复二年（902）八月徐绾、许再思叛乱，元瑛与马绰等有坚守子城、控制乱局之功，此后吴越王对元瑛颇为倚重，以此梁帝选其为驸马都尉。敕曰：

朕念敬尊元老，礼无出於父师；崇树华姻，事莫先於婚媾。故金张贵族，方膺下嫁之荣；齐宋大邦，始称和鸣之兆。恭惟先帝与卿，素同盟约，誓扫寇雠，远禅缔构之功，终集兴隆之运。虽崇资厚禄，酬勋已极於当时，而懿戚周亲，结分思联於奕世。寻期爱女，欲配高门。三边未息於戎机，百两遂稽於宿诺。今朕祇膺天眷，获嗣皇图，念三年无改之规，思二姓好逑之重。愿遵先旨，特举令仪。况传瑛骊颔奇光，凤毛异彩，不俟折券之训，已当压纽之祥。妫汭名门，雅称太姬之匹；张敖显族，宜承元女之姻。是用先降徽章，特加异数，擅斋坛之斧钺，兼台室之钧衡，既明必复之徵，且展维私之分。料卿精识，体朕至怀。今授传瑛大同军节度使，检校太傅，同中书门下平章事，驸马都尉，兼加食邑八百户。

此时元瑛正有病在身，不便赴京完婚，只好待身体康复之后再行前往。

四月，梁帝又制授吴越王守太保，增食邑二千户，实封二百户，以表荣宠之意。

江淮杨隆演、徐温见朱晃、钱镠频频交好，十分气恼，遂再命陈璋、周本、吕师造等率三万兵马进攻苏州，守将孙琰见淮兵气势汹汹而来，敌众我寡，因此闭城不出,于四周各城楼广架抛石机,淮兵进攻即抛投大石,砸死砸伤淮兵无数。

接连数日淮兵无法过河,更不能靠近城墙,陈璋、周本、吕师造商议采用洞屋之策攻城:从民间广征用于水稻脱粒的稻桶覆于双轮车上,将两架双轮车绑在一起,四围再钉以木板,成为四轮木甲战车,名之为洞屋,每车藏兵士六至八人,将稻桶中心底板抽开即可向外瞭望或向外射箭,每架洞屋由两名兵士推动前行。孙琰在城楼上远远望见,心中便有了主意,即命木匠车制转轮,周边刻成绳槽,将转轮置于长竿顶端,用粗绳绕过转轮,绳子末端系以重锥或挂钩,名之为垂缒投锥。江淮军准备停当,周本、吕师造亲自擂动战鼓,命众兵卒推进洞屋,徐徐向城边进发。眼见淮军过了护城河,守城苏州兵士仍无反应,陈璋等人正庆幸自己发明成功,攻城有望,突然间鼓角齐鸣,同时从城上伸出许多长竿,放下重锥、钓钩,将淮兵洞屋砸穿、揭翻,洞屋中淮兵遂尽皆暴露于城下。众淮兵遭此突袭,正惊慌失措时,城上却早已矢石俱下,淮兵死伤大半,余下的残兵败将急忙回身逃跑。奈何后边既是宽阔的河道,来时只用小船架设了浮桥,眼见桥窄人挤,众淮兵纷纷拥入水中又淹死无数。各城楼前一时间竟成了哭丧的道场,陈璋、周本、吕师造远远望见如此景象,原先兴奋得快要跳出来的心片刻之间掉进了冰窟窿,直惊得说不出话来。三人收拾起残兵败将逃回营中,检点兵马竟损失了大半,一时间既恨又羞,急欲报复却又无计可施,以此接连数日不曾出战。

这日吕师造提出一计:"既然城上能架设抛石机向我阵中发砲,我亦可以取土磊石筑台,架设抛石机向城上发砲,砸毁城楼,摧毁城上抛石机,令其失去依托,迫使守军出城与我决战。"众人听了都觉此计甚好,立即命众兵卒于苏州城四外修筑起数十座土石砲台,上置抛石机。孙琰于城楼上看得一清二楚,即命兵卒于民间广征绳索结成绳网,于城楼抛车之上扎架张网,又砍伐竹子破篾编索,结网张挂于城上。陈璋等人修完砲台,眼见数十座砲台矗立于苏州城四周,台上旌旗招展,砲车高昂,煞是壮观,不免又颐指气使神气起来。谁知城上已张网以待,淮兵向城上抛掷的砲石皆落于网上滚落四周,城上竟毫发无损,三人犹如泄了气的皮囊,垂头弯腰跌坐于地。尚未缓过气来,城上守兵却利用淮兵方才抛来的砲石,再用抛石机抛还淮兵。只见砲石横飞,尘土飞扬,石落之处人仰马翻,砲毁旗倒,一片狼藉,众淮兵抱头鼠窜,直逃出数里之外才惊魂稍定,纷纷瘫倒在地,一片嚎啕之声。

淮军实在无计可施,只好采取最后一招,欲困死姑苏城。为杜绝城内外沟通消息,淮军在护城河中环城打桩设栅,于水中张网,网上悬铃,凡有鱼鳖过网即能振动铜铃发出警报,从此城中与世隔绝。

吴越王得报苏州城再次被围,心中气恼,寻思道:"杨隆演、徐温视我吴越软弱可欺，屡犯我境，这次非给他们一个惨痛教训不可，留个伤疤，看他们还敢不敢轻举妄动，作非分之想。"遂召集王弟钱镠、钱镖、江海游奕都虞侯何逢、司马福等人商议道："淮兵屡犯我境，其意非在苏州一地，乃我吴越全境，以此苏州一战务必重创淮军，力争全歼，令其记取教训，绝其觊觎之心。"命钱镠率步骑兵由南面进攻，钱镖率步骑兵由东面进攻，何逢、司马福率水军绝其太湖水路并夺取无锡，从西、北两面包围淮兵，诸路兵马由钱镠统一指挥，合击淮军。

钱镖道："如今无锡、吴江、昆山皆驻有淮兵，东西南北相距百余里，即使同时进击亦难收全歼之效，若能设法使诸地淮军汇聚苏州，则聚歼淮军容易得多。"钱镠道："欲使淮军汇聚苏州，可命孙琰发兵大举冲击淮军，造成突围之势，则淮兵必然聚围苏州。"钱镖插言道："仅使苏州兵马出城冲击，力量有些单薄，恐不足以牵动全部淮兵。若城中兵马出城冲击的同时，我再率一万兵马包围昆山，与苏州成犄角之势，则退可接应苏州兵马突围，进可合力冲击淮兵，如此淮兵必然着急，火速将无锡、吴江之兵东调增援，我军即可合力聚歼。"钱镠道："如此甚好，只是淮兵围城严密，如何才能与城中联络，使孙将军与我等同时行动？"司马福道："此事不难，苏州乃一水城，四周皆有河道通入城中，我可由河中潜水入城，绝不使淮兵察觉。"钱镠道："那就有劳司马将军先行入城通报消息，命孙琰将军做好准备，约好攻击时日，将军再潜回我营中。待钱镖将军与孙琰将军向淮兵发起猛攻，吸引淮兵向苏州靠拢之时，我诸路兵马即全力合围，歼灭淮军。"众将商议停当即分头回营各自行事。

司马福善于水中潜行，足智多谋，曾于讨汉宏、攻董昌诸战役中屡立战功，以此升为江海游奕都虞侯。为尽早与苏州城中联络，司马福即刻起行，策马行至苏州吴江地界，再改入河中潜水而行直至苏州城外，淮人毫无察觉。只见护城河中绳网密布，上系铜铃，极难潜行通过。司马福等到夜深人静之时，将一根长绳一端拴住绳网，另一端用手拉动，绳网被牵动，顿时网上铃声大作，淮兵闻得铃声急忙聚集河边弯弓搭箭乱射绳网，约莫闹了半个时辰，提举网绳用火把照着看时，只见绳网完好，网上并无他物，淮兵才放下心来，皆以为是大鱼触网引发铃声。就在淮兵提起绳网之际，司马福已悄然从网下游过网去，来到州城水门下，叫开水门进入城中。

苏州城被围已两月有余，城外音讯皆无，司马福突然潜入城来，城中将士纷纷将其围在中间探问消息，司马福乃将吴越王命全歼淮兵，解除苏州之围，及众将计议从头至尾细细说了一遍，苏州将士听了顿时精神振奋，摩拳擦掌。当下，孙琰又与司马福一起商定了出城袭敌时日，作战方案，司马福一一详记心中，于次日夜自另一水门潜出，以同样方法潜过护城河，返回钱镠营地。

到了约定时日,钱镖率领万名马步兵急行军,突然将昆山城团团围住,向淮军发起猛烈进攻,守城淮军猝不及防败入城中,一面坚守城池,一面派人驰赴苏州向淮军总部求援。

孙琰亦早已做好准备,到了约定时日城上鼓声大作,威震长空,战旗招展,遮天蔽日,各水门、陆门同时大开,众兵将一起杀出城来。不多时,孙琰骑兵冲过吊桥向淮兵阵中冲杀过来,水军同时驾舟砍除绳网,冲过护城河,并在河上架起数座舟桥,步兵随即纷纷冲过舟桥、吊桥,亦向对岸冲去。苏州城外已数十日没有战事,淮兵渐渐疏于防范,遭此突袭顿时手足无措,待清醒过来再组织兵士阻击时,已被吴越兵冲开许多缺口,淮兵被砍死杀伤无数。

陈璋、周本、吕师造正组织兵士阻击孙琰守军,恰在此时却又得报昆山受到万余吴越兵袭击,情势危急,三人心中不免疑惑:"苏州守军突然大举出城反击,吴越兵又同时大举进攻昆山,显然两者绝非巧合,事先必有联络,苏州城早被我严密围困,鱼鳖尚且难进城去,他们远隔百里之遥如何联络?真是神哉,奇哉!"再想到目前处境:"一旦昆山有失,则我军被吴越兵三面包围,西侧又有太湖阻隔,岂不孤掌难鸣?"想到这里,犹如一壶冰水灌进肚里,凉了半截,急忙派人赶赴无锡,命无锡守军火速来苏州会合,共同迎击吴越兵。又派人分别赶赴常州、扬州等地告急,请求增援。

何逢得报无锡淮军东去,遂轻而易举将无锡拿下,之后又继续向东南推进,切断淮兵退路。钱锯见各路兵马均已到位,即率领南路兵马北进,一举攻取吴江。钱锯命钱镖攻下昆山,向西合围,又命司马福率领船队封锁湖滨地区,攻占苏州西部灵岩山、穹窿山。

陈璋、周本、吕师造之残兵被压缩于苏州以东黄天荡狭小地区。这黄天荡在苏州府东葑门外六里处,上接澹台诸湖之水,东连渎墅诸湖,水中长满菰荪、芦苇,小舟隐没其间外不能见。陈璋寻思道:"如今既无城池可守,亦无崇山依托,如何抵敌吴越兵马猛烈攻击?"知道已难逃覆没厄运,遂对众将说道:"如今败局已定,为今之计可兵分东、西两路突围,以分吴越兵之势。东路由何朗、吕邱直将军率领,自黄天荡东进,突围之后可顺娄江往东北而行,三百里即入大海,再逆大江而上回扬州。我与周本、吕师造、钟泰章将军率领其余兵马西进,突围之后入太湖至常州,再回扬州。为了突围顺利,可于今夜在苇荡、菰荪丛中多树旗帜以为疑兵,吸引吴越兵马,今夜子时大家各自出发。"

吴越军兵早有防备,何朗、吕邱直率兵东进不出五里即被吴越战船截住去路,两岸皆是吴越兵马,即使插翅亦难飞出罗网,何朗对吕邱直道:"如今突围已经无望,即使有少数人杀出重围,前面尚有三百里路程,如何到得了海边?其实陈璋命我二人东进，无非是牵制吴越兵马，以减轻西路压力，你我二人现已完成使命，不必再白白断送三千将士性命。"吕邱直见四面皆是吴越兵马，早已吓破了胆，听何朗如此说，便连连点头道："就依何将军所言投降了吧。"何朗便命众将士靠岸弃枪投降。

陈璋、周本、吕师造、钟泰章等人带了兵马连夜驾舟悄悄西行，不出数里亦被吴越兵截住。钟泰章奋勇当先，众兵士护卫了陈璋等将领向西冲杀，两岸弓箭手施放乱箭如飞蝗般射向船队，淮兵死伤无数。钟泰章冒死带领残余船队杀出港汊进入太湖，却又被司马福水军团团围住。这些水兵个个出水如猛虎，入水似蛟龙，陈璋残兵如何敌得过。不多时，许多船只或被颠翻或被抢夺，只剩下数十条小船。钟泰章左冲右突狠命杀开一个缺口，大呼陈璋速速冲出去，陈璋、周本、吕师造急命众水兵全力驾舟闯出包围，泰章仍死命截住吴越兵船不让追赶，陈璋等人才得以逃得性命，钟泰章终于被吴越兵用乱箭射死。

此次战役吴越生擒淮将何朗、吕邱直等，俘获淮兵七千余人，战船二百余艘，缴获兵甲无数。淮兵围攻苏州共出动三万余兵将，如今只得陈璋等十余人逃回。从此，杨隆演、徐温乃知吴越兵将机智英勇不可欺，遂绝了侵占吴越之念，江淮与吴越间此后数年未再发生战事。

第二十四回　吞赣南杨吴尽收江西　遭灾害杭州誓除潮患

开平三年（909）六月，吴越王亲巡苏州，奖赏军功，抚慰百姓，恢复生产，安定民心。

时苏州之北与常熟隔水相望，乃东洲荒漫之地，洲上苇草茂密，人烟稀少，常年为海盗所盘踞，当地百姓深受其害，纷纷向吴越王申诉请求保护。吴越王命梅世忠、李开山两位将军屯兵于浒浦、塌身一带，建立水寨军，统管沿海治安防御，剿清东洲海贼。从此沿海匪患杜绝，人民渐聚，开设街市，日益繁荣，百姓以二位将军之姓氏命名此地为"梅李镇"。

这日信使来报，明州刺史黄晟病逝，吴越王当即从苏州赶赴明州祭奠黄晟，并命九子钱传球为明州制置使。

黄晟，明州鄞县（今鄞县）人，起初曾应募于望海镇，因身材矮小、形貌丑陋而未中选。镇都虞侯林膺见其性格强悍，乃留其于镇中。不久，黄晟因不甘居于下层而潜回本乡，自行招募乡勇占领平嘉埭，时权知明州事杨异遂署黄晟为平嘉埭镇将，有兵卒千余人。中和元年（881），刘汉宏以台州娄文知明州事，被杨异击败，娄文同党杜宗自宁海镇率领乡民侵据奉化。黄晟自平嘉埭率所部兵马进击奉化，将杜宗等人捉获并驱还台州，所获粟帛悉数归官，杨异升其为奉化都护兼明州副都知兵马使。待到董昌授浙东观察使，余姚镇将相嘉来犯，明州刺史钟季文遣黄晟领兵讨伐，黄晟大胜并擒杀相嘉，董昌乃上奏朝廷授黄晟为左散骑常侍、浙江东道副指挥使。景福元年（892），钟季文病逝，黄晟拜为本州刺史。黄晟虽起于兵伍，却崇贤礼士，聘前进士陈鼎、羊绍素为门客。江东儒士多慕名而来，黄晟都加以优待。董昌僭伪称帝，黄晟先是移书劝谕，待到钱王举师讨伐董昌之时，黄晟即率本州兵马响应。乾宁五年（898），黄晟率百姓修筑明州罗城，周长十八里，又重建奉化江东津浮桥。在任一十八年，为官廉正，临终上疏不立其子为嗣，府库所蓄一律封题"送使"。

诸事处理完毕，吴越王亲往巡视东钱湖水利工程，对工程之壮美大为赞赏，对黄晟、陆南金之功绩给予表彰。

明州以外大海之中岛屿星罗棋布，其中不乏荒芜小岛，亦是海匪藏匿出没之所，沿海之地百姓常受侵扰，人们不堪此苦，常背井离乡逃往内地。吴越王与传球商议于定海镇筑城，驻扎官兵，内可以巩固海防，外利于进剿海匪，从此海匪之患根除，沿海百姓安居。

吴越王回到杭州，不日即有梁帝所遣刑部尚书姚洎、礼部员外郎罗衮来杭州行授吴越国王册礼，册曰：

乃者有唐告终，王政日衰，妇寺乱常於内，蛮貊犯顺於边，列镇张胆而相攻，大臣扪心而无措。惟思家族，遑恤朝廷。朕起自兵戎，历阶节度，忧皇天之不吊，闵黎庶之倒悬。誓众兴师，为民请命。东征西怨，共济我后来苏；箪食壶浆，咸若厥角坠地。竟以数州之力，大翦诸国之锋。历试诸艰，遂叨九锡，稽舜禹之禅，法隋唐之敕。天步多艰，人情习乱，因商民之思纣，嗾桀犬以吠尧，职具不共，何所不至。咨尔上柱国吴越王钱镠，山川毓秀，二五储精，以不世出之才，行大有为之主。纳交伯府，翼戴中朝。靖淮甸之邪氛，不得荥我王气；斩罗平之妖鸟，不得鸣我王郊。迨乎受禅之初，首遣宣谕之使，颇知天命，不效狂谋，匪兼二国之封，曷奖尊王之义。今遣使金紫光禄大夫尚书上柱国姚洎，使副尚书礼部主客员外罗衮持节备礼，胙土分茅，册尔为吴越国王。呜呼，车徒万乘，何戎狄之不可膺；节制三方，何强梁之不可伏。矧百粤夏后驻跸之地，三吴泰伯肇封之疆，句践用之以亲周，夫差因之而驾晋。方赖率三军而挺荆楚，纠列国以平淮戎，允为东海屏藩，永保中原重镇。毋姑息以败事，毋夸大以隳功。钦哉，其听朕命。

吴越王接受梁之册封，从此尊梁为中原正朔。

自从淮南攻战洪州灭了钟氏以来，江西抚州刺史危全讽日夜忧愤不已，朝思暮虑欲收复洪州。后来淮南派兵进袭信州，危全讽更是坐卧不安，虽与吴越联手赶走了淮兵，但洪州不收复，淮兵终是大患。待到淮南发兵进攻吴越苏州，留守洪州的淮兵仅余数千人，危全讽闻信心中大喜，此乃收复洪州天赐良机，遂自称镇南节度使，统领抚州、信州（上饶）、袁州（宜春）、吉州（吉安）兵马号称十万大军，浩浩荡荡进攻洪州。洪州守城淮军见状人人畏惧，个个丧胆，哪敢应战？节度使刘威一面遣密使火速赶往扬州向杨隆演请求增援，一面命诸将派兵严守各门不得擅自出战，又命人于洪州城上广树旗纛，每日于四面城楼上轮流召集宾僚将佐设宴畅饮，欢声笑语、丝竹之音传遍数里之外。危全讽见此情状心中犹疑不定，不敢贸然进攻，遂屯兵于象牙潭，派人向楚王请求出兵支援。楚王马殷遂遣指挥使苑玫会同袁州刺史彭彦章一起出兵包围洪州高安。

徐温得报洪州告急，乃与严可求商议。可求举荐周本为将率兵增援洪州，徐温道："周本不知书，不善言谈，不善与同僚共事，仅凭匹夫之勇如何能当此重任？"可求道："危全讽号称十万大军攻我洪州，我江淮兵力多驻守淮河之滨，而苏州新败，损失数万兵将，短时间如何能调得十万大军？周本素以勇猛闻名军中，每战常身先士卒深入敌阵，蒙矢冒石不畏艰险，战毕归营常身无完肌，自己烧铁烙灼疮口，饮啖言笑自若，军中将士无不叹服。如此猛将所带之兵足可以一当十，令其率一万兵将当足以抵御危全讽十万之众，只要保住洪州不失，即可争得时间调集境中兵力击败危全讽。"徐温道："苏州之战败得如此惨烈是何道理？"可求道："苏州之败，一是吴越王钱镠远非危全讽可比，统帅良将颇多，善于用兵；二是我军主将太多，互相掣肘，周本之勇难以发挥。"徐温见可求说得有理，遂同意以周本为将。此时周本刚刚率兵进攻苏州遭全军覆没，惨败逃回扬州，自觉无颜面对君王，遂称病在家闭门不出。可求知周本乃是心病，即亲赴其家中并直入卧室，周本只得起床叙话。说到江西增援之事，周本道："苏州之战本应取胜，只因主将权轻方有此败，今若用我攻打江西，请不要为我设置副将。"可求满口答应。徐温乃以周本为西南面行营招讨应援使，率兵七千火速奔赴江西救援高安。周本道："楚人进攻高安，其目的仅在声援全讽，并非真欲夺取，只要击败全讽，楚兵自当退还，无需过虑。"乃率兵急至洪州。

刘威见周本到来，心中十分高兴，准备大肆犒劳援军，对周本道："全讽兵势甚强，将军宜稍事休息，待熟知形势后再相机进攻。"周本道："危全讽虽号称十万之众，却散处于各州，我今乘其不备突发奇兵，单攻其主力，必能奏效。若迁延时日，待彼等合力将我包围，届时我等势单力孤，自是难以抵敌。况且，贼兵十倍于我，我军士卒闻之必生畏惧之意，不如趁我军刚至，锐气正盛，一鼓作气而攻之。"

危全讽在象牙潭临溪建立营栅，绵亘数十里，周本率兵直奔临溪与危全讽隔溪布阵。一切就绪，周本先使老弱兵卒向对岸发起进攻，全讽兵士则迎头痛击，将周本兵杀得四散逃窜。全讽命众兵将乘胜涉水过溪追杀淮兵。时值七月，溪水湍急，待全讽兵将涉入溪流，周本即命淮兵全线出击，全讽兵正身陷水中难以施展，遂被淮兵斩杀无数。全讽兵卒慌忙溃逃，自相践踏，溺水淹死者不计其数。危全讽只得将残兵败将收聚于溪边，以扼制周本兵马杀过溪来。

周本见危全讽兵马扼守溪边不再过溪，遂鸣金收兵回营休息。入夜，周本亲率精兵强将绕至上流涉水过溪，直插危全讽军营背后，于佛晓之时突然杀入危全讽军营。危全讽兵将此时尚在睡梦之中，哪曾想从背后杀出一路大军，既不知其从何处而来，也不知有多少兵马，慌乱间纷纷四散逃命。淮军趁乱于营中四处放火，横冲直撞，大肆斩杀。危全讽急忙召集周围兵将准备反击，却为时已晚，被淮军一阵猛冲，刚刚集拢来的队伍又被冲散。全讽老迈，逃避不及，竟被生擒活捉。此时天已大亮，周本留守于溪流对岸的兵将亦已冲过溪来，将危全讽残余兵马分割包围。众兵将见主帅被擒，兵卒死伤过半，遂纷纷投降。这一仗危全讽三万兵马仅仅两天时间即死伤过半,被俘者五千余众,其余兵卒逃入山里。

与此同时,淮南歙州刺史陶雅亦命其子陶敬昭及都指挥使徐章分别出兵进攻饶州、信州,以牵制危全讽兵势。饶州西北邻江州,西南接洪州,东北临歙州,皆杨淮之境,唯南边抚州、东边信州乃危全讽兄弟之地,可为依托。今危全讽覆没,又有淮兵大军压境,刺史唐宝自知势孤难以坚守,遂弃城而逃。

信州刺史危仔昌在其兄危全讽起兵进攻洪州之初,曾建议全讽联合吴越王共同发兵。当时吴越与江淮正着力进行苏州之战,全讽亦自信完全能够独立攻占洪州,以此未与吴越联络。如今危全讽被执,饶州失守,信州危急,仔昌忙派人向吴越求援。吴越王一面命衢州刺史方勇珍出兵支援信州,一面调集大军欲收复抚、饶等州。怎奈危仔昌兵微将寡,势单力薄,怎经得淮兵三面进攻,城中军民已是人心惶惶。未等方永珍援兵赶到,其部下已开门向淮兵献城,危仔昌只带了少数亲兵投奔衢州而来。方永珍护送仔昌来到杭州,吴越王设宴为其压惊,仔昌任信州刺史期间素与吴越交好,衢州陈璋、睦州陈询叛乱之时又有协助平叛之功,因此吴越王以仔昌为淮南节度副使。因仔昌姓危,于国于兵颇不吉利,吴越王建议其改姓元氏。

周本战败危全讽后随即夺取抚州,又乘胜西进攻克袁州,俘获袁州刺史彭彦章。接着周本南下进攻吉州,刺史彭玕见诸州均被淮兵占领,败局已定,遂率领数千兵马投奔楚地。楚王马殷表奏彭玕为郴州刺史,并为子马希范娶彭玕女为妻。

八月,虔州刺史卢光稠以州依附江淮,从此江西之地尽归杨氏。

闰八月,梁帝制授吴越王守太尉,加食邑实封三百户,制曰:

集非常之事,必有挺非常之才;建第一之功,必有居第一之位。朕膺图受命,负扆开阶,未尝以真太尉之官,轻於拟议大司马之职,易於简求。盖由其爵尊,其任重,不有英佐,孰当异恩。启圣匡运同德功臣,淮南、镇海、镇东等军节度使,淮南、浙江东西等道管内观察处置,充淮南四面都统、营田安抚、兼两浙盐铁、制置、发运等使,开府仪同三司,检校太师兼中书令,杭越等州大都督府长史,上柱国,吴越王,食邑一万五千户,实封一千户,钱镠,海岳腾英,星云诞秀。契君臣咸一之德,有文武兼备之才。宣慈惠和,忠正兼毅。敦诗说礼,树百行於藩维;去暴除奸,敌万人于帷幄。弼予兴运,明乃嘉谟。顷属淮彝不宾,王化自尔,益封吴会兼镇广陵,追擒每尽於双轮,覆溺连收其巨舰。复闻奸宄屡扰巡封,谓天盖高,若水可恃。尔又横戈愤悱,独力支吾,妙运神机,大歼戎醜。玄雲阵起雄风,驱下濑之师;白露围开沴气,散常州之化。再安生聚,重复土疆。薛公之三策咸明,汉主之一奇斯在。况早攀鳞翼,备见肺肠。同德同心,二纪密参於缔构;惟忠惟孝，四方咸则於仪刑。苟非剧恩，何以加赏？是用镂於彝鼎，册以辂车。拟吕望之尊崇，正列侯之贵重。仍加真食，复宠兼官。式是奖酬，且旌忠烈。於戏！进以正大易所以经邦，慎厥终格言用之居位。勉思遵守，克荷宠灵，服予训辞，锡尔繁祉。可守太尉，加实封三百户，馀并如故。

同月，依吴越王所奏，置苏州吴江县、明州靖安县（今定海县）。

八月中旬，钱塘江潮水大发，海潮汹涌澎湃，排山倒海，犹如万马奔腾，逆江而上。所过之处江岸崩塌，海潮冲击两岸农田庐舍，霎时间一片汪洋，卷走许多人口牲畜，冲毁农田村庄无数，十八堡之地几至淹没，杭州城墙被冲坏数处，浙江、龙山二闸亦被冲毁，城中河道被泥沙淤塞数里。潮水退却，郊外之地人畜鱼蛇尸陈荒滩，梁柱衣物浅埋沙丘，嚎哭之声传遍荒野，狼藉景象不堪入目。

吴越王痛心疾首，早就欲根除此患，却苦于没有妥善方案，又没有足够资财，以致发生今日惨象。来到罗隐住处，说起钱江大潮之患，吴越王连连叹息道："此患不除，我钱江两岸百姓何以安定！可是此患根源在哪里？钱塘江口海潮何以有如此狂暴魔力，顷刻之间竟摧毁我百里农田村舍，吞噬我无数百姓生灵！"罗隐道："我到过黄河，也见过长江，滔滔江河入海，每日里亦有潮起潮落，却从未见有钱塘江怒潮之迅猛肆虐，可见其必另有根源。"吴越王道："不知其根由又如何对症下药、根治此患？"罗隐道："闻得太常博士邱光庭对海潮颇有研究，著有《海潮论》，不妨请教此人。"吴越王急于知道钱江大潮奥秘，从罗隐处出来即往邱光庭府借得《海潮论》回府细细阅读。

《海潮论》共分九个部分：一论潮汐由来大略；二论地浮于大海中；三论地有动息上下；四论潮汐名义；五论潮有大小；六论潮候渐差；七论浙潮；八论气水相周日月行运；九论浑茫轩宣诸天得失。全文主要观点是潮汐成因在于地而不在于天，因大地浮于海洋，遂随地中之气而上下沉浮，潮汐乃是海洋与大地形成的相对运动。

吴越王反复看了数遍，虽觉此论似有道理，但对如何才能根治海潮之患仍十分茫然，心中之惑百思不得其解。再说黄河、大江之水同注入海，虽亦随潮涨而使海水逆流而上，却从无钱塘江大潮之汹涌狂涛，因此钱江涌潮必然还另有原因。

数日后，吴越王召集给事中罗隐、行军司马杜建徽、营田副使沈崧、太常博士皮日休、邱光庭以及马绰等人商议根治钱塘江大潮水患之事，请众臣僚各抒己见，提出整治意见。

邱光庭率先讲述了《海潮论》中的观点。谈到治理潮患方法，邱光庭道："海潮乃自然之规律，非人工所能抑制。欲避免给两岸百姓造成损失，可在本次潮患淹没区之外修筑堤坝,以便再遇涌潮侵袭时阻止淹没区扩大。"

罗隐听了不以为然,抢白道:"如此处事岂不是开门缉盗,不如把杭州城迁出余杭更为稳妥,何必修堤。"过了一会自觉失言,便继续道:"昔日秦始皇东巡会稽,曾泊舟西湖石甋山下,缆船之石至今犹在,是时西湖只是钱塘江口一个小海湾,与大海相连,北边石甋山与南边吴山相望,乃是海湾之口;至东汉,海口渐被海潮泥沙涨积,形成沙滩,海湾被封闭形成内湖,郡议曹华信在沙滩上从石甋山至万松岭之间用泥石堆筑成防海大塘,以阻挡海潮,使湖成为淡水湖,称为'明圣湖'或'钱塘湖';隋时沙滩涨积已颇宽阔,建成许多村落,开皇年间遂废钱唐郡,设置杭州,在凤凰山麓首建州城。时至今日,外城已扩大至七十里,成为吴越首府,可见千余年间,因潮沙淤积,杭州江岸正不断向江中推进。今年八月,海潮冲毁堤岸、淹渍农田、卷走人口牲畜乃是多年不遇之事,只要坚固堤坝使其足以抗拒潮头冲击,必可保我杭州城及百里良田、村舍、人畜之安全。再过数十年,堤坝之外潮沙还将涨出新的沙滩,堤坝自然更加稳固。"罗隐一番话说得有理有据,吸引了所有人的注意,全场一片寂静。

过了一会儿,太常博士皮日休开言道:"果如罗给事所言,修成长堤保我杭州城池稳固、农田村舍人畜安全固然是好,然谈何容易?从海盐大尖山起潮,到杭州月轮山下潮势减退,沿途近二百里,用以抵御如此凶涛恶浪冲击之长堤绝非简单的填石夯土所能筑就,或许尚须植木树桩、堆砌石笼。堤坝可能较之城墙更为宽阔,工程之繁或超过城墙十倍,其工程之浩大除秦代之万里长城,隋代之大运河,第三恐怕就是此长塘,所耗人力、财力、物力非我吴越所能独立承担。若执意行此,人民负担过重,难免招来百姓怨嗟。昔日秦始皇修筑万里长城招致各地纷纷起兵抗秦,终至秦亡;隋炀帝开凿南北运河,招致群雄并起,鼎力反隋,以至隋灭。我吴越仅据东南一隅之地,兴办如此艰巨工程,一旦引发动乱恐将难以收拾,望大王三思。"皮公所说事关吴越存亡,全场鸦雀无声,会议陷入僵局。

吴越王沉思良久开言道:"皮公所说乃是警世良言,主政一方理当首先着眼于民众利益。秦始皇结束了春秋战国五百年的分裂战乱,统一中国,统一文化,筑长城御匈奴,修官道通四方,兴水利拓边疆,诸等大事既有利于国又有惠于民,为后世强国安邦打下坚实基础,才有了后来汉朝的强盛与兴旺。只是秦始皇为政苛虐,横征暴敛,刑罚残暴,民不聊生,以致全国动荡,尤其后期大兴土木,驱使役徒民夫七十万营建始皇陵、阿房宫,专供自己享乐,于国于民造成灾难,终于导致秦朝灭亡。隋文帝主政结束了魏晋南北朝三百余年分崩离析、政权频繁更迭的局面,中华大地复归一统,行均田兴农桑、开科举选才俊。尤其是开凿大运河,对沟通南北经济、转输江南财物、安定全国局势均有重大意义,亦为后继之大唐盛世打下坚实基础。只是隋炀帝残害父兄，暴虐无道，横征暴敛，荒淫无度，导致百姓怨嗟，天下大溃，尤其是建东都(洛阳)筑西苑，竟为满足一己之私欲驱使役徒二百余万人。大运河既成又畅游江都，舟船相接二百余里，仅挽船工役竟达八万余众，两岸又骑兵护从，浪费财力极为惊人，如此荒淫无道必导致隋朝灭亡。由此可见秦隋之亡并非是由于筑长城、修运河，乃是由于施暴政、虐黎民、图享乐、薄苍生。如今我兴修钱塘江大堤，虽然工程浩大，耗资巨万，却是利于国、惠于民，并非满足我一己之私利，吴越百姓必会赞同。只是此堤筑成之后，百年之内须保万无一失，一旦溃决，劳民伤财而灾患依旧，我等罪过则大矣。以此今日请诸位臣僚各抒己见，广泛探讨，勿求筑堤之事能确保万无一失。"吴越王一番话说得众臣僚精神又振作起来。

行军司马杜建徽道："民间传说春秋时期吴越争霸，相国伍子胥忠心耿耿辅佐吴王征服越国，最终成就霸业，不想却遭奸臣陷害失去吴王信任，被迫含恨自杀。伍相国临死前命人剜出自己双目高悬于吴国城头，誓言要亲眼见证吴国灭亡，吴王一怒之下将其尸身装入猪皮囊投入钱塘江中，从此伍相国每日在江中依潮往来，作浪鼓涛，冲击吴地，势不可挡，发泄对昏君佞臣的愤懑之情。传言有人看见伍相国银铠雪狮、素车白马立于潮头，驱涛逐浪而进，因此杭州百姓在吴山上修起伍公祠，年年祭祀，每到仲秋望日潮水极大之际，乐工奏乐，舞伎歌舞，向江内投以猪羊、果酒，以飨伍相国，祈求保佑太平。不久，越国大夫文种亦被勾践诛杀，文种怨恨难平，遂与伍相国同于钱塘江口兴涛鼓浪，发泄怒气。这等街谈巷议之说虽不可信，但在民间传颂甚广，不妨在筑堤之前祭拜伍员庙，请求伍相国相助，或可振作筑堤军民之心，推进筑堤进程。"

杜建徽刚说完，马绰便接着道："民间亦有龙蛇争霸之说。相传吴越之地有白蛇，已修炼千余年，道行极深，威震一方。东海有龙，统领大江、钱塘、太湖诸水域。因此白蛇常与东海之龙争霸于钱塘江，每日里东海龙鼓涛掀浪自东海逆江而上，滔天雪浪横锁大江，翻滚捷进势压鬼神，所过之处船翻人亡，鱼虾昏厥，而白蛇决不示弱，亦鼓涛反扑，直把潮头赶回大海。白蛇与东海龙势均力敌，相争千年却无结果，只是给两岸百姓造成无穷灾患，若能镇压了白蛇，海龙再无须兴师问罪，江潮之患自可平息。"

营田副使沈崧说道："微臣既掌管农田水利之事，根治水患乃微臣之责，为此平日里多曾留意江潮之事。民间传说潮患根由说法颇多，除诸位所言之白蛇海龙争霸说、伍相国鸣冤泄愤说，还有鳌鱼翻身之说：相传鳌鱼体大无比，隐伏于地下海中，我人间所居之地全赖鳌鱼之背托起，此鱼每日须翻身呼吸两次，每次翻身呼吸自然要翻动江海，遂引发潮汐。此鱼蛰伏之地正位于我吴越东海之下，翻身之时东海受搅最为猛烈,因此我钱塘江涌潮自然最是凶猛,长江、黄河、南方诸水涌潮渐次减弱。但依愚臣之见,凡此种种民间传闻皆不可信,东汉时王充亦曾批判过伍子胥作浪之说,认为钱塘江大潮乃受月亮影响而形成。据愚臣多年观测,每当月亮升至子位、午位时钱塘江即形成海潮,万无差错。月亮到午位时引发的海潮称为'潮',在子位时引发的海潮则称为'汐';反之若月亮在子位时引发的海潮称为'潮',在午位时引发的海潮则称为'汐',因此每日引发潮、汐各一次。钱塘江之水由南向北滔滔而来,至渔浦,江面宽约两里。过了渔浦,江水折而向东,之后南岸一路径直向东,而北岸先是受月轮山、秦望山所阻,过了秦望山则再无阻挡,江岸先向北行,至艮山门外再折向东去,最终注入东海。钱塘江水面亦是一路变宽,于秦望山外宽约六七里,至艮山门外则宽至十余里,再至坎山、赭山、海门处即宽达三十余里,到三江口处更是辽阔,竟有七十余里。钱塘江入海口呈喇叭状,此乃与长江、黄河及其他江河入海口不同之处。更为特殊的是,钱塘江入海口水下海门至三江口一带乃是一个巨大沙滩,水浅处不过一二丈,犹如宫门之外有一宽广月台。海面潮位最低时,钱塘江水流过沙滩,在三江口之东汇入大海;潮位上升时,江水与海水汇合处向西推进到沙滩之上;遇潮位高涨之时,江水与海水汇合处向西推进到沙滩以西,此时的海水便越过了沙滩这道门槛,犹如决了堤的洪水沿河道狂腾暴涌而入。大凡海面遇到狂风便会掀起风浪,而海潮涨过浅滩便会形成涌潮。随着涌潮向西推进,江面越来越窄,潮头被压缩,潮势益发凶猛。后面海潮继续上涨,潮面不断升高,无穷潮水涌过沙滩,迅猛推动潮头西进,直冲杭州城。待到潮头过了月轮山折而往南,潮势遂渐减弱,再过渔浦,潮头反被钱塘江滔滔江水顺流推回。从三江口处形成潮涌,怒涛逆江而上,直到潮头过渔浦被推回,大约一个多时辰,此时海面已经退潮,河道中被潴江水及倒灌潮水一并挟泻而下,涌潮过程遂告结束。"沈崧一番话说得详尽具体、合理有据,却又前所未闻,全场臣僚凝神屏息听之入神。过了片刻,沈崧又道:"我杭州城墙正迎海潮西进方向,所受冲击最为剧烈,尤其候潮门一带乃是钱江北岸由西折南拐弯之处,最是易受冲击,因此此处城墙极易被冲坏。千百年来,杭州江岸不断渐次外迁,如今在我杭州城外修筑百里长堤,捍我州城,护我田庄,既有可能亦有必要,此举必可为我杭州百姓造福数百年。"沈崧这番话使得大家备受鼓舞,热血沸腾。

　　吴越王最后总结道:"今日众位同僚将领各抒己见,对钱塘江潮患根源作了详尽议论,尤其沈大人之论有理、有据,令人叹服,对我吴越修塘之举必有大用。既然大家统一意见,认为修筑捍海塘既有可能亦有必要,那就尽快行动起来。沈崧大人负责组织相关人员制订捍海塘修筑方案,列出所需资金、人力、材料;杜建徽、马绰按照沈大人所订方案抽调各州军兵、招募本地民夫，组织他们开山取石、伐木砍竹，准备修塘材料及所需器具，争取在明年八月初见成效，不再发生海潮灾患。请罗给事将今日所议之事写成奏折，申报朝廷。"众人领命各自分头行事。

初冬时节天气多变，节度判官罗隐偶感风寒，因年事已高，过了数日病情竟沉重起来。吴越王亲往府第探望，见罗隐数日之间竟瘦了许多，虽然病容憔悴却仍在卧榻上孜孜不倦地阅卷看书，不禁为之动容，乃向仆役要过笔墨去壁上题句道："黄河信有澄清日，后代应难继此才。"送走吴越王，罗隐见钱王对自己评价如此之高，心中兴奋，遂起身续写后两句道："门外旌旗屯虎豹，壁间章句动风雷。"命人找来红纱，覆罩其上。

罗隐一生不被唐庭所重用，却于朱梁初代李唐时力劝吴越王举兵讨梁，吴越王虽未采纳其言，却深为其豁达正义之心所叹服。后来梁帝欲招罗隐为右谏议大夫，罗隐亦拒不应召，从此吴越王益发敬重，授予节度判官、盐铁发运副使等职，任命其为著作佐郎，司勋郎中，谏议大夫，开平二年（908），授给事中，迁发运使，赐金紫。

罗隐善诗，闻名海内，吴越王常与之唱和，初至两浙受钱王礼遇时作有：

正忧衰老辱金台，敢望昭王顾问来。门外旌旗屯虎豹，壁闲章句动风雷。
三都节已联翩降，两地花应次第开。若比紫髯分鼎足，未闻馀力有琼瑰。

讨伐董昌时有：

征东幕府十三州，敢望非才忝上游。官秩已叨吴品职，姓名兼显鲁春秋。
盐车顾后声方重，火井窥来焰始浮。一句黄河千载事，麦城王粲谩登楼。

平徐绾、许再思之乱时作《尚父偶建小楼，特摘丽藻绝句不敢称扬三首》：

结构叨冯柱石才，敢期幢盖此装回。阳春曲调高谁和，尽日焚香倚隗台。
玳簪珠履愧非才，时凭阑干首重回。只待淮妖剪除后，别倾卮酒贺行台。
阑槛初成愧楚才，不知星彩尚迁回。风流孔令陶钧外，犹记山妖逼小台。

又有《钱塘府亭》：

新恩别启馆娃宫，还拜吴王向此中。九牧土田周制在，两藩茅社汉仪同。
春生旧苑芳洲雨，香入高台小径风。更有宠光人未见，问安调膳尽三公？

《钱尚父生日》：

大昴分光降斗牛，兴唐宗社作诸侯。伊夔事业扶千载，韩白机谋冠九州。
贵盛上持龙节钺，延长应续鹤春秋。锦衣玉食将何报，更俟庄椿一举头。

暮年时有：

牛斗星边女宿间，栋梁虚敞丽江关。望高汉相东西阁，名重淮王大小山。
醴设斗倾金凿落，马归争撼玉连环。自惭麋鹿无能事，未报深恩鬓已斑。

临病重时作《病中上钱尚父》：

左脚方行右臂挛，每惭名迹污宾筵。纵饶吴土容衰病，争奈燕台费料钱。

藜杖已干难更把，竹舆虽在不堪悬。深恩重德无言处，回首浮生泪泫然。

罗隐亦善文，严子陵钓台刻有其文：

岩岩而高者，严子之钓台也。寥寥不归者，光武之故人也。故人之道，何如睨苍。苟以言之，尊莫尊于天子，贱莫贱于布衣。龙争蛇蛰兮，风雨相遗。干戈载靡兮，悠悠梦思。何富贵不易节，而穷达无所欺，故得脱邯郸之难，破犀象之师，造二百年之业，继三尺剑之基者，其唯有始有卒者乎？下之世，风俗偷薄，禄位相尚。朝为一旅人，暮为九品官，而亲戚骨肉已有差等矣，况故人乎？呜乎！往者不可见，来者未可期，已而已而。

罗隐书法虽无盛名，所作行书却颇有唐人风度。

吴越王虽忙于军政大事，却也喜好吟咏赋诗，爱作书画，与罗隐颇有共同情趣。那罗隐生性怪癖，语言酸刻，甚至对大唐皇室、王公大臣、藩镇权霸也多有不敬，而吴越王豁达大度，听之容之。留任杭州之后，罗隐对吴越王忠君爱民、驱强除暴、广揽人才、发展生产等举措都佩服得五体投地，尖酸刻薄之词自然少了许多，因此两人相交甚厚。按唐时规矩，西湖渔民每日需交鱼数斤作为渔税，称为"使宅鱼"，一日吴越王与罗隐共同欣赏《磻溪垂钓图》，罗隐提笔于画上题诗道：

吕望当年展庙谟，直钩钓国更何如。若叫生在西湖上，也是须供使宅鱼。

诗中暗讽西湖渔税制度，无论是否钓到鱼都必须交纳"使宅鱼"。吴越王看了哈哈大笑，随即命主管官员重新核定渔税，或减或免，务使渔人得利。

开平三年（909）十二月十三日，罗隐病逝于杭州，享年七十有七，葬于新登县故乡，沈崧作墓志。罗隐生前著有《江东甲乙集》十卷、《江东后集》三卷、《淮海寓言》七卷、《吴越掌记集》三卷、《湘南应用》三卷、《禅书》五卷等。

第二十五回　战江潮军民智筑海塘　驱妖孽钱王怒射狂涛

　　话说如今的湖州刺史高澧乃高彦之第三子。当年高彦曾做一梦，梦中见一道士手持长剑闯入卧室，高彦问有何事，道士答道："愿为将军之子，以报数千人冤屈！"不久，高夫人得孕，未足月即生下高澧。高澧长到十三四岁，性情益发暴虐。后来高彦病重，僧人如讷前来探望，二人诀别，如讷与众人道："高公将不久于人世，我亦将仙逝，高公辞世后将由一白面夜叉治理此郡，尔等宜尽早避之。"不久，高彦果然病逝。吴越王念及高彦、高渭父子之功，乃以高澧嗣父位，任湖州刺史。上任伊始高澧即恣行横为，任意杀戮，手下将吏清晨入衙前必先与妻子诀别。又强召乡丁，每三丁抽一人，编为衙军，号曰"侪要都"，所有兵丁皆纹其面，穿青衫白袴，以绯巾抹额，刀枪弓矢不离左右。州城中人皆须黥面，以三日为限，过期不黥即行诛杀。从此州人不敢随意出屋，登消暑楼眺望，州城内人迹寥寥。孟冬时节，高澧率领两千兵马至义和（嘉兴崇德县）、临平（余杭区临平街道）等村镇大肆抢掠，残害百姓，临行又放火将诸镇烧毁，百姓惊恐万状、四处逃命。

　　吴越王闻听高澧种种恶行忍无可忍，命王弟钱镖率师讨伐。高澧见吴越王已不能相容，一面命人赴淮南请求出兵相助，一面欲加害湖州百姓。一日，高澧召集郡中官吏商议道："如今吴越王已发兵攻我湖州，城中百姓对我多有怨恨，一旦杭州兵攻城，百姓或会叛我而开门迎敌，我欲在湖州被围之前尽杀城中百姓，尔等以为如何？"众将对道："府中所用租赋皆出自百姓，今尽杀之，如何保证供给？"高澧只好作罢。"侪要都"兵士三千余人，多为高澧所强召之乡丁，平日里心中对其多有怨恨，难免有许多怨言嗟语传入高澧耳中。高澧担心"侪要都"兵士叛变，乃对其假言道："'侪要都'兵士平日多有辛苦，今日在开元寺犒劳众将士。"暗地里于山门、天王门、殿门之内埋伏了数百亲兵，三门皆仅开一线，只容单人逐个进入，兵丁一入殿门即被亲兵斩杀。斩杀行动近半时，一亲兵略一迟缓，竟被刚入门之乡丁察觉殿中惨状，乡丁即刻返身大呼，却被天王门中亲兵斩杀，然呼喊之声已传出寺外，山门外乡丁方知晓门内有诈，乃四散奔逃。高澧忙命紧闭四门，大肆搜索，终将三千乡丁斩尽杀绝。众亲兵又趁机抢劫街坊，纵火焚烧民宅，闹得全城呼天抢地，惨不忍睹。

钱镖讨伐湖州节节获胜，开平四年(910)二月，已攻下湖州周边许多乡镇。江淮杨隆演、徐温急命淮将李简、陈璋等率兵驰援高澧，淮兵乘船过太湖直至湖州城下，湖州都将盛师友、沈行瑜知道吴越钱镖已率兵马逼近湖州，怎肯将城池拱手送给江淮，遂紧闭城门，不许淮兵入城。吴越王亦命王子元璙出兵与钱镖会合，城中盛、沈二将见吴越兵马已逼近城下，遂率数百人冲击府衙，欲执捕高澧。高澧见事紧急，忙带领麾下五千人杀出州府，闯开城门投奔淮兵。李简、陈璋既进不了湖州城，三面又皆是吴越兵马，淮兵驻于湖滨弹丸之地，孤立无援，难以进展，遂携高澧登船逃回江淮。

高澧到了扬州，整日无所事事，屡取娼妓于私室中寻欢作乐，稍不称心即杀之，甚至杀而食之。徐温见他如此残暴，实不堪用，遂将其杀害。

三月，吴越王亲巡湖州安抚百姓，命钱镖为湖州刺史，整顿军纪，恢复生产。

江淮屡犯邻境，与吴越交恶益深，吴越王乃上奏朝廷称"淮寇未平，耻闻逆姓"，请改西府富阳县为富春县，东府暨阳县为诸暨县，处州松阳县为长松县，婺州浦阳县为浦江县，婺州东阳县为东场县，凡与"杨"姓同音地名皆予更名。

开平四年(910)四月，吴越王次子传玑病重，卧床不起，吴越王怎奈军政要务繁忙，又为修筑捍海塘之事日夜劳神，无暇顾及传玑病痛，只命郎中仔细诊治，夫人细心照看。五月初一日，传玑终于不治身亡，年仅三十四岁。中年丧子，吴越王悲痛不已，奏请朝廷追授传玑为宁国军节度使、检校太傅、宛陵侯，封宁国公。

六月，沈崧带领属僚经过多方调查，反复论证，制订了几套修筑捍海塘的方案。因这捍海塘实无前例可考，只好暂且按拟定的几套方案进行试验，经验证可行之后再全面进行修筑，以节省人力、财力，节省时间，确保万无一失。据此筹集了修堤资金十五万缗，又因修堤工程尚未全面铺开，杜建徽、马绰只抽调了万余军兵用于开山、伐木、取土、运石等诸般准备工作，并备下了数百条船，以供运输之用。

吴越王听了沈崧、杜建徽、马绰等人汇报，知修堤条件已基本具备，眼见钱塘江发大潮之日亦已临近，时间紧迫，乃令尽快开工，选择候潮门外这一最为险要之处先行试筑。

杜建徽、马绰于江滨设置椤木营，四围立木栅，命军士看守，用以堆存所砍伐大木、毛竹，以备修堤之用。每棵大木直径约一尺，长二十尺。营旁即是工场，众多工匠将大木制成木桩，将毛竹破成竹片，编成直径二尺、长三十尺的竹笼，源源不断运往候潮门待用。

开工之日，上万军兵、民夫聚集候潮门外，江滩上堆满了木桩、竹笼、巨石、块石。卯正之时，吴越王率领众官僚登上候潮门城楼，城上旗纛飘扬，鼓乐阵阵，城下群情振奋，斗志昂扬。吴越王向筑堤大军讲述了江潮之患、根治决心，勉励大家为铲除潮患建功立业，众军士听了群情激昂，精神奋发。

潮头刚过，众军士立即分头行动，在江滩浅水处架起高台，将木桩夯入泥沙之中，每隔五尺树一桩，周边堆砌数百斤重巨石，使木桩更加稳固。再用竹片编于木桩之间形成箅子，竹箅之内顺向排列装满石块的竹笼，底层四个、二层三个、三层两个、顶层一个。砌完石笼再植一排木桩，用竹片编成箅子，两道箅子相距约一丈，其间再填满石块，第二道竹箅之内亦用石块填实，再覆以泥土压实。万余军民同心合力修筑，终于修成两里大堤。

钱塘江涌潮每昼夜涨一次，故有对联曰：长涨长涨长长涨，朝潮朝潮朝朝潮。每月十日、二十五日潮势最小，此后潮势渐长，至三日、十八日潮势最大，之后潮势复减，潮小时潮头高不过数尺，不足为患，潮大时则涛涌翻滚，潮头高数丈，冲天恶浪势不可挡。一年之中又以八月十八日潮势最为猛烈，试验堤坝修成之时已是六月中旬，适逢大潮，且又靠近八月，潮势已是十分凶猛。

众人修完堤，将修堤所用一应器物送至高阜处，待人员皆退至城边高地时，大潮也即将到来。只见东方远处隐隐的一条白线横于水天之际，那白线随着时间的推移渐渐变粗，隐隐伴有丝丝的涛声。又挨过一刻，已可看到潮头翻滚的浪花，那潮头时而分为二三段，时而合为一线，正欢快地奔涌而来。再过一刻，潮头却似万马奔腾，咆哮着以排山倒海之势直扑杭州城而来。众人皆摒声止息，有人目光紧盯着潮头，有人闭目在心中默默祈祷。片刻后潮头即冲到杭州城，狂涛携着雷鸣般的怒吼，以摧枯拉朽之势直击堤坝。待潮头继续捷进，江面稍稍回落，众人定睛看时，只见一片破败狼藉景象：两条未及拖上岸的木船已被狂涛推拥撞击于堤坝，摔得粉身碎骨；前排木桩东倒西歪，有的木桩竟被涛浪卷走不知去向，桩上所编竹箅豁口裂咀，凌乱不堪，桩下数百斤重巨石大多深陷泥沙之下，亦有不少被卷入江中，箅中石笼却大多完好，只有临靠竹箅处因竹箅被冲毁而失去依托，变得扭曲破裂而损坏；后一排木桩却因前后有石笼、石块的积压而完好无损。见此残败景象，众人心中的美好憧憬顿时化为颓丧失落，个个惊慌失色，目瞪口呆，一时间军民之中种种传闻迅速蔓延：有说是吴越王修堤之举惹脑了海龙，以此发动狂潮阻止修堤，看来此堤实难修成；有说是吴越王修堤益发激怒了伍相国，致使怒潮冲决更为狂暴；又有说是夯桩筑堤惊扰了地下巨鳌，巨鳌难以忍受，以此翻动更甚，遂引发狂潮。诸多传说绘声绘色，总而言之，修堤之举不宜继续。

吴越王更是心急如焚，顾不得丧子之痛，忙召集众臣僚商议对策。

沈崧胸有成竹，不慌不忙说道："此番筑堤本意即是实验，虽未成功，却可从中取得许多经验，可为下次筑堤借鉴。本次实验用以抗击潮头冲击的主要材料是巨石块和石笼,经大潮考验,散乱堆置的巨石承受不了大潮冲击,或深陷泥沙之中,或被涌涛卷走。除非将巨石凿成石板,砌成规矩护堤,再用铁楔将石板块块相连,使之形成整体,若如此必可抵御涌涛冲击,但此法颇费工时、财力,非数月之间不可以修成。石笼体形颇长,形状规一,极易堆置整齐,接头处可以互相错开,层层相压,如同城墙砖砌一般,涌潮虽猛却难以撼动,因此以石笼作为抗潮击材料既可行又省工省财。本次实验过分倚重于前排木桩及竹箅,将前排石笼依靠于木桩、竹箅,加重了木桩负担,而木桩、竹箅既被冲垮,石笼自然亦会受损。因此只要改变石笼堆砌方法,必可承受住涌涛冲击。本次实验大堤之骨架乃是木桩,有前后两排,都用竹片编成竹箅,前排木桩前面要承受涛涌冲击,后面要承受石笼重压,因此潮涌过处皆被冲毁;而后排木桩前后皆有石块堆积,两面受力均衡,潮涌过后大多完好,只有少部分木桩歪斜,可见骨架不可没有肌肤保护。两排木桩都编有竹箅实属多此一举,且有害而无益。潮头冲击堤坝时,受竹箅阻挡,大大增加木桩所受冲力,使木桩更易被冲倒,下次修堤可不编竹箅,增加木桩数量,减小木桩间距,作为榠柱,其外紧挨榠柱堆砌石笼,榠柱内侧底层铺砌石笼,其上实以大石,如此则可防止石块陷入泥层。石堤之内再夯第二排榠柱,此榠柱之内再填土夯实,以阻止潮水渗漏透过堤坝。如此筑成之堤应足以抵御江潮冲击。”

马绰说道:“沈大人所言甚是有理,我曾询问许多堤工,他们意见亦大抵如此。只是榠柱外石笼如果层层平铺恐不够稳定,一是受涌潮冲击容易倒塌损坏,二是不能给榠柱压力。榠柱只受里边石块单面压力容易歪倒,不妨在两排榠柱之间挖成沟槽,两排榠柱之外挖成三分斜坡,斜坡坡向沟底,将石笼铺砌于斜坡之上,底层四笼、三层三笼、二层两笼、顶层一笼。如此则石笼重量自然压向榠柱,使其稳固,石笼堆砌亦稳如泰山,而石笼顶面坡度亦减小一半,更能承受涌潮冲击,如此岂不更好?”

杜建徽道:“沈大人所言木桩为骨、土石为肌确实精辟,但是骨若不成架却也难使力。本次实验,木桩植入土中,桩之下端不能移,但上端却无依靠,经涌潮冲击竟七倒八歪,若在木桩顶端再架以梁,形成框架,则大堤骨架可得稳固。”

皮日休道:“调改后的堤坝方案或可行之,只是本次实验失败,兵士、民夫情绪低落,流言蜚语充斥街巷,对堤坝修筑却是十分不利。”

吴越王最后道:“今日之议总结了本次修堤的经验,吸取教训,制定出更为完善的方案,众位大人回去之后尽快做好准备,早日开始二次实验。我将亲自前往胥山祠祭拜伍相国,再于江边祷告天海,以求暂息怒涛,助我杭州修成海塘,以平复兵士民夫之种种迷惑慌恐,再鼓众人修堤之勇气斗志。”

恰在众人忙于筹备祭拜胥山祠及祷天祭海之礼、准备二次筑堤之时，吴夫人命人来报四子传璙病重，已经昏迷不醒，请吴越王速速回府。吴越王犹如五雷轰顶，顿觉头脑混沌，一片白茫茫不见眼前景象，过了好一阵才恢复过来。原来，一个月前四子传璙已经得病，钱王一是忙于修筑捍海塘及军政要务，二是传璙有府中诸夫人照看料不会有失，三是二子传玑刚刚去世心中悲痛，遂有意将精力专注于军国大事，以拂去心中丧子之痛，因此并未把传璙之病放于心上，谁知传璙竟病至如此，真是大出意外。接连打击致使吴越王顿失意志，情绪几乎无法抑制，急欲回府看望传璙，一抬头却又望见周围臣僚皆默默凝望着自己，猛然想起方才正在筹办诸事，遂对来人吩咐道："你去回报夫人，本王正忙于修筑捍海塘之事，分不得身，请夫人命郎中小心诊治传璙之病，好生看护，待本王忙过即回府看望。"来人见此情景，只好含泪回府禀告夫人，周围众人无不为之动容。

一切准备就绪，吴越王率领众臣僚徒步登上胥山（吴山），来到胥山祠中祭拜伍子胥像，筑堤军兵将佐及民夫头领站立于祠外同行祭祀之礼，吴越王拈香向伍相国祷告道："……愿息忠愤之气，暂收汹涌之潮，助我修成海塘，保我黎民安宁……"祷毕率领众臣僚向伍相国礼拜。祭祷完毕，一行人又来到望江门外祭天祷海，草桥亭中早已摆下了祭台香案，各色贡品，众人各自就位，吴越王复向天面海祷告道："……愿退一两月之怒潮，以建数千年之厚业，筑成二百里之海塘，保我百万黎民蒙福……"吴越王亲书筑塘诗一章，当众高声朗读后封于函钥之中，命人送去海门山安置，以达海神，诗曰：

天分浙水应东溟，日夜波涛不暂停。千尺巨堤冲欲裂，万人力御势须平。

吴都地窄兵师广，罗刹名高海众狞。为报龙王及水府，钱江借取筑钱城。

从祭祷伍相国到拜天祷海，气氛自始至终虔诚、庄严，吴越王如此谦恭敬天礼神，其言辞之恳切足可令天神为之动容，众人皆被引导进入了天护神祐的精神世界，如此还有何难事不能成就？众人筑堤情绪又高涨起来，信心倍增。

此番筑堤先铸就了三个铁幢，首圆如杵，直径七八寸许，长约两丈，中间有铁轮、铁爪，径约三四尺，幢顶有数孔，可栓铁索，一个植于望江门之南大江中，另两个植于候潮门左右两侧江水之中，离岸约七八丈。铁幢深陷江底，又有铁轮、铁爪陷于泥中，加之幢体重近万斤，因此十分牢固。三幢杆顶用铁索互相联系，又各系有转轮，用绳索绕于转轮周边，另一端系于城上转轮，因此绳索可在两转轮间随意移动，用以吊运大石、木桩、竹笼等筑堤用料，十分方便却又省力，效率极高。

万事已备，这一日大潮刚过，杜建徽、马绰等即刻率领军士、民夫分头行动。众人先在大江之滨挖成宽一丈、深五尺的沟槽，两边再扩展挖成坡向沟底的斜坡,坡顶约一丈。沟槽挖成以后,随即在沟底两侧各夯下一排榥柱,待桩木植成,立即开始砌入石笼,靠江一侧榥柱的外侧底砌六笼,往上依次递减一笼,顶砌一笼,其横断面形成一个底边斜向沟底、顶边斜向江岸的等边三角形,石笼之外再夯一排木桩,以保护石笼不被冲坏、坍塌,两排榥柱之间沟底平砌五个石笼,其上堆积乱石块。这些工作均须在第二次大潮到来之前完成,以防江潮一过,潮水夹带泥沙雍塞沟槽,冲倒榥柱,导致前功尽弃。好在夏日白天时间正长,可以分班轮番作业。石堤砌成之后,于第二排榥柱的外侧堆放碎石,再夯木桩,并用竹片编成竹箄进行围挡,竹箄之外再填以泥土夯实,做成宽二十尺土坝。各排桩柱顶端纵横皆架设横梁,用竹索捆扎牢固。经过十余天努力,二里实验堤再次告成。

七月中旬大潮将至,众人都退至高处,期盼着大堤抗御涌潮的好结果。只见涌潮冲过海门排山倒海而来,恶浪滔天,狂涛击岸,潮头滚滚,铺天盖地压向堤坝,只听得轰隆隆巨响,浪花飞溅,众人头脑中亦随之一阵轰鸣,心亦似要蹦将出来,心中默默念叨:"千万别毁了堤坝!"待潮头过去定睛看时,那堤坝居然安然无恙,众人提到口边的心顿时落了下来,热血涌向心头,无言的等待之后爆发出阵阵欢呼,江边一片欢腾的海洋。吴越王与诸多臣僚在城楼上见堤坝安然无恙,众兵士、民夫欢呼雀跃,心中亦是十分激动,向城下百姓频频挥手庆贺。

次日,吴越王再次召集众臣僚商议修堤之事,沈崧先开言道:"连日来微臣与杜大人、马将军及诸位同僚数次巡视大堤,考察大堤尚有何隐患,均认为情况尚属乐观,经过数日大潮冲击考验,大堤基本完好,只有少数几处略有损坏:一是大堤外侧木桩有几处已向外歪斜,底部石笼亦略微向外鼓出,若继续受大潮反复冲击,恐有坍塌之虞;二是土坝有几处塌陷,足见潮水透过石笼、碎石、竹箄对土坝尚有较大冲击;三是大潮之时土坝内侧有几处略有渗水现象,所谓'千里之堤毁于一穴',不可不防。为杜绝以上忧患,建议采取以下措施:一是大堤之外再打一排木桩,基底平铺三排石笼,桩顶与大堤木桩之间架设木梁,与整个桩架形成一体,因石笼平铺于地上,受涌潮冲击很小,不会损坏,却可以压固现在外排木桩及滩面泥沙,上端木梁又可支撑现在外排木桩,使之不被冲倒;二是将土坝夯实,面江一侧筑成斜坡,上覆以竹席,其上再堆满碎石,如此则涌潮被阻于竹席之外,土坝得以保护;三是土坝宜适当加宽,使土层不被涌潮浸透。经如此改进,大堤安全应当无恙。"

杜建徽道:"沈大人所言乃我等商议所定,照此修堤估计应再无大患,些许小患平日里可以修整弥补,因此兴修大堤已可以全面铺开,请大王定夺。"

吴越王见大家意见一致,便道:"既然诸位大人意见一致,本王亦无异议,事不宜迟,下一步即着力筹备全面动工之事,争取工程于十月完工。按此进程,不知需调集多少兵士、工役方能如期竣工？"

马绰道："本次修实验堤用兵士、工役一万人，前后共十二天，修成大堤两里，以此计算，钱塘江大堤总长二百里，定于十月完工，则需兵士、工役二十万人。"

皮日休道："修堤工程艰巨，不宜操之过急，过急则易生变，宜缓缓图之。"

吴越王道："十月乃是初冬，天气虽已转冷，然却尚可施工，若再迁延时日拖至十一二月，寒冬腊月，又是水上施工，将会十分不便，因此不妨多征集民夫，争取尽早完工。如今边境尚属宁静，各地约可调集八万兵士参加筑堤，再在民间召集十五万民工，合计二十三万人，定于八月十八日全线同时开工，以求尽快竣工，不耽误明年收成。"

诸事安排完毕，吴越王命传璙率领兵士采伐山阳箭竹，又命工匠淬火筑铁打造箭簇，制成竹箭三千支，尾插鸿鹭羽毛，染成红色。

八月十七日，传璙将制成的三千支竹箭分六处放置于候潮门城楼的地面上，竹箭下面以苇席铺地，上面皆用彩绸覆盖：东方之箭覆以青绸九十丈，竖一面青龙大旗；南方之箭覆以红绸三十丈，竖一面朱雀大旗；西方之箭覆以白绸七十丈，竖一面白虎大旗；北方之箭覆以黑绸五十丈，竖一面玄武大旗；中间之箭覆以黄绸二十丈，竖一面杏黄色北斗七星大旗。三更子时，吴越王沐浴更衣，喝过茶水稍事休息，即由亲兵护拥登上候潮门城楼。待到东方发白，只见传璙率领五百壮士分列五队守护于城上：东方一百人，皆穿青衣，头戴青盔，守护着一百张青色强弩；南方一百人，皆穿赤衣，头戴红盔，守护着一百张朱红强弩；西方一百人，皆穿白衣，头戴白盔，守护着一百张素白强弩；北方一百人，皆穿皂衣，头戴黑盔，守护着一百张铁黑强弩；中间一百人，皆穿黄衣，头戴黄盔，守护着杏黄强弩；传璙身穿杏黄袍，手持令旗，站立中间杏黄七星旗下，气氛十分庄严威武。城楼之前早已摆好供桌香案，供案上摆列着鹿脯、煎饼、时果、清酒、枣脯、茅香、净水等物各六分，香案上已备下了香炉、灯烛，城下筑堤大军陆续来到，各按指定位置入列。

卯正之时所有人员均已就位，城楼上奏起祭祀潮神之曲，人群一片肃静。吴越王整衣肃冠，亲自上前上酒三行，点燃清香，祭拜潮神，祷词道："六丁神君，玉女阴神。从官兵士，六千万人。镠今斋洁，奉清酒美脯，伏望神君歆鉴：镠以此丹羽之矢，射蛟灭怪，渴海枯渊，千精百鬼，勿使妄干。唯愿神君佐我助我，令我功行早就。"

祭祷完毕，吴越王来到城垛边，面向参加筑堤的军士、民夫道："今日我二十余万筑塘大军即将开始全线筑塘，为确保筑塘顺利进行，前已祈祷伍相国及天海诸神助我完成筑堤大业，暂缓兴潮之举，今日又行祭拜潮神之礼，我吴越军民如此敬天礼神，必得上苍及四方诸神相助，令我顺利完成筑堤之功，保我两岸百姓安宁。如若再有妖孽胆敢兴风作浪,我将以五百壮士三千神箭射之。"话音刚落,城下军民欢声雷动,群情振奋。正欢腾之际,海口天边"潮线"缓缓而来,渐近,犹如无数羊群狂奔跳跃于天际,时分时合。潮过海门,怒激坎、赭两山,浪花四射,雪飘半空,潮头翻滚,如白龙闹江。眼见得涌潮已近城边,潮势益发狂暴,声如雷吼,潮似山崩,吴越王怒吼道:"何方妖孽如此狂暴猖獗,有敢坏我筑塘者,先吃我五方神箭!"挥手命令发箭射潮。传瓘早已做好准备,见父王下令,急忙挥动手中令旗,五百壮士同时挽开强弩,搭上羽箭,弦响箭出,射向潮头。城下军民见了齐声喝彩,欢呼雀跃不止,呼喊之声竟盖过涛声。传瓘再挥令旗,五百壮士射出第二支箭,城下军民益发狂呼高喊。接连发射五箭,潮头竟避而折向南去,潮势渐次收敛,城下军民见状无不欢欣鼓舞,拍手称快。大半个时辰过去,潮头已是浪消声息,犹如丧家之犬悄悄退回西陵,复又向东退回东海而去。城下军民自始至终见证了吴越王为筑塘虔诚祭拜天海及四方诸神,为驱妖五方神箭射退潮头,以此人人心潮激荡,皆回头凝望城头向吴越王欢呼致意。吴越王亦额手致谢,并命传瓘将剩余之箭埋于候潮、望江门外江边地下,以镇江中妖孽。

　　回到府中,吴越王忙至后庭看望传璙,见病情已稍有起色,遂安下心来,安抚一番之后回屋休息。传瓘悄悄问道:"今日祭告潮神箭射江妖之事,父王何以不请洞霄宫住持夏隐言先生为之?"原来玄同先生闾丘方远已于天祐三年(906)二月去世,而今的洞霄宫乃由夏隐言继任主持。吴越王见传瓘问,微微一笑道:"以前与众臣僚议论论钱塘江潮患根由之时,沈崧大人已经说得颇为明了,乃是月升月落引发潮汐,加之钱塘江口有水下沙滩,犹如门槛,以此定时引发钱塘江大潮,绝无差池,哪里是潮神、蛇妖、鳌鱼、龙王或是伍相国兴风作浪?因此何须夏隐言先生做法降妖?既如此,由我亲自主持射潮岂不比夏先生主持气势更为磅礴,更能振奋人心?"传瓘道:"既如此,何不将沈大人之论向众军士、民夫宣讲清楚,免去祭潮射涛许多麻烦?"吴越王笑道:"江潮诸多说法乃是数千年流传至今,已是根深蒂固,岂是沈大人一席话所能改变?我今目标是筑成捍海塘,并非要辨明江潮根由,不如顺应民意祷潮神驱妖孽来得更快捷有效。看今日军民情绪高涨,精神振奋,足见此举已经奏效,如若以沈大人之论进行说教,岂能收到如此成效?吾儿切记,凡事需深入体察黎民情意,不可远离现实而强为之。"传瓘又问道:"今日射潮之后如何果然退去?"吴越王道:"只要仔细观察,这钱塘江大潮其实极有规律,每年八月十八日潮涌最为猛烈,而后渐渐减弱,以此日为射潮之日,射潮之后潮涌自然日渐减弱。而每次潮涌当潮头过了候潮门,再转过月轮山,潮势都会减弱,实非射潮之功,如此为之,只为大造声势,振奋人心,激发军民筑塘热情和信心。"传瓘听了满心叹服,深受教益。

杜建徽、马绰已将一万余名修筑实验大堤的军民作为技术骨干分别安置于二十三万筑塘大军之中，又将筑塘大军分成数十个分队，每队负责修筑数里海塘，各队再分成小队，分工负责伐木、打桩、砌石笼、夯土诸等事务。第二天，各分队军民精神抖擞，热情高昂，分赴自己地界有条不紊开始修筑捍海塘。

吴越王每日率领亲兵至筑塘工地视察，这一日，见众军士、民夫热情高涨，齐心合力筑堤，心中高兴，随即脱去衮冠博带，宽衣肥袍与民夫们一起筑堤，周围军民见状一时围拢过来，吴越王挥手示意，勉励大家加紧筑堤，众人更是精神百倍，干劲十足。正值此时，却有吴夫人命人来报：四子传璈已气息衰微，命悬一线，请钱王马上回府。吴越王为了不影响筑堤军民的情绪，命传璙留下继续与军民一起筑堤，自己即策马赶回府中。

进入后庭，传璈已经咽了气，众夫人失声痛哭。自从一月前传璈病重昏厥之后，吴越王已预感到传璈将不久于人世，如今亡故乃是意料中之事，虽然心中隐隐作痛，却是十分镇定，心想："难道我近日所做所为有违天意，上苍竟要惩罚于我？如今所为主要就是修筑捍海塘，古人云'上天有好生之德'，我修捍海塘就是施行好生之德，上苍理应保佑才是，莫非这筑塘之事真的惹怒了伍相国、文种大夫？他们可是忠君爱国之士，怎会忍心眼见杭州百姓遭殃，反而惩罚于我？或者是射潮筑塘之举损害了牛鬼蛇神的利益，那就来吧！只要不再祸害我钱塘数十万百姓，对钱某有再大伤害我也不会畏惧。"想到这里，吴越王已将个人安危祸福统统置之度外。

众位夫人皆饮泣不止，尤其是传璈生母胡夫人更是伤心欲绝，次子元珦、四子传璈皆胡夫人所生，不足四月竟连丧二子，怎不令人肝肠寸断，钱王上前抚慰胡夫人道："值我修筑捍海塘之际，四月内竟连丧我两位爱子，这或许是天意，若能以二子之性命换得数十万黎民百姓之安宁，相信定能告慰传珦、传璈在天之灵。夫人乃传珦、传璈亲生母亲，由此二子代我数十万杭州黎庶受过而早夭，应当倍感欣慰，不必为此而过度伤感。好在夫人尚有十二子传珣，还有诸多王孙，今后可尽心尽力抚养他们成人，继承传珦、传璈事业，待夫人年高之时仍可安享天伦之乐。"见吴越王如此说，吴夫人及众位夫人亦纷纷上前劝慰，将胡夫人扶回房中歇息。

吴越王仍上奏朝廷，封传遂为靖江军节度使、检校太傅，同中书门下平章事，赠司空、永嘉侯。

安排完传璈后事，吴越王又率亲兵赶赴筑塘工地进行全线巡视督查，以此各段工程进展甚速。

杭州河道入江处有龙山、浙江二河口，亦用木桩、石笼修筑护堤，河口之内设置水闸，平时关闭闸门，以遏止江潮夹带泥沙进入河道，避免淤塞，有船过江时开启闸门，放船入江。

秦望山东南江心有巨石，屹然矗立，其岩基于水下与秦望山相连，横截波涛之中，商旅船舶过此常为风浪狂涛所困，以致倾覆或撞沉，此石遂呼之为"罗刹石"，意为魔鬼之石。每至八月中旬，商旅船家、附近百姓必定要在此迎潮设祭，击鼓奏乐拜舞于上，以求平安。

李建勋诗曰："何年遗禹凿，半里大江中。"

白居易诗曰："嵌空石面标罗刹，压捺潮头敌子胥。"

罗隐诗曰："怒声汹汹势悠悠，罗刹江边地欲浮。"

吴越王命人调遣民夫凿去此石以修江堤，石平之后于上修筑台榭，名之为"祭江亭"，又将此石名之为"镇江石"。

十月，捍海塘全线告成，全城黎庶、沿塘百姓、筑堤军民皆聚集江边，载歌载舞，欢欣雀跃，直至夜深方才散去。吴越王命人作《筑塘疏》上奏朝廷，疏曰：

为筑塘御潮，请复古基，以卫民生事。窃惟江水之源，自衢、婺、睦等州各道，汇入富春，奔腾而入；潮汐由杭州之监管，秀州之海监，各路汇入鳖子门而入。每昼夜两次冲激，岸渐成江。近年以来，江大地窄。溯自唐贞观以前，居民修筑，不费官币，塘堤不固，易于崩塌。迨后兵革顿兴，民亦屡迁，遂废修塘之工。海飓大作，怒涛掀簸，堤岸冲击殆尽。自秦望山东南十八堡，数千万亩田地，悉成江面。民不堪命，群诉于臣。臣目击平原沃野，尽成江水汪洋，虽值干戈扰攘之后，即兴筑塘修堤之举。春秋时，白圭筑堤，雍于邻国，孟子讥以为仁人所恶。臣今按神禹之古迹，考前人之治堤，其水仍导入海，不伤邻界，则土地复而邻无患，塘之不可不筑，一也。况民为社稷之本，土为百物所生，圣人云有图斯有财，塘之不可不筑，二也。经始于开平四年八月，竣事于是年十月功成。计费十万九千四百四十缗，堤长三万八千五百九十三丈，以御江涛。外加土塘，内筑石堤。不辞鞭石奋土之劳，以图经久乐利之计。塘之不可不筑，三也。况风气所凝，人才所聚。昔之汪洋浩荡，今成沃壤平原。东南水土长生，亦可以储精气之美，人文之盛。今则徵科就据，常赋无亏。岁获屡登，民亦奠业。臣非敢沽名，以邀斯民之戴德，实不忍以沃壤之区，投之江汉耳！兹塘已筑，江见安澜永庆，海晏河清矣。仅将筑塘缘由，据实奏明，伏维睿鉴。仅奏。

捍海塘既成，吴越王下令遣散所募民夫，筑堤兵士亦仅留万余人，命七子传瓘统领，继续修整被涌潮冲坏的城墙及候潮、望江诸门，疏浚被潮沙雍塞的护城河，又修建子城南、北二门，南门曰"通越门"，北门曰"双门"。

隆冬将至，天气日渐寒冷，留下继续劳作的兵士开始怨嗟。某夜，有兵士用白土于城门上题书道："没了期，没了期，侵早起，抵暮息，筑塘才罢又开池。"次日早晨，所部将佐将此事禀告吴越王，吴越王来到城门前看了之后，命书吏取来白土，于其侧续书道："没了期，没了期，春方去，夏又继，秋衣才罢又冬衣。"众兵士见了，怡然说道："当兵不打仗，做工也应当，总不能天天没事儿供着，再说修城挖池亦是为了守城防御，不使百姓遭殃。"从此怨嗟之声渐息。

自杭州修成捍海塘后，钱塘江两岸再未遭受潮患侵袭，百里长塘坚如磐石，两岸百姓安居乐业。

这捍海塘起于月轮山脚下，止于钱塘江入海口，月轮山以西江岸乃是普通土堤。钱塘江水由南向北滚滚奔腾至月轮山下，受土堤阻挡急折向东南奔去，因而此处受涌潮冲击虽大为减弱，而江水冲击却极为剧烈，每当山洪暴发江水暴涨之际，洪峰汹涌澎湃，由南向北直冲江岸，以致江堤常被损坏。当地百姓纷纷传言："此乃白蛇作怪。因吴越王于候潮门命五百勇士射潮，慑于吴越王威力，蛇妖不敢攻损海塘，只好转而攻损土堤。"吴越王闻知此事，即命马绰、传瓘率领兵士整修土堤，复于土堤外抛砌大石块加以保护。月轮山南侧原有古井与江水暗通，民间传言此井乃白蛇经常出没之地，吴越王命人于古井之上铸铁井栏，井栏八边铸八卦，以镇妖孽。井栏铸成之日，吴越王亲赴井边祷告天地，祭毕，面对大江说道："今因尔屡损江岸，百姓受累颇多，遂以此井囚尔。若继续冥顽不灵，罔遵禁令，吾当吁请上苍斩汝，届时莫悔。"从此江岸坚固，自月轮山外至秦望山之东江边日渐淤积出现沙地，尤其望江门至艮山门以外果如罗隐所言形成广阔沙滩，原来江中之罗刹石亦渐被潮沙涨没，罗刹石对航船威胁亦永远消除。

第二十六回　示荣宠梁帝敕建家庙　颂功德众臣谏立生祠

开平四年（910）十月，梁帝追封吴越王曾祖宣州旌德县令、吏部尚书、左仆射钱沛为洪胜王，曾祖妣童氏为齐国太夫人；祖父太尉钱宙为建初王，祖妣楚国太夫人水邱氏为晋国九华太夫人；父威胜军节度推官、职方郎中、守太府少卿、朝散大夫、检校尚书、左仆射、开府仪同三司、守太师、中书令钱宽为英显王，母亲秦国太夫人水邱氏为赵国太原太夫人；并敕建三世祖庙于安国衣锦城。

吴越王与马绰带了百余亲兵，持节举幡，向安国衣锦城而来。乡亲们得知吴越王回乡，纷纷来到数里外的功臣山之东，于功臣道两侧夹道迎接。吴越王远远望见邻居老婆婆，如今已是九十多岁高龄，亦手捧酒具、壶浆立于人群之中，忙下车健步走到老婆婆面前，恭恭敬敬拜了数拜，问了安泰。婆婆抚着吴越王脊背，叫着钱王儿时小字道："婆留啊，幸得你婆婆把你从井边抱了回来，如今如此出息，这番富贵，你婆婆、爹娘在世，不晓得会多欢喜嘞。"一番话说得乡亲们嘻嘻呵呵笑将起来，吴越王亦笑说道："婆留今日之贵，亦是父老乡亲们帮衬扶持之功，婆留在此拜谢！"

辞别众乡亲，吴越王一行来到衣锦城，巡视诸门防务，抚慰军中将士，是夜便在城中歇息。次日一早，策马来到钱坞垄旧居，早年亲邻旧友见吴越王驾临都聚集拢来，先是问候寒暄，又说些儿时故事，再说起上次回乡大宴故老乡亲的盛况，有人还问起杭州修筑捍海塘之事，说得好生热闹。

天祐三年（906），昭宣皇帝曾敕命钱镠建三代私庙，当时钱王只是将钱坞垄旧居做了些修整，改建为三代私庙，于后堂供奉三代先人。今日吴越王携诸子及马绰前来祭拜先祖，礼拜完毕，亲自向先祖宣读梁帝追封三代先人及建三世祖庙之敕文，读罢再拜道："今上圣恩，命建三世祖庙，怎奈我吴越钱江捍海塘刚刚筑成，又修整杭州城池，耗费颇巨，以此敕建三世祖庙只好暂缓，待府库充盈、百姓宽裕之时再建新庙，垦请列位祖先见谅。"祭拜完毕，命传瓘主持整修旧居祠庙，增建院墙。

今日回乡，吴越王一如上次，再于石镜山前大宴乡亲父老。不论男女，八十以上老人皆赐金樽，百岁寿星赐玉樽，吴越王执爵起身向诸老一一敬酒。回到席上，吴越王乘兴制还乡歌吟唱道：

三节还乡兮挂锦衣，碧天朗朗兮爱日晖。功成道上兮列旌旗，父老远来兮相追随。

家山乡眷兮会时稀，今朝设宴兮觞散飞。斗牛无字兮民无欺，吴越一王兮驷马归。

一曲唱罢，众乡亲竟皆无反响，吴越王知众人不解还乡歌之意，故此不能使大家一起欢乐，遂又用当地土话高声唱道：

你辈见侬嘎欢喜，心里头别是一般滋味。乡亲们常在我侬心子里，愿大家长寿好福气。

吴越王唱了几遍，举座乡亲亦跟着学唱，欢声笑语充满席间，乡情亲情其乐融融，此歌一直传唱至后世山民，村童乡女亦常借以对歌，会宴之地当地乡亲呼之为"欢喜地"，乃取歌中之意。

诸事完毕，吴越王又祭拜了各处祖茔，遂向杭州返回。

却说湖州都将盛师友、沈行思同有闭城拒淮兵、驱走高澧之功，吴越王巡视吴兴回归杭州之时命师友同回杭州，而行思则暂留湖州为巡检使，协助钱镖共理州事。行思自以为颇有继任牧守之望，一日试探同僚陈环说道："师友随大王同回杭州，岂不将印绶付与盛君？待盛君回归湖州，我将如何自处？请陈君为我决策。"此时陈环已得到吴越王密旨，令其送行思回杭州，于是谎言道："沈将军与盛将军同有闭城拒敌之功，本无高下，然而大王如何决断却未可测，宜尽快亲赴府城，面见大王，陈述功绩，以决升迁。"行思听之深以为然，遂来杭州觐见吴越王，钱王待之甚优。数日之后，陈环又护送行思家眷来到杭州，行思见了知再难回湖州，遂深恨陈环，亦抱怨吴越王。

吴越王由衣锦城回归府城，众臣僚将吏俱至北郊迎侯。行思上前拜见钱王，陈述自己功绩，又指责师友与陈环互相勾结毁损自己。陈环据理明辩，行思理穷气急，遂夺过身边侍卫所持巨槌猛击陈环，当即将其击杀，又欲击杀师友，左右将士一拥而上将其擒住。吴越王气冲丹田，怒火中烧，大声呵斥道："吾早知汝强梁，故不欲任，姑念汝在湖州有闭城拒敌之功，本欲命汝牧他郡，而今所为，目无尊长，不遵纲纪，擅杀军将，如此狂徒岂能容得？"乃命斩于龙邱山，念其有守护湖州之功，许其家属妥善收葬。命湖州都将盛世友权任婺州刺史。

回到杭州，众僚吏将佐纷纷向马绰等人询问衣锦城之行何等景象，马绰将吴越王巡视衣锦城防务、祭拜祖庙及盛宴父老乡亲等事详细叙述一遍。众人听了赞叹不已，纷纷议论道："上次昭宣皇帝敕授我王为吴王，命于本道建三代私庙，我王却以旧居改立家庙，而在府城之中建功臣堂，是以先荣功臣而后荣于己。而今梁帝又敕建三代家庙，我王又因新筑捍海塘，府库空虚，而未能新修祖庙，乃是不愿加重百姓负担,真可谓一代明主。"皮日休感慨叹道:"千古帝王,有大功者往往有大过,譬如秦始皇、隋炀帝。他们筑长城、修官道、开运河、行均田,使中华大地南北西东互相交融,耕者有田,边防安定,可谓有大功于民;然却又都好大喜功、贪图享乐、广修宫苑、大建陵园、穷兵黩武、横征暴敛,闹得举国怨愤,遍起刀兵,最后自取灭亡。历朝历代亦有过数多明君,如汉代文景之治、大唐贞观之治、开元之治,政通人和、安居乐业、吏治清明、世代称颂,却又并无多少开国之先河的大创举。今我吴越王身居乱世而奉保境安民之策,为保吴越安宁,十数年间兴修了杭州、嘉禾、明州、婺州、衢州、温州等州城,又建安国衣锦城,开创梅李镇、静安县水寨军以保海疆安宁,以此尽管华夏战乱迭起,生灵涂炭,我吴越却可独享安宁。为使百姓富裕,又修建了东钱湖及长安堰等水利灌溉工程,特别是兴建钱塘江捍海塘,花费十余万缗,民工二十余万,实为国中之大创举。以我吴越一隅之力完成如此艰巨工程,非但未引发百姓不安,却得到军民奋力支持,仅用两月得以建成,真是空前之奇迹啊。朝廷两次敕建三代家庙,我王却不愿动用府库币银,竟化家为庙,如此明主,岂是一般帝王可比!"众人听了频频点头,皮公继续说道:"三代之初大禹治水,泽被吴越,越人乃于越州建禹王庙,使其永受香火;春秋之际越王勾践卧薪尝胆,复国伐吴,称霸东方,后人于越州建越王台,使其永受祭拜;如今吴越王之于吴越百姓,功胜于勾践,德过于禹王,宜当立生祠,受军吏百姓瞻仰,以表吴越万民之心意!"众人听了一致赞同,当即推举沈崧起草奏章,皮日休阅改,呈送吴越王。

吴越王闻奏再三推辞不许,众人劝谏不止。见众人意见坚决,吴越王亦深知皮公为人耿直偏执,遂只好同意以众僚吏将校名义上奏朝廷。

开平五年(911)四月,皇帝下制:

命吴越王钱镠守尚书令,兼淮南、宣、歙等道四面行营都统,增食邑两千户,实封一百户。因见两次敕建三代家庙钱王均未曾施行,故此敕遣刑部侍郎李光嗣专程前往吴越,于衣锦城建造吴越王生祠。

又敕翰林学士李琪作《吴越王钱公生祠堂碑铭》,曰:

维有梁之抚运也,皇灵阐乎区外,大礼升于土中。元亨利贞,飞龙据在天之位。聪明神武,流乌当受命之符。山川出云,河洛开奥。魑魅魍魉,慑夏鼎以奸销;梼杌穷奇,格舜干而心服。于是南逾骆越,北暨辰韩,东极沧湄,西临黑水,莫不来庭捧赞,厥角献琛。译有外邦,贡无虚月。谷风啸虎,胶庠奏乐职之诗;山礛射牛,封禅草礼官之议。皇帝尚或谦冲至德,兢畏万几。日昃忘劳,宵分辍寐。弗矜弗伐,恒以百姓为心。虽休勿休,能使三时不害。务敦其实,所宝惟农。以麟凤龟龙为下科,用黍稷稻粱为上瑞。君倡臣和,草偃风行。克勤之心,率励於邦国。固本之德，浃洽於吏民。天下翕然，颂声斯起。越五年夏四月，上坐便殿，顾谓翰林学士、守尚书、右司郎中、知制诰，臣李琪曰："朕有宝臣，国之巨栋。加地进律，虽图伯舅之功。严像立祠，尚慊缁黄之愿。去岁杭、越等州军府将吏、士民耆艾列状，以吴越王钱镠，惠及于物，恩结于人，愿立生祠，式光异政。今我俞允，显其勋劳。汝为好辞，以永嘉闻。"微臣俯伏奉诏，兢兢莫图，惧玷厥庸，弗任其职。

臣伏闻高辛氏得天之道，实举庞鸿。伊耆氏象日之明，亦询朱虎。况乎戎衣定国，革辂兴邦，非哲後无以建丕图，非伟人无以康大业。灌坛风雨，佐圣室之宏规。革鼎盐梅，集商王之景命。吴芮起鄱阳之众，窦融兴陇右之师。并翊天飞，咸开帝绪。其有连衡接武，并驾齐驱，昭昭然为国元勋，合符英佐者，即今启圣匡运同德功臣、淮南镇海镇东等军节度使、淮南浙江东西等道观察处置营田招讨安抚兼盐铁制置发运等使、开府仪同三司尚父守尚书令、扬杭越等州大都督府长史、上柱国食邑二万户食实封一千七百户吴越王即其人也。公名镠，字具美。其先本彭城人也。缅维英绪，实肇遐源。或标举精神，擅表仪於晋魏。或元通梦想，冠雄勇於齐梁。馀烈具存，洪源遂广。大王父讳沛，累赠尚书左仆射。王父讳宙，累赠太师。烈考讳宽，累赠中书令。并禀粹地灵，腾英岳秀，百禄是荷，为积庆之家。五世其昌，启莫京之裔，诞兹人杰。贻厥孙谋，公即中书令之嫡长子也。幼而通理，有岐嶷之姿。长而不群，抱清明之德。雷泉英概，金宿精光。洪钟非夏击之音，大玉非磨礲之器。鹰瞵八表，虎视三江。魏帝目为人雄，晋後谓之王佐。屹风棱於气表，华岳五千。豁宇量於胸中，云梦八九。厥初以永嘉东渡，世德继昌。分京公暨日之枝，袭憬祖涵云之派。缅惟浙右，邑号临安。西连天目之岑，东接秦峦之势。双川喷雪，迳石镜之清光。万岫参寥，孕官山之王气。公克膺灵秀，载诞隽贤。始囊萤於桑苎之阴，终奋剑於沤麻之地。时属唐朝季末，历数将移。戎马生郊，蜚鸿满野。公遂相时而动，悯物兴嗟，为国平凶，与民定乱。散家财而养士，训父子以为军。楚卒八千，徒矜组练。梅铜十万，浪号熊黑。指挥而立致风云，叱咤而坐移山岳。复值江南搔扰，溪洞兴妖。邻凶则极目朱眉，巨憝则满郊白帜。小则倪知新朱实之辈，据险临以蜂屯。大则黄巢尚让之徒，掠藩方而虎噬。公乃旋分骁锐，密运机铃。抶鼠穴以枭夷，突豺牙而破轸。自此军威益振，号令愈明。辅本郡之政经，统八都之纪律。然而辛勤百战，平定四凶，方澄两浙之波澜，尽扫十州之氛祲。积田穰苴之威望，峻郤元帅之雄名。故能大建勋庸，荣超崇极。

顷岁浙东观察使刘宏者，萑苻害马，齐充逭衖。脱身群盗之中，潜宠察廉之位。妄以金刀自谶，潜蓄奸谋。忽萌吞并之心，继犯青疆之地。先焚渔浦，次劫九乡。或聚犬众於七州，或恃狐鸣之数万。公躬临矢石，手运戈矛。一呼而瓦振长平，屡战而尸填瀤水。连擒昆弟，悉斩魁渠。或跋寨以火坑，或单衣而夜逸。中和五年，公统领兵士，远过重山，筑垒进军，攻围日蹙。逆首望风逃遁，寻於巡管收擒。公乃手剑旗亭，以谢戎庶。其次光启三年春，镇海军节度使周宝，以衅生亲戚，旌节播迁。公愤其黜逐帅臣，志期翦戮。於是大陈卒乘，迳赴朱方，迎请藩侯，敬事如旧。而薛朗巢危食尽，遂就活擒。牲於灵枢之前，以雪幽明之愤。此际蔡寇孙儒，鲸吞黟歙。猥磔洄川。杨行密窘甚析骸，乞师救命。公乃三路馈食，两面助兵，克清雾市之妖，逐解晋阳之急。乾宁三年，威胜军节度使董昌，是公匡戴，坐拥节旄，不遵良佐之箴规，遽惑妖人之诡谲。而又淫刑虐杀，人神不容。兴羿浞之逆谋，僭罗平之伪号。公往回百谏，竟拒忠言。遂奉前朝诏书，委其讨伐。邻凶行密，见利忘义。怙乱朋奸，广裔豺狼，攻围城垒。公仗顺讨逆，奋一当十。戮枭獍於近郊，破鲸鲵於檇李。挫行密而奔仁义，走陶雅而窜田頵。然後径赴稽山，亲平禹穴。出军民於汤炭，洒士庶以膏霖。腾万口之欢声，溢千门之喜气。前朝乃就加公掌武之秩，锡地之荣。分四骑之碧油，佩两藩之金印。周旋二纪，翦落四凶。始得安吴越之封疆，泰牛女之耕织。若夫天下有急，王孙遂立於坛场。日中而趋，司马亟颂於符节。其间水深则蛟产，林大则蠹生。提封渐广於支巡，牧守难齐於忠荩。其有如雪川李师悦、双溪王坛、新定陈询、瀫水陈章、温江张惠、缙云卢佶、蘋渚高澧及外都叛将徐绾、许再思之辈，或军行末校，或草泽遗民，发迹戎辕，素无显效。蒿艾岂栋梁之器，犬彘怀噬主之心。悉被淮甸回邪，潜为诱煽。负本藩之提挈，辜解缚之深恩。窃弄干戈，自贻覆餗。公山苞朽壤，海纳昏波。许雍齿以自新，待樊崇以不死。俟其恶盈贯满，不得已而用兵。才举偏师，处处摧拉。皆是公临机独断，决胜万全。威飚震慑於江涛，勋格抗崇於山阜。固已书於甲令，列在世家。处台铉而弥光，受彤旌而不愧矣。

公宣慈禀性，明粹在躬。五精妙察於次躔，六蔀旁该於历数。帝师刘向，悬知白水之符。国士殷馗，预识黄星之瑞，是以高梧倾凤，大厦占乌。拱牲币以宗尧，率讴歌而戴舜。先是上在藩邸，公潜输大义，密奉上交。溯九万里之灵飙，挺三十年之神契。岂比河西已定，尚兴游帝之谈。陛下将平，始拒狂巫之说。不然，则何得印方似斗、言出如纶。适拜前恩，仍加後宠。皇帝践祚之元年夏五月，定封赏之数，报缔构之勋，命右金吾卫大将军安崇隐驰传进封公为吴越王。秋八月，以克震天威，屡陈戎捷，授公兼淮南节度使。二年，皇帝肃郊禋之礼，洒雨露之恩。奠玉燔柴，所以昭事上帝。疏爵焘土，於是宏奖诸侯。以公为守中书令，复命刑部尚书姚洎持节行吴越王册礼。春三月，以公奉菁茅之贡，远述职方，陈玉帛之仪，恒先宰旅，进公为守太保。秋八月，以公解长洲之围，复震泽之郡，

255

用匡九合,宜总五兵,拜公为守太尉兼中书令。五年,以公仪表藩垣,经纬文武,当吕望西征之重,居伊尹百揆之先,召公为守尚书令。朝廷复以公累朝硕量,开国宏勋,有同心同德之功,著十乱八元之业,咸略主列藩盟敔,忠贞为社稷金汤。昔周文王得渭水之贤,犹尊极品。我国家倚扶天之柱,宜峻殊恩。遂册拜公为尚父,仍加井邑实封,以崇异礼。昔杜元凯之平吴会,止镇一州。昆阳侯之定淮夷,不阶三事。未有光昭大典,卓荦鸿恩。軺轩相袭於道途,简册交驰於冕弁。三十二人之画像,旌显非多,五十四县之疏封,回旋尚小。罗旍设戟,誓岳盟河。廊庙之邻哉臣哉,勋名之大矣神矣。

公以富强之俗,训骁勇之兵。戈舰三千,旌门百万。水犀鲛革,甲光照互父之山。秋雁鱼丽,阵势骇蚩尤之国。加以竹头木屑之用,盐田沪渎之饶,有益军须,莫先戎费。爱人若己,决事如神。严明有拔薤之功,听察得分缣之理。除残去弊,守正申威。画冠不犯於四封,列货羞谈於二价。遂使江湖之上,棹有歌声。斗牛之间,狱无冤气。矧又敬崇穹昊,虔奉缁黄。百灵输戢谷之祥,万庾洽京坻之稔。用天分地,务稼劝农。保慈俭以律身,变舃卤而收利。穰穰多余,人为万石之家。朣朣良田,户有千金之堰。风谣逸豫,礼让兴行。君子谓之乐郊,神人称其福地。岂可使燕山车骑,空铭慕府之勋。齐国相君,不颂祠堂之美。微臣仰膺睿旨,俯扣庸音。敢书无愧之词,用纪不磷之绩。庶使披文相质,与日月而俱悬。积德累功,共江山而更远。是旌民爱,式表君恩。谨为铭曰:

彼穹初圆,补石而正。下土未乾,决河而定。我後创业,惟公佐命。内赞皇极,外绥戎柄。雄雄伟人,元象降神。山海其度,麟凤其身。地开茅土,天授经纶。叠封异姓,屡委洪钧。多艺不矜,好谋而惧。养士分甘,尊贤吐哺。历数该博,襟灵颖悟。识辨彤云,先知圣祚。昔之未遇,始用英才。凌松渡浙,拂电萦雷。宏昌瓦解,儒密冰摧。狼精夜陨,虎幄晨开。今也元勋,拥旄三镇。剑骑山积,戈船海振。册以车辂,赐之腃赈。烈烈威风,专征仗顺。惟公之明,间世而生。片言折狱,半面知名。吏绝巧诳,人无匿情。政刑一概,如水之平。善诱黎甿,服勤耕稼。携稚就丰,佩牛归化。再熟梁稻,八蚕桑柘。足食足兵,述方而霸。军民感惠,易世於兹。哀矜耆艾,抚养惸嫠。如母之爱,如父之慈。告於天子,愿启生祠。厥祠既崇,寝宇加饰。彰民之心,表公之德。上帝锡祉,诸侯取则。取之伊何,勿扰勿亟。丝纶有命,琬琰徽文。爰驰上列,式奖鸿勋。浚义才子,安阳令君。永标今古,名播万春。

李光嗣一行来到杭州,命人于衣锦城中勘察祠址,经与吴越王商议,最后定址于安国山南麓。这安国山乃城中一孤山,原名茅山,自建安国衣锦城即成为城中主山,改名安国山。此山北枕苕溪,南面功臣山,安国衣锦营即在此山南麓百步之外，于此建生祠，于风水、管理、瞻仰诸方面都堪称理想。

数月之后，生祠建成，虽无金碧辉煌，亦非雕梁画栋，但前有衣锦军重兵守护，后依安国山苍翠凝重，显得十分庄严肃穆，令参拜者肃然起敬。吴越王亲自带领诸子至钱坞垄旧祠，恭迎三代先祖迁入新祠，又奏请皇帝敕命两浙幕府将吏五百人为赞政安国功臣，旧居改建为功臣寺，与寺后功臣山山顶的功臣塔融为一体，以示不忘功臣。

祠庙及功臣寺既已落成，吴越王心中甚是欣慰，遂想起罗隐生前所修《钱氏大宗谱列传》，一来因忙于修筑捍海塘及公务，二来担心睹物思人难免伤感，因此一直未曾拜读，如今罗隐病逝已逾年，又得闲暇，恰逢家庙落成，修篡宗谱恰当其时，遂开始静心拜读。

五十九世　富春侯钱公列传：公讳让，字德高。冲公子，即下邳乌程长林公七世孙，是为一代祖。公雅貌殊众，重瞳美髯，语含钟声，手垂逾膝。博学豪迈，豁达善谋。初从东郡都督，及汉察孝廉，除历阳、章安二县长。时吴郡薛府君固为执法所枉，徵诣廷尉。公因岁朝贺，大呼称固之冤。顺帝命虎贲羽林剑戟夹其两腋，左右弯弓向身，问所言枉状，而公直言其由，神色不变。天子即原固罪。公卿大夫，莫不叹息。太尉赵峻辟公为西掾，迁黄门选部侍郎。时九江猾寇周生范容作乱，荡覆淮泗徐扬。有诏以公忠诚亮直，必能盖节，拜广陵太守征东大将军持节都督江左六州诸军事。公沈谋内张，羽翼外舒。行阵才接，凶徒瓦解。斩贼帅徐凤、谢安等於阵，范容周生，相缚款首。於是桓帝旌其成功，封富春侯，食邑五千户，佩以金紫。嘉平元年三月十六日薨，春秋六十有三，谥曰哀公。夫人东海徐氏，生三子，曰承曰京曰晟。后娶夫人安定皇甫氏，生一子，曰耽。葬长兴县平望乡西北梓山。奉朝命绘公遗像於郡祠。

六十世　高密侯钱公列传：公讳京，字仲恭，富春侯第二子也。世居长兴，以富春侯荫仕汉本宫舍人太子洗马。出守高密郡，善政有声。转越骑都尉右将军。夫人顾氏，合葬长兴雉山。子五，曰徊、曰宝、曰毓、曰化、曰觉，析居于乌程、无锡、昆山、陆安、於潜吴兴等处，号洗马支下子孙。

六十一世　司马钱公列传：公讳宝，字叔珍，高密侯第二子也。仕吴为前军司马，以勋升都尉，转枢密尉将军。娶夫人信安郑氏，生二子，曰腴、曰睦。公与夫人合葬，附高密侯侧。

六十二世　侍郎钱公列传：公讳睦，字士信，司马公第二子也。勤敏好学，思绍世风。初领本部五官掾，累迁黄门侍郎，改寻阳令。能抑强抚困，蔼为时称。加东郡太守。娶夫人会稽魏氏，生二子，曰秀、曰裔。公与夫人合葬，附高密侯侧。

六十三世　太常钱公列传：公讳秀，字子宏，侍郎公之长子也。笃志学问，优于礼经。仕吴，以尚书郎议官历太常卿。娶夫人徐氏，生二子，曰广、曰恩。公与夫人合葬，附高密侯侧。

六十四世　永安钱侯列传：侯讳广，字敬仲，太常公之长子也。性孝友，博通群书，志气高迈。西晋太安中察孝廉，累迁安远将军。平逆寇石冰等，太尉东海王越表其勋，授以军谘祭酒江州刺史持节征虏将军都督江东诸军事。时陈敏僭乱，割据江表，公与顾荣等谋曰："我等受恩朝廷，爵位至此，安得不以忠义自效？"即乃歃血而盟，结为昆弟，协心奋击，不逾月而贼平。赏典未至，薨于永嘉二年，年五十有四。后二年，赐以丹书，追赠永安侯，食邑二千户，谥曰庄。公娶夫人汝南周氏，生四子，曰维、曰弥、曰智绍、曰继。公与夫人合葬长城北二十五里湖陵山。

六十五世　预宁钱侯列传：侯讳弥，字德盛。永安侯第二子也。颖悟过人，善属文。袭父荫仕晋，甫十八补主簿，累迁散骑常侍。而声誉四驰，调陈州刺史。下车之初，以法诛蠹民豪猾，而汲汲于抚字，民甚德之。转辅国大将军，敕授预宁侯。夫人魏氏，生四子，曰玮、曰基、曰纂、曰道济。侯与夫人合葬长城戍山之南。

六十六世　安远将军钱公列传：公讳玮，字瑞英，预宁侯之长子。好学治书，旁贯庄老。仕晋，累官至左常侍太子黄门侍郎，出为徐州别驾。治理清恕，抚民如子，致以慈父称之。加安远将军。夫人吴郡陆氏，生五子，曰元孙、曰谐询、曰修道、曰兴德、曰兴道。公与夫人合葬附预宁侯墓侧。

六十七世　关内钱侯列传：侯讳兴德，字文璨，安远公第四子。少而明敏，晓达时务。善书札古作，博通天文。仕晋为本郡功曹，迁扬州主簿员外散骑，转冠军府记室参军，赠关内侯。娶夫人乌程吴氏，生三子，曰安仁、曰伯仁、曰法全。侯与夫人合葬，附预宁侯墓北午酉山。

六十八世　临川钱王列传：王讳伯仁，字德静，关内侯之次子也。温厚端方，酷孝嗜义。贤士大夫咸器重之。刘宋泰始中举孝廉，除王府兵曹参军员外散骑常侍。萧梁革命，公遂挂冠归隐。天监三年，诏举世家勋德之士，郡守刘浑表称："钱氏为望族，自汉以来，公侯令使之贵，名联勋册，文献足徵。矧其先世富春侯让图像郡祠，民犹怀之。今伯仁年齿虽暮，而不怠进修，克副勋德之举。"由是累徵，辞不获已，授扬州刺史。娶夫人吴郡张氏，生五子，曰肃之、曰乐之、曰邕之、曰敬之、曰和之。一女曰宝媛，适同郡陈文赞，即景帝也。生子霸先，是谓陈高祖武皇帝，追赠为临川王。宝媛以永定元年十月薨，谥孝烈。追尊景皇後。王与夫人墓附高密侯墓西二里。

六十九世　全威将军给事钱公列传：公讳肃之，字子恭，临川王长子。以父荫仕梁,历职常侍。天监十三年授员外散骑常侍全威将军,转给事中。十五年除邵陵王府文学。娶夫人故郫王氏,继娶施氏,生一子曰道始。继娶万氏,生一子曰道震。公与夫人合葬大义村南十五里东侯山。

七十世　开国伯钱公列传:公讳道始,字元德,给事公长子也。自幼嗜学,经史百家,靡不究极其义,而气岸超出伦辈。天监中辟除王府法曹参军,历仕轻车将军江州刺史。在任明练治体,剖决如流。奸雄畏其威,窭乏被其泽。虽值荒忙之际,而属邑雍恬。当侯景逼台城时,公与西都太守陈霸先应援,从上江下败之於金陵。王僧辩欲窭霸先,斩其党杜龛。齐将徐嗣徽入寇,公据要出奇,绝其粮道,以破嗣徽。其累立奇勋如此。与霸先舅姑昆季也。霸先受禅,是为陈武帝。永定元年,上常谕公曰:"卿有佐命勋劳,藩威之良器。然以国戚,恩赉殊薄於众。今天下将定,安忍以繁剧之任浼卿。"遂授扬威将军,充本郡瑞嘉二陵令兼本部刺史,俾旋长兴保护陵寝。薨年六十二。武帝悲悼,罢朝三日,追赠建宁伯。又赠开国伯,食邑五百户,谥定公。娶夫人同郡王氏,合葬东侯山。生子六,曰纂、曰善明、曰望远、曰吉儿、曰智远、曰智昌,分为六枝,号曰湖头六宅。

七十一世　绥安侯钱公列传:侯讳智昌,字子盛,开国伯第六子也。幼而聪慧,文武兼通。陈武帝跃龙之始,侯随父拒杜龛於大义栅一百余日。城垒之地,即侯之宅也。奇谋果决,遂破杜龛。天嘉二年,奉朝命迁吏部尚书,授桂阳王府参计侍郎,转仁威将军,勋封如故。年四十有二,卒於京师,诏赠通直散骑常侍宣毅将军,封绥安侯,食邑五百户。诏归权葬大义村。大业二年,卜迁戍山旧茔。娶夫人吴郡张氏,生子二,曰瓛、曰进。侯与夫人合葬焉。

七十二世　开国子钱公列传:公讳瓛,字贵章,绥安侯之长子。公在髫龀间,暗诵六经,甫学为文,有惊人语。少失怙,哀毁过礼,事母以孝闻。陈至德中,诏徵甲门子弟,补本部主簿,移长沙王法曹参军。以功加右卫殿中将军,历晋安县开国子。既而叹曰:「道之不行,时耶命耶,鹪鹩鼹鼠,不过一枝与盈腹足耳。」遂隐林泉。隋大业中,海寇侵掠郡邑,公仗义率众守御,境赖以安。唐贞观十九年,疾终於私第,年七十有三。娶夫人武康姚氏,生三子,曰元修、曰元裕、曰元师。公与夫人合葬,附先人绥安侯墓侧。

七十三世　扬威将军钱公列传:公讳元修,字文通。开国子之长子。性淳谨笃厚,甘澹泊,以清白自守。唐贞观五年,策试通经,补长兴县博士。七年,诏天下贡民氏族源流,公录家谱诣郡,与沈怀远等数家连保京师。唐永徽二年,陈硕真谋逆,朝廷诏邻道讨之。吴兴郡守李杭辟公议事,公遂请兵击寇,剿其余党。郡守奏其功,拜高平太守扬威将军。以仪凤二年疾终,葬附祖绥安侯戍山墓侧。娶夫人高平徐氏,生二子,曰孝憬、曰孝本。

七十四世　富春公钱公列传：公讳孝憬，字希贞，一字定方，扬威将军长子。幼聪慧，书通八体，射穿七札。躭玩典籍，工於诗歌。一觞一咏，为缙绅所重。年十六，以门荫授富春尉。公以奕世勋阀，族门鼎盛，当大唐创业之后，是天下进贤之时。公独忘情簪笏，雅志高尚。十辟三公府，再以五品徵。虽羔雁继来，简书交至，而公终怀止足，高尚不屈。放情岩谷，思全真璞。以为临安土厚水清，包含正气。石镜居前，光分数里。苕溪处后，波漾十寻。九州之庙貌俨然，二月之芳踪宛在。加以金镛之梵宇禅宫，秦王之车辙马迹。羲之献之游处，主领犹存。郭生铨定之真风，乔松尚翠。李八百隐居之地，唐君房仙去之坛。公识达仙机，心通物表。仰察尽天文之变，俯观知地理之宜。乃相县之东南，茅山之下，躬迁祖宅。自此移家，俾子孙大震家声。百代之后，以我为宗，故号茅山祖。时浙帅钱塘郡守表公世德，堪佐圣朝，诏赴阙庭，将加大用，委州县长吏，备礼以迎。群心叶庆，共俟宠光。如何天违福善之祥，奄有坏梁之叹。忽萦疾恙，俄以寿终，年七十有二。附葬绥安侯祖茔戍山之原。娶夫人琅琊王氏，生七子，曰师宝、立义、立璀、立琬、师庆、师整、师道。

七十五世　师宝钱公列传：公讳师宝，字道珪，孝憬公长子。童时通《孝经》《论语》。尝语亲曰："用天之道，分地之利。谨身节用，以养父母。此圣人之至行也。吾日三省吾身，为人谋而不忠乎？与朋友交而不信乎？传不习乎？此孔门之高节也。惟此二者，吾庶几焉。"遂高谢徵辟，覃精载籍，极事亲之道，得乡党之誉。优哉游哉，聊以卒岁。年八十有五，无疾而终。娶吴郡张氏，葬临安县署村大钱墓。生二子，曰仁哲、仁昉。

七十六世　司仪钱公列传：公讳仁昉，字德纯，师宝公次子。性格端秀，识量宏深。少禀清规，早怀干济。举孝廉高第，拜太子司仪郎，迁长城令。躬勤耕织，宾兴学校。疲癃苏息，逋逃归附。家兴礼乐之风，民知谦让之节。任满阶临，耆老顾盼者千户。登车出境，童稚攀辕者数程。公之仁政感人者如斯。归老家庭，躬耕奉养。载丁艰疾，居丧合礼。清风雅望，今古垂芳。竟以寿终，年八十有一。娶本郡王氏，生三子，曰硕崇、硕琛、硕亶。葬临安县石镜乡钱宅墓次。

七十七世　检校司空钱公列传：公讳硕亶，字文甫，司仪公第三子。生而俊秀，身长七尺。眉舒目明，好学耽书。识洞经史精於天文历数，兼通地理元奥。常登石镜高峰，视前后山水形势，叹曰："峰峦拥抱，龙虎盘旋，气象深沈，必出豪杰。锺其运者，其我家子孙乎？"时海内晏如，江左丰阜。公以祖德高尚，忘其轩冕。韬光晦迹，坚隐邱园。玩水寻山，逍遥自适。於是江表知公之名，山林超俗之士，多求访而交游焉。然而稼穑以躬，京坻岁积，赒赡三族，给奉燕游，遍及乡党，人莫不感其德者。迨极齿暮，厥德弥芳。寿七十有九，终于正寝。娶夫人本郡陈氏，生三子，曰湛、曰滉、曰沛。公与夫人合葬临安县石镜乡钱宅墓侧。梁朝以元孙进封吴越爵，追赠尚书检校司空。夫人赠太安太夫人。

吴越王反复看了数遍，感叹良久，不觉心潮澎湃，思绪万千，遂研墨提笔写下《大宗谱序》道：

若夫，古先垂训，贤哲修身，莫大於上承祖祢之风，下广子孙之孝。是故尧舜之化理天下，其先则曰敦睦九族，然後平章百姓，协和万邦。诗不云乎：无念尔祖，聿修厥德。是知为人子人臣之道，无过於尊奉祖先、扬名立身者也。念予远承祖派，绍袭宗风，爰自幼年，志攻学术，属民道之屯否，愤豪猾之僭昏，掷笔砚於天目之山，练干戈於钱塘之域，推赤心而效顺，仗一剑以除奸。剿薛朗於姑苏，累施擒纵；殄汉宏於瓯越，粗展机谋。镇越安吴，匡君辅国。自兵符而陞郡印，以廉车而建节旄，绾三镇之藩方，受六朝之委任。尊居师右，位极人臣，双封两国之荣，册掌中台之任。家藏玉册，手执琼圭，袭华衮而驾辂车，锡宝券而森门戟。荣光祖祢，宠被亲姻，子孙皆忝勋华，宗族尽沾爵禄。长源衍庆，累叶承麻，考本寻根，实由祖德。况赐甲第於茅山之下，改乡名於故府之前，寻准敕书，建制私庙，昭三代追崇之盛，耀祖先赠典之荣，存殁光辉，云仍浃庆。但以历世绵远，虑乖次序，余总戎政之暇，考阅谱图之祥，乃命区分，别为卷轴。上自少典，次及彭笺。孚公更钱氏之文，让公为过江之祖，高曾积善，德厚流光，棣萼既繁，兰芽转茂，遂各堂构，析以诸房。切虑百代之後，流派愈多，难穷婚宦之由，有坠祖宗之业。今则先铺血脉，次列尊卑，粗明纂袭之风，永奉蒸尝之道。传示来叶，勿堕箕裘。

自开平三年（909）于苏州之北设梅李镇，梅世忠、李开山二位将军即屯兵于此，又于明州定海镇筑城，设置静安县，从此海匪遂转而袭扰松江各地，当地百姓叫苦不迭，纷纷诉告于吴越王。

这松江县地处苏州东海之滨，乃春秋战国时楚国春申君黄歇封地，有江自太湖流经松江县南，再往北注入大海。春申君曾组织疏浚此河，故名为黄歇浦或简称为黄浦江，又称之为春申江或申江。唐时在此设华亭县，北至海百二十里，东至海百里，南至海八十里，其海岸线大致在今盛桥、月浦、江湾、北蔡、周浦、航头一带，后因长江、黄浦江泥沙沉积，海岸遂逐渐东移。松江县东面大海之中有舟山诸多岛屿，其中羊山山体颇为高大，周围七八十里四围环抱，呑中犹如大湖，可容泊数百条船，纵有狂风恶浪，停泊于此便无倾覆、摧折之虞。湖口面北，上有娘娘庙山，有淡水泉，可供舟船饮食之用。南自定海，北自吴淞，一潮之间即可到达，因此往来船舶皆以羊山为泊靠之所，海匪自然亦常光顾此岛，由此进扰松江各地。

开平五年(911)五月,吴越王命修筑松江城。又于松江县南八十里滨临大海之处修筑金山城,城南海中有大、小金山二岛,皆驻戍兵,以固海防,从此梅李镇、金山卫、定海镇与沿海诸县互相呼应,形成吴越东北的稳固海防线,海匪从此绝迹。

却说湖州刺史钱镖乃吴越王之亲弟,少年时即受钱王影响,随兄南征北战,屡立战功,历授婺州制置使、湖州刺史。钱镖平时嗜好喝酒,曾因酒误事,吴越王屡屡告诫于他。十月某日,钱镖复饮酒过度,醉态朦胧,旁有防戍指挥使潘良、推官钟安德苦苦相劝,不可过度饮酒,以免误事,谁知钱镖性起,竟拔刀将二人杀死。待到酒醒,钱镖自知闯了大祸,王兄岂能宽宥于己? 遂只身逃往淮南。吴主详细询问事情经过,钱镖如实相告,吴主以钱镖为右龙武统军。吴越王得报痛心万分,遂收养钱镖二子于宫中,长子五岁,幼子尚未满周岁。待稍长,使其与吴越王年龄相仿诸子同室教养研习,复为二子取名可团、可圆,希望其父复归杭州团聚。

第二十七回　争皇位朱梁频发宫变　戒子嗣钱镠端正家风

自朱温受禅登基以来，晋王李存勖始终是其北境的劲敌，周边诸藩镇常常为自保而左右摇摆，归附不定。

魏博节度使邺王罗绍威与梁帝为儿女亲家。天祐二年（905），魏博牙兵叛乱，罗绍威向朱温求援。当时魏博六州尽皆反叛，朱温历时半年方才将叛乱一一平定，期间大军一切开销均由魏博供输，从此魏博实力大大削弱，只得依附于朱温。开平四年（910），邺王病重，上表梁帝道："魏博乃大镇，多受外敌侵扰，请使勋臣镇守，吾愿告老还乡。"梁帝闻奏回复道："愿早日康复，果有意外，定保汝子孙世代富贵。"不久，邺王病逝，梁帝遂控制魏博。

早在光化三年（900），朱温率大军进攻镇州、定州，成德节度使王镕、义武节度使王处直均不敌，遂纷纷归附于梁。梁帝登基后，封成德节度使王镕为赵王，义武节度使王处直为北平王。后来赵王祖母过世，诸镇遣使吊念，梁使于吊念者中看见晋使，乃怀疑赵王存有二志，回京后禀告梁帝，从此梁帝对赵王心生疑忌。

如今魏博既得，梁帝遂欲据有成德、义武两镇。开平四年（910 年）十一月，梁帝遣军三千进驻深州、冀州。成德节度使赵王王镕、义武节度使北平王王处直先后遣使向晋王李存勖求援，表示愿与河东结成反梁同盟，共推李存勖为盟主。李存勖力排众议，毅然发兵相救，亲率晋军东进，于十二月进至距柏乡五里处的野河（今滏阳河支流）北岸，与梁军隔河对峙。次年正月，李存勖命周德威率三百精骑到梁军营前挑战，激怒梁将王景仁，将梁军诱至鄗邑以南的平原旷野地带，利用地形优势以逸待劳，在梁军疲惫时率骑兵突击，大破梁军，俘获梁军将校二百八十五人，斩首二万级。此战梁军伏尸数十里，龙骧、神威、神捷等精锐禁军全军覆没，王景仁、韩勍、李思安仅率数十骑连夜逃归，成德、义武二镇从此彻底倒向河东。

刘守光乃卢龙节度使刘仁恭之子，因与庶母罗氏通奸被刘仁恭棍打后断绝父子关系。唐天祐四年（907），宣武节度使李思安攻打幽州，时刘仁恭驻军大安山，幽州城守军薄弱，毫无戒备，刘守光领兵击退李思安，趁机进据幽州城，并自称卢龙节度使，随即派兵进攻大安山，囚禁其父刘仁恭，擒杀其兄义昌节度使刘守文。刘守光从此兼有两镇，朱温称帝后封其为燕王。

赵王在向河东求援的同时亦向燕王求救，燕王不肯出兵，欲作壁上观。次年正月，燕王闻知晋王救赵，以倾国之力深入梁境，自觉时机已到，乃派人煽动诸镇，暗示燕有精兵三十万，诸镇当推其为盟主。晋王得报，知刘守光心存野心，遂当即决定暂缓对梁的攻势，先行解决这一后顾之忧。晋王采用骄兵之计，联合成德、义武、昭义、振武、天德五镇，遣使奉册共尊刘守光为尚父，以滋长其野心，刘守光却以为六镇畏惧幽州兵威更加骄狂。后来刘守光得知尚父并无权祭天改元，遂不顾幕府诸将反对，于乾化元年（911 年）八月在幽州悍然称帝，国号大燕，史称桀燕。十二月，晋王李存勖命周德威兵出飞狐口（在今河北蔚县），联合成德镇、义武镇共同征讨燕王刘守光。

乾化二年（912 年）正月，周德威夺取涿州，进围幽州，燕王刘守光忙向梁帝求救。梁帝深知幽州一旦落入李存勖手中后果不堪设想，于是决定攻打王镕以此声援刘守光。二月十五日，梁帝率军从洛阳出发，号称五十万大军，二十六日到达魏州（今河北大名县东北），命杨师厚等围攻枣强（今枣强东），贺德伦等围攻蓚县（今景县）。

杨师厚昼夜急攻，枣强因城小很快即被攻陷。晋忻州刺史刘存审屯兵赵州，对部将史建瑭、李嗣肱道："今蓚县告急，若使贼兵攻取蓚县，必将引兵西进，继而攻击深州、冀州，我等岂能坐视蓚县失守。梁兵渡河时声言有五十万之众，进攻蓚县之兵亦不会少于五万，我军却不足一万，以此当与诸公以奇计破之方能奏效。"众人商议之后，李存审亲自引兵扼守下博桥，摆开与梁军决战之势。

史建瑭、李嗣肱分别率兵至各地生擒梁军之散兵游勇，史建瑭将部下分成五队，每队各百人，一队至衡水，一队至南宫，一队至信都，一队至阜城，又亲自率领一队深入梁军之地，凡遇梁军外出采樵割草之兵皆执捕归营，共得百余人，皆送至下博桥。梁兵久攻蓚县不下，梁帝乃引杨师厚兵五万前来支援，欲与贺德伦合攻蓚县。队伍刚行至县西，尚未来得及建营，史建瑭、李嗣肱即各领三百骑兵穿了梁军服色，打着梁军旗号，与所俘砍柴收草的梁兵混杂一起，款款行来。时已日暮，晋军行至梁军贺德伦营门，突然斩杀守门兵卒，冲入营中大声呼喊，到处放火，弓矢乱发，左冲右突。梁兵本已疲惫，又无防备，且是天色昏暗，只杀得营中尸横遍地，兵将乱窜，人心慌乱，正不知如何是好，晋兵却生俘了数百兵卒策马疾驰而去。次日，晋军将十数名梁兵砍去手臂放归梁营，叫他们回告梁军："晋王大军即将到了。"

梁帝见报惊骇不已，连夜放火烧营而逃，谁知天黑心慌竟迷失了方向，绕弯路行进百五十里，天亮时竟来到冀州。田间农夫见了梁兵皆手持锄耙纷纷追逐而来，梁兵只好扔弃军资兵器，慌不择路，夺命而逃。待跑出数十里地，见后边并无追兵，才慢慢停下休息，派骑兵打探，回来报说："并无大队晋兵到来，袭营骑兵乃是先锋史建瑭游骑而已。"

梁帝受此惊吓既惭愧又气愤，以致病倒，甚至不能乘肩舆，只好驻留贝州疗养，十余天后转至魏州，四月转经黎阳、滑州至大梁，五月回到洛阳，病情十分严重。闰五月，梁帝疾病愈发沉重，心情亦万分沮丧，对近臣说道："我南征北战，东伐西讨，苦心经营天下三十年，不曾想太原余孽竟然如此猖獗，吾看其志不小，其意在夺我中原。如今上天却又要夺我年寿，几个儿子都非晋之对手，我怕是死无葬身之地矣！"说罢，哭得死去活来。

梁帝有元贞张皇后，治后宫严整，多有智谋，对梁帝颇有襄助，以此梁帝对其十分敬重。皇后在时梁帝对己亦能有所约束，待到皇后去世，梁帝遂日渐放纵，军旅之中独断专行，生活起居放纵声色。

梁帝诸子中长子郴王朱友裕已于早年亡故，朱友宁亦在青州之战中被王师范所杀，如今身边尚有三子，即：博王朱友文，虽乃养子，尤得梁帝宠信，每当梁帝离京出征，常使友文留守东都兼建昌宫使；郢王朱友珪，左右控鹤都指挥使，为人奸诈残暴，故不得宠；均王朱友贞，东都马步都指挥使。诸子常征战在外，梁帝乃征召其妇入宫陪侍，往往趁机行乱伦之事。友文妻王氏颇有美色，梁帝尤其宠爱，以此虽然尚未立友文为太子，却已颇有倾向。此等情形友珪早已察觉，心道友文乃一假子，父皇却偏偏倾向于他，心中忿忿不平，然友珪曾有过失而被父皇鞭挞教训，怎能与友文争宠，以此友珪越发心中不安。

六月，梁帝病越重，乃命王氏速派人去东都（开封）召友文来京，欲付以后事。友珪之妻张氏因梁帝病重亦朝夕陪侍于梁帝身边，得知此事，随即密告于友珪道："老皇上已将传国宝玺交付王氏送往东都，我们的死期不远了。"二人遂相拥哭泣。梁帝欲扫清友文秉政障碍，又命敬翔遣友珪为莱州刺史，当时惯例凡降职处理者大多被追赐死，因此友珪越发恐慌。

次日，友珪微服悄悄来到左龙虎军，拜见统军韩勍，并以实情相告。韩勍亦因许多功臣宿将仅以细小过失而被诛杀，早已担心不能自保，今见友珪如此，遂与之合谋弑帝。韩勍派牙兵五百混入友珪控鹤士之中，隐伏于宫禁之内，待到半夜时分斩关冲入皇帝寝殿，陪侍见状皆四处逃散，梁帝惊醒，急忙起身问道："何人胆敢造反？"友珪上前答道："别无他人，是你欲杀之子。"梁帝怒吼道："我早就怀疑你这恶贼，只恨没有及早杀了你，竟如此大逆不道，天地岂能容你！"友珪反唇骂道："老匹夫死到临头竟还恶语伤人，真该碎尸万段！"友珪身旁仆夫冯延谔早已握剑在手，不等梁帝再出恶言即以剑猛刺其腹，剑锋穿腹而出于背，梁帝手脚挣扎数次，气绝身亡，却仍然怒目圆睁。友珪哪里顾得了许多，急忙寻得一块破毡将梁帝尸身包裹停当，就于寝殿之中掩埋，秘不发丧，又派遣供奉官丁昭溥策马急驰东都，命均王友贞诛杀友文。

第三日友珪矫诏，称："博王友文谋逆，遣兵突入殿中，赖郢王友珪忠孝，将兵诛之，保全朕躬。然疾因震惊，弥致危殆，宜令友珪权主军国之务。"韩勍为友珪献谋，将府库中金银财帛分赐诸军及百官，讨好朝廷众人。

第五日，丁昭溥返回洛阳，报说友文已死，友珪方才发丧，宣告遗制，即皇帝位。

政变的消息传出，一时间朝廷内外皆惊恐万状。马步都指挥使张厚趁机杀死匡国节度使韩建发动叛乱，友珪得报竟不敢过问此事，只好封张厚为陈州刺史了事。

北面都招讨使、宣义节度使杨师厚驻军于魏州，因见魏博节度使罗周翰幼弱，军府之事皆取决于牙内都指挥使潘晏，早就有兼并之意，只是慑于梁帝之威未敢贸然而行，如今梁帝已死，友珪乃新执政，正是最佳时机！一日，师厚歇马铜台驿，潘晏入馆拜谒，师厚将其执捕而杀之，随即引兵入牙城占据节度使之位。友珪得报，亦只好下制以杨师厚为魏博节度使，徙任罗周翰为宣义节度使，又以侍卫诸军使韩勍领匡国节度使。

郢王友珪弑帝篡立，诸多宿将心怀愤怒，尽管郢王多加恩礼，终不能平。告哀使来到河中，护国节度使冀王朱友谦听到梁帝被弑消息，哭泣道："先帝东征西讨数十年，开创基业，备受艰辛，前日竟宫掖生变，谋逆作恶如此，我位居藩镇，为此事感到羞耻。"友珪赶忙封友谦为侍中、中书令，位极人臣。友谦不为所动，友珪不得已以侍卫诸军使韩勍为西面行营招讨使，督率诸路人马讨伐朱友谦，友谦乃向河东求援，以河中之地归附于晋。

九月，友珪以感化节度使康怀贞为河中都招讨使，韩勍为副招讨使，出师攻打友谦。康怀贞等与忠武节度使牛存节合兵五万屯于河中城之西，攻击朱友谦甚急，晋王派遣李存审、李嗣肱、李嗣恩发兵救助，败梁兵于胡壁。

十月，晋王亲自率军由泽潞向西杀来，于解县与梁军康怀贞相遇，把康怀贞杀得大败，斩首千级，一直追至白经岭，梁兵方退保陕州。友谦带了数十名亲兵至猗氏镇向晋王致谢，晋王待之甚厚。

杨师厚未动刀兵既得魏博，又兼都招讨使，宿卫劲兵多在麾下，诸镇兵马任由调发，威势甚重，以致不把友珪放在心上，遇事常常不顾朝廷而独断专行，友珪深以为患，乃下诏召师厚道："有北境军机大事欲与卿面议。"师厚准备起行，周围心腹皆谏阻道："公往必遭不测。"师厚道："我知道友珪为人，他奈何我不得。"乃率领精兵万人渡黄河奔赴洛阳，友珪闻讯甚是惊恐。师厚到得都门，将兵马留驻城外,只带十余人入见,友珪这才转忧为喜,甜言谦词讨好师厚,赐钱巨万,师厚在洛阳住了六日方才返还魏州。

乾化三年(913)正月二十日,友珪祭祀太庙,二十一日祭拜圜丘,大赦天下,改年号为凤历。

郢王朱友珪弑父篡位,虽赏赠大量金银彩缎于诸军百官,却始终未能使众心归附。均王朱友贞乃梁帝第三子,生得容颜清秀,为人深沉寡言,多交结儒雅之士,被梁帝封为均王,领左天兴军使、东京马步军都指挥使之职,友珪自立为帝后即以均王为东京留守、开封尹。驸马都尉赵岩乃赵犫之子,梁帝之婿,因奉使至大梁,均王友贞遂与之秘密谋划意欲诛杀友珪,赵岩道:"此事成败在于招讨使杨令公,但得他发话告谕禁军,我等之事即可成功。"均王随即派遣心腹马慎交至魏州说服杨师厚道:"郢王谋逆篡弑国君,天下人望皆归大梁,令公若能成就此事,乃是不世之功。"并且承诺事成之日,赏赐犒军钱五十万缗。师厚与众将佐商议道:"郢王弑君谋逆之初我未能及时讨伐,如今君臣名分已定,再无故改变图谋,怎么可以?"众将说道:"郢王亲自弑了君父,乃是恶徒国贼;均王举兵报弑君之仇,乃报家恨国仇,是义举,如今奉义讨贼还谈何君臣名分!公若不出兵,一旦均王破贼成功,公将如何自处?"师厚恍然悟道:"我几乎误了大事!"于是派遣部将王舜贤至洛阳,秘密拜见左龙虎统军、侍卫亲军都指挥使、梁帝之甥袁象先,与之谋划,又派遣马步都虞侯朱汉宾率兵屯驻滑州作为外应,诸事安排停当,赵岩回归洛阳与袁象先共谋行事。

朱友珪篡位之初,戍守怀州(沁阳)的龙骧军约三千余人。梁帝被弑,龙骧军溃乱向东而走,所过之处剽掠一空,友珪派兵击破乱军,抓获都将刘重遇斩于鄢陵,之后继续在各地搜捕其余党数月,一旦抓获即灭其全族。如今龙骧军尚有一部分人马戍守于大梁,友珪征召他们回京,均王命人赴营中激怒众军士道:"皇帝因怀州龙骧军叛乱因而欲召你们回京尽行坑杀。"众军士听了人人畏惧,个个心寒,不知所措。二月十三日均王上奏,龙骧军将士都心存疑惧,不肯出发去京城。十五日,龙骧军将校求见均王,泣请均王指示生路,均王见时机成熟,乃说道:"先帝与你们征战三十余年才创下这番王业,如今先帝尚且被人所弑,你等焉能逃过死劫?"随后拿出梁帝画像供于上,哭泣道:"先帝在上,汝等若能前往洛阳为先帝报仇雪耻,即可转祸为福。"众将校听均王所言顿时精神振奋,请求均王发给兵器,以应召为名奔赴洛阳。十七日清晨,袁象先等人率领禁军数千人突然冲入宫中,朱友珪得知发生变乱,与妻子张氏及冯廷谔至北城楼下欲逾城而逃,却见城外皆是禁军,自知已难以逃脱,遂命冯廷谔先杀了妻子张氏,再杀自己,廷谔亦刎颈而死。各路兵马共十余万人趁乱大掠都市,百官见乱各自逃命,中书侍郎同平章事杜晓、侍讲学士李珽死于乱军之中，门下侍郎同平章事于兢、宣政使李振被乱军所伤，直至午后申牌时分骚乱才稍稍平息。

袁象先、赵岩搜得传国御玺来到大梁迎请均王，均王说道："大梁才是我国家创业之地，何必非去洛阳。"于是在大梁即皇帝位，仍称乾化三年，追废友珪为庶人，恢复博王友文官爵。

是月，新帝朱友贞改名为朱锽，不久又改为朱瑱。

三月初七，新帝进杨师厚兼中书令，赐封邺王，下诏时不直呼姓名以示尊重，事无巨细必先询问而后施行；又遣使招抚朱友谦，从此友谦复归附于梁，奉行梁朝年号；十三日册封皇弟友敬为康王；四月十一日，以袁象先领镇南节度使，同平章事。自此，大梁政权归于朱瑱。

话说吴越王钱镠自筑成钱塘江百里捍海塘，又于沿海各地修城筑寨加强海防，因此边无忧患，境中安宁，百姓乐业，市肆繁荣。

乾化二年（912）六月，北方纷纷传来消息，说是梁帝朱晃被弑，郢王友珪僭位，博王友文被杀，都城之中一片混乱。

七月，新帝友珪遣刑部尚书李皎来杭宣谕，尊吴越王钱镠为尚父。礼毕，李皎落座，吴越王动问宫中事变经过，李皎将"博王谋逆弑君，郢王救驾平叛，梁帝临终授命"之词煞有介事说了一通。众人听了心中既好笑又好气，纷纷问道："北方传来消息说，皇上遇害之时博王友文却在汴梁，他派兵至洛阳冲决宫禁，洛阳禁军事先竟无人察觉？""早先已有传言梁帝属意于博王友文，如何博王会突起谋逆之念？""坊间传闻梁帝乃当今皇帝亲自领兵入宫刺杀，此等消息不知缘何而起？"殿上纷纷嚷嚷，一片唏嘘之声。李皎千般掩饰却是欲盖弥彰，漏洞百出，闹得面红耳赤，只好说道："列位大人，宫中之事自当以钦差之言为准，切莫轻信市井之言，以免招致麻烦。"吴越王见此情形遂解围道："李大人说得是，市井之言多属荒诞，岂可作凭，今日钦差大人已将此事宣谕明白，街谈巷议之说自会平息。李大人连日鞍马劳顿，不妨回馆驿歇息。"

送走李皎，堂上臣僚越发愤然，纷纷议论道："这朱晃本来就是奸诈狡猾、阴险毒辣、反复无常、欺君害民的小人。初时黄巢势盛，他便一心投靠，黄巢失势，即投靠大唐转而会剿黄巢，待到昭宗皇帝势孤，竟至杀尽皇族，诛弑皇帝，篡夺帝位，如此作恶多端的无赖之徒岂能当得皇帝！如今被自己儿子谋杀亦是上苍报应。""俗语说有其父必有其子，如今这朱友珪比其父有过之而无不及，为了抢这个皇帝宝座竟明目张胆地弑杀自己君父，又谋杀兄长，真是罪大恶极，天理难容。""这等恶贼岂容窃据帝位！常言道恶有恶报，善有善报，这朱晃夺了大唐江山，窃据龙位仅仅五年，如今落得如此下场，是他应得报应。朱友珪如此作为更不会有好下场！"吴越王听众人议论纷纷，长叹一声道："圣人有言齐家治国平天下，要治国平天下，须得先齐家，要齐家须得有严格的家风、优良的家训。纵观我中华九州，如今群雄并立，纷纷称帝称王，却有几家有优良家风？那梁帝平素里乱伦竟至糟蹋众多子媳及臣僚妇女，对自己子侄从不管教却有过即行体罚，为培植亲信又广认假子，致使诸多子侄、假子之间互相猜忌，终至残杀，如此家风怎能治国平天下！如今朱友珪虽然占据了帝位，如此行事终究不会有所作为，帝位也坐不了久常。邻境杨行密虽然胸无点墨，却能礼贤下士，治邦安民，只是戎马一生却疏于家训，以致去世之后诸子兄弟相残，大权旁落。再看江西钟传，创业三十余年，亦有德政，却也蓄养假子，疏于家训，待过世之后二子争夺嗣位，终被江淮杨渥所乘，失了江西。凡此种种，足见家风之重要。"众人听吴越王一番议论，颇多感慨。

时过半年多，北边又有消息传来，均王朱友贞举兵诛弑友珪，于汴京即位称帝，更名朱瑱。

乾化三年(913)三月，朱瑱敕遣供奉官杨彦实来杭州举行授吴越王尚父册封之礼，并命吴越王扩建牙城，以建大公府治，表示荣宠。

杨彦实以钦差身份催促吴越王召来境中著名术士，接连数日考察杭州城各处地形风水，选择牙城基址。考察完毕，术者对吴越王、杨彦实献策道："现今杭州城东、南两边紧依大江，西边限于西湖，城如腰鼓，子城恰在腰鼓中部，将罗城、街市分为北部、西部两处，州城地形狭窄。杭州城之龙脉来自天目山，止于城西之龙山，与子城之间尚隔有凤凰山，以此大王若以现有子城改旧为新，有国只及百年，国土仅有十三州而已。若命工役取土填平西湖，于其上新筑子城以为府治，则子城周二十里，再将罗城扩至西湖之西、之北，则罗城广可八十里，成长方形，形制规矩，城池面积可扩大三分之一，于法，有开疆拓土之灵验，吴越国境当向西向北各推进千里。届时，新子城之北有孤山为依靠，再北更有宝石山、葛岭为屏障，子城之南有凤凰山、玉龙山朝拜于东、西两侧，中间又有南屏山为案，如此吴越国将垂祚十倍于旧址。子城之中还可保留少数水面，修成河池亭阁以供游乐，犹如人间仙境，岂不美哉？两个方案请王上定夺。"术士摇头摆尾说得神乎其神，自信这一番言论足可讨得吴越王欢心。杨彦实在一旁听得入了神，心道这西湖真乃帝王发祥之地，待术士说完便道："好，好，好，先生真乃高士，平湖筑城，一可勃发王气，延祚千年，二可开疆拓土，强兵富国。再于葛岭及西山险要处修筑罗城，则杭州城之东之南有大江阻隔，而西、北两边有崇山险城固守，从此杭州城固若金汤，万无一失矣！"

众臣僚听了亦觉新鲜，有的觉得术士之言合情合理，或可借填湖筑城为契机，从此吴越会有更大发展；有的觉得设想虽好，毕竟工程太大，劳民伤财；也有的认为术士之言终不可轻信，尚须慎重斟酌。众人纷纷议论，莫衷一是。

吴越王先是仔细倾听术士所言，后来却皱起了双眉，最后已是眉头紧锁，脸色亦阴沉下来，见诸多臣僚众说纷纭，深知此事关乎民生大计，国家安危，必须申明观点，统一认识。正寻思之际，只见皮日休笑颜说道："先生所言犹如拨云见日，令我等凡夫俗子大开眼界。诚如先生所言，这杭州与西湖比如我吴越，四州之地比如周边诸国：我杭州西湖宁静如镜，终年不潴不涸，而一山之隔的钱塘江海潮则日扰夜袭，永无宁日，其余河道亦是旱则枯落雨则洪发，不得安宁；我杭州周边诸山青翠欲滴，婀娜多姿，而四周诸山如莫干、天目、龙门、会稽、四明等皆高峻险恶，有龙争虎斗之势。以此山水之势比之当今天下大势，却是十分形象贴切，当今天下中原群雄争霸，兵燹不息，民生凋敝，颠沛流离，唯独我吴越境宁民安，百业兴盛，国富民丰，万民称颂，先生真是独具仙眼，高见瞩识。"术士听皮公如此赞扬，心中得意非常，手捻胡须，频频点头。皮公继续说道："只是老夫愚钝，若依先生所言凿去杭州诸山，填平西湖之水，届时杭州之湖光山色尽失，而四周之凶山恶水依旧，我杭州还能如今日这般富庶安宁吗？望先生指点迷津。"术士听了这几句话，暗自吃惊，知道皮日休是先捧而后攻，这几句话却是暗指挖山填湖必将改变杭州风水，伤动府城龙脉，给吴越带来不稳定局面。这堪舆学本来就不是简单的数学运算，每算必有独一无二的结果，术士本身对填湖之说亦无充分把握，信可以照办，不信则不了了之，因此含糊答道："此乃仙机，不可泄露，相公不必多问。"

待术士说完，吴越王亦冷冷说道："先生真乃高士，若在他国，先生之言或可得到千金重赏，但本王却未敢苟同。西湖犹如越州之鉴湖、明州之东钱湖，天雨可蓄周围诸山之水，免除杭州农田洪泛水涝之患，天旱可取湖中之水灌溉农田，保证杭州农桑旱涝无忧，此其一也；我杭州有今日之繁华实有赖于江南大运河，这运河与钱塘江相通，每日钱塘江涨潮之时必夹带大量泥沙，一旦涨入运河，泥沙即会淤塞河道，而退潮之时，江面又低于运河，因此运河入江之处须设船闸，阻止潮沙入河，亦可保持运河水位，运河之水亦有赖于西湖及内河补充，此其二也；我杭州百姓饮食用水多取自井水，其余用水则赖于西湖，此其三也；越州山水之美在于鉴湖，杭州山水之美在于西湖，曾引得无数文人墨客留下许多名诗佳句，杭州一旦失去西湖，只留青山在，却无秀水寻，还有什么山水之美？此其四也。如此诸多利害关系，我若将西湖填平，岂不成了千古罪人！再说西湖之水深约丈余，而杭州地面高出湖面只有数尺，欲在湖中建子城，须在诺大一个西湖中填土石两丈有余，再新建子城二十里、罗城四十里，合计六十里，如此巨大工程足可建数十座城池,岂不是劳民伤财!子城之中再新建殿堂楼台、藕湖荷池,倒是可以寻欢作乐,却置百姓死活于不顾,岂不陷我于秦始皇、隋炀帝诸等暴君之列耶!哪里还有百年千年之祚!其实吴越国祚百年或是千年并不重要,至关紧要的是我中华九州何日得以统一安宁、富庶强盛。我吴越'保境安民'之策乃是由于当今之势九州分裂,各自为政,兵燹不断,黎民涂炭,欲保我吴越百姓安宁,须得有强兵保境,而唯有百姓富足才得以强兵。一旦九州归于一统,百姓富裕安康,届时何须复有吴越这一国中之国!自秦代统一中国以来,汉末之三国、晋末之南北朝,各自为政、互相攻伐皆数十年而已,如今国中虽各地割据,岂有百年而天下不能归一者?我吴越若有国百年,吾愿足矣,何须图千年之祚,望先生再勿妄言,我不为也。"众人听了茅塞顿开,遂未迁治所,城亦未扩。

仅仅时隔八月,大梁竟连续发生子弑父、弟弑兄事件,邻境杨氏、钟氏亦是兄弟相残,以致大权旁落,甚至国破家亡,吴越王一想起这些,总是耿耿于怀,再联想到王弟钱镖因酒后杀人逃奔淮南,不免心中隐隐作痛,意识到若无严格家教,没有优良家风,终将导致国破家亡。

乾化二年(912)正月,吴越王曾亲自订立了治家《八训》,如今又反复斟酌修改,命年长诸子各自抄写,并亲自组织诸子共同研习,日后共同遵行,以保家族百世兴旺。《八训》道:

一曰:五祖自晋朝过江,已经二十七代,承京公枝叶居住安国。吾七岁修文,十七习武,二十一上入军。江南多事,溪洞猖獗,训练义师,助州县平溪洞,寻佐陇西,镇临石镜。又值黄巢大寇奔冲,日夜领兵,七十来战,固守安国、馀杭、於潜等县,免被焚烧。自后辅佐杭州郡守,为十三都指挥使。值刘汉宏谮起金刀,拟兴东土,此时挂甲七年,身经百战,方定东瓯。初领郡印,寻加廉察。又值刘浩作乱於京口,将兵收复,即绾浙西节旄。又值陇西僭号,诏勒兴兵,三年收复罗平,蒙大唐双授两浙节制,加封郡王。自是恭奉化条,匡扶九帝,家传衣锦,立戟私门。

二曰:自吾主军以来,见天下多少兴亡成败,孝於家者,十无一二。忠於国者,百无一人。予志佐九州,誓匡王室,依吾法则,世代可受光荣。如违吾理,一朝兴亡不定。

三曰:吾见江西钟氏养子不睦,自相图谋,亡败其家,星分瓦解。又见河中王氏、幽州刘氏,皆兄弟不顺不从,自相鱼肉,构讼破家,子孙遂皆绝种。又见襄州赵氏、鄂州杜氏、青州王氏,皆被小人斗狨,尽丧家门。汝等兄弟,或分守节制,或连绾郡符,五升国号,一领藩节。汝等各立台衡,并存功业。古人云:妻子如衣服,衣服破而更新。兄弟如手足,手足断而难续。汝等恭承王法,莫纵骄奢,兄弟相同，上下和睦。

四曰：为婚姻须择门户，不得将骨肉流落他乡，及与小人之家，污辱门风。所娶之家，亦须拣择门阀。宗国旧亲，是吾乡县人物，粗知礼义，便可为亲。若他处人，必不合社宗之望。

五曰：莫欺孤幼，莫损平民，莫信谗人，莫听妇言。

六曰：莫广爱资财，莫贪人钱物，教人勤耕勤种，岁岁自得丰盈。

七曰：吾家门世代居衣锦之城，孰守高祖之松楸。今日兴隆，化家为国，子孙后代，莫轻弃吾祖先。

八曰：吾立名之后，须子孙绍续，家风宣明，礼教子孙。若不忠、不孝、不仁、不义，便是破家灭门，千叮万嘱慎勿违训。

第二十八回　儆旧将徐温大开杀戒　拒杨吴兄弟互为应援

却说江淮杨隆演继位以来，大权皆操于徐温、严可求之手，因与中原朱梁为敌，江淮仍延用大唐天祐年号。

天祐八年（911），徐温自领昇州（南京）刺史，于金陵大建舟师，实力益盛。镇南节度使刘威、歙州观察使陶雅、宣州观察使李遇、常州刺史李简等人皆是杨行密旧将，于吴立有大功。而徐温起自小小牙将，又无军功，如今竟秉政朝堂，因此众人心中皆不能平。尤其李遇，还在杨行密当政之时即为大将，勋位极高，今见徐温用事，心中愤愤不平，常对人说道："徐温何许人，我未曾相识，竟骤然独揽军国之事！"此话传至徐温耳中，徐温甚是脑怒。

天祐九年（912）三月，徐温派馆驿使徐玠至宣州召李遇朝见新王。起初李遇已有入朝之意，谁知徐玠又道："若不入朝，怕有人说李公有谋反之意。"李遇闻听此言怒道："君言李遇谋反，难道杀侍中者不是谋反吗？""杀侍中者"即是谋杀威王杨渥者也。徐玠将此话报告徐温，徐温顿时怒火冲天，即命淮南节度使王檀为宣州制置使，又命都指挥使柴再用为主帅，昇州副使徐知诰为副帅，统领昇州、润州、池州、歙州四州兵马讨伐李遇，同时护送王檀至宣州就职，宣布李遇拒绝入朝面见君王之罪。李遇凭城坚守，不使王檀入城，柴再用以兵相攻，一个多月竟未攻下。

李遇少子为淮南牙将，李遇最为钟爱，徐温遂将其逮捕，押至宣州城下胁迫李遇投降，少子啼哭求生，李遇因此不忍出战。徐温命典客何尧入城，以吴王之命劝说李遇道："李公若果真欲反，请即斩尧以示众；若无反志，何不随尧出城以明心志，亦可救得公子性命。"李遇本无反心，乃随何尧出城。柴再用当即将其斩杀，又诛灭其三族，从此诸将皆畏惧徐温不敢违其命。

徐知诰因除李遇有功迁为昇州刺史。知诰乃徐温养子，为人仁孝，事奉徐温甚是勤谨，安于劳辱，甚至通夕不解衣带，因此徐温特别喜爱，经常在诸子面前道："汝辈事奉我能比得上知诰吗？"知诰在昇州为政廉明，勤于政务。当时各州所任长吏多是武夫，只专心于军旅之事，不体恤民间疾苦，而知诰独能选用廉吏，修明政治，不惜倾家财招揽延请四方士大夫。洪州进士宋齐丘颇通游说纵横联合之道，一日谒见知诰，谈笑风生，理义精辟。知诰甚是惊喜，乃聘为推官，与判官王令谋、参军王翃一起专门负责商议谋划之事。知诰身边又有牙吏马仁裕、周宗、曹悰作为心腹，自从升任昇州刺史，把金陵及昇州之境治理得井井有条，物阜民安。

吴王杨行密病重之时，周隐曾建议授位于刘威，因此刘威颇遭帅府中人嫉妒，常有人至徐温前说其坏话，徐温亦准备出兵征讨。刘威有幕客黄讷劝道："刘公虽深受众人毁谤，却并无谋反迹象，如果不带兵将驾轻舟入朝觐见，则所有嫌疑尽可消除。"刘威听从劝谏，准备单身入朝觐见。陶雅得知李遇被杀，亦担心自己处境，遂与刘威一起来到扬州，果然消除了徐温及众人疑虑。徐温待二人甚是恭敬，行吴王老臣之礼，并且优加官爵，二人心悦诚服，从此众将官皆尊重徐温。

七月，徐温率领文武百官向杨隆演劝进，请加隆演为太师、中书令、吴王，隆演以徐温为行军司马、镇海军节度使、同中书门下平章事。

经过数年经营，徐温已牢牢掌控杨吴政权，遂雄心勃勃欲大举向外扩张。天祐十年（乾化三年）（913）正月，徐温命陈璋西进攻取荆南，陈璋却出师不利，无功而返。三月，徐温自领镇海军节度使，又欲进据浙西之地，命前吉州刺史李涛为行营招讨使，率领二万兵马出千秋岭攻打吴越衣锦军。

吴越王始终密切注意江淮杨吴集团动向，见徐温日渐控制实权、发兵征讨荆南、又自任镇海军节度使坐镇润州，料其迟早会出兵浙西，因此早有防备，于乾化二年（912）冬命七子传瓘为镇海军节度使、湖州刺史，六子传璙为苏州刺史，调集兵马日夜操练，严守关防，密切注意吴军动向。待李涛领兵耀武扬威向千秋岭奔来，吴越王即以传瓘为西面招讨都指挥使，率领兵马正面迎击，又以传璙为北面应援都指挥使，率水军攻击杨吴常州之东洲，以分其兵势，保证传瓘顺利聚歼李涛。

传瓘召集众将商议破敌之策，有人献计道："李涛领兵两万，贼势正盛，我若与之对抗，恐双方互有伤亡。李涛犯境必过千秋岭，途经十数里山间小径，两侧树木杂草丛生，正宜火攻。待其兵马进入岭中，我军将其首尾两端封死，于四面放起火来，贼兵纵生双翅亦难活命。如此，一战即可大获全胜。"传瓘道："此计虽可全胜，但山间多有民居、村落，一旦火起，山林绵延，火势再难扼制，必将殃及许多百姓，此计不妥。"又有人道："凭千秋岭之险，只要备下许多檑木滚石，坚守千秋关，谅他兵马再多也打不进来。"传瓘道："如此死守对抗终非长远之计，尚须设法打到他痛处，令其胆丧心寒再不敢进犯才是长治久安之计。"又有人说道："我今先备下许多檑木滚石，不妨先放他过千秋岭，待走过一半之时，我伏兵从两侧杀出，将其拦腰截断，再从关上发檑木滚石，将其人马完全分隔，自易剿灭。"传瓘拍案叫道："此计甚好,正合我意。"随即命三千劲卒于千秋关东、西两侧崇山之中隐伏,备下无数檑木滚石,准备拦截李涛;又命衣锦军将士进驻於潜、昌化,以便合击吴军;再令湖州发兵西进,攻下广德,切断吴兵退路。安排停当,诸将各自分头行动。

四月,李涛率领兵马迤逦来到千秋岭下,但见山道狭窄陡峭,只能单人独马而行,便令兵卒格外小心,注意两旁山林伏兵。渐渐来到岭上,见千秋关只有二三十名军士把守,便命先锋营军士向千秋关猛攻,吴越守兵见状急忙四散奔逃不知去向。李涛夺下千秋关方松了口气,暗自庆幸如此险要山岭却未遇到强兵抵抗,遂兴冲冲大踏步奔下山来。正兴奋之际却听得背后山上竟似山崩地裂般爆发出轰轰隆隆巨响,忙回头看时,只见山上许多檑木滚石以排山倒海之势泻向刚才走过的山岭。行走于山岭上的吴兵正蒙头转向不知所措,檑木滚石却已从头顶砸下碾过。仅仅半炷香时间,岭上兵卒已死伤十之八九,只有极少数机灵者或者匆匆爬上大树,或者就近躲入山洞,或者钻入深沟夹缝,总算保得一条小命。山岭上到处皆是血饼肉泥,血水顺着山道汩汩流淌,没死的躺在地上哀号不止,李涛见此情景早已吓得魂飞魄散。正不知如何应对,四下里却猛然敲响战鼓,吴越兵马从三面合围过来,势如潮涌,锐不可挡。李涛急忙指挥身边将校调动兵马准备迎战,只是众将校兵卒早已吓破了胆,动弹不得,李涛连连挥剑斩杀了几个将校也无济于事。眼见吴越兵马迅速紧逼过来,自己身边兵将所剩不足七八千人,又个个呆若木鸡,面色灰土,哪还有半点战斗力,李涛寻思道:"如今之势,战则全军覆没,而且死得毫无价值,降则数千人或可生还,对手下兵卒也算积了恩德。"想到此,即命身边将士传令投降。传令完毕,李涛长吼一声拔出佩剑欲刎颈自尽,幸得身边将士手疾眼快抢下其手中之剑。众人又将李涛搀扶下马好生安慰一番,此时吴越兵马已将吴兵团团围住,李涛只得率领众将士出至阵前投降。这一仗吴越未伤一兵一卒,俘获李涛及其兵将八千余人,砸死砸伤吴兵数千人。

李涛兵马遭檑木滚石袭击时尚有六七千人被阻于千秋岭外,遇袭兵卒走在后边的急忙回身往岭下跑,却被后军拥堵,互相践踏,亦死伤惨重。后队众将见如此光景早已吓得目瞪口呆,不知如何是好。欲退,主帅已率主力翻过岭去,情势十分危急,见死不救、临阵脱逃乃是死罪;欲进,却是白白送死,有去无回。正犹疑不定,却见游哨来报,湖州兵已攻下广德,正发兵南下欲拦截吴兵归路,众将见势不妙,急忙集合残兵败将匆匆向西北逃回宣州而去。

东洲在常州府东南百里,西南离义兴六十里,地处太湖西北之湖滨,外有一半岛自北向南探入湖中以为屏障,湖湾南口又有大、小焦山等小岛为门户,因此东洲乃是太湖西北湖滨拒守之要地，常州、润州之东大门，常由水军置重兵驻守，进可发水军攻击沿湖各州县，退可据守港外诸山、小岛，纵有千舟万船亦难攻入。如今东洲驻有杨吴水军万人，主将李师愈，副将姚环，统管太湖防卫。

苏州刺史钱传璙奉吴越王之命发兵进攻东洲。众将皆以为东洲之地易守难攻，只可智取，不可强攻，商定先发三千先锋兵，驾轻舟佯攻东洲南五十里之大浦，吸引东洲水军南下阻击，再以主力船队迅速截断其归路，将其消灭于湖中，继而再攻取东洲。

这日，传璙命先锋轻舟载三千水军猛攻大浦，东洲吴兵果然发舰来救。传璙命主力舰船冲击吴兵舰队，吴将李师愈早已防备吴越舰船会行调虎离山之计，只命吴兵船只依凭大、小焦山紧紧护住湖湾入口，因此吴越舰船再三冲击终不能冲开缺口。传璙寻思吴越水军远离苏州，如此僵持必然对己不利，遂当机立断，从主力舰队抽调数十条舰船与先锋小船合力进攻大浦。大浦乃一湖边小镇，守备薄弱，平日全凭东洲水军护卫，如今东洲水军既被吴越战舰牵制，李师愈只得命姚环率领数十条船只前往护卫。区区数十条船只怎拦得住吴越众多战舰冲击，不到一炷香功夫，姚环船队已被打得落花流水，众水兵纷纷上岸溃逃，船上残余水兵只好投降，姚环亦被活捉。吴越水军迅速攻下大浦，传璙命登岸水军乘胜北上攻击东洲水寨。吴兵见苏州水军已由陆路北上，情势危急，连忙调转船头驶回东洲保护水寨。怎奈吴越舰船却死死咬住交战，难解难分，吴军战船只得且战且退驶入湖湾中来。待到少数吴军船只退回东洲，水寨却已被苏州兵攻破。吴兵欲靠岸抢回水寨，岸上乱箭却如飞蝗般射将过来，吴船近不得岸，后边吴越战舰又已逼近东洲，吴兵战船遂被包围于湖湾狭窄之地。双方交战直到申牌时分，吴兵死伤过半，残余兵卒亦已精疲力竭，腹饥心寒，众多船只皆挤在一起。传璙见状，命众军士向吴兵喊话："若再顽抗，将采取火攻，届时将尸骨无存。"李师愈见手下兵将已实在无力拼杀，周围皆是吴越战舰，而自己手下船只皆紧紧拥挤一起，一旦吴越真用火攻，自然全军葬身火海，想到此不禁心惊胆颤，神情沮丧，遂命左右下令投降。

传璙顺利攻取吴之东洲，俘获贼将李师愈、姚环及手下水军三千余人，战船近百条。

徐温于千秋岭、东洲两处吃了败仗仍不甘心，五月又派遣宣州副指挥使花虔点起五千军兵，会合李涛败兵及广德镇遏使涡信所领败兵，共计一万数千人，气势汹汹直奔广德，意欲先夺回广德，继而再图衣锦军。

传瓘与诸将商议对策，诸将众说纷纭，有的以为吴军中多半乃是残兵败将，心存怯意，不堪一击，可趁其立脚未稳出城痛击，一举将其击溃；有的以为吴越于广德只有数千守军,敌兵数倍于我,又复仇心切,气势正盛,兵法云一鼓作气,再而竭三而衰,我军可凭城固守广德,待到吴军疲惫再相机出城袭击,必可大获全胜;也有的说吴军集中万数千人直奔广德,势在必得,我广德守军仅数千人,若与之死拼硬打,尽管可寻机取胜,却并无十分胜算,我若先凭城固守,再从千秋关发兵北进,内外夹击,必可大获全胜,此乃上策。传瓘见众人意见大体说完,乃决策道:"诸将所言皆有道理,所献之策皆属胜算,不过此番争战,我意欲全歼来敌。如今花虔正当气盛,我军不妨先以怯示敌,将广德驻军暂时撤回长兴,以骄其志,待吴军进驻广德,我衣锦军即出千秋关杀奔宁国,花虔必然从广德分兵来救,我长兴兵马再绕过广德切断花虔援军退路,与衣锦军前后夹击。此时花虔兵马已一分为二,一半驻守广德,一半支援宁国,而我衣锦军却与长兴军汇合,从兵力上转化为数倍于敌,必可将其全歼,随后再回师夺取广德当是轻而易举。"众将听了频频点头叫好,传瓘又具体做了部署,众将各自回营安排。

花虔正趾高气扬领兵东来,却有前哨来报,广德吴越兵马已偃旗息鼓匆忙撤离回浙西而去。花虔听了哈哈大笑道:"早就听说吴越兵怯懦,竟胆小至此!"命先锋营军士高举旗幡,执坚被锐,雄赳赳气昂昂入城而来,后继军兵在城外驻扎。花虔进得县府府衙,命人检点府库钱粮,只见账物清楚,库粮不少,心中暗自庆幸,亦对吴越军纪多有几分佩服。谁知各路兵马刚刚安顿就绪,军心尚未安定,却有探马来报:"吴越衣锦军兵马约万余人已出千秋关向西北而去,欲袭取宁国县。"花虔顿时心中凉了下来,暗自吃惊道:"宁国离宣州仅百里之遥,一旦宁国有失,则宣州危矣。宁国守军不足三千,吴越以万余人攻宁国,实难固守。"左思右想,救援宁国刻不容缓,当即召集众将官商议对策,命涡信率领八千兵马火速增援宁国,截击吴越衣锦军。

从广德至宁国百四十里,东边紧依天目山,中间多有山梁阻隔。涡信乃广德败将,已经领教过吴越兵将的锐气,心犹余悸,因之此番领兵增援宁国十分小心,将八千兵马分成数段,前后呼应,对两侧山林严密搜索,谨慎前行,生怕中了吴越埋伏。眼见前军离宁国已只有三十里,一路行来并未遇到吴越伏兵阻击,涡信渐渐放下心来,催促后军加快速度向前军靠拢。哪知军令刚刚发出,前军即派人来报已被吴越兵马团团包围,请求火速增援。涡信急命身边将士增援前军,此时两边山林之中却鼓声震天,战旗盖地,吴越兵马犹如钱江潮涌、黄河溃堤般泻将出来。如此势头,涡信早已吓破了胆,哪里还顾得前军之事,急忙命令身边将士火速回撤,众兵将正丢盔卸甲往回狂奔之际,后军又派人来报,湖州兵已绕过广德紧逼后军,切断了退路。涡信闻言吓得失魂落魄,不知所措,身边将士赶忙劝其向西逃回宣州,正欲逃时,西边山梁上又有无数吴越军旗随风招展,涡信顿时脸色苍白，跌下马来。众将士下马将他扶起，他好一会儿才缓过气来，众将劝道："如今前军被围，生死不明，后军遭袭，死伤无数，又有少数兵卒逃散，仅余五千人马，士气衰竭。吴越兵马约有两万，对我形成合围之势，若与之争战，必致全军覆没，不若早降，尚可保全数千兵卒性命，再迟疑耽误，只能多丧性命。"涡信早已六神无主，只好挥手示意叫诸将照办。

涡信既降，传瓘命众将率兵进军广德，将城池紧紧包围，每日从早到晚使投降吴军向城上熟识的吴兵喊话，劝其投降。城中吴兵军心动摇，个个垂头丧气，长吁短叹。花虔急得如热锅上蚂蚁，堂上堂下滴溜溜乱转，欲突围，城外吴越兵马围困重重，毫无希望；欲坚守，城中兵卒士气衰败，迁延时日难免哗变，思来想去，唯一出路亦只有投降。

这一仗传瓘复得广德，俘获淮将花虔、涡信及其以下吏卒七千余人。

六月二十日，赞正安国功臣、保大彰义军节度使、开府仪同三司、检校太尉成及病逝，享年六十有七。成及病重期间，吴越王曾数次前往探问，今日永别，更是痛心不已。回想当年共建杭州十三都，灭汉宏、诛薛朗、讨董昌、平内乱，诸将戮力同心，共赴生死，历经多少磨难，吴越王最得力、最亲密的早期将领中，阮吉、杜棱、陈晟等人已于前几年纷纷谢世，顾全武被掳至淮南，多方打听却生死不明，如今成及又撒手而去，直叫人心中茫然空荡。吴越王情不自禁双眼潮润，鼻子发酸，继而件件往事涌上心头："当年征讨汉宏之时，阅兵于校场，北关镇将刘孟安谋乱，手执佩剑迅刺本王，多亏成及眼疾手快，举交椅击落利剑，将刘孟安制服，救了本王；光启中，薛朗叛乱，成及、杜棱攻克常州，救回周宝，擒获薛朗；乾宁时，成及任苏州刺史，因部将叛变，城陷被执，押送淮南，成及宁死不降，行密深感其忠贞廉洁、刚正凛然之气，因以厚礼送归杭州；天复中，徐绾、许再思骚乱，成及护王驾回杭州，不顾个人安危换乘王车至城北与叛贼交战，将贼兵引至城郊，本王遂得以微服入城。这桩桩往事皆昭显忠义凛然英雄气概，如此忠正之臣，勇武之将，恐难再寻矣。"想到这些，吴越王不禁伤心落泪，连连叹息。为表彰成及功绩，吴越王奏请朝廷追赠成及为太师，兼侍中。

再说王景仁身在梁军中，心却始终挂念着吴越。一日，王景仁得报杨吴徐温派兵与吴越战于千秋岭及常州，遂将此事奏报梁帝朱瑱，请趁杨吴与吴越交战，北边防御薄弱之机出兵进攻淮南。梁帝准奏，命宁国节度使王景仁为西北行营招讨应接使，领兵进攻淮南。景仁领旨随即点起万余兵将强渡淮河，进攻庐、寿诸州。其时杨吴正与吴越交兵，已损失数万兵马，广德、东洲均被吴越攻占，西线池州团练使吕师造亦正率水军与楚将宁远节度使姚彦章战于鄂州，胜败未决，如今北边梁军突然袭击，哪里还抽调得出兵马驰援庐州、寿州。徐温只好临阵磨枪，一面命平卢节度使朱瑾率四千人马与王景仁战于赵步，一面急命大举征兵，火速支援各地。朱瑾区区四千兵马怎挡得住王景仁万余精兵勇猛进攻，仅月余时间即节节败退，寿州、庐州皆失。王景仁乘胜追击，吴军士卒皆惊惶失措，左骁卫大将军陈绍举枪对众士卒大声喊道："王景仁已占据庐州、寿州，深入我吴境，兵势已分，如今该是我军反击之时，众将士可随我奋勇向前杀敌！"遂跃马奋力杀入敌阵之中，众将士紧随其后。梁兵遇此突然杀来的回马枪，只得纷纷退却，自此梁吴双方各自安营，结寨相峙。徐温抚陈绍脊背说道："全凭将军智勇方得以制止梁兵如洪涛之势，不然我等皆被困矣。"乃赐陈绍金帛，陈绍将所赐财物统统分赠给部下。

王景仁既得庐州、寿州及周边诸县，所率兵将遂分散于各州县驻守，以此再无力南下作战，乃数番报捷于梁帝，并请求增兵。梁帝因新得帝位，政权未稳，又西、北两边皆有强兵压境，以此未敢轻调兵马支援景仁。

楚军见吴军吕师造率师前来增援鄂州，来势凶猛，料想鄂州一时间难以攻取，遂引兵退去。徐温得知楚军退兵，乃命吕师造率水师顺江东下，增援常州。

九月，徐温亲临常州督战，鼓动部下说道："浙人多轻率且胆怯，众将士只须勇冲猛杀，浙人见势凶猛必然偃旗败退。"

陈祐原为食人军孙儒部将，投降杨行密后，因作战勇猛被命为黑云都都将。今徐温率兵战吴越，即命陈祐率黑云都为先锋。陈祐对徐温献策道："吴越兵以为我军远道而来定然疲劳困倦，不敢骤然出战，以此必戒备不严，我以所部兵马趁其无备突然袭击其后军，足以乱其军心，徐帅再以大军正面进攻，前后夹击，必可将其大败。"徐温听了深以为然，遂依计而行。

时传璙兵马扎营于东洲至潘葑一线，这潘葑镇在无锡县西十八里，西进可攻取常州，东进可夺取无锡，南下可退守东洲，因此传璙驻兵于此，等待援军共谋进取。不料陈祐率黑云都轻装绕道至潘葑以东，突然袭击吴越后军兵营，传璙急忙调集兵马赶至潘葑迎击陈祐，徐温却又率领大队人马从常州杀来，传璙只得又集结兵力迎战徐温。此时东洲却被吕师造兵马切断与潘葑联系，东洲水军被迫弃寨退入湖中，传璙兵马被吴军包围于潘葑。吴越王得报急命传瓘率兵增援传璙，传瓘立即集结船队，率领一万水军由太湖至北岸登陆，抄袭黑云都后部。传璙见黑云都阵中骚乱，知道救兵来到，遂命部下将士留下少部分作为后军，敌住徐温主力，其余兵马全力向东突围。黑云都兵将虽然勇猛，终究兵少将寡，怎敌得传璙、传瓘众多兵将前后夹击，终被杀开一道缺口，传璙兵马遂杀出重围。后边徐温主力却是紧追不舍，传璙立不住脚，只好冲过无锡奔回苏州，到得城中计点兵将，损失二千余众。

吕师造既收复东洲，随即分兵南下进攻广德，宣州兵闻讯亦随即发兵东进，配合吕师造共袭广德。传瓘见吴军大举而来，自知坚守无益，遂主动将广德守军撤回湖州。

乾化三年（913）十二月，吴镇海节度使徐温从各地征集两万兵卒，经严格整训，又从吕师造军中抽调数千将士混合编队，北上迎战梁兵。两军相战于霍邱，梁兵势孤，大败而走，王景仁以数骑殿后，吴军竟不敢逼近。

当初梁军南下渡淮之时，于淮河水浅可涉水渡河之处植置木桩以便识别。此番吴军反攻之前，霍邱守将朱景事先悄悄将木桩拔出，钉于浮木之上，移置于深水之处。如今梁兵大败欲退还淮北，便匆匆望表有木桩处下水渡河，谁知水深没顶，竟大半被河水淹死冲走。吴人将梁军尸体聚于一处，用土封筑成高大台冢，以炫耀吴军之威。

徐温兴兵进攻浙西，历时十个月竟一无所得，却差一点丢掉庐、寿二州，损兵折将四万余众，从此不敢对浙西轻举妄动。

开平三年（909）二月，梁太祖曾敕选吴越王第三子、两浙节度副使传瓘为驸马都尉，后因战事繁忙未能完婚。乾化三年（913）四月，新帝朱瑱封长女为寿春公主，诏选钱传瓘尚寿春公主，下《授钱镠第三子传瓘驸马都尉赐镠敕》，曰：

朕念敬尊元老，礼无出於父师；崇树华姻，事莫先於婚媾。故金张贵族，方膺下嫁之荣；齐宋大邦，始称和鸣之兆。恭惟先帝与卿，素同盟约，誓扫寇雠，远禆缔构之功，终集兴隆之运。虽崇资厚禄，酬勋已极於当时，而懿戚周亲，结分思联於奕世。寻期爱女，欲配高门。三边未息於戎机，百两遂稽於宿诺。今朕祗膺天眷，获嗣皇图，念三年无改之规，思二姓好逑之重。愿遵先旨，特举令仪。况传瓘骊颔奇光，凤毛异彩，不俟折笄之训，已当压纽之祥。妫汭名门，雅称太姬之匹；张敖显族，宜承元女之姻。是用先降徽章，特加异数，擅斋坛之斧钺，兼台室之钧衡，既明必复之徵，且展维私之分。料卿精识，体朕至怀。今授传瓘大同军节度使，检校太傅，同中书门下平章事，驸马都尉，兼加食邑八百户。

不幸传瓘竟一病不起，是年十月，未及与公主成婚终至不治而亡，年方三十六岁，梁帝闻讯敕赠太师。吴越王本已有意将吴越军国大事逐渐托付于传瓘，谁知传瓘英年早逝，吴越王痛心不已，军国大事将交付于谁自当重新审察。

多年来华夏群雄争霸，闹哄哄自立称帝，纷纷大动干戈，只搅得九州大地烽烟四起，凄惨惨民生凋敝，荒萋萋田陌荒芜。吴越境中却是百废俱兴，黎庶安宁，各地灾民遂纷纷而来，杭州城人口亦在数年间剧增。城中河道受钱塘江潮水浸润，加之城市脏水污染，河水不能饮食，西湖有水经净化后尚可饮用，却在杭州城外，汲取不便，一遇战事城门禁闭，取水更非易事。唐朝李泌治杭州时曾开挖河道,引西湖水入城中供黎民使用,又挖掘六井,使百姓饮食无虞,市井安定。自吴越王治理杭州,为解决平民百姓饮食用水,曾命兵士于城中各地陆续挖井数十口,如今城中人口迅速增加,现有水井已不敷使用。

吴越王召来六子传璙、七子传璀道:"为政之道,一是保护一方免遭兵燹之苦,二是安抚百姓保障丰衣足食。如今杨吴新败,元气受挫,一时间无力扰我边境,我吴越须珍惜这一暂时平静时光,不知吾儿对浙西经略有何打算?"传璀略加思索答道:"如今杭州城中百姓最为关切的乃是饮食用水,急需多挖水井,其次是西湖周边葑草丛生,许多湖面已被淤塞,需要挖除葑草浚深湖水。"吴越王追问道:"此二事确系紧要,须尽快解决,二事之后又作何打算?"传璀讷讷道:"儿臣尚未想到如此长远。"吴越王又问传璙对苏州经略有何设想,传璙道:"儿臣赴任苏州未久即忙于与徐温作战,苏州治理尚无长远设想。"吴越王谆谆嘱告道:"身为一方首领须有远见卓识,既把浙西之地交付于你们,就该将浙西百姓安危、温饱二事时刻记挂心间,倾听黎庶意见,胸中需有长远打算。近数年来,各地百姓为避战祸逃来浙西难民颇多,许多人一时间难以谋生。太湖之滨地势低洼,湖沼相连,杂草遍野,逢雨必涝,难以垦殖。吾儿宜指派专人统盘筹划,仿效越州、明州治水经验,疏浚河流,广开渠道,排潴去涝,建闸节水,必可开垦出万顷良田。那时各地迁来灾民何愁无田可耕、无业可就?浙西岂能不富?"传璀听了既兴奋又惭愧,随即说道:"父王教诲儿臣当铭记于心,待儿臣按轻重缓急思谋停当后,与众臣僚共同筹划,再定出计划付诸实施。"传璙原是极聪敏之人,听父亲和传璀如此说,便接着说道:"父王教诲得极是,苏州之地三面濒海,一面临湖,地势低洼,常年潴涝,交通阻塞,垦植不能,一旦广兴水利,除却涝患,则荒芜之地皆成良田,届时必然沃野千里,农桑繁盛。如今滞留苏州的江北难民甚多,其中丝绸织工最盛,一旦农桑丰稔,又可振兴纺织,不出十年,苏州必然物阜民丰,百姓皆可安居乐业。"吴越王点头说道:"此事说来容易,要付诸实施却会有诸多困难,尚须召集谋士实地考察,编制规划,筹集经费,募集民夫,切不可大意,一旦失策,反而劳民伤财,招来民怨。"传璙、传璀拜辞父王,下得堂来立即着手策划此事。

次日,兄弟二人召集浙西营田副使沈崧、浙西节度推官皮光业、马绰等官僚将佐共同会商浙西水利之事。传璀先向众人说道:"近数年间,北方难民大量涌入浙西,难以谋生,而太湖周边杭、苏、湖诸地常年潴涝,沼泽之地甚广,如今杨吴新败,无力侵扰我浙西,正是我浙西军民大力兴修水利、开垦荒芜之地、营建良田道路、安顿千万难民之良好时机,因此今日请诸位同僚共商此事。"众人听传璀如此说,都十分兴奋,纷纷畅所欲言,提出了许多设想。最后,传璀命沈崧负责筹划苏州、湖州水利兴修、农田开发、资金筹措诸等事项,命皮光业负责解决杭州城中饮食用水、铲除西湖葑草、浚深湖水、兴修杭州周边水利、开垦荒滩诸等事项，命马绰调集兵卒、招募民夫、筹集粮草。

皮光业乃苏州军事判官、太常博士皮日休之子，唐僖宗乾符四年（877）生于苏州，字文通。光业十岁即能诗文，长大之后善五、七言诗，与贾阆仙为好友，有诗句曰：

行人折柳和轻絮，飞燕衔泥带落花。

又有：

烧平樵路出，潮落海山高。

光业最嗜好茗饮，常边品茶边作诗，以茶为苦口师。一日，中表兄弟请尝新摘柑橘，众兄弟姐妹尚未到齐，光业就连呼要茶，也顾不得是酒具茶具，竟用巨觥倒满茶一饮而尽，题诗道：

未见甘心氏，先迎苦口师。

光业注重仪容，善于谈论，初见者会以为是神仙中人。景福二年（893），光业年方十七，进谒钱王，延聘于幕府，与沈崧、罗隐同为宾客，如今官至浙西节度推官。

第二十九回　惠民生杭州挖水井　扶农桑传瓘浚西湖

乾化四年(914)春,浙西节度推官皮光业受命整治西湖,开挖杭州水井。光业将相关人员分成两组,一组负责调查西湖淤塞状况,包括各处湖水深浅、淤泥厚度、葑草长势以及入湖诸水雨季、旱季流量等自然状况;另一组负责查清杭州城中各街坊现有户口,水井数量、位置、出水多少。在此基础上制定出西湖治理方案以及每个坊市需要增挖的水井数、确切位置,并计算出所需人工、资金、工具及工程所需时间等等。

西湖地处天目山余脉之末,西、北、南三面环山,周围峰峦迭起,山岭逶迤,群峰之中以湖西之北高峰、西南之南高峰为最高,四周地势均倾向西湖。周围诸山多属石灰岩,杭州地区雨水丰沛,因此诸山中颇多溶洞,如黄龙洞、紫云洞、栖霞洞、水乐洞、石屋洞、千人洞、紫来洞、烟霞洞。山峦之间多有泉水,如冷泉(灵隐或名武林水)、玉泉、龙泉(龙井或名龙川)、虎跑泉,诸多溶洞亦大多有泉水流出,如黄龙洞、水乐洞、石屋洞,山中之水多汇集于西湖,因此西湖即使久旱不雨亦常年不涸。

秦始皇东巡会稽时,西湖尚是钱塘江的一个海湾,当年秦始皇曾泊舟宝石山下望洋兴叹。

东汉年间,西湖之东已形成沙滩,使西湖与海隔绝,时称此湖为"明圣湖"或"钱塘湖",但遇大潮,往往仍有涌潮漫过沙滩冲入湖中,因此湖水咸苦无法利用。会稽郡议曹华信带领杭州百姓用泥土、沙石从后来的武林门外沿湖之东岸南下,直至吴山北麓,修起一条防潮大塘,名曰"白沙堤",欲阻挡钱塘江大潮涌入钱塘湖,以便利用湖水灌溉农田及百姓日用。怎奈当时钱塘江口直对钱塘湖,大潮汹涌奔腾直冲沙堤而来,如此沙堤怎经得怒潮冲击,遂一触即溃。华信进退两难,欲继续修堤,实无成功希望;欲就此罢修,则前功尽弃,白白劳民伤财。万般无奈之下想出一招,将白沙堤在后来的钱塘门外折向西南直至孤山之东,又由孤山之西直至钱塘湖西岸再修一长堤,把钱塘湖分作里湖与外湖,使冷泉、龙泉等水经金沙港、龙泓涧注入里湖,免受咸潮侵扰,用于灌溉民用。钱塘江大潮漫过钱塘湖口之沙滩,其势已大减,进入外湖中受到浩瀚湖水缓冲,潮势亦基本平息,因此湖中之白沙堤得以安然无恙。

隋时运河修到杭州，遂废钱塘郡，设置杭州。

唐代代宗时杭州刺史李泌在宝石山东麓建水闸，以利用西湖之水灌溉民田，每昼夜可溉田五十余顷。穆宗时白居易任杭州刺史，又在钱塘门外横截湖中修筑长堤，将湖分成上湖、下湖，上湖即今日之西湖，下湖位于宝石山之东直至武林门。长堤之中设置水闸，因西湖又名"明圣湖"或"钱塘湖"，故此闸名之为"圣塘闸"，及时启闭可以节制上、下湖蓄水，提高上湖水位，以备天旱时灌溉农田。圣塘闸上建以石桥，因桥下之水闸将西湖断开分成上、下两段，故桥名曰"段桥"，百姓常呼作"断桥"，其意实非桥断，而是桥将西湖切断，故后人有"断桥不断"之说。堤、闸修成之后，白居易作《钱塘湖石记》，刻石碑立于湖边，记述了此堤功用、蓄放水及保护堤岸方法，曰："钱塘湖一名上湖，周回三十里，北有石函，南有笕。凡放水溉田，每减一寸，可溉十五余顷；每一复时，可溉五十余顷。……大抵此州春多雨，秋多旱，若堤防如法，蓄泄及时，即濒湖千余顷田无凶年矣……"白刺史又发动民夫首次疏浚西湖，将湖泥堆置于下湖之滨的白沙堤上，加高堤坝以利灌溉。

如今乃乾化四年（914），离白居易杭州刺史之任已整整九十年，此间兵荒马乱，府库空虚，再无人问津西湖治理之事，西湖已是水浅滩宽，葑草丛生，一派荒芜景象，因此吴越王决心根治西湖。

时至春末夏初，皮光业等人已完成对西湖情况及杭州城中水井现状的调查，上报了整治方案，吴越王命传瓘召集有关人员共同审议。众人到齐后，传瓘主持会议，先大致介绍了西湖现状及杭州城中饮用水严重紧缺的情况，然后说道："浚湖治水、百姓饮水已是杭州黎民百姓亟待解决的两大首要问题，有水民才得以安居，农桑才得丰稔，地方才得安定。为此，皮光业大人率领诸多属僚对我杭州地区山水河流、地形地貌、西湖深浅、四季水量以及杭州城中各街坊人口、水井数量等等都做了详细的调查，在此基础上制定了全面疏浚西湖从而扩大西湖容量以及增挖各坊水井从而满足军民饮食用水的详细计划。今日，各有关僚吏将佐都已到齐，亦邀请了地方各界士绅，大家共同商讨，以求同心协力办好此事。"

接下来皮光业先简要介绍了西湖周围环境和地形、西湖诸水来龙去脉、西湖湖底淤泥深厚诸等自然情况，随后详细讲解了疏浚西湖的计划安排："自白居易筑堤将西湖分为上、下湖以来已近百年，湖滨水面已逐渐淤塞，长满葑草。上湖因湖面宽阔，虽周边葑草荒漫，填满淤泥，而湖中水仍然较深，淤塞较轻；下湖则湖面狭窄，淤泥几乎积满全湖，葑草亦几乎遮满水面，湖水下泄不畅。此番浚湖宜首先疏浚下湖，待下湖保证能通畅泄水后再疏浚上湖，如此才能使上湖之水尽量排尽，便于上湖疏浚。在疏浚下湖期间，可先关闭圣塘闸，西湖之水可由湖东岸诸出水口导入城中中河,待下湖疏浚完毕,再疏浚外湖。先使西湖水之主要源头灵隐、冷泉经由金沙港导入里湖,龙井之龙泉经由龙泓涧导入里湖,北边诸山之水亦皆注入里湖,再经由圣塘闸排入下湖。此时外湖已无主要水源,唯南边诸山少量山水而已,可由东岸诸出水口排入中河,如此外湖之水即可排空,便于浚湖施工。在段家桥及白沙堤之东新修一座水闸,将连接孤山西端的长堤挖开,复在孤山西冷渡口筑堤,使金沙港、龙泓涧诸水皆改入外湖,待外湖正常蓄水之后,湖水即可由新闸放入下湖,而里湖已失去主要水源,即可将湖中之水排空,进行疏浚。里湖疏浚完成,再挖开西冷渡口恢复上湖本来面貌,疏浚西湖之工程即大功告成。"

全场正听得入神,寂静无声,听到光业说"大功告成",众人才活跃起来,有的不住点头,有的互相交谈起来。传瓘请大家对浚湖方案广开言路,畅所欲言,以便使浚湖工作尽可能做得更好,造福子孙后代。议论一阵之后,有人开言道:"皮大人对西湖及周边地区的地理环境、历史变迁、当前面貌、利害关键等等情况都调查得极为清楚,因此制定的方案切实可行,也极为合理,无可挑剔。只是这白沙堤历来只有堤而无桥,可否在浚湖完成之后于堤上新建两座桥,使里湖与外湖相通,再在西冷渡口新修之堤上也建一桥,使里湖与外湖可以通舟,如此便可方便游人乘船游览全湖或骑马观赏湖光山色。"也有人道:"修桥之意甚好,如此里湖、外湖既分又连,由段桥经白沙堤、孤山至西冷渡口便得以贯通。上、下湖间既修了新闸,上湖之水便可全部经此闸由外湖放入下湖,旧闸已年久失修,不妨填平砌入堤中,在浚湖完工之后,在新水闸旁建立记功碑,以志纪念,使后人永志不忘。"更有人说:"西湖经过此番疏浚,除尽苇草,必使湖面更加温柔明净,犹如少女容颜,三面青山如青纱,孤山白沙堤似一串珠翠悬于额上,显得格外妩媚动人。只是孤山、白沙堤与周围诸山同是一片青翠嫩绿,未免单调。若在白沙堤、孤山柳荫之间多种些鲜艳花卉,岂不更明艳动人。"一番话说得满座官僚、绅缙轻松活跃,快活嘻笑起来。传瓘见众人意见大致说完,便摆手示意大家安静,说道:"诸位所言都很有道理,待我们商量后都尽可能采纳实行,只是立记功碑一事,疏浚完成的西湖本身就是一座很好的纪念碑,人人都能看,天天都能见,何必专立一块小小石碑,此事就罢了。"

西湖疏浚之事说完,皮光业继续介绍了杭州城中坊市及人口情况,各坊市水井数量及用水情况,道:"城中百姓洗刷多用湖水、河水,饮食用井水,一口水井通常可供五百人使用,按此估计,二百口井可供十万人使用。"

光业说完,传瓘请众人议论此事,随即有人说道:"杭州城中地下均属沙土,各井出水充沛,每井所能供养人口数量不取决于供水量,而在于水桶吊水速度。

若将井体拓宽,顶上架设两个井口,甚至三个、四个井口,成为双井、三眼井、四眼井,则一井可供二桶、三桶、四桶同时吊水,此井供养人口自然可以翻番,如此可以少挖许多新井及排水沟,既减少工程量,又节省建井场地。"又有人说道:"多眼井乃省工省钱之创举,颇值得提倡,但水井乃是为了方便百姓生活,因此宜在坊市中均匀分布,不宜过于集中,三眼井、四眼井只宜在人口高度集中、难觅建井场地之时采用,却不宜建得太多。"还有人道:"建井还有一层意义乃是防火,在重点防火部位尚需优先多建水井。"

接下来谈到工程进度及所需人力、经费,光业道:"经反复估算,两项工程若调集四万人同时参加,约需五个月时间得以完成。杭州府现有兵力二万五千人,可调来治湖的兵卒一万八千人,尚须招募民夫二万二千人。工程所需经费为二万三千两白银,杭州府库因前几年兴建钱塘江捍海塘几乎已经耗尽,近几年虽有积累,也只有万七千两,尚需其他州府支援。眼下正是梅雨季节,两项工程都不宜开工,夏季又雷雨无常,亦不宜开工,更何况春夏雨季正是农田大量用水之时,若将西湖之水放尽,自然不利农田灌溉。因此两项工程宜待秋凉之后开工,新春之时即竣工蓄水,正好不误来年春种。"

光业话音刚落,堂上已是议论纷纷,不多时,一名士绅代表发言道:"治湖、开井诸事本系我杭州百姓自身之事,关乎我杭州数十万黎民富裕安康,大王能亲自过问此事,已是我杭州万民之福。既然工程尚有难处,我等子民自当有力尽力、有钱出钱,同心同德把事情办好。所需民夫就由我地方绅缙出面动员组织,所缺资金亦由我地方绅缙出面募集,以保证工程顺利开展。"接着有人说道:"各街坊打井不妨由街坊自行组织,他们对本街坊地势、民情、用水情况都熟悉,州府派人出面指导组织即可。"又有人说道:"雨季不耽误打井,只需在工地上搭棚,既挡雨又遮阴,再说如果现在开始组织民工、准备工具、选准井位、运集砖石,正式开始打井之时已经出了梅雨季节。待水井工程全部完工,正是秋凉时节,那时即可全力以赴疏浚西湖。"

传瓘见众人意见已大体说完,即准备结束会议,说道:"今天众位臣僚、将佐、绅缙认真仔细地讨论了治湖、打井方案,提出了诸多改进建议,会后我们将认真研究,对方案做进一步修改完善。众绅缙表达了愿为州府分担资金短缺和人力不足问题,这充分表明了州府与百姓同心同德发展经济,从而达到民富国强的决心。有了这份决心,我们一定能治理好西湖、治理好杭州,一定能够民富国强。"

吴越王自始至终坐于会议厅主位之侧倾听众人议论,心中颇为高兴,待传瓘说完,遂兴奋说道:"方才浙西节度使传瓘说出了我想说的话,州府与百姓要同心同德,同舟共济,才能更快地发展经济,强国富民。今天大家讨论了治理西湖、建设杭州的方案，这仅仅是开发浙西、建设杭、湖、苏诸州的开始，治理完西湖，下一步就要治理太湖，修建和疏浚太湖水系。待太湖水系完成，我杭、湖、苏诸州的大片涝洼荒僻之地即可开垦为良田。农民有了足够良田，便可多种粮食、广植桑麻，织工有了蚕茧、丝麻即可多纺纱、多织布，有了粮食、布匹又可带动其他百业兴盛发展，百姓富足我吴越自然强盛，国家富强边境即容易保持安宁。"众人越听越激动，有人脱口喊起万岁，吴越王忙挥手示意制止。

此次会议所论很快在各街坊百姓中传开，城中青壮男丁纷纷踊跃参加治湖、修井义工，由各坊分别编成若干队。传瓘、马绰亦抽调杭州府兵，除留部分作浚湖准备工作外，分别编入各坊义工队伍中，十几天时间内各项准备工作均已就绪。

梅雨季节刚出头，挖井工作即正式展开，这雨一停，天气便一天比一天热了起来，加上空气潮湿，十分闷热，即使闲坐家中尚且不住冒汗，何况打井取土，体力消耗极大，义工们往往挥汗如雨仍坚持挖井不止。想想这次打井乃是为了自己家人和子孙后代，他们即使再累再苦心里亦是甜的。好在井场上搭起了雨棚，既挡雨也遮荫，四面却透风，井下亦冒出一股凉气，挖到一定深度时就凉快多了。家人们每天按时送茶送饭，井场离家都不远，来回很是方便。杭州城内原本是个海湾，因潮沙涨积才形成地面，地下都是沙土层，因此挖起来倒也比较容易，往下挖一丈左右大多都能出水，深的也不过两三丈。挖完沙土，再用石块砌上井壁，井口置以井圈，四周回填沙土，这口井便算完成了。之后再在井口四周铺砌石板，修成井台，向外挖出排水沟，大功即告成。两百多口水井，军民携手共建，只用一个多月时间即全部完成。

新建数百口井中施工最艰苦又最具特色的当属吴山井。当时吴山上伍公祠周围已聚集十户居民，形成街市。伍公祠香火旺盛，游人络绎不绝，街市熙熙攘攘，好一番热闹景象。然山上却无任何水源，饮食、洗刷都需下山汲水，居人里民饱受无水之苦，遂决心于山上凿井。怎奈于周围多处开挖都遇到坚硬岩石，不见湿土。但众人不甘心永受无水之苦，决心穿石修井，纵使挖不出井水也要修成天井，贮存雨水，乃于吴山之北低洼之处每天挖山不止，终于挖出了一股泉水。经过数十个日夜的奋战，吴山上修成了周四丈、深三丈余的"吴山井"，号称钱塘第一井，又称大井。据《咸淳临安志》记载："吴山井在吴山之北，周四丈，吴越钱氏时始开此井。品其水味，为钱塘第一。盖山脉融液，独源所钟，不杂江湖之味，故泓深莹洁，异于众泉。宋淳祐丁未年（1247）大旱，城中诸井皆涸，独此井，日下万绠（吊万桶）如常，时都市中人神之。安抚赵与篿立祠，以旌异焉。又为亭，覆井上。"

唐时李泌所作相国井、西井、金牛池、白龟池、方井、小方井，本次皆重新修砌。凿井最多的街坊中竟有九十九井，后人称呼此坊为百井坊，坊中之巷称之为百井坊巷。

打井时正值夏收、夏种大忙季节，修井义工们免不了耽误自家农田劳作。吴越王对传瓘道："虽说义工们打井是为了自家，自告奋勇参加，不需发放饷银，却毕竟耽误了自家田地的耕种，切不可忽视了对义工们应给予的报偿。"传瓘道："父王说的极是，他们不要饷银，就以奖赏形式发给他们，按打井数量、工程优劣计算奖励金额，如此可以进一步激励义工们的劳动热情。"吴越王连连点头道："如此甚好，就按吾儿意见办。"众义工拿到奖赏，热情更加高涨。

打井工作已经完成，接下来即将开始疏浚西湖，传瓘告诉义工们："愿意回家的大家欢送，愿意参加浚湖的可以继续留下来，街坊中百姓愿意参加浚湖的也可继续报名。"结果愿回家的不多，而新报名参加的倒十分踊跃，义工总人数大大增加。传瓘、马绰把浚湖军兵与两万多义工重新组织，编成数十队，分别负责疏浚下湖各段湖面。

这下湖起于白居易所修长堤及段桥水闸，宛延曲折，自西南向东北延伸至武林门外。湖面本来狭长，如今两侧均被淤泥填塞，且又长满葑草，实际已是一条曲折河港而已。自白居易修起长堤及段桥水闸，上湖水位已提高四五尺，而上湖湖面又远远广于下湖，因之上湖蓄水功能大大提高，而下湖已失去蓄水意义，只不过是一条输水河港及护城河池而已。这次疏浚下湖，只须挖深河道，无须拓宽水面恢复湖貌，工程量较小。

传瓘、马绰先命人将圣塘闸封死，使上湖水不再进入下湖，又于武林门外（余杭门外）下湖入运河处修堰置闸，取名为"清河闸"，以阻截运河之水倒回下湖。待下湖疏浚完成，则可利用此闸调节下湖流入运河之水量，亦可提高下湖水位，利于灌溉周围农田。将下湖诸进出水口堵死之后，组织军民将下湖中水车干，两岸植以木桩，用竹片或柳枝在木桩之间编成篦子，割葑草扎成捆堆于篦子内侧。诸事准备就绪，湖中之水亦已大体车干，众军民纷纷跃入湖泥中，有人挖泥，有人运送，有人将泥倒入岸边篦子里，分工明确，秩序井然。一天下来，众人浑身泥灰不见肤色，只见乌溜溜双眼及洁白的牙齿流露出一天劳动的喜悦。不到二十天，就把这片荒草漫漫的下湖荒滩整治成一道水清波平的河池。修整后的下湖两岸笔直整齐，柳树成荫，左侧后面是威严耸立的城墙，城头上旌旗飘扬，煞是威风，右侧后面是清丽的宝石山，山上林木葱郁，傍晚又是一片宝石流霞，映入池水分外妖娆，别是一番风景。宝石山往北先是一片田园风光，再北却是十里桃园，名为"半道红"，桃花盛开时节一片粉红，煞是好看。

下湖疏浚完工,按计划接着是疏浚外湖。传瓘、马绰先组织军民将圣塘闸启开,使里湖之水经水闸流入下湖,又将白沙堤上所有沟通里湖、外湖的孔道通通用泥石填死,再组织军民将外湖之水分头车入里湖及城中诸内河,又组织人力在计划堆积湖泥之处植木置箦,待水车干,即开始挖泥,如法炮制。外湖面积最大,淤泥沉积最多,疏浚工程自然费事,时令已是初冬季节,穿着寒衣在泥水中挖湖多有不便,工程进展不免慢了许多,因此竟费了三个多月才将外湖疏浚完毕。

时间已是冬令季节,天气越来越冷,治理里湖若还用原班人马不免疲劳过甚,亦会影响治湖进程。传瓘再次与众人商议,准备彻底调换人马,结果多数人仍愿继续参加疏浚里湖。原来寒冬季节,农田劳作大多已经完成,与其空闲在家不如参加治湖,以此原先未曾参加治湖的人也纷纷要求加入疏浚里湖的队伍。里湖面积远远小于外湖,太多民工恐怕在里湖难以施展,传瓘只能好言劝阻,仅留少部分人员以补充离去的老民工。

疏浚外湖之时,传瓘已组织少量军民于外湖与下湖之间、白沙堤之东新建了一座水闸。待外湖疏浚完毕,将出自武林山的诸水改注于外湖,待外湖蓄满水,即由新建水闸下洩至下湖,根据下游各处用水多少调整闸门启闭程度。

传瓘又命人将里湖之水分别车入下湖及外湖,待湖水将尽,军民们纷纷入湖挖泥浚湖,将湖泥堆置于孤山之北及白沙堤北侧,或湖之北岸。虽是隆冬季节,寒气逼人,然军民们眼见得下湖、外湖经过亲手治理已是面貌一新,如今只剩下这一块小小的里湖,正是胜利在望,因此依然干劲冲天。经过一个多月的辛勤劳作,里湖终于疏浚完毕。

传瓘命人于白沙堤上靠近孤山一端及近圣塘闸一端各砌起一座拱桥,又于西冷渡口处也砌起一座拱桥,使里湖与外湖相通,小船可由桥下随意穿越。从此游船得以环湖游赏,游人香客亦可经由白沙堤或西冷桥漫步进孤山参拜菩萨、玩赏湖景,水陆通行都十分方便。

浚湖时将湖泥堆置于白沙堤两侧及孤山山麓,使得白沙堤比原来宽了许多,又在堤两侧新拓宽之地上栽以许多桃树、芙蓉及其他各色花卉。花开时节,堤上繁花似锦,垂柳成荫,鸟鸣婉转,蝶舞翩迁,堤外湖光粼粼,四围山色青青,游人漫步其间不免心旷神怡,为自然景色所陶醉,遂将此堤命名为"什锦塘"。原来白居易所修段桥及圣塘闸早已年久失修,这次治理里湖时遂将其砌死,后人为纪念白居易修堤治湖、为民造福之功,把"什锦塘"称白堤,又把"什锦塘"东端之桥名之为"段桥",后人直呼为"断桥"。月明之夜,月光穿过疏枝洒落堤面,犹如枝离破碎、残雪铺地,令人遐思,更增添几分寒意,后人遂将此景定名为"断桥残雪"。每逢冬日雪霁,银装素裹,满天落霞,湖泛金波,残雪覆盖下的白堤黑白相间，犹如一条素练横锁湖面，分外耀眼。明代张岱《西湖十景》诗，赞"断桥残雪"曰：

高柳荫长堤，疏疏漏残月。蹩躠步松沙，恍疑是踏雪。

明代杨周亦有诗赞曰：

澄湖绕日下情湍，梅际冰花半巳阑。独有断桥荒藓路，尚余残雪酿春寒。

其时西湖中尚无苏公堤、杨公堤以及湖中诸岛，湖面特别宽阔，经过整治更是显得格外整洁明丽。孤山居于湖之中心，孤山南麓唐时建有望湖亭，游人伫立望湖亭中背山面湖远眺，只见三面湖水浩渺，远接群山青翠，近处却是青松翠柏环绕，高楼画阁耸立，梵音萦绕，钟鼓齐鸣，仿佛置身于海上仙宫。尤其是仲秋之夜，皓月当空，湖印水月，银波万顷，万籁俱寂，身临其境令人遐思翩迁，后人遂名此景为"平湖秋月"。南宋福建人王洧《平湖秋月》诗道：

万顷寒光一夕铺，冰轮行处片云无。鹫峰遥度西风冷，桂子纷纷点玉壶。

宋代孙锐诗曰：

月冷寒泉凝不流，棹歌何处泛归舟。白苹红蓼西风里，一色湖光万顷秋。

里湖、外湖经过疏浚，葑草尽除，湖水深碧，唯有湖之西北角金沙港及龙泓涧入湖处未曾彻底整治，只是除去了葑草，挖去少部分淤泥，因此水浅泥厚。为了防止葑草再度疯长，传璙令人在此种植莲藕，盛夏时节荷花盛开，微风吹拂，荷叶翻飞，莲花摇曳，犹如彩妆少女翩翩起舞，别有一番风味。此处因有冷泉、龙泉等多处清泉汇集，后人遂在此办起官酒作坊，为此景取名为"曲院风荷"。宋代杨万里诗曰：

毕竟西湖六月中，风光不与四时同。接天莲叶无穷碧，映日荷花别样红。

又有明末王瀛作《曲院风荷》曰：

古来曲院枕莲塘，风过犹疑酝酿香。尊得凌波仙子醉，锦裳零落怯新凉。

西泠桥南、北两岸皆植有许多柳树，枝干古朴苍劲，或斜卧湖边，或伫立道旁，柳条轻柔如丝，或随风飘舞，或轻拂水面。桥北西侧柳荫之中有苏小小墓。苏小小乃南齐时钱塘县著名歌妓，貌绝江南青楼，才冠九州名士，曾作诗曰：

妾乘油壁车，郎骑青骢马。何处结同心，西陵松柏下。

因不得意，小小少年早逝，按其遗愿葬于西陵渡口结同心处。当年小小香居孤山之麓，常登船过西泠渡口，再乘油壁车外出，如今已建西泠桥，当可宽慰香魂了。

吴越王将疏浚西湖之事奏报朝廷，梁帝以传璙有浚湖之功制授传璙为开国侯，加食邑七百户。

乾化四年(914)七月，广帅刘龑派遣供军巡官陈用拙带了数多礼物、货币来杭州拜见吴越王，以求互相交好，并请以兄长相称。吴越王盛情款待，询问广帅主政方略、百姓生活、百业兴衰等等状况，详细介绍了吴越"保境安民"的国策，以及近年来吴越兴修捍海塘、整治西湖、扶助农桑诸等举措，又命传璙陪来使参观城中打井工程及西湖疏浚工程，陈用拙一边参观一边啧啧称赞。隔日又邀请陈用拙参观钱塘江捍海塘，适逢大潮如万马奔腾冲决大堤，却被阻于海塘之外。狂浪击岸，冲天跃起，大塘竟巍然无恙，看得陈用拙张口结舌，目瞪口呆，过了好一阵子才叹道："这般大潮已是天下奇观，而修成这等捍海塘竟能制服这般狂潮，非天下奇才不能成功，真乃奇迹，天下无双。"

陈用拙回到广州，向广帅陈述吴越王交好天下之意以及"保境安民、发展生产"的国策、在杭州所见所闻，广帅听了亦感叹不已，从此南粤与吴越长年友好相交。

贞明元年（915）春正月，梁帝改元，大赦天下，遣天使至杭州升传璙以下诸大臣官爵。

传瑛去世已一年有余，寿春公主尚未适人。二月，梁帝朱瑱遣给事中韦彖、金部郎中李发来杭州商议寿春公主另选驸马之事。两位中使亲自遴选，与吴越王商定以王十五子传珍为驸马都尉，更名传璟。

传璟，吴夫人生于大顺二年（891）十二月初三，开平四年（910）十月娶妻冯氏，生有二子仁洧、仁德，冯氏不幸于生次子时亡故。如今既选定为驸马都尉，梁帝乃赐封传璟为湖州刺史、检校尚书、右仆射，封雪国公，下《选钱镠十五子传璟驸马赐镠敕》，云：

卿功高鼎铉，爵极土茅，光纪年击月之书，等巢阁负图之瑞。朕自惟寡薄，猥荷基局，唯於旧勋，敢坠先志。所以再谋选尚，用洽姻亲。况卿男传碌，学礼闻诗，资忠履孝。前代则何郎风貌，克著嘉名；近朝则郭令功崇，爰推爱子。既臻具美，须降明恩，俾升右揆之荣，兼正九卿之秩，奉车增贵，鸣玉趋朝，骋骐骥之修途，契凤凰之吉兆。眷蛮之外，慰沃良深，今授传璟检校尚书右仆射守司农卿驸马都尉，已从别敕处分，想宜知悉。

第三十回　开河渠泄湖东潴水　筑道桥利水陆交通

　　西湖疏浚工程告竣，贞明元年(915)春，吴越王召集浙西节度使传瓘、苏州刺史传璙、湖州刺史传璟、浙西营田副使沈崧、浙西节度推官皮光业以及参与西湖疏浚工程的将领们共同会商治理太湖水系、开垦太湖周围荒原之事。

　　传璙首先开言道："近一年来，苏州府专门调集沈崧大人及梅世忠、李开山二位将军共同筹办治理水利之事，三位大人组织僚吏几乎走遍苏州地区所属诸县，考察地形、访问灾情、清查人口、倾听民声，全面掌握了苏州的自然状况，在此基础上做出了统筹规划。经苏州府僚吏、将佐多次讨论，数番修改，最终制定出治理太湖水系的整体方案，就请沈大人作全面汇报。"

　　苏州地区北有大江，东濒大海，南靠钱塘湾，西接太湖，唯西北、西南有陆地分别与无锡及湖、杭二州相邻，东部海岸大致沿现今的盛桥、月浦、江湾、北蔡、周浦、下沙、航头直至杭州湾。如今的上海市中心正是当年的黄浦江入海口，乃是一片海滩，名为沪渎。全区呈现周边沿海略高、中部低洼之形势。旱季偶有降雨，雨水或流入大海，或流入太湖及湖滨低洼处，难以积聚。十余天不雨，又往往多旱。湖东地势低洼，尤其自太湖之滨往东直至昆山华亭(松江)、从嘉禾(嘉兴)往北直至常熟，方圆八百里内湖泊沼泽遍布，湿地草滩绵延。大者如北部的阳澄湖、昆承湖，南部的淀山湖、澄湖，小者如曹湖、三角湖、金鸡湖、独墅湖、白莲湖、汾湖、元荡湖等等。诸湖之间又有许多小湖荡，因此人行其间难觅道路，舟楫航行难过荒滩。每逢大雨则雨水潴留境中，四处泛滥，农田遭淹，为害非浅。

　　沈崧首先介绍了苏州地区的地貌、地势，然后说道："境中虽有吴淞江可接纳周围积水，但河道极为曲折，流动甚慢，潴水难以及时排出，导致内涝。经此番考察论证，建议开通三条河道以便将潴水洩入大海：第一路是疏通拓宽现有之吴淞江，使其周边湖泊、沼泽之水得以顺畅排入其内，往东与黄浦江汇合后同于沪渎入海；第二路由急水港经白蚬湖至淀山湖新开一条河道，往南至乍浦入海，可称之为上江；第三路由苏州开挖河道向东直至昆山，再继续往偏东北汇入浏河下游，由浏河口入海，全长百七十里，称之为下江或浏河。这第二、三路新开河道一是河道直，二是入海路程短，不足吴淞江及黄浦江路程之半，因此极大加快了泄水速度，开通后可基本解除苏州水涝之患，为开发湖东沼泽荒原打好基础。"

沈崧说完治理水患方案，停顿片刻，见大家全神贯注倾听，便接着介绍修路方案："要改变湖沼草地面貌，开垦荒原，必须广修道路，多开河道，以利往返交通。苏州沼泽地区既无竹木又无沙石，唯有芦苇菏草及烂泥水塘，俗语说巧妇难为无米之炊，既无筑路材料当如何修路？为此，我苏州官兵想方设法利用现有条件，以芦苇烂泥作筑路材料，做了许多实验。初时欲以芦苇扎成捆堆积于拟建道路两侧，中间实以泥土，待泥沥干再逐次增高堤面，谁知水深之处苇捆浮于水面难成苇墙，而水浅之处虽可堆积苇捆，但在苇捆内侧堆高淤泥时苇捆受压即被推开，后来又将苇捆直立于水中，仍不能就。"众人听了不免发笑，沈崧继续道："后来官兵们用苇草或是稻草编成草袋，袋中装满淤泥，再用草绳缝好袋口，将泥袋堆于拟建道路两旁，砌成泥袋墙，将道路两侧的淤泥挖出填于两道泥墙之中，待墙中淤泥沉积收缩再继续填入淤泥，如此路面层层加高，直至路面高出水面二尺左右乃止。然而道路虽然修成，但使用时间一长即垮塌成塘，又经反复试验，最后于道路正中填塞石头，外侧充实泥沙，终得以牢固。首先需要修通的是苏州至昆山的路，直线距离约有六十里，修成此路估计需一到二年，届时苏州至昆山的新河亦已疏通。"

听了沈崧介绍，众人方知在湖泊沼泽地区治河筑路确非易事，实在难为了这些同僚。堂上众人纷纷赞叹不止，却无人发言，吴越王乃命传璙汇报所需资金、人力及工程进度安排诸等事项。

传璙说道："前面沈大人已经介绍了苏州地区治理水涝、修筑道路的方案，按照这一方案，修路、筑堤皆非短时间所能完成，必须假以时日逐次填筑而成，因此工役不需很多，不超过万人，然而湖沼地区人烟稀少，民夫难招，此为难题之一；去年东洲之战消耗府银不少，如今库银不足万两，虽然治河修路不需费钱买材料，但仅招募民工，每年即需消耗白银万余两，资金不足乃是难题之二。若能调兵卒以充民工，则以上二难题皆可解决。何况治水、筑路均与泥土为伴，雨季、冬季皆难实行，夏、秋之季又正值农忙，民夫更加难募，而以兵卒治水修路，一旦遇有战事仍可立即整装上阵，正可作为后备军。"

传瓘道："此议甚好，既节省资金，又不误农时，还有利备战，正所谓一石三鸟。"

吴越王征询在座属僚还有何意见，因为此方案在苏州府中已经过多次讨论，众人再无异议，吴越王便进一步问道："开垦荒地何时开展？"

传璙道："待治湖修路完成，具备了开垦条件，届时即可广纳各地少地农民来此垦荒，可按人数多少分配荒地，集中开垦，便于修渠灌溉，砌堤排涝，修建村落，置吏管理。"

吴越王对众人道："既然诸臣僚对苏州府治水、修路之事再无异议，就按苏州府意见办理。如今杭州府治理西湖已经完成，一万七千兵卒刚刚经过休整，我今将其中一千兵卒留给杭州，负责西湖及杭州诸河道之日常维护及管理，名之为'撩浅军'；再各分拨一千兵卒给越州、明州，负责鉴湖、东钱湖及所属水系渠道的治理；留出六千兵卒交与湖州，二千屯戍于德清憾山修建奉国城，二千屯戍于乌戍（今乌镇）（在湖州之九十里），另外二千可参照苏州治水之法治理湖州之湖沼河道；所余八千兵卒全部交与苏州指挥，负责苏州治湖修路诸等事务，待工程结束，亦可名之为撩浅军，负责苏州地区河湖渠闸的日常维护管理工作。元帅府置都水营使，负责两浙治水之事，统管各地撩浅军。"按照吴越王部署，杭州、湖州、越州、明州、苏州各自领兵回府，开展工作。

传璙领回八千兵卒，立即分成四部，每部二千人，第一部负责太湖湖滨修堤清淤、铲除葑草、疏通太湖周边诸河浜，第二、三、四部分别负责开通疏浚吴淞江、苏州府至浏河口之下江、急水港至乍浦之上江三条河道及相关道路，以梅世宗、李开山二将军为都水使，

首先来看下江沿线的工程进展情况。

二千兵士分成百个小队，分别来到各自指定地段，选择地势稍高位置建营驻扎，以便修筑所分担的路段及河道。适逢梅雨季节，连日阴雨绵绵，众兵士只好在雨停间歇或雨小时下湖荡收割苇草或去附近村庄收购稻草，雨大时就在营中编制草袋。经过了黄梅雨季，天气日渐闷热，好在每日里与泥水打交道，倒也不觉得太热，众人先把路基周围积水车干，再挖泥装草袋堆砌路基两侧护墙，砌高一层即往两护墙中间填淤泥，循序渐进，逐次加高。

时至盛夏，烈日当空，动辄大汗淋漓，白天牛虻、苍蝇困扰不止，太阳刚落蚊子即满身叮咬，水中常有蚂蝗附腿吸血，草丛里不时有水蛇身影。兵士们被蛇虫叮咬后奇痒难忍，抓挠得浑身是伤，再被汗水浸渍、泥水浸泡，往往疮口溃烂，以致卧病不起。传璙召集众属僚及郎中带了药材、器物分赴各工地慰问。每到一地，命兵士凡下地劳作必须面带纱罩，身穿纱衣，腿穿长裤，脚穿布袜，以免受蛇虫伤害，夜晚必须点起艾蒿草把熏驱蚊虫，并命随行郎中为患病兵士诊治，讲解以草药预防中暑、治疗蛇伤、伤口止血等医疗常识。

暑夏时节常有狂雷暴雨突然而至，使得路面新填淤泥冲去大半，兵士们不免叹息气馁。为阻挡暴雨冲刷，兵士们割来芦苇杂草，每遇大雨降临即用苇草铺盖路面以减轻损失。

转眼来到寒冬季节，兵士们在冰冷的泥水中劳作，常被冻得手脚麻木失去知觉，甚至受伤出血亦不知晓，以喝酒、烤火御寒亦无济于事，有的兵士受风寒折磨

终于病倒。传璙遂命全体兵士暂停治河、修路，开赴湖州山林间砍伐树木，运回苏州工地，于所筑道路每隔三四里处修桥一座，以便舟楫往来通行。

贞明二年（916）春暖花开时节，终于在苏州至昆山之间修成宽三丈、高出水面二尺以上的道路，路旁则是宽数丈的河道，既可排泄潴水，又能航行舟楫，称为娄江。兵士们又在道路两侧种植柳树，路旁再植以芦苇保护路基，以减轻雨水对道路的冲刷，降低泥土流失。

娄江修治完毕，全体士兵转到昆山之东，继续修治下游。昆山之东地势已略升高，再无湖泊沼泽，修治工程进展较为顺利，又有原浏河可以利用，因此不到一年时间浏河水道全部完成。又于浏河入海口离海边数里处修建水闸，以节制河水入海及防止海水倒灌，避免河道被潮沙淤塞。

再来看吴淞江的疏浚工作。

吴淞江原本流量较大，无须全面浚深拓宽，只须将妨碍流通的浅滩、窄道予以浚深挖宽，数月之间即已竣工。复于昆山县城之东新挖河道，使吴淞江与浏河连通，既便于舟楫通行，亦便于调剂流量。

上江的开通却遇到些麻烦。

急水港至淀山湖之间尽是大湖深泊，所开河道依次经过独墅湖、镬底湖、澄湖、白蚬湖、沙田湖至淀山湖，因此只需将诸湖之间少数陆地挖成河道，使诸湖连通即可，且不需伴随水道修建陆路，因此仅用半年时间即修通。众兵士稍事休整即来到淀山湖至乍浦一线，准备修建下游河道，却于察看地形选定河道走向时发现，黄浦江以南地势越往南越高，及至钱塘湾海边竟与海平面相差数丈。钱塘湾海边虽无大山阻隔，海岸却多为岩体，若由此处挖河入海，非但工程艰巨，即使河道修成，湖东潴水恐怕亦难以由此排泄入海。

传璙、沈崧得知情况，急忙带了相关僚佐赶往乍浦进行考察，回到驻地商议对策。沈崧道："当初亦曾作过考察，知道南部钱塘湾海边地势略高，只因淀山湖向南至乍浦路程最近，且淀山湖之南湖荡港汊极多，可资利用，以此选定这一路线。谁知看起来地表平整、土层肥厚，土层之下却埋藏着如此宽广岩层。如今之计，可由淀山湖向东南新开河道，借用泖河入三泖湖，再新开河道向东南至柘湖，通过柘湖再开河道至金山小官浦入海。如此开河，虽然看似远于原定路线，但可利用泖河、三泖湖、柘湖等水道，且入海口位置低于乍浦，地下又无岩层，是省工、省时、省钱的方案。"

三泖湖位于松江县西南十余里，方圆大体与淀山湖相当，其水源有三：一曰上海塘，源自海盐，向东北流入三泖湖；二曰秀州塘，源自秀州（今嘉兴），向东流入三泖湖；三曰泖河，源自定山湖，向东南流入三泖湖。此处地势平坦，诸河之水流动缓慢，湖中水面平静，湖水皆由湖东流出，再折向北至沪渎归于大海，自宋代以后湖区逐渐填塞变为陆地。

柘湖位于松江府南六十里，湖面千余顷，湖中因有柘山故名柘湖。柘湖南临金山卫，北依查山，周边农田赖以灌溉。

待沈崧说完，梅世忠将军道："沈大人所言甚为合理，只是卑职反复考察，这三泖湖之南地势平坦，柘湖水面较之三泖湖孰高孰低实难界定。新开上江使柘湖与三泖湖相通，若三泖湖水面高于柘湖倒是水到渠成、皆大欢喜，万一柘湖水面高于三泖湖，则必然导致柘湖枯竭。柘湖之水乃周围数千顷农田灌溉之源，一旦枯竭，对农事极为不利，以此卑职思虑再三委决不下。"

传璙道："此事关系重大，开河之举原本为了开拓荒滩，发展农桑。如果因修此河反使柘湖枯竭，影响农事，岂不与原意背道而驰，因此需对柘湖、三泖湖湖面经过精确测定后方可兴工挖河。"

沈崧道："欲测定两湖湖面高差，最可靠方法可沿已经确定河道先按地势高低分段挖出水平小沟，每段约一里至数里，无须挖深，但必须找平，小沟中蓄满水，再分别测出每两段小沟之间水面高差，将各段水面高差累加就是两湖之间水面之高差。"

传璙道："此法甚妙。如今开河士兵已按线路驻扎，只须数日即可取得结果，待测定完毕再决定河道是否通过柘湖。"

三天之后各段测定情况陆续报来，结果三泖河水面与柘湖水面相差竟不足一尺。传璙召集众人再行商议，沈崧开言道："古人云：九里为一湾，一湾低一尺，河中之水得以顺畅下流。但苏州地区地势低洼平坦，不能以此为准。现苏州地界最长河道乃黄浦江，自三泖湖至沪渎入海口全长约百五十里，按如今水面高差测定，柘湖湖面约比钱塘湾平均海面高出八尺，而三泖湖水面与柘湖水面相差不足一尺，以此推算黄浦江共十七湾，低八尺，每湾不足半尺。若新开上江亦以每湾低半尺计，则三泖湖之水由上江流至柘湖流经路程四十五里，江面水位降至五尺半，如此以来若使上江通过柘湖，则柘湖水位将下降二尺半，几乎枯竭。当地农田有赖柘湖之水灌溉，因此柘湖水位非但不宜降低还应给予浚深，以增强蓄水功能。为此上江水道宜改至柘湖之西，擦柘湖边而过，并应在柘湖与上江之间另开渠道，设置水闸，以便泄洪防涝，调节柘湖水位。上江流至钱塘湾入海口，全程六十余里，共七湾，水位尚比平均海面高出四尺半，如此正可在入海口置闸。经如此修改既可保持柘湖周边地区灌溉，又便于两岸农田排涝。"

梅世忠、李开山及众属僚都赞同如此方案。传璙见大家意见一致，便说道："今日方案既定，诸位大人回去后立即将各分队安排停当，开始挖河，争取早日竣工。"

各队兵士全线施工，又有梅世忠、李开山两将军亲自指导督促，进展顺利，历时八个月即全线开通。又于距离入海口数里的金山小官浦之地势稍高处建水闸，名之为"咸水闸"，离入海口二十里之柘湖西北建一闸，名之为"清水闸"，彻底杜绝海水与河水相混。再开挖柘湖至上江渠道，设置水闸以节制柘湖水量。

自从疏浚了吴淞江、黄浦江，又新开了上江、下江，苏州东部低洼地区潴积之水得以顺畅下泄，从此基本消除了潴涝之患，诸多湖泊、沼泽水面有所降低，许多低洼浅滩如今已成为荒原草地。昔日吴松江、黄浦江中诸多浅滩、苇荡经过疏浚清理，如今已畅通无阻，又新开了上、下江及诸湖之间河道，水路交通已是四通八达。江河两岸、湖沼周边皆新修了堤坝，又新筑了许多驿道，陆路交通亦是十分便利，完全具备了大规模开发的条件。

一日，传璙组织沈崧、梅世忠、李开山等人共同商议开发荒原草地事宜，说道："我苏州涝洼之地历经两年多治理，已经江河通畅，旱涝无虞，水陆交通再无阻隔，具备了大规模开发条件。今日请诸君前来，只为共同商讨如何组织开垦荒原，计划成熟再奏请吴越王审察。"

沈崧道："疏浚河道，开发荒滩，吴越王本意是为了安置江北流民，如今既已具备开发条件，不妨奏请吴越王向吴越各州县广发告示，招集各处无地、少地流民前来苏州开垦荒地，他们自会应召而来。"

梅世忠将军道："苏州新开荒滩，地块集中，方便管理，又位置居中，邻近州府，莫若组织军垦。若有三五万兵士在此屯垦，则进可袭取无锡、常州、润州等地，守可保苏州、湖州、杭州安宁，无人能撼动我苏、杭之境。"李开山将军亦竭力主张军垦，两位将军已在虞山（今常熟）梅李镇驻兵屯垦多年，附近海面曾经海匪猖獗，如今早已绝迹，数年来吴兵亦不曾进犯。

闻听二位将军之言，沈崧亦深觉有理，说道："二位将军言之有理，不妨先按照军事部署安排好军垦，再安插所招集之流民，组织军民共同垦荒。毕竟流民大多来自江北，万一有个风吹草动，屯垦兵士可随时防范。"

传璙道："众位大人说得极是，军垦、民垦相间安置，既有利保境安民，又有利发展农桑、兴修水利。荒滩开垦之后尚须开挖数多排灌渠道，修筑田埂小路，军民合力共修共管，自然更为妥善。若对垦荒流民辅之以减免税赋、提供营造房屋的方便，则流民自然乐于定居于此。数年后若连年丰稔，恐怕他州无地、少地农民亦会自动纷纷来我苏州谋生了。"众人听了皆拍手叫好。

吴越王收到传璙申报，亲赴苏州视察，与传璙等人商议道："尔等所拟方案甚合本王之意，军垦、民垦可同时展开。如今河道已经修成，今后之撩浅军无需八千之众，可暂时保留三千继续维持太湖及周边诸湖撩浅之事，另外五千经休整后即投入屯垦准备工作。本王回杭州府即刻调集二万兵将前来苏州建立屯垦军营，归传璙调遣。如此我杭州之北有苏州屯垦军，杭州之西有临安衣锦军，犹如杭州之左右二臂，令杨吴三军不敢轻易进犯，颇具战略意义。再令营田使向各州县广发文告，召集各地流民及无地、少地农民迁来苏州，共同开垦荒滩。凡是新开农田五年内免交赋税，五年后视收成好坏再行定夺；建房所用材料酌情收取本钱，可于五年后逐渐归还，以免造成材料浪费。垦殖农民初来乍到难免缺衣少粮，尔等须妥为安置，需要时不妨先发放三个月口粮，帮助他们渡过前期粮荒。"安排停当，吴越王即回杭州调兵遣将，发布文告，召集移民，筹措银粮。

传璙命沈崧负责规划垦区，圈定村镇基址，筹集工具、种子；梅世忠负责村镇建设、烧制砖瓦；李开山负责砍伐竹木，开山取石。数月之间，各州县军民陆续来到垦区，分别安顿于事先圈定的村镇基址，按照规划建屋造房。

于苏州东南六十里、昆山西南三十里有一小村名曰临顿里，北依吴淞江，南濒澄湖，周围皆是荒滩泽国，古时少有人往来。晚唐诗人陆龟蒙，字鲁望，号甫里先生、江湖散人，乃苏州人氏，曾隐居于此，著有诗文多集。陆龟蒙出身吴中官僚大族，屡考进士皆不及第，乃于湖州、苏州府中做幕僚，因见朝廷政局动荡不定，中原战乱越演越烈，直搅得国无宁日，民不聊生，遂心灰意冷，悄悄迁来此地居于北禅院。龟蒙每日开荒种田，自食其力，又利用院前浅泽水池放养绿头鸭，既添生趣又补家用，闲来时安坐池边，垂钓吟诵，却也悠闲自得。咸通十年（869）皮日休任苏州刺史从事，因之常来此与陆龟蒙唱和交游，时人称为"皮陆"。二人吟有联句。

皮日休：歊蒸何处避，来入戴颙宅。逍遥脱单绞，放旷抛轻策。爬搔林下风，偃仰涧中石。

陆龟蒙：残蝉烟外响，野鹤沙中迹。到此失烦襟，萧然揖禅伯。藤悬叠霜蜕，桂倚支云锡。

皮日休：清阴竖毛发，爽气舒筋脉。逐幽随竹书，选胜铺莎席。鱼跳上紫茨，蝶化缘青壁。

陆龟蒙：心是玉莲徒，耳为金磬敌。吾宗昔高尚，志在羲皇易。岂独断韦编，几将刓铁擿．

皮日休：天书既屡降，野抱难自适。一入承明庐，盱衡论今昔。流光不容寸，斯道甘枉尺。

陆龟蒙：既起谢儒玄，亦翻商羽翼。封章帷幄遍，梦寐江湖白。摆落函谷尘，高欹华阳帻。

皮日休：诏去云无信，归来鹤相识。半病夺牛公，全慵捕鱼客。少微光一点，落此芒砾索。

陆龟蒙：释子问池塘，门人废幽赜。堪悲东序宝，忽变西方籍。不见步兵诗，空怀康乐屐。

皮日休：高名不可效，胜境徒堪惜。墨沼转疏芜，玄斋逾阒寂。迟迟不可去，凉飔满杉柏。

陆龟蒙：日下洲岛清，烟生苤苕碧。俱怀出尘想，共有吟诗癖。终与净名游，还来雪山觅。

临顿里小村虽地处荒滩泽国，却因陆龟蒙隐居于此而出名，后来人们皆以龟蒙之号称呼此村为"松江甫里"，或以龟蒙之姓直呼"陆宅""陆泽"。谁曾想甫里先生去世三十余年后，竟有数千兵卒、农民来到此地安营扎寨。军民们围垦荒原、建房搭舍，又在村中开挖三横三纵小河，架起数多木桥，家家户户房前有路、屋后有河，水陆交通十分方便，短短数月之间，一个荒僻小村骤然变成了数千人的热闹乡镇。镇中人口逐年增加，百业日益繁荣，数百年后人们因镇中有三横三纵小河，形似"用"字，遂改名"甪直"，实与"陆泽"同音。

甫里之南二十里有一小村，周围被甜水湖（淀山湖）、五保湖、矾清湖等五个湖所围拥，少与周边交往，三国时吴国重臣张昭葬于此，因名为张家库村，陆龟蒙晚年亦曾隐居于此。如今村里亦拥进数千军民，建屋安居，开河修路，数月之间建成了集镇。镇旁有一小溪，两岸桃红柳绿，菜花金黄，一派锦绣田园风光，遂名为"锦溪"，张家库村亦改名为"锦溪镇"。

锦溪西南十五里，唐时有贞丰里，四面有淀山湖、元荡湖、白蚬湖、长白荡等湖环列，亦是少有人来往之地，却引得文人墨客来此怡情养性，西晋文学家张翰、唐代诗人刘禹锡、陆龟蒙等皆曾寓居此地。如今亦是军民济济，建镇造屋，修河建桥，一片繁忙景象。数月之间，镇中挖成四道小河，形如"井"字，又依河建街，傍水造屋，布列整齐，秩序井然，好一派小桥流水人家。北宋元祐六年（1086），镇里一周姓里人将庄田十三顷捐奉全福寺作庙产，小镇从此改名为"周庄"。

苏州东南三十里，锦溪之西四十里，有一小村名富土。曾有州官以为富土村必是连年丰收，物阜民殷，遂命富土村十日之内交皇粮三百石。岂知富土小村民不过数十，田不过数百，如何凑得齐三百石粮食，村民们一愁莫展。亏得一秀才提笔将富字拆成"同田"二字，又将"田"字与"土"字合成"里"字，富土遂改名为"同里"，再据实呈上村民名册，人口数量，才重新核定皇粮，村民躲过一劫。从此村名定为同里村，东有同里湖，北有九里湖，亦是水乡。如今军民们日夜辛勤劳作，修街建宅，开河架桥，在镇中开挖了纵横小河，形成七个小区，河上多架木桥，街街相连，造就了小桥流水人家。

垦区中尚有千灯、朱家村、金泽、胥塘等数十个村落乡镇，犹如雨后春笋拔地而起,从此苏州地区日益富庶。历经数百年的发展,这些当年的屯垦村落如今皆成为千年古镇。

湖州刺史钱传璟奉吴越王之命率领六千兵将回到吴兴,分两千兵将屯戍乌戍,两千兵将屯戍憾山,另外两千负责治理湖州湖沼河道。

这乌戍(今乌镇)在湖州府东南九十里,地处湖州、苏州、秀州(今嘉兴)交界,春秋时为吴、越两国国界,吴国在此驻重兵把守,百姓称之为吴戍。当地民居习惯将外墙涂成青黑色,吴语称黑色为乌,全镇乌墙黑瓦,吴与乌谐音,里民们遂称为乌戍。乌戍北控太湖之滨,东扼京杭大运河,乃是由东北进入杭州的必经之地,于唐咸通十三年(872)建镇。乾宁二年(895)杨吴安仁义发兵救董昌,曾与董昌合兵包围嘉禾,当时顾全武出奇兵袭取乌墩解除嘉禾之围,这乌墩即是乌戍,可见乌戍乃是苏、杭间兵家纷争之地,杭州府之东北大门,以此吴越王命传璟在此筑城驻兵。乌戍镇中有车河自南向北通过,街市依河而建,乃是千年古镇,桑麻丰稔,镇中街市熙熙攘攘一片繁华气象,与苏州沼泽、草滩有天壤之别。两千兵卒进驻乌戍,修城建营十分顺利,竹木土石皆可就地取材,筑城起楼亦是进展迅速,数月之间城已筑成。

憾山在德清之西九十里,湖州西南百四十里,地处湖州、杭州、安吉之交,山势自天目山而北连接莫干山,为杭州西北之屏障。山上有独松岭,岭口高四十二丈,出独松岭可西通杨吴之广德、宣州、歙州,东南经由余杭可至杭州,乃杭州府之西北大门。独松岭南依临安,乃是临安北出奇兵进击杨吴之要塞,亦是江淮与吴越步骑兵争逐之地,以此吴越王命传璟在此驻兵,修筑奉国城,于独松岭上建独松关,两侧又建百丈、幽岭二关,互为应援。传璟命兵卒将关外十数丈之内林木统统砍伐,以防敌人偷袭或火攻,所伐木材供修建奉国城之用。山上岩石取之不尽,正可用于砌筑城墙,数月之间即修成奉国城及独松关。

湖州西南有天目山,东北濒太湖,境中地势西南高东北低。西部有西苕溪,发源于天目山北麓,又名余不溪或雪溪,由西南向东北流经吴兴入于太湖;中部有东苕溪,发源于天目山南麓,经临安、余杭由南部入境,自南向北至吴兴与西苕溪汇合,再流向东北至大钱口入于太湖;东部平原地势低洼,大致与苏州、嘉禾相当,因此大运河经苏州、嘉禾由乌戍入境,穿过东部进入余杭。境中有此三河,若在正常年份,则风调雨顺,当无旱涝之虞;但逢暴雨,西部多山地区即常有山洪暴下,苕溪下游排泄不及往往冲决两岸,毁坏农田,而东部低洼地区则易潴涝成灾。当年田頵增援董昌兵败溃逃至湖州东部,适逢连日阴雨潴涝泛滥,淹死兵卒无数,即在此地。

传璟一面命两千撩浅军分赴太湖之滨疏湖筑堤,一面与众人商议如何整治湖州水利,发展农桑。先命专人负责调查东、西苕溪易决堤河湾,制定治理计划;又命人专门谋划疏浚、扩宽苕溪下游河道,满足泄洪排涝;再命人组织民工在东部地区增挖沟渠,以便雨季洩潴排涝;复命府库准备钱粮,诸事安排停当,准备大兴水利彻底根除湖州地区旱涝之患。

为求风调雨顺,五谷丰登,吴越王于贞明二年(916)正月十五日亲修奏章,报请朝廷于杭州宝石山修建广润龙王庙,于越州鉴湖旁修建赞禹龙王庙,并亲撰《建广润龙王庙碑》,略曰:

盖闻四灵表瑞,则龙神功济于生民;百谷熟成,则水旱事关于阴骘。而况浙阳重镇,自古吴都,襟带溪湖,接连江海,赋舆甚广,田亩至多,须资灌溉之功,用奏耕桑之业。钱塘湖者,西临灵隐,东枕府城,澄千顷之波澜,承诸山之源派。梁大同中,湖干尝置。唐咸通中,刺史崔彦曾重修,凿石为门,蒸沙起岸。自予扶翊圣运,移节建旌,旧日湖堤,尽为城宇,澄泽有同于镜水,济时每及于生灵,一郭军民,尽承甘润,逐年开豁,森若滋(阙)长居一尺之深(阙)不竭元阳之失度。其中菇莲郁茂,水族繁滋,蒸黎实藉以畋渔,河道常资于灌注。壮金城之一面,不异汤池;润录野之万家,常如甘泽。固有神龙居止,水府司存,降景佑于生灵,兴旱涝之风雨。原其自编祀典,积有岁年,虽陈奠酹之规,未施展敬之所。盖为古来藩侯牧守,不能建立殿堂。予统吴越山河,绾天下兵柄,前后累申祈祷,皆致感通,既荷阴功,合崇祠宇。昨乃特于湖际,选定基,创兴土木之功,建立栾栌之构。至于殿庭廊庑,门楹阶墀,悉亲起规模,指挥擘划俱臻壮丽,以称精严。然后慎选良工,塑装神像,威容赫奕,冠剑阴森,陈将僚侍卫之仪,列钟鼓豆笾之位。以至车舆仆马,帐幄盘筵,祭器鼐厨,无不臻备。声香荐献,不阙四时。况镜水清流,烟波浩渺,其湖周百馀里,其派数十馀川,济物于人,功能及众,亦无龙君之庙貌。予遂与钱塘龙君,一时建立庙堂,同表奏闻,乞加懿号。果蒙天泽,并降徽章,其所奉敕旨,具录如后:

敕:钱塘重地,会稽名邦,垂古今不朽之基,系生聚无疆之福,有兹旧迹,特创新规,岂曰神谋,实因心匠。盖水府受天之职,庇民之功,岁时固阙于牲牢,祈祷必观于蚃,得一方之义化,致两境之安康。钱镠普扇仁风,久施异政,至诚所切,遂致感通。其钱塘湖龙王庙宜赐号广润龙王,镜湖龙王庙宜赐号替禹龙王。牒至准敕旨。

若夫人惟神赞,神实人依,信冥阳共理之言,乃幽显相须之义。今者式严庙貌,永受烝尝,四时之殷荐不亏,万姓之祷祠无阙。神其受天朝之宠赉,(阙)千古之光辉,常镇吴邦,豫消灾珍。必使原田肥沃,克昌广润之名;谷稼丰登,更表土龙之德。今则严禋已立,邃宇咸周,聊记岁月,刻于贞珉,后来观者,其鉴之哉。

第三十一回　不肯去观音留普陀　现化身弥勒驻明州

话说南朝陈太建七年（575），有高僧智顗大师率领弟子二十余人于天台山南麓一山湾处结庐而居，潜心研修佛法十余年，在始祖慧文、二祖慧思佛学思想基础上创立了天台宗，从此讲经说法，在两浙地区留下颇深影响。

隋开皇十六年（596）某日，智顗大师梦见隐士定光向其告道："大师佛学已成，不久自然归渡佛国，何不及早在此筹建寺院？寺若成，国即清，为民造福广矣。"智顗大师梦醒之后，细细回味梦中之事，自料将不久于人世，遂亲自选择道场基址，绘制寺院图式，嘱咐僧徒待条件具备时修建寺院。次年，智顗大师圆寂，享年六十岁，生前终因专心致力于研究佛法教理、讲经说法而未曾修建寺院。

智顗大师生活于南北朝末期及隋朝初期，适逢国中动乱纷争，百姓苦不堪言，大师因在佛坛中之声望与当时陈朝君臣及以后的晋王杨广等皆深有交往，常以所创天台宗教理与之交流，以菩萨心肠规劝其为民扬善，颇受权贵们尊重。晋王杨广得知智顗大师圆寂及其生前遗愿，于开皇十八年（598）初特遣司马王弘来天台山，按照大师遗愿督造天台寺，寺院于仁寿元年（601）落成。大业元年（605），杨广登皇帝位，乃按大师意愿赐寺名为"国清寺"，自此天台宗影响日益广大，天台山中寺庙亦逐渐增多，"国清寺"成为天台宗之根本道场。

唐朝贞元二十年（804），日本僧人最澄渡海来华求习佛法，在天台山拜道邃及行满为师研习天台宗教法。最澄归国后即在日本创立天台宗，使得天台宗在日本亦广为传播。"国清寺"不仅是华夏天台宗祖庭，亦是日本天台宗祖庭，日本僧人常慕名来此学法，两国僧人自是交流频繁，往来密切。

到了唐朝末年，日本僧人慧锷仰慕中国佛教鼎盛，佛理屡屡推陈出新，遂渡海来到中国研习佛法。慧锷先到明州诸寺，再南下到天台山诸寺，拜佛诵经，研习佛法，广结禅缘，交流心得，随后又云游大江南北，最后来到山西五台山。这五台山本是文殊菩萨道场，文殊菩萨与普贤菩萨、观音菩萨同为佛的上首弟子，历来关系密切，所以山上各寺院亦多有普贤菩萨像和观音菩萨像。唐时之五台山已是梵刹遍布，成为北方善男信女、达官贵人的朝拜中心，远近香客络绎不绝。慧锷离开日本已逾十年，云游了半个中国，其间拜遍南北寺院，打算于五台山完成研习佛经之后即回日本弘扬佛法。

这日，慧锷来到法华寺，向寺中方丈说明来意，方丈热情接待，安排清静禅房供其研习佛经、参禅安息。在寺中僧人引导下，慧锷来到大雄宝殿后侧观音菩萨殿，只见偏殿正中一尊由白玉精雕细琢而成的观音菩萨像端坐在莲台宝座上，高约三尺，洁白晶莹，慈眉善目，体态端庄，手持净瓶，中插莲花，璎珞低垂，绣带轻飘，直看得慧锷目瞪口呆。当时百姓几乎家家供观音，人人念慈悲，观音菩萨已经与黎民百姓心心相连，是最贴近百姓心灵的菩萨，因此慧锷对观音菩萨格外崇拜。此时一缕斜阳正照在菩萨像上，阳光被菩萨像反射到四围五彩帷帐，互相辉映，周围竟显现出五光十色的光环，增添了菩萨的庄严神圣。慧锷身临其境，犹如来到南海亲临菩萨道场，连忙躬身礼拜，长跪不起足有半个多时辰，直至日落西山才依依不舍离殿回到禅房，仍然激动不已，心想："我来中国十余年，一是求学修法，如今已经习学有成；二是遍拜诸佛，如今亦已拜参了半个中国大小寺院；余下心愿就是在中国佛坛圣地请得一尊观音菩萨像，恭奉回国，使本国善男信女亦能前往瞻拜。今日所见观音菩萨，慈祥庄严，祥光四射，若是能请得这尊宝像奉回日本，供我国黎民百姓顶礼膜拜，祈佛赐福，岂不是我国万千僧俗之万幸！"这一夜，慧锷思绪万千，心潮起伏，决心要想方设法请得这尊观音菩萨回国去。

一连数日慧锷天天来观音菩萨宝殿参拜，却面带抑郁，语言鲜寡，方丈看在眼里知有心事，遂请至方丈室交流学习心得，逐渐找寻话题探访慧锷心中之事。慧锷坦诚说道："弟子慧锷自日本专程来到大唐，求经学法、朝拜菩萨已十年有余，不日即将回归本国。初到贵寺参拜观音菩萨法像，乍一相见，只觉得大士光彩夺目，庄严慈祥，格外神圣。夜来弟子坐禅时，又见菩萨手持净瓶，脚蹬莲花，一身素白，飘飘然来到弟子面前，告诉弟子即将远下江南，东渡大海，去到一个岛中建立自己道场，并要弟子同行。弟子心想：三位大士中，文殊菩萨已在五台山建立自己道场，普贤菩萨则在峨眉山建立道场，观音菩萨亦当建立自己道场。如今现身定是要弟子恭奉宝像东渡日本建立道场，这既是菩萨的旨意，亦是日本万民之福，弟子岂可不遵菩萨旨意，辜负我国万民之心。可是这尊菩萨宝像乃是贵寺开寺之宝，众僧皈依之佛，怎好向方丈开口？以此弟子心中委决不下。"

方丈听说颇感突然，一时无法应对，便道："阿弥陀佛，善哉善哉，大师不顾艰险来到大唐研习佛法十余载，实在难能可贵，今欲请观音宝像东渡日本，乃是遵菩萨旨意，亦是善举。只是此事重大，而且需要渡海，一路斩风劈浪多有艰险，一旦有所闪失，老纳将是千古罪人，因此请容老纳思虑周全再行定夺。"

过了几日，慧锷见方丈不提此事，便前来叩见，道："自从佛教传入日本，崇佛敬佛之风已广为传播，尤其盛唐至今，两国佛学交流频繁，日本百姓拜佛之风已盛。只是日本寺庙尚不甚多，以此弟子诚心恳请观音菩萨东临日本，一是了却菩萨在梦中之托，二是为日本善男信女开辟一处参拜观音菩萨的道场，以教化民众，救渡东瀛苦难，请方丈慈允。"方丈见慧锷说得恳切，便道："不是贫僧不肯，只是日本与我五台山远隔万水千山，尤其有大海阻隔，波涛汹涌，恐怕难以东渡。"慧锷见已说动方丈，便进一步说道："既然菩萨已经点化贫僧欲去东海岛国建立道场，于路途上自然会随时相助，想必不会出什么差错。"方丈毕竟也是佛门高僧，心想："广交佛缘，远播佛法，乃是我佛门弟子之愿，有多少印度高僧为弘扬佛法来我中国度过一生，又有多少我国高僧不远万里跋涉去印度取经求佛，还有多少中日两国高僧不畏狂风恶浪往返于东海两岸交流佛法。如今慧锷欲请大士宝像同回日本，亦是我梵门国际交往的一次壮举，理当竭力支持。"想到此，方丈点头说道："诚如大师所言，途中自会有菩萨保佑。不过路途遥远，你孤单一人不免力不从心，我于本寺中挑选几名精干强壮僧人与你同行，互相有个照应，老纳也好放心。"慧锷见方丈如此相助，连忙叩首，感谢方丈大恩。

一个月后，方丈为菩萨精置了行宫宝座，既庄严华贵、精美小巧，又不怕路途颠簸、风浪摇摆，再挑选了四名精壮和尚，备好了送行车马。当时中原战事不断，民不聊生，江淮大权旁落，君臣明争暗斗，因此登州、扬州都非菩萨登船启航首选之地。唯有吴越明州，地方安定，尊重佛事，海路又离日本最近，是菩萨渡海之首选港口。为了确保安全，方丈先派出数名僧人分赴沿途各州府、寺庙联络，请求派人沿途护送，诸事安排停当才与慧锷一起做了法事，为菩萨送行。方丈跪叩说道："今有东瀛弟子慧锷历尽千辛万苦来到我法华寺，诚心礼请大士东去日本教化万民，弘扬佛法，这亦是我佛门宗旨，因此弟子顺应了这一因缘，恳请菩萨恕我。"次日清晨，慧锷一行拜别方丈下山，一路车迎船送，跋山涉水望南而去。

到得杭州，吴越王早已派官员并各寺院僧侣及乡绅居士聚集于北关门（余杭门或武林门）码头迎候，众人接着，于码头上摆香案虔诚跪拜，众僧人高声念诵般若波罗密多心经，钟磬、木鱼依韵奏响，礼毕，护送菩萨至中天竺寺。当时杭州著名寺院有武林山灵隐寺，三天竺之下、中天竺寺，孤山的孤山寺，大慈山的大慈禅寺（初名广福寺、虎跑寺），凤凰山的胜果寺，玉泉净空禅寺，其中下天竺寺供奉的是鱼篮观音，中天竺寺供奉的是白衣观音，其余诸寺多供奉释迦佛祖。慧锷所请白玉观音与中天竺寺的白衣观音十分相合，众人遂请慧锷奉观音宝像来到中天竺寺歇息。

各寺高僧会聚中天竺寺做了三天道场。吴越王亦带了主要属僚亲赴道场供奉檀越，谦恭参拜，对诸寺高僧道："慧锷大师此去须漂洋过海，波涛凶险，尚须请各寺主持挑选精通舟楫之道、航海之术的师傅护送，方可保旅途平安。"慧锷大师命五台山同来的和尚回法华寺复命，自己则带了杭州各寺院选送的数名和尚，奉了菩萨行宫宝座,辞别众僧径向明州而来。明州府早已备下了出海船只,饮食用品,慧锷一行在明州稍事休息即登船出海向东驶去。

贞明二年(916)四月,时值初夏季节,阳光明媚,偏南风徐徐吹拂,推送航船缓缓向东北驶去。慧锷大师远离日本已十余载,如今学成归国,又为日本百姓请得观音宝像,心中自是十分高兴,只要登上彼岸便可大功告成。正得意之际,却见前方海天交接处隐隐出现一条白线,时断时连,旋即刮起了东北风,天际白练渐渐向船靠近,待到更近时,白练已化作朵朵白莲花。谁知过不多久竟然狂风大作,海面上朵朵白莲化成了滔天巨浪。见此情景慧锷大惊,连忙跪倒在菩萨面前,双手合十,反复念叨:"救苦救难观世音菩萨,保我消灾避难,安全回到日本,好为菩萨建立道场,弘扬佛法……"不知不觉中,波涛把船推到了一个小岛的山岙之中,尽管大海中波涛冲天,山岙中却平静了许多,慧锷只得停泊岙中等待风浪平息再上路。

次日天明,见海上风浪小了许多,慧锷归国心切,急忙扬帆起航,谁知刚驶不远风浪再起,又把帆船推回山岙中来。慧锷心中纳闷道:"中日间海面向来冬季多北风,宜出海南行;夏季多南风,宜航海北归;而五、六、七月多台风,不宜远航。如今却是四月,怎会连日狂风不止,而且又是东北风,阻我东行,岂不怪哉!"因心中焦躁不得其解,慧锷便信步上岸走上山来,不知不觉来到一户人家。主人张氏见是一位日本高僧,待之甚恭,奉上清茶素果,二人攀谈起来。原来此岛原名小白华,东汉年间曾有南昌尉梅福弃官来岛隐居,炼丹修道,此岛遂呼之为梅岑岛,现今犹存梅福禅院。唐代大中元年(847)有印度僧人来岛,以火烧坏自己十指,祈求菩萨现身,果然在一山洞前见到观音菩萨现身说法,授其七色宝石,印度僧人遂就地结庐,在此修身拜佛,并于咸通四年(863)建起一座观音庵,供奉观音菩萨像。慧锷闻言暗暗吃惊:原来岛上现有观音庵,菩萨亦曾在此地现身说法,怪不得我船过此岛两番受阻不能前行,想必是观音菩萨要回观音庵看看,这亦是当然之事。于是慧锷携众僧人找到观音庵,恭请玉观音来到庵中,做了一天佛事。

众人恭奉宝像登船欲再次起航,谁知行不多远狂风再起,航船几乎颠簸欲覆,不能前行。慧锷见再三出航不能东渡,暗自寻思道:"观音菩萨曾于梦中嘱托要弟子奉了宝像东渡大海到一岛上建立道场,弟子自以为菩萨之意是去到日本国,如今看来或许是误解了菩萨之意,非是去日本国,而是这梅岑岛,以此再三阻止东渡。"于是慧锷跪倒在菩萨宝像前喃喃祷告道:"请菩萨明示,如果我日本国众生无缘见佛,请明示方向,弟子自当为菩萨建立道场。"过了不长时间,浪涛渐弱,帆船竟驶回梅岑岛,停于潮音洞下。

张氏见帆船返回潮音洞便前来探问根由,慧锷将五台山请得菩萨宝像欲奉回日本以及三番被波涛所阻经过原原本本告诉了张氏，并流露出欲在梅岑岛就地建立观音菩萨道场之意。张氏听了激动万分，道："既如此，就以敝舍所居双峰山建庵供奉观音菩萨宝像，所需之资亦由敝人向岛上百姓募集，大师意下如何？"慧锷在岛上人生地不熟，正愁难以实现筹建道场之愿，听张氏如此说，心中自然答应，不过事关重大，遂道："容贫僧虔诚请示菩萨意愿之后再行定夺。"

众人将观音菩萨行宫宝像抬至张氏正堂供奉，安排停当之后，慧锷带领众人随张氏出门考察。

出得门来，只见前面一片紫竹林，竹杆青紫，竹叶翠绿，生长得茂密挺拔，维护着中间一片芳草地。草地前侧有一荷花池，池中荷叶青青随风摇曳，宛如仙姬起舞，天女献艺；草地另一侧有一暗红色岩石，状如盛开莲花；背后却是一片山岩、巨石，犹如群僧参禅，静坐听法。慧锷叹道："此处不正是观音菩萨之说法讲坛么，难怪菩萨要在此建立道场。"

穿过岩山群便是波涛万顷的大海，山岩之下即是潮音洞，洞深莫测，海涛涌入洞中撞击岩壁发出巨响，浪花飞溅水沫横飞，洞口飞雾经阳光照射，七彩飞虹时隐时现，真是声色壮丽。

出了紫竹林往北漫步而行，爬过一个山坡，眼前便是一片广阔沙滩，宽约一二百步，长约两千余步。滩面平展，任凭海潮涨落冲刷，留下这片细软金沙，洁净无染。俗人在这片清净无瑕的沙滩浅海中走过，自会洗却一切烦恼悲愁。偏南处却有一巨石，犹如雄狮蹲踞石上，远望大海，守护着海岛佛国之安宁。

离开沙滩攀上悬崖继续北行不远，便来到梅岑岛主峰脚下。众人攀藤附葛、登石爬岩而上，大约一炷香功夫，只见前面上方一块巨石挡住去路，这巨石向山下倾斜，颇有滑落之势，巨石上复有一稍小长方形岩石凌空矗立，众人看时却似一船一帆刚从天外茫茫云海飘落山上，并将普渡众生继续驶向极乐世界。

绕过这一帆一船，再上行不远便来到主峰之巅，俯视四方，却见此岛竟似一只大头鼋，头朝南昂首前望，众人立足之处乃是鼋之高背，四足横出浸没海中，尾部摇摆偏向东北。原来这大鼋与鳌鱼同是观世音菩萨坐骑，随时可以游弋四海。从山巅眺望四海，只见碧波万顷，万千浪花犹如朵朵白莲，周边岛屿星罗棋布，海际天涯祥云缭绕，真是世外仙山，海天佛国。

下山南行，折而往西便到梅岑山，山上有梅福庵，梅福在此隐居、炼丹、修道，如今遗迹尚存。再西行不远，便见山岗之上有一扁圆形岩石隆起，高出地面丈余，上可容二十余人。岩上复有一卵形巨石，看似风吹草动便会自行滚落，实则狂风呼啸亦只能微微点头而已。二巨石四周地形空旷平坦，可据高远眺，山海林舍尽皆历历在目。继续西行来到海边，只见岸壁陡峭，山岩堆拥，乱石之间隐藏一洞，洞中盘旋曲折，长约四五十丈，险陡异常，尚有数处漏窗可以窥见大海风光。

张氏引领慧锷及众僧环游全岛之后回到居所，慧锷叹道："梅岑岛远离尘世，四周云海茫茫，人迹罕至，岛上有诸多佛迹圣踪，又有许多怪洞奇石，林木葱郁，鸟语花香，其地势、环境、林木、花鸟都与佛典所说普陀山相似，真是理想的佛国圣境，难怪观音菩萨选择此地作道场！"当下便与张氏商定建立观音禅院，并起名曰"不肯去观音院"。

慧锷命随行僧人回杭州及五台山报知所遇奇事及在梅岑岛建观音院经过，中天竺寺方丈亲赴王宫禀告吴越王。吴越王亦是心潮起伏，激动不已，对方丈道："我中华九州北有五台山文殊菩萨道场，西有峨眉山普贤菩萨道场，南有九华山地藏菩萨道场，如今于我吴越境中建起观音菩萨道场。观音菩萨救苦救难，普渡众生，教化民众去恶扬善，敬天修德，从此我吴越定会社会安定，消弭罪孽，真乃百姓之福啊。菩萨道场既落座于我吴越，八方香客必将虔诚来朝，各地名流亦会慕名而至，对我吴越之兴旺当大有裨益。如此幸事，本王自当极力赞助，待观音院落成开光之日，本王定派人奉礼前往。既然佛典有记载观音菩萨乃在印度南海普陀珞珈山上有道场，不妨将梅岑山改称为普陀山。"方丈自然也十分高兴，道："就依大王所言，老纳将召集杭州各寺院僧众一同前往参加大典。"

回到内院，吴越王命人唤来王弟钱铧及诸位夫人，将梅岑岛开辟观音道场及建立道场对吴越的深远影响详细介绍一遍，提议竭尽家中资财供奉于观音院，俾使普陀山观音道场尽早发扬光大，深入人心。吴夫人首先竭力支持，说道："此乃上上好事，上可庇护我吴越平安，下可保佑百姓康宁，此等好事唯恐求之不得，今既遇上，我等自当竭力奉献。"听吴越王及吴夫人如此说，众夫人亦纷纷赞同，遂各自回房整点各房财物。吴越王对钱铧说道："参加观音院开光大典之事就由铧弟全权负责，务必谨慎稳当，与佛门交往应谦恭虔诚，佛事兴、僧人安则民心稳、民风正，切不可大意妄为。办完开光大典，路过明州时不妨广访明州诸寺庙，但凡力所能及，帮寺僧们解决一些急难之事。"

吴越王第十九子名传祁，乾宁五年（898）七月九日陈夫人所生，自幼体弱多病，陈夫人曾携传祁至各寺院参拜，求菩萨保佑早日康复，却一直未曾如愿，倒养成了传祁崇佛的信仰。如今传祁一十九岁，尚未成婚，听说普陀山建成观音道场，乃决意前往普陀山观音院出家。吴夫人、陈夫人怎舍得，苦苦劝解，传祁始终去意坚决，二位夫人只得请吴越王出面劝阻，传祁仍然不从。吴越王只好说道："吾儿决意出家，为父也不阻拦，只是普陀观音道场远在海外，又系初建，你母妃已经年迈，难免时常想念牵挂，这一去难以相见，却不苦了你母妃。不如待就近新建寺院时吾儿再出家，如此你母妃仍可时常前去探望，以慰母心，亦算是吾儿尽了一片孝心。"传祁见父王如此说，只好依允。

贞明二年（916）十月，普陀山观音院竣工落成，中天竺寺方丈联合杭州诸寺方丈邀请全国各地主要寺庙的高僧大德前往参加开光大典，各地僧众云集，做了三天道场。因国中战乱不断，自咸通十四年（873）唐懿宗法门寺迎佛骨盛典以来，已有数十年没有过这等盛大佛事。因此大典过后，普陀山建成观音菩萨道场之事很快广为传播，此道场成为四大菩萨道场之一。

大典完毕，钱铧受吴越王之托来到明州参拜诸寺。这日，钱铧来到明州东郊的鄞县阿育王寺。该寺建于南朝宋元嘉二年（425），寺中供奉有佛祖释迦摩尼涅槃后的舍利，缀于宝罄之上，宝罄悬于舍利塔中，乃是阿育王所造八万四千舍利塔之一。唐武宗灭佛时阿育王寺被毁，原有寺田十顷皆被没收，如今寺院凋敝，宝塔蒙尘，舍利受损，众僧痛心。住持请求钱铧设法妥善供奉，与寺中主要僧众再三商议，最后决定由钱铧及住持一起恭迎释迦舍利塔回杭州，奏请吴越王延请高僧筹建宝塔永久供奉。吴越王慨然允诺，并邀请住持一起筹办此事。

当年建造安国县功臣山功臣塔之时，吴越王对建塔之事亦做过研究，认为以往建塔皆由砖砌，传统砖塔存在如下缺陷：墙壁厚重，体量较小，不便供奉较大佛像；外形简朴，色调灰暗，常与周围山岩、丛林融为一体，若非建于山顶之上，往往难觅塔影；不设外廊，窗洞窄小，由塔内外望视野有限，方向固定，不便欣赏。吴越王心中一直隐存设想，欲建一座朱门红墙、雕梁画栋、外环回廊、飞檐翘角的木质宝塔，遂召来各寺高僧大德、远近建塔名匠，将建舍利塔及自己设想请众人共同商议。起初有人担心改变塔形，工程上会有难度，亦有人担心会遭到僧俗非议，最后众人还是一致同意吴越王意见，决定在子城之南、秦望山之东的胜果寺下建造木塔。

贞明三年（917）春末夏初，塔的木架已建起三层，吴越王亲自登塔视察，却见木架摇动不止，竟与砖塔大不相同，问工匠缘故，答道："尚未布瓦，上面轻，所以晃动。"待布上瓦之后，木塔却依旧晃动如初。工匠亦未建过木塔，竟不知如何是好，只好悄悄使妻子去见喻皓之妻，赠以金钗，请问木塔晃动原因，求教补救之法。喻皓乃当时营造名师，所建殿堂宫室无数，因年迈不便承担工程，今见工匠求教，便笑告道："此事不难，只须逐层铺满木板，再用钉子钉实，梁架之间互相被木板支撑固定，便自然不再晃动了。"工匠按喻皓指点，将木板用钉子钉于梁上，使塔架上下左右前后六面相互支撑，犹如箱子般牢固，人踩塔板上，六面互相支持，木塔果然不再摇晃。

冬末塔成，九层八面，高三百七十级，中心有立柱，柱周围有佛龛，皆塑菩萨，僧徒可围绕佛龛参拜。塔外每层皆环绕围廊，廊外架设屋檐，以遮风避雨。游人登高伫立围廊,南望可见涛涛钱江水从远山间流出,奔腾来到塔下,罗刹石横截江中,石上亭台水榭装点一新,远处群山蜿蜒起伏,气势恢宏;东望则杭州街坊俯陈眼下,钱江波涛汹涌翻滚,东归大海;北望则杭州府署错落参差,矗立于山岗之后,红墙灰瓦,庄严肃穆,凤凰山如翠凤展翅,护卫着州府;西望则有玉皇山宛如玉龙昂首,左有大慈山,后有南高峰,又似玉龙腾身自西向东而来,真是气象万千,令人遐思不尽。由远处眺望新塔,则高大挺拔,红墙黛瓦,飞檐翘角,塔刹刺天,矗立于罗城与子城间山坡之上,犹如一尊赤甲金刚,头戴铁盔,正气凛然,守护着杭州城百万子民。

塔既落成,众高僧大德择定于来年二月十五日释迦佛涅槃节举行涅槃法会。到了节日,远近高僧大德齐集塔前,悬挂释迦涅槃图,摆起香案,上供释迦舍利宝塔,众僧齐诵《遗教经》。诵毕,虔诚跪拜,由阿育王寺住持僧手捧释迦舍利宝塔进入塔中,将舍利塔安放于塔底地宫正中,随后再由各寺高僧手捧供奉礼物、法器一一安放于舍利塔周围。安放完毕,在众高僧见证下覆盖地宫石板,再填土砌砖。法会上众僧议定新塔名曰"梵天塔",并指定五名僧人于塔旁庵中专门守护,后来此庵又改建成梵天寺,这是后话。

却说明州奉化一带常见一和尚,俗名契此,生得肥头大耳,硕胸凸肚,眉眼含喜,开口带笑,常常肩搭竹棍,背负布袋,招摇过市,串村游乡,百姓皆呼其"布袋和尚",自号"长汀子布袋师"。这和尚化来饭食吃剩即倒入布袋中,日用杂品不用时亦装入袋中,遇到穷人饥饿者施给剩食,缺衣者施给旧衣,皆取之于布袋,袋中之物真是取之不尽、用之不竭。其身后常跟着一群孩子,每每给孩子们喜爱的东西吃、玩,孩子们高兴,大人见了也高兴,因此亦有人呼其为"皆大欢喜"。契此和尚居无定所,随遇而安,唯在奉化郊外岳林寺中居住较多,附近有居士明州评事姓蒋名宗霸,字摩珂者,见契此看似疯癫、语无伦次,但细细品来却蕴含深刻哲理,从此追随其左右,游遍两浙、皖南、江西、福建等地。

一日,两人云游到长汀时,暑热难耐,汗浸衣衫,气促目玄,步履艰难,见不远处有一溪汩汩流过,便来到溪中洗澡。契此褪下直裰擦洗时,不经意间露出背上竟生有一眼,熠熠放光。摩珂见了大吃一惊,知道契此绝非常人,遂俯伏溪中连连叩首,请契此指点迷津。契此遂告诉摩珂此乃佛眼,用以观察俗世间一切善恶不平之事,并告诫摩珂切不可有丝毫泄露,否则缘分即终。

贞明二年(916)三月,契此和尚与摩珂同回奉化岳林寺,数日后契此即在寺院东廊磐石上面带笑容、微闭双目圆寂,身前地上用白粉写有一偈语:弥勒真弥勒,化身千百亿;时时示时人,时人不得识。岳林寺住持一时参不透此偈,心中疑惑不定,遂以一般高僧规格将契此安葬于寺西两里锦屏山的塔院之中。

数月后，有奉化人从西川回来，称在成都见到契此和尚，仍然是喜笑颜开，行止飘忽，肩挑布袋，周济贫困，并带口信给摩珂，说是不久即将在西天相见。摩珂得契此口信，随即沐浴斋戒，于静室中安坐而终。推算契此在成都现身时间，却与在岳林寺圆寂时间只晚了几日。不久又有人从北方来，口称在北方见得契此和尚，依然是笑容满面，袒胸凸肚，肩背布袋，教化众生。岳林寺住持听说此事，乃知契此绝非平凡和尚，再仔细品味其圆寂前写下的偈语，遂深信契此确是弥勒化身，以此"化身千百亿"，同时在西川、江北、奉化等地现身，而"时时示时人，时人不得识"正是说的自己及周围众人长期与其相处竟不能识。住持想到此，心中不免惆怅、悔恨、崇敬、欢喜，真是百感交集，遂募集资金于契此掩埋处建起一座寺院，名曰"中塔禅寺"，因寺院正殿中敬塑的乃是弥勒佛金身，因而"中塔禅寺"也称为"弥勒禅院"。

弥勒本是释迦摩尼弟子，姓弥勒，名阿逸多，从人间往生兜率天内院。佛经中说，一万年后世间众生德行逐渐提高，释迦摩尼佛教法将不能满足教化世俗、改进社会的需要，届时弥勒佛由兜率天宫降到世间，继续引领教化世俗的事业，因此称弥勒佛为未来佛。唐代以前，寺院中的弥勒佛塑像多是发型卷曲，表情肃穆，体态端庄，正襟危坐的弥勒佛真身形象，如云冈石窟中诸多北魏弥勒造像、龙门石窟中诸多唐以前弥勒造像、济南千佛山石刻弥勒主像以及四川乐山由凌云山体凿成的大佛、浙江新昌依山凿成的大佛等等，大体都是如此。岳林寺住持建寺塑像虽是为了纪念契此，但契此毕竟只是弥勒化身，寺中承受香火礼拜的理应是弥勒佛真身，因此所塑金身仍然按照传统形象而非契此模样。

新寺建成之后，因契此和尚故事深入人心，引得各地高僧佛徒、善男信女纷至沓来，一时间香火鼎盛，声名鹊起。应众多信徒所请，又于寺院天王殿中按契此和尚形象增塑了大肚弥勒像，称之为"皆大欢喜佛"，当地人亦称之为"哈啦菩萨"，还起了一副对联：大肚能容，容天下难容之事；开口便笑，笑世上可笑之人。

消息传入杭州元帅府，再次激起吴越王十九子传祁出家为僧之念，无论陈、吴二位夫人如何劝解，都无法打动传祁，二位夫人只好禀明吴越王。因上次已经允诺待就近新建寺院时可以出家，吴越王遂只得应允，两位夫人虽心中不舍却也无可奈何。

弥勒化身契此和尚于奉化现身教化民众，其影响之深远绝不亚于在普陀山建立观音道场，对教化吴越万民崇尚善举、修身树德，对稳定社会、发展农桑都将起到积极作用，因而吴越王对此事极为重视，加之传祁要去弥勒禅院出家，因此欲厚施禅院。吴越王来到内院与诸位夫人商议筹集资财之事，怎奈不久前刚刚施赠普陀山观音院，随后又施赠城南梵天塔院，如今诸位夫人手中已所剩不多，勉强凑集来的资财尚不足施赠普陀山观音院之半数,吴越王乃命将诸位夫人亲手所织布帛两百匹捐赠寺院。

吴越王诸位夫人中戴夫人年岁居长,读书不多,长年居于临安旧宅服侍父母。吴夫人居次,知书答礼,为人贤惠,居于杭州府中辅佐吴越王整理家事、教养诸子。吴夫人向来勤俭理家,将府中诸事打理得井井有条,闲暇之时即组织众位夫人纺纱织布,后庭所用衣被、杂用细布大多都是自织布帛。有一次,李夫人因寝帐破旧,欲以青麻布缝制新帐,吴夫人看过之后觉得旧帐尚可使用,未曾允许。如今吴越王欲将两百余匹布帛统统施赠给寺院,吴夫人心中颇为不舍,便道:"妾与诸位夫人备尝机杼之劳,又节俭使用,才得以攒下这两百余匹布帛,今欲全部舍于寺院,于人情、于日后使用似皆不妥。"吴越王道:"夫人心情无可非议,然这弥勒禅院对我吴越意义之深远绝不亚于普陀山观音道场,对安定民心、稳定社会、聚集贤能、教化百姓都将起到重要作用,因而我王府所施所赠必为世人所瞩目。如今施赠府中自织布帛,首先表明我王府虔诚之心;其次对普陀山观音道场与奉化弥勒禅院不能厚此薄彼,这两百匹自织布帛恰可以虔诚弥补资财之不足;再次,吾儿在弥勒院出家,这布帛权当是给传祁今后日用了吧。"吴夫人见吴越王如此说,也就欣然同意了。

过了数日,一切准备就绪,王弟钱铧带了吴越王府之捐赠,携了传祁一同上路,陈、吴二位夫人不免伤心落泪,相拥痛哭一场。

弥勒禅院坐落在明州奉化县中,周围名寺古刹甚多,有岳林寺、阿育王寺、天童寺、保国寺、雪窦寺等,自从弥勒禅院在天王殿中塑起"皆大欢喜佛"像,越来越多的寺院相继效仿,"哈啦菩萨"形象深入人心,奉化遂成为弥勒佛之根本道场。

第三十二回　赴京都传璟迎公主　治苏州传璙垦荒原

自梁帝朱瑱择定吴越王十五子传璟为驸马都尉，至今已是一年有余，贞明二年（916），梁帝降旨命传璟进京与寿春公主完婚。

吴越王接旨，召集众臣商议传璟赴京完婚之事，说道："传璟与寿春公主都已过了正常谈婚论嫁年龄，早该完婚，只是江淮觊觎我吴越之心不死，总与我为敌，如何才能送得传璟赴京？"众人亦是束手无策，只是议论纷纷。良久，沈崧开言道："吴越赴京路线有三：一是顺运河由杭州出发北上，过润州、扬州直至京都，此路最为近捷方便，却被杨吴所阻，杨吴不会坐视朱梁与我吴越通姻亲之好而不发难，此路绝不可行；二是乘船出海，由海路北上至登州，再由陆路进京，此路亦较近捷，只是今已五月，每年五、六、七月乃是台风常发季节，海上凶险，而且杨吴一旦得知传璟北上连姻，必然发舰阻截，更增一层危险，因而此路亦不可取；三是避开杨吴由陆路绕行，福建、岭南、湖南都与我交好，谅必无甚危险，只是如此绕行路程延长数倍，且须跋山涉水，怕驸马受苦不得。"众人心中亦是如此认为，便一致附和道："也只有这条路可行了。"吴越王道："既然唯有此路，那就照此准备行程吧。不过虽说闽王（王审知）、南海王（刘隐）、楚王（马殷）都与我吴越交好，然刘隐已过世，其弟刘龑嗣位，虽曾奉礼以兄事于我，但略闻此人苛酷，曾作刀锯肢解、剐剃之刑，又好奢侈，悉聚南海珍宝以为玉堂珠翠，因此岭南之行尚须谨慎。此去亦要经过许多荒蛮之地，难免有盗贼啸聚，为保安全，烦请杜建徽将军率领一百精兵扮作客商，车载贡品一同入京，待婚事完毕再与传璟同归。十二子传珦自迎娶闽王之女后已有七八年未曾探亲，这次不妨同往福州，有劳皮光业大人陪同传珦夫妇同往。诸位大人意下如何？"吴越王安排已十分明确，众人亦无其他意见，遂各自散去。

吴越王单留下杜建徽与皮光业，对二人说道："方才因人多嘴杂，有一事不便在众人面前细说。江西南境虔州刺史谭全播虽表面归附杨吴，私下里却多与闽王、楚王有联络，互为交好，与我吴越亦有书信联系，尔等到得福州，可与闽王讲明吴越与朱梁联姻之事，请闽王先派人与虔州联络，请求谭刺史派人护送传璟等人过境。如此即不必经过岭南之地，避免与南海王刘龑联络，省去不少麻烦，而且无须翻越南岭大山，通过瘴疫之地，亦可少耽搁许多时日。面见谭刺史时代本王致意,若虔州遇到难处,本王自当鼎力相助。"吴越王吩咐完毕,先命人去福州向闽王通报信息。

传璟、建徽、传珣、光业分头做了准备,择日向吴越王辞行,登舟驶向衢州。到得衢州府,众人安顿歇息,建徽带了几名得当差役先策马日夜兼程赶赴福州,向闽王报告传珣夫妇及传璟已抵达闽浙边境,请闽王派人迎接,同时请求闽王派人密赴虔州联络护送传璟一行人过境前往湖南之事。

闽王接到吴越王通报,早已做好充分准备,今见建徽来报,自然高兴,当即命人携带礼品信函随建徽来到闽浙边境迎接传珣、传璟等人。众人款款南行来到建州(建瓯),传珣、传璟互道珍重就此分别,传珣偕夫人及光业等向东南前去福州省亲,传璟、建徽等则往西南而去。

时值仲夏季节,昼长夜短,午间暑热,以此传璟一行人每日里天刚亮即起身上路,午间休息一个时辰后继续赶路,直至天黑方才歇息。过了汀州(长汀),翻过武夷山不久即遇上了虔州刺史派来迎接之人,众人皆扮作客商模样向西鱼贯而行,一路晓行夜宿来到虔州,谭刺史早已安排下了宿店迎接众人安歇。传璟、建徽及闽王差遣的官员带了礼品悄悄来到刺史府拜见谭全播,代表吴越王、闽王向谭刺史致意,并转达了二王对谭刺史的支持之意。谭刺史亦向三人介绍了杨吴近数年来内部矛盾重重、强臣欺君、频频向外挑衅等情况,并对吴越王、闽王的支持表示感谢。因恐有杨吴眼线,刺史府中不便久留,三人遂匆匆告辞回店歇息。次日清晨,闽王所遣官员自回福州复命,传璟、建徽一行由虔州僚吏带路西行,沿上犹江穿过诸广山来到楚国地界。

楚王早已命人在此等候,众人相见之后,传璟便命虔州僚吏回府复命,一行人跟随楚王所遣僚吏继续西行来到郴州。郴州府已经备了船只,众人上船顺流进入湘江,一路顺风顺水北进。传璟等人自衢州舍舟上岸,一路行来已走过近三千里路程,沿途多是崎岖山路,往往马不能行,须得人力背负箱笼,攀岩附壁而进。适逢盛夏,空手赤膊尚且暑热难耐,何况负重攀登,自是十分艰辛,加之所过之处多是荒山野岭,草虻蚊蝇叮咬自不必说,蛇虫猛兽袭击亦是常事,因此众人多是伤痕累累,再被汗水浸渍以致伤口溃烂,路途上又无法医治,只得挨着前进。如今上得船来,众人已是精疲力竭,赶忙卸去重负躺倒在船上,待到船行后身上被江风吹拂,方觉爽快些许,又歇息好一会儿,才陆续爬将起来洗漱更衣,再请来郎中敷药调养,在船上好生休息了一日。

楚王马殷字霸图,许州鄢陵人,曾随孙儒、刘建峰于淮南攻城略地,孙儒败亡,乃随刘建峰转攻洪州,取虔州、吉州后入湖南袭取潭州(长沙),唐僖宗遂授建峰为湖南节度使、马殷为马步军都指挥使。建峰见军卒陈赡之妻貌美,欲据为己有，却被陈赡击杀，诸将乃推马殷为帅，唐帝拜马殷为潭州刺史。之后马殷接连攻取连、邵、郴、衡、道、永六州，又攻下桂管尽得其属州，乾宁四年（897），唐帝拜其为武安军节度使。梁篡唐，太祖朱晃拜马殷为侍中兼中书令，封楚王。江淮袁州刺史吕师周勇健豪侠，颇通阴阳五行、天象气候、兵书兵法、山河地理，乃五世将家，却不为杨行密重用，屡遭猜疑，遂投奔马殷。时马殷正欲南图岭表，便以吕师周为马步军都指挥使，领兵攻克岭南之昭、贺、梧、蒙、龚、富等州（今广西东北地区），马殷又遣秦彦晖攻取朗州（常德），于是澧州（澧县）向瑰、辰州（沅陵）宋邺、滁州（怀化）昌师益等皆率诸蛮夷归附，从此马殷实力大增，梁帝封其为天册上将军。邻境杨行密、成汭、刘龑皆觊觎楚地，马殷十分担心，府中有将名高愚对马殷道："成汭地狭兵寡，不足为我患；刘龑之心仅五管而已，胃口不大；杨行密与孙儒乃死敌，自然不会与马帅交好，即使以万金与之相交亦不会得其欢心。大王欲图霸业，理当尊王杖顺，内奉朝廷以求封爵，外夸邻敌以安境中，唯保安宁方可退修兵农，积聚实力，如此霸业有望矣。"从此马殷岁岁向京师进贡，但境中物产贫乏，不过茶茗而已。

楚王马殷十分仰慕吴越王钱镠正义大度之为人，赞许吴越保境安民之国策，对吴越虽然地狭兵寡却能御强敌于境外，虽然强敌压境却能屡兴水利、发展农桑十分叹服；加之吴越与楚如能联盟，则可于东、西两面夹制杨吴，使杨吴不敢轻易对楚动兵，因此马殷竭力与吴越修好，遣使欲与吴越结成秦晋之好。开平三年（909），楚王马殷遣掌书记李岘、马匡送爱女至杭州。十月二十八日，吴越王为十四子都知兵马使、检校尚书、左仆射传璙与马殷之女完婚。

楚王嫁女之后，因路途遥远，又有敌国阻隔，始终未曾与女婿谋面，如今女婿之弟翻山越岭远道而来，自然十分高兴，因此早早派人至湘江码头迎接。

传璟、建徽等人来到楚王府中拜见楚王，传璟先代父王致礼问安，又代兄长传璙行跪拜之礼，献上礼单。楚王赐座，动问吴越王安泰、吴越国中诸方面情况，传璟、建徽一一作答。楚王见传璟彬彬有礼，温文尔雅，少年有为，一表人才，心中自是十分欣赏。

少顷，楚王命人陪同建徽至馆驿中休息，自己领了传璟来到后宫见夫人，夫人见了传璟却不见自己女儿、女婿，不免悲喜交集，潸然泪下。传璟连忙道："家兄嫂本欲同来，只是路途实在艰险，嫂嫂万一有闪失如何了得？以此未曾同来。"楚王夫人道："我儿远嫁杭州至今已有七年，关山阻隔，邻国相残，书信难传，相见更难。如今我们已是暮年之身，难免想念，何况还未曾与贤婿谋面，以此难免常有伤感。"传璟忙道："夫人思亲心切乃是人之常情，只要江淮与我两国关系稍有改善，兄嫂自会来楚探望。"传璟思忖片刻，接着说道："我与十四兄传璙乃同母所生,十四兄长我一岁零两月,众人皆说我兄弟俩人长得十分相像,性格也极相似,甚至常有人以为我兄弟两人是双胞胎。"传璟说完此话莞尔一笑,看老夫人听得十分认真,便继续道:"我两人因年龄相近,性格相投,自幼多在一起游戏玩耍,学文习武,相处十分融洽,偶有龃龉,总是十四兄让小弟。长大成人之后,因各有任所,交往少了许多,但每次相见总是格外亲切。此番我从湖州任所出门远行,不知何年何月才能回乡,因此父王已命十四兄接任湖州刺史之职。因有工作交接,又有兄弟情谊,分别之后不知何日才能团聚,因之我们在湖州相聚多日,嫂夫人对小弟十分关照,如同姐弟。临别之时嫂夫人特别嘱咐小弟转告楚王及夫人,嫂夫人向来身体安康,与我兄长相敬如宾。乾化元年(911)十一月十三日,嫂夫人生得一子,取名仁伦;乾化三年(913)八月初八日,嫂夫人又生次子,取名仁倣,如今一家四口欢聚一堂,其乐融融,请楚王及夫人不必挂念。"传璟一番话犹如一剂甜蜜良药,楚王及夫人忧郁之情顿消,夫人恨不得一把将传璟搂进怀里,但出于礼数,只是起身拉过传璟仔细端详,不禁又涌出泪花来,说道:"今见公子犹如见了女儿、女婿,吾儿嫁得如此好夫婿,老身心愿足矣!"当下在后庭中摆下家宴款待传璟。因传璟不仅是自家女婿兄弟,又是梁帝驸马、吴越王之子,且对其为人、风采、才华亦十分欣赏,以此楚王一连三日天天设宴,席间不仅询问吴越风情、经济、军政、名流,也谈论天下大势、治国之道。

第四日,传璟决意辞行,楚王遂亲自率领属僚送至江边码头。

一行人乘船行至岳州(岳阳),因鄂州(武汉)已为杨吴控制,只好逆大江而上,至荆南江陵府(荆州)弃舟登岸步行至汉水边,再乘船逆汉水北上至襄州(襄樊),复转由陆路直奔汴梁而去。

再说晋王李存勖屡败燕王刘守光,燕王求援于契丹,契丹知其乃言而无信之徒,竟不相救,守光又再三请求投降于晋,晋人怀疑有诈,终不纳降。乾化二年(天祐九年)(912)十一月,李存勖亲征桀燕,攻破幽州,俘获刘仁恭(一直被刘守光囚禁)、刘守光父子。乾化四年(天祐十一年)(914)正月,李存勖留周德威镇守幽州,自己返回太原处死刘仁恭父子以祭奠父王李克用。至此,李存勖南破朱梁,北定桀燕,威震天下,赵王王镕、北平王王处直相继遣使入晋,共推李存勖为尚书令,李存勖依礼三辞,而后接受尚书令之职,在太原开设霸府,建立行台,以唐朝皇帝的名义承制任命官吏。

贞明元年(天祐十二年)(915)三月,梁魏博节度使邺王杨师厚病逝,梁帝朱瑱趁机将魏博分为两镇以削弱其势力,为使分镇行动得以顺利进行,特遣大将刘鄩率军屯驻南乐以为监视。魏博果然发生兵变,变兵们囚禁了新任节度使贺德伦,请降于晋。六月,李存勖乘势进占魏州(今河北大名东北),处死变兵首领张彦等人以威慑兵变士卒，稳定乱局，又收魏博牙兵为亲军，亲自兼领魏博节度使，随即遣骑兵五百昼夜兼行袭取德州，再趁夜袭取澶州（今河南清丰西）。刘鄩率精兵万人自洹水移军魏县伏击晋军，杀获甚众，晋王仅以身免。

七月，李存勖率大军与梁军展开对峙，刘鄩屡战屡败。日久，刘鄩馈饷困乏，退守莘县，晋人几番挑战皆不应战。梁帝对刘鄩屡战败绩甚是不满，问其今后决胜之策，刘鄩答道："臣今无策，惟愿人给十斛粮，贼可破矣。"梁帝愤怒，责问刘鄩："将军蓄米是要破贼还是解饥？"遂即派遣中使前往督战。刘鄩不得已率万余人出征，又被晋军大败，从此刘鄩于莘县闭门不出。祯明二年（天祐十三年）（916）二月，晋王留副总管李存审守营，自己至贝州劳军，并声言回师太原，以引诱刘鄩出战。刘鄩果然中计，欲趁机夺回魏州，结果遭到李存勖、李嗣源、李存审的三面夹击，在故元城一战中全军溃败，逃奔滑州（今河南滑县）。

此后，李存勖又遣军接连攻取卫州（今河南卫辉）、洺州（今河北永年东南）、相州（今河南安阳）、邢州（今河北邢台）、沧州、贝州（今河北清河西）等地，黄河以北除黎阳（今河南浚县东）一地外皆被晋军占领。

值此朱梁内外交困之际，传璟、建徽一行人来到京都觐见梁帝。传璟呈上贡献礼单，礼毕，梁帝只是简单寒暄即因国事冗杂、心绪烦乱而匆忙结束会见，命人安排传璟等人前往馆驿歇息，择定吉日为传璟与寿春公主完婚。一来寿春公主早年曾与传瑛订婚，尚未谋面传瑛即不幸去世，之后才与传璟订婚，因此早已过了正常婚嫁年龄；二来梁廷之中连年发生许多变故，子弑父、弟杀兄，亲亲相残，公主日日胆颤心寒；三来近几年战事连连失利，朝中大臣离心离德，眼见得朝廷每况愈下，风雨飘摇，因此寿春公主心中早就盼着远嫁他乡，远离这冤怨伤心之地。梁帝亦因战事终日惶惶不安，无心为御妹操办，遂完全听任手下人张罗。七月，传璟与寿春公主完婚。过了蜜月，二人即向梁帝辞行，梁帝也不挽留，敕授吴越王钱镠为诸道兵马元帅，传璟为驸马都尉，浙东营田副使、常州刺史杜建徽为泾原节度使。

贞明三年（917）三月，梁帝敕授：

王子传瓘：赞正安国功臣、镇海军节度使、北面水陆都指挥使，兼北面行营招讨、金紫光禄大夫、检校太保、守杭州刺史、大彭县开国侯、食邑一千户；

王子传璟：赞正安国功臣、镇海军节度副使，土客诸军都指挥使，兼北面行营招讨、金紫光禄大夫、检校太保、守苏州刺史、大彭郡侯、食邑一千户；

王子传璟：赞正安国功臣、镇海军节度副使、土客诸军都指挥使，兼北面行营招讨、金紫光禄大夫、检校太保、守湖州刺史、大彭郡侯、食邑一千户；

王子传球：赞正安国功臣、镇东军节度副使、东面水陆都指挥使、金紫光禄大夫、检校太保、守温州刺史、大彭县男、食邑三百户；

王子传懿：赞正安国功臣、镇东军西面安抚都指挥使、金紫光禄大夫、检校太保、守睦州刺史、大彭县男、食邑三百户；

王子传〈瓘〉：赞正安国功臣、镇东军亲从都指挥使，兼土客诸军安抚副指挥使、银青光禄大夫、检校司徒、守窦州刺史；

王子传瑾：赞正安国功臣、镇海军上右厅都指挥使，兼土客诸军安抚指挥使、金紫光禄大夫、检校司徒、守明州刺史；

王子传〈王季〉：赞正安国功臣、衣锦军防遏都指挥使、金紫光禄大夫、检校司空、守义州刺史；

王子传珦：赞正安国功臣、镇海军衙内先锋指挥使、金紫光禄大夫、检校司空、守峰州刺史；

王子传琰：赞正安国功臣、镇海军节度上押衙，充安国衣锦军亲从副指挥使，兼两直都虞侯、金紫光禄大夫、检校尚书右仆射、守峦州刺史；

王子传璙：赞正安国功臣、镇海军节度右押衙，充上直都知兵马使、银青光禄大夫、检校尚书左仆射。

四月，梁帝下诏，命吴越王开设诸道兵马元帅府，任用臣僚属吏等同天策上将军府。同月，以峰州刺史传珦守检校太保，其余如旧。

十月，梁帝派遣吏部尚书李燕、中书舍人韦说来杭，敕授吴越王为天下兵马都元帅。

该月，湖州太湖边渔民报说有黄龙现身于卞山金井洞，体长近丈，长吻利牙，额有凸骨，眼露凶光，身披鳞甲，四爪锋利，尾长有力，体色灰暗。这卞山在湖州府北十八里，高数十丈，周四十里，为郡之主山，山上有石如卞氏之玉，因此名之为卞山或称弁山。山下有金井洞，因洞中发现黄龙，遂改名为"黄龙洞"（当地人称扬子鳄为土龙，此黄龙或即扬子鳄）。时人以为是祥瑞之兆，吴越王命于洞侧建"瑞应宫"，供邻近村民祭龙祈雨。

却说钱传璙自组织军垦、民垦大力开发苏州荒滩以来，先后调集数千撩浅军，招来各地无地、少地农民，建村设镇，组织屯垦，搞得热火朝天。传璙常带领沈崧、梅世宗、李开山等人亲赴各垦区了解村镇建设、军民安置诸事进展情况及所遇到的困难，共同商议应对举措，待村镇建设初具规模，即命沈崧按照各处地形、河渠走向、村屯位置、道路规划等编制垦殖发展规划，上报吴越王审批。

吴越王见报，携传瓘同赴苏州，与传璙、沈崧等人共同会商此事。先由沈崧向众人报告规划方案，沈崧道："苏州地区环河之地低洼多水，而沿海之地势高多旱，虽已疏浚了吴淞江、黄浦江，开通了上江、下江，昔日潴涝之地已具备开垦条件，却仍缺少蓄水、排水手段，每逢久旱连雨天气，难免仍有旱涝之虞。为此，首先须于太湖之滨堤岸之间多设斗门，各置闸板，境中诸多湖泊、沼泽亦宜多置水闸，以便随时启闭，及时蓄泄。除黄浦江等大江、大河外，其余水系凡未建有斗门的，亦须建斗门、置水闸，一是控制排海水量，二是遇到风浪或大潮时防止潮水倒灌。诸河渠入海口往往河水漫而潮涌急，一旦涌潮冲入河渠，沙随浪涌，极易淤塞河渠，因此可于离入海口数里或十数里之处设置水闸，一来御潮沙于闸外，二来旱时可闭闸蓄水，三来涝时可开闸排涝，如此才能保证淡水蓄泄及时，防止咸潮污染河水，做到旱涝无虞，农产丰收。但此等措施只是解决了苏州全境大面积的水旱之患，而对每一片农田尚需辅之以纵横沟渠，为此拟每隔五六里开一纵浦，十来里挖一横塘，具体位置走向视当地地形地势而定，地面高低相差较大之处，亦须设堰置闸，便于控制排灌。修建塘浦挖出之土石用以砌置堤岸，内则围田外则隔河，使被塘浦包围的新垦田地成为圩田，堤上再修建水闸，涝则启闸泄水入塘，旱则闭闸车水入田。因塘浦水面与圩田水面相差不大，因此车水入田十分方便。修建如此众多塘浦、圩田，自然尚须广修道路，多筑桥梁，以便于出行劳作，往返运输。"沈崧说完方案，又介绍了所需民工及资金，因各村屯尚未大量垦发，农事不多，所需民工可就地招集，唯资金尚有欠缺。

吴越王问传璙苏州府库情况，传璙作了详细汇报，又问杭州府库情况，传瓘亦作了详细汇报，吴越王寻思片刻之后说道："开发方案既然已广泛听取了民众意见，则宜尽早施行，所需资金尽苏州府库所存缺口不算太大，数月前奉诏命建诸道兵马元帅府，今资金已筹措齐备，尚未使用，不妨先移用于苏州开发，再有不足之数由杭州府借支，尔等意下如何？"见吴越王如此说，传璙连忙道："诸道兵马元帅府乃钦命敕建，如何能动用得？"传瓘亦道："所缺资金由杭州府拨付也就是了，何必动用建诸道元帅府资金？"吴越王道："本来已有元帅府，再建诸道兵马元帅府岂不多余？将原有元帅府装点一下也就可以了，不必再劳民伤财。"传璙、传瓘历来遵从父王意见，今见吴越王已做决定，也就不好再说什么。

吴越王又对传璙及苏州府属僚说道："不要等到规划实施后再行垦殖，不妨边垦殖边实施规划，以确保当年收成能够自给自足，如此既解除了军民衣食之忧，又减轻府库开支。但不知尔等计划重点引导垦民种植什么作物？诸多湖泊沼塘如何利用？"

传璙见父王发问，一时不知如何应答，沈崧答道："苏州境中土地平坦，供水充足，自然以种植水稻为主，湖边、沼塘水浅处亦可多种莲藕、菱茨，增加军民收益。"

吴越王道："以种植水稻为主这是自然，但百姓不仅要吃饱吃好，尚须穿暖穿好。苏州地区三面临海,一面濒湖,境中湖沼星罗棋布,因此气候湿润,昼夜间冷暖变化小,而且春夏季节气候稳定,少有狂风暴雨,正适宜植桑养蚕。迁来苏州的移民之中,多有桑农蚕妇,若组织他们发展蚕桑,自然是轻车熟路,再辅之以优惠政策,自当水到渠成。苏州城中不乏扬州迁来织工,组织他们重操旧业,何乐而不为?如此既发展生产又安定民心,富足一方,岂不是苏州德政?"

沈崧思虑片刻之后说道:"在各村屯察访时亦曾有人建议植桑养蚕,但大多数人均不赞同,认为养蚕之事甚是精细,颇费精力。清明后蚁蚕从卵中生出,畏风怕寒,房子门窗缝隙须用纸糊严,遇到寒冷天气还须用炭火取暖;蚁蚕所食桑叶不能被风吹枯萎,须切成碎条;饲养期间须勤倒腾匾筐,免得桑叶、蚕砂堆积太多以致蚕被压死、闷死;倒腾匾筐时,二眠以前小蚕须用尖圆小竹筷一条条夹取,而大眠后若腾匾过勤,所产蚕丝就变得粗糙。建造蚕室亦颇讲究,一是要远离香臭气味,若附近焚烧骨头或淘刷厕所,隔壁煎咸鱼或不鲜肥肉,臭气顺风吹来常会把蚕熏死,灶中烧煤炭或香炉中点燃沉香、檀香亦会把蚕熏死;二是要避风,尤其西南风太大时,常有满箔之蚕皆被冻僵之事,因此蚕室宜面向东南。这些仅仅是饲养期间之事,在上山结茧、取茧、择茧、培育蚕种、抱养蚁蚕诸过程中亦有许多麻烦之事,如今苏州垦植刚刚起步,百事待兴,只怕精力不足,军民们多主张全力种植粮食,待粮食丰足之后再谋划蚕桑之事。"

吴越王笑道:"尔等察访各村屯恐怕只是听取了壮年垦民的意见,不知是否听取过妇女们意见?修渠建闸、开荒垦田皆系男人之事,妇女老弱却插不上手,以此男丁们怕受累赘,不愿植桑养蚕,亦在情理之中,而采桑养蚕、缫丝造锦恰恰可由妇女老弱为之,不必男丁费力。如此男女协力,共兴农桑,耕织并举,发展经济,岂不完美?若征询妇女们意见,必然多数赞同。"众人听了亦觉有理,遂纷纷赞同。

见再无不同意见,吴越王继续说道:"不要小视了这植桑养蚕之事,或许将来蚕桑收入会成为苏州境中的重要经济支柱。再就是苏州境中湖沼众多,水面广阔,应广泛利用,方才沈大人所言甚好,池塘沼泽水浅之处不妨多种莲藕、菱茨,除此之外尚须拓宽思路。当年陆龟蒙老先生曾于甫里草滩放养绿头鸭,垂钓吟诵,悠闲自得,养鸭所得自给有余还常常周济四邻,可见收入不菲,如今亦不妨教谕军民广养鹅、鸭,浅水之中嫩草、鱼虾食之不尽、取之不竭,何愁鹅鸭不肥。苏州之境湖深港阔,鱼鲜蟹肥,将来养鱼捉鳖、捕蟹捞虾亦是生财之道,苏州府须及早制定条令,加强管理,以免将来发生矛盾。往昔本王因忙于军务疏于政事,诸多律令条例多沿袭旧制未曾更改,时西湖渔民按规定须每日交纳'使宅鱼'数斤,当日所捕之鱼如不敷交纳'使宅鱼'数量即须买鱼上交,渔民多有怨言,幸得罗隐题诗劝谏，本王才知'使宅鱼'之事，从此免去此税，尔等切莫再发生这等事情。还有新垦农田，五年免税期满之后如何征税亦须及早制定，并向村民征询意见，所定办法必须立足于鼓励支持垦殖农民发展生产。垦民们富裕之后，必然会吸引更多贫困农民前来垦发荒原，既富裕百姓，亦充实府库，达到民富国强之目的。"

经过数年的治理和建设，吴越诸州从此水利大备、旱涝无虞、连年丰收、邦泰民安。

第三十三回　执军府知诰收民心　破联盟刘信取虔州

却说徐温养子徐知诰自从到任昇州刺史,把昇州治理得井井有条。天祐十四年(917)五月,徐温巡视昇州,见昇州街市繁荣,民殷州富,十分喜爱。随行之润州司马陈彦谦窥透了徐温心意,乃进言将镇海军治所迁来昇州,徐温遂依其言定昇州为镇海军治所,徙徐知诰为润州团练使。

徐温长子徐知训较知诰年长几岁,骄横跋扈,为人淫暴。徐温移镇昇州即以知训任内外马步都军使、昌化节度使、同平章事,居都城扬州以控制杨吴政权。知训平日对知诰颇多不满,扬州虽与润州有大江相隔,知诰亦不免心有所虑,以此不愿前往润州,但求赴宣州任职,却遭徐温拒绝,以此心中闷闷不乐。知诰推官宋齐丘悄悄劝道:"知训骄横淫暴,早晚败亡,润州与扬州仅一水之隔,一旦事发便可及早行动,此乃上天所赐,切莫错过良机。"知诰遂愉快赴任。

知训曾向威武节度使李德诚索要其宠爱之家妓,德诚深以为辱,乃派人回绝知训道:"家中所蓄艺妓皆已年长或已有子,不足以侍候贵人,当为公寻求年少而姿美者,再送去府中。"知训大怒,对使者道:"我将杀了德诚再取其妻及家妓。"

知训亦无视君臣之礼,常轻侮吴王杨隆演。一次与吴王演戏,自己扮参军,却使吴王扮童仆,头扎总角,身穿旧衣,手捧衣帽随其左右。又一次与吴王一起泛舟于浊河,舟靠岸时吴王先起身离船,知训不悦竟以弹弹之。又曾于禅智寺赏花,知训多喝了些酒,乃对吴王悖慢无礼,以致吴王畏惧而泣,左右忙扶吴王登舟离去,知训竟乘轻舟追逐,追之不及竟以铁槌击杀吴王亲随。

知训、知询乃徐温亲子,皆因知诰为养子而对其轻慢,唯有知谏待知诰以兄长之礼。知训曾召诸兄弟赴扬州宴饮,知诰有事未至,知训乃愤怒骂道:"小乞子不来赴宴,想以身试剑吗?"时隔不久,知训再邀知诰赴扬州共饮,事先埋伏甲兵于侧室,欲杀知诰,幸得知谏暗示,知诰遂佯装去厕所方得以脱身。知训以自己佩剑授予亲随刁彦能,命其追杀知诰。彦能策马追赶,于中途追上知诰并举剑告知实情,使知诰速速离去,回到席间禀告知训,知诰已登船远去无法追及。

如此种种恶行,左右将佐无人敢言,以此其父徐温皆不得知。

平卢节度使、同平章事、东南诸道行营副都统朱瑾功高权重,因感念行密的知遇之恩,暗中经常劝说吴王杨隆演寻机除去徐温父子,隆演懦弱不敢为。朱瑾虽内心忿忿不平,然表面却对徐温父子恭敬有加。知训为笼络朱瑾,使其督察亲军,朱瑾为表感恩,遣家妓至知训府中慰问,谁知知训竟将家妓强行留作已用,朱瑾不禁怒火中烧。天祐十五年(918)七月,知训因忌惮朱瑾地位太高,恐今后难以控制,遂在泗州(今安徽宣城)设置了静淮军,外放朱瑾出任静淮军节度使。赴任前朱瑾邀请知训过府相聚,并以好马美妓赠之,知训大喜。朱瑾进而请知训进中堂再饮,唤出妻子陶氏拜见,知训连忙答拜,朱瑾即以朝笏向其脑后猛击,将其击倒于地,然后唤出隐伏于户内的甲士将知训斩杀。朱瑾手提知训首级出了中堂,大呼"祸首已除,余皆不究",知训随从数百人见状皆急忙逃散奔出府去。朱瑾来见吴王,道:"已为大王除害。"吴王惊恐万状,以袖掩面转身说道:"舅父好自为之,我不敢知!"朱瑾叹道:"婢子不足与成大事!"乃将知训首级贯于庭柱,愤然离去。此时子城使翟虔等已将府门关闭,正调集兵将前来缉拿朱瑾,朱瑾乃自府后逾城而出,却不巧坠落时折伤脚踝无法行动,遂对追杀兵将道:"我今既为万人除害,祸患亦由我一身担当。"说罢以剑自刎。

徐知诰在润州得到消息,即刻引兵渡江至扬州控制军府,时徐温其余诸子皆弱,遂以知诰代替知训执掌军府,又将朱瑾尸身沉于雷塘,并灭其族。徐温怀疑扬州诸将皆参与朱瑾之谋,欲大行诛戮,知诰、可求乃向徐温陈述知训种种劣迹以致惨遭杀身之祸,徐温方怒气稍解,命人捞起朱瑾遗骨予以安葬。

诸事完毕,徐温以知诰为淮南节度行军副使、内外马步都军副使、通判府事兼江州团练使,以知谏暂管润州团练事,自己还镇金陵总揽吴朝大纲,其余繁杂政务皆由知诰裁处。

知诰治政皆反知训所为,侍奉吴王恭谨,接士大夫谦逊,对待属下宽厚,约束自身严谨,又恭求贤才,广纳规谏,清除奸猾,杜绝请托,以此政治清明,君臣无隙。因连年遭灾,为减轻百姓负担,奏请吴王恩准悉免天祐十三年(916)以前所欠赋税,其余之税待半年后再补交。又采纳宋齐丘建议,免除吴地缴纳丁口钱,其余之税可以谷帛代钱。知诰得知吴越境中水利大备,荒地尽辟,民心安定,百废俱兴,乃命江淮各地大力仿效。自此江淮士民欣然归心,即使宿将悍夫亦无不悦服。

徐温对虔州刺史谭全播密与吴越、楚、闽交好之事早有所闻。贞明四年(天祐十五年)(918)春正月,徐温以右都押牙王祺为虔州行营都指挥使,统领洪州、抚州、袁州、吉州之兵前往虔州讨伐谭全播。严可求以重金招募石匠、水工开山劈路、跨水架桥,使吴军由山间秘密潜行,直至兵临虔州城下全播方才察知。然虔州山势险要,州城坚固,吴军一时攻城不下,谭全播一面凭城坚守,一面向吴越、闽、楚请求支援。吴越王得报虔州求援,立即命王九子传球为统军使、西南面行营应援使,衢州刺史鲍君福为副使,率兵两万攻打信州。临行前吴越王嘱咐道:"王祺统领洪、抚、袁、吉诸州兵马围攻虔州,诸州守备必然空虚,尔等必须猛攻信州,待取得信州之后继续西进攻取抚州。闽王、楚王见我军深入赣中,必然全力攻击赣南,吴军见归路将被切断,自当回兵相救。尔等应与闽、楚及虔州之军密切联络,联合行动,若配合得当,即可将王祺兵马合围于赣南而聚歼之。"

鲍君福,余姚县人,少年即有胆有勇。余姚有大井,深数丈,面宽丈余,暑夏之时井中有凉气,君福常常随意卧于井栏之上乘凉,毫无惧色,竟酣然入睡,乡里视为异人。其年长从军,以骁勇著称,常舞动双剑驰马入阵,犹如闪电直刺敌营,军中兵将昵称其为"鲍闹"。陈璋为衢州刺史时,君福为衢州牙将,后陈璋叛变,邀淮军入衢州,田頵令部将李元嗣监控君福,并署以郡守之职,君福不受。一日晚宴,君福与元嗣共饮,元嗣醉,君福趁机将其诛杀奔归钱塘。陈璋兵败逃往宣州,钱王奏请朝廷授鲍君福为衢州刺史,此后淮人屡犯衢州皆被君福击败,为此吴越王曾亲往衢州慰劳将士,对君福赞道:"鲍公在郡数年,战斗而已,岂为优贤邪。"

六月,钱传球以鲍君福为前锋率五千兵马先行,自己带领万五千兵马随后继进,浩浩荡荡杀奔信州而来。信州刺史周本得报,一面急忙派人报告徐温,一面遣人分至江州、洪州请求支援。

这日,周本召集府中主将李师造、偏将冯一等会商应敌之策,李师造道:"吴越兵二万,我军不足四千,若硬拼,则无异于以卵击石,如今上策唯有坚守信州城,待援军到来再作打算。"周本道:"吴越此番出兵气势汹汹,其意分明是欲切断赣中,使我赣南与吴地失去联络,然后吞并赣南。我若闭城自守,恰恰正中吴越下怀,使其可以毫发无损地绕过信州向西长驱直入,完成对赣南包围。一旦吴越此计得逞,楚、闽必然出兵相助,谭全播亦会出兵反击,如此我赣南危矣。闭城自守乃是下策,不可不可。"冯一道:"可派两千兵马去东北山口埋伏,与信州城成犄角之势,待吴越先锋兵到来,前后夹击,必可将其重创,挫其锐气。"周本道:"如此或可使其前军损兵折将,然待其大军到来,又将如何?"众将面面相觑,束手无策。良久,周本道:"如今敌强于我数倍,死拼硬打不行,我信州城小粮少,恐怕亦难死守,援军一时又难到达,看来只能与其周旋,拖延时间以待援军。三国时蜀丞相诸葛孔明曾用空城计暂退魏国强兵,如今我不妨借用一次,请冯、李二位将军各领兵千五百人,出城东行三十里分别于路之南、北诸险要山岭上隐伏,林木之间广插旗帜,既不可太过显眼又务使吴越兵隐约望见,早、午、晚按时于林间点火仿作炊烟,夜间亦多点火把,令吴越兵摸不清究竟山上有多少伏兵,留下六百老羸之兵守城,大开四门,多设营帐,以疑吴越之兵。若吴越兵不顾我疑兵

径来攻城，尔等可袭击其后军辎重，或由其两翼冲杀骚扰，逼其退却，却不可恋战，以免暴露我军实力。如此或可拖住吴越大军，使其不敢贸然西进。"诸将皆以为此计甚好，各个依计而行。

鲍君福率领先锋军急匆匆西行，探马回报两侧山上似有伏兵，君福心中疑惑道："洪、抚、袁、吉诸州之兵多已南下攻打虔州，信州即使未曾调兵南下，驻守之兵充其量不过三五千，怎会在信州三十里之外广布伏兵？或许虚张声势而已。"一面派人火速报告主帅钱传球，请大军尽速跟进，以免被吴军切断联络，一面命所属军兵继续西行，进逼信州城下。传球接到君福报告的同时，亦有探路小卒来报两面崇山皆有吴军伏兵，心中寻思道："吴军只调洪、抚、袁、吉诸州兵马南下，赣中独留信州兵马，说明吴军对我吴越早有防备，难道吴军已得知我吴越出兵增援虔州，亦已增兵加强信州防卫不成？"遂派人命鲍君福速来中军商议对策。此时君福前军已逼近信州城下，只见城门大开，门内多有新搭帐篷，城楼上却见周本与众僚佐欢宴畅饮。吴越兵向城楼施放乱箭，周本及众僚佐安然不动，众人皆以为城中必有埋伏，遂未敢贸然入城。

正犹疑之际，君福接到传球将令，即命先锋军暂退五里扎营，自己策马急速来到中军，将所见信州城中情景禀告主帅。却在此时又得后军来报，吴军数千人突然袭击我后军辎重，请主帅火速回兵救援。传球一面急忙派兵增援后军，一面与君福商议道："如此看来军情有变，或许徐温已增兵信州，若我大军继续攻打信州城，很可能被吴军切断退路，困于赣中，不但救不了虔州，我军亦处境危急，将军以为如何是好？"君福道："若是吴军已有大量援兵埋伏于周围山林之中，理当在我军进入其包围之后，趁我立脚未稳，立即冲下山来将我军分割包围。可我前军已进逼信州城下，后军亦受到冲击，却不见周围山间有伏兵冲出山来，只见炊烟旗帜，闻得鼓角之声，或许只是疑兵之计。即使真有伏兵，其兵势或远不及我，因此不敢贸然下山与我交战。如此不妨命我中军疾速西进，与我前军会合，全力攻城，只要取下信州，再西进攻取洪、抚、袁、吉诸州则易如反掌。"传球道："父王命我等进兵赣中，其目的乃是解虔州之危，我若在此一时攻不下信州，迁延时日使虔州有失，又损兵折将，我等岂不成为罪人？不如速将前军召回，改道向南直趋汀州（长汀），然后西进以解虔州之危。"两人争执许久，未能统一意见，最后传球道："如此争吵于事无补，不如我两人分头行事，我率领中军先回师增援后军，击退贼兵，然后再分拨你一千兵马及部分辎重，你带所部六千兵马包围信州，相机夺取州城，即使攻不下，亦可拖住信州兵马及周围援兵，使其不能南下增援王祺，我即率领其余兵马南下福建汀州，再西进解虔州之危。"鲍君福知道传球已做了巨大让步，再坚持己见已无可能，而且传球南下后自己将不再受人制约，也就欣然同意分兵之议。

传球率领中军回援后军，吴兵即悄然散去，传球也不追赶，急忙整点军马南下汀州。

周本得报传球集结主力准备南下，正窃喜自己"空城计"已经奏效，却有四门小校纷纷报说鲍君福已将信州城团团包围，就地安营扎寨，大有不克信州绝不撤兵之势。周本急命守城兵将紧闭城门，没有将令不得擅自出城，城楼上多备弓弩矢石，准备死守。

当日傍晚，君福带少数亲兵巡视信州城四周，只见城门紧闭，吊桥高高拽起，周围一片静寂，遂命全军将士次日五更造饭，太阳出山之时向信州城四门进攻。

次日天明，君福率军冲到信州城下，摆开阵势随时准备攻城，城上吴军亦张弩搭箭，严阵以待。不多时，城门忽然大开，吴军放下吊桥，城中兵卒蓄势待发，可是良久却不见主将冲出阵来，君福当机立断，指挥兵卒抢过吊桥开始攻城。不料吴兵又急忙关闭城门，从城楼上向吊桥发射火箭，原来桥上事先已撒上油脂、硫磺等可燃之物，经火箭点燃，吊桥顿时烧成一片火海，君福兵卒已有百人冲过吊桥，见吊桥起火急欲退回，城上矢石却如雨点般射将下来，可怜这百余士兵顷刻间即丧生城下。

君福在对岸眼睁睁看着士兵丧生，气得暴跳如雷，正无计可施之际，李师造率领本部人马杀将过来。原来李师造见传球率领大军浩浩荡荡沿原路返回，知"空城计"得逞，紧张的心情放松了大半，随即又得报君福正率兵攻打信州城，遂率领本部兵马前来相救。君福心中正在为不能正面与吴军厮杀而焦躁，李师造却自己送上门来，当下命左右将校佯装不敌带兵向两边散去，却去李师造背后堵住其退路。李师造满以为如此突然冲决吴越兵阵，必可对其造成重创，然后再顺利冲入信州城，谁知吊桥已经焚毁，自己亦无法过河入城，退路又被吴越兵截住，反而陷入重重包围。李师造数次突围都未成功，围攻各城门的吴越兵亦纷纷前来助战，越聚越多。周本在城楼上眼睁睁看着李师造率领千余兵马冲入吴越兵阵之中，心中叫苦不迭，口中直骂蠢猪，却又无力相救，急得如热锅上蚂蚁，滴溜溜不停转圈。李师造兵卒死的死、伤的伤、降的降，周本心中万分忧伤。正于此时，远处又冲来一彪人马，定睛看时正是偏将冯一，周本恨得直跳脚，第一头蠢猪刚刚自己跳入包围圈，眼见得即将全军覆没，第二头蠢猪又急匆匆赶来自投罗网，真是气恼之极。原来李师造来救信州城之前曾约会冯一合力救城，只是李师造争功心切先行了一步，以此冯一到得晚了些。周本情急生智，急忙命左右兵士鸣金收兵，怎奈城下喊杀之声惊魂摄魄，催战鼓声动地震天，城上鸣金之声哪能听得见。眼见冯一兵马继续奔来，周本又赶紧命左右士兵于城楼上点起火堆向冯一示警。冯一见到城上火起心中寻思："莫非吴越兵攻城紧急，周帅以烽火促我火速增援？"于是催动兵马加速前进。此时鲍君福已将李师造兵马消灭了大半，正厮杀得性起，见后边又一彪人马冲杀过来，便招呼身边将士回身迎战冯一。吴越兵马潮水般涌来，冯一已来不及布阵，匆忙间慌了手脚。这一犹豫，后边兵卒不战自乱，冯一见事不妙，急欲拨马回头逃跑，鲍君福已经策马飞奔过来挥刀砍伤其马腿，冯一扑倒在地，众兵卒一拥而上将其捆了个结结实实。主将被擒，属下即一哄而散，四下逃命，鲍君福率领将士追杀一阵，斩获无数，其余败兵逃入山中。君福招呼吴越将士再回头对付李师造，毕竟李师造已经年过半百，哪经得起轮番作战，渐渐体力不支，终被乱军所杀，其余兵将纷纷投降。这一仗生擒偏将冯一，俘获兵将一千余人，斩杀淮将李师造等七百余人。

鲍君福仍将信州城围得水泄不通，周本仅以一千余老弱之兵死守孤城。

时值盛夏，吴军久攻虔州不下，军营条件艰苦，营中兵士拥挤闷热不堪，以此疫病大发，主帅王祺亦身染重病。徐温得知吴越出兵围困信州，又南下进攻虔州，闽、楚亦出兵增援虔州，自己主帅王祺却在此时病重，深知事态十分严重。七月，徐温命镇南节度使刘信接替王祺为虔州行营招讨使，发兵增援信州城；又命前舒州刺史陈璋为东南面应援招讨使，发兵两万陈于无锡、义兴，相机侵袭苏州、湖州以牵制吴越北境，吴与吴越间的战争大有一触即发之势。

八月，晋王李存勖见江淮、两浙剑拔弩张，大战在即，立即遣特使持帛书至扬州表明支持。梁帝朱瑱亦遣使至杭州表示支持，并催促吴越王设置元帅府僚佐将校等官职，以便迎战吴军，同时敕授两浙行军司马、秦州节度使、平章事马绰守检校太尉、同平章事之职，授泾源节度使杜建徽守检校太傅，同平章事。

吴军主帅王祺终于不治死于军中，新任主帅刘信深知虔州久攻不下，如今又面临吴越、闽、楚三方出兵合围局面，吴军已是人心不稳，士气不振，遂召集诸将商议对策。见众人皆低头不语，刘信乃笑对众将道："如今吴越、闽、楚出兵助虔，向我合围，其势汹汹，锐不可挡。东线吴越驻汀州之兵约万三四千人，闽军约八千人，西线楚兵约万人，虔州城中约五千人，合计约三万七千人，我军实有万七千人，又刚经过疫病折磨，体力不佳，显然实力远不如敌。然而彼乃乌合之众，无统一指挥，各行其事，就单军而言，我军实力却强于敌军任何一方，以此我方须避免与敌发生全面冲突，宜集中兵力先击败其弱势一方，然后再将其分割各个击破，如此必可取得全胜。"众将闻言气氛逐渐活跃，刘信继续说道："四股敌军之中当属虔州守军士气最低，势力最弱，被围至今已有数月，早已无力出城与我应战，唯赖州城险固而已。然急切间虔州仍然难以在短时间内攻克，且一旦攻城，吴越、闽、楚三军必然相助，陷我于被动，因此不宜首先进攻虔州。东线闽军驻于雩都,吴越军驻于瑞金,两军相距仅百五十里,一旦一方受敌,另一方必然联合反击,一时间亦难以取胜,若迁延时日,虔州兵与楚兵合击我后方,我军将会陷入包围。唯独西线楚军力量亦相对薄弱,又与吴越、闽军相距遥远,难以相援,我若进攻楚军,虔州兵亦不敢贸然出城相助,因此宜首先击破楚军,再回师击退吴越军、闽军,赣南之围即可消解,为攻取虔州扫清外围。"

众将听得兴奋起来,纷纷请战道:"就请刘帅下令,愿受调遣。"刘信见士气已盛,乃开始调兵遣将:"楚兵万人,由楚将张可求率领,屯于古亭镇。古亭位于赣南西境山区,上犹江自西向东流过,南、北两边皆有大山阻隔,进出此镇多沿上犹江而行,张宣将军可领八千兵马趁黑夜沿上犹江西进。如今是八月中旬,秋高气爽,月色正明,适宜夜行,张将军领兵悄悄接近古亭镇,从东、南、北三面包围,只留西边出口。半夜子时点燃火把,大造声势向古亭进攻,逼迫楚军向西退去,尔等若能逼走楚军而自身不受损伤,便是头功一件,为我军集中兵力回师迎战吴越强兵创造条件。张将军切记不可恋战,更不要拦截楚军退路,若是堵死了退路,楚军必然拼死抵抗,甚至会引来援兵,如此我军将南战虔州,西战古亭,还会引来东线之敌助战,各个击破之策即付之东流。张将军逼走楚军之后,只留少数兵马驻守古亭,即刻率领大队人马东回,准备进攻雩都西门。梁诠将军事先率领三千兵马,趁夜色由山道悄悄潜行至雩都之东黄麟一带山中潜伏,准备进攻雩都东门。除留少数兵马围困虔州城外,本帅自带其余四千兵马急行至雩都之南进攻南门,张将军、梁将军但见南门放起火来即各自在西门、东门亦放起火来,大家同时向雩都城发起攻击,争取尽快攻破城池。雩都闽军突然遭袭,必然首先要争取瑞金吴越兵支持,或派人联络或向东突围,因此这一仗关键在于切断闽军与吴越军联络,以此梁将军必须严防闽军突围东进,绝不放过一兵一卒,情况紧急时可联络本帅支援。一旦攻破雩都城,闽军见东、南、西三面均有我军重兵,必然从北门撤退,然后沿梅江过石城逃回福建。石城与瑞金虽然相隔仅百八十里,但二城之间有鸡公崠阻隔,山高岩陡,极难攀登,吴越军亦不敢贸然出手支援闽军。古亭、雩都作战同时,围困虔州之兵将仍须与平日一样每天发兵去城下挑战,不得让其察觉我大队兵马已调往古亭、雩都,以免虔州兵马出城增援。"停顿片刻之后,刘信继续道:"本次行动贵在神速,务使楚、闽、吴越、虔州四方之军来不及互通消息,更不能联合行动,方能各个击破。"刘信说完,众将精神振奋,斗志倍增,各自回营准备行动。

楚将张可求得知吴军主帅王祺病故,新任主帅刘信刚刚到任,心想临阵换帅乃兵家大忌,吴军现在必然军心不稳,正是与吴越、闽、虔诸军联合讨伐吴军之最佳时机,正欲命人分头与诸军联络,约定时日同时向吴军发动进攻,不料却被吴军抢先了一步。当天夜里只见南、北、东三面突然火光冲天，杀声动地，吴兵迅速向古亭逼来，摸不清到底来了多少吴兵，可求寻思："古亭乃赣西一小镇，一无坚城，二无深池，仅凭一道粗陋寨栅怎能抵挡强敌？吴越军远在六百里之外，中间又被吴军阻隔，无论如何也来不到古亭相援，虔州被围日久，亦不可能增援古亭。"想到这里，不禁心寒胆怯起来，心中说道："古话说三十六计走为上，与其冒全军覆没之险死守孤寨，不如趁吴军未形成四面合围之前撤回楚境，虔州之围待日后再设法破解。"主意既定，一面命将士们于镇中虚张声势，佯装欲坚守古亭，一面命先锋军急速向西沿河两岸突进，避免被吴军切断退路，又命身边诸将火速整顿本部兵马冲出古亭镇，随先锋军一道撤回楚境。所幸大军一路未曾遇到吴军阻截，亦未受到吴军追杀，终于顺利撤回楚境，唯有十余名老病兵卒行动迟缓被吴军截获。

张宣赶走楚军，一面立即命人火速通报刘信，一面按既定计划留下两千兵马驻守古亭，自己亲率其余兵马日夜兼程向雩都奔来。到得雩都城下，刘信及梁诠亦已率兵前往雩都南、东两面，所有水陆通道皆已切断，单等刘信令下即刻攻城。张宣将攻城兵马部署停当，命将所俘获之楚军老兵押来，对他们说道："我今放你们入雩都城去，为了证明你们确系楚军而非我吴军细作，须将尔等左耳割去，以使闽军深信不疑。尔等见了闽军将领尽可将实情相告，古亭已被吴军攻克，楚军亦已退回楚境，如今雩都正被两万吴军团团包围，通往瑞金水陆交通皆已切断，休想吴越兵马增援。欲活命唯有出城投降，不然两日之内吴军全面攻城，那时全军覆没，悔之晚矣。"说完命左右兵士将楚兵个个割去左耳，顿时一片嚎哭之声，令人胆战心惊。张宣又命敷上刀疮药，包扎处理停当，令人引领他们出营，送至雩都西城叫门。

雩都城中闽军主将林浩早已得报吴军进军雩都城，急忙派人去瑞金向吴越军报信，请求联合御敌，又命各门守军加强防卫，不得擅自出城迎战。众将官正在商议退敌之策，却有西门守城军士来报，城外有十余名老弱楚兵要求入城，说有重要军情相报。众将官来到城楼上观看，见城门外只有十余楚兵，身无兵器，后无吴兵，便命放入城来，引至面前，却见个个都被割去左耳，面带惊恐，身穿楚军衣甲，说一口楚语，才深信不疑。众将询问这些楚兵被俘经过，又询问吴军情况，楚兵因羞言未经一战即弃寨逃跑，胆大的便抢先答道："半夜时分，突然四面山间同时起火，鼓声动地，吴军如潮水般从四面向古亭杀来，估计足有数万之众。我军仓促应战，怎奈古亭地狭兵寡，无城可守，张将军只得率领众弟兄奋力杀出重围，夺路奔回湖南而去，我们十数人体弱力衰，行动迟缓，被吴军截获，看守于军中。今张宣率领所部兵马来至雩都攻城，将我等割去左耳，驱至雩都城中报信，声言雩都已被两万吴军团团包围,并已切断去往瑞金的所有水陆交通,绝了吴越兵增援之路。张宣命我等转告,闽军欲活命,唯有出城投降,不然两日之内全面攻城,攻破之日将玉石俱焚,请诸位将军早做决断。"

众将正将信将疑之际,派往瑞金报信小校急急慌慌回营报告:"通往瑞金所有水陆通道皆已被吴兵占据,就是山峦崖豁亦有吴兵巡守,瞭哨层层叠叠,绝难通过,以此只得返回营中复命。"众将得报,皆以为楚兵之言并非虚妄,不可忽视。林浩命人带走楚兵之后商议道:"吴军自王祺病后,兵将已减损至万七八千人,远不及我闽、楚、吴越联军,以此不敢轻举妄动,如今刘信接任主帅,想是已带来援兵,才有数万兵将袭击古亭。今又以数万之众切断我与吴越联系,将我困于雩都,我若与之硬拼死打,恐怕寡不敌众,城中粮草仅可维持两月之用,欲闭门死守亦难持久,众将以为如何是好?"众将面面相觑,呆若木鸡,良久才有人试探说道:"楚兵万人尚且不敌,我军不如楚兵,更非吴军对手,不如及早设法脱身。"有人道:"及早脱身固然是好,只是吴军已将雩都退路切断,恐怕难以冲过。"又有人道:"吴军虽已切断我东归之路,北门却少见有吴兵活动,不妨趁吴军尚未封锁北门赶快冲出城去,沿梅江抄山路退守石城,再设法与吴越军联络,寻机合击吴军。"亦有人说:"吴军既封锁东、南、西三门,独留北门,或许是有意逼我军出北门沿梅江东撤,却于山间设伏,一举将我军聚歼于途中。"诸将众说纷纭,最后林浩道:"看来只有东撤石城这条路是上策了。吴军东来,必然要留兵驻守古亭以防楚兵重来,亦必然要留兵围困虔州以防虔兵出城袭扰其后方,两处驻兵合计不会少于一万人。如今西门吴军约有六七千人,估计东、南两边约有吴军万人,三门合计约万六七千人,王祺原有兵马约万七千人,刘信即使带来援兵,估计不会超过王祺原有兵马,就算有万人,合计就是二万七千人,如此算来吴军已无多余兵马去梅江两岸山间埋伏,我军尽可放心出北门沿梅江东撤。为防不测,东撤时可分成三队,前军两千人,沿梅江两岸搜索前进,中军四千人,便于前后接应,后军两千人,负责堵截吴军追击。"众将皆一一领命,分头准备行动。

半夜时分,闽军突然杀出北门,吴军见了鼓声大振,杀声震天,虚张声势而已。眼见得闽军已全部出城而去,吴军才聚集兵马随后跟进佯装追杀。闽军惊慌不已,急急慌慌跑了六七十里,一路并未遇到埋伏。此时天已大亮,闽军见追兵已渐渐离得远了才放下心来,检点人马,只损失了数百人,庆幸全军安全突围,遂重新整顿队伍向石城而去。

刘信既驱走楚、闽之兵,而吴越兵马又驻扎于离虔州二百五十里外的瑞金,一时难施援手,遂决定急攻虔州城。吴越兵马本为增援虔州而来,只要虔州城破,吴越兵马自然退回本境。主意既定,便命梁诠率兵五千驻守雩都,阻止吴越及闽兵西进，自己与张宣亲率其余兵马回师虔州。刘信命张宣率兵昼夜攻城，谭全播紧闭城门，命人以矢箭、抛石抵抗。张宣又命兵士头顶门窗木板，或身负薪柴，冒矢石冲至城下，将薪柴、木板堆置城门外准备放火烧门，全播只得率兵出城冲杀，赶走吴兵。双方死伤数千人，鏖兵数日，刘信终不能破城。

瑞金钱传球得知吴军已击退楚、闽之兵，如今正日夜攻击虔州城，急忙点兵西进增援虔州。吴越兵马来到雩都附近遭到梁诠兵马全力阻击，双方互有伤亡，传球一时前进不得。梁诠派人火速至虔州向刘信报告吴越兵马动向，刘信深知一旦雩都有失，即面临雩都、虔州两面夹击危险，若迁延时日，闽军、楚军返回合围，则事危矣，于是当机立断，分兵增援雩都。

刘信又派人入虔州城与谭全播谈判，全播应允不与杨吴为敌，互不侵犯，并以己子为人质，向吴军交纳犒师钱。刘信派使者至昇州将谈判结果禀明徐温，徐温听了勃然大怒："虔州乃我吴之属地，何须与其谈判！"杖责刘信使者以示惩戒。当时刘信之子刘英彦掌管亲兵，徐温将英彦唤至跟前，授予三千兵将，说道："你父亲居于上游之地，以十倍之兵众却攻不下一座孤城，莫非欲反呀！你可率此三千兵将去虔州，与你父同反！"又命昇州牙内指挥使朱景瑜与英彦一同前往，嘱咐道："全播守城兵卒多系当地农夫，虔州城被围已一年之久，城中军民皆饥寒难耐，守城兵士妻子多在城外乡间，如今重围既解，兵士们必大多回乡团聚。尔等率兵前往，当出其不意，趁其不备，突然封锁虔州城，使回乡兵士无法返还城中，如此全播所守者乃一空城耳，汝再攻城必能克之。"

时已十一月，刘英彦悄悄来到刘信大营，将徐温之言告诉刘信，刘信听了心中十分惶恐，急忙调兵遣将将虔州城围得水泄不通。谭全播未曾料到刘信会如此之快即背信弃义，气得捶胸顿足，大骂刘信无信。待要召集城中兵士，却大多已经散去，只召得数百人，眼见虔州城已无法死守，只得带了这数百名兵士冲出东门欲逃往瑞金。刘英彦等早已于东门外布置了数道绊马索，见谭全播冲出城来，众兵士提起绊马索将其掀下马来，绳捆索绑押回大营。

谭全播为人谦恭正直，在虔州有德政，颇有民望，因之押送昇州后颇受徐温礼遇，徐温奏请吴王拜谭全播为右威卫将军，领百胜节度使。

徐温攻下虔州，江西全境遂皆在杨吴掌握之中，而吴越、闽与朱梁之间陆路联系亦被彻底隔绝，从此除去了徐温一块心病。

第三十四回　纳谏言吴王自立称帝　通海路彦休开埠造船

　　江淮徐温虽然大权在握,然吴王仅为节度使,自己又在吴王之下,心中不免感慨权重而位卑,遂竭力劝吴王立国称帝,进言道:"今日大王与诸将皆为节度使,虽有都统之名,却不足以驾驭诸镇,请大王建立吴国,即大吴皇帝位,内足以临制,外足以扬威。"吴王不许,徐温不悦。

　　严可求屡次劝说徐温以次子知询代徐知诰执掌吴政,知诰得知,即与亲信骆知祥密谋将严可求调任楚州刺史。可求表面受命,暗地里却先至金陵谒见徐温,说道:"吾辈始终奉唐为正统,常以兴复唐室为辞。如今朱梁与李晋相争炽烈,朱氏已日渐衰败,李氏却日益兴盛,有朝一日李氏拥有天下,吾辈难道还能北面称臣吗? 不如先建吴国,自立称帝,以慰万民之望,届时朱李相争无论谁胜,于我皆无干系。"此言正中徐温下怀,心中大悦,遂留可求参与总理具体政务。知诰得此消息,知道可求已不可除去,便将女儿嫁与可求之子与其结为儿女亲家。

　　贞明五年(919)春三月,徐温率将吏属僚入宫,强烈请求吴王即吴国皇帝位。杨隆演既不愿违背父命又不敢得罪徐温,经再三斟酌,决定建立吴国,称国王。

　　四月初一,杨隆演即吴国王位,大赦天下,改元武义,命建宗庙社稷,设置百官,宫殿文物皆用天子礼仪。改谥武忠王曰孝武王,庙号太祖;威王曰景王;尊母为太妃;以徐温为大丞相,都督中外诸军事,诸道都统,镇海、宁国节度使,守太尉,兼中书令,东海郡王;以徐知诰为左仆射,参政事,兼知内外诸军事,仍领江州团练使;以扬府左司马王令谋为内枢密使;营田副使严可求为门下侍郎;盐铁判官骆知祥为中书侍郎。

　　五月,吴越王命滕彦休第三次出使契丹,契丹主待彦休甚厚,临行赠送战马两千匹。

　　当年杨吴屡屡兵犯边境,致使吴越与北方联络隔绝,然连年争战急需增置军马,吴越王遂谋划由海路北上,乃于贞明元年(915)四月命滕彦休组建船队出使契丹。

　　滕彦休乃明州人,幼即聪慧,好儒学,有辩才,因生长于海边,以此颇通航海之道。彦休受命后调集二十余条船只,又采集许多契丹亟需物品,由杭州启航东行,经金山北上,过沪渎,再横渡苏州洋,往北进入杨吴之东海。沿途既不敢离岸太近，恐被吴军拦截，又不敢去岸过远，因船小经不起深海狂涛，因而只得在离岸十数里之海中谨慎北航。过了海州即是朱梁地界，沿岸却又礁石凶险，仍需在离岸十数里海中航行。驶过成山头后船队折而向西航行，直至登州(蓬莱)再折向西北，穿过渤海浩瀚波涛最后驶入滦河(濡水)。一路之上遭遇狂风恶浪，历经险滩乱礁，自是苦不堪言，拼搏一月有余终于来到契丹，幸好一路之上未曾有大的变故。

滕彦休拜见契丹主阿保机，呈上吴越王书信及礼单。契丹主见礼单上尽是契丹所需而又难得的日常用品，有湖州顾山紫笋茶、湖州吴绫、越州白绫、越州青瓷、温州绉布等等，还有来自海外的犀角、珊瑚等珍贵物品，遂大喜，殷勤接待彦休等人。契丹主问了吴越王安好，了解吴越国民俗、民风诸等情况，彦休一一详细作答，又阐述了吴越国"保境安民"的基本国策，主张天下诸国和睦相处，互通贸易，发展农桑，富裕百姓，契丹主听了不以为然。契丹主待彦休甚厚，每日与其饮宴，彦休逗留数日后即欲拜别，契丹主遂回赠吴越王良马千匹。

时已六月，海上常常南风或东南风狂飙天气。船队驶过成山头刚刚折向东南而行，蓦然间东南风大作，乌云滚滚翻腾而来，彦休连忙欲领船队靠岸，怎奈岸边礁石林立，犬牙交错，船队极难靠岸。顷刻之间风卷狂涛排山倒海而来，彦休命人用绳索紧紧将船固定于礁石之间，怎奈波涛凶猛，人力岂能抗拒，眼睁睁看着船只被推向浪尖复跌落波谷。终于有一条船被拍向礁石撞得粉碎，船上人马落入怒海之中，霎时间即无影无踪，惊得众人目瞪口呆，毫无办法，只得拼命拉紧绳索稳住自己船只，免遭同样厄运。拼搏一个多时辰，风浪渐渐减弱，众人已精疲力尽，好在其余船只损坏不甚严重，人员亦无甚损伤，只有十余匹马落水。待风暴过去，彦休忙命船队继续南行。

历尽千辛万苦终于回到杭州，吴越王亲自率领众臣僚来到江边码头迎接，设宴为彦休一行接风压惊。彦休转述了契丹主对吴越王的问候以及愿与吴越交好之意，叙述了出使契丹经过。说到渡海风险，彦休道："此番浮海北上，只因船小底浅，经不起狂风恶浪，只能于沿海近岸航行，遂遭遇许多险情，损失了数十匹良马，随行人员除落水身亡外亦病倒不少。倘若我吴越能建造大型海船，使船身长而吃水深，则即便于深海中航行亦可乘风破浪，如此我吴越船队北可至中原登州及渤海契丹诸国，东可至新罗(高丽)、百济(朝鲜半岛西南)、鸡林(朝鲜半岛东南)、日本诸国，南可至福建泉州、岭南广州，甚至再继续航行至真腊(东南亚)、印度、大食(阿拉伯帝国)、波斯(伊朗)等国。海外诸国颇多我吴越亟需物品，而我吴越之越瓷、吴绫、越绢等亦为诸国所喜爱，如能建成船队至各国交易，即可双方互利，又可增进各国邦交，实是一举两得之事。只是钱塘江口江沙沉积，大型海船难以通航，须得去明州建立大型船埠，以便于大型海船停泊。"吴越王道："滕卿所言正合本王之意，还请滕卿于明州择地筹建船厂，建造大型海船二十条，以备通航海外诸国之用。"

彦休领命来到明州参见刺史，随即着手筹建船厂，好在明州已有不少中小船厂，只需加以调整即可着手造大船。

贞明二年（916）八月，滕彦休制成二十条万斛大船，身长百尺，面宽三十尺，船深十一尺，中分八个隔仓，船首高跷，船桅高耸，十分雄壮。彦休率领船队二次出使契丹，因船体长，入水深，破浪于万顷波涛之间，犹如泛舟于西湖清波之上，人乘其中不再受颠簸之苦，一路顺风扬帆径向北行，直过成山头转向西北驶去契丹。

时契丹主阿保机正率三十万大军，由麟胜进攻晋之蔚州，滕彦休遂带了数名随从来到蔚州营地谒见契丹主。连日攻城不下，又逢数日大雨不止，契丹主正心中烦乱。彦休为解契丹主忧烦，向其讲述昔日周武王礼聘吕尚为军师打败商纣的故事，隐劝其多用贤人辅佐，不要诸事亲临，阿保机听了颇受感触。

回到寝帐，契丹主与夫人述律皇后言及吕尚故事，感慨身边无良才。述律皇后闻言，随即想起一个人，当即说道："国主身边即有良才何不启用？"阿保机急问："今在哪里？"述律后道："昔日幽州参军韩延徽于军中牧马数年，却始终守节不屈，岂非贤者？闻听此人见多识广，极有谋略，又通汉学，若能启用，或对我国会有裨益。"昔日燕王刘守光被晋军困于幽州，曾遣参军韩延徽求援于契丹。契丹主怒延徽不以契丹礼参拜，将其发送至军中牧马。契丹主当下召回延徽，以好言相慰，欲辟其为谋主。此时刘守光早已兵败被晋王所杀，延徽亦就顺水推舟归顺了契丹主，随即献策道："如今连日大雨，城基已被积水浸泡松软，而城中守备松弛，可连夜发动兵卒去城下积水处挖空城基，城楼必然坍塌，此城唾手可得，只是破城之后千万不可损及百姓。"契丹主大喜，调兵遣将依计而行，果然奏效，天明之前蔚州城敌楼垮塌，契丹兵趁机攻入城中，俘获晋振武节度使李嗣本。

契丹主因彦休讲述吕尚故事而受启发，继而采纳延徽良谋得以破城，因之赐彦休名为述吕，又任彦休、延徽为参军。彦休因须返回吴越而委婉推辞，契丹主遂赠吴越马匹两千，彦休顺利返航。

自建成万斛海船，彦休除率领船队出使契丹以外，亦先后出使高丽、鸡林、后百济等诸国互通贸易，各国皆与吴越通好。

再说徐温为攻打虔州，曾于去年七月，命前舒州刺史陈璋为东南面应援招讨使，发兵两万陈于无锡、义兴，相机侵袭苏州、湖州，以牵制吴越北境，却因苏州、湖州防守严密，屡屡大败而回。如今虔州已归杨吴，吴越与楚、梁的联系即被切断，徐温遂欲大举发兵进攻吴越，乃以百胜军使彭彦章、裨将陈汾率领水军四万，巨型楼船百五十条，艨艟舰二百余条，其余战舰近百条，列驻京口、海门及扬州东塘，伺机顺江而下攻击苏州，又命陈璋率所部兵马与彭彦章密切配合，由陆路进攻苏州。

彭彦章所用楼船即天复二年（902）武宁节度使冯弘铎所用战舰，其船乃远求坚木修造而成，故经久耐用。此楼船船体高大，上有三层，每层有雉堞，船长十余丈，宽三丈，十分雄伟，船上广树旗纛，犹如一座小城，煞是威风。因船体高大，矢箭射程甚远，以此由楼船上攻击小船，或发射矢箭、砲石，或居高临下以长枪、长矛挑刺，或以船身撞沉小船，都极容易，反之由小船进攻楼船却极难登上此船，以此所向无敌，威震长江。

吴越王钱镠得报杨吴来犯，命镇海军节度使、北面水陆都指挥使、北面行营招讨使、王子传瓘为主帅，统领水师三万，大小战舰五百余艘，出杭州湾海门经金山卫北上，准备迎战彭彦章水军。复命镇海军节度副使、土客诸军都指挥使、北面行营招讨使、王子传璙为副帅，率领马步军两万，水军一万，迎战陈璋兵马。

五代时长江地形与如今有很大不同。由昇州（金陵）至润州（镇江）凡二百里，南岸有宁镇山自西向东沿江逶迤而来，高冈逼岸，宛如长城，而北岸亦是地势高昂，冈阜连亘，西接庐州、滁州，东至扬州、蜀冈，以此兵家不易用兵。大江奔腾至润州京口闸，与江北瓜洲渡相对，乃是运河渡江之津要，东西南北水运通达，八方货物集散繁忙，以此扬州于隋唐时成为东南第一都市，与江南润州城隔江相望，相去五十里。唐初，此处江面宽达四十里，自开原以后江沙逐渐淤积，形成沙洲，因状如瓜子，名为瓜洲或瓜洲步，江面宽度减至二十五里，成为南来北往襟喉之处。唐代末年，江宽又减至二十里，于洲上建有成罍，以抑守渡口。润州府北大江之中突起三山，犹如守护神挺立江中，世称京口三山：府西北七里大江之中有金山，四周江涛环绕，势欲腾飞北去，山上青岩峻秀，树木葱郁，金山寺依山而建，慈寿塔拔地而起，错落参差，丹碧辉映，远远望之，犹如江中一方青玉，故又名为浮玉山或获符山；京口闸之东有北固山，三面临水，岭迴壁陡，气势险固，府治居其南，乃州之主山，因名北固，三国时吴国建甘露寺雄踞山巅；府东北九里江中有焦山，树木葱茏，修竹繁茂，南麓有东汉年间所建普济寺，唐时在此设有焦山成。焦山余峰东出，有二岛对峙于江流中，因地处运河渡口之下游，扬、润成守之门户，而其下游江面渐阔，日夜为海潮所袭扰，以此名曰海门，亦名海门关或双峰山。扬州府东北十五里有茱萸湾，又名湾口或弯头，北临邵伯湖，东通宜陵一带之河塘，港汊密布，河道纵横，名曰东塘，淮南战舰多驻泊于此。湾头西靠运河，可由运河南通大江，而宜陵位于府东北六十里，旧有山洋河，亦南通大江，因此进可由江、河同时驶入大江,拦截敌舰,退可迅捷驶回东塘,避敌锋芒。顺江而东,离润州七十五里有圌山屹立于江边,而北岸离扬州八十里为三江口,乃夹江汇入大江之处。稍东有顺江、扁担诸多沙洲绵延错落于大江之中,长达数里(约今扬中县之地)。由大江北岸之周家桥至顺江洲,江面宽六七里,由顺江洲南至新洲夹,江面亦只七八里,自新洲夹至圌山,江面亦不过十四五里,船行其间仅通一路,曲折而行,矢石可及。圌山层峰峭壁,俯瞰湍波,若以重兵屯守于此,水陆协力防守,当敌船转屈于诸洲之间缓慢行驶时必遭痛击,令敌望而生畏,不敢越此而西进,因此圌山实乃杨州、润州之第一重门户,大江之咽喉,而焦山东之海门为第二重门户。大江过圌山翻滚奔腾折向东南来到江阴,这江阴城地处大江南岸,北濒大江,杨吴天祐十年(913)筑城,周十三里。江阴城北江边有君山突起于平野,因俯临大江,又名瞰江山,为县之主山,往东四里有黄山、雨山,皆以春秋时春申君之名姓而起,君山之峰有石室,乃烽火之所。君山东北有鹅鼻山,其形尖斜如鹅鼻,俗名鹅眉咀,凸出于大江之中,甚为险要。大江北岸为泰州之地,南、北两岸相去五十余里,江中有二沙洲,曰马驮东沙、马驮西沙(今已并入北岸,即今靖江市),皆属江阴管辖。大江滔滔而下,被沙洲分为南北两支,过了沙洲即为大江之入海口。江阴县东四十里大江之中又有浮山,一名巫山(现已并入南岸,位于今张家港港区镇中),为江海门户,谓之"巫门之隘"。马驮沙东北又有孤山(今靖江市孤山镇),去岸五六里,与江阴之浮山相对。以江阴地形之险要,实为京口、金陵之锁钥。

江阴之东即吴越苏州地界,离江阴百里江边有福山港,再东南三十里即梅李镇,皆有吴越重兵驻守。福山港外大江之中有一沙洲,名为常阴沙(今已并入南岸),为福山港之屏障。港之侧有山,形如覆釜,因名覆釜山或福山,周五里,下临大江,东通大海,为福山港之依托。福山渡海而北即今日之南通市。唐代之前,泰州大陆之东海岸大致在今日之九圩港,对岸乃一孤岛,西至今日南通市西,南至狼五山,东至今日通州市之东,唐时大陆与岛之间逐渐淤积,仅留横江而已。狼五山乃是马鞍山、塔山、军山、刀刃山、狼山统称,由西北向东南一字排开,互相连属。狼山高五十三丈,周三百四十六丈,为主山,上接大江,面对巨海,乃此岛之守护山,以此狼山外之海面呼之为狼山江。至天祐年间,岛与大陆间之横江终被江沙湮塞,小岛与大陆连为一体,居民逐渐迁来定居,形成村镇。狼山西北有通州,狼山之东有东洲镇,因人烟稀少,尚未引起官府重视,值此战乱频仍时期,常常处于无人管理的荒蛮状态,以致常为海匪盘踞。梅世忠、李开山镇驻苏州后,即剿灭海匪,此地为吴越所控制。狼山与南岸福山相对,海峡宽七十里。东洲之外即是浩瀚大海,无边无涯,因地处苏州之外,常称之为苏州洋,海中散布着东洲

（今启东市一部分）、西沙、东沙（今崇明岛一部分）等数个沙洲作为大陆屏障。综观大江下游之地形，与当今不同者主要有三：一是江面宽阔数倍于今；二是入海口位于江阴，与今日入海口相去四百里，海潮逆江而上，直逼昇州，江中水位昼夜涨落两次；三是江面虽宽，然江中多有沙洲，以此船行其间多须屈曲绕行。

传瓘奉命抵御来犯之杨吴军，连夜召集杜建徽、传璙、传璟、沈崧以及指挥使张从实等将佐僚属商议御敌之策，传瓘道："杨吴先是出兵攻取虔州，断绝我吴越与中原、楚之联系，同时命陈璋出兵袭扰我苏州，如今又命彭彦章率水师东下，欲会同陈璋马步兵共同攻我苏州、湖州，大有一举决胜之势。我吴越一旦苏州、湖州有失，则杭州难守，以此务必大败吴军于苏州之外，令其不敢再觊觎我吴越之地。但欲取胜吴军亦非易事，其难点有三：吴军与我同处大江，而吴军居于上游，我处下游，我军须逆水迎战，此其一也；吴军有焦山海门、圌山江门、江阴巫门等江防险隘，且焦山、圌山、江阴等地皆有良港可泊驻大量舰船，而我苏州洋海滨却无良港，更无险隘依凭以保护水寨，此其二也；吴军有楼船数百，身高船巨，航行平稳，木坚箭利，所向披靡，而我军舰船体型矮小，虽数量众多，欲仰攻巨舰犹如群犬斗虎，难免会有巨大伤亡，此其三也。有此三难，欲胜吴军，我等尚须妥善谋划，精心设计，以智取胜，方可万无一失，因此请诸位大人共商御敌之策。"

杜建徽似乎早已胸有成竹，侃侃说道："钱将军所言俱是我军弱点，欲胜此战自当以奇计取之。如今我军虽处于弱势，但若用计精妙、战法得当，即可转我军之弱势为强势。我之战舰虽小，却有航速较快、掉头灵巧之便，而吴之楼船却体大笨拙，行止不便，船行不快。有此特点，我军可设计诱使吴楼船出港与我交战，一旦楼船出港，即失去其港湾水寨之优势；吴军出港，我军即佯装不敌，节节败退，引其紧追不舍，退到江面开阔之处，我军舰船即向两边散开逆江而上，此时楼船体大掉头不灵，继续顺流而下，却反被我艨艟从上游包围，上游之利反为我所掌握；待我艨艟包围楼船之时，即于艨艟上架起云梯向楼船攻击，敌船楼高体大之利皆失，如此吴军三利皆为我所破。但我军无良港可泊、无坚寨可依终是大患，一旦被吴军封锁，即进退不得。为此，第一我军宜主动进击，尽量少于港中停留，第二宜速战速决，不给吴军以可乘之机。"众人都道杜将军之言甚妙，可使我军之劣势转为优势，但如此硬打死拼，双方损失终归很大。也有人说无论如何打法，鸟总须有窝，人总得有家，水军总得有水寨……

说到水寨，梅世忠道："苏州洋海岸可泊驻舰船的港湾无非是福山港、梅李镇、白茆口、浏河口等处。福山港在虞山县北四十里，与北岸狼山相对，前有沙洲为屏，侧有镇山可依，唐天祐初（904）我等在此筑城戍守，以控扼大江航道，又有福山塘（浦）出自虞山县（常熟）北水门，经福山镇入大江，因此福山港进可控制大江，退可回守虞山，是诸港中之理想良港，只是当前水寨较小，只可泊驻百余舰船。白泖港位于常熟县东七十里，苏州北流之水大多由此入海，水军舰船进可由此入海，退可入河回苏州，进退自如，但无屏障，亦无镇山，而且随海潮涨落，河闸启闭有时，以此难于防卫。浏河口与白泖港大致相同，亦有船闸启闭之不便，不能随时进出河道，亦不易防卫。浏河口与白茆口之间有浪港口，浪港口北去四十里有沙洲，名浪港沙，浪港沙再北隔水相望即是东洲，两洲之间形成一港汊，水面狭处仅十五里，东、西二口则稍宽，两岸相依达五十里，若于此港中泊驻舰船，足可停靠数千大小船只，而东、西二口互为依存，不易被敌舰封锁，又有两岸陆地可资成守，有建立水寨之便。不足之处一是港汊两端皆无防浪设施，潮汐日夜涨落，舰船颠簸不息，将士们难免受苦；二是远离我吴越故土，孤悬海外，补给、联络多有不便，有被吴军隔绝之险。好在我军舰船多是海船，吃水深，摇摆轻，比之江船好了许多。"李开山附和道："梅将军所言甚是，苏州沿海诸港船舰大多停泊于河道岸边，容纳舰船有限，且离入海口不远，都设有堰闸控制水位，以此进出河道甚是不便。而东洲狼山江江汊水面宽阔，岸线绵长，正宜泊驻数百条乃至数千条战舰，而且没有船闸之不便，上下游均可自由出入通行，且外有大海岛屿，内有草滩村落，回旋余地极大，是个泊驻舰船的好去处。只是进入夏季，台风频发，浪高涛猛，此处又无防范措施，怕要蒙受巨大损失。如今是四月初，若能在一两个月内决定胜负，于狼山江江汊建水寨乃是上策。"众将听了皆点头称是。

传瓘道："梅、李二位将军在狼山江江汊建立水寨之言众将都赞同，那就如此定了。欲与吴军尽快决胜于大江之中，尚须妥善谋划，力争一战决胜，不可迁延时日，不然于我军不利。"

沈崧道："三国时各大战役多以火攻决胜：官渡之战曹操火烧袁军粮草，使袁军一蹶不振，终以七万兵马消灭袁绍七十五万之众；赤壁之战孙刘联盟火烧曹军战船，以十数万联军一举消灭曹操八十三万大军；夷陵之战，陆逊火烧刘备七百里连营，使刘备丧失七十万大军，败走白帝城。尤其诸葛孔明更擅火攻，屡屡得胜。如今吴军楼船高大，有如坚城，若行强攻，难免损兵折将，若以火攻或易取胜……"沈崧尚未说完，张从实打断说道："乌巢粮草密集囤积于一处，赤壁战船庞统献计被连为一体，夷陵蜀军连营七百里，周围又多树林荫蔽，因此三大战役皆以火攻一举取胜。而今吴军舰船皆泊驻东塘，与大江间多有船闸阻隔，我军靠近不得，若将吴船引入大江之中，彼船自然要拉开距离与我交战，舰船之间水面阻隔，怎能用火攻一举将许多舰船焚毁？既然不能一举同时焚毁敌舰，则吴船亦会以火攻反击我军舰船，届时敌舰居高临下，我反为其所害。"众将亦附和张从实意见，沈崧本非战将，见此情形，也就不再多言。

传瓘见众将纷纷议论却无新的意见，时已深夜，遂命众人各自回营歇息，明日卯时再议，唯独留下沈崧，延入内室坐定之后，传瓘说道："适才大堂之上沈大人谈及三国时火攻之法屡屡奏效，后来却被人打断话题，沈大人何以不在会上把话说完？"沈崧笑道："我非领兵打仗之人，火攻之事只是偶有感触顺口说说而已，既然众将军都不赞同也就罢了。"传瓘道："火攻乃是战争中常用之策，在攻取温州飞云江水寨、常州之东洲水寨时皆以火攻取胜，烧毁了许多敌船。如今与杨吴楼船交战，若能以火攻之，自然亦不失为上策，只是适才诸将所言及的难点尚须缜密思虑筹划，不知沈大人有何主意？"沈崧见传瓘如此说，又无旁人在座，便道："我亦无有完整主意，只是知道杭州现存有数百桶猛火油，乃滕延休大人自海外大食国运来。此物能浮于水自行飘散，遇火即燃，火焰猛烈，遇物即粘附其上无法除去，引燃后若以水救火，火势益盛，难以扑灭。若能将此猛火油附着于敌船上，再以火引燃，则敌船必将被焚毁无疑，至于如何才能将此油附着于敌船上，我亦未寻得良策。"传瓘亦曾见过此猛火油，知它是极易燃烧之物，因此单独储存于易燃物品库中由专人看管。因夜已很深，传瓘乃留沈崧就于府中歇息。

　　次日卯时，众将官仍到府中商议御吴水军之策。传瓘先请沈崧向众人介绍了大食国火油的特性，用猛火油火烧吴军的设想，接着传瓘说道："此法若运用得当，或可将吴船一举焚毁，只是未得使火油附上吴船之法，请诸位将佐广开言路，献计献策。"众将听了纷纷献策，有人道："此事容易，既然火油漂浮水面，我军只须将吴船包围，再将火油倒入海中，吴船自然被火油所包围，再引火，则吴船即被葬身火海之中，岂不痛快！"有人反对道："如此倒油，离自身近而离敌远，岂不首先殃及自身，不可不可。""吴船绝不会集中一处，如此倒油，须用多少火油才能将其包围。"又有人献计道："听说大食国火油用铁桶盛装，封口以银子镶盖，我军只须将火油连桶推入海中，任其漂浮，吴军见了必然会打捞铁桶抢刮银子，桶中火油即会溢出，再发射火箭，即可引燃吴船……"话未说完，又有人反对道："若吴人不捞，或打开第一桶发现是火油后不再继续打捞，岂不白白浪费了火油？"又有人道："此油粘附性极强，不妨将油掺和于散砂之中，用油布包扎，以抛车抛至敌舰上，再以火箭点燃，如此既可远距离抛投，而且命中率极高，亦无须将敌船包围于一处即可将其焚毁。"有人却担心说道："此法虽妙，只是用散沙掺油时自己船上自然要粘上火油，一旦遇火，亦要危及自身。"众人议论纷纷，却提不出一个万全之策，正无计可施之时，传瓘说道："我吴越多酿老酒，贯以酒坛盛装，今以此坛先在船下分装火油，以二十斤之坛只装十斤火油，仍用荷叶扎口，外封泥头，如此坛中油气不会外泄，搬至船上备用。各船都配备抛车，进攻时即用抛车将油坛抛向敌船，油坛无论抛到船上或是落于海面都会砸得粉碎，使得火油四溅粘满船体或浮遍敌船四周海面,同时施放火箭点燃火油,吴军兵将必然措手不及,无法扑灭,吴军舰船即被葬身火海。"众人听了皆拍手叫绝,似乎已经胜利在握。

在众人嬉笑声中,传璀却突然问道:"用酒坛投掷火油之法甚好,只是敌船起火之后,若以火船冲向我船队,与我同归于尽,则我船队岂不亦要遭殃?"众将见传璀如此问,一时愕然无声。

过了些时有人言道:"这火油十分粘滑,只要有足够火油沾满敌船,敌兵站立不稳,自然难以行船,再引火点燃,人心慌乱,哪还有心思冲击我军船只。"众人嚷嚷道:"哪儿来那么多火油!"张从实道:"那就向敌船上抛投黄豆,人踩豆上站立不稳即被颠扑,船即无法行驶。"传璟说道:"不妨用纸包了石灰,用抛车抛向吴军船只,石灰包被抛向空中即被风吹散,石灰飞扬弥漫吴船上空,使吴军兵将无法睁眼,自然不能行船。"众人皆说此法甚好,足可使吴船失去还手之力。

众人又议论一番,传璀觉得破敌方案已经成熟,遂总结道:"经过反复讨论,破吴水军之策可以基本确定为'引敌入海,投油火攻'八个字,具体部署待开战之前再行安排,为保此战万无一失,请众将佐回营后各自做好准备。首先各队舰船四成船只须架装抛车,装载火油坛子、白灰粉、黄豆及散沙等物,作为主攻战舰,一旦本船因油起火,千万不可用水扑救,务须用沙压灭。第二,其余舰船多备弓矢、火种、刀枪、挠钩等物,作为冲锋陷阵、拦截敌船、保护主攻战舰、防卫水寨之用。第三,梅世忠、李开山二位将军对苏州沿岸水陆情形十分熟悉,可领一百舰船去福山港驻扎,一是防卫苏州海岸,二是与我狼山水寨互成夹击之势。若福山港遇吴军进犯,你可于福山上点燃烽烟示警,我即发舰支援,军情紧急时可同时燃起三处烽烟。反之如海门东洲军情紧急,我即于狼山上燃起烽烟,你可发舰与我会合。第四,张从实将军率领一百舰船先期开赴东洲,尽快建立水寨作为舰船停泊之所及屯粮之地。第五,其余舰船三日之后出钱塘江海门,经金山卫北上,过苏州洋进驻海门东洲海峡。第六,本次行动务须严守秘密,东洲驻地、败敌方略、火油抛车等等皆不得有半点泄漏,一旦发现有人泄密,无论何人军法从事,绝无宽宥。"传璀安排完毕,众将各自领命回营准备。

第三十五回　狼山江火烧吴军战船　苏州洋大败江淮水军

迎战杨吴水军的准备工作已完成，贞明五年（919）四月，吴越镇海军节度使钱传璙登上指挥战船，亲自巡视即将出征的船队。只见二百条主攻战船整齐排列岸边，船头龙首高昂，船末龙尾横拖，船中抛车高挑，船身铁甲披覆，其余战船亦是旌旗猎猎，刀光闪闪，兵士队列严整，将校斗志昂扬。传璙向将士们频频致意，官兵们振臂欢呼，群情激奋，斗志昂扬。巡视完毕，见各船皆已准备充分，传璙下令依序开船，浩浩荡荡驶出海门向东洲进发。

张从实已于东洲之石牌湾建立中军驻所，此湾东、西两侧各有沙岗环抱，可以阻挡风浪，湾内水面宽阔，足可停泊数十条战船，因岸上高阜处树有一石牌，故名为石牌湾。

传璙来到了石牌湾中军驻地，即刻召集各队将佐部署歼敌计策，道："既已确定火攻之计，非有数十里之广阔水面不足以与杨吴水军回旋，否则或许会殃及自身。最佳水域当属江阴以下之狼山江海面，此处不仅水面开阔，足有七十里之宽，而且两岸陆地皆为我吴越控制，若将吴军舰船引至苏州洋，则可被我水陆双层包围，成为瓮中之鳖，网中之鱼。只是吴军舰船为避免潮汐颠簸之苦，多停泊于扬州东塘，只有高大楼船及少数小船泊靠于江边，然江潮低落时内河水位高出大江一丈有余，满潮时亦高出数尺，以此内河入江口皆有堰闸控制水位，我军舰船欲逆江而上至东塘与吴军交战绝无可能，须得将吴军舰船先引入大江，再引至苏州洋海面，才能按计将其围而歼之。为此本帅拟亲自率领艨艟快船二百条逆江而上，攻击大江沿岸吴军水寨，趁其尚未察觉我大队舰船进驻东洲之际，一举将各水寨捣毁，径直冲进焦山海门向吴军楼船发起攻击。吴军众多护卫战舰多泊驻于东塘，因此楼船不敢贸然离岸与我交战，待众多中小战舰驶入大江，我即返航东下。如此既扫除了大江沿岸吴军水寨，我军舰船又得以逆江长驱直入直抵杨吴都城，进而激怒吴军，逼使东塘舰船尽入大江，为诱其东下出海作好准备。为配合这一行动，请镇海军节度副使钱传璙同时发马步兵进攻江阴、无锡，如能攻克自然最好，即使攻不下，亦要造成我军大举讨伐杨吴之势，逼迫吴军应战，促使彭彦章水军倾巢东下，这是第一步。大战之势既成，杜建徽将军即率领七十条艨艟船装载火油去福山港隐蔽停泊，张从实将军亦带领七十条艨艟船装载火油去狼山下隐蔽停泊。若吴军舰船倾巢东下，我即率领舰船逆江而上前往拦截，随即佯装败退，将其引入狼山江海面。若吴军不肯东下，我即再率舰船逆江而上直捣焦山海门，彭彦章决不能容忍我两度冲击其水师，威逼其京都，必会倾巢而出全力决战。如此我即一面回头应战，一面佯装落荒东下，使吴船紧追不舍直下苏州洋而来。待吴船驶入狼山江，我吴越舰队即一分为二从其两侧逆江而上，将其围于中间，梅世忠、李开山将军亦从港中驶出包围吴船，同时向其投掷黄豆、石灰，令吴船失去行驶和反抗能力，杜将军与张将军随即率领各自船队向吴军抛掷火油坛，众将士再同时发射火箭，如此吴军纵使三头六臂也终究难逃灭顶之灾。"

传瓛话音刚落，传璙抢着说道："我军舰船逆江深入扬州未免太过冒险，如若吴军从两岸对船队施以火攻，或以小船装满薪柴燃起熊熊烈火前来拦截，我军舰船岂不要遭殃？千万不可贸然深入敌境。吴军本来就欲大举进犯我苏州之境，吴船东下是早晚之事，我军只须做好准备即可万无一失，何须冒此危险。若定要引诱吴军东下，亦只须发舰进击江阴，我再同时发马步兵进攻江阴、无锡，吴水军自会大举东来救援，大可不必深入扬州。"

传瓛道："我舰船集中泊驻于东洲，此处非久驻之地，一旦吴军得讯自泰州出兵由陆上攻击东洲，再由扬州发舰船击我水军，使我腹背受敌，东洲无坚城良港可守，岂能立足？且我军火攻之策一旦失密，彭彦章岂能就范？兵家常说兵贵神速，因此我军必须主动出击，及早引诱吴军上钩方可取胜。"

杜建徽道："钱将军之言极是，此战宜速战速决，不可迁延时日，但主帅大可不必亲自率船远征扬州，由杜某率队前往，必将彭彦章舰船诱来狼山江。"

传瓛道："非是钱某逞强，只怕由他人前往，彭彦章未必肯倾其全部水军出战，然见主帅亲征，则必然求功心切，欲一举将我擒获而后快，因此穷追不舍，如此方得以引入狼山江。我军艨艟船船桨多，船身轻，行船速度比吴军楼船快许多，因此诸位将军尽可放心。"

张从实言道："大江口外风向多变，引燃火油及抛投石灰时若风向不对反会害了自身，昔日三国赤壁之战，因欲借助风力乃有孔明设坛借东风之举，如今我吴越欲行火攻，当祭何方之风以助火势？又有谁能祭得此风？"

传瓛笑道："我军火烧吴船与三国火烧赤壁多有不同。赤壁之战曹魏战船沿江岸由北向南停泊，互相连为一体，东吴军以轻舟装载柴草引燃后冲击，只能烧着边缘船只，欲使火焰迅速蔓延至所有船舰唯有借助猛烈东风，如此才能火借风势、风助火威，使曹军战船来不及逃离或疏散而被烧毁。现如今是杨吴舰船散行于狼山江，我军从东、西、北三面将其包围，各方皆可远程抛射火油、火箭，何须顾虑风向风势？只是抛投石灰时须得注意只有居于上风位之舰船方可投掷，以免迷了自家舰船。"

众将又议论一番，传瓘见再无异议，便命各自回船准备，明日清晨四更造饭，五更发船，依计划行事。

再说杨吴百胜军使彭彦章受命率领水师东下进犯苏州，自恃拥有楼船巨舰，天下无敌，并不把吴越水军放在眼里，因此未曾派兵加强大江沿岸各港口水寨的防守，心想："待到我控制苏州洋海面、陈璋亦取得苏州陆境之后，我即率领水师南下金山，西进钱塘湾，直捣杭州海门，与陈璋形成南、北夹击杭州府之势。一旦攻取杭州，岂不功成名就，威镇江东。"想到这些，不免心花怒放，但又一想："如今已是四月下旬，若是五月我水师能控制苏州洋，则进攻杭州湾将在六、七月，届时正是台风多发季节，海上航行十分凶险，若无充足军粮随船进发，待攻杭州时一旦航行断绝，粮食难以为继，岂不前功尽弃？"于是命令裨将陈汾将中、小战舰及运输船只暂时泊驻东塘，驱使船上将校、兵卒前往各地催调粮草，务须于四月底前备足五个月军需，调齐后随船队进发。彭彦章每日派人催逼，陈汾被逼得火燎火暴，不时责罚部卒，周围百姓亦不得安宁，怨声四起。

不曾想粮食尚未备足，吴越舰船却突然大举逆江而上。先是江阴水寨派快马来报："吴越舰船二百余逆江而上，闯过巫门隘口突然袭击我江阴水寨，我军随即抛掷石块，施放乱箭，全力阻截，怎奈吴越船多势众，且都是龙头铁甲艨艟，矢箭、抛石皆无济于事，却反被吴越舰船所投放之砲石、矢箭压得不敢抬头，约莫不到半个时辰，水寨中船只、寨栅、房屋、贮仓多被砸得七倒八歪，满目苍夷，寨中兵卒亦被伤了十之三四。所幸马步兵迅速赶到，众人全力反击，吴越舰船方被击退，但水寨损失惨重，请将军火速发兵增援，以防不测。"彭彦章万万未曾想到吴越水军竟会主动进攻江阴，急忙问信使："如今吴越水军径往何处而去？"来使道："吴越舰船离了江阴即继续向西驶向扬州而来。"彭彦章大惊失色，心中想道："如今我大吴立国不满一月，竟让吴越水军毁了我江阴水寨，我作为水军主将已经失职，若再让吴越舰船深入我江淮腹地，兵临京都扬州城下，惊扰了王上，罪孽非轻。"想到此，不禁心惊胆寒，忙命人快马加鞭赶往东塘，命裨将陈汾火速调集所有战船立即驶入大江，与楼船配合迎战吴越水军。

命令刚刚发出，却又有圌山水寨派快马来报："吴越舰船二三百条闯过顺江、扁担诸沙洲，我洲上驻军虽奋力阻截，怎奈吴越舰船势众，抛石、矢箭密集，洲上兵士不敌，现今吴越舰船已闯过圌山向扬州驶来。"

原来传瓘舰队逆江而上，闯过巫门之隘，到得江阴鹅眉咀外即以迅雷不及掩耳之势将吴军水寨重重包围，向其抛投砲石，施放乱箭，使吴军顿时失去还手之力，四散逃命。随后传瓘留下六十条战舰继续猛攻水寨，自己带了其余战舰继续西进直闯圌山，一举击溃顺江、扁担诸沙洲吴兵。待到闯过诸沙洲向圌山攻击时，留下砲击江阴水寨的六十条艨艟船亦已将水寨大部摧毁，亦向西驶进，与传瓘汇合共击圌山吴军。

吴越水军来得如此神速，宛如从天而降，彭彦章急得晕头转向，不知所措，心中又气、又恨、又悔、又急、又怕：气的是裨将陈汾办事不力，筹粮十余日尚未备齐，贻误了战机，酿成今日之祸；恨的是吴越不宣而战，突然袭击，造成今日之被动；悔得是自己轻敌，未及早派战舰加强江阴、圌山的防卫，使吴越水军得以长驱直入，直捣扬州；急的是陈汾战船迟迟不到，江边只有大型楼船，虽然船体高大稳如泰山，却行动不便，若无中、小战船护卫，只有被动挨打之份，却难主动迎击众多敌舰；怕的是自己身为水军统领，掌控数百条战舰却被吴越先发制人，捣毁了江阴、圌山水寨，吴越水军直趋扬州，威逼京都，失职之罪委实不轻。彭彦章越想越烦乱，遂把所有怨恨都集中到陈汾身上，心道要不是陈汾误事，哪有今日之患，非得狠狠整治他不可。但眼下大敌当前，还是迎敌要紧，吴越战舰不过二百余条，我楼船有百五十条，还有其他战船数十条，虽然陈汾战船尚未到来，尽江中现有战船以一对一，足可击退吴越水军，待陈汾战船驶入江中再全面还击，定能取胜。彭彦章随即命令："大江中所有舰船立即驶离江岸，开赴焦山海门外拦截吴越舰船，不得让一艘吴越舰船闯入海门关。"

谁知吴军楼船尚未离岸，吴越艨艟已经闯入焦山海门，并将楼船紧逼在大江北岸。楼船上吴军官兵急忙向吴越舰船抛掷砲石，施放火箭，欲阻止其靠近，怎奈吴越艨艟身披铁甲，砲石、火箭奈何不得，仍奋然捷进。吴越舰船与吴军楼船越来越近，吴越将士亦向吴船猛投砲石，幸得楼船皆用坚木制造，以此并未遭受重创。吴兵藏身于船楼之中，冒着吴越矢石纷纷撞向吴越艨艟，吴越艨艟体型矮小，怎经得住巨舰冲撞，遂纷纷退却。此时陈汾亦率中、小战舰驶入大江赶来助战，传瓘见已牵动吴军所有舰船，目的已经达到，乃传令船队佯装落荒败退。吴军紧追不舍，一直追到江阴地界，眼见追赶不上，彭彦章只好下令收兵返回。

这一仗非同小可，吴王、徐温、徐知诰都大为震怒，严厉问责彭彦章，彭彦章将责任推到陈汾身上，以治军不力、贻误战机之名痛责陈汾八十军棍，以示警戒，又泄了私愤，陈汾自是心中不平，对彭彦章耿耿于怀。

吴军此番损失不小，彭彦章心中十分窝火，又被吴王、徐氏父子责骂，既羞愧又憋气，虽然重责陈汾，心中恶气仍是愤然难平，次日，下令大小战船通通开赴江阴，准备伺机报复。五百战舰、四万水军旗帜猎猎、威风凛凛、军势雄壮、浩浩荡荡向江阴而来，到得江阴，见水寨破败不堪，一片狼藉，心中不免又添几分恶气，咬牙切齿道："不报此恨有何面目再见吴王！"遂命陈汾安排兵卒立即清理水面，修整水寨，安顿舰船，部署后勤。陈汾连日来作战、受罚、行军，劳累不堪，棒疮亦疼痛难忍，如今还得紧忙处置这些事务，心中愤懑不平却又无处发泄，只得忍气吞声忍痛奔忙。

江阴与苏州之福山港相去仅七十里，彭彦章知道吴越在福山驻有重兵，又是吴越主要水寨，因此必须审慎戒备，遂派出得力军士分别去江阴东之浮山、马驮沙东北之孤山、江阴城北之君山、城东之黄山驻守，一有紧急军情立即点燃烽火报警，再派出数十条战舰游弋于大江之中往返巡查，命令全体官兵处于临战状态，随时准备迎战吴越水军。诸事安排完毕，彭彦章心绪稍稍安静，准备来日与吴越水军决战。

传瓘率领艨艟战舰远征扬州平安回到东洲之后，即命全体将士充分休息，准备全力迎战彭彦章水军。次日得到消息，彭彦章受责，已命全部战船开赴江阴准备寻机决战，传瓘哈哈大笑道："如此正合我意，彭彦章已经上钩，免得我再去扬州请他。"当即召集众将官部署作战计划，传瓘道："彭彦章吃了亏，挨了责，负气倾巢而来，必然急欲与我决战，如今新到江阴立足未稳，又连日修整水寨，今夜必然疲惫不堪，正是偷袭江阴大好时机。众将官回营后再仔细检查战前准备是否停当，安排兵卒早早休息，半夜子时全体舰船按原定计划开赴指定地点，准备迎战吴军。我仍带领艨艟船去袭击江阴，引诱彭彦章船队进入狼山江与我决战，各位将军按计划包围吴军船队，务必迅速、彻底消灭彭彦章水军。"众将领命各自回营准备。

半夜子时，吴越诸将各自带领船队出发，借着星光急速西进，正值海潮初涨，顺潮西行，行船方便了许多。杜建徽、张从实率部前往福山港、狼山港隐伏，梅世忠、李开山则早已于福山港驻守，传瓘亲自统领两百条龙头铁甲艨艟船分五列急速驶向江阴。约莫过了两个时辰，传瓘船队来到巫门。巫山上吴兵先是发现大江之中隐隐约约有许多灯光，再仔细看时，却是许多舰船急速驶过巫门向西而去，正欲点燃烽火报警，却为时已晚。众吴越将士已经冲上巫山，将守山吴兵紧紧逼住做了俘虏。传瓘舰队继续西行，来到江阴君山之外，山上石室中吴兵隐约见有舰队浩浩荡荡西来，急忙点燃烽火报警。楼船上瞭哨看见烽火，急忙唤醒船上士兵并向彭彦章报告。彭彦章搞不清究竟来了多少吴越舰船，因为已经被吴越水军袭击过一次，因此不管三七二十一，先命人擂鼓鸣金，整顿好船队，准备应战。不等楼船出港，吴越舰队已经封锁鹅眉咀水域，向吴军战船抛投石砲。此时天已微明，彭彦章见港外吴越艨艟队列整齐足有二百条之多，知道军情严重，吴军战船密集于港内，若不及早冲出港去，只有被动挨砸之分，遂急忙命人奔上君山，令君山将士居高临下向吴越水军抛投石块、施放火箭，同时令楼船领先强行向港外冲击,又命陈汾率领中、小战船随后跟进,待冲出港后保护楼船随同作战。

传瓘见吴军楼船强行冲出港来,知道楼船体型巨大,船身坚厚,不能与之正面冲击,便指挥自己艨艟船向两边闪出一条水道,任由吴军楼船纷纷向港外驶出。彭彦章见此情景不由得心中暗自高兴:"我道吴越艨艟如何厉害,却是一班软骨头,两次交锋均不堪我楼船一击,今日自己送上门来,非得狠狠教训他不可,从此叫他见我楼船即失魂丧胆,望风而逃,在大吴皇帝、徐温父子跟前也好显露些光彩。"遂命楼船各自寻找吴越艨艟横冲直撞,试图撞沉吴越战舰。谁知吴越舰船体型虽小,却是机动灵活得很,总是跟着楼船兜圈子,犹如野牛斗猎犬,纵使野牛有千钧之力却总伤不着猎犬半分,徒耗体力。彭彦章见此招不灵,又令各楼船以五船为一组,排列成梨形向吴越艨艟推进,谁知吴越仍不正面与之交战,却掉过船头驶向两边,吴军楼船赶忙跟着掉头,怎奈船大笨拙,绕了好大一圈才掉过向来,吴越艨艟又早已钻到其后面去了。彭彦章气得火冒三丈,直骂陈汾竖子,那许多中、小战舰怎得只上来了数十条,竟落得众多楼船被吴越水军欺负到如此地步!再派人去催促陈汾火速领船前来御敌。

陈汾带领所部水军连日劳累,昨夜又忙到半夜过后方才休息,吴越水军来袭时众兵将睡得正酣,一时调集不起,身上棒疮又疼痛难忍,心中正有许多怨气,见众军士不肯出力,也就有意无意拖沓了许多时间,因此彭彦章传令中、小战船随楼船出战时只有数十条船只跟进。彭彦章急于冲破吴越水军封锁,就顾不得众多战舰尚未跟进,心想先冲出港口再说。待到彭彦章命人催促陈汾时,陈汾已经整顿全部中、小战船驶出港来,彭彦章见众多战舰到来,忙指挥两条战舰护卫一条楼船向吴越艨艟进攻。双方相持,互相投石放箭,好一番恶战,幸得吴越艨艟身披铁甲,吴军楼船坚木为墙,双方损伤都不大,只是吴军小船被损坏不少。传瓘见彭彦章越战越猛,取胜心切,吴军大、小战船已全部出动,知道大鱼已经上钩,遂传令各船掉头东下,与吴军保持距离,且战且退,拖住吴军。彭彦章见自己水军越战越勇,吴越艨艟节节败退,多日所积恶气今日方得一泄,怎肯罢休,遂命各船擂鼓手紧擂战鼓,催促各船将士急追。

天已大亮,海潮初退,西风轻吹,船行如飞,约莫过了一个时辰,两军舰船过了福山港,彭彦章只道是传瓘欲逃回苏州或过苏州洋逃回钱塘湾,怎甘心放虎归山,便命众舰船加速追赶,哪里顾得两岸还有伏兵。正急匆匆追赶之际,后边福山上放起三堆火来,紧接着对面狼山上亦冒起三缕青烟,只听得狼山江四面鼓角齐鸣,喊声喧腾,彭彦章心道怕是中了埋伏。正不知如何是好,却见前面传瓘艨艟船向两边分开,急速回头逆江而上,又从狼山港、福山港斜刺里驶出许多船来,与传瓘船队合力将吴军舰船围在中间。彭彦章急命各楼船回身冲击吴越战舰,怎奈楼船体大,难以掉头,加之船高楼宽,顺风行驶容易,迎风驾舟着实费力。正吃力掉头之际,却见吴越舰船上抛过无数石灰包来,到得半空中包散粉扬。石灰粉弥天漫日地飘到吴军船上,顿时天昏地暗。士兵们双目发涩奇痒难忍,用手搓揉更是疼痛刺心,一时间又找不到淡水冲洗,直疼得跳脚骂娘。正在难受之时,吴越舰船上又投过来无数豆子,散落得船上满甲板都是,将士们无法睁眼,一旦踩上豆子即摔倒在地,船上一片叫骂哭喊之声,顿时吴船失去控制,随波逐流,互相挤撞,损坏不少。彭彦章站立于楼船顶上自不能免,双目亦被石灰浸渍疼痛难忍,忙用手摸着一杯茶水清洗,稍稍缓解,勉强睁眼观看,见自己船队七零八落,众多兵将痛卧船上恸哭哀嚎,心中是既痛又恨。急命左右传令各船将士立即整顿部卒,各就各位,各司其职,调转船头反击吴越水军,怎奈众将士个个双目难睁,如何奉得军令,彭彦章急得直跳脚。正为难之际,又见吴越艨艟上乱纷纷投过无数的酒坛子来,无论落在吴船上还是落在水面上都碰得粉碎,内里黑漆漆、黏糊糊、臭烘烘、油光光的不知什么东西四下里飞溅开来,粘得船身上、甲板上、人身上、水面上到处都是。吴军尚未识得此为何物,吴越战船上火箭如火龙般向吴船飞来,射中之处立即燃起一片大火,众人见状顾不得双眼疼痛,立即拿了水桶从江中取水灭火。谁知那火焰竟随水漫延更快,众人惊得目瞪口呆,不知所措。彭彦章见此情景,亦不知是何道理,连连长叹道:“天亡我也!”船上兵将见火势如此迅猛,知道已无可挽回,纷纷跳水逃生。谁知吴船周围水面亦飘满了火油,早已成了一片火海,无论怎么挣扎潜行都摆脱不去火焰,直到活活烧死或淹死。彭彦章见全军覆没之势已成定局,仰天长啸不已,拔出佩剑欲自刎报国,身边将士见了急忙按住,劝道:“自古胜败乃兵家常事,将军何必为此一败而自寻短见。指挥船上现有一条小舟,可保将军向下游冲出火海,现在吴越舰船尽在我两侧和上游,只要我小舟行得快,定能冲出敌军包围。留得青山在,不怕没柴烧,他日将军重整水军,再杀来吴越报仇雪恨。”彭彦章叹道:“水军惨败到如此地步,纵使我能留得性命回到扬州,吴王、徐温父子岂能容我?你等还是自行逃命去吧。倘若你能回到扬州面见王上和徐温父子,请奏明实情,此番惨败实乃陈汾误我。若是陈汾及时率领全部战舰紧随楼船左右,护持楼船向吴越舰船冲击,焉能败到如此惨重?若有众多战舰紧紧咬住吴越舰船,短兵相接与之厮杀,彼等焉敢使用火攻?我数万将士性命实乃丧于陈汾之手。”说罢怒吼一声,刎颈而死。

陈汾对彭彦章既有怨恨,自然离心离德。江阴之战刚开始,陈汾先是延误军令,迟迟未集合战舰随楼船同行出港,以致楼船孤军作战,处处被动挨打,彭彦章复命火速调集战舰出港助战时,陈汾又只调出了百余条战舰随同楼船作战,待到吴越战舰东下,彭彦章率领船队紧追不舍时,陈汾才带领其余百多条战船出港,远远尾随而行。渐渐驶近福山港，只见福山上、狼山上各飘起三缕狼烟来，知道吴越有诈，陈汾急命船队就近靠岸，静观事态发展。不长时间东方海上烈焰冲天，黑烟翻滚，隐约听得哭喊之声，船上将士纷纷要求立即东进助战，陈汾却道："难道尔等皆是傻子不成？东方海面烟焰如此猛烈，估计我吴军舰船皆已起火，须知此乃海上，唯有舰船能起火，别无他物，此时我若驾船前去，岂非飞蛾扑火，自寻死路，非但救不了他们，我等亦难逃同样下场！"陈汾竟置彭彦章及众多将士死活于不顾，下令所率舰船返回江阴，以此彭彦章被围之时未见陈汾来救。

吴军舰船陷于火海之中，众兵将被烧得焦头烂额，满地滚爬，但求速死，一片鬼哭狼嚎之声，凄惨景象惨不忍睹。俗话说困兽犹斗，内中亦有数多头脑清醒之人，情知与其束手等死，不如拼死一搏，或可绝地逢生，便号令众兵卒齐力划桨，驾驶火船竭力闯出火海冲向吴越舰船，试图冲开缺口逃生。吴越兵将岂容虎狼逃脱罗网，更为密集的灰包、油坛、火箭、砲石投向试图突围的吴船，火船顿时化作一座海上火山，慢悠悠飘向东海而去。后边吴船见状只好投降，向吴越舰船求救，吴越士兵遂向投降吴船投去沙包试图压灭吴船大火。但为时已晚，多数吴船火势太盛已不可扑救，又恐火势延及吴越船只，以此不许吴军火船靠将过来，只好任其随波飘去，烧毁于海中。船上吴兵纷纷跳海泅过吴越舰船来得以逃生，只有寥寥几条吴船火势较弱，经投沙扑救火势渐灭，遂得以保全。

这一仗吴越水军大获全胜，众将兴高采烈，互相庆贺。传瓘心中却仍然存有忧虑："吴水军主力虽已歼灭，但陈汾仍盘踞江阴，我水军主力仍不便于东洲久驻，苏州洋海面仍将不时受吴水军侵扰，如今唯有乘胜攻下江阴，使我水军主力分驻于江阴水寨及福山水寨，形成互为应援之势，方可保苏州洋安宁。"主意既定，便命人赴苏州与传璙约定时日，同时从水、陆两路发兵合力攻下江阴城。

自从杨吴命陈璋为右雄武统军，协同彭彦章以水、陆两路进攻苏州，陈璋即以一万马步军、三千水军驻守无锡，等待彭彦章向苏州洋进军，待其控制苏州北部沿海时即同时从西、北两面夹击苏州，又以七千马步军进驻苏州北海边之沙洲，以便协同彭彦章水军进攻吴越之福山港及虞山城。谁知事发如此突然，彭彦章水军刚刚来到江阴，尚未与陈璋取得联络即遭到吴越水军袭击，竟葬身火海以致全军覆没，陈璋将此战始末奏报吴王：彭彦章已以身殉国，三万余将士蒙难，唯陈汾带领百余战舰、七千兵将败回江阴驻守待命，自己协同彭彦章进攻苏州之命也只得暂缓实行。又命无锡、沙洲等地将士加强戒备，以防吴越突袭。

传瓘与众将官商议如何夺取江阴，诸将多以为狼山江之战痛快利落、干净彻底，主张再次用火油坛砲击吴船，一举夺取江阴。传瓘对众将道："此番攻取江阴与狼山江之战不同：狼山江之战目的是消灭吴军主力，以挫败杨吴进攻我苏州之战略，如今攻取江阴，目的是取其地为我所用，因而无须过多消灭吴军兵卒，此其一也；狼山江之战我军将彭彦章主力战舰引入宽广水域，再以火油攻之，不致殃及四周，而取江阴乃在水寨之中，用火油攻之难免有城门失火殃及池鱼之虞，此其二也；再者，火油来自大食国，来之不易，不宜轻易用之，因此攻取江阴还是以常规战术为好。"众将七嘴八舌，议论纷纷，最后传瓘决定道："今日众兵将早早休息，仍然半夜子时出发，兵分三路：第一路由我率领所部艨艟船直驶江阴港外，封锁港口，向吴船施放火箭，待船上火起混乱之时再冲上敌船厮杀；第二路由杜将军率领所部船只向江阴驶进，夺下巫山，再登南岸杀至江阴之南，攻占青阳，杜绝无锡增援江阴之路，并包围江阴城，与我合力攻下江阴；第三路由张从实将军率领所部水军驶往福山港，登岸后向西杀奔沙洲，与苏州、虞山兵马会合，夹击沙洲吴兵，夺取沙洲。如此使江阴与我苏州之地连成一片，确保江阴港安全。"安排完毕，立即命人通知苏州、虞山等地军兵同时进攻吴军。

传瓘早已做好部署，接到传瓘攻击令即于次日拂晓之时派指挥使何逢率领一万五千兵马奔袭无锡，将无锡城团团围住。城中吴兵因得知彭彦章数万水兵全军覆没，个个垂头丧气，失魂落魄，今见吴越发兵攻城，其势正盛，怎敢贸然出战，只是凭城固守，何逢连连搦战，吴兵终不应战。

指挥使吴建已奉传瓘之命率领六千兵马进驻虞山，传瓘攻击令一到，即于次日拂晓进击沙洲。其时沙洲乃临江一镇，四周设木栅为寨，周围挖有寨河，吴建将所部兵将陈于沙洲之南，只等传瓘水军到来。

半夜时分，杜建徽率领船队悄悄向西进发，拂晓之前来到巫山海门，即命两百水军趁黑悄悄摸上巫山哨所，未等吴兵反应过来即将哨所夺下，随即又命所部舰船驶向大江南岸，登陆后迅速向西南直奔青阳。这青阳镇仅有两千吴军驻守，无坚可依，无城可凭。天刚蒙蒙亮，镇中瞭哨即远远望见一队兵马自东北急匆匆奔来，仔细看时，打着吴越旗号，前面队列整齐威严，杀气腾腾，后边人马无穷无尽，气势汹汹，众吴兵见了叫声不好急忙禀报中军。镇中主将早已听说彭彦章水军全军覆没，心中正惶恐不安，却闻吴越兵马突然来袭，心中早已慌乱如麻，哪里还有什么主意，倒是身旁副将一句话提醒了他，三十六计走为上策，若迟了被吴越兵包围，就如彭彦章水军般无一生还矣，于是赶忙命手下兵将火速纠集兵马急急慌慌奔向无锡而去。

指挥使张从实率领所部舰船到得福山港，命少数水军留守船只，其余兵将迅捷登岸杀奔沙洲。沙洲吴兵先是见虞山一标人马杀到寨前已是惶恐不已，当即命人驰赴无锡搬取救兵，谁知又来一支水军将沙洲城团团围定，这如何了得？之前军中已广为传言吴越兵将残杀成性，以致火焚彭彦章水军，甚至对已经投降的士卒亦不放过，尽皆投于火海，三万多水军竟无一人生还，因此吴兵将吴越军兵视为恶鬼猛兽。沙洲守将见军情危急，急忙召集人马欲趁吴越立脚未稳杀出西门，却被吴越联军拦截厮杀，损兵折将十之有三。残兵败将犹如惊弓之鸟、突围之兽，惊魂不定，余悸难消，急欲逃回无锡却无奈南去之路皆已被吴越联军严密封锁，只得匆匆向西奔去。好不容易逃到青阳地界，只见寨子周边遍竖吴越战旗，只得偃旗息鼓继续悄悄向西北穿行，却又遭到江阴、青阳两地吴越军夹击。经过拼死冲杀，最后只剩得三千多败残兵将冲过封锁，狼奔鼠突般向西逃窜，直奔常州而去。

再说传瓘率领二百艨艟船黎明时分将江阴吴军水寨围得密密层层，陈汾知道吴越水军既灭了彭彦章迟早会来袭击江阴，只是不曾料到来得如此之快，乃一面命向吴越艨艟施放火箭、砲石，尽量阻止其冲入港内，一面命自己亲将组织亲兵，做好抵敌不住时冲出水寨逃回润州的准备。双方相持约有半个时辰，吴越艨艟因身披铁甲，砲石、火箭对其并无多大损伤，吴军舰船倒是被火烧着了十数条，正难解难分之时，却从背后杀来一彪人马，喊声动地，鼓角震天，由远及近，涛涌般卷来。陈汾见势不妙，急忙命亲兵保护自己向西逃去。船上水军得知主将已逃，近岸的急忙登岸尾随陈汾而去，离岸较远的未及登岸即眼见水寨已被吴越水军控制。许多士兵听信传言，生怕被吴越士兵活捉受虐，乃纷纷跳水逃生，却又被淹死不少。留于船上的知主将已逃，若再顽抗唯有死路一条，以此尽管传言传瓘水师残忍无道，依然希望缴械之后或可生还，遂战战兢兢纷纷投降。

至此，狼山江一战暂时告一段落，传瓘俘获吴军将佐士卒共七千余人，烧、溺、斩杀百胜军使彭彦章以下三万余人，焚毁吴军战舰四百艘，攻取沙洲、青阳、江阴等地，大获全胜，造成西进攻取常州之势。

第三十六回　攻常州传瓘接连惨败　安东境徐温主动休兵

　　彭彦章自刎后，其亲随副将带了十数名强壮水手，驾了楼船上的救生轻舟，奋力划向下游，终于闯出火海，而此时吴越战舰皆据处吴军舰船上游或两侧，亲随副将遂得以逃脱，寻个隐蔽无人之处登上北岸悄悄逃回扬州。副将将狼山江之战全部经过详尽告于徐温父子，徐温听了十分震惊，对徐知诰道："吴越地域之广虽不及江淮，然而经济之盛、军力之强、民心所向实不在我之下，我欲与之争锋绝不可轻视之。彭彦章之败即败于轻敌，先是拖沓不前贻误战机，反被吴越率舰队窥我扬州，后又盲目冒进，吴越战略、战术尚未摸清即贸然出击，以致全军覆没，实在可叹可气，然毕竟忠于王事，乃为国尽忠，宜予表彰。陈汾竖子先是筹粮不力贻误战机，待主帅临危又见死不救，后镇守江阴竟不与友邻马步军连络，以致临阵脱逃，坐失江阴，如此恶贼必须明令典刑以惩效尤。"恰于此时陈汾却带了数百名残兵败将逃回扬州，徐知诰立即下令将其拘捕，审问属实后斩首示众，并籍没其家财赐予彭彦章家属，以供养彦章妻、子终身。

　　徐温怎容得吴越兵踞江阴、青阳、沙洲诸地势逼常州、无锡，乃命知诰发水军增援陈璋，务必夺回江阴诸地。

　　昔日徐温曾命大将李涛率兵二万攻打吴越衣锦军，马军指挥曹筠竭力反对，认为衣锦军乃是吴越马步军核心驻地，守护首府杭州的重要基地，进攻衣锦军必将遭到吴越全力反击，不可轻举妄动。徐温非但未采纳曹筠之言，反将其削去马军指挥之职，裨将陈绍亦因赞同曹筠之言而受到严厉斥责。李涛进犯千秋关被围之时，曹筠知已无可挽回，遂率部投降，传瓘乃命曹筠、陈绍在吴越军中担任裨将之职。千秋关之战吴军惨败，主帅李涛被俘，徐温深悔未采纳曹筠之言，遂对其家人多方给予照顾，并遣使悄悄告诉曹筠："吾未纳汝言，使汝不得志而去，吾之过也，今汝在彼，无以妻、子为念。"以此曹筠虽在吴越军中，却心存对徐温感恩之情。

　　曹筠裨将陈绍勇而多谋，徐温甚是喜爱，知道陈绍今在苏州军中，乃下令："有生获叛将陈绍者赏钱百万。"

　　贞明五年（919）六月，陈璋倾常州、无锡马步军全力进攻沙洲镇，又发水军顺流而下将江阴港口封锁，遣指挥使崔彦章连日进攻沙洲，沙洲守将张从实命裨将陈绍出兵迎击。因徐温有令须生擒陈绍,而陈绍又勇冠三军奋力御敌,因此接连两日崔彦章屡屡大败而归。崔彦章与属下将校计议如何生擒陈绍,当下有人献计道:"今夜于陈绍出城应战必经之路上深挖陷马坑,上面遮盖原有泥土,勿留痕迹,明日将军多率人马仍然前去搦战,待他出城应战必陷入坑中,将军即刻率兵杀散敌兵,众军士即可一拥上前活捉陈绍。"崔彦章大喜,当夜依计而行。

次日黎明,崔彦章照常去寨外搦战,惹得陈绍性起,遂点齐兵马冲出寨来,一心欲大败崔彦章以解沙洲之围。陈绍远远望见崔彦章擎枪催马缓步逼近寨来,遂策马飞驰迎去,恨不得一举生擒崔彦章,谁知轰隆一声连人带马掉入陷坑之中,未等清醒过来即被吴军士兵生擒活捉。崔彦章见陈绍被拿,随即指挥众兵士向沙洲寨掩杀过来,迅速抢下吊桥,夺过寨门,直冲入寨中。张从实眼见沙洲寨已告破,只得率领所部兵马退回福山,吴建亦率本部兵马退回虞山。

徐温俘获陈绍,以礼相待,自责当年不听曹筠之言以致有千秋岭之败,当下仍命陈绍在吴军中供职,陈绍深为感动。

传瓘正谋划趁狼山江之胜发兵攻取无锡、常州,不想却被陈璋抢了先,屡屡发舰袭扰江阴,只因艨艟船身披铁甲,又可远程抛石,以此吴军始终靠近江阴不得。过了三日,沙洲失守,传瓘乃与张从实约定时日,从福山、江阴两面夹击,欲夺回沙洲,又请传璙发兵进攻无锡,以阻止无锡吴军增援沙洲。张从实命裨将曹筠驻守福山,自己亲率大军西进袭取沙洲,崔彦章遭到两面夹击,如何招架得住?急忙派人去无锡请求增援,怎奈无锡受到传璙袭击自身难保,再无力派出援兵,崔彦章不得已逃回无锡。

七月,传瓘命杜建徽驻守江阴、青阳,张从实驻守沙洲、福山,仍请传璙继续进攻无锡,自己与指挥使何逢、吴建率领马步军三万向西进发攻取常州。徐温得报,知军情紧急,遂亲自率兵增援常州。其时常州仅有内子城,系杨行密于唐景福元年(892)所筑,周围仅二里有余,城中怎容得数万大军,徐温乃于城东二十里扎下五个大营。先前吴军因狼山江大败而斗志衰竭,如今见徐温增兵并亲自督战,便把对吴越军兵的恐惧化为仇恨,人人争功心切,个个作战英勇,全军斗志倍增,传瓘连日猛烈进攻始终毫无进展。

暑夏之日骄阳似火,炎热难耐,徐温连日劳累,茶饭不调,终于高热病倒,不能治军。传瓘得知徐温亲自坐镇,更是调兵遣将猛攻中军,飞矢犹如狂风暴雨,抛石好似电闪雷鸣,轰轰隆隆投向中军大营。吴军镇海节度判官陈彦谦见情势危急,深怕徐温万一有所闪失必将导致全军溃乱,便将中军旗鼓迁至左边大营,又于军中选取外貌酷似徐温之人,身披徐温甲胄,头戴徐温帽盔,端坐帅位,以蒙蔽吴越,使徐温在中军帐中得以稍稍休息。

数日后徐温病情稍有舒缓，召集诸将商议破敌之策。有人献计道："若从无锡抽出一支劲旅突袭传瓘后军，则吴越军营必自乱，我即趁乱冲杀，当能挫败敌军。"还有人出谋道："吴越兵马深入我境，扎营于荒野之中，四周荒草深可没腰，营寨周围虽竖有木栅却未挖深沟。如今已数十日无雨，处处叶黄草枯，极易燃烧，因此用火攻乃是上策。只要吴越营地火起，营中兵士必然自乱，我军即可乘乱大肆冲杀，定可大获全胜。"又有人建议："吴越主力已集中于此，我若发水军顺江而下偷偷越过江阴袭击其后方，则吴越将士必然大为恐慌，此时我军再从正面大举进攻，定可大败敌军。"徐温平时很少直接指挥战事，遂命陈璋吸纳众人所言定出决策。陈璋一面命水军东下袭击吴越福山港，包抄吴越后退之路，一面命无锡守将死守城池，阻截吴越由无锡返回苏州之路，又亲自指挥常州守军准备火烧传瓘大营，发起全面进攻。

却说吴将曹筠自投吴越后，因妻、子仍受徐温关照，以此心中时时感念徐温之德。及至狼山江之战，曹筠亲眼目睹吴军数万将士葬身火海，场面凄惨壮烈，心中不免隐隐作痛，甚至有了怨愤之心。吴越一向自称以"保境安民"为国策，如今传瓘却领兵进攻常州，可见亦是口是心非。近来是回归吴国抑或留任吴越，曹筠心中日夜较量，犹豫不定，又十分惦念妻子儿女，却于此时闻得陈绍在沙洲之战被俘，徐温不计前嫌仍命其在军中供职，甚是感动，遂决定回归吴国。如今陈璋命指挥使郑里发舰船顺江而下，游弋于福山港外，曹筠恰恰驻守福山，正是回归杨吴大好时机，遂派人悄悄与郑里联络，约定时辰引吴船入港，率部投降，手下兵将有不愿投吴者亦不勉强，任由其自谋去向。

郑里既得福山港，仍命曹筠率领原班人马继续驻守福山，自己再留下少数水军驻守舰船，以配合曹筠共守福山，其余兵将统统换上曹筠兵马衣甲，打起吴越旌旗大纛，急匆匆宛如败残兵马，乱哄哄抢奔沙洲而来。沙洲寨上吴越守兵见是福山曹筠败兵，后边又有郑里兵马高举吴军旗号紧追掩杀，便顾不得盘问，一边派人报与张从实，一边即拔开寨门放"福山人马"奔入寨来。谁知这"福山人马"冲入寨中就势杀散守门军士，抢下寨门，将后边吴军亦放入寨来。吴军如今是徐温增兵亲征，士气倍增，一心欲报狼山江火焚之仇，因此人人奋勇当先，一经闯入沙洲寨即见人便杀，遇兵便砍，将个沙洲寨杀得天昏地暗，鬼哭狼嚎。张从实刚得到守门军士报告，吴兵即已奔杀而来，来不及组织人马反击，急忙招呼身边亲兵亲将拼命冲杀方突出寨来，只带得数百兵将夺路逃回虞山而去。

再说传瓘连日进攻徐温大营未得进展，便欲命杜建徽领水军逆江西进，趁常州城中空虚进行突然袭击，盘算着无论是否取得常州，徐温见后方被袭必然退保常州或分兵支援，自己即可趁乱攻取徐温大营，进而攻取常州。谁知尚未遣使联络,当夜子时,军营四周却被吴兵放起火来。传瓘本以为狼山江一战已使吴军闻风丧胆,不堪一击,岂料自徐温增兵后吴军士气大振,吴越军长时间被阻于常州城三十里以外,遂不得不就地结营。吴越营地处于运河之北,地势低洼,荒草丰茂,人迹稀少,如今干旱已有四五十日,杂草枯焦,因此一经吴兵于营地四周点火,烈火即刻熊熊燃烧起来,刮喇喇地向周围迅速蔓延,是夜西南风轻轻吹动,火势遂迅速推向东北。

传瓘见半夜火起,大惊失色,急忙命众将士奋力扑救,怎奈荒草漫漫,火势熊熊,怎扑救得及?正慌乱之时,吴军已潮水般冲杀过来,传瓘眼见败局已无可挽回,遂立即召集兵马,命指挥使何逢为先锋,吴建作后卫,向东南方向突围。何逢策马奋勇当先,所部兵将紧随其后,顾不得火猛焰烈闯过火海冲出寨来,怎奈大营之外皆是吴兵,密密麻麻,层层叠叠,任凭何逢有万夫不挡之勇,恰好似钢刀劈水,宝剑削泥,前面吴兵刚被冲散,后边吴兵又不断围拢过来。传瓘急命何逢为左军,吴建为右军,自己率领中军,三军协力往外突围。何逢、吴建往返冲杀,死死拖住两边吴军,传瓘率领中军拼死向外冲突,终于得以杀透重围,因东、北两面火势正盛,西、南两边皆有吴军重兵把守,传瓘只得率领兵马匆匆奔向东南而去。何逢、吴建见传瓘已率领中军杀出重围,即欲紧随中军冲出阵去,不料吴军却紧紧相逼,二人脱身不得,眼见突围无望,索性率军返身向吴军门旗杀来,众军士都横下必死之心狠命冲杀,阵中血肉横飞,尸横一片。战了约有半个时辰,吴越将士死伤过半,余下兵卒被分割包围,虽已体力不支,却仍然奋力搏斗不止。何逢已是伤痕累累,血透袍甲,终于力竭被众吴兵所杀。吴建见身边士卒已被吴兵斩杀殆尽,自己孤掌难鸣,遂长啸一声于马上拔剑自刎。传瓘刚刚摆脱吴军追杀,回头却见左、右军未能随中军突围而出,估计已陷于包围之中,急欲率军杀回敌阵相救,众将苦苦相劝:"如今吴军正盛,将军若杀回敌阵,非但救不了何、吴二将军,反将众将士重新带回困境,二位将军正是为了保我主力杀出重围才有意拖住敌军厮杀,以致身陷重围。我等若再返回阵中,岂不辜负了二位将军一番苦心。"传瓘无奈,顿足落泪,叹息自责不止。

吴越人马稍稍安定,诸将正欲商议去往何处,却见左前方有一座大山,许多人认得此乃慧山(即惠山),东去五里即无锡县城。传瓘暗自吃惊道:"不成想慌乱间已跑出了四五十里,竟闯入了无锡地界,若是无锡吴兵在此设下伏兵,我军岂不是雪上加霜,又要经受一场恶战?"传瓘急命众兵将一面做好迎战准备,一面调转方向往北急行,尽快与青阳杜建徽兵马会合。正行进间,果然慧山隐蔽处突然杀出一彪吴军来。吴越兵马于半夜子时被烈火惊醒,立即开始扑救,拂晓又与吴军搏杀,奋战一个多时辰方才摆脱吴军追杀,随后一气跑下四五十里路,一天之中水米未进，又值酷暑炎热，早已肚饥腹空，唇裂舌燥，身上伤口被汗水浸渍刺心疼痛，衣甲早被血汗浸透，举手提足皆牵扯伤口，如今徒步行走已经艰难，哪有力气应付这突然杀来的吴军。好在传瓘已有准备，事先命身边亲兵与军中尚未受伤或伤势较轻的将士组成近卫军迎战吴军，其余伤病人马火速北撤。众人且战且走，约莫过了半个时辰，已经接近青阳地界，迎面急匆匆又冲来一彪人马，却是吴越青阳守军。原来传瓘见慧山上杀来吴军，当即派出快马驰赴青阳，命杜建徽速速派兵赶来接应。吴军见吴越援军到来，随即退回无锡。

传瓘进入青阳，当晚杜建徽为其接风压惊。传瓘心中忧愤不已，哪有心情饮食，建徽及众将多方劝慰才勉强进食。席间传瓘深深自责道："因求胜心切竟疏忽大意，营地周围除草未尽，四外壕沟不够深广，又适逢干旱，使吴兵有机可乘，以致惨败。可叹我两员大将为保我主力突围竟牺牲于乱军之中……"说到伤心之处不禁落下泪来，众将自是一番劝解。建徽见传瓘情绪已慢慢平复，遂汇报了曹筠投吴、沙洲陷落之事。传瓘顿时又冒上火来，道："曹筠竖子，当初千秋岭之战投诚于我，因见他颇能治军，又受部署拥戴，以此仍命他在军中任职。不想贼心不死，今日又叛我而去，使我连失二地，陷我江阴、青阳于孤立无援之境，岂能容得。"当即命杜建徽明日吃罢早饭即发兵夺回沙洲、福山，以除去江阴、青阳后顾之忧，活捉曹筠以惩效尤。杜建徽劝道："钱将军息怒，我军新败，将士困顿疲乏，不宜连续用兵，待将息数日后再行征伐不迟。"传瓘道："如今我军后路已被切断，一旦吴军从无锡增兵沙洲，我军岂不成了笼中之鸟，瓮中之鳖！兵贵神速，不可迟误，明日休整一天，后日一早即东进收复沙洲、福山。"杜建徽仍想谏阻，被传瓘挥手制止，只好作罢。

第三日晨，杜建徽奉传瓘之命点起一万兵马浩荡东进，欲攻取沙洲。吴越兵马行进至江阴东四十五里砂山之阳，眼看离沙洲已不足十里，突然鼓声大作，山林间杀出一彪人马，纵横冲杀，将吴越军兵分成数段，与此同时，沙洲寨中吴军亦摇旗呐喊，潮水般奔涌过来。杜建徽急忙号令诸军集中兵力摆开阵势迎战吴军，却为时已晚，吴越军中早已混乱不堪，如何传得号令，加之连吃败仗，又未充分休整，士气不振，体力不支，不长时间即溃不成军。杜建徽见状，急忙率领身边亲兵拼死抵住吴军，命全军迅速撤退。

传瓘进攻常州失败，退至慧山又遭重创，如今又东进受阻，连日来损兵折将，连连惨败，致使指挥使何逢、吴建战死，被斩杀兵将万余，辎重粮草损失殆尽，加之福山曹筠投吴，沙洲被袭，以此心中郁闷，竟卧病不起，东进之事只好暂时搁置不提。

吴军近日连连取胜，士气为之大振，徐知诰乃请命于徐温道："吴越新败，溃军散失各处，我若率领劲卒两千，换上吴越铠甲，打起吴越旗帜，扮成吴越败军随其东进，即可一举袭取苏州城门，后边大军跟进，则苏州可得。"徐温长叹一声道："吾儿之策固然很好，然而我军连日奋战劳累，已疲惫不堪，不宜连续劳师远征。再说即使攻下苏州，吴越岂肯善罢甘休，如此争战何时得了？不如息兵安宁，以保东南。"周围众将皆纷纷说道："吴越所依恃者水军舰船而已，如今大旱，水道干涸，舟楫难行，此乃天亡吴越也，宜尽起我步骑兵大举进攻，一举将其灭国。"徐温仰天长叹道："天下离乱，兵连祸结，民困已甚，求安心切，灭国之战不可轻举。此番与吴越交战，我吴国损失约四万将士，超过历次战争，吴越损失亦有万五千兵将，可谓惨重。然观双方实力，吴越绝不在我之下，未可轻也，若连兵不解，方为诸君之忧。况吴越钱公素来倡导保境安民，昔日钟传据有江西，钱公始终与之和睦相处，王审知安据福建，与吴越友好相邻亦达数十年。如今吴越经济繁荣，地方安定，百姓安居，一片祥和，如此景象中原已百余年所未见，我吴国亦不及也。中国之祸首，吴地之宿敌，乃是北方朱梁政权，此贼始终对我吴地虎视眈眈，累次发兵犯境，虽屡被我军所败却仍贼心不死，因此我吴国宜东安吴越而北拒朱梁，使吴国免去两面夹击之危。今趁我军于吴地大捷，宜主动收兵与吴越和谈，与其共遵保境安民之策，使两地之民各安其业，我吴军从此得以专心抗拒朱梁，岂不善哉！"众属吏皆钦佩徐温高瞻远瞩，心悦诚服。

徐温回到扬州向吴王奏明与吴越交战经过及拟行东安吴越北拒朱梁之方略，从此与吴越共遵保境安民之策，吴王一一照准。

八月，徐温遣客省使欧阳汀奉《吴王书》至杭州，建议双方罢兵言和，共遵保境安民之策。吴越王钱镠亦遣使送书于扬州，欣然同意吴国建议，并商讨归还历年所俘将士，将吴越所据江阴、青阳之地与吴军占领之福山、沙洲相交换，从此互相通好，休兵息民。吴王、徐温亦欣然接受，又屡屡修书劝吴越王自行建国，自立称王，吴越王不以为然，一笑了之。

双方交换四地之后，徐温召见曹筠，表彰其献福山港之功，并再三自责昔日自己不听劝阻，以致有千秋岭之败，使曹筠陷于吴越达数年之久，有家不能归。不久徐温又归还曹筠田宅，恢复曹筠军职，曹筠心中感动不已。归吴后曹筠亦常常怀念在吴越的六年，吴越王父子对己亦甚厚爱，授予重任，自己却辜负了钱氏父子信任，使得福山、沙洲陷落，吴越损兵折将，每每想到此，心中极为负疚，时过不久曹筠便郁闷而亡。

传瓘回到杭州，吴越王大摆宴席为诸将庆功，席间众臣僚纷纷向传瓘敬酒贺功，有的赞道："钱将军狼山江一战火烧彭彦章战船，一举消灭吴兵三万多，致使吴军闻风丧胆，以此徐温不敢再与我吴越为敌，遂罢兵言和，我吴越若得以长治

久安,实乃钱将军之丰功也。"也有的赞道:"钱将军奇谋旷古未有,虽诸葛孔明再世亦不可比。诸葛先生与周瑜都督火烧赤壁费尽多少心机? 孔明计杀蔡瑁、张允,假使一着失算,必然导致全盘落空,不免有几分侥幸取胜之嫌,最终还被曹贼逃脱。而彭彦章既欲侵犯我苏州,其水军必然要大战于苏州洋,钱将军智用火油、黄豆、石灰、海沙等物,一举将其水军全盘葬身火海,干净利索,完全彻底,乃是稳操胜券之战,痛哉快哉! 钱将军智谋当是胜过孔明先生一筹。"还有人道:"苏州海边少有水寨,更无大型港湾,钱将军独辟蹊径,人不知鬼不觉于东洲这荒芜海滩上建立大型水寨,吴军全然不觉,彭彦章遂敢贸然大举东下,自投罗网,以致全军覆没,足见钱将军神算高深莫测。"又有人敬道:"钱将军神勇足比昔日关羽关云长。关云长过五关斩六将,又曾单刀赴会,独闯曹营。今钱将军率艨艟闯江阴、过圌山、进海门,战于吴都扬州江畔,令吴王震惊,吴将胆寒,迫使彭彦章不得不东下苏州洋决战。"众人纷纷向得胜而归的将士们频频敬酒,誉美之词不绝于耳。传璙酒喝多了,又听众人赞不绝口,亦不免喜形于色,有些飘飘然。吴越王看在眼里,心中隐隐浮起一丝不安,见众人虽然意犹未尽,却多已酒足饭饱,遂起身命撤席,送众臣僚各自回府。

入夜,吴越王命人唤来传璙,于书房坐定,命传璙细说此番与杨吴之战有何感想、经验教训。传璙酒意方消,尚沉浸于酒宴上一片赞美声中,因此先说起狼山江之战,仍然有些神采飞扬,只谈经验未言教训,待说到常州之败,皆归因于求胜心切,疏忽大意,以致常州、沙洲一败再败。吴越王听完传璙叙述,不禁蹙起眉头,沉默片刻后语重心长说道:"单纯就军事而论,吾儿方才所言无可非议,但作为吴越统帅,则眼界不免有些狭小。常言道:不战而屈人之兵为上,战而屈人之兵居次。狼山江之战,吾儿用了引狼入室、关门套狼之法,在战术上已胜吴军,可说是胜券在握,在此前提下何必将其斩尽杀绝。若是先用火攻焚毁吴军前锋数船,然后迫令其余战船投降,或许吴军见到自己已陷入包围,面临葬身火海威胁,便会不战而降。如若吴军继续顽抗,吾儿再焚毁后军数船,至少可以保存半数以上舰船和大部分兵将性命。若如此,我吴越不仅是威猛善战之师,更是智勇仁义之师。前者给吴军的影响是威猛而又凶狠残忍,因此吴军见我势强便望风而逃,一旦自己实力增强,有机可乘,便会狠命反扑报复,以此有常州、无锡、沙洲之败,损失惨重。若吴军视我为智勇仁义之师,则见我军势盛即往往不战而降,常州之战的结局或许会是另一番光景。就治国而论,我吴越一向奉行保境安民之策,如为保我边境安宁,当边境有战争时我吴越攻打江阴、无锡尚有情可原,如今未攻无锡而进军常州,即有攻城掠地之嫌,违背了保境安民之义。本来是吴军欲侵我吴越,正义在我一方,从攻常州开始,正义却转向吴军,因此在你进攻常州时,徐温父子即亲自率军前来增援,吴军士气大振,军威倍增,以此我吴越一败再败。就带兵而言,须时刻关注手下兵将言行举止、所思所虑,虚心倾听将士意见。曹筠之变绝非偶然,当初他既投奔于我,就应尽快将其家眷接来,若如此就可免去他两地眷念之苦,亦断了他回吴之念,自然不会有献出福山港之变,沙洲亦不至失守。在回兵进攻沙洲之前,若肯听取杜建徽劝谏暂缓行动,待我军稍事休整,侦明吴军动向,详细计划部署之后再行进攻,或许不致被吴军所败。以上种种不妨细细思之,吾儿年龄方壮,任重道远,将来军国大事需审慎当之。”

传瓘听着父王谆谆教诲,先是略带羞愧,随后意识到原来与吴国之战完全可以是另外一种打法,其结果甚至可能大相径庭,再仔细琢磨一会儿,不免又心生疑惑,遂问道:“如今我吴越与闽、吴都行保境安民之策,从此干戈止息,民安业兴,这固然是好,但是我中华九州从此就不再统一了?”吴越王笑道:“吾儿这一问正切中当今中国要害。且看当今天下谁能统一中国?又谁能爱护百姓?国中称帝称王者比比皆是,无非都是一方霸主,穷兵黩武,压榨百姓,岂是明主?相比之下,唯我吴越与闽尚为安定,百业兴盛,此乃我与闽奉行保境安民之策所致。如今吴国亦愿遵奉保境安民,但并非其本意,只因未易用兵屈我,北境又有强敌朱梁,西有荆楚纷扰,不得已而为之,以求一方安定而全力对付北敌。”传瓘道:“既如此,父王何以不与闽联合共伐扬吴,待取得江淮,再谋讨伐中原,如此可一劳永逸,统一中国,救民于水火。”吴越王道:“吾儿所问为父亦曾反复思量。二十多年前天下方乱,盗贼蜂起,狼烟遍野,民生涂炭,以此为父率领众将士多方拼杀,四面平贼,为民除害,方得吴越百姓拥戴,拥有吴越之地。如今各国疆界已渐稳定,百姓生活亦趋安宁,尤其江南各地,政权渐行巩固,经济日益繁荣,如此形势下若再挑起大规模战争,复投万民于水火,岂不被百姓所唾弃,为诸国所共愤?再说当今杨吴国土之广、人口之多、经济之盛、兵力之强均胜于我,虽然吴王黯弱,然徐温父子势强,因此不可轻视之。我若兴兵征吴,一旦战败,不仅自取灭亡,还将遭万世唾骂。即使得胜,灭了吴国,亦须历经长年争战,陷吴越、江淮黎民于水火。灭吴之后,接踵而至的即是与中原争霸,还需经年征讨,如此争战不休,非吾所愿,吾不为也。我吴越实行保境安民之策绝非权宜之计,一旦有明主稳居中原,百姓拥戴,四海归心,我吴越自当纳土归附之。”传瓘闻言只觉心潮起伏,眼明心亮,对父王充满崇敬之情,深情说道:“父王教诲,令儿臣为之心清目明,儿臣当铭记终生,贯彻始终。”父子长谈直至深夜方各自回房歇息。

从此吴国与吴越休兵乐业长达二十余年。

九月,梁帝以南海王刘龑自立僭号为由,下诏吴越王钱镠兴师讨伐,诏曰:

朕闻,纲纪乱常,前王无赦,惩恶劝善,有国不私。苟罪恶以显彰,在刑名而何逭？其有身当间关，既受国恩，敢行不轨之心，具验速辜之迹。颁行典宪，仍命告诫。诸靖海建武等军节度使上柱国平南王刘岩，顷因乃父，发迹本藩，寻赖其兄，致身宾席。受先朝之拔擢，极上将之宠权，念其尊奖之诚，许继藩镇之任。乃自行军之职，纪膺推毂之恩。秩进三司，位同四辅。自朕获承大宝，累进崇资，一门无比其超荣，百世岂畴其宠耀。而敢飞章不纪，希宠无厌，始求都统四邻，后请封王南越，贪饕斯甚，逾僭无阶。朕每含容，再伸优渥，授之东镇，加以南平。比罔思止足，益恣凶狂，妄称汉室遗宗，欲继尉佗丑迹。结连淮海，阻塞梯航，徒惑远方，僭称大号。在人情而共弃，岂天道以能容。宜命讨除，用清逆乱。尔天下兵马都元帅钱镠，志扶社稷，任总兵师，每兴愤激之辞，愿举诛夷之令。是用俾尔元老，讨彼叛臣，先行夺爵之文，爰举摧凶之典。刘岩在身官爵，并宜削夺。仍委指挥征讨。

于戏！将相重任，子孙殊荣。不能常守于藩修，而乃自干于国典。指凶残而必取，念染污以将新。非我无终始之恩，实彼有满盈之罪。凡百珍重，悉体朕怀。

吴越王以山川隔越，地方扰攘，而吴越与吴、闽皆有保境安民之约，因此不便出兵，遂未遵命。

第三十七回 修税制吴越推行新法 了尘缘全武重归佛门

自江淮攻取虔州,吴越与中原陆路连络即被阻绝,吴越王遂改由海路与中原联络,由杭州发船东出海门经金山北上,驶越东海至登州、莱州,再转抵大梁。随着航海技术的不断发展,南北商船往来日益频繁,两地货物贸易迅速兴盛,吴越王遂于杭州、明州、温州等沿海诸地设置博易务,专司海路贸易,由滕彦休掌管,又建船场造大型海船,以利远航。

时有闽人契盈和尚游于钱塘,此人思路敏捷,反应快速,工于诗赋,通内外学,颇得吴越王赏识。一日,吴越王邀请契盈和尚同游于碧波亭,当时潮水初涨,只见大江之滨舟楫辐辏,舳舻相接,自海门至月轮山下相继数十里,望之不见首尾,江中航船如梭,往返不息,风帆翩翩,波光粼粼,岸上港埠不赀,货栈相蹱,物阜货丰,人勤民谨。契盈情不自禁赞叹不止,吴越王亦欣然道:"吴越去京师三千余里,如今凭江海舟楫之便竟能有如此丰厚之利,可谓三千里外一条水,十二时中两度潮。"契盈拍手叫道:"好一个'三千里外——十二时中''一条水——两度潮',上下两句依依对应,确切工整,妙极妙极!"从此,这种联句的艺文形势渐渐在文人雅士中盛行起来。

隋唐之时杭州城止于凤凰山,其西之龙山因与南高峰诸山相连,曾有虎狼出没,早年间有虎于龙山连伤数十人,官府募杭州猎户围捕,经数旬方才捕获。自吴越王扩建杭州城,龙山被围入城中,从此虎豹绝迹,豺狼潜踪,如今又于龙山之巅建起龙王庙、登云阁,游人日渐增多,龙山遂成为杭州人游历山水的好去处。

贞明五年(919)重阳佳节,适逢龙山修建完成,吴越王率领群僚同登龙山游览。

众人顺着新砌石级曲折盘旋步步登高,只见山间老树虬劲,新枝柔嫩,红叶翩翩,子实累累,令人心旷神怡。众人边行边赏,谈笑风生,不知不觉便来到半山上,只见前面七块岩石矗立,犹如北斗七星分列于地面乱石之间,又有洞隙深入地下,洞中漆黑深不可测,洞口前面有一片平地,周围散长几株大树,却似华盖。众人见了啧啧称奇,道:"此地必是仙人道长修炼之处。"

继续沿山道西行不远,来到顶峰东侧一处山岩之前,岩下有一洞,洞口可容人直立进出,向里张望,却是漆黑一片,一阵阵凉气自洞中袭来。众人好奇,便命人点起火把探入洞来,却见洞中十分广阔,地面下斜,深达四五丈。转过一块岩壁却另是一处洞室,洞顶悬挂钟乳,隐隐有滴水之声,众人观看赞不绝口,又是一处出家人安身向佛、清心静修的好去处。因清晨于朝阳映照下洞口常常出现轻薄紫雾,遂名此洞为紫来洞,取紫气东来之意。

迤逦登上山顶,只见山峰峻峭,岩壁兀立,有龙王庙供奉龙山之主神,庙前还新建了登云阁。登上登云阁四面张望,各方景色尽收眼底:龙山主峰直刺青天,周围缭绕轻云薄雾,犹如青龙昂首穿云,探问苍天人间祸福;主峰之东有将台山,西南有大慈山,西北有九曜山,东北有莲花峰,却似青龙四爪蹬向四方,随时准备腾空而起;山峦之外气象万千,北面紧邻西湖,水面平静如镜,周边山环峰迥,或是青龙潜居之所;南面濒临钱江,波光闪闪,涛声隐隐,蜿蜒曲折奔涌而来,又浩浩荡荡直归东海,许是青龙畅游江海之水道;东面俯瞰宫阙,红墙绿瓦,飞檐翘角,殿堂楼阁,鳞次栉比,却是青龙坐镇之地;西面远望群山,巍峨峥嵘,气势恢宏,紫霞辉映,彩云横飞,似是青龙由此跃出。有人作诗赞道:

胜迹天开迥不群,江湖襟带一亭分。龙飞天目开仙界,凤舞钱塘缀锦文。

吴越王与众臣僚赏罢龙山风光,命人摆上酒食、茶点共饮畅谈,席间又使人捧来锦袍分赐功臣,复作《九日同群僚登高诗并序》,曰:

遥光素景,重九良辰,玉露将浓,霜天肃物。与群僚登高四望,兼颂锦服,聊成七言四韵。

淡荡晴晖杂素光,碧峰遥衬白云长。好看塞雁归南浦,宜听砧声捣夕阳。

满野旌旗皆勋色,千株橘柚尽含芳。锦袍分赐功臣后,因向龙山醉羽觞。

入冬十一月,吴夫人病重,吴越王每日处事完毕都至后庭探问。

自吴越王出任杭州,吴夫人即随夫整治后庭,闺门整肃,阖家和睦,抚爱诸子无分彼此之亲。王妃治家素尚节俭,常亲操机杼,率宫人纺线织布,以供府中日常用度。夫人从不干预府中政事,每当钱王遇到烦心危难之事大动肝火时,常怡彦悦色婉转谏之,使钱王得以冷静处置。多年来夫人始终是吴越王最得力贤惠之内助,二人感情最为深厚,府中诸事多依夫人处置。每年初春,夫人必回临安拜望双亲及原配戴夫人。这日夫人又回临安省亲,吴越王料理完政务走出府门,却见凤凰山脚、西湖堤岸已是桃红柳绿,姹紫嫣红,想到与夫人已是多日不见,不免生出几分思念,回到府中便提笔写了一封书信,道:"陌上花开,可缓缓归也!"寥寥数字,情真意切,夫人看信当即落下两行珠泪。此事传扬开去,一时成为佳话,遂有里人用俚语作"缓缓歌",意境委婉,音律悠扬,《陌上花开》遂在家乡民间广为传唱,至宋朝苏东坡略改其词曰:

陌上花开蝴蝶飞，江山犹是昔人非。遗民几度垂垂老，游女长歌缓缓归。
陌上山花无数开，路人争看翠骈来。若为留得堂堂去，且更从教缓缓回。
生前富贵草头露，身后风流陌上花。已作迟迟君去鲁，犹歌缓缓妾回家。

自此《陌上花开》成为游子归来之词，逐渐发展为词调名。

如今夫人病情日益严重，吴越王自是焦急万分，延医调药都亲自过问，怎奈大限到来，回天无力，夫人十一月初三终于撒手而去，薨年六十二岁，谥曰"庄穆夫人"。

庄穆夫人有子十三人，其中三子传瑛，两浙节度副使，梁太祖选为驸马都尉，累授大同军节度使，同平章事，公主未及嫁即英年早逝，封雲国公，敕赠太师；六子传璙，时任镇海军节度副使，苏州刺史，娶吴国杨行密之女为妻；十四子传璠，时任都知兵马使，检校尚书，左仆射，娶楚王马殷之女为妻；十五子传璟，时任湖州刺史，检校尚书，右仆射，梁驸马都尉，封雪国公。

再说吴国国主杨隆演，本性重厚，待人谨慎恭顺，少年嗣位，实权始终握于徐氏父子之手，却从未流露出半点不平之意，因之徐氏父子亦是心安理得。后来徐温屡谏隆演建国称帝，隆演心中明白：论实力，江淮逊于梁、晋；论地理，世人均视黄河流域西京、东京为正统，而自己偏居江淮，自然不为诸国所承认；论正统，毕竟杨吴非唐所授，一旦自立称帝，必然为诸国所不容，倘若引发争战，或难以招架，遂拒不称帝，只称吴国国主。父王秉政之时一贯尊奉唐室，延用唐朝天祐年号，如今自立为王，既违了父王之意，又成了众矢之的，岂不为世人所弃，因此心中实在不愿为之，但慑于徐氏父子之势，只能不得已而从之。自从称制，隆演总是怏怏不乐，经常酗饮，却少进食，遂成寝疾。

贞明六年（920）五月，吴国国主杨隆演病重，徐温自金陵至扬州入宫探望。隆演自知将不久于人世，便以言语探询徐温之意道："三国时蜀先主曾对武侯说道：嗣子不才，君宜自取。"徐温情知隆演乃在试探自己，便正色答道："我若有心夺取君权，当于诛杀张颢之初即行事，岂能等到今日。即使杨氏之后无男儿，有女亦当立之，若有外人敢妄加议论，定斩不赦！"隆演见徐温如此，乃与之商议迎取四弟丹阳公杨溥入朝监国。不数日，隆演病故，终年二十四，谥曰："宣"。

隆演只有一子，尚年幼，另有三弟庐江郡公杨濛、四弟丹阳郡公杨溥、五弟新安郡公杨浔、六弟鄱阳郡公杨澈。按常理当以长幼之序由杨濛继位，然杨濛对徐温专权常有愤意，徐温岂能容得，乃于贞明五年（919）十月将其调至楚州任团练使，隆演亦知徐温不能容，遂传位于四弟杨溥。

如今宣帝既殂，六月，徐温拥杨溥即王位，追尊隆演为高祖宣皇帝，尊杨溥之母王氏为太妃。七月，杨溥拜徐温为金陵尹，改昇州大都督府为金陵府。

这日，吴越王偶见何逢坐骑，想起已故将士，不由心怀感伤，长叹不已，又思念起交战中被杨吴执归诸将，很多至今杳无音信，心中更是无比牵挂。适闻吴王隆演去世，新主继位，遂命元帅府判官皮光业出使扬州凭吊，并贺杨溥继位，以修两国之好，顺便再与杨吴商讨交换双方被执将士事宜。

皮光业至扬州凭吊、恭贺毕，与徐温商讨交换被执将士之事。徐温告以钱镖现在吴国任右龙武统军，不便回归吴越，顾全武早已出家为僧，不知云游何方，唯有钱镒尚在扬州，可以送归吴越，光业返回杭州如实向吴越王禀告。

吴越王昔日与顾全武情义颇深，如今始终不得消息，遂终日闷闷不乐。皮光业遂自告奋勇赴江淮各地寻访，吴越王乃命光业为轺轩使，名为至江淮各地采集风谣，实则暗中探访全武踪迹。

皮光业辗转颠沛访行数千里，一日来到淮河之滨的寿州地界，访得州中有一报恩寺颇有名气，便信步来到寺中。主持和尚闻听是苏州皮日休之子光业造访，连忙更衣出迎，殷勤相待。二人落座后先是闲聊了些寺中诸般情况，不多时光业又问起寺中诸位大和尚情况。当主持说起有一越州和尚武彧法师时，光业心中一楞，"武彧"乃是吴越谐音，全武昔日作为将军自然尚武，如今即为和尚亦须尚文，取"武彧"为号倒是十分相宜，或许就是此人了。光业详细询问起武彧法师之来历、形貌、言谈举止、性格爱好等等，方丈见问得仔细，便索性命小沙弥找来武彧法师，两人虽十五年不见，却一眼便认出了对方，只是都老了许多。光业向方丈讲述了昔日全武在吴越为将时的功绩及为人，方丈亦为二人久别重逢而高兴，命人准备斋饭好生款待。

用完斋饭，二人来到客舍再叙衷肠。光业转达了吴越王日夜思念之情及众将士盼望将军早归之意，全武亦讲述了入吴出家经过及在吴地种种遭遇。全武早年曾护送传璙入吴说服行密召回田頵侵杭之兵，玉成传璙与行密之女婚事，后来被执送扬州，深受行密礼遇，不料行密于同年十一月去世，全武境遇日渐尴尬，又不能回吴越，便要求于大明寺出家。后见杨吴政权变故频发，料知扬州非久留之地，遂云游江淮各地，最后来到这报恩寺。光业力劝全武早日回归杭州与昔日同僚旧友相聚，全武因年事已高，又一心向佛，遂不想再移居别处。光业只得作罢，在寺中逗留数日后辞别全武及众僧人，人不离鞍马不停蹄赶回杭州而来。

回到杭州，光业向吴越王汇报了寻访经过，吴越王得知顾全武已于报恩寺出家，心中既宽慰又怅然若失：宽慰的是全武少年出家，老年又入空门，乃是与佛有缘，终于了却了一生之愿；怅然的是全武曾为吴越肇基立下头功，如今却不能于太平之时在吴越安度晚年。

贞明七年（921）春三月，吴国遣送吴越王从弟钱镒返回到杭州。钱镒自天祐二年(905)正月睦州之役与顾全武同时被淮军所执,在吴一十六年,如今与家人团聚,同僚重会,不禁悲喜交集,百感丛生。吴越王设宴贺其安全归来,席间众人想起顾全武仍漂泊境外,不免又感慨万端。吴越王亦命人遣送李涛回吴,李涛乃于乾化三年(913)进犯千秋岭时被传璙所擒,至今八年矣。

自从吴越与吴国罢兵言和,从此境中太平,百姓欢乐。贞明七年(921)春,苏州组织军民屯垦已是第五年,吴越王遂欲亲赴垦区视察,此时吴越王已届"从心所欲"之年(七十岁),众臣多以路途遥远、担心有所闪失而加以劝阻,吴越王执意前往。

到得苏州,传璙向吴越王详细禀报数年来苏州地区屯垦情况,昔日低洼沼泽之地如今已是连片良田,年年丰收,又因免交租税,以此百姓家家殷实,户户安乐。与杨吴交战之时,当地年轻人纷纷自愿入伍从军,家家主动服役捐粮,其情其景令人动容。吴越王听了心中高兴,对传璙道:"为政一方理当施民恩泽,如此黎民百姓亦必衷心拥戴,鼎力支持。苏州之境与吴地相邻,又无山河阻隔,今虽和睦相处,然吴地广阔,且常存称霸之心,吾儿不可不防。数年来,苏州军民大兴水利,开垦荒滩,因此水利大备,连年丰收。前年润州、常州大旱,而我苏州仍获丰收,此吾儿治苏之功也,因之吴军大举发兵欲攻苏州,百姓岂有坐视吴军进犯而不顾之理,自当奋起保卫家乡,我之组织二十万军民于苏州屯垦,此亦是用意之一。如今虽已略见成效,但初建伊始难免会有许多问题尚待解决,此番来苏州正是要看看、听听军民们尚有何意见、愿望,尽量予以解决。"传璙连忙道:"父王教诲极是,儿臣当铭记于心。走访乡里田间,倾听军民意见,乃是儿臣分内之事。父王年事已高,绝不可劳动父王亲自下乡走访,万一有所闪失,将是我吴越之大不幸、儿臣之罪过也,儿臣实在担当不起。"吴越王道:"吾儿尽可放心,为父还未老迈到眼不能视、腿不能行的地步。"传璙再三劝阻,吴越王执意要行,传璙无奈,便道:"既然父王执意要亲自视察,不妨乘船出行,苏州地区河道纵横,无处不通,父王于船上可以随时休息。"吴越王道:"岸高船低,稳坐船中怎能见到田园、河渠、堰闸、村舍诸等情况,又需不时下船上岸,多有不便,不如骑马方便。"传璙又道:"那就请父王乘轿而行,即便于四面张望,又可随意行止。"吴越王道:"这轿子日行三五十里,诺大个垦区何日走得完,为父骑马驰骋数十年,从未闪失,如今走马出访正得其便,吾儿莫再推三阻四了。"传璙不敢再多言,只好吩咐下人去安排。

吴越王命杜建徽、沈崧等人同行,带了十余名精干卫士及办事人员于次日出发。一路上只见圩田整齐,河渠纵横,秧苗新绿,油菜花黄,堰闸有序,村镇错落,田间湖面劳作繁忙。走进村镇,鸡犬和鸣,进入里巷,邻人友善,处处呈现和谐温馨、富裕满足之气象，众人见了亦皆满心欢喜，竟无半点疲劳之意。半月之间，吴越王一行人走遍了整个垦区，访问了二十余个村镇，数十户人家，所到之处，对屯垦荒原多是一片赞扬之声，如今已是家家富足，户户殷实，对征收租税皆无异议，垦民们对今后发展亦提出了许多建议和意见。

回到苏州，吴越王召来杭州刺史钱传瓘、湖州刺史钱传璟及相关人员，共同商讨太湖周边农村发展大计。众人到齐，吴越王先命杜建徽向众人叙述此番考察垦区情况，建徽详细讲述了考察经过及所见所闻，最后说道："总之，苏州垦发数年来已大有成效，垦区之中除少数高阜及草滩外，大多已辟成圩田，旱则有沟渠引水灌溉，涝则将圩田之水排入河道，以此旱涝保收。垦区土地肥沃，新迁入之农民亦多身强力壮，以此连年丰收，每年收成多则亩产五至六石，少亦有二三石，数年来几乎已经村村无贫户，家家有余粮。"

杜建徽说完，吴越王道："垦区情况杜大人已详尽介绍，请众位大人来此主要商议以下事情：一是苏州兴修水利围垦圩田已近五年，当初招引各地农民来此垦荒曾允诺免税五年，如今业已届满，因此须制定农田税收制度告谕百姓；二是垦区农田皆种水稻，品种单一，尚须发展多种农作，亦可充分利用未垦荒地，增加收益；三是军垦兵士长年劳作，无家无眷，长此以往军心不稳，作为父母官，当为这些老兵解决婚姻困扰之忧。首先，请诸位大人议论农田税收制度。我吴越现行税收制度基本沿袭唐朝之法，其中多有不妥之处，比如征收'使宅鱼'一项，纵使未捕得鱼，亦须从渔市购得而交纳，实在荒唐，我等既制定农田税收新法，自当剔除旧法不当之处。建立新制，首先当利于推进农业发展，俾使农户富足，国库充盈，此外亦须照顾贫困农户，务使我吴越子民人人得以温饱。新制之行须能减轻农户负担，简便易行，凡是繁复杂税一律免除，前朝赋税有户税、地税、力役、绢调，还有其他许多杂税，名目繁多，而农户收成几乎全在农作物，以此我吴越农户之税拟仅收田税，其余一律免除，充分体现多收多税、少收少税。具体计税办法沈菘大人在考察期间已作了充分测算，草拟了规章，并与我等同行人员反复议论过，就由沈大人作详细介绍，供诸位大人讨论议定。"

沈菘首先介绍了唐代征税办法，说道："前朝早期实行均田制，到天宝年间（721—756）全国有田一千四百三十万余顷，户口八百九十万户，平均算来，每户当有田一顷六十余亩。但实际农田大多归皇家、官府、庄园、军屯、官营、寺庙所有，农民占有田地仅极少部分，按中等水平农家以丁口计算（十八至六十岁男子为一丁）每丁有田三十亩左右，每户人口平均为五到六口，丁男一至二人，平均每户大约三十至六十亩。按人均计算，每户有人口五个半，田地四十五亩，每口实有田为八亩二分。当时中原产量公田一顷平收一年不减百石，即平常产量为亩收一石(按唐时一亩约合今七分九厘,一石粮食约百二十斤,合今百六十斤,单产约合今二百斤每亩)。按当时税赋制度:一丁交租二石,则一丁半该交三石;地税每亩二升,则四十五亩合计九斗;调绢每丁二丈,则一丁半合计三丈;每丁力役二十天,一丁半合计三十天,每天约合绢三尺,合计绢九丈。以上两项合计绢十二丈,即三匹,天宝时绢一匹合二百一十文,三匹合六百三十文。户税每户平均二百五十文。以上三项总计,庸调绢和户税共八百八十文。天宝时斗米十三文,庸调绢和户税合米六石八斗。以上各项总计,每户该交租庸调总计十石七斗,合每亩农田须交二斗四升,所交租庸调约占总产量二成四,其中尚未包括许多零捐杂税。如此中等户全年收粮四十五石,上交租庸调十石七斗,留下种子后,尚余三十三石八斗,平均每人可得六十一斗。安史乱后,中原土地大片荒芜,人口锐减,耕地大量被官吏豪强兼并,农民所占耕地锐减,大批农民逃亡,均田制彻底破坏,租庸调法难以实行,朝廷税赋收入已难保证。大历四年(769)规定,京兆来秋税宜分作两等,上下各半,上等田每亩税一斗,下等田每亩税六升,其荒田如能开佃者,每亩税二升。次年又规定,京兆府百姓夏税,上田每亩税六升,下田每亩税四升;秋税上田亩税五升,下田亩税三升;荒田开佃者,每亩税二升。大历八年(773)又规定青苗地头钱,天下每亩率十五文。大历四年(769)代宗皇帝下旨,将户税由三等改为九等,上上户税四千文,上中户三千五百文,上下户三千文,中上户二千五百文,中中户二千文,中下户一千五百文,下上户一千文,下中户七百文,下下户五百文,将租庸调法的庸调及杂税等一并纳入其中。到建中元年(780)开始正式实行两税法,只收户税地税,废去租庸调和杂税,并且下旨原来不负担租庸调的皇亲国戚、高品爵官和地方官吏、封为孝子贤孙的乡绅等不课户亦须交纳两税,而这些不课户所占土地远多于课户的土地,以此较好地解决了朝廷费用来源,但农户税收并未减轻。今以中中户平均计算,每户人口五个半,因连年战争,大片田地荒芜,农户减少,户均田地亦有所减少,平均每户约有田地四十亩,每口实有田不足七亩三分,按两税法,该户地税四十亩,合交四石四斗;户税二千钱,按当时粮价每斗三十五文,计合粮五石七斗一升。两项合计为十石一斗一升,合每户农田须交两税二斗五升三合。该户全年收粮四十石,上交两税后,余粮二十九石八斗九升,扣去种子预留,平均每人仅可得四十七斗,可见中中户生活已见拮据。实际上前朝后期,各方镇大量征兵,连年争战,大致以二户养一兵,耗费巨大,所以大量截留赋税,皇室亦不得不逐年增加税收,虽然名义上仍行两税,实际上临时杂税繁多。大和七年(833)总收税粟达五万石,约合每亩农田四斗五升半,几近产量之半,可见中中户仅能维持吃饱肚子而已,下等户之贫困则不言而喻。"

沈菘介绍完唐代农业税收制度的变迁后，稍一停顿，见众人皆仔细倾听，便继续介绍当今吴越周边诸境的税收办法："我邻境诸地农田税收大致沿袭唐末旧制。吴国除按唐制计亩输地税、按户收户税外，尚须交纳丁口钱，以此农民都有怨言。楚国马殷除行唐两税法之外，复于郴、桂等地征收绢调、丁钱等等。朱梁既受唐禅，遂沿袭唐之两税法，然诸节度使亦各自巧立名目，强设赋税，百姓不堪重负，多有逃亡者。"

沈菘说完诸境税收状况，侧身看视吴越王，见吴越王点头示意，便继续说道："此番我等随大王遍访苏州各垦区，所到之处水利完备，旱涝无虞，土肥民勤，连年丰收，亩产粮食高者超过五石，大体与杭、湖、明、越诸州高产地块相当，而低者亦不少于两石。考察期间大王时常教诲我等：我吴越境中，平原地区水利大备，五谷丰稔，而西南山区地贫土瘠，水旱为患，收成不保，度日艰难，制订农田税收办法须尽量照顾山区穷困农户，对旱涝保收的富裕之地不妨稍微多收些许，可谓以富扶贫；如今我吴越边境安宁，府库充裕，对农田税收宜轻宜简，利于休养生息，施惠于民，发展生产；再是天有不测风云，地有难料丰欠，农田税收宜以丰养欠，丰收多征，欠收少征，不收不征。按照大王意见，我等反复商议，草拟了农田征税办法：一是只收田税，并只按收成多少征收，免除其余一切杂税，简化计征办法。二是按田地优劣分成四等，每亩年收成稻谷三石半以上者为上田，收租税三斗；年收成三石半以下二石半以上者为中田，收税二斗；年收成二石半以下、一石半以上者为下田，收税一斗；年收成不足一石半者为劣田，收税半斗。三是年收成以当年收成与前两年收成平均计算，以减小计算差错。四是若遇荒年，视府库盈缺给予减免。如此征税与唐代后期相比，我吴越除上田稍高于唐之上田外，中、下、劣田之税均低于唐之赋税。今以中田为例，测算如下：我吴越户均人口五口半，人均占有田地五亩，每户平均有田二十七亩半，亩产稻谷三石，合计总产八十二石半，收税五石五斗，全家净收七十七石，人均十四石，可谓宽裕人家了。再以劣田为例测算如下：仍按户均人口五口半，人均占地五亩计，每户有地二十七亩半，每户谷物以一石二斗计，合计总产三十三石，收税一石三斗七升半，全家净收三十一石六斗二升半，扣除留种，人均五石七斗，已经强于唐末中等人家。我吴越虽然人均田地少于中原及周边诸国，但地处江南，风和日暖，雨水充沛，加之近数年来大兴水利，旱涝无忧，以此农作岁岁丰稔，百姓户户殷实，如今又修订农田税收办法，施惠于民，必受百姓拥戴支持。"

沈菘说完，吴越王请大家讨论，提出意见。众人皆以为此法甚好，既简化了农田征税办法，又增加了国家收入，还减轻了大多数农户负担，独有苏州刺使传璟提出修改意见，说道："沈大人所拟田税征收办法，其主旨是惠民富国，简便易行,甚为恰当。但就农户等级划分可否作些许调整,将上田定为四石半以上,中田为四石半以下三石以上,下田定为三石以下一石半以上,劣田仍为一石半以下。以苏州而言,亩产四石半以上者为数不算太少,多者亩产达五六石,估计明、越、湖、杭等州地亩产高于四石半者亦有相当数量,此等丰产田多征点田税自然无妨,如此将农田按单产划分为四档,每档相差一石半,更为合理均衡。对于劣田亩产低于一石者,已属贫困,是否免去田税。以我苏州地区而言,按如此划分征收田税,不仅足以充盈府库,而且更能充分体现施惠于民的政策。"

杜建徽道:"苏州刺史钱大人言之有理,只是就吴越全境而言,亩产五六石之田毕竟为数很少,依愚见不妨将沈大人与钱大人之见折中,上田定为四石以上,中田为四石以下二石半以上,下田为二石半以下一石以上,劣田定在一石以下,如此则上田数量增多,田税略有增加,而劣田数量减少,可以全部免税,上田所增田税恰可弥补劣田所免田税。"

吴越王又征询传璙、传璟等人意见,传璟表示赞同,传璙说道:"此建议很好,只是西南诸州,尤其是处、睦、衢等州,皆崇山峻岭,土地贫瘠,若按此方案收税,农民自然受惠,州府却势必因田税大大减少而府库空虚,尚须设法补救。"众人听了,亦纷纷点头赞同。

吴越王见众人意见基本一致,便道:"既然大家都赞同沈大人计征田税之法及杜大人修改意见,就请沈大人修改整理成文,发放各州府广泛征询各地乡绅、农民意见,同时由苏州府先行试行,发现问题及时汇集修订,务须达到百姓满意。西南山区府库不足之数由浙东、浙西节度使府调整。"

休息之后,继续议论第二、第三议题。吴越王道:"此番遍访垦区,圩田之中几乎皆植水稻,别无他物,许多高阜之处尚未垦殖,农户所需之衣料、杂物皆需远行外地购买,多有不便。百姓生活首要是穿衣吃饭,因此垦区除种粮外尚须大力发展蚕桑、纺织及其他副业,如此既解决穿衣及其他生活所需,又做到男耕女织、户无闲人,亦可充实府库。再一议题即是军垦将士娶妻成家之事,垦区兵卒可以定期轮换,将士则须稳定,苏州军垦已近五年,当时二十四五岁将士如今已届而立之年,再不成家将会涣散军心,甚至滋生事端,切莫小视此事。"

传璙说道:"儿臣亦为此二事常思不安。养蚕须得十分细心,从育种、抱养、喂食、腾匾到结茧、造绵、剿丝,均须精心操持,马虎不得。蚕房亦颇讲究,须得防风雨、保温暖、避香臭、忌烟尘,防雀、鼠、蚊之害。为此曾与里正农户商讨多次,但垦区农户大多来自西南贫穷山区,以此常满足于水稻高产,对植桑养蚕多无经验,亦无意经营,欲推动蚕桑、纺织,或许需从蚕桑盛产地区招募蚕农。"

湖州刺史钱传璟道:"盛产蚕桑地区农户大多有自己桑田,生活较富裕,苏州垦发之初曾在湖州招募农民，蚕桑产区竟无人应招，如今再次招募估计亦难募得。若是派军垦将士前往学习植桑技艺，同时大力宣传苏州垦区富庶新貌，或可招引当地农民前来垦殖，亦便于未婚将士迎娶新娘来垦区安家落户，自然也带来养蚕、剿丝技艺，如此岂不一举两得？"

众人皆说这一办法甚妙，还有人打趣道："传璟大人乃是观世音菩萨化身，一句话竟点化众多将士奔赴蚕桑地区，自选如意蚕娘回苏州终生相伴，共建天堂家园，传璟大人还不快快谢过。"说得众人哈哈大笑。

众人嘻笑稍稍平息，吴越王即命传璟安排人员组织军垦将士分期分批前往湖州、杭州等地学习蚕桑、竹编等技艺，并命传璟、传瓛务必配合，妥善安排。将士们亦可选择回乡学习，以便在家乡择偶为妻携来苏州。

苏州城乃于汉时由木渎迁来，城墙系夯土筑成，历经千年风雨，早已多处坍塌，虽经反复修筑，却是高矮不平，甚不坚固，近数十年间曾先后被徐约、孙儒、台濛攻占。吴越王早就打算于夯土城墙外表复以砖砌，却因资金不足或战乱干扰不得实施。如今苏州府库充盈，邻国边境安宁，百姓安居乐业，兵将士气振奋，正是修固城墙的大好时机，以此吴越王命传璟编制计划，精巧设计，招募民夫，准备砌墙修城。寒冬刚过，春风拂面，正是动土兴工大好季节，众军士深知因城池残破而屡被敌军攻陷的惨痛教训，闻听要修砌砖墙以固城防，自然格外兴奋，人人尽力，个个用心，不到一年即大功告成。修筑后的苏州城焕然一新，周围四十七里，城高两丈四尺，厚两丈五尺，城上砖砌齿堞，城楼亦修整一新，十分壮丽，城内城外皆有城濠，水面甚是开阔。城墙四周设有娄门、相门、葑门（东）、盘门（南）、胥门、金门、阊门（西）、齐门（北）共八座城门，又设有水门专供船舶出入，门中设闸可随时启闭，以阻截敌船，平时城内外水陆交通十分便利，战时即紧闭城门，放下水门闸，防守十分严密。

龙德二年（922）八月，两浙行军司马马绰无病而终，终年七十一岁。吴越王奏请梁帝授予马绰秦州雄武军节度使、检校太傅、同平章事。

第三十八回　朱梁灭友贞亡国殒命　李唐兴存勖延祚称帝

　　贞明六年(920)，河中节度使朱友谦攻取同州(今陕西大荔)，叛梁降晋，遭到梁军大将刘鄩的围攻。李存勖命李存审、李嗣昭、李建及出军援救，在同州、渭河两次大败刘鄩，并乘胜追击至奉先(今陕西蒲城)一带，从此河中镇归晋所有。

　　贞明七年(921)三月，河中军节度使朱友谦、昭义军节度使李嗣昭、横海军节度使李存审、义武军节度使王处直、安国军节度使李嗣源、天平军节度使阎宝、大同军节度使李存璋、振武军节度使李存进、匡国军节度使朱令德联名恳请晋王即皇帝位，晋王三辞，诸镇三请，晋王乃答道："容我三思。"随后命有司采购玉石，制造传国之宝。

　　正当晋王接受诸镇所请积极筹办登基事宜之时，不料后院起火，赵王王镕被其养子王德明所杀，德明又自为镇州兵马留后，恢复原本姓名张文礼，并诛杀王氏全族。张文礼遣使禀报晋王，谎称镇州骚乱，赵王被杀，今已控制局势，请求晋王封赐节度使节钺，并奉表劝晋王登皇帝位。时晋王饮酒作乐正欢，闻此消息，愤而掷杯，继而悲泣，欲立即发兵征讨。左右僚佐皆以为文礼罪虽大，然而南境正与朱梁争战，不可再于自己侧翼树敌，权宜之计宜从其所请而好生安抚。晋王不得已，四月命节度判官卢质承唐天子之制授张文礼为成德留后。

　　梁帝听闻强敌李晋后方发生动乱，遂企望借机扭转局势，乃于五月初一日改元龙德，并摆驾至南郊祭祀天地，祈求国祚永延，重振皇威。

　　张文礼虽被晋王授予成德留后，然知晋王与赵王交好，心中常常不安，乃南通朱梁，北结契丹，以图自保，晋王得知很是愤怒，遂决定出兵征讨。

　　赵王王镕旧将符习领赵兵万人随晋王驻于德胜，自镇州变乱，终日忧愤不平，晋王见状便对符习道："我与赵王同盟讨贼，犹如骨肉，不想竟于腋肘之间发生如此横祸，令人痛心疾首，你若不忘旧君，能为之复仇，我当以兵马粮草助你。"符习与部将三十余人伏地痛哭道："故使君赵王授予习等兵柄，愿率军扫除寇敌。自闻镇州生变，冤愤难诉，几欲引剑自刎，却又无益于死者。如今大王念及故使君辅佐之勤，许之报仇雪冤，习等不敢烦霸府之兵，只愿以所部前往博取元凶，以报答王氏累世之恩，死亦无憾矣。"

　　八月，晋王下令出兵镇州，以符习为成德留后，又请天平节度使阎宝、相州刺史史建瑭出兵相助，从邢州、洺州北进，首先攻取赵州。张文礼原本生有疽疮，闻听晋王出兵，竟至惊吓而死，其子张处瑾接掌军事，继续负城顽抗。

朱梁北面招讨使戴思远得知晋王分兵攻打镇州，遂尽出杨村之兵袭击德胜北城。晋王闻讯，命李嗣源领兵埋伏于戚城，李存审则屯兵德胜，先以骑兵出战梁军，继而佯装怯懦狼狈败逃，引得梁兵竞相追击。晋王亲自率领中军严阵以待，梁兵追至，晋王以三千铁骑奋力搏杀，梁兵大败，戴思远逃回杨村，梁军士卒被晋军斩杀、自相践踏或坠河陷冰者达二万余人。

义武节度使王处直虽然归附于李晋，却始终保持半独立状态。晋王出兵镇州，处直与诸将商议道："镇州乃定州之屏蔽，张文礼虽然有罪，然镇州既灭，定州定不复存。"于是派人请求晋王不要发兵。晋王出示张文礼写给朱梁的蜡书对来使道："张文礼背叛了我，不可退兵！"王处直之子王郁乃晋王之婿，晋王任其为新州防御使，镇守晋之边境。处直乃与王郁密谋，令其引契丹军入塞，以牵制晋军，并许诺王郁可继承义武节度使之职。处直养子王都闻之心存不满，王都部将和昭训劝其举事，王都乃发动兵变，将王处直软禁于西宅，并自称义武军留后，大肆杀戮王氏子孙及处直手下将领，契丹军趁乱包围定州。

龙德二年（922）正月，晋王率军驻扎于新城南，听说契丹兵前锋已扎营于新乐，乃亲率铁骑五千先行北进至新城北，欲对契丹军形成夹击之势。契丹万余骑兵终是做贼心虚，远远望见晋兵便吃惊逃走。晋王率骑兵急追数十里直至沙河之滨，时值冬末春初，河面冰薄，而沙河桥狭，契丹兵争相过河，陷溺于河中而死者甚多。契丹主亲率大军于定州城下，眼见败兵蜂拥而来，知晋大军已至，只得撤离定州退保望都。晋王趁势进击望都，只身率亲军千骑先进，却被契丹奚酋秃馁率五千骑兵所包围。晋王力战，自午时杀至申时，数次出入重围，众亲军却始终未能解脱契丹包围。李嗣昭闻讯急忙领三百骑兵拼死突击，契丹军惊慌溃乱，晋王乃趁乱杀出重围，随即重整兵马奋勇冲击契丹大营，契丹兵大败，向西退至易州。适逢大雪弥漫，逾旬不停，积雪数尺，契丹人马无食，冻死饿死者相接于道。契丹主举手指天长叹道："上天未曾令我至此，致有此败。"遂率军北归。

晋军虽击退了契丹军，然在镇州却连连失利，阎宝攻城受挫羞愤病逝，继任主帅李嗣昭、李存进亦相继战死。八月，梁庄宅使段凝与马步军指挥使张朗引兵夜渡黄河，攻下卫州，戴思远与段凝随即乘势攻下淇门、共城、新乡，于是澶州之西、相州之南皆为朱梁所有。

九月，镇州因久被围困而粮尽力穷，终被李存审攻破，张处瑾及其党羽皆被俘送魏州处死，张文礼也被劈棺戮尸，李存勖从此兼领成德节度使，成德镇亦纳入晋之管辖。

再说梁帝北忧劲敌李晋，南患杨吴举兵，遂频频向吴越示好，以期牵制吴军。龙德二年（922）春，敕授传瓘检校太傅、同中书门下平章事、充清海军节度使，又赐吴越王诏书不名，并命建天下兵马元帅府。待得知晋王已平北患，又大封百官，颇有君临天下之势，料其必将南下争夺中原。为了集中兵力应对北境，必须确保南境安宁，龙德三年（923）二月二十二日，梁帝遣兵部侍郎崔晔、刑部员外郎夏侯昭等至杭州，命建吴越国，册封吴越王钱镠为吴越国王，仍封赠镠父宽为英显王，祖宙为建初王，曾祖沛为宏圣王。

吴越王奉梁帝诏命始建吴越国，建国大典之礼仪、卫仗等大多沿袭天子之制，王之夫人册封为妃，称居室为宫殿，府署为朝廷，下达命令曰制敕，将官僚吏皆称臣，上书曰表，唯年号仍遵用中原年号。凡奏章表疏只称吴越国而不言镇海、镇东军，以清海节度使兼侍中钱传瓘为镇海、镇东留后，总理军府大事。又分封百官，有丞相、尚书、给事中、侍郎、郎中、员外郎、谏议大夫、御史大夫、秘书监及客省等使，未设枢密院、宣徽院、翰林院、门下省、中门使、宫苑使、太常卿、光禄卿、太府卿、都水监、将作监、司天监等官职，设国子祭酒一人以行国子监之事，因此较之大国少了许多府署，以求简政俭约，便民惠民。待国中建制完毕，吴越王又遣使分别至海内诸国及新罗、勃海等国尊封诸国君长，建立邦交。

再说天复四年（904）时，唐朝昭宗皇帝被朱温所迫迁往洛阳，途经陕州，何皇后产下一子，昭宗皇帝将此子托付于驿臣胡三夫妇及王公公，三人偕小皇子连夜逃出馆驿，一路向南，翻过伏牛山，又东下江淮，欲投奔吴越。一日，于翻越天目山时，王公公在前面探路，胡三夫妇抱了孩子相隔二三里在后边跟进，不幸遇到强贼拦截，为保皇子安全，王公公一边高喊救命，一边拼命向前奔跑，将强贼引向深山，胡三夫妇及皇子得以躲过劫难。王公公眼见得强贼紧追不舍，又人多势众，自知难以逃脱，遂将所带御玺掩藏于树下洞中，匆匆隐蔽完毕，奔向悬崖边，向北跪拜哭诉道："皇上恕奴才不能再辅助小皇子了。"说罢纵身跳下悬崖。胡三在后边听见王公公高喊救命，知道前边有危险，遂按事先约定急忙调头驱车向西南奔去。行至安全地界，寻一客店住了数日，四处打听王公公下落却毫无消息，只听说山上有一伙强贼十分凶狠，杀人抢劫从不手软，眼见得寻找王公公已无希望，又失却了御玺，即使越过天目山去到杭州又有谁能信这婴儿是昭宗皇帝的皇子？没奈何只好先回老家婺源，待安顿停当，再慢慢寻找王公公下落。回到老家，为避众人耳目，谎称皇子乃胡三亲生，将皇子改姓胡，取名昌翼，稍长起字宏远，号眉轩。

到了龙德三年（923）初春，有樵夫于山中砍柴，偶于树下洞中得一黄缎包袱，打开看时却是一个精致金匣，匣中装有一方玉玺，十分精细，背有蟠龙印钮，正面印文却不识得，知道此物绝非民间所有，须是官府之物，遂带回家中秘藏。连日来樵夫心中忐忑不安，生怕此事被官府查知，轻则吃官司坐牢，重则杀头抄家，思来想去不如主动献宝，或可避祸得福。过了月余，闻听吴越王新近被封为吴越国王，敕建吴越国，分封大臣，樵夫不禁心中一动，这不正是献宝之大好时机？遂携宝玺来到杭州，献于吴越国王。

吴越国王接过宝玺细细审看，又交与左右臣僚传看，众人皆认为是皇帝用以号召王公大臣的信玺，不会有假。吴越国王又详细询问樵夫发现此玺的地点、时间与经过，樵夫皆如实作答。然宝玺如何出宫来到天目山中却终究无从知晓，又命人去天目山周围秘密查访，亦无结果。众大臣中多有向吴越国王祝贺得此御玺者，钱王叹道："此玺是前朝唐代出宫抑或是今朝梁代出宫？是由密臣奉来抑或是盗贼携来天目山？如何又掩藏于山上？若是由密臣奉来，则极有可能欲翻越天目山来我吴越，其用意又当如何？如此迷雾重重实在令人费解。若是诸国得知御玺流落于我国境，必然产生许多猜测，与我吴越安全多有不利，我吴越绝无号令天下诸国之意，因此此玺留我国境并无大用，不如进献于中原皇帝。"有人问道："如今中原是梁朝大势已去而晋军气势日盛，大有改朝换代之势，不知王上欲将御玺奉献于谁？"钱王道："如今大势未定，此玺只好暂时留置吴越宫中，待形势稳定之后再行定夺。只是此事尚须严守秘密，避免产生祸端。"

龙德三年（923）四月，晋王接受诸镇劝进，于魏州牙城之南建立祭坛，二十五日登坛祭告天帝即皇帝位，仍以大唐为国号，大赦天下。晋历来沿用大唐哀帝国号天祐，今改元为同光，尊奉生母晋国太夫人曹氏为皇太后，嫡母秦国夫人刘氏为皇太妃。以行台左丞相豆卢革为门下侍郎；右丞相卢程为中书侍郎，同中书门下平章事；中门使郭崇韬、昭义监军张居翰为枢密使；卢质、冯道为翰林学士；张宪为工部侍郎、租庸使；又以义武掌书记李德林为御史中丞。以魏州为兴唐府，定为东京；将太原府建为西京；又以镇州为真定府建为北都。以魏博节度判官王正言为礼部尚书，兼兴唐尹；太原马步都虞侯孟知祥为太原尹，充西京副留守；潞州观察判官任圜为工部尚书，兼真定尹，代理北京副留守；皇子继岌为北都留守，兴圣宫使，兼判六军诸卫事务。时唐国据有魏博、成德、义武、横海、幽州、大同、振武、雁门、河东、河中、晋绛、安国、昭义十三个节镇，共五十州之地。闰四月，唐帝追尊皇曾祖执宜为懿祖昭烈皇帝，祖父国昌为献祖文皇帝，父王李克用为太祖武皇帝，在晋阳建立宗庙，与前朝唐高祖、唐太宗、唐懿宗、唐昭宗合建为七庙。

前数月间，卫州、淇门、共城、新乡等地纷纷被梁军袭取，李嗣昭之子安义军兵马留后李继韬又于潞州叛晋归附于梁，以此晋军中颇有微词，多以为梁国尚未可代，唐帝颇为忧虑。恰于此时梁国郓州将领卢顺密来降，并进言道："郓州守军不足千人，巡检使刘遂严、都指挥使燕颙皆失众将士之心，可以袭取。"唐帝密召李嗣源至帐中商议道："如今潞州李继韬新附于梁，而泽州斐约不从李继韬，据州自守，以此梁军正忙于吞并泽、潞，其东方无备，我若趁此机会攻取东平，则其心腹之地必然大溃，你认为东平可否攻取？"嗣源道："今我大唐初立，正需用兵胜敌，扬我国威，然我大量兵力与朱梁相拒于河中，而且用兵岁久，民生疲敝，不宜再大举分兵东讨伪梁，因此必须只用少数兵力出奇计以取胜，臣愿独力担当此任，必传捷报。"唐帝大悦，遂派遣李嗣源率领所部精兵五千自德胜出发，一路沿黄河而下，自杨刘镇渡河，奔袭郓州。

当时黄河流向与今日有所不同，自风陵渡与渭水、泾水汇合后折向东流，经陕州（三门峡）、洛阳之北，即折向东北，于今武陟之南再经卫州（汲县）之南、滑州之北继续东流来到德胜。黄河北岸为德胜北城（今濮阳），南岸于北城东南五里有德胜南城，两城隔岸相望，为大河上下之隘口，德胜北城西北二十里有澶州，为德胜二城之基地，德胜南城往东百余里为濮州（今山东鄄城），濮州往东百六十里即郓州，乃是天平节度使府所在。黄河经德胜南、北二城之间穿过，屈屈曲曲向东而去，过濮州之北，又折向东北，蜿蜒曲折奔腾前行，来到博州（聊城）之东，又折而向北，继而折向东北，浩浩荡荡奔泻于渤海。博州之南有杨刘镇，乃是博州渡河南去郓州之要津。

李嗣源赶到杨刘镇时已是傍晚，又逢阴雨，天色昏暗道路难辨，众将士皆不愿继续前进。大将高行周说道："此乃天助我也，如此黑天敌兵必然无备，正是我进攻之大好时机。"当夜，晋军渡过黄河来到郓州城下，郓州守军竟毫无察觉。李嗣源之子李从珂率先登城，杀散守城兵卒，打开城门招呼晋军拥入城中，并立即进攻牙城，城中兵将犹如火燎蜂房乱纷纷不知何去何从。次日一早，嗣源兵马尽入城中，攻下牙城，梁军守将刘遂严、燕颙逃奔大梁。嗣源立即出榜安民，严禁兵将放火抢掠，安抚官吏百姓，擒获知州事节度副使崔笃、判官赵凤押送兴唐。唐帝大喜，赞道："总管真乃奇才，天下之事妥矣！"即封嗣源为天平节度使。

梁帝得知郓州失守十分恐慌，下令将刘遂严、燕颙斩首于街市，罢免戴思远招讨使之职降为宣化留后，又遣使责令北面诸将段凝、王彦章等速速进战。

五月，眼见朱梁朝廷已危在旦夕。一日，平阳郡侯敬翔将绳子纳于靴中入朝来见梁帝，道："先帝取得天下后不以臣为无能，所献计谋无不采纳，如今敌势益强而陛下却忽视臣言，臣对陛下已无用，不如即死。"说罢从靴中取出绳子欲自缢。梁帝急忙制止，请问敬翔有何建议，敬翔答道："今事态急迫，非用王彦章为大将不可救也。"梁帝乃从其言，以王彦章代替戴思远为北面招讨使，仍以段凝为副。

十六日，梁帝召见王彦章，问何时可以破敌，彦章答"只需三日"，左右臣僚听了皆暗自失笑。十八日，王彦章一面亲至滑州，于军中置酒大宴众将士，一面却暗中命人于杨村备好船只，连夜使六百甲士持了巨斧，带了铁匠，备好炭火、鼓风皮囊，登船顺流而下破坏浮桥。滑州宴会正进行间，王彦章佯称更衣离席，率领精兵数千沿黄河南岸直奔德胜。天值微雨，晋将朱守殷未曾戒备，梁军小船靠上浮桥，众兵士将连接浮桥船只的铁锁用火烧断，又用巨斧砍断浮桥索缆，将浮桥彻底破坏，断绝德胜南、北城之联系。与此同时王彦章率精兵猛攻德胜南城，朱守殷急忙发小船载甲士渡河救援，却为时已晚，南城随即被王彦章攻破，此时离彦章受命恰好三日。不久，王彦章又乘胜攻下潘张、麻家口、景店诸寨，声势大振。

唐帝李存勖见形势危急，忙命朱守殷放弃德胜北城，拆毁房舍，取木造筏，运载兵械，顺河东下，协助镇遏使李周守备杨刘镇，阻止梁军进攻郓州，又将德胜北城的粮草、薪炭移送澶州，王彦章亦将德胜南城房屋拆毁，编成木筏，顺河而下。双方木筏各自沿南、北两岸而行，每当行经河道弯曲之处即于中流交战，飞矢如雨，刀枪铿锵，兵将或翻身落水，或全舟覆没，死者不可计数，一日之内历经百战，互有胜负，到得杨刘镇，士卒伤亡近半。

二十六日，王彦章、段凝以十万大军进攻杨刘镇，八方俱进，昼夜不息，又以巨舰九艘互相连接，横亘于渡口河中，拦截唐军援兵。其间有三四次杨刘镇即将被梁军攻陷，全凭李周与守殷合力死守，方未陷落，梁军只得退守城南，结营驻扎。

杨刘镇告急，唐帝乃于六月初二亲临督战。梁军于杨刘镇四围筑垒挖堑，重复交叉，十分严密，极难攻进。大将郭崇韬见状对唐帝道："王彦章扼守于渡口要道，其用意在于困死郓州，若我大军不能前去增援，则郓州难保，臣请领兵秘密出博州之东，渡河至东岸修筑城垒，开辟东渡口，如此既可以接应郓州，又可以分贼兵势。只怕此举一旦被彦章侦知，梁军即刻就会派兵前来攻击，如此则城垒难成。请陛下征召敢死勇士，日夜不停向梁军挑战，吸引其兵力，若使梁军有十天不能东顾，则此城可成。"唐帝从其请，又亲自领兵驻于新城西岸，城中唐军士气大增。王彦章见自己之东有新城唐军，西有杨刘镇唐军，南有郓州唐军，北有黄河，有被四面包围之势，遂命兵士砍断缆索撤回战舰，解除新城及杨刘镇之围，退保邹家口，唐帝李存勖乃与郓州李嗣源重新恢复了联系。

七月，王彦章再次攻打杨刘镇，却被唐军击败，遂撤师西归，退保杨村。

梁军副指挥使段凝向朝廷诸臣行贿，隐瞒王彦章战功，又诬陷彦章因临战酗酒致有此败，不久彦章即被召回汴州，主帅之职乃由段凝接任。

八月，梁帝部署四路反击：段凝自高陵津（今河南范县东南）渡河，进军澶州；董璋出兵石会关，进逼太原；霍彦威出兵卫州，进犯镇州、定州；王彦章则与张汉杰统领禁军，屯军兖州，伺机收复郓州。四路大军计划在十月向唐发动总攻，但因兵力分散，却造成东都大梁防御空虚。

梁帝日夜担心唐军西进攻击大梁，为阻挡唐军，下令滑州守军挖开黄河大堤，顿时黄水波涛犹如脱缰野马、出水蛟龙，咆哮腾涌冲出决口，一泻千里。数日之间，曹州、濮州、郓州数处成为汪洋，淹死百姓无计其数，大片田园被黄土掩埋，三州百姓十之二三无家可回，哀嚎之声惊天动地，甚至大骂天帝怎不收梁帝早日归天。

九月，梁将康延孝向唐军投降，将梁之军情尽数告知唐帝，黄河掘堤不仅阻止了唐军进攻汴州，同时也将梁军自己的主力阻隔在决河以北，建议唐军趁虚袭取东都。

不久，王彦章率军渡过汶河，进攻郓州，却被唐军李嗣源击败，王彦章只得撤退至中都（今山东汶上）。

十月初一，唐帝将皇室及众将士眷属皆安顿于东京兴唐府（魏州），初二亲率大军自杨刘镇渡河，初三至郓州，半夜以李嗣源为先锋进击梁军，直进至中都。中都无城，不多时梁兵溃出，王彦章仅剩数十骑落荒而走，被唐将追上刺成重伤擒获。此战唐军共擒获梁将二百余人，斩首士卒数千余众。唐帝欲劝王彦章投降，彦章宁死不从，终被杀害。

唐帝举酒对李嗣源道："今日之功，公与崇韬之力也，若听他人之言，则大事去矣。"又对众将道："向来所担心者唯王彦章而已，今已除，乃天意灭梁。今与诸将共商进退之计，当向何方为好？"诸将道："传言多以为大梁无防备，却未知虚实。如今东方诸镇之兵皆在段凝麾下，大梁只剩空城而已，若以陛下天威亲临，无有攻不下者。宜先拓疆广地，东达于海，然后伺机而进，可以万全。"李嗣源说道："兵贵神速。如今王彦章已除，段凝尚未知晓，即使有人前去相告，一时间疑信难决，或需三日始作决断。倘若段凝得知我军所向，即使立即发兵相救，亦需绕道白马才能渡河，数万人马所需舟楫仓促间亦难以调集。而郓州至大梁很近，又无山险阻隔，昼夜兼程两宿即可到达。段凝尚未渡河，友贞已被我所擒，臣愿领千骑先行，陛下率大军徐徐跟进，必然马到功成。"唐帝遂下令，诸军皆踊跃而行。

当天夜里，李嗣源率领前军先行，初七日到曹州（山东曹县西北），梁军守将不战而降。

王彦章败兵先逃至大梁，禀告梁帝："王彦章被擒，唐军已随后长驱而来。"

梁帝聚集家族哭道："我大梁运祚尽矣！"又召群臣询问对策，众臣皆无主张。梁帝对敬翔道："朕时常忽听卿之所言，至有今日之祸，今事已紧急，卿切莫怨恨，请教以应对之策。"敬翔泣道："臣受先帝厚恩已三十余年，名为宰相，实则为朱氏老奴，事奉陛下有如侍从。臣先后献言，无非尽忠而已，陛下初用段凝，臣竭力劝阻未果，局势竟至如此，实乃小人朋比为奸所致。如今唐兵将至，而段凝被阻于黄水之北无力赴救，臣欲请陛下出居他处暂避夷狄，陛下必不肯听，欲请陛下调兵出奇计御敌，陛下必不果决，即使张良、陈平再生，又如何为陛下献计！臣情愿先死，不忍看见宗庙被毁。"说罢与梁帝相对恸哭。梁帝无奈，只好遣使策马去搬取段凝大军，梁使驰至滑州却终是无法渡河。当时大梁城中尚有数千控鹤军，朱珪请命率领出战，梁帝不允，却命开封府尹王瓒驱使百姓登城守备。梁帝担心诸兄弟会趁危谋乱，遂将皇弟贺王友雍、建王友徽、全昱之子邵王友诲及其兄友谅、友能全部杀死。随后梁帝登上建国楼，亲自挑选亲信，给予厚赐，命换上村夫衣物，密带蜡诏，赶赴河北敦促段凝速速发兵，诸亲信辞别梁帝出宫后皆逃亡隐匿不知去向。有人建议请梁帝先驾幸洛阳，再召集诸军以拒唐军，唐虽得都城，势不能久留。也有人建议请梁帝驾幸段凝军，控鹤都指挥使皇甫麟道："段凝本非将才，因得到皇帝宠幸才进此高位，如今危窘之际，指望他临机制胜，实难成功，而且听说王彦章已败，想那段凝怕是早已丧了胆。"还有人道："形势至此，一旦下得此楼，谁还值得信任！"梁帝又召宰相商议对策，郑珏请梁主自奉传国宝向唐诈降，以解国难，梁帝问道："今日虽不敢不舍国宝，但是按卿之策可以退唐兵吗？"郑珏低头答道："恐怕不能。"众人听了皆缩颈窃笑。梁帝正不知所措，却一眼瞧见掌玺太监，心中一动："于军事我一时不能抵御唐军，但皇帝御玺尚在我手中，宁可毁掉，绝不让唐军得到此宝。"便命掌玺太监取来传国宝，藏于卧室之内，便于应变，不料入夜却被左右之人窃去以迎唐军。梁帝眼见大势已去，遂对控鹤都指挥使皇甫麟泣道："李家是我朱家世仇，我不能由仇人刀锯所杀，爱卿可先断我首级。"黄埔麟泣道："臣愿为陛下抵挡唐军而死，不敢奉此诏。"梁帝道："你要出卖我么？"麟欲自刎，梁帝抓住剑，两人相对而哭，梁帝道："与卿同死。"麟遂先弑梁帝，随后自杀。

初九日晨，唐军攻封丘门，王瓒开城门投降，李嗣源入城，安抚军民。唐帝随后从梁门入城，百官拜伏于马前请罪，唐帝慰劳众官，并命各复其职。李嗣源上前迎贺，唐帝喜出望外，用手牵起嗣源衣襟触自己头说道："吾有天下，乃爱卿父子之功，当以天下与你共享。"

唐帝命人寻找梁主，少顷有人献上梁主首级。唐帝曾听说梁主为人温良恭顺，勤俭节约，亦无荒淫之事，只是用人不当，宠信奸佞赵岩、张汉杰，任凭作威作福，却疏远敬翔、李振等旧臣，不听忠言，以致亡国，今见如此情景，乃叹道："我与梁争战十余年，却未能与其活着相见。"遂命汴州刺史王瓒收梁主尸身殡于佛寺，并将其首级涂漆防腐，用函盛之献于太庙。敬翔见国亡君死，乃自缢而亡。赵岩逃至许州，被温昭图斩首献于唐帝。

段凝终于自滑州渡河，以诸军排阵使杜晏球为前锋，欲入援汴京。杜晏球兵至封丘与李从珂兵马相遇，闻知大梁陷落，梁帝已逝，遂投降。十二日，段凝率五万大军至封丘，亦解甲请降。段凝亲率众将入宫向唐帝请罪，唐帝抚慰众人，并复众人原职。段凝出入于公卿之间，竟洋洋自得毫无愧色，朱梁旧臣见了皆欲咬其面、挖其心。段凝又向唐帝进言道："伪梁要人赵岩、赵鹄、张汉伦、张汉杰、朱珪等人作威作福，残害众生，不可不诛。"唐帝准奏，并下诏："敬翔、李振世受唐恩而背唐佐梁，共倾唐祚，宜与赵岩等人一并族诛于市，其余文武将吏一切不问。"又下诏追废朱温、朱友贞为庶人，捣毁其宗庙神主。

朱梁宋州节度使袁象先首先入朝，车载奇珍异货数十万，贿赂唐帝爱妃刘夫人及唐廷权贵、受宠伶官、实权宦者等等，旬日之间，朝庭内外争相赞誉袁象先，皇帝亦对其恩宠有加。

十五日，朱梁西都留守河南尹张忠奭来京朝觐，所献财货马匹以千计。听闻唐帝欲发掘梁太祖朱温之墓，劈棺焚尸，乃上言于唐帝道："朱温虽与唐有深仇，然而其人已死，刑已无可复加，乞免焚砍之举以示圣恩。"唐帝从其所请，只是铲除阙室，削去封树而已。

十九日，唐帝下诏，原朱梁时节度、观察、防御、团练使、刺史及诸将校均不予变动。

二十四日，封郭崇韬为侍中，领成德节度使，从此郭崇韬权兼内外，出谋划策，引荐人才，尽忠无私。

二十八日，加天平节度使李嗣源兼中书令；以北京留守皇子李继岌为东京留守，同平章事；赐滑州留后段凝姓李名绍钦；耀州刺史杜晏球姓李名绍虔；朱友谦姓李名继麟；郑州防御使康延孝姓李名绍琛；宣武节度使袁象先姓李名绍安；匡国节度使温韬姓李名绍冲，以示恩宠。当日，赐张宗奭仍复名为张全义，全义请唐帝迁都洛阳，准奏。

唐帝遣使宣谕天下诸道，梁时委任之节度使五十余人皆上表入贡。

楚王马殷遣其子牙内马步都指挥使马希范入京朝觐，交纳洪州、鄂州行营都统之印，呈上本道将吏名籍。

荆南节度使高季昌闻听唐已灭梁，遂更名为高季兴，以避唐皇祖国昌之讳，并欲亲自赴京朝觐。臣僚梁震谏道："唐有并吞天下之志，我以严兵守险忧恐不能自保，何况远行走数千里入朝呢！况且主公乃是朱梁旧将，谁知唐不以仇敌相待！"季兴不听。至洛阳，唐帝左右伶人、宦官求货索贿贪得无厌，季兴心中怏然。唐帝欲扣留季兴于洛阳，郭崇韬谏道："陛下新得天下，各路诸侯都遣子弟将佐入贡，唯高季兴亲自入朝，理当褒赏，以劝引诸镇前来。若是羁留季兴则是弃信亏义，离散四海之心，绝非良策。"唐帝乃遣季兴还。季兴对左右之人说道："此行有二失：来朝一失，纵我去一失。"路经襄州，节度使孔勍留宴，季兴怕夜长梦多，半夜即斩关而去。回到江陵，季兴握着梁震手道："不听君之劝，几乎陷虎口。"又对众将佐道："新朝百战方得河南，竟举手对功臣说道：吾以十指乃得天下。如此矜伐，视他人皆无功，长此以往怎不解体！且又荒于声色犬马，如何能够长久！"乃修缮城池，广积粮粟，招集梁朝旧兵以备战守。

唐使至扬州告以灭梁之事，徐温问计于严可求，可求道："听说唐主始得中原，志骄气满，统军治国法度不严，不出数年将生内变。如今我且以卑辞厚礼相奉，自行保境安民以待时机。"吴国乃遣司农卿卢苹出使唐都，卢苹回到扬州对徐温说道："唐主荒于政务，乐于游猎，多宠优伶，贪啬财货，拒纳忠谏，内外多有怨言。"昔日两国曾携手对付朱梁，如今则渐行疏远。

十二月，唐帝迁都洛阳，以梁东京开封府为宣武军汴州，原宣武军（宋州）更名为归德军。

却说胡三听说晋王李存勖已灭梁，建国号唐，心中高兴，遂告知昌翼身世。昌翼听说自己乃是皇子，先是吃惊；待听到父皇被朱温挟制，顿时怒火中烧；听到自己刚出生即被迫逃亡，不免伤心落泪；听到朱温弑逆，篡夺大唐江山，已经泣不成声，捶胸顿足不止。稍后胡三又说道："常言说得好，善有善报，恶有恶报。朱温奸贼恶冠满盈，终于得到报应，被自己儿子刺杀，天下人为之庆。"昌翼听了心中稍稍平静。胡三最后说道："如今晋王已经扫灭朱梁恶贼，朱氏一门皆遭报应。晋王已于汴梁登基，恢复大唐国号，总算是为先皇报了仇、复了国，昭宗皇帝可以瞑目于地下，含笑于九泉了。只是皇子你如今已长大成人，若是王公公尚在，又有御玺可凭，或可登高振臂一呼，召起一班旧臣重振山河，怎奈王公公与御玺皆不知下落，如何继承先帝遗愿？微臣实在不知如何是好。"说完已是泪流满面，泣不成声，昌翼亦是涕泪交流，恸哭不止。

自此昌翼废食三日，卧病月余，反复思衬应对之策，心中想道："父皇命养父及王公公带儿臣南逃，一是为我李家皇族留下血脉，传宗接代，永承香火；二是向朱氏逆贼讨还血债，报灭族之仇；三是重整山河，复兴唐祚。如今养父已将儿臣养大成人，第一件事已可告慰父皇在天之灵。这第二件事，晋王已经灭梁，朱氏之后多已诛杀，可谓为我李唐宗室报仇雪恨了。唯第三件事，若是朱梁尚存，尚有晋、吴、蜀等国与之为敌,我若以大唐宗室之名兴兵反梁,或可取得诸国支持,一旦灭梁,即可恢复大唐江山,我亦可重整皇家社稷。可如今晋王已经建国登基,而且国号大唐,亦姓李,又是为我报仇雪恨的大恩人,叫我如何去讨还江山,重整社稷?何况王公公下落不明,御玺又无踪影,仅凭我自己口称乃昭宗皇帝之子,谁人信得?岂不被人认作疯子?或是冒充皇子以致招来杀身之祸!若如此不仅恢复不了唐祚,反而断了我皇族血脉!不如顺应当今之势,任由晋王当了大唐皇帝,总还是我李唐皇朝。"然如此结局难免于心不甘,总觉有负父皇之愿,每日里反复思虑却又别无良策。过了许多日,传来消息说有人于天目山发现御玺,献于吴越国王,吴越国王已将御玺呈献当今皇帝,并说杨吴国主亦已派人至京师入贺唐新君登基,其他诸国亦纷纷入京致贺,可见天下诸国均已归心于唐。从此,昌翼遂死了由己重振大唐江山之心,隐居于婺源考水,绝意仕途。

第三十九回　善大国吴越进京献玺　贺新朝诸道上表入贡

却说吴越国王钱镠一直密切关注梁、晋争战。龙德三年（923）四月，北方传来消息，晋王李存勖于魏州称帝，国号唐。到了五月，唐宣谕使吴韬经由杨吴来到杭州，随行带来名马、玉带、香药等礼物赐予吴越国王，钱王盛情款待，将其妥善安置于馆驿歇息。钱王与众臣僚商议道："晋、梁大军交战于大河南北，未决雌雄，如今晋王称帝，于魏州建立唐国，命吴韬来杭宣谕，无非是争取我吴越拥唐反梁，众臣以为当如何是好？"多数臣僚以为晋王胆略过人，勇冠三军，善骑射，通兵法，乃将才，虽稍习春秋，略明大义，却不善政事，难以治国，而梁主更是昏庸无能，不善用人，二者相争，梁迟早败于唐，吴越宜善待唐使，静候唐军攻下汴梁，届时派人赴京致贺。沈菘言道："列位大人所言极是，虽然晋王已复大唐国号，但观晋王其人，擅于攻伐，不通文治，只怕其祚不长。再观其国号'同光'，同者國字不封口，不成其國，而且國中无彧，即是国中不会繁茂，仅有一口，孤家寡人而已，立国怎能长久？既然其祚不长，其国不强，我吴越国即无需事奉过勤，待事态发展明朗再行定夺。"吴越国王钱镠道："我亦是此意。"遂盛情礼送吴韬等人回魏州。

十月，唐军攻占汴梁，梁主被诛，吴越国王召集众臣僚商议道："如今唐已代梁，唐帝遣使宣谕天下诸道上表入贡，众卿以为我吴越国当如何处之？"众人多以为宜尽早派人赍礼入朝致贺，唯杜建徽道："如今唐帝攻取汴梁，据有晋、梁两国之地，国土倍增，其实力看似远胜于天下诸国，但梁、晋连年交战，财力耗尽，民生凋敝，十室九空，绝无可能于近年内攻取周边诸国，尤其是唐、吴两国关系如今反不如灭梁之前，因此我吴越不宜妄动，当拭目以待。若是唐帝能励精图治，富国安民，则天下归心，有望一统，然其若论驰骋杀伐或可称霸一方，若论治国平天下，恐尚不及我吴越。依臣推断，今后李唐实力仅限于中原而已，终不能驾驭天下，因此我吴越事唐只须友好交往而不必奉为正统。"镇海、镇东军留后钱传璙道："唐帝自从其祖父朱邪赤心随神策大将军康承训讨伐庞训乱军有功，懿宗皇帝赐其祖父姓名为李国昌之后，祖孙三代皆以李姓，如今于晋阳建立七代宗庙，以高祖皇帝、太宗皇帝、懿宗皇帝、昭宗皇帝为先祖，大量起用唐时旧臣，可见唐帝忠唐之心不改，颇有恢复大唐社稷之意。再观朱温虽是汉人却大逆不道，篡唐窃国，甚至灭绝人性斩尽皇室宗亲，连年挑起战端，祸国殃民。两相比较，忠奸仁虐、功过是非已然分明。但唐帝不专政务，好大喜功，喜听谄谀，宠幸优伶，周围多有贪财之士、奸佞小人，因此绝非明主，难成统一大业，各国分治九州之势不会有多大改变。朱梁据有中原之时，我吴越曾尊之为大国，与之正常交往，以牵制杨吴南侵。今李唐据有中原，我吴越与之相交宜胜于朱梁，当遣使携礼赴京致贺唐之立国。至于今后关系，且看唐廷动向再从长计议。"吴越国王见众人皆同意建徽、传瓘意见，遂道："既然众卿意见一致，就烦请杜大人为特使，携礼赴京致贺。正好数月之前有人献来大唐国玺，如今中原重建唐国正宜用此宝，就请杜大人一并送往汴京。据闻唐帝周围多贪贿之徒，但我吴越绝不助长此风，杜大人不必为此辈小人准备财礼。"

杜建徽素性耿直，刚正不阿。其父杜稜临终时欲散家财与诸子，建徽唯受一筘别无它求，杜稜爱抚建徽肩背道："此筘乃我历任所秉者，是为父心爱之物，吾儿唯选此物，足见心存忠孝，将来必成大器，吾愿足矣！"建徽与睦州陈询乃是姻亲，陈询随陈璋叛变，钱王曾怀疑建徽有牵连，建徽却未作申辩。不久，有睦州将吏来降，带来建徽传递陈询的书信呈与钱王，信中所言皆是警戒陈询之语。钱王阅后深为感叹，赏赐建徽百万钱，建徽全部散与部下兵将。建徽从兄建思曾于钱王前谮言建徽府中阴蓄兵器，或有意图。钱王遣使赴建徽府中检查，其时建徽方进食，使者向建徽说明来意，随即入府查看，建徽照样进食，毫无异色。使者检查完毕，一无所获，乃如实回禀钱王，钱王益加敬重建徽为人之心怀坦荡，从此殊加台爱。

杜建徽带了贺礼，一行人途经江淮径奔汴梁，谁知进得京城却恰逢唐帝迁都洛阳，遂又匆匆随唐廷臣僚转奔洛阳。一路上多有唐廷臣僚、优伶、宫人纷纷前来询问所载何物，更有厚颜索要者。建徽如何受得这般无耻之辈轮番求索，心中十分恼火，却深知自己使命乃是与唐交好，只得强压怒火勉堆笑脸与之纠缠。诸多佞臣得不到贿物，心中不快，怏怏离去。

到得洛阳，唐帝召见，建徽呈上御玺、礼单，并代吴越国王向唐帝致贺。唐帝龙心大悦，手捧御玺细细端详，爱不释手，又询问钱王身体健康、起居饮食、习惯爱好，吴越国中军政要务、百姓生计、风土人情诸等情况，建徽一一作答。建徽又向唐帝讲述了吴越国"保境安民、富国裕民"之基本国策，如今国内边境安宁，百业俱兴，经济日上，百姓太平，唐帝听了频频点头，啧啧称赞。唐帝使人领建徽至馆驿休息，复命有司详议如何封赐吴越国王。有司众臣因未得到吴越使臣半点便宜，心中颇有怨气，多人言道："以玉简金字为册唯有至尊一人，钱镠既为人臣，不可用玉册。"又有人道："本朝以来，除为笼络四方夷狄、远方藩镇或有封为国王进行册拜外，九州之内尚无此封赐。"众人多以为用竹册为宜，遂形成奏章道："吴越国王钱镠将行册命，按礼文合用竹册。……玉册乃帝王所用，不合假令人臣……"

唐朝册封大臣，凡诸司、六部以下诸臣用竹册（用竹片书写文字，缀于绢上）铜印，三省枢密院用金册银印，诸王用玉册金印。唐帝因吴越国王呈上御玺心中高兴，本欲对其嘉以厚奖，不想有司奏章竟如此荒唐，遂心中不快，面色不悦。不料郭崇韬亦附和有司，出班奏道："吴越国王自大唐昭宗皇帝时即封为王，然朱梁窃据中原之时却事其为正统，今又归附于我，宜依旧封其为吴越王，赐竹册。"枢密院承旨段徊见唐帝对奏章颇为不悦，乃说道："吴越虽然国土不广，却是物阜民勤，若使吴越与我交好，悉心事唐，于我颇为有利。再说吴越国王历代受封皆用玉册金印，而今我却以竹册铜印授之，岂不是拒吴越于我大唐门外，授人以笑柄。我唐国初立，正需各国大力支持，以此对吴越国封赠宜高于以往各朝才是，绝不可轻慢了。"唐帝见段徊如此说，遂说道："吴越国王系多朝元老，独据一方，任将五十年，惠济黎民，攘除凶顽，忠有可嘉，礼无不丰。朕从黄堂即闻钱王之名，今又以御玺进呈，虽非紧要，然其一举一动无不尊重中原，其忠悃之心出于至诚，不应当以人臣相待，何况早已封王，宜赐予玉册金印，再赐红袍御服，冠履剑佩等物，以示我大唐恩宠。"遂命有司重新制备印玺，修改册文。

杜建徽一行回到杭州，将出使洛阳经过如实禀明吴越国王。钱王叹道："唐帝身边竟有如此多贪婪谄谀之徒，如何能够统一大业！"从此对唐不再抱有一统天下之希望，仍然奉行保境安民国策，坐镇杭州，静观各国事态发展。

钱王自为吴越国王以后，授子传瓘为镇海、镇东军节度使，总管军政大事，以行军司马杜建徽为左丞相，辅佐传瓘。又辟地蓄马三万余匹，号称马海，后人呼其地为西马塍，以备战争之需，从而明显增强军事实力。

苏州却是另外一番景象，近年来水利大备，连年丰收，府库充盈，农户殷实。苏州城池重新修整，面貌一新，城垣巍峨，城楼壮丽，旌旗飘忽，雉堞整齐，河池宽阔，桥拱如月，瑞光塔挺立城中，顶接苍穹，俯视全城，犹如苏州府之守护神，日夜保护一方安宁。

苏州城东北有辟疆园，乃西晋顾辟疆修建的私家园林，其时"池馆林泉之胜，号吴中第一"，曾吸引了历代文人墨客入园游赏，吟诗作画。

李白有："柳深陶令宅，竹暗辟疆园。"

陆羽有："辟疆旧园林，怪石纷相向。"

皮日休有："趁泉浇竹急，候雨种莲忙。更葺园中景，应为顾辟疆。"

陆龟蒙有："吴之辟疆园，在昔胜概敌。前闻富修竹，后说纷怪石。"

因历经战乱又疏于经营，辟疆园时至今日已是林树荒疏，杂草疯蔓，池污水浅，楼塌山坍，一派荒凉破败景象。

传璙为了延揽天下名士、四方贤达，拟于城南偏西处新辟一处园林，遂邀集文人雅士精构巧思，共同谋画，又招募工役大兴土木，时近两年终告落成。新园林占地数十亩，水面数十亩，中修复廊，曲曲弯弯，将全园分为三部，隔以漏窗，可以相互透视。西园以厅堂园苑为主，前有安宁厅，后有思源堂，周边有迎仙阁、白云亭、流杯亭等，园中多植奇花异木，太湖花石。厅之西有西池，池中有旋螺亭，因其形如旋螺而名也，传璙常命僚吏、馆使客于园中。复廊之南以山林野趣为主，堆土成山，砌石为岩，林木成荫，石级蜿蜒。山下修竹连片，曲径深幽，竹林之间有曲池，池中亦有一亭，形如龟首，名为龟首亭。林间空旷之处修有清风阁、惹云亭，周围多种珍花异草、观赏树木。山之巅有碧云亭，可登高望远，山坡下有涌泉亭，一股清流从洞中汨汨流出，几经曲折流入曲池中。池中鱼跃，山林鸟鸣，飞蝶恋花，泉声如琴，一派自然风光。复廊之北却以河湖水景为主，沿着弯曲河岸修筑两处水榭，一曰绿波，一曰清涟，又有迎春、百花二亭。水中复有二岛，各修一亭，一曰清暑，一曰沼波，岛上广植垂柳、四季花卉，有曲桥与岸相连接。岸边桃红梨白，垂柳成荫，风荷摇曳，绿草如茵，林荫间花径幽香，人行其间，心旷神怡。风微时水面上碧波粼粼，花香隐隐，风劲时沧浪翻飞，柳浪摇曳，天晴时画舫悠闲，月明时鱼跃蛙鸣，好一派水乡风光。因此园以北园水景为主，世人呼之为"沧浪园""沧浪池"或直呼为"沧浪亭"。后人作《沧浪亭记》曰："……前竹后水，水之阳又竹，无穷极。澄川翠干，光影会合于轩户之间，尤与风月为相宜……"园成之后，传璙常与众宾客在此游赏饮宴，吟诗赋词，倾听民意，发现人才，引得各地社会贤达纷至沓来，游览赏玩，夸聚畅饮，吟诗作画，抚琴起舞，好不畅快淋漓。

苏州之南百四十里有秀水县（嘉兴），西南至杭州百八十里，西至湖州百七十里，苏州至杭州运河由此通过，乃是苏、杭、湖水陆交通枢纽，客商文士往来频繁，乃文人墨客荟萃之地，因此传璙又于此修起烟雨楼园林。秀水城东有秀水河，苏杭运河由城北绕城而西、而南，再折西去杭州，而城之南紧依彪湖，分南湖、西南湖，二者相连，大小相仿，故亦名为鸳湖、鸯湖，湖面百二十顷。传璙征集民夫疏浚两湖、诸河，集淤泥于鸳湖东北堆成高阜，土丘上修起一楼，面对湖面，宽阔敞亮，四面漏窗，重檐飞角，黛瓦粉墙，楼前月台宽广，白石铺地，玉砌围栏，登临远眺，湖光、田园、竹林、花径尽收眼底。周边又筑起诸亭，连以曲廊，垒湖石为山，引清流为池，广种杨柳、金桂，遍植花草、菱莲，湖中画舫悠闲往返，相对品茗，即兴吟唱，好不悠闲自在。春夏季节霏雨蒙蒙，秋冬时节迷雾重重，湖面四周朦朦朦胧，置身其间犹如飘忽于云雾之中。亭台楼阁，飘香桂树，时隐时现，好似广寒月宫，因之取名曰"烟雨楼"，成为一方之胜景，远近文人雅士纷纷慕名前来。

苏州之东百七十里为淞江县（松江），淞江至秀水百二十里，东至海、南至海各为八十里，北至海百一十里。杨吴与吴越交战之时，南、北交通断绝，唯东部沿海荒僻之地仍有人冒险偷渡大海南来。淞江僻处东隅，北来客商、避难政客、离乱文人常渡海至此。为了延揽人才，传瓘特于淞江设置馆驿，委派僚吏专门接待、考察、引荐人才。又有画工，号曰鸾手校尉，画出才俊状貌，写成荐书，说明此人来历、特长，送至苏州供传瓘选用。

时有吴兴（湖州）人姓裴名坚字廷实，生于乾宁四年（897），其父名光庭，官至台州刺史。裴坚自幼聪明好学，思想敏捷，善于诗赋，喜交文友，待到长大成人，颇有知人之鉴。因慕秀水、苏州之名，裴坚常与友人相聚于烟雨楼、沧浪亭，传瓘见之颇为赏识，遂荐与吴越国王，裴坚后来颇有善政，拜为吴越国丞相，这是后话。

梁亡前，梁主原拟于洛阳南郊祭祀天地，因杨刘镇陷于晋军而停止，所用典礼之物俱在。同光二年（924）春二月初一，唐帝即用梁主遗物前往南郊祭祀天地，并下旨大赦天下。租庸副使孔谦却照旧征收敕文中所免租税以博取宠信，从此每有皇帝诏令皆难取信，百姓嗟怨载道。

唐帝幼时善于音律，以此伶人多受宠，经常陪侍其左右。唐帝亦时常亲自傅粉涂彩，与优伶同戏于庭中，以取悦刘夫人，甚至自取优名为"李天下"。一日，唐帝于戏中自呼道"李天下、李天下"，不想有一优伶竟上前打了唐帝一耳光，唐帝顿时愕然，众人亦惊骇不已，优伶却慢慢道："李天下者唯有一人，还有谁敢自称！"唐帝听了竟念其忠心而给予赏赐。一日，唐帝狩猎于中牟县，坐骑践踏了庄稼，中牟县令上前谏阻，伶人却上前责问道："你身为县令，竟不知道天子好猎吗？为何放纵百姓在此耕种而妨碍天子驰骋呢？你罪当死。"请帝下旨行刑。县令道："陛下为民父母，怎忍心毁其所食而使百姓饿死沟壑呢？"唐帝听了觉得有理，遂释之。尤其乱政害人者，首数伶官景进，常采集闾里鄙琐之事诉于唐帝，甚得唐帝宠信，每每奏事唐帝常屏退左右细问，景进遂得以进谗施恶，干预政事，从将相到众臣皆忌惮之。众伶人出入宫掖，侮弄缙绅，群臣愤嫉。

唐帝下旨曰："内官不应居于宫外，前朝内官及诸道监军并私家以前所蓄者，不论贵贱，皆遣回京城。"当时宫内已有内官五百人，如今更是多达近千人，皆俸禄优厚，委以职事，以为心腹。从此宫内诸司使任用宦官，干预政事，复置诸道监军，节度使出征或留于京城时，军府中政事全由监军决定，以致监军欺凌主帅，仗势争权，因此引起诸藩镇愤怒。

郭崇韬位及将相又兼领节度使之职，一时间权倾朝野，可比人主，乃至朝夕车马盈门。崇韬生性刚直急躁，遇事即发作，皇上宠幸之人有所贪求，常遭其抑制，遂引起宦官、伶人嫉恨，日夜在皇上面前诉说坏话，崇韬虽然痛恨却又无法制止。崇韬又自称是汾阳王郭子仪第四代孙，以贵族自居，于引拔人才时常鄙弃功勋旧臣而引荐浮华无实之人，因此有皇帝宠幸疾之于内，勋旧功臣怨之于外，令其郁郁不得志。

唐帝欲立魏国夫人刘氏为皇后，却已有正妃卫国夫人韩氏、次妃燕国夫人尹氏在先，太后亦向来厌恶刘夫人，以此未得实现。有人诉于崇韬："公若在皇上面前奏请立刘夫人为皇后，皇上必喜，且内得皇后帮助，则优伶、宦官等辈不能加害于公矣。"崇韬乃与宰相豆卢革率领百官奏请皇帝请立刘夫人正位中宫，唐帝遂册封魏国夫人刘氏为皇后，韩氏为淑妃，尹氏为德妃。刘氏出身寒微，五六岁时晋攻魏州得于成安北坞，入宫后贞简太后教以吹笙歌舞，及笄，甚有姿色，太后遂赐予唐帝。不久刘氏生子继岌，唐帝以为颇像自己，遂专宠刘氏，以致征战十余年独以刘氏随从军中。刘氏尊贵之后一味聚集钱财，今又立为皇后，于是四方贡献之财务皆分为二，一份上献天子，一份送于中宫。中宫宝货聚集如山，却只用于抄写佛经、施舍尼师而已。

胡柳陂之战时，伶人周匝被梁军虏去。待到唐帝入汴时，周匝于马前谒见，唐帝甚喜，周匝涕泣说道："臣之得以生还皆是梁教坊使陈俊、内园栽接使储德源相助，臣祈求陛下以二州之地相报。"唐帝当即允诺。郭崇韬进谏道："与陛下共取天下的英豪忠勇之士尚未封赏一人，而先以伶人为刺史，恐失天下人之心。"此事遂拖延未行。后来，周匝屡提此事，皇帝只得对郭崇韬道："我已许诺过周匝，若不实行，使我愧见此三人。郭公之言虽是正理，但为我考虑，望你屈意行之。"遂以陈俊为梁州刺史，德源为宪州刺史。当时亲军中有跟随皇帝经百战而未得刺史者，闻之莫不叹息愤慨。

右谏议大夫薛昭文上疏："诸藩镇僭窃名号者尚多，征伐之谋尚未可息，而士卒久从征战，赏赐未丰，贫困者多，宜以四方贡献及郊祀所余财货再行赏赐。又河南诸军皆是梁之精锐，只怕僭窃之国暗地以厚利引诱，应及早收抚。对流亡于外的户口，宜轻徭薄赋，安抚招集之，凡不急之工役宜进行裁剪。牧马宜选择荒隙之地，使勿践踏京畿民田。"唐帝听了心烦意乱，皆未采纳。

潞州杨立据州城叛乱，唐帝诏命天平节度使李嗣源为招讨使前往讨伐。同光二年五月二十九日潞州平，唐帝为杜绝此类事件再有发生，遂诏令天下州镇不得修城挖壕，悉毁守城器械，潞州因城高池深，竟被夷为平地。

唐帝灭梁后，国中尚有淮南杨溥称大吴国主，年号顺义，西川王衍称大蜀皇帝,年号乾德,南海刘龑称大汉皇帝,年号乾亨,对此唐帝常耿耿于怀。唐帝命天下诸藩镇向唐廷进贡,楚、吴等国纷纷遣使入贡,荆南高季兴更是亲自入京朝贡。唐帝遂问季兴:"朕欲用兵讨伐吴、蜀二国,卿以为先伐谁为好?"季兴寻思,一旦唐灭吴,江陵自然不保,若使唐先伐蜀,则有蜀道之险难以进取,或可令唐陷于旷日持久战争之中,因此对道:"吴国地薄民贫,得之无益,不如先伐蜀,蜀土富饶,而且蜀主荒淫民怨,伐之必克。得蜀之后顺江而下,取吴易如反掌。"唐帝表示赞同。

同光二年(924)二月,福建王审知遣使进贡,贺唐帝南郊祭天。三月,淮南杨溥遣使进贺唐帝南郊祭天,奉银二千两,锦绮罗一千二百四,细茶五百斤,象牙四株,犀角十株。九月,福建王审知再进贺万寿节,并贺皇太后到洛京,贡金、银、象牙、犀角、珍珠、香药、金饰宝带、锦纹织菩萨幡等。吴越国王钱镠为保吴越安宁,百姓太平,亦于九月遣钱询为贡奉使,向唐廷进贡,所贡之物计有:银器、越绫、吴绫、越绢、龙凤衣、丝鞋、屐子等,又有万寿节金器,盘龙凤锦织成红罗、縠袍、袄,彩缎、五色长连衣、金稜祕色瓷器、银装花桐橱子、金排方盘、龙带、御衣、白龙瑙、红地龙凤锦被、红藤龙凤箱等,并命人将进贡之物镌刻于石,公之于民。

唐帝接见吴越贡使,十分高兴,想起册封吴越国王之事,遂询问有司进展情况,谁知有司官员竟然至今尚未铸成金印、制成玉册,唐帝只得下制重申:授王官爵依前,天下兵马都元帅、尚父、尚书令、吴越国王;授金印"吴越国王之印",并诏国王事专征伐;又授传瓘检校太师兼中书令,充两浙节度使、观察留后。为了牵制吴国,以备将来伐吴有所策应,又敕升苏州为中吴军,领苏、常、润等州,并下制授镇海军节度、检校太保兼中书令、大彭郡侯王子传璙充中吴军节度使。

钱询回到杭州,将进京经过一一禀告吴越国王,钱王叹道:"唐帝有统一中国雄心,遂以传璙为中吴军节度使,领苏、常、润诸州,以挑起我吴越与吴国矛盾,以便唐军征伐江淮时牵制吴军。但唐帝无治理朝政之能,竟连小小有司几个官僚办个玉册金印亦这等拖沓,如此朝廷能有何作为?"遂命传瓘、传璙及众臣仍须贯彻保境安民之策,尤其对杨吴更宜谨慎,尽量避免发生事端。

近年来,吴越边境安宁,国中太平,五谷丰稔,国库充盈,杭州城中百姓安居乐业,百业欣欣向荣。只是这杭州城形似腰鼓,城南部为卧龙山、凤凰山等诸山阻隔,自西湖南部至钱塘江边难以通行,须得东行翻越万菘岭,再沿子城东侧南下,经夹城往西才能到得龙山之南,如此绕行须得一个半时辰,往返极为不便。吴越王遂命传瓘组织兵将修通慈云岭山道,以利市民南北交通。数千兵将劈山开路,挖土修道,取石砌阶,遇水架桥,历经秋、冬、春三季,道路终于修成。北起南屏山东麓,沿小溪南行至莲花峰,登石级而上,曲折盘旋翻越慈云岭,于岭之巅可北望西湖,南望大江。岭上再分为两路,一路继续登高向西南至龙山之巅,一路顺慈云岭南下,两边悬崖峭壁甚是险峻,到得岭下即是钱塘江边平地,直至江边又是繁华街市。由西湖边翻越慈云岭至江边,大约半个多时辰,较之经万菘岭绕行约省一个时辰路程,为此城中百姓额手称颂。又于西关城上建起殿宇,踞高临湖,近看湖中小舟穿梭往来,远望孤山迤逦,葛岭嵯峨,湖平如镜,白堤似练,乃是一幅平静祥和之画卷。于西湖水边新修水阁楼台,城内又起台馆、花楼,从岭上看去,重檐复宇,廊回路转,朱门彩帷,画窗雕栏,又是一派富丽堂皇之景象。岭上则是怪石嶙峋,山路弯弯,树木苍翠,山花烂漫,却是一片旖旎幽静之风光。功成之日,吴越国王亲作《开慈云岭记》镌刻于石壁间:

梁单阏卯年(919)之岁兴建龙山,至涒滩(申年,924)之年开慈云岭。自湖之滨至江之干始有通路,复达龙山之巅。又建西关城宇,台殿水阁。今勒贞珉(刻之于石),用纪年月。甲申岁(924)六月十五日,吴越国王记。

慈云岭即将竣工之时,吴越国王第八子传璙于三月病故,卒年三十八岁。传璙生性仁厚,明敏好学,治理州郡自得政体。居东府(绍兴)时,酷好栽植牡丹,于府山南坡辟园,成丛列树栽植,颜色各异,满园芬芳,置身园中飘然欲醉,世人号传璙为"花精"。累授镇东军亲巡都指挥、土客诸军安抚使、光禄大夫、窦州刺史。奏授金吾卫大将军员外置同正员、检校司空,改明州刺史、余姚侯。其时吴越国王正忙于慈云岭及西关殿宇建设,对八子早逝虽心中伤痛却无暇顾及,乃使人送传(王瞿)生母童夫人前往越州凭吊。

因近年来苏州经济发展迅速,军事地位亦十分重要,吴越国王遂将苏州府一分为二,于嘉禾(嘉兴)置秀州开元府,割华亭(今上海松江)、海盐二县属开元府。

五代十国之

龙腾吴越

（下册）

景星 / 风起 ◎ 著

中国海洋大学出版社

·青岛·

图书在版编目（CIP）数据

五代十国之龙腾吴越／景星，风起著. --青岛：
中国海洋大学出版社，2022.4
ISBN 978-7-5670-3092-3

Ⅰ. ①五… Ⅱ. ①景… ②风… Ⅲ. ①中国历史－吴
越－通俗读物 Ⅳ. ① K243.209

中国版本图书馆 CIP 数据核字（2022）第 010680 号

五代十国之龙腾吴越

WUDAI SHIGUO ZHI LONGTENG WUYUE

出版发行	中国海洋大学出版社	
社　　址	青岛市香港东路 23 号	**邮政编码**　266071
出 版 人	杨立敏	
网　　址	http:// pub. ouc. edu. cn	
电子信箱	184385208@qq. com	
订购电话	0532-82032573（传真）	
责任编辑	付绍瑜	**电　　话**　0532-85902533
印　　制	青岛国彩印刷股份有限公司	
版　　次	2022 年 4 月第 1 版	
印　　次	2022 年 4 月第 1 次印刷	
成品尺寸	170 mm × 240 mm	
印　　张	49.5	
字　　数	820 千	
印　　数	1—500	
审 图 号	GS（2022）3338 号	
定　　价	129.00 元（含上、下两册）	

发现印装质量问题，请致电 0532-58700166，由印刷厂负责调换。

忠懿王钱俶像

吴越国疆域图

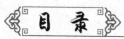

目录
CONTENTS

五代十国之龙腾吴越（下册）

第四十回　拓贸易钱王亲巡明越　促生产官民共觅良谋（一）

自贞明二年（916）吴越国王命于明州筹建船厂制成二十条万斛大船以来，滕彦休先后率领船队多次出使契丹及高丽、百济、鸡林等国，并陆续于杭州、明州、温州等地设置博易务，大力发展海外贸易。同光三年（925）春，吴越国王欲亲往明、越等州实地考察，传璙因父王年事已高，担心经受不住长途跋涉的艰辛乃百般劝阻，钱王执意前往。传璙了解父王脾气，凡事一经决定极难改变，遂将府中事务皆委托宰相杜建徽处置，自己亲自陪同父王考察，并命府僚林鼎、裴坚两人同行。

林鼎，字涣文，福建侯官人。父林无隐，寓居明州，遍游浙东名山大川，曾有诗云"雪消二月江湖阔，花发千山道路香"，诗名遍及浙东，与明州刺史黄晟相交甚厚。林鼎生于明州大隐村，性刚直，素直言，善强记，谙书法，尤得欧、虞笔法，常彻夜读书至天明，所聚图书多由手抄，即使是断章残编乃至蠹蚀书简皆亲自校勘补缀完整，无所厌倦。年长，拜谒吴越王，颇得赏识，遂辟为观察押衙，不久转入传璙幕府，很受器重。传璙曾向父王推荐欲委以重任，钱王不允。裴坚乃由传璙推荐至杭州，留于传璙幕府，亦受赏识。此番吴越国王亲巡越、明等州，传璙一是为父王选配助手，二是欲给二人在父王面前一个显示才能的机会，故命同行。

一行人带了十数名随从由龙山闸口码头登船，过钱塘江，由西兴码头驶入西兴运河，一路向越州而来。钱王与几个年轻人同行，一路谈笑风生，却似年轻了许多。沿途两岸山清水秀，桃红梨白，疏林新绿，麦苗青黛，油菜花黄，芸英姹紫，远近村落散布其间，炊烟袅袅，鸡鸣声声，好一派富裕田园风光，令人陶醉。置身如此美景，林鼎不由得随口吟咏孟浩然诗《渡浙江问舟中人》道：

潮落江平未有风，扁舟共济与君同。时时引领望天末，何处青山是越中。

众人拍掌与之吟和。

到得越州城外，明州刺史钱传珦率领东府臣僚官吏及明州博易务使滕彦休等亲至码头迎接。之前越州军政大事皆由镇东节度副使马绰全权处理，马绰去世后镇东副使之职一直空缺。去年十月，吴越国王奏请唐帝授传璙充任两浙节度使、观察留后，副使人选仍未确定。传珦乃吴越国王十二子，生于龙纪元年（889）十二月，性格严急，处事果断，颇有战功，开平二年（908）十二月娶闽王审知之女为妻，贞明五年（919）五月委为明州刺史，至今已有五年。传琇自恃有战功，又系吴越与闽通好之关键人物，如今治理明州多年也有些成绩，遂自觉有充任镇东节度副使之望，得知父王出巡越、明等州，急忙赶赴越州迎接，又知此番父王出行着重考察海外贸易及相关货物生产情况，因此亦命滕彦休同往越州迎接。

吴越国王见传琇远赴越州迎接自己，心中十分不快，问道："你不在明州好好处理军政事务跑来越州做什么？"传琇本以为此举可讨父王欢心，不料被这一问竟无言以对，传璙在旁连忙插言道："是儿臣命十二弟带彦休前来越州迎候父王。一来我等反正要去明州考察，一路上先由十二弟提前向父王介绍明州情况岂不更好；二来越州如今尚无副使，十二弟前来也便于为我等筹办巡访事宜；三来我们父子兄弟难得相见，如此我们也能多聚些时日。"钱王见传璙为传琇圆场，也就不再说什么，只是告诫传琇道："吾儿尚须以本州军政大事为重，我出巡行止安排自有你七兄随机处置，不必挂牵，明州情况我们自当实地考察，待去明州时再商讨不迟。"传琇见父王如此说，只得唯唯称是。

一行人来到越州府，传璙夫人顾氏携长子仁俊、次子仁俨、三子仁泽一一拜见父王、王兄、王弟。传璙乃吴越国王第八子，生于光启三年（887）十二月十八日，传璙生于同年十一月十二日，传琇生于龙纪元年（889）十二月七日，传璙仅比传璙小三十六天，比传琇亦只大两岁，兄弟们自幼一起玩耍，感情颇深。传璙与马氏婚后一直无子，传璙遂将三子仁泽过继与传璙，更名为宏侒，因此传璙、传璙情谊更深于其他兄弟。宏侒一直生活于杭州马氏身边，传璙病重之时传璙命其赶赴越州侍奉，如今传璙去世未久，宏侒尚留在顾氏身边未回杭州。亲人相见难免伤心，好在传璙诸子均已长大成人，钱王略感心安，见顾氏悲戚难忍，乃命仁俨、仁泽扶母亲回房歇息，由仁俊陪同众人巡视传璙生前起居、堂舍、公廨等处。只见处处整齐，津津有条，众人见物思亲，难免又是一番叹息。仁俊领众人来到府后龙山南坡一处园中，进得门扉，只见左右两边尽是各色花卉，或新枝勃发，或鲜花争妍，欣欣向荣，春意盎然。穿过花径便是牡丹花圃，只见丛丛列列的牡丹或含苞待放，或蓓蕾初开，满园里粉红、紫黑、深红、洁白、浅绿、鹅黄，各色花蕾犹如张张睡眼初睁、妩媚动人的笑脸。传璙号为众花之精，生前有如此众多花魁为伴，也算得一桩幸事了，想到此众人压抑心情也随之烟消云散。

次日早晨，众人来到越州府署商议巡视安排，吴越国王先开言道："近数年来我吴越国境安宁，水利渐备，农桑丰稔，百业皆兴，因此百姓安居，盗贼绝迹。欲进一步提高百姓生活水平，增加吴越国收入，尚需发展境内外贸易，扩大农工产品销路。滕彦休大人数次率我吴越船队北上契丹、高丽、百济、鸡林等国，为其带去茶叶、丝绸、瓷器、药材及其他诸多地方产品，颇受诸国王公大臣、黎民百姓喜爱,因此诸国皆与我交好,愿意与我通商。若是我吴越扩大船队,改进船只,将来东渡日本、南赴林邑、婆利,西至印度、大食皆更加安全,届时我吴越产品远销海外,较之盛唐时用驼队运输通商更为方便,规模亦扩大许多。本王此番东巡意在考察我吴越与海内外各地发展通商贸易的基本条件和存在问题,与众位大人商讨发展海内外贸易大计。下面先请滕彦休大人介绍历次出使契丹、高丽诸国及我吴越与海外客商贸易情况。"

滕彦休讲述了历次出使情况后说道:"我吴越所产青瓷器皿、吴绫、越绢、紫笋茶、兰雪茶以及铜镜、湖笔、药材、珠宝等土特产品都受各国欢迎,所到之处无不争相购买。诚如大王所言,我吴越若发船队向日本、林邑、婆利、印度、大食等国畅行贸易,必能换回大量所需物品以及奇珍异货,扩大我吴越在海外之影响,使百姓益发富庶,国力日益强盛。就货源而言,丝绸、绫罗产地有越州、湖州、杭州,近年又有苏州等地大量生产,品质上乘,花色鲜艳,为中原诸国所不及,一旦外销通畅,生产必可很快发展,货源自然无虞。烧制青瓷窑业大多集中于东小江(曹娥江)、余姚江以北近海地区,因各地瓷土土质差异、烧制技艺高下不同,各地产品品质参差不齐。虽然瓷窑数量颇多,然能烧制高品质瓷器者甚少,大多集中于慈溪周边,而且窑艺复杂难以把握,即使上等瓷窑亦只能烧得少量精品,欲大量外销,尚需提高窑工技艺,增加精品产量,方能保证货源。我吴越茶业以湖州长城(长兴)顾诸紫笋茶最受欢迎,但产量有限,恐不能满足大量外销;杭州径山茶、龙泉茶品质上乘,产量亦甚少;越州有龙山瑞草茶,产量亦少;只有日铸雪芽茶产于日铸岭周边广阔山区,西起平水江两岸,东至东小江边,因此产量甚丰,若供外销,取之不竭,但茶味重浊不柔,有金石之气,其品质在上述诸茶之下,制茶工艺尚待改进。海上航行向北至鸡林、高丽、契丹等地数日即可到达,必要时还可中途停靠登州、海州暂避风浪或补给淡水、粮食,因此船中无需装载太多补给。若航行至南海、西海诸国,则需航行万里乃至数万里,沿途附近多无陆岸岛屿,往往十数日乃至数十日不能补充淡水、粮草,船上务需多装多载方可出行。船队于南海航行,海深浪大,风暴莫测,风险远高于东海、北海,非有大船不可冒然而行,行至西海,更是水深莫测,多有狂风恶浪突然袭来,小船极难招架,因此发展海外贸易尚须建造更大海船方可乘风破浪、万里远航。"

吴越国王听得十分专注,时而捋须沉思,时而微微点头,见彦休说完便道:"滕大人所言诸行业现状及存在问题乃是本次考察主要内容,考察完毕大家一并商定对策,力求改善。建造巨型海船之事待到明州考察之后再行商定,考察路线就请滕大人提出初步意见,以便通知各地早做准备。"

彦休道:"大王可先在越州周边地区考察,随后可乘舟东行至东小江,过江后进入姚江，再东行直达明州，沿途各处随时可登岸考察。"

裴坚连忙道："听滕大人所言，从若耶溪（平水江）至东小江盛产'双芽茶'，而且东小江中下游多有瓷窑，我等不妨泛舟若耶溪而上，至平水登岸东行，考察'双芽茶'采摘、炒制情况，至东小江再考察越窑青瓷技艺，然后顺东小江而下，至上虞转入姚江东行，如此可考察得深入完整，岂不更好？"

林鼎亦附和道："裴大人之意甚好，如此安排可考察得更全面。剡溪乃历代诗人向往游历之所，小舜江边又有舜王庙可一睹舜王风采，我等在寻访之余顺便游览诸处亦可怡情悦性，消解路途劳顿，一举两得。"

传璙担心父王年高经不起翻山越岭，连忙阻止道："越州东南山高路险，而且如此绕行需多行数百里，不去也罢，命当地官员来越州共同会商也就是了。"传珦亦赞同传璙意见。

吴越王听裴坚、林鼎所言心中早已有数，年轻人想多看看越州山水，自己也难得与年轻人同行，因此欣然同意道："裴坚、林鼎意见甚合本王之意，虽然绕行数百里，却多巡视许多地方，考察制茶、烧瓷更为全面，登岸之后本王乘马而行谅也无妨，尔等无须挂牵。"传璙见父王态度坚决也就不再多言，命人分赴各地安排。

在滕彦休带领下，众人首先考察几处织场情况。吴越王向各织场场主详细询问了蚕茧收购、蚕丝质量、织造技巧、日织匹数、绫绢销路、经营利润等等问题，大多场主反映茧丝进货、织造进度皆无难处，唯产品销售因近年来各地产量大增，竞争激烈，年年大伤脑筋，往往产品积压或者互相压价抛售。织工们平日里亦曾听说过吴越王亲负城砖修杭城、箭压怒潮筑海塘、还乡作歌宴父老、整治水利兴农桑等等传说，如今见钱王亲临织场，人人心情激动，纷纷围拢过来，七嘴八舌抢答钱王问题。织工们说到激动处难免声高激昂，语失伦次，钱王即命人递过茶水，让其喝过之后稍稍安定再继续诉说；亦有人说到伤心处，难免捶胸顿足，泣不成声，钱王又命人递过面巾好生安慰，待情绪平复再继续诉说。众人所述问题最为集中者乃是工酬太低，难以安家养老，一旦受伤得病，却又得不到补偿，全家受饥挨饿，十分凄惨。吴越王对众人说道："本王此番东巡正是要兴建大型船队，大力发展海外贸易，将我吴越生产的丝绸绫绢、茗茶越瓷、名贵特产远销海外。本王已命这位市舶司滕彦休大人专门主持此事，一旦海运外贸成功，我吴越产品自可畅销无虞，届时按质论价，只要尔等生产出上等货色，自可讨得好价钱。到那时生意兴隆挣了大钱，本王请各位场主务必安抚好本场织工，提高工酬，补偿伤病，使织工无后顾之忧，安心缫丝，提高产量。"众人听了拍手叫好，欢声雷动。

当晚回府，吴越王即命同行诸臣议论考察情况，滕彦休首先说道："虽然各地生产方法差异不大,然产品却数杭州'柿蒂绫'最负盛名,前朝杭州刺史白居易在《杭州春望》诗中赞道'红袖织绫夸柿蒂,青旗沽酒趁梨花',并言以杭州所出柿蒂花者尤佳,乃是唐代绫绢之上品,有'天下为冠'之盛誉。'柿蒂绫'乃历年宫廷之贡品,薄如蝉翼,花若柿蒂,明如轻雾,光彩明丽,多为中原及诸国王公大臣所钟爱。"钱王道:"越州、湖州至杭州不足百里,既然杭州技艺略高一筹,何不组织三地织工互相切磋技艺,共同提高呢?"滕彦休道:"如今连年粮食丰收,多数庄户大兴植桑养蚕,近年来丝绸、绫罗产量大增,尤以苏州增长最快,我吴越境内早已自给有余,需大量远销境外方得产销平衡,而欲大量外销须得品质上乘,花色新颖,色彩亮丽,才能与诸国产品竞争,于当今剧烈竞争之际,谁都不愿将自身特色绝技传授他人。"吴越王道:"本王此番东巡正是为了发展海外贸易,使我吴越产品远销海外,提高产品品质乃是保证畅销之重要环节,为此若由杭州织造署总督此事,以优厚俸禄调集各地名师巧手专门至各地传授技艺,普遍提高我吴越织造水平,使产品满足外销,你们以为如何?"众人皆频频点头赞同。传瓘道:"请父王放心,此事由儿臣命人办理就是。"

丝绸考察结束,吴越国王对众人道:"越州酿酒历史悠久,所酿醪酒名冠天下,文人雅士、武将勇夫、村夫野叟、行商巨贾无不喜好,我等既来越州不可不访。"众人多是文人雅士,平素每日里皆离不了酒,以此吴越国王一提起考察越州醪酒,顿时兴奋活跃,滔滔不绝谈论起来。

林鼎道:"越州酿酒早已盛行。禹王治水时曾来到越州,身边有一臣子名仪狄,见大禹治水十分辛苦,成天浸泡于泥水之中,凿石掘泥不止,已瘦得大腿无肉,小腿无毛,腰身佝偻,眼窝深陷,实在于心不忍,便从民间换得一壶米酿水酒献于禹王。禹王正值舌干口燥之时,便大口喝将起来,只觉得甘美无比,顿觉兴奋,力量倍增,便一饮而尽,谁知兴奋之后便沉沉睡了过去,待到一觉醒来已是红日西沉。禹王甚是懊悔,对仪狄道'此物误我治水大事,以后切莫再带入营中',又明令诸臣白天不得饮酒,以免误事。待到治水大功告成之时,禹王乃大会诸侯于苗山(会稽山),赏赐功臣,封赠贤德,各地首领皆如期而至,唯有汪芒首领防风氏终日饮酒抗命迟到,禹王怒责,防风氏竟仗着酒劲顶撞,遂遭斩首。禹王故事充分说明我越州早在三千年前酿酒之风已颇盛行。"

传瓘见林鼎津津乐道,滔滔不绝,亦来了兴趣,插言道:"禹王的裔孙越王勾践却比禹王棋高一筹。勾践'十年生聚,十年教训'之后,趁吴王夫差率兵北上争霸之机集越中兵力誓师伐吴。父老乡亲早盼此日到来,纷纷献上醪酒为越王壮行。越王曾亲见吴王饮酒无度,常常误事,而此刻乃是越国复仇之最佳时机,怎可饮酒误事,又不忍拒绝父老乡亲的美意,遂命将醪酒统统倾倒于路边河中,请全军将士与送行百姓共饮河中酒水。此举不仅免却了饮酒误事之隐患，更大大振奋了军情，赢得了民心，可谓聪明。为纪念此举，越人呼此河为'投醪河'或'荡师泽'。"

裴坚道："酒于君王、于将帅宜节制少用，不可狂饮滥用，于文人墨客却是另一番情形。晋代名流王羲之、谢安、孙绰等四十一人各带了书僮奴仆、美酒墨宝雅聚，会诗于兰渚山下，众人席地散坐于曲水两旁，羽觞盛酒，任水流漂浮而下，飘过谁处，谁即吟诗一首，若即时吟不得诗，须喝下此酒。面对锦山秀岭、修竹茂林、烂漫山花、青天浮云，伴随着鸟嘤蝶舞、泉鸣流清，已经令人陶醉，更携众多文友雅客共饮清酿，吟诗和唱，浮想联翩，雅俗共赏，无拘无束，无尊无卑，岂不胜过王母蟠桃盛会，帝王盛宴大典，好不畅快淋漓。唐时越州鉴湖之名在杭州西湖之上，名人雅士多来越州赏玩。永兴诗人贺知章自号四明狂客，老年还乡，遍游越州名胜后叹道：'醉后属辞，动成卷轴，文不加点，咸有可观。'诗仙李白曾泛舟鉴湖，畅饮美酒，抒情吟咏道：'镜湖水如月，耶溪女如雪。'诗圣杜甫亦曾畅游鉴湖，边品赏佳酿美景，边叹道：'越女天下白，鉴湖五月凉。'足见酒与诗早已难分难离。尤其李白之诗'李白斗酒诗百篇，长安市上酒家眠。天子呼来不上船，自称臣是酒中仙'流传以来，越中酒肆更是题写'太白遗风'，以示酒与文化之亲。"

众文人高谈阔论越州酒文化之时，吴越国王钱镠、市舶司使滕彦休及众官僚却更加关注各酒坊的酿造技艺、酒品高下、经营盛衰、获利多寡诸等实际问题，每到一处必详细询问，不知不觉间已走访了七八家酒坊，各家情形基本大同小异。滕彦休对吴越国王道："越州醪酒名冠吴越大约始于汉时马太守建成鉴湖之后，之所以受人青睐乃得益于鉴湖之水，曾有人于外地用相同之米、相同酒母、同样技艺，却未用当地之水，酿得之酒品质远不如越州醪酒。从此文人墨客纷纷前来品酒赏景，吟诗会友，益发推进了越州酿酒业发展。如今粮食连年丰稔，几乎家家都有余粮，各家各户多自酿醪酒饮用，酿酒作坊之酒往往只得运往外地销售，这反而促使越州醪酒畅销于周边诸国。"吴越国王问道："可否再扩大销售地域？"彦休道："销售地区越远，贩运费用越高，途中酒坛破损亦多，成本居高不下，与当地自酿之酒恐怕难以竞争了。而且一坛酒体量虽大却喝不了几次，其价值远不如丝绸、茶叶、瓷器、药材等物，因此不宜远销。"众人说笑之间回到府中。

次日，吴越国王率领众臣僚专程赴禹陵瞻拜。当年禹王治水大功告成之后即于会稽山大会天下诸侯，稽功封赏，不久却因积劳成疾而驾崩长辞，家人遵遗嘱将其薄葬于会稽山下，"仅衣裘三领，桐棺三寸（10厘米），穿圹（墓穴）七尺（2.3米），下无及泉，坟高三尺"而已。后人曾于陵侧立庙，后圮，南朝梁大同十一年（545）重建，塑有禹王像。

禹陵位于越州城东南十余里处，吴越国王一行人策马款款行来，只见远处早有许多乡人仵立路旁焚香迎接，众人连忙翻身下马步行向前，躬身问候。原来禹王六世孙少康为守护禹王陵庙，封庶子无余至此结庐陵侧，岁时祭扫，至今已繁衍百代，于禹池旁侧形成姒姓村落。今闻吴越国王亲临祭拜，全村老幼在族长里正带领下出村远迎。吴越国王一行人趋步向前，先与众乡亲见礼，再由族长里正陪同进禹陵瞻拜。进得辕门，只见禹庙依山而建，自南至北依次建有午门、拜厅，最后是正殿，逐进升高，气势恢宏。正殿正中塑有大禹立像，眼神凝重，平视前方，永远关注着九州大地百姓忧患，不禁令人肃然起敬。众臣僚进正殿祭拜，禹王后裔于殿外陪祭。吴越国王亲自颂读祭文，盛赞禹王治理洪水之丰功，建立朝代之伟业，声若洪钟，铿锵有力，余音绕梁，回声和鸣，却似众人向禹王宣誓，秉承禹王治水兴邦、富民强国之志。

祭毕，众人来到村中走访村民，详细询问村民们生产生活情况，以及姒姓族人繁衍变迁历史、禹王陵庙维护修葺现状等等。原来历代朝廷对禹王庙多有封赐，所赐田园由姒姓族人耕耘，每年交纳租谷用于修缮陵庙，祭祀先祖，永续香火，因此自夏至今虽已三千年，且其间历经吴越争霸、历代战祸，村中百姓常有流失，然至今村中姒姓族人尚存数百户，使得禹庙得以延续至今，游人香客络绎不绝。唐末以来数十年间，越地战乱不休，民生凋敝，现如今禹王陵庙已有多处破败，吴越国王命传瓘道："回杭州之后命人尽快筹集资金，调集工匠，修整禹王陵庙。禹王不仅尽毕生精力亲率百姓治理黄、淮大江诸水，使万民免除水患，还是我中华建国立朝之祖，我炎黄子孙必须永远铭记崇拜，因此必须保持禹王庙面貌常新，永受万民香火。"姒姓族长率领族人叩谢道："大王恩德泽被吴越，万民敬仰，我祖禹王虽力治黄淮大江，使国人免遭洪涝之灾，怎及大王处乱世兴兵保境，守吴越一方安宁。如今天下争战炽烈，衅祸叠起，好端端天下被搅得天昏地荒，生灵涂炭，百姓流离，百业凋敝，唯我吴越犹如中流砥柱，任凭狂风恶浪我自安如磐石。大王调军民建东钱湖，发库银疏浚鉴湖，射怒潮筑捍海石塘，开诸河泄太湖潴水，垦荒滩大兴农桑，轻赋税百业兴旺，实乃造福万民，使百姓得以安居乐业之善举。如今大王亲临禹王庙祭拜先祖，盛赞禹王之功德，又命筹资修整陵庙，足见大王崇效先贤之志，敬天修德之愿，实乃吴越百姓之幸，更是我姒姓族人之幸。"吴越国王连忙扶起族长，对众乡亲道："钱镠何德何能，怎可与禹王相提并论？只是受历代皇帝封赐受命管辖吴越之地而已，钱某岂敢有负皇恩，辜负了父老乡亲的厚望。"临别时吴越国王又吩咐越州掌书记仍免除禹陵庙产税赋，耕耘所得悉由姒姓族人处置。

回府途中吴越国王对传瓘道："姒姓族人因守禹庙聚族而居，和睦共处，延续百代后继有人，而禹庙因族中人丁兴旺得以世代相传，香火不绝，庙貌常新，实为禹王之幸，族人之幸。"传璠道："父王说的极是，更有孔夫子后人为其建立孔庙，孔氏族人于庙旁聚族而居，世代嫡系相传，又得历代皇帝尊为万世师表，以此香火鼎盛，尤为文人所敬仰。"吴越国王道："历代皇帝皆于宫中建有太庙，却往往因后代不肖、荒淫无度而朝政旁落，为奸佞所乘，以致社稷不保，宗庙被毁，甚至子孙灭绝，香火不存，可悲可叹！不如以姒姓族人为鉴，于外地立庙，聚族而居，可保后裔平安。"传璠道："父王说的极是，值得后世王家效仿。"

说话之间已来到丽正书院，这亦是吴越国王欲重点考察之地。钱王深知吴越今后发展若无大批有识之士，经略良才，必将步履艰难。数十年来，华夏大地战乱迭起，民生凋敝，吴越境中科举不畅，书院旷达，钱王曾多次与传懿、传璙、传璠等兄弟议论培养发现人才问题，却终因中原丧乱，仕途不通，学院停废，一时间竟无从抓起，因此人才日益紧缺。钱王不得已只好任命诸子担任要职，如今半数以上刺史之职皆由诸公子担任，虽然周边诸国情形亦大抵如此，甚至广纳养子以为己用，但终非长远之计，归根结底还须立足于发展文化教育，为此，吴越国王此行刻意要考察各地书院状况，以求对策。

越州丽正书院建成于唐开元十一年（723），至今已二百余年，乃是浙东首席书院，当时曾名噪两浙，人才辈出。吴越国王一行人来到书院前街时，只见院墙高峻，隐壁尚存，再往后走，便是师生宿舍，原有二十余栋楼，现在尚有十余栋，院内前后两口水井仍然水澈清冽，犹如两位旧仆，热切盼望着新主的到来。面对如此境况，众人皆摇头叹息，吴越国王道："此乃老夫之过，若是当年平定董昌之后立即命人修葺，妥善管理，何至颓败到如此地步！"传璠道："父王不必自责，当年董昌之乱虽平，后来又有徐绾、许再思之乱，而杨吴亦始终对我吴越虎视眈眈，边境冲突不断，直到贞明五年（919）狼山江一战之后两国才真正实现边境安宁。近几年来，父王又忙于兴修水利、扶植农桑、振兴百业、发展海贸等等诸事，百姓收入增加，生活改善，遂有学文兴教的需求，因此如今抓紧兴教倡学正当其时。请父王放心，儿臣回宫之后立即命人专门督办兴教倡学之事，以振兴我吴越文化。"

回到府中稍事歇息，吴越国王即与众人商议明日考察越州茶业之事。滕彦休先开言道："我吴越茶叶首推湖州顾渚紫笋茶，唐贞元（804）以后每岁进贡朝廷，'役工三万余人，累月方毕'，号称天下一绝，年产万余斤。睦州鸠坑细茶亦有进贡，但两地所产除去进贡及自用，所剩不多，且交通不便，不能大量供应海外。余杭径山茶由径山寺僧法钦和尚始植，后为村民广植，今亦颇有名气，但产量甚少。越州有龙山瑞草，煮成茶水，其色清澈，其味甘冽，盈室芳香，沁人心脾，人称

'卧龙茶冠于吴越'，可惜只产于城南龙山一地，产量甚少，不足以出海贸易。州城东南五十五里，于平水之东，会稽与瞻县（嵊县）、上虞三地交界处有日铸岭，相传乃欧冶子为越王勾践铸剑之地，该地出产之双芽茶被称之为日铸雪芽茶。日铸岭东依四明山，西连会稽山，山上树高林密，东小江、小舜江、若耶江自南而北穿流其间，四季雨水充沛，而且地域广阔，皆属丘陵，地势高亢，云遮雾绕，颇宜茶叶生长，以此满山遍野皆僻茶园，产茶颇丰，然其茶味较之紫筍稍显重浊，又略苦涩，因此其名不扬。"传瓘道："既如此，何不请越州龙山、湖州顾渚等地茶农前往日铸岭茶山中传授种茶经验？"彦休道："此事恐非请来几个茶农就能解决，可能与当地水土气候条件亦有关系，再说茶质好坏不单与茶树有关，茶叶焙制技艺亦十分重要，欲改进日铸雪芽茶，尚须邀请茶业名士共同商讨才是。"

　　吴越国王道："此事待考察之后再议论不迟，如今先商定明日行程路线、考察地点诸等事情，便于命人安排。"裴坚道："越州去日铸当先乘舟逆若耶江而上，南至平水，再登岸由陆路东行。今日恰逢望日，月儿正圆，又值天气晴朗，正是赏月佳期，何不就于今日傍晚上船，在船中晚餐，趁月明之夜边行船边餐饮，边赏月边观景，既赶了路程又舒情悦性，消解连日劳累，何乐而不为？到得平水歇息一宿，次日一早即可前往日铸。"裴坚此议众人无不赞同。

　　钱王难得与众多年轻文人游赏山水，尤其身临如画美景之中更是喜悦，遂道："自从晋时王羲之四十余人于兰亭曲水流觞，饮酒赋诗，写下名噪天下的《兰亭序》，一时间会稽鉴湖之兰亭誉满九州，各地文人慕名纷至沓来。又有谢灵运将当时已广为流传的五言诗体运用于吟咏浙东的秀美山水，之后逐渐形成山水诗派。为了欣赏剡县天姥山壮丽风光（时新昌属剡县），谢灵运亲率家丁数百人，伐木开径，劈山修道，脚蹬木屐，登上天姥山。王羲之、竺道潜、白道猷等十数位名士亦曾由越州出发登天姥山游览。又有智者大师于天台山创立天台宗，后至剡县新昌大佛寺讲经，圆寂于寺中。自此各地文人墨客、高士名流纷纷追慕魏晋遗风寻踪访迹而来，李白、杜甫、白居易、王维、骆宾王、贺知章、颜真卿、孟浩然、崔颢、朱放等诗人雅士纷至沓来，大多由杭州乘船来越州，游赏之后再乘船至上虞，逆东小江而上进入剡溪，游完剡溪登天姥山，再南行登天台山，一路游赏一路吟咏，又不乏越州醪酒相伴，抒情悦性好不畅快。前朝诗人循着这一路线来浙东游历，赏景赋诗，竟有数百人之多，尤其近数十年间，北方战乱不休，多有文人高士纷纷来吴越避乱，或在浙东隐居。今番考察，我等先乘船至平水镇，明日东行至日铸察访雪芽茶生产情况，然后再乘船顺东小江而下，经上虞、余饶考察青瓷生产情况，最后至明州考察大型海船制造及船阜修筑情况。诸事处理完毕，此行政务大功告成，若国中无有急务，我等或可由明州南下，经奉化之雪窦山转去剡县太姥山，再由剡溪入东小江返回杭州，如此我等即可尽游前朝诗人游历之路，亦可寻访隐居这一带的高人隐士。"众人闻言立时满堂欢呼起来，传瓘见父王及众人都同意夜行，便命人下去安排。

吴越国王吩咐明州刺史传珦先行回明州提前准备众人赴明州考察有关事务，又命人唤来八媳顾氏及仁俊、仁俨、仁泽诸孙与传瓘、传珦话别，最后对顾氏道："若遇到不顺心事或想念杭州，可随时回杭州来，有甚愿望亦可命人前来禀告，为父尽力相助。"事先传瓘已与父王及有关臣僚商定，权命仁俊为镇东军指挥使，仍居传瓘治所，以此传瓘不免谆谆嘱咐仁俊："诸事务须谦虚谨慎，尊重同僚，勤于军政要务，身体力行，遇有为难之事随时遣人禀报。"传瓘又吩咐仁泽道："你仍留在越州照顾好你母亲，与二位兄长和睦相处，你还年幼，须用心修学。"

叙完话已是红日西斜，诸事皆已准备停当，只等出发，顾夫人遂携诸子向父王及兄弟拜别。

第四十一回　拓贸易钱王亲巡明越　促生产官民共觅良谋（二）

傍晚，吴越国王一行人告别越州府来到船埠头，这里早已备下两条小型官船，传瓘、林鼎、裴坚、滕彦休及几个随行下人随钱王登上前船，其余人员于后船随行。若耶溪又名浣纱溪（今名平水江），乃是越州境中汇入鉴湖的一条主要溪流，因发源于若耶山而得名，全长约四十余里，上流滩多水浅不便行舟，仅小型船只可通达平水镇，故众人只能乘小型官船缓缓而行。

官船驶离埠头航行于鉴湖之中，只见红日西沉，隐现于紫霞暮霭之间，透过云霞金光四射，湖面波光闪闪，于万顷明波中间漂浮出一条金光璨璨大道，直通天际红日。前面炉峰巍峨，峰巅紫烟蒸腾，山腰炊烟缭绕，远近轻舟舫船飘忽于金波之间，不时传来唱晚渔歌，数只水鸟被船棹惊起，飞向夕阳，好一幅安宁祥和画卷。

船上众人渐渐沉醉于崇山秀水之中，思绪万千，浮想联翩，只听得有人低声吟道：

湖上微风入槛凉，翻翻菱荇满回塘。野船著岸偎春草，水鸟带波飞夕阳。

此乃唐代诗人朱庆余的诗，众人回头看时却是林鼎在吟咏。裴坚亦按捺不住，接着吟道：

芦叶有声疑雾雨，浪花无际似潇湘。飘然篷艇东归客，尽日相看忆楚乡。

众人纷纷拍手相和。

见气氛热烈，林鼎遂提议道："难得今宵如此雅兴，不若仿效古贤曲水流觞故事，我四人依序轮流吟咏唐人诗作，须符合所临景物情趣，还须说明诗人姓名、身份。众人以箸击桌计时，击过三十次而未能续咏者罚酒一觞，诸位大人以为如何？"裴坚附和道："此意甚好。凡是吟咏有错处，或是作者姓名、身份有错，亦罚酒一觞，就请大王监酒行令。"众人领会林鼎、裴坚之意，吴越国王既位尊又年高，一旦遭遇罚酒不免尴尬，遂异口同声赞成。钱王连忙道："由本王监酒行令可以，但大家既同船游赏，同坐吟诗，本王自然不可例外，须与列位大人同饮同乐才是。"众人见钱王执意与大家一起吟咏，也就不再坚持，并请钱王起首。

钱王抬头巡视湖面及香炉峰景色，只见不远处有东汉太守马臻庙于夕阳照射下分外璀璨耀眼，四周原野麦苗翠绿，菜花金黄，欣欣向荣，脑海中即刻浮现出一首好诗，遂眼望鉴湖，手捋银须，动情地吟唱起来：

广水遥堤利物功，因思太守惠无穷。自从版筑兴农隙，长与耕耘致岁丰。

涨接星津流荡漾，宽浮云岫动虚空。想当战国开时有，范蠡扁舟祗此中。

吟罢说道："此乃晚唐诗人李频所作。李频，字德新，睦州寿昌人，进士及第，官至侍御史、建州刺史。此诗乃有感于东汉太守筑堤修镜湖永惠越州百姓之功德而作，今日我等游湖，自当缅怀先贤之功。"众人皆拍手叫好，诗意与眼前景物十分贴切。

下首是林鼎，早已成竹在胸，只见他抑扬顿挫吟道：

越水绕碧山，周回数千里。乃是天镜中，分明画相似。

爱此从冥搜，永怀临湍游。一为沧波客，十见红蕖秋。

观涛壮天险，望海令人愁。路逶迤西照，岁晚悲东流。

何必探禹穴，逝将归蓬丘。不然五湖上，亦可乘扁舟。

"此乃诗仙李白所作《越中怀秋》。李白，字太白，生于安西都护府之条支都督府，曾应诏长安，供奉翰林之职，离京后遍游黄河、长江各地，写下无数诗篇，或气势磅礴，或清新典雅，为后人称颂。"众人亦拍手称好，又道诗中所写乃是秋景，不切当前春景，理当罚酒，林鼎遂笑着自罚一觞，船中气氛顿时热闹起来。

依次轮到传瓘，只见传瓘干咳两声，清了清嗓子吟道：

稽山罢雾郁嵯峨，镜水无风也自波。莫言春度芳菲尽，别有中流采芰荷。

"此乃越州永兴（今肖山）人贺知章所作《采莲曲》。知章字季真，自号四明狂客，性情豪放豁达，证圣间（武则天）进士，官至太子宾客、秘书监。"众人亦拍手称道，诗意尚且贴切。

接下来乃滕彦休，只见不远处龟山、龙山、兰渚山散处于鉴湖之南，会稽山下亭台殿阁隐现于岸柳松柏之间，便顺口吟道：

镜湖流水漾清波，狂客归舟逸兴多。山阴道士如相见，应写黄庭换白鹅。

"这也是诗仙李白所作，题名《送贺宾客归越》，李白生平事迹就不再重复了。"

再下来便轮到裴坚，只见龟山漂浮于鉴湖之中，形如老龟，缓缓向湖中游来，山上长满苍翠林木，犹如龟背上长满青葱绿毛，山上有永安寺，乃元稹所建，裴坚乃吟道：

一峰凝黛当明镜，十仞乔松倚翠屏。秋月满时侵兔魄，素波摇处动龟形。

旧深崖谷藏仙岛，新结楼台起佛局。不学大蛟凭水怪，等闲雪雨害生灵。

"此乃润州无锡人李绅所作。李绅字公垂，因生得短小粗壮，号为矮李，于诗颇有名，曾历任中书舍人、御史中丞、户部侍郎，太和中曾任浙东观察使。"众人听了纷纷叫好。

第一轮完毕，又回到钱王，只见钱王朗朗吟道：

日觉耳目胜，我来山水州。蓬瀛若仿佛，田野如泛浮。

碧嶂几千绕，清泉万馀流。莫穷合沓步，孰尽派别游。

越水净难污，越天阴易收。气鲜无隐物，目视远更周。

举俗媚葱蒨，连冬撷芳柔。菱湖有馀翠，茗圃无荒畴。

赏异忽已远，探奇诚淹留。永言终南色，去矣销人忧。

"这是湖州武康人孟郊所做。孟郊，字东野，少时隐于嵩山，年五十得进士第，曾任溧阳县尉、河南水陆转运从事，长于五言诗。"众人鼓掌通过。

轮到林鼎，高声吟咏道：

澄霁晚流阔，微风吹绿蘋。鳞鳞远峰见，淡淡平湖春。

芳草日堪把，白云心所亲。何时可为乐，梦里东山人。

"此乃东川（四川三台县）人李欣所作《寄镜湖朱处士》。李欣乃开元年间进士，曾任新乡尉，晚年归故园隐居。"众人亦鼓掌通过。

又轮到传瓘，此时船已行至鉴湖之南，只见湖水清澈见底，水中游鱼自由自在穿梭于水草之间，传瓘触景生情，吟道：

试览镜湖物，中流见底清。不知鲈鱼味，但识鸥鸟情。

帆得樵风送，春逢谷雨晴。将探夏禹穴，稍背越王城。

府掾有包子，文章推贺生。沧浪醉后唱，因此寄同声。

"这是襄阳人孟浩然所作《与崔二十一游镜湖，寄包、贺二公》。孟浩然曾长时间隐居于故乡鹿门山，或漫游于吴、越、湘、闽等地，其诗五言居多，颇负盛名。"众人同声叫好。

滕彦休只顾赏景品诗，不知不觉已轮到自己，一时发慌，便应口匆匆吟道：

……视听日澄澈，声光坐连绵。

晴湖泻峰嶂，翠浪多萍藓。何以逞高志，为君吟秋天。

"这是孟郊所作《春集越州皇甫秀才山亭》，作者生平大王已经说过。"众人嚷嚷道："此诗写的是秋景，不合当前时令。""咏的不够完整，前面少咏了几句。"……滕彦休只好自罚一觞。

众人游赏吟咏，说说笑笑之间船已悄然驶入若耶溪，红日没入群山之中，天际泛起连片晚霞，与两岸桃花相映分外红艳，裴坚触景生情，深情吟道：

春溪缭绕出无穷，两岸桃花正好风。恰是扁舟堪入处，鸳鸯飞起碧流中。

"此乃越州人朱庆余所作，作者生平前已叙述，不再重复了。"众人皆以为诗意与情景甚是贴切。

轻舟南行，两岸茂林修竹十分清幽，林间不时鸟鸣啾啾，增显勃勃生机，钱王借景吟道：

乘兴入幽栖，舟行日向低。岩花候冬发，谷鸟作春啼。

沓嶂开天小，丛篁夹路迷。犹闻可怜处，更在若邪溪。

"此乃虢州弘农人宋之问所作《泛镜湖南溪》。宋之问，字延清，又字少连，高宗时进士，曾任鸿胪寺主簿，后贬越州长史，玄宗时赐死，对律诗形式的形成有一定作用。"众人同声叫好，诗意正合此情此景。

迎面一轻舟顺流飘来，一渔翁独坐船头专心垂钓，岸边有三两妇女洗涤衣裳，只见林鼎抑扬吟道：

落景余清辉，轻桡弄溪渚。泓澄爱水物，临泛何容与。

白首垂钓翁，新妆浣纱女。相看似相识，脉脉不得语。

"这是襄阳孟浩然所作《耶溪泛舟》，作者生平已如前面所说。"此诗此景恰相对应，十分贴切，众人连声叫好。

接着便是传瓛，恰有一行白鹭呱呱鸣叫飞归丛林，便顺口吟道：

曲渚回花舫，生衣卧向风。鸟飞溪色里，人语棹声中。

余卉才分影，新蒲自作丛。前湾更幽绝，虽浅去犹通。

"此乃朱庆余所作《泛溪》诗，作者简历已有介绍，不必重述。"众人亦拍手通过。

接下来是滕彦休，只见岸边有三五妇女边嬉笑言谈边洗衣裳，便吟道：

玉面耶溪女，青娥红粉妆。一双金齿屐，两足白如霜。

"这是诗仙李白的《浣纱石上女》。"林鼎道："《浣纱石上女》与岸边洗衣女倒也情景融合贴切。"

众人一边赏景，一边吟唱，一边畅饮，不知不觉间舟船已临近平水镇，只见会稽山临溪矗立，丛林深幽，裴坚见此情景放声吟道：

轻舟去何疾，已到云林境。起坐鱼鸟间，动摇山水影。

岩中响自答，溪里言弥静。事事令人幽，停桡向馀景。

"此乃汴州人崔颢所作《入若耶溪》。崔颢，开元十一年登进士第，有俊才，累官尚书司勋员外郎。"传瓛道："此境林幽山静，溪明云低，犬吠鸡鸣，鱼潜鸟飞，恰似世外桃源，诗中充分描述了景中动情静趣，令人怡然自得。"

船及平水镇，只见溪边不远处的疏林修竹间农舍鳞次栉比，薄雾轻烟下农人轻歌归家，钱王即景吟道：

结庐若耶里，左右若耶水。无日不钓鱼，有时向城市。

溪中水流急，渡口水流宽。每得樵风便，往来殊不难。

一川草长绿，四时那得辨。短褐衣妻儿，馀粮及鸡犬。

日暮鸟雀稀,稚子呼牛归。住处无邻里,柴门独掩扉。

"此系河东人王缙所作《泛若耶溪》。王缙,字夏卿,乃王维之弟,兄弟二人早以文翰著称,累授侍御史、武部员外。安禄山之乱时,选任太原少尹,与李光弼同守太原。广德年间拜黄门侍郎、同平章事,后拜门下侍郎、知政事,再后除太子宾客,分司东都。"众人皆拍手叫好,诗意贴切。

此时舟船已过平水镇继续划向若耶溪而来。这若耶溪位于会稽山香炉峰之南,香炉峰南麓有云门山,山弯丛林之间星散错落着云门、广孝、显圣、雍熙、普济、明觉六座寺院,其中以云门寺最为有名,是唐代胜景之一。此时在云门山麓林梢之上已隐隐望见云门寺大殿殿顶,飞檐挑角,十分宏伟壮丽,林鼎款款吟道:

云门若耶里,泛鹢路才通。夤缘绿筱岸,遂得青莲宫。天香众壑满,夜梵前山空。

漾漾潭际月,飚飚杉上风。兹焉多嘉遁,数子今莫同。凤归慨处士,鹿化闻仙公。

樵路郑州北,举井阿岩东。永夜岂云寐,曙华忽葱茏。谷鸟啭尚涩,源桃惊未红。

再来期春暮,当造林端穷。庶几踪谢客,开山投剡中。

"此系宋之问所作《宿云门寺》,作者前已介绍过。"众人听完亦叫好通过。

传瓘听罢林鼎吟《宿云门寺》,便接着吟咏宋之问的另一首诗,道:

维舟探静域,作礼事尊经。投迹一萧散,为心自杳冥。龛依大禹穴,楼倚少微星。

沓嶂围兰若,回溪抱竹庭。觉花涂砌白,甘露洗山青。雁塔骞金地,虹桥转翠屏。

人天宵现景,神鬼昼潜形。理胜常虚寂,缘空自感灵。入禅从鸽绕,说法有龙听。

劫累终期灭,尘躬且未宁。摇摇不安寐,待月咏岩扃。

"此亦是宋之问所作《游云门寺》。"众人听了亦称好通过。

接下来滕彦休吟咏道:

十峰游罢古招提,路入云门峻似梯。秀气渐分秦望岭,寒声犹入若耶溪。

彦休吟罢却怎么也想不起作者是谁,正发急间船已靠岸,遂嚷嚷着要下船去。众人不依不饶,定要罚了酒才得下船,钱王道:"既然船已泊岸,列位大人不妨各饮一觞,以表今夕郊游尽兴之意。"

下得船来,众人沿卵石小路漫步向云门寺走去,寺中僧众已于山门外挑灯迎候。因已是入鼓时分,大家又有几分醉意,吴越国王遂与主持和尚稍稍寒暄几句后即命众人分头随寺僧各自去客寮歇息。次日早晨，众人用过素点早茶，在寺中住持及执事僧引领下参观了各处殿宇经阁、塔院佛堂，吴越国王率领僚属参拜佛祖及诸菩萨，捐赠香火。诸事完毕，众人辞别云门寺继续东行。

渡过若耶溪，随行人员已经备好马匹，众人翻身上马，沿漫漫山道向东奔日铸岭而来。这日铸岭西、南两面皆有会稽山阻隔，东面又有四明山相望，在三面高山包围之中却是大片丘陵地，以日铸岗为最高，向东、西、北三面起伏倾斜。日铸岭南面与会稽山脉相连，东小江、小舜江、若耶溪穿流其间，北面是杭州湾及鉴湖，海面、湖面散发之湿气积聚于山湾之间，夜间常常雾气弥漫，待到红日当空，方得云开雾散。吴越国王一行人进得山岭时薄雾尚未散尽，只见四周丘陵此起彼伏，茸茸茶树丛丛列列随山丘起伏延伸，漫步其间犹如置身于翠绿的大海之中，排排绿浪相拥直至天际，涌入茫茫云雾之中。清明将至，茶树上新芽竞发，清香芬芳，沁人心脾，不远处采茶姑娘们早已身挎茶篓，双手于茶蓬上飞快起落，不时传来阵阵婉转动听的山歌声、清脆悦耳的欢笑声。细看这茫茫绿海，却又有许多桃、李、杏、梅、枇杷等果树星星点点散布其间，正值花期，远远看去恰似匹匹锦缎上织就了星星点点的繁花，置身其间，犹如仙界织场，数多仙女正神采飞扬地编织着无尽的锦缎。

众人下马，吴越国王向采茶姑娘们询问起茶园生产、销售情况以及各家经济、生活状况。姑娘们见老人和蔼可亲，问得仔细，诸多中年男子虽都是客商装束，却是个个斯文，不似奸猾小人，便渐渐围拢过来，七嘴八舌抢着说话，也有几位腼腆的姑娘在一旁边采茶边侧耳倾听。林鼎、裴坚等人则学着姑娘们的姿势采起茶来。各人采完看时，却见手中茶叶有的因采摘时捏得太紧致使叶面失去光泽，甚至被挤压出茶汁；有的因掐得位置不准，或者只掐下芽尖，或者连老叶也掐将下来，或者掐成了碎片；有的则用指甲采掐，在嫩茎上留下明显指甲痕。姑娘们见了嘻嘻哈哈笑弯了腰，大家一时不知所措，有年长妇人上前说道："诸位客官有所不知，采茶手法多有讲究：采摘时宜掐在需掐断的嫩茎上，断芽时宜用甲掐，使茶芽速断而不被揉挤；手指亦不可捏得太紧，以免挤伤采碎嫩叶；切不可图快图方便而老、嫩叶子一把捋，不可将茶树上所有嫩芽采光；对幼年茶树当以养护为主，采摘时宜取'打顶护边，采高养低，轻采养蓬'之法，成年茶树则'以采为主，以养为辅，采养结合'，如此才能保持茶园长盛不衰，品优高产。客官想必不谙此道，所采茶叶伤损颇多，以此姑娘们见了发笑，客官们莫要见怪。"众人听了将自己手中茶叶与姑娘们所采茶叶相互比较，也都哈哈大笑起来，看似简单的事却并不简单。

众人继续缓缓上行来到日铸岗上，此时已是云开雾散，于岗上驻足四望，只见周围丘陵起伏，多已辟为茶山，直至天际。姑娘们已经采茶完毕，各自回村拣茶，山上此时宁静了许多，只有附近村落传来鸡鸣狗叫，茶蓬树梢间有些鸟雀和鸣，村落中青烟缭绕，彰显出勃勃生机。

滕彦休道："相传越王勾践时代，此岗周围乃是深山老林，树木参天，人迹罕至，十分隐秘，以此越王在此暗集人马，演兵布阵，冶铸兵器，积蓄力量，最后终于大败吴国，称霸天下。汉时马太守修建鉴湖，越州富庶，人口大兴，岭上树木渐被砍伐，用以建楼造船，从此岭上树木稀疏，土质贫瘠，多为烂石砾壤。里人亦曾开发垦植，初时尚有些收成，但因地处丘陵，历经数百年雨水冲刷，水土流失，收成微薄，遂成荒山野岭。前朝各地饮茶之风兴盛，此地开始发展茶园。我吴越立国，境中安定，大兴农桑，此地植茶之风亦更加兴盛，形成今日之无际茶山。近年因产量大增，本地需求有限，价格逐年下跌，因此亟待找寻外销之路。"

林鼎道："前朝初实行均田制，规定永业田所种榆、枣、桑及所宜之木皆有定数，所行租庸调制对征收粮食、布帛等实物之数亦有规定，不允许大量种植规定之外的作物或树木。德宗皇帝建中年间（780—783），废除租庸调制和杂税，始行两税法，无论农工商役皆先度其收入再计赋税，田亩之税按所耕种田亩数均征，行商则按收入十分之一计征。两税法实行折钱计税，不需交纳各种规定之实物，亦不再规定各种植物的种植数量，农户们从此拥有种植各类作物的自主权，茶树才得以广泛种植。茶树产茶长年不衰，一丛茶树可采摘五六十年或更长远，而且植茶可利用高山丘陵，不与粮棉争良田，以此从前朝中后期以来植茶之势颇盛，尤其是我吴越与吴地，如湖州顾诸、苏州洞庭、杭州径山、江西庐山、义（宜）兴阳羡、金陵雨花台等地皆广泛植茶，所产茶叶皆是茶中之上品。"

裴坚道："诚如林大人所言，植茶之利较之种稻植麦丰厚许多，且不与粮棉争地，茶农劳动主要在采茶季节，而采茶几乎全是妇女。种粮、植茶、养蚕、纺织，男女分工各司其责，相得益彰，农户收入增加许多，以此近百余年来茶业发展非常迅速，尤其我吴越实行保境安民之策，百姓安宁，百业俱兴，茶业更是迅猛发展。"

传瓘道："茶业虽是新兴产业，然于我吴越海盐、绢帛、陶瓷、铜铁、醇酒等数种商品中，就获利而言已超过绢帛，仅低于海盐。茶农自用茶很少，所收茶叶几乎全部交于茶商销售。如今中原及相邻诸国战事频仍，交通阻隔，商品贩运极为艰难，幸我吴越东临大海，有泛海外销之便，我等此行若成就了此事，则我吴越国百姓将更加富裕，国力将益发兴盛。"

吴越国王仔细倾听众人议论，心中高兴，尤其听了传瓘之言，再联想此行沿途传瓘所言所行，深感此子已较前数年成熟了许多，心中甚觉宽慰。

不知不觉间众人已走下日铸岗，转过一道山梁，远远望去，前面有一较大村落，村外聚集了数百人。众人继续前行，只见前面人群中约有十余人快步迎上前来，原来吴越国王决定经平水至日铸亲自考察茶业之后，传璙即遣人通知乡吏组织里正、乡绅、茶农等数十人，共商发展茶业之事。吴越国王下马快步前行与乡人见礼，众乡亲簇拥着吴越国王一行人谈笑步入村中一处宽敞院落。乡吏招呼大家坐定，乡亲们煮了新茶奉与众位客人品尝，院中大约坐了五六十人，其余乡亲站立院外，皆引颈翘望吴越国王一干人。乡吏向乡亲们简明介绍了吴越国王此行目的后，钱王道："如今我吴越境内百业俱兴，但境外却战乱不休，境内物品难以外销，好在我吴越地处东海，有江河湖海交通之便，为此本王带领列位大臣亲赴浙东考察发展海外贸易情况。一旦海贸顺畅，我吴越物产得以远销海外，则我吴越百姓必将更加富足，国力更加强盛。日铸地区盛产茶叶，若能远销海外，必能为我日铸百姓造福，但日铸茶叶据说品质不如苏州碧螺春，湖州紫笋，杭州径山、龙泉之茶，影响外销，为此特请众乡亲共商如何提高日铸茶品质，以便发展海外贸易。众位乡亲请广开思路，献计献策。"

众乡亲目睹吴越国王偌大年纪却不辞辛劳翻山越岭屈尊来到这穷山僻岭，竟是为了帮助山夫穷民摆脱困境，共致富裕，遂有的啧啧赞叹，有的唏嘘不已，有的交头细语，一时竟无人发言。传璙见此情形乃起身说道："俗话说民富国强，我等既然主政一方，理当为我吴越百姓造福，只有乡亲们富裕，方能保我吴越国平安。日铸地区广产茶叶，若得以丰产广销，乡亲们自然富裕，然如何才能丰产广销，令我日铸茶叶名扬海内外，谋略却全在乡亲们心中，望众位乡亲广开言路，共商良策。"

静默片刻，一白发白须老翁起身说道："两位王爷、众位官人不辞艰辛，翻山越岭来到穷乡僻壤，竟是为我山夫草民能过上好日子，草民先向众位上官谢过。"说着就要躬身下拜，传璙连忙上前扶住老人说道："老人家请坐好，慢慢说。"又给老人递过一盏茶来，老人欠身接过茶盏，继续说道："说起这日铸种茶约莫也有百多年了。听老辈人讲，日铸周边山里早年林深树茂，鸟鸣兽欢，常年云遮雾罩，甚至终日不散。打从砍伐树木种上茶叶之后，云雾日渐减少，近年山上树木几乎砍尽，往往半早上雾便散去。茶叶需要水分滋养，如今云薄雾稀，这茶叶难免泥土之气加重，口味重浊。还听老辈人说，越王勾践曾命军士在日铸日夜打造兵器，日铸岭方圆数十里之内设置了数十处冶炼场，至今遗留下无数的铜渣锡滓，以此日铸茶叶细细品之总觉有金石之味。老叟空活了七十年，虽知是以上原因致使日铸茶叶品质不高，却无计改变此情此状，惭愧呀惭愧。"

老叟说完，一中年男子道："老伯之言曾对我说过数次，亦议论过如何适当恢复山林，增挖山塘蓄水，浇灌茶山，冲洗铜渣锡滓等，可有谁愿意毁掉自家茶山去种树挖塘啊！"众人听了都低头不语。

又一年轻人说道："我们倒是在茶山边角种了些桃树、李树，既增加山岭情趣，又得桃李果实，却未见有收云聚雾之功效。"众人嘻嘻窃笑。

沉默良久，林鼎见无人发言，便说道："诸位乡亲所言极是，茶树喜温、喜湿、喜酸、耐阴，茶山周边广种树木，多修山塘，对茶树生长皆有益处。倘若广种板栗、油桐、山核桃等经济树种或其他果树，则每年收益恐怕与产茶相差不多，与生产低质茶相比或许收益更丰。此等树种入秋落叶，不再蔽日，而茶树至冬则畏寒，正需日晒；桐、栗等树至春则渐茂，及至夏日则树冠高大，枝叶茂密，而茶树至夏则畏日，尤其幼年茶树不宜受强日光照射，此时正可遮蔽阳光直射，向其提供反射光，保证茶树良好生长。而且在树木反射光下生长的新芽嫩性好、品质优，茶叶又可受到果树清香的熏陶，如此既改善茶树生长环境，提高茶叶品质，又增加收益，何乐而不为？不妨找些山地试试。"众人听了林鼎之言议论纷纷，都觉得此乃良策，吴越国王听了亦心中暗喜：往日曾听传瓘夸奖林鼎之才，今日所见，林鼎果非仅会舞文弄墨的一般文人，对士农工商亦有些见地。

少顷，一里正道："林大人之意甚好，若于阳坡地植树，阴坡地种茶，山岗瘠地植树，缓坡山地种茶，如此林茶相间，互不争地，相得益彰，或许可获双收之利。"会场气氛逐渐活跃起来，大多赞同这一意见。

俄顷，一老丈颤巍巍地起立言道："说到茶叶品质，日铸亦可采得好茶。"传瓘见老人有些站立不稳，急忙上前扶老丈坐下，老丈点头谢过，接着说道："日铸茶叶与各地名茶相比其味略显重浊，究其原因，除大家所言外或许还与采摘时机有关。我日铸茶农为求产量，大多在清明至谷雨间采摘，所采茶叶已经双叶平展，加之日铸地区云雾渐稀，水分蒸腾快，叶中难免残留较重金石之气。若在清明前十天左右芽叶尚未张开之时采摘，则新芽中水分散失轻，泥土中重浊之气积聚少，芽中即能饱含清香之气。茶树经过秋冬季节保养，积聚了充足养分，入春后春光明媚，春雨润泽，春芽勃发，养分聚于芽尖，因而芽嫩叶肥，芽苞紧密，绿芽白绒，形如笋尖。冲泡后其茶芽如钉状垂挂于水面，茶汁色绿，其气清香，其味甘醇，不亚于紫笋、碧螺春、径山等名茶。若于社日（立春后第五个戊日，为祭祀土神之日）之前采摘或许更好，但采摘越早产量越低。日铸茶因名声逊于紫笋、碧罗春、径山、龙井许多，茶价便高不起来，以此本地茶农习惯于清明前后至谷雨前后采摘，以求增加产量，以此茶叶品质益发难以提高。"

滕彦休听了随即道："价格问题不必担忧，只要日铸产出与紫笋、碧螺春等名茶相当品质的茶叶，可由我们按质定价收购，远销境外海外。"众乡亲听了笑逐颜开，交头议论，群情振奋。

有一里正起立说道："本地茶农对新叶拣选不太在意，对受冻害、病虫害芽叶及老叶等拣剔不净，或许对茶味亦有影响。"有人不以为然，林鼎说道："茶圣陆羽在《茶经》上曾言道：茶有小芽、中芽、紫芽、白合、乌蒂。小芽者，其小如鹰爪……将茶芽先行蒸熟，放入水盆中，选取其精细仅如小针者，称为水芽，是小芽中之最精者，有人谓之'雀舌'，为极佳之品，其牙至嫩；中芽通常称为一枪一旗；紫芽其芽略显紫色；白合乃小芽有两叶抱而生者；乌蒂乃茶之蒂头是也。其中以水芽为上，小芽次之，中芽又次之，紫芽、白合、乌蒂皆所不取，若有白合、乌蒂等混杂其间，则所煮茶叶色浊而味重也。人言日铸茶其味重浊，或许与此有关，因此采茶或拣茶时需多加注意。"众人频频点头表示赞同。

又有人说："制茶时蒸、捣、拍、焙、穿、封诸过程中，蒸和焙最为要紧。蒸之未熟，则茶芽虽精而损耗已多，煮出茶汁色清芽滑而易沉，味烈而带桃仁之气；蒸之过熟，则芽烂，煮出茶汁色黄而味淡；唯有蒸至正熟者，煮出茶汁其味甘香。蒸熟的茶黄淋洗冷却后进行小榨、大榨，反复进行直至榨干，务必将膏汁榨尽，若是膏未除尽，则煮出茶汁色浊而味重，苦味之茶多为除膏未尽之故。制成茶饼后用炭火烘焙，再用沸水重蒸，如此反复熏烘至干，茶饼遂成。我日铸茶民各户自种、自采、自制，过程虽大同小异，而火候把握则差别较大，所制茶饼好坏相差自然不小。"有人抢着说道："烘焙茶饼时，官茶较为仔细，按照茶饼湿度分别用紧慢火烘焙，须慢火养十日方罢，故官茶之色多紫。一般茶民为省炭火多不愿用实炭，且急于早日抢占茶市而追求速干，以此用火常带有烟焰，熏损茶饼，其色昏红，其味焦糊，自然较官茶逊色许多。"众人叹道："说得虽有道理，但关乎各家利益，恐怕难以改进。"会场上一时议论纷纷。

传璩起身道："解决此事其实也不难，不妨由乡亲们推荐几户颇有制茶经验的茶户，专门负责收购新叶，按照新叶品质制成不同等级茶饼，统一向市场销售。如此即可较好控制蒸茶进程，脱膏至尽，烘焙得法，制得优质茶饼，又便于更多茶饼外销，提高茶价，增加茶农收利，还可尽快提高日铸茶声誉，扩大销路，又省得各家各户都置备制茶炉灶、器皿，省心又省事，如此岂不大家都有利！"乡亲们都一致赞同，纷纷叫好，吴越国王听了亦面露喜色。

随后众人又议论了茶叶该如何包装以及为日铸茶定名，有说定为"日铸毛茶"，有称"日铸新茶"，或曰"越州明前茶""越州白笋"……最后裴坚道："顾诸紫笋茶因其茶芽略带紫色，芽叶卷包如笋壳，故名紫笋；洞庭碧螺春因其茶芽碧绿，芽叶卷包如螺壳，故名碧螺；既然日铸明前茶叶子尚未张开，多数为双芽，不妨名之为日铸双芽茶，名符其实，形象生动。"众人皆说此名起得好，一致赞成。

会议结束前，乡吏将所议之事一一安排落实，令各里正回去后分别制订计划实行。

此后十数年间，日铸岗上绿树成林，郁郁葱葱，花开季节芳香扑鼻，林荫之间包围着片片茶园，谷底修起了许多山塘水池，日铸双芽茶声誉日益高涨，成为浙东名茶。因所种树木以板栗居多，天长日久，日铸岗遂被改呼为谐音的"栗子岗"，这是后话。

当晚吴越国王一行人就于村中用饭歇息。饭罢，里人奉上新茶，于院前品茗，众人边饮茶边欣赏村野景色。只见星月当空，柔光泻地，轻雾飘忽，茶山起伏，风送清香，山水淙淙，这茶山风光另是一番情趣，林鼎不禁见景生情轻轻吟起李绅的《赋月》诗来：

月。

光辉，皓洁。

耀乾坤，静空阔。

圆满中秋，玩争诗哲。

玉兔镝难穿，桂枝人共折。

万象照乃无私，琼台岂遮君谒。

抱琴对弹别鹤声，不得知音声不切。

裴坚听了，随即和以元稹的《茶》：

茶。

香叶，嫩芽。

慕诗客，爱僧家。

碾雕白玉，罗织红纱。

铫煎黄蕊色，碗转曲尘花。

夜后邀陪明月，晨前独对朝霞。

洗尽古今人不倦，将知醉后岂堪夸。

众人听了两人吟咏，亦拍击共和，因明日还需赶路，虽未尽兴，也只好各自歇息。

第四十二回　拓贸易钱王亲巡明越　促生产官民共觅良谋（三）

　　吴越国王一行人于日铸山区考察两日后即乘竹筏顺小舜江而下，进入东小江再改乘官船，行至上虞后上岸骑马来到余姚驻跸。

　　那时杭州湾南岸西起三江口，往东经夏盖山、临山、泗门、慈溪北、观海卫至伏龙山，余姚县地处杭州湾冲击平原，往东三十里自西向东为低矮丘陵，绵延六七十里直至东海边。丘陵北坡下散落分布有上林湖、上岙湖、杜湖、白洋湖、银淀湖等诸多小型湖泊，诸湖岸边斜坡上建有数十处烧制青瓷的窑场，是当时越窑制瓷中心，所产瓷器可于杭州湾涨潮时以船运至越州、杭州、婺州等地，也可由姚江东行运往明州出海，十分便利。晚唐时此处已建有官办贡窑，专门生产秘色瓷器供皇室使用。

　　次日晨，上林湖贡窑窑监引领吴越国王一行人来到上林湖畔考察青瓷生产状况，只见上林湖四面环山，湖面狭长，环湖建有十数处窑场，贡窑即在其中。到得窑场，稍事休息之后仍由窑监引领参观瓷土储藏、选矿磨矿、胚料制备、造胚修胚、制釉上釉、装钵入窑、点火烧制、成品检点等数十道工序，众人对烧窑工序格外关注，看得津津有味。数座龙窑依山势而建，宽丈余，长十数丈，宛如一条条巨龙：窑头朝下，中有窑门、风门，犹如嘴眼；窑尾上翘，后接烟囱，烟尘翻滚，好似龙尾摇摆；窑脊一侧有十数个天窗，象煞龙背脊鳍，以此名之为龙窑很是形象逼真。众人又饶有兴趣地向窑工们询问了如何装窑、如何观察火力强弱、如何掌握烧窑进程、如何控制产品品质等诸多问题。窑工打开火门，教众人观看火力：当炉膛中火色炽白耀眼时，火力最强；火色炽白略带蓝色时，风门过小，通风不足；火色微显粉红时，则火力略微不足；火色泛黄，说明火力软弱，或通风过大，急需采取措施。窑工还告诉众人：装满瓷胚的匣钵入窑后即于窑头点火，火力从下攻上，十个时辰后从天窗投柴入窑，再烧两个时辰，火力从上透下，上下共烧十二个时辰，烧制工作即完成。瓷胚在火中烧制时，胚体软如棉絮，若装窑不当，致使瓷胚受力不匀，则烧制时瓷胚即变形，成为残次品。

　　午后，众人来到窑场客厅休息，下人用新款茶具奉上新茶，只见盘、瓶、壶、盅、盖、托一色青翠，胎体细腻，形体大方玲珑，釉面匀净晶莹，薄如通草纸，明似夜明杯，音比脆铃声，滑胜新磨镜，令人见了爱不释手。待下人斟满茶水，只见茶色碧绿清澈,透过杯壁观之更显得青绿朦胧,众人纷纷赞叹不已。

裴坚手端茶盅,一边观赏一边说道:"难怪陆羽在《茶经》中写道:'越瓷上,鼎州(陕西泾阳)次,婺州再次,岳、寿、洪等州再次,则不宜茶也。'陆羽还曾驳斥'邢瓷胜于越瓷'之论,说道:'若邢瓷类银,则越瓷类玉,邢不如越一也;若邢瓷类雪,则越瓷类冰,邢不如越二也;邢瓷白而茶色丹,越瓷青而茶色绿,邢不如越三也。'今日所见果然不虚。"

传璀不禁引发了诗兴,说道:"陆龟蒙先生作有《秘色瓷器》诗:

九秋风露越窑开,夺得千峰翠色来。好向中宵盛沆瀣,共嵇中散斗遗杯。

今日参观贡窑,亲眼得见贡窑生产过程,真乃大开眼界。"

林鼎边品茗边说道:"莆田人徐夤作有《贡馀秘色茶盏》诗:

捩翠融青瑞色新,陶成先得贡吾君。功剜明月染春水,轻旋薄冰盛绿云。

古镜破苔当席上,嫩荷涵露别江濆。中山竹叶醅初发,多病那堪中十分。

盛赞'秘色瓷'之精美,慨叹可上贡皇室之精品实是少之又少。"

说话间窑监已命人奉上本窑精品,请众人鉴赏指点。

首先向吴越国王奉上一尊罂罐:体高尺余,身围三尺,口径半尺,底径七寸,圆肩深腹,肩有四系;体表有双龙浮雕缠绕罐体,龙睛凸出,爪分五指,作翻腾戏珠之状,搅得云雾四散飘逸;釉色天青,薄而均匀,晶莹如玉,一尘不染,赫然是一尊进贡皇家之器物。

奉向传璀的亦是一尊罂罐:圆肩鼓腹,长颈盘口,腹径小于龙纹罂罐,而颈细长,罐体高于龙纹罂罐,口径三寸有余,口有球形盖,顶纽作花蕾状,形制端庄大方,精美典雅;釉色晶莹洞泽,通体施以天青基色,其间绘以浅黄色祥云纹,寓有云祥天青之意。

奉予林鼎的是一把执壶:通体高七寸,体径四寸,壶口二寸半,壶体下部用线刻手法刻画出座座山峦,层层叠叠;通体釉色青绿,显示出山高天青之意境;壶盖状如将军头盔,盖纽及壶嘴与壶体连接处用金箔镶边,颇具画龙点睛之笔,增添了几分富贵之气,手握执壶付寓执掌江山之意。

奉予裴坚的是一尊双系罐:高约一尺,通体形如花蕾,下粗上细顶尖,底径约六寸,体型饱满,由六瓣合包而成,罐盖如铃,亦作六瓣,盖于罐上与罐体俨如一体,两侧各有一系,以便手提;通体施以黄釉,宛如一个黄色花蕊,形体颇为别致,颇具荣华富贵之意。

奉予滕彦休的是一套茶具:有一盘、一壶、四碗,执壶壶体略呈鹅蛋形,壶口渐缩,壶盖高尖,宽把尖咀;壶体分作六瓣,作花蕊状,碗亦分作六瓣,合围而成,碗沿略微外翻,犹如尚未全开的荷花,茶盘圆形平底,边沿上翻,亦作花瓣状,犹如一张浮在水面上的荷叶。全套茶具冰清玉洁,釉色青绿,晶莹清澈,风格协调,富有和合团聚之意。

众人各自欣赏完手中作品之后又交换鉴赏,边赏边赞叹不已:每件作品皆是造型华美大方,色彩明丽清纯,寓意深重贴切,胎质如玉,叩音清脆,真所谓"明如镜,薄如纸,声如磬,青如天",令人爱不释手。

吴越国王称赞一番之后问窑监及几位窑工:"如今越窑所能烧制的最大瓷器有多大?"众人回答:"瓷窑温度高,烧制时容易变形,若要体形高大则须加厚胎壁,如此必增加重量,更易变形。现今烧制的最大瓷器体径不过尺余,体高不过两尺而已。"吴越国王想了一想说道:"如今各国宫廷多建筑于山丘或高台之上,离水源较远,一旦殿堂失火难以取水扑救,若能制成大瓷缸,令其盛水置于殿堂内外,一则装饰环境,二则可以种花养鱼以供观赏,三则遇火情可及时就近取水扑救,一举数得岂不美哉!"众人闻言知道如此大缸少说亦须两三尺口径,与现状相差实在太大,所以既不能应承亦不好反对。吴越国王见大家为难,便说道:"我只是随便说说而已,大家不必为难。"窑监连忙道:"请大王放心,我等一定努力试制。"

数年后官监窑终于制成一批口径两尺有余的瓷缸进献钱王,放置于宫廷各主要殿堂之前,供贮水救火之用,此是后话。

次日,吴越国王亲自召集各工序头目及许多不在岗的窑工,大家共同商议扩大官窑生产、提高瓷品品质、保证外销供应之事。因有两位钱王亲自参加,窑场上下都想见见王爷风采,亦都关心窑场今后的发展,因此非常踊跃,一下来了百多人。

传瓘首先说明此会目的,然后由窑监介绍窑场生产管理现状,说到产品品质,窑监颇为尴尬地道:"历来官家对瓷品品质要求甚高,造型样式、装饰花色、器壁厚薄、音响悦耳等且不用说,单就颜色光泽就很难过关。官家独喜欢梅青色或天蓝色,且须晶莹透彻,细细审视犹如碧玉翡翠雕琢而成,煞是好看。但烧制一窑瓷品,能获得如此品质者只是极少数,大多数瓷品或青灰、或淡黄、或黄褐、或赤褐、或深褐、或釉面不够匀净莹润、或青中杂有褐斑,此等制品都不能上贡,却又不得流入民间,只得砸碎丢弃,实在可惜。"

传瓘急切问道:"何以同一窑出品品质差异如此之大?"窑监无言以对,沉默不语。

一位本地老窑工打破沉默言道:"这个问题至关复杂,一两句话讲不清爽咯。"传瓘示意请他坐下,慢慢道来。老窑工坐下,慢条斯理道:"瓷品的颜色首先看釉料当中铁分多少,若是没有铁分或者铁分极少,作么烧出来的瓷器或许是白色或者是浅青色;若是铁分适当,烧出来瓷品颜色清亮,或许是青绿色,或许是淡黄色;若是铁分过高,烧出瓷品或是黄褐色,或是深棕色,甚至颜色更深。再要看釉料的酸碱性,铁分适当的釉料,若是酸性,烧出来瓷品是碧绿色;若釉料碱性,烧出来瓷品却是黄褐色的。还有就是风门大小,上同样釉料的瓷品在烧制时,若是风门开得太小,烧出来的瓷品颜色显得灰暗;假使风门偏大,烧出瓷品颜色泛黄,或者赭色;要是风门开得过大,烧出瓷品甚至变成浓褐色;只有风门适当通风良好时才能烧出梅青色或天青色的晶莹瓷品。还有火力大小、火候恰当也有影响,火力不足或是火候不当,烧出瓷品就会颜色晦暗。这许多因素错综复杂交叉在一道,勿是烧窑一道工序所能解决咯。"

另一窑工抢着补充道:"老师傅说的都是实情,道理大家也都清楚,只是做起来全得凭经验。比如釉料中铁分高低,全凭眼力观察原料锈色深浅,原料中铁分本来就不高,靠眼力判断,差别自然就大;判断釉料中酸碱性更是无凭无据,全凭经验估计;火力大小凭借火焰颜色、火势旺盛、瓷胚亮度等因素来判断。"

又一中年窑工说道:"我们贡窑与民窑不同,民窑瓷胚不用匣钵,直接装窑,因之烧制时看得见瓷器在窑中的烧制状况。贡窑瓷胚都装在匣钵中烧制,大件瓷胚一钵一个,小件瓷胚一钵装几个,甚至十几个。瓷胚在窑火中煅烧时变得如棉絮一样柔软,若是装窑不当,瓷胚受力不匀,烧制时即会凹陷变形,因之没有十来年的经验是当不了主窑工的。瓷胚都装在匣钵中,因此只有在出窑后才能知道瓷器烧制结果,烧制过程中无法控制。开钵后取出瓷器,上等者釉面匀净,莹润如玉,色彩或如青梅、或如青天、或如湖绿,釉色稳定,叩击声音清脆,对光观看整体透亮,煞是好看;次等者,色浅黄或青黄,或有棕色斑块,或色调不匀,或颜色灰暗;末等者釉层不匀,颜色棕黄昏暗,失去透光性。同窑瓷品色彩各异,无从预料,须待出窑开钵后方能见分晓,颇有几分神秘色彩,以此通常称之为'秘色瓷'。一窑瓷品中上等品通常只是小部分,而次等、末等瓷品,按官家规定皆不得流入民间,只得与等外品一同砸碎丢弃,实在可惜。"

中年窑工刚说完,另一窑工说道:"为能掌握窑中瓷器烧制状况,我们想了一个办法,事先做了一些与瓷器厚度相等的瓷片,上相同釉料,称之为照子,放置于窑中不同部位。烧制过程中,分数次用铁叉取出照子,根据照子颜色变化情况判断窑中火力、火候,及时调节风门大小,待火候已足,即停止烧窑。有照子参照,上等品数量已有所提高,但照子毕竟不能代替匣钵中所有瓷品,而且窑中瓷品的釉料成分、酸碱性等等已经固定,无法调整,因此上等品比例仍只是一小部分。"

滕彦休闻听官窑瓷品竟然多数被砸碎废弃,连连摇头叹息道:"贡窑瓷品,无论是制备胚料还是塑制瓷胚都比民窑讲究得多,尤其是装匣钵烧窑,更是精细,因此即便次品甚至末品,多数品质仍优于民窑制品,通通废弃实在可惜。"说到此转向传瓘探寻道："此等次品、末品虽不允许流入民间,可否挑拣一些试销去海外,或许海外各国对颜色并不苛求,如此既可减少贡窑损失,又可换回我国所需物品,还可与周边诸国通好,岂不一举数得！"

传瓘看向父王,吴越国王微微点了点头,众窑工亦纷纷道："这办法好,可以免去我们白流多少汗,白出多少力！"传瓘遂大声说道："大家都赞同滕大人意见吧？"众人一致喊道："赞成！"传瓘接着道："历来贡窑制品只供皇家使用,不得流入民间,不合贡品要求的只好砸碎废弃。如今大家一致赞同滕大人意见,不合贡品要求的可以远销海外,换回我吴越所需物品,如此于国于民都有利,乃是好事,可以试行。但要试行就须有个试行办法,交付外销的瓷品总须有个质量标准,以及如何验收、包装、交接等等,可以分为数个等级,外销瓷价格的确定须保证窑方与外销方均有收益,方可顺利进行。此项工作还得请滕大人组织人草拟成文,经批准后施行。"传瓘见彦休点头应允,继续说道："此事仅解决了贡窑等外品处置去向,但归根结底仍需提高贡窑产品的质量,保证产品釉色的可控性、稳定性,请众位师傅多提好建议！"

提到产品品质,众人又陷入沉默,有的摇头,有的叹息。冷场良久,裴坚打破沉默说道："要提高产品品质,我倒有个笨办法不知是否可行。"众人听这位官员说有办法,都抬头吃惊地盯着裴坚。"方才那位师傅说,每烧一窑瓷品都在窑中不同部位放置'照子',用以判断火力、火候,却不能解决瓷土及釉料成分配比问题,自然亦不能解决瓷品釉色问题。"裴坚停顿,望望众人反应,看看自己是否说错,但见众人皆引颈望着自己,便继续道："若是将用于制造下一批瓷品的瓷土、釉料按不同配比做成'照子',分别放于瓷窑中不同部位烧制,烧成后取出进行比较,即知道下一批瓷土及釉料按哪个配比最为恰当,按此配比生产当可避免失误,提高上等品率。"

裴坚说完,会场气氛活跃起来,众人互相交头接耳,议论纷纷。一位师傅起身大声道："大人的提议极好,我们今后多做几批照子,用以指导生产,必能提高产品品质。不妨把这批照子称之为'配料照子',把原先照子称之为'火候照子',若是火力掌握不好,仅仅配比恰当,仍会形成各种杂色,只有配料、火候都配合恰当才能制得好产品,因之两种照子相结合,必能提高产品品质。"

林鼎探询说道："此法可否同样推广于民窑,以提高民窑产品质量？"众人也一致肯定。

传瓘道："今日会议为提高产品品质找到了很好的办法,为贡窑次品的处理寻求了很好的出路,亦为帮助民窑提高质量提出了建议,会议非常成功,还请滕大人早日拟定外销瓷品的管理办法。待海外贸易船队建成,外销瓷品需求将会很大,贡窑生产规模、龙窑数量均需增加,请各窑监及时与滕大人联系,适时采取措施。外销瓷品数量增加后收益即会增加,窑场工人报酬亦宜相应增加,方可激发积极性,鼓励窑工努力生产,多产优等品,减少等外品,保证外销瓷供应,请窑监会同相关人员共同制定管理和奖励办法。"

吴越国王亦赞扬了窑工们积极进取、提高技艺、不断改进的精神,肯定了会上议定的诸项建议和意见,因贡窑今后不仅生产贡品,更多生产外销品,乃将贡窑之名改称"官监窑",勉励窑工继续努力,扩大生产,提高品质,增加新产品,预祝窑工们提高收入水平。窑工们听了群情振奋,纷纷呼喊:"感谢王爷恩德!""王爷恩德永世不忘!"

之后数日,吴越国王一行在窑监陪同下又视察了多处民窑,勉励各窑窑民发展生产,提高品质,向贡窑学习技艺,多产外销瓷,为国为民增加收益。

视察瓷窑诸事既毕,一行人拟登船顺姚江前往明州。是日,天色阴沉,凉风习习,余姚码头上却早已搭起棚帐,摆下香案,道路两侧及码头边聚集了数千百姓及窑工,翘首等待吴越国王一行人到来。吴越国王远远望见,捷趋向前,向众人额手施礼,并勉励百姓们努力生产,早日富裕。百姓们有的焚香拜送,有的跪地谢恩,有的额手称颂,有的山呼万岁。吴越国王一行人缓缓从人丛中走过,扶起跪拜百姓,依依惜别,约半个时辰才上得船来。

吴越国王站立船头,额手向岸上百姓致意,船慢慢向前划行,百姓们仍于岸边随行。天空乌云渐合,天色昏暗,风向逆转,波浪翻滚。船行约莫二十余里,来到文亭镇附近,突然一阵东南风袭来,掀起一股巨浪,将船推到姚江北岸,搁浅于沙滩上,任凭众船工如何用力,船儿始终动弹不得。此时岸上尚有许多送行百姓,亦纷纷为官船拉起纤绳助力,船儿却仍然纹丝不动。众人正在为难之际,数道闪电划破长空,雷声阵阵,风雨急起,乡亲们急忙四散避雨。此时江面上却刮起一股狂风,江中掀起两股白花花大浪,前浪猛击江岸,受阻折回后冲击官船左舷,后浪此时正直冲官船右舷,两股巨浪犹如两条银色巨龙,竟合力将官船抬起拥出沙滩,众人见了大为惊异,欢声四起,拍手叫好。不多时,风息浪平,官船又继续前行,吴越国王再次向众百姓致意,示意众人请回。从此当地百姓流传开一个故事:吴越国王钱镠乃是东海龙王,修建钱塘江捍海石塘时,水妖作怪,塘难修成,吴越国王大怒,箭射潮头,命水妖速速退去,果然水妖听命,塘遂修成;如今官船东行,自然有双龙合力护船前行,一旦受阻,双龙立即负起左右双舷将船抬出浅滩,险情既除,双龙随即升空而去,云开风止。从此吴越国王钱镠乃东海龙王之说渐渐传遍吴越。

明州地处浙东之东北隅,西有四名山与越州为界,南有天台山与台州相隔,东临大海，北依杭州湾海口，东北海中有诸多海岛拱卫。州境中西有余姚江，自西向东流入州治；南有奉化江（鄞江），源于四明山，北流至州治，与余姚江汇合成甬江，浩浩荡荡向东奔流，至镇海口入海；州治东南四十里新修东钱湖，足可灌溉农田五十万亩，以此明州平原地区水源充足，灌溉便利，气候湿润，物产丰富。因有甬江通海之便，古时海外岛民常携海货在三江口一带与当地居民贸易，景象繁荣，土民称此地为贸邑，后来将贸邑二字合而为一，称为鄮县。唐穆宗长庆元年（821），三江口建成明州州治，即"子城"，周长四百二十丈。至吴越国时期，刺史黄晟筑罗城，东北依余姚江，东南临奉化江，城周二十余里，成鸭蛋形，西、南两边城外挖有护城河，巍峨壮观，十分坚固。罗城西有望京门，东有云桥门，南有长春门，北有永春门，此外尚有何义门、东门等城门。城中西南部有月湖，南北修长，东西狭窄，形如眉月，古称"西湖"。月湖东有日湖，形如天日，湖边桃红柳绿，芳草依依，豪阁隐现，景色秀丽。两湖相依，犹如明字，故以"明"字为州名，亦因有四明山而名之为明州之说，府署位于城中偏北，临近月湖。明州自建城之后，地方安定，物阜民丰，海内外贸易更加繁荣。《鄞县通志·食货志》记载，当时明州港"海外杂国，贾舶交至"，而扬州外贸却因战乱日渐衰落，明州遂与广州、扬州成为当时华夏三大对外开埠港口。直至宋代，明州仍与广州、泉州并列为三大主要贸易港。

明州刺史钱传珦到任以来，数年间颇有政绩，百姓甚是拥戴。自吴越国王决定于明州建立海外贸易港、兴建海船修造厂以来，传珦与滕彦休密切配合，很多事情皆亲自督办。对于选择船埠、兴建码头、修筑仓库、疏浚航道、勘察船厂、招募工人、绘制船型、储备材料诸等具体事项，传珦均与彦休共同商议指定专人负责，并随时亲赴现场检查，以此无人敢敷衍推诿，事事井井有条，进展甚是迅速，对此传珦自己亦颇有几分得意。自从马绰谢世，镇东节度副使之职一直空缺，传珦心头对此总是念念不忘。还有一桩心事，便是成婚以来始终无嗣，难免心中郁闷，夫妻感情冷淡，数年后妻子郁闷成疾，不治身亡。贞明二年（916），传珦再迎闽王审知之女为妻，不想数年来仍然无嗣，从此传珦经常闷闷不乐，遇到属僚有过失即大发雷霆，甚至责罚，阖府上下都对其畏惧三分。得知吴越国王一行来到余姚考察越窑生产情况，传珦本想前往余姚陪同父王一同视察，但碍于上次过分主动去越州迎候，反遭父王冷遇，因而只好在明州静候父王到来。

吴越国王一行人乘船向明州驶来，沿途路过大隐村，传瓘知道林鼎出生于此，乃向林鼎道："此地是否尚有亲人或友邻？是否想回村看望？"林鼎道："自我出生不久，家父即携全家离开此地，再未回过，因而对此地印象早已淡忘，亦无亲友，不去也罢。"

船近明州城，远远望见传珦率领明州府官僚属吏于埠头迎接。众人相见，说说笑笑来到明州府衙，传珦早已命人安排了午宴，拜见毕便入席饮宴。

吴越国王见宴席颇为丰盛，心中不免掠过几分不快，对传珦言道："我吴越百姓生活尚不富裕，府署官员宜崇尚节俭，官员迎来送往乃是常事，不宜铺张，不可与百姓水准相差过远。"

传珦道："一来父王年事已高，却不顾路途劳顿远来明州视察，儿臣怎可不尽地主之谊为列位大人接风洗尘。二来，父王、王兄来到明州，父子们相聚一堂，实为幸事，理当庆贺。"

传璹亦连忙插言道："父王教训的是，此行乃是为繁荣吴越经济、发展海外贸易而来，事未完成，不可先铺张浪费，以免上行下效，助长吃喝风气，不妨先撤下几道菜肴，留待晚上或以后再用，也不枉了十二弟一番心意。"

传珦见父王、兄长都如此说，只得命人撤去部分菜肴。

宴罢，滕彦休先行去船厂、船埠检查工程进展情况，林鼎、裴坚去馆驿休息，吴越国王、传璹来到后堂，一家人相聚。

传珦命王夫人出来拜见，礼毕，吴越国王问起生活起居等情况，王夫人一一作答。随后王夫人悲悲切切地言道："儿媳无德无能，完婚九年来未能为夫君生下一儿半女。儿媳也曾劝夫君娶妾，以便接续香火，怎奈夫君执意不肯，还望父王相劝。"

吴越国王征询传珦意见，传珦自知前后两任夫人均未产下子女，实非夫人之过，乃自身毛病，因而执意不再娶妾。见此情景，吴越国王只好作罢，便说道："既然吾儿不愿纳妾，不妨从哪家兄弟名下过继一房子侄作为螟蛉。"传珦亦坚辞不肯，钱王只得作罢。

吴越国王问起闽王近况如何，王夫人道："半月前闽中命人传信来，父王身体有些不适，时不时头晕目眩，体虚盗汗，浑身无力，不思饮食，却仍然事必躬亲，不肯歇息休养……"王夫人边说边落下泪来。

吴越国王道："尔父乃是仁德英明之主，自从主政闽国，与我吴越共同主张'保境安民'之策，数十年与周边诸国和睦相处，着力发展闽中经济，令百姓安居乐业，闽中黎庶皆感恩戴德。而今尔父有恙，理应回家探望，只是传珦正忙于修建船埠、修造海船，恐怕一时难以脱身。"吴越国王转向传珦继续道："不妨于府中选一精当属僚，率领一干衙役，先护送尔夫人回闽。如今台风季节未到，乘船去福州尚属方便，待府中公务料理停当后，若乃翁仍然未愈，尔再去闽探望如何？"

传珦与王氏相视点头后说道："依父王之意安排就是。"

吴越国王又询问了一些家中琐事，便各自回房歇息。

第四十三回　拓贸易钱王亲巡明越　促生产官民共觅良谋（四）

一夜无话。次日早饭后，明州造船监官厅都监来到府署，恭迎吴越国王一行亲临船厂视察。行前都监先简略介绍了船厂机构设置情况："全厂共三百余人，设置指挥营，有监员若干：一人负责各种船只造型、尺寸、图样、选定各种材料等等，一人负责资金监管、材料筹置、仓储管控等等，一人负责现场施工进程、工人监管、船只质量等等。当前船厂正在建造的十二条大型海船中，三条已经油漆完毕，敬请大王剪彩后入海试航。还有六条正在建造之中，进程不一：有的即将完工，尚未上漆；有的已装完龙骨，尚未成型；另有三条正在加工龙骨，各种船板即将进行拼装，预计三个月内全部制造完毕。"见都监还要往下说，吴越国王打断道："船厂情况待去到现场后边看边说岂不更好？"众人遂向船厂而来。

船厂位于州城东北，三江口下游，甬江东岸，桃花渡之侧。进得船厂，都监先领众人来到埠头，只见三艘巨船昂首泊于江中，船体上部漆以土黄色，下部用蓝、白二色画成滔滔波浪，船体上矗立着三层殿堂，装饰得富丽堂皇，气派宏伟，甲板前、中、后树立起三根桅杆，直插云天，船头饰以巨型赑屃头像，威武雄壮，船尾装有巨大船舵，犹如龙尾。都监兴冲冲解释道："人尽皆知，四海之内莫非皇土，而大海之中，我大型船队即代表了我泱泱大国之皇土。以此船体上部漆以正黄色，以代表皇土，下部画以大海波涛，代表此船乃是我吴越国于大海中之皇土，自然须有我吴越富裕强大之气概，以此船上殿堂自当体现宏大富丽之气派。赑屃乃是龙生九子之一，性好戏水，畅行于大海之中自是怡情愉性，因此无论何等狂风恶浪袭来都阻挡不了我吴越船队。"

吴越国王边走边看，问道："你且说说此船体量多大、尺寸几何、性能特点等诸如此类的问题。"都监见吴越国王认真地询问船体关键性问题，自知方才介绍有些轻浮，难免紧张起来，遂认真答道："此船从赑屃前端至尾舵架末梢，总长十一丈三尺四寸，船体中部最宽处外舷宽三丈一尺五寸，甲板面至底舱面深为二丈八尺。"吴越国王又问道："能否造更大尺寸的船？船体越大，于海上航行岂不越安全舒适？"都监心中紧张，一时语塞，竟无言以对。滕彦休见状便插言道："就目前而言，各地船厂所造船只最大尺寸不过如此，船体最长不过十丈。造船不同于生产瓷器、茶叶、丝绸等物品，后者可以小批量试验，即使失败，亦无多大损失，而试制大型海船一旦失算,财物损失相当巨大,如此大型海船所需建造工费是出使契丹、新罗、高丽所用船只的近十倍之多,而且在大海中航行多有生命危险,因此试制时必须谨慎,当逐渐放大。这批海船尺寸已较其他大型海船放大一成以上,体量更是较其他大船增大三四成之多,欲造更大海船,尚须假以时日,总结经验,逐次改进,方可万无一失。"众人听了无不叹服,吴越国王亦道:"确系如此,路须一步一步走,饭须一口一口吃,不如此就会摔跤或者噎死,会出大事。"

说话间众人来到一艘正用木板拼装船体的船台旁,只见工匠们有的在船体上拼装第二层木板,有的正装第三层木板,众人不解,遂向都监询问何以装这么多层木板。都监见问,又提起精神来,说道:"河湖中的船只即便撞坏了船体,亦总能尽快靠岸获救,而远洋海船航行在大海中,风狂浪急,又容易碰上礁石,船体如只用单层木板则难以承受如此撞击,故而用多层木板叠加,增强承受撞击能力。木板各个方向所能承受的冲击能力各不相同,因此数层木板拼装时均需改变方向,交叉叠合,互相起到支撑作用,以增强承受冲击能力。"

林鼎好奇问道:"此船船底为何是尖底?岂不容易搁浅翻倒?"都监答道:"江河水浅且多沙滩,因此河船船舱都较浅并做成平底,即使搁浅亦不致翻倒。大海之中水深浪大、风急潮涌,船行其间飘忽颠簸、摇摆不定,常常有倾覆危险。为减轻船体摇摆颠簸,须尽量降低船体重心,使船体大部分沉入海面之下,如此犹如物体用线绳悬挂于梁上,摆动再大都能回到原来位置,使得船只不至有倾覆之虞,因此海船船舱必须有足够高度,而船底做成尖底则可以尽量减轻其左右摆动,减小前进阻力。船舱深度亦需根据码头水深而定,河道水浅而船体过深,船只自然驶不进河道。"林鼎听了频频点头。

众人跟随都监来到一艘装完船体的船上,只见许多工匠正在船体内铺装隔舱,舱房矮小,上面还封以盖板加以密闭,正纳闷时,都监向众人介绍说:"工匠们正在装的是'水密隔舱',此乃当今最先进的技术。一艘船中共有十三个'水密隔舱',当海船触礁时,一两处船体被撞坏,海水进入船体,却被阻于'水密隔舱'中,整船仍可继续航行,待靠岸后再进行修复。不仅如此,'水密隔舱'还能为船体增加许多筋板,增强船体强度,乃是海船航行的第二道安全屏障。"众人听了纷纷赞叹不止。

又来到一处,工匠们正在制造数条小划艇,都监告诉大家:"小划艇将安置于大船上,每船两条,当大船遇难或搁浅时,船上人员可以放下划艇逃生或联络,此乃大型海船的第三道安全防线。"滕彦休补充道:"出海远洋时,船队少则四五条船,多则十数条船,一旦某船出事,船队可以互相救助,这又是一道安全防线。如此层层设防,当可保证船队万无一失。"吴越国王听了亦高兴道:"好,好,这很好，船队安全必须放在首位，必须做到万无一失。"

都监领了众人爬上一艘已经制造完毕准备油漆的船上，只见甲板平坦，广可演兵布阵；船舷宽敞，阔可跑马骑射；船首高翘，傲视苍穹碧海；厅堂辉煌，宛似琼岛仙宫，好一副宏伟轩昂气派。进入仓中，登上指挥厅瞭望四周，八面风光尽收眼底，隔江相望，州城繁华似锦；俯视甬江，舟楫川流不息；城外田畴，稻菽青葱滴翠；南望青山，峰峰高耸入云；远眺大海，无际碧波连天，如此锦绣江山令人心旷神怡。进入舱房，有卧室、书房、聚会厅、餐厅、厨房、库房……，甲板下有各类货物专用仓，还有淡水仓、煤柴仓……，样样事情皆考虑周详。

考察完船厂，众人兴奋不已，深信大型船队的建成必将为发展吴越海外贸易开创新的局面。临别，吴越国王勉励船厂工匠、船监，要努力建造更大的海船，努力提高远航安全，为发展海外贸易创造更好成绩。

次日，吴越国王一行人即将亲自试航新造大型海船。滕彦休带领众人来到甬江西岸的海船埠头，只见江岸用巨大石条砌筑而成，整齐划一，埠头亦用巨石铺砌，场面宽阔，平整清洁，西侧新建了数座大型仓房，公事用房、生活用房、马厩等一应俱全。这海船埠头乃滕彦休负责筹建，船厂亦是滕彦休主导筹建，吴越国王等人看完之后都十分满意，大为赞赏。

一艘新造海船正停泊于埠头，已做好扬帆出航接受检验的准备。滕彦休请众人登临大船，进入大厅坐定，命下人奉上茶点，诸事安排妥当，乃召集船员请吴越国王讲话，并下达出航命令。吴越国王庄重地对船工们说道："经过一年多的努力，我吴越现已造出第一批远海航船，今天正式试航检验，成功之后即将组成远洋船队，为发展我吴越国海外贸易而远航。前朝时欲与西域贸易，须得由众多骆驼编队跋山涉水，穿越沙漠，经过数月辛劳才得做一次交易，而今我吴越一船所载之物胜过数十支驼队，一支船队胜过数百支驼队。驼队往返一次需供给多少食料，我船队却凭借数帆风力即可远航，其耗费亦无可比性。今日我吴越海船体量之大已远远超越前人海船，今后还将制造出更大更好的海船，航行于大海之中，乘风破浪，如履平地，人于船上将会更加安全舒适，远胜于驼队跋涉于穷山恶水之艰难。然而大海辽阔无边，天气变幻莫测，尔等航行于大海之中千万需小心谨慎，莫要离岸太远，以防不测。一旦遇有暴风恶浪，须及早驶入港湾躲避，免遭损伤。尔等远航，将我吴越产品远销至林邑、真腊、昆仑、珈蓝、印度、狮子乃至大食等国，换回火油、金银、玛瑙、香药、水晶、珠宝、象牙、玳瑁、珊瑚、犀角等珍贵物品，增强我吴越国力，富裕我吴越百姓。吴越的父老乡亲、官吏军兵都将感谢你们，本王亦要奖励你们。现在就请各就各位，升帆出航！"

不多时，众船员合力用竹篙将大船撑离岸边，又徐徐升起三张巨帆，风鼓帆篷,帆推船动,大船便缓缓顺流向东驶去。两岸景物悄悄向西退去,不到一个时辰,大船便驶出了望海县镇海口。进入大海,水面宽阔,大船更放心大胆地捷速东进。吴越国王一行人站立于甲板上,迎面海风吹拂,四周白浪滔滔,岛屿远山环立,渔舟穿梭往来,与陆地上另是一番景象。众人于甲板上只觉有轻微摆动,信步走来,亦未感觉有甚妨碍,滕彦休劝告众人:"海面风大,还是回船厅中休息,以免风寒着凉。"

众人回到船厅,一边喝茶一边议论,传珦先开言道:"如此大船果然是好,比之小船稳定了许多,人行甲板上如同平地一般。"林鼎、裴坚亦频频点头赞同。滕彦休道:"诸位大人有所不知,如今我们仅仅是依岸而行,水浅风和,波小浪轻,因此船体颠簸甚微。一旦远离岸线进入汪洋大海,若是再遇上风暴,那时水深风狂,浪急涛高,其势犹如排山倒海,船即无法控制,任凭飘忽海上。当年鉴真和尚由明州东渡日本,因被风浪所阻,随波逐流,竟被波涛推拥南去,直到海南才得以靠岸,可见海涛汹涌之可怕。"

说话之间已经摆下了午餐,海上用餐别有一番情趣,天上阳光明媚,令人温暖舒畅;恶浪迎船扑来,见之惊心动魄;舱外海风呼啸,犹如鬼哭狼嚎;舱中杯箸交觥,满室谈笑风生。

用完午餐,船已停靠翁山(舟山)埠头,翁山县令率领县中僚吏早于埠头上恭候。相见礼毕,县令迎请吴越国王一行人来到县衙。稍事休息,县令即欲汇报工作,吴越国王道:"先去看看盐民、渔民、农民之后再汇报不迟。"

众人随县令来到一处最大的盐场——富都监(正监)盐场。梅雨季节即将到来,盐场因无法制卤已经停工,场中仅留下少部分盐工做盐场管护、设备维修、材料准备等工作。

盐场场监带领众人边参观边解释道:"制盐之法分为三步:一是初制盐料,二是淋洗制卤,三是盐锅煎炼。初制盐料,乃于盐田中放入海水,经日晒析出盐霜,由盐工扫集而得,因此须得连旬不雨,方可制得。如今梅雨将至,连天阴雨,制不得盐,谓之'盐荒',故多数盐工皆已回家,盐场正处于修整状态。"说话间已来到盐田之畔,只见成片盐田绵延数里,引海水渠纵横其间,互相用堤埂隔开。场监手指盐田说道:"晒盐之前,盐工们须将盐田压实平整,尽量减少收盐时带入泥土。"又指水渠道:"待涨潮时,海水便由此渠灌入盐田,待田中积了盐层,盐工们便扫集起来以供制卤。"

看完盐田,场监又带领众人来到淋洗制卤场,只见场中挖有无数对土坑,场监指着土坑说道:"每两个土坑为一对,一深一浅,浅者深尺许,其上架以竹木,再铺以芦席,四周围以土堤。将所收集盐料摊铺于芦席上以海水淋洗,海水渗过盐料，即将盐料中之盐溶化于水渗入浅坑之中。土坑深者约七八尺，浅坑之盐水随即流入深坑中储存，供入锅煎炼之用。"传瓘问道："经过淋洗，浅坑中盐水浓度能达到何种程度？若是淋之过急，盐水浓度岂不很低？在煎煮时岂不要多费柴火、多费时间？"场监道："淋洗浓度定有标准，在淋洗时盐工们通常于深坑入口处放一枚鸡蛋，若鸡蛋沉于水中，表明盐水浓度太低，须用舀勺舀起重新反复淋洗，直至鸡蛋漂起稍稍浮出水面，此即表明浓度已足可送去煎煮。"大家听了颇觉有趣。

众人来到盐锅煎炼工场，场监指着盐锅说道："煎煮盐水所用之锅称之为'牢盆'，用铁打成数个叶片，再用铁钉拴合成盆，盆径有丈许，盆底平坦，盆边高起一尺二寸。'牢盆'被砌于炉灶之上，前端比后端高起两寸，炉灶前沿开有火门，多者十二三个，少者七八个不等，炉灶后有烟道，通向烟囱。煮盐时各炉门同时装柴点燃，盆中盐水沸腾翻滚，直至结出晶盐沉于盆底。盐工们用耙子收集于前端，沥干后铲出即为成品。"

吴越国王青少年时曾贩运过私盐，至今对盐业仍怀有特殊情怀，便关切地询问场监道："如今盐场经营状况如何？盐工们生活状况又如何？"场监道："历来我吴越所产之盐大多经由大江销往江西、荆楚等地，如今与吴、楚等国有边界阻隔，运输多有不便，因此销量减少了许多，产品亦时有积压，盐工们的收入难免受到影响。"吴越国王突然问道："明的通过关津有困难，是否还有私人盐贩可以运盐过境贩售？"县令插言道："如今农户连年丰收，家家富裕，岁岁平安，还有哪个会去贩卖私盐？盐价低廉，靠人力长途贩运能赚得几多钱？还要担承诺大风险，因此这长途贩运之事早于二十年前就已绝迹了。"吴越国王回想起自己年轻之时贩运私盐所受之苦，心中甚感宽慰，遂频频点头。

滕彦休道："我吴越产盐丰厚，然沿海诸国皆产盐，海外诸国亦不乏盐，靠海运恐难打开销路，唯一之法是疏通周边关津，发展邻境贸易。"吴越国王对传瓘道："我吴越国海岸绵长，盛产海盐本是一大优势，宜尽快派遣得当官员赴吴、楚等国通好，商订通关、通商诸事，为我吴越产品拓宽销路。"传瓘道："此意甚好！吴、楚乏盐，亦喜爱我吴越丝绸、瓷器等产品，与我吴越发展贸易互通有无，诸百姓均可受益，应该容易达成共识。"

盐场视察完毕，众人回到县衙共进晚餐，同时听取县令汇报，无非是些日常民生小事，吴越国王勉励一番之后便告辞。

众人回到船上歇息，体味海上漂泊生活之乐趣，卧于床上随波摆动不止，但因停靠岸边，摆动甚是轻微，遂未曾感到不适。

次日清晨，风和日丽，仍由县令引领，众人访问了附近一些农民、渔民，所到之处户户安乐、家家殷实,吴越国王十分宽慰。

午后,一行人告别翁山县启程返航,不到两个时辰便回到明州。众人亲自体验了船上生活,对大型海船的品质十分称颂,吴越国王亦对滕彦休的工作极为满意,并对船务都监当面进行嘉奖。

浙东考察基本完成,发展海外贸易之事大体落实,吴越国王遂命滕彦休回署,林鼎、裴坚于馆驿中歇息,自己与传璙就于明州府署中歇息。

次日,传珦陪同父王、王兄、林鼎、裴坚等视察明州新垦屯田。原来,苏州大力开发荒滩之后,传珦亦于明州海边荒滩上组织军民共同挖渠建闸、修堤围田、筑堡屯军、建村移民,如今已是沟渠交错、阡陌纵横、良田万顷、五谷丰登。吴越国王看了连连捋须点头,称赞道:"如今苏、秀、湖、杭、越、明、婺、温诸州皆有水利之便,均已发展屯垦,然南方尚有数州发展较慢,有朝一日南方诸州亦发展如此,则吴越富庶非他国可比矣。"传珦又引众人参观府署各厅、堂、馆、室、花园、演兵场,所到之处皆井井有条,整洁明晰,体现出主人治理之严谨。

闲暇时,钱王父子三人畅谈吴越军政大事或钱家琐碎家事,或回顾往昔旧事,或憧憬未来国事,气氛亲切,其乐融融,有时亦难免高声争论,慷慨激昂。独处时,钱王单独找来府中属僚衙役了解情况,谈话中隐隐察觉传珦平时处事过于严苛,尤其是近一二年,常常发怒以至体罚下属,属僚略有畏避之意。

数日后,吴越国王即将告别明州返回杭州,临别前父子三人进行了一次长谈。吴越国王恳切说道:"明州与杭、越、苏、秀、湖诸州同属钱塘湾平原地区,水利完备,农产丰裕,乃是我吴越之粮仓,且地处海陬,有渔、盐之利,为他州所未及,又有瓷业、丝绸、茶叶等贸易物产,可谓是我吴越之富庶宝地。如今我吴越又着力发展海外贸易,一旦兴盛,明州北可通中原及契丹、新罗诸国,东可至日本,南可去林邑、真腊、昆仑乃至印度、大食等国,届时我吴越物产将由此源源销往海外,明州必将与南方之泉州、广州相齐名,成为海外贸易大港。明州之发展将带动我吴越全境之发展,吾儿既任明州刺史,任重而道远,切莫辜负为父与明州百姓之期望。连日来,为父考察明州治理情况,尚称满意,百姓亦有所称颂,此乃吾儿与众同僚共同努力之结果,为父甚是欣慰。治理州事如同国事,古语言:水能载舟,亦能覆舟。吾儿千万须体恤民情,为民筹富,与人添福,百姓自然感恩戴德。对属僚须谦虚谨慎,多听取各方意见,多与下属商量,切不可偏听偏信,急躁武断,更不要动辄训斥责罚,搞得人人自危,敬而远之,若如此,吾儿将成为孤家寡人,覆舟之时不远矣。凡事有成者宜多加奖励,总结经验;事有失者宜汲取教训,少动惩罚。如此则属僚心向吾儿,争相建功立业,州治兴盛无忧矣。生活上仍宜提倡艰苦朴素,不可与民间通常水平相去太远,除非重要节日或重大庆典不搞大型宴饮活动。喝酒尤宜节制，不可酗酒，以免误事。"

传瓘道："兄弟们自幼一起读书玩耍其乐融融，长大后各赴任所难得相见。此番相聚来去匆匆，明日又将分别，好在杭州、明州相去不远，骑马驰往不过大半日路程，倘若遇有为难之事或有要事相商，可随时来杭州或命人送信相告，为兄当竭力相助。子嗣之事望兄弟仔细思量，为兄当年娶马氏之后十多年未曾生子，遂继瓘弟三子仁泽为子，后来还是马氏再三劝兄再娶，如今已经添了宏僎、宏偡两个侄儿。为了继续香火，兄弟再娶，想来弟媳亦会同意。"

传珦道："父王既委孩儿以明州重任，孩儿自当殚精竭虑，理好府治，振兴明州，安抚百姓，以报王恩。父王教训孩儿当铭记于心，定与同僚同呼吸共患难，广听意见，赏罚分明。生活上艰苦朴素，决不酗酒。孩儿当以王兄为榜样，时时处处事事都仔细思量，绝不莽撞决断，克服暴躁脾气，改掉专横作风，带好州府官吏，发展地方经济。再娶之事孩儿如今无心顾及，待夫人回闽省亲之后再议不迟。"

见传珦如此说，钱王、传瓘亦不好再说什么，钱王遂改变话题问道："儿媳回闽省亲之事准备如何？"传珦回道："省亲之事已安排妥当，舟楫、行装、礼品已经备下，随行人员已经配齐，送父王离开明州后即可登船起行。"

当夜父子三人谈话直至深夜方歇。

次日清晨，传珦夫妇向父王、兄长请安，王夫人不免悲切落泪，钱王劝道："尔父小恙，料无大碍，尔父女多年不见，今番回闽，尔父必然精神大振，病体自然会好起来，待传珦处理完府中公务，随后即去福州，只要悉心调理，自会康复。我有书信一封带给尔父王，见信亦如谋面，情已在其中了。海上风急浪汹，船舶飘摇颠簸，恐有不适，以致头晕目眩，甚至呕吐不息，宜于船仓中静养，不可多动。路遥千里，切切保重。"传瓘亦吩咐了几句，王夫人遂向父王、王兄拜别。

吴越国王父子三人步入大厅，林鼎、裴坚、滕彦休以及府中属僚已聚集厅中等候，吴越国王向众人说道："此番巡视浙东圆满完成，所到之处，本王对各项工作都十分满意，尤其是明州海贸船埠、海船船厂，其规模、装备、技术皆居华夏之前列，系我明州府同僚协力同心工作之结果。台风季节过后，船队即可北航去新罗、日本。此航成功后，明年春或可南去林邑、真腊，航行顺利还可西去印度、大食等国，为发展我吴越国海外贸易立下功勋，本王等待诸位传来喜讯，届时将嘉奖有功人员。接下来本王将与传瓘、林鼎、裴坚三人南去雪窦山、四明山、沃洲山等地寻访贤人，当今我吴越百废俱兴，百姓思治，正是用人之际，经本王查明：唐昭宗大顺二年（891）及第进士二十七人，迁流于我吴越的有三人，其中第二名陈鼎受聘于前明州刺史黄晟，今已去世，十三名吴蜕曾任镇东军节度掌书记、右拾遗,亦已去世,赠官礼部尚书,第十名吴仁璧,曾为我杭州府宾客,后不幸于钱塘江落水而死;乾宁二年(895)进士沈崧,现任职于苏州府;乾宁四年(897)进士孙郃,唐亡后不齿为官,隐居于奉化山中;乾宁五年(898)状元羊绍素,唐亡后流落吴越,尚不知隐居何处;唐哀帝天祐三年(906)进士薛正明亦不知隐居何处。此外尚有青溪人方昊,字太初,唐亡,遁隐青溪岩谷中,本王曾数次招之皆为所绝,而今专心于聚徒讲学,号为静乐先生;苏州人司马无作,字不用,善诗词,工草隶,现于四明山为僧;明州人石延翰,长于书史,今隐居沃洲山白云谷。本王欲亲赴山中遍访贤达,恳请出山,为振兴我吴越效力,诸位同僚若有贤人信息亦不妨禀报本王,本王恳请他们出山效力。"

吴越国王等人来到埠头,传珦及众僚属随行相送,吴越国王于船头频频挥手,向众人告别。

顺奉化江逆水而上,不到两个时辰便到了奉化城,县令率领本县僚吏于埠头迎接。当日下午,县令率属僚向吴越国王汇报了本县吏治、民事、生产、治安诸等情况,无非是些日常琐屑,无甚重大事件。吴越国王一行人查看了仓廪库房,均与账册一一对应,案卷清晰,处理确当,吴越国王当下慰免了一番。

次日,传瓘陪同父王备了香火、随礼来到西郊山麓的岳林寺,看望王十九子传祁。住持和尚率领传祁等二百多名寺僧远出山门迎接,见礼毕,便引领钱王父子来到大雄宝殿礼拜佛祖,又去弥勒殿参拜弥勒佛。只见东廊契此圆寂处新修了弥勒殿,朱墙灰瓦,殿基高筑,气势雄伟,居大雄宝殿东厢。殿中弥勒塑像活似契此在世,肥头丰颊,喜笑颜开,坦胸挺腹,坐倚布袋,手数念珠,慈祥可爱。吴越国王、传瓘上前虔诚礼拜,礼罢,随主持和尚来到方丈室叙话,无非询问一些寺中情况、周边寺庙活动等等。主持和尚侃侃而谈:"自从契此法师圆寂西归,佛门乃至民间皆以为契此法师乃弥勒化身,从此本寺香火鼎盛,远近香客慕名而来。王世子入敝寺后,更是引得各地僧众纷至沓来,附近居士亦纷纷要求来寺剃度为僧,各地善男信女施赠田产财物不计其数,如今敝寺已有殿宇、僧房共九百九十余间,僧众二百余人,方才礼拜之弥勒大殿即系近年所新建。"吴越国王听了高兴说道:"弥勒佛降临贵寺传经布道,实乃贵寺之造化,亦是我吴越国之造化,切莫辜负了弥勒佛一片苦心,全寺僧众尚须秉承契此法师之精神,弘扬佛法,广度生灵,解苦救难,善结佛缘。"

说话之间,寺僧已领传祁来到方丈室,方丈道:"王世子来到敝寺,专心礼佛,悉心研经,数年来颇有长进,寺中所藏佛经已基本研读完毕,在二百多弟子中,王世子名列前茅。你们父子、兄弟多年不见,今日重聚,好生叙谈叙谈,我去安排素斋,午间就于此间用餐。"说完,住持和尚拜别吴越国王离去。

房间中留下父子三人，传玙重新见礼，传璹上前扶起，拥于胸前，一股莫名忧伤涌上心头，传玙却不知所措。三人各自就坐，钱王询问传玙入禅门后的生活起居状况，传玙只是一问一答。钱王又问这数年来主要做些什么？传玙回答主要就是学习佛经。一说起佛经，传玙便打开了话题，滔滔不绝，侃侃而谈，从大乘佛教到小乘佛教，从金刚经、法华经、楞伽经、圆觉经……说到华严经，从天台宗、三论宗、法相宗、华严宗……说到禅宗，说得钱王、传璹似懂非懂，晕晕乎乎，欲插嘴打断话题都不能够。传璹递过一杯茶，趁传玙喝茶之机说道："儿时兄弟们相聚一堂，共读经书，互相辩论，其乐融融，其时数兄弟最小，常常独坐一隅，一言不发，关键时刻却总是语出惊人。有一次，众兄弟多说长大后要领兵打仗，扫平天下凶顽，或说长大后要治国平天下，唯独兄弟却说长大后要教化众生弃恶扬善，创造出一个平等和睦的人间天堂。此语一出，兄弟们都张口结舌，满堂惊讶。还有一次，兄弟们于凤凰山上游玩，突然发现一只山兔蹲于洞口，兄弟们欲抓住山兔，山上山下追赶奔跑，却总是捉不着，后来大家分散将兔子包围，山兔力竭，躲藏于灌木丛中，终被抓住。又找到洞穴，于洞中捉出三只幼兔，众兄弟高高兴兴欲带回府中杀了吃肉，只有兄弟你却哭哭啼啼，央求众兄弟将幼兔放生，最后幼兔被你饲养于府后花园之中，数月后幼兔长大，遂将其放回山中，兄弟真乃心善之人。"传玙却说道："儿时故事，记忆已经恍如隔世，记不得了。"父子三人相聚半日，却已找不到共同话题。

当晚，吴越国王父子俩别过方丈来到馆驿中歇息。吴越国王因见传玙如此状态，心中怏怏不乐，传璹心中亦是凄然，数年不见，一个好端端的兄弟，除了佛经竟变得如此木讷。传璹见父王心中不快，便劝道："十九弟自幼慈悲，性格孤僻，进入佛门乃是自得其所，或许将来于佛门中会有造诣。"吴越国王道："算来传玙今年已经二十有八，也近而立之年，其性格、趣向、理想等等已基本固定，难以改变，人生之路由他自己去走吧！"

此次浙东之行，吴越国王途经三个儿子住地：越州传璹，工作表现令人满意，却于一年前英年早逝，留下孤儿寡母，颇感凄凉；明州传珦工作亦称得力，但吏治过于严急，今年三十有七，尚无子嗣，难免心中郁闷，常把闷气撒向下属，使僚属渐趋疏远，长此以往难有作为；奉化传玙遁入空门，性格孤僻，不善交往，恐怕无所作为。想到此，吴越国王不免长叹数声，一夜难眠。

第四十四回　涉剡溪追寻先贤之旅　顾陋舍诚邀隐士出山

连日来,林鼎、裴坚等于奉化走访了许多人,终于访得隐居于雪窦山的贤士孙郃之居处。

孙郃,字希韩,明州奉化人。自幼聪颖好学,博识高才,略有几分傲岸,乾宁中登进士第,曾任河南府文学左拾遗。唐亡后遁归吴越,隐居于雪窦山,潜心著书立说,著有《春秋无贤人论》等,凡著书所用纪年只书甲子,不用帝号,以示对现朝廷不臣之意。今录其诗三首,可见其为人。

《古意二首》:

屈子生楚国,七雄知其材。介洁世不容,迹合藏蒿莱。

道废固命也,瓢饮亦贤哉! 何事葬江水,空使后人哀。

魏礼段干木,秦王乃止戈。小国有其人,大国奈之何。

贤哲信为美,兵甲岂云多! 君子战必胜,斯言闻孟轲。

《哭方玄英先生》:

牛斗文星落,知是先生死。湖上闻哭声,门前见弹指。

官无一寸禄,名传千万里。死著弊衣裳,生谁顾朱紫。

我心痛其语,泪落不能已。犹喜韦补阙,扬名荐天子。

清晨,吴越国王等人备了礼品,策马向雪窦山进发。从奉化西行到剡溪溪口不过四十余里,过了溪口便进入雪窦山,山中林木森森、泉水潺潺,山岩上处处苔藓湿滑,看似不常有人行走。约莫行了二十里山道,一行人来到一较为平坦空旷之处。旷场左侧乃是绵延数里绝壁,谷深百丈,号称千丈岩。旷场中间有东、西两涧会合于锦镜一池,流至崖口凌空怒泻而下,跌至半崖与悬岩相搏,化作怒珠四射飞溅,如雾如雪,引得七彩霓虹围绕其间。崖谷间轰隆隆回声如同雷霆,激荡不绝,涧水继而激冲而下泻入谷底深潭,最终流出谷口汇入剡溪之中。宋人王安石曾作诗赞道:

拔地万重青嶂立,悬空千丈素流分。共看玉女机丝挂,映日还成五色文。

元代"江南夫子"戴表元亦有诗赞道:

匡庐亦有千寻瀑,无此陵虚翠玉台。身倚老松天上立,眼看飞鸟雪中来。

北宋文学家、史学家曾巩有诗赞道:

玉虬垂处雪花翻，四季雷声云月寒；凭槛未穷千丈势，请从岩下举头看。

身临此景，众人流连不忍拔步。

吴越国王命人去右侧雪窦寺中询问孙郃踪迹，回道："尚需西行二十里再行询问。"

西行里许便是天柱峰，形如蹲狮，峰顶平坦，两面皆百丈深渊。向东回眸，深渊之外却是谷口平原，阡陌纵横，平台背后乃茂密松林，郁郁森森，真是修心养性的好去处。继续沿山路曲折西行，再过数里，便到"三隐潭"：下潭只不过是乱石滩一片，下瀑由高丈许的石滩上急流而下，滩前瀑布下只有一汪不深的积水；曲折上行数百步，即是一道十余丈高的山岩，凹隐处便是中瀑，于山林荫蔽中有巨石横卧，瀑布由石上喷泻而下，冲击中潭，声如雷吼；再盘旋拾级向上数百步，只见两边峭壁悬崖犹如泰山压顶，石级左侧却是深豁急流，发出轰隆隆怒号，人行其间不敢迈步，好在深豁一侧架设了护栏，才得扶栏挪步前行。转过一道山弯，壑间深隐处一道瀑布自密林洞间喷薄而下，落入深潭之中，潭面溅起一片白茫茫水雾，飘出隐豁来，发出呱啦啦怒吼，煞是吓人。北宋诗人梅尧臣有《三隐潭》诗曰：

山头出飞瀑，落落鸣寒玉；再落至山腰，三落至山足；欲引煮春山，僧房架剞竹。

沿山道继续西行十来里，来到徐凫岩，相传此处曾有仙人修行，成道之日驾凫徐徐升空而去，故而后人称之为徐凫岩。只见悬崖壁立，高百余丈，于两边悬崖交折处腾涌出一溪飞瀑，以排山倒海之势、雷霆万钧之力喷泻于深潭之中，飞溅起半崖云雾，气势磅礴，声若炸雷，回声和鸣，蔚为壮观。后人（明）宋琰有《徐凫岩》诗云：

银河一脉泻中天，地胜庐山瀑布泉。脱骨有仙今不返，老松玄鹤自有年。

众人来到崖上，只见周围群峰拥立，古木森森，云雾飘忽，鸟鸣啾啾，果然是一处怡情养性的幽静之所。

经过一番周折，终于觅得一处院落，扣开柴门问清确是孙郃居处，传瓘遂请回禀主人吴越国王来访。

不多一会儿，一位五旬老者走出，自称就是孙郃，但见生得面目端庄，须眉花白，步履稳健，动作敏捷。传瓘上前深施一礼，向孙郃介绍了吴越国王，并说明有事与孙老商量。孙郃连忙将众位大人让进前堂，又请吴越国王上坐，钱王不肯，遂分宾主而坐。孙郃一面命家人献茶，一面探寻问道："大王若有公干，命人下旨就是，何必劳动王驾千里迢迢来到这穷山僻壤，万一王上于山野间出点意外，山朽之罪大也。"

吴越国王道:"本王早就闻得孙大人对朱温弑帝篡唐义愤填膺,脱冠解裳辗转归隐吴越,以此曾屡次修书请孙大人出山屈就任职,孙大人屡屡谢绝。当时我吴越边境多事,尚不安定,国中百业待兴,国弱民穷,以此不好过于勉强。如今边境安定已有多年,诸业振兴尽显端倪,正是整顿吏治,需用大量人才之际,故此特来恳请先生出山,为我吴越百姓效力。"

孙郃道:"当今之世分崩离析,藩镇互相攻伐,弱肉强食,哪里容得下一方平安净土,世外桃源。我吴越虽恪守'保境安民'之策,绝不兴兵侵犯邻国,然杨吴却始终虎视眈眈,屡欲犯境,不容我百姓安生。吴越地窄国小,又无强国依靠,欲维持长治久安实非易事,尚须依仗武力保卫家园。山朽一介书生,上阵无力领兵打仗,坐镇不能运筹帷幄,于王上、于吴越实在百无一用。"

林鼎道:"先生所言或许十数年前却是如此,如今已非昔日可比。王上高瞻远瞩,于苏州、湖州都开发了军垦屯田,从大江岸边的梅李镇到苏州、吴江,从太湖边的乌戍到湖州,累计共驻有三万屯垦大军,平时垦殖农田,维修水利,战时提枪持戟上阵杀敌,足可确保我北疆平安。都城之西有安国衣锦军,日夜注视着西疆动静,一有风吹草动立即驰赴疆场。南边与闽王修好,共遵'保境安民'之策,经常互派使节往来。此外各主要府县均已修固城池,以备战事。十余年来,我吴越还从契丹等国购买了数千马匹,加上本国繁殖,已有战马三万余匹。水军则拥有大小战船千余条,以此贞明五年(919)杨吴大举进兵犯我苏州,却被我水军包围于狼山江一举全歼,从此威震杨吴,迫使其不得不与我和睦相处。先生尽可放心,我吴越虽然地窄国小,却是地丰民殷,国力强大,军威远扬,足可自保。"

传瓘接着说道:"如林大人所言,从军事上我吴越已足可保境安民,然王上之志绝非仅仅是保境安民,而是要强国富民。王上主政两浙以来,一面实行保境安民,一面着力发展经济:先是兴修水利,开平四年(910)发动数万军民兴修捍海石塘,确保钱塘江沿岸人民生命安全,而后发动杭州军民疏浚西湖,广开水井,继而又调发军民兴修苏州东部上、中、下三河,畅泄太湖潴水,此外还修整了明州东钱湖、越州鉴湖等;治好水利即广兴农桑,于苏州、湖州沼泽草地实行军垦、民垦,兴修圩田,于睦州、婺州鼓励开垦山间荒地,制定移民垦田免税、农田按收成计税等政策,扶助发展农桑;而今各地农业丰稔,王上又着手发展农产品加工业和其他手工业,命我等随行来浙东考察酿酒、丝绸、茶业、制瓷、煮盐等生产状况,以期取得更快发展;百业兴盛之后,各类产品仅于吴越境中销售销路有限,以此又命人修造海船,不久即可远航,届时我吴越产品将源源不断销往海外,既打开产品销路,又可换回所需物资,不仅经济将更上一层楼,国威亦将远播海内外。伴随我吴越日渐民富国强,百姓将不再仅仅满足于物质的富裕,亦将期盼丰富多彩的文化生活，以此需要大竖文明教化之风，需要流传大量的书稿、典籍，兴办学馆，倡导儒学，发展佛道，使我吴越成为文明之国，教化之邦。希韩先生，我吴越有如此多事情需要我辈去做，正是四方贤达大显身手之时，难道先生就不想在此大洪流中显一显先生之才，扬一扬先生之德？"

孙郃早年曾经怀揣一腔报国之志投身仕途，却逢国家战乱，虽满腹经纶，终是报国无门，不得已才避居山中，如今传瓘所言不正是他年轻时之抱负吗？他心中不免热血沸腾起来。但孙郃毕竟已隐居多年，清净惯了，加之以前曾多次拒绝过吴越国王的礼聘，颜面上亦有些不便，遂懒懒说道："众位大人所言令山朽茅塞顿开，只是山朽离开官场已久，官场之事早已淡忘，且又年迈，老眼昏花，体弱多病，还是于山林之中颐养天年、终老残生罢。"

裴坚道："孙先生之言有失偏颇，我们大王年已七十有四，尚且骑乘行舟千余里，翻山越岭不辞艰辛为吴越兴盛奔波，先生不过五旬有余，如何就说得年迈。"

孙郃自知失言，连连道："山朽方才失言，怎敢在王上面前言老，请王上恕罪。"

传瓘又道："方才先生说到无力领兵打仗，不谙官场之道，若果然如此，不妨考虑就职于秘书监，任著作佐郎、校书郎等文职，如此即可以从事自己擅长的工作，还望先生斟酌。"

话已说到这般地步，孙郃再无推托之辞，沉思片刻后道："今日天色已晚，本当请王上与列位大人于寒舍屈就一宵，怎奈山间茅舍地窄室小，实在容不下许多人，附近又无村舍，还请王上与列位大人去雪窦寺借宿，出山之事容山朽冷静思虑，明日再回禀王上。"

吴越国王知道孙郃已有出山之意，乃道："如此甚好，明日就在雪窦寺中静候先生佳音。"

孙郃送吴越国王一行人下山，直至三隐潭路口方依依惜别，目送众人离去。

次日清晨用罢斋饭，只见孙郃牵马驮了行装来到雪窦寺，见到吴越国王便欲行君臣之礼。传瓘眼捷，忙上前扶住说道："孙大人不必如此行大礼，我等数人出宫巡视，于路上皆是同路之人，不必计较君臣之分。"

吴越国王问孙郃一夜思虑结果如何，孙郃说道："昨夜一宵未眠，先是辗转反侧回味诸位大人所言，王上之雄才大略着实令人钦佩。随后想到汉末刘玄德三顾茅庐乃是于穷困潦倒急需辅佐之时，而王上千里迢迢不顾艰辛来到山庄却是在吴越已经人兴才济、兴旺发达之际。山朽不过一介庸才，却蒙王上如此深恩厚爱，如今唯有为国施展绵薄之力以报王恩。山朽只是在朱温弑帝篡唐之时曾落过感伤之泪，昨夜却因王上深山访朽再次落下感动之泪，王上如此恩德，山朽岂能再敷衍推托，半夜子时索性起床整理行装，待到天明即告别家人投奔大王。"

吴越国王道："只要决定报效家乡百姓就好，何必如此匆忙行事，你可先回家中，待本王下山再打发人来迎接先生。"

孙邰道："四明山中诸位先生与山朽多有交往，山朽与王上同行，一可为王上引路，二可协助王上劝说诸位，岂不更好？"

当下众人收拾行装，说说笑笑走下山来，到得溪口，乘竹排逆剡溪向剡县撑来。这剡县当时包括现今的嵊县与新昌县，剡溪则有两条：一条发源于剡县西南诸山中，流经西乡平原汇集诸多溪水，经县治折向北流，过三界镇出县境即为东江或曹娥江，当代"唐诗之路"所称剡溪既是此溪；另一条发源于剡县东部（今新昌）与奉化交界处之剡界岭，向东北流经溪口，出奉化县境即为奉化江。剡县东南边界处有天姥山，再往东过县界即是天台山主峰，天姥山、天台山皆是"唐诗之路"名山。

众人乘竹筏缓缓向南撑来，只见溪水两侧群山丛列，或近或远，或高或低，山上、溪边林木森森，或高或矮，或疏或密；溪水淙淙向北流去，时急时缓，时窄时宽；林间鸟鸣叽叽喳喳，似欢似笑，似悲似啼，恰似进入世外桃源。唐代诗人施肩吾有诗赞道：

越山花落剡藤新，才子风光不厌春。第一莫寻溪上路，可怜山水爱迷人。

竹排沿剡溪曲折南行，撑过九道弯，众人在剡溪源头登岸，又翻过剡界岭进入剡县地界，再寻了几匹马，即策马南行向天台山奔去。

傍晚时分来到天台山国清寺，国清寺住持乃天台宗十三祖清竦尊者，原是天台本地人，以此对天台山极为熟悉，遂召集十来位高僧于次日早晨用过早斋后陪同吴越国王一行人一起参拜诸佛，继而游览天台山风光。

天台山上"华顶归云""石梁飞瀑""双涧回澜""寒岩夕照""赤城栖霞""琼台夜月"等等景观目不暇接，唐代诗人观景抒情写下了许多赞美之诗，有孟郊《送超上人归天台》：

天台山最高，动蹑赤城霞。何以静双目，扫山除妄花。
何以洁其性，滤泉去泥沙。灵境物皆直，万松无一斜。
月中见心近，云外将俗赊。山兽护方丈，山猿捧袈裟。
遗身独得身，笑我牵名华。

有李绅《华顶》诗：

欲向仙峰炼九丹，独瞻华顶礼仙坛。石标琪树凌空碧，水挂银河映月寒。
天外鹤声随绛节，洞中云气隐琅玕。浮生未有从师地，空诵仙经想羽翰。

有李郢《重游天台》：

南国天台山水奇，石桥危险古来知。龙潭直下一百丈，谁见生公独坐时。

有曹松《天台瀑布》：

万仞得名云瀑布，远看如织挂天台。休疑宝尺难量度，直恐金刀易剪裁。

喷向林梢成夏雪，倾来石上作春雷。欲知便是银河水，堕落人间合却回。

漫步于名扬天下的仙界佛国，令人心旷神怡，诗情大发，吴越国王乃提议，请清竦禅师于明日召集寺中高僧设斋会，众人各进一诗，命题不限，或论证说法，或经天纬地，或颂景抒怀，或借景叙事，各抒情怀。

次日，清竦禅师于"石梁飞瀑"左侧坡上摆设斋会，众高僧边赏景边用斋，边构思边吟咏，不到一个时辰便陆续交上诗稿。吴越国王、传璟等人一一评点，皆是写景抒情之类，现录其中几首供读者鉴赏：

南有天台事可尊，孕灵含秀独超群。重重曲涧侵危石，步步层岩踏碎云。

金雀每从云里现，异香多向夜深闻。当知此界非凡界，一道幽奇各自分。

仙源佛窟有天台，今古嘉名遍九垓。石磴嵌空神匠出，瀑泉雄壮雨声来。

景强偏感高僧上，地胜能令远思开。一等翘诚依此处，自然灵贶作梯媒。

智泉福海莫能逾，亲自王恩运睿谟。感现尽冥心境界，资持全固道根株。

石梁低矗红鹦鹉，烟岭高翔碧鹧鸪。胜妙重重惟祷祝，永资军庶息灾虞。

凌晨迎请倍精诚，亲散鲜花异处清。罗汉攀枝呈梵相，岩僧倚树现真形。

神幡双出红霞动，宝塔全开白气生。都为王心标意切，满空盈月瑞分明。

从文学角度而言，上述作品皆算得佳作，吴越国王遂一一给予奖励，亦自吟一首《和高僧惠韵》，道：

岚高照目前，山下有蒙泉。云阁连天际，银河傍斗边。

凉风宜散暑，清景好安禅。况是江山固，崇墉保万年。

众僧听了交口称赞。

吴越国王设斋会赋诗之本意在于发现忧国忧民之良才，从所献之诗来看却一无所获，乃又欲引导众位高僧座谈天下大事、国计民生、儒释经典、文化艺术等等。众高僧却只讲佛道，不谈政事，只说佛经，不论经济，只提佛缘，不涉民生，只举佛法，不问民安，吴越国王颇感失望。

辞别国清寺，众人在孙郃引领下策马向西北行去，过了天姥山，至沃洲山白云谷不过五六十里。一路上山弯岭绕，云腾雾飘，泉鸣苔滑，林深树高，许浑有《早发天台中岩寺度关岭次天姥岑》诗赞道：

来往天台天姥间，欲求真诀驻衰颜。星河半落岩前寺，云雾初开岭上关。

丹壑树多风浩浩，碧溪苔浅水潺潺。可知刘阮逢人处，行尽深山又是山。

又有耿湋《登沃洲山》诗：

沃洲初望海，携手尽时髦。小暑开鹏翼，新莫长鹭涛。

月如芳草远，身比夕阳高。羊祜伤风景，谁云异我曹。

半日工夫，众人来到石延翰隐居之所。

石延翰，明州人，父石谕，兄延俸，皆任职官府，地位显贵。延翰生逢乱世，眼见强藩互相攻伐置民生于不顾，以此耻于与强藩为伍，遂隐居沃洲山白云谷，终日以书史自娱，人称"白云先生"。

孙郃上前叩门，高呼"雪窦山希韩造访"。柴门开处，只见一位白发苍苍、步履蹒跚的老翁迎出门来，看年岁已近七旬，孙郃忙向吴越国王引见："这位即是白云先生。"又向老者介绍："这位是当今吴越国王，特来寻访山中隐士。"又一一介绍了几位同行大人。延翰连忙将众位客人让入草堂，吴越国王仍按宾主座次就坐。

吴越国王先向延翰问安，随后说明来意，诚请先生出山为吴越百姓效力。延翰向吴越国王表示谢意，但因老迈多病，已无意出山。传璙等人又轮番劝说道："若先生确因年老体弱不愿任职官场，亦不妨迁居都城，一来晚辈们好随时请教，二来于都市中颐养天年亦较这草莽山林舒适些。"延翰却宁愿老死山林。吴越国王体谅延翰确实老迈体弱，且已习惯山林之中幽静生活，遂命随从留下数月生活资金而后告辞。

出得白云谷，乘竹筏顺水向西北漂流大约个把时辰来到石城山，此处有远近闻名的石城古刹，众人上岸前往瞻拜。经过解开岩，不远处便是山门，石城寺方丈已经率领本寺僧众于山门外迎候。进得山门，只见诺大一片放生池，三面环山，山水尽汇池中，池边老树新花，池中曲堤草亭，水面莲荷摇曳，水里鱼游龟静，一派极乐世界自由景象。穿过天王殿，绕过崖脚便来到弥勒内院，只见内院之北有千尺石壁，崖顶芳树馥郁，犹如天然华盖，僧护、僧俶、僧祐三代僧人花费三十年时间于石壁中央凿出了高约七八丈，宽六七丈的石窟，居中雕璨成一尊硕大的弥勒石佛。弥勒跏趺而坐，通高五丈半，佛头高丈六，双目微睁，俯视众生，方脸宽额，隆鼻薄唇，睿智慈祥，庄重沉稳，衣着整齐，通体饰金，与后来哈拉菩萨形象形成鲜明对比。为了保护大佛，于佛龛外盖起五层殿宇，雕梁画栋，翘角飞檐，脊兽玲珑，灰瓦红墙，更显得庄严肃穆，气势恢宏。又于大殿两侧山崖间凿出两条步廊，直通大殿上层佛像头部。孟浩然作《腊月八日于剡县石城寺礼拜》诗赞道：

石壁开全像，香山倚铁围。下生弥勒见，回向一心归。

竹柏禅庭古，楼台世界稀。夕岚增气色，馀照发光辉。

讲席邀谈柄，泉堂施浴衣。愿承功德水，从此濯尘机。

唐诗人张祐亦有《石城寺》诗曰：

山势抱烟光，重门突兀傍。连檐金像阁，半壁石龛廊。

碧树丛高顶，清池占下方。徒悲宦游意，尽日老僧房。

众人参拜完毕，又随方丈步出山门来到千佛禅寺，只见谷幽崖陡，松竹叠翠，黄墙灰瓦，香烟缭绕。进得寺门却并无殿堂，只在山崖上凿成了一个椭圆形石窟，宽阔敞亮，可容纳数百人。石壁中央是释迦佛祖跏趺而坐，前下方有观世音菩萨，两侧佛龛中齐齐整整、密密麻麻端坐着千余尊小石佛，高仅数寸，精雕细刻，神态各异，栩栩如生，乃南齐永明年间所刻。众人看了不禁啧啧称奇，大佛殿与千佛洞相去仅数百步，大佛像高是小佛百倍，而小佛数量竟达大佛千倍。大佛寺殿高宇阔，庄严肃静，千佛洞却无殿无廊，简约而齐整，然雕凿之工巧却同样是如此精细，其创作者真是匠心独具。

出得千佛禅寺拾级而上，经过翠浪亭、回音壁，一路步步登高，到得顶峰，登上棋盘阁，石城及石城寺全景尽收眼底，佛界、人间仅此一山之隔。

众人当晚就于石城寺歇息，次日一早又策马北行，大约一个多时辰便来到四明山中。一路只见峰峦叠嶂，山道陡险，飞瀑鸣泉，树高林深，猿声呼应，鸟鸣婉转，山岚阵阵，寒气逼人，唐人施肩吾有《寄四明山子》诗叹道：

高栖只在千峰里，尘世望君那得知。长忆去年风雨夜，向君窗下听猿时。

又有《同诸隐者夜登四明山》云：

半夜寻幽上四明，手攀松桂触云行。相呼已到无人境，何处玉箫吹一声。

有孙部领路，很快便寻到四明禅寺，见到司马先生。先生名无作，字不用，复姓司马，苏州人氏。早年曾悉心攻读诗书，善书草隶，爱吟诗词，性略孤傲，不进官场，不谒王侯，自号"逍遥子"。自朱温篡唐，司马先生便入四明禅寺削发为僧。

经孙部引见，众人礼毕即分宾主坐定，司马先生须发皆白，年岁约较吴越国王小不了几岁，却是脸色红润，声音洪亮，动作敏捷，步履稳健，不似七旬老人。吴越国王先是动问先生生活起居、日常喜好、山寺活动、身体健康诸等情况，随后切入正题，讲到中原争战不休，民不聊生，讲到吴越保境安民，百业俱兴，讲到国中广揽人才，教化民众……。先生初时尚低头静听，渐渐便闭目养神，最后竟沉沉睡去，吴越国王只好作罢。孙部知道无作先生对邦国军政之事已经漠不关心，见如此情形，便将原想劝说的肺腑之言也咽了回去，传瓘等后生之辈更是不便插言。无作先生见众人不再说话，便睁眼起立，拿来文房四宝写下《谢吴越王诗》：

云鹤性孤单，争堪名利关。衔恩虽入国，辞命却归山。

吴越国王看了心里清楚，这位先生年事已高，且固执如此，一是不易说动他出山，二是既使出山亦不能大用，因此不再勉强，只是祝福先生颐养天年。

出得四明禅寺向山下缓步而行，一路众人无话，气氛沉重，吴越国王道："人各有志,不可勉强,无作先生出家数十年,早已习惯于梵门生活,要他突然改变确非易事,大家应予体谅。"众人遂渐渐释怀。

剡县因剡溪由西向东绕过南边城池而得名,剡溪源头有四:一为剡源溪(长乐江),发源于大磐山,汇集西乡诸山之水向东北直至县城;二为澄潭江,发源于天台山,汇集南乡诸水向北直至县城;三为新昌江,发源于天姥山,流向西北,经石城山至县城;四为黄泽江,源于四明山,汇集东乡诸水向西奔流直至县城。四水汇聚,水量大增,浩浩荡荡、曲曲弯弯向北流去,即为闻名"唐诗之路"的剡溪。众人于剡县登船,顺剡溪向北驶去,因诸事已毕再无牵挂,又置身于"唐诗之路"中段,心情格外轻松愉快。轻舟驶离城池,水面逐渐开阔,溪水平静如镜,不远处一叶竹筏漂浮水面,数只鱼鹰于水中似箭般追逐游鱼,近岸处新发芦苇丛丛列列,三五白鹭隐立苇间寻鱼觅食,云雾间又有三两鸬鹚从容翱翔,好不逍遥自在。王维有《皇甫岳云溪杂题五首·鸬鹚堰》诗赞道:

乍向红莲没,复出清蒲飏。独立何褵褷,衔鱼古查上。

又有杜牧《鹭鸶》诗赞道:

雪衣雪发青玉嘴,群捕鱼儿溪影中。惊飞远映碧山去,一树梨花落晚风。

驶过开阔江段,江面渐窄,水流渐急,四明山、会稽山从东西两面逼来,两岸林木森森,林间岚雾沉沉,迎面习习寒风,江中滔滔水声,四顾景色骤然不同。

轻舟顺流而下来到仙岩镇,贞元年间(785—804)越州云门寺律僧灵澈曾邀集秘书监包佶、吏部侍郎李纾、婺州赵中丞、处州齐谏议、明州李九郎,还有路应、李缜、戴公怀、孟翔等十余人共游剡溪,观赏仙岩瀑布,写下仙岩瀑布十四韵数首,其中李缜《奉和郎中游仙岩四瀑布寄包秘监李吏》曰:

……

晴光散崖壁,瑞气生芝兰。中有四瀑水,奔流状千般。

风云隐岩底,雨雪霏林端。晶晶含古色,飕飕引晨寒。

澄潭见猿饮,潜穴知龙盘。坐憩苔石遍,仰窥杉桂攒。

……

传瓛命人下船去镇中叫得两乘便轿,请父王与孙郃乘轿,自己与其余人步随其后,从容走上山来。只见山道弯弯,步步登高,荒草漫漫,林深树茂,密林深处猿呼猴叫,好一派原始森林景象。爬上几道山岭,林木逐渐疏朗,只见峰峦峥嵘,崖壁陡峭,便有哗啦啦水声传来。再转过一道山梁,于山湾深处便隐隐见到一线瀑布从山崖间泻出,传来阵阵轰鸣声。及至跟前,只见崖壁间抛出一匹白练,腾空飞下,直冲崖下潭中,水面上泛起团团的水花向四周扩散,瀑水撞击水面发出轰隆隆巨响。继续向上攀爬,约百余丈又是一道瀑布,溪水自崖间奔腾而出,顺崖壁陡坡急泻而下，有数多岩石散乱分布其间，瀑布被割裂成数道，分分合合，远望之犹如一匹花布。继续前行约莫半炷香功夫便是四瀑布之首的仙岩瀑布，只见三面绝壁，高达百丈，仰望崖巅，于中间深凹处窜出一条银白色巨龙，直冲崖底深潭。山风乍起，于三面崖壁间卷起一股旋风向崖顶呼啸而去，将银瀑刮得扭曲飘忽不定，活似腾螭游龙。瀑水猛击水面，搅得潭中水花四起，飞沫蒸腾，发出暴雷般巨响。山风吹过，瀑布漂移，潭面水花亦随之游移，于潭面上亦泛起数条白色游龙，曲曲弯弯变化无穷，飞龙、游龙相聚一堂，众人见了无不叫绝。继续向上攀爬前行，只见山间云雾飘忽，岩林飘渺，前面又传来隆隆飞瀑之声，却因云遮雾罩而不见踪迹，直到跟前才看清了瀑布从云雾间倾泻而下，跌落深潭后又向飘渺世界流去，仿佛置身于天界仙境，令人遐思不迭。

返回剡溪继续前行，只见两岸峭壁对峙，江水从悬崖间翻卷奔腾，轻舟随波逐流而下，数多燕子贴近波涛，于山崖间穿梭飞掠而过。前面突然受山崖所阻，江水怒激崖石，于崖下咆哮翻腾急转向东奔腾而去。崔颢有《舟行入剡》诗曰：

　　鸣棹下东阳，回舟入剡乡。青山行不尽，绿水去何长。

　　地气秋仍湿，江风晚渐凉。山梅犹作雨，谿橘未知霜。

　　谢客文逾盛，林公未可忘。多惭越中好，流恨阅时芳。

朱放有《剡山夜月》：

　　月在沃洲山上，人归剡县溪边。漠漠黄花覆水，时时白鹭惊船。

杨凌有《剡溪看花》：

　　花落千回舞，莺声百啭歌。还同异方乐，不奈客愁多。

船过三界镇即出剡县界，因有四明山、会稽山诸水汇入剡溪，水势大增，汇成曹娥江，浩浩荡荡向北流去。

吴越国王一行人顺利返回杭州，至此视察浙东百业、访贤揽才、游历"唐诗之路"之旅遂告完成，历经数月，行程千余里。

回到宫中，传瓘与吴越国王商议后，按照孙郃本人意愿任其为校书郎。孙郃共出文集四十卷，小集三卷，终偿平生所愿。

吴越国王又命沈崧安排人摸清吴越各州县学馆现状，大力倡导兴学育人。

第四十五回　失信义存勖遭兵变　孚众望嗣源继大统

一日，传瓘与吴越国王商议完国事，再次向父王举荐林鼎、裴坚，欲委以重任，吴越国王沉思良久说道："王者用人犹如垒石，基广顶窄层层递减方能稳固，若非如此必致坍塌。石有坚硬脆弱之不同，人亦有贤能愚钝之分别，用人之道在于选贤用能，非贤非能者只能处于底层，有贤有能者置于其上，高贤高能者更署于上，唯圣贤智能者可以统揽全局。低能高贤者须有高能高贤者帮助提携，高能低贤者须有强能高贤者予以节制，而高能非贤者却切不可轻信重用之。再者，人之贤能愚劣往往会随所处地位权势、环境条件不同而变化，尤其遇有大变动时更是如此。如今我吴越以杜建徽、沈菘为相，他们正值年富力强，又历经多年征战，出生入死，治国理政，出谋划策，为国为民忠心耿耿，非旁人可比。其后有皮光业、曹仲达、鲍君福，还有你兄弟传懿、传璙、传球、传珣、传珍等，这些人无论经历、能力、业绩皆与此二人比肩，若此二人拔之过快，恐会引起同僚矛盾，对其成长不利。不如于基层各个方面多磨炼几年，使其积累经验，创建业绩，然后逐年擢升，待为父引退，尔辈执政之时再晋升要职，届时二人必尽心效力于尔，于同僚之中亦可避免以少年老臣自居之虞，以免滋生矛盾。"传瓘听了心悦诚服，道："父王教诲极是，儿臣谨遵父命。"

同光三年（925）秋八月，唐廷终于遣正议大夫、尚书、上柱国、赞皇郡（县）开国男、赐紫金鱼袋李德休等人持节备礼，奉"吴越国王之印"金印、玉册及沿身礼物、衣冠、佩剑等来到杭州行授玺礼，册曰：

维同光三年，岁次乙酉，八月，辛酉，朔，二十七日，丁亥。皇帝若曰：王者，惠济黎元，辑宁方夏，重名器，任股肱，忠而能力则礼崇，赏不失劳则人劝，所以启周公之土宇，裂汉祖之膏腴，录彼茂勋，真之异数，登进贤哲，焜煋事功也。天下兵马都元帅尚父守尚书令吴越国王钱镠，朝海灵源，承天峻岳，以英风彰德望，以勇气赞忠贞，往因义举之徒，盛推韬略，遂著龚行之绩，高步藩维。挺鱼鲲鸟凤之姿，拥岸虎水龙之众，居方面任，将五十年。宣导休声，攘除凶丑，摧坚奋锐，鄙许东固围之谋，阜俗颁条，广冀北安居之颂。环堑浙江之要，云滋星纪之墟，说礼敦诗，位崇元帅，前茅後劲，名重中权。守画一之规，奉在三之节，信立靡移於风雨，义行曷倦於津涂。效珍则不顾险难，荐币则常归宰府。振英谟而端右弼，钟懿号而异列藩，可谓职贡不乏，梯航时至，翼戴天子，加之以恭也，载念尊奖，爰示徽章。今遣正议大夫守尚书吏部侍郎上柱国赞皇县开国男食邑三百户赐紫金鱼袋李德休，使副朝议郎守起居郎充史馆修撰赐绯衣鱼袋聂舆持节备礼，胙土苴茅，册尔为吴越国王。於戏，地画数圻，赋过千乘，墨守阃阆之境，轨围句践之封。子弟量才序进，多分於荣戟，土疆渐海方输，岂限於鱼盐。贵盛富强，虽古之封建诸侯，礼优夹辅，不加於此。慎厥初，图厥终，无以位期骄，无以欲败度，钦承赐履，翼予一人。

礼毕，吴越国王宴请李德休等钦差，席间李德休道："唐主召集群臣廷议如何封赐大王时对群臣道'朕于学堂时即闻尚父之名，宜以优厚之礼尊之'，并命准备册礼，而有司却只备竹册、铜印，唐主乃对有司道'尚父乃三朝元老，不应以人臣对待，何况前朝已经封王，我朝宜尊于前朝才是'，遂赐以玉册、金印，并赐红袍御服、佩剑礼物一副，以示恩宠。"吴越国王早已知晓赐印过程及朝廷办事拖沓之情况，但出于礼节，仍然万分感谢唐主龙恩。

该年端午节之时，吴国国主杨溥派使者王浩向唐国进献银器、锦缎、纱縠、细茶、簟扇、龙凤纱蚊厨等物，其时吴越国王、传瓘等因东巡未回而不曾进献。今值唐帝遣使赐封赠礼，吴越国王遂命传瓘、传璙各自备礼，计有金银器、锦绮、御衣、犀带、九经书、汉唐书等，又有佛头螺子青、山螺子青、婆萨石蟹子、空青等，遣使送至洛阳以示谢恩。

唐禅梁时，蜀王王建割据三川（指剑南西川、剑南东川、山南西道）自立称帝，定都于成都。贞明四年（918）王建因病去世，太子王衍嗣位，登基后奢侈淫靡，大兴土木，委政于宦官、狎客，纵容太后、太妃卖官鬻爵，致使朝政败坏，贪腐成风。王衍还常常率大队人马在蜀地四处巡游，强制沿途州县供应食宿，百姓苦不堪言。晋灭梁威震天下，岐、楚、吴越、闽、南平等割据政权纷纷入贡称藩，王衍却倚仗蜀地艰险不肯臣服，唐帝李存勖遂心生灭蜀之意。同光二年（924年），唐客省使李严出使蜀国，趁机刺探蜀中虚实，归国后极力主张伐蜀，称其已有亡国之象，以此更坚定了唐帝出兵灭蜀的决心。八月，唐帝复遣使者李彦稠入川，表示要与蜀国修好，以此麻痹王衍，王衍信以为真，不仅派翰林学士欧阳彬为通好使出使唐国，同时还撤除了驻守于两国边界的重兵守备。

同光三年（925年）九月，唐帝于朝堂上与诸宰相商议伐蜀事宜，郭崇韬道："魏王虽贵为储君，却未曾立有殊功，今可任其为伐蜀都统，以成其威名。"唐帝道："吾儿尚幼，岂能独往？尚须配以副职。"既而对崇韬道："唯有爱卿能当此任。"于是以魏王李继岌为西川四面行营都统，郭崇韬为东北面行营都招讨制置等使，统领六万大军征讨蜀国。

魏王年幼，军务皆由郭崇韬决断，崇韬乃以康延孝、李严为前锋，连克威武城（今陕西凤县东北）、凤州（今陕西凤县）、兴州（今陕西略阳）等地，缴获大批粮草。此时，王衍正率数万人马浩浩荡荡自成都北上至汉州巡游，武兴节度使王承捷禀告唐兵已经入境，王衍不信，以为群臣设谋阻止其北行，言道："我正欲扬我武威。"遂继续北行。至利州（广元），遇威武军败卒，言唐军已攻取威武城，正在进攻凤州，王衍方信唐军已至，急令王宗勋、王宗俨、王宗昱率兵三万北拒唐师。两军大战于三泉，蜀军大败，被唐军斩首五千级，其余败兵溃散，王衍下令将王宗勋等三人斩首示众，又命王宗弼率军守利州以拒唐，自己却急匆匆逃还成都。

蜀中各路节度使眼见大势已去，遂纷纷降唐，郭崇韬亦致信王宗弼劝其投降。十一月，王宗弼囚禁王衍、后妃及诸王，自称西川兵马留后，并以王衍名义邀请李严到成都商谈投降事宜。李严率部进入成都，抚慰蜀国官吏、百姓，命蜀军撤去防备，不久李继岌率大军进抵成都，王衍携百官出城拜降。

从唐军发兵至蜀降仅七十天，共得节度十镇，州六十四，兵三万，铠仗、钱粮、金银、缯帛等数以千万计，南方诸国皆惊惧不已。

南平王高季兴正在吃饭，忽得报唐已亡蜀，不禁失落手中筷子，叹道："蜀之亡乃老夫劝唐主伐蜀之过也。"宾客梁震道："主上不必过忧，唐主得蜀必致更骄，灭亡之日近矣，也许正是我南平之福。"

楚王马殷面临唇亡齿寒现状，遂即上表唐主曰："臣已将衡麓之地造为寄居之所，愿交出印绶以保余生。"唐主下诏安抚之。

郭崇韬伐蜀出征前曾向唐帝推荐孟知祥作为平蜀后镇守西川的最佳人选，如今蜀已亡，唐帝遂任命孟知祥为成都尹、剑南西川节度使。孟知祥年轻时即为晋王李克用所赏识，被任命为左教练使，并娶李克让之女琼华长公主为妻，成为李克用的侄女婿。天祐五年（908年），李克用病逝，李存勖嗣为晋王，任命孟知祥为中门使。此前，多任中门使皆因得罪晋王而被杀，孟知祥遂请求更换职务。李存勖乃将其改任为马步军都虞候，并令其推荐继任人选，孟知祥便推荐郭崇韬，从此郭崇韬心怀感激。同光元年（923年），李存勖称帝，定都洛阳，将太原府升格为北京，任命孟知祥为北京留守、太原尹。孟知祥接到任命后前往洛阳谢恩，李存勖设盛宴款待，席间秘道："闻听郭崇韬存有异心，尔到成都后设计杀之。"孟知祥正色道："郭崇韬乃国家有功之臣，不可滥杀，我上任成都后观察一番，若崇韬没有异心，即使其返回洛阳。"

李继岌虽然身为都统，但军中部署谋划、委任官职等事皆出于郭崇韬。郭崇韬终日忙于处理事务，将吏宾客门庭若市，而都统府唯有大将清晨拜谒，衙门冷清索然。蜀亡之后，蜀之贵臣大将争相送宝货、艺伎与崇韬，而魏王所得仅马四、束帛、杂物而已，魏王从臣李从袭等皆愤愤不平。王宗弼降唐后亦曾贿赂郭崇韬求为西川节度使，崇韬表面应允，却久未安排。王宗弼心下不满，遂设计使蜀人上书魏王请留崇韬守蜀地，李从袭等趁机僭于魏王道："郭公父子专横，今又使蜀人请己为帅，其志难测，大王不可不防。"继岌乃答复蜀人："主上倚仗侍中犹如靠山，岂恳使其离开朝廷？更何况这等蛮夷之地，而且此等事情并非我能决定，请诸位去朝廷自述为好。"从此继岌与崇韬互相猜忌。

郭崇韬素来嫉恨宦官，曾密告魏王继岌："大王他日得了天下，骟马不可乘，宦官亦不可用，宜尽去之而专用士人。"却被宦官吕知柔窃听，以此引得宦官们皆切齿痛恨之。

当时成都虽已攻下，然蜀中盗贼群起，郭崇韬乃命任圜、张筠分道招讨，因此滞留成都。唐帝遣宦官向延嗣前往成都催促郭崇韬回京，郭崇韬不仅未出郊外相迎，相见时还态度倨傲，李从袭趁机对向延嗣道："郭公专权如此，其子郭廷诲整日与军中将士、蜀地豪杰狂饮，指天画地，近日又闻得劝其父请求表为蜀帅，言道'蜀地富饶，大人宜善自为谋'。如今诸军将校皆系郭氏之党，魏王寄身于虎狼之窝，一旦生变，我等不知葬身何地矣。"边哭边诉，好生凄惨。向延嗣回到洛阳，绘声绘色转告于皇后刘氏，皇后即向唐帝泣诉，请求救继岌不死。

同光四年（926）春正月，唐帝派宦官马彦圭至成都探查郭崇韬动向，马彦圭临行拜谒刘皇后，刘皇后乃使马彦圭假诏魏王诛杀郭崇韬。魏王此时已命任圜权知留守事，只等孟知祥上任即从蜀地返回京都，今见皇后手谕，乃道："郭崇韬并未寻衅事端，怎可做此等负心之事，且主上并无诏敕，仅以皇后教谕怎可诛杀招讨使？"李从袭等泣道："事已至此，万一被崇韬得知再生变患，则益发不可救矣。"李从袭等再三巧言陈述利害，魏王不得已依了他们。正月初七晨，李从袭以魏王之命召郭崇韬议事，郭崇韬刚上台阶，魏王从人李环即击碎崇韬头颅，并杀害其子廷诲、廷信。事后，李从袭又召书吏伪造敕书、蜡印等对外宣谕，崇韬左右亲从遂逃避隐匿，魏王乃任命任圜接替郭崇韬总管军政，军中方稍稍安定。十一日，孟知祥至成都，得知崇韬已被杀，无可挽回，只得出榜安抚官民，犒赐将帅，凡军中将卒去留但凭自愿，以安定蜀中。

马彦珪回到洛阳复旨，唐帝即下诏宣布郭崇韬罪状，捕杀其子廷说、廷让、廷议，朝野上下皆震惊惋惜、议论纷纷。唐帝命众宦官暗中查访，宦官们平时屡屡受郭崇韬阻揭，恨之入骨，遂欲除尽崇韬一党，便纷纷向唐帝进谗言道："河中护国军节度使、尚书令李继麟自侍与皇上乃故旧，且有功，素来目中无皇上。近来河中有人告发，李继麟与郭崇韬串通谋反，今郭崇韬虽死，又与崇韬之婿、保大节都使睦王李存义共谋。"力劝唐帝速速除去之。于是唐帝下令于二十二日将李存义于其府第处死,又命蕃汉马步使朱守殷派兵包围李继麟府第,将继麟逐出徽安门外刺死,恢复其原来姓名朱友谦,并下诏命魏王继岌诛杀继麟之子武信节度使朱令德于遂州,命郑州刺史王思同诛杀继麟另一子忠武节度使朱令锡于许州。

河阳节度使李绍奇奉命诛杀李继麟家人,继麟夫人张氏取出铁券说道:"此乃皇帝去年新赐,我妇人不识字,不知其是何旨意!"面对皇帝所赐世代免死铁券,仅仅数月即出尔反尔,绍奇甚为惭愧,然既有新旨,则又不得不按新旨执行,随即斩杀李继麟家人。继麟手下诸将史武、薛敬容、周唐殷、杨师太、王景、来仁、白奉国等皆被灭族。

唐帝自入主中原,三年中曾给郭崇韬、李继麟、李嗣源三位功臣颁发丹书铁券,券上用金字铸明:本人免三死,家族免一死。至此,郭崇涛、李继麟被诬陷蒙冤处死,以至灭族,李嗣源亦多次险遭不测,只因有友人相救方得脱险。皇帝信誉竟至如此,实在令人发指。

二月,魏博指挥使杨仁晟所领兵马戍守瓦桥已过一年,当轮换回归。行至贝州,唐帝以邺都空虚,恐戍兵进入邺都发生事变为由,下旨命魏博军留驻贝州。当时民间谣传四起,云:"崇韬杀了继岌,自立为蜀王,故唐帝诛灭其族。""皇后以继岌之死归咎于唐帝,故已弑帝。"城中人心浮动,惊恐万状。杨仁晟部将皇甫晖趁乱劫持杨仁晟道:"主上得天下靠的是我魏军之力,魏军将士身不卸甲、马不解鞍已有十余年,今天下已定,主上非但不念旧劳,反而妄加猜忌,我等戍边逾年方得换回,家人已近在咫尺却不得相见。传闻皇后弑帝,京师已乱,将士们愿与公同归平乱。若天子未死,兴兵问罪,我魏博兵力足可与之抗衡,谁知不是获取富贵之机会呢?"仁晟不从,竟被诛杀。皇甫晖又劫一小校,亦不从,又被杀。效节指挥使赵在礼见发生暴乱,欲翻墙逃走,却被皇甫晖追上,拽脚拖将下来给他看两颗血淋淋人头,在礼害怕遂屈从之,即被乱军奉为主帅。当夜,乱军于贝州烧杀抢掠,天明向南行进,经过临清、永济、馆陶,一路洗劫,初五攻占邺都,邺都监军史彦琼单骑逃回洛阳报信。

唐帝令李绍荣平定魏博乱军,十三日李绍荣兵至邺都南门,将皇帝敕书晓谕赵在礼等人,在礼以羊、酒犒劳王师,并于城上拜道:"将士们思家心切,以此擅自回归邺都,请相公恳奏皇上赦免众将士死罪,我等自当悔过自新。"正值在礼将皇帝敕书晓谕全军将士之时,不想史彦琼却于城下大骂道:"一群死贼,城破之后定将尔等碎尸万段。"黄甫晖登时怒火中烧,抢过敕书撕毁于地。

绍荣屡攻邺都不克,唐帝于朝堂上大怒:"克城之日不留活口。"准备发大军征讨,众臣竟无将可荐。原来此时国内已是一片混乱:邢州左右步直兵赵太等四百人占据城池,自称留后,唐帝诏东北面招讨副使李绍真征剿;又有沧州军乱,小校王景戡平乱后自为留后；河朔各州县亦纷纷骚乱。唐帝逼问众臣道："朝中竟无人可以出征？"一阵沉默后有朝臣道："李嗣源乃是最有功勋的旧将，可当此任。"唐帝因心中忌惮嗣源，乃道："吾爱惜嗣源，欲留作禁中宿卫。"众臣纷纷道："他人皆不可当此任。"唐帝无奈，于二十六日命李嗣源率领亲军征讨邺都。

三月初六，李嗣源率兵到达邺都，扎营于城西南。初八日夜，从马直军士张破败作乱，领兵卒杀都将、焚营舍，天明时乱军逼近中军。李嗣源率领亲兵抵敌，却不能胜，乱兵气势甚为嚣张，嗣源大声斥责道："尔等要干什么？"破败道："将士们跟随主上十年，身经百战终得天下，如今主上忘恩负义，滥施淫威，贝州戍卒不过思归心切，却不恕不赦，竟说'克城之后全部坑杀魏博之军'，我辈原无叛乱之心，仅怕无辜被杀，今与众人商议欲与城中军将联手击退诸道之军，再请令上称帝于黄河之南，令公称帝于黄河之北。"嗣源涕泣劝阻，乱军皆不理会。嗣源又道："既不肯听吾言，只得任由尔等所为，我自归京师。"乱兵拔刀围之，道："朝廷中人乃虎狼之辈，不知尊卑，令公欲去何处！"乱军们欲簇拥李嗣源入城，却被守城魏博军所阻，皇甫晖领兵迎击张破败，破败被杀，乱军溃散。赵在礼率领将校出城迎拜李嗣源，哭泣谢罪道："将士们有负令公，今后敢不唯命是听！"嗣源假意劝说在礼："凡做大事需籍助兵力，如今城外兵卒四处流散，无所归依，我当出城招抚散兵。"赵在礼乃从嗣源之言，嗣源出城宿于魏县，招得部分散兵。李绍荣原有一万兵马驻于邺都之南，嗣源部将作乱时因怕有诈，遂紧闭营门不与接应，待嗣源进入邺都，即引兵离去。李嗣源出了邺都，只收得散兵不及百人，当时东北面招讨副使李绍真已攻克邢州扎营于城西北，嗣源遂与绍真会合。

李绍荣撤离邺都驻守于卫州，上奏朝廷：李嗣源已反，与贼兵会合。嗣源数次上奏章向唐帝表明自己，其时嗣源长子李从审为金枪指挥使，唐帝见嗣源表章后对从审道："我深知尔父忠厚，你去宣谕朕意，请尔父不必自疑。"从审经过卫州竟被李绍荣所囚，而此后嗣源之奏章亦皆被绍荣扣押，嗣源从此更为疑惧。嗣源女婿亲将石敬瑭对其道："凡事皆成于果决而败于犹豫，世上岂有上将与叛卒共入贼城却能安然无恙之理？大梁乃是天下之重要都会，我愿借三百骑兵先去夺取，若有幸取得，明公立即引大军前来，唯有如此方可保全。"突骑都指挥使康义诚亦道："主上无道，军民怨怒，明公若依从众议则生，欲守节则必死。"李嗣源遂不再犹豫，令中门使安重诲移檄各地赶来会兵。

李嗣源家属皆在真定，虞候将王建立抢先杀死监军使，从而保全了嗣源家人，解决了嗣源后顾之忧。李从珂自横水率所部兵马经孟县奔镇州，与王建立会合后日夜兼程赶往邺都。嗣源以石敬瑭率领三百骑兵为前驱，于白皋渡河，以李从珂为后殿。三月二十五日，嗣源大军渡过黄河来到滑州，平卢节度使符习、北京右厢马军都指挥使安审通纷纷率军前来会合,一时军威大振。嗣源大军随即兵至汴州,先锋石敬瑭派裨将李琼率领劲兵攻入封丘门(北门),紧接着石敬瑭攻入西门,遂得汴州城。二十六日,李嗣源进入大梁。

唐帝李存勖十九日亲率大军从洛阳出发,又派遣李绍荣率领骑兵沿黄河东进,欲抢占汴州。二十六日唐军到达荥泽之东,得知嗣源已占领汴州,唐帝乃命龙骧指挥使姚彦温率领三千骑兵为前军,进攻汴州。不想姚彦温一到汴州即率所部兵马归降嗣源,说道:"主上为元行钦(李绍荣)所迷惑,大势已去,不可再为如此皇帝效力。"嗣源恨恨道:"是尔不忠,却反说皇帝不是。"随即夺其兵权。唐帝到达万胜镇,又闻听嗣源已经占领大梁,诸军亦纷纷背叛逃散,知道局势不可挽回,遂登高叹道:"此番出征是不行了。"随即命令回师。唐帝出征时随从兵马约二万五千人,待到还师沿途已经逃散过半,二十八日晚唐帝回到洛阳。此时魏王继岌已率领征蜀大军班师,却于途中因平定后军康延孝叛乱而被耽误了归期,以此迟迟未能返回京都。

四月初一,唐帝调集各方军队准备发兵扼守汜水,再收抚散兵,欲待魏王征蜀大军回来后联兵进剿李嗣源,并使骑兵列阵于宣仁门外,步兵陈兵于五凤门外。从马直指挥使郭从谦尚不知睦王存义已死,欲拥其作乱,率领所部拔剑于营中大呼,与黄甲军一起进攻兴教门,被唐帝率领诸王及近卫骑兵击退。此时蕃汉马步使朱守殷率领骑兵屯驻宣仁门外,唐帝遣中使令其夹击乱军,守殷竟引兵去北郊山林中休息,乱军遂得以回兵焚毁兴教门,攀越城墙进入城内。唐帝近臣、宿卫将领见乱军势盛,皆卸甲逃遁,仅余散员都指挥使李彦卿(存审之子)等十数人奋力护驾。不久,唐帝被流矢射中,鹰坊人善友扶唐帝逃至绛霄殿廊庑下,唐帝气绝身亡,时年四十有三,善友乃就地将帝尸焚化。刘皇后用袋子装满金银珠宝累于马鞍,与申王李存渥及李绍荣带领七百骑兵逃走,乱军遂大肆抢掠都城。初二,朱守殷派遣使者至罂子谷禀告李嗣源"京城大乱,诸军焚掠不已,望速来相救"。初三,李嗣源入洛阳,禁止烧杀抢掠,收捡唐帝尸骨入殡。魏王李继岌军至渭南,得知大势已去,遂自缢而亡,征蜀大军则在副使任圜的率领下归附李嗣源。

李嗣源出生于夷狄部落,故无姓氏,父名一个霓字,为雁门部将。嗣源本名邈结烈,因善于骑射,遂事于太祖李克用,为人质朴寡言,处事恭谨,深得太祖喜爱,太祖遂收为养子,赐姓李,名嗣源。

嗣源自知非李克用嫡亲,恐登临大位众臣不服,故再三推辞,百官却再三上表请其监国,嗣源见众臣确实真心拥戴,乃于初八入居兴圣宫接受百官列班觐见。

宣徽使于后宫尚存的妃嫔宫人数千人中挑选数百年轻貌美者献于嗣源，嗣源道："宫中执掌诸事宜用熟知过往事例者，此等年轻人怎能知道？"因此全用老旧宫人充职，其余年轻人或放归亲戚，或任其决定去向。

初九，李嗣源委任心腹安重诲为枢密使，镇州别驾张延朗、汴州知州孔循为副使。延朗在梁朝任过租庸使，生性纤巧奸诈，善于事奉权要，与重诲乃儿女亲家，故重诲力荐之。有人密告通王李存确、雅王李存记隐匿于民间，安重诲即对李绍真道："今殿下初监国，对诸王宜早处置，以统一人心。然殿下心慈，不可使其知晓。"于是秘密派人诛杀二王。一个月后嗣源得知此事，痛责重诲，伤惜了许久。

李绍荣欲奔往河中，途中从兵逃散只余数骑，遂被俘获，打断腿后槛送洛阳。嗣源责问道："吾有什么负于你，而杀吾儿？"绍荣怒目直视道："先帝有什么负于你？"嗣源无言以对，遂命斩之，恢复其原来姓名元行钦。

嗣源历数租庸使孔谦奸佞，刻剥军民，命斩之，凡孔谦所立苛捐暴敛之法全部废除，撤销租庸使及内勾司，恢复盐铁、户部、度支三司，由宰相一人专管。因唐帝缘宦官而亡国，嗣源遂命取消诸道监军使，并命诸道将宦官统统杀掉。

二十日，嗣源自兴圣宫前往西宫，身穿斩衰丧服，在唐帝灵柩前即皇帝位，百官皆缟素孝服。随后嗣源改穿御服，戴衮冕，接受玉册，百官亦改穿吉服朝贺。

二十八日，天下大赦，改年号为天成。留下后宫百人、宦官三十人、教坊百人、鹰坊二十人、御厨五十人，其余随自己所愿出宫。分遣诸军去近畿各地就近就食，以省运输。下令免交当年夏、秋税的省耗。各节度、防御等使于元旦、冬至、端午及皇帝圣诞四大节日可以贡奉，但不得向百姓聚敛财物，刺史以下则不得向皇帝贡奉。

五月初一，以太子宾客郑珏、工部尚书任圜为中书侍郎同平章事，任圜仍掌管三司。任圜忧公如同忧家，选拔贤能才俊，杜绝侥幸小人，一年之间府库充实，军民富足，朝纲粗立。皇帝不识字，四方奏章皆令安重诲朗读，安重诲亦不能全部读通，于是奏道："臣仅以忠实之心事奉陛下，得以掌管枢密机要，当今之事尚能知晓，古代之事则非臣所能知，还望陛下模仿前朝侍讲、侍读和近代直崇政、枢密院等形制，选择文学之臣一起共事，以备应对。"于是设置端明殿学士，以翰林院学士冯道、赵凤任此职。

七月二十二日，嗣源将唐帝葬入雍陵，上庙号庄宗，追谥为光圣神闵孝皇帝，从此中原稍稍安定。

第四十六回　诛嗣君延钧执节印　摄朝政知谔掌杨吴

中原、巴蜀战乱之际,吴越国中却是安宁升平。同光三年(925年)某日,忽有信使来报:闽国国王王审知薨。吴越国王之前已经知悉闽王病重,亦知闽王于八月任命长子节度副使王延翰知军府事,然闽王不仅是自己的儿女亲家,更是"保境安民"国策的坚定支持者和执行者,且比自己年轻十岁,如今乍闻死讯,难免悲痛不已。

乾宁四年(897),王审知继王潮为福建观察使,及至唐亡,梁帝敕授审知为中书令,封闽王,升福州为大都督府,拜审知为福州威武军节度使。其时杨行密据有江淮,虎视周边诸国,吴越国王力主"保境安民"国策,闽王竭力响应。杨吴横据江淮,切断吴越、闽与中原联系,吴越乃与闽联合开发经赣南、楚地北上中原之陆路,以及泛舟东海,自登州、莱州至中原的海路;吴越兴建捍海石塘,闽王于沿海滩涂亦广建石塘,围海造田;吴越广辟港埠发展海外贸易,闽王亦开辟甘棠港,与海外广为交往;吴越国王厉行节俭,尊贤礼士,闽王亦礼贤下士,为人俭约。吴越国王与闽王可谓志同道合,心心相印,如今闽王离去,吴越国王失去了一位知心好友,治国同盟,以此痛彻肺腑。

因传珦于闽王病危之前已先行去福州探视,吴越国王遂命传球从温州专程前往福州吊唁,并观察福建政局动向。吴越国王素知闽王数子不睦,深怕兄弟相残邻凶得利,重蹈钟传覆辙,便奏明唐帝,升温州为静海军节度使,授土客诸军都指挥、检校太保、温州刺史、王子传球为检校太尉兼侍中,充静海军节度使,以防闽中有变。

闽王去世后谥曰"忠懿王",长子延翰自立为威武留后,于郡治之东庆城寺左侧建"忠懿王庙"。

吴越国王受唐帝册封之后,曾派遣使者沈瑫致书于吴国,以受玉册、封吴越国王一事告知,吴人以其国名与吴越国有相同之处为由拒不受书,遣还使者沈瑫,并再次告诫边境不得让吴越国使者及商旅通过。

闽王去世,吴人欲探闽中虚实,乃密派汀州人陈本等由虔州潜回汀州,鼓动山民闹事,一月间竟聚集三万余众,形成围攻汀州之势。延翰急忙派遣右军都监柳邕等率兵二万赴汀州征剿,不久扫平暴乱,斩杀陈本等首领,放归山民。

同光四年(926)三月，吴越国王有疾，至安国衣锦军养病，命镇海、镇东节度留后传瓘监国。五月，吴国徐温得知此事，遣使者来杭州问安，传瓘及左右臣僚策马至临安劝吴越国王不见来使，吴越国王道："徐温曾明令不得让我国使者、商旅入境，表明与我绝交态度，如今却派人前来问安，岂非是黄鼠狼与鸡拜年？徐温为人阴险狡猾，此番遣使名为问安，实乃探我吴越虚实，我若不见，必以为我已不能视事，或会趁机向我吴越进军，以此我必须见之。"吴越国王乃强打精神出见吴使，仍是谈笑风生、神情自若，讲到去年巡视浙东，如何乘船浮海去翁山，如何扬鞭策马游雪窦山，如何徒步登高上天台山，如何乘辇携众爬四明山，说到兴奋处不免眉飞色舞，哈哈大笑，讲到浙东百业正欣欣向荣、蒸蒸日上，更是充满兴奋与自豪。待谈到闽中形势，吴越国王直言不讳，告知来使已升温州为静海军节度使以加强军事戒备，预防闽中有变，又命人陪同使者至校场观看衣锦军操练，但见军容整齐，威风凛凛，训练有素，兵强马壮。吴使回报，徐温乃知钱王疾病已愈，吴越已做好充分准备，之前吴国已经聚兵准备侵袭吴越，今得知吴越国王安康，侵袭之举乃罢。七月，吴越国王康复返回杭州。

七月二十七日，契丹主阿保机于夫余城去世，述律皇后将自己难以节制的将领及酋长之妻召集一起说道："我已成寡妇，尔等当与我一样。"又召她们的丈夫，哭着问道："尔等思念先帝否？"众人答道："受先帝恩宠，岂能不思念。"皇后道："若果真思念，可去地下相见。"随即将他们处死。述律皇后喜爱中子耶律德光，欲立帝位，遂领众酋长至西楼，命德光与长子突欲乘马同立于帐前，对诸酋长道："二子我都喜欢，不知立谁为好，汝等选择认可者即执其辔。"酋长们心中知道皇后意愿，都争相执德光辔，欢跃说道："愿事奉元帅为太子。"皇后道："既然众人皆有此意，我岂敢违之。"遂立德光为天皇王。突欲心中恼怒，率领数百骑欲投奔于唐，被巡逻者所阻止，述律皇后将其遣归东丹。天皇王尊述律皇后为太后，国事皆由太后决断。

九月，唐帝李嗣源派策礼使至长沙，向楚王马殷建国致贺。马殷于长沙建立宫殿，设置百官，其建制如同天子朝廷，只是稍微改动名称而已。

闽国留后王延翰，字子逸，生得身高体伟，白皙如玉，其妻崔氏却是丑陋且泼悍，延翰既不喜欢又不能节制，闽王在日延翰不敢有所逾越，今既去世，遂放任不羁，丧期未满便撤去祭筵，命各地广择美女充实后庭。崔氏大发妒性，挑选其中美丽者囚于别室，系以木枷，用木刻成人手以击脸颊，又以铁锥刺身，一年之中被折磨至死者达数十人。延翰弟延钧屡次谏阻，延翰颇为厌烦，乃命延钧为泉州刺史，使其远离福州。

建州刺史王延禀本姓周，乃闽王养子，素与延翰不合，延翰致书延禀命其选送美女,延禀回书劝阻,态度不逊,二人嫌隙益深。

中原动乱,庄宗遇弑,延翰取来司马迁《史记·闽越王无诸》给众将吏看,说道:"闽地自古以来就是独立王国,我今不称王更待何时!"于是军府将吏纷纷上书劝进。十月,延翰正式称王,建立闽国,但仍尊唐为正统。

延禀、延钧见延翰日益骄奢淫逸,独断专行,遂密谋将其除去。十二月,延禀、延钧合兵袭击福州,延禀乘舟沿闽江顺流而下,先至福州,福州指挥使陈陶率众拒之,战败自杀。半夜,延禀率壮士百余人悄悄来到西门,架梯登城而入,打开城门,大军迅即入城直冲至寝宫门外,延翰方才惊醒,急匆匆匿隐别室。天明,延翰终被抓获,延禀宣布其罪恶,并假说延翰与其妻崔氏共同谋弑先王,告谕百官黎民,将延翰斩于紫宸门外。当天,延钧亦率兵来到城南,延禀迎延钧入宫,延钧乃闽王次子,延禀为养子,因之延禀推延钧为威武留后。延钧改名为鏻,随即唐帝拜王鏻为威武军节度使,累加检校太师、中书令,封闽王。

福州恢复安定,延禀将还建州,王鏻于城郊饯别,延禀对王鏻道:"好好继承先王遗志,不要劳烦我再来!"王鏻听了心中不悦,表面却甚恭谨,表示感谢。

闻知闽中变乱,吴越国众臣僚议论纷纷,莫衷一是:有的认为延翰乃是嫡长子,老王爷明定嗣位,延禀、延钧擅自攻杀延翰乃是谋逆,其罪当诛,吴越当主持正义,出兵讨伐延禀、延钧;有的认为延翰确是罪有应得,而且延钧已经继位,吴越当顺水推舟承认延钧;有的认为闽中之势正如当年江西钟传去世时诸子相残局面,当年江西被杨吴乘机攻灭,如今闽中恐怕又要被杨吴所乘,与其被杨吴攻灭不如我吴越先出兵拿下福建,以免日后被杨吴北、西、南三面包围。众臣僚争论半天毫无结果。

吴越国王见众人意见难以统一,遂说道:"当今天下分崩离析,诸国之间勾心斗角,攻伐之事必须先看清天下大势方可决断。与我吴越相邻者唯杨吴与福建,杨吴始终对我虎视眈眈,近数十年来,杨吴北有中原强敌压境,而我吴越南有福建相互交好,以此杨吴不敢倾全力攻我吴越。自庄宗灭梁以来,吴与唐互派使者往来不绝,如今中原刚刚对西川用兵,虽得巴蜀,却引来自相残杀,损兵折将,又逢旱涝之灾,元气大伤,民怨鼎沸,以此两年之内中原不会对杨吴构成威胁。趁此良机,杨吴乃加紧谋划,欲犯我吴越或福建,汀州之乱以及突然派人来临安探访,其目的皆出于此。我若贸然出兵伐闽,正所谓'螳螂扑蝉,黄雀在后','鹬蚌相争,渔翁得利',杨吴必然趁我空虚,以援闽为名大举发兵攻我吴越,届时我吴越四面受敌,如何解脱!况且闽王审知在闽经营数十年,于民有"保境安民、富国裕民"之恩,于吴越有睦邻友好之约,如今去世仅仅数月我即出兵伐闽,闽中百姓岂能容得?民心不向于我,此战岂能轻易取胜?一旦战争旷日持久,不但闽中百姓遭殃，我吴越百姓亦将受害，因之不宜操之过急，且观延钧执政后闽中动向再行定夺。"

有人问道："如此迁延时日，若杨吴先行攻取福建奈何？"

吴越国王道："福建与江西不同，我吴越与江西虽为邻国，却有重山阻隔，难以进兵，杨吴与江西仅一江之隔，渡江即是，因之我吴越出兵入赣十分不利。然吴越由温州入兵福州，水军、步兵都十分方便，杨吴从闽西入兵却有崇山阻隔，十分不利，且由扬州或洪州至闽西，其补给运输线颇长，因此福建非杨吴一时所能灭。一旦杨吴进军闽西，我立即由温州出兵援闽，料不致有失，升温州为静海军其意义即在于此。"

从此吴越与闽仍然睦邻友好相处。

此年，吴越国王因中原丧乱，又受杨吴阻隔，朝廷信息不通，为便于记年，遂于吴越境中改元"宝正"，待到与中原恢复信息，即取消"宝正"年号。

自苏州开挖疏浚上、中、下三河以来，沿河流域地表水位逐年下降，诸湖水面日渐缩小。淀山湖中之淀山本乃湖中小山，如今已与湖岸相连，诺大一个白蚬湖亦只剩下几个小湖。新开挖的下江本应将苏东之水向南经金山导入钱塘湾，由于水位下降，下江之水反而时常北流导入黄浦江，以致柘湖水源减少，乃至荒废。吴越国王命撩浅军疏浚新泾塘及柘湖，使下江之水仍由小官浦入海，以发挥其蓄水灌溉之作用。

一日，滕彦休奏报高丽与百济两国兴兵交战，以致与吴越的通商贸易被迫中断。原来，百济国王甄萱袭击了高丽首都庆州，高丽王被杀，王妃被辱，宫廷侍从、官僚、宫人、伶官皆被百济人俘获，高丽人乃立王族弟金傅为王，与甄萱交战于公山桐菽，高丽再败，元气大伤，从此两国互不交往。吴越国王听罢叹道："邻邦交兵，两败俱伤，互不往来，百姓遭殃。"乃于天成二年（宝正二年）（927）十一月修书，派班尚书为通和使，为高丽与百济说和，书中大致曰："……当今天下争战方炽，强国争霸，弱肉强食。小国交兵两败俱伤，大国在侧坐收渔利。高丽、百济互为唇齿，宜和宜睦，同舟共济，共同对敌，无人敢欺……。"十二月，甄萱接受班尚书建议，主动致书于高丽，曰："前月七日，吴越国使班尚书传吴越国王诏旨，命我百济与贵国商谈媾和……。"高丽王答甄萱书曰："伏奉吴越国通和使班尚书所传诏书一道，兼蒙足下辱示长书……。"于班尚书撮合下，两国国王终于坐下谈判，从此又和平相处。

天成二年（宝正二年）（927）十月以来，吴越地区雨量稀少，直至天成三年（宝正三年）（928）三月，旱情日益严重。吴越国王年事已高，目瞖日重，经太医多方调治亦无起色。传瓘乃命人制成云龙纹简数枚，投于太湖、钱塘江、西湖、鉴湖以及诸洞府名山等处,一方面祈求赐福普降甘霖,另一方面恳请早日恢复吴越国王眼目光明。云龙纹简高六寸,广五寸,重四十两,四周刻以云龙纹饰,文曰:

大道弟子、天下都元帅、尚父、守中书令、吴越国王钱镠,年七十七岁,二月十六日生。自统制山河,主临吴越,民安俗阜,道泰时康,市物平和,遐迩清晏,仰自苍昊降佑,大道垂恩。今则特诣洞府名山,遍投龙简,恭陈醮谢,上答元恩,伏愿合具告祈。兼乞镠壬申行年,四时履历,寿龄遐远,眼目光明,家国兴隆,子孙繁盛,志祈元祝,允协投诚。谨诣太湖水府金龙驿传于吴越国苏州府吴县洞庭乡东皋里,太湖水府告文。宝正三年岁在戊子三月丁未朔二十六日壬申投。

徐温次子徐知询时任吴国行军司马、忠义节度使、同平章事,曾数次以知诰非亲生为由向徐温请求代知诰执掌吴国大政,徐温答道:"尔等能力皆不及他。"严可求及行军副使徐玠亦屡次劝进徐温以知询代知诰,徐温皆因知诰孝顺恭谨而不肯,徐温夫人亦道:"知诰乃于我家贫贱时抚养,如今富贵了,奈何却弃之!"天成二年(927)十月,徐温欲率诸将入朝共劝吴主称帝,未及出发即染病,知询乃代父奉表进京劝进,以便趁机留京见机行事,伺机代替知诰执政。知诰亦看透徐温内心已倾向知询接管朝政,遂拟就奏章申请调任洪州节度使,本欲次日上奏,却于当晚凶信传来,吴国大丞相、都督中外诸军事、诸道都统、镇海、宁国节度使兼中书令、东海王徐温病逝,知诰遂未上奏,而知询亦立即返回金陵。

吴主赠徐温为齐王,谥曰"忠武"。

十一月初三,吴主杨溥登文明殿即皇帝位,改元曰乾真,大赦境内,追尊杨行密为武皇帝、杨渥为景皇帝、杨隆演为宣皇帝。又以徐知询嗣徐温位,为诸道副都统,镇海、宁国节度使兼侍中、金陵尹,治于金陵。加徐知诰为太师兼侍中,都督中外诸军事。

十二月,吴主封其兄庐江公杨濛为常山王、弟鄱阳公杨澈为平原王、兄子南昌公杨珙为建安王。一月后又立儿子杨涟为江都王、杨璘为江夏王、杨璆为宜春王,宣帝之子庐陵公杨玢为南阳王。

诸事毕,吴主派使者至唐通报建国称帝之事,安重海以杨溥竟敢擅自称帝与唐廷分庭抗礼为由拒不接见,自此唐遂与吴再次断绝往来。

徐温去世后,知询与知诰间争权之事越演越烈。天成四年(929)八月,吴国武昌节度使兼侍中李简去世,知询乃李简之婿,遂上表举荐李简之子彦忠代其父镇守鄂州,而知诰则极力举荐龙武统军柴再用,两人当廷怒目相向。

知诰设宴请知询共饮,以金钟酌酒赐与知询,说道:"祝愿兄弟长寿千岁。"知询怀疑酒中有毒,乃取来另一酒器分出一半,单膝跪地献与知诰说道:"愿与兄长各享五百岁。"知诰闻言脸色突变,顾盼左右不肯受酒,知询双手捧酒不退。

左右之人正不知如何是好，有一伶人申渐高见此僵局，乃径直向前诙谐说道："二位王爷如此谦让，不如让小人代为饮之，也好乘兴献艺。"遂取过二杯酒合而饮之，然后携金钟匆匆离去。知诰私下急命人送去良药解救，然为时已晚，渐高脑溃而亡，知询、知诰怨恨益深。

十一月，知询入朝，知诰乃留知询为统军，领镇海节度使，并遣右雄武都指挥使柯厚引金陵兵至扬州，从此知诰控制吴国政权。

十二月，吴主封徐知诰兼中书令，领宁国节度使。

闽王审知去世后，原本其长子延翰嗣位，却被其弟延禀、延钧合谋所杀，继而延钧入主福州。吴越国王每当想及此，心中始终耿耿于怀，唐亡后多地割据，各施其政，短短二十年间，为争夺王位上演了多少子弑其父、弟兄相残的悲剧，又发生了多少权臣灭君、国亡族灭的惨剧。先是钟传经营江西三十年，一旦去世，其子匡时自称留后，养子延规不服与匡时相争，乞求吴国相助，结果是钟氏失国，江西归杨吴所据，匡时被俘，幸得次子匡范奉母逃归吴越，遂免遭灭族之祸。继之是吴国杨行密去世，长子杨渥嗣位，时年二十，大权掌控于行密旧将徐温、张颢之手，仅两年余即遭缢杀；随即行密次子杨隆演嗣位，年仅十二，吴国大政皆由徐温独揽，终日怏怏不乐，酗饮解忧，却未敢流露半点不平之意，终至寝疾，卒年仅二十四；按立长不立幼惯例，隆演之后当立其弟杨濛，但徐温为便于控制，不欲立年长之君，乃出杨濛为舒州团练使，立行密四子丹阳公杨溥嗣位，由是徐氏控制杨氏政权益紧。中原政权更迭更是频繁，梁帝朱温夺得大唐政权仅仅五年即病情日重，本欲将后事付与养子友文，次子友珪得知，遂阅宫刺杀梁帝，又谎称友文谋逆，命均王友贞诛杀友文，自己即皇帝位；时隔八月，朱温三子朱友贞发动禁军冲入宫中，友珪见势无可挽回，遂自杀身亡，友贞即皇帝位；同光二年（923）十月，晋王李克用长子李存勖率兵攻入汴梁，梁帝友贞尽杀自家兄弟友谅、友能、友雍、友徽等，然后自杀。李存勖为帝仅两年半，重用宦官伶人，怀疑重臣宿将，对内横征暴敛，对外穷兵黩武，导致大批功臣被杀，人人自危，终于同光四年（926）四月被乱军射杀身亡；待到李嗣源登基称帝，存勖之弟永王存霸、申王存渥、通王存确、雅王存记等皆被诛杀，太祖（李克用）之后遂绝。帝王之家，国事、家事复杂交错，尤其于局势动荡之际尤为凶狠残忍，新老帝王之更迭关系到朝中各派政治势力的利益交拼，斗争自是激烈残酷。吴越国王想到这些，心中不免惴惴不安，以此常常仔细审视宫中诸臣僚将吏的种种表现和政见倾向，可喜的是丞相及重臣中并不存在利益集团及矛盾冲突。

握有兵权的左丞相杜建徽，自从随父从军，累往征战，多有大功。徐绾叛乱，杭州危急，建徽闻讯火速赴难。当时因情势危急，有人主张退出杭州东保会稽，建徽手持宝剑说道："若是杭州不保，当同死于此！若是东渡，亦不免丧于贼人之手。"众将官遂决心死守杭州。建徽与睦州刺史陈询有姻亲关系，陈询叛乱，吴越王疑及建徽，乃命马绰考察建徽态度，建徽道："陈询负恩背义自取灭族之祸，建徽既与之有姻娅关系，理当受到质疑，我曾累次修书晓以义理，若是皇天后土有眼，攻下睦州时获得书信即可证明建徽心迹。"后来睦州厅吏来降，带来建徽书信，吴越王看后曾久久叹息建徽之忠诚。建徽兄建思曾向吴越王谗言建徽府中蓄有兵杖，或有图谋不轨之事，吴越王派人前去查看，建徽正在进食，任凭使者到处查看并不阻拦或询问，继续进食，使者回禀后吴越王更加看重建徽。拜相后，出行时跟随导从不过数人，所赐财务多散于乡里亲族，从不聚敛，凡事皆于宫廷或府署中商议，决不阴与同僚交往。如此刚正不阿、光明磊落的功臣，自然是吴越政权的中流砥柱，身后之事托付此人自可放心。

右丞相沈崧亦是老臣，为人忠诚稳重，国中政令多出其手，在众臣僚中可谓德高望重，既不掌握兵权，亦不结交权贵，只与文人雅士多有往来，付与身后之事自然不会引发事端，亦可放心。

两浙观察使、元帅府判官皮光业，为人机敏，善于谈论，神采飘逸，人以为神仙。曾出使于梁，说服梁帝与吴越王通好，以挟制杨吴使不敢轻易用兵。梁帝甚重其才，特赐光业进士及第，秘书郎，授予补阙、内供奉，赐金紫，并欲留光业于京师为官，光业谢恩后毅然辞行，跋涉数千里回归吴越。杨吴派人来吴越通好，吴越王命光业回拜杨吴，事毕返国前淮人赠钱三百万，但只准在市场使用，不得带出国境，光业道："吾乃使者，岂作商贸？"乃不受此钱而去，淮人见状急忙用车载之送光业回国。如此赤胆忠心、光明磊落、一身正气、不图私利之人，托付身后之事自然放心。

再是各边镇节度使，他们手中都掌握相当数量兵力和州官幕僚，一旦发生重大事件，皆有能力以武力相抗衡。如今吴越国王乃是天下兵马大元帅，各镇兵马皆须听从调遣，一旦过世，群龙无首，各边镇节度使即有可能各行其事，发生纷争。好在吴越国王早有安排，各节度使皆是亲兄弟，镇海、镇东两军节度使钱传瓘掌握三军兵力，三万余人，主要驻扎于临安安国衣锦军及杭州、越州三地，守卫西部边界，保护国家安宁；苏州中吴军节度使钱传璙掌握兵力两万余人，驻守北部边界及苏中屯垦；温州静海军节度使钱传球掌握兵力不到两万人，驻守吴越南部边界及瓯江流域屯垦；再次便是各州府，尤其是边境州府，各拥有一万以下兵力，亦多由子婿担任刺史，如明州刺史钱传珦、湖州刺史钱传璟、婺州刺史钱传懿，若是数州联合，其力量亦不可低估。因此欲顺利传位，保持政局稳定，还需处理好兄弟之间的关系，立嗣前后须树立好威信，给予足够的权利和实力。

依惯例，嗣位原则当是立长不立幼、立嫡不立庶。按立长而言，前四子皆已去世，当数五子传懿为年长，且较六子传璙长五岁，差距较大，不容争议，现任婺州刺史，坐镇西南边陲，为人稳重、敦厚，颇具长者风范，于和平时期不失为理想嗣位人选；按立嫡而言，原配戴夫人无嗣，当以吴夫人所生六子传璙为嗣。唐代宋璟曾言：国安宜立嫡长，国危宜立功勋。如今吴越国中倒是安宁，但中原九州分崩离析，战争不休，朝代更迭，危如累卵，不知何时战争亦会波及到吴越边境，因之如今立嗣当以治乱世为主，首先需要考虑功勋、能力。诸子之中论战功当推传璙为首，有温州平庐佶之战、千秋岭生擒李涛之战、克广德俘获花虔之战、涡信之战、狼山江全歼彭彦章水军之战等等战绩；文治亦有建设杭州城、疏浚西湖、发展农桑等功绩。六子传璙战功虽不及传璙，却也有率水师攻常州之东州，俘获李师愈、姚环之功，配合传璙狼山江全歼彭彦章水军之功，传璙攻常州失败，传璙有接应救援之功，又广兴军垦、军镇，既强化边镇军事又发展生产，对巩固北部边境，繁荣苏州经济，功不可没，文治上则略胜传璙一筹。九子传球任温州刺史，福州变乱后受命为青海军节度使，此子刚愎自用，非是长远可靠之人，贞明年间，奉命增援赣南虔州（赣州）刺史谭全播，由于指挥不力，结果被吴军抢先，赣南遂为杨吴占领，从此吴越由陆路与中原联系被完全断绝，因此任其青海军节度使之职只是权宜之计。其他尚有明州刺史十二子传珣、十四子传璠、湖州刺史十五子传璟，在巩固边防、发展生产、安定地方、组织屯垦诸方面都有显著成绩。思来想去，诸子中吴越国王最为满意的还是传璙，但不知诸位兄弟是否心悦诚服，尚须仔细考察。

天成三年（宝正三年）（928）八月十五仲秋佳节，吴越国王招来诸子于功臣堂前月台上设席赏月，席间命宫人拿出玉带十条列于案上，命诸子自行选取。诸子皆取自己中意者，唯传璙取了狭小简陋者，吴越国王问传璙道："诸兄弟皆取自己所好，汝为何不取珍贵华美者，而取此等卑微不显者？"传璙道："父王赐儿臣玉带，其恩其情各带皆相同，不因玉带华美或优劣而有所差别，儿臣受此玉带定当时刻佩带身边，永记父王恩德，与臣僚商讨国事之时，此带亦可警示儿臣以节俭为荣，奢侈为耻，儿佩此带可一举两得。"吴越国王闻言心中大悦："此儿懂吾之心也。"随后吴越国王开门见山说道："为父年事已高，迟早将传位于尔辈，今欲早立家嗣，乃招尔辈各言己功，不得隐情，直言无妨，功高者当立。"传懿年长，自当先说，其次传璙、传璙……，传璟最年轻，最后叙述。待众兄弟汇报完毕，传璙极力推举六兄传璙为嗣，传懿、传璙、传璟皆推传璙，盛赞传璙功德高茂、为人仁孝、将吏悦服、臣民拥戴，将来定能安定大局，治国安邦，传球、传珣、传祐、传弼等亦附和诸兄意见。吴越国王见诸兄弟坦诚相待，和睦共处，心道："只要他们众兄弟齐心协力,大半个吴越国即不会引发风波,余下几州谅也不敢风吹草动,身后之事自可放心了。"随即命人草拟奏章,奏请唐帝以浙东、浙西两镇授予传璀,并以袁韬为贡奉使,向唐廷进贡白金五千两、茶二万七千斤。

闰八月,唐帝下诏以传璀为镇海、镇东军节度使,袁韬回杭州复命。

该月,旌教寺僧仪恩向朝廷奏报:"按图经,西北去三十五里有圣井二口,深三丈。舜子生时,井为涌泉,即淘金之处也。世传秦始皇封塞作两墩,各高一丈,相去三十余丈。晋宋(南北朝)以来为佛寺,乡人或耕锄,多得古砖甓石。南去半里有舜庙,北去半里为百官桥,东去二百步有机证院。唐僖宗朝赐额。宝正三年闰八月初九日奏上。"

吴越国王十分重视此事,命内衙指挥使徐仁绶、近侍间丘稔会同杭州众高僧前往探查。当月十四日,组织东、西都上直官各五十人至舜井遗址开掘,得谶记宝物共一百二十余件。十六日凿西井,十九日得银环六、赤珠一、金盒一、古文钱二千三百四十、琥珀珠一、小当十大钱三、当五十大钱二十四、太平钱百、直百三铢二十四、大钱二百五十四、五铢钱九百六十、货泉钱二百八十、半两钱三十;又得石狮一,镌其背曰"重华井天明可开",腹内有水精珠一。东井得银塔一,高一尺,五层,内有金瓶,奉古佛舍利二颗,其余散布金瓶二、金铃六、银铃一、铜铃一、银环六、水精珠十四、琥珀珠九、杂珠大小三十五、玛瑙珠七、小琥珀狮子三十、玉人一、玉环一、铜镜三、铜炉一、小玛瑙珠六、土瓶一,以上共三十四件,并有宝函盛之,题云"唐永徽四年于此造塔镇井";另有重华石一片,阔三尺,厚九寸左右,有索痕,深二寸。

官中令造深沙神一躯,足履四石,立于舜井处。天成四年(宝正四年)(929)六月二十九日,差钱文殷祭神镌石:"吴越国王宝正三年八月十九日重开舜井,收得重华石一片,窃恐年移代远,莫测端由,特令镌刻,用记年月。己丑岁林钟之月二十九日。天下都元帅吴越国王记。"

为供奉古佛舍利宝函,吴越国王与众僧人商定,于灵隐山后之武林山上重建北高峰塔。这北高峰原建有七层方形砖塔,毁于会昌灭佛时期,此次于原址重建,拟仿照梵天寺塔建成七级木塔,飞檐翘角,角挂风铃,顶矗塔刹,刹结相轮。塔成后将舜井宝函奉安于内,以求保佑吴越百姓岁岁太平、五谷丰登,为此吴越国王作《造寺保民诗》曰:

百谷收成届应钟,南方景象喜重重。三秋甘泽烟尘息,四序和风气象浓。

播种勤耕盈廪庚,劝民兴让洽温恭。广崇至道尊三教,盖为生灵奉圣容。

第四十七回　去目疾具美失阳寿　秉父志明宝承社稷

　　天成四年(929)春二月,唐帝由大梁回到洛阳,下制授:传瓘为镇海、镇东两军节度使,杭、越等州大都督府长史,增食邑一千户,实封一百户;中吴军节度使、王子传璙增食邑五百户,实封一百户;静海军节度使、王子传球兼中书令;余并如故。楚州升为顺化军,以明州刺史、王子传珣为顺化军节度使,楚州领山阳、盐城、盱眙、宝应、淮阳五县。派遣供奉官韩玫、副供奉官监门卫上将军邬昭遇二人为使前往杭州宣谕。

　　韩玫性情凶狠刚愎,阴险贪婪,乃安重诲党羽,临行时受其密令向吴越国王索要重贿。时安重诲任枢密使,深为唐帝所倚重,朝廷诸事多由其决策,然此人胸无文墨,刚愎自用,善使权术,贪得无厌。孟知祥初入蜀时曾上表请求搬取家属,重诲断然拒绝,知祥乃以黄金百两贿赂,重诲喜而受之,方为其详细上奏。及至家属入川,知祥对众僚吏笑道:"天下人都以为安枢密于天地间无人可比,谁知其只用百两黄金便可买得,不足畏也。"

　　二位朝廷使臣至杭州宣谕毕,韩玫即单独向吴越国王婉约表达索贿之意。吴越国王素来最痛恨者莫过于重臣不尊王法、恃强欺弱、巧取豪夺、行贿受贿,听了韩玫言语,心中早已升起一团怒火,但韩玫毕竟是中原特使,只得强压怒火含笑说道:"若是大唐朝廷需要,我吴越国自当竭力贡奉。只是安枢密位高权重,民心所归,一旦我吴越国馈赠丰厚,难免传扬开去,若有人奏称重臣交结外藩,图谋不轨,届时只怕对安枢密多有不便,亦有损民心。"韩玫听了,虽心里愤恨却又不便发作。晚间,吴越国王宴请两位唐使,韩玫喝了几杯酒,话便多了起来,口没遮拦地将心中不快发泄出来,更说了些对吴越国王不敬的言语。邬昭遇深感其有失唐廷颜面,遂出面制止,韩玫竟借着酒劲辱骂昭遇,甚至以马鞭抽打,吴越国王见状忙命人撤去宴席送唐使回馆驿歇息。

　　吴越国王见韩玫先是索贿不成,继而扰乱宴席,有辱皇命,便以常礼遣送两位使者回国,并带给安重诲一封书信。信中不叙寒暄,言辞轻慢,未提贡礼,不卑不亢。安重诲虽识字不多,却也明白信中意思,心中愤恨不已,韩玫又添油加醋道:"昭遇见到钱镠,自称臣,行面君拜舞礼,呼钱镠为殿下,有辱唐国国威,并将朝廷大小诸事皆私告于钱镠,失使臣之节。"并污蔑吴越国王对唐使甚是无礼。

安重诲闻听更是怒火中烧，两人商议后奏报朝廷，令御史台审理此事。不久，邬昭遇死于狱中，唐廷又下制以钱镠对唐帝失君臣之礼为由，令天下兵马大元帅、尚父、吴越国王钱镠可落元帅、尚父、吴越国王，仅以太师致仕。吴越国王接制，知是安重诲恶人先告状弄权所致，心中愤恨不平。吴越与唐本无直接隶属关系，削职与否对吴越实无大碍，只是受恶人之气实难容忍，如此受不白之冤必须澄清，于是吴越国王命传璙写成奏章申报唐廷，以雪其事，却被安重诲扣压，不达天听。

天成三年（928）十二月，荆南节度使高季兴去世，唐帝以其子行军司马、忠义节度使、同平章事高从诲为荆南节度使兼侍中。长兴元年（930）三月，高从诲遣使者带了表章来到吴国，以祖坟在中原，担心为唐所毁为由，且吴兵远而唐兵近，一旦国内发生冲突，恐吴军不及救援，拟断绝与吴国的依附关系。吴帝派兵进攻荆南，结果反被唐与荆南联军所败，唐帝怀疑吴越传璙参与杨吴攻击荆南之举，遂下诏诘问此事。

适有唐廷册封闽王使者裴羽出使福州，十月泛舟东海回归中原，因避风浪停留明州，传璙乃设宴款待，将韩玫、邬昭遇出使经过详细告知唐使，还介绍了吴越与吴之关系现状，并写绢书请中使面呈唐帝，书曰：

窃念臣父天下兵马都元帅吴越国王臣镠，爰自乾符之岁，便立功劳，至於天复之初，已封茅土。两殄稽山之僭伪，频叨凤诏之褒崇，赐铁券而砺岳带河，藏清庙而铭钟镂鼎。历事列圣，竭诚累朝，罄臣节以无亏，荷君恩而益重。楚茅吴柚，常居群后之先；赤豹黄黑，不在诸方之後。雲台写像，盟府书勋，戮力本朝，一心体国。常诫臣兄弟曰："汝等诸子，须记斯言：父老起自诸都，早平多难，素推忠勇，实效辛勤，遂蒙圣主之畴庸，获忝真王之列壤。恒积满盈之惧，豫怀燕翼之忧。盖以恩礼殊尤，宠荣亢极，名品既逾於五等，春秋将及於八旬。不讳之谈，尔当静听。而况手歼妖乱，亲睹兴亡，岂宜自为厉阶，更寻覆辙？老身犹健，且作国王之呼；嗣子承家，但守藩臣之分。"臣等鲤庭洒袂，雁序书绅，中心藏之，敬闻命矣。顷以济阴归邸，梁苑称尊，所在英雄，递相仿效，互起投龟之诟，皆兴逐鹿之谋。惟臣父王，未尝随例。从微至著，悉蒙天子之丝纶；启土封王，自守诸侯之土宇。乙酉岁，伏蒙庄宗皇帝遥降玉册金印，恩加曲阜营邸，显自大朝来封小国，遂有强名之改补，实无干纪之包藏。兼使人徐筠等，进贡之时，礼仪有失，尚蒙赦宥，未实典刑，敢不投杖责躬，负荆请罪。且爽为臣之礼，诚乖事上之仪，夙夜包羞，寝食俱废，捧诏而神魂战栗，拜章而芒刺交并。伏以皇帝陛下睿哲文思，含宏光大，智周万物，日辟四方，既容能改之非，许降自新之恕。将功补过，舍短从长，矧兹近代相持，岂足深机远料？且臣本道与淮南。虽连疆畛，久结仇雠，交恶寻盟，十翻九覆，纵敌已逾於三纪，弭兵才仅於数年。谅非唇齿之邦，真谓腹心之疾。今奉诏书责问，合陈本末端由，布在众多，宁烦阰缕。彼既人而无礼，此亦和而不同。近知侵轶荆门，乖张事大，傥王师之问罪，愿率众以齐攻，必致先登，庶观後效。横秋鹏鹗，祇待指呼；跃匣蛟龙，誓平雠隙。今则训齐楼橹，淬砺戈铤，决副天威，冀明臣节。伏以臣父王镠，已於泛海，继有飞章，陈父子之丹诚，高悬皎日；展君臣之大义，上指圆穹。其将修贡赋於梯航，混车书而表率，如亏奉职，自有阴诛。今春已具表章，未蒙便赐俞允。地远而经年方达，天高而沥恳难通。伏乞圣慈，曲行明命。凌霜益翠，始知松柏之心；异日成功，方显忠臣之节。臣瓘等无任感激祈恩战惧依投之至，谨遣急脚间道奉绢表陈，乞奏谢以闻。

唐使裴羽回洛阳后向唐帝奏明："邬昭遇并无向钱镠称臣之事，乃韩玫诬构，杭人皆以为乃一冤案。钱传瓘曾数呈表章，皆被枢密院扣下，今传瓘托微臣带来绢书一道，尽陈其事，请皇上御览。"唐帝看罢绢书乃知系安重诲从中作梗所致，从此安重诲日益失去信任。

唐灭蜀后郭崇韬被诛，其手下董璋却因功被进封为剑南东川节度使，孟知祥任西川节度使，两镇势力日益强大，不受唐廷辖制。在唐帝授意下，安重诲遣客省使李仁矩镇守东川之阆州，又命外兄武虔裕为东川之绵州刺史，两人皆带兵赴治所上任，不久又命武信节度使夏鲁奇整治东川遂州城隍，修缮兵甲，增兵戍守。安重诲命李仁矩刺探东川节度使董璋背叛朝廷的情报。仁矩曾出使两川，与董璋有隙，遂添油加醋奏报朝廷，董璋十分恐慌。又有传言，朝廷将割绵州、龙州为节镇，西川节度使孟知祥亦十分惊惧，于是两川联合举兵反抗朝廷。

长兴元年（930）十二月，唐帝派天雄节度使石敬瑭率兵征讨两川，累累不利，遂命安重诲亲往两川督战。安重诲弄权已久，朝廷内外许多人对他既怨恨又害怕，西方诸藩闻听重诲前来督战，无不惊骇，惶恐不安。以前凤翔节度使朱弘昭对安重诲百般诌媚奉事，因此连连得任于大镇。待安重诲此番来到凤翔，弘昭仍迎拜于重诲马前，馆宿于府舍，请入寝室，让妻子拜见侍奉左右，进献酒食，礼数甚是勤勉。重诲甚为感动，酒酣对弘昭涕泣言道："遭到谗人诬陷，几乎不免于死，由于皇上明察才得保住宗族。"待安重诲离去，弘昭立即上奏朝廷："重诲心中怨恨朝廷，口出恶言，不可令其去行营，恐会夺取石敬瑭兵权而自立。"又写信给石敬瑭："重诲举措唐突，若至军前，恐战士疑惧害怕，以致不战自溃，宜设法阻止。"石敬瑭本来不愿西征，因安重诲专权不敢上奏，如今重诲既远离皇上，遂累累上表奏道："蜀不可伐。""重诲至军前，恐怕军情有变，宜急速征还。"唐帝遂下诏召还安重诲。安重诲接诏，立即往回返，再过凤翔时朱弘昭即不予接纳，重诲知道事情不妙，疾驰回京，不久，唐帝令安重诲致仕。

长兴二年（931）春二月，唐帝下敕遣监门卫上将军张镁、兵部郎中卢重往杭州谕旨，复以钱镠为天下兵马都元帅、尚父、尚书令、吴越国王，依前不名，赐王国信、汤药，并宣谕往日令王致仕乃安重诲矫制，今已治安重诲矫诏之罪，诏曰：周荣吕望，有尚父之称；汉重萧何，有不名之礼。钱镠冠公侯之位，疏吴越之封，宜示异恩，俾当缛礼，其钱镠宜赐不名。

闰五月，唐帝下诏宣布安重诲离间孟知祥、董璋、钱镠与朝廷关系，以致孟知祥、董璋反叛朝廷之罪，以及自称欲亲自领兵攻打剑南，以便掌握兵权图谋不轨之罪，将安重诲处死，其妻并二子皆杀之。

敕略曰：天下兵马都元帅、尚父、尚书令、吴越国王钱镠，久列王公，恒输爱戴，朕方礼加元老，恩遇远方。安重诲掇缉瑕疵，遏行阻绝，使钱元璙拜阙上章，倾怀请罪，言皆激切，事且凭虚。尽由尔介蚩之心，有误我含容之德，情不可恕，罪不可逭。宜出为河中节度。今已诛之，以雪其冤，故告。

吴越国王之冤乃得以昭雪。

长兴二年（931），吴越国王目翳日益严重，已不能视事，十分苦恼，多方延医皆无起色。一日，有目医胡某来到宫中，自称历代祖传，能医疗内外眼病，针法疗效独神，仔细检查之后对吴越国王言道："眼目之病易治，然而大王非是常人，所患目疾只怕是苍天所赐，若为大王疗之，乃是有违于天，恐怕无益于大王之寿。"吴越国王答道："我起身于行伍，今已独领一方，富贵之极，只要能两眼复明，可睹物视事，即使为鬼不亦快哉！"胡目医乃施以妙法，果然双目豁然明朗，吴越国王大喜，欲赐以重赏，胡目医坚辞不受，叹道："大王目疾虽除，只恐阳寿不长，未了之事宜早做安排，若多行善事或可略补阳寿。"言毕长叹而去。

吴越国王一是治好目翳，二是两年沉冤得以昭雪，三是统领吴越国重任已交由传璙充任，因此心情特别轻松畅快，遂采纳胡目医建议一心多行善事。

秋七月，有大象数头由仙霞岭进入衢州境内，吴越国王命当地兵士好生圈养，不得伤害。

西湖北面宝石山（巨石山或石甑山）上有二圆石相对，石高近丈，传说乃天上流星坠落于此，吴越国王乃封之为寿星宝石山，亦称为巨石山。

十一月，湖州武康县防风山灵德王庙重修完工，吴越国王为之亲撰《新建风山灵德王庙记》，曰：

盖闻天地氤氲，运寒暑而滋品汇。幽灵盼响，司土地而福生民。人神理在于相须，显晦期臻于感契。虽先圣著难明之说，而礼经垂严祀之文。爰自五运相承，百王理化，或以劳定国，或尽力勤王，或利济及于丞民，或勋烈光于史策，并皆立严祠于境土，享庙食十春秋。而况江浙古区，鱼盐奥壤，历象则区分牛斗，封维乃表里江山；昔年霸越强吴，今日又封列国；旷代之灵踪不少，前贤之庙貌实多。寡人自定乱平妖，勤王怖命，五十年抚绥军庶，数千里开泰土疆。四朝叠受册封，九帝拱扶宗社。改家为国，兴霸江南。一方偃息兵戈，四境粗安耕织，上荷元穹蜷佑，次翳神理护持。统内凡有往帝前王，忠臣义士，遗祠列像，古迹灵坛，悉皆褒崇，重峻于深严，祀典常精于丰洁，冀承灵贶，同保军民。其有风山灵德王庙，本像属城，近归畿甸。考诸旧记，即先是武康县风山。又按《史记》云："汪罔氏之君，守封禺之山。"今属吴兴武康县。稽立庙之初，则年华渺邈，详图牒之说，则词理异同。唯有元和年再构檐楹，见存碑记。彼既已具叙述，此固不复殚论，聊书制置之由，直述旌崇之意。丙戌年春，寡人以玉册叠膺于典礼，清宫未展于严禋，遂辍万机，暂归锦里。寻，属节当炎暑，犹未却回都城。刺史陆仁璋，佐国精忠，事君竭孝。心悬扈从，遍祝灵祇。以风山灵德王，昔年因举兵师，曾陈祷祝，无亏响应，显有感通。遂恳悃告虔，许崇堂殿。洎清秋却归都城，披觌奏陈，既忠诚感动神明，行褒赠先酬灵贶，次乃亲分指画，委仗腹心。按山川展拓基垌，顺冈阜增添爽垲。形胜并皆换旧，规模一概从新。居中而殿宇崇严，四面而轩廊显敞。周回户牖，甃砌阶墀，构之以杞梓楩楠，饰之以玄黄丹漆。外则浚川源之澄澈，内则添竹树之青苍。至于广厦神仪，崇轩侍卫，车舆仆从，帐幄帘栊，鼎饪庖厨，笾簋器皿，请福祈恩之所，献牲纳币之筵，并极鲜华，事无不备。丙戌年八月：二十四日起首，至其年十一月毕功，土木皆是精新，棰祀尝严丰洁。仍展牲牢箫鼓，庆乐迎神，耀威灵而万古传芳，标懿号而千秋不朽。一则酬忠臣之启愿，二则答阴骘之匡扶。唯冀明神永安缔构，禀元化而同垂恩福，镇土疆而荫护军民，保四时风雨顺调，山河永绝天炎地渗，常欢俗阜时康。巍乎，焕乎！美矣！盛矣！今则功用既就，良愿已酬，因勒贞珉，聊书撼实。所贵后来贤产，知予精敬神明，不假繁文，粗记年月。时宝正六年重光单阏岁，为相之月，二十有三日记。

这年冬天，天气特别寒冷，吴越国王偶感风寒，竟至卧病不起。

长兴三年（932）二月，唐帝遣吏部侍郎卢詹、刑部郎中杨熏来杭州慰问，御赐吴越国王国信、汤药等。

三月，吴越国王自知将不久于人世，乃命人协助写下遗训：

余自束发以来，少贫苦，肩贩负米以养亲。稍有余暇，温理春秋，兼读武经。十七而习兵法，二十一投军。适黄巢叛，四方豪杰并起。唐室之衰微，皆由文官爱钱、武将惜命，托言讨贼，空言复仇，而于国计民生全无实济。余世沐唐恩，目击人情乖忤，心忧时事艰危，变报络绎，社稷将倾。余于二十四得功，由石镜镇百总枕甲提戈，一心杀贼，每战必克。大江以内十四州军，悉为保障，故由副使迁至国王。垂五十余年，身经数百战，其间叛贼诛而神人快，国宪立而忠义彰。无如天方降祸，霸主频生。余固心存唐室，惟以顺天而不敢违者，实恐生民涂炭，因负不臣之名。而恭顺新朝，此余之隐痛也！尔等现居高官厚禄，宜作忠臣孝子，做一出人头地事。可寿山河，可光俎豆，则虽死犹生。倘图眼前富贵，一味骄奢淫佚，死后荒烟蔓草，过丘墟而不知谁者，则浮生若梦矣！十四州百姓，系吴越之根本。圣人有言："敬事而信，节用而爱人，使民以时。"又云："恭则不侮，宽则得众，信则民任焉，敏则有功，惠则足以使人。"又云："省刑罚，薄税敛。"又云："惟孝友于兄弟。"此数章书，尔等少年所读，倘常存于心，时刻体会，则百姓安而兄弟睦，家道和而国治平矣！至传珣、传琛、传璠、传璹、传勯、传禧俱系幼稚，不特现在之饮食教训，均宜尔等加意友爱。即成人婚配，亦须尔等代余主持。传瓘、传璲、传瑠等中年逝世，遗子尚小，亦宜教养怜惜，视犹己子，毋分彼此。将吏士卒，期于宽严并济，举措得宜，则国家兴隆。余之化家为国，风篆龙纶，堆盈几案，实由敬上惜下、包含正气而能得此。每慨往代衰亡，皆由亲小人远贤人，居心傲慢，动止失宜之故。正所谓：德薄而位尊，智小而谋大，未有不遭倾覆之患也。尔等各守郡符，须遵吾言。余自主军以来，见天下多少兴亡成败，孝于亲者十无一二，忠于君者百无一人。

是以第一、要尔等心存忠孝，爱兵恤民。

第二、凡中国之君，虽易异姓，宜善事之。

第三、要度德量力，而识时务。如遇真主，宜速归附。圣人云："顺天者存。"又云："民为贵，社稷次之。"免动干戈，即所以爱民也。如违吾语，立见消亡。依我训言，世代可受光荣。

第四、余理政钱塘五十余年如一日，孜孜兀兀，视万姓三军，并是一家之体。

第五、戒听妇言而伤骨肉。古云："妻妾如衣服，兄弟如手足，衣服破犹可新，手足断难再续。"

第六、婚姻须择阀阅之家，不可图色美，而与下贱人结缡，以致污辱门风。

第七、多设养济院，收养无告四民，添设育婴堂，稽察乳媪。勿致阳奉阴违，凌虐幼孩。

第八、吴越境内绫绢绸绵，皆余教人广种桑麻。斗米十文，亦余教人开辟荒亩。凡此一丝一粒，皆民人汗渍辛勤，才得岁岁丰盈，汝等莫爱财无厌征收。毋图安乐逸豫，毋恃势力而作威，毋得罪于群臣百姓。

第九、吾家世代居衣锦之城郭，守高祖之松楸，今日兴隆，化家为国，子孙后代莫轻弃吾祖先。

第十、吾立名之后，在子孙绍续家风，宣明礼教，此长享富贵之法也。倘有子孙不忠、不孝、不仁、不义，便是坏我家风，须当鸣鼓而攻。千叮万嘱，慎体吾意，尔等勉旃，毋忘吾训。

吴越国王深知，欲稳定易位仅靠诸子口头认可远远不够，尚须众将吏当着诸子之面推举公认方能服众，方能于易位之后专心辅佐新主，遂命人将元帅府中主要将吏及诸公子一并召至病榻之前，言道："此番疾病势必不起，吾诸子皆愚懦，不足以任后事，恐不能为尔等之帅，吾死之后谁可为帅，请诸公共决之。"传璙统领两浙已有数年，处事恭勤谨慎，从未失误，将吏上下无不敬服，请众人公推乃是令众人统一思想的一种形式，为的是避免有人不服传璙号令酿成祸患。沈崧、杜建徽、皮光业、鲍君福等老臣心中自是明白，遂纷纷涕泣言道："两镇令公屡立战功，治国有道，为人仁孝，他人莫及，臣等孰不爱戴！"吴越国王又问其余众臣："此人堪当此任否？"众人亦纷纷附和拥戴传璙，言道："我等愿奉贤帅。"吴越国王看看众位将吏，又看看诸位王子，然后对传璙言道："众位将吏皆推举尔，不可辜负众人之心，今日授与此印，宜善守之。"乃正式授与符印、管钥，传璙涕泣拜受之。吴越国王又谆谆告诫道："传告子孙，须世代善事中国，勿以中原改朝换代而废尊重中原大国之礼。十四州百姓，须用敬信节爱；使民之道，善为抚辑；叔侄兄弟，务敦友爱；抚驭将吏，期于宽严相济。无图安康逸豫，勿得罪于群臣百姓。"

长兴三年（932）三月二十七日，是夜大雪纷飞，吴越国王诸子皆守候于病榻之前。二十八日清晨，吴越国王含笑合上双眼，薨于正寝，享年八十有一。

诸王子亲族、众将士官吏乃至宫人仆役无不悲恸万分，尤其传璙，时而哀恸，时而沉思不语，亦不进食，兴得左右多方相劝，乃于第四日稍进以粥。

数日来，父王以往的言行不时浮现于传璙眼前，父王的教诲、治国治军理念亦不时涌上心头。

早年的军旅生涯，往往事多突发，瞬息万变，难以预料，父王每暂憩或夜寐，必定先整好衣甲而后寝，以园木作小枕，而且缀以铜铃，睡熟则木枕滚动而觉醒，名为警枕。又于卧榻前置一粉盘，凡有事可用竹筷书写，以备遗忘。夜间命二使女轮值，凡有消息通报，须牵动警枕铜铃禀告。

在传璙印象中，父王是铁打的汉子，极少伤心落泪，记忆中唯有三次：一次是天复元年（901）十一月，唐昭宗皇帝蒙尘凤翔，父王急欲勤王，却因路途遥远、关山阻隔而无计可施，以此忧伤垂泪；又一次是天复四年（904）八月，昭宗皇帝遇弒，父王于军门素服举哀，明知乃朱温所为却无力除奸，心中愤恨而忧伤，以此落泪感伤；记忆最深刻的却是当年徐绾、许再思作乱，自己为保杭州平安自愿随田頵去宣城为质，几经凶险，终于天复三年（903）得返杭州，父子相见紧紧拥抱，父王眼含泪花叹道："吾儿将来必成大器，大有作为。"

父王不仅自己喜好读书，通图纬之学、好诗词、工书法、通水墨画，而且极为关注儿孙学习。闲暇时常召来诸子孙，或询问检查学业，或研讨学习心得；或朗诵名人诗赋，或命题由各人酬和，互相评点。父王还常常将子孙所做诗赋制成诗笺分送给罗隐、皮光业等臣僚，肯请点拨，再与众儿孙共同研习讨论，往往通宵达旦，不知疲倦，以培养儿孙们从小养成喜好学习的习惯。

每逢节日或除夕，父王必先与众将吏饮宴，再回后宫与亲人同乐。诸子孙按各人所长或鼓古琴、或吹笙箫、或弹拉丝弦、或讴歌吟唱，尽情抒发，一家人其乐融融，但从不延至深夜，以致未及数曲即不得不戛然而止。父王劝告众子孙道："若宫外听得宫内深夜歌声不止，必定以为我作长夜饮宴，寻欢作乐不理政事，一旦上行下效，便会贻误政事，民怨四起。"

父王素行孝道，禀于天性。每逢祖母水丘氏生日或中秋佳节，常亲自背负祖母登上高楼，与子孙一起欣赏明月，观看钱塘江大潮汹涌澎湃景象。父王对曾祖母感情尤深，每逢春秋荐享，常呜咽言道："今日孙儿贵盛皆由祖母积善所致，若非祖母祐护，孙儿早已命丧井中，但恨祖母不能复见矣。"

生活上父王素来倡导节俭，且身体力行，衣服衾被皆用细布，不用绫罗绸缎，餐饮用具非公宴唯用瓷罇漆器而已。恭穆夫人曾以父王所用寝帐开裂，乃送来青绢帐请求更换，父王回道："凡事须讲节俭，只怕尚有奢侈之处，要为后代树立节俭之风，此帐虽旧，却尚可避风，只需稍作缝补仍可使用。"后来此寝帐仍使用了很长时间。

父王喜作正书，爱好吟咏，早年常与罗隐唱和，有《罗汉寺偶题》诗曰：

九夏听蝉吟，已知秋气临。高梧上明月，深巷捣寒砧。

好对吴山秀，宜观浙水深。一登灵鹫阁，宝地胜黄金。

《题罗昭谏新建小楼》二绝：

结构叨凭柱石材，敢期幢盖此徘徊。阳春曲调高难和，尽日焚香倚隗台。

玳簪珠履愧菲材，时凭栏干首重回。只待淮妖剪除后，别倾卮酒贺行台。

《万蕊亭联句》：

扶桑晓日照仙桃（皮光业），鸂鶒头上垂双毛（罗隐）。

尽日春光吹柳絮（贯休），万丈蓬山压巨鳌（吴越王）。

又有《西园产芝》诗曰：

五纪尊天立霸基，八方邻国尽相知。兴吴定越崇王道，殄物平凶建国仪。

忽有灵根彰瑞应，皆由和气感明祇。休言汉代芝房异，今日吾邦事更奇。

《秋景》诗曰：

三秋才到退炎光，二曜分晖照四方。解使金风催物象，能教素节运清凉。

天垂甘泽朝朝降，地秀佳苗处处香。率土吾民成富庶，虔诚稽颡荷穹苍。

《百花亭题梅二首》曰：

秾花围里万株梅，含蕊经霜待雪催。莫讶玉颜无粉态，百花中最我先开。

吴山越岫种寒梅，玉律含芳待候催。为应阳和呈雪貌，游蜂难觉我先开。

《石镜山并序》：

咸通中，予方龆龀，尝戏玩临安山下，忽见一石屹然自立，当甚惊异。自后便在军门四十余，昨回乡里，复寻此石，见岩峦秀拔，山势回抱，堪为法王精舍，遂创禅阙。以此石为尊像之坐，表其感应，因成七言四韵。

卯岁遨游在此山，曾惊一石立山前。未能显瑞披榛莽，盖为平凶有岁年。

昨返锦门停驷马，遂开灵岫种青莲。三吴百粤兴金地，永与军民作福田。

《青史楼引宾从同登》：

云阁霞轩别构雄，下窥疆宇壮吴宫。洪涛日日来沧海，碧嶂联联倚太穹。

志仗四征平逆孽，力扶三帝有襃崇。如今分野无狼孛，青史楼标定乱功。

《九日同群僚登高》：

淡荡晴晖杂素光，碧峯遥衬白云长。好看塞雁归南浦，宜听砧声捣夕阳。

满野旌旗皆动色，千株橘柚尽含芳。锦袍分赐功臣后，因向龙山醉羽觞。

《功臣堂》：

今夕虽非丰沛酒，醲酏同醉洽吾乡。两邦父老趋旌府，百品肴羞宴桂堂。

宝剑已颁王礼盛，锦衣重带御炉香。越王册后封吴王，大国宣恩达万方。

《造寺保民》：

百穀收成届应锺，南方景象喜重重。三秋甘泽烟尘息，四序和风气色浓。

播种勤耕盈廪庾，兆民兴让洽温恭。广崇至道尊三教，盖属生灵奉圣容。

《上元夜次序平江南》：

四朝双母显真封，古往今来事一同。志若不移山可改，何愁青史不书功。

想到父王有如此多诗词，绝不可让其散失，传瓘决定为父王收集、刊印成册，后来终于刊成《武肃王诗文》二十卷、《婴阑堂集》及《大宗谱》。

父王理国治军，发展经济，施政惠民，事事处处皆从全局出发，统盘考虑，谨慎处理，尤其是后十数年，自己常跟随其左右，备受教益。

传瓘初任镇东军节度使之时，适逢浙东各地农业丰收，百姓安康，唯有宁海县令陈长官因本县遭受强台风及海潮侵袭不能完额交纳赋税。询问受灾面积多少，县令答有三成，又问粮食减产几何，县令答约一成，传瓘认为此事完全可由本县自行解决，不必免除赋税。长官回县后会同当地乡绅联名上书，极谏免税，传瓘大怒，将长官逮捕入狱，长官仍冒死抗争。父王得知此事，即命传瓘派专使赴宁海县调查,后来专使回报:宁海县遭遇台风、海潮侵袭是实,虽然当年受灾面积不大,粮食损失不多,但是防潮海堤以及农田堤埂、水渠、池塘、渔船、码头、房屋、道路损毁严重,欲完全恢复,恐怕全县一年赋税尚不足以完成。传瓘听了自知莽撞,若非父王过问此事,险些冤屈了县令,遂向长官赔礼,免去宁海县赋税。

狼山江、无锡战役之后,父王与传瓘彻夜长谈,帮助传瓘总结经验教训,教导传瓘不仅要从三军统帅的角度考虑问题,更应从一国之主的角度衡量政策得失,为日后传瓘登基主政打好基础。

传瓘受任镇海、镇东军节度使以来,父王更是事事处处创造条件,让其在前面多受历练,自己则在后面策划掌舵。于杭州发动军民疏浚西湖、广挖水井、修通慈云岭山道、兴建钱塘江及运河多处埠头;于苏州设立撩浅军,组织军民修通和疏浚河道,开发荒滩,修成圩田,发展军垦民垦,建立村屯,广兴农桑,扶植纺织,建起数十处村镇;于越州、明州深入民间,考察丝织、茶叶、瓷品、海盐等百业生产状况,掌握造船、建埠及外贸准备情况,为开拓海外贸易、繁荣吴越经济奠定基础;又不辞辛劳翻山越岭于天台山、四明山区域访能求贤,其情其诚令人为之动容。

昨日事事皆有父王教诲、指点、支撑,如今父王已经离去,须得自己独立担当,想到这里,传瓘心中既充满对父王的感恩之情又不免忧伤,既感到失落又满怀自信,既有些孤单又充满力量。父王既已为吴越国奠定了坚实的军事、政治、经济基础,今后自己一定要继续发扬光大,遂收起悲伤,振奋精神,决心按照父王的遗愿大力发展国内外商贸事业,进一步繁荣吴越经济,提高吴越全民文化教育水平,培养治国治军优秀人才,带领吴越走进一个安定、文明、富庶的社会。

长兴三年(932)四月初四,钱传瓘接父王位执掌吴越政权。

第四十八回　安龙魂武肃归临安　育良才新主兴书院

话说唐帝得报吴越国王钱镠薨，乃下旨废朝七日以示哀悼，并设灵御祭三次，下诏曰：天下兵马大元帅、尚父、守尚书令、吴越国王钱镠乃本朝元老，当代勋贤，位已极于人臣，名素高于简册，赠典既无其官爵，易名宜示其优崇。令所司定谥，曰：武肃，庙号：太祖。又使光禄寺少卿张褒宣读皇命：一切葬典皆用王礼。

唐帝命将作监李锴赴杭州，与吴越国新主商议选地督工建茔，命工部侍郎杨凝式撰写《大唐故天下兵马都元帅尚父吴越国王神道碑铭》，铭曰：

圣朝神武文德恭孝皇帝御极之七载，岁在执徐三月二十八日，天惨东南，星昏牛斗。惟灵台之观祲，虑吴乡之薄祐。还九夏之生魄，览万里之飞奏。当青帝之回时，果真王之归寿。何国不幸，而殄瘁於此辰。谓天无私，乃歼夺於兹昼。圣上投袂震骇，当宁恻怛。雪泣盈於重瞳，视朝废於丹禁。以为锋摧倚天剑，柱折不周山。怆宸衷於既往，增宠章於未备。司礼以之考仪，执事其无安位。或赠禭以轸悼，或易名以昭贲。将作监李锴衔吊祭之命，有加於赗赙。太常博士段颙等议始终之迹，定谥为「武肃」。赠既绝於人爵，葬乃锡其王礼。睿思圣感，星繁波委。煌煌焉冠今古而无俦，穆穆焉充区宇而何已。尚慊为王称霸之雄，命世诞生之德。简册虽着，金石未刊。岂使太邱延陵，翻存不朽之迹。沂山岘首，独彰可久之文。非好辞无以叙元勋，非贞珉无以辉亿载。废而不举，阙孰甚焉。遂诏工部侍郎杨凝式曰：「尔以儒素簪裾，尝为我左右侍从。撰论之称，人谓尔宜。匡合之功，尔为子志。俾披文仰止，等高大於昆丘。垂裕无穷，掩绵长於淮水。」臣凝式百拜稽首。仲宣体弱，马卿思迟。寅奉丝言，俯伏金闼。彷徨忧畏，凌兢周章。荷明天子旨，当大手笔。挟泰山而越沧海，犹或云易。染柔翰以勒丹碑，孰敢无愧。俋俋述作，采撷幽秘。访小说於稗官，微实录於史氏。谨肃然奉诏，斐然抽思。」

盖闻雷雨方作，天机发而龙蛇起。象纬腾秀，星精降而贤哲生。百六草昧之时，九三经纶之际。海县则云蒸雾涌，雄杰则虎变鹰扬。日月为之昏霾，山河由其分裂。或力侔八柱，或敌号万人。或水灌晋阳，或泥封函谷。召兵车之会，上落槛枪。启国社之崇，旁开分野。鬼神叶力，河岳同功。摄干将而佩乌号，瞰扶桑而瞵蒙汜。望高於周召，业盛於桓文。越前代以成家，冠群後而为德者，吴越国王盖其人也。王姓钱氏，讳镠，字具美，杭州安国人。其先出自黄帝，武德中陪葬功臣潭州大都督巢国九陇之八代孙。由轩後而疏宗，本枝已茂。因彭祖而受姓，祚允弥兴。或仕宦移家，乌城成其旧地。或精神满腹，晋室重其英声。腾实家牒，传芳肉谱。乃江南之大姓，固海内之强族。大王父沛，宣州旌德县令，累赠吏部尚书。王父宙，累赠太尉。烈考宽，威胜军节度推官职方郎中，迁礼部尚书，赐紫金鱼袋，累赠开府仪同三司太师。皆代有驯行，世济伟人。宣慈惠和，温良恭俭。垂芳饵以钓国，偶乏良时。积阴德以贻孙，遂开洪绪。王则太师之长子也。

五行锺秀，四气均和。白云起於封中，丹霞呈於日侧。地不爱宝，贤惟间生。吉梦先来，既享钧天之乐。壮心未遂，常为梁甫之吟。识者多奇，众皆暗许。乃人中之瑞，实天下之雄。虎踞龙盘，江山为之作气。鹰瞵凤喙，英杰以之成形。由是元悟神姝，应期灵叟。既久事於笔砚，思在属於囊鞬。遂罢计偕，言参戎律。鹅鹳乌云之势，堪与风角之术。洞若生知，宛如神授。虽陈相出奇秘，风後善孤虚。与之同年，雅有惭德。属时艰已甚，天隙方开。值庚子之乱离，同戊辰之傲扰。入夜则日高三丈，当参则晕结七重。见蚩尤之张旗，逢王良之策马。人烟断绝，原野有厌肉之谣。山岳沸腾，黎庶无息肩之地。兵兴之苦，江东尤深。王以出众之才，膺冠军之号。八都倡义，张正正之旌旗。一呼连衡，结堂堂之行阵。深明去就，多识变通。或开君子营，或坐将军树。斩严杀厉，孰为贞律之师。靖乱平妖，独有勤王之志。时彭城汉宏，乱常干纪，负溪凭嶂，刻孙述之伪文，采齐巫之狂说，昼伏夜动，豕突鲸吞，为患滋多，寻戈未已。王刑牲衅鼓，按剑陈师。若李广之飞来，效贾复之深入。长风破浪，得艅艎於水中。利刃撄喉，取螫孤於城上。士怒未泄，贼垒俄平。有壮戎容，遂光霸业。不久仙芝窃发，黄巢暴兴。心恣豺狼，牙磨獌貐。盗淮南之郡邑，为世上之疮痍。人苦倒悬，力疲奔命。王英谋电发，锐气星驰。应高骈之羽书，举临安之组甲。舳舻所至，烈火之燎鸿毛。旌旆所及，太华之压鸟卵。国家方虞多垒，克赖荩臣。并录奇功，遒颁好爵。乃命为杭州刺史，寻移润州，镇海军额，授节制焉。名登王府，位列侯藩。雨露方浓，圣主愿观其画像。乡间不改，故人皆美於昼行。昔王与董氏，爱在初服，同兴义旅。定神交於扰攘，陈大节於匡扶。酒染血眼，共结忠贞之誓。心明河水，长存慷慨之词。对垒握兵，夹江为郡。言犹在耳，董已渝盟。幸乘舆顺动之时，假图谶不经之语。婴城自固，窃号称奸。王执锐披坚，瞋目张胆。令如时雨，势若疾雷。横金鼓以指妖巢，挥羽扇而荡强寇。眉皆见轼，大陵为之无光。首尽奔营，京观由是特起。时三精上蚀，万乘西巡。王报国推心，誓江立志。献戎捷而自远，间官守以无亏。

多难识忠臣，疾风知劲草。昭宗闻名早叹，见节弥嘉。得窦融於西河，既宁天保。倚安国於东界，寻辍宵衣。遂命兼领越州，仍颁铁契。丹青示信，带砺言盟。

列在世家，藏於宗庙。庆天门之奇士，才督八州。画云台之功臣，不过四县。论德则彼或无取，较宠则斯实居多。自此外缮甲兵，内修耕织。好贤宝谷，亲仁善邻。张管子之四维，树周书之八极。开拓疆宇，延任英豪。谋无不臧，人思尽力。五蛇为辅，遂隆霸主之基。九武训戎，屡丧敌人之胆。废兴由其指顾，远近惮其威声。况俯接闽川，逷通楚塞。琅琊则时称贤帅，扶风则世号宠王。皆战舰凌空，征旗蔽野。据东瓯而保大，处南海以称雄。莫不欣接犬牙，请徼於盟会。愿为龙虎，以诧於辅车。而乃杨氏阻兵，据广陵作梗。继渝邻好，屡警边烽。顷常全率车徒，擅侵封部。王妙陈三覆，宏肆七擒。才挥善战之师，遽见数奔之众。示武经而戡定，取戎首以凯旋。寻乃玉磬请和，铜盘受制。初闻释憾，还君子之锺仪。无复当锋，见人杰之韩信。疆场自谧，方略特高。精贯元穹，义形霜雪。总中权而作翰，陈左袒以输诚。许国致君，不渝於金石。献琛奉贽，罔限於高深。固得三镇节旄，千里疆土。令仆调鼎之重，师保论道之尊。生祠列康衢，画戟罗私第。备隆徽数，仍启全吴。轺轩旁午於道途，纶诰葳蕤於藩屏。名垂信史，功在景钟。近世以来，求之未得。

及梁园兴僭，皇运中微。前在列藩，敦鲁卫之兄弟。洎当新室，修秦晋之婚姻。殊礼涛加，积功是仰。王以为时有否泰，道属污隆。明且未伤，义无或爽。乃受其尚父守尚书令之命，寻加天下兵马元帅。庄宗皇帝参墟振翼，牧野成功。应黄星以御宏图，仗白旄而行大戮。九江既导，江汉於是朝宗。七曜重新，天地以之贞观。乃眷星纪，时惟国桢。定倾之硕略遐彰，盖世之宏勋斯在。再造之始，大典将融。唐尧之光宅未遑，周武之下车兴会。超於徽数，简自圣心。遂命有司，择日备礼，册为吴越国王，赐金印玉册。临轩遣吏部侍郎李德休往行册命，尚父守尚书令天下兵马元帅如故。大矣哉若是之礼也！

昔武王问师尚父曰：「三皇五帝之道存乎？」师尚父曰「在丹书」。乃斋戒端冕西面，道丹书之言。武王拜而受之。此尚父之事也。《周礼》「王者以六辔御天下」，又李固有言曰：「北斗为天之喉舌。」尚书亦天子之喉舌。令也者，总是六官，纳於百揆，为大化之本，居会府之宗，此尚书令之职也。昔太公赐履，五侯九伯，实得征之。又授晋文大辂戎辂之服，彤弓□弓之数，命之曰：「以绥四方，纠逖王慝。」此元帅之谓也。成王以周公为有勋劳於天下，封於曲阜。地方七百里，革车千乘。命之以礼乐旌旗，言广鲁於天下，此立国之道也。高皇汉法，无尺土之封，故大封同姓。又刑白马为盟，有非汉世而王，天下共击之，此重王之义也。有一人於此，人犹贵之，而五事在躬，四方拭目，名器莫之大也，功业莫之高也，人臣莫之比也，岂不谓非常之人，而有非常之事者乎？皇帝西京立议，北极居尊。执大象以临人，宅中州而抚运。重熙累洽，端拱垂衣。恨七圣之迷途，未还淳朴。乐三王之无事，高谢干戈。而内注宸襟，遐思列土。坐明堂而布政，称伯舅以图勋。特下天书，遐颁驿骑。显举不名之典，愈宏敬老之文。王戴舜弥坚，尊周益至。苞茅缩酒，恒共於閟宫。葵藿向阳，不违於黄道。属天祸吴越，疾在膏盲。未及浣肠之医，遽闻含玉之赐。桑田忽变，悲夫横海之鳞。霜露俄高，已失蟠桃之树。呜呼哀哉！薨於正寝之日，享年八十有一。理命诸子曰：「吾遭乾纲隳地之时，为雄豪所推服，奋臂起义，为国朝除暴乱，屡蒙以功进律，赐壤赐圭。天宠所临，辞不获命。至於忧愧在位，尊奖王室，不敢以贵骄人，不敢以功自伐，尔曹亦见之矣。且知足不辱，道宗明诫。吾谢之後，慎勿蹈吾之迹，惟忠为令德，可以长有富贵。诸车服府舍有过制者，悉命撤去之，无存王庭之仪，当可奉而行也。」天子闻而叹悼之。以长兴五年岁次甲午正月壬申朔十一日壬午，葬於吴越国杭州都督府安国县衣锦乡勋贵里，礼也。

公室丰碑，既遵远日，殊禧玉匣，永闭佳城。临水流阙之祥，邢山高显之势。风急云愁，自昏（缺）整题凑以将归，揭素旗而先远。湮波薄暮，田横之薤露凄凉。散气归天，周勃之吹箫呜咽。王太公绍继，康叔王侯。代历累朝，时更五纪。处至崇之位，着不赏之功。必得其禄，必得其寿。子孙保之，祠庙享之。其福德也如此。保大定功，建邦启土。四海膏腴之地，六朝文物之乡。握貔貅以主诸侯，控江山以尊天子。昔泰伯断发端委以开吴，句践尝胆辛勤而霸越。举一羽之策，兼三国之雄。其霸王也又如此。洗兵海岛，振旅江城。戈船蔽於长洲，戎辂盈於檇李。盛气而风云回合，援枹而山岳动摇。以此摧敌，何敌不陷。以此守土，何土不兴。其强大也又如此。人和物阜，地利天时。章郡积於青铜，海陵厌於红粟。决渠降雨，郑国不足语其丰。连袵成帷，临淄不足论其众。其富庶也又如此。麟趾公子，不下百人。凤穴羽仪，皆居五等。或对升鼎铉，或俱列土茅。比屋未苏，则任棠水薤。邻兵尚炽，则锺会戈矛。所以生在谢庭，为言子弟。游於丰市，但见公侯。其允绪也又如此。八千子弟，昔且散亡。五百功臣，今称翊赞。成及奋爪牙之力，建徽献腹心之谋。故得帐下偏裨，皆持瑞节。幕中宾客，尽陟斋坛。其将佐也又如此。广明之後，大乱相仍。朝廷有失鹿之虞，銮辂见逐萤之窘。蜂飞猬起，幸殷室之邱墟。雾集飙驰，问周鼎之轻重。义士犹或失节，奸雄俱已摇心。王能运机筹，不迷风雨。偕程昱之捧日，兼以梯航。类袁安之忧时，形於涕泗。其忠荩也又如此。以寡敌众，背水囊沙。说礼乐而敦诗书，击东南而备西北。取薛朗如摧枯，败徐约若建瓴。临变生机，图难於易。张子房之帷幄，顿觉空虚。谢安石之棋枰，不为匆遽。其韬略也又如此。爱如父母，政若神明。虽左右咸见於得人，而大小多闻於躬决。弃申韩为末造，实黄老为上科。法简秋荼，威收夏日。遂使吴中子弟，羞论碌鼠之才。浙右封陲，杜绝成牛之气。其善改也又如此。虚心应物，屈己临人。船问（缺四字）上辛之郊，碣石之宫。才听商歌，即吐麒麟之哺。未加楚醴，不张玳瑁之筵。其待士也又如此。律吕笑谈，文章草隶。纵横自得，冠绝时人。虽复观周乐之知音，却卫军之大辨。颜延之雕绩满目，张伯英筋肉俱全。无不罢听而吞声，面墙而阁笔。（缺四字），屡见佳篇，迎叶贺监，多存真迹。其才艺也又如此。雅洞真筌，居为外护。慕佛乘之妙道，割天性之深慈。法相太师子，妙云太师女也。既脱屣轩裳，拂衣罗绮。谢有为而宴坐，悟舍利以出家。於是对棹慈舟，双兴宝殿。山阴都讲，时间出於空门。剡县相君，飞解生於贝叶。其崇信也又如此。浪起海门，潮冲罗刹。若天纲之镈瘵，震地轴以连轩。雷公翻然其凭凌，犀炬莫穷其怪异。王濬拔山之志，踵立埻之规。百万为徒，昼夜交作。塞洪波而为大陆，排巨浸而广名区。轻尘不飞，失子胥之愤气。长川罢波，雪精卫之冤心。其神灵也又如此。丕变荆榛，廓开冲要。既冠山而构台阁，又亘野以启郊郭。飞甍上拂於招摇，赖壤旁吞於块圠。率由心匠，似匪人功。历九土之繁华，遐方巨丽。览八都之词赋，不远宏规。其创业也又如此。五十年之生聚，一千载之井田。德泽仁风，家至户到。方安福地，遽失藏舟。莫不走群望以无阶，萎哲人而有恸。兴谣辍想，悲深子产之亡。罢市冰须，痛极羊公之谢。其遗爱也又如此。

今复起云麾、镇海、镇东等军节度使，新授守中书令元瓘，纪地四溟，丽天二浙，应龙得水，雕虎生风。遂引可大之年，闻诗闻礼。荀美中书之岁，且公且侯。知机元悟於宝花，好德早承於良冶。雅通金匮，屡坐寅车。振妙算於中坚，过惊飙於四面。英华外散，和顺内凝。中岳称其降神，左氏书其有後。皇帝得之巨屏，既若长城。闻触地以无容，念分闻而何寄。难统御，为制书，墨晋侯之斩缞。从鲁公之金革，畴庸疏爵。仍正位於黄枢，移孝资忠。又增华於茜斾，自天降命，延赏推恩。九霄之宠诏星飞，一境之欢声雷动。今复起中吴、建武等军节度使，检校太尉兼中书令元璙，久临戎部，克着嘉猷。虽情厚媿玉山，形疏拘金阜。今起复靖海军节度使检校太傅元瓒，早秉圭符，遥分节钺。方藉求瘼，难避夺情。并奕世勋名，同时将相。虽元成继美，袭凤诏以持衡。纪鹭承家，赐云屏而隔坐。未足多也，又何加焉。其绍续也又如此。至於立德立言，允文允武，宏五霸之略，垂万世之名，固业尽顺遂，道全经纬。英概必举，振古莫俦，自列国以来，未有如吴越国王者矣。夫如是，则隃燕然之石，未可殚书。礐巛谷之筠，不能尽纪。臣凝式胸中学浅，日下名轻。叙事多谢於子长，待诏有惭於徐乐。恭承睿旨，从事斯文。每怀响而必弹，庶为陵而更显。虽五藏在地，终非吐凤之词。而百代可知，请俟获麟之笔。谨为铭曰。

茫茫宇宙，悠悠帝先。成形在地，成象在天。有精有粹，为英为贤。复振勋烈，出正危颠。三辰不轨，四郊多垒。运否时屯，风飞云起。镆镆耀耀，英豪自喜。始学龙韬，终惟虎视。时乃真王，出自轩皇。金玉蕴器，融结殊祥。奋臂有勇，其锋莫当。知机应变，取乱侮亡。八都义举，群凶膏斧。俾尔除残，推我作主。失律斯凶，止戈为武。是曰壮师，信如是雨。汉宏兴伪，董氏凭妖。徐约赑顽，薛朗咆虓。披攘荡拂，果毅戎昭。鱼烂於鼎，鸟焚其巢。明明天子，念动尊古。命为诸侯，分茅胙土。忠作唐臣，尊称仲父。有赫旗常，无忝宗祖。累靖多难，屡播奇功。既开赤社，亦赐彤弓。吴越全壤，齐晋旧风。千云比峻，负海称雄。年过八十，势高二伯。乃子乃孙，罗旗设戟。惟天所相，不索而获。亮此霸图，光乎史册。一寒一暑，如水斯倾。适来适去，孰肯忘情，香销玉釜，露尽金茎。还兹厚穸，非复长生。縿幕晨张，涂车永去。剑履空存，杯盘不御。今日丰碑，昔时棠树。万古千秋，凝阴宿露。

四月十八日（王薨后三七之期），传璙及诸兄弟并众臣僚奉吴越国王灵輴至临安，殡于衣锦军，待王陵建成再行安葬，丧事暂时告一段落。

从孟春开始大雪，武肃王去世一个月来天气始终阴晦昏濛，至此天方澄霁。

钱传璙，武肃王第七子，母亲乃晋国恭懿太夫人陈氏，唐光启三年（887）十一月十二日生于杭州府署之东院，自幼胆略过人，敢为敢当，思维敏捷，勤学博览，孝亲敬长，尊兄爱弟，深得武肃王喜爱。

天复二年（902）秋，徐绾、许再思作乱，时年仅十六岁的传璙自请为质随田頵入宣，以解杭州之危，由此功授礼部尚书，遥领邵州刺史。

开平元年（907），平永嘉（温州）庐佶之乱，武肃王承制以功改传璙为内衙都指挥使、检校尚书、右仆射，随即授金紫光禄大夫、检校司空。

开平五年（911）七月，赐号赞政安国功臣，进授司徒，守湖州刺史。

乾化三年（913）四月，于千秋岭击溃淮将李涛，五月进攻宣州广德县，俘获淮将花虔等，十月以功授检校太保、湖州刺史、大彭县开国男，食邑三百户。

乾化四年（914）六月，制授特进光禄大夫、开国侯，食邑一千户。

乾化四年（914）九月，奉王命率师攻常州之无锡县，获其将朱超等五百余人而还，贞明元月（915）正月敕授镇海军节度使、土客诸军都指挥使、杭州刺史。

贞明三年（917）六月，制授检校太傅，增食邑五百户。

贞明五年（919）三月，奉王命迎战江淮水军于狼山江，焚毁敌船四百余艘，消灭百胜军使彭延章以下三万余人。

贞明六年（920）十月，敕授检校太尉、同中书门下平章事，充清海军（南通）节度使，余如故。

隆德二年（922）正月，敕授特进检校太尉兼侍中，加食邑三百户。仍赐匡扶定乱、立正至道功臣。

同光二年（924）十月，制授开府仪同三司、检校太师兼中书令，依前清海军节度使兼充两浙节度使，观察留后。

天成元年（926）四月，武肃王不康，留衣锦军修养，命传瓘监国。九月，制加王，食邑一千户，实封一百户。

天成三年（928）二月，敕授王：镇海、镇东等军节度使，杭州、越州大都督长史，加食邑一千户，实封二百户。

天成五年（930）五月，制加王：食邑一千户，实封一百户。

如今传瓘继承父王之位，乃改名元瓘，同时将众兄弟名中的"传"字皆改为"元"字，并遵从父王遗愿悉用藩王即位之仪，乘舆、服物一切屏除，交回国王金印，罢开元府（嘉兴）诸属，复隶于中吴军（苏州）。大赦境内，一应田产皆减等征收田税。仍以沈崧为右丞相，杜建徽为左丞相，皮光业为两浙观察使兼元帅府判官，任命处州刺史曹弘达参知政事，同时受命者尚有睦州刺史吴程。

曹弘达，父亲曹圭，祖父曹信，歙州人，因战乱归杭州，为临平镇将。初建八都兵时，曹信因保嘉禾东界遂安家于临平，知嘉禾监事，累赠司徒。曹圭出生前，曹信曾梦见一人对其言道："我将为汝之子，将受二千石。"曹信将此梦告诉乡中好友，众人虽不解其意，却皆贺道"此子必主五谷丰登"。曹圭颇有胆气，乾宁中淮人围攻嘉禾，曹圭与其族人曹师鲁共同守城，于城楼上奏乐纵饮，矢石纷纷投射楼上而视之泰然，即解围，曹圭以功授苏州刺史。弘达少年之时，曹圭对其要求颇严，常于严冬之时尚不使其穿棉衣，膳食悉与奴仆相同，又令每日搬运砖头以劳其筋骨。曹圭在苏州任上曾为弘达向睦州刺史陈询求婚，即将迎娶之时请术者占卜，占卜者道："陈家之亲必不能就，当聘他门方得荣贵。"后来弘达随父前往杭州觐见武肃王，谈论间武肃王见其胸怀大志，见地深远，才思敏捷，心胸豁达，乃视为奇才，以王妹与其结为伉俪，委为镇东军押牙，后来累授台、处二州刺史。武肃王去世，元瓘守丧期间命弘达权知政事，参与处理国中军政事务。

吴程，山阴人，生于景福二年（893），武肃王之婿。

如今吴越国中现任宰相沈崧、杜建徽皆年届七旬，已是耄耋之年，老眼昏花，识文视事颇为费力，皮光业亦已年近六旬。欲振兴吴越，强化国治，壮大军事，发展经济，提高文化，改善民生，亟需大量人才。自唐末以来，中原丧乱，吴越境中科举仕途已经断绝，州、县学府多已颓废，因此境中人才极其稀缺，各地官员不得不大量任用子弟亲属，人才培养已迫在眉睫。

这日，元瓘召集沈崧、杜建徽、皮光业、曹弘达、林鼎、裴坚等大臣及元懿、元璙、元珦、元璟等兄弟共同商议人才培养与选举办法诸事，道："父王在世之时，本王已经责成沈菘大人命专人重建越州丽正书院，前几月又命沈大人筹建择能院以举荐贤能之士，今先由沈大人给诸位大人介绍筹办情况。"

沈菘首先介绍了各地学馆、书院开办状况及历年科举取士状况，说道："自梁代唐，中原丧乱，战祸不止，百姓流离，田园荒芜，各地学馆、书院失去经济保障，年长日久馆舍颓废，竟无人过问，早已荒废殆尽，加之连年征战，社会动荡，还有多少人能够安心读书！唯有偏僻山村战火不到之处，社会稍稍安定，尚有些私人为本族子弟开办的学馆书舍，所培养之学子，水平只是秀才而已。直到天成三年（928），国子祭酒崔协奏请唐帝重设国子监，每年置监生二百员，同时颁令诸道州府重新多置州学，如今州学仍在筹办之中。鉴于对人才的需求，尽管中原地区朝廷更迭频繁，科举考试除少数年份外却基本每年开科取士：朱梁之时共十七年，开科考试十三次，取进士百八十九人，前几年每年取十八九人，以后数年每年取十三四人；李唐政权至今十年间开科考试七次，共取士七十四人，平均每年不足十一人，其中同光三年（925）、长兴二年（931），仅各取四名。应试举子逐年减少，所取之士未见有名望之才，亦无日后受到重用之臣，实在可悲可叹！"

沈菘表情颇有几分沮丧，抬头看看元瓘及众位同僚，亦个个神情凝重，乃继续说道："我吴越地区先是刘汉宏起衅于浙东，继有董昌僭位自立于越州，连年征战，百业萧条，学馆书舍多有荒废。待到朱梁代唐，杨吴与我为敌，我吴越与中原联系遂被隔绝，学子们无法通过杨吴地区赴大梁应试。何况连年战乱，朝政不稳，中原有识之士亦多避往江南，我吴越学子又怎肯冒险赴京应试？因之科举之路遂绝，各州、县学馆书舍益发无人问津，历经数十年，有的已经坍塌无存，有的已破败不堪，有的则改作他用。好在近年来我吴越边境安宁，百姓生活富足，随之而来文化需求亦有提高，因此各地民间办起了许多私学书馆，兴学之风已初步形成，只是学术水平不高，尚需予以扶持。老王爷自从东巡归来，即命老臣重建越州丽正书院，工程已于去年完成，如今书院面貌焕然一新，可接纳三百学子，拟作为培养中级人才之所，生源须由乡间培养之秀才中选拔，只是尚缺少贤能之士担任博士教习。"

沈菘看看众人神情，见大家仍沉默不语，便继续道："历来人才选拔有四条途径：一是主管部门从属吏中根据实际能力选拔；二是由基层部门举荐，主管部门任用；三是从外部选聘；四是通过科举考试择优录用。我吴越人才全部来自前三条，独无科举考试，如今需请列为大臣商议：一是我吴越是否需重新恢复科举考试，是否需赴京考试，是否需取得中原皇帝认可；二是今后如何发展府学、州学，尽快培养我吴越治国良才；三是办学经费筹措及鼓励兴学办法。"

皮光业曾绕道闽、赣、楚、荆出使朱梁，又曾以轺轩使身份遍访江淮各地，深知战乱岁月跋涉于异国他乡之艰辛，便首先开言道："如今中原动荡，邻境诸国兵戈相向，我吴越去京遥遥数千里，途中关卡、兵痞、盗匪、强徒不计其数，险象环生，文弱书生欲进京赶考根本无此可能。再者，即使有人于京考中进士，或被强留于北国，或流落于他乡，实难回归吴越为我所用。不如就于境内自主开科，既免去了文人仕途的许多坎坷，又便捷我吴越延揽人才。"

众人大多赞同皮光业意见，沈菘解释道："我亦曾考虑过自主开科考试，但除中原外，其余诸国仅前蜀王衍曾举行过几次科考，效果似乎并不甚好。前蜀毕竟已经自立称帝，自主科考也算名正言顺，而自立称帝的还有吴国、南汉，他们至今尚未开科，其余诸国更无开科迹象。我吴越既称臣于中原，科考取士自当亦依附于中原，唯如此才合乎理顺乎情。若自行开科取士，难免有不遵中原之嫌，我吴越不可于诸国中开此先河。老王爷主事之时曾与微臣议论过此事，终未形成明确意见，其原因即在于此，因此遂有老王爷耄耋之年亲赴各地寻访贤才之举。"

沈菘之言令众人一时无言以对。沉默良久，广陵王元璙开言道："诚如沈大人所言，人才选拔有多种途径，既然我吴越自主科考有所不便，不妨试行举荐制。苏州府南园中有安宁厅、思源堂及清风、绿波、迎仙诸阁，周边环境优雅，吴地学子每月于园中聚会数次，或请名人贤士讲学授艺，或互相交流新作心得，或议论国事、评说时弊，只要精心组织、细心查访，于中当可发现许多优秀才俊。条件较好之州府可抓紧时间恢复府学，设专职长官督导，使府学既有教学职能又有举荐职能，每年向择能院举荐人才。择能院亦应有教学、举荐双重职能，每年由国子祭酒负责组织评审、举荐贤士，由国王审定任用。如此各州、县书院学馆便可源源不断向择能院输送才俊，择能院亦可适时按需向朝廷荐送良才，岂不胜过年年举行科考取士。"

林鼎、裴坚皆由元璙举荐进入杭州幕府，乃竭力赞同元璙意见。宰相杜建徽、皮光业却颇有疑虑，道："此办法看似可行，但未经考试缺乏凭证，易被少数贪官污吏做了手脚，或举荐庸才从中牟利，或荐用私党结党营私。"两种意见相持不下。

元璙道："举荐制既免去了文人远涉关山赴中原赶考之苦，又规避了自行开科取士不尊中原之嫌，却可达到广取高士、吸纳贤才之目的，可谓当今之良策。至于营私舞弊、结成朋党等弊病，即使科考亦难免发生，关键在于主持此事的臣僚能否秉公而行。此事须从任用官员与取士办法两方面来解决，请沈大人组织择能院官员学士制定择能院人员及各州县书院官吏考核办法，并制定各级书院中生员的举荐办法及标准，以便全境统一执行，杜绝结党营私之弊。列位大人意见如何？"

众大臣皆无异议。看看天已近晌，元瓘乃宣布休息，下午继续讨论如何发展府学、州学，尽快培养治国良才的办法。

午饭后众人接着开会，沈菘首先说道："为便于大家讨论，我先介绍唐末和现今中原办学状况。唐代，朝廷设国子监管理全国教学工作，地方官府设府学、州学、县学，府学生员五十至六十人，州学四十至五十人，县学三十五至四十人，生活起居费用由学校供给。当今中原朝廷设有集贤殿书院，有学士、直学士、侍讲学士、修撰官、校理官、知书官等，具有国家研究院、国家图书馆性质，包含教学、读书、修撰、藏书、供祀先贤、研制兵法等内容。但如今府、州、县学因连年征战，社会动荡，几乎已荡然无存，唯乡间私学尚在悄然维持，因此科考生员逐年减少，直到天成三年（928），唐国子监重新置监生二百员，并令诸州府各置州学，近年来学子人数方有所增加。除此之外，唐末各地还办过不少书院，有官办亦有私办，为各地学子讲学、交流、研讨学问之所，主持者多为学儒或守土官僚，称'山长''洞主'或'壶长'。我吴越境中曾办有越州丽正书院、象山蓬莱书院、诸暨溪山书院，今唯有丽正书院已重新修缮。"

皮光业因受命协助沈菘筹办各地学馆，制定科举选士办法，因此待沈菘说完即接言道："自从唐末战乱纷起，我吴越各地州府县学逐渐荒废，至今数十年间，大多已废弃坍塌，少数移作他用，欲恢复旧貌需花费大量资金、功夫，尤其是各州、县学府原有学田几乎被侵占殆尽，或荒芜废弃，今欲全部恢复，恐一时难以完成。再则，同时兴办学府过快过多，所需教授师资亦会极端缺乏，尤其名师更是奇缺，如此必然降低教学水平。微臣以为，当今之策办学宜少而精，不可一哄而起，滥竽充数。"

杜建徽附和道："皮大人所言极是，当今最困难的乃是缺少教授名师。唐末造就的名师高士尚存于世者已经不多，而且多已老迈，思维迟钝。壮年名士本就稀少，又多已进入官场担任要职，因此欲兴学，师资确实是大问题。为今之计，凡能延聘到的博士教授，皆宜集中使用，学馆开办数量宜由师资数量来定。"

元瓘道："两位说到师资缺乏确是难题，可否稍稍改变教学方式以缓解师资压力。当今我吴越各县、乡、村，民间所办家塾、族馆、村社、义学已很普遍，但办学水平多相当于初级，因此初级生员培养已不成问题，需要解决的是中、高级人才的培养。如此可以建几所以培养中、高级实用人才为目标，采用讲学、专题研习、交流研讨相结合教学方式的书院，如此只需配少数几名博士教授即可。各书院之间可以互相交流，学子中优秀者或有独到见解者亦可登坛讲学。近几年苏州各地学子汇聚南园所进行的学术活动实际上就是如此，亦造就和发现了不少有用之才。"

元璙说完，众人纷纷赞同，气氛亦渐渐活跃起来。

金华郡王、婺州刺史元懿说道："方才广陵郡王所言极好，于境中建三四所书院，所需博士教授不多，利用旧有堂馆房屋稍加修整即可开学，花费资金不多，建设时间短，只要所在州府及时划给学田，或组织当地乡绅捐献学田，即可尽快开学。苏州府南园学习环境好，又有学子聚会研讨基础，名声远播，稍加增建即可建成南园书院。越州丽正书院唐时已有名声，如今馆舍重新修筑，只待延师招生即可开馆。婺州子城中有'八咏楼'，乃南朝齐国东阳太守沈约所建，建成后沈约登临楼上陆续写下八首诗赞美此楼，一时传为绝唱，遂称此楼为'八咏楼'。子城地处高阜，复于高阜上修筑台基，于百余石级上临台再建'八咏楼'，登楼远眺，只见义乌江、武义江于楼前会合成金华江滚滚西流，江中波涛翻滚，帆影翩翩。'八咏楼'北邻州府，殿堂馆所尽在眼底，远处四周青山隐隐，田园片片，李白、严淮等诗人都曾慕名登楼题咏。楼后亦建有数多堂馆房舍，于台基上自成体系，环境十分幽静，是文人雅士研习史书、吟诗作画的好去处，若于此处建书院，当是理想之地，只须于周边辟地再增建若干馆舍斋堂即可。"

众人频频点头赞同，元瓘道："修葺筹建书院之事就按列位大人意见办理。广陵郡王回苏州后立即着人作出规划，于南园中完善书院房舍设施，筹集资金、学田，若有困难即刻上报，争取早日开学，书院暂定名为'南园书院'；皮光业大人回越州后立即追查丽正书院旧有学田下落，查得后不必追责只须归还即可，如果学田不够，再由州府划拨，若有困难着即上报；金华郡王回婺州后同样命专人作出规划，以'八咏楼'为基础，增建必须之馆舍斋堂，书院建成后，不妨暂定名为'丽泽书院'。筹建三州书院之事可向州民百姓广为宣传，争取地方绅士、官民踊跃捐赠学田。如此行事目的不在于获得这几亩学田，而在于令百姓共同关注此事，希望我吴越上下齐心合力，早日培养出国家所需栋梁之材。以上三所书院皆属中级书院，而杭州择能院具有管理、示范、考核中级书院之职能，亦有培养选拔高级人才之职能，如此形成村镇初级学馆、州府中级书院、朝廷高级择能院三级培养体系，人才逐级向上选拔输送，永不枯竭。关于择能院职能、运行机制、组织机构，仍请沈菘大人组织人员拟定后报送朝廷。此外，要办好书院、培养人才，尚须各州、府、县广泛收集经书典籍，充实各府书库，以供学子研习，必要时还应安排雕版印刷。目前雕版印刷书籍质量尚差，还不能普遍推行，但只要不断研究改进，总有一天可以印出完美书籍，此事请曹弘达大人专门负责。雕版印刷书籍一旦推行，即会需要大量印刷用纸，因此提高造纸质量、产量亦须提前安排，亦请曹大人一并负责。会后列位大人须各司其职，全心全意办好所付之事，三所书院当尽快建设，完善一所即开学一所。"

筹建州学之事一经向民间公布，各地百姓、士绅竟十分拥护，积极捐款、捐田、捐献藏书典籍，不到两年，三所州学先后招生开学。吴越百姓数十年间已远离战乱，生活安定，生产发展，家家富裕，都希望子孙学有所成，将来或做官、或行医、或从艺、或修文，凡此种种都需学习，然学完乡间民学却苦于没有州学，只得不了了之。如今听说吴越要兴办州学，百姓们皆欢欣鼓舞，遂有踊跃捐田捐物之举。这是后话，暂且按下不提。

第四十九回　谋皇位秦王逼宫败亡　惧猜忌潞王起兵登基

却说闽王王鏻自主政以来崇尚佛教，剃度两万百姓为僧，从此闽中僧人众多。王鏻又颇好神仙之术，道士陈守元因擅长旁门左道而得其信任，陈守元乃伙同巫者徐彦林、盛韬一起诱使王鏻大兴土木建造宝皇宫，并以陈守元为宫主。

天成四年（929）十二月，奉国节度使、建州刺史王延禀托病退居府中，请求以建州授其子继雄，唐帝乃下诏以继雄为建州刺史。

长兴二年（931）四月，有传言闽王重病，已不能视事，延禀以为有机可乘，乃以次子继升为建州留后，自己与继雄率领水军顺流而下袭击福州。延禀亲自领兵攻打西门，令继雄攻打南门。闽王命楼船指挥使、从子王仁达率领水军与建州军交战。仁达于船中潜伏甲兵，船头树立白旗，驾船驶向南门诈降，继雄不知是计，大喜，遂屏退左右，只带少数亲兵亲自登上仁达大船进行慰抚，谁知刚一进仓即被仁达斩杀。仁达将继雄首级悬挂于西门，延禀正在纵火攻城，忽见继雄首级，遂放声恸哭，仁达趁势指挥福州军反攻，延禀溃不成军，被左右军士用斛将其抬着逃走，次日仍被仁达军追及擒获。王鏻对延禀道："今不能继先志，果烦老兄再下福州！"延禀愧不能答。王鏻又派使者至建州招抚延禀人马，延禀一党竟诛杀使者，奉了继升、继伦兄弟投奔吴越而去。

五月，闽王王鏻斩延禀于市，恢复其原来姓名周彦琛，授命王弟都教练使王延政赴建州抚慰吏民，十月又命延政为建州刺史。

十二月，陈守元等人对闽王道："宝皇有命，若王上能避位受道，可当六十年天子。"王鏻信以为真，即命其子节度副使王继鹏权知军府事，自己避王位而受符箓，取道名为玄锡。

长兴三年（932）三月，闽王避位受道已满百日，遂复位。

这日，闽王对陈守元道："请为我请示宝皇，既为六十年天子，此后当如何？"次日，守元入宫奏道："昨日奏章申达宝皇，得复旨曰：当为大罗仙主。"道士徐彦林等附和道："北庙崇顺王曾见宝皇，其言与守元所言略同。"王鏻听了益发自负，飘飘欲仙，命人草表申报唐廷，奏道："今吴越国王钱镠已薨，请以臣为吴越王，马殷亦卒，请以臣为尚书令。"唐廷不予申达天听，闽王不悦，遂欲自谋称帝，并从此断绝向唐廷职贡。

长兴四年(933)春正月,闽王称帝,来到宝皇宫受册礼,由仪卫簇拥入府即皇帝位,国号大闽。大赦境内,改元龙启,追封父祖,立五庙,改福州为长乐府。以李敏为左仆射;以王子门下侍郎、节度副使继鹏为右仆射,授福王,充宝皇宫使;以亲吏吴勖为枢密使。王鏻称帝后即大兴土木,宏起宫殿,一改当年王审知节俭之风,大为奢华铺张。因自知闽中国小地僻,故事奉四邻甚是谨慎,以此境中倒还安定。

五月,闽中地震,闽王再避帝位专心修道,命福王继鹏权且总理万机,至七月复位。

闽国地域狭小,国用不足,中军使薛文杰知王鏻喜欢奢侈,遂搜刮民财,殷勤供奉,王鏻乃以其为国计使。为攫取财富,薛文杰暗地里命人先搜集各地富户罪状,而后籍没其财产,为达目的每每严刑加身,建州土豪吴光被其敲诈勒索,即将治罪,吴光得知乃率手下万人投奔吴国。

九月,已升任枢密使的薛文杰说服闽王抑挫诸宗室,养子王继图不胜忿恨,遂谋反,结果被诛杀,受牵连者达千余人。

再说吴国自徐温去世后,军政大权皆掌握于徐知诰之手,知诰乃效仿徐温驻守金陵,吴帝居于扬州。之前知诰曾治金陵,如今复治,遂扩修金陵城,使周围二十里,至长兴三年(932)八月修成。

十一月,吴帝以诸道都统徐知诰为大丞相、太师,加领得胜节度使,知诰谦辞不受丞相、太师之职。

长兴四年(933)春五月,宋齐丘向徐知诰进言,建议吴帝迁都金陵,言道:"金陵前据大江,南连重岭,其形势远胜于扬州,进可北渡大江觇觎中原、东越钟山进击吴越,守可凭大江、钟山天险自固。自晋以来,六朝古都皆设于此,乃王气兴盛之地,建都于此可保长治久安。"徐知诰深以为然,乃于金陵城中建造宫殿,为迁都做准备。

该年三月,唐帝为建武肃王陵寝,敕遣将作监李锴、光禄少卿张衮送来车马等治丧所用物品,又遣引进使杨彦珣来杭州,授予守中书令元瓘起复云麾将军、左金吾卫大将军、员外置同正员;授予中吴军节度使元璙检校太师兼中书令;授予清海军节度使元球检校太傅、同中书门下平章事;其余如故。

吴越于西兴城建化度禅院宝幢该月落成,元瓘亲撰《宝幢记》刻于石曰:

夫真如演化,以广大慈悲,济度沙界。其有达微妙之音,宏胜善之缘,尽孝思之心,创清净之业。靡不回慧炬而照烛,乘法力以津梁,超彼龙天,证菩提之因果。窃以自恭遵诏命,虔禀遗言,承制两浙,抚驭藩闽。事有益於显晦,功臣合於祯休,皆许九转鼎新,用光积庆。昨以西兴城垒之内,曩岁曾别置狴牢,虽宰断至明，固无枉滥，而縻絷稍滞，或有沦亡。念兹绵历重泉，何由解脱。於是变圆扉而崇梵宇，开绀殿而立蹴睟容，仍建宝幢，镇兹土地。磨砻翠琰，刊般若之文；辉焕禅扃，集庞洪之福。所有前後幽暗魂识，一一咸冀往生。然愿以此功德，资荐皇考武肃王，升七觉之法身，耀千光之瑞相。其次保安疆境，兵火无虞，以子以孙，永永蕃盛。长兴四年癸巳三月二十六日，起复吴越四面都统，镇海、镇东等军节度使，检校太师，守中书令，钱元瓘记。

四月，淮南遣客省使许确，百济国遣太仆卿李仁旭，分别前来祭奠武肃王。

七月，唐帝敕遣郎中张绚来杭宣谕，授元瓘中书令，进封为吴王。

八月，番禺遣左仆射何填前来祭奠武肃王。

中吴军节度使钱元璙自苏州来杭入见元瓘，并贺元瓘新授中书令，封吴王，元瓘以家人礼节待之甚厚，席间举杯说道："国王之位本应由兄居之，今由小子居于此位，乃兄之赐也。"元璙道："君臣之位乃由父王择贤而立，元璙只知忠顺而已。"言毕兄弟相扶对泣。

九月，唐帝敕遣户部侍郎张文宝来杭宣谕，授吴王兼尚书令。文宝乘船由登州泛海而来，途遇风浪，船被毁坏，水工以小舟飘至吴境获救，随从二百人仅五人生还。吴帝以礼相待，并赏予钱帛等数万，文宝只受饮食，余皆辞之不受，说道："本朝与吴久不通问，今既非君臣又非宾主，若受此赠，何辞以谢！"吴帝深为赞许，派人护送至边境，并命人通知吴越于境上迎候。

时沈崧、杜建徽仍为吴越丞相，因二人年届七旬，新主元瓘遂又拜皮光业、曹弘达为相，以辅助沈、杜二相统领朝中诸臣。武肃王临终前已令安国衣锦军、镇海军、镇东军、中吴军、静海军以及明州、湖州、衢州、处州整顿军马，加强戒备，以此边境安宁、国中太平。

十二月初八，温州刺史元瓘王兄元遂薨，封永嘉侯。

唐帝次子秦王从荣性格轻挑苛求，残暴擅杀，自从掌管六军诸卫事务，又参与朝中政事，常常骄纵不法，以此与诸臣不和。时范延光、赵延寿为枢密使，从荣皆无视二人。河阳节度使、同平章事石敬瑭兼任六军诸卫副使，其妻永宁公主与从荣乃异母兄妹，素来互相憎恨。从荣又因王弟宋王从厚声望超过自己尤其嫉妒，然从厚向以谦卑态度事奉从荣，故两人嫌隙不为外人所察觉。石敬瑭不愿与从荣共事，常想补外官，范延光、赵延寿也怕在朝中惹祸，屡屡欲辞去枢密使之职，唐帝皆不准许。

长兴三年（932）十一月，契丹人入侵，唐帝命众大臣推举将帅镇守河东，延光、延寿都道："当今可担当此任者唯有石敬瑭、康义诚两人。"石敬瑭本人亦愿受此命，唐帝遂当即任命其为北京留守、河东节度使，兼大同、振武、彰国、威塞等军蕃汉马步总管,加兼侍中,原任六军副使之职不变,同时又以枢密使朱弘昭接管山南东道,调康义诚返京御敌。

长兴四年(933)五月,唐帝立养子从珂为潞王,幼子从益为许王。

八月,唐帝以从荣为天下兵马大元帅,守尚书令,兼侍中。

宣徽使孟汉琼与唐帝身边王淑妃等结成朋党,欺上瞒下,范延光遂屡屡要求调离京城。十月,唐帝任范延光为成德节度使,又以三司使冯赟为枢密使。当时皇上身边近臣多要求调离京城以避遭秦王祸害,只有亲军都指挥使、河阳节度使、同平章事康义诚因颇得唐帝信任而自知脱不了身,遂以其子事奉秦王,命务必对秦王恭顺,以求两面迎合得以自保。

十一月,唐帝为范延光置酒饯行,道:"卿今远去,有事尽管直言。"延光道:"朝廷大事愿陛下与内外辅臣共同商议决定,不可听信群小之言。"群小即指孟汉琼朋党。

不几日,唐帝旧病复发,秦王从荣入宫问安,唐帝低头不语。王淑妃在侧对唐帝道:"从荣在此问安。"唐帝仍不应答。从荣出宫,没走多远即听得有宫人在哭,遂推测唐帝已崩,次日天明乃称病不入宫。

秦王自知群臣心不归己,以此担心不能被立为嗣主,遂与同党共谋欲带兵入侍,先制权臣。十一月十九日,从荣遣都押衙马处钧对枢密使朱弘昭、冯赟说道:"我欲率领牙兵进宫中侍疾,以备发生非常之事,当驻扎于何处?"二人道:"请秦王自行选择。"事后二人又私下对处钧说道:"主上万福,秦王宜竭心忠孝,千万不可轻信小人胡言乱语。"其实当天晚上皇帝已经小愈,从荣听了处钧回话,却不明白二人所言乃是忠告,以为哄骗自己,十分愤怒,又派处钧传话道:"公辈竟敢拒绝我,难道不管尔辈家族死活吗?"二人闻言心中害怕,遂进宫报告王淑妃及宣徽使孟汉琼。

孟汉琼与王淑妃商议道:"此事非得康义诚不可。"乃使人请义诚入宫相商。义诚因儿子在秦王手下心有顾忌,正迟疑不决间,监门使奔来报告:"秦王已带兵来到端门外。"汉琼乃拂衣而起,说道:"今日之事危及君父,公尚在顾望得失?吾已顾不了余生,自当率兵相拒之!"随即进入殿门,弘昭、冯赟相随而入,义诚不得已亦随之而入。汉琼拜见唐帝道:"从荣已反,正率兵攻端门,须臾入宫则大乱矣。"宫中上下闻言皆相顾而哭,唐帝叹道:"从荣何苦如此!"又问弘昭等:"尚有救么?"弘昭道:"有,刚才已令门官关闭所有宫门。"唐帝涕泣对康义诚道:"就由爱卿亲自处置,不要惊扰百姓!"时皇子李从珂之子控鹤指挥使李重吉侍于帝侧,唐帝乃对其说道:"我与尔父冒矢石之险定天下,尔父数次为我解脱危厄,从荣辈有何功何力?如今却被人教唆做下如此悖逆之事!我早知道此子不足以付任大事，当传呼尔父授以兵权，你且为我紧闭诸门。"李重吉随即率领控鹤兵严守宫门。

孟汉琼披甲上马，召马军都指挥使朱弘实率领五百骑兵讨伐秦王。秦王命人搬来一把交椅坐于天津桥上，命左右去召康义诚。此时端门已经关闭，左右正欲叩左掖门，却从门缝中瞧见朱弘实引领骑兵从北面奔来，忙回禀秦王。秦王大惊，未及整顿兵马，宫中大队骑兵即已从宫门冲出，遂急急逃回府中，僚佐亦皆逃窜隐匿，牙兵们乃逃至嘉善坊大肆抢掠后溃散。秦王与刘妃藏匿于床下，被皇城使安从益搜出就地斩杀。

唐帝听说从荣被杀，心中悲痛万分，昏死数次，几乎跌落御榻。诸将又请唐帝下令诛杀从荣二子，唐帝哭泣道："二子尚幼，何罪！"诸将坚请，不得已唐帝只好依从。受此刺激唐帝疾病益发加剧，难以理事，遂以宋王从厚为天雄节度使，权知天雄军府事。

二十二日，唐帝遣孟汉琼迎取从厚入朝。

二十四日，追废从荣为庶人，所牵连官僚分别治罪，或流放，或勒归田里，或贬官。

二十六日，唐帝驾崩于雍和殿，年六十七岁。

唐帝李嗣源出身于夷狄，不识文字，然为人淳朴，宽厚待人，性不猜忌，与物无争。登极之年已逾六十，常于晚间于宫中焚香祷告曰："李某原系胡人，因乱遂为众人所推暂居王位，世乱久矣，愿苍天早降圣人为生民之主。"在位七年，兵戈罕用，屡获丰年，又减撤宫人、伶官，四方贡物悉送有司，于五代之中民生尚属小康。唐帝曾多次向宰相冯道等人询问民间疾苦，闻听民间谷帛价廉，民无疾疫，百姓多称皇帝恩德，遂欣然说道："我如何承受得起，当与公等多做好事，以报上天。"

二十九日，宋王李从厚至洛阳。

十二月初一，宋王于唐帝灵柩前即皇帝位，群臣朝见新帝于东阶，然后再复守丧之位，为先帝发丧。

自朱温篡唐，历经五帝，皆未有嗣君即位服丧之事，今嗣源已算得善终，从厚亦算得善始，新旧交替时臣民能免受祸乱，于此乱世间已属罕见之事。

新帝李从厚乃先帝嗣源第五子，形体丰厚，寡言好礼，先帝因其体貌与己相似而特别喜爱，天成二年（927）以检校司徒拜河南尹，判六军诸卫事，加检校太保，同中书门下平章事。安重诲曾欲以女儿嫁与从厚，而从厚却娶了孔循之女为妃，以此安重诲迁怒于二人。天成三年（928），安重诲奏请先帝罢去孔循枢密使之职，又将从厚外任为宣武军节度使。长兴六年（930），先帝封从厚为宋王，徙镇成德,第二年又徙镇天雄军。

934年正月初七,新帝从厚改元应顺,大赦天下。十一日,加河阳节度使兼侍卫都指挥使康义诚兼侍中,判六军诸卫事。

是年正月吴越大雪,平地积雪五尺,武肃王墓建成。十一日,奉葬武肃灵柩于安国县(临安县)衣锦乡(锦北乡)茅山(安国山、太庙山)南麓。

茅山矗起于苕溪南侧衣锦乡之北,乃衣锦城之主山。该山属天目山中支,逶迤蜿蜒东去直至九仙、玲珑诸山,凡七十里皆峻峭险绝,至衣锦城西十里悄然潜入地下,却于城中傲然昂首隆起,城中周边竟无他山,成岿然独尊之势。茅山之南三里即功臣山,犹如茅山之香案,两山之间有锦溪曲折流过。衣锦城周围皆有群山拱卫,气象庄严肃穆。茅山于平地中拔起,高二十余丈,周围约三里,山上古树参天,浓荫蔽日,鸟鸣委婉,松涛阵阵。登临山巅俯视衣锦城中,各军营部署整齐,营间道路纵横交错,军旗鲜明迎风飘扬,各教场中队列严整,威风凛凛;远处村落民居错落有致,田野阡陌如绣似锦,北有苕溪滚滚东流,南有锦溪蜿蜒于前,右有天目山双峰插云,山中有上、下昭明禅院,乃韦陀菩萨道场,左有大涤山紫气东来,山中洞霄宫有郭峰、叶法善等名道在此修炼,衣锦城真乃人间福地。茅山之东十里有八百山(亦名百岗岭),乃临安钱氏始迁祖彭祖古居,功臣山之阳为武肃王数代祖居之地,武肃王戴氏夫人、父母、祖父母皆安葬于衣锦城周围,因之武肃王归葬于茅山乃是叶落归根矣。

武肃王墓建于茅山南麓,封土堆高四五丈,对径二十丈。正面墓碑高盈丈,阔四尺,上书"唐故天下兵马都元帅、尚父、守尚书令兼中书令,吴越国王,谥武肃钱王之墓"。墓碑前设有石供桌,放置供品、香烛,供桌两侧站立石僮一对。墓道长数十丈,中间宽盈丈,用青石板铺砌,两侧各宽数丈,用卵石铺砌。墓道两侧有石龟一对,石翁仲两对,石将军一对,石羊、石马、石虎各一对。其外为享殿,阔五间,正中供武肃王坐像。出享殿南行,左右有华表一对,再往南有神道碑亭,亭中有赑屃驮一石碑,即杨凝式撰写《大唐故天下兵马都元帅尚父吴越国王神道碑铭》,由张恭允书丹,郭在微篆额。再往南,两侧有钟楼、鼓楼,最南边墓道入口处矗立一座高大石牌坊。

安葬事宜由唐使将作监李锴及吴越国丞相杜建徽负责,享殿中举行奉安祭奠大典则由丞相沈崧主持。殿中香烟缭绕,烛光通明,供品丰盛,气氛肃穆,新王元瓘率领诸兄弟及武肃王诸孙、亲属肃立殿中,向武肃王像行跪拜礼,礼成,侍立于侧,然后诸大臣分批向武肃王跪拜、上香。牌坊外广场上,上万百姓持幡焚香,为武肃王大行祈祷送行。军营中将士们分别于自己营中面向王陵整肃站立,全营缟素,素幡招展,数声炮响,全营举哀,整座衣锦城为之震动。

奉安完毕，越州父老士绅纷纷请求于东府为武肃王建庙立像，永久供奉。元瓘奏报唐廷，宜弃捐会稽宫馆，应越州百姓之请为武肃王立庙，并命丞相皮光业负责筹办此事。

却说唐国新帝李从厚即位时年仅二十一岁，处事优柔寡断，且无识人之明，于是枢密使朱弘昭、冯赟便自恃有拥立之功而专擅朝政，在新帝面前极进谗言，将新帝从前的亲信都排挤出朝廷，又将禁军指挥使安彦威、张从宾外调为节度使，借机掌控了禁军兵权。潞王李从珂乃先帝之养子，自幼随父征战，在灭梁之战中屡立战功，官至凤翔节度使。河东节度使石敬瑭乃先帝之女婿，亦是战功卓著，深得军心。二人的官位、声望皆在朱弘昭、冯赟之上，因而深受忌惮。朱弘昭、冯赟屡于新帝面前搬弄是非，称二人拥兵自重，不听朝廷号令，使新帝对他二人倍加猜忌。当时潞王长子李重吉担任禁军控鹤都指挥使，女儿李惠明（法号幼澄）在洛阳出家，朱弘昭遂将重吉外放到亳州任团练使，削去其禁军军职，又将李惠明召入禁中，实际上是作为人质。潞王见儿子外调、女儿内召，知道朝廷对自己有猜忌之意，心中从此疑惧不安。

应顺元年（934）二月，新帝听从朱弘昭、冯赟的建议，通过枢密院调令对凤翔、河东、成德、天雄四镇节度使进行易地调动，以期削弱藩镇势力，乃迁潞王从珂为河东节度使兼北都留守，迁石敬瑭为成德节度使，并监送赴任，同时命洋王李从璋权知凤翔。从璋生性粗率而好幸灾乐祸，当年先帝命从璋代安重诲镇守河中，从璋竟亲手击杀安重诲夫妇。潞王听说从璋来接替自己，心中尤为厌恶，但是若拒不受命，又兵弱粮少，不知如何是好，遂与众将佐相谋。众人皆道："今主上尚年少，政事皆出于朱、冯二人，大王功高震主，一旦调离藩镇必无安全保证，绝不能接受此调遣。"从珂乃移檄邻近诸道曰："朱弘昭等人趁先帝病重之时诛杀嫡长，拥立幼弱，控制朝政，疏离骨肉，搅乱藩镇，摇撼国基。今从珂将带兵入朝以清君侧，但因力薄而不能独办，愿求邻近藩镇相助。"结果所遣使者多被各道扣押，诸藩镇皆左右观望，不予答复，唯有陇州防御使相里金倾心依附，派遣判官薛文遇往来商议。新帝得报潞王叛乱，急命西都（西安）留守王思同为西面行营马步军都部署，前静难节度使药彦稠为副，前绛州刺史苌从简为马步都虞侯，共同讨伐凤翔。不几日，又加王思同为同平章事，知凤翔行府，并派人拘捕潞王之子亳州团练使李重吉，幽禁于宋州。

三月，朝廷派遣的诸道军马汇集于凤翔城下，大举攻城。凤翔城低河浅，守备力量薄弱，很快东、西关城即接连失守，城中将卒死伤严重。潞王不得已登上城头自陈战功，控诉朝廷信任奸佞无罪诛杀功臣，恸哭不止，哀感诸军。当时张虔钊负责主攻城西南，因急于求功，乃命亲军持刀驱逼士卒速速攻城，不想士卒听了潞王哭诉愤怒不已，纷纷倒戈反攻，羽林指挥使杨思权、严卫步军左厢指挥使尹晖亦趁机率部投向潞王，王思同、张虔钊等六镇节度使遂大败遁走。潞王乘胜东进，不久即攻入西都长安（今陕西西安）。

新帝从厚得知诸道军马兵败凤翔，不禁惊慌失措，在朝堂上对朱弘昭、冯赟等人道："先帝辞世之时朕本无意争夺帝位，都是被诸公所拥立。朕幼年继位，将朝政委托于诸公，对诸公所定的国家大计无有不准。这次兴兵讨伐凤翔，诸公无不自夸称平叛不足为虑，如今事已至此，诸公还有什么办法可以扭转祸局？如果没有，朕便西去迎接潞王，以帝位相让，如仍不免罪责，纵然是死也心甘情愿。"朱弘昭、冯赟惶惧不安，无言相对。

眼见情势危急，新帝乃遣使宣召石敬瑭（时任成德节度使）入朝，令其率军抵御凤翔军东进。侍卫都指挥使康义诚请求率京中禁军出征，而马军指挥使朱弘实则主张以禁军坚守洛阳，二人争执不休，皆称对方是想趁机造反，新帝难辨是非，竟将朱弘实斩首。为提振士气，新帝倾尽朝廷府库大肆犒赏禁军，并许诺平乱后还有重赏，禁军却并不感念皇恩，反而更加骄纵，随康义诚出征途中竟扬言要到凤翔再领一份赏赐。不久，新帝以潞王谋逆处死重吉与惠明。

潞王攻破陕州（今河南陕县）后传书慰抚京中百官，称自己此番入京只诛朱弘昭、冯赟两族，让百官不必忧虑。

康义诚率领禁军刚行至新安，士兵们便百十成群争相投奔陕州，待义诚到达陕州境内的乾壕时，麾下仅剩几十人，义诚亦只得向潞王请降。

新帝得报康义诚投降，忙命宦官召朱弘昭入宫商讨对策，朱弘昭却误以为新帝要追究罪责，遂投井自尽。京城巡检安从进见大势已去，亦欲投降潞王另谋出路，遂趁机攻杀冯赟，诛灭其族，又派人将朱弘昭、冯赟的首级送往潞王军中。

眼见洛阳已经无法据守，新帝决定先逃奔魏州再图谋复起，乃命孟汉琼先行到魏州安排诸项事宜，并让亲信慕容迁率所部控鹤军把守玄武门，谁知孟汉琼一出城门便单骑奔向陕州，也投向了潞王。当夜，新帝从玄武门离开洛阳，带着五十名侍卫逃奔魏州。慕容迁原本表示会率部随行，却于新帝出城后随即关闭城门，并派人与潞王联络。宰相冯道次日上朝方知新帝已经出逃，不久，曹太后命内宫诸司前往乾壕，迎潞王入京。

新帝于逃奔魏州途中在卫州（今河南卫辉）城东数里处遇到了率军入京的石敬瑭，乃告知近日发生的变故，并询问兴复之策。石敬瑭托言要与卫州刺史王弘贽商议，将新帝安置在驿馆中。王弘贽认为新帝已经没有复起的希望，石敬瑭遂指使牙内指挥使刘知远引兵入驿，将新帝的随从侍卫全部杀死，自己率军赶赴洛阳。新帝被独自撇在驿馆，不久又被王弘贽软禁在州衙中。

四月初三，潞王大军进入洛阳，宰相冯道率百官恭迎，三次上表劝进。潞王先以曹太后的名义下诏，将从厚废为鄂王，两日后在先帝枢前即位称帝，并命殿直王峦(王弘贽之子)前往卫州鸩杀从厚。从厚知道王峦所呈乃是毒酒，遂坚决不饮，王峦只得亲手将从厚缢死，不久，孔妃及从厚四子尽皆被杀。

鄂王从厚本性仁厚，与兄弟相处向来敦睦，当初虽被秦王猜忌，却因坦诚相待幸免于难，如今嗣位，与潞王亦无嫌隙，只是被朱弘昭、孟汉琼之流于间制造猜忌矛盾以致遭此祸败，死时年仅二十一岁。

潞王起兵从凤翔出发时曾答应士卒，进入洛阳后人人可得百缗钱作为奖赏，如今到了洛阳，清点府库所有金钱和布帛，远远不够奖赏数额，士卒们却每日叫嚷索要赏赐，以此从柯十分焦虑。三司使王玫建议搜刮京城百姓的财产以解燃眉之急，有人提议以房产为标准来筹措，不论士大夫还是平民，也不论是自有的还是租赁的，都需先向朝廷付五个月的租金，从珂竟然同意。虽然巧立各种名目千方百计搜刮民财，十几日来也只得到十几万缗钱，从珂发怒，王玫等人遂都被抓进了军巡使的监狱。徇吏们人人自危，不分昼夜催逼百姓上缴租金，京都监狱已被抓来的人填满，以致逼得有人上吊、投井自尽。士卒们因得不到赏赐而常常寻衅滋事，朝廷不得已把库藏的旧东西以及各道贡献的物品，甚至于太后、太妃所用的器皿、服饰、簪环等全部搜刮出来，也才又凑出二十万缗钱，无奈只得减少每位士卒的奖赏金额。士卒们无比失望，心中愤愤不平，遂编歌谣道："除去菩萨，扶立生铁。"说的就是从厚仁慈软弱如菩萨，从珂严厉坚强如生铁，可见大家心里都有些后悔。

四月十六日，新帝从柯改年号为清泰，大赦天下，以宣徽南院使郝琼暂管枢密院，之前的三司使王文改为宣徽北院使，凤翔节度判官韩昭胤为左谏议大夫，充端明殿学士。

新帝痛恨康义诚反复无常，背主求荣，遂将其斩杀并灭其族。

四月二十七日，葬先帝于徽陵，谥号曰圣德和武钦孝皇帝，庙号为明宗，新帝身穿丧服亲自护送先帝灵枢至陵寝。

五月初七，新帝命韩昭胤为枢密使，庄宅使刘延朗为枢密副使，权知枢密院。房暠为宣徽北院使。

六月，新帝敕遣给事中张延雍、兵部员外郎马义来杭州册封元瓘为吴越王。

九月，元瓘答谢唐帝册封吴越王之礼，向唐国贡奉白金五千铤，绢五千匹。又有静海军节度使、检校太保、中书令、王弟元球等四人向唐国贡献白金七千铤、绢七千匹。

再说蜀中，早在长兴二年(931)，东川节度使董璋派兵攻打西川，结果却被西川大败，董璋父子皆死于乱兵，自此孟知祥吞并东川，据有两川之地。

长兴四年(933年)二月，唐帝李嗣源任命孟知祥为检校太尉兼中书令，行成都尹，剑南东西两川节度使，管内观察处置，统押近界诸蛮，兼西山八国云南安抚制置等使，并遣工部尚书卢文纪入川，册拜孟知祥为蜀王。

十二月，唐帝驾崩，宋王即位，知祥乃对左右僚佐道："宋王幼弱，朝中掌权者皆是俗吏小人，中原之乱可坐待矣。"

应顺元年(934)正月，蜀中将吏皆劝蜀王趁中原丧乱自行称帝，蜀王遂于成都即皇帝位，国号蜀。以武泰节度使赵季良为司空兼门下侍郎，同平章事，仍领节度使；以中门使王处回为枢密使。

不久，潞王起兵，中原大乱，唐山南西道节度使张虔钊、武定军节度使孙汉韶遂归附于蜀，知祥乃设宴招待，不想却于席间突然发病。到了七月，知祥自知将不久于世，乃于二十六日立王子东川节度使、同平章事、亲卫马步都指挥使仁赞为太子，行监国。当夜，蜀主驾崩。

二十八日，太子孟仁赞改名孟昶，二十九日即皇帝位。

十二月十八日，蜀主孟昶追谥父王知祥为文武圣德英烈明孝皇帝，庙号高祖，葬于和陵。

第五十回　巡婺州参观丽泽书院　赴武义考察山区水利

　　话说明州刺史王弟元珦素来行事专断，刑罚苛峻，武肃王东巡时曾谆谆告诫于他，方有所收敛。如今武肃王去世，元珦自觉无人能治，遂又开始任性而为，轻视王府，怠慢公事，遇不顺心竟以烙铁灸属吏，以致哀嚎声传于府外，属吏纷纷状告于王府。吴越王元瓘遣牙将仰仁诠前往明州召还元珦，将其幽禁于宫中别室，只要国事不忙便亲往看视劝导，以求使其幡然悔悟。数月之后，元珦对所犯错误有所认识，表示一定痛改前非，并声泪俱下地誓言道："若得重新任职州府之事，一定体恤属吏，勤政爱民，整顿纲纪，励精图治。"吴越王经与诸丞相商议，决定改任元珦为台州刺史。

　　清泰二年（935）春三月，唐帝应吴越王奏请，下制：赠王母陈氏为晋国太夫人；授静海军节度使、检校太保、中书令、王弟钱元球守太师。

　　时值春暖花开，吴越王元瓘欲亲自出行考察治内各地民众之生产、生活状况，遂召集诸位大臣商议道："如今中原政局不稳，经济衰败，军力疲弱，自顾不暇；吴国虽国力强盛，军事整肃，但徐知诰专权日久，觊觎帝位，精力皆用于国内，不会对邻国形成威胁；闽国国运昏暗，军事松弛，仅能于诸国夹缝中喘息自保而已，以此我吴越诸境暂且安宁。经先王多年治理，境内基本实现国泰民安，北部地区如今已是旱涝保收，百姓生活年年改善，唯南部及西部山区水利未兴，农桑难保，交通不便，贸易不顺，为此，本王欲趁此边境安宁时期亲往考察，探求改善这一地区百姓生产、生活之办法，同时考察诸地文化教育发展状况，为培养人才探索办法。曹弘达曹大人曾任台、处二州刺史多年，对吴越南部山区情况了如指掌，如今又权知相府事，重点分管文化教育，因此请曹大人随本王同行。林鼎、裴坚两位大人当年曾随先王考察明、越、台地区，对考察地方工作已有经验，因此亦请两位大人随本王同行。沈大人、杜大人位高权重，且年事已高，本王南巡期间宜坐镇杭州，处理国中一应事物。皮光业皮大人正年富力强，宜协助沈、杜二位大人具体处理国事。其余各位大人仍各司其职。"

　　这日清晨，风和日丽，吴越王携曹弘达、林鼎、裴坚及十数名随行人员来到钱塘江边登船起航，一路逆江而上直向婺州驶去。因众人尚未从老王爷去世的哀痛心情中走出来，尤其是元瓘与曹弘达，因此一路上言语不多。

行船沿钱塘江驶过两道弯,随后向南进入富春江,两岸风光渐入佳境。为打破沉闷气氛,弘达提议四人至船舱上层凉棚内边饮茶边赏风光。四人来到上层,围坐于茶桌两旁,令下人摆好茶点,煮上新茶,江岸桃红柳绿,远处苗翠花黄,商船渔舟翩翩驶行,鸳鸯鸂鶒结对成双,天上浮云如轻纱似绫绢,飘忽灵动,水面波光似龙鳞如珠翠,光闪粼粼,身处其间犹如飘游于银河仙境,凭任何烦恼忧伤皆一扫而光。

过了富阳再向南驶行数十里,东岸即是三国时东吴大帝孙权故里,众人望去却不见留有遗迹,不免慨叹人生苦短,世事沧桑,林鼎不自觉顺口吟道:

紫髯碧眼号英雄,能使臣僚肯尽心。二十四年兴大业,龙盘凤踞在江东。

吴越王道:"孙权乃江东英雄,主政二十四年间,稳定江东局势、开发蛮荒土地、发展东吴经济,功不可没。当年倘能始终坚持'吴蜀联盟共御曹魏'之策,待到蜀汉政治稳定、经济恢复后再与其联手击魏,届时诸葛亮率蜀兵出汉中进子午谷击长安,关羽率荆州兵由汉水北上进击宛城,吕蒙率柴桑兵北上进击光州、豫州,孙权率东吴兵由建邺西进取寿春,形成四路大军对许昌合围之势,恐怕曹魏难立足中原矣。如此则孙权据有华夏东部平原之地,地广物阜人众,而刘备占据华夏西部高原山地,人稀土瘠贫穷,孙权自胜刘备一筹。然而孙权终无孔明远见,为了区区一个荆州竟偷袭关羽,荆州虽得,吴蜀联盟却就此瓦解,终于引发夷陵大战,两次争战使得蜀汉兵力损失十之六七,东吴亦损失不小,结果是两败俱伤,'吴蜀联盟共御曹魏'之策成为泡影,此乃东吴大帝一生中最大失误!"

曹弘达言道:"当今天下竟分裂成大小近十国之多,比汉末三国之时更纷乱许多,以此先王为我吴越制定了'保境安民,善事中国,发展经济,富民强国'的国策。待到有明主出现,能一统华夏大地之时,我吴越将助其一臂之力,实现九州统一。"

吴越王道:"我吴越绝不主动与邻国征战,徒使国家遭受战争伤害,百姓遭受兵燹之苦,除非有人无理挑衅,自当保家卫国奋起抗争。一旦边境安宁,环境和平,则需着力发展经济、文化,以达民富国强之目的。"

说话之间已来到桐君山,只见一山西临分水之边,南落富春江中,背靠凤凰山麓,与桐庐县城并列于桐庐江边隔分水江相望。山上林木葱郁,山下江涛拍岸,城中熙来攘往,山林鸟语花香,又是一处动静相宜、山水相依的人间仙境。

驶过桐君山继续逆江而上便是富春江上游之桐庐江,过桐庐南行约半个多时辰即来到严子陵钓台。只见大江西岸悬崖峭壁陡立江边,滚滚江涛怒激危岩,崖上林木郁郁葱葱,山道茅亭若隐若现,山上云雾飘忽不定,猿声鸟鸣时近时远,松风江涛交相和鸣,船工号子断续鸣咽,崖上钓台覆临江面,唯钓鱼之人早已远离人间。

钱塘江上游分为富春江、桐庐江、兰溪江、新安江诸段，沿途两岸山清水秀，风光旖旎，颇多圣迹，是文人墨客泛舟江中、游览吟咏的好去处，唐朝诗人曾在此留下了许多诗篇，被后人称之为第二条唐诗之路。众人面对此情山景，早已引得诗兴大发，争相吟咏起来。

张祜《夕次桐庐》：

百里清溪口，扁舟此去过。晚潮风势急，寒叶雨声多。

戍出山头鼓，樵通竹里歌。不堪无酒夜，回首梦烟波。

章八元《归桐庐旧居寄严长史》：

昨辞夫子棹归舟，家在桐庐忆旧丘。三月暖时花竞发，两溪分处水争流。

近闻江老传乡语，遥见家山减旅愁。或在醉中逢夜雪，怀贤应向剡川游。

洪子舆《严陵祠》：

汉主召子陵，归宿洛阳殿。客星今安在，隐迹犹可见。

水石空潺湲，松篁尚葱蒨。岸深翠阴合，川回白云遍。

幽径滋芜没，荒祠幂霜霰。垂钓想遗芳，掇蘋羞野荐。

高风激终古，语理忘荣贱。方验道可尊，山林情不变。

张继《题严陵钓台》：

旧隐人如在，清风亦似秋。客星沈夜壑，钓石俯春流。

鸟向乔枝聚，鱼依浅濑游。古来芳饵下，谁是不吞钩。

顾况《严公钓台作》：

灵芝产遐方，威凤家重霄。严生何耿洁，托志肩夷巢。

汉后虽则贵，子陵不知高。糠秕当世道，长揖夔龙朝。

扫门彼何人，升降不同朝。舍舟遂长往，山谷多清飙。

孟浩然《宿桐庐江寄广陵旧游》：

山暝听猿愁，沧江急夜流。风鸣两岸叶，月照一孤舟。

建德非吾土，维扬忆旧游。还将两行泪，遥寄海西头。

戎昱《题严氏竹亭》：

子陵栖遁处，堪系野人心。溪水浸山影，岚烟向竹阴。

忘机看白日，留客醉瑶琴。爱此多诗兴，归来步步吟。

杜牧《寄桐江隐者》：

潮去潮来州诸春，山花如绣草如茵。严陵台下桐江水，解钓鲈鱼有几人。

唐彦谦《严子陵》：

严陵情性是真狂，抵触三公傲帝王。不怕旧交嗔僭越，唤他侯霸作君房。

汪遵《桐江》：

光武重兴四海宁，汉臣无不受浮荣。严陵何事轻轩冕，独向桐江钓月明。

于吟诵停顿之际，吴越王感叹道："诸位所诵诗中对严光远避权势隐居山林之举既有褒意亦有贬意，褒的是保持了士大夫的自爱清高，不与权势之党合流，贬的是怀才而不做实事，有沽名钓誉之嫌。历史上各朝各代君王不乏贤臣良将辅佐，如姜子牙辅佐周武王，萧何辅佐汉高祖，魏征辅佐唐太宗，还有商武丁与伊尹，齐桓公与管仲。贤臣良将如得以辅佐英主明君，必将成就一番丰功伟业，若辅佐昏主暴君，往往下场凄惨。东汉光武帝刘秀当属一代英主，王莽篡位代汉之后，刘秀募兵讨伐，后又被迫与起义军首领更始帝刘玄抗争，最终成为东汉开国之君，建国后多次邀请严光入宫任职，委以谏议大夫。严光却态度乖僻，多方规避，终于遁至富春山中，过起农夫渔翁的隐居生活，实在可叹！"

这严光，字子陵，亦名遵，乃会稽余姚人。严光少年之时已略有名气，曾与刘秀共同游学各地，相处甚厚，待到刘秀即帝位，即改变名姓隐居起来。光武帝爱惜严光才能，令人到处寻访，后来齐国有人上奏："有一男子常身披羊皮裘衣垂钓于沼泽中。"光武帝遣人备马车赴齐地延聘，严光却一再推辞，最后不得已被载至京中馆于北军。光武帝亲临其馆，严光卧于榻上不起，光武帝抚其腹说道："咄咄子陵，你就不能助朕治国理政吗？"严光竟假装睡去不予回应，良久才张目熟视光武道："昔日唐尧著德，巢父洗耳。士故有志，何必相迫呢！"光武道："子陵，我真对你没有办法。"遂登上皇舆叹息而去。后来光武帝又请严光入宫，谈书论道，共忆故旧，连日相对，席地而坐，光武从容问严光："朕与昔日相比如何？"严光道："与往日相比，陛下与儒生差距可谓大矣！"当日两人仰卧于榻上，严光之足搁于光武腹上。次日上朝，太史上奏："有客星犯御坐甚急！"光武笑道："朕与故人严子陵共卧耳。"后来光武帝任命严光为谏议大夫，严光不就，竟悄然归隐于富春江，耕田钓鱼，自得其乐，后人名其垂钓之处为严陵濑。建武十七年（41年），光武帝再次下诏特征，严光依然不应。严光终老于家中，年八十，光武帝闻知伤惜不已，诏下郡县赐钱百万，谷千斛。从此，后人传为佳话。

弘达听了吴越王一番话，接口说道："光武帝三番五次邀请严光出山辅佐朝廷治国理政，对严光轻慢狂薄之态从不计较，可谓待臣仁义，惜才至诚矣。即使被万人传颂的刘备请孔明先生出山，亦不过三请而已，光武帝之请子陵先生已远胜于历代明君厚待贤臣之举，子陵先生仍固执己见不肯出山，实在是有些过分。历来名臣良相皆以治国理政、忠君爱民为己任，理当名留青史，万人颂扬，如果子陵先生确有真才实学，治国良谋，能辅佐光武大帝兴国安邦，富民强兵，自然亦会名留青史，较之如今空留'严陵钓台'之名而受文人墨客贬褒评说强多矣。"

裴坚插言道："子陵先生少年之时即已名传乡里，可见其胸怀大志，颇有抱负。成年之后必为光武出过不少良谋，方有光武帝屡屡请子陵先生出山之事，子陵先生或许在长年战争中看透了群雄逐鹿、尔虞我诈之本质，心灰意冷，遂决心远避政坛，归隐山林。"

林鼎道："既然子陵先生少年得志，欲一展抱负，又遇明主，颇受赏识，到光武帝登基之时，正是大展宏图之日，却又激流勇退，选择归隐田园，其间必有令其无法化解和回避的矛盾促使其决心隐退，以此子陵先生当时心中一定有令人无法想象的隐痛。"

说话间严陵钓台已过，航船来到长达五十余里的富春江、桐庐江中风景最美的"一关三峡"处，即乌石关、葫芦峡、子胥峡、乌龙峡。只见两岸青山紧逼，岩崖如关似隘，江面狭窄，江水奔腾汹涌，崖间云雾腾涌喷注，涛上舟楫生死搏击，真乃险象环生，令人提心吊胆。为避免发生意外，船家请列位大人搬至舱内歇息。

继而驶入七里泷，乃是"七里扬帆"之处。只见两岸山色风光依旧，江面却宽阔了许多，江流水势虽依然湍急，舟船航行已逐渐平稳。刘长卿有《奉使新安，自桐庐县经严陵钓台，宿七里滩下，寄使院诸公》诗曰：

悠然钓台下，怀古时一望。江水自潺湲，行人独惆怅。
新安从此始，桂楫方荡漾。回转百里间，青山千万状。
连岸去不断，对岭遥相向。夹岸黛色愁，沈沈绿波上。
夕阳留古木，水鸟拂寒浪。月下扣舷声，烟中采菱唱。
犹怜负羁束，未暇依清旷。牵役徒自劳，近名非所向。
何时故山里，却醉松花酿。回首唯白云，孤舟复谁访。

孟浩然亦有《经七里滩》诗：

予奉垂堂诫，千金非所轻。为多山水乐，频作泛舟行。
五岳追向子，三湘吊屈平。湖经洞庭阔，江入新安清。
复闻严陵濑，乃在兹湍路。叠嶂数百里，沿洄非一趣。
彩翠相氛氲，别流乱奔注。钓矶平可坐，苔磴滑难步。
猿饮石下潭，鸟还日边树。观奇恨来晚，倚棹惜将暮。
挥手弄潺湲，从兹洗尘虑。

继续扬帆南驶，只见大江东岸山峦之间数处瀑布飞流直下，复隐入岭下山弯之间，有"葫芦飞瀑""高梅瀑布""低庵瀑布"等等。瀑布咆哮，松风呼号，江涛呜咽，山鸟和鸣，更有船工号子时断时续、时近时远，穿插其间，汇成一曲激昂奋进的天籁之音。

再往前即来到新安江（或曰歙港）与兰溪江汇合处，两江于此汇成桐庐江，因是逆水行舟，水流湍急，故而船速缓慢。此时天色已晚，向前眺望，只见两江汇合处矗立双塔，塔顶已经亮起灯光，犹如两尊金刚力士于茫茫昏暗中高举明灯为过往船只导航照亮，保护航行顺畅安全。驶近双塔跟前缓缓向右转过弯来便折向西进入新安江，两岸青山已悄悄向远处退去，隐入黄昏暮霭之中，眼前乃是村落星布、炊烟袅袅、犬吠低沉、树影婆娑之农庄景象。再西行不长时间即来到梅城镇，当晚便于镇上歇息。

众人游兴未尽，仍七嘴八舌交口赞叹富春江、桐庐江之美景，现又投宿于建德江畔，遂又吟咏起赞美建德江的诗来。

孟浩然《宿建德江》诗：

移舟泊烟渚，日暮客愁新。野旷天低树，江清月近人。

孟云卿《新安江上寄处士》诗：

深潭与浅滩，万转出新安。人远禽鱼静，山空水木寒。

啸起青蘋末，吟瞩白云端。即事遂幽赏，何必挂儒冠。

章八元《新安江行》诗：

江源南去永，野渡暂维梢。古戍悬鱼网，空林露鸟巢。

雪晴山脊见，沙浅浪痕交。自笑无媒者，逢人作解嘲。

杜牧《睦州四韵》诗：

州在钓台边，溪山实可怜。有家皆掩映，无处不潺湲。

好树鸣幽鸟，晴楼入野烟。残春杜陵客，中酒落花前。

于梅城镇度过了一个愉快的夜晚，次日天明，众人用罢早餐复登船前行。只见一轮红日冉冉升起，天边朝霞把青山映衬得格外分明，一江春水亦被染成五彩缤纷，好一派明媚春光。再次驶近双塔，于塔下缓缓转弯折向南进入兰溪江。越向南行，两岸青山渐渐远去，连片平原阡陌纵横，麦翠秧绿，草紫菜黄，江面宽阔，水流平缓，江中船儿自由悠荡，又是一派丰盈太平景象。

戴叔伦《兰溪棹歌》赞道：

凉月如眉挂柳湾，越中山色镜中看。兰溪三日桃花雨，半夜鲤鱼来上滩。

兰溪江乃由西边的衢港（瀫水或信安江）与东边的婺港（东阳江或金华江）于兰溪县会合而成，船到兰溪县便折向东南驶入婺港，再继续曲折前行六十里即来到婺州城。婺州刺史钱元懿早早率领属僚于城南东阳江码头迎接，元懿乃吴越王兄长，二人难得相聚，如今见面分外亲切，众人说说笑笑向婺州府走去。

婺州于秦时属会稽郡，三国时吴国设置东阳郡，南北朝时改为金华郡，至隋朝始建婺州，并筑子城，周四里，设四门：正南为保宁门，面对大江；正北为金华门，面对金华山；东为熙春门；西为桐树门。城中建有谯楼，架钟鼓，日夜报时。

府治建于子城北部，八咏楼建于子城西南隅，子城地势高出周边丈余，城墙高两丈，八咏楼台基高却是四丈有余，因此站于八咏楼或府治楼台上眺望四周，民居街市、山光水色尽收眼底。八咏楼离江边较近，曾多次作为阅兵台演练马步水三军。阅兵时台上军旗飘荡、号令整肃，台前队列整齐、刀枪林立，水面舰船穿梭、浪闪寒光，空中鼓角阵阵、神嚎鬼泣，以此煞是威风。天复三年（903）武肃王命建罗城，周围二十里，建城门九座：南部城墙沿大江而建，由东向西有八咏门、清波门、长仙门；东面由南向北有赤松门、梅花门；西面由南向北有通远门、朝天门；北面由西向东有旌孝门、天一门。城中东西南北街市整齐，市民商贾熙来攘往十分繁华。

元懿引领众人一路由八咏门、保宁门进入子城，穿过钟鼓楼便来到婺州府，此时大厅里已经摆下了宴席，正待为众人接风洗尘。兄弟二人久未谋面，今日于婺州聚首分外兴奋，遂推杯换盏，开怀畅饮，直至夜深方才散席歇息。元瓘知道五兄元懿一向颇重兄弟情谊，每遇久别重逢必设宴盛情款待，及至席终，往往剩下许多酒菜饭食统统废弃，实在可惜，因之席终前命下人悄悄备下食盒、空坛，席终后将未用之酒水、糕点、佳肴悉数收取，以备下次饮食之用。当时元懿不知此事，但很快即得下人禀告，元懿明白此举乃是王弟在暗中警醒自己要勤俭节约，不可铺张浪费，从此元懿益发敬重元瓘，并处处留意勤俭节约。

次日上午，元懿召来府中僚吏，向吴越王等汇报婺州各项工作情况。

元懿于贞明三年（917）至六年（920）曾任睦州刺史，任职期间组织州中百姓于寿昌彭头山下开湖筑坝，拦截寿昌溪诸水以灌溉寿昌东郭之田，使一方土地得以旱涝保收，百姓称颂。调任婺州刺史后，又率领属僚亲赴山区访问考察，先后修起数座湖塘拦截山水，蓄洪灌溉，仅武义一县所修湖塘即可溉田万余顷，确保了武义地区农田洪涝无虞。衢婺处于钱塘江流域平原、丘陵之地，如今有了这些水利设施，遂年年五谷丰登。近年来蚕桑、纺织、茶叶、山货等经济亦迅速发展，又有钱塘江、东阳江、武义江交通之便，产品源源外销，百姓生活步步登高，家家富足。

谈到丽泽书院筹建进展情况，吴越王建议众人至现场边看边说。一行人登上八咏楼，只见楼前亭台开阔，足可容下两百来人，四周风光秀美，视野无限，确是文人聚会之好去处。进入厅堂感觉甚是宽阔，窗明几净，书案整齐，极宜讲学，只是台基面积有限，不能多建房舍，为此，元懿命人于子城外另觅了一个去处，建起了馆舍斋堂、书房公廨等，元懿随之亦引导众人前往观看。吴越王及众人看了之后都觉得一个书院分成两处，一在城内，一在城外，多有不便，不如于如今之新址再建讲堂书楼、园苑亭榭，自成一体，以免师尊、生员往返奔走之苦。八咏楼则仍然保持现状，作为文人雅士聚会结交之所。

婺州考察即将结束，元懿提议明日陪同众位大臣同游金华山，说道："婺州金华山以山秀、洞奇、泉妙、神灵著称，远近文人多慕名来此游览。山上峰峦巍峨，怪石嶙峋，林海苍茫，山花烂漫，景色甚是秀丽。山中又颇多溶洞，洞洞相连，大者足可容下千余人，有的洞顶垂下许多钟乳，或大或小，犹如帷幔；有的地面有高有低，或似丹壁；有的洞侧有溪流相伴，潺潺有声；有的洞中又有泉瀑，从穿顶侧壁喷薄而出，急泻于深潭之内，声如雷鸣，于洞中激荡回响；有的洞口低矮宽扁，人须仰卧舟上方得进出；有的则大口朝天，仰望洞外，林木馥郁，阳光绚烂。因山间环境幽雅，紫雾笼绕，洞窟神秘，灵兽活跃，遂引得许多僧侣、道士来此结庐修炼。传说赤松仙子黄初平即在此山登真雨化（后来被认定为道教三十六洞天之一），历代文人墨客亦多喜来此登山，或游赏风景，或吟诗作画。列位大人今即至此，不可不登此山以饱览仙光美景。"

吴越王道："多谢王兄美意。现如今邻境吴国大权早已掌握于徐知诰之手，那徐氏素有称霸江南之志，一旦颠覆杨氏自立，便会向周边扩张。眼下中原唐廷皇权衰微，权臣离心，南境福建君王昏庸，群臣愚昧，徐氏已不必顾忌中原的牵制，随时可能集中兵力夺取福建，然后对我吴越形成三面合围之势，如此我吴越将陷入孤立无援之境地。为此，我吴越尚须争分夺秒，尽早改善南方山区生产面貌，使得全境的经济、军事、文化实力大大增强，唯如此方有实力与吴国抗衡，方是长治久安之策。金华山之美好风光只好留待以后再说，明日我即与众位大臣前往武义考察山区治水状况，或许可为发展处州、温州山区水利提供借鉴，如此还需王兄同往，以便引领指点。"

元懿见吴越王说得恳切也就不再挽留，当晚即于府中设宴为元瓛及众位大臣饯行。事先元懿已向庖厨交待菜肴不必过多，随时察看席间光景，万一不够再适量添加，酒亦不必一次温许多，随饮随倒随温，以免浪费。吴越王见此情景，心中十分宽慰，对王兄更添几分敬重。

次日一早，元懿带了几名随从人员与吴越王一行人一起来到东阳江码头登船起航，约莫一个半时辰，船即驶入武义县码头。

这武义县北部及中南部皆属平原，唯南部与处州相邻地区乃是丘陵，武义江源头皆出自于此间。一行人历时两天，或翻山越岭，或沿溪跋涉，历经艰辛考察了六七处截流蓄水、引渠灌溉工程。截流堤坝多以巨石砌成，实以泥石，坝高者四五丈，低者二三丈。蓄水湖塘大者周围数十里，小者十余里，虽不及越州鉴湖、明州东钱湖，但数量众多，功效亦可与二湖相媲美，又沿山挖成沟渠无数，以便引湖水灌溉农田。于山巅远望，眼前是沟渠曲折，远方是阡陌纵横，犹如一片青葱翠绿的地毯，间以远近村落、高矮园林点缀其间，好一派安定祥和的富裕农村景象，吴越王等人考察之后对此番南方之行更是信心倍增。

考察完武义水利工程，吴越王一行人将继续南行前往处州（丽水），元懿及随从人员则返回婺州。元懿、元璙二兄弟自幼一处长大，元懿长元璙五岁，为人敦厚诚实，从小对元璙爱护有加，而元璙聪明伶俐，勤学好胜，亦甚得元懿好感，以此二人自幼相处甚欢。成年后兄弟们各处一方，身居要职，政务繁忙，遂难得一见，此番得以连日来相伴而行，兄弟间互诉衷肠，议论军政大事，探讨经济发展，研究繁荣文化，谋划安定社会，即将分别，不免有些动容，元璙遂做《送别五哥》诗道：

伯子东阳轸旧思，士民襦袴喜回时。登临若起鸽原念，八咏楼中寄小诗。

以表兄弟思念情怀。

不说元懿率领随从返还婺州，单说吴越王一行人换乘马匹缓缓沿溪谷而行，一路向南奔仙霞岭而去。山岭曲曲弯弯，步步高登，岭上林木森森，泉水淙淙，山间松风低声，鸟雀和鸣，旅人马蹄笃笃，空谷回声，翻过仙霞岭便进入处州地界，再顺溪谷蜿蜒东行近两个时辰即来到处州（今丽水）府治。

第五十一回　兴温处发展南境经济　查端倪破解蓄兵图谋

　　处州新任刺史王十弟钱元琦、温州刺史王九弟钱元球早早率领本州属僚来到处州以西数里外之凉亭，摆下香案，备了香茶，迎接吴越王一行。处州百姓得知吴越王为振兴浙南经济、改善百姓生活而不辞艰辛、跋山涉水亲自巡视南部山区，亦都自发来到郊外恭迎。吴越王一行远远望见众乡亲如此隆重远迎，皆翻身下马步行走向乡亲们亲切问候。一行人来到长亭前，与两府官员互相致意见礼，在乡亲们簇拥下前往处州府署。

　　一入府署，元琦即准备大摆筵宴为吴越王及众位大人接风洗尘，吴越王制止道："时间未及正午，饮食不妨简单些，用餐毕即可商议振兴两州经济之事，待诸事安排停当，晚间再行接风洗尘，届时一身轻松开怀畅饮，如此岂不更好？"

　　简单用过饮食，稍事休息，吴越王即召集两府官员共商振兴两州经济之事宜。吴越王道："如今我吴越平原地区已是旱涝无虞，连年丰收，又开埠造船，发展贸易，以此府库丰盈，百姓喜庆，唯浙南尚未大规模整治，至今仍然贫穷落后。浙南地区多为山地，逢雨即山洪暴下，冲毁农田，损坏房舍，连晴旬日又地裂禾焦，溪水断流，即便出些山货、手工产品，却又交通闭塞不能外销，以此百姓苦不堪言。本王此番南巡，期望与列位大人一起踏遍浙南穷山恶水，为改变浙南现状而共谋良策，以期达到四点：一要基本消除洪旱灾荒，做到年年有收成；二要发展加工经济，辅助百姓收益；三要疏通与海外、浙中交通，保障境内外贸易；四要开拓文化教育，提高乡里文化水平。今日请诸位大人先议论，提出一套开展工作的计划，然后大家再分组前往各地区考察，拟定出不同地区的发展思路，再共同商定南部地区完整的发展规划，最终付诸实施。曹弘达大人曾于处州任刺史十余年，对此地情况深有了解，如今担任吴越国丞相，对如何发展浙南山区经济已有了初步设想，下面就请曹丞相先介绍，然后大家共同议论。"

　　曹弘达开门见山说道："浙南山区在我吴越境内地势最高，地形最复杂。西南边陲的黄茅尖、百山祖乃是我吴越最高的两座大山，高达七八百丈，山势向北曲折盘旋直至仙霞岭止于婺衢平原，向东回旋下降直至雁荡山止于东海，向东北绵延起伏连接括苍山直至天台山。整个浙南地区西南高，向东向北逐渐降低，因此浙南诸水多发源于西南诸山，蜿蜒曲折流过山区向东注入东海，浙南最主要河流瓯江即形成于此地。瓯江源头在百山祖与黄茅尖诸山岭之间，溪流顺西坡曲曲折折下洩，至山涧汇成龙泉溪，再并入东、西两坡诸水，水势渐渐增大，流经龙泉县奔向处州城。此段水势相对平稳，平日水量较小，干旱季节时常断流，到了雨季却因山洪爆发而水势汹汹，以致桥断堤毁，甚至河流改道，冲毁农田民居。过了处州，溪流折向东南，从处州至青田的河道共百五六十里，两边青山逼岸，河中乱石堆积，水涨时洪流咆哮，枯水时乱石峥嵘，约有九十里的河段湍流特别险阻，其间又有五十六濑，因名此段溪水为"恶溪"。隋朝开皇年间，因"恶溪"其名太过恶俗，遂改名为"丽水"，然其险峻湍急之状却未有改变。过了青田便进入温州地区，因是滨海平原，故水流平缓，江面开阔，江船可以自由通航，直奔温州湾入海，此段称为瓯江。沿途尚有八都溪、豫章溪、大贵溪、松阴溪、浮云溪等大小溪流汇入龙泉溪，又有好溪、船寮溪、小溪等支流汇入丽水，再有戍浦江、楠溪江等支流汇入瓯江，此等支流状况大体与龙泉溪、丽水相似。浙南第二大江是飞云江，其源头在景宁县的上山头，流经泰顺、文成、瑞安诸县，沿途汇入泗溪、高楼溪、南溪等支流，于瑞安流入东海。飞云江上游大体与龙泉溪情况相似，溪谷狭窄，山势陡峻，水流落差大，水势湍急，正所谓"处处飞瀑处处滩"，无法通航；中游水流稍为平缓，从百丈口至银珠坑一段在丰水期可通舟筏；下游流入滨海平原后与瓯江相似，可以自由通航。第三条江是鳌江，发源于南雁荡山，于平阳县鳌江镇入海，除发源地属山区外，其余流域均在滨海平原。"

弘达略事停顿，喝了几口水，继续说道："浙南山区与太湖平原、钱江口平原情形不同：太湖平原因地势低洼，主要是开河排潦；钱江口平原地处山区与平原衔接处，可以筑堤修湖，广蓄诸水，以利灌溉；而浙南山区地势起伏险峻，既修不成大型湖泊，亦难开挖长距离河道。上述地区治水经验于我山区皆难以实行，唯前几日考察之武义地区，其经验倒是有可以借鉴之处，即分散修筑湖塘，使蓄水量积少成多。早在南北朝萧梁年间，处州府西南六十余里处之碧湖镇堰头村边曾建起一座拱形坝，长近九十丈，宽八丈，高近一丈，以拦蓄松阴溪之水，名为通济渠，并建有通济闸、石函，以控制排放水量。当时还开挖了三条主干渠，七十二条支渠，无数毛渠，又修起众多湖塘，使渠塘互相连通，便于随时拦蓄洪水，排灌农田，可灌溉水田达三万多亩，形成了完备的水利体系。此等山区小型水利体系颇值得于浙南山区借鉴推广，山塘虽小，只要数量众多便可大大缓解各溪流之洪峰，使溪流两岸免遭洪荒之患，到了连旱之日，又可放水浇灌山地，以解干渴之苦，如此即可减轻山区洪旱之灾。山区修筑众多山塘，还可保证各溪之水流常年不断，为诸水航运提供保障。只是如今诸溪滩头多，落差大，溪中往往乱石堆积，有的岩石巨大如山，实难清理，欲使诸溪通航，还须搬去巨石，清除乱石，恐非乡里百姓之力所能为。"

吴越王转向元球问道:"目前温州驻军多少?"

元球不假思索答道:"现有马步水军两万五千人,尚有准备遣送回家的老弱病残数千人等候处理。"

听闻此言吴越王心中一怔:"何以有如此众多老弱病残空吃军饷而未及时处理,难道是借此因头有意扩编?"由于此会目的乃是讨论治理浙南诸水、发展山区经济,到会人员又多,以此吴越王不便深究温州驻军之事,便继续说道:"数千老弱病残军人除确实不能劳作者外,其余暂不遣散。挑选五千精兵守卫南部边境,其余两万人连同车船马匹统统调来投入浙南开发建设。本王再从其他州府调来一万军兵,加上本地百姓数万人,如此合力治理诸河,曹大人以为能妥善完成否?"

弘达笑道:"大王下如此大决心,哪还有完不成之理,估计于两三年内定可大见成效! "

弘达继续道:"昔日秦国蜀郡太守李冰父子为治理岷江修筑都江堰,总括成'低作堰,深淘滩'六个字,但于我浙南山区却不适用,浙南山区宜'多作堰、清石滩、广修塘、渠相连'。因山区溪滩底下多系基岩,欲深淘滩谈何容易,因此只能靠多作堰,提升水面,同时清除滩中乱石,方可便利竹筏航行。山间尚须广修湖塘,拦截诸峰山洪,以减轻诸溪洪峰,避免山洪冲毁诸溪石堰及堤坝,并通过渠道灌溉农田,如此方可达到诸溪通航之便及诸塘溉田之利。"

闻听弘达一番介绍,众人皆频频点头,认为方案可行。

林鼎补充道:"欲使竹筏通过堰坝,尚须建筑船闸。若直接于堰坝上修闸,恐山洪下泄时水势汹涌,水闸经受不起山洪冲击,且山洪暴下多夹带沙石,极易拥塞闸门,不如在堰坝之前适当之处从山溪侧向另开筏道,建立前后双闸,出后闸以后筏道再回归山溪。如此竹筏不仅可于双闸之间利用水位升降而上下,保证其平稳安全通行,堰闸亦不易被洪水毁坏。此筏道甚至可以修到村落附近,建立筏埠头,便于村民乘筏出行和装卸货物,岂不两全其美! "

裴坚道:"曹大人之方案、林大人之建议已经形成完整的山区水利治理方案,既控制了山洪,又便利了通航与灌溉,切实可行。将来山区渠道绕山而行,还可利用渠道水位落差广建水碓水磨,帮助山民春米磨面,便利瓷窑捣练瓷土,辅助纸场研磨纸浆,对发展山区经济极为有利。"

众人又纷纷提出护堤坝、修梯田、改旱地为水田诸多建议,吴越王最后说道:"诸位大人经过议论,已经形成了较为完善的浙南山区水利治理纲要,明日我等先去参观考察碧湖镇通济渠,总结吸取建坝修渠经验,之后诸位大人还须分头奔赴各山区,会同当地官员深入调查,制定出各地具体治理方案,争取于两月之内提出计划,再共同讨论形成决议。列位大人负责调查区域安排如下:曹大人负责丽水段,元琭负责龙泉溪段,元球负责瓯江段,林大人负责飞云江流域,裴大人负责鳌江流域。工程计划制定完善之后,还须同时提出财务、工役计划,由本王负责统一调拨经费、人力,全面投入开发建设。此项工程之指挥调度由曹大人全面负责。"

吴越王对元球所说静海军现有老弱病残数千人等候处理之事心中颇有几分疑惑:通常补充新兵与遣散老兵须同步进行,不会新兵入编而老兵尚留在军中空吃军饷,这老弱病残数千人究竟是两三千人,五六千人,还是八九千人?何以有如此庞大的数量?如此重大军机大事为何不及时奏报?心中既有疑窦自当尽快查明,况且治理方案一定,浙南三军将士将即刻分赴各自治理区域,万一静海军另有图谋,很可能会酿成吴越大患。因此吴越王会后稍作安排,立即率领几名亲随策马向温州奔去。

元球返回温州不多时即得报吴越王到,不知王兄何以如此之快来到温州,忙出府迎接。二人进府坐定,吴越王屏退左右,开门见山命元球详细禀报静海军兵员编制及部署情况。元球心中一惊,然事先并无准备,亦只好硬着头皮按原来编造的谎言重说一遍。吴越王命调来名册核查,计三军在编兵员共两万五千人,另有编外兵员七千余人。此等众多编外兵员比起父王起事时的八都兵数量仅仅少数百人,蓄养如此庞大的军队究竟意欲何为?吴越王既疑惑又恼怒,既痛心又无奈,想想元球乃自己亲弟,父王又刚刚去世,只得强压怒火耐心询问。

元球知道已难掩饰,只好嗫嚅辩解道:"当年福建吴光率万余人叛吴,联合吴国信州刺史蒋延徽率兵攻打建州,王兄应闽主王璘所请命我出兵入闽御吴,以解建州之危。建州之危解除后,小弟曾设想不如一鼓作气使用假途灭虢之计,先攻下建州,再从温州出兵由西、北两面合力夹击福州,一举消灭闽国,为我吴越开疆拓土,岂不妙哉!但当时我入闽兵将仅一万人,而建州原有守军却有一万五千人,福州援军又有一万人,我即使以巧计取得建州亦是处于孤立无援之境地,何况福州周边兵将尚有万余人,南方泉州更有两万人,以此小弟未敢贸然行事。有此教训小弟便稍稍增加了一些兵员,滞留了一些准备退伍的老兵,一旦闽国有变,可相机发兵攻取福州、建州。"

吴越王叹道:"我已多次讲过,当今天下诸国纷争,互相吞并,中原皇朝内忧外患,疲于应付,根本无力招揽天下。近邻吴国军政大权早已落入徐知诰之手,皇权亦早晚被徐氏所替代,那徐氏手中握有数十万大军,对周边诸国虎视眈眈,一旦有机可乘便会出兵攻击。王弟仅仅看到闽国宫廷糜烂,荒淫无度,朝臣离心,将不用命,因此以为有机可乘,须知'螳螂捕蝉,黄雀在后'。只等你一出兵伐闽,徐知诰便会立即进攻我吴越,届时中原自顾不暇,吴国没有了后顾之忧,便可全力以赴攻打我吴越。纵使我吴越有能力抵御徐知诰的入侵,却必然令百姓长期陷入兵燹之苦,如此战争,于国于民皆有害而无利,切不可为! 若要出兵伐闽,必须等到吴国国势衰微而中原国势胜于吴时,等到吴国无力支援闽国之时。增兵乃重大军情,必须事先奏报朝廷,经朝臣廷议决定方可施行,而你却未经奏报就擅自招兵扩军,以王法而论,已犯下欺君罔上之罪,乃是死罪啊! "

元球知道事态严重,再不服软极有可能走上死路,只得向吴越王跪下哀告道:"小弟已经知罪,是小弟轻视王法,迟迟未将扩军之事奏报朝廷,恳请王兄开恩,给小弟一个立功赎罪的机会! "

吴越王知道元球只是口服而心未服,便继续说道:"父王临终前谆谆告诫我们'要度德量力,而识时务……',又云'民为贵,社稷次之。免动干戈,即所以爱民也。如违吾言,立见消亡;以我训言,世代可受光荣'。父王为吴越国制定的国策'保境安民'亦是为了保证百姓安享太平,免受兵戈之苦。你是我吴越镇守南方之统帅,必须切记父王'保境安民'之国策,切不可轻举妄动。常言道'牵一发而动全身',你仅从静海军与闽国的情况出发,擅自决定扩军,欲出兵伐闽,既未考虑天下诸国态势,又不顾父王遗训,如此行事,其后果如何? 一旦你的设想付之实施,你将成为吴越国的头号罪人! 将受到吴越百姓永远唾骂! 钱氏子孙也不会容你! 如今出兵伐闽虽未既成事实,但未经奏报而擅自扩军已是可定之罪,常言道'王子犯法与庶民同罪',王兄亦难以为你开脱。"

元球明白错已铸成,按王法难逃一死,便痛哭流涕再三恳求道:"小弟既已铸成大错,甘愿受死,只是受父王、王兄恩宠,得以镇守南疆,尚未建立寸功,无以为报。当今王兄正待兴修浙南水利,振兴浙南山区,恳请王兄开恩,允准小弟以带罪之身参加浙南水利建设,待功成之后甘愿伏法。"

吴越王知道元球以倔强的个性绝说不出乞求活命之类的话,如今这番说辞已是底线,再说也已基本上认识了自己的错误,所提要求不失是一个解决办法,遂道:"既已铸成大错,本王无权无端宽宥于你,不然今后何以服众? 如何统领文武大臣? 此事尚需你自己料理。今日之事就算是你我兄弟之间日常交谈,不足为数,你自己尽快将扩军之事写成奏章申报王府,我一时回不了杭州,此事自由宰相们处理。当今浙南正需大量用兵,你可建议暂缓老兵退伍以充浙南开发工程之需,并向朝廷请罪以惩未及时奏明迟滞老兵退伍之过。我明日即返回处州,你须好自为之。"

元球听了王兄这番话,好似获得了大赦,一块悬心石头总算落了地。元球乃绝顶机敏聪明之人，明白如果王兄亲自处理此事，必然不念亲情，公事公办，自己是必死无疑，如今王兄有意回避，由宰相们处理，自然就好办了。再说王兄让自己写奏章，只提未及时奏明朝廷迟滞老兵退伍之过，不提欲擅自出兵伐闽之事，又建议暂缓老兵退伍以充工程之需，这不仅是免去了欺君罔上擅自拥兵之罪，还为迟滞老兵退伍找到了理由：以充工程之需。元球此时心中暗喜，难得王兄不仅原谅了自己，而且为自己出了这么个好主意，脸上却是泪流满面，涕泣道："小弟立即遵照王兄旨意办，争取立功赎罪。"

次日一早，吴越王将当下需要于温州处理之事一一作了安排，随即率领自己亲随人员出发。元球要为王兄送行，吴越王道："还是处理你自己事情要紧，不必白白耽误时间。"

元球亲自写好奏章命快马急送杭州，杜建徽、沈崧看了奏章，只道是元球、元瓘事先通过信息，要调用静海军三军兵卒投入浙南山区开发，故而未遣散老兵，所谓请罪不过是官场客套而已，因此并未深究，此事遂不了了之。

开发浙南山区处州乃是关键，以此吴越王匆匆返回处州，治水之事即已安排诸位大臣分头进行调查规划，吴越王自己则着重于考察各县人文经济，尤其是农业、手工业、土特产等方面。

一日，吴越王一行人在龙泉县县丞陪同下逆龙泉溪而上，来到龙泉县西南九十里的小梅镇考察瓷窑生产情况。小梅镇周围建有数处窑场，规模都不大，最早的建于唐代，生产民间日常生活用品。一行人来到最大一处窑场，在场主引导下考察了窑场生产的全过程，并与场主、工匠深入座谈。交谈中吴越王发现小梅镇窑场存在许多问题：一是交通闭塞，产品难以外销，只限于浙南山区销售，生产规模受到限制；二是窑工不固定，农忙时多告假回家务农，农闲时再回窑上工，因此制瓷技艺不高；三是满足于生产粗犷的民间瓷品，不与外地交流制瓷技术，产品粗俗低劣。座谈即将结束时吴越王道："龙泉瓷窑已有相当长历史，但目前状态你们不满意，我亦不满意。目前龙泉窑产量不高乃是受交通制约，本王此番浙南之行就是要解决好浙南山区的水利、交通和百业生产，待龙泉溪、丽水疏通之后，即可于溪上通行竹筏，龙泉产品则可由竹筏源源外运至瓯江，再用船运至九州各地。若是龙泉窑能生产出瓷器精品，甚至可以由温州装船远销至海外，届时龙泉瓷器将不愁没有销路。但是目前产品质量与越州窑相比实在相去甚远，龙泉产品纵使运往内地，恐怕亦难以打开销路，还需尔等齐心合力，下功夫改善产品质量。本王回杭州后，即命越窑派遣窑艺高超工匠来龙泉传授经验，望尔等虚心求教，尽快提高技艺，生产出精致产品。窑工队伍不稳定亦是产品质量不高的原因，待打通航道销量提高之后，望场主适当提高窑工薪酬，稳定窑工队伍，以保证产品质量。"

吴越王一番话令场主及窑工们仿佛看到了一个崭新的、兴旺发达的窑场，顿时全场兴奋不已，拍手叫好。

又一日，吴越王一行人来到龙泉宝剑制剑场，却见场中只生产镰刀、锄头等农家生活用品，不产宝剑。询问之后，遂知近年吴越国中太平，对宝剑需求极少，产品没有销路，一年之中仅有三四个月开炉制剑，其余时间制剑师傅只得外出谋生。吴越王命人四处寻访，只寻得三四名曾在场中制剑的老叟，老剑师们一提到龙泉宝剑便滔滔不绝，讲起了龙泉剑的祖师爷和史上那些著名的宝剑。

早在春秋吴越争霸之时，龙泉剑的祖师爷欧冶子便在此处开炉铸剑。欧冶子为造宝剑，破赤堇之山而得锡，枯若耶之水而出铜，更祭得雨师扫洒，雷公击橐，蛟龙拥炉，天帝装炭，再请太一下观采集天地之精气，终于凭借精湛技艺和丰富经验铸成宝剑。所铸宝剑中有三把大型宝剑和两把小型宝剑最为著名：一曰湛卢，二曰纯钧，三曰胜邪，四曰鱼肠，五曰巨阙。第一把湛卢，曾被吴王阖闾用作女儿的陪葬品，楚灭越之后楚王获得此剑，秦王得知便向楚王索取，以致发兵攻楚，却始终未得此剑；第二把纯钧，为越王勾践所有，光华四射，色彩纷呈，其灿烂若群星行云，光泽闪烁如水溢于溏，锋刃犹闪电刺破长空，材质焕然似冰雪消融，有人估价以两座有市之乡邑、三座千户之都城、骏马千匹与纯钧剑交换，擅长相剑的门客薛烛却说"不可"，并言"如今赤堇之山已合，若耶溪水源源不竭，断了铜锡来源，欧冶子即将谢世，群神不复下凡，此剑已不可复制，虽用倾城之金，满河珠玉，亦不能得此一剑。"；鱼肠剑亦颇有名，阖闾赐鱼肠剑于专诸，命专诸刺杀吴王僚，专诸向吴王僚进献烤鱼，将此剑藏于烤鱼腹中避过搜查，终于行刺成功使阖闾登上吴王之位；巨阙剑乃用金、锡、铜熔化均匀融合铸成，数种金属色彩一起显现于宝剑的表面，光彩夺目，璀璨无比，以巨阙穿铜釜、刺铁鬲易如穿刺谷米，故称之为巨阙，刚铸成之时越王于露坛上欣赏此剑，适有宫人驾白鹿轻车经过，白鹿见巨阙寒光赫闪晃如闪电，遂受惊狂奔，越王引巨阙指向车子，四鹿腾跃，而车子已经断开。

吴越王见老叟讲得饶有趣味，并不插话，只是耐心倾听。几个老叟又喋喋不休地讲起欧冶子、干将锻造铁剑的故事。

越灭吴，楚又灭越之后，楚王命风胡子去拜见欧冶子与干将，请他们打造铁剑。铁比铜更刚强，制成之剑比铜更锋利，但当时用铁打造兵器刚刚试行，并无经验。欧冶子、干将乃带领匠师、工役重新开凿茅山，排干溪水，挖掘精粹铁石以冶炼精铁，又经过千锤百炼，终于打造出三把铁剑：第一把，观其神状，犹如泰山压顶之势，锋刺龙渊之利，其势咄咄逼人，故取名龙渊；第二把，观其剑身纹彩，大气而完美,凝重而曲折,如流水之波涛,故取名泰阿;第三把,剑身精巧地布满圆珠纹,珠不可连,却似流水一般滔滔不绝,沿剑身流动,故名之曰工布。晋王闻知便向楚王求取此三剑,遭拒绝,遂发兵围困楚都城,围了三年而不得解。城中粮尽,库无兵革,左右群臣、贤士竟无对策,楚王乃亲自手举泰阿之剑登城指挥,只见城头豪光闪亮,寒气逼人,引得猛兽跑来观望,江水亦为之扬波回折,晋国三军俱败而退,士卒心迷神惑,血流千里,晋王头发也于瞬间全白。

老叟讲得津津有味,周围的人听得微微入神,及至讲完,不少人还伸长脖子聚精会神,老叟见了捋着胡子呵呵一笑,众人才回过神来。

老叟接着说道:"自从欧冶子为龙泉宝剑创下名声,制剑技艺久传不衰。千余年来龙泉宝剑名扬九州,逢上战乱年代,佩剑需求大增,往往日夜开炉打造尚且供不应求。如今我吴越国中数十年无战事,佩剑需求冷落,而中原及周边诸国需求仍然旺盛,因此铸剑师们一年之中往往只生产三四个月,其余时间则驮上宝剑运往诸国销售。倘若路上遇到兵痞土匪,被抢劫一空事小,能活命逃回方算万幸。"

吴越王道:"如今正在治理龙泉溪、丽水、瓯江等河道,不久就可用竹筏将龙泉产品运往温州,再用海船运往中原、吴国、闽国、南越,甚至契丹、新罗、日本、鸡林等地,届时无需再翻山越岭、通关涉津,亦可免遭土匪兵痞之害,师傅们只需安心生产,不必再为销路担忧。"

吴越王又询问了日用品打造、销售情况,工匠们生活情况,直至傍晚方辞别剑场返回驻地。

一个多月来,吴越王踏遍了处州的山山水水,不仅走访了瓯江流域的城镇、村落,还察看了漫山连片的毛竹山、油松林,调查了桐子油、竹制品的生产以及山货、中草药的采购。山区产品真是丰富多彩,只待疏通航道后得以外运。

考察各河段的官员陆续提交了开发计划,吴越王逐一审查并提出意见。官员们又各自作了修改补充,最后由全体官员集体审查,由于事先已经过讨论,有统一的认识,因此集体审查中并未提出大的变动,仅局部或各河段衔接处稍作修改。

接着审议各河段所需工役。整个浙南治理工程约需工役七万人,吴越王命元球道:"静海军可留下八千兵卒用于戍边及地方治安,抽调两万四千兵卒投入开发治理工程,老兵暂不退役。工程完成后仍需留下一万兵卒组织山区屯垦,负责各河段堤坝、河道的维护、疏通工作,保证航道通畅。本王再从附近州府调集八千兵将前来支援,工程完工之时当及时返还各州府。"又对众官员道:"其余工役不足之数,请各河段负责官员就地招募民工。浙南经济萧条,山民贫困,凡招募工役均需发放酬资，以解其生活之困。"

随后议论工程所需工具、车辆，吴越王道："本王已事先吩咐婺州、衢州、台州府衙做好准备，所需工具、车辆先尽量由本地解决，不足时可请邻州、邻县支援。"

最后落实工程经费，先由各州县自行筹集，不足部分呈报王府，由王府酌情调配。

诸事安排完毕，众位大臣遂各自领命回本河段开展工作。

却说越州百姓自从得知武肃王谢世，万分悲痛，回想武肃王诛汉宏、平董昌、修水利、扶农桑，于越州人民功德无量，遂一致上书要求于越州建武肃王庙，以便越州百姓四时祭祀，万民敬仰。吴越王多次劝阻，言道："先王安葬于临安，并已在陵前建庙，百姓们尽可至临安瞻仰祭拜，他处不必再建庙宇，以免增加百姓负担。"但越州百姓再三上书恳请，吴越王只得转奏唐廷，如今唐廷复旨，敕建先王庙于东府。

吴越王于处州接到朝廷敕建先王庙于东府之快贴，此时浙南的考察工作已经完成，开发建设工作也已轰轰烈烈开展起来，遂宣布即日起河道改造工程由曹弘达全面负责，遇有疑难问题可提请王府统一解决，自己则快马加鞭赶往越州。

第五十二回　感恩德越州请建王庙　结契丹晋帝甘献州城

　　吴越王元瓘告别浙南匆匆赶到越州，会同宰相、两浙观察使、知东府事皮光业召来越州官僚、属吏、缙绅、耆老，当众宣读皇帝于东府建武肃王庙之敕文，众人皆额手相贺，缙绅们更是异口同声道："请王爷放心，庙宇规模、形制、选址乃至用工、经费等等小民们皆已商议停当，庙址就选定于塔山之东，塔山山势高峻，又有应天塔矗立于山巅，很是庄重，且此处虽地处城中，却又不甚喧闹，便于百姓日常参拜，尤其是左邻府学，更便于学子们读书之余瞻仰祭奠。"吴越王见大家一片诚心，遂同意缙绅们的建议，当下命皮光业撰写《会稽吴越国武肃王庙碑铭》，并使人镌刻，待王庙落成之时立于其中。皮光业所撰铭文曰：

　　粤以唐长兴三载，壬辰春季，萤涧十三英。天下兵马都元帅、尚父、守尚书令、吴越国王，弃捐宫馆。以是岁，明宗皇帝降太常博士段容，定谥议曰"武肃"。诏尚书、工部侍郎杨凝式撰神道碑文。宣翰林待诏张季恭至吴越，书于刊石。後二年，岁在敦牂，天下兵马都元帅嗣吴越王，建庙貌于始封之越国，礼与境内，乐之周极，孝思也。盖闻神道设教，莫大于郊社严禋。明德惟馨，无逾于祖考孝享。是以百代相袭，六籍盛称。报勋劳则天保是徵，展钦若则王假是训。又况建除难靖乱之业，扬武烈之威名，振刚德义气之风，成肃恭之懿号。陈力四纪，光奉八朝。生为有土之君，薨立象朝之庙。是可睢盱召毕，龌龊桓文，声华永而日月齐，简册编而古今在。矧夫堂成王构，家继国祧，压璧宝以知来，出玉林而嗣位。高阳号里，无愧前贤。夏屋登山，常遵治命。爰自郑缁始袭，晋墨未除，不忍一日之离，遂立千年之祀。金熔阳迈，已成像於吴城。香刻旃檀，复附神於越国。

　　恭惟先天下兵马都元帅、吴越国武肃王：殷朝篯祖，仙萼分枝。唐代郇公，灵源真派。簪裾轩冕，礼乐诗书。叠庆连华，交光翊业。应劭七世，累爵重官。罗企一门，惟忠及孝。其降神也，虹飞蜀国，始见殊祥。鱼跃汾河，是生奇表。赤光耀室，黄气浮空。石龟陨下于官山，胡人来归于宝器（此二事安国县父老言也）。其英姿也，凤文龙藻，奂出精神。白琥苍珪，琢为标格。加之薛琡整峻，谢安风流。俯仰可观，进退有度。慕容德偃月日角，光彩烁人。李子坚匿犀龟文，威仪镇俗。其辞韵也，音容洒落，智辩铿鋗。元善抑扬，张畅详雅。至若讨论国计，谈画兵筹，接对使伻，抚御将下，所谓五河奔注，百谷崩腾。玉虹起而云雾销，金虎啸而风飙动。揣摩胜负，赫连勃口授怀惭。捭阖兴亡，苏季子舌端有愧。其气度也，志高建木，量等大瀛。含垢匿瑕，罔知边际。求贤接士，无怠寅昏。重仁义若邱山，视玉帛如咳唾。翘翘车乘，唯在得人。憧憧往来，皆锺和气。所以羔皮豹舄，鹤列犀渠。咸愿杀身，用酬大惠。变家为国，诚由万化生身。以德聚民，所谓八风从律。其英雄也，能知否泰，善俟云雷。动必有成，举无遗策。蛟龙得雨，莫测变通。雕鹗出林，可知意度。其间文武迭用，仁义宏敷。平阿（一作常平）之亡戟得矛（一作列戟持矛），并能取舍。元颙之搦蛇骑虎，不觉艰难。奄有具区，廓开霸业。设使庾翼复出，必不妄誉於桓温。阮籍重生，安敢轻言於广武。其文学也，家承儒范，世尚素风。侍绛纱帐於先生，授白纶巾於神女。才通梦寐，凤吐方来。志在典经，龙斗不顾。所以博览七纬，精究三元。尽得津涯，皆升堂奥。其於篇韵，尤著功夫。思风起而绣段飘，言泉淘而金沙见。其札翰也，花随腕下，星逐毫飞。霭若游云，细凝垂露。钩刀向背，未饶索肉芝筋。点画方圆，高掩崔肥赵瘦。就中濡染碑额，益见呈露锋芒。四方仰之神踪，一代称之墨宝。王逸少若见，甘避雁行。萧子云如逢，大惭蝉翼。

其建大功也，唐季乾符之末。中和之初，海兔乍扬，天龟初伏。尘飞野马，四郊之垒渐多。雾暗腾蛇，五贼之机共构。其始者王仙芝结衅中土，首构祸阶。虽已诛夷，犹残支党。自此丛祠乌合，草泽蜂飞。轻薄者固自披攘，谨厚者亦为剽悍。江南则朱直叛乱於唐山，孙端寇孽於安吉。西侵宛水，东患苕溪。郡县则终日登陴，生民则长时伏莽。王时郊居葛圃，嘉遁茅山。方当枕石漱泉，尚是褒衣博带。睹兹多事，慨然究怀。顾谓朋友曰：“丈夫须当拨乱平奸，岂可怀安端坐。”是日乃奋兹戎服，挂彼儒冠，大散家财，广招勇士。申令才举，行伍肃然。手仗义旗，身当勍敌。一月之内，二寇殄平。靖千里之山川，救两郡之涂炭。是王之初功也。其次黄巢来从五岭，直下三衢。展枭翅则霾布星罗，张鲸牙则山连岳峙。所遭蹂践，并作尘灰。王乃独领偏师，横行险地。既逢大憝，遂设奇兵。敌望草木丛林，皆是戈矛旌帜。我则左右翼阵，默化如神。当下追奔，尚贾馀勇。长蛇封豕，便出他疆。新市下江，保安数邑，是王之功也。其次彭城刘汉宏，据南镇之重地，守东越之名区。黄巢既犯两京，僖皇乃巡二蜀。汉宏不思奔问，便废贡输。恃险阻于湔河（一作江潮），欲觊觎於江岸（一作浙岸），先于渔浦鼋石，翼张下营。萧山西陵，鳞次列砦。烽燧交应，鼙鼓相闻。时我诸军，实有难色。王乃潜趋间道，夜济长江。仰告昊天，乞昏朗月。当下寒云布野，杀气凝空。楚庙阴兵，旁随雾合。晋臣黑慢，暗与山连。我师忽震於雷霆，彼砦俄摧於魂梦。风号貔虎，争传破竹之声。阵卷龙蛇，竞集建瓴之势。贼将殷轮不暇，漂杆有馀。仅身免以奔归，乃塞门而自守。尔後大小百战，首尾四年。方清镜水之波，始有兰亭之地。吊其生聚，大布仁慈。诛彼渠魁，不须天讨，是王之功也。次则有薛朗，逐出周宝，自据朱方。南袭毗陵，西侵建邺。恣其剽掠，务在杀伤。将承中国之危，拟扼长江之险。王乃命二麾上将，期一月报功。指其山川，授以韬略。蹄彀并举，水陆兼行。曾不旬时，讨平窟穴。累南宫万於犀革，视以囚人。枭崔慧景于鲐篮，彰其叛主。是王之功也。次则有徐约，比是六合镇使，遽忝三吴郡符。玉帛是求，徵敛无度。长时习战，齐民因被雕瘵。比屋为军，鲁儒亦遭翦削。惟王闻其暴虐，奋激神威。发上谷之精兵，命下江之贤将，授以九天九地之诀，传以训辞训典之规。扼断咽喉，清其郊野。任约之龙果睡，王弥之豹徒飞。食窭朝饥，无由抚士。计穷宵遁，遂至溃围。松陵之烟水重清，香径之黎元再活。是王之功也。次则有孙儒，恃有数万兵甲，不守淮南，直欲别迁土疆，遂奔江左。刲人民为粮食，臛舍宇为薪苏。饿鹳饥鹰，飞扬京口。贪狼乳虎，践踏吴门。渐逼由拳，将窥雪水。王乃张天网於阻险，辟地嫔於要冲。发水犀之骁雄，设燧象之奇计。青雀摩垒，赤兔致师。将持久以待之，俟势穷而必取。守障皆哭，无食何为。鸣鼓而攻，脱身遂去。向使不施神略，不振王威，则翼翼生灵，皆成膏血。茫茫胜概，尽作姻煤。所谓劬劳为时，广大及物。是王之功也。次则有董庶人，始镇石镜，便牧杭州。因破汉宏，遂居越土。自形成象，从纤至洪，并是王之擐甲执兵，左提右挈，以至手持旄节，身爵王侯。既灭顶於彝伦，乃垂涎於神器。铜符金匮，祥瑞乱兴。玉玺珠袍，妖讹竞起。王以早同楚歜，夙共晋盟。书尚缄縢，血犹濡鍉。笺函旁午，诱劝交驰。谏既闭於属垣，祸遂成於覆族。是时两河倔强，三辅纷纭。万象虽拱於北辰，一人不遑於南顾。王请奉行天罚，所统便是国兵。不费上供资财，不役诸道将帅，果见桓元计窘，抽玉导以求生。王莽势穷，转铜威而厌胜。喉既樁于富父，骨复弃於会稽，潜其故宫，焚其法物，复我正朔，清我寰瀛。五石补而天镜明，六合完而地维正。是王之功也。王以平妖立霸时之业，戡难建盖世之功。律吕宫商，镩洋史籍。丹青金玉，焕烂国华。所以僖宗天子，仰我文昭，眷我武烈。龙光压叠，急使星驰。纶綍便蕃，大王风起。寻以耿纯试理，卢植兼才。披锦衣以耀家乡，握珪符而光松梓。

　　洎於昭皇飞升，大宝礼遇元勋。龙悦召云，兔忻得藻。嘉功赏德，金凤之诏连飞。表异旌优，玉麟之符遂刻。移南徐之藩翰，就钱塘之江山。节竦灵犀，帐开神虎。三千珠甲，光烂星辰。十二牙旗，文生组绣。碧幢才建，黄阁又开。乃兼镇於越藩，遂对持於汉节。中天辰象，虽分牛斗之疆，夹岸烟岚，映出东西之宅。四县既食，万户累加。棨戟立门，赤油罗列。山河誓券，丹字荧煌。生祠之笾豆锵锵，衣锦之城隍黯黯。而又特逾汉制，封我吴王。茅分夏社之心，桐翦周王之手。昔也龙蛇起陆，蹈汤火以战争。此际山川出云，见君臣之际会。逮夫济阴王既传天宝，梁太祖遂应元苞。於王不易范张之故情，请结秦晋这嘉好。恨无殊礼，得展异恩。於是追吕望之高风，拟山甫之美躅。师尚父统摄三老，作帝股肱。尚书令总务万岁，为天喉舌。仍颁瑞节，复践高坛。建牙兼镇於扬州，分闑遥临於楚甸。寻命兵部姚尚书洎，躬持凤册，远泛鲸波，备周官之典仪，封越国之土宇。八鸾四马，耀镂锡以振钩膺。三节一王，秉桓圭而垂元玉。及龙德嗣君即位，礼称伯舅，尊曰父师。寅兹烈光，虔奉顾命。是时遣吏部李尚书燕，捧持纶诰，谕晓湖湘，授天下兵马都元帅。洞庭彭蠡，渐无不顺之臣。北狄西戎，将有後子之叹。昔韩信对汉高祖曰："陛下能将将，臣能将兵。"是知元帅非人臣之职曹，盖帝王之兵柄。推於前代，隋炀帝自晋王淮南行台尚书令祗为行军元帅，无天下之号。国朝肃宗皇帝驻跸灵武，因命代宗皇帝自广平王而为之。德宗皇帝自鲁王而为之，梁太祖授九锡後而为之。斯天下元帅之故实也。其後龙德帝复命兵部崔侍郎协，赍持简册，浮泛风帆，扬往典於明庭，促及时而建国。奉召康公之命，得以专征。授唐叔虞之封，良由吉梦。未久金行运息，土德中兴。庄宗皇帝鹊起并汾，龙飞宋汴。当宁不逾於旬朔，临轩宣谕於公卿。曰："吴越国王五十年来，常作支天之柱。三千里外，每为捧日之云。今若将致小康，实在敬尊元老。"於是鸾台进拟，麟趾搞词。典瑞献功，琢白圭而册文粲烂。职金供命，熔紫磨而印篆盘珊。重封吴越国王，再授天下元帅。马迁十代史内，固是绝伦。柳言万卷书中，必无往例。

　　其建国也，大君有命，明试以功，自癸未而至壬辰，备战器而修王道。先是中朝名士，在野遗人，或负笈担簦，来投霸府。或折襦为袴，面诣军门。奋袖於嘉纳（一作务）堂中，曳履於灵钧台上。至此水镜裁鉴，金秤等量，并列庭臣，皆居省署。簪裾列侍，文物齐光。张伯仁陈宗庙之仪，郑子产献公侯之礼。岂谓难穷者大数，莫究者彼苍。俄脱屣於具区，遽彻县於正寝。金山雾掩，谁知帝召王乔。玉海波空，实痛神辞李广。况十三州疆埸，百万户黔黎，咸长养於恩膏，悉生成於化泽。泪洒而晴空散雨，愁凝而杲日沈云。鸟兽悲哀，草木惨怛。明宗皇帝宣太常而定谥法，召贰卿而撰诔文。鸾辂龙旗，赠礼优於邓禹。梓宫黄屋，异数等於霍光。得谓尽始尽终，极荣极贵。享九九之仙寿，近帝位於一爻。感万万之人心，歆神道於千祀。有後如此，又何歉焉！

　　我天下兵马元帅吴越王，当燕族之多奇，承赵宗之後世。嵩衡泰华，秀气俱腾。淮济江河，荣光共结。是时允主，诞我国祥。绍经文纬武之基，袭积德累仁之业。开襟奋臆，伏雄杰於周瑜。誓众临戎，统人豪於张衮。风仪则悬星溢眦，紫电扬卢。霜雪凝肌，鱼龙入彀。仙应有分，贵不可知。宋弁声姿，尤闲进对。窦融词气，惟是卑恭。加以青云常在于言谈，畏日不离於顾盼。徐行缓步，褚彦回却是趋跄。散帻斜簪，王文宪殊非蕴藉。智略则鲍叔锥矢，应手而成。德业则顾和珪璋，遇机方露。远者大者，一刚一柔。静则心照镜而貌怀冰，舍和六气。动则火炎山而汤涌海，慑惧万人。机变则管葛才高，孙吴术妙。身文虎豹，隐见不常。义府戈矛，短长迭用。五隽才既为已任，六奇策固是无遗。欲縠诗书，经纶国计。项羽雷电，振动兵筹。徐睇而莫测金泉，旁窥而罔知珠岸。词藻则清霜皓月，络绎彩笺。芳草落花，飘扬镂管。纤成梦锦，散出神霞。英变屡奇，张融之言信矣。凌颜轹谢，元稹之论宜然。札翰则早受义方，曾传掣笔。鸾回鹊反，气势惊人。金错银钩，纵横入目。案牍无非笔阵，宫寺争耀宝牌。崔宏之本草无光，张育之折蒲失色。立功则我王初离太学，始统亲兵。郑世子方欲乎齐，汝阴王正思安汉。属邻国侵轶，命将曰李涛。仅二万兵，下百里砦。围逼安国，涎喙馀杭。我王虔奉训辞，遂升上将。清风授武，黄石传书。亲承韩奕之黄黑，躬伏封文之白虎。攻东南而备西北，事在机先。掩五垒而出三门，别驰神算。於是崩摧大阵，擒获万人。道路临於停俘，山川积於戈甲。馀敌作气既竭，方遁於潜。我则乘胜追奔，又平广德。未出一百里之境，复降五千（一作十）乘之戎。唱凯歌而喜气连郊，整班师而雄风掠地。寻即大统龙舰，远泛鳌溟。巡江阴而收东州（一作川），入海门而观北固。彼境遂陈舟楫，远出枝梧。我则陈二广於浪港沙前，设三覆於石牌湾内。零陵石灰风便，争投於蛟蜃窟中。沁水火伐油燃，尽葬於鲸鲵腹里。一战定霸，二纪无虞。寰海具瞻，将相迭耀。声光丕显，装松为廊庙之人。功业升闻，段襄居骨鲠之任。

爰自嗣承国构，缵奉王基。况当跪箭之初，又在寝苫之内。芝兰龙凤，三千馀口之家风。铁石虎貌，二十万人之军府。诚难抚御，岂易辑绥。我王以孝为模，用仁作范。无所不可，唯言是从。嘉惠宠灵，供承花萼。油云膏雨，润泽闺门。此外习武益兵，轻刑慎罚。德无胫而远届，名无翼而遐飞。果动天朝，继锺异宠。三年之内，两册连封。双龙之金节齐行，四马之宝车并骤。玉具冠剑，见王者之尊崇。织文旗常，睹国容之贵盛。我王因兹显赫，益动孝思。无以答先後之恩，无以报昊天之德。且曰："武肃王有大功及天下，大名振寰中。庇生民而百万有馀，筑城垒近五十来处。岂可不建庙貌，不像真容，为星纪之福宫，作地户之神主？"爰命兴武中直都虞候姚敬思，於马臻湖畔，勾践城中，选閭阎形势之中区，得显敞高平之胜址。於是锹杵俱下，畚锸齐兴。隐隐雷声，轰轰岳振。不十旬而展役，匝千丈之阴基。大梓文楠，匪自泰山伐得。宏梁巨栋，非因漳水漂来。雕镌者王母元图，鼇砌者赫连绣石。斤挥斧运，削出银范。水鏖砂磨，方成玉碼。符元武（一作玉）之嘉兆，应神著之吉辰。始乃架险梯虚，云构山屹。阴虬回抱，阳马奔趋。虎牙衔而枅栱连，龙脊袤而栾栌转。琼瑶耀壁，丹漆明檐。鸳鸯之瓦缝界成，芙蓉之砖文印出。即以丙申岁秋八月十有七日，我王备卤簿鼓吹，车辂旗常，北司侍臣，南班旧列，奉迎真像，而入祠宫。白檀雕出圣容，黄金缕成宝座。仪形酷类，神彩如生。凤目龙章，颜犹不改。垂旒被衮，人见兴悲。礼器则俎豆牺樽，轩悬则枳敔钟磬。後殿则翟衣雉服，文母贤妃，露幔珠屏。虾帘象榻，不异昔时秘寝，皆同曩日深宫。前则广厦交阴，芳亭对构。紫石伏猰貐之影，朱栏交菡萏之光。正启重门，并列神将，侍卫兵仗，戈戟森然。文武官班，簪裾肃列。直出甬道，千步有馀。河枕投醪，波通射的。莲芰绕於水阁，桐桂夹於星桥。左则回抱粉廊，连延绮栋。并图曹署，各列司存。乃至早世勋臣，无禄公子，皆塑仪像，并配荐羞。右则修庑飞甍，绿窗丹牖。阴兵神马，见雷电而没风云。明灶净厨，备粢盛而烹肥腯。景物则高杉矮桧，粉竹金松。夹砌名花，连阶瑞草。烟岚蓊蔚，便是阴宫。云雾朦胧，居然神府。我王昔以致君之业，累殄寇戎。今立显考之祠，用修孝敬。所以天朝继封王爵，以耀国章。黄金印印宇内徵呼，都元帅帅天下侯伯。卓绝殊勋洪业，所谓炙地熏天。设使书剞劂九万之笺，不能尽纪。勒华山五千之仞，亦恐难穷。光业也词不梦於王椽，才匪量於曹斗。拟奚斯之颂，或恐粗心。对豫章之碑，岂合措手。但以二纪幕客，十载庭臣。不求孙绰擅名，岂望杨修绝妙。所希编述，用答恩知。追感先王，恭为铭曰：

嵩高嶙峋，是生哲人。上天师子，出泽麒麟。籙尊殷祖，郤允唐臣。衣冠表里，文武经纶。广运将新，大盗斯起。雁象欻惊，兔毛乱委。紫盖蒙尘，黄巾多垒。既礛攵宪章，又裂文轨。武肃英王，提剑东方。龙行云雨，虎变文章。字气沃酒，妖雪归汤。洗涤星纪，整顿天常。告功狼居，图形麟阁。桐珪联编，茅土续索。三道犀幢，八朝凤诺。丹券家门，锦衣城郭。元帅天下，国王具区。六瑞琢册，三品铸符。尚父四履，尚书万枢。巍峨高寿，曦赫霸图。我王奉天，为时而出。传宝应金，继明照日。国士无双，风华第一。削树平戎，梦禾受秩。功既挺世，德又动天。袭封二册，嗣位三年。金印国宝，元帅兵权。忠无瑕纇，孝绝雕镌。未祓墨缞，乃建清庙。卧龙之城，会稽之峤。岚界回廊，粉明周璙。广殿霞开，重门岳峭。瑞玉礼器，香檀圣容。民之祀主，我之神宗。秉翟执籥，特磬编钟。燃萧焫脖，置币输琮。於穆祠宫，焕焉阴府。五齐恒馨，六佾常舞。肴荐房烝，歌随路鼓。令子懿孙，光今显古。

十二月，唐帝敕授吴越王元瓘为天下兵马副元帅。

次年正月，唐帝又遣礼部尚书兼太常卿李悌、户部尚书姚遐赍奉吴越国王金印至杭州物归原主。

清泰三年（936）秋八月十七日，越州武肃王庙落成，当日即奉武肃王真像入祠，由吴越王元瓘主祭，随后武肃王诸子、孙、宫廷主要臣僚、越州府绅缙代表分批向武肃王坐像祭拜，越州百姓数千人聚集于殿前及庙门外参拜，气氛肃穆庄严。

唐帝李从珂乃先帝养子，如今虽即皇帝位，心中始终对功勋卓著又手握重兵的石敬瑭有所忌惮，认为是皇位最大的威胁。石敬瑭时任河东节度使、北京留守，充大同、振武、彰国、威塞等军蕃汉马步总管，因知唐帝猜疑，以此先帝葬礼后始终不敢离京归镇，整日愁眉不展，遂抑郁成疾，以致瘦得皮包骨，不成人样。敬瑭妻永宁公主哀求母亲曹太后向唐帝求情。唐帝虽不是太后亲生，但太后从小对其视如己出，今又见敬瑭病得如此，估计再难构成威胁，于是就顺水推舟做个人情，让石敬瑭回到了晋阳。为提防敬瑭有变，又以武宁节度使张敬达为北面行营副总管，率兵驻于代州，以分敬瑭之兵权。

石敬瑭回到镇所后即积极策划自保，先是安插两个儿子在朝廷中为内侍，又常贿赂曹太后左右，令他们窥测皇帝之密谋，因此唐帝身边事无巨细皆一清二楚，还常常在宾客面前自称病弱不堪，担不了统帅重任，以期消除朝廷疑虑。是时契丹常侵扰边境，石敬瑭乃向唐帝索要大批军粮备战，朝廷除督送粮草外还派遣使者赐给军士夏衣，并传诏谕表示慰问，军士们感念皇恩皆山呼万岁。如此以来石敬瑭又担心军士们归心于朝廷，遂命都押衙刘知远斩杀挟马都将李晖等三十六人，以警示军士们必须效忠于军队统领。

清泰三年（936）春，唐帝千秋节，长宁公主于宫中献寿完毕欲辞归晋阳。唐帝已经微醉，置酒送行时信口玩笑道："何不多留几日，如此急忙归去，想与石郎谋反呀！"敬瑭闻言更加惶恐，从此开始筹谋出路。

石敬瑭托说资助军费，将其在洛阳及诸道的财货统统运往晋阳，同时上书试探唐帝，假装辞去马步兵总管的职务请求外任节度使。唐帝近臣皆道："河东调动也要反，不调动也会反，时间不会太长，不如先下手为强。"

五月，唐帝改任石敬瑭为郓州节度使，进封赵国公，接着又降诏催促石敬瑭前往郓州就任。石敬瑭起先装病不走，然后又上书请求唐帝让位于先帝的亲子李从益，声言从珂乃养子，不该继承皇位。唐帝大怒，下令罢免石敬瑭所有官职，派张敬达领兵征讨晋阳。

石敬瑭之子右卫上将军石重殷、皇城副使石重裔得知父亲已反，遂藏匿于民间，七月初二被捉获处死；石敬瑭之弟忻州都指挥使石敬德杀死自己妻女潜逃，不久被捕，死于狱中；从弟彰圣都指挥使石敬威自杀。

唐军围困晋阳数月，石敬瑭眼见粮草不济，乃欲遣密使由山间小道绕过云州求救于契丹，遂令掌书记桑维翰起草表章向契丹主称臣，相约事成之日将割卢龙道及雁门关以北诸州归契丹，还声言将以父辈之礼事契丹主。部将刘知远劝谏道:"称臣即可,以父亲待之未免太过,贿赂以丰厚金帛已足以使契丹发兵,不必许以割让州府,以免日后成为中国之大患,否则悔之莫及!"石敬瑭不予采纳。正愁没机会南下的契丹主耶律德光见表大喜,对其母述律太后说道:"儿曾梦见石郎派遣使者来,今果应验,真是天意。"遂复书,答应于仲秋之时倾举国之力赴援。

九月,契丹主耶律德光率五万骑兵(号称三十万)南下,旌旗连绵五十余里。为能尽快驰援石敬瑭,契丹兵过代州、忻州时皆绕道而行以避免交战,于十五日到达晋阳,陈兵于汾北之虎北口。契丹主先是派出轻骑三千直冲唐阵,唐兵却以为契丹兵寡将弱,遂争相驱逐契丹兵直至汾河湾,契丹兵涉水而逃,唐兵沿岸紧追,突然契丹伏兵自东北杀出将唐兵截为两段,北岸的步兵逃跑不及多为契丹兵所杀,南岸骑兵仓皇逃归晋安大寨。契丹兵乘胜追击,唐军大败,这一仗唐军步兵死者近万人,只有骑兵逃回。

二十一日,唐帝下诏亲征。二十三日,令侍卫马步军都指挥使符彦饶率本部军兵赴潞州作为唐军后援。

唐帝御驾行至河阳即因害怕而不欲北行,遂召集宰相、枢密使等商议进取方略,宰相卢文纪对唐帝心思心领神会,便道:"国家之根本大半在河南,胡兵倏来忽往决不会久留,晋安大寨坚固,且已调发三道之兵相救,应无大碍。河阳乃天下津要,王驾宜驻留于此以镇抚南北,可先遣近臣前往晋阳督战,若不能解围皇上再亲往督战犹为未晚。"唐帝询问其余众臣,无人敢有不同意见。

二十四日,唐帝派遣枢密使、忠武节度使、随驾诸军都部署兼侍中赵延寿率兵二万赴潞州增援。二十五日,唐帝至怀州。

十月初七唐帝下诏,搜集天下将吏及民间马匹,又征民为兵,每七户出一兵,且需自备铠甲兵杖,称之为"义军",以十一月为期集结,命陈州刺史朗万金教以战阵。此举一共得马二千余匹,兵五千余人,实在无益于战事,却徒使百姓遭受极大骚扰。

卢龙节度使赵德钧素来心怀异志,今见有机可乘,遂欲趁乱夺取中原,乃向唐帝主动请缨发兵救援晋寨。唐帝命其从飞狐道跟随契丹兵之后抄袭契丹部落。卢龙军过易州时,赵德钧借机命赵州刺史、北面行营都指挥使刘在明率兵相随,到了镇州,又许董温琪为招讨副使,邀其同行,同时上表朝廷称自己兵少,须与泽潞兵会合,便擅自从吴儿谷赶赴潞州,十八日到达乱柳。赵德钧又请求与魏博军会合,魏博军帅天雄节度使范延光怀疑德钧会合诸军另有所图,遂上表称魏博军已北上御贼,不能再南行数百里与卢龙军会合。

十一月,唐帝任命卢龙节度使赵德钧为诸道行营都统,仍任东北面行营招讨使；以德钧之子赵延寿为河东道南面行营招讨使；以范延光为河东道东南面行营招讨使；以宣武节度使、同平章事李周为副。赵德钧欲兼并魏博军，遂逗留于潞州不肯出征，朝廷屡下诏书催促，德钧遂引兵屯驻团柏谷口。

晋阳之围既破，契丹主耶律德光遂册封石敬瑭为皇帝，石敬瑭乃于柳林（今山西太原市东南）即皇帝位，改元天福，国号晋，并当即割让幽、蓟、瀛、莫、涿、檀、顺、新、妫、儒、武、云、应、寰、朔、蔚十六州给契丹，许诺每年贡帛三十万匹。石敬瑭即位后，以节度判官赵莹为翰林学士承旨、户部侍郎、知河东军府事；以掌书记桑维翰为翰林学士、礼部侍郎、权知枢密使事；观察判官薛融为侍御使，知杂事；军城都巡检使刘知远为侍卫马军都指挥使；客将景延广为步军都指挥使。立长宁公主为皇后。

赵德钧驻军团柏，心中盘算着如何方能依仗契丹之势夺取中原，乃于闰十一月遣子赵延寿携密信前往契丹营地，并以大量金帛贿赂契丹主，道："若立德钧为帝，请立即发兵南平洛阳，德钧自当与契丹约为兄弟之国，并许石敬瑭常镇河东。"

契丹主担心自己深入敌境，晋安尚未攻下，又有德钧兵马虎视眈眈，还有范延光兵马在其东，若此刻山北诸州再截断归路，则情势将十分不妙，以此欲答应许德钧之请。石敬瑭闻讯十分惊慌，立即命桑维翰拜见契丹主。维翰对契丹主言道："契丹乃神勇之师，一战便令唐军瓦解，使其困守于晋安寨内，如今应是食尽力穷。赵德钧父子对唐国素蓄异志，又担心契丹军威武，以此按兵不动，坐观其变，决非能以死殉国之人，何足畏哉！岂能信其妄诞之词而贪图其毫末之利，以致抛弃即将完成之功业！而且如果我晋国得了天下，将竭尽中国之财事奉契丹，岂是如此小利可比？"契丹主道："我并非要改变前约，只是兵家权谋不得不如此！"桑维翰道："如今您以信义救人危难，已为四海之人所瞩目，怎么能三番两次改变命令，使大义不能始终！"桑维翰长跪帐前，从早至晚涕泣而争之，契丹主最终还是听从了桑维翰的劝谏，对德钧使者指帐前岩石说道："我已许诺石郎，除非此石烂掉才可改变先前决定。"

晋安寨被围数月，高行周、符彦卿多次引骑兵出战皆寡不敌众而返，寨中粮草皆绝，只得削木屑和粪便喂马，马饥互相啖咬，马尾和颈鬃皆秃，马死则由将士分而食之。及至城破，晋安寨内尚有马近五千匹，铠甲兵杖五万，契丹遂全部取归本国，只余唐之将卒归于晋。

随即晋帝与契丹主将引兵南征，晋帝欲留一子镇守河东，征询契丹主意见，契丹主命晋帝唤出诸子亲自挑选，帝兄之子重贵身材短小，相貌与晋帝相像，其父敬儒早丧，遂由晋帝收养，契丹主指重贵说道："此大眼睛者可当此任。"晋帝乃以重贵为北京留守、太原尹、河东节度使。

契丹主以其将高谟翰为前锋南下，十二日到达团柏与唐军交战。赵德钧、赵延寿父子最先逃跑，其余将领亦相继逃跑，士卒大乱溃逃，互相践踏而死者数以万计。

十四日，刘延朗、刘在明逃到怀州，唐帝方知石敬瑭已称晋帝，唐军已经败降，李崧劝唐帝南还，十七日唐帝回到洛阳，命诸将分守南、北城。

赵德钧、赵延寿父子率败兵逃到潞州，十九日晋帝与契丹主亦赶到潞州。德钧父子于高河相迎，拜谒晋帝，于马前请安，晋帝不理，亦无回话，契丹主当下便命拘锁德钧、延寿押送回国。德钧见述律太后，将所带宝货及籍没得来的田宅统统献出，述律太后道："吾儿出征之时我曾告诫他：如果赵节度使引兵向榆关北进，则太原将受南北两面夹击，届时我契丹军被你阻于渝北，太原无可救也，吾儿当立即引兵归来，不必去救太原。你既欲当天子，何不先击退吾儿再慢慢图之？你作为人臣，既负人主不能击敌，又想趁乱取利，你如此作为有何面目生于人间？"赵德钧低头无言以对，从此郁郁寡食而终。

晋帝欲进攻上党，契丹主举酒说道："我远道而来助你，如今大事将成，我若继续随你南征，恐引得百姓惊恐，不如你自带汉兵南下，需多少契丹人马由你自定，我则留于此地静候佳音，万一有紧急情况，我定前往营救。待你稳定了洛阳，我即返回北庭。"说罢，脱下自己的白貂裘给晋帝穿上，又赠良马二十匹，战马千二百匹，说道："世代子孙不要相忘。"又说："刘知远、赵莹、桑维翰皆是创业功臣，无大过失不要抛弃他们。"

唐帝为阻止晋军南来，下令拆毁黄河浮桥。

二十四日，晋帝到达河阳，河阳节度使苌从简、赵州刺史刘在明出城投降，并准备了渡河舟楫。晋帝担心唐帝西逃，遂命一千契丹兵在渑池阻扼。

唐帝命令马步军都指挥使宋审虔、步军都指挥使符彦饶、宣徽南院使刘延朗、新任河阳节度使张彦琪统率千余骑兵进攻河阳，将校们却纷纷驰送降书准备迎接晋帝。

二十六日，唐帝带了曹太后、刘皇后、雍王李重美及宋审虔等人携带传国宝玺登上宣武楼，命人点火自焚而死。可叹传国宝玺自秦至今代代相传已一千余年，今被付之一炬，从此失传。自焚之前，皇后积聚柴薪欲烧毁宫室，雍王重美劝谏道："新天子来必不会露天而居，还得修建宫室，徒劳民力，死了还被民众怨恨，何苦呢！"宫室遂得以保留。

当晚，晋帝进入洛阳，居于自己旧第，令刘知远部署京城治安，知远乃命汉军还营驻扎，契丹兵则安顿于天宫寺，城中肃然安宁，无人敢违反命令。

二十九日，晋帝车驾入宫，实行大赦："中外官吏一切不问，唯贼臣中书侍郎、同平章事、判三司张延朗，前天雄节度使刘延皓，宣徽南院使刘延朗三人，奸邪贪猥，其罪难容，宜当处死。中书侍郎、平章事马胤孙，枢密使房暠，宣徽使李专美等虽居重位，不务诡诈逢迎，免于治罪，仅予除名。中外臣僚先归顺者，委以中书门下省任职。"

十二月初一，晋帝来到河阳，设宴为部将太相温及契丹兵饯行归国；初二，追废唐末帝李从柯为庶人；初三，以冯道兼任门下侍郎、同平章事；初七，任唐中书侍郎姚顗为刑部尚书；十六日任用唐中书侍郎卢文纪为吏部尚书。其后又以吕琦为秘书监，李崧为兵部侍郎并兼掌户部。

至此，中原进入后晋时代。

第五十三回　祭父王元璀巧计平叛　大开发浙南经济腾飞

自天成四年（929）以来，吴国军政大权皆掌握于徐知诰之手，几年来知诰勤于正事，变更旧法，保境安民，休养生息，终致吴国府库充实，百姓富裕，民心归附，国家强盛。与此同时知诰亦渐渐萌生受禅之念，只因吴主并无失德之处，又待其谨小慎微，遂只得耐心等待时机。

知诰忌惮昭武节度使兼中书令临川王杨濛势大，恐不利传禅，乃于清泰元年（934）遣人诬告杨濛藏匿亡命之徒，擅自打造兵器，吴主无奈只好降杨濛为历阳公，将其软禁于和州，命控鹤军使王宏领兵看守。

十月，吴主加封徐知诰为大丞相、尚父、嗣齐王，加九锡，知诰谦辞不受。

十一月，徐知诰召长子司徒、同平章事徐景通至金陵，以其为镇海、宁国节度副使、诸道副都统，判中外诸军事，以次子牙内马步都指挥使、海州团练使景迁为左右军都军使、左仆射，参政事，留于扬州辅佐朝政。次年三月，吴主又加徐景迁为同平章事，知左右军事。

清泰二年（935）九月，吴国改元天祚，大赦天下。

十月，吴主加徐知诰尚父、太师、大丞相、大元帅，进封齐王，以昇、润、宣、池、歙、常、江、饶、信、海十州为齐国，知诰谦辞尚父、丞相之职。

天福元年（936）春正月，徐知诰建大元帅府，并以本府幕僚分别掌管齐国吏、户、礼、兵、刑、工部及盐铁诸事。三月，徐知诰以徐景通任齐国太尉、副元帅，以都统判官宋齐丘、行军司马徐玠为元帅府左、右司马。六月初四，徐景迁因病免职，知诰又以其弟景遂代为门下侍郎参政事。

十一月初八，吴主杨溥下昭，命齐王徐知诰设置百官，以金陵府作为西都。

如今吴国百姓只知有齐王不知有吴主，知诰认为受禅时机已经成熟。

十二月，徐知诰暗使荆南节度使、太尉兼中书令李德诚及德胜节度使兼中书令周本率领众将帅大臣至扬州上表，陈述知诰功德，请求吴主禅位于知诰并颁行册命，再至金陵向徐知诰劝进。宋齐丘对德诚之子李建勋道："令尊乃太祖皇帝元勋，今日之事必将使其声誉扫地。"其时，扬州吴国宫中多生妖异之事，吴主道："吴国国祚或许就要终结了！"左右回道："此乃天意，非力可为。"

天福二年（937）正月，徐知诰开始建造社稷太庙，改金陵为江宁府，牙城称为宫城，厅堂改称殿。以左、右司马宋齐丘、徐玠为左、右丞相，马步判官周宗、内枢判官周廷为内枢使，其余百官仍沿袭吴时制度。又设置骑兵八军，步兵九军。

二月初五，吴主派宜阳王杨噪至西都江宁册封知诰为齐王，并册封王妃为王后，大赦境内，追尊齐王父忠武王徐温为太祖武王，母明德太妃李氏为王太后。

五月，徐知诰采用宋齐丘之策，欲联合契丹以取中国，派遣使者带了美女和珍贵器物由海路至契丹修好，契丹主亦遣使者回访。

九月，吴主下诏禅位于齐王，李德诚赴江宁率领百官劝齐王即帝位，唯宋齐丘不肯于劝进表署名。

九月十七日，吴主命江夏王杨璘奉玺绶至齐国。

十月初五，齐王徐知诰于江宁即皇帝位，境内大赦，改元升元，改国号大齐，以"保境安民"为国策，追尊太祖武王称武皇帝，以扬州为东府，称江都府。

初六，齐主徐知诰派右丞相徐玠奉册书拜见杨溥，曰："受禅老臣诰谨拜稽首，上皇帝尊号曰高尚思玄弘古让皇。宫室、乘舆、服饰、仪鸾一切照旧，宗庙、正朔、徽章、服色皆从吴国之制。"

初八，立徐知证为江王，徐知谔为饶王，封吴国太子杨琏遥领平卢节度使兼中书令，封弘农公。

既已受禅，齐主徐知诰乃于天泉阁大宴群臣，李德诚道："陛下上应天意，下顺民心，唯有宋齐丘不快乐。"说罢取出宋齐丘的劝谏信，齐主接信看都不看说道："子嵩与我乃三十年旧交，绝不会负我。"宋齐丘见状顿首谢罪。

十二日，吴宗室建安王杨琪等十二人皆降爵为"公"，然却加官并增加食邑。

十七日，以同平章事张延翰及门下侍郎张居咏、中书侍郎李建勋同为同平章事；十八日加宋齐丘为大司徒；二十六日，立王后宋氏为皇后；二十九日，以诸道都统、判元帅府事徐景通为诸道副元帅、判六军诸卫事、太尉、上书令、吴王，改名为璟；又立景遂为吉王、侍中、东都留守、江都尹，率领留守东都的百官往江都赴任；立景达为寿阳公。

至此，江淮杨吴政权彻底被徐知诰和平接管。

话说闽主王鏻妻子早亡，继室虽贤惠却不善言辞，遂不得欢心。王鏻本是好色之徒，继位后即遍访各地广征美女，然总觉缺少绝色佳人，很不痛快。太祖审知有婢女陈金凤，生得狐媚，性情淫荡，皇城使李仿密告于王鏻，王鏻一见之下大为倾心，乃求得太后允准，立为淑妃，清泰二年（935）二月又立为皇后，并以其族人陈守恩、陈匡胜为殿使，以示恩宠。不久筑起长春宫，从此与皇后、众美艳宫女、男宠归守明厮混于此，日日美酒，夜夜荒淫，国事逐渐不闻不问。

长期酒色无度的生活使得闽主患了风疾，皇后陈金凤耐不住寂寞遂与守明成奸，又有百工院使李可殷得守明引荐亦与皇后有染，二人深得皇后庇护。

闽主婢女李春燕貌美，早与福王继鹏有染，待闽主患病后，继鹏遂拜托陈皇后索要，闽主虽心中不舍，却碍于皇后情面只得赐与了福王。闽主次子继韬恼继鹏有悖人伦而欲杀之，继鹏害怕，遂与皇城使李仿商议对策。这李仿素与李可殷有隙，以此李可殷得势后常于闽主面前将他诬告，皇后族人陈匡胜也曾对福王继鹏无礼，因之李仿及继鹏十分忌恨他二人，必欲除之而后快。

清泰二年（935）十月十八日，闽主在大酉甫殿犒赏将士，昏昏然说是看见了王延禀，李仿以为闽主已经病入膏肓，乃命手下诛杀李可殷。十九日，闽主病状缓解，邻近早朝时陈皇后将可殷死讯告知，闽主即于朝堂查问可殷死因，李仿害怕事情败露，急忙出宫。随后李仿带领兵士鼓噪入宫，闽主见发生兵变，急忙跑回后宫藏匿于寝帐内，乱兵紧追而来以剑乱刺，闽主中剑，扭曲着身子痛苦不堪，宫人不忍心看他痛苦，遂使其气绝。李仿与继鹏随之杀死陈皇后、陈守恩、陈匡胜、归守明等人，又杀死继韬。第三日，福王继鹏自称奉皇太后命即皇帝位，更名为昶，其父谥曰齐肃明孝皇帝，庙号惠宗，继而又自称权知福建节度事，遣使奉表于唐廷，大赦境内，立李春燕为贤妃。

皇城使、判六军诸卫李仿自恃有功，从此专制朝政，还私自蓄养死士，新主王昶恐其生变，乃与拱宸指挥使林延皓等商议欲除之。延皓等人假意亲附于李仿，十一月某日，于内殿埋伏数百卫士，待李仿入朝将其抓住斩首。李仿所部兵将千余人闻讯进攻应天门未果，遂焚烧启圣门，终抢得李仿首级奔吴越温州而去。

新主王昶下诏告谕中外李仿弑君、弑继韬等罪，以建王继严权判六军诸卫，以六军判官叶翘为内宣徽使，参政事。叶翘乃新主为福王时密友，新主曾以师傅之礼待之，多有教益，宫中呼之为"国翁"。

新主即位日益骄纵，从此不再与叶翘商议国事，反而亦特别依重道士陈守元，赐号"洞真先生"，封其为天师，朝中更换将相、刑罚、选举诸事皆与其商议，以此很多人贿赂守元托其向新主言事。

清泰三年（936）三月，闽主王昶改元通文，立贤妃李氏为皇后，尊皇太后为太皇太后。

再说吴越国静海军节度使钱元球素来恃功骄横，有开疆拓土之野心，以此私增兵仗，自吴越国王元瓘与之恳谈之后，虽表面稍有收敛，然心中并不服气，今见闽国生变，心中暗自叹道："此乃天赐良机，王昶（继鹏）弑父夺位，擅杀大臣，逼反部卒，天下共愤，我本可趁机伸张正义讨伐之，一举攻下福建，怎奈王兄偏偏于此时搞什么开发浙南山区振兴经济，把我静海军两万多兵将调去一半以上，又调去七千老兵治理溪谷，如今军心、民心正属高涨，我若下令调回静海军原有兵马，非但王兄不准，军心、民心亦难控制。"思来想去觉得此事绝不可轻举妄动，尚需耐心等待。自此元球对元瓘心怀不满，并蒙生自立之意，暗下决心："一要积极支持浙南山区开发建设，调兵遣将，募财输物，极力打造整个浙南工程的领袖形象，以博取浙南军民的信任与拥戴；二是保持与台州刺史十二弟元珦、处州刺史十弟元瑝的密切联系，争取起事之时形成温、台、处三州联盟，三州兵马合计共有五万余众，足可与元瓘相抗衡，亦足以攻取福建。"元球知道，元珦因治理明州期间为政暴虐而受到元瓘斥责，后调任至台州，亦对元瓘心存不满，台州与温州相邻，于地域上正好便于结盟，因之与元珦联合应该不存在障碍，且元珦乃忠懿王审知之婿，王昶之姑父，以元珦之名讨伐王昶无道最是名正言顺。元瑝则不同，与元瓘关系素来密切，但静海军有一万数千官兵于处州各河段治理河道，又无防备，若是答应便好，如不听号令，将其软禁起来一样起兵。决心既定，元球便频频与元珦书信往来，又以帮助治理处州河道为名与元瑝相处格外亲切。

天福元年（936）闰十一月，契丹立石敬瑭为晋帝，唐帝自杀身亡。次年二月初五，吴帝杨溥以徐知诰为齐王，建国于金陵，统辖昇、润、宣、池等十州，徐知诰大有取代杨吴之势。数月之间中原及吴越邻境局势皆动荡不定，而浙南治河工程也已接近尾声，元球认定时机已经成熟。

天福二年（937）二月二十六日夜，浙西暴雨，一直下至二十九日，山洪暴下，钱塘江暴涨，有两条海鱼，各长五十余尺，一条死于桐庐江，一条死于余姚江，百姓为之震动，谣言四起，沸沸扬扬。元球认为此乃天意，警示吴越必有动乱，乃命亲信赴铜官庙祀祷神祇，请示可否入主吴越江山，攻取福建，又书写密信封于蜡丸由海路赴台州与元珦约定起事日期，并密令散布于各地施工的静海军向温州集结，准备举事，同时发兵包围处州府衙软禁元瑝。

元瑝早就察觉元球与元珦书信往来密切，似有隐讳之事，今见元球突然间紧急调回静海军官兵，又发兵包围处州府幽禁自己，知道事情紧急，然已身陷处州府衙，每日只有一名亲兵进来送饭送水，不允许说话，又无纸笔，以此无法传递信息。这日亲兵送饭进来，将饭菜一一摆放桌上，元瑝情急生智，趁进膳之机有意将汤碰翻，匆忙之间撕下半只衣袖、半条裤腿擦拭桌面，又用手指匆匆于桌面上写下一个杭字，再向杭字画了一个箭头。亲兵会意，收拾了碗筷，用残袖裤于杭字外画了个圈，向元瑝看了一眼，然后擦净桌面，提了食篮出门来。门禁检查，只见碗筷、破布，并无挟带，随即放行。亲兵来到厨下，将送饭之事交代完毕立即潜出城来，找了匹快马直奔杭州而去。

之前元珝曾密告吴越国王元球与元珣联系过于密切，而且元球对处州工程过分热心，对劳作于处州的静海军官兵控制得过紧。元瓘却以为是好事，并未引起警惕，今闻元珝亲兵所述才猛然吃惊，手捧元珝残袖残裤叹道："元珝屡屡告我要警惕元球、元珣，我竟不以为然。今日元珝送来残袖残裤，分明是告诉我手足相残已成事实。"事情紧急，耽搁不得，必须不动声色果断行动。若是发兵讨伐，彼已有充分准备，必然大动干戈，两败俱伤，却给齐国徐知诰以渔人之利，若是派人赴温州秘密逮捕元球，其周围尽是亲信，如何得以下手？欲派人分化其内部策动反正，又怕是元球气势正盛，难以奏效。元瓘思前想后拿不定主意，仰天叹息之际却望见挂于壁间的父王遗训，猛然想起三月二十六乃是父王五周年祭日。若召集各地诸兄弟共同祭奠父王，则元球、元珣无法推脱，待其来杭可趁机将他二人逮捕查问；如若他二人不肯前来，是为不忠不孝，天下人可以共诛之。主意既定，立即遣人分赴各地召集诸兄弟汇集杭州共同祭奠父王。

元球正在调兵遣将准备举事，突然接到杭州诏令，顿时慌了手脚，心想："难道事情已经败露，王兄要加害于我？可是有谁会泄露机密？如果元珣要告早就告了，不会等到今日。元珝一直被看管于处州府中无法活动，底下兵将尚不知道起事计划，怎会泄露消息？"无论如何都想不出有泄露机密的可能，乃反复询问传令官，得知元瓘通知了各地所有兄弟前往杭州共同祭奠父王，心中遂稍稍安定，却又担心软禁元珝之事败露，便急忙追问道："处州派谁人去通知？"传令官答道："王上旨意，处州山地道路难行，就请温州钱大人派人由水路去处州通知，然后再由水路来温州与钱大人一起去杭州。"元球闻言，心方完全安定下来。

送走传令官，元球寻思道："看来事情尚未败露。如今众兄弟聚会杭州，我若不去，追问起缘由事情反而容易败露，因此杭州必须得去，只是谨慎提防便是。"于是安排好府中诸事，带了十几名得力亲兵奔来杭州。

吴越国王宴请元球、元珣于后宫。大家问安之后刚坐定，宫廷侍卫十余人闯入宫中，禀告元球亲兵招认二人有兵刃藏于怀袖之中，二人正欲拔刀格斗，却被身后侍卫制服。吴越国王命丞相杜建徽彻查元球、元珣密谋分裂之事，又命长子（养子）弘僎即刻赴温州接管一应军政事务，协助杜建徽查清元球在温州之罪行，又派人赶往处州安抚元珝，并协助其继续完成浙南开发工程。

四月，晋帝石敬瑭遣礼部尚书程逊、兵部员外郎韦税为加恩使来杭州，仍封元瓘为吴越国王，赐天下兵马副元帅金印，举行授王建国典礼与同光年间相同，赦免今年境内租税之半。立长子弘僎为世子（弘僎之前尚有弘傸、弘儇、弘佐等养子或寄子，按其排行则为五子），以沈崧、杜建徽、皮光业、曹弘达为丞相，镇海军节度判官林鼎掌教令。

秋七月，元球、元珦罪行皆已查实，削去二人所有官爵，赐自尽，仍按王公之礼安葬。杜建徽奏请凡与二人有秘密交通者分别轻重予以治罪，元瓘之侄、元璙长子钱仁俊谏道："昔日东汉光武帝破王朗、三国曹公操破袁绍时，查获大批敌方交通书疏，牵涉人员颇多，光武帝与曹公皆下令焚其书疏，不予追究，以安定左右摇摆之人，王上宜仿效之。"吴越国王遂下令，元球、元珦麾下官兵将吏全部予以赦免，又命弘僎代理静海军节度使、温州刺史，因之温州、台州局势平稳，百姓安定。

元球、元珦之事因处理果断及时并未酿成大患，但元瓘自觉未照顾好诸兄弟，有负父王重托，从此郁郁寡欢。

杭州缙绅因见越州建成武肃王庙，亦纷纷上书要求于杭州建先王庙，乃于城南龙山将已荒废之寺庙妙因院改建为五庙，供奉武肃王及以上四代先祖，各神像皆历历在目，栩栩如生，九月落成，吴越国王元瓘亲往拜祭。

十月，因徐知诰受禅建立齐国，吴越国王乃召集诸宰相及众大臣共议对策，沈崧因重病在身未来朝议，曹弘达因浙南工程正处于收尾验收阶段亦未赴会。

吴越国王先开言道："去年中原石敬瑭在契丹扶持下建立晋国，取代李唐，由洛阳迁都汴京。如今江淮徐知诰又受吴主禅立齐国，南境福建自王昶弑父称帝以来闽中局势亦不稳定，以众卿所见，邻境今后还将如何发展？我吴越宜采取何等策略应对？"

中吴军节度使、苏州刺史元璙道："江淮实权早已掌握于徐知诰手中，军政部署亦多出其手，如今受禅建国，其治国方略一时尚不会有大的变化。按其眼下军事部署来看，重点指向仍在中原，于我吴越边境无锡、常州、义兴、广德均未驻重兵，因此我吴越仍宜执行'保境安民'国策，与其和平共处，将来若局势有变，我再作新的打算不迟。"

左丞相杜建徽道："石敬瑭乃西夷胡人，仰仗契丹兵力得以入主中原，实乃中华民族之耻辱！称帝后竟以燕云十六州归于契丹，更尊契丹主为父皇帝，真是厚颜无耻之极！如此败类，全国军民当奋起共讨之，取而共诛之。既然齐国已将兵马重点部署于北部边境，则极有可能行北进之举，眼下不妨与其加强联系，一旦得知江淮确有北进决心，我吴越当与其结成联盟，届时共伐石晋驱逐契丹，收复燕云十六州，拥护知诰于中原登基。老夫愿领数万吴越子弟北上，与齐兵共伐石晋，若事不成，甘愿血洒中原，马革裹尸而还。如天遂人愿，待老夫助徐知诰于中原登基之后即率吴越子弟南还,届时徐知诰兵马皆移驻中原,江淮空虚,老夫南还时即可一举收取吴地,此乃假途灭虢之计。如此,徐知诰龙盘中原,王上则虎踞江东,形成南北并立之势,那徐知诰登上龙廷理应感谢于我,而讨伐中原后齐国必然国库空虚、兵势削弱,北境又有契丹强敌,因此一时无力对我用兵,只得认可与我南北分治的局面。倘若徐知诰真乃英明有为之主,能励精图治达到四海归附之境界,那时我吴越或可遵照先王遗训'如遇真主,宜速归附'行事,若也只是一届草莽之辈,只图享乐不惜苍生,我吴越仍可执行'保境安民'之策,如此我吴越已拥有江东广阔之地,足可与中原分庭抗衡,较现今仅有两浙之地强多矣。"

建徽话音刚落,镇海军节度副使、浙西行营司马兼侍中、同平章事鲍君福抢言道:"杜大人'假途灭虢'之计极妙,将徐知诰送去连年战乱、满目苍夷、四野荒芜、人烟稀少的中原,我吴越却稳坐政治安定、百业兴盛的江东,再好生经营几年,江东必将成为国中首富之地。届时江东国富兵强,百业兴旺,不怕诸国不来归附。"

丞相皮光业说道:"从军事上讲,两位大人'假途灭虢'之计是好,但是徐知诰北伐决心究竟有多大?其军事实力能否实现北伐?目前情况尚不明朗。据齐国方面消息,今年五月,徐知诰曾派使者由海路至契丹通好,欲联合契丹以取中原。契丹主虽遣使者回报,但近数月来并未见徐知诰有何行动,可见两国并未形成联盟。齐国以水军取胜,契丹以骑兵取胜,而中原正宜骑兵纵横驰骋,水兵却无用武之地,以此徐知诰对契丹有所顾忌。再者徐知诰生性谨慎,决不会轻易答应他国之兵进入国境,因此他宁可与蜀、楚联盟共伐石晋,却不会与我吴越联盟。从当前情况分析,徐知诰虽于北部边界集结军队,却只能是等待观望,唯有当石晋政权与契丹发生摩擦时,才会发兵北进夺取中原。"

婺州刺史元懿说道:"皮大人说得精辟,当前徐知诰虽有北伐石晋之心,却对契丹有所顾忌,以此观望不前,等待时机。我吴越仍宜'保境安民',静待其变,不可过分积极鼓动其北进,以免徐知诰怀疑我之用心,届时我既与石晋反目,又与齐国不睦,自处于孤立无援之境,反为不美。不如耐心等待,到徐知诰北进付诸行动需要支援时,再与其商议不迟。"

众大臣纷纷嚷嚷,议论不休,多数支持元懿和皮光业意见,吴越国王遂采纳多数人意见,当下命人修书并遣使携礼赴金陵,贺徐知诰登齐国皇帝位,愿与齐国睦邻友好相处,共遵"保境安民"国策。

该年,契丹改国号为大辽,改年号为会同,公卿百官等制皆仿效中国,选用部分汉人为大臣,任用前李唐降将赵延寿为枢密使,不久又兼政事令。

天福三年（938）春二月二十二日，吴越国丞相沈菘薨，终年七十六岁，谥曰：文献。

沈菘自归于吴越，历任镇海军掌书记，授浙西营田副使，累迁秘书监、检校兵部尚书、右仆射。元瓘袭位后设置择能院，命沈菘主持，以选文士。元瓘建国，拜沈菘为丞相。有文集二十卷行于世。

三月，浙南工程告竣，吴越国王亲往浙南视察，弘达、元琇、弘僎陪同。

从龙泉经处州至青田，溪中乱石危岩皆清理处置，竹筏已经通航，山区物资源源外运，沿海产品络绎内输，恶溪已经变成名副其实的丽水，亦是一条繁忙的运输线。溪中还修了许多石坝，以拦截溪水流入河渠，用于灌溉或储于水塘，河渠上又修了许多水碓、水磨，不仅方便百姓舂米磨面，亦使瓷窑得以利用水碓研磨瓷石而扩大生产规模。应吴越国王之命，越州瓷窑已派来数名技艺精湛的窑工指导生产，如今航运通畅，产品源源外销，因此窑场规模、产品质量都有较大发展，窑工们收入亦有所增加。原来山区竹木很少外运，如今通过水路放流竹排、木排，可顺流直达沿海。又就地取材办起了许多石灰窑、砖瓦窑，产品亦销往浙南各地。

如今杭州择能院、越州丽正书院、苏州南园书院、婺州丽泽书院皆已建成，许多地区亦纷纷恢复了县学，各地尚学之风兴盛，一时间对文房四宝需求大增，尤其是书写用纸消耗巨大。浙南山区竹木资源丰富，许多地方遂建起了竹纸工场。在场主陪同下，吴越国王一行人参观了一家竹纸工场。

一行人先来到一处场院，只见地上挖了数个山塘，深约六七尺，塘中放满截成五至七尺长短的毛竹，用竹枧引水流入塘中浸泡。场主介绍道："这一工序名为杀青，所用毛竹须是嫩竹，太老则纤维不易捣烂，分散成纸亦粗糙，太嫩则纤维强度不足，所制纸张容易损坏，以当年成竹为上料。毛竹于塘中用清水漂浸百日开外，再将其捞出，用木棒槌打，用水漂洗，除去粗壳与青皮，所得竹穰如同萱麻一般。"

众人又来到另一处场地，场房中砌有数座炉灶，灶中有铁锅，直径约四尺，锅上用粘土和以石灰砌高其边沿，使锅中可容下十余石水，上面盖有楻桶，直径四尺有余。场主说道："将杀青工序所得竹穰用上好石灰浆搅匀，放入楻桶中煮八天八夜，停火后再放置一日，然后将竹麻取出，放入清水塘中漂洗。"弘达问道："何以将锅沿加得如此之高，且不用木桶，而用石灰黏土？"场主道："这一工序乃是消化工序，石灰水熬煮时腐蚀性极强，因此除竹纤维外，竹穰中其余肉质皆被消化，若用木桶，岂不亦被消化？因此须用石灰和泥砌高其边。另外，在煮竹穰时,竹中肉质被消化,石灰水粘度即增大,煮沸时会产生大量泡沫,因此锅沿须得加至如此之高,俾使泡沫消解而不致溢出桶盖。"

场主又领众人参观了漂洗工序。地上挖了数个漂塘,塘底及四壁皆用木板合缝衬砌,以防污泥污染,将煮好竹麻于漂塘中用清水洗净,取出后用柴灰浆过放入釜中,按平,上铺一寸厚稻草灰,煮沸之后取出移入别桶中,继续以热草木灰汁冲淋。若灰汁已凉,须煮沸后再淋,如此冲淋十余日,竹麻自然腐烂发臭。

将烫烂的竹麻取出移至水碓场,放入石臼中由水碓舂至形同烂泥或面团,即可制成纸浆。

众人又来到抄纸工场。场中有方形抄纸槽,槽中盛满清水,将舂好纸料倾入槽中,调成稀纸浆,场主介绍说:"这抄纸工序是关键,纸张厚薄、匀净全在抄纸工人手中。抄纸帘须用刮磨得绝细的竹丝编成,其下有框架及纵横网架支承平整,抄纸时,双手握帘框斜向插入浮浆约三寸许,摆动帘框,荡起浮浆入于帘内,纸张厚薄皆掌控于工人手法,轻荡则薄,重荡则厚,双手提出抄纸帘,水从帘眼沥回抄纸槽中,纸便于帘上成形。将抄纸帘翻转,帘上纸张便平落于木板上,叠积上万张,数满后压上木板,施以榨酒之法压干水分,然后以小铜镊将纸逐张揭起烘干。"

烘干工序中以砖砌筑数道火墙,墙头有炉烧柴发火,烟气通过火墙,外砖尽热,湿纸逐张贴于墙上,受热烘干后揭下,成叠包装即为成品。

参观完毕,场主陪同众人来到客厅坐定,吴越国王询问纸场销售情况,场主道:"如今读书之风盛行,书写用纸供不应求,尤其丽水通航,所产纸张远销越中,销路大增,因之近两年间产量逐年增加。"

吴越国王道:"如今各地书院正逐渐恢复,吴越学子迅速增加,书写用纸自然大增。不久将用雕版印刷方法出版各种典籍,届时更需大量印刷用纸,如此必将更加推动造纸业发展,望尔等尽心竭力,尽快提高造纸品质和产量。"

曹弘达道:"王上所言提高造纸品质,尔等必须十分重视。据我所知,杭州、婺州皆产藤纸,衢州产绵纸,越州亦产竹纸,还有其他一些地方产各种纸品,或许将来会形成竞争格局,届时就得比较纸品品质,谁品质好谁销路就广。再者我吴越正拟推行雕版印刷,出版典籍自然要求上乘纸张,既要薄又要耐用,装订成册后,既不致太厚重,又能耐得住数千次的翻阅,纸质须白而光洁,不得有夹渣或厚薄不匀,以免影响印刷效果。"

场主道:"大王和曹大人所言极是,我们一定努力提高纸品品质。近期我们正准备用一种树叶煮成水汁后加入抄纸槽中,如此制成的纸张烘干后纸面更加洁白。"

吴越国王一行人又参观了其他几家造纸工场，工艺大同小异，所用原料却略有不同，有的除了竹麻还掺和了一定比例的楮树皮制成皮纸，有的用竹子与稻草掺和制成揭帖呈文纸，品种多种多样。

浙南开发工程的视察工作已完成，吴越国王十分满意。如今浙南地区水旱灾害基本得以防治，百姓生产生活亦有较大改善，参加开发工程的静海军官兵多数可回归静海军驻防。老兵们可按个人愿望回归故里，亦可于浙南山区组建屯垦，官府对参与屯垦的老兵免收租税，如此既有利于生产发展，又可加强当地军事防御能力，算得是两全其美。

第五十四回　施荷政闽中兄弟反目　援建州仁诠古田兵败

却说中原自唐帝李从珂自焚而死，皇帝受命之玺即无踪影，天复三年（938）七月晋帝命作新玺，其文曰"受天明命，惟德允昌"，从此受秦始皇之命制作的"受命于天，既寿永昌"御玺终在留传千余年之后永远消失。

八月，晋帝给契丹主及太后上尊号，遣使携卤簿、仪仗、车辂等至契丹举行册礼，契丹主十分高兴。

晋帝事奉契丹主甚是勤谨，书信皆用表，以示君臣有别，称契丹主为"父皇帝"，自称"臣"，为"儿皇帝"。每逢契丹使者至，晋帝必于别殿拜受诏敕，除每年输送金帛三十万之外，凡吉凶庆吊都有贡品，甚至太后、太子、诸王、权臣都有馈赠，以致赠送玩好珍异的车队相继不绝。晋使者至契丹，契丹人则多骄横居傲，出语不逊。使者还朝后以所见所遇言于朝堂，朝野上下皆以为耻辱，只有晋帝仍然事契丹并无倦意。终晋帝一世，始终与契丹无嫌隙，契丹主亦屡次制止晋帝上表称臣，只令于书中称"儿皇帝"，待之如同家人之礼。

契丹曾遣使至齐国，宋齐丘劝齐主重赂契丹使，待出使结束契丹使者行至淮北时，再暗中派人杀之，并假祸于石晋所为，以离间晋与契丹的关系，齐主并未采纳。

十月，契丹主遣使者奉宝册至京都，加晋帝尊号曰：英武明义皇帝。

十一月，晋帝认为大梁乃是中原舟车交会之地，又便于漕运，遂决定建东京于汴州，名为开封府，立左金吾卫上将军、养子石重贵为郑王，任开封府尹。改东都洛阳为西京，改西都长安为晋昌军节度帅府。

同月，敕遣尚书左丞相王延、尚书右丞相司门郎中张守素，赍捧吴越国王王册及沿身法物等至杭州，册曰：

唯天福三年，岁次戊戌，十一月。甲辰，朔。五日，戊申。皇帝若曰：王者，握图立极，崇德报功，或开国以建邦，或苴茅而锡壤，乃树藩屏，式奖忠勋。古先哲王，率由斯道，惟朕薄德，敢忽彝章？况夫冀南服之奥区，镇东瓯之重地，懋绩虽高于列土，殊荣未继于於肯堂，得不申加等之恩，降非常之命？用纪代天之业，特颁镂玉之文，乃择吉辰，爰敷盛典。咨尔兴邦保运崇德志道功臣，天下兵马副元帅，镇海、镇东等军节度使，浙江东、西等道管内观察、处置兼两浙盐铁、制置、发运、营田等使，开府仪同三司，检校太师，守中书令，杭州、越州大都督府长史，上柱国，吴越国王，食邑一万五千户，实封一千五百户，钱元瓘：岳灵禀粹，天象储精，蕴文武之兼材，受乾坤之间气。宠承吴越，功迈桓文。运妙略以平凶，用奇兵而制变。祗嗣基构，表率英雄。淮夷之屏气销声，海峤之波澄浪息。而况兴我昌运，竭乃宏猷。懋勋庸而忠贯韩坛，奉玉帛而诚先禹贡。语尊奖则独标大节，顾封崇则未称鸿名。宜举徽章，俾奉先正。矧其天文当南斗之分，地志控勾践之都。眷兹旧封，允属全德。是用异章服于群后，盛简册于列藩。正二国之土疆，锡九天之宝瑞。表予嘉命，缵乃旧邦，大振家声，夹辅王室。今遣使大中大夫、尚书左丞、上柱国、赐紫金鱼袋王延，使副中散大夫、尚书右丞、司门郎中、上柱国、赐紫金鱼袋张守素，持节备礼，册尔为吴越国王。

于戏！服衮衣而佩元玉，位压于诸侯；驾戎辂而握兵符，名尊于九伐。驭贵之重，象贤之荣。尔其祗荷天光，勉清国步。往绥厥位，永孚于休。戒之慎之，勿忝前烈！

吴越国王邀请石晋使臣一起检阅马步水三军于南郊，检阅舳舻战舰于碧波亭前，只见军容严整，阵法奇妙，进攻勇猛，防守精当，使臣们啧啧称赞。

十二月，吴越国王遣使赴晋谢恩，贡金器五百两，白金一万两，吴越异纹绫八千匹，金条纱三千匹，绢两万段，锦九万刃，大茶、脑源茶二万四千斤，又进大排方通犀瑞象腰带一副。

十二月二十三日，原吴主让皇杨溥卒，齐主下旨废朝二十七日，追谥为睿皇帝。

天福四年（939）正月，齐国江王知证携群臣屡次上表，请齐主徐知诰恢复李姓，改国号为唐，并建立唐室宗庙，二十三日齐主允准。群臣又请求齐主上尊号，齐主以"尊号不过是虚美而已，并非古制"而不予采纳，从此知诰子孙皆尊此法不受尊号，且不用外戚辅佐朝政，宦官亦不得干预政事，凡此种种均为他国所不及。

二月初三，改太祖徐温庙号曰：义祖。

初七，为李氏父母举哀，齐主与皇后亲于祭堂值守，犹如初丧之礼，早晚祭拜，共五十四日。

初九下诏，国事委托徐景通处置，唯军旅之事须报告齐主。

十八，齐主下诏更名为李昪，改国号为唐，史称南唐。

南唐主命将徐、李二姓祖先合并祭享，将唐高祖李渊之位置于西室，太宗李世民置其次，义祖徐温之位再其次，皆列为肇始之主。有大臣认为义祖乃诸侯，不宜与高祖、太宗同等祭享，请求于太庙正殿后方别建殿宇祭祀，南唐主道："吾自幼托身于义祖，若非义祖于吴国立下大功，怎能有朕开启此中兴大业？"群臣不敢再言。

南唐主欲将自己世系始祖定为唐高祖李渊之子吴王李恪,有人说道:"李恪乃被唐高宗所杀,不如定郑王李元懿为始祖。"南唐主乃命有司考查二王后裔,吴王之孙李祎有戍守边疆之功,李祎之子李岘又曾任宰相,遂定吴王为始祖,并言李岘传五世即南唐主之生父李荣,其实五世之名乃有司所杜撰。南唐主认为唐历三百年,共十九帝,而自己世系仅十世,太少,有司道:"三十年为一世,陛下生于文德(僖宗)年间,已五十年矣。"南唐主遂允准。

三月初八,追尊吴王李恪为定宗孝静皇帝,南唐主曾祖以下皆追尊庙号及谥称。

南唐主欲立齐王李璟(长子徐景通)为太子,李璟坚辞,遂任其为诸道兵马大元帅,判六军诸卫,守太尉,录尚书事,昇、扬二州牧。

自此,南唐在李昇统治下进入全盛时期。

再说闽主王昶,荒淫残暴比之父王有过之而无不及,亦十分崇信道家之术,即位当年就采纳陈守元之言于宫中修造三清殿,耗费黄金数千斤铸起宝皇大帝、元始天尊、太上老君三尊神像,日日在殿中跪拜,以求取不老仙丹,大小政务皆由巫师林兴传达宝皇之命而决定。

前建州刺史王延武、户部尚书王延望皆闽主叔父,因有才干而于众臣中颇有名望,闽主心中忌惮,乃于天福四年(939)四月暗使巫师林兴托词鬼神之语曰"延武、延望将发动变乱",不经审理即命林兴领兵士赴府将二人并五子一并杀死。判六军诸卫建王王继严深得将士之心,亦受闽主猜忌,六月下令罢去兵权,令更名王继裕。

闽主好作长夜之饮,常常强制群臣不醉不休,酒后又命左右监视群臣过失,稍有差错非杀即罚。闽主堂弟王继隆因醉酒失礼而遭诛杀,叔父、左仆射、同平章事王延羲为避迫害只得常常伴装颠狂痴愚,闽主遂赐予道服,将其安置于武夷山中,不久又将其召回幽禁于私第。

先王王鏻在位时,将太祖侍从列为拱宸、控鹤二都,以朱文进、连重遇为二都军使。待到闽主即位,又招募壮士二千作为心腹,号称宸卫都,俸禄、赏赐皆厚于拱宸、控鹤二都,以此二都将士心怀不满,乃传言将发动叛乱,闽主遂欲将二都分隶于漳、泉二州,因此将士们更加怨恨。时有望气者预言宫中将有灾祸,闽主乃于六月二十五日迁于长春宫。七月初六北宫失火,宫殿几乎焚烧殆尽,放火之人逃脱。闽主令连重遇率领内营兵士清除余烬,工作十分辛苦,士卒们本就因分配不公忿忿不平,如今更是义愤填膺。闽主怀疑连重遇知道纵火阴谋而不报,遂欲诛之,内廷学士陈郯暗中相告,连重遇乃利用七月十二日夜进宫当值之机,率领控鹤军士焚烧长春宫,进攻闽主,同时派人迎奉王叔延羲至宫中,就于瓦砾堆上对其山呼万岁，又与拱宸都联手共同作乱。闽主与皇后李春燕当夜避入宸卫都。待到天明，乱兵开始火焚宸卫都，宸卫都不敌，闽主及李后便在宸卫都千余人护卫下出北关来到梧桐岭，一路上又逃散许多兵士。王延羲命侄儿前汀州刺史王继业带兵追击，闽主素善弓箭，亲手射杀数人。不久，追兵云集，闽主自知已脱不得身，乃放下弓箭对继业道："卿还有臣节么！"王继业道："君无君德，臣何须臣节！新君乃叔父，旧君乃昆弟，你说谁亲谁疏？"闽主不能对，继业遂带其回到陀庄，与之饮酒，使其醉而缢杀之。李后及诸子皆处死，宸卫都余众遂逃奔吴越而去。

天福四年（939）闰七月，王延羲自称威武节度使、闽国国主，更名王曦，改元永隆。赦放在押囚犯，赏赐朝廷内外有功人员，宣称宸卫都杀死闽主逃奔邻国。给闽主王昶上谥号曰：圣神英睿文明广武应道大弘孝皇帝，庙号康宗。派商人奉表由便道赴京向晋国称藩，然于国中仍置百官如天子之制。

连重遇攻击先闽主时，陈守元尚在宫中，正乔装打扮准备逃跑，被兵士所杀。新主王曦即位后，遣使至泉州诛杀林兴。

吴越国于天福四年（939）春二月敕授王世子钱弘傅为果州团练使。

阳春三月，风和日丽，春暖花开，一日有人来报武林山中有虎豹出没，已损失家畜数头，吴越国王元瓘乃决定调集驻杭步骑兵进山捕杀虎豹，为民除害。为了历练诸子，宫中稍年长者皆需一起参加此番捕猎行动。

元瓘婚后很长时间未曾有子，以此领养了四位养子：长子钱弘儇，年三十有八，今任越州安抚使；次子钱弘僎，年三十有五，今任静海军节度使、温州刺史；三子钱弘侒，乃是元瓘八弟元璙第三子，原名仁泽，过继元瓘后改今名，年二十有七，今于禁军中任指挥使；四子钱弘侑，年二十有六。同光元年（923）之后，元瓘先后娶了郟氏、许氏、吴氏三位夫人，陆续生下诸子：同光三年（925）三月八日，郟夫人生下五子钱弘傅，今立为世子；天成三年（928）七月二十六日，许夫人生下六子钱弘佐；天成四年（929）七月八日郟夫人生下七子钱弘偆；同年八月许夫人生下八子钱弘偬；八月二十四日吴夫人生下九子钱弘俶。如今以上诸子年纪最小者已经十一岁，平时读书习文，骑射练武，却难得有实地演练机会，因此元瓘决定带诸子参加捕猎行动。此九子之后尚有弘億、弘仪、弘偓、弘仰、弘信诸子，因年龄尚小，不便参加此次行动。

捕猎之日，参加围捕官兵三更造饭，四更出发，天亮之前已将武林山团团包围，只留东部西湖湖滨之地未驻人马。天刚放亮，只听得三声号炮响彻云霄，随之四周锣鼓喧天，喊声震地，山中动物被惊得不知所措，四处乱窜。一阵喧腾之后，四围官兵一边继续鸣锣擂鼓，一边纷纷向狩猎核心区域搜索推进，将山林中动物向湖边平地驱赶。闹腾一个上午，包围圈已紧缩至湖边平地，只见豺狼鹿麂、狐猪獾狸狂奔疯窜，拼死搏击，却未见有虎豹熊罴。三通鼓后，众将官、诸王子皆翻身上马，弯弓搭箭奋勇跃出山林，冲入困兽之间射杀狂兽。大约个把时辰，困兽已被射杀殆尽，众将官、王子命亲兵们抬了猎物来到吴越国王面前报功请赏，独不见王子弘偡、弘俶及其所率兵卒。

原来弘偡、弘俶率领兵卒搜索至一处山崖边，只见山坡向阳，岩石裸露，草低坡荒，树木稀疏，显然不是大型动物喜欢栖息之地。弘偡、弘俶正准备率领兵卒匆匆通过，突然两只野兔从灌木丛中窜出，分别向东、西两面逃窜。弘偡、弘俶率亲兵分头追去，前方却遇到兵卒呐喊堵截，野兔只得回头窜向别处。两只野兔虽被撵得东奔西突，上蹿下跳，却始终不肯远离原来藏匿的灌木丛，弘俶感到好奇，便拨开灌木丛向崖边搜索，却见崖下有一小洞穴，趴下往洞里张看，隐隐可见一小兔子瞪着双眼向外张望，神情十分紧张。弘俶对弘偡说道："看这幼兔多么可怜，孤独无助，多么盼望父母能在身边庇护！它的父母虽被我们撵得东窜西跳，却始终不肯弃子兔而自己逃命，可见这父母多么慈爱。面对如此一个可爱的家庭，我们怎么忍心妄加杀戮，杀了它们，恐怕神佛也不会饶恕我们！不如我们将其抱回宫里，放养于禁苑之中，如此它们既可以合家团聚，又不受山野中猛兽和猎户伤害，岂不是一件好事！"弘俶仅比弘偡小十几天，却比弘偡聪明机灵许多，平时弘偡总是听弘俶的，如今听了弘俶这番言语，亦觉得将野兔抱回宫苑中饲养不仅可以增添宫苑生气，亦是做了一件大善事，自然十分赞同。当下兄弟二人下令："只许活捉，不许杀生！"众兵卒边呐喊边紧缩包围圈，两只野兔终于力竭，先后窜入灌木丛中蜷缩一团，双眼恐惧，喘息不定，众兵卒遂上前拨开荆棘将野兔抱了出来。众兵卒又分头于崖边寻找洞穴，终于又找到另一处洞口，就于洞中用枯枝败叶烧起火来，将烟扇入洞内，两只小兔终于耐不住烟熏从洞口跳将出来，被兵卒抱起。

弘偡、弘俶二人来到父王跟前时已较其他将领、王子晚了半炷香功夫，元瓘本欲当众斥责他们，听了弘俶对弘偡所讲的一番话，心头之火也就消了大半，遂没有当场发作。

众将士、王子、官兵集结完毕，元瓘点评本次围歼行动："首先本次行动所获猎物以豺狼、野猪居多，有效抑制了野兽对附近百姓的伤害，同时猎获了许多狐獾、鹿麂，亦可大大减轻对附近庄稼、家禽的损害，因此圆满达到了预期目的；第二是本次行动组织严密，大多将士纪律严明，奋勇捕猎；第三是各部官兵灵活机动，相互配合，围捕过程不出漏洞，使困兽无一漏网。不足之处是弘偡、弘俶擅自命令本部兵卒撤下包围圈去围捕几只兔子，使包围圈留下口子，险些使困兽从口子突围，导致全功尽弃，功亏一篑。所幸弘偡、弘俶尚能及时联络邻部使他们迅速会合,堵死缺口,消除了隐患,故未曾造成实际损失。今后凡军令决不可擅自更改,即使遇有突发事件,亦须一边执行原令一边急报指挥部,由指挥部下达应急处理命令,除非事态紧急实在不容禀报,方可边处置边禀告。本次捕猎对象主要是对人身、财物有伤害的动物,对于鹿麂、猴兔等不伤害人类的动物其实可以不予伤害,本王事先未曾强调,乃是本王之过,这一点弘偯、弘俶倒是替本王想到了,因此对于弘偯、弘俶于本次行动中的错误将功补过,免于处分。"元瓘点评完毕即赏赐有功将士,将一应猎物分发下去,各回军营庆功享用。

弘偯、弘俶抱了兔子回宫,于苑内僻静之处修了几个巢,让兔子一家得以在宫苑中自由自在活动,二人亦常去苑中与它们嬉戏玩耍。

当晚,元瓘与诸王子共同晚餐,席间元瓘用今日围猎说事:"昔日狼山江之战大获全胜之后,尔等王祖曾谆谆告诫父王,当敌人气势汹汹进犯之时,务须以大无畏之势、缜密之谋痛击来犯之敌。但当敌人已经放下屠刀以后,作为主帅应接受其投降,不可将已愿投降之敌斩尽杀绝,如此不仅可保全这部分兵士的生命,而且也有利于分化未投降之敌。今日围猎之举本意是捕杀伤害百姓的虎豹、狼虫,保护一方平安,对鹿麂、猴兔等善类动物无意截杀,由于父王事先未予明令,结果统统都被伤害。此事弘偯、弘俶做得甚好,保全了野兔一家生命,但因贻误战令又险些酿成大错,若是你二人先放过兔子,与包围圈同步前进,待事后再去捕捉,那就做得完美了。将来尔等长大成人,无论做了国王或是地方长官,对待残害百姓的贪官恶霸须得如同对待豺狼虎豹一样严惩不贷,对待善良百姓,则务须慈悲为怀,尽心呵护,如此方可获得百姓拥护,保证国泰民安。"

七月初,婺州刺史元懿遣人来报:金华县招隐乡乡民于溪中拾得一尊铜香炉并黄金天尊一躯,吴越国王元瓘因之作《题得铜香炉诗并序》,曰:

太岁大渊献七月七日,婺州金华县招隐乡有民李满,于溪中得铜香炉一枚。又沿溪行二十馀步,睹黄金天尊一躯,高一丈八尺,金色俨然。伏以玉京金门,至妙上真,圣功难量,玄功莫测。道气充盈者,可以身冲霄极,阴德及人者,必致福寿无边。莫尽赞扬,卒难叙述。今则清溪之内,先吐祥烟,绿水之中,复呈妙相。况今国家方以真金建制,太上仙客,才己圆成,适当庆礼,果符徵应,获此嘉祥。因成短篇,用伸恭信。

莫记年华隐水中,忽于此日睹灵踪。三天瑞气标金相,五色龙光俨圣容。

节届初秋兴典教,时当千载庆遭逢。仙冠羽服声清曲,共引金台入九重。

八月,于杭州城北建成世子府,时附近民间纷纷谣传:"群仙傅(聚集、众多之意)处,共飨鹿脯。"皆不解其意。

九月,晋帝准奏,敕升婺州为武胜军,授王兄钱元懿为节度使,以加强吴越国西部防御。

冬十月，吴越国庄睦夫人马氏病重，国王元瓘每于处理完军国大事必抽空至后宫探视，夫人常劝告元瓘："妾身之病自有太医探诊、宫人照料，有事自会遣人禀告，大王国事繁忙，不必亲自探望，以免分散精力，如若影响了国事，妾身罪莫深也。"

庄睦夫人与元瓘乃是姑表兄妹，夫人之父马绰自小与元瓘父王钱镠一起上学习武，共同组建八都兵，合力讨伐刘汉宏、董昌，同心共创吴越国，出生入死，患难与共，因此钱镠将亲妹嫁与马绰，结成姻亲。元瓘幼时马绰对其特别钟爱，常常教以枪棒剑术，因之元瓘得以时常出入于马家，闲暇时即与表妹共同读书，夫人小元瓘三岁，二人自幼青梅竹马，因此婚后感情深笃。元瓘袭位之后，夫人更是殷勤管理后庭事务，以免元瓘分心政务。夫人之弟马充因逃避使役受到当地官府追究，马充入宫请夫人出面讲情以求赦免，却受到夫人当面斥责，并命人押回当地审判，遂下狱。夫人悉心辅助元瓘，遗憾的是婚后二十年不曾生育，虽然元瓘不以为意，却是夫人心中隐痛，遂先是收养了四位养子，倒也人人争气、个个成才，但毕竟不是亲生，感情上难免有些失落。父王钱镠曾明令诸子不得擅自纳妾、私蓄声妓，夫人乃亲自出面恳请父王为元瓘身后香火计，允准元瓘纳妾。父王颇为感动，对夫人叹道："我钱家宗祀香火幸得由汝主之！"自此为元瓘陆续娶下鄜氏、许氏、吴氏三位夫人，得以生下弘僔、弘佐、弘倧、弘俶等十位亲子。诸子稍长，夫人皆亲自抚养，无有亲疏，常于帐前置银鹿，鹿身下有三轮，可自由活动，诸公子或两人或三人分坐二鹿上互相攻防争斗，夫人观看他们嬉戏，满心欢喜。亦常聚诸子于书房，或读书、或作画、或吟诗、或比书法，弟兄们相处十分融洽，元瓘亦感叹夫人于教养诸子上付出的许多心血。如今诸子多已长大，却未成人，更未成家立业，正需抚养教化之际，夫人竟病重临危，元瓘却束手无策，怎不痛心疾首，惶恐不安。

元瓘命宫中医官百般调治，又广集民间药方尽心处置，皆无起色，十月十五日，庄睦夫人崩于寝宫，终年五十岁。

接连数日吴越国王茶饭无味，眠寝难安，精神不振，思绪恍惚，国中事务大多委托杜建徽、皮光业、曹弘达等大臣处置。

月末，晋帝遣刑部尚书李懌、礼部郎中崔钧来到杭州，敕授吴越国王元瓘为天下兵马元帅，赠食邑五千户，实封五百户。又赐御服红偁真珠战袍、金锁甲各一副。

十一月，辽国遣使者遥折来吴越国通好。

十二月，吴越国王情绪稍稍平复，葬庄睦夫人于安国衣锦军庆仙乡，谥曰：

恭穆。

古人言祸不单行，福无双至。天福五年（940）春二月初，吴越国王最得力的养子、静海军节度使、温州刺史钱弘僎突然暴病身亡。尚未从失去庄睦夫人的悲痛中完全平复，如今又遭受如此打击，无异于雪上加霜，伤口撒盐，因此吴越国王近来总是精神不振，昏昏沉沉。

却于此时，闽国建州遣军使来杭州求援。

原来，闽国新主王曦为政苛虐，作风骄淫，猜忌宗族，多寻旧怨。其弟建州刺史王延政多次上书劝谏，王曦脑怒，复书痛骂延政，并遣亲信业翘为建州监军，教练使杜汉崇为南镇（福州与建州之间）监军。此二人到任后，争相搜集延政机密隐私报告王曦，致使兄弟之间的猜忌怨恨亦甚。一日业翘与延政议事，二人意见不合，业翘大声喝道："尔欲造反呀！"延政怒极，欲斩业翘，业翘慌忙逃往南镇，延政随即领兵追至南镇，业翘、汉崇只得逃回福州，而福州西部边境守军见建州兵至，皆溃散败逃。

天福五年（940）春二月，闽主王曦遣统军使潘师逵、吴行真率兵四万进攻延政。师逵率军驻于建州城西，行真率军驻于城南，皆隔水扎营，焚烧城外庐舍。王延政见福州军势正盛，不敢轻敌，一边命令将士死守城池不得擅自出城迎战，一边派人驰赴吴越求援。

吴越国王召集诸大臣商议，宁国军节度使、同参相府事、内衙统军使仰仁诠言道："王曦命人缢杀闽主王鏻，自称大闽皇帝，属弑君篡位，十恶不赦。执政后骄奢淫逸，酷苛暴虐，猜忌宗族，不得民心，延政进谏反遭攻击，我吴越出兵支援延政讨伐王曦乃是正义之举，名正言顺，因此宜尽快出兵。若有四万兵马入闽，必可一举讨平王曦。"

丞相杜建徽道："仰大人言之有理。我吴越出兵支援王延政讨伐王曦乃是正义之举，南唐李昪亦找不出反对的借口，况且当今之势，中原石晋经过四年休养生息，国力有所恢复，南唐对其不得不有所忌惮，因此我吴越此番出征不会受到南唐掣肘，必能获胜。"

丞相皮光业说道："虽说王曦猜忌宗族，却并无大量残杀宗亲之举；虽然王曦发兵四万进攻延政，却无非置延政于死地的迹象。王延政尚未被逼上绝路，我吴越此时若大量发兵，很可能引起他们兄弟的猜疑，届时再联手对抗于我，我吴越兵马反而孤立无援，此事尚需谨慎而为。不妨先发兵数千帮助延政御敌，其余兵马可集结于我吴越南部边境作为后援，静观事态发展再做决定。"

丞相林鼎说道："现下乃是三月初，待我吴越兵马集结完毕开赴建州，已至三月中旬，梅雨季节即将到来。建州地处闽北山区，潮湿多雨，一旦战事迁延时日进入雨季,届时山坡泥石冲刷,平地积水泥泞,数万人扎营之地都难寻,粮草供应更是困难,不如先驻重兵于边境,看事态发展再做打算。"

内衙都监使薛万忠言道:"自古用兵贵于神速,我吴越既然要出兵,就宜出其不意,速出重兵,一举击败王曦,夺取福州,怎能迁延时日,坐失良机!今温州驻军两万五千,婺州驻军一万五千,合兵一处四万兵马,必可一举夺得福州,怎会迁延时日被雨季所阻?若是只出数千兵马,即使与王延政合兵一处亦不超过两万,自然难于一役而定胜负,倒反而是迁延时日坐失良机。"

众位大臣多已表明意见,武将们多主张出重兵支援王延政,文官们则主张少出兵或不出兵,宜静观事态发展再作定夺。吴越国王近来精神恍惚,无力静心思考分析,心想既是用兵,自然以武将意见为主,乃当下决定:"委任仰仁诠为静海军节度使、温州刺史,调集静海军、婺州武胜军两镇兵马,先前投奔吴越的福州宸卫都兵马亦合并一处,组建南征军。以仰仁诠为三军都指挥使,薛万忠为都监使,尽快出兵福建,支援王延政讨伐王曦,务求全胜!"

仰仁诠、薛万忠领命匆匆赶到温州,调集静海、武胜两镇兵马,征调粮草,整军出发,十余天后进入福建境内。

消息早已报知闽主,王曦急忙命吴行真率军回师保卫福州,又命侄儿泉州刺史王继业为行营都统,率兵两万救援福州。仍命统军使潘师逵率领本部军马继续进攻建州王延政,与保卫福州的兵马一道对吴越援军形成合围之势。

潘师逵见吴越援军势盛,担心自己驻军建溪之西孤立无援,不宜久战,便分兵三千,由都军使蔡弘裔率领进攻建州城,试图引诱建州兵出城迎战,自己则率大军埋伏于建溪之滨,只待建州军出城迎战时一举夺取建州。王延政亦得报吴越援军至,吴行真兵马已连夜撤回福州,今见潘师逵只发少数人马攻城,料其后边必有伏兵,遂命林汉彻率兵出城迎战,同时从南、北两门杀出两路兵马拦截伏兵,切断蔡弘裔退路,此一战建州军大败蔡弘裔,斩首千余级。王延政又招募敢死士千余人,趁夜深月黑悄悄出西门,暗涉崇阳溪,潜入潘师逵营垒四面纵火。这面潘师逵营垒烈焰冲天,那面建州城头鼓噪呐喊以助军威,水军都头陈海于乱军中斩杀潘师逵,福州兵大乱溃败。王延政领兵紧追不舍,乘胜夺取建州西南的永平、顺昌二城,斩杀福州兵万人,俘获六七千人,建州兵势大大增强。

仰仁诠率领吴越兵马进攻福州解了建州之围,却被吴行真所率福州兵及王继业所率泉州兵抑阻于古田一带。此地北有仁山阻挡,山高岩陡,山道险峻,南有闽江隔绝,春汛汹涌,江面宽阔,东面又被福州兵、泉州兵堵得水泄不通,进展不得,只有西面有建州兵作为后盾。

先是吴行真率兵南撤,继之消灭了潘师逵军,又攻取了永平、顺昌二城,王延政认为建州之围已解，自己实力亦有增强，遂送牛羊、美酒至吴越兵营犒劳将士，并请求吴越援军班师回国。仰仁诠认为吴越援军乃是为了除暴安民、消灭暴君而来，如今暴君毫发无损，实力尚存，如此徒劳无功而返，岂不遭天下各国笑话，以此迟迟不肯班师。吴越自带粮草早已食尽，起初道路通畅，建州王延政尚能源源供应粮草，如今已是四月下旬，连日阴雨绵绵，道路泥泞，积水汪汪，车马难行，任凭仁诠屡屡催促，日夜翘首盼望，始终不见粮草踪影，士兵们逐渐饥病交迫。那王延政一来供不起四万兵马天长日久之粮草，二来害怕吴越援兵反目回头攻打建州，思虑再三，觉得吴越毕竟是外人，王曦总归是兄弟，经此一仗，如今福州、建州实力已大体相当，估计今后王曦再不敢轻视建州，遂派遣使者潜赴福州与闽主讲和，约定时日从东、西两面夹击吴越援军。

五月，雨稍停歇，王延政发兵推了粮车奔吴越兵营而来，吴越将士终于盼来粮草，毫无防备大开营门放建州兵入营，谁知建州兵一入军营竟遇兵便砍，逢人便杀，一时间死伤一大片。吴越将士饥病交迫，又无防备，受王延政突然袭击，顿时大乱，仰仁诠急忙擂鼓鸣金，催动兵马应战。东面福州兵听得吴越营中鼓声催战，杀声惨烈，知道建州兵已经得手，亦催动兵马踊跃进攻，并放火焚烧吴越营寨，福州兵亦潮水般杀入营中。仰仁诠见福州兵、建州兵两面夹击，势已无可挽回，急忙催动兵马向北撤入大山之间，福州、建州兵知道仁山势峻坡陡，经过连日淫雨必然石松泥软，山路十分难行，因此并不追赶。

吴越大军逃入仁山，一路上岩陡坡滑，土松路毁，加上连日疲累饥饿，湿气侵润，兵士们大多疾病缠身，浑身乏力，又整日于山岩间攀爬前行，以此每日只能行进三四十里，失足落下山崖或被山间落石砸死砸伤者不计其数。仰仁诠下令将全部马匹杀掉以解将士之饥，同时派人至处州、温州火速调集粮草送吴越南境接应。从古田出发翻越仁山到达吴越边境，大约二百六七十里山路，竟费了八天时间。将士们行至吴越边境，早已个个精疲力竭，瘦骨嶙峋，当下填饱肚子，休整一天，次日还得继续翻越浙南崇山，又赶了数日，方到达龙泉县。检点兵将，包括伤病人员在内剩下不足三万人。

当下仰仁诠亲自写好奏章命人即刻送至杭州，申述此番率兵入闽讨伐王曦经过，因连日淫雨，进攻不得，粮草不济，延政反戈，以致惨败，请求处罚。又命原武胜军兵将回归婺州，自己率领原静海军兵马回归温州。

仰仁诠自回到温州，终日羞愧于心，忧愤难平，加上连日风寒饥饿，遂一病不起，俟至次年竟一命呜呼！

第五十五回　历天火杭州宫殿俱焚　现幻象文穆英魂难安

天福五年（940）三月，晋帝遣右谏议大夫高延赏、兵部郎中李元龟来杭，敕授吴越国王钱元瓘为天下兵马都元帅。

四月初八，吴越镇海军行军司马兼侍中、同平章事、太尉鲍君福薨于宅邸。

鲍君福，字庆臣，余姚县人。少年家贫，性醇厚，沉默少语，胆识过人。长大后从军，开始时从事于刘汉宏，待到武肃王东征，便密与众将士商议归降，组建向盟都，从此累累跟随武肃王征战，屡立战功。受任衢州应援指挥使期间，刺史陈璋叛变，引淮人入境，君福乃设计单枪匹马奔归杭州。陈璋兵败逃往宣州后，武肃王以君福为衢州刺史，后又累授镇海军节度副使、浙西行营司马，奏授登州刺史，保大、保顺等军节度使，检校太尉，同平章事兼侍中。终年七十七岁，谥曰：忠壮。

是月，王子弘僔即将迁入世子府，乃即兴于屏障廊壁等处题写"四月二十九日大会群仙"。众人皆以为世子将于该日乔迁，大会宾客于府第，谁知到了该日竟于府第暴薨，年方十六岁。此时众人方醒，世子府建成之时民间谣传"群仙僔处共飨鹿脯"，以及弘僔于世子府多处题写"四月二十九日大会群仙"，皆是弘僔将于四月二十九日升天而去，大会群仙之意。

按照众大臣建议，吴越国王向晋庭申报追谥弘僔为孝献世子，并将世子府定名为"瑶台院"，以纪念世子大会群仙于此。

吴越国王元瓘于十八岁娶马氏，一直未曾生育子女，后娶鄌氏，乃于三十九岁时方生下长子弘僔，因此特别钟爱，稍长即延聘师傅教习。弘僔从小孝顺父母，尊敬师长，爱护弟妹，厚待朋友，小小年纪通诗文、习弓马、言时政、论经济，无所不及。吴越国王对其寄予极大希望，于去年奏报朝廷授为两浙副大使、果州团练使，立为世子，如今竟毫无先兆突然暴薨，对吴越国王无疑是一记晴天霹雳，击得元瓘茫然无措，失魂落魄。

到了六月，仰仁诠仁山兵败，遁归温州一病不起，上书请罪，吴越国王深深叹息道："仁诠刚愎自用，过分信赖王延政，结果反被其害，若按兵法常规，将我军分为两部，分驻于福州之西、之北，使成犄角之势，互为应援，则北有温州，西有建州，粮草可不绝供应，建州负担亦减轻，王延政或许不会反叛如此之快。仁诠误我也！"遂欲重责仁诠。夫人吴汉月劝道："仰将军已上书请罪深责自己，且又悔恨成疾，身染沉疴，或将不久于人世，暂不究其罪责也罢，待其康复再作论处。"吴越国王又想起养子弘僎，叹道："若是弘僎尚在，由其统领静海军出师断不会有此失败！"乃从吴夫人之言，并未深究仁诠出兵失利之责，只是令其好好养病。

该月，太湖流域连日暴雨，湖水暴涨，下游诸河泄水不及，姑苏、吴兴、嘉禾三郡大水，农田受淹，吴越国王下令受灾诸乡镇酌情减收租税。

短短半年之间，恭穆夫人马氏、养子弘僎、太尉鲍君福、世子弘僔接连去世，又遇福州之败、太湖涝灾，吴越国王常常心情沉痛无力视事，遂将朝廷事务除重大军情国事需报请国王审批外，其余皆委托丞相杜建徽、皮光业、曹弘达、林鼎处理。

吴越国王好吟咏，积累诗词达千余篇，乃乘此养病之机选取其中得意之作三百篇荟萃成集，名曰《锦楼集》，又收集武肃王遗篇数十，汇编成《婴兰堂集》，经雕版印刷后广泛传播于吴越。

十二月，吴越国王以六子弘佐为内衙军指挥使。

天福六年（941）春三月二十六日，晋帝遣太子宾客聂延祚、吏部郎中卢撰来杭，册封吴越国王守尚书令。

五月，南汉国主刘龑遣其太尉工部侍郎卢应、尚仪谢宜清、尚衣高素清至楚国拜见楚主马希范，欲求娶其姐为继室。马氏乃楚国武穆王马殷之女，早年于楚与吴越正要联姻之际，南汉亦派人来聘，武穆王还是依约将爱女嫁与吴越武肃王第十四子元璙为妻。元璙于同光三年（925）一月九日病逝，马氏寡居，故南汉刘龑遂有此举，楚主马希范遣中军使欧阳练陪同南汉使同往杭州劝说。马氏生有仁伦、仁倣二子，如今均已长大成人，各有成就，家庭和睦安定，因此不肯再嫁，南汉刘龑只好作罢。

七月十六日，乌云密布，狂风大作，昏天黑地，雷电交加，整个杭州大有乌云压城城欲摧之势。吴越国王正与众大臣朝会于都会堂，突然一道闪电把幽暗的殿堂照耀得闪亮，刮刺刺一阵闷雷震得满朝文武目瞪口呆，刹那间一根堂柱竟被劈作两半窜出数丈火焰，紧接着柱顶大梁哗啦啦塌将下来，群臣未及躲闪，殿顶及天花板又坍塌一大片，紧接着火随风势，风助火威，火焰竟窜出殿顶窟窿迅速向周围蔓延开来。众人回过神来急忙于月台水缸取水试图浇灭大火，怎奈水缸储水实在少得可怜，怎能够浇灭天火，不一会儿水已用尽，火却越烧越旺。王城之中唯东部有河水流过，奈何都会堂位于城中偏西山坡上，坡下仅有几口水井而已，提水上下奔跑实属不易，正是远水不解近火，只能眼睁睁看着都会堂被大火吞噬。

　　吴越国王本来神情恍惚，突然受此惊吓竟不知所措，手脚冰凉，眼前只见得熊熊烈火，头脑中却是一片茫然，众大臣急忙将其就近拥入天宠堂休息。众人刚刚坐下，喘息未定，又听得后堂发起喊来，紧接着从后堂窜出浓烟火舌，只得又仓惶逃出天宠堂。眼见大火蔓延，附近宫殿怕是都难以保全，众人商议青史楼离此地较远，其周边屋宇较少，或不易被大火蔓延，遂又搀扶吴越国王一起拥入青史楼。

　　丞相皮光业见情况紧迫，片刻耽误不得，便请老丞相杜建徽火速调兵遣将分成两部：一部分负责拆毁火区周围已起火殿堂或未起火的小型屋宇，砍去所有树木，形成隔离带，以阻断火势向周边蔓延；另一部分负责从中河运水救火，并保护宫中仓库免受损失。又请曹弘达负责照顾吴越国王安全，及时请御医调治。下令调集宫中全体宫人从起火宫殿中抢救文书档案、重要财务，皆集中于青史楼，由专人负责看管。

　　怎奈风狂火盛，火势蔓延极快，仅仅半个多时辰丽春院（镇海军使院）宫殿已是一片火海，凤凰山上空黑烟翻腾，好似群魔狂舞，天空乌云密布，地面人声鼎沸，宛如一幅人与天魔的恶斗场面。救火兵将们迅速辟出隔离带，阻止大火蔓延，又全力以赴奋力灭火，终于救下握发殿、青史楼、蓬莱阁等边缘楼阁及内城东部临近中河的屋宇。丽春院殿堂楼馆几乎焚烧殆尽，只留下残垣碎瓦，死灰余烬，令人触目惊心，丧神寒胆。面对如此凄惨景象，已不可能再于丽春院处理国事，众人商议暂时将王府迁入城北瑶台院（世子府）。

　　吴越国王暂居于瑶台院彩云堂，终日神情恍惚，眼前常常浮现熊熊烈火，以往战场上种种火攻惨象竟连连浮现于眼前。先是丽春院宫殿一片火海，无处躲避，逃向东火亦随之向东，避往西火亦随之往西，躲进楼楼即起火，藏入阁阁腾烈焰，直烧得元瓘焦头烂额，冠落袍散。元瓘拼命呼救，好不容易赶来一彪人马，急忙跳上坐骑跟随众人冲出宫门。门外却是一条大江，仔细看时，此江并非钱塘江，而是飞云江，只见江边水寨旌旗飘扬，气势雄伟，进入水寨尚未坐定，寨内竟被人放起火来，其势熊熊，人喊马嘶，令人胆颤心寒。元瓘欲喊人相救，身边却不见一人，只见烈火中有许多如鬼似人的身影向他扑来，乱糟糟呼喊"还我命来"，不得已返身逃出水寨跳入水中。任水漂流来到大江之中，又见许多战舰，中间楼船高四层，战旗飘扬，威风凛凛，乘风破浪，顺水而下。元瓘好不容易爬上楼船，惊魂稍定，谁知周围舰船竟向楼船抛投油坛，陶坛着船即碎，火油四溅，布满船身，随即周围舰船又向楼船发射火箭，顿时楼船一片火海，无处躲避，船上兵卒皆挣扎于火海之中，呼天抢地，悲嚎哀嘀，满船翻滚，惨不忍睹。元瓘上天无路，入地无门，跳海却是一片火海，正焦急之际，却见船舱中有一口大瓷缸，情急生智，将瓷缸放入大江之中，自己小心盘坐缸内，劈火破浪向岸边飘来。正自庆幸逃出火海，爬上岸来却是一片芦苇荡，仔细看时，乃是无锡芙蓉湖滨，正欲坐下歇息，芦苇荡四周又被人放起火来，熊熊野火从四面八方扑来，元瓘一跃而起，急欲逃离火场，却被人拦腰抱住。原来元瓘近来接连遭受打击，精神已经错乱，目今尚无办法可以根治，只能服用些安神之药静养，不可再受刺激。

眼见吴越国王已无力处理政事，康复又遥遥无期，众大臣乃一致推举德高望重、忠心耿耿又掌握军权的丞相杜建徽临时主持吴越国政。建徽七十有九，自知年事已高，难以担此重任，遂说道："老夫年迈，头昏眼花，难当重任，已数次向大王恳请解甲归田，奈何大王不准，袭位至今。皮光业皮大人正年富力强，曾任职元帅府及知东府事，富有治政、治军经验，堪担主政。"众大臣遂又请皮光业临时主持政事。

八月，吴越国王病情益重，众大臣知康复无望，皆以为宜早立世子，以备不测。

吴越国王第四子（养子）钱弘侒，年二十八，有才干，颇得赏识，天福二年（937）元球、元珣自立未遂被处死后，元瓘乃以弘儇为静海军节度使、温州刺史，以弘侒为台州刺史。弘侒母舅戴恽为元瓘所信任，委以内衙指挥使之职，今见元瓘病重，料难久留于人世，窃以为元瓘诸亲子皆年幼，难以继任，乃与弘侒密谋欲使弘侒秘密入杭，以内衙军迫使群臣拥立其为嗣，却被内都监章德安察觉，密告于丞相杜建徽。

一日，趁元瓘神智稍稍清醒，几位丞相入见，密请立弘佐为世子，元瓘道："弘佐年少，难当此任，当于宗人中择长者立之。"杜建徽道："弘佐虽年少，群臣皆服其英敏，愿王上勿以为念。"众臣皆附和，元瓘乃道："尔等既然别无异议，望善辅之，吾无忧矣！"

八月二十四日，吴越国王元瓘薨于瑶台院彩云堂，年五十五，在位十年。

吴越国王薨，内都监章德安秘不发丧，与丞相杜建徽商议，命诸将率甲士数十人伏于幕下。次日清晨戴恽入府请安，伏兵四出将其拘捕，杜建徽又派兵将弘侒抓获，遂兵不血刃悄悄消除了一场宫廷政变阴谋。

章德安传诏诸大臣聚集瑶台院仙居堂，宣告吴越国王薨于正寝，宣读先王遗诏，由王六子钱弘佐即王位，授两军节度使，时年十四岁。

钱弘佐，字玄祐，母吴越国仁惠夫人许氏，天成三年（928）七月二十六日生于功臣堂。弘佐虽然年少，却温恭好书，礼贤下士，处事机敏果断，又能识奸除恶，恭勤政务，因之颇得诸多臣工爱戴。世子府初建时，世子弘僔与弘佐于青史楼博彩嬉戏，弘僔对弘佐言道："父王方于城北建世子府，今与尔博之，若得赢我，尔当居正堂,我居后堂。"掷完四次,弘佐掷出六红点获胜,弘傅略显不悦,弘佐乃从容说道:"待五哥入主新府正堂,弘佐当为五哥执捧符印随侍左右。"不久,弘傅薨,弘佐入主瑶台院。

九月初二,弘佐即位于仙居堂,仍以杜建徽、皮光业、曹仲达(即曹弘达,因避弘佐讳更名)、林鼎为丞相,境内外实行大赦。以异志罪将戴恽处死,贬弘侑为庶人,恢复其原姓孙氏,更名孙本,幽禁于明州。

九月十三日,新王弘佐命境内各州县免除当年赋税,各关梁津要之税悉从除减。又命:凡隶属于道宫、佛寺之田园,原本需交赋税者全部免去。

晋帝得报吴越国王钱元瓘薨,命有司议定谥号曰:文穆。

因武肃王钱镠乃开疆拓土、奠基建国之君,故谥曰武肃。元瓘在位十年,对发展吴越文化、繁荣吴越经济颇有建树,故谥号文穆。按《通典》所述谥分三等:上谥用于颂扬褒奖,共百三十一字,用于君长者有:神、圣、贤、文、武、成、康、献、懿、元、章、釐、景、宣、明、昭、正、敬、恭、庄、肃、穆、戴、翼、襄、烈、恒、威、勇等;中谥用于可悲可叹之主,如哀、愍、悯、怀等;下谥用于贬斥批判之主,如灵、炀、厉等无道昏君。文穆二字于上述排序中与武肃二字相仿,表明对文穆王评价与武肃王大致相当。

晋帝派遣中使前往杭州吊唁,敕赠太师,并由国库拨帑银修建陵园,诏命选墓址于龙山之南原,又命宰相和凝撰神道碑铭,铭曰:

噫唏!化北溟而归南溟者,岂藩篱之羽翼。行西海而游东海者,非池沼之(缺一字)鳞。大鹏抟扶,文鳐迅疾,一息万里,壮哉伟哉。所以二华截灵河,不无擘者。六鳌负仙岛,亦有钓人。岂殊乎杰出一时,雄夸千古……

……修道宫於割锦之坊,创佛寺於布金之地。红楼绀殿,岂殊七宝之金。玉磬琼钟,不让五云之境。寻以恭承治命,退国称藩。俯顺群情,割哀视事。连营受赐,比屋知恩。给亲族以优丰,待友于而敦睦。拱极之诚益至,勤王之节不渝。洎大晋开基,中原无事。续整梯航之礼,益倾铁石之心。推戴既坚,旌酬亦至。封吴越国王,授天下兵马都元帅。又授尚书令,金印玉册,(缺一字)黻(缺一字)裳。并复世官,可明朝奖。九重城内,解宝带以颁宣。十二闲中,选名驹而锡赍。天福六年(缺二字)王以弟兄归任,丝竹张筵,因抒嘉篇,久吟警句:"别泪已多红蜡泪,离杯须满绿荷杯。"诗罢酒阑,情伤疾作。其後融风忽扇,烈焰俄烘。骇愕既多,虚羸遂甚。上池之药无效,聚穴之香不神。至八月二十有四日,薨於瑶台之正寝。享年五十有五。即以七年二月乙卯朔十九日癸酉,备卤簿葬於国城之南原,礼也。先皇帝初闻讣奏,倍极悲伤。久辍视朝,厚颁祭礼。

王娶扶风马氏,故雄武军节度使同平章事绰之女也。贤明无对,令淑罕俦。

玩图史之华，著组紃之妙。如宾合礼，逮下符诗。（方厶）"内助之功，忽动早雕之叹。手拳鲁字，既叶嘉祥。肠绕吴门，复彰吉梦。先二年薨。有子十三人。嗣王宏佐，粹和正气，严重英姿。（缺一字）雏著瑞世之文，骥子骋睨云之步。无益之事，略不经心。非法之言，未尝出口。咸推夙习，共仰老成。服周孔之楷模，继曾颜之士行。实兴门之良允，乃构夏之全材。自罹悯凶，共伤羸瘵。楚弃疾正当拜处，早显神符。孙仲谋未是哭时，须从众议。寻知国事，经禀朝恩。行庆赐以合人心，省科徭而求民瘼。而况郭汾阳之将佐，皆是公侯。萧丞相之宗亲，咸从军旅。同心协力，送往事居。市无易肆之喧，户有不扃之咏。朝廷喜其嗣袭，寻降渥恩，便封列土之王，用奖克家之子。制授宏佐起复镇军大将军左金吾卫上将军员外置同正员检校太师兼中书令镇海镇东等军节度浙江东西等道管内观察处置兼两浙盐铁制置发运营田等使杭州越州大都督上柱国吴越国王，食邑一万户，食实封一千户，仍赐保邦宣化忠正功臣……

王惠洽三吴，咸加百越。近则同赵佗士燮，远则方句践阖庐。服太叔之九言，师宣尼之四教。十朝奖重，三纪光华。择吉日以宣恩，选名臣而将命。癸巳岁命将作监李锴为起复使，户部侍郎张文宝、吏部郎中张绚为守中书令使。甲午岁命给事中张延、兵部员外郎马义为册封吴王使。乙未岁命右常侍孔昭序、驾部员外郎张慈为册封越王使。丙申岁命礼部尚书兼太常寺卿李怿、户部郎中姚遐致为吴越王金印使。戊戌岁命礼部尚书兼太常卿程逊、兵部员外郎韦税充吴越国王官告使。己亥岁命尚书右丞王延、司门郎中张守素充吴越国王册礼使。庚子岁命刑部尚书李怿、膳部郎中薛钧充天下兵马元帅官告使。辛丑岁命右谏议大夫高延赏、兵部郎中李元龟充天下兵马都元帅并尚书令官告使。壬寅岁命太子宾客聂延祚、吏部郎中卢撰为尚书令册礼使。议者以王三端迥著，五福俱全。且夫体物缘情，才思逸於卢骆。象形会意，笔法继於欧虞。补芸阁之旧编，著锦楼之新集。六角扇义之让美，五朵云韦陟惭工。褒之者入云霄，挫之者坠泥滓。孰不避王之笔端乎？勇可抉门，力能扛鼎。燧象燧牛之智，屡有成功。添灶减灶之谋，累闻破敌。射军蹲甲，弹落翔禽。著白袍黑槊之威，受矢彤弓之锡。陆断犀兕，水斩蛟螭。孰不避王之剑端乎？智周物表，言合机先。能悦豫以使人，善抚循而感物。赐柔有节，语默中规。通白虎之群书，继碧鸡之秀辨。孰不避王之舌端乎？爰自妙龄，至於壮齿，耸风姿而岳立，蕴气度以川渟。凡有位而必升，至无官而可授。天下之馨香已播，人间之荣乐实多。虽未及鲐背鸡肤，亦已有霜髻雪鬓。岂不曰寿乎？镇千乘之邦，食万锺之禄。明珠大贝，辐凑一方。雾縠冰纨，云屯百帮。龙猛之金山颇小，齐奴之锦帐未多。采声妓於娃宫，合丝簧於绮阁。岂不曰攸好德乎？疾疹虽加，襟怀不挠。如浮（缺一字）之易散，念急景之难停。启手足而保全，传箕裘而得所。岂不日考终命乎？有是众美，夫何恨焉。臣素乏口才，仍疏腹稿。方愧弥谐之绩，又亏纪述之能。仰奉丝纶，俾铭贞琬。辞让不获，漏略兹多。虽文过江南，不及韩陵之石，而恩深浙右，必同岘岭之碑。仰副圣慈，谨为铭曰：

云起龙骧，化为侯王。鸿骞凤翥，鹗立鹰扬。凛然劲气，卓尔雄芒。大名之后，五世其昌。武肃开基，奄有吴越。恩洽百城，名驰双阙。既委招怀，复专征伐。焚土苴茅，秉旄仗钺。尚父弃代，元帅承家。传荣集庆，奕叶重葩。有典有则，去甚去奢。威名炟赫，事望光华。谭薮纵横，词源浩渺。曹植思迟，崔儦书少。月夕花朝，猿严雁沼。笔落彩笺，风清绿篠。神传射诀，天富兵钤。龟文月角，燕颌虬髯。威能伏兽，名可愈疟。抚众以惠，待士持谦。事必有恒，政皆求理。扶弱遏强，先人后己。但见偃风，莫闻狎水。阜康蒸黎，廓清边鄙。量陂素广，德岳弥高。礼延耆旧，令肃权豪。庭趋忠烈，府集英髦。讲论韬略，奖劝勋劳。自再称藩，益勤述职。虔布诏条，动遵楷式。每陈贡输，常逾万亿。表率方隅，匡扶社稷。功庸罕对，渥泽无伦。礼优伯舅，位极人臣。熔金镂玉，龟纽龙纶。永言当代，莫继芳尘。禁暴戢兵，取威定霸。方赖控临，忽闻梦谢。云惨长空，星沈永夜。号恸军民，涕泗华夏。初开诉奏，寻辍视朝。深嗟旦奭，不及松乔。倍加赠襚，久罢箫韶。君臣分至，水陆程遥。间杰沦亡，英贤继袭。擗踊悲摧，无所迨及。益务抚循，加之周给。人情既安，兵威自戢。一方肃靖，三世辉荣。朝宗事大，誓表倾城。欲光家世，上奏圣明。愿书贞石，用显声名。金玉令人，鼓旗良帅。德盛功崇，文经武纬。述之莫穷，言之无愧。庶几乎万岁千秋，人见之而堕泪。

文穆王性极忠孝，凡父王遇危难之事必奋勇争先为之分忧解难，入田頵营为人质，平庐佶于温州，御徐温于临安，歼彭延章于狼山江，数次上表为父王平冤，并谨遵父王遗训治国。对母陈氏亦极孝顺，母系亲属凡有功业皆厚加赏赐，但欲迁官必严加考查，故陈姓氏族从未授以重任，无有以功名显著者。

天福六年（941）十一月，江宁南唐主李昪遣使者来杭祭奠文穆王元瓘，并趁机伺察吴越国动向。

是月，晋帝遣使来杭，敕授弘佐：起复镇国大将军，右金吾卫上将军，员外置同正员，检校太师兼中书令，领镇海、镇东等军节度，浙江东、西道管内观察、处置兼两浙盐铁、制置、发运、营田等使，杭州、越州大都督，上柱国，吴越国王，食邑一万户，实封二千户。仍赐：保邦宣化忠正翊戴功臣。

再说闽国国主王曦与建州刺史王延政虽然联手击败了吴越仰仁诠，然兄弟之间的猜疑忌恨未解，仍然经常发生摩擦。仰仁诠率吴越兵马入闽之事亦引起南唐主李昪的警觉，担心一旦吴越兵马入驻闽中，站稳脚跟，闽国很可能成为吴越国之属地，从而对南唐形成威胁，因此南唐主派遣南唐客省使尚全恭赴闽为二人说和，极力促成二人盟誓于宣陵。然裂隙已成很难复合，闽主王曦乃于福州西廓筑城，以防建州人进攻，王延政亦于建州筑城，周围二十里。

天福六年（941）春正月，王延政向闽主王曦申请欲建威武军于建州，自任节度使。王曦因前不久晋帝已授自己为福州威武军节度使兼中书令，并封闽王，遂命建州为镇安军，以延政为节度使，并封为富沙王。延政又将镇安改为镇武，自任镇武军节度使。

四月，闽主王曦以子王亚澄为同平章事、判六军诸卫。因怀疑汀州刺史王弟延喜与延政通谋，遂派遣将军许仁钦带三千兵马至汀州，秘密将延喜逮捕送回福州。六月，闽主王曦又听说延政遗书招泉州刺史王继业，遂亦急召继业回福州，并赐死继业于郊外，又杀其子于泉州。继业为汀州刺史时，司徒兼门下侍郎、同平章事杨沂丰曾为其士曹参军，二人颇为亲善。继业死后，有人报告沂丰与继业同谋，闽主遂下令斩之，并夷灭其全族。从此宗族、旧日勋臣相继被诛，人人自危。

七月，闽主自称大闽皇帝，仍领威武节度使，遣使至建州宣谕。镇武军节度使王延政大陈兵甲于府庭，对闽主使者言语悖慢，镇武节度判官潘承祐切谏不可与福州交恶，延政不听，承祐长跪苦苦进谏，延政大怒，环顾左右道："判官之肉可食乎！"承祐仍声色愈厉，延政命人斩之。延政遂自称兵马元帅，从此与闽主屡屡治兵相攻，互有胜负，福州、建州之间白骨遍积荒野。

天福五年（940）五月，晋帝得密报安州节度使李金全有异图，遂以横海节度使马全节代之，李金全乃与手下众将官商议，众人一致主张归顺于南唐。

晋帝命马全节调集汴、洛、汝、郑、单、宋、陈、蔡、曹、濮、申、唐诸州之兵讨伐李金全，李金全乃遣使奉表请降于南唐，并请求支援。南唐主急忙派遣鄂州屯营使李承裕为先锋，率兵三千北上安州支援李金全，又命光州、江州，庐州、洪州火速调发兵马增援安州。

六月，李承裕率兵来到安州，当晚李金全率领麾下数百人来到南唐军营商议御敌之策，李承裕却将金全妓妾、资财全部据为己有。次日，马全节率领晋军赶到，与李承裕兵马战于安州城南，李承裕立足未稳，而援军尚无音讯，城南一战被马全节军打得大败。安州离南唐边境不远，李承裕本可据城死守等待援军到来，却因害怕晋军势盛，担心孤城难守，竟下令军士大掠安州后弃城南逃。全节入城，一面安抚百姓，一面命副帅安审晖追击南唐军，李承裕兵将抢了财物行进缓慢，隔一日即被晋军追上，于黄花谷被安审晖打得大败。李承裕率领残兵败将连夜南奔，所抢财物早已丢弃殆尽。天明逃到云梦泽中，个个既饥又渴，刚刚喝了几口水，安审晖军马又追了上来。前面是浩浩湖水，茫茫苇荡，后面是汹汹追兵，人喊马嘶，哪里还有去路，唯有拼死一搏。怎奈连日厮拼奔跑，加上一天一夜水米未进，哪里还有力气厮杀，李承裕手下兵将死伤无数，被俘二千余人。待南唐江州援兵赶到云梦桥，晋兵已经严阵以待，云梦桥一战南唐兵再次大败。

这一仗，南唐兵共损失四千人，南唐主连日怨恨痛惜：一是责己用人不当，竟用了李承裕这样的庸才，一见晋军大兵压境即被吓破了胆，不敢死守孤城；二是责己敕戒不严，以致李承裕竟敢胡作非为，逼得安州兵怨民怒，因而不能协力守城；三是责己调兵不如晋军迅速，未等援军赶到，安州早已失守。

晋国成德节度使安重荣出身行伍，性情粗暴，恃勇骄横，常对人说道："当今天子，只要兵强马壮皆可为之。"又因耻于向契丹称臣，以此每见契丹使者必席地而坐，双腿叉开，甚无礼节。曾有契丹使者过境，重荣遣人将其暗杀，晋帝担心契丹以此犯塞，乃派安国节度使杨彦询出使契丹。彦询受到契丹主斥责，回道："譬如家中有恶子，父母不能管制，又能怎么办呢？"契丹主怒气方消。

时契丹境内北边诸族不堪忍受长期压迫，吐谷浑、沙陀、突厥等部落首领纷纷携带部众老小、牛羊、车帐、辎重跋山涉水，不辞艰险，投奔中原，被安重荣收留。耶律德光怒责晋帝，要求将部民押送回辽，并严罚接收部民的官吏。晋帝因安重荣手握重兵，态度强硬，不敢惩处，只好派供奉官张澄带领兵士二千余人，将拘留于境内的部民驱逐回原地。但部民们去而复来，重荣不仅将其收留，还顺势招兵买马。晋帝畏惧契丹，接连传出圣旨嘱咐重荣务必对契丹言听计从，不论何时均需恪守成约，勤谨事奉。

安重荣上书朝廷，谴责晋帝割土卖国，并称应顺乎民情乘势发兵征讨契丹，以血国耻，又以此意作书分送于诸朝贵及藩镇，称已部署兵马，必与契丹决战。

天福六年（941年）七月，晋帝以刘知远为北京留守、河东节度使，又以辽、沁隶属于河东，以抑制安重荣，部署完毕稍觉安心，乃诏谕安重荣道："你身为大臣，家有老母，持强而不思艰难，弃君与亲，我靠契丹而得天下，你因我而致富贵，我不敢忘德，你却忘了！我以天下向恩主称臣，你却想以一镇之力与契丹相抗，岂不难哉！你要想仔细了，不要后悔！"安重荣得诏，乃决定起兵反晋，听说山南东道节度使安从进有异志，便秘密与其通谋。

刘知远命亲将郭威说服吐谷浑酋长白承福，令其远离安重荣，归附朝廷，并答应授以节钺。郭威回来后对知远道："白承福唯利是图，安重荣仅以袍服贿赂，我若重贿于他，其必来投我！"刘知远从其言，复派人去劝说白承福："朝廷已经割让你们隶属契丹，你们自当安定本部落。而今欲南来帮助安重荣造反，安重荣已经为天下所抛弃，朝夕之间即将败亡，你们宜早做打算，不要等到刀兵相向，南北无归,悔无及矣。"冬十月,承福害怕,率其部族归于知远,知远上表任承福领大同节度使,收其精骑隶属于自己麾下。鞑靼、契苾得知承福已降知远,亦不再赴安重荣之约。

天平节度使兼侍卫亲军马步副都指挥使、同平章事杜重威之妻乃晋帝御妹,宰相冯道、李菘屡荐其能,晋帝遂升任重威为都指挥使,取代刘知远之职,并充随驾御营使,从此刘知远怨恨二相。

晋帝北巡邺都,京城空虚,安重荣趁机致书安从进,相约共同起兵,形成南北夹击之势。这一年中原旱灾、蝗灾严重,百姓困顿不堪,安重荣以抗击契丹相号召,很快聚集起饥民数万人扑向邺都,声言要觐见晋帝。

队伍行至宗城(今河北威县),与前来镇压的杜重威部相遇,重荣将兵马列成偃月阵,任凭晋军进击巍然不动。重威害怕欲退却,指挥使王重胤说道:"镇州精兵尽在中军,请主公分出精锐之士进击左右翼,重胤愿为主公率契丹兵直冲其中军,彼必狼狈而败。"杜重威采纳王重胤意见发起冲击,果然镇州军阵稍乱。重荣部下排阵使赵彦之素与重荣不和,遂临阵倒戈,奔降晋军,晋军趁机杀入重荣阵中,镇州军大溃。重荣收拾余众退入宗城,晋军又乘胜连夜攻下宗城,正值数九寒天,镇州兵战死、冻死两万余人,仅以十余骑奔还镇州。杜重威又派大军重重包围镇州,素日苦于朝廷暴敛媚敌的镇州军民在外无援兵、内缺粮草的情况下奋力死战,拒不投降,使得晋军遭受重创。却有一镇州牙将见安重荣大势已去,乃自城西水碾门引导晋军入城,守城军民二万余人牺牲。安重荣又率领仅存的吐谷浑数百名骑兵退至牙城。

天福七年(942年)正月,安重荣被晋军俘获,处以斩刑,首级传至邺都,晋帝命用油漆涂刷后函送契丹。

杜重威杀死引导晋军入城的镇州牙将,据破城之功为己有。

晋帝改镇州为恒州,又将成德军改名为顺国军,以杜重威为顺国军节度使兼侍中。杜重威自恃有功,将安重荣私家财产甚至恒州府库财物皆据为己有,晋帝虽知此事亦不追究。

第五十六回　多变故诸国自顾不暇　欺幼主吴越武将跋扈

自南唐立国,江淮连年丰收,兵食有余,群臣纷纷上言:"陛下中兴,如今中原多灾多难,君臣不和,宜出兵克服,以恢复中华一统。"亦有人劝谏:"吴越国王元瓘新丧,幼主弘佐年少,威信未立,不如乘中原丧乱无力南顾之机先灭掉吴越,除去后顾之忧,再兴师北上讨伐中原,统一中华。"南唐主沉思良久,叹道:"吴越虽然国主新丧,然其宰相杜建徽、皮光业、曹仲达、林鼎皆健在,均系忠贞多谋之士,因之内衙指挥使戴恽密谋另立新主,事未发即被一举平灭。军事上北有中吴军屯垦,南有静海军屯垦,西有安国衣锦军和武胜军驻守,防守比先吴国时期更为严密,经济上经长年开发,苏松、杭湖、越明等平原地区皆成为富庶之地,甚至南方温州、婺州地区亦有很大发展,如今吴越民富国强,百姓拥戴,决非我唐国所能轻易攻取。两国一旦交兵,恐怕会落得两败俱伤的后果,即使获胜,我南唐国力亦会大伤元气,而北国或会坐收渔利,我与吴越国数十年间素守保境安民之策,长久无边境纠纷,来之不易,宜谨守之。当今中原百姓既受石晋政权奴役榨取,又受契丹掳掠践踏,还连年遭受水灾、旱灾、虫灾,搞得民不聊生,流离失所,为此我南唐进取方向仍应在北方,宜尽早北伐,救民于水火,待取得中原后一举恢复大唐,一统帝国。但近观中原李金全、安重荣之变皆被石敬瑭镇压,可见石晋政权之兵力仍然雄厚,又有契丹做后盾,决非我唐国之力所能攻克,如果强行仓促北伐,极有可能欲胜无力、欲罢不能,反使两国百姓深受兵燹之苦。我自少年时即成长于军旅之中,见刀兵为害百姓多矣、深矣,为今之计仍宜保境安民,休养生息,发展生产,等待时机。"

不久,南汉主刘䶮遣使至南唐,欲共谋攻楚,取楚后瓜分其地,南唐主亦不许。

南唐主性尚节俭,经常足登蒲履,盥洗用铁器,暑夏则寝于青葛帐,服饰粗敝,左右宫婢皆老丑宫人,因之下属官吏亦较清廉。又勤于听政,以夜继昼,国中凡死于国事者虽士卒亦发给三年俸禄,民田皆以肥瘠定税,以此众心归附,百姓安居乐业。

却说苏州中吴军节度使钱元璙自从元瓘患病去世,心中时时思念。元璙仅比元瓘年长两个月,从小一起玩耍,共同读书习武,诸兄弟中二人关系最为亲密。

天复二年（902），兄弟二人尚未成年，逢左右都指挥使许再思、徐绾作乱。为解杭州之围，元璙毅然随顾全武冒死潜赴广陵，游说杨行密令田頵退兵，而元瓘则主动作为田頵人质，被只身带往宣州。贞明元年（915），元瓘发动军民疏浚杭州西湖，广建水井，发展杭州经济，元璙则组织军民开发苏松地区，开河挖渠畅泄潴水，发展屯垦，从而为浙西杭、苏、湖地区成为吴越乃至全国经济发展中心奠定了基础。贞明五年（919），杨吴发兵侵犯吴越，兄弟二人合力火焚彭彦章水军，战于无锡芙蓉湖，造就了杨吴与吴越休兵数十年友好相处的和平环境。因为有如此多共同经历，生死相依，所以兄弟二人情谊尤其深厚。武肃王临终时，元璙极力推荐元瓘嗣位，元瓘亦将此情时刻铭记于心。如今元瓘撒手而去，其音容笑貌、英姿神态仍历历在目，元璙每每想起往日情谊，忧伤不止。元璙初镇中吴军时，有术士朱景环居于盘门驿，算术神妙，曾上书于元璙称"荏任后法当三十年安宁"。当时元璙因三十年甚远，并未重视此说，如今元瓘归天，忽然想起此事，遂召景环询问，景环叩首答道："算数定矣！愿大王早安排后事。"不数月，元璙竟如景环所言身体日渐不支，于天福七年（942）三月十一日薨。元璙长于元瓘两个月，较元瓘晚辞世七个月，可谓是患难与共、同生共死的好兄弟。

元璙字德辉，武肃王第六子，仪表堂正，状貌瑰傑。初，奏授沂王府咨议参军、宣武节度判官，累迁散骑常侍，赐金紫。不久从事军旅，乃改授马军厅事指挥使。天复二年（902），徐绾叛，元璙至广陵见吴主杨行密，说服吴主召回田頵，解了杭州之围，并与吴主之女结为伉俪，后累征缙云、新定皆有功，授邵州刺史。又征吴兴高澧及东洲大捷，复授睦州刺史，不久迁任苏州刺史。累授中吴、建武等军节度使，苏、常、润等州团练使，太傅，同中书门下平章事，侍中，中书令，彭城郡王。生前奏请朝廷敕封为广陵郡王，未及受封即薨，遂宣命于柩前，终年五十六，谥曰：宣义王。葬于苏州七子山九龙坞，中吴军节度使由其子文奉嗣位。

元璙在郡三十年，性俭约而恭靖，郡政循理，喜事园苑。每游虎丘山寺，于途引望，喜动颜色，及至山上，必规划修缮，今寺多其经意所致。府学南之苍浪亭，原为钱氏书馆，即今之南园。府东北之金谷园（后为朱氏乐圃）、秀水县（今嘉兴）彪湖（今南湖）旁之烟雨楼皆元璙统帅中吴时所治之林圃。

秋七月，因挫败戴恽阴谋之功，新王弘佐以内都监章德安、李文庆为内衙左、右都监使，又以都指挥使阚璠、胡进思为内衙左、右统军使。阚璠、胡进思皆为当年护卫文穆王前往宣州为质时的旧将，又屡立战功，深得文穆王信任。

十二月，文穆王墓建成，坐落于龙山之南原，背依龙山，面临钱江，左靠贺家山，右傍狮子山（因其山形同睡狮，头朝南尾向北，山上草竹浓密如毛，故名）。墓道入口有头城门，门内左侧立和凝所撰神道碑，墓道自南向北直通陵寝，宽数丈，两侧立有华表、石牲、石翁仲，墓前矗立吴越国文穆王碑。墓室简约，墓顶覆盖天象图石板，长约丈五尺，宽约七尺，中央刻北极星座，周围刻二十八宿，同星座相关星辰用双线连接，共计星座三十二，附座十三，累有星辰二百十八颗，星皆方形贴金，乃是世界最早的星象图石刻。墓之西侧旧有武功堂，已渐颓废，经修葺后改为文穆王庙，以做饗堂。

十二月二十日，为文穆王举行大行之礼，元瓘诸兄弟、子侄、文武大臣、亲属好友于墓前肃穆恭立向元瓘礼别，弘佐、弘倧、弘俶、弘億等兄弟于灵前哀恸不已，上万百姓聚集于头城门外为元瓘默哀送行。

再说南汉主刘龑为人聪慧善察，擅用权术，好矜自大，常贬低中原天子，称其为"洛州刺史"。岭南是奇珍异宝汇聚之地，诸事穷奢极丽，宫殿皆饰以金玉珠翠。凡用刑多惨酷，有灌鼻、割舌、肢解、剔肉、炮烙、烹蒸等酷刑，或聚毒蛇于水中，再投入罪人，谓之水狱。刘龑晚年更加猜忌，认为士人大多为自己子孙打算，遂专门任用宦官，因此宫中宦者极多。

天福七年（942）四月，南汉主卧病，长子秦王弘度、次子晋王弘熙皆骄横放纵，唯幼子越王弘昌孝顺恭谨且有学问，遂欲立其为嗣。适有崇文使萧益入内问候，得知欲立幼子，阻止道："立嗣须立嫡长子，违此则必乱。"南汉主遂作罢。二十四日，南汉主病逝，秦王弘度即皇帝位，更名刘玢，改元光天。

同年五月，晋帝卧病，已不能言语。一日，唯有宰相冯道一人在场，晋帝命幼子重睿出来拜见，又令宦官抱重睿送于冯道怀中，观其意似欲冯道辅立幼子为皇帝。六月十三日晋帝病逝，冯道与天平节度使、侍卫马步都虞候景延广商议，因国家多难，宜立年长者为君，便奉广晋尹齐王石重贵为主。当天，齐王即皇帝位。

七月二十一日，新帝重贵加封景延广为同平章事兼侍卫马步都指挥使，延广亦以为自己拥立新帝有功，遂开始揽权。

新帝奉表向契丹报告丧事，延广请新帝向契丹致书时只称孙而不称臣，李崧奏道："为了社稷而委屈自己，何耻之有！若是陛下不称臣，他日必然与契丹发生战争，到时候后悔亦无济于事了。"延广坚持己见，冯道亦左右摇摆，新帝遂依从延广。契丹主阅罢晋国信函大怒，派使者责问："为何不事先奏报而如此匆忙即帝位？"延广答复契丹使者时态度不逊，从此晋与契丹矛盾日深。

晋帝病重时曾下旨召河东节度使刘知远入朝辅政，却被齐王压下，知远得知后从此怨恨齐王。

一年来闽中王曦与王延政互相攻战不休，死伤将士不计其数。

八月中，闽主王曦遣使者带了手诏及金器、钱币以及任命将吏的敕告六百四十份向富沙王延政求和，延政不受。

中秋佳节，闽主于九龙殿大宴群臣，侄子王继柔不能饮酒，闽主强令喝下，继柔私自减了酒量，闽主大怒，将其与客将一并斩杀。

泉州刺史余廷英贪婪淫秽，诈称受诏选拔后宫而强掠民女。事发，闽主拟将其交于刑部，廷英当即献上买宴钱万缗。次日闽主召见，说道："宴已买成，皇后贡物在哪儿呢？"廷英又献钱于李皇后，闽主遂放廷英归泉州，不久又召廷英为相，从此诸州向朝廷进贡必另贡皇后一份。

一次夜宴，闽主已酣，宰相李光准醉酒违旨，闽主乃下令绑送街市斩首，典刑官不敢执行，遂暂押狱中。次日闽主酒醒，于朝会时召光准回复官位。当夜又宴，收翰林学士周维岳下狱，狱吏拂榻侍候，说道："宰相昨夜就在此歇息，尚书不必担忧。"待闽主醒来，果然又予释放。又一日再宴，侍臣皆已喝醉自回，唯周维岳在，闽主道："维岳你身体如此瘦小，何以喝酒如此之多？"左右人说道："酒走别肠，不必身高体大。"闽主欣然命执维岳下殿，欲剖腹观其酒肠，一旁有人劝说："杀了维岳，再无人能陪侍陛下痛饮了。"遂放过维岳。

闽主王曦荒唐竟至如此！

天福八年（943）春正月，吴越国王钱弘佐即位已有一年半，边境安宁，国事稳定，国库充裕，百姓太平。弘佐乃与朝中大臣商议复建王城诸宫殿，以便朝廷早日迁回宫中。众大臣一致同意，经商议拟首先恢复西郊的功臣堂及附属建筑，因为此堂体量小，恢复快，而且地处废墟西缘，建成后不影响其他殿堂的重建，待此处建成后，再逐级向东推进。

二月初八，吴越丞相皮光业薨，终年六十七，谥曰：贞敬。

皮光业，字文通，祖籍襄阳竟陵，乾符四年（877）生于姑苏。十岁能属文，及长谒武肃王，辟为宾客，累署浙西节度推官，赐绯。贞明中，武肃王遣光业自建、汀、虔、郴、潭、岳、荆南道入贡京师，梁帝特赐进士及第、秘书郎，授右补阙，赐金紫。后吴越与江淮通好，命光业出使，及还，淮人赠钱三百万，光业分文不受，委置而还。不久，兼任两浙观察使。文穆王摄政，命光业知东府事。弘佐即位，拜丞相，凡教令仪注多其所定。光业美风仪，善谈论，人以为神仙。光业善五言、七言诗，有名句：

行人折柳和轻絮，飞燕衔泥带落花。

烧平樵路出，潮落海山高。

著有《皮氏见闻录》十三卷流行于世。

如今吴越皮光业去世，杜建徽年逾八旬，已致仕回乡修养，丞相唯有曹仲达、林鼎二人，而曹仲达亦是年过六旬，体弱多病，常不入朝，弘佐乃命裴坚为丞相。林鼎、裴坚皆系文官，不问军旅之事，因之自皮光业过世后，内衙军无人节制，左、右统军使阚燔、胡进思相互勾结,用事于朝廷。那阚燔性格强暴,专横跋扈,排除异己,独断专行,以致内衙都监使章德安、李文庆屡屡与之相争,吴越国王碍于二将颇有功勋,不得已乃于七月二十九日外调章德安于处州、李文庆于睦州。

十月,晋帝石重贵遣中使检校司徒、光禄大夫、太子宾客王玫,副使吏部郎中赵熙至杭州,敕授吴越国王玉册。册曰:

惟天福八年岁次癸卯,十月,丙午,朔,越六日,辛亥。皇帝若曰:在天成象,拱辰分将相之星;惟帝念功,启土列侯王之国。朕所以法昊穹而光宅,稽典礼以疏封,而况世著大勋,时推令器。探宝符而嗣位,杖金钺以宣威,羽翼天朝,藩篱东夏,宜列诸侯之上,特隆一字之封,简自朕心,叶于舆论。咨尔保邦宣化忠正翊戴功臣、起复镇国大将军、右金吾卫上将军、员外置同正员、检校太师、兼中书令、杭州越州大都督、充镇海镇东等军节度、浙江东西等道管内观察处置兼两浙盐铁制置发运营田等使、上柱国、吴越国王、食邑一万七千户、实封四千户钱宏佐为时之瑞,命世而生,负经文纬武之才,蕴开物成务之志,英华发外,精义入神。亚夫继社稷之勋,顾荣擅东南之美。眷言祖考,志奉国朝,清吴越之土疆,执桓文之弓矢。天资厥德,代有其人,荷堂构以克家,事梯航而述职。殊庸斯在,信史有光,是举彝章,爰行盛典。土茅符节,方推奕世之贤;黻冕辂车,更重策勋之礼。斯为异数,允属真王。今遣光禄大夫、检校司徒、行太子宾客、上柱国、太原县开国男、食邑三百户王玫,使副正议大夫、行尚书吏部郎中、上柱国、赐紫金鱼袋赵熙等持节备礼,册尔为吴越国王。于戏!周宠元臣,赐履锡命;汉崇异姓,裂土封王。指河岳以誓功,俾子孙而袭爵。篡服旧业,朕载考前文,勿忘必复之言,更广无穷之祚。懋照前烈,尔惟钦哉!

十一月初,吴越国王钱弘佐纳原宁国军节度使、同参相府事仰仁诠之女为元妃。

时吴越功臣堂已落成,初七,朝廷迁回功臣堂。

初九,吴越丞相曹仲达薨,终年六十二岁,谥曰:安成。

曹仲达,临平人,本名弘达,为避吴越国王弘佐名讳乃更名仲达。武肃王爱惜仲达生性豁达,志趣高远,思绪敏捷,为人诚恳,乃以王妹与之结成伉俪,累授台、处二州刺史。文穆王摄政,命仲达权知政事。至文穆王即位,拜丞相,与沈菘、杜建徽、皮光业同秉国正。弘佐即位,复摄军府事,时大赏诸军,有人喊"赐予不均",众人大哗,举兵仗不受赐,诸将不能控制,仲达乃站于阶上,细细晓谕原由,遂平息而释仗受赏。仲达性淳厚,好施予,文穆王尤为尊重,常只呼丞相而不呼名。

近年来吴越国屡生变故,先是宫廷大火,先王谢世,新王少年主政,接着是三丞相或告老还乡或寿终归天，朝堂中枢空虚，随之文武不睦，互相排斥，以至武臣跋扈，从此国政渐衰。

与此同时，中原及邻境亦多有变故。

南唐主李昇崇信道教，曾问道士王栖霞曰："何道可致太平？"栖霞答道："为王者须先治心、治身，才能治好国家。如今陛下尚未能去掉因饥而怒、因饱而喜的习惯，谈何太平？"南唐主深以为然，遂多加赏赐，栖霞不受。

一日南唐主梦见自己吃了灵丹，清晨即有方士史守冲献来丹方，南唐主以为此乃神赐，谁知服用丹药后脾气却变得日渐急躁，左右数谏皆不听，群臣奏事常常暴怒。

齐王李璟为长子，南唐主立其为嗣子。一日，南唐主来到齐王宫中，见齐王正在调乐器，认为不务正业，大怒，责骂了数日。南唐主素来宠爱妃子种氏，幼子景逿即种氏所生，今见南唐主对齐王不满，种氏便乘机言道："景逿虽幼，却甚聪慧，可立为嗣。"南唐主脑怒道："儿子有过，为父训之乃是常事，国家大计，女子何得干预！"遂即将种氏下嫁于他人。

南唐主背上生了恶疮，乃密令医官治疗，朝政却依然如故。天福八年（943）二月二十二日，南唐主病情危急，遣亲信召齐王李璟入宫侍疾，道："我服用金石灵丹本欲延年益寿，却反而更伤害身体，你须以此为戒！"当晚南唐主薨。

齐王李璟即南唐皇帝位，大赦境内，改年号为保大，尊皇后为太后，立妃子钟氏为皇后。

南唐新主李璟为人谦逊恭谨，初即位，对大臣从不直呼名字，又屡请公卿大臣议论政体，因镇南节度使宋齐丘、奉化节度使周宗乃先朝旧勋，遂命宋齐丘为太保兼中书令，周宗为侍中，以示顺应众臣的期望，然实际政事皆由自己裁决。李璟即位后改封王弟寿王李景遂为燕王，王弟宣城王李景达为鄂王，不久又以景遂为诸道兵马元帅，改封齐王，居住东宫，以景达为副元帅，改封燕王，并宣告中外以此顺序传承帝位，立长子弘冀为南昌王。景遂、景达再三推辞，李璟不准，景遂遂发誓决不嗣位，将自己的字改为退身。

八月初九，南唐主李璟立幼弟景逿为保宁王，宋太后因怨恨种夫人而屡屡欲加害景逿，李璟乃竭力予以保全。

南唐侍中周宗年虽老迈，然谦虚谨慎，与世无争，中书令宋齐丘则广结朋党，千方百计倾压周宗，周宗无奈遂向南唐主泣诉，从此李璟开始疏远齐丘。十二月，南唐主命齐丘为镇海节度使，调离京城，齐丘怨愤，上表请求回归从前隐居的九华山，南唐主明知宋齐丘本意乃是泄愤，却仅上一表即予批准，赐书曰："归隐之举昔日已许，朕实知乃夙愿已久，故不夺公志。"赐号九华先生，封青阳公，赐食一县租税。齐丘乃于青阳大治府第,服饰、车马、将校、属吏皆如王公,心情却更为忧郁激愤。

闽国亦是动荡不定。

建州富沙王延政于天福八年(943)二月自立称帝,国号大殷,改元天德,大赦境内,升将乐县为镛州,延平镇为镡州。以节度判官潘承祐为同平章事、吏部尚书,节度巡官杨思恭为仆射,任兵部尚书,录军国事。

殷国国小民贫,又连年战争致使国库空虚,杨思恭因善于聚刮民财而受宠,累累增加田亩山泽税收,甚至鱼、盐、蔬、果无不加倍征收,人称"杨剥皮"。

四月,延政遣将陈望等攻福州,已攻入西郭,继而又被打败逃回,双方死伤兵卒无数。

五月,潘承祐上书陈述国政十大弊端:一、兄弟相攻,伤天害理;二、赋敛繁重,滥调力役;三、征民为兵,羁旅愁怨;四、杨思恭夺民衣食却归怨皇上,群臣莫敢言;五、疆土狭隘,增置州县,增吏困民;六、修道运粮攻打汀州,却不考虑金陵、钱塘可能会趁虚袭击;七、搜刮富户,财多者补官,欠负者被刑;八、延平等津要征收果、蔬、鱼、米诸税,获利极微,积怨却极大;九、与南唐、吴越为邻国,自即位以来尚未通使;十、宫室台榭,修饰无度。殷主延政阅后大怒,削去承祐爵禄,勒令回归私第。

福州闽主王曦主政之前曾陪先主康宗饮宴,适有新罗国献来宝剑。康宗举剑展示,对同平章事王倓道:"此剑宜何所用?"王倓道:"用以斩为臣不忠者。"当时王曦已心怀异志,闻听此言脸色骤变。天福八年(943)六月,闽主王曦赐宴群臣,又有献剑者,乃勾起往日积怨。王曦遂命发掘王倓坟墓,斩其尸以泄愤怒。众臣见之心惊胆颤,校书郎陈光逸对其友道:"主上失德,亡无日矣,吾欲以死谏之。"友极力相劝不能制,光逸乃上书陈述闽主王曦五十大恶之事。王曦大怒,命卫士鞭抽光逸数百,未死,又用绳子吊其颈悬挂于庭树上,良久才断气。

十二月,闽主王曦嫁女,取礼簿阅视,朝士中有不贺者十二人,乃命皆杖责于朝堂。御史中丞刘赞因未预先举报弹劾,亦受杖责,刘赞不愿受辱,宁愿自尽。谏议大夫郑元弼谏道:"自古刑不上大夫,中丞作百官表率,岂宜加之杖捶?"王曦厉声道:"卿欲仿效魏征吗?"元弼道:"臣以陛下为唐太宗才敢仿效魏征。"王曦听了怒稍缓解,遂释放刘赞,然刘赞还是忧愤而死。

再说中原,天福八年(943)春夏大旱,蝗虫大起,东至海滨,西至陇原,南越江淮,北抵幽蓟,凡原野、山谷、城郭、庐舍皆栖满蝗虫,禾苗、青草、竹叶、树叶俱被食尽。四月,供奉官张福率威顺军官兵于陈州捕蝗;五月,泰宁军节度使安审信捕蝗于中都;六月,供奉官率奉国军捕蝗于京畿;七月,供奉官李汉超率奉国军再捕蝗于京畿；八月，招募百姓捕蝗。如此天灾，朝廷非但不赈济百姓，却因国用不足而分派使者六十余人赴诸道搜刮民间粮食，差官们催督严急，甚至查封各处的水碓和碾磨，发现有胆敢藏匿粮食者即刻处死。有县令因无法完成朝廷摊派任务只好挂印悄悄离职，百姓饿死数十万人，流散失踪者不计其数，关西饿殍尤甚，死者十之七八。各地民间不能如期完成征粮任务，朝廷又命各地将军、留守、节度使等各献马匹、金帛、粮粟以解朝廷之急。因恒州、定州饥荒最重，朝廷特准免征二州百姓谷子，顺国节度使杜重威却奏报"因军食不足，请如诸州一样括取民食"，遂将二州民间检索殆尽，得粮百万斛，上奏朝廷却只报三十万斛，又令判官李沼将所余粮食向百姓借贷，约定来年还回二百万斛，全境百姓叫苦不迭。

当年河阳牙将乔荣跟随赵延寿归顺契丹，契丹主委任乔荣为回图使，往来于晋与契丹间进行贸易，并于大梁设有官邸。晋帝石重贵因景延广的拥立得以继位，遂对其言听计从，延广不甘受契丹屈辱，导致晋与契丹矛盾加剧。九月，景延广说服晋帝将乔荣下狱，抄没其官邸中财货，并将凡在晋国贩货的契丹人全部杀死，籍没其财货。有大臣劝晋帝"契丹有大功于晋，不可相负"，晋帝斟酌再三，最后决定释放乔荣送归契丹。乔荣临行前向景延广辞行，延广对乔荣道："回去告诉尔主，先帝为北朝（契丹）所立，故称臣奉表，今上乃中原所立，我之屈降于北朝，只是不敢忘先帝盟约而已。既为邻，称孙足矣，再无称臣之理，晋国兵马你亲眼所见，老祖宗（契丹）若气不过就发兵来打吧，孙子（晋国）准备十万雄兵足以相陪，届时若被孙子击败，为天下人耻笑可别后悔！"乔荣回国向契丹主报告，契丹主大怒，遂决心入寇中原。

河东节度使刘知远见景延广如此作为，料定必然招致契丹入侵，因惮于延广势盛不敢谏言，只得广募兵士，奏请设置兴捷、武节等十余军，以防备契丹入侵。

晋国平卢节度使杨光远早有野心，十一月密召其子单州刺史杨承祚回青州，任其为登州刺史，又调骑兵入淄州劫持刺史翟进宗回青州。光远密告契丹："晋主失德违盟，境内蝗灾过后饥荒严重，府库告罄，百姓困竭，若趁此时机攻击中原，当一举可得。"

契丹卢龙节度使赵延寿早有称帝中原之野心，遂屡次劝说契丹主攻晋。契丹主乃调集山后以及卢龙兵马共五万人，命延寿率领进攻中原，说道："如能打下中原，就立你为帝。"

晋帝得知契丹图谋，十二月十二日遣使赴南乐及德清军筑城，征调附近各道兵马以备契丹来犯。

这一年中，晋国、南唐、吴越、闽中皆忙于各自国内事务，以此吴越边境倒是安宁无事。

开运元年(944)正月二十九日,吴越国丞相林鼎薨,终年五十四,谥曰:贞献。

林鼎,字涣文,闽侯官人,生于明州大隐村。初武肃王以为观察押衙推官,不久为文穆王幕府,文穆王摄政,署为镇海军掌书记、节度判官,王即位,遂掌教令,不久拜为丞相,凡政事有不到之处必竭力上言。著作有《吴江应用集》二十卷,刊行于世。

二月,以西府判官吴程为丞相。

吴程,字正臣,山阴人。祖吴可信,定州虞唐县令;父吴蜕,大顺二年(891)进士及第,授镇东军节度掌书记、右拾遗,累官礼部尚书。吴程初授校书郎,武肃王时期累授检校户部员外郎,借绯。长兴初,武肃王之女于士族中选婿,吴程等人列于宫廷中,武肃王亲与之问答时政对策,吴程侃侃而谈,见解精辟,条理清晰,才华出众,乃选为婿,后迁金部郎中。吴程善于驾驭属吏,因命提举诸司公事。文穆王袭国,奏授:职方郎中、观察支使、节度判官,命知州事。弘佐嗣位,以吴程判西府事,因皮光业、曹仲达、林鼎诸丞相相继去世,遂拜吴程为相。

夏四月,文穆王真容于衣锦城太庙山祖庙落成,遂成五代祖庙。四月初四,吴越国王弘佐率领诸兄弟前往祭奠。

吴越老臣相继去世,内衙都监使章德安、李文庆又被放外任,新任丞相裴坚、吴程皆出身文职,因此左、右内衙统军使阚璠、胡进思欺弘佐年轻,益发专横跋扈,不可一世。

十一月,吴越国王弘佐命从兄东府安抚使钱仁俊为内外马步都统军使,以节制阚璠、胡进思;以弟弘倧为东府安抚使,接替仁俊;又以杜建徽之孙杜昭达为都监使,因昭达自幼随祖父建徽习兵练武,略通兵法,又可借杜建徽之威以镇内衙军,故有此命。从此阚璠、胡进思略有收敛。

杜昭达喜好财货,与富户程昭悦颇有交往。昭悦聪敏机灵,善察颜色,腹多机谋,能言善说,人与之初交常为其言词所动,易为人所信任。阚璠亦好财货,昭达乃为其引见昭悦,昭悦复以金银财宝交结二人,杜、阚二人遂向弘佐举荐昭悦。

弘佐正是招揽人才之际,遂亲自召见,与之交谈,以便考察。昭悦娓娓而言,首先分析了周边诸国形势:"中原晋国刚刚遭受水灾、旱灾、蝗灾,复与契丹挑起战端,自身难保;南邻闽地闽主无道,福(州)建(州)交兵,两败俱伤,新近闽主已为朱文进所弑,国势动荡,因此国势衰微,百姓遭殃;边邻南唐国主新丧,新主优柔寡断,受臣下所牵制,南唐先主策乃先向中原用兵,待取得中原再统一全国,如今福建动乱,群臣或有先南下用兵夺取福建之意。"

弘佐见程昭悦分析透彻,便问道:"天下大势如此,依卿意,我吴越国当如何应对?"

昭悦答道："如此国家大事本不该小子多言，今蒙王上动问，小子不敢不斗胆妄言。王上登基适逢宫殿颓废，诸丞相相继弃世，内衙文武不和，国事维艰，幸王上英明果决，短短三年宫阙复建已近半，朝廷复归宫中，新相业已就位，内衙矛盾平复，我吴越国将进入新的兴盛时期。唯有一点，当今两位丞相初立，皆系文官出身，性格温恭，岂能博狼伏虎！小子担心将来朝中会出现武盛文衰之势，望王上三思。"

　　弘佐正为阚璠、胡进思跋扈专横而焦虑，昭悦"武盛文衰"之说正切中要害，遂连忙追问道："依卿意见，如何解决'武盛文衰'之势？"

　　程昭悦早已从杜昭达口中了解到弘佐对阚璠跋扈态度甚是厌恶，今又见弘佐急切欲解决"武盛文衰"问题，心中遂有了底，便答道："王上身边需有一位既能与王上步调一致，又敢于与各种势力抗争，有勇有谋，有胆有识的丞相，使朝中文武之势得以均衡，一旦发生矛盾，王上再从中调和化解，朝廷步调才能一致。再是以明升暗降的手段将专横跋扈的武将调离朝廷，将军权直接控制在王上手中，如此朝廷必然安宁，国势必然日盛。"

　　弘佐听了深以为然，心中大悦，从此程昭悦遂成为吴越国王身边的得力谋臣。

第五十七回　闽国灭南唐据建州　巧弄权昭悦除阄燔

　　开运元年（944年）二月，契丹南侵。为阻止契丹兵渡过黄河与杨光远会合，晋帝派兵驻守麻家口、杨刘镇、马家口、河阳等黄河渡口，又以侍卫马军都指挥使、义成节度使李守贞率兵万人，分水陆两路沿黄河东进，与契丹兵战于马家口。因情势危急，晋帝亲自率兵前往救援，契丹兵大败，溺死、冻死者数以千计，被俘、被杀者亦有数千人。契丹兵为泄恨将所掳民众统统杀死，俘获军士皆被烧死，中原百姓义愤填膺，勠力抗争，契丹兵遂不敢轻易进犯。

　　晋帝命刘知远率领本部兵马向东进击恒州，又命杜威（即杜重威，为避晋帝石重贵讳更名）、马全节进军邢州，与刘知远会合，以切断契丹兵退路，知远却引兵屯驻于乐平不再前进。

　　三月，契丹主率十余万精兵进攻澶州，晋帝率兵列阵相待，契丹主见晋军势盛，对左右人道："杨光远说晋军半数已饿死，怎么还有这么多！"契丹主命精兵冲击晋军左右两翼，晋军巍然不动，双方苦战到天黑，死伤无计其数，契丹兵只好趁天黑引兵后退三十里扎营。继而又兵分两路，一路出沧（州）德（州）而归，一路出深（州）冀（州）而归，所过之处焚烧抢掠，方圆千里民物殆尽。

　　晋廷因契丹入寇而国用枯竭，晋帝不得已派出使者三十六人分赴各道搜刮民财，并赐予尚方宝剑。诸路使者各领许多吏卒、携带镇械兵仗蛮闯民家，小孩大人无不惊惧，欲死无地，州县官吏复借机为非作歹。

　　五月初七，晋帝命泰宁节度使李守贞率领二万兵马至青州讨伐杨光远，又遣神武统军潘环及张彦泽等领兵屯驻于澶州，防备契丹兵来犯。契丹主得讯，忙派兵救援青州，却被齐州防御使薛可言击败。

　　十五日，晋廷昭令各州按户籍征调的乡兵已聚齐，竟达七万余众，号称武定军，其时正兵荒马乱，百姓复受此骚扰，民不聊生。

　　六月，黄河于滑州溃决，洪水淹没汴、曹、单、濮、郓五州后环梁山汇流于汶水，所过之处庐舍、农田尽毁，人口、牲畜淹死无数。

　　连年战乱又逢天灾，以致国库枯竭，民不聊生，晋廷举步维艰，有大臣向晋帝建议："陛下欲抵御北狄，安定天下，非桑维翰为相不可。"晋帝乃下诏，恢复枢密院，以桑维翰为中书令兼枢密使，大小事务悉由桑维翰裁决。桑维翰二次秉政，

167

将景延广从朝中调到外藩,至此统一了指挥权,十五节度使无人敢违命,朝中大臣皆服其胆略。

八月,以河东节度使刘知远为北面行营都统,顺国节度使杜威为都招讨使,督导其余十三节度使防范契丹。

十二月,李守贞围困青州日久,青州城中粮食殆尽,百姓饿死大半,契丹援兵仍不至。杨光远遥向契丹叩首道:"皇帝呀皇帝,你害苦光远了。"其子承勋、承祚、承信皆劝光远投降,以求保全家族。光远道:"我昔日在代北时曾以纸钱祭天地,皆沉入池中,人人尽言我当为天子,再等待一时吧。"杨承勋不得已斩杀怂恿光远反叛的节度判官丘涛等人,将首级送于李守贞,又于城中纵火鼓噪,拘禁其父于私第,上表请罪,开城引官兵入城。李守贞派人去杨光远私第中将其诛杀,再以病死申报朝廷。杨承勋因献城有功,被授以汝州防御使。

开运二年(945)春正月,契丹兵大举侵入邢(邢台)、洺(邯郸东北)、磁(磁县)三州,杀掠殆尽后又侵入邺都境内,晋军数万人被迫退至相州安阳漳水之南。这日,义成节度使皇甫遇与濮山刺史慕容彦超率领数千骑兵前往邺都附近侦查,不幸与契丹数万大军遭遇,晋军拼死力战,壮怀激烈,双方死伤甚众。皇甫遇坐骑伤累而死,仍旧步战,其仆杜知敏让出自己所乘之马使皇甫遇得以与契丹兵再战。日暮之时,驻守安阳诸将不见皇甫遇等返营,甚是担忧。护国节度使安审琦对诸将道:"皇甫太师毫无信息,必为达虏所困。"急欲引领骑兵前往相救,言道:"此举成败在于天也,万一不济,当与太师共存亡。即使达虏不南来,坐失太师而不救,我等有何颜面去见天子!"遂领兵渡水而进。契丹兵与皇甫遇等激战终日,已精疲力竭,见晋军救兵大至,遂解危而去,皇甫遇等乃得同回相州。诸将皆叹服二将军之勇猛,契丹兵亦深感畏惧,契丹主遂率兵北归至鼓城。

晋帝令乘势转守为攻,遂集结兵力于定州。三月,杜威统领诸军北上,连取泰州(今河北清苑)、满城(今河北满城北)、遂城(今河北徐水西北),俘获契丹酋长没刺以下吏卒二千余人。契丹主听闻晋军逼近,立即率八万骑兵驰突轻疾南向反扑,欲倚仗骑兵优势野战追歼晋军,直取京师。晋军被逼退至白团村,陷入重重包围,粮尽草绝,水竭炊断,遂于营中掘井,方一见水即塌,人马饥渴难耐。一日夜晚,东北风大作,破屋折树,飞沙走石,至天明,风暴更甚,昏天黑地,战马不能行。契丹主急欲尽歼晋军,乃令骑兵下马冲入晋军行寨,以短兵拼杀,又顺风纵火扬尘,以助其势。眼见契丹兵大举进攻,众将士愤怒呼叫:"都招讨使为何还不下令发兵,徒令士卒等死!"杜威道:"等风势稍缓再观察可否用兵。"马步都监李守贞道:"彼众我寡,于风沙之中却难以辨别,只有力斗者方胜,此风正助我也,若等风止,吾等难保矣。"即向诸军喊道:"诸军全体上阵杀贼。"马军左厢都排阵使张彦泽道："达虏正乘风势,宜等风回再与之战。"马军右厢都排阵使药元福道："如今军中断粮绝水,饥饿已甚,若等风回,我等已成俘虏。今风暴正盛,宜出其不意攻击,此乃用兵诡道也。"马步左右厢都排阵使符彦卿道："与其束手就擒,莫如以身殉国!"于是马军诸将引精骑出西门反击,步军诸将亦纷纷随之杀出寨来,喊杀之声惊天动地,犹如地狱破门,凶魔恶鬼般挥刀舞爪,汹涌杀入契丹兵阵。契丹兵来不及上马大败而逃,势如山崩,战马、铠仗弃之遍野,一路逃至阳城东南渡水北归。晋兵欲继续追杀,怎奈人马饥渴太甚,追之不及,遂退保定州。

这一年闽国更是动荡不安。

拱宸指挥使朱文进、控鹤指挥使连重遇自从杀死康宗王昶之后,心中惧怕国人讨伐,遂结成姻亲关系以巩固势力。闽主王曦曾游西园,酒醉时杀了控鹤军使魏从朗,从朗乃朱、连二人同党,二人以此惊疑不定。又一次酣饮之时,闽主举酒盯着二人朗诵白居易诗"唯有人心相对时,咫尺之间不能料",二人惊慌离座,拜道:"臣子侍奉君父怎敢有异志!"王曦却毫无反应,二人心中益发恐惧。

李皇后嫉妒尚贤妃受宠,遂欲弑杀王曦,立己子王亚澄为帝,乃命人联络朱、连二人曰:"主上待二公极不公平,你们怎么办?"不久李皇后父亲染病,王曦至府第问候,朱文进、连重遇命拱宸马步使钱达于马上刺杀王曦,并将百官召至朝堂宣告曰:"太祖启肇光大闽国,如今子孙淫虐,政事荒废昏庸,乃天弃王氏,宜选择有德者立之。"群臣皆不敢言。连重遇乃推举朱文进升殿,被衮戴冕,率领群臣北面拜舞称臣,朱文进遂自称闽王。

朱文进弑君篡位后,将王氏宗族延喜以下老少五十余人皆收捕斩杀,安葬闽主王曦,谥号睿文广武明圣元德隆道大孝皇帝,庙号景宗。继而任用连重遇统领六军,又下令遣散宫人,停止营造,以改王曦之政,汀州刺史许文稹举郡来降。

八月,朱文进自称威武留后,权知闽国事,遣使奉表称藩于晋。十三日,晋帝任命朱文进为威武节度使,知闽国事。十二月,晋帝加朱文进为同平章事,封闽国国王。

泉州散员指挥使留从效与同僚王忠顺、董思安、张汉思道:"朱文进屠灭王氏,派心腹分据诸州,现泉州被其心腹黄绍颇把持,我等世受王氏之恩,如今却不得不拱手事贼,一旦建州富沙王攻下福州,我等死亦有愧!"诸人都赞同留从效意见,于是各领军中交好壮士至留从效家中夜饮,从校骗众人道:"富沙王已经平定福州,密令我等捉拿反贼黄绍颇,我看诸君相貌皆非久居贫贱之人,听从我言可图富贵,不然大祸即将临头。"众人听了踊跃行动,操起棍棒翻墙入府,将刺史黄绍颇捉拿斩首。留从效又带了泉州府印信至王继勋府第,请其主持军府事,自己则称平贼统军使，用盒子装了绍颇首级，派遣副兵马使陈洪进送去建州。

陈洪进行至尤溪，被数千福州戍兵拦截，洪进骗道："义军已经诛杀朱文进，我正火速赶往建州迎请嗣君，尔等何以还死守此地？"并将黄绍颇首级给他们看，众福州兵纷纷溃散而去。数名福州大将亦跟随陈洪进来到建州，富沙王延政乃以王继勋为侍中、泉州刺史，留从效、王忠顺、董思安、陈洪进皆为都指挥使。

漳州守将程谟得知消息，亦斩杀刺史程文纬，立王继成权领州府事。

继勋、继成皆是王延政之侄，朱文进诛灭王氏时，二人因远离福州方得以保全性命。

汀州刺史许文稹见建州势盛，遂又奉表请降于殷。

闽国王氏兄弟互相征伐，连年用兵，以致闽国大乱，国力大衰，南唐主李璟乃乘乱派枢密副使查文徽发兵攻打建州。文徽领兵至建阳，随即屯驻于盖竹，后听说漳、泉、汀三州皆已向殷投降，遂又退保建阳。

朱文进闻听泉州反，乃以重赏招募兵士二万进攻泉州，殷主延政亦遣兵二万前往泉州救援，同时以战舰千艘进逼福州。福州危急，朱文进遂遣子弟作为人质向吴越求救。

南廊承旨林仁翰眼见福州即将陷落，乃对其党徒道："我们世代事奉王氏，而今却受制于贼臣，待富沙王来了有何脸面拜见。"遂率领党徒三十余人奔袭连重遇府第。重遇严兵自卫，众党徒见状纷纷逃散，仁翰自知已无退路，便手执长枪死拼向前，终于刺杀连重遇，斩其首对周围众人道："富沙王即刻就到，尔辈就会被灭族！如今连重遇已死，何不赶紧抓捕文进赎罪！"众人踊跃跟随，仁翰遂直奔宫中斩杀朱文进，随即迎接建州军入城，又用盒装了朱、连二人首级命送往建州。

叛贼既已诛灭，福州朝中旧臣皆主张迎请殷主延政入福州主政，延政遂改称闽王。

时唐兵压境，延政无暇迁都，乃以从子门下侍郎、同平章事王继昌都督南都内外诸军事，坐镇福州，以飞捷指挥使黄仁讽为镇遏使，林仁翰却因未向延政报功而奖赏甚薄。

开运二年（945）二月，查文徽上表请求增兵，南唐主乃以天威都虞侯何敬洙为建州行营招讨马步都指挥使，将军祖全恩为应援使，姚凤为都监，率兵数千进攻建州，从崇安进驻赤岭。闽主延政闻讯，派仆射杨思恭、统军使陈望领兵万人列寨栅于建溪之滨，以抵御南唐来犯之敌。南唐军遂不敢进逼，双方隔溪对峙十余日，杨思恭假借闽主之命催促陈望出战，陈望道："江淮兵强，将善武事，我闽国安危在此一举，当考虑万全而后行动。"思恭愤怒道："唐兵已深入闽国，陛下寝食难安,委御敌重任于将军,唐兵不过数千,将军拥兵万余,不乘其立足未稳而击之,但等南唐兵惧怕而自退,将军有何面目见陛下!"陈望不得已领兵涉过建溪攻击南唐兵。南唐军以主力与闽军正面交锋,又出奇兵击其后,闽军大败,陈望战死,杨思恭孤身逃回。南唐军继而进逼建州,闽主恐慌,乃据城自守,又急招董思安、王忠顺率领泉州兵五千来建州增援。

闽国元从指挥使李仁达十五年未曾升迁,遂叛闽而奔建州,王延政用为将军。及至朱文进弑杀王曦,李仁达又叛殷而奔福州,并向文进献取建州之策,文进恶其反复无常而不予任用,乃散居于福清。又有浦城人陈继珣亦叛殷奔于闽,为王曦献策攻取建州,王曦仅任为著作郎。待到福州归于王延政,二人终日不安,仁达见王继昌主事福州,嗜酒而又无能,且不体恤将士,以致将士们多有怨恨,乃于三月潜入福州,劝指挥使黄仁讽道:"如今南唐兵势正盛,建州孤危,富沙王连建州都快保不住了,哪还保得了福州!当年王潮兄弟仅是河南光山一布衣,夺取福建却易如反掌,我辈若乘此机会自图富贵,还怕不如王潮么!"仁讽甚觉有理。当晚,仁达引领甲士突然冲入福州府杀死王继昌,原本打算自立为王,又怕众人不服,因知雪峰寺寺僧卓严明颇受尊重,便推荐道:"此僧眼睛为双瞳,且双手过膝,乃天子之相。"众人遂前往迎请拥立为帝,年号仍用天福十年,遣使奉表向晋朝廷称藩,李仁达自判六军诸卫事。

延政闻知福州之变大怒,遂诛灭黄仁讽全家,又命统军使张汉真率领五千水军会合漳州、泉州兵马共同讨伐福州。

四月,张汉真率兵至福州,进攻东关。黄仁讽因全家被诛,义愤填膺,乃开门力战,大破延政军,并执缚汉真斩于城中。仁讽心中悲痛,对陈继珣道:"人之所以为人,因为有忠、信、仁、义也,我曾有功于富沙王,却又背叛了他,此非忠也;富沙王以从子托付与我,我却助人将他谋害,此非信也;如今与建州兵战,所杀的皆是同乡故人,此非仁也;抛弃妻子被人宰杀,此非义也。我身十沉九浮,死有余愧!"捶胸顿足,恸哭不止。继珣道:"大丈夫为求功名顾不得妻子!尚宜将此事搁置一边,以免致祸。"此话传至李仁达耳中,心甚疑之,便命人控告黄仁讽、陈继珣谋反,二人皆被处死,从此兵权尽归于仁达一人。

五月二十日,李仁达大阅军伍,请卓严明临场检视。仁达事先早有筹谋,阅兵开始即有数名军士冲上台杀死严明。仁达佯装惊惧,狼狈逃走,军士又将其推回,按坐于严明座位上,仁达遂自称威武留后,年号保大,遣使奉表至南唐称藩,同时又遣使入贡于晋。南唐以仁达为威武节度使、同平章事,赐名李弘义,编入李氏属籍。继而弘义又遣使至吴越修好。

七月,有人密告有福州兵欲谋反,闽主乃下令收缴其铠甲兵杖,假称将他们遣还福州,于隘口设伏兵将其全部杀死,约八千余人。从此延政兵力更弱,遂遣使奉表称臣于吴越,请为附庸,以求援助。

八月,建州城被南唐军攻破,王忠顺战死,闽主延政投降,被执送江宁。

九月,汀州许文稹、泉州王继勋、漳州王继成皆向南唐投降,闽国灭亡。

建州人苦于长期遭受王氏内乱之祸害,以此南唐兵初来时争相为其伐木开道。待建州城破,南唐军纵兵抢掠,焚毁宫室庐舍。当夜急降寒雨,建州百姓流离于街头,苦不堪言,失望至极,南唐主却因查文徽克闽有功而一概不问。

建州即得,南唐主乃于此地置永安军,以南唐百胜节度使王崇文为永安节度使。崇文到任后,治政宽大,刑法严明,建州人遂得安定。

再说吴越国王钱弘佐自从有程昭悦陪侍左右,常征询其意见,不久即按其建议拜东府安抚使七弟弘倧为丞相。其时府中将帅因弘佐年少,对圣命多有阳奉阴违、互相推诿,以致专横跋扈、擅作主张,生活上亦有崇尚奢华之势。为抑制种种不良风气,丞相弘倧建议推行严明考核、薄禄重奖的办法,以激励将士服从军命、勇于立功,鼓励文官善政惠民、忠诚王事,由此士人归心。

开运二年(945)春三月,王从祖、武肃王五弟、顺化军节度使钱铧薨,终年五十三岁,谥曰:忠简。

钱铧,字辅轩,太师英显王第五子,武肃王少弟,出生不久太师崩,由武肃王抚育长大成人,武肃王崩,乃请求终生守丧。钱铧性多才艺,尤精音律,亦善绘画,累授温、明二州刺史、检校太尉,奏授恩州防御使。文穆王时,授两浙行军司马,不久奏改本州团练使、顺化军节度使,封楚国公。

秋七月,将城西龙山南原文穆王庙扩建为祖庙,于文穆王大殿之后增建武肃王大殿,供奉武肃王檀香木雕像,便于四时祭祀。

十月,晋帝遣太子宾客罗周岳、右庶子王延济来杭,册吴越国王弘佐守太尉。

如今吴越南境闽国已不复存在,福州李弘义(仁达)向南唐称藩,建州亦为南唐据有,局势颇为动荡。鉴于此,为做好应急准备,弘扬军威,十一月初一,吴越国王钱弘佐亲临钱塘门外宝石山下大校场检阅三军。弘佐身披金甲,手按利剑,威风凛凛登上将台,亲自号令三军接受检阅,只见号令严明,军容整肃,三军协调,进退有序,彰显吴越国军威。

内衙左统军使阚燔为人刚愎而专横,人皆厌恶,自从向弘佐推荐程昭悦,眼见昭悦受宠已远胜于己,心中愤恨不平,遂常口出恶言。昭悦至阚府顿首谢罪,阚燔责骂良久,最后说道:"我本已决意杀你,今即悔过,我亦气消。"昭悦心中仍惴惴不安,乃决心除去阚燔。

经过数日筹谋,昭悦终于想得一个逼迫阚燔谋反作乱的连环计,几经推敲没有破绽后,昭悦悄悄来到阚府。自入府门与阚燔相见,昭悦只是低头不语,连连长叹。阚燔憋得喘不过气来,跺着脚连番催问,良久昭悦方叹道:"王上近日对将军态度如何?"阚燔对道:"和往日一样,不冷不热。"停了片刻,昭悦又问:"近日王上可与将军谈论军中之事?"阚燔道:"未曾,近日军中可有何问题?"昭悦又沉默不语,阚燔更急切追问,昭悦又问道:"王上可与将军谈论国家大事?"阚燔摸不着头绪,急切道:"没有,究竟发生了何事?"昭悦道:"世人皆知吴越国兵权掌握于阚、胡二将军之手,军国大事王上不问您且问谁去?何况近数月间我吴越南邻闽、殷交战炽烈,闽国国主数番更迭,如今南唐已据有建州,福州亦向南唐称藩,如此紧要关头,王上不找将军商议,这意味着什么?"阚燔道:"王上从来就极少与末将议论军国大事,也许是末将不才吧。"昭悦长叹一声道:"我的阚将军,真是一个货真价实的憨将军!你再仔细想想,近来王上何以用钱仁俊为内衙马步都统军使?无非是用自家兄弟来约束你与胡将军,这说明什么?将军你在王上心中地位如何?再说前几日校场大阅兵,这本是都统使与统军使分内之事,何须王上亲临检阅!更何须王上身穿戎装亲自指挥?尔等指挥使在王上心中地位如何?"阚燔闻言着急起来,问道:"贤弟教我,该如何应对?"昭悦道:"阚将军不必着急,将军手中握有重兵,只须勤于操练,慎察动止,一时间谁也动将军不得,只是时间不等人,将军还须有深谋远虑才是!"阚燔还想问具体办法,昭悦道:"王上对程某宠信有加,恩重如山,阚兄对小弟仁厚义深,情同手足,今日小弟言语只能到此为止,说多说深则是对王上不忠,不说少说则是对朋友不义,恕小弟不能多言了。"关乎前途生死,阚燔还想问点什么,昭悦摆手道:"将军军中多有朋友,何不与他们商议。"昭悦知道,阚燔朋友中最密切的无非杜昭达、胡进思两人,此番必然找二人商议,这亦是昭悦计划中之一环。

　　从阚府出来,昭悦随即拜访胡进思。胡进思为人厚重,沉默寡言,昭悦以为易为己用。那阚燔素与胡进思交好,今欲除去阚燔,须得先设计拉拢进思,如能与其联手,事可成亦。昭悦进得胡府便直言相告:"阚燔专横刚愎,国人皆恶之,王上亦屡欲除之。将军与阚燔同为左、右内衙都指挥使,军务上多有联系,你二人关系又较旁人密切,但胡将军为人忠诚敦厚,勤于王事,不似阚燔目无君长。今若单独除去阚燔而留将军,只怕阚燔不服,举兵闹事,将军亦不好于阚燔面前为人,故而王上欲调出阚燔任明州刺史,同时调出将军为湖州刺史。一旦阚燔不服闹事,将军便可从中劝解息事,待阚燔出任明州,再以其他原因使将军留下,届时再无他人可与将军争高下,又有功于朝廷,当可升任内衙军都统使。如此既为王上除去阚燔,消除隐患,将军又得以升迁,独揽军权,岂不皆大欢喜!"胡进思早就知道吴越国王厌恶阚燔,亦私下多次劝其收敛些,阚燔不以为然,今听昭悦如此说，心中盘算既然王上欲重用自己而出阚燔，这也是他自作自受，乃顺理成章之事，便答道："谢王上恩遇，程大人指点，胡某一定遵旨照办，效犬马之劳。"昭悦又道："此事非同小可，切不可泄露机密，阚燔处有何动静须及时通报王上，以免节外生枝。"进思唯唯允诺。

阚燔与昭悦谈话之后，急三火四赶到杜府拜见杜昭达，向昭达转述了程昭悦通报的言语，又添油加醋讲述了自己的看法，昭达听了亦大为吃惊。若直接去问王上，岂非干预朝政，公开抗上？若听任事态发展，又不知会有何祸事降临！两人思来想去，唯一可行之事就是加强军事控制，以备不测。

阚燔又至胡府与胡进思商议，进思假装吃惊道："那该如何应对？"阚燔乃向胡进思说明自己与昭达意见，胡进思依顺道："也只好如此。"

过了几日，胡进思密告昭悦道："阚燔数日来活动频繁，常常只身与杜昭达密谈，又分别召见手下各主要将校，不知议论何事。近来二人亦加紧训练军队，加强侍卫亲军，多备甲杖。"

程昭悦见事态已按自己谋划启动，遂入宫向吴越国王禀报："据右统军使胡进思报说，近日左统军使阚燔频繁召见手下主要将校，又时常出入内督监使府第，与杜昭达秘密接触，府中将士多贯甲执刀，往来巡视，气氛十分紧张，并有迹象显示正在加强侍卫军，整备甲杖，不知何故。"

吴越国王素来厌恶阚燔专横跋扈，听了昭悦禀告顿时怒火中烧，正要发作，转瞬间却又告诫自己：此事关系重大，切不可莽撞行事，以免扩大事态不可收拾。稍稍冷静之后问昭悦道："他们究竟为了何事？"昭悦摊开双手，无可奈何说道："不知为何，不妨问问都统使和右统军使，他们是同僚，或许知道多些。"

弘佐召来钱仁俊询问近来内衙军情况，仁俊乃内衙马步都统军使，总管内衙左、右军，对内衙军情况最清楚，随口答道："近数月来闽国多事，因之左、右军忙于练兵备战。"弘佐又问："有人言近日阚燔府中将士多贯甲执刀，往来巡视，气氛紧张，并且加强了侍卫亲军，又说近日阚燔与杜昭达频繁密谋，可有此等事？"仁俊道："自王上亲自阅兵，军中斗志高昂，军情振奋，阚、胡二位统军使亦抓紧备战，随时听候王上号令，因之军府中将士贯甲执刀，严密巡视，亦在情理之中。阚燔与杜昭达素来交往甚密，近日频繁往来或许是军务较多之故。"弘佐见仁俊回答痛快，言之凿凿，也就不再多问。

弘佐又召胡进思询问，进思回答大致与昭悦一致，认为阚燔拥兵自重，多有嫌疑，应及早防范。再召杜昭达询问，昭达回答大致与仁俊一致，但言语间多有掩饰或模棱两可之词。最后弘佐直接召见阚燔，以往总是左、右统军使同时召见，便于共同商讨军事，今天却是单独召见，因之阚燔特别心慌。弘佐问："据闻阙将军近日特别忙碌,不知所忙何事?"阙熿心虚,连说:"不忙,不忙,只是些日常琐事。"弘佐又问:"听说阙将军扩充了侍卫亲军,可有此事?"阙熿极力否认:"绝无此事,是哪个嚼舌鬼在王上面前拨弄是非!"弘佐又问:"近日阙将军是否常去拜访杜大人?不知商讨何等军国大事?"阙熿慌忙道:"卑职只与杜大人商议些军中日常琐事,岂敢擅议军国大事。"阙熿未曾料到弘佐会如此之快召见自己,因之大多问题皆是否定躲闪,因而弘佐益发怀疑。

弘佐再召程昭悦商议,昭悦见时机已经成熟,便建议道:"古人言疑人不用,用人不疑,既然阙熿疑点甚多,不妨先将他调离军中要职。如今明州刺史一职正空缺,不妨命阙熿赴任,明州乃一海防大镇,称得上是重用了,阙熿当可接受。待阙熿赴任明州,内衙军之事便可细细查实,若无罪便罢,有罪则重新处置。"弘佐道:"若是阙熿不肯赴任,央请都统使、督监使出面求情该如何?"昭悦道:"如今南唐已据有建州,福州亦归附于彼,因此以加强边境防卫为名调大将出任重要州府顺理成章。为不使阙熿生疑,调其出任明州刺史同时,不妨亦调胡进思出任湖州刺史,待阙熿赴任后,再以他由使胡将军留任,如此各方面皆无话可说。"弘佐遂采纳昭悦建议。

次日朝堂议事,吴越国王乃以南唐攻占福建,吴越被其三面包围,边境形势吃紧为由,拟加强周边军事防御,明州、湖州刺史空缺,故调任内衙左统军使阙熿为明州刺史,内衙右统军使胡进思为湖州刺史,待军务交割完毕应尽快赶往本州赴任。

朝会毕,阙熿心中不平,愤怒对胡进思道:"王上名曰加强边境防务,实则逐你我于朝外,欲抛弃你我!"胡进思心中有数,乃以好言劝阙熿道:"如今吴越与南唐难免会有恶战,将军与我皆老矣,今以老兵得任大州,总强过于内衙军中任职,以免战事发生时随军东奔西突,岂不是幸事,何不乐得其所!"阙熿听了胡进思一番话,心头之气消了许多,仔细想想,按目前状态,弘佐对己矛盾已深,群下对己亦多违心,换个地方或许是好事,遂受命至明州赴任。

谁知阙熿至明州赴任之后,胡进思却迟迟未去湖州,阙熿情知自己受骗上当,心中益发窝火,寻找程昭悦责问。昭悦花言巧语进一步挑逗道:"我早说过王上对将军已不信任,提醒您广交朋友,牢牢掌握兵权,是将军未听小弟之言,未能与杜将军、胡将军结成联盟共同进退,以致被王上各个击破,将你调去了明州,如何怨得我!恕小弟直言,以将军之才如何斗得过王上?还是忍为上策。"阙熿道:"我已忍得恁久,却是如此下场,如何再忍得!"昭悦道:"那你就与你朋友们商量吧,看他们有何办法。"

自从阙熿调离内衙军,杜昭达心中亦是惴惴不安,正在烦愁之际,阙熿找上门来,向其发泄了一肚子怨气,昭达正色道:"将军受些窝囊气乃是小事,却不知大祸即将临头了,你以为去明州赴任就算完了? 调你去明州乃是为了彻查你在内衙左军中之罪行,待罪证坐实,你就彻底完结了。"阚燔听了十分惶恐,急忙问道:"那该如何是好?"昭达心中早已作好盘算,平静说道:"调任明州也未尝不是一件好事,若是留于内衙军中,则只能控制左军,右军胡进思看来不能与你我同心,万一王上与我们反目,必然以右军来压左军,如此阚将军定然陷入被动。如今将军已调任明州,远在东隅海边,如果反目,阚将军可调动明州奉国军与王上内衙军抗衡,一旦形成对抗局面,将军即可联络温州、台州诸军反抗朝廷,或可成事。将军回明州后务必抓紧训练奉国军,作好应急准备,然时机未到绝不要轻举妄动,须得听我号令行事,切记。我在府中尽量设法拉拢统军使仁俊,若能使仁俊与我们共进退,一则可控制全部内衙军,壮大我们实力,如此内有内衙军,外有奉国军,还怕弘佐不成! 二则进可奉仁俊取代弘佐,号召群臣。万一不利,仁俊乃是弘佐从兄,我们仍可以仁俊为保护伞,减轻惩处。"

原来仁俊之父元璙乃文穆王元瓘八弟,仁俊三弟仁泽为元璙继子,以此弘佐与仁俊关系较之其他从兄弟更为亲密。仁俊较弘佐年长二十二岁,弘佐对其自然十分信任和依仗,而仁俊之母与昭达之母乃是亲姐妹,仁俊与昭达亦自幼相交亲密,以此昭达方有这一番言论。

昭达数次与仁俊交谈,旁敲侧击试探其心意,仁俊始终正气凛然,昭达遂不敢贸然谈及举兵与弘佐抗衡之事,乃以内都监使名义直接在内衙军中培植亲信,以图不轨。

阚燔回到明州即调整奉国军部署,又找来幽于明州的弘佐庶兄钱弘侑(元瓘养子,原名孙本),告以与杜昭达之密谋,请弘侑立即联系旧部共同举事。

程昭悦逐出阚燔之后并未终止阴谋,而是四处刺探情报,继续打击钱仁俊、杜昭达、阚燔等人,杜昭达、阚燔的一切举动皆在昭悦掌握之中,遂将其准备举事的种种情报上报吴越国王。吴越国王以商讨抵御南唐之策为名召集军事会议,内衙军首领及诸州节度使皆赴会,会间下令将钱仁俊、杜昭达、阚燔逮捕拘押,由丞相吴程组织进行审查,程昭悦协助审理。

程昭悦利用审问之机大肆抓捕杜昭达、阚燔党徒百余人,严刑拷打,逼供取证,搞得军中将领人人自危,侧目而视。昭达、阚燔罪行皆已坐实,唯仁俊却无罪证。为扳倒仁俊,昭悦秘密收捕仁俊手下故吏慎温其,对其威胁诱骗、百般用刑,慎温其坚贞不屈、毫无动摇,昭悦无奈,只得将其秘密囚禁。

经程昭悦审结,拟处死钱仁俊、杜昭达、阚燔、孙本(钱弘侑)等二十余人,收监放逐三十余人,凡昭悦忌恨或排斥之人皆予诛杀放逐。丞相吴程以为不妥,遂将审理结果表奏吴越国王裁决,吴越国王道:"如今南境局势颇紧,我吴越必须高度戒备,正是军中用人之时,受此案牵连竟收捕百余人,且大多是主要将领,受到无端拷问,令彼等心有余悸,忧思难去,如何领得三军抗击南唐军!为了尽快消除此案造成的负面影响,提高三军士气,本王决定除对首犯必须严惩外,从犯可以从轻发落,罪行轻微或罪证不足者皆予赦免,对无辜受到拘押者必须赔礼道歉,消除影响。"最后议定:内衙都监使杜昭达,内衙左军指挥使、明州刺史阚璠密谋叛逆,处以死刑;庶人孙本(弘侑)曾因谋逆禁于明州,今不思悔改再次谋反,亦处以死刑;内衙都统使钱仁俊因罪证不足,现贬去都统使之职,暂时幽禁于东府,待查实后再行处理;积极参与杜、阚叛逆者三人予以囚禁;其余受到审讯受刑者全部释放,由宰相吴程亲自送至各自军营,当众赔礼道歉,官复原职,消除影响。从此三军稳定,军情振奋。

此案之后,吴越国王任命胡进思为内衙都统军使,水丘昭券为内衙都监使,张筠、赵承泰为内衙左、右统军使。程昭悦满以为除去钱仁俊、杜昭达,自己必能出任内衙都监使,不曾想经此一案,吴越国王却察觉到昭悦的阴险残酷,弄权诡诈,因此并未重用。

第五十八回　援南境弘佐力排众议　据中原知远建立汉室

开运三年（946）三月，晋帝因建州王延政降南唐前曾向吴越求援，福州李弘义亦曾遣使修好于吴越，乃请求吴越国王出兵驱逐南唐军，恢复闽国，以此敕授吴越国王钱弘佐为东南面兵马都元帅，增食邑二千户，实封五百户，仍改赐推诚匡运、忠亮威德功臣。吴越国王因内衙军刚刚历经杜昭达、阚璠密谋作乱，昭悦又将此案扩大化，以致内衙军上下军心不稳，加之建州已被南唐军占领，福州亦暂时保持稳定，以此未曾出兵。

四月，泉州刺史王继勋遗书威武节度使李弘义欲与福州交好，弘义却因泉州原本隶属于威武军，如今竟自投于南唐，心存怨愤，遂派遣其弟弘通率兵万人前往讨伐。泉州都指挥使留从效对继勋说道："李弘通兵势甚盛，泉州士卒又因使君您责罚不当不肯出力，以此使君宜让出刺史之位自己反省。"遂将继勋送归私第，自己代领泉州军府事出城迎敌，一举击败李弘通。留从效将此事上表申奏南唐主，南唐主遂以留从效为泉州刺史，并派遣南唐兵戍守泉州，将王继勋召去江宁。

七月二十六日，吴越国太夫人、弘佐母亲许氏崩，年四十四，敕谥曰：仁惠。

许夫人乃丹丘（今台州）人，讳新月，善音律，文穆王命其执掌后庭乐部。早年鄜夫人生孝献世子，文穆王甚是钟爱，后庭亦皆尊敬。丽春院佛堂有尼姑契云主管香火，颇有知人识相之能，曾审查许夫人道："夫人之相，彼鄜氏远不能及也。"后来果然如其所言。

弘佐如今年方一十九岁，竟父母双亡，以此极为悲痛。

八月，吴越重建天宠堂。

南唐军初克建州之时曾欲乘胜夺取福州，南唐主因李弘义已经称藩遂不准。枢密使陈觉请求亲自前往福州劝说李弘义投降，宋齐丘亦以为陈觉有辩才，可不动干戈说服弘义，遂竭力推荐。南唐主乃以陈觉为福州宣谕使，赐弘义之母、妻为国夫人，四弟皆升迁官位，并厚赠弘义金银财帛。弘义察知陈觉所谋，因之接见时言辞冷淡，脸色傲慢，待之疏薄，陈觉竟不敢言及请弘义入朝之事，遂无功而返。

陈觉回到江宁，耻于无功，乃于八月假传南唐主诏旨召李弘义入朝，自称代理福州军府之事，擅自命汀州、建州、抚州、信州之兵皆由南唐建州监军使冯延鲁统领，并使人赴福州迎取李弘义。延鲁致信于弘义，晓谕祸福利害，劝其投降，弘义见信复书请战，并命楼船指挥使杨崇保率领福州军兵拒敌。陈觉与冯延鲁商议，决定以建州刺史陈海为像江战棹指挥使进攻福州。陈海率领水军乘小船顺闽江而下，恰逢近日大雨，江水暴涨，水流湍急，一夜之间船行四百里直抵福州城下。福州兵毫无准备，不堪一击，急忙逃入城中闭门自守。陈海鸣鼓攻城，奈何城坚不能下，乃于闽江之滨安营扎寨。陈觉给南唐主上表称："福州孤危，我军旦夕可克。"南唐主因陈觉矫诏甚是愤怒，欲召回问罪，群臣多言道："今已兵临城下，不可中止，当发兵支援才是上策。"南唐主遂从其言。先是陈觉、冯延鲁于侯官战败杨崇保，又乘胜进攻福州西关，继而弘义亲自领兵出战，大破唐军，俘获唐左神威指挥使杨匡邺。南唐主以永安节度使王崇文为东南面都招讨使，以漳泉安抚使、谏议大夫魏岑为东南面监军使，延鲁为南面监军使，会兵猛攻福州，终于攻占福州外廓。李弘义固守于第二城，数日后复夺回外城。

这福州共筑有三道城。最早是晋代修筑的子城，范围狭小，南有虎节门，东南有定安门，西南有清泰门，东有康乐门，西有宜兴门，西北有丰乐门。唐天复元年（901）太祖王审知于虎节门外筑重阙，名为镇闽台，又名龟门，俗呼双门，又于晋子城外修筑罗城，范围较晋时子城扩大四五倍，设有城门八座、水门三座、便门多座：正南有利涉门，一名福安门；东有通津门，俗呼青楼门；西有等化门；西南有清远门；东城有海晏门，一名清平门；东北有延远门，又名通远门、严胜门；西城有迎仙门；北城有永安门，一名济川门；西北有安善门，或称遗爱门。梁开平元年，太祖再增筑外城，向南、北两面扩展，西沿西湖及白马河东岸，东沿晋安河西岸，北止于屏山，南环于乌山之南，其范围又较唐时扩大两倍多，南边外城称南月城，北外城称北月城，正南有宁越门，东南有美化门，东有水部门或曰水关门、船厂门，北有严胜门（北门），西北有屏山门（遗爱门），西有迎仙门（西门）、怡山门等。如今的福州城由于城墙重叠，水路环绕，又有乌山、于山守望，因之固若金汤，易守难攻，南唐军虽攻下外城，李弘义仍可固守罗城。

李弘义既与南唐反目，乃于九月更名为李弘达，向晋国奉表请命。晋帝任命弘达为威武节度使、同平章事，知闽国事。

十月，南唐军排阵使、福州降将马捷引兵自马牧山进攻福州。兵至美化门，福州军都指挥使丁彦贞以百余骑出城相拒失利，南唐军遂乘胜攻下美化门，弘达只得退保罗城。南唐军继而攻占海晏门，外城再度为南唐兵占据。福州形势危急，弘达乃遣将徐仁晏、李廷谔等杀出重围，直奔杭州向吴越求援，因弘达与弘佐同用弘字为名，遂自去弘字更名为李达以示尊崇，向吴越奉表称臣。

吴越国王钱弘佐召集诸大臣将领共议，是否出兵福建支援李达抗击南唐军。

新任内衙都统军使胡进思首先言道："当今南唐军势正盛，自入闽以来，先是攻占建州，继而漳州、泉州、汀州皆归于唐，唯福州孤军抵抗，岌岌可危。我吴越出兵相救，无异于飞蛾扑火，以卵击石，其一也；先武肃王所立国策乃是'保境安民'，若擅自兴兵侵犯他国，必致劳民伤财，使百姓遭殃，其二也；闽人反复无常，不可轻信，先文穆王时福州、建州相攻，王命内衙统军使仰仁诠率兵支援建州，结果反遭福、建二州联手夹击，以致惨败而归。如今李达更是反复小人，起先事闽，后叛闽事建，再叛建投闽，不被闽主朱文进所用，待到福州被建人攻取，又与人合谋杀死闽主，拥立僧人卓严明，再遣人刺杀严明自称留后，称藩于南唐，如今复与南唐反目，方求救于我，如此反复小人岂可与之联手，此其三也。由此三者，我吴越宜遵守'保境安民'之策，不宜发兵入闽。"

丞相钱弘倧道："胡将军之言有失偏颇。当今，中原动荡，民生凋敝，而江南诸国相对稳定，百姓安宁，因此南唐先主李昪国策乃是与江南邻国共守'保境安民'国策，集中力量应对中原，一旦有机可乘，即先夺取中原，而后统一全国，若南唐先主得以如愿，则可谓真主矣。如今之南唐主已然违背其父所定国策，置中原百姓受异族欺凌掳掠于不顾，背弃'保境安民'国策，拥兵向南侵占闽国，一旦福州再被南唐军攻克，则我吴越将被南唐三面包围。南唐既已背弃'保境安民'国策，亦必将欺我被其包围而对吴越用兵。既如此，我吴越发兵援助福州正是为了积极的'保境安民'，绝不能消极等待南唐军侵入我吴越再奋起抵抗，如此方可避免我吴越百姓遭受兵燹之苦，此乃我吴越援闽御唐的根本原因。其次，南唐军虽已占领福建多数地区，看似军势颇盛，但其远离本国，重山阻隔，已是强弩之末，而我吴越与福州仅一境之隔，后勤支援自然有利许多。至于李达反复无常，只要我入闽兵力强于李达守军，他就翻不起大浪。仰仁诠之败在于孤军驻于福州、建州之间，终被两面夹击，粮草断绝，以致失败，如今用兵，我军与福州合兵一处，自无此虞。"

内衙右统军使赵承泰说道："从道理上讲，丞相之言甚是有理，但现实是南唐军已将福州团团包围，而且道路遥远，关山阻阁，途经雁荡山、太姥山，路险山高，重峦叠嶂，欲打通温州至福州通道绝非易事，且极易被南唐军所阻击，得做好长期作战的准备，以此后勤补给亦要有充分的准备。"

内衙都监使水丘昭券道："丞相之言甚善。纵观天下之势，以中原最乱。今南唐军不伐中原而欺凌小国，上不顺天意，下不合民心，南唐军逆天意民心之举，天下人可共讨之。我吴越出兵援闽御唐乃是上合天意、下顺民心之举，只要我军入闽之后遵纪爱民，定会受到当地百姓支持，此乃我军取胜的根本保障。说到道路遥远，重山阻隔，后勤难继，孤军难援，其实南唐军后援较我吴越更难更远，至于上次仰仁诠入闽之败，则在于孤军深入闽中山区失去后勤支援所致。福州濒临东海，有海运之便，由温州起航至福州朝发夕至，甚是方便，闽中仅有小型战船数百条，大多仅能于内河航行作战，而我吴越可调集大小海舰数万条，平时泊于温州港内，战时以小船护卫大舰，以大舰支持小船，军势远胜于闽军，乃是我吴越之优势。以此，我吴越正义之师必将战胜南唐军。"

　　程昭悦见众说纷纭，便支持胡进思道："丞相与都监使所言乃是笼统而言，对于当今闽中态势必须具体分析，现实情况正如胡将军所言：福建全境除福州孤城皆已落入南唐军之手，我吴越发兵去支援这样一座孤城，无异于自投罗网，难以自拔。微臣早年曾行商闽地，几乎历遍诸州，对福建地形大致了解：福建地处东海一隅，地狭人稀，即使得之，若用以争天下，则兵丁难集，其势难成；若用以固守一隅，则糇粮不足，难以持久；欲发展生产，则闽中之地多是险峻山岭，或湍急溪谷，或不毛海涂，如何能扶助农桑？如此蛮荒之地，或得或失皆无关吴越大局。我吴越一旦发兵入福州，则是与南唐为敌，很有可能导致与南唐全面战争，陷我吴越百姓于兵燹战火之中。为了一个与我吴越毫不相干的小小福州城，甘冒陷吴越百姓于水火的风险，实在有悖于王祖'保境安民'之训。"

　　诸多大臣众说纷纭，莫衷一是，军中将士多数不主张入闽抗唐，吴越国王颇有几分生气，尤其听了程昭悦发言之后犹如火上加油，遂愤愤说道："唇亡而齿寒，春秋之明义。吾为东南面兵马都元帅，却不能救援于邻道，要此元帅有何用？诸军将士只是乐于饱食终日，安坐清闲，不能为我身先耶！"他停顿片刻，自知语言过重，稍稍冷静之后又缓和口气鼓励众将士道："方才丞相及都监使对本次援闽之战作了精辟的阐述，其意义重大，乃是积极的'保境安民'之策，是正义反对强暴之战。我军若能取胜，则可抑制南唐向南部扩张之野心，我吴越百姓仍可安享太平；若回避躲闪或一旦失败，则我吴越将被视为南唐囊中之物，任由其宰割，百姓亦将遭受欺凌。因此这一战是必应之战，无法回避，而且是正义之战、必胜之战。诸位臣工充分分析了敌我双方之利弊，我军优势是有强大的水军，不仅胜于闽，亦胜于南唐，水军乃是我入闽三军的强大后盾。反观闽中诸州，皆受重山恶水阻隔，距离虽近，却行止艰难，对福州支援远不及我方便。我军经过近数月整顿，清除了杜昭达、阚璠等败类，选拔了许多年轻将士，官兵关系更为融洽，兵士们人人争取立功，个个斗志昂扬，战斗实力大大增强。虽然闽军反复无常，然只要我入闽三军有远胜于福州的实力，又积极防范，就不会发生大的变故，因之可以说我军胜券在握。众位将士，我吴越国或是兴旺发达或是衰败不振，皆在此一战！机会难得，望将士们奋勇作战，多立战功，本王在此翘首盼望诸位将士传来捷报。将士们凯旋之时，本王必当亲自远迎，重奖有功将士！"

吴越国王说完这番话，众将士精神倍增，斗志高涨。

见将士们情绪高涨起来，吴越国王便开始具体安排战斗部署：命内衙都监使水丘昭券统领入闽三军，以静海军节度使、温州刺史元德昭为参军，遣内衙左、右统军使张筠、赵承泰等率水陆将士三万余人深入闽地救援福州。昭券知道程昭悦怀有统领三军之心，又颇多心计，因之深为顾忌，乃以用兵之事让昭悦。吴越国王早已洞察昭悦不可独揽大权，遂仅命昭悦掌管应援馈运之事。

按下吴越出兵驰援福州之事暂且不表，再来说中原。

自去年阳城惨败后，契丹主改变策略，欲以诈降诱骗晋军，晋廷则恃阳城之捷虚骄轻敌，企图乘机北伐。

七月，晋廷悉遣宿卫禁军北上，与诸军会聚于广晋（今河北大名东北）。十月发兵北征契丹，以天雄节度使兼中书令杜威为元帅、天平节度使李守贞为副帅、泰宁节度使安审琦为左右厢都指挥使、武宁节度使符彦卿为马军左厢都指挥使、义成节度使皇甫遇为马军右厢都指挥使、永清节度使梁汉璋为马军都排阵使、威胜节度使宋彦筠为步军左厢都指挥使、奉国左厢都指挥使王饶为步军右厢都指挥使、洺州团练使薛怀让为先锋都指挥使。晋帝下敕榜曰："专发大军，往平黠虏。先取瀛莫，以安定关南。次复幽燕，荡平塞北。"又曰："有擒获虏主者，委任上镇节度使，赏钱万缗、绢万匹、银万两。"

这一年中原自六月接连下雨，至十月尚未停止，七月黄河河堤于杨刘一带溃决，九月又决堤于澶州临黄，道路多被冲毁，以此晋军行进缓慢，馈运亦甚是艰苦。

十一月，晋国北征大军抵达瀛州（今河北河间），遭遇契丹骑兵突袭，乃退兵武强（今河北武强西南），欲径向贝州（治清河，今河北清河西北）南撤。契丹骑兵一路过易州、定州，直趋恒州，穷追不舍，至中渡桥（正定东南滹沱河上）时见晋将张彦泽已率军前来与北征军汇合，遂焚桥而退，两军夹滹沱河相峙于对岸。契丹主暗遣其将萧翰、通事刘重进等率领百余骑经西山插入晋军之后，以断晋军粮道及归路。

十二月，杜威因粮道及退路被契丹切断而忧惧，乃奏请朝廷火速派兵增援，调发粮草。晋帝其时已无兵可发，遂于初四下诏，将守卫宫禁兵将数百人悉数发往支援，又诏发河北及滑、孟、泽、潞诸州刍粮五十万送往军中。因催督严急，所涉州县民怨鼎沸。初五，杜威再遣使张祚向晋帝告急，张祚却于返回途中被契丹兵捉获，从此朝廷与军前音讯断绝。

时桑维翰因遭受李守贞等排挤被贬为开封尹，见国家危在旦夕，遂求见晋帝议事,晋帝因在苑中调鹰而不见。维翰又拜见执政,执政却不以为然,从此文官皆不献策,唯阿谀奉承而已。

初八,晋营军中粮草殆尽,杜威乃与李守贞密谋欲向契丹投降,遂派遣心腹至契丹牙帐与契丹主商谈归附,甚至邀功请赏,契丹主佯称:"赵延寿早想称帝中原,恐其威望不足以服众,杜将军若降当可为帝。"

杜威得到契丹主承诺,心中窃喜,遂打定主意投降,乃于初十事先命甲士数百埋伏于帅帐周围,再召集诸将强令各于降表署名。诸将愕然,却无敢言者,皆唯唯听命而已。杜威遂遣阁门使高勋带了降表赴契丹营中,契丹主欣然纳降。当日,杜威命众军士列阵于帐外,众人以为将与契丹决战,皆踊跃列阵,杜威却上前告谕:"如今我军已食尽途穷,我当为汝等共求生计。"乃令军士解甲释仗,众军士放声恸哭,声振原野。契丹主遣赵延寿身穿赭袍至晋军营帐抚慰士卒。杜威以下众将士皆迎谒于马前,延寿乃于军前以赭袍穿于杜威身上,其实乃戏耍杜威而已。

契丹主以杜威为太傅,李守贞为司徒,二人引领契丹军至恒州城下,并将晋军已降之消息晓谕恒州守军,命开城出降,契丹主遂进入恒州。

继而出征代州,代州投降,易州亦归于契丹,义武节度使李殷、安国留后方太见契丹势盛,皆相继投降。

契丹主率领大军一路从邢州、相州南驱,杜威则率领降兵跟从,又派遣张彦泽领二千骑兵先取汴梁,以通事傅住儿为都监。

十六日,晋帝得报杜威等皆已投降,当夜又听说张彦泽兵至滑州,急忙召李崧、冯玉等重臣至宫禁中议事,议定诏刘知远发兵入京救援。

十七日天未亮,张彦泽即自封丘门(北东门)斩关杀入,京城大乱。晋帝见大势已去,乃于宫中纵火,并持剑逼后宫十余人一同自焚,被亲兵将领薛超拦阻。不一会儿,张彦泽传契丹主与太后书信进行慰抚,又召来桑维翰、景延广,晋帝乃命灭火,大开宫城门。晋帝坐于园苑中,与后妃相聚哭泣,召来翰林学士范质草拟降表,自称"孙男臣重贵,祸至神惑,运尽天亡。今与太后及妻马氏,举族于郊野面缚待罪。遣男镇宁节度使延煦、威信节度使延宝奉国宝一、金印三出迎。"契丹监军使傅住儿入宫宣契丹主之命,晋帝乃脱去黄袍,穿上素衫,再拜受宣,左右众大臣皆掩面而泣。

张彦泽入城后纵兵大肆抢掠,贫民亦乘机争入富室杀人越货,二日方止,都城为之一空。

十八日,张彦泽迁晋帝于开封府,晋帝与太后、皇后乘肩舆,仅宫人、宦者十余人步从,街上观者皆流涕。至开封府,又以重兵看守,内外不通。延煦之母楚国夫人丁氏颇有美色，彦泽使人取之，立载而去。

是夕，张彦泽下令缢杀桑维翰，并禀告契丹主维翰乃自尽，契丹主道："我无意杀维翰，何必如此！"命厚礼抚慰其家人。

二十三日，延煦、延宝从契丹牙帐返还，契丹主赐给晋帝手诏，且遣解里对晋帝道："吾孙勿忧，必使汝有吃饭之所。"晋帝心中稍安，上表谢恩。

开运四年（947）正月初一，晋文武百官于城北遥向拘押于开封府的晋帝辞行，然后换上素衣纱帽迎接契丹主，匍匐道旁向契丹主请罪。契丹主穿戴貂帽狐裘，内贯铁甲，驻马于高阜上，令百官尽起，改换服装，多加抚慰。

契丹主对张彦泽剽略京城之举十分愤怒，乃以彦泽之罪宣示百官，问道："应死否？"众人皆回答："应死。"百姓亦纷纷投诉彦泽之罪，契丹主遂将彦泽并傅住儿斩首于北市。

初七，契丹主入宫，都城诸门及宫禁门皆以契丹兵守卫。

初九，契丹主改穿中原衣冠，百官起居皆按旧制，以李崧为太子太师、充枢密使；以威胜军节度使冯道为太傅，于枢密院供职以备顾问。

因杜威降兵太多，契丹主担心发生哗变，乃欲以胡骑驱赶降兵入黄河淹杀。有人谏道："晋兵分布各地尚多，一旦听说降者尽死必会纷纷拒命，不如暂且安抚，再慢慢谋取对策。"契丹主便将降兵屯于陈桥，适逢久雪，供给断绝，士卒饥寒相聚而泣，皆怨恨杜威。

赵延寿对契丹主道："晋国东自沂州、密州，西至秦州、凤州，广袤数千里，与吴、蜀相接处皆须用兵戍守。南方夏季湿热，北国人不宜久居，一旦皇帝车驾北归，晋国如此之大却又无兵守卫，吴、蜀必然乘虚而入，如此岂非为他人取得中原？陈桥降卒可分散戍守南边，则可无虞吴、蜀为患矣。今若徙其家至恆、定、云、朔诸州之间，每年轮番使戍南边，还怕其叛变吗！"契丹主以为上策，乃从其言。

契丹主以废帝重贵为负义侯，封地于北国黄龙府。十七日废帝与李太后、安太妃、冯后、弟石重睿、子延煦、延宝举家北行迁往封地，后宫左右随从一百余人，契丹派三百骑兵护送，又遣晋中书令赵莹、枢密使冯玉、马军都指挥使李彦韬与之同行。行至中渡桥，但见晋军寨栅依旧，毫无战争迹象，废帝叹道："苍天，我家何负于人，竟被杜威贼子所败！"放声大哭而去。

当初河东节度使刘知远蒙受晋帝猜忌，虽委任为北面行营都统，却徒有虚名，诸军进止皆不得知。知远乃广募士卒，以此与契丹交战中散失于各地之兵卒常常前来应募，多达数千人，步骑兵很快发展至五万，从此河东兵力冠于诸镇。

自晋帝与契丹结怨，知远料知晋国必危，却未曾谏阻。待契丹兵深入晋境，知远亦无阻截契丹之举。继而契丹兵进入汴州，知远只是分兵守御本镇四境以防契丹兵入侵而已。如今契丹据有汴京,知远则派遣北都副留守白文河前来进献丝绸名马,以此契丹主知道刘知远尚在观望。文河将回,契丹主使其捎话给知远道:"你既不事南朝又不事北朝,意欲何为?"文河将契丹主所言转述于知远及众将,部将郭威道:"胡虏恨我深矣!然契丹人贪婪残暴,丧失人心,必不能久据中原。"

二月初一,契丹主头戴通天冠,身穿绛纱袍,手执大珪登上正殿称帝,改晋国为大辽国,庭下设仪卫,奏典乐,受百官朝贺,汉人皆穿前朝礼服,胡人仍穿胡服,下制:开远四年为会同十年,大赦天下。

听闻契丹主迁晋帝北去,知远声言要出兵井陉迎晋帝回晋阳。十一日,知远命武节都指挥使史弘肇召集诸军宣布出征日期,军士们都说:"契丹攻陷京城掳走天子,以致天下无主,如今能主天下者非我王而有谁!宜先称帝,然后出师。"众军士争呼万岁,知远道:"胡虏之势尚强,我军威未振,当先建功立业。"十三日,行军司马张彦威等人三次上书劝知远登皇帝位,知远犹疑未决,郭威与都押衙杨邠入内劝知远道:"如今远近之心不谋而合,此乃天意,大王理当乘此机会夺取天下,再谦让不就只怕人心转移,那时反受其害。"知远遂依允。

十五日,刘知远于河东即皇帝位,改年号为天福十二年,国号大汉。下诏:各道官员为契丹搜刮钱帛者,皆予罢免;晋朝大臣被胁迫为使者,不予追究;契丹人由各地诛之。

契丹主族人耶律郎五被封为澶州刺史,残忍暴虐,剽掠财帛,民怨极深。澶州水运什长王琼率领徒众千余人趁夜袭取南城,杀死守将,继而抢渡浮桥,围困郎五于牙城。契丹主得知,深恐民怒难犯,遂打消了久留汴州之意。

东方盗贼蜂拥而起,攻陷宋、亳、密三州,契丹主对左右道:"想不到中原之人竟如此难以控制。"乃派遣泰宁节度使安审琦、武宁节度使符彦卿等人急回各自藩镇控制局势。

四月,迫于中原种种反抗不断,契丹主决定引兵北归,召来百官告谕道:"天时渐热,我难久留,欲暂回北国看望太后,当留一亲信于此任节度使。"乃将汴州改为宣武军,以萧翰为节度使。萧翰乃述律太后之兄子,其妹又是契丹主皇后。契丹人本无姓,萧翰既留于汴州就以萧为姓,从此契丹的后族皆称为萧氏。

契丹主欲尽迁晋百官相随北上,有人道:"举国北迁恐动摇人心,不如慢慢迁移。"于是下诏:"凡有职事者跟随北迁,其余暂留汴梁。"

十七日,契丹主从汴梁出发,有晋朝文武各司数千人、诸军吏卒又数千人、宫女宦官数百人同行,将京都府库中财物装车尽行运走,所过之处不禁止契丹人剽掠。

一路舟车劳顿，又水土不服，契丹主乃于临城病倒，病情恶化很快，撑到栾城已是高烧不退，即使在胸口和腹部放了冰块亦无法退热，二十一日于杀胡林气绝身亡。为防尸体腐败，契丹人以盐渍腌其尸，确保将其尸身完好运回草原安葬。

契丹主曾许诺赵延寿平定中原后立其为帝，中原既得，诺言却不见兑现，赵延寿便假言欲为太子，以此提醒契丹主，契丹主却说："我对于燕王（赵延寿）没有什么舍不得送的，就是割我的皮肉也行，更何况是其他的事。但我听说太子要由皇帝的儿子来做，燕王怎么能做呢？"遂封以高官表示安抚。延寿负气不愿北归，乃领兵进驻恒州城。契丹永康王兀欲及南、北二王亦各自领本部兵马相继入城，延寿有心拒之，又恐自己孤军无援，只得作罢。

兀欲乃耶律阿保机长子突欲之子，阿保机嫡孙，契丹主于途中病故，诸王乃密入恒州奉兀欲为新主。早年契丹主耶律阿保机死于渤海，述律太后杀酋长及诸将共数百人以殉葬。如今契丹主耶律德光又死于境外，各部酋长及诸将都害怕为德光殉葬，遂拥立兀欲为新主带兵北归，兀欲乃登上鼓角楼接受皇叔、皇兄们朝拜。

赵延寿听闻契丹主病逝，却不知诸王已拥立兀欲为新主，乃自称受契丹主遗诏权知南朝军国事，被新主兀欲拘捕押往北国。

述律太后听说兀欲自立大为震怒，发兵拒其北归，继而兵败，兀欲遂将其幽禁于阿保机陵区，改元天禄，自称天授皇帝。

兀欲羡慕中原风俗，乃多用晋臣，且沉迷于酒色，轻慢各部酋长，因之各部落不愿归附，屡屡叛反，兀欲忙于兴兵讨伐，数年之间再无力南犯。

再说汉帝刘知远得知契丹主北归病死于路途，遂召集群臣商议进取中原之事。诸将多请出师井陉，攻取镇州、魏州，认为先定河北，则河南自会拱手臣服，唯汉帝主张从石会进取上党。部将郭威道："契丹主虽死，其党众犹盛，且各据坚城，我若出河北，兵少路回，又无应援，倘若群虏会合共击我军，则进退不能，粮饷断绝，此乃下策；上党山路艰险，粮少民稀，供需难继，亦非上策；近来陕、晋二镇相继归附，由此出兵万无一失，不出两旬洛、汴可定矣。"汉帝从之，定于五月十二日南征，以太原尹刘崇为太原留守，赵州刺史李存瑰为副留守。

先是武节都指挥使史弘肇攻下泽州，其时契丹崔廷勋、耿崇美、奚王拽剌正合兵进逼河阳，听说弘肇已得泽州，遂放弃河阳退回怀州。史弘肇继续进逼，契丹兵乃过卫州大掠北去。

汉帝于六月初三由晋阳南下，兵不血刃顺利进入洛阳，汴梁百官奉表来迎。

十一日，汉帝到达汴梁，晋朝藩镇相继来降。

十五日，汉帝下诏大赦，凡契丹所任上至节度使下至将吏皆安守其职，不复变更。又以汴梁为东京，国号为汉，仍以天福纪年。

十九日，以太原留守刘崇为河东节度使、同平章事。

二十八日，汉帝下诏建立宗庙，太祖高皇帝、世祖光武皇帝皆永世不变，此外立四代亲庙，追尊谥号，共六庙。

邺都留守杜威固守邺都不降，声言待汉帝车驾至即降。十月十七日，汉帝亲至邺都城下，遣给事中陈观前往传谕，杜威仍闭门相拒。汉帝亲督诸将攻城，始终不能克。十一月二十四日，城中食尽兵竭，杜威不得已遣王敏奉表出降，待杜威开门投降时，城中百姓饿死者十之七八。杜威既降，汉帝以其为太傅兼中书令、楚国公，杜威每出入府第，路人皆投掷瓦砾辱骂。

第五十九回　得福州忠献捷后宾天　护王兄弘俶嗣位除患

开运三年（946）十月，吴越出兵救援福州。

十一月某日清晨，静海军节度使元德昭率领匆匆组建的大小战舰两百余艘、水陆将士三万余人驶入闽江，一路于闽江口及鼓山脚下皆受到南唐军拦截或乱箭阻挡，然吴越多系坚船铁甲，以此南唐军之零星阻截不过是螳臂当车而已。天亮时舰队来到晋浦，该日恰是大雾弥漫，数丈之外不见一物，吴越兵悄悄于滩涂上铺设竹栅，随之踏栅登岸直杀奔福州城。将士们的身影在朝晖的映照下投射于浓雾之中，个个身高丈余，犹如凶神恶煞，南唐兵视之皆以为神兵，又闻得杀声震天，鼙鼓动地，哪里还敢接战，只顾乱纷纷退回营地躲藏。福州城上李达兵士望见南唐军大乱，料知吴越援军正向州城杀来，遂乘势大开城门冲击外城南唐军，并一举夺回外城，又杀出海晏门与吴越对南唐军形成前后夹击之势。南唐军见情势危急，忙调周围诸军支援。元德昭见南唐兵越战越多，自己军中又有大量辎重粮草需要护卫，遂与福州兵会合冲入城中。之后几日德昭屡屡率兵出城迎战南唐军，皆不能胜，只得等待吴越后续援军的到来，从此福州城内外隔绝。

南唐主得知吴越已出兵支援福州，急忙增派信州刺史王建封入闽协助攻城。其时永安节度使王崇文虽为元帅，然陈觉、冯延鲁、魏岑争相用事，以致留从效、王建封等武将互相争功，进退不相应，以此军纪涣散，不听号令，虽久围福州城却始终无法攻克。

吴越内衙都监使水丘昭券数次催促胡进思、程昭悦增兵支援福州战事，二人却因未能掌握统领三军之职而心存不满，以此先是仅发数千兵卒护送粮草船只前往福州，继而又以南唐军防守严密致使粮草船只无法登岸入城为由无功而返。

为了鼓舞斗志，有大臣建议铸造铁钱以增加前方将士禄赐。吴越国王召集众臣商议此事，王弟衙内都虞侯弘億谏道："铸铁钱有八害：一是铁钱一旦于吴越发行，旧有铜钱会纷纷流入邻国；二是铁钱只可用于吾国，不会用于他国，因此商贾不愿通行，有碍百货贸易；三是铜禁虽然至严，民间尚有盗铸者，而每家皆有铁锅、锄犁，发行铁钱则犯法者必多；四是闽国曾铸铁钱，以致亡国，不可效法；五是铸新钱乃是国库空乏之举，而我吴越国库充裕，何必为之；六是禄赐乃是常规之事，无故增赐，只能助长贪得无厌之心；七是制度可以随时改变，而货币一旦发行却不能迅速收回；八是钱者国姓，易之不祥也。"吴越国王深以为然，遂中止此事。

开运四年（947）二月，丞相吴程终将程昭悦唆使挑动杜昭达、阚璠作乱，以严刑拷打手段逼取罪证，诬陷统军使钱仁俊，对援闽御唐懈怠增兵及输送补给等军事，以及多聚宾客，广交术士，私蓄兵杖等等罪行一一查实，吴越国王命吴程："今夜你率领甲士千人包围昭悦府第，将其诛杀。"吴程道："昭悦乃是国臣，有罪当明正典刑，不宜夜间暗杀。"吴越国王遂命内衙指挥使诸温逮捕程昭悦，于二月十一日将其斩首示众。宣告钱仁俊、慎温其无罪释放，并将他们接至宫中设宴赔罪压惊。吴越国王对慎温其面对酷刑坚贞不屈嘉叹不止，擢晋升为国官。

昭悦既除，吴越国王即命水军统领余安调集各州水军尽快出师救援福州。十三日，余安统领水军两万由温州登船出发。

十四日晨，大军行至白虾浦，怎奈岸边滩涂泥稀沼深，吴越战船难以近岸，欲使水兵弃船登陆，南唐兵又聚集岸边施发乱箭，余安只得命全军顺江退回海边，就近砍伐竹木，编制竹筏木排，并于筏上加盖舱棚，棚外涂覆稀泥。次日天明，余安复率水军进至白虾浦，待战船靠近滩涂便推出排筏，众军士皆进入筏上舱棚内用树枝、竹竿撑筏前行。谁知一天之间，南唐军竟于滩涂中打下了上万根木桩，吴越排筏被阻于桩阵之外难以前进。岸上兵士仍施放乱箭，似飞蝗般射向吴越兵，好在排筏上皆筑有舱棚，将士们安然无恙。南唐军又施放火箭试图烧毁吴越排筏，怎奈筏上皆涂抹了稀泥，竹木又都是新伐青材，根本无法引燃。余安命将排筏兵分成两组，一组用盾牌抵挡矢箭，一组抬大木撞倒木桩，两组循序前行。眼见得吴越水军逐渐向岸边靠近，南唐裨将孟坚心急如焚，对监军冯延鲁道："若使吴越兵登岸，我军再无坚可守，其锋锐不可挡矣。监军可急调抛石机前来支援，用巨石击毁排筏，再施放乱箭将吴越兵射杀于滩涂之中。"冯延鲁道："眼见得吴越兵即将登岸，急切间到哪里去调许多抛石机来，不若纵其登岸再围而歼之，如能将吴越援兵于此处全歼，则福州城失去希望，或可不攻自降也。"

吴越水军奋力登岸，大呼猛进，福州城中军士见状，亦大开城门奋勇冲杀，南唐军腹背受敌，军阵大乱，吴越兵犹如虎入羊群，风扫秋叶，逢敌便砍，遇兵便杀，只杀得南唐兵晕头转向，不知向何处逃奔。延鲁见南唐兵已溃不成军，无法控制，便只身弃众而逃，孟坚亦战死，南唐兵群龙无首，四散溃逃，吴越将士乘胜追击。南唐永安节度使王崇文率领三万亲兵顽强抵抗，各路南唐军遂在王崇文率领下重新振作布阵，吴越兵乃停止追击。这一仗俘获南唐都指挥使杨匡业、蔡遇等，东南面行营都统王建封逃脱，擒杀余党二万余众，缴获器械数十万件。

留从效原本就不愿参加讨伐福州之战，王建封亦对陈觉专横跋扈忿忿不平，说道："吾军惨败如此，哪能再与人争夺福州？"当晚即烧毁营寨逃去，包围城北的各路兵马得知消息亦相随溃退。冯延鲁自知罪责难逃，拔出佩刀欲行自尽，随从亲吏急忙救护，遂得不死。

吴越援军进入福州，李达将自己统领的兵马全部交与余安，以福州归附于吴越。

留从效领兵回到泉州，对南唐军守将道："泉州南部连接岭南瘴疬之地，地势险要而土地贫瘠，如今又连年兴兵，农桑荒废，冬夏税赋仅够自给，岂劳大军久驻此地！"遂为南唐军置酒饯行，南唐守将不得已领兵归国。南唐主因不能节制从效，遂加封其为检校太傅。

三月二十一日，吴越国王派遣鲍修让为东南面安抚使至福州领兵镇守，元德昭、余安等返回杭州。鲍修让乃鲍君福之子，沉默寡言，治军严整有法度，深得吴越国王弘佐器重。

四月，李达遣其弟李仁通来杭州请求入觐。

南唐主因围攻福州惨败而懊丧不已，当初先主国策是"南和诸国，北进中原，而后相机统一九州"，若无出兵伐闽之举，当下正是北进中原之最佳时机。如今诸藩镇劲旅大多被契丹消灭，晋帝被押送黄龙，契丹暴行已激起百姓奋力抗争，若此时唐国能出兵中原振臂一呼，则各地绿林好汉、散兵游勇以至汉人藩镇必会纷纷依附，驱除鞑虏势如破竹，中原大地唾手可得。可偏偏南唐主于此时听信了冯延巳、魏岑、陈觉、冯延鲁等的主张出兵伐闽，本以为必可一战而得，却未曾料到吴越会出兵援助，被打得一败涂地，损失兵将数万人才仅仅取得闽西半壁山地。此战不仅损兵折将，劳民伤财，更是葬送了与吴越共同遵守数十年的"保境安民"国策，从此不得不于漫长的吴越边境增兵设防，而对北方用兵的实力将大为减弱。想到这些，南唐主心中悔恨交加，然改变先主"先取中原，再定中国"国策的决策者是自己，因之是哑巴吃黄连，有苦难言。

数日来南唐主胸中郁闷，忍不住要发泄这口恶气，遂拿福州惨败的主帅开刀，乃以"假传诏旨攻打福州，又指挥不当以致三军惨败"归罪于枢密使陈觉、监军使冯延鲁，十七日下诏斩杀二人，其余诸将皆赦免。

朝堂上御史中丞江文蔚继续弹劾冯延巳、魏岑："自陛下登基以来，所信任者延巳、延鲁、魏岑、陈觉而已，此四人皆是阴险狡诈、玩弄权术、壅塞圣听、排斥忠良、谏争者逐、窃议者刑之徒，如今陈觉、冯延鲁定罪，而冯延巳、魏岑仍在，其根未除，枝干必将复生，四人同罪而异惩，必使人心疑惑。"又说"皇上视听唯此数人，虽然日见群臣却终致孤立"，又道"此四人在外者握有兵权，居中者担当国是"。南唐主越听越不是滋味，眼见矛头已指向自己，遂愤怒地制止江文蔚继续说下去，将他贬为江州司士参军。宰相宋齐丘、冯延巳为陈觉、冯延鲁陈情，南唐主乃免去二人死刑,流放陈觉于蕲州,冯延鲁于舒州。知制诰徐铉、史馆修撰韩熙载上奏:"陈觉、冯延鲁死有余辜,擅自兴兵者不予严惩,则疆场必易挑起事端,丧师辱国者获得生还,则前线将士无效死者矣,请明正典刑以重振军威。"南唐主不予采纳。

五月下旬,吴越军凯旋班师,吴越国王弘佐大飨将帅于光册堂,言道:"福州之战打出了我吴越之国威,是我三军之荣。梁贞明五年(919),父王率领吴越水军大战杨吴楼船战舰于狼山江,全歼杨吴水军于江海之中,令敌军胆寒,从而奠定了与吴、闽两国共同遵守'保境安民'国策的基础,使三国边境保持了二十余年的安定,为我吴越国家的兴盛、百姓的安康赢得了时间。如今福州之战再次狠狠教训了南唐,使之损失兵将两万余人,足以令其深深反省。若南唐接受教训,仍与我吴越共同遵守'保境安民'之策,则是两国百姓之幸,或许还能延续十年、二十年的安宁。南唐入闽一旦得逞,将对我形成三面合围之势,届时吴越将成为南唐的国中之国,最终沦落为其附庸国。如今三军将士英勇奋战,保卫了福州,逐走了南唐军,现福州又归顺于我,彻底粉碎了南唐三面合围的梦想,此乃积极的'保境安民'国策之胜利,王祖于地下有知必定十分欣慰! 这一仗三军将士英勇作战、不怕牺牲,彰显了吴越军威,亦鼓舞了吴越百姓,三军将士对吴越国的贡献功不可没! 然将士们仍须作好充分准备,一旦南唐不接受教训再犯我边境,务必随时予以反击! "吴越国王说完,众将士山呼万岁,欢声雷动。弘佐自继位以来心中从无如此畅快,因之频频举杯向众将士祝贺,直至午夜方才罢宴。

弘佐继位于少年之时,恰逢仰仁诠入闽兵败、宫廷大火国库毁损,朝堂之中又有戴恽、弘侑密谋篡位,国事十分艰难,幸得有老丞相杜建徽、皮光业、曹仲达等辅佐方得以度过难关。之后几年中,诸丞相相继去世,武将开始专横跋扈,几乎酿成动乱,再后南唐军入闽,欲对吴越形成三面合围之势,而众武将却大多不愿出兵,因之继位以来始终心情沉重,身负重压。尤其在出兵援闽的问题上,弘佐顶着众武将的反对压力坚持发兵,一旦失败,不仅三军受辱,劳民伤财,自己亦将落得个不遵祖训、独断专行的罪名,因之近数月间心情格外压抑。幸得三军将士不辱使命,福州之战战果辉煌,凯旋而还,而杜昭达、阚燔一案亦真相大白,钱仁俊、慎温其等人的冤屈得以昭雪,朝中隐患被彻底清除,如今弘佐在文武大臣中威信迅速倍增,谀美之词不绝于耳,因之心情得到从未有过的放松,甚至有几分骄矜自豪。

汉帝刘知远亦遣使敕授吴越国王弘佐为诸道兵马都元帅,开府仪同三司,尚书令,加守太师,仍改赐:资忠纬武、恭懿翊戴功臣。

六月初一,吴越国王率领诸兄弟策马来到衣锦军武肃王庙祭拜先祖、父王。

水丘昭券发兵入闽之日，宿卫衣锦军守护武肃王庙的兵将曾于夜间闻得甲马奔腾、军中号令之声，一连数夜方止。及昭券军兵登岸与南唐军接战，南唐军但见吴越兵马犹如从天而降，临空砍杀，皆以为神灵相助也。传闻如此，弘佐以为乃是王祖、父王神灵相助，因此率领诸兄弟专程至衣锦军祭拜，以福州之胜告慰先祖，并祈求保佑吴越国泰民安。

当晚回到宫中，弘佐设宴与众兄弟共饮，席间少不得一片赞誉之声，弘佐心花怒放，开怀畅饮，直至午夜过后方散。

次日清晨，侍者呼唤弘佐起身准备早朝。弘佐从床上坐起，只觉得头晕目眩，天旋地转，坐了不长时间，只见眼前一片红光，竟不能视物，遂急命侍者召见宫医诊治，不想宫医亦束手无策。弘佐预感大限将至，乃口授遗令：以王弟、丞相钱弘倧为镇东军节度使兼侍中，掌管吴越国军府大事。诸事交待完毕，吴越国王钱弘佐崩于咸宁院之西堂，时年二十，在位七年。

八月，汉帝敕昭：葬吴越国王于龙山之西原，文穆王墓西南约半里处，谥曰：忠献。令太常卿张昭撰神道碑文，残文曰：

王事文穆，晨昏定省。一杯之药，必经其手；一俎之羞，必尝其味。当时物议，翕然称之。年十四，先君捐馆，哀若成人。泣血绝浆，殆无生意。广顺中，丁内艰，杖而后起。气息缠属，有识增感，行路伤情。又曰：从劲向北，尽平宿憾。欣容假道，俾效输琛。陈洪进继遣行人，亦由王境。王皆丰其馆穀，假以舟车。恩礼不衰，殆将七年。其乐天、事大如此。

忠献王工于五言、七言诗，凡遇雪月佳景，常与官属同登碧波亭宴赏唱和，情如家人，由此士人归心。曾作《佳辰小宴寄越州七弟（越州安抚使弘倧）、湖州八弟（湖州刺史弘偡）》，诗曰：

角黍佳辰社稷宁，灵和开讌乐群英。樽前只少鸰原会，百里江城隔二城。

忠献王善体察民情，曾问仓吏粮食储存有多少，仓吏答可用十年，遂道："军食足矣，可以宽吾民。"乃命"免除境内租税三年"。兵籍使钱承德家失火，蔓延将及内城，忠献王命亲军前往扑救，登城楼观望时却见有乘机盗窃者，乃命人捉捕斩之，在众人尽力抢救下大火迅速被扑灭。

后人评论曰：

忠献王：天资聪颖，杰出镇定。嗣位之时方属妙龄，适遭回禄，帑藏几尽，将校强梁，圣命不畅，乃能恭勤庶务，绍开霸图，有果断之名，无酗嗜之累，以至兴复宫室，开拓土疆，光有大功，聿修厥德。而享祚非永，孰不哀哉！

开运四年（947）六月十三日，文穆王第七子（亲生第三子）钱弘倧即位于天册堂，仍以裴坚、吴程为丞相，又以其九弟、台州刺史钱弘俶同参相府事。

钱弘偡,字隆道,鄜夫人所生,孝献世子同母弟,天成四年(929)七月初八生。长成,出任内衙指挥使、检校司空。开运元年(944)冬十一月出任东府安抚使,累授检校太尉,不久拜为丞相。

秋七月,闽帅李达再次更名为李孺赟,以其弟李仁通为福州留后,自己来到杭州觐见吴越国主钱弘偡。弘偡深知李孺赟贪得无厌,反复无常,不可重用,因之对李孺赟只是盛情接待,承制加封其兼侍中,并未授予有重要实权之职。吴越实行低俸禄重奖赏之制,李孺赟本以为自己献福州有功,来到吴越国必会位高权重,俸禄丰厚,结果只是空欢喜一场,思来想去还不如回福州当个土皇帝,于是用二十株金笋及福州带来的杂宝贿赂内衙都统使胡进思,请进思出面力求弘偡放自己回归福州。胡进思乃向弘偡奏报:"宜以闽人治闽,使李孺赟回归福州。"闰七月,弘偡奏明汉帝,任孺赟为无诸王,亲自于碧波亭设宴为孺赟饯行。

八月,汉帝敕诏:以弘偡为东南兵马都元帅,镇海、镇东军节度使兼中书令,吴越王。

李孺赟回到福州,虽是无诸王、知福州威武军事,但福州兵将大多已是吴越人,归东南面安抚使鲍修让统领,以此李孺赟常受修让牵制,不敢胡为乱行。为摆脱吴越控制,李孺赟以加强边防为由,逐渐将吴越兵调往西部、南部边境,仅留下原有福州兵守卫福州城,又派亲信密与建州永安军节度使王崇文、泉州刺史留从效联络,试图合击歼灭吴越军。不料鲍修让早有防备,李孺赟密使皆被截获,吴越将士一举攻入福州城抓捕李孺赟,并奉吴越王之命将其就地斩首。十二月二十九日,李孺赟首级传送杭州示众,吴越王任命丞相吴程为威武军节度使,知福州军府事。

忠献王弘佐初即位时,诸将欺其年轻,遂骄纵傲慢,甚至阳奉阴违,不遵王命。后来弘佐诛杀了杜昭达、阚燔等一批将校,又取得了援闽御唐之战的胜利,声威迅速提高,以此诸将遵命,圣谕畅达。然好景不长,弘佐青年早逝,弘偡继位后,个别将校又有所放纵,弘偡生性刚直而急躁,秉政治军严肃认真,哪里容得将校违法乱纪、骚扰百姓,嗣位仅数月即诛杀杭州、越州违法将吏三人。

当初在出兵援闽之时,胡进思伙同程昭悦消极抵触、贻误战机,弘偡对其已心存芥蒂,后来又以"闽人治闽"为由奏请遣李孺赟回福州,导致福州复叛,以此弘偡对其更为失望。然胡进思却并不自知,恃拥立弘偡继位有功常常干预政事,弘偡终于忍无可忍,严加斥责,进思方有所警觉,从此心中不安。一次民间因宰牛卖肉引发诉讼,县吏奏报卖肉近千斤,弘偡问进思:"牛大者可得肉多少?"进思道:"不过三百斤。"弘偡又问:"将军如何得知?"进思窘迫答道:"臣未从军前曾从事此业。"进思以为弘偡故意以此羞辱自己,遂心存怨恨。

十一月，吴越王弘倧于钱塘江碧波亭前检阅水军，并演练登陆劫营战法，以备南唐军从南、北水城进犯吴越。因弘倧历来主张对官吏将校实行低俸禄重奖赏办法，以此检阅完毕即对参加本次演练的全体将士分别颁赐奖赏，勉励他们发扬传统，保家卫国。水军不归内衙军管辖，见弘倧盛赞并厚赐水军，内衙统军使胡进思心生妒忌，劝谏道："王上赏赐太厚，几乎是以往赏赐两倍，与福州之战得胜将士的奖赏相接近，将来再遇战事又当如何奖励？"弘倧本就反感进思，听他如此说话，便大声对众将士道："本王历来奉行重奖政策，今天只是检阅演练，因此所赐奖赏不多，今后凡官吏有好政绩、兵将得大军功，本王自当重赏！"进思不服，又说道："今天是水军检阅，若是我内衙军演练……"弘倧愤怒打断道："本王乃兵马大元帅，自有主张，将军不必多言！"言罢将手中之笔怒掷江中，进思大为恐惧。

弘倧欲迁进思为某州刺史，将其调离内衙军，进思以为阚璠调明州之事乃前车之鉴，因之不授。内衙指挥使何承训请弘倧诛杀胡进思以绝后患，弘倧乃与内衙都监使水丘昭券商议，昭券以为当前进思之党正盛，恐怕难以抑制，请弘倧暂容一时，待恰当机会再除之。不想何承训见弘倧犹豫不决，担心所谋之事一旦泄露将对己不利，遂反将此事密告进思。

除夕之夜，吴越王弘倧将大宴众将吏，胡进思怀疑弘倧利用此宴加害自己，乃与其党徒密谋作乱，与指挥使诸温、斜韬等率领亲兵百人，身穿戎服，手执兵器，闯入中和堂，责问弘倧："老奴未曾犯罪，王上为何要加害于我？"事发突然，弘倧一时语塞，遂厉声呵斥道："你带兵入宫，手执利刃威逼本王，这是犯上作乱，乃是灭门之罪，怎说无罪，还不快快令士卒退下。"胡进思步步进逼，其手下亲兵皆手持兵器怒目而视，再看宫廷侍卫皆被胡进思亲兵围于一隅放下兵器。弘倧眼见自己孤身一人被包围，已无路可走，情急之下便本能地冲向前抢夺亲兵手中利剑，众亲兵一拥而上，七手八脚将弘倧执住。胡进思将弘倧押入中和堂后院囚禁，又命斜韬带了五十名亲兵至水丘昭券府，假称王命将其斩杀，自己与诸温带了其余亲兵来到天册堂，矫称王命紧急，召集诸大臣于天册堂议事。

众大臣聚齐，胡进思宣告："王上猝然风疾，诏传位于弘俶。"宣告毕，即请主要大臣将领至弘俶南郊私第迎请新王即位，自己与一亲兵先行。

中和堂囚禁吴越王之变早已有人报知钱弘俶。为应急，弘俶首先召集二百名亲兵守卫府第以备不测，随后派亲信带了相府钧旨飞马至安国衣锦军，命令全军将士做好准备，再派随从亲信入宫及各大臣府第探听消息，随时报告。

诸事安排停当，弘俶静下心来，回忆起近数月来所遇之事。

今年三月初五，弘俶奉忠献王弘佐之命出任台州刺史。到任数月，有天台山华顶寺高僧德韶专程来访，对弘俶道："此地非是府君为治之所，宜速归国城，不然,于君于国皆不利！"弘俶欲究其详,德韶道:"其中因果皆有定数,非老衲所能言。"弘俶自幼颇有禅根,及长,遵奉佛教,与国中高僧多有交往,以此德韶乃专程来访告以禅机。其时弘倧刚嗣位,弘俶遂上表请准归国朝贺,弘倧乃任其为同参相府事。九月二十三日从台州出发,途中经过剡县新昌南明山,突起大风,东南腾起彩云,如宫殿楼阁之状,众人见了都十分惊奇。一行人下马步行,来到南明山宝相寺礼拜弥勒大佛,礼毕,彩云渐渐化作一片霞光,继之缓缓消散,弘俶因作诗一首并序题于宝相寺壁上:

丁未岁秋,自丹丘(台州)归国,由南明山礼瑞像,因书二十八字。

百尺金容连翠岳,三层宝阁倚青霄。手炉香暖申卑愿,愿降殊祥福帝尧。

想到这些,弘俶恍然大悟,德韶所言"于君于国皆不利"即指今日之事也,因经南明山时曾礼瑞像、礼拜大佛,想必此事可逢凶化吉,因之心中有数,遂镇定下来。

弘俶正在思虑应对之策,门人来报:"内衙统军使胡进思求见。"弘俶问:"带了多少人马?"门人答道:"仅胡将军及随从一人。"弘俶又问:"可带兵器及其他物件?"门人道:"未带兵器及任何物件。"弘俶遂放下心,命人将进思引入。

弘俶于正堂坐定,侍者引进思上堂,弘俶赐座于侧,问道:"将军除夕到此,有何要事?"胡进思行君臣之礼,礼毕,仍跪于堂前,哭道:"微臣死罪,请丞相救我！"弘俶道:"将军何罪？慢慢道来。"进思哭诉道:"今日除夕,王上设宴与众将士同庆,不料王上设的竟是鸿门宴,早已于中和堂四外埋伏下数十名宫廷侍卫,待末将与指挥使诸温、斜韬登堂,即命昭券宣布罪状,声言末将交结指挥使诸温、斜韬控制内衙军,又与福州威武军节度使李孺赟勾连,密谋夺权谋逆,宣布完毕不容分辩即命伏兵四发,欲置末将等于死地。诸温、斜韬一面奋力自卫,一面大声呼叫侍卫亲兵登堂相助,格斗中亲兵们已将宫廷侍卫统统杀死,水丘昭券亦死于乱军之中,如今王上已被诸温、斜韬反锁于中和堂后院。末将现已构成谋逆之罪,罪不容恕,但究其起因,在于王上轻信佞臣,残害忠良,误国误民,失信失德,因此王上已不宜再居王位。臣与列位大臣商议,丞相乃文穆王嫡子,素有德望,仁恕爱民,宜入主宫中登基听政,请恩准。"弘俶道:"王上登基仅数月,尚能勤政爱民,并无大过,虽偶信谗言亦不致废黜易位,今献谗者既已伏诛,王上自会廓清视听,将军何必如此冲动。"进思道:"王上若不易位,将士们自然担心报复,必不肯答应,唯丞相以仁恕慈爱之心登基治国,将士们方得放心。"弘俶道:"王上健在,亦无大过,吾为大臣,自当听王上圣裁。汝今欲以我取代王上登基执政,置吾于不忠、不孝、不仁、不义之地,吾断不会答应。"胡进思进一步逼迫道:"丞相既然因今王尚在不肯就位,那就任由诸温、斜韬之辈先弑今王,由他们承担弑君罪名,然后再请丞相登基正位。"弘俶猛吃一惊,心想这群武夫已无道理可言,若自己坚持不肯继位,不仅王兄王位难保,恐怕连性命亦不保,还不知会找出什么样人主政,与其发生这样的结果,不如自己应承登基即位。想到此,弘俶对进思说道:"欲吾受命,须得保全吾兄,不得有丝毫伤害,不然宁避贤路。"胡进思应允。

午后未时,诸温率领亲兵前呼后拥驱赶众大臣来到南郊弘俶私第,此时众大臣对胡进思一党发动叛乱之事已心知肚明,遂人心惶惶。诸温命丞相元德昭率领众臣进议事厅参拜新王,德昭道:"丞相乃今王之弟,今王虽被幽禁,而丞相尚未受天命,我等朝廷大臣岂可随便参拜!"诸温无奈,只好命亲信入内禀告胡进思。

下午申时,议事厅大门打开,珠帘卷起,胡进思引导弘俶出至帘外,进思命众大臣朝贺新王,元德昭乃率领众大臣拜舞于阶下。新王接受朝贺毕,众臣步入帅府之南厅,文武大臣分东、西两班站立,胡进思宣告:"弘俶以镇海、镇东等军节度使、检校太尉兼侍中莅位视事。"弘俶口谕:"其一,因今王被废,国中不可一日无主,权由本相摄政;其二,王上自登基以来勤政爱民,并无大过,如今虽听信谗言,却尚未酿成大过,宜保证其安全,任何人不得加害;其三,统军使胡进思等人率领亲兵擅闯宫禁,拘禁王上,本应定罪,然事因奸人蛊惑王上所起,情有可原,不予追究;其四,列位臣工须各司其职,不得因本事件有任何影响;其五,今乃除夕,宜与民同乐,宫中事变暂不宣告中外,待过完正旦节再正式宣谕。"弘俶言毕又询问列位臣工正旦节期间还有何事要奏,诸事商议完毕即宣布散朝,告谕众大臣尽可安安心心过好正旦节。

众臣散去后,弘俶以吴越王名义命亲信快马飞驰安国衣锦军,宣谕众将官密切注意杭州动向,听由内衙军都虞侯钱弘億指挥,一旦杭州动乱,火速驰来保卫都城;令十弟钱弘億安排亲信严密监视胡进思等人动向,一有风吹草动,不必奏报立即处置,如进思一党有大规模军事行动,即刻派人驰赴安国衣锦军调兵扑救;授弘億密旨一道:"着内衙诸军左右都虞侯钱弘億随机处置内衙军一切突发事件,可处置平复后再行奏报。"诸事安排完毕,召来匡武都头薛温,令其带领四十名亲兵进驻中和堂,保卫废王弘倧,并告诫道:"尔等千万小心护卫吾兄,无本王手谕,任何人不得插手此事,若有突发事件,当拼死拒之。"

正月十二日,吴越王弘俶为保证废王弘倧安全,令匡武都头遣一百亲兵将其护送至安国衣锦军私第中安置。

经此事件,弘倧对军政大事、官场倾轧、私利争斗、朋党交结一概不闻不问。为满足弘倧意愿,吴越王弘俶乃于越州卧龙山下建造府第,修筑宫室,兴治苑圃,以娱悦之。广顺元年(951),弘倧迁至越州新府,宫中之物任其索取,供馈甚厚。

弘偬闲来无事常邀宾客好友至府中流觞吟咏。一日,吴越王弘俶于越州府中议事,忽闻鼓声阵阵,颇有韵味,遂询问何处击鼓,门者告曰:"山亭上击鼓。"吴越王沉思道:"乃是吾兄,正籍丝竹陶情。"命人以金鱼鼓四面奉予弘偬。

弘偬擅长诗歌,亭榭之上记录皆满,粉墙白壁多有诗题,有《禹王庙》诗曰:

千古功勋勋可伦,东来灵宇压乾坤。尘埃共锁梁犹在,星斗俱昏剑独存。
蟾殿夜寒笼翠幌,麝炉春暖醉琼樽。会稽山水秋风里,长放松声入庙门。

《登蓬莱阁怀武肃王》诗曰:

黄鹤摧残漫有名,建时方始珍罗平。飞楣叠栱重装束,刻槛雕甍又茸成。
十载兴隆吴与越,二邦安肃弟兼兄。从兹登赏云楼上,愿祝江南永宴清。

《登卧龙山偶成》诗曰:

暮山重叠势崔嵬,溢目清光入酒杯。几处烧残红树短,一方帆尽碧波来。
安民未有移风术,征句惭非梦锦才。四望楼台无限景,槛前赢得且徘徊。

《再游生母阁》诗曰:

越地灵踪多少处,伽蓝难上此楼台。有时风掣浪声斗,半夜月排山势来。
极目烟岚迷远近,百般花木雕尘埃。可怜光景吟无尽,知我登临更几回。

辑有《越中吟》二十卷。

弘偬生于天成四年(929)七月八日,弘俶生于同年八月二十四日,十弟弘億生于同年十一月,三人年龄仅差数月,因此自幼一起玩耍,一起读书,一同习武,情深意笃。弘偬生性耿直而寡谋,弘俶为人和善而多智,弘億性格沉稳而多思,三人各有所长,凡遇重要事务多由弘億设策,弘俶决断,弘偬出面,诸事多能圆满成功。由于兄弟情深如此,弘偬乃受到弘俶的百般呵护,悉心照顾,遂得以安寓仙园颐养天年,直至终老。古往今来,因政变而被废之国君能有如此优遇者实属少有,此乃吴越王弘俶之德也。

开宝八年(975),弘偬终老于越州,享年四十七,谥曰:忠逊。吴越王以王礼葬弘偬于会稽秦望山。

后人评论曰:

王以英敏之行,恶强梁之党。纳承训阿顺之说,昧忠懿韬晦之机。仅以寡谋,至于失位。故知:君不密则失臣,臣不密则失身。诚哉是言也!犹赖鸰原(兄弟情谊)之至爱,致稽岭之安居。养玉体以终天年,掩泉扃而备王礼。古之废王失国,未有若斯之安全者。其实有忠懿王,仁孝之道至焉。

再说弘俶,字文德,文穆王第九子(亲生第四子),母吴越国恭懿太夫人吴氏,生于功臣堂。天福四年(939)十二月,承制授内衙诸军指挥使,检校司空。

乾祐元年(948)春正月初五,弘俶于天宠堂即吴越王位。天宠堂由忠献王重建,弘倧在位时建成而未及迁徙,如今弘俶于此临位。自上年腊月初直至正旦节后,整月天气阴沉晦暗,今日方才天霁云散,臣民皆悦。

为牵制胡进思等人,新王以内衙诸军左右都虞侯、王十弟钱弘億兼任内衙军都监使,加检校左仆射。颁旨:境内诸州府,按各地前三年收成好坏分别赦免半年至一年租税。

二月十一日,新王弘俶亲往衣锦军祭祀五庙。

内衙指挥使何承训见弘俶嗣位后对废王弘倧悉心呵护,处处防范胡进思等加害,便向弘俶建议诛杀胡进思一党。弘俶恶其反复无常,王兄弘倧、都监使水丘昭券皆受其害,险些造成宫廷大乱,此等小人为祸朝堂,后患无穷,乃将承训所言告诉胡进思,由其自行处置,以表信任。二月十五日,胡进思将何承训逮捕处死,经由此事,乃自以为拥立弘俶有功,颇得信任,从此心安。

三月,汉帝遣中书舍人张谊为使,马承翰为副使,带了治丧礼仪物件来杭为忠献王吊唁。

胡进思虽斩杀了反复无常的何承训,亦自以为颇得弘俶信任,但废王弘倧未除,终是后患,毕竟弘俶、弘倧兄弟情深,一旦弘倧复出,后患无穷。三月十七日,胡进思请诛废王,弘俶因废王并无大过而不许,进思乃假传王命,令薛温加害弘倧。薛温回道:"末将受命之时王上并无此意,不敢妄行此举,容末将奏明王上再依旨而行。"胡进思自思:"一旦薛温上奏此事,王上不但不准诛杀弘倧,或许还会以假传王旨之名降罪于己,为今之计,唯有派人将弘倧、薛温一并刺杀才能根绝后患。"遂挑选了两名武艺高强的亲信欲行不轨。谁知薛温早已防范,一面将此事奏报吴越王,一面加强对弘倧的保卫。当夜一鼓之后,二亲信越墙而入,众卫士早有防备,一拥而上将其包围,经奋力搏击,二鼓十分将二人击杀于中庭。胡进思闻得二亲信被当场杀死,既庆幸又忧惧,庆幸的是二亲信已死,未留下口供,找不出自己策划此事的直接凭证,忧惧的是假传王旨之事属实,而刺杀弘倧必然是假传王旨继发之事,不几日乃忧惧发疽而死。

弘俶将胡进思假传王旨,又密遣刺客夜袭禁宫、刺杀王兄等罪行公诸于众,因已亡故,遂免于惩治。内衙指挥使诸温、斜韬乃进思一党,遂黜斜韬于处州、诸温于温州。

内衙军隐患终于彻底清除,四月,吴越王弘俶于大教场大阅马步兵,以振奋三军士气。

第六十回　清君侧郭威起兵立国　弘佛法德韶出任僧统

天福十二年（947）十二月，汉帝最钟爱的皇子开封府尹刘承训因病亡故。汉帝因爱子离世悲伤过甚，以致成疾，迁延至正月下旬益发严重，乃密召宰相苏逢吉、枢密使杨邠、侍卫马步军都指挥使同平章事史弘肇、枢密使郭威入寝宫受顾命，说道："我气息衰微不能多言，承祐幼弱，后事皆托于列位爱卿。"喘息一会儿又道："须谨防杜威。"该日，汉帝崩于万岁殿，苏逢吉等秘不发丧。

三十日，苏逢吉等矫诏："杜威父子因朕小疾谤议惑众，立斩杜威并其子弘璋、弘琏、弘璨于市，夫人晋公主及内外亲戚一切不问。"行刑后又磔杜威尸身，市人因恨其投降契丹而争相撕啖其肉，官吏不能禁，不一会竟被撕啖而尽。

二月初一，立皇子左卫大将军、大内都检点刘承祐为周王、同平章事。不久，宣告汉帝驾崩，庙号高祖，发布遗诏令周王承祐即皇帝位，时年一十八岁。二月初七，尊皇后为皇太后。十三日，大赦天下。

护国节度使兼中书令李守贞于晋朝时即为上将，颇有战功，又素善好施，因而很得士卒拥戴。如今汉室新立，天子年少初嗣，执政大臣亦皆后进，守贞遂有轻视朝廷之意。忽闻杜威惨死，自己亦是晋之遗臣，不得不防，于是招纳亡命之徒，蓄养死士，筑城治堑，整甲缮兵，图谋反叛。

三月二十八日，邠、泾、同、华四镇同时向朝廷奏报：护国节度使兼中书令李守贞、永兴节度使赵思绾、凤翔节度使王景崇携三镇同反。朝廷相继派遣诸将前往讨伐，久战无功，八月初六，乃命郭威为西面军前招慰安抚使，令诸军皆受郭威节度。乾祐二年（949）七月，郭威终于平定了历时一年的三镇叛乱。

乾祐三年（950）契丹入侵，横行于大河之北，诸藩镇各自守城无人御寇，众臣商议以郭威镇守邺都，使都督诸镇共御契丹。四月十五日，汉帝以郭威为邺都留守、天雄节度使，枢密使依旧，又招河北各地兵、甲、钱、谷，但见郭威所下文书皆须应命供给。

五月初三，郭威向汉帝辞行，言道："太后久侍先帝，多阅天下之事，遇事多听其教。平日里宜亲近忠直之士，远离谄谀邪恶小人，须明察善恶。苏逢吉、杨邠、史弘肇皆是先帝老臣，尽忠报国，愿陛下诚心信用，必无失误。疆场之事臣当殚精竭虑，不负驱策。"汉帝脸色阴沉地告谢。

自汉帝刘承祐即位以来，枢密使、右仆射、同平章事杨邠总理政务，枢密使兼侍中郭威主持征伐，归德节度使、侍卫亲军都指挥使兼中书令史弘肇典京都警卫，三司使、同平章事王章掌管财赋，诸公尚能公忠尽职，国库亦稍有积余。杨邠、史弘肇自恃位高权重，专横跋扈，常轻视汉帝年少，议政时竟公然禁止皇帝开口，以致君臣失和。诸臣之间又因政见、利益不同而互相攻伐，渐渐内政纷乱。

随着汉帝即位日久，左右幸臣逐渐被任用，太后亲戚亦开始干预朝政，杨邠等人屡屡加以裁抑。武德使李业乃太后之弟，掌管内库，欲补宣徽使之阙，汉帝及太后将此意含蓄告诉执政大臣，杨邠、史弘肇以为内朝官员升迁递补有一定次序，不可因外戚而越级，遂被阻止。内客省使阎晋卿、枢密承旨聂文进、飞龙使后匡赞、翰林茶酒使郭允明皆受汉帝宠信，却久未升迁，这些受抑官员皆抱怨辅政大臣。汉帝守丧三年期满即兴乐，赐优伶锦袍玉带，史弘肇怒道："士卒戍边苦战犹未得如此赏赐，这等人有何功而得此赏！"皆予没收归还府库。汉帝欲立自己宠爱的耿夫人为皇后，杨邠认为太快，予以阻止，继而耿夫人去世，汉帝又欲以皇后之礼安葬，杨邠又以为不可。汉帝对辅政大臣的制约越来越难以忍受，左右幸臣遂趁机进谗言："杨邠等人专横跋扈，终为祸乱。"司空、同平章事苏逢吉亦是先帝托孤辅臣，却遭受弘肇排挤，知道李业等怨恨弘肇，乃屡屡以言语挑拨。汉帝终于决心一举铲除前朝旧将势力，与李业、聂文进、后匡赞、郭允明等密谋诛杀杨邠等人，并将此事禀告太后。太后道："此事岂可轻举妄动，须与宰相商议。"李业插言道："先帝曾言，朝廷大事不可与书生为谋，以免怯懦误人。"太后坚持己见，汉帝气冲冲道："国家大事非闺门女眷所能知！"言罢拂袖而去。

十一月十三日早晨，杨邠等上朝，数十名甲士从广政殿冲出，于东廊下杀死杨邠、史弘肇、王章。聂文进随即召集文武百官列班于崇元殿，宣告："杨邠等人谋反，今已伏诛，与众卿同庆。"又召集诸军将校至万岁殿庭院，汉帝亲自告谕："杨邠等人视朕为孩童，今除之，朕始得为汝主，今后汝等可免除专横跋扈之忧矣。"并派兵收捕杨邠等人亲属、党羽、亲从等，令全部杀死。

此时郭威正坐镇于邺都，搭建三道防线抵御辽军南下，第一线设于镇、定二州，由镇州节度使何福进、义武节度使孙行谏统领；第二线设于邺都，由侍卫步军都指挥使王殷统领；第三线设于澶州，由义子郭荣统领。杨邠等既除，郭威必不能留，以此汉帝派供奉官孟业带了密旨前往澶州及邺都，诏令邺都行营马军都指挥使郭崇威、步军都指挥使曹威诛杀郭威及监军王峻，又因王殷与史弘肇相交甚厚，亦令镇宁节度使、太后之弟李洪义诛杀王殷，并命前平卢节度使刘铢权知开封府事，诛灭郭威、王峻全家。

十四日，孟业先至澶州，向李洪义出示密旨。洪义生性怯懦，迁延不敢行动，又担心事已被王殷知晓，竟将孟业带了去见王殷。王殷得悉原委，遂囚禁孟业，派人快马将密旨送与郭威。郭威见事情紧急，当即与枢密使魏仁浦商议，仁浦道："郭公乃国之大臣，功勋卓著，又手握强兵据守重镇，一旦被群小构陷，其祸难测，决非言词解释所能解。事已至此，岂可坐以待毙。"郭威乃召来郭崇威、曹威等诸将，告知杨邠等人冤死以及皇帝密诏等情况，说道："我与诸公披荆斩棘追随先帝取得天下，又受先帝托孤重任，竭力捍卫国家，如今诸公已死，我还有何心思独生于世！诸君当奉诏行事，取吾首级以报天子，以免连累。"郭崇威等涕泣言道："天子年少，此必左右小人所为，假如此等小人得志，国家岂能安宁！崇威等愿随郭公入朝申诉，荡涤鼠辈以清君侧。"翰林天文赵已修说道："郭公徒死何益，不如顺众人之心拥兵南下，此天意也。"郭威乃留下郭荣镇守邺都，命郭崇威领骑兵为前驱，自己十五日率大军南下。

十七日，郭威大军将近滑州。十八日，义成节度使宋延渥出迎归降。郭威以滑州府库财物慰劳众将士，监军王峻当众宣布："我得郭公决定，等攻克京城，任听剽掠十日。"众人大为踊跃。

十九日，郭威大军已至封丘，朝廷人心惶惶，汉帝派遣左神武统军袁义、前威胜节度使刘重进等率禁军屯于赤岗，慕容彦超率禁军屯于七里店。

二十日，郭威大军与朝廷禁军对峙于刘子坡，汉帝欲亲自劳军，太后道："郭威乃我家旧臣，不到生死攸关，何以到此地步！只要按兵守城，飞诏告谕，听其申诉，让他讲清道理，则君臣之礼尚可保全，切不可轻易对阵。"汉帝不从。其时扈从军兵甚盛，太后派人告诫聂文进："必须小心在意！"聂文进道："有臣在，虽百个郭威亦可擒也。"慕容彦超亦大言不惭道："陛下来日无事可至军前观臣破贼，臣不必与之相战，只要吃喝即可驱散他们逃回营地！"

二十一日，双方列阵，郭威告诫部众道："此来乃诛讨小人，非敢与天子为敌，切不可先动手。"等了好久，慕容彦超率领轻骑出阵攻击，郭崇威与前博州刺史李荣率领骑兵迎战。刚一接战，彦超见北军来势凶猛，便急忙转身欲往回撤，却因转身过急致使坐骑倒地，差点被生擒，麾下死者百余人，大败而归，于是诸军丧气，竟有悄悄投降北军者。继而侯益、吴虔裕、张彦超、袁义、刘重进等禁军将领皆私下前来拜见郭威，因宋延渥乃高祖之婿，郭威遂吩咐道："天子危难，公乃近亲，宜带衙兵护卫天子，并请启奏陛下，望抽空早来臣营。"宋延渥未及至汉帝御营即受乱兵纷扰，遂不敢前往。将近日暮，禁军大多已投向郭威，慕容彦超与麾下十余骑逃回兖州。当晚，汉帝与随从官吏数十人宿于七里寨。

次日早晨，郭威望见高阪上有天子旌旗，遂下马脱盔前往拜谒，不想汉帝却已策马回京。汉帝一路驰回汴梁，至玄化门外，知开封府事刘铢于门楼望见竟下令放箭，汉帝不得已急忙勒转马头向西北奔逃。到得赵村，追兵亦至，汉帝下马避入民家，竟为乱兵所弑。苏逢吉、阎晋卿、郭允明相继自杀，聂文进挺身逃走，被军士追及斩杀。郭威听说汉帝被弑，嚎啕痛哭道："老夫之罪也。"

郭威率部进入汴梁城，诸军大肆抢劫，彻夜烟火四起。王殷、郭崇威道："再不制止剽掠，今晚就剩空城了。"郭威乃下令诸部禁止抢掠，不从者斩之，黄昏时分方得安定。

二十四日，郭威率领百官来到明德门向太后请安，奏道："军国大事冗杂，请早立嗣君。"经与太后反复商议推定，二十六日，百官上表请徐州节度使刘赟继承大统。刘赟乃河东节度使刘崇之子，因高祖喜爱收养为子。郭威奏请派遣太师冯道及枢密直学士王度等去徐州迎驾，又进言："皇帝到京尚需十余日，请太后临朝听政。"

镇州、邢州突传急报："契丹主率领数万骑兵入寇，攻打内丘，城中五百戍兵叛变，引契丹人入城屠杀百姓，又攻陷饶阳。"太后遂命郭威统领大军攻打契丹，国事权且委于窦贞固、苏禹圭、王峻，军事委托于王殷。

十二月初一，郭威率兵从汴梁出发，至滑州停留数日。将士之间互相议论说："我们攻陷京城，屠杀吏民，一旦刘氏复立为帝，我等罪莫大矣，尚有后乎！"郭威听此言论恐军中生变，遂立即启程北行赶赴澶州。十二月十九日，大军渡过黄河。二十日清晨，忽有将士数千人大声鼓噪，郭威预感有变，遂命人紧闭院门，将士们翻墙登屋而入，对郭威道："侍中必须为天子，将士们既与刘家结下冤仇，不可再立刘氏为君！"有人撕下黄旗被于郭威身上，大家将其抬起山呼万岁，震天动地，簇拥向南而行，郭威只得向太后上表请求尊奉宗庙，事太后为母亲。二十三日，郭威下书抚谕大梁士民：昨日离开河上，于途秋毫无犯，庶民无须担心。二十五日，郭威至七里店，窦贞固率百官出迎拜谒，劝即帝位。此时太师冯道、枢密直学士王度迎请新君刘赟已至宋州，郭威乃传书于刘赟，向其说明自己为诸军所迫。

二十七日太后诰命：以侍中郭威监国，废刘赟为湘阴公。百官、藩镇纷纷上表劝郭威即皇帝位。正月初五，汉太后诰命：授监国国宝，即皇帝位于崇元殿。郭威下制：朕乃周室后裔，虢权后代，宜定国号为周，改年号广顺，大赦天下。

杨邠、史弘肇、王章皆赠官爵，由官府为其殡葬，寻访子孙给予任用。

正月初七，为汉李太后上尊号昭圣皇太后，迁居于西宫。二月初五，以皇子天雄牙内都指挥使郭荣为镇宁节度使，以侍御史王敏为节度判官，右补阙崔颂为观察判官，校书郎王溥为掌书记。

再说吴越国，新主弘俶即位至今已有两年，自从清除了胡进思一党，国内政局稳定,百姓乐业,边境无患,天下太平。弘俶常常思考自己该如何治理吴越。祖父武肃王兴兵讨贼、开疆立国、治水兴农、百业俱兴,父亲文穆王遵从祖训保境安民、广办学堂、文风复兴,王兄忠献王少年继位秉正抑强、拓疆御唐。历经三代先王的努力,吴越立国以来始终百姓拥戴、坚如磐石,如今自己秉政,唯有秉承"保境安民"之国策继续兴邦强国,方能造福百姓、不负先王。纵观中原大地已数次易国,皆以武力争得天下、统治国家,不以仁恕惠泽百姓、安抚黎民,因之中原皇帝犹如走马灯一般忙不迭更替,致使百姓深受战乱之苦,可见武夫当政之可悲。南境闽太祖王审知去世,王家子弟互相攻伐,福建百姓亦是饱受兵燹之苦,闽北望族为躲避战乱纷纷逃入浙南山区,于山岭间自辟村落聚居,却难免与当地原住民发生冲突,甚至发生械斗。邻国南唐已非当年与吴越国共守"保境安民"国策之时,如今大权旁落,诸臣中多有觊觎吴越之心,屡与闽南留从效联络。吴越国中前几年亦有诸多武夫以为主幼可欺,屡屡专横跋扈,恣意妄为,以致阻挠圣裁,虽然处置了一些首恶,然武盛文衰的局面尚在,经济上即使是境内北部富庶地区亦有数多百姓缺衣少食、度日艰辛。弘俶深切体会到立国难,治世益难,曾数次向诸位大臣征询兴邦强国之策,所答无非是"选贤任能,尊儒重教"之类,然当今百姓中仅有少数人有机会进入儒家学堂求学,如何得以普惠于万民?猛然间,弘俶想起当年在台州与天台山高僧德韶话别时德韶曾言:"今后你或将统领吴越,望你无忘佛恩,慈爱众生……"弘俶顿时似有所悟,连忙命人赴天台山恭迎德韶大师来杭州共商国事。

德韶大师俗姓陈,处州龙泉人,生于大顺二年(891)。早年曾到临川拜净慧禅师为师,专修禅宗多年后豁然顿悟。净慧禅师见德韶不仅精通佛法,悟性颇深,而且通达世事,便对德韶道:"你今后将会成为一代国师,非本寺所能久留,不妨往金陵另辟道场,光大佛祖,弘扬佛法。"德韶遂来到金陵,拜文益禅师为师。文益禅师当年受南唐始祖李昪所请住持报恩禅院,后迁于清凉寺,先后建立三座道场,弟子众多,编撰《宗门十规论》等多部著作,于南唐颇有声誉,圆寂后南唐中主李璟谥文益为"大法眼禅师",因之后世称文益禅师的教义为禅宗的法眼宗。德韶师从文益数年后,文益见其佛法大有精进,便命他往吴越国天台山开辟道场。天台山乃佛教天台宗祖庭,由智顗大师创立,流传至今已是第十四代(以智者大师为第三代),由羲寂大师主持,以天台山麓的国清寺为根本道场。自隋至唐天台山香火旺盛,僧徒广聚,信众云集,络绎不绝,山中除国清寺外尚有高明寺,真觉(塔头)寺,上、中、下方广寺等。当年武宗灭佛,诸佛院殿宇多已颓废损坏,所藏佛经、天台宗教义多已散失,僧徒多半遣送还俗,所余不及鼎盛时期之半。德韶来到天台山,秉承文益大师之衣钵,弘扬禅宗之法眼宗佛法,因此不便与天台宗同寺共修，乃于清泰二年（935）于天台山华顶峰下建华顶寺，开辟圆觉道场讲经说法。华顶峰乃天台山主峰，地势高旷，气候凉爽，群山拱卫，古木参天，云遮雾绕，猿啼鸟鸣，日出日落皆收眼底，真正是悟道参禅的好去处。因大师精通佛法，兼明世事，思路清晰，例证广泛，因之短短数年信众日增，香火兴旺，以至天台宗诸多法师亦常与之交流。德韶从此名声鹊起，弟子广集，与弘俶亦相交日深。弘俶出任台州不久，德韶劝早回杭州，后来果有弘倧遭禁之事，从此弘俶对德韶益加信服。

天台宗十四祖羲寂，字常照，俗姓胡，永嘉人，生于梁贞明五年（919）。幼年出家，先居开元寺，曾转明州阿育王寺，后入天台山专习天台宗，以法华经为本，智度论为旨，涅槃经为辅，数年之后已精通教典，颇有辩才。武宗灭佛，国清寺被毁，庙产归公，各种教籍流散海外，境内仅存断简残篇，虽于大中五年（851）重建国清寺，规模却大不如前。羲寂曾到处搜集古藏经典，仅于金华觅得《净名疏》，乃与德韶商议，共同向弘俶建议遣使赴新罗国抄写天台宗佛经。当时弘俶方任台州刺史，立即派人携了德韶、羲寂书信，又带了数十种宝物，前往新罗请求佛典。新罗国王见信欣然允准，经新罗僧界推荐，派僧人义通携教典赴吴越国天台山交流佛法。天福十二年（947），义通来到国清寺拜谒羲寂大师，聆听大师讲解天台宗教理，竟一见心服，乃拜羲寂为师，受业数年后根据羲寂的讲述将天台宗的藏、通、别、圆四教义理概括编撰成《四教仪》一书。义通终受羲寂法嗣，成为天台宗十五祖，这是后话，且按下不提。

再说德韶来到杭州，弘俶向其请教治国之道，德韶道："贫僧一心弘扬佛法、普度众生，不问官场倾轧、世间俗事，谈何治国之道。"弘俶道："保护一方安宁，庇佑国中百姓，消解黎庶苦难，广播众生福祉，这岂能说是世间俗事！"德韶道："话虽如此，但贫僧确实不谙此道，不敢妄议。"

弘俶见德韶如此说，便以己见直言相告："当今天下分崩离析，拥兵者皆欲自立称帝，以致兵连祸结，百姓涂炭，又屡屡发生王者无道杀臣、臣下黩武弑君之事，可谓纲常沦丧，秩序混乱。我吴越国虽经祖父、父王、王兄历代悉心治理，因采取'保境安民'国策得以国泰民殷，然近数年来依然屡有武夫干政、欺君辱主之事发生，民间亦存在以富欺贫现象，乡间械斗时有发生。弟子既为一国之君，理当处理好此等矛盾，经过反复思量，弟子以为必须从全民教化入手：首先是要教化民众慈悲为怀，弃恶扬善，敬天修德，和睦相处；二是要教化官员学子必须爱国忠君，勤政廉明，孝亲佑民，同僚互敬。弟子以为教化民众当弘扬佛法，倚重三宝，教化官员学子当崇尚儒学，尊儒重教，两者不可偏废。"

德韶道："善哉！善哉！王上所言甚善。人世间所以有许多国家，乃是人间利益纷争，贪淫夺权，以至兴兵征战，控制地盘所造成。我佛从来不主张世间分裂成许多国家，凡世间只因地域分为东胜神洲、北巨芦洲、西牛贺洲、南瞻部洲四大洲罢了。但是当今世间确实已经分裂成许多国家，尤其我南瞻部洲自大唐消亡以来竟分裂成十来个国家，连年用兵，你兴我亡，此盛彼衰，弱肉强食，以致天怨人怒，善恶不报，民不积德，人不施善，唯我吴越自武肃王立国以来恪守'保境安民'国策，以此百姓平安，尊佛向善，实乃功德无量之举。如今王上欲教化全民慈悲为怀，弃恶扬善，更是功德无量之壮举。虽然佛界不分国家，但当今天下群霸纷争，没有强国雄兵岂能保护一方太平，教化扬善又谈何容易，因之尚需以儒家忠孝仁义之道教化文臣武将、儒生学子，令其忠勇报国，仁爱治民，如此方可确保吴越太平安康。全民礼佛，王上此举老衲完全赞同。"

弘俶道："如今儒家教学方面，朝廷有择能院，州有书院，县有县学，乡有乡社，民间更有无数私塾，已经形成完善的教育系统，而弘扬佛法、教化全民方面还须大师点拨指教。"

德韶寻思半晌说道："老衲以为可以借鉴儒家办学经验，首先于杭州府中建立吴越主道场，引领各地佛寺住持佛事，弘扬佛法，培训僧侣，印刷佛经。再于各主要州府建立核心道场，各县根据自身条件建立寺庙，朝廷设立僧统之职以统领吴越全境佛教事务。如此以来，吴越境内佛家便可如同儒家一样形成完善的教化系统，既有利于迅速普及佛法，百姓又可就近参禅礼佛，和尚亦得以就地弘佛传经，从此全境大开善教，积无量功德。"

弘俶道："大师之言甚合弟子之意，如此一来便可形成儒家、佛家两大体系，将来若条件成熟，道家亦可借鉴，从此'儒治世，佛修民，道养生'，使吴越达到'保境安民'之最理想境界，不知大师可愿就任僧统一职？"

德韶道："老衲年事已高，僧统一职尚须挑选年富力强、高瞻远瞩之人担当。此人还须善于协调，精于谋划，不仅精通佛法，亦须谙熟戒律，非一般和尚所能胜任，当容老衲细细考察后推荐于王上。"

乾祐二年（949）三月，汉帝敕授弘俶为东南面兵马都元帅，镇海、镇东等军节度使，浙江东、西等道管内观察、处置兼两浙盐铁、制置、发运等使，开府仪同三司，检校太师兼中书令，杭州、越州大都督，上柱国，吴越国王，食邑一万户，实封一千户。仍赐：匡圣广运、同德保定功臣。

七月，弘俶命王弟弘億为明州刺史。

十月，汉帝遣散骑常侍张煦等持节备礼，正式册弘俶为吴越国王，赐玉册、金印、法物等。册曰：

惟乾祐二年岁次乙酉，十月庚午朔，越十九日戊子，皇帝若曰：我先帝承有晋崩离之后，丑虏充斥，毒螫中夏。是用顺天致讨，大拯黎元，太阿一挥，胡马宵遁，享万灵于无主，解兆庶之倒悬，较定世勋，以吴越居右。伊朕眇末，虔奉世训，嗣位之始，即畴懋功。前命为元帅，按地图授武节，东南之境得行征伐命，敕为真王，驾大辂，执桓圭，牛斗之乡，尽荒土宇，询于有位，金曰克谐。咨尔匡圣广运同德保定功臣、东南面兵马都元帅、镇海镇东等军节度使、浙江东西等道管内观察处置兼两浙盐铁制置发运营田等使、开府仪同三司、检校太师、兼中书令、杭州越州大都督、上柱国、吴越国王、食邑一万户、实封一千户钱某，象纬炳灵，公王袭庆，横江负海者三千里，开国承家者六十年。而能望辰极以骏奔，奉天朝之师律，充庭纳贡则外府告盈，下濑宣威则前茅献捷，忠信著于群后，礼让行于一方。故玄冕九章，为王之服，昭其名也；朱轮驷马，为王之驭，昭其器也。而又三吴百越，列土分疆，有民人焉，有社稷焉，恢祖祢之令图，实典礼之钜著，劝夫忠孝，以御邦家。今遣正议大夫、守右散骑常侍、上柱国、赐紫金鱼袋张煦、左补阙崔颂持节备礼，册尔为吴越国王。於戏！品秩甚尊，名数尤重，肃广庭而备物，练吉日以覃恩。尔其正厥位，事大以敬，教民以顺，驭众以恩，神其福之。《礼》曰："惟王建国，诸侯所以守旧邦。"《书》曰："惟帝念功，王者于是出好爵。"匡我尧绪，永为汉藩，浙江如带，稽山如砺，福禄无穷，贻厥百世。汝往钦哉，对扬我休命！

该年，弘俶下令各州县招募百姓开垦荒田，官家不征收税赋。国民大悦，尤其于松江地区广辟农田，因之吴越境内农桑丰茂，岁岁丰稔，斗米十文。

德韶大师自从与弘俶商议设立吴越僧统之事以来，数月间巡访于境内各大寺院，遴选出三位高僧，乃回到杭州向吴越国王汇报。

第一位，释赞宁。祖先渤海人，隋末徙居湖州德清，俗姓高，父名审，母周氏，梁贞明五年（919）生于金鹅山别墅。自幼天资聪明，思绪敏捷，勤学好问，巧答善辩。初习儒学，勤学强记，已初露锋芒。天成二年（927），赞宁九岁，于杭州长兴寺（唐称中兴寺，宋改大中祥符寺）出家，研习律宗。清泰初（935）入天台山受天台宗，具足戒，精研三藏。当时有新罗僧人道育在天台山平田寺修学，赞宁与道育在石梁同宿修行，互相切磋律法，期间亦研习以释道宣（596—667）的《南山钞》为依据的《四分律》，颇通南山律。其时，赞宁已博涉三藏，辞辩宏放，无人能挫其论锋，当时吴越名僧中有号称"四虎"者，即契凝号称"论虎"，义从号称"文虎"，晤思号称"义虎"，赞宁号称"律虎"。后又随德韶研习禅宗，大有精进。赞宁亦受汇征大师教习文格，又得前进士龚霖授以诗诀，因之兼通儒、佛二家典籍，善于文辞，颇受王侯名士敬仰。若由此人出任吴越僧统，自然便于佛、儒各界人士沟通，而且此人兼修律宗、天台宗、禅宗、净土宗，易为佛教各宗派所接受。不足之处是年仅三十一岁，于佛界影响尚未深远，恐其威望尚不足以统领佛界。

第二位,延寿大师。杭州府余杭人,俗姓王,字仲玄,号抱一子,生于天祐元年(904)。自幼天资过人,拜师习儒,胸怀经世济国的宏大抱负。年长从军,曾任库吏、镇将等职。时值国内战乱不休,生灵涂炭,延寿常常感叹如此惨淡人生如何方能得救,终于悟得唯有佛门才是清净世界,唯有慈悲为怀才能普救众生,从此逐渐转向研习佛法,每日诵读《法华经》。长兴二年(931),延寿任华亭镇将,督纳军需,因屡屡赎买生灵放生而破家,以致军需亏损,终致事发,按律当斩,临刑时面无惧色,谈笑自若,言道:"我为数万生命得以生还而死,有何憾哉!"监斩官报知摄政文穆王,元瓘乃亲自询问缘由,知其并无一文私用,遂感念延寿慈心善举,特赦其出家为僧。延寿前往四明山龙册寺剃度为僧,拜令参禅师为师,取法名延寿,字智觉,时年三十岁。数年后拜辞令参禅师出外参学,先于婺州天柱峰下研习莲宗(净土宗),礼拜阿弥陀佛,读诵《无量寿经》《弥陀经》《观经》,修业大有长进。三年后往天台山参谒德韶大师修学禅宗,顶礼佛祖,专诵《金刚经》,从此佛学修养、禅定功夫大为精进,深受德韶器重。在天台山期间,又曾于国清寺结坛修学天台宗,研习《法华经》,为时数月。一日于禅房中禅定,见观世音菩萨手执杨枝蘸甘露润其喉舌,从此口才大增,百僧莫能与之辩。又一日于中夜经行时见阿弥陀佛将莲花递于手中,从此常常思考今后终身修行趋向乃是禅宗抑或是净土宗,却始终不能定。某日,延寿自制二阄,一名"一心禅观",一名"万善庄严净土",登上智者大师岩顶,冥冥恳祷后信手拈出一阄,不想却将另一阄亦带了出来。重新恳祷之后,拈出一阄却又带出了另一阄,将手中之阄打开观看,乃是"禅观"之阄。延寿第三次恳祷,不料拈阄时又带出另一阄,打开手中阄看时却是"净土"之阄。延寿第四次抓阄,于阄筒中确认只抓一阄后取出来看,乃是"禅观"之阄。又重复抓了三次,总的结果是:第一次乃是双阄,第二、四、六次是"禅观",第三、五、七次是"净土"。延寿顿然醒悟,佛祖旨意乃是禅净同修,不可偏废,从此延寿依佛祖旨意而行,将密教之密行及法相、三论、华严、天台等理论与净土理论相融合,开创了佛学之先河,终于成为法眼宗第三代祖师,同时也是净土宗第六代祖师,这是后话。延寿大师于各地研习佛学的同时,还组织人雕版印刷了《弥陀塔图》《弥陀经》《愣严经》《法华经》《观音经》《佛顶咒》《大悲咒》等诸多佛经、佛图达数万本。

第三位,天台宗十四祖"净光尊者"羲寂大师。生于梁贞明五年(919),与释赞宁同庚,如今已是天台宗传人。近两年间,自高丽国义通等僧人来到天台研习佛法,天台宗对高丽、日本等国僧界影响日益隆盛。

德韶介绍完三位大师情况之后,说道:"三位大师皆精通佛法,僧徒广布,于佛界影响颇深,亦颇有口才及处事能力,老衲以为皆可堪当僧统之职,尤其延寿大师最为合适：一是延寿今年四十有六，正年富力强，精力充沛，又阅历丰富，处事稳重；二是延寿兼修净土宗及禅宗，还曾专修法华宗，对佛门诸派能兼收并蓄，融会贯通，因之必会受到各派拥戴；三是曾主持雕版印刷诸多佛经、图咒；四是曾供职将吏，熟悉官场，便于与官府沟通。由延寿主持佛事，必使佛法弘扬深远广大，以致吴越国泰民安。"

弘俶沉思良久，说道："大师所言甚善，若由延寿出任佛界僧统，必能振兴僧界，弘扬佛法，教化百姓，国泰民安。然于治理国家而言，我吴越急需形成儒家、佛家两大教化系统。儒家重于治国安邦，教化儒士，佛家重于普度众生，教化百姓，两大教化系统既各行其事又互相协调，因之僧统人选不仅要佛学精深，亦须深谙儒学，不仅要统领梵界，还须广涉政坛。国师举荐的三位大师中，弟子倒是更倾向于赞宁大师，只是资历尚浅，声望尚轻，为弥补这一不足，还请大师暂且兼领僧统之职，赞宁任副僧统。以大师声望，佛界各宗派自然咸服，所出法旨定然立竿见影，佛家教化系统亦可迅速推行。而具体事务可由赞宁策划实施，一则减轻大师之累，二则培养赞宁，树其声望，待时机成熟，再将僧统之职授予赞宁，不知国师意下如何？"

德韶道："若论声望、经验、佛法，延寿在赞宁之上，今用赞宁不用延寿，恐失佛界众心。"

弘俶道："延寿大师不妨专心佛事，将来广建寺院、多造浮图、开辟道场、讲经说法等诸多事情或可请延寿大师主持。羲寂大师既已收集了许多佛经，将来不妨主持各种佛经的收集、校对、刻印、施布等事。此二位大师将是僧统属下主要助手，协力将佛家教化系统办好，如果需要，亦可仿照寺院编制，于僧统下设置首座、总监等执事，悉由大师定夺。"

德韶道："如此甚好，谨从王上之意。"

德韶非常清楚，历朝历代帝王崇佛则佛教兴盛，帝王斥佛则佛事必衰。如今处于战乱年间，难得吴越国王尊崇佛教，弘扬佛法，教化众生，积极向善，乃是兴盛佛事、普度众生的极好机缘，以此马不停蹄奔走于杭、苏、明、台诸州，与赞宁、延寿、羲寂诸大师频频商议，竭力支持弘俶建立吴越佛家教化系统。

这日，德韶大师携赞宁同来杭州拜见弘俶，弘俶招来丞相裴坚、元德昭。大家互相致礼毕，德韶大师首先介绍诸地对建立佛家教化系统的反应："……所到之处听说王上欲大力弘扬佛法，广辟道场，教化众生积德向善，僧界无不称善，皆愿为此倾心尽力，各地善男信女亦竭力支持，可见此举深得民心。"弘俶听了颇为宽慰。德韶继续道："贫僧征询各地高僧意见，如何才能大力弘扬佛法？众大师多以为，自会昌灭佛以来，各地主要寺庙大多被毁或损坏严重，没有良好规范的道场,难免于僧徒与善男信女心中留下阴影与遗憾,亦不便举行较大规模的佛事,不利于弘扬佛法。"

弘俶对此早有思想准备,便说道:"大师可命人先编制规划,于各主要州府中选择基础较好、影响较大的寺院分期、分批予以修复或重建,以此作为核心道场,所需经费可申报州府予以支持。"

元德昭道:"杭、苏、明、越、温等大州府库充盈,欲修复或重建大型寺院或许足以供应,台、衢、处、睦等山区小州府小库贫,或难以修建大型寺院。"裴坚附和元德昭意见。

赞宁道:"兴建佛寺、塑造金身与设立道场、弘扬佛法同是积善纳福之举,因之佛界兴建寺庙,与其单独捐资,不如广募民资,以便广施福德。再说向民间募捐亦是向百姓广泛教化、布施福德的过程,是王上所倡导的教化百姓的具体措施,一旦信众捐了资,即会视此寺为自己的家,常来常往格外关切,有利佛法传布,有这等好处,募捐建寺何乐而不为!将来若是资金不足,再请王上出面由官府拨银辅助,如此可以减轻国库开支。"

弘俶以为赞宁说得有理,便转向德韶,德韶道:"赞宁所言乃是佛界众僧共同见解。我来杭州之前,延寿法师已经着手募集资金,为扩建明州奉化雪窦寺做准备,羲寂法师亦准备募集资金恢复天台山国清寺道场。兴建杭州灵隐寺道场暂时可由赞宁法师负责筹备工作,老纳随后再赴苏、婺、温、福等州物色高僧,负责募集资金于当地筹建道场。这批道场建成之后,必会带动各地广建寺庙,届时吴越境中必会大开善教,广种福田,百姓们自然会崇德扬善,炷香礼佛。"

裴坚听了不免有几分担忧道:"广建寺院、弘扬佛法可以教化民众弃恶扬善,对安定社会、稳固国基乃是大好事,但是寺院僧侣毕竟需要百姓供养,各地寺庙皆需占有大量田地,因此历朝历代朝廷对平民百姓剃度为僧皆予以控制,不得过滥,以减轻百姓负担。我吴越数十年来,虽然兴修水利,开辟荒滩,土地收成年年增加,但人口亦增加甚快,因此宜谨慎为之,一旦国家和百姓负担过重,反而会招致祸患。"

元德昭附和道:"裴大人所言须慎重考虑,佛寺规模、僧侣总量须审慎规划,适度控制,以免物极而反。"

弘俶思量一刻后说道:"众位所言皆有道理,此事既须抓紧办,又不可操之过急,就请僧统、副僧统两位大师组织其他有关大师先拟订规划,选择条件优越、基础良好、影响深远之所设立道场,确定僧侣数量最高暂不超过八百人,多数以三百人以下为宜,如此则寺院规模大致与国子监、各州府学、县学相当,然后以此确定相应所需寺产多少。规划确定后,先以灵隐寺、雪窦寺、国清寺为第一批试点,总结经验,根据实施情况对规划进行修订,再逐步实施。对僧徒剃度宜制定完整办法,包括僧徒总数、出家基本条件、核准程序等。再就是吴越全境的佛事管理,最高层当然是吴越僧统、副僧统,下面尚须分部门与各寺院机构逐级对应管理,以减轻僧院事务负担。不知二位僧统以为如何?"

德韶觉得弘俶说得合情合理,与赞宁交换意见后说道:"王上思虑得十分完整妥帖,老衲当遵旨力行。"

赞宁又说道:"贫僧尚有一事请求王上恩准。如今各寺院收藏之佛经、律藏、历代大师遗著甚是缺少,靠僧侣自行抄写,不仅迁延时日,而且谬误甚多。当下正逐渐推行雕版印刷,若着人雕版印刷佛经,则刻一版而可印成百、上千乃至万本,何其快哉!且可专人校订,免除谬误,岂不便捷可靠!"

裴坚接口说道:"此意甚好。先文穆王亦曾有意将儒家典籍进行系统整理,再行雕版印刷,以供学子研习之用,只因儒家经典甚是浩瀚,而雕印技术尚无充分把握,以此拖延至今只是印些诗词集刊作为试行。如今雕印技术渐行成熟,用于雕印佛经已不成问题,待取得经验,亦可着手雕印儒家经典,完成先王遗愿。"

弘俶高兴说道:"此议甚好,就请两位丞相、两位僧统各自安排人员收集儒、佛两家经典,先行校对勘误,元丞相尽快着人调集工匠筹备雕印工作。"

诸事安排完毕,众人别无意见,各自领命散去。

第六十一回　失爱子刘崇复立汉室　灭楚国南唐再扩疆域

自吴程于开运四年（947）十二月知福州军府事以来，吴越朝中丞相之职唯有裴坚与袁德昭二人，国王弘俶乃有意召其回杭州仍任丞相。然盘踞于建州的南唐永安留后查文徽始终觊觎福州，以此在有得力之人接任之前，吴程始终未敢贸然离去。

乾祐三年（950）春正月，吴程准备分期、分批将吴越兵马撤离，福州仅留少半驻守，自二月十日起，每天清晨皆有一两千吴越兵马旗帜鲜明、兵甲整肃地向北而去。早有人将情况报与南唐永安留后查文徽，如今算来大约已有六七千吴越兵马撤离，文徽大喜，乃于十六日命剑州刺史陈诲、泉州刺史留从效率兵进攻福州。

时值闽西大雨，闽江暴涨，陈诲邀功心切，率领水军顺闽江而下，一昼夜之间急下七百里直抵闽侯，于天明前悄悄上岸埋伏于福州城北的山林间。清晨，又有一队吴越兵马出福州城向北而去，渐渐行至陈诲伏兵近前，伏兵们发声喊一齐从林间杀出。吴越兵哪曾想到于福州近郊竟会有南唐兵埋伏，以此毫无防备，被杀得四散逃命，一千多官兵顿时逃散大半，死伤百余人，主将马光进以下三百余人被俘。

二十日，留从效率泉州兵赶到，与陈诲兵马会合，完成对福州城合围。

二十二日，查文徽亲自率领步骑兵二万余人来到福州城外。吴程见南唐兵马几乎全部聚集于此，乃派遣数百兵丁至查文徽大营迎接南唐军入城。陈诲劝道："恐城中有诈，未可轻图，宜先立寨，观其虚实再徐徐图之。"查文徽道："吴越威胜军号称兵马三万，实有约二万余人，自二月十日起每日撤军一至二千，至十七日，共应撤走一万有余，城中所剩最多一万而已。如今见我大军压境，自知力单势孤难以死守，乃献城自保，亦在情理之中，有何疑哉！疑则生变，不若趁此良机急速入城，攻其不备，一举夺下福州城。"遂不顾大军远涉关山之疲劳，催促兵马前进。

连日发兵北归乃是吴程诱敌进攻福州之机谋，每日所发兵马于当日半夜三更之后再悄悄入城回营，以此城中兵马未曾减少。查文徽来到城下，正与吴程见礼之际，指挥使潘审燔即令福州城中兵马分别从东南的美化门、西南的怡山门杀出，犹如洪水决堤，困兽出笼，直插南唐军后路。南唐兵连日行军，本已疲惫不堪，又道吴越军已经投降，因此上下皆无戒备，突然遇此冲击，竟不知所措。查文徽及行军判官杨文宪等当场被生擒活捉，手下将士或被擒或投降，众兵卒乱纷纷败逃，互相践踏，或被杀，或被拥入闽江溺死。这一仗南唐军战死、溺死一万余人，被俘六千余人，陈海、留从效见大势已去，急忙率领本部人马遁归本州。

鉴于南唐军主帅查文徽被俘，主力损失近两万人，料再无实力进犯福州，吴程遂率领五百亲兵押送查文徽及杨文宪等三十余被俘南唐将校回归杭州。

吴越国王设宴为吴程庆功，接风洗尘，席间盛赞吴程于坐镇福州期间恪守"保境安民"之策，保证了吴越南疆的安定。如今福州城之战一举歼灭南唐军两万，生俘主帅查文徽，必可震慑南唐，令其重新回到遵守"保境安民"盟约的轨道上，为保障吴越边境安宁打下坚实基础。

查文徽等南唐俘虏被安置于馆驿中，吴越国王亲自接见，待之以礼，晓之以义，宣谕吴越国始终奉行"保境安民"国策，希望查文徽等回国后积极劝说南唐主共同遵守"保境安民"之盟约，否则不仅两国频频争战，百姓遭殃，更极有可能使北国坐收渔翁之利。

四月十五日，吴越国王率领文武百官及主要王亲并查文徽等南唐战俘前往临安太庙山亲享祖庙，举行献俘之礼，沿途百姓纷纷前来观瞻。先由吴越国王弘俶率领武肃王在杭州主要子孙祭拜先祖，祭礼完毕，即行献俘礼。弘俶肃立于祭坛左侧，丞相元德昭担任献俘典礼司仪，肃立于祭坛右侧，坛下文武百官分列左右两侧，再下为武肃王诸子孙，享殿外月台及甬道两侧分列亲兵、禁军，众多百姓挤挤嚷嚷于陵区外争相围观。

献俘礼开始，先由丞相吴程向历代吴越国王禀告："南唐国主不遵'保境安民'盟约发兵侵闽，并试图合围我吴越，我吴越将士应福州军民所请赴闽支援，一举粉碎南唐企图。然南唐君臣贼心不死，又屡屡出兵进犯福州。为杜绝后患，我军设下退兵之计，此次一举歼敌二万，俘获其主帅查文徽及将校三十余人，令南唐军大伤元气。今将所俘南唐军主帅及以下将校献俘阙下，听候发落。"话音刚落，南唐战俘即被押送上堂，于供桌之前向三代吴越国王行跪拜礼，以示谢罪，然后由查文徽告曰："罪臣查文徽不识吴越国之雄威，不遵'保境安民'之盟约，屡屡兴兵欲攻取福州，以达到统一福建全境、围困吴越国之目的，实乃自不量力。如今遭致全军覆没，身陷囹圄，却蒙吴越国王宽宏大度，不仅不斩不罚，还不计前嫌仍然愿与南唐续守'保境安民'之约，只为百姓免受征战之苦。大王之广阔胸襟令罪臣无地自容，若蒙恩赦得以回归南唐，定当力劝国主与吴越永结盟好，互不侵犯。"说完将南唐国主所赐佩剑交与吴越国王，以示永不与吴越交兵。弘俶接过佩剑，献于先王像前供桌上，回身扶起查文徽等人，令他们退至堂下，然后说道："福州之战，吴丞相本可以乘胜追击，一举夺取福建全境，然为守'保境安民'之约，任由留从效、陈海率兵退去。今日永安留后查文徽既已向先王告罪，并承诺回南唐以后将力劝其国主与吴越永结盟好，互不侵犯，那本王就特赦查文徽等回归本国。当今天下，唯吴越与南唐尚属安定，百姓康宁。且看中原大地，朝廷屡屡更迭，异族频频入侵，天灾人祸不断，百姓颠沛流离。查帅归国后可转告南唐国主，如有实力，还望拯救中原百姓于水火，倘使能统一中原，则我吴越无需南唐发一兵一卒，自当遵从武肃王遗训，主动献土归宗。"此言一出，先是满堂鸦雀无声，继而有人窃窃私语，认为先王夺取江山不易，怎可轻易拱手让人，亦有人认为武肃王既有遗训，理当遵守。正在堂下纷纷议论之时，查文徽等人已趋步上前，于弘俶面前跪拜道："听王上宏论，犹如破云见日，指迷返航，百姓安则国安，百姓危则国危，罪臣归国之后定将王上宏论转奏国主，竭力劝说国主以民为上，世代与吴越友好共通，以求尽早一统中华。"元德昭宣告礼成，陵区外广场上众百姓原以为献俘后会将查文徽等战俘斩首示众，谁知非但一人未杀，一刑未施，反而全部释放，遂纷纷议论：当今王上真是慈悲心肠，或许是菩萨转世，专门前往人世间普救众生。

六月，吴越国王授王兄东府安府使钱弘偡知福州威胜军事，接替吴程；命王弟钱弘億接替弘偡为东府安抚使。

七月，弘俶派兵护送查文徽等人回江宁，南唐亦派兵护送马光进等回杭州，从此吴越与南唐各守边界，百姓安宁。

这一年（950）二月二十六日，吴越老丞相、中书令、郧国公杜建徽薨。

杜建徽，字延光，新登县人。祖仲明，不仕，累赠水部员外郎；父杜稜，赞忠去伪功臣，两浙行军司马，镇海军节度副使，常、润二州刺史。建徽军功卓著，为人忠正耿直，大公无私，颇孚众望，深受武肃王所倚重，以致武肃王每会客人必指其曰："此杜丞相，今日得有吴越，多其力也。"建徽性素俭约，出行时随从不过数人，凡财物多散给乡里亲族。忠献王时，其孙杜昭达为内衙都监使，大兴土木，盛筑宅第，落成之日强邀建徽观视，建徽训道："乳臭小儿不谙世事，豪华如此，必招灾祸。"之后昭达果然获罪伏诛。建徽直至高龄仍能骑射，一日与众人于广场击球，玩得兴酣，猛蹴一球，因用力过猛，早年被敌箭射中残留于臂中之箭簇竟自臂中飞出，依然蹴球不止，令在场之人无不叹服。曾作诗曰：

中剑砍耳缺，被箭射脾过。为将须有胆，有胆即无祸。

建徽历任官职：自武安都将、国子祭酒至泾源、昭化等军节度使，累官吴越国丞相，兼中书令，封郧国公。凡子弟、孙侄多联姻公室，朱紫车马充溢门庭，有国以来莫比其盛。薨年八十八，谥曰：威烈。

广顺元年（951）六月十六日，武胜、清海等军节度使、弘佖世父元懿薨，以其子钱仁俶嗣位。

元懿，字秉徽，武肃王第五子，母金氏。元懿生性孝顺而正直，其母曾因侍奉武肃王不称职而被惩戒，以致成疾，发病时侍婢多有厌倦，而元懿始终不离左右，即使污秽粪便亦亲自侍理。起初，授镇海军右直都知兵马使，随即授安国衣锦军防遏指挥使，累授检校兵部尚书。兼管睦州期间，里巷中接连数日起火，百姓十分惊慌，巫婆杨韫累放妖言"某日某处还会起火"，竟累被言中，于是百姓竞相向杨韫祈祷。元懿对属僚道："火竟按照巫婆所言而起，此火必为巫婆所为，宜杀之以除其奸。"于是命斩杨韫于市，果然根绝火患。贞明（915—920）年间，元懿兼管东阳郡，此地每年三月有大风雨起自郡南，席卷全郡，毁坏民间庐舍，百姓传言乃是海龙每年往返于东海与东阳之间所致。待元懿管辖东阳时，某日梦见一身穿红袍之神对其言"白砂王奉启相国，今即移往他处，将由郡城而过"。元懿惊醒，次日果然有风雨由南山起，经郡城东去，从此东阳少有狂风暴雨之患，百姓以为此乃元懿治郡之功。后来奏授：宾、睦二州刺史，清海、武胜等军节度使，太傅，同中书门下平章事，金华郡王。在郡三十年，终年六十六岁，谥曰：宣惠。

却说中原河东节度使兼中书令刘崇乃前朝高祖皇帝知远之弟，听说汉帝遇害，便欲举兵南征讨伐郭威，后又听说朝廷迎立自己儿子徐州节度使刘赟为帝，遂停止征讨，说道："既立吾儿为帝，复有何求！"太原少尹李骧劝道："我观郭公之心终欲自立称帝，刘公不如迅速引兵出太行山占据孟津，静观事态发展，待到徐州相公确实即位之后再领兵还镇，如此则郭公不敢轻举妄动，不然一旦有变将措手不及。"刘崇怒道："你这腐儒，竟欲离间我父子！"下令左右将李骧推出斩首。李骧大呼道："我空怀经世济民之才，却为愚昧之主出谋划策，死亦应得！"刘崇将此事奏于朝廷，以示绝无二心。不久又传来消息郭威即皇帝位，刘赟被降为湘阴公，刘崇懊悔不已，派遣使者请朝廷恩准其子回归晋阳。周帝郭威下诏称："湘阴公如今在宋州，着即请其回京，必定妥善安置，公不须为此担忧。刘公若能协力辅佐朝廷，当另加王爵，永远镇守河东。"

刘赟废为湘阴公的消息传至徐州，其属下巩廷美、杨温乃奉刘赟妃董氏为主，据守徐州，等待河东刘崇的援兵。

广顺元年（951）正月十六日，刘崇得知湘阴公刘赟在宋州遇害，乃于当日晋阳即皇帝位，仍以汉为国号，乾祐为年号，史称北汉，发誓与周为敌。北汉主哭道："我不听忠臣之言，以至于此！"遂为李骧立祠，每年定时祭祀。

北汉朝廷以节度判官郑珙为中书侍郎，观察判官赵华为户部侍郎，皆授同平章事;以次子承均为侍卫亲军都指挥使,太原尹;以节度副使李存环为代州防御使;裨将张元徽为马步军都指挥使;陈光裕为宣徽使。北汉主对属下臣子说道:"朕因高祖(刘知远)基业一朝毁塌,不得已而自称位号,看我像什么天子,尔等又像节度使乎!"因此不建宗庙,祭祀如平常人家,宰相月俸只百缗,节度使只三十缗,其余官吏仅有少量补贴,故北汉国中少有廉吏。

北汉仅辖有并、汾、沂、代、岚、宪、隆、蔚、沁、辽、麟、石十二州之地,地小民贫,无力与中原抗衡,以此北汉主于自立称帝之时即命人致书于辽国,曰:"本朝沦亡,臣袭帝位,欲遵循晋室旧例,请求北朝相援。"辽主大喜,认为是介入中原的绝好机会。

北汉主发兵驻于阴地、黄泽、团柏,又命侍卫亲军都指挥使刘承钧为招讨使,率领步骑兵万人进攻晋州。二月初六,北汉兵分五路发起攻击,晋州节度使王晏闭城不出,刘承钧以为王晏怯战,遂催动士卒蜂涌登城,不想王晏伏兵奋勇杀出,北汉兵死伤千余人。承钧命副兵马使安元宝放火烧西城,元宝竟自投降周军。承钧再移军攻打隰州,亦是无功而返。北汉兵数战而不能克,死伤甚众,只好退兵。

十五日,北汉主遣通事舍人李鏻出使辽国,求其发兵支援。

四月,北汉主再命礼部侍郎、同平章事郑珙出使辽国,厚赂辽主,自称"侄皇帝致书于叔天授皇帝",希望辽国出兵援助,不想郑珙却于五月初十客死他乡。

六月,辽主遣燕王述轧等人册北汉主为大汉神武皇帝,北汉主乃改名为旻。

九月,北汉主再遣招讨使李存环率兵由团柏进犯中原,并请求辽国调发援兵。

辽主与各部酋长于九十九泉商议发兵之事,各部皆不愿南犯,辽主大怒,强令出兵。初四,辽军行至新州之火神淀驻扎,不料辽主却被叛乱的燕王述轧所杀,诸部拥戴耶律德光之子述律即皇帝位,迅速平定叛乱,屠灭燕王宗族党羽。辽新主述律改元应历,率兵自火神淀进入幽州,并派遣使者告知北汉主。北汉主即刻派遣枢密直学士王得中前往幽州,恭贺述律即皇帝位,复以叔父事之,请求出兵共击晋州。

冬十月,辽以彰国节度使萧禹阙统率奚、契丹五万人马会合北汉军入寇,北汉主亲自统领二万人马自阴地关入侵晋州,十九日扎营于城北,三面设寨,日夜进攻,游兵深入至绛州。时王晏已离镇,由巡检使王万敢暂时代理晋州事,与龙捷都指挥使史延超、虎捷指挥使何徽共守晋州。

十一月初六,周帝以王峻为行营都部署,领兵前往晋州救援,诏令诸军皆受王峻节度,听其随机从事,擅选将吏,并亲自至城西饯行。

十二月十三日，王峻到达绛州，十八日引兵直奔晋州。晋州之南有蒙坑，地形最是险要，王峻担心有北汉兵据守，这一日前锋军报告已经通过蒙坑，王峻大喜道："吾事济矣！"

北汉主进攻晋州已有五十余日，适逢大雪，百姓们聚集于山寨设防自卫，北汉军无从抢掠，以此军中粮草匮乏。辽军远道而来，久战不克，渐渐思归心切，又听说王峻援军已过蒙坑，遂焚烧营垒连夜逃遁。辽军的逃离彻底搅乱了北汉军心，北汉军亦只得随其撤离。王峻进入晋州，诸将主张立即追杀北汉军，王峻因大军远途劳顿而犹豫未决。次日，命行营马军都指挥使仇弘超、都排阵使药元福、左湘排阵使陈思让、康延昭率骑兵追击，追至霍邑，纵兵奋勇攻击，北汉兵坠落崖谷死者甚多。霍邑山路十分狭窄，康延昭担心北汉设有伏兵而不敢急追，北汉兵乃得以逃脱。药元福道："刘崇倾巢出动，且挟胡骑而来，志在吞并晋绛，如今气衰力竭，狼狈逃遁，不乘此胜将其一举歼灭，必为后患。"但诸将皆不愿急进，王峻亦遣使者制止前进，遂回军。

北汉兵逃回晋阳，兵马损失十有三四，从此北汉主再无意南进。

北汉地瘠民贫，却须内供朝廷、外奉辽国，赋繁役重，民不聊生，以此百姓纷纷逃入周境。

中原之事且按下不表，再来说楚国。

当年楚王马殷临终前遗命诸子，王位当兄终弟及，并放置一把宝剑在祠堂内，道："违我遗命，人可诛之。"从此楚国按此制传承王位。

长兴元年（930）十一月初十，马殷病逝，次子马希声继位，两年后马希声病逝，其弟镇南节度使马希范继位。马希范在位十五年，于天福十二年（947）五月初八夜去世。

诸将议立国主，都指挥使张少敌、都押牙袁友恭认为武平节度使、知永州事马希萼于希范诸弟中最为年长，应立为国主。长直都指挥使刘彦瑫、天策府学士李弘皋、邓懿文、小门使杨涤欲立武安节度副使、天策府都尉、领镇南节度使马希广。希广性谨慎温顺，为先王希范所钟爱，先王使其判内外诸司事。张少敌道："希萼年长而生性刚烈，显然不肯甘居都尉希广之下，若一定要立希广，必须设长远良策以控制永州，使服帖安定方可，不然社稷危矣！"彦瑫等人不以为然。希广懦弱，犹疑不决，十一日，彦瑫等谎称希范遗命，遂共立希广为国主，张少敌叹道："灾祸从此开始矣！"

秋七月十一日，以马希广为天策上将军、武安节度使、江南诸道都统兼中书令，封楚王。

希萼得知希广封王，乃拥兵永州（零陵）、朗州（常德）与其相对峙，并不断遣兵进攻潭州(长沙)。

因马希广向中原汉帝称臣,马希萼遂派遣使者向南唐称臣,并请求发兵攻楚。

乾祐三年(950)十月,南唐加封马希萼为同平章事,并赐予其鄂州今年税赋,又命楚州刺史何敬洙领兵援助希萼。希广亦遣使向中原汉帝告急,祈求发兵屯驻澧州,以扼制江南、荆南支援朗州之路。

十一月二十八日,马希萼率战舰四百余艘泊于湘江西岸,步兵及骑兵驻于岳麓。马希广以水军指挥使许可琼率战舰五百艘屯于潭州城之北津,又遣马军指挥使李彦温率骑兵屯驼口,扼守湘阴路,步军指挥使韩礼率兵二千屯守杨柳桥。马希广令众将皆受许可琼指挥,有人禀告:"许可琼将要叛国,请速铲除。"希广不听。

十二月十一日,马希萼率朗州兵全面进攻,潭州兵迎敌奋战,许可琼却按兵不动,眼见得潭州兵不敌,竟率领全军降于希萼,潭州遂告破,希广被执。朗州兵拥入城中大掠三日,杀吏民,焚庐舍,自武穆王马殷以来所营造之宫室皆化作灰烬,所积聚珍宝财货被洗劫一空。李彦温、刘彦瑫各领千余兵马保护希范诸子及希广诸子逃至袁州,后奔于南唐。

十二月十四日,马希萼自称天策上将军,武安、武平、静江、宁远等军节度使,楚王。任马希崇为节度副使,命马希广自裁。临刑,希广仍口诵佛经,祈求上天保佑。

广顺元年(951)二月十二日,楚王马希萼派遣掌书记刘光辅向南唐进贡。南唐主待刘光辅甚厚,光辅因之密告南唐主:"如今楚地百姓疲敝,国主骄奢,国衰民穷,适可取也。"南唐主遂有进取之意。

南唐主先以右仆射孙忌、客省使姚凤为册礼使,册封楚王马希萼为天策上将军,武安、武平、静江、宁远节度使兼中书令,以此麻痹希萼。希萼受到南唐主支持,志得意满,遂多念旧恶,恣意报复,杀戮无度,昼夜纵酒荒淫,军府之事皆由马希崇处置。希崇又多私念,把政事、刑罚搞得紊乱不堪。府库早已被乱兵抢夺一空,唯靠强征百姓财物赏赐士兵,甚至封闭百姓门户以尽取其财物,士兵们却仍因分配不均而埋怨不止,将士们多有离心。

三月,南唐主命营屯都虞侯边镐为信州刺史,率兵屯驻于赣南的袁州,密谋进取楚地。

马希萼因府舍几被焚尽,乃命朗州静江指挥使王逵、副使周迎逢率领本部人马千余人加以修治。士兵们工作辛苦,又无犒赏,私下怨道:"免死囚徒才作此苦役,我辈为大王冒万死夺取王位有何罪过,竟充囚徒受此辛苦,大王却终日酣饮狂歌,岂知我辈之劳苦!"王逵、周行逢听说后商议道:"士兵怨恨已深,不早谋之必将祸及我辈。"

三月十一日清晨,王逵、周行逢率领部众逃回朗州,其时希萼酒醉未醒,左右不敢禀报,至次日酒醒方才告之。希萼命指挥使唐师翥率领千余人追击,直至朗州,王逵等趁追兵疲乏之机出兵痛击,追兵几乎死伤殆尽,唐师翥逃脱奔回。

马希萼攻下潭州,许可琼功不可没,却不予赏赐,且疑其怨望,乃外放为蒙州刺史。马步都指挥使徐威、左右军马步使陈敬迁、水军都指挥使鲁公绾等部众亦未抚恤犒劳,却令他们立寨于城西北隅,以戒备朗州兵。众将士十分怨怒,密谋作乱。

九月十九日,马希萼宴请诸将吏,徐威等人不至,希崇亦称病未来。徐威等先命人驱赶十余匹烈马冲入府中,随后率领党徒手执斧钺木棒以执马为由冲至堂上大开杀戒。马希萼欲翻墙逃跑,却被徐威等捉获,囚禁于衡山县。众人立马希崇为武安留后,放纵士兵大肆抢掠。

希崇袭位,亦纵酒荒淫,为政不公,语言狂妄无礼,国人多不信任。

攻下潭州之时,希广手下的强弩指挥使、蛮族部落首领彭师暠被押见希萼。师暠看见希萼即投矛于地,傲立不拜,大呼请死,希萼叹道:"真乃铁石之人!"乃杖背四十,贬黜为民,徙居衡阳。如今希崇将希萼囚禁于衡阳,实欲借彭师暠之手杀死希萼,师暠识破其谋,说道:"辈欲使我为弑君之人!"以此非但不杀希萼,反而侍奉逾谨。

九月二十七日,衡山指挥使廖偃与其叔父、节度巡官廖匡凝商议道:"我家世受马氏之恩,希萼乃马氏嫡长,如今被废黜,将来必起祸端,何不相与辅之!"于是与师暠共立希萼为衡山王,以县衙为行府,沿湘江立寨栅,编竹筏作战舰,征庄户悉为兵,以师暠为武清节度使,数日至万余人,遣判官刘虚己求援于南唐。

徐威等人观马希崇之所作所为,知其必无成就,又担心朗州、衡山两面相逼,一旦丧败俱受祸殃,遂欲杀希崇以求自保。希崇有所察觉,密遣客将范守牧奉表向南唐请兵。南唐主见时机已到,乃命边镐从袁州发兵万人西进潭州。

十月,南唐军边镐领兵进入醴陵。初五,楚王马希崇遣使至醴陵犒赏南唐将士,十四日又遣天策府学士拓跋恒奉表至边镐营中请降。十五日,马希崇率领诸弟侄出城迎接边镐,远远向尘起处下拜,边镐驰至近前下马,称南唐主诏抚慰之。十六日马希崇等跟随边镐入城,边镐居于浏阳门楼,潭州将吏前来致贺,边镐分别给予厚赐。当时楚地正闹饥荒,边镐大量发放马氏仓储粮食以赈饥民,楚人大悦。二十五日,南唐武昌节度使刘仁瞻率领战舰二百艘夺下岳州,刘仁瞻抚慰归降将吏,楚人竟无亡国之伤。

楚国既平，南唐百官共同庆贺，起居郎高远却说道："乘楚国内乱取之甚易，但观诸将之才，只怕守之不易。"致仕司徒李建勋亦道："灾祸将从此开始了。"

马希萼指望南唐立自己为潭州主帅，但潭州人对其十分怨恨，请求立边镐为帅，南唐主遂以边镐为武安节度使。

边镐催促马希崇带领族人入朝，马氏族人相聚而泣，欲以重金贿赂边镐，乞请朝廷允准留居潭州。边镐笑道："江淮与你们马氏世为仇敌已近六十年，然未敢窥视楚地，如今你们兄弟争斗，穷途末路，不得已主动归降，若再三心二意，只怕会引来更难预料的忧患！"希崇无言应对。十一月初三，马氏宗族及将佐千余人嚎啕不止，挥泪登船，送行者亦恸哭，声压江涛。

是月，南汉趁乱夺取楚国宜州、连州、梧州、严州、富州、昭州、柳州、龚州、象州等地，从此南汉尽有岭南之地。

十三日，南唐边镐派遣先锋指挥使李承戳率兵至衡山，敦促马希萼入朝。二十二日，马希萼与将佐士兵万余人自潭州乘船东下。

十二月，南唐主以镇南节度使兼中书令宋齐丘为太傅；以马希萼为江南西道观察使，镇守洪州，仍然赐爵楚王；以马希崇为永泰节度使，镇守舒州。原来楚国将吏位高者拜刺史、将军，位卑者依次拜官，以此楚国刺史皆入朝于南唐。

至此，南唐拥有淮南、江东、江西、湖南及部分福建之地，其地域之广堪与中原周国相匹敌，人口之众更胜于中原许多。

第六十二回　驱淮兵楚地回归中原　御北汉周军直捣晋阳

泰宁节度使慕容彦超乃前朝高祖刘知远同母异父弟。郭威起兵后，彦超奉诏入京护驾，及至汉帝承祐遇弑，彦超遂败逃兖州，后见刘崇在太原自立为帝，建立北汉，联合大辽起兵伐周，遂趁机联络南唐共同起兵反周。

广顺二年（952），北汉与辽国联军被周军击败，周帝即以侍卫步军都指挥使、昭武节度使曹英为都部署，齐州防御使史延超为副部署，皇城使向训为都监，发兵讨伐慕容彦超。

南唐主发兵五千支援彦超，驻兵于下邳，闻听周军将至，又退屯于沭阳，却被徐州巡检使张令彬大败，被斩杀、溺死南唐军千余人，其将燕敬权被俘获。

二月，周帝将燕敬权等放归南唐，并遗书南唐主道："叛臣乃天下所共愤，不想竟得到南唐主相助，岂不失策！"南唐主十分惭愧，亦将先前所俘获中原将士皆礼送归国。南唐国中又有人献夺取中原之策，中书舍人韩熙载道："郭氏得国虽时日不久，但国治已固，我若贸然动兵，必然有害无益。"遂作罢。

周帝见南唐主接连夺取闽之大部，复得湖南大部，又出兵支持叛臣慕容彦超，大有威胁中原之势，乃积极联络南唐周边各国，以牵制其扩张之势。是月，制授吴越国王弘俶为天下兵马都元帅，增食邑二千户，实封五百户，改赐：推诚保德、安邦致理、忠正功臣。敕曰：

古之王者，启邦经野，分职设官，畴建殊庸，懋昭大德。或颁之弓矢，或锡之土田。我有重臣，世膺王爵。虽任一方之帅，未超极品之荣。汉法非制不王，唐制元帅为重。实惟大任，宁授匪人。用锡名藩，永扶昌运。咨尔匡圣广运同德保定功臣上柱国吴越国王钱匚，乾坤间气，海岳孕灵。为民物之纲维，实朝廷之藩翰。承家保国，奕世美堂构之贤。治乱持危，四方推英豪之主。梯航时登乎丹陛，兵革靡及乎苍生。才足以为主而庇民，德足以移风而易俗。肆归建极，不替忱诚。有齐桓尊周之心，而忠义或逾乎齐。有晋悼驾郑之略，而功名不忝於晋。建之都督，则百辟允谐。使之元戎，则三军从命。表海受一方之寄，真王启万户之封。匪尔令名，曷兼众职。尔其不坠善始，永图令终。承我徽言，毋忝厥位。可特授天下兵马都元帅，增食邑二千户，实封五百户，赐推诚保德安邦致治忠正功臣，馀如故。

五月初五，周帝亲征慕容彦超，十四日兵至兖州城下，使人诏谕彦超，守城将士出言不逊，周帝大怒，下令攻城。

彦超反前有术者言道："镇星正行至角亢间，乃是兖州之分，其下当有福。"彦超乃建镇星祠供奉祈祷，令民间皆立黄幡。二十日，彦超正在镇星祠祈祷，忽得报周军已攻克兖州，遂焚毁镇星祠，与其妻投井而死。其子继勋出逃，亦被追杀而死。官军大肆抢掠，城中死者近万人。

周帝欲将兖州将吏全部诛杀，众臣道："这些人皆系胁从，不该处死。"乃予赦免，将泰宁军降为防御州。

六月初一，周帝亲至曲阜拜谒孔子祠，左右人对周帝道："孔子乃一陪臣，天子不当拜之。"周帝道："孔子乃百世帝王之师，敢不拜乎！"于是虔诚下拜。随后又拜孔子墓，下令修葺孔子祠，禁止孔林樵采，命寻访孔子、颜渊后人委任为曲阜县令及主簿。

南唐自据有湖南以来，以武安节度使边镐驻守潭州。边镐昏庸懦弱，事无决断，政出多门，不合众心。有臣下上书南唐主："边镐非将帅之才，必将丧失湖南，宜早日另选良帅，增派兵将，以挽救败局。"南唐主不予答复。

当年王逵、周行逢等楚军割据朗州，因辰州刺史刘言骁勇善战，素得原住民人心，遂推举其为武平留后。如今边镐驻守潭州，朗州来人皆声言刘言忠顺，因此边镐毫不戒备。

南唐主召刘言入朝，刘言与王逵等商议道："我若不赴南唐，南唐必定伐我，如之奈何？"王逵道："朗州依凭江湖之险，甲士数万，怎能拱手受制于人！边镐既不能安抚百姓，又无方防御边境，士民皆不依附，可一战而擒也。"刘言犹豫不决，周行逢道："机密之事贵于神速，不然对方一旦有备，则不可图也。"于是刘言以王逵、周行逢等十人为指挥使，发兵进攻潭州。

十月，王逵等人率兵分道进军潭州，边镐派遣指挥使郭再诚等领兵屯守益阳抵御。初五，朗州军攻克沅江，俘获南唐都监刘承遇，裨将李师德率领五百余人投降。初九，朗州军直抵益阳城下，用斧子砍开四面寨门，一举夺下大寨，斩杀守卒二千余人，边镐向南唐主告急。十一日，朗州军攻克桥口及湘阴，十二日兵至潭州。边镐据城自守，眼见城中兵少，又无援军，乃于十三日夜弃城逃跑。城中百姓官吏皆仓皇溃逃，城东拥塞，醴陵门桥断裂，以致落水或践踏而死者、被乱兵所杀者达万余人。十四日晨，王逵入城，自称武平节度副使，暂领军府之事，命何敬真为行军司马追击边镐，斩其残兵五百人，边镐逃脱。刘言以蒲公益攻岳州，刺史宋德权弃城逃走，刘言乃以蒲公益权知岳州。

南唐驻守湖南各州将领听说潭州陷落，纷纷相继逃离，刘言遂收复了楚国岭北故地，而郴州、连州已归南汉所有。

刘言派使者向周帝报告："楚国世代侍奉中原朝廷，不幸被邻寇南唐所攻陷，如今臣下纠合义兵已重新收复楚国旧地。"周帝乃以刘言为武平节度使，制置武安等军事，迁湖南节制府于朗州。

南唐主削去边镐官爵，将其流放于饶州。当初边镐任都虞侯，跟随查文徽攻克建州，凡所俘获皆予保全，建州人称其为"边佛子"；待到攻克潭州，市肆照旧，潭州人称之为"边菩萨"；随后任节度使，却政无纲纪，只是每日设斋上供，盛修佛事，潭州人失望，遂称之为"边和尚"。

近年来南唐主先是出兵福建，结果被吴越击败，福州沿海富庶之地皆为吴越所有，主帅查文徽等被生俘，而南部沿海留从效虽表面称臣，实际上却自行其事；又曾出兵驰援兖州慕容彦超，却被周军大败而回；今又出兵收得湖南，复被刘言战败，损兵折将，狼狈逃回。如此连年出师无力，南唐主遂灰心丧气，从此再无心征伐，一心只想休兵息民。有人道："希望陛下数十年内不再用兵，则我唐国可以小康矣！"南唐主道："何止数十年，我将终生不再用兵！"

吴越国王钱弘俶得此消息，叹道："原以为南唐主能致力于发展经济，安抚百姓，富国强兵，励兵北伐，以统一中国，现在看来亦是庸碌无能之辈，胸中并无统一中国之大志。如今略受挫折，却不知总结经验教训，竟一味意志消沉，缩首畏尾，裹足不前。智不能知人善任，用了查文徽、边镐这等不知经略的庸才，以至福州、湖南得而复失，政不善恩威并施，夺取福建、湖南之后，既不推恩于官，亦不施惠于民，以致失去军心、民心，如此唐国，其国祚岂能盛也！"

广顺三年（953）春正月，周帝正式册封武平留后刘言为武平节度使，制置武安、静江等军事，同平章事。又以王逵为武安节度使，何敬真为静江节度使，周行逢为武安行军司马。

当初王逵初克潭州之时，以指挥使何敬真为静江节度副使，朱全琇为武安节度副使，张文表为武平节度副使，周行逢为武安行军司马，然敬真、全琇不甘居于王逵之下，乃各自设置衙兵与王逵分庭办事，使得所辖吏民不知该向谁请命。敬真因与王逵不睦，继而辞归朗州，又不能善事刘言，刘言素来厌忌王逵倔强，怀疑敬真乃王逵派来窥视自己，准备发兵讨伐王逵。王逵闻讯十分担心，行逢与其言道："刘言素来不与我辈同心，而何敬真、朱全琇又耻居于公之下，王公宜早设法图之。"王逵高兴道："如能与周公共除凶党，再同治潭、朗，还有何忧！"适逢南汉发兵进攻全、道、永诸州，行逢向王逵请命："我去朗州说服刘言，使其派敬真、全琇讨伐南汉，待二人到得潭州，除之如取掌中之物。"行逢到得朗州一番游说，刘言果从其请，以敬真为南面行营招讨使，全琇为先锋使，率领牙兵百余人会合潭州兵共同抵御南汉。二人至潭州，王逵郊迎，相见甚欢，连日饮宴，美妓欢娱，乐得敬真不思南进。王逵趁敬真酒醉，命人假作刘言使者，谴责敬真"南寇深侵，不思捍御而专务荒宴，太师命械送何公归西府"。二月初一，斩杀敬真，全璙逃遁，不久捉获全璙及其党徒十余人处斩。

六月，王逵以周行逢知潭州，自己率兵攻打朗州。王逵几经冲杀，斩杀指挥使郑珓，活捉刘言，并将其幽于别馆。

十二月，王逵遣使至大梁上表，诬称："刘言密谋以朗州投降南唐，又欲引南唐军合攻潭州，手下众将不从，遂废刘言而囚之，臣已至朗州安抚军府诸将吏。"奏请重新将节度使府治移回潭州，周帝允其所请。王逵将节度使府治迁还潭州，以周行逢知朗州事，又派遣潘叔嗣杀刘言于朗州，此乃后话。

广顺三年（953）三月，周帝以镇宁节度使郭荣为开封尹，晋王；以枢密副使郑仁诲为镇宁节度使。

同月，周帝敕授吴越国王钱弘俶起复镇东大将军，左金吾卫上将军，员外置同正员。

因辽主耶律德光北归时带走了中原前朝之传国宝玺，以此周帝乃命人重新制作两枚玉玺，其一曰"皇帝承天受命之宝"，另一曰"皇帝神宝"，由中书令冯道书宝文。

秋七月，南唐大旱，井枯泉涸，淮水浅可步涉，饥民纷纷渡淮北上，濠州、寿州南唐军出兵阻截，百姓为活命纷纷与兵争斗，夺路北来。周帝听说此事，道："彼民亦是我之民也，可听任南唐百姓过淮籴米以度饥荒。"南唐军遂筑仓廪，暗派兵丁杂入难民之中赴淮北籴粮食以供军用。八月，周帝下诏，南唐百姓以人、畜来负米者听任予之，以舟车运载者，不得售予。

江南大旱延及吴越，好在吴越境内有太湖、鉴湖、东钱湖、富春江、瓯江诸水之利，大多地区未受大灾，唯边远山区苦于没有水源而旱情严重，灾民中甚至出现卖男鬻女者。吴越国王得报，命由国库出粟帛予以赎回，归还其父母，并命地方官府开仓赈济灾民。

与此同时，北方东自青州、徐州，西至丹州（陕北宜川）、慈州（山西吉县），南自安州（安陆）、复州（天门），北至贝州（河北清河）、镇州（河北正定），皆发水患，淹没农田村舍不计其数，百姓苦不堪言。周帝因灾情常常食不甘味，寐不能眠，时归德节度使兼侍中常思徙镇平卢，将行前奏道："臣在宋州曾于民间征丝四万余两，谨以此上进，请予交纳。"当下周帝点头示意，不数日即敕榜宋州，凡常思所征悉予蠲免。

入秋后，周帝忧思成疾，复得风痹，饮食不思，步趋维艰。术者进言宜散财以禳灾，周帝遂欲亲祀南郊。但自梁以来郊祀皆在洛阳，如今周帝不便行动，以此执政对周帝道："天子所在之都城即可以祀百神，何必去洛阳！"乃命人于都城大梁筑圜丘、社稷坛，作太庙，坛成即遣冯道迎请社稷神主于洛阳。

十二月初一，神主迎至大梁，周帝乃亲至西郊祔享于太庙。

除夕清晨，周帝亲享太庙，身披衮冕，由左右搀扶登阶，至前室稍稍进献，俯首却不能拜，只好作罢，命晋王郭荣代为完成全程礼仪。当天晚上宿于南郊，疾病加重，几乎不能救，后半夜稍稍安定。

正月初一，周帝祭祀圜丘，亦只能瞻仰致敬而已，进爵奠币皆由有司代行，大赦天下，改元显德。

正月初五，加晋王郭荣兼任侍中，判内外兵马事。

因军中有人怨言赏赐不如前朝，初七，周帝召诸将至寝殿，说道："朕自即位以来节衣缩食，一心以赡养军旅为念，府库积蓄、四方贡献除赡军之外少有盈余，尔等岂能不知。如今竟纵容凶徒妄言，不顾人主之勤俭，体察国家之贫乏，也不想自己有何功劳而邀赏，一味怨望，你们就安心吗！"众人皆惶恐谢罪。

开封尹郭荣有一牙将名唤曹翰，对郭荣言道："大王乃国之储嗣，如今主上寝疾，大王理当入内侍医送药，怎么还在宫外处理事务呢！"郭荣豁然警觉，遂立即入宫。

十一日，周帝病危，凡诸司细务皆停奏，有大事则由晋王郭荣禀进裁决。

十五日，周帝授意郭荣下诏，命前登州刺史周训等率人堵塞黄河决口。此时黄河决口已有灵河、鱼池、酸枣、阳武、常乐驿、河阴、六明镇、原武共八处，皆分别派遣使者督办修堤。又命人起草诏制：以端明殿学士、户部侍郎王溥为中书侍郎、同平章事。

十七日，以枢密副使王仁镐为永兴军节度使，以殿前都指挥使李重进领武信节度使，马军都指挥使樊爱能领武定节度使，步军都指挥使何徽领昭武节度使。因重进比晋王年长，周帝乃召其入宫嘱托后事，又命参拜郭荣以定君臣之分。

是日，周帝崩于滋德殿，郭荣秘不发丧。二十日，宣告遗制。二十一日晋王郭荣即皇帝位。

周帝多次告诫晋王："早年我西征之时见唐代十八帝陵皆被发掘，无非是陵寝中多藏有金玉，以至有此祸。我死当穿以纸衣，殓以瓦棺，迅速营葬，勿久留宫中，廓中不用石，代以砖砌，工人、役徒可临时雇佣，不得扰民。安葬完毕，招募附近百姓三十户守视，可免其杂徭，勿修下宫，勿置守陵宫人，勿作石羊、虎、人、马，只刻置石碑于陵前，文曰'周天子平生好简约，遗令用纸衣、瓦棺，嗣天子不敢违也'。你若有违吾意，吾将不庇佑你。"如今周帝崩逝，晋王遂按其生前所言安排丧事。

新帝郭荣本名柴荣，早年间父亲柴守礼乃当地有名富户，后来家道中落，年未弱冠的柴荣不得已投奔嫁给同乡人郭威的姑母柴氏。柴荣生性谨厚，帮助姑父郭威处理各种事务，深受郭威喜爱，因柴氏无子，遂收养柴荣为子，更名郭荣。

北汉主听说周帝晏驾大喜，乃亲自率领兵将三万，以义成节度使白从晖为行军都部署，武宁节度使张元徽为前锋都指挥使，准备大举南侵，并遣使至辽国请求发兵支援。二月，辽国遣武定节度使、政事令杨衮率领万余骑兵至晋阳，与北汉兵会合后从团柏向潞州奔来。

昭义节度使李筠(即李荣，因避讳郭荣之名改为筠)以步骑兵二千迎战北汉军，因中埋伏以致被俘、被杀士卒达千余人，李筠遂遁归上党闭城自守。

新帝得知北汉入寇，乃欲亲自领兵抵御，群臣皆劝道："刘崇自从平阳遁走以来，其势窘困，士气沮丧，必然不敢贸然自来。陛下新即帝位，不宜轻动，当定人心，宜命诸将御之。"新帝道："刘崇趁我大丧，轻朕年少新立，才有吞并天下之心，此番必定亲自前来，朕不可不往。"冯道与新帝争执，新帝道："昔日唐太宗定天下未曾不亲自领兵，朕如何敢偷安而不前！"冯道说道："难道陛下能与唐太宗相比吗？"新帝复道："以吾兵力之强，破刘崇犹如移山压卵耳！"冯道又道："难道陛下能为山吗？"新帝很是不悦，群臣中只有端明殿学士中书侍郎王溥劝行。

三月，北汉兵进逼潞州。

初三，新帝诏天雄节度使符彦卿引兵自磁州固镇插入北汉军后，以镇宁节度使郭崇副之；又诏河中节度使王延超引兵自晋州东北进逼北汉，以保义节度使韩通副之；命马军都指挥使、武定节度使樊爱能，步军都指挥使、昭武节度使何徽，义成节度使白重赞，郑州防御使史彦超，前耀州团练使符彦能诸将各领兵马先行奔往泽州，宣徽使向训为监军。初七周帝颁令大赦，初九又命冯道奉先帝梓宫至山陵，任命郑仁诲为东京留守。一切部署停当后，十一日周帝乃亲于大梁发兵，十八日大军抵达泽州之东北驻扎。

北汉主不知周帝亲至，以此过潞州长治而不攻，径自引兵继续南下，是夕驻军于高平之南。十九日，周军前锋与北汉兵相遇，北汉兵被击败退去，周帝为防止北汉兵逃遁，乃命诸军急速前进。北汉主以中军陈于巴公原，张元徽驻军其东，杨衮驻军其西，军政严整。其时河阳节度使刘词所领后军尚未到达，周军诸军士心有畏惧，而周帝却志气坚决，命白重赞与武信节度使李重进领左军居于西，樊爱能、何徽领右军居于东，向训、史彦超领精骑居中央，殿前都指挥使张永德领禁兵护驾，并披甲跃马亲自临阵督战。北汉主见周军兵少势单，竟后悔召辽兵，对诸将道："只用我汉军即可破周，何必召辽军！今日不仅要灭周，还可令辽人心服。"杨衮策马至阵前探望周军，回来对北汉主道："今之周军乃劲敌也，未可轻进！"北汉主激愤说道："时不可失，请公勿言，试观我战。"杨衮默然不悦。

北汉主指挥东军先进，张元徽乃率领千骑进攻周之右军，交战不久周军不敌，樊爱能、何徽携骑兵先行遁去，右军溃散，剩下步兵千余人解甲降于北汉。周帝见军势危急，率领亲兵冒矢石督战，宿卫将赵匡胤对众兵将喝道："主上危急如此，我等臣属怎能不誓死捍卫。"又对殿前都指挥使张永德道："贼兵初战得利，其气正骄，力战必可破也！张公麾下多能左射者，请领兵登高为左翼，以乱箭稳住阵脚，我领兵为右翼冲击北汉大军，国家安危在此一举！"二人各领两千兵马进战。赵匡胤身先士卒驰击敌军前锋，后继士兵无不以一当百，兵锋所向北汉兵披靡。内殿直马仁瑀对众兵将道："皇上乘舆受敌，我辈还有何用！"跃马引弓连连射杀数十人，士气高涨。殿前右番行首马全义对周帝道："贼势已竭，我将擒之，愿陛下按辔勿动，慢慢看诸将破之。"即引数百骑冲入敌阵。

北汉主得知周帝亲自临阵，乃以厚赏催促张元徽乘胜进兵。元徽纵马略阵，立功心切，却逢马倒，为周兵所杀。元徽乃北汉一骁将，既被杀，令北军气馁。周军越战越勇，北汉军大败，北汉主亲自举赤旗以示收兵，场面竟无法控制。杨衮害怕周军势盛不敢救援，心中又恨北汉主战前斥责，遂全军而退。

樊爱能、何徽率领数千骑兵向南撤退，沿途逃亡、散失者甚多，周帝遣近臣及亲军校尉追赶并诏谕阻止其撤退，二人竟不奉诏，使者亦为军士所杀，并扬言："辽军大至，官军败绩，所余军将已降虏矣。"路上与刘词军相遇，爱能欲阻止刘词北进，刘词不听。当时北汉主尚有兵马万余人依溪涧驻扎，天至薄暮，刘词军至，突袭北汉诸军，北汉兵又败，一直追至高平，杀得尸满山谷，丢弃御物、辎重、器械、杂畜不可胜数。当晚，周帝宿于野地，将俘获的之前降于北汉军之步兵全部斩杀。樊爱能等听说周军大捷，方收集残余士卒复还。二十日，周帝休兵于高平，命前武胜行军司马唐景思从北汉降卒中选得数千人戍守淮上，其余二千余降卒皆发给资装遣返原籍。二十三日，周帝抵达潞州。

北汉主于高平惨败，随身只带了百余骑经雕窝岭仓皇逃跑，却因黑夜迷了路，乃俘得村民以为向导，谁知行走百余里又发觉误至晋州，遂斩杀向导。连夜奔波，北汉主又饿又累，刚欲进餐即传闻周军追至，只得又仓皇而逃。北汉主衰老疲惫，依于马上昼夜驰骤，困乏得难以支撑，终于勉强逃回晋阳。

周帝对如何处置樊爱能等人犹豫不决，乃向妹夫殿前都指挥使张永德询问。永德道："爱能从未立有大功，今望敌先逃，死有余辜，况且陛下志在削平四海，如果军法不严，虽有熊罴之士，百万之众，又怎能得心应手得以调用！"周帝大呼善哉,随即收押爱能、何徽及所部军使以上七十余人,斥责道:"你们皆是累朝宿将,非不能战,如今竟望风逃遁,几乎陷朕于孤立无援之境,以为朕为奇货,欲卖与刘崇耳!"皆予处斩,不行姑息之政,从此骄将悍卒始知所惧。

二十六日,周帝大赏高平之功,以李从进兼忠武节度使,向训兼义成节度使,张永德兼武信节度使,史彦超为镇国节度使。张永德向周帝奏称宿卫将赵匡胤之智勇,周帝乃晋升匡胤为殿前都虞候,领严州刺史。其余将校迁升拜官者凡数十人。

北汉主逃回晋阳后即收集散卒,修缮甲兵,完善城堑,又以杨衮率领本部兵马屯于代州,以备周军进犯。

四月十二日,周帝葬先帝于嵩陵,谥曰:圣神恭肃文武孝皇帝,庙号太祖。

五月初三,周帝率领大军将晋阳城团团包围,旗帜环城四十里,辽军急派数千骑兵驻守于忻州、代州之间,以增援北汉(晋阳)。初七,周帝遣符彦卿等率领步骑兵万余人进击辽军,一路攻入忻州,辽军遂退守忻口。符彦卿奏请增兵,二十日,周帝派遣李筠、张永德率兵三千增援,李筠引兵继进,杀死辽兵二千人,史彦超率领二十骑兵为前锋,与辽军游骑相遇,彦超恃勇乘胜轻进,以致远离大军,终因寡不敌众而为辽兵所杀。继而辽军反败为胜,李筠仅以身免,周兵死伤甚多,符彦卿只好退保忻州,不久又退保晋阳。

其时连连霖雨不止,周军士兵疲病气衰,周帝只好引兵回京。

回头再说吴越国,广顺二年(952)四月初一,吴越国王命衢州刺史、王叔钱元瓘(武肃王第二十八子)知福州威武军事,以王弟钱弘偓为衢州刺史。

六月十一日,吴越国王弘俶之生母顺德太夫人吴氏崩。

夫人乃钱塘人,讳汉月,中直指挥使吴珂之女,幼而婉淑,奉文穆王,深得恭穆夫人宠爱。夫人善胡琴,性慈惠而节俭,颇尚黄学、老学,居家披道士服,余皆布绢而已。每闻王决断政事,有及重刑者,夫人常蹙频,以仁恕为言。夫人娘家诸吴将每有遇授皆峻阻之,及其入封又多加训励,有过失者必面责之,故诸吴将终夫人之世不敢骄恣。乾祐二年(949)十一月,敕封:吴越国顺德夫人。广顺二年(952)崩,年四十,谥曰:恭懿。

弘俶青年丧母,万分悲痛,乃由赞宁大师亲自安排高僧做了数日道场,超度亡母早升佛国。八月十四日,葬恭懿太夫人于慈云岭之西原,与文穆王墓相近,墓室仿照文穆王墓规制,室顶亦覆以星图石板以代天,唯宽广略小,石板上雕刻小圆圈以为星,各相关星宿刻单线相连接。

九月初一,吴越国丞相裴坚薨。

裴坚,字廷实,吴兴人,父光庭,累官中书令。裴坚自幼明敏,善属文,及长,有知人之鉴。事吴越国有善政，条教有方，累官礼部尚书、中书令，拜吴越国丞相。终年五十六，谥曰：文宪。

同月，吴越国王以台州刺史、恭懿太夫人之弟吴延福同参相府事，命王弟弘仰为台州刺史。

广顺三年（953），吴越国王以其兄钱弘儇为温州刺史。

夏四月，吴越国王于城北建报恩光孝寺，树吴越国顺德太夫人吴汉月真容，以荐王妣。至宋政和三年（1113），于报恩光孝寺增建徽宗本命殿，赐田千亩，绍兴七年（1137）又改名报恩广孝院，此乃后话。

这一时期，丞相元德昭组织雕版印刷的四书五经，副僧统赞宁与延寿法师组织刻印的观音经、法华经、心赋注、宝箧印、心咒经、法界心图、阿阁佛咒等佛家经典皆已完工，但见卷卷字迹清晰，纸张上乘，印刷精良，装订考究，尤其是延寿法师于绢素上印刷的两万帧《二十世应观音像》，乃是雕版印刷技术首次应用于丝织品。从此，经典、文籍皆以雕版印刷，既可减轻学子、僧侣徒手誊写书经的苦累，又可避免抄写过程笔误、遗漏之虞，极大地推进了儒、佛、道诸子百家的发展。雕版印刷技术的推广亦是文穆王的宿愿，如今得以实现，弘俶心中特别高兴，遂重赏参与其事的官员、生员、法师、工匠等人。

宋《文献通考》云："唐以前，凡书籍皆写本，未有模印之法，人以藏书为贵，人不多有。而藏者精于校对，故往往皆有善本。学者以传录之艰，故其诵读亦精详。"又云："后唐庄宗同光中（923—925），募民献书，及三百卷，授以试衔。……明宗天成中（926—930），遣都官郎中庚传美，访图书于蜀，得《九朝实录》及杂书千余卷而已。……后汉乾祐中（948—950），礼部郎司徒调请开献书之路。凡儒学之士，衣冠旧族，有以三馆亡书求上者，计其卷帙，赐之金帛。数多者，赐以官秩。"

后唐明宗长兴三年（932）下诏，用雕版刻印儒家经典《九经》，由宰相冯道、李愚总管，国子监博士田敏组织，儒生校订，所收书籍几经反复校勘无误后才招人写样，付梓雕版印刷。因朝廷几经更迭，人事变动频繁，经费难以为继，藏书收集困难，因之刻书之事举步维艰，历经后唐、后晋、后汉直至后周广顺三年（953）六月始告完成，耗时二十二年之久，此书世称《五代监本九经》。大体与此同时，蜀国毋昭裔出私财百万营造学馆，刻板印刷《九经》，使蜀中文学复盛。

此后各地纷纷仿效，雕版印刷遂兴起，《文献通考》评价各地雕印书经之优劣，称："今天下印书，以杭州为上，蜀本次之，福建再下。京师比岁印本，殆不减杭州，但纸不佳。蜀与福建多以柔木刻之，取其易成而速售，故不能工。福建本几遍天下，正以其易成故也。"所谓"不能工"乃指书中讹误太多。

由于杭州雕印技术精良,以此经书发行甚广,质优价廉,享誉各国。入宋后,北宋国子监本几乎皆于杭州刻印,杭州成为雕印技术之中心。数十年后,杭州人毕昇发明了活字印刷,极大地提高了出书效率,降低成本,为推动宋代及以后文化的发展作出了重要贡献。

第六十三回　平边策谋定征伐战略　定四州巩固西境防线

　　吴越国王钱弘俶自主政以来，为安定社会，稳定国基，礼拜德韶大师为僧统，赞宁大师为副僧统，在全境弘扬佛法，教化百姓积德向善。因当年唐武宗会昌毁佛，致使境内大部分寺庙损毁严重，遂决定陆续修复或重建一批基础好、影响大的寺院作为吴越境内的核心道场，其中最为著名的有杭州灵隐寺、奉化雪窦寺、天台山国清寺等。

　　奉化雪窦寺始建于晋，初址在雪窦山顶，名瀑布院，唐会昌元年（841）迁至雪窦山麓，唐咸通元年（860）毁于兵火，咸通八年（867）重建，更名为瀑布观音院，后经连年战乱损毁严重，以致颓败不堪。乾祐二年（949）始，延寿大师边于此处开坛说法，边募集资金修整寺院，到了广顺三年（953），已基本修建扩葺一新。

　　雪窦寺背依雪窦山，前有广阔平原，延展至千丈岩陡然陷落形成大峡谷，东、西两侧各有一条涧水由雪窦山沿溪谷泻下，于寺前汇合于一池，然后奔流涌出崖口飞瀑直下千丈，遂名之曰千丈岩瀑布。由千丈岩西行数里有三隐潭，乃是三级瀑布，分别落于深潭之中，因隐没于山豁深隙之间，往寻观之时隐时现，故称三隐。千丈岩与三隐潭之间又有妙高台，台平如削，宽阔百余丈，台前即是大峡谷的百丈悬崖，由崖底部仰视，只见峰峦不见平台，立于台中视之，只见平台不知是山，故名妙高。三隐潭之水及千丈岩瀑布于千丈岩下汇入剡溪，此溪发源于剡县之剡界岭，流经千丈岩下至奉化，最终汇入奉化江。据说契此和尚刚出生即被人遗弃，漂浮于剡溪中，被奉化北郊长汀村民张重天所救，长成后剃度为僧，名契此，号长汀子。契此身材矮小，心宽体胖，常肩背布袋，每遇人间难事即从布袋中取出人所急需之物施与，故人称布袋和尚。贞明三年（917），契此圆寂于奉化岳林寺廊下盘石上，地上留下偈语："弥勒真弥勒，分身千百亿。时时示世人，时人不得识。"由此遂知契此非平凡和尚，乃弥勒化身。其时，吴越僧界、百姓早已有崇拜弥勒之风，南朝梁天监元年（502）即于剡县石城山（新昌）单独雕琢了高三丈七尺的石城山弥勒大佛，隋唐时期亦于越州柯岩单独雕凿了柯岩弥勒坐像，高三丈六尺，以此延寿大师乃于此处将瀑布观音院重新建造成雪窦寺，主供弥勒菩萨。

　　步入山门，走过钟鼓楼，迎面是天王殿。天王殿正中乃韦驮菩萨立像，金盔金甲,手拄降魔杵,英气勃发,两侧为四大金刚,各持法器,全身披挂,形象威猛,正气凛然。五人目光如炬,逼视着走进殿门的每一个人,似乎一旦发现可疑之处便会立即施之于法。

穿过天王殿,大雄宝殿即映入眼帘,殿面宽阔,飞檐翘角,朱门黄墙,好不气派。殿前是宽敞月台,台中坐一香炉,青烟缭绕,侧面两甬各树一石经幢。殿中佛陀端坐中央莲台上,气度庄重,表情慈祥,胸怀世界,眼露智慧,两侧侍立迦叶、阿难两位弟子。大殿两侧是十六罗汉,表情夸张,神态各异,手持法宝,各显神通,给大殿庄严肃穆的气氛增添了几分活跃和灵动。

大雄宝殿之后单建一座弥勒殿。中间塑一尊弥勒金身宝像,双目微垂,朱唇轻闭,两耳垂肩,微含笑意,顶蓄螺髻发,脚结全跏坐,双手交合于股上,衣着端庄飘逸,殿中气氛既庄严又温馨。大佛两侧分别供奉观世音菩萨和地藏王菩萨。

弥勒殿之后乃藏经阁,一层为可容纳数百人的讲经堂,楼上敬藏经籍书画。

主殿左侧为僧房、斋堂,右侧为方丈室、客寮、放生池。

新寺落成,延寿大师亲自主持开光大典,远近寺院高僧大德聚集一堂,邻近州县善男信女纷至沓来,其盛况前所未有,一时间轰动明州地区,雪窦寺遂家喻户晓,信徒云集。从此大师便于雪窦寺法堂设坛讲经说法,从禅宗讲到净土宗,倡导禅净合一,不仅内容丰富,形式多样,机锋犀利,禅趣盎然,而且禅堂之上戒律森严,秩序井然,听众常常近千,每次讲完往往意犹未尽,不忍散去。大师又常常带领僧众精进修行,坐禅诵经,每每与众僧徒探讨法理禅机,雪窦寺因此而一跃成为江南著名宝刹。

与奉化雪窦寺修葺扩建同时,为方便王室与杭州百姓礼佛,德韶、赞宁二位僧统与吴越国王商议,决定由王室出资,于西湖南侧邻近子城处建造南山大伽蓝寺(今之净慈寺),延请衢州道潜禅师主持其事。

道潜禅师乃河中府(山西蒲州)人,俗姓武,法眼禅师入室弟子,学成后驻锡于衢州古寺开坛说法,有弟子数百人。道潜与德韶乃是同门弟子,论年龄道潜长于德韶,论拜师德韶先于道潜,因之德韶乃为道潜同门师兄。如今德韶已尊为国师,又是吴越僧统,且于梵界中之声望亦高于道潜,以此由德韶出面延请,道潜欣然应允,吴越国王署道潜法号曰:慈化定慧禅师。

道潜来到杭州,与德韶、赞宁等人连日精心勘察,最终选定于西湖南侧南屏山之慧日峰下建造寺院,定名为永明寺。开山奠基,构筑殿堂,塑造金身,永明寺终于广顺四年(954)建成。道潜乃请德韶、赞宁两位僧统出面广邀各地名僧大德,又恳请吴越国王引领诸大臣、王亲,一同往寺中参观指正。

众人来到永明寺前,只见金碧辉煌,瑞霭袅袅,钟鼓和鸣,焚音习习。寺院背依南屏山为坐山，面对雷峰为案山，坐南向北建造于南屏山麓坡地上，因地势高亢，以此置身于寺院后殿，但见西湖明媚，碧波荡漾，周边诸山低头向佛，大千世界尽在眼前。罗城城墙围护于寺前大道之外，西关门楼肃穆地守护着寺院及杭州西大门，寺前大道直通万松岭，过岭即是王城北大门，往来十分方便。寺院中轴共有四进，最前一进为山门，走进正门即是天王殿，正中面对山门乃是弥勒佛坐像，喜笑颜开，肥头硕颐，剃发袒腹，双手扶膝，坐姿安闲，神态亲切，正是契此和尚的形象，与两边站立的四大天王瞋目审视、咄咄逼人的态势形成巨大反差，极大地缓和了天王殿的肃杀气氛。弥勒佛背后乃是韦驮菩萨像。相传韦驮因追击邪魔夺回释迦牟尼遗骨而成为护法神，以此将韦驮菩萨置于释迦佛对面以示护法。穿过天王殿来到一广场，四围花草树木簇拥着一座宽广月台，月台上矗立着大雄宝殿，双重高檐，面阔七间，大殿正中供奉着毗卢遮那大佛法身，座下是千瓣宝莲，文殊、普贤二菩萨位于毗卢遮那佛身后两侧，称之为"华严三圣"，此乃第二进。大殿后面第三进建有藏经阁，名为毗卢阁，下层是戒堂、法堂，上层收藏经籍图典。最后面第四进乃是依山势递建的全寺最高建筑大悲阁，供奉观世音菩萨。中轴各殿堂两侧少不得建有诸多禅房僧舍、斋堂客寮，足可容纳上千人。参拜完毕，众人对殿宇建筑、金身塑造、法器设置、生活设施皆交口称赞，其规模气势已超过灵隐寺，成为杭州城中第一寺。

当日夜间弘俶于宫中入寝，竟再次随道潜大师来到永明寺，却多了十六位金身罗汉相伴。众人参拜完毕正欲散去，十六位尊者请求随同道潜大师长驻寺中，清晨醒来方知乃南柯一梦。用完早膳，弘俶正寻思昨夜梦中之事，却见道潜谒见。礼毕，道潜请道："慧日永明寺今已建成，诸佛、菩萨、天王皆塑有金身，唯缺罗汉，竟无一尊，欲再请于大雄宝殿两侧建罗汉堂，增塑十六尊者，以臻其事。"弘俶听了笑道："善矣！昨夜本王梦见十六尊者请求随大师入驻新寺，竟有如此灵验！"遂将梦中情景一一道与大师听了，最后道："本王梦见的皆是金身罗汉，须铸金身方可，但不知所需经费几何？"道潜道："寺中佛祖、弥勒皆是泥身髹金，十六罗汉亦是泥身髹金即可，如今建寺经费尚有结余，或许够用。"弘俶道："如此甚好。倘若经费不敷，早日告知本王。"因有此事，弘俶于大师法号前复赠"应真"二字，赐号"应真慈化定慧禅师"。

道潜禅师从此住持永明大道场，常驻门徒五百余僧众。

明州阿育王寺于南北朝梁时曾盛极一时，梁武帝因东印度国阿育王赐释迦牟尼舍利而赐寺额曰"阿育王寺"，于大同五年（539）建五层浮图以藏舍利，并派兵守护。唐武宗灭佛，阿育王寺损毁严重。至前朝时期，佛顶舍利的保全日益艰难。应住持僧所请，武肃王曾派专人迎请舍利塔回杭州，并建造九层木浮图梵天寺塔以安舍利。如今阿育王寺经过数年修缮，面貌焕然一新，其规模已超过南梁之时，香火鼎盛，僧众云集，而梵天寺木塔却是风雨飘摇，岌岌可危，德韶国师为佛祖顶骨舍利安全计，乃向吴越国王建议，仍由明州阿育王寺迎回佛祖舍利妥为供奉。

佛顶舍利启程之日，杭州城几乎万人空巷，沿途街市人山人海，或手捧贡品，或拈香礼佛，或数珠诵经，或双手合十，翘首引颈恭候佛顶舍利的到来。辰牌时分，数百军士持枪执戟、鸣锣擂鼓于前面开道，随后数十梵僧手持锣鼓铙钹、镲磬木鱼、香案、长明灯等法器合乐前行，再后是各色旗纛幡幢飘摇翻卷不止，然后是装饰得五彩缤纷的八人大轿，轿中稳稳安放着舍利宝塔，塔中置有释迦牟尼佛顶真身舍利。舍利塔塔身青色，高一尺四寸，宽七寸，五层四角，四面开有窗孔，四壁皆有菩萨浮雕，塔内顶悬宝磬，佛顶舍利珠即安放于磬中。大轿后边有手数念珠、口诵佛经的众高僧虔诚而行，再后有上千僧徒相随，最后是数百军士，或荷刀按剑，或举纛树旗，队伍肃穆，步伐整齐。又有无尽善男信女紧随迎送队伍后面，绵延长达数里。沿途经过寺庙之时少不得举行隆重的迎送礼仪，从杭州出发到明州竟行了半个月之久。

阿育王寺早已做好充分准备，为安置佛顶骨舍利塔，将法堂改建为舍利殿，将舍利塔供奉于殿中主位，并加强对舍利殿保卫，由护寺僧轮番守卫。待佛祖顶骨真身舍利迎入殿中，安放完毕，阿育王寺接连做了三天三夜法事，附近寺院高僧大德会聚一堂，本州僧侣、善男信女争相拜瞻，轰动一时。

这一时期，天台山国清寺、苏州寒山寺、温州江心寺、福州涌泉寺等一批名寺古刹皆焕然一新。

各地修建寺院道场的同时，诸州县亦恢复兴建了一批县学、乡学，吴越境内几乎达到县县有县学。吴越国王又专门命人于杭州设置"四门学"，以招揽四方之士，建立新宫，起楼添阁，挖池修苑，植树养鱼，亭台水榭，回廊相连，乃是文人雅士讲学聚会的好去处。

从此吴越百姓崇佛扬善、耕读积德之风盛行。

显德元年（954）秋七月，周帝遣使至杭州，加授吴越国王钱弘俶为天下兵马都元帅，赐号：崇仁昭德、宣忠保庆、扶天翊亮功臣，赐金印。

周帝自从力排众议亲破北汉，从此政事无论大小皆亲自裁决，百官只是执行而已。河南府推官高锡上书谏道："四海之广，万机之众，虽尧舜之能亦不能独治，须择能人而委任之。如今陛下以一身亲为之，天下人并不认为陛下聪明睿智足以兼百官之任，却皆言陛下气量狭小不信群臣！不如选任能知人善任、公正廉明者为宰相，能勤政爱民、广纳民言者为郡守县令，能广辟财源、令民足食者掌管金谷,能体恤民情、遵守法度者执典刑狱。陛下只需坐镇明堂视其功过而予赏罚,天下何愁不治,何必降君尊而代臣职,屈贵位而亲贱事!"周帝虽以为善,却未予采纳。

当时皇帝身边的宿卫将士大多乃累朝相承。这些人长期不加检阅,不行选汰,得过且过,因之羸弱衰老者居多,态度傲慢,不肯用命,实不可用,每遇大敌不走即降,成为亡国的原因之一。周帝因经历高平之战,对此中弊端有所警觉。十月,周帝对侍臣道:"养兵求精不求多,如今百名农夫方可供养一名甲士,为何要以民脂民膏供养如此多废物!而且不分勇健怯懦,怎能激励众将士!"于是下令精简诸军,精锐者升为上军,羸弱者予以裁撤。又因骁勇之士多在藩镇,乃下令招募天下壮士选送至京师,命殿前都虞侯赵匡胤挑选其中特别精锐之士组成殿前诸班,骑步诸军命各自将帅挑选。从此禁军士卒之精强乃近代诸朝诸国所不能比,征讨四方所向皆捷,盖得益于选练之功。

自周帝亲征晋阳,北汉主刘旻忧愤成疾,从此一病不起。十一月,北汉主病重,将国事完全交付其子侍卫都指挥使刘承钧,不久即病逝。北汉遣使告哀于辽国,辽国派遣骠骑大将军、知内侍省事刘承训册命刘承钧为北汉新主,更名为刘钧。刘钧天性孝顺恭谨,既嗣位,勤于政务,爱民礼士,境内渐渐安稳。北汉新主秉承父制继续向辽国称臣,每次上表皆自称"男",辽主赐诏则谓之"儿皇帝"。

为抵御辽军入侵,显德二年(955)三月,周帝诏忠武节度使王彦超、彰信节度使韩通率领兵卒深挖胡卢河,横亘于深州与冀州之间,绵延数百里,以阻止辽军骑兵奔袭,又筑城于李晏口,驻兵戍守。周帝命德州刺史张藏英为沿边巡检招收都指挥使。藏英到任数月即招募边人骁勇者千余人,给赐优厚,所募兵勇屡屡大破辽军,从此辽军再不敢涉渡胡卢河,河南百姓遂得以休养生息。

高平之战的胜利使周帝内心充满自信,从此立下削平天下之宏志。四月,周帝对宰相道:"朕常思考如何才能使天下大治,却未得要领,寝食难安。自从唐、晋以来,吴、蜀、幽、并等地未能统一,阻断了政令教化,宜命近臣著述《为君难,为臣不易》论及《平边策》各一篇,供朕阅览。"

比部郎中王朴献策道:"中国之失吴、蜀、幽、并,皆因未循正道,今须先分析所以丢失之根源,然后才能确定夺回之方略。其所以失也,莫不因为君暗臣邪,兵骄民困,内盛奸党,武夫横行。今欲统一中国,反其道行之而已:进贤士,弃不肖,以延揽人才;施恩泽,推诚信,以结民心;赏功德,罚罪过,以尽其力;去奢侈,倡节俭,以丰其财;因时使役,轻赋薄敛,以富其民。等到群才既集,政事既治,财用既充,士民既附,然后运筹善用,功无不成矣!民心既归,天意必祐。诸国之人见我有统一中国之势,则知悉国情者愿为间谍,了解地形者愿为向导。攻取之道,必先得其易者，南唐与我接壤近二千里，其势易扰也。要扰乱南唐就须从其无备之处开始，东部有备则扰其西，西部有备则扰其东，使其奔走相救，于其奔走之间可探知各处虚实强弱，然后避实击虚，避强击弱。无需大举用兵，只以轻兵扰之。南人怯懦，稍有小警必举全师以救之，大军频繁调动则兵疲而财竭，若不全师相救，我军当乘虚取之；为此南唐江北诸州皆为我所有。既得江北，再利用江北之民，行我大周法度，江南亦易取之。取得江南则岭南、巴蜀只需传檄即可平定。南方既定，则燕地必然望风内附，若其不至再移兵攻之，必席卷可平。只有河东乃拼死不附之寇，不可以恩信诱之，当用强兵攻之。但高平之战已使其力竭气沮，不足为患，宜作后图，待天下既平，然后伺机一举可擒之。如今士卒精练，甲兵备，法度整肃，武将效力，一年之后当可出兵，宜自夏秋开始积蓄粮草，充实边防矣。"周帝看了欣然采纳，从此定下先南后北统一中国的战略。当时群臣大多守常偷安，凡奏对少有可取者，唯有王朴精明强干，气宇轩昂，有谋善断，凡所规划皆称周帝之意，不久即迁王朴为左谏议大夫，知开封府事。

是月，周帝有意联合吴越以挟制南唐，下制：加吴越国王食邑一千户，实封四百户。

周帝既有意攻取南唐，有大臣道："我大军若是南下攻唐，中原必然空虚，西蜀极有可能从秦岭出发进攻关中，再沿黄河水路东进洛阳，则汴京无险可守。为避免腹背受敌，必须先切断南唐与蜀国之间的联系，以此欲取江淮必先攻蜀。"周帝深以为然。

五月初一，周帝以宣徽南院使、镇安节度使向训为主帅，凤翔节度使王景为辅，率大军征伐蜀地，攻取与周西境相邻的秦、凤、成、阶四州。

蜀地险要，易守难攻，蜀主孟昶少年即位，如今已在位十七年，把蜀国治理得国泰民安，十分富庶。孟昶得报周军来袭，不仅不以为然，还将驻守了十几年的秦州雄武节度使韩继勋和丰州刺史王万迪撤换成亲信赵季礼。这赵季礼自比三国时期的诸葛孔明，一路锣鼓开道，写诗留念，手拿羽扇，带领两万军队缓缓来到德阳，此时周军先遣部队已经入蜀，赵季礼担心周军还有后兵，乃下令蜀军驻扎在德阳，因而错过了阻截周军的最好时机。待到周军包围了凤州，赵季礼不仅不去救援，还把随军的辎重运回成都，自己亦撇下大军连夜逃回成都。向训一路未见蜀军亦感奇怪，待探明敌情后，乃放心大胆一路攻下了凤州的黄牛寨、木门寨等八个军事据点，大军直指凤州要塞。

孟昶眼见军情紧急，遂下令斩杀赵季礼，十一日，以捧圣控鹤都指挥使、保宁节度使李廷圭为北路行营都统，左卫圣步军都指挥使高彦俦为招讨使，武宁节度使吕彦珂为副招讨使，客省使赵崇韬为都监，迎战周军。

六月初五，周军与蜀军李廷圭等激战于威武城之东失利，排阵使、濮州刺史胡立等被蜀军所擒，周军损失兵卒一千余人。

初十，孟昶分别致书于南唐和北汉，意欲联合两国对周进行南北夹击。然而经过高平一战，北汉已经疲弱不堪，而南唐与蜀地之间隔着中原，书信往返实属不易。

凤州地处秦岭腹地，多奇骏山脉，蜀军凭险固守，周军既攻不下又不能撤，战事从六月迁延到七月，毫无进展。

中原朝廷宰相因王景等人久持无功，而粮草馈运不继，遂坚请罢兵，亦有大臣认为如今罢兵岂不前功尽弃，朝堂之上争论不休。周帝以为西征乃是一统天下的第一步，如今撤退，难道平生志向就此罢休了吗？殿前都虞侯赵匡胤主动请命前往蜀地实地考察，依据战况决定是战是撤。

赵匡胤自蜀地返还，认为蜀军多年安逸，周军此战必胜，周帝乃立即下令强攻凤州。

蜀军主帅李廷珪年轻气盛，见周军粮草不济，锐气被挫，遂兵分三路前后夹击，欲一举歼灭周军。不成想后军遭遇周军的游兵，一场恶战，蜀军将领见势不妙临阵脱逃，导致后路蜀军全军覆没。右二路军听闻后军全军覆没，乃不战而逃。无奈之下李廷珪只好率军退守秦州，凤州遂被周军一举攻下。凤州既失，蜀军人人惶恐，不久秦州守军亦逃走，秦州乃成为一座空城，至此蜀军一触即溃，很快周军即夺下成、阶二洲。

经过四个多月的艰苦作战，周军终于收复秦、成、凤、阶四州，为周国西线筑起了一道坚不可摧的防线，从此周帝可以放心大胆地去攻打南唐。

连年征战导致国库不充，百姓负担过重，兵源不足，以此周帝敕令：天下寺院凡非敕令恩准者皆予废除，禁止私自剃度僧尼，凡欲出家者必须征得祖父母、父母、伯叔同意，唯有两京、大名府、京兆府、青州可以自设戒坛。禁止僧俗舍身、断手足、炼指、挂灯、带钳之类蛊惑百姓的行为。令两京及诸州每年编制僧帐，有死亡、归俗者随时注销。这一年，天下寺院留存者二千六百九十四所，废除者三万三百三十六所，现有僧人四万二千四百四十四人，尼姑一万八千七百五十六人，遣送僧尼五六十万人。

中原已久未铸钱，而民间又多销毁钱币以铸造器皿及佛像，因此流通钱币日益减少。周帝敕令设置衙门采铜铸钱，除官家法物、军器及寺观之钟磬钹铎等物可以留用外，其余民间铜器、佛像等物于五十日内全部送交官府，折价付钱，越期隐匿不交者，五斤以上定死罪，不足五斤处以不同刑罚。周帝对侍臣道："卿等不要因毁佛而有顾虑，佛以善道教化众人，只要立志向善即为尊奉佛法，这等铜像岂是佛之真身！况且我听说佛祖志在利人，即使头颅、眼目尚可舍弃布施，若朕之身体可以济民，我又何惜舍身！"

却说吴越国王接到周帝毁佛制书，辗转反侧，难以决断，乃召僧统及诸大臣共商对策。制书宣读完毕，殿中顿起波澜，众人议论纷纷，唏嘘慨叹，不知如何应对。

事关佛教兴废，僧统德韶先开言道："中原史上已发生过三次毁佛之举，北魏太武帝拓跋焘、北周武帝宇文邕、前朝武宗李炎皆曾下旨大肆拆毁寺院，遣返僧尼，前两次仅局限于北方局部地区，影响较小，第三次则遍及全国，尤其对我江南佛事损失颇大。如此造孽岂无恶报？以致毁佛尚未终结，武宗皇帝竟先行驾崩，虽然宣宗皇帝登基后欲迅速恢复佛事，奈何国力空虚，百姓贫苦，无力复兴佛寺，从此大唐国运日益衰微，懿宗、僖宗、昭宗、哀帝命运一代不如一代，直至失国，李家后裔灭绝，其恶报之惨毒人寰少见。其实，佛存于僧徒信众心中，毁佛仅能毁去佛寺和僧尼的形式，却永远毁不掉僧徒信众心中之佛。毁佛之举得到的不仅是毁佛者的恶报，劳民伤财，更重要的是丧失人心，失去百姓的信任，以致亡国。我吴越近数年间刚刚兴起弘佛之风，大小州县新建或扩建了一批寺庙，远近百姓崇信及皈依佛门方兴未艾，因之中原皇帝毁佛之敕令断不可推行于我吴越，不然吴越百姓将如何适从？今后王上政令怎能取信于民？王上颜面岂不扫地！信众心灵倍受伤悼，今后将何以安抚百姓！"

同参相府事吴延福道："德韶国师言之有理，毁佛之事断不可行，有违天意民愿，一旦推行必将天怒民怨，祸及国运。当今南唐国主李景崇尚佛教盛于吴越，历来南唐与中原为敌，互相攻伐，如今周帝灭佛之举必将激化两国间矛盾，因之我吴越不妨与南唐联盟，共同抵制灭佛敕令，周帝自然奈何我不得。"

赞宁大师道："吾观周帝毁佛敕令，无非是要多聚钱粮，以供军需国用，实现其收服北汉、驱逐辽国、根治黄河水患之目的，本是好事，只是不应采用毁佛手段。王上若能以吴越之钱粮支持中原，同时上书言明吴越百姓崇尚佛事正方兴未艾，未可贸然废止，以免伤害百姓崇佛之心，待三五年之后，毁佛之举或将淡化。倘若此次吴越佛门得以保全，则王上功德无量，将来必能往生佛国。"

丞相元德昭道："当今中原皇帝不同于以往梁、唐、晋、汉诸朝之皇帝，登基以来整肃军伍，屡败辽军与北汉兵，近数月又屡败蜀军，胸怀统一中国之志，且关心民众疾苦，修治水利，整顿吏治，可见不失为一名好皇帝。今虽敕令毁佛，却仍然保留寺院近二千七百所，僧尼六万一千余人，可见并非彻底灭佛，只是为了减轻国家与百姓之负担，遂大量削减佛寺和僧尼，此乃权宜之计。我吴越不妨采取赞宁大师之策，派专使向朝廷进贡适量财物，表明支持朝廷征讨辽国、北汉以统一中国，克服水患造福百姓。同时奏明吴越百姓因信佛而积德扬善，社会安定，恶行绝迹，因此于吴越当下不宜实行毁佛之举，以安民心。周帝既见我吴越竭力支持，自不会强令推行毁佛，我当与中原继续修结盟好，不可因毁佛之事与之对立。"

吴越国王道："两位大师与丞相所言极是。当今天下当推中原周国最强，自周太祖建国至当今皇上专政，强兵秣马，励精图治，体恤百姓，勤政爱民，除弊兴利，平乱定边，做了许多百姓拥戴之事，使得中原社会稍得安定。我吴越之邻邦南唐国，自烈祖立国，亦曾振兴经济，富国强兵，拟定"南睦诸邻，相机北伐中原"之国策，意欲统一中国，恢复唐室。然自李景继位，却昏庸软弱，重用了一批佞臣，文臣倾轧，武将无能，违背烈祖所定之国策，任由查文徽、陈诲、边镐之流南攻福州、湖南，虽乘乱得之却不善安抚，以致湖南、福州得而复失，不仅劳民伤财，耗损国力，又徒与邻国交恶，北进中原亦毫无希望。因之当今之势，我吴越仍宜与周交好，以抑制南唐之扩张。周之毁佛，诚如赞宁大师、元丞相所言，乃是权宜之计，不会长久。其实为了筹措军资和灾款又何必敕令毁佛，尽可敕令各寺院限定僧尼数量，核定各寺院所拥有田产多寡，按比例适当上交赋税即可。毁佛这等不合民意之诏敕我吴越暂不实行也罢，但是原拟新建、扩建之寺庙可以暂停，诸如灵隐寺、开化寺之扩建可以暂缓进行。请元丞相命人按照所议意见草拟奏章，由国库拨出银两财物，派遣使臣择日进贡京师。"

诸事筹办完备，吴越国王派遣元帅府判官陈彦禧赍了奏章，押运贡品，由水路入贡京师。

第六十四回　顺大势吴越助周伐唐　乞息兵江淮奉表称臣

显德二年(955年)十一月,周帝做好了出征前的一切准备,遂向南唐发出诏书,声言:"淮地蠢材,竟敢抗拒大邦,盗据一方,越位称帝。晋、汉时代,国家不安宁,你们招纳叛亡,共助凶逆;李金全占据安崇、李守贞反叛河中之时,又派军支援;压迫侵夺闽越、涂炭湘、潭;至于与契丹来往,仗势侵犯徐部,沐阳之战,曲直可知;勾结契丹进入中原成为边患,结连并垒,实在是中原世仇,罪恶难书,人神共愤。"乃以司空李谷为淮南道前军行营都部署,兼知庐州、寿州行府事,以忠武节度使王彦超为副都部署,督率侍卫马军都指挥使韩令坤等十二将征讨南唐。

南唐主得报周军来犯,急诏镇南节度使宋齐丘回江宁共谋国难,又以翰林承旨、户部尚书殷崇义为吏部尚书,知枢密院。众大臣几经商讨,最后议定防御策略:以神武统军刘彦贞为北面行营都部署,领兵二万赶往寿州;奉化节度使、歙州刺史、同平章事皇甫晖为北面行营应援使,领兵二万屯清流关;常州团练使姚凤为应援都监,领兵三万屯驻定远。

周军修建浮桥于正阳渡过淮河,十二月初十李谷上奏周帝王彦超于寿州城下击败南唐军二千余人,十五日再次上奏先锋都指挥使白延遇于山口镇击败南唐兵千余人。

适逢吴越国元帅府判官陈彦禧入京进贡,周帝大喜,好生款待,详细询问吴越国中诸般情况以及吴越国王治国理念,又询问近期与南唐关系等。陈彦禧临行,周帝诏谕吴越国王:请吴越国出兵,从南面会击金陵(江宁)。

显德三年(956)正月,陈彦禧由海路急赶回杭州,向吴越国王转达周帝诏谕。吴越国王知事态严峻,遂召集吴越诸文武官员共同商议决策,言道:"周帝敕令我吴越出兵北上,助其伐唐,此乃关乎周、唐、吴越生死存亡之要事,亦是决定九州命运之要事,列位臣工须从当今天下大势、各国德政、军势、经济诸多方面陈述己见,以此决定我吴越该如何应对周帝诏谕。"

都指挥使罗晟之前于福州任彰武军副指挥使,曾屡败南唐军,今见周帝敕命吴越出兵伐唐,便慨然道:"近数年来,南唐屡屡与我为敌,扰我边境,已成势不两立之势。如今周国兵压江淮,南唐必尽举国兵力集结于江北,我正宜乘江南空虚,由湖州、苏州发兵袭击常州、润州,必可一举夺之。如此既奉了周诏,与周通好,

239

又得常、润之地，一举而两得，岂不美哉！"

静海军节度使、温州刺史王兄钱弘偡道："周帝自继位以来，北伐北汉、辽国，西征巴蜀，如今又南进江淮，显然其志在扫平天下诸国。待周国攻下江淮，见我吴越夺取常、润，岂肯就此罢休，怎能容忍我吴越占据常、润？又谁能保证周国不再发兵攻击我吴越？如今有南唐与周交兵，我吴越得以安宁，正所谓唇齿相依也，待周军攻下江北，则唇亡而齿寒矣！届时周兵攻我，又有谁能助我抗周！因此助周击唐乃是自取灭亡，决不可行，而应助唐抗周，只要有南唐在，即可保我吴越安宁。"

同参相府事吴延福道："就天下诸国实力相比较，周国新取秦、凤、阶、成四州，共有州百零四，户九十二万，平均每州约八千八百户；我吴越有州十三，户五十五万，平均一州有民四万二千余户；南唐有州三十三，户九十四万，平均一州有民二万八千余户。周国州数远远多于我吴越与南唐之和，地域亦广于我吴越与南唐之和，然民户却大大少于我与南唐之和。从每州平均户口数来看，由于中原朝廷频繁更迭，受辽国蹂躏掳掠，常年兵连祸结，自然灾害任其蔓延，百姓已是何等贫弱凋敝。论兵力，周国约有三十万，我吴越有兵十二万，南唐有兵二十五万，我两国兵力强于周国，只要我与南唐齐心协力共同抗周，定能取胜。既如此，何不与南唐通好，晓以利弊，共同抗周，若能取胜，将来或可进取中原，届时我与南唐平分天下，中原归南唐，江南归我，即使不胜，我与南唐仍可共保江南。"

衢州刺史王十二弟钱弘偓言道："自我王祖受任杭州，平汉宏、诛董昌、剿孙儒、拒杨吴，方建立吴越国，得之不易；随之又建捍海塘、兴水利、修圩田、扶农桑、兴百业，使吴越富甲天下；父王继承王祖之志，广建学馆讲堂，大力发展文化，培养治国良才。吴越立国至今已七十年，疆土虽小，然国力却已胜过南唐，福州之战即是证明。如今周帝命我吴越与其共同征唐，若就此听命于周，将来灭唐之后，吴越国自当更加任由周国摆布，祖宗艰辛创下之基业就此毁于一旦，我钱氏子孙将有何面目见先祖于地下！当今之计当依吴大人所言，先联合南唐共同抵御周国，待时机成熟，相机共同夺取中原，然后再与南唐一争天下。"

台州刺史王十三弟钱弘仰极力赞同弘偓意见。

指挥使路彦铢道："如今周军已渡淮河，与南唐军战于江淮地区，南唐江北原有守军约八万，今又由各地增兵七万，以致江南空虚。周帝命我吴越发兵助其攻唐，既如此，何不借奉周诏之机大举发兵，全面进攻南唐。南路可令彰武军由福州出发夺取建州，然后西进攻取洪州；中路令静海军、武胜军夺取歙州、宣州，然后进击金陵；北路令中吴军、宣德军由苏州、湖州两面夹击常州、润州，然后与中路军会合共同攻取金陵；安国衣锦军、明州奉国军坐镇国中，相机支援各路军。如此于南唐与周军苦苦相争于江淮之时，我以迅雷不及掩耳之势尽快取得江南之地，而后可与周军划江而治。为此尚须及早筹划征兵扩军，可先募集境内民丁十万，以充益师旅，届时我以十余万兵力突击南唐十万无备之师，必可迅速夺取金陵。"

丞相吴程道："如今之南唐，国主软弱无能，沉迷于文学，周围文武大臣多奸佞之徒，国治不明，军事不振，已渐现颓败之象。而周国自从立国，励精图治，整顿朝纲，尤其今上继位，开疆拓土，西征北伐，颇有一统天下之志，其势方盛。南唐李昪主政之时，中原晋国黯弱，契丹猖獗，曾有南睦诸邻相机北伐中原之望。如今是中原咄咄逼人，李唐步步败落，我吴越若与日渐衰败的李唐结盟，去抗击蒸蒸日上的周国，岂不是自寻死路？此议决不可取！不如全力助周攻取润、常，若能拿下金陵、洪州自然更好，届时我吴越助周灭唐有功，周帝总不至于马上出兵吴越，我仍有发展壮大的机会。攻下南唐之后，我吴越仍须尊奉周国为正朔，或可与周国划江而治，和平相处，如此方可保住先武肃王创下的基业。"

明州刺史王十弟钱弘億坚决反对扩军与周对抗之举，说道："王祖遗训'凡中国之君，虽易异姓，宜善事之。要度德量力，而识时务，如遇真主，宜速归附。圣人云顺天者存，又云民为贵，社稷次之。免动干戈，即所以爱民也。如违吾语，立见消亡；依我训言，世代可受光荣'。诚如丞相所言，当今中原皇帝可谓是百余年来所未见之明主，我吴越当遵王祖遗训善事之，因之宜先助周伐唐，然后再静观事态发展，倘使周帝确能顺应民意完成统一中国之大业，则我吴越当完全遵从王祖遗训速归附之。若是心存伐唐而抗周之意，广招兵丁，着力备战，乃是不度德量力，不识时务之举，有违祖训，必将令我吴越大兴干戈，陷百姓于兵燹之灾，乱世之祸。如若攻下南唐却又与中原对峙，则我吴越北有周兵压境，西有南唐遗臣、黎民反抗，即使不灭国亦将陷吴越百姓于水深火热之中，我辈岂可造下如此恶孽！"

丞相元德昭年过六旬，德高望重，为人厚重而多谋，遇事镇定而不乱，每有朝议清晰严警，虽议者盈庭，意见纷纭，唯德昭发言则众论皆息。今日朝议事关天下大势，众大臣议论纷纷，莫衷一是。德昭听完众人言论，乃冷静说道："明州钱刺史所言乃是明理正道。早先武肃王为吴越国所定国策乃是'保境安民'，武肃王遗训云'凡中国之君宜善事之……如遇真主，宜速归附。……免动干戈，即所以爱民也'，武肃王之教诲、决策、治政无不以爱民为宗旨。梁、唐、晋、汉诸朝政治昏暗，朝纲不振，连年用兵，民不聊生，既无力统一中国，又陷黎民于水深火热之中，因此武肃王力主'保境安民'，以确保我吴越百姓之平安富庶。如今诸强

国中首推周帝为明君，其余南唐、巴蜀、南汉之国主或昏庸腐败，或治国无能，皆不及周帝。周帝北征、西讨、南攻皆节节胜利，大有统一中国之志，天下大势如此，则宜遵武肃王遗训。今日之决策宜全力支持周国兴兵伐唐，唯如此才能以最小代价、最短时间使全国统一，使吴越百姓免受兵燹之苦，否则无论是先灭唐再与周划江而治，或联唐共同抵御周兵，都将使我吴越陷入长期战争之中，吴越百姓将备受战乱之苦，皆违背了武肃王之遗愿。"

吴越国王细心听取众大臣议论，尽管意见纷纭，莫衷一是，细细想来大致即为三种：首先是以都指挥使罗晟为代表的武将多主张趁此机会招兵买马，扩张势力，又经过多次与南唐军较量，知其软弱，以此力主奉周诏进攻南唐，却又担心灭唐之后被周国兼并，将来受周帝任意摆布，或受周国将领排挤，因之竭力主张灭唐之后再抗周，实行划江而治；其次是钱氏同宗兄弟，深知先祖创立吴越国之艰辛，实行保境安民、富民强军之不易，一旦灭唐，吴越失去屏障，必然落入周国掌控之中，祖宗基业白白拱手让人，岂不可悲可叹，因此多数主张联唐抗周；其三是以丞相元德昭为代表的少数主政文官，他们位高权重，洞悉诸国态势，统览全局，目光长远，最能做出正确决策。

心中一番斟酌，吴越国王乃打定主意采纳第三种意见，遂款款言道："列位爱卿多数以为当今周帝乃是有道明君，不似往昔梁、唐、晋、汉诸朝，内乱不息，兵戈不止，生灵涂炭，百姓遭殃。周国虽立国短短数年，已经国中安定，民众归心，正筹谋统一中国，如此作为乃是自唐末以来前所未有。而南唐国主却是软弱无能，为一班佞臣所左右，以致福州、彰州、泉州、湖南皆得而复失，北进中原亦无功而返。两相对照，周国蒸蒸日上，南唐日渐衰败。再看我吴越国，东止于大海，北、西皆被南唐包围，南面则是闽南贫瘠山地，国土狭窄，国力有限，正因有如此处境，王祖方定下'保境安民'之国策，方立有遗训，也唯有如此方能使我吴越百姓避免遭受兵燹之苦。如今若是违背王祖遗训恣意扩张，则首先必与南唐交兵，我与南唐国力、兵力大体相当，彼略胜于我，互动干戈必两败俱伤，所谓鹬蚌相争，届时中原大国即收渔翁之利。如今虽然周国举兵伐唐，如若我亦乘机大举攻唐，则南唐必然掉过头来以我吴越为主要之敌，舍弃江北依靠长江天险御周，反而大举向我用兵，陷吴越于兵燹之祸。同时周国亦忌讳我有吞并南唐之嫌，以致与我为敌。即便我侥幸夺取江南，其后亦必将与周继续交兵，如此连年用兵，陷江南百姓于水火之中，使吴越经营数十年之富庶毁于一旦，岂是国人所愿，先祖所愿！或是最终为周所亡，更有何面目见先祖于地下！因之，此议非可取也。如前所说，当今周国蒸蒸日上，南唐日渐衰败，凡遇大事有所抉择，必弃暗而择明，我若联唐而抗周，则是择暗而抗明，乃是自取灭亡，亦违背了王祖'善事中国''如遇真主,宜速归附……,免动干戈,以爱民也'之遗训,不可取也。如今唯有真心诚意助周伐唐,再静观事态发展,若周帝确有扫平诸国统一九州之志,则我吴越宜助其完成统一中国之大业,然后依先祖遗训归附中国。若周灭唐之后志得意满,停滞不前,无统一中国之志,甚至灭唐后荼毒百姓,引起南唐百姓反抗,则我吴越仍可采取'保境安民'之策静观其变,早晚会有明主出现。我既助周伐唐,于周有功,周帝自当以功臣相待。昔汉初赵佗纳土归汉有功,封为南越王,传承百年;新莽篡位,窦融割据河西,东汉光武继承大统后窦融献国归汉,亦封为安丰侯。只要我吴越灭唐之后真心拥戴新朝不搞分裂,自无覆灭之虞,钱氏子孙亦可保繁衍昌盛,吴越百姓也自当远避兵燹,安居乐业,此亦先祖之遗愿也。"

当日,吴越国王即与丞相元德昭、吴程、吴延福、都指挥使罗晟、指挥使路彦铢、邵可迁等人商议发兵之事。此前,苏州营田副使陈满曾言于丞相吴程道:"当今周师南征,南唐举国惊忧,常州无备,易取也。"因之吴程竭力建议由苏州、湖州发兵,夹击常州。丞相元德昭谏道:"南唐乃大国,未可轻易进军,可待周军南下再进军不迟,不然我入唐境而周师不至,能无虞乎?"吴程固执己见力争,吴越国王乃决定:"命指挥使邵可迁为先锋,率领战船四百艘、水军万七千人先行驻扎于通州,待周军大举南征时再溯江而上,配合大军攻取江阴、润州等地;命丞相吴程、前衢州刺史鲍修让等率领马步兵两万出湖州北上攻常州;命都指挥使罗晟等率领马步军五千由苏州西进,并督领水师合力攻取江阴;又命上直指挥使路彦铢等率马步兵八千出临安千秋关北上进攻宣城。"

诸路兵马安排完毕,吴越国王修书告知周帝吴越军之部署,以配合周军征唐,又分别致书于南唐静海军制置使姚彦洪、常州团练使赵仁泽,晓以助周统一中国之大义,劝其放弃抵抗,免遭生灵涂炭。

显德三年(956)正月初七,周帝下诏亲征淮南。以宣徽南院使、镇安节度使向训为东京留守,端明殿学士王朴为副;彰信节度使韩通暂任点检侍卫司及在京内外都巡检。命侍卫都指挥使、归德节度使李重进领兵先赴正阳,河阳节度使白重赞率领亲兵三千屯颍上。初九,周帝自大梁出征。

李谷进攻寿州久攻不克,南唐神武统军使刘彦贞引兵来救,唐军进至距寿州二百里的来远镇,又发战舰数百艘直逼正阳,大有夺取浮桥之势。李谷见势不利,召集诸将商议道:"我军不善水战,一旦浮桥被贼兵所毁,我将腹背受敌,不能归矣!不如回兵退守浮桥,等待皇上车驾到来再行定夺。"周帝来到圉镇,得报李谷欲退兵,立即派遣中使乘快马奔赴军中制止,待中使赶到,李谷大军已经焚烧粮草退保正阳。

十四日,周帝至陈州,吴越信使来报吴越已发兵进驻通州,并即将发兵进攻江阴、常州、宣州等地，周帝大喜，立即派遣李重进领兵赶赴淮上。

南唐神武统军使刘彦贞素性骄横，胸无才略，亦不习兵，所领藩镇专施贪暴，敛财过亿以贿权要，因之朝中权臣魏岑等人争相于南唐主前赞誉，以为治民如龚（遂）、黄（霸），用兵如韩（信）、彭（越），因此周师入境，南唐主首先起用刘彦贞。彦贞裨将咸师朗等皆勇而无谋，听说李谷退保正阳，亦驱兵直抵正阳，旌旗辎重延绵数百里。清淮节度使刘仁赡劝阻刘彦贞道："公军未至而敌先遁，那是畏惧公之威名也，何须速战！万一失利，则大事去矣！"刘彦贞不听，仁赡叹道："如果相遇，战则必败。"遂增兵据守寿州城，积极备战。

李重进自淮上渡过淮河，迎战南唐军于正阳东，不几日即大破南唐军，斩杀刘彦贞，生擒咸师朗等，斩首万余级，伏尸三十里，缴获军资器械三十余万，唐人大为恐慌。裨将张全约收集余众逃奔寿州，刘仁赡上表以张全约为马步左厢都指挥使。皇甫晖老成持重，处事严谨，见北军势盛，遂与姚凤退保清流关。滁州刺史王绍彦弃城而去。

二十一日，周帝至正阳，以李重进代李谷为淮南道行营都招讨使，以李谷判寿州行府事。二十三日，周帝至寿州城下，扎营于淝水之北，命诸军围困寿州，徙正阳浮桥于蔡镇。二十四日，征集宋、亳、陈、颍、徐、宿、许、蔡诸州丁夫数十万人，昼夜不息强攻寿州城。

南唐北面行营应援使皇甫晖与应援都监姚凤驻守清流关。此处南望长江，北控江淮，是出入金陵的必经之地，被誉为"金陵锁钥"。清流关地形险要，悬崖峭壁，山高谷深，在此设关有"一夫当关万夫莫开"之势，皇甫晖率万余人扎营于涂山下，又有战船百艘系于淮水之滨，周军诸将多有忌惮。二十七日，周帝命殿前都虞侯赵匡胤组织勇士袭击皇甫晖。匡胤于丛林中设伏，亲自率领百余骑驰临南唐营地袭击，南唐兵倾营而出，匡胤佯败而逃，南唐兵紧追不舍，至丛林附近突然伏兵大发，南唐兵猝不及防，大败于涡口，都监何延锡等被斩杀，损失战舰五十余艘。

周帝命楚地武平节度使兼中书令王逵为南面行营都统，出兵进攻南唐鄂州，南唐主急命武昌节度使何敬洙将平民迁入城中以便固守，敬洙不从，道："敌军至，则与兵民共死于此！"南唐主赞赏其志。

二月初五，周军庐、寿、光、黄巡检使司超上奏，败南唐兵三千余人于盛唐，擒获都监高弼等，获战舰四十余艘。

周帝命赵匡胤攻打滁州，而取滁州必先过清流关。清流关易守难攻，若强攻恐怕伤亡惨重，而且没有必胜把握。匡胤欲求万全之策，闻知附近村中有一幽州人姓赵名普，教书数年，学识渊博，多智善谋，遂亲往拜访。二人相谈甚欢，赵普乃道:"我有奇计,定可取胜。"原来清流山背后有一条小径可直通滁州城,素来无人行走,南唐军士亦不知晓,若从此处绕道而出,再趁涧水大涨之期浮水而下,则出其不意,攻其不备,滁州城唾手可得。赵匡胤大喜,当即请赵普引路,连夜率军由小径悄悄而行,绕至山后切断南唐军退路。守将皇甫晖等大吃一惊,欲立即撤兵退回滁州城断桥自守,但为时已晚,无奈只得整列队伍拥众复出。赵匡胤手抱马颈突入敌阵,连声喝道:"单要捉拿皇甫晖,别人不是我们的仇敌!"说着闯至皇甫晖面前,抽出利剑一击砍中头部将其擒获。姚凤跃马出战,又被赵匡胤生擒,周军很快拿下滁州城。

滁州既平,赵普因功升为滁州军事判官,恰好捕获盗贼百余人,按律当斩。赵普请求先行审问然后处决,经审,十之七八得以不死,匡胤甚赞其才。

赵匡胤押送皇甫晖见周帝,皇甫晖遍体鳞伤,惨不忍睹,说道:"臣精力疲惫,欲暂坐。"周帝乃赐坐。皇甫晖又道:"欲暂卧。"未及周帝命卧已先躺下,神色自若,言道:"臣非不尽力国事,但士卒勇怯不同耳。臣在晋时屡与契丹战,未曾见今朝兵甲之盛。"周帝命人为皇甫晖疗伤,赐鞍马及衣带,皇甫晖拒绝治疗,数日后伤重而死。

南唐静海军制置使姚彦洪驻守于泰州之东,今见滁州已失,寿州、鄂州早晚亦被周军攻破,而吴越水军也已入驻通州,与泰州隔水相望,苏州、湖州之吴越兵正成两路夹击常州之势。泰州地窄兵寡,城矮池浅,一旦吴越兵发起攻击,势难孤守。如今各地南唐军已自顾不暇,绝难救援。姚彦洪正一筹莫展之际,收到吴越国王亲笔劝降信,乃思虑再三,决定率领家属、军士、户口一万余人投奔吴越国。

南唐主见姚彦洪已降,知泰州早晚失手,乃遣园苑使尹延范至泰州,迁前吴国让皇之族人至润州。尹延范以道路艰难恐杨氏生变为由,尽杀其男丁六十人。南唐主大怒,将延范腰斩于市以向杨氏谢罪。

韩令坤等率领周军继续攻打泰州城,不久城破,刺史方讷逃回江宁。

迫于形势危急,南唐主遣人掖蜡丸至辽国求援,却被静安军使何继筠截获献于周帝。

南唐主见周与吴越联手来袭,其势凶猛,如今已连失滁州、泰州,而寿州、常州、鄂州亦危在旦夕,乃派遣泗州牙将王知朗赍书至滁州,称:"唐皇帝奉书大周皇帝,请息兵修好,愿以兄事帝,岁输货财以助军费。"又令皇太弟李璟致书于周军统帅李谷求和,遣宰相孙盛等至周军营地犒师。

二月十一日,滁州护送王知朗赍书见周帝,周帝见唐书此时仍自称唐皇帝,心中不悦,不予答复。

十五日，周帝命前武胜节度使侯章等进攻寿州水寨，于寿州城西北隅挖掘壕沟，将护城河水导入淝水，使之相通。

周帝探知扬州无备，十六日命韩令坤等领兵袭取，并告诫不得残害百姓，凡李氏陵寝当派人与李氏族人共同守护。

南唐主见求和请求未得周帝应答，心中害怕，乃派翰林学士、户部侍郎钟谟，工部侍郎、文理院学士李德明再次来到周营，向周帝奉表称臣以求和平，同时进献御服、茶药、金器千两、银器五千两、缯锦二千匹、犒军牛五百头、酒二千斛。十九日，南唐求和使来到寿州城下，周帝知道钟谟、李德明素有辩才，此来必欲游说，乃于营中盛陈兵甲，道："你主上自称唐室苗裔，应当比别国懂得礼义，与朕仅一水之隔却未曾派遣一人与我修好，倒是命人泛海交通辽国，舍华而事夷，礼义安在？今派尔等前来，乃欲说服我下令罢兵吧？我非战国时六国愚主，岂是汝等口舌所能说动！可回去告诉汝主，赶紧来见朕，再拜谢过则无事矣。不然，朕想看看金陵城，借尔府库之财以劳军，汝君臣可不要后悔！"钟谟、德明莫不敢言。

二十二日，韩令坤率兵悄悄来到扬州，天快亮时先遣白延遇领数百骑兵冲入城中，继而韩令坤率大军入城。待唐东都营屯使贾崇发觉时为时已晚，遂弃城南逃。副留守工部侍郎冯延鲁扮作僧人藏匿于寺庙，被军士所执。令坤抚慰百姓，城中安定。

二十八日，南唐天长制置使耿谦出降，周军获得粮草二十余万。

三月，周军光州、舒州、黄州招安巡检使、行光州刺史何超统领安州、随州、申州、蔡州等州兵马数万人进攻光州。初三，何超奏报：南唐光州刺史张绍弃城逃走，都监张承翰举城投降。初四，行舒州刺史郭令图攻下舒州，南唐蕲州守将李福杀死知州王承寯，举州投降。

江北诸州连连失守，南唐主日日恐慌，乃任命右仆射孙晟为司空，令其与礼部尚书王崇质奉表晋见周帝，表曰："自天祐（唐昭宗皇帝）以来，海内分崩，或跨据一方，或迁革异代，臣绍续先业，奄有江表，顾以瞻乌未定，附凤何从！今天命有归，声教远被，愿比两浙、湖南，仰奉正朔，谨守疆土，乞收薄伐之威，赦其后服之罪，首于下国俾作外臣，则柔远之德，云谁不服！"又献上金千两，银十万两，罗绮二千匹。

孙晟临行自知难免不归，深夜对王崇质叹息道："君家百口宜善谋安置。吾已熟虑，终不负先帝之恩，其余已无所顾忌！"

十三日，孙晟等人至周帝驻所。

十七日，周帝遣中使带孙晟来到寿州城下，令孙晟宣谕周帝旨意招降刘仁赡。仁赡身穿戎装，向孙晟拜于城上。孙晟对仁赡道："君受国家厚恩，切不可开城纳寇。"周帝听了勃然大怒,孙晟道:"臣身为唐国宰相,岂可教节度使叛变国家!"周帝只好将他释放。

南唐主又派李德明至周营,偕同孙晟等言于周帝:唐主愿意除去皇帝称号,割让寿、濠、泗、楚、光、海六州之地,每年进贡金帛百万,以求罢兵。周帝眼见得诸将每天送来捷报,淮南之地大半已经得手,因此欲尽得江北之地,遂拒绝南唐主请求。李德明揣度周帝心思,乃向其奏道:"我主不知陛下兵力如此之盛,请宽限五日,容臣归告我主,尽献江北之地。"周帝允诺,孙晟奏请遣王崇质与李德明同归。周帝派遣供奉官安弘道送李德明等人回归江宁,且赐南唐主书信,略曰:"可以保留帝号,不必担心害怕,只要能坚定地事奉中原,终不会陷人于险境。"又道:"待所让诸郡交割完毕,大军立即撤回。如若不然,从此绝交。"

李德明回到江宁,盛赞周帝威德,甲兵之强,力劝南唐主割让江北之地,南唐主听了心中不悦。宋齐丘等朝臣认为割地无济于事,李德明言过其实。枢密使陈觉、副使李徵古素与李德明、孙晟不和,乃唆使王崇质另进一番说词,趁机向南唐主诬告德明卖国求利,南唐主大怒,命斩李德明于菜市。

南唐被一班佞臣断送了一次谋得和平的机遇。

第六十五回　图霸业周帝三征淮南　去尊号唐主尽献江北

于周师在江北攻城略地的同时，吴越丞相吴程亦领兵二万出湖州夺取了义兴，继而北上将常州城团团包围。吴程求胜心切，又听营田副使陈满言说"周师南征，常州守军已大多北去，城中无备，易取也"，因之未经仔细侦察即命裨将邵可迁出营攻城。

邵可迁连日至常州城外挑战，守将团练使赵仁泽始终紧闭城门毫无反应，这赵仁泽虽非名将，却也是有勇有谋、胆识过人之辈，常州城又经过多年经营，城高墙坚，池宽水深，易守难攻，仁泽乃欲凭城坚守。第六日，邵可迁仍旧率部至城外挑战叫骂，城中依然毫无动静，眼看已近正午，众军士疲倦已甚，大多倒地休息。突然城门大开，吊桥落平，城中兵马潮水般冲向可迁军阵，杀声震天，金鼓动地，可迁连忙整顿兵马，却已被南唐军砍死砍伤百余人。待可迁指挥兵马欲合围南唐兵时，南唐兵已撤离战阵，可迁一马当先率领骑兵紧追不舍，南唐兵奔过吊桥逃入城中。吴越骑兵追上吊桥，砍断绳索，待吴越兵将陆续奔至城下，城门却已关闭。众兵将合力撞门，试图破门而入，城上敌箭齐发，赵仁泽事先已于吊桥上浇了油，如今被火箭引发，顿时吊桥上烈焰翻腾，浓烟滚滚，退路即被切断。可怜已冲过吊桥的七八百吴越兵前进无门，后退无路，皆死于乱箭之下。可迁眼睁睁看着亲生儿子被射杀于马前却不能救，只得催马跃上吊桥冒烟突火捷驰而去，后面只跟得两名亲兵紧随其后，可迁整顿余众惨败回营。

接连三日吴程、鲍修让无计可施，愁眉不展，邵可迁沉浸于丧子之痛，赵仁泽亦不敢出城，双方整军对峙。

第四日江阴来报，吴越都指挥使罗晟等已攻克江阴，俘获守军二千余人。吴程喜出望外，自语道："常州可破矣！"对鲍修让附耳嘱咐一番，鲍修让亦喜形于色，立即命人领了将令火速驰赴江阴而去。

次日天刚破晓，只见一队兵马打着江阴守军的旗号急匆匆向常州狼狈奔逃，后面吴越兵马紧追不舍，喊声震天，鼓声彻地。江阴兵欲冲过包围常州的吴越营地间隙，却被吴越兵所阻，展开了激烈的厮杀。城上南唐守军看得真切，赵仁泽急忙命弓箭手坚守城门，自己则率领众将士出城冲决吴越军阵，杀开一条血路，终于救出江阴兵捷驰回城。后边吴越兵紧追不舍，守城南唐军正欲关闭城门施放火箭引燃吊桥，不料被救入城的江阴兵竟斩杀守城南唐军夺下城门，原来这些江阴兵乃是罗晟的吴越兵攻下江阴之后换了南唐军衣甲乔装打扮而来。很快吴越兵马即大举冲入城中，赵仁泽领着数百名兵将且战且走，吴越兵却越战越多。最后赵仁泽遍体疮伤，力竭被擒，同时被擒的还有偏将诸承、向重霸等百余人。

吴程、鲍修让、罗晟等吴越将帅坐于常州府正堂，命带过赵仁泽劝其归降。仁泽怒目而视，斥责道："我烈祖皇帝中兴时曾与尔先王结好，向天地盟约，今尔王见利忘义，竟助周攻唐，将有何面目见于先王庙堂！"指挥使邵可迁因儿子被赵仁泽乱箭射杀，心中满怀怨恨，今见仁泽出言不逊，怒火中烧，骂道："开战之前曾劝你早早归降，你却射杀我许多兵将，今既被俘，仍狂言乱语，辱我王上，我叫你不得好死！"拔出匕首割其口直至耳颊，众人见状赶紧劝走可迁。吴程命人将赵仁泽押送杭州，吴越国王念其忠于王事，乃命丞相元德昭寻医好生医治，愈后听其归国。

南唐主担心吴越兵马继续侵逼润州，而镇守润州、宣州的大都督燕王李弘冀却年轻不谙军事，遂命燕王暂回江宁。部将赵铎对李弘冀道："大王乃元帅，是众将官之依靠，今元帅自归江宁，则部下必乱。"于是李弘冀拒不奉诏，慨然决定与诸将同守润州，拼死一战，一时之间全军上下士气大振。

南唐军龙武都虞侯柴克宏乃名将柴再用之子，虽统领禁军，平日里却只与宾客下棋饮酒，从不谈论兵事，人们皆以为非将帅之材。今见吴越攻下常州，势逼润州，乃请效死军阵。南唐主遂以克宏为右武卫将军，命其领兵会合袁州刺史陆孟俊夺回常州。

其时南唐精兵悉在江北，克宏所将不过数千病弱老兵而已，至润州与燕王李弘冀及袁州陆孟俊会合，合兵亦不过二万余人，乃对众人道："如今吴越兵马依城恃险，而我之兵马又不及彼之众、之精，如若强攻，无疑是以卵击石，因此必须智取。闻言鲍修让、罗晟驻守福州时与吴程多有怨隙，吴程乃一文官，鲍修让、罗晟乃是武将，吴程坐镇常州城中，鲍修让扎营于南郊，罗晟扎营于北郊，今以文官制御武将，诸将岂肯俯首听命，攻下常州功劳首先归于吴程，诸将心中又岂肯甘休。此番用兵宜单攻吴程，同时犒师南、北二营，则鲍、罗二将必不出手支援吴程，待南、北二营兵将酒足饭饱失却斗志之际我再合力进攻南营，待南营溃败，北营即不攻自退矣。如此利用吴越军中内部矛盾将其各个击破，方可以少胜多，以弱制强！"。李弘冀赞赏柴克宏之谋略，乃命其为前敌主将，众人皆以为临敌换将实为不祥，如若战败，这罔顾王命之后果不堪设想，弘冀却不为所动，克宏乃制定了具体作战计划。

三月十九日，南唐主遣中书舍人乔匡舜为中使，带了六船美酒佳肴向常州城驶去,事先于船舱舱板下藏匿精壮甲士八百人。吴越水关守兵禀告吴程,有南唐中使前来犒军,吴程道:"两国交兵,使者往返其间不可妄加猜疑搜查。"诸船遂顺利驶入城中。柴克宏各送两船美酒佳肴及歌舞伎女至城外南、北二营犒劳将士,余下两船美酒佳肴于中军帐前招待城中将士。众军将尽情欢饮,又有歌舞伎献艺,好不痛快。乔匡舜则带了南唐主求和书信与精细礼品偕随行人员来到常州府衙拜见吴程。待南、北二营将士喝得醉眼惺忪、四肢瘫软之时,柴克宏命人开启舱板,舱中将士蜂拥而出,捷奔城中各关夺下关卡,克宏又放出信鸽令后续大军迅速驾船由水路驶入常州城来。南、北二营兵将皆沉醉于歌舞酒色,城中又属吴程管辖,哪里顾得南唐战船入城。柴克宏遂迅捷整顿兵马冲入常州府衙捉拿吴程,幸亏指挥使邵可迁拼死力战方得保护吴程从旁门逃出,一行人直奔东门,又好一阵厮杀才得以逃出城外。柴克宏拿下常州城,继续整顿兵马冲出南门直取鲍修让大营,营中将士皆已喝得东倒西歪,不省人事,柴克宏兵马如潮水般冲入南营,竟如入无人之境,见人便杀,遇兵便砍。鲍修让眼见无可挽回,只好带了几十名亲兵逃回杭州。剩下北营自是孤掌难鸣,罗晟急忙领兵退回江阴。

这一仗吴越兵将战死者万计,被南唐军俘获及逃散者不计其数,吴程、鲍修让遁归杭州,鲍修让将战败责任全部推给吴程,吴越国王大怒,免去吴程全部官职。

二十二日,吴越指挥使路彦铢进攻宣州未克,听说吴程于常州惨败,亦领兵退回。

南唐主见夺回常州,认为燕王李宏冀有所作为,乃命宏冀继续率师夺回淮南。又命柴克宏为奉化节度使,领兵救援寿州,不幸克宏未至寿州竟一病夭亡。

南唐右卫将军陆孟俊奉旨自常州领兵一万夺取泰州,孟俊一举赶走周兵,泰州遂失而复得。随后孟俊令前静江指挥使陈德诚守泰州,自己则领兵进攻扬州,屯兵蜀冈。韩令坤见南唐军势盛,乃弃扬州城而走,周帝遣张永德领兵相救,令坤遂复入扬州。周帝命赵匡胤屯兵六合,匡胤下令:"扬州兵有过六合者,断其足!"韩令坤遂得以固守扬州。

夏四月,韩令坤于扬州城东击败南唐军,陆孟俊被俘,随即斩杀。

南唐主又命诸道兵马元帅、齐王李景达领兵二万渡江抗周,以陈觉为监军使,前武安节度使边镐为应援都军使。

李景达率兵自瓜步渡江,距六合二十余里扎寨。赵匡胤于六合驻兵不足二千,见南唐军来势汹汹势在必得,乃分出一千兵马悄悄来到六合东二十里之林间埋伏。两天后南唐军大举进攻,六合守军屡欲突围未果。为防止周军突围,南唐军倾巢而出,将个小小六合城里三层外三层围得水泄不通。谁知隐伏于林间的周军却直奔唐寨,趁寨中空虚,于其中四面放起火来。守寨南唐军突见周军来势凶猛,不知从何方而来,有多少兵马,怀疑乃是周军主力援军到来,遂乱纷纷向四处逃散。李景达正督促大军合力攻城,突然报说营寨被劫,焚烧殆尽,惊得目瞪口呆。明明周兵被围在六合城中,连鸟雀都飞不出去,事先亦侦查距六合最近的周兵只有扬州、滁州,却在二百里之外,怎么可能悄无声息突然来袭?急切之间已容不得仔细思考,当务之急是赶紧撤退,以免被切断退路受南北夹击,以致全军覆没,于是急忙鸣金收兵向江边撤退。城上赵匡胤看得真切,命全体将士奋力出城追击,南唐军营寨被毁,已是丧家之犬,覆巢之鸟,哪还有还击之勇,只得没命地向江边逃跑,后队推前队,互相踩踏而死者不计其数。南唐兵跑了半道,迎面碰见溃散的唐寨守卒,皆言周军大队军马劫营,势不可挡,又见溃兵后边有大队周兵追赶,战旗飘飘,征尘滚滚,哪还等得主帅发令,乱纷纷各自夺路向江边奔去。周兵南、北两面夹击,只杀得南唐兵鬼哭狼嚎,尸横遍地,一直追杀到江边,眼见南唐兵登船渡江南去方罢,未及登船者,或被杀或淹死江中。这一仗南唐兵被杀、踩死者近五千人,渡江生还者万余人,溺死江中者甚众。

经与周、吴越连续作战,南唐军精锐几乎丧失殆尽,南唐主复据淮南之梦破灭。

周帝仍锐意进取,欲亲自前往扬州(江都)。范质等人认为周军已经兵疲马乏,粮草短缺,不宜再战,乃涕泣谏阻,周帝不得已留下侍卫亲军都指挥使李重进等继续围困寿州,自己于五月初七从涡口北归,二十四日回到大梁。

周帝北归,淮南战事暂时平静。吴越国王命从弟苏州刺史钱文奉为应援都统使,屯兵本州,支持江阴、通州,以备南唐兵寻衅。

南唐扬州、泰州、六合等沿江地区已被周军占领,大江下游江阴、通州、苏州皆为吴越据有,因此与辽国、北汉的交通被阻断,如今之局势又迫切需要与辽国、北汉携手抗周,因此命永安节度使、建州刺史陈诲攻取福州,以谋打通福州至辽国海路。

陈诲以十条小船沿南台江飞驰而下,后边以百余战船载兵继进。福州水军指挥使马进、姚章远远发现有小船驶向福州,连忙下令组织兵马拦截,怎耐江面宽阔,任凭失箭如雨,小船仍冒箭前行,遂急令众兵士登船驶向江心阻拦,小船却已闯过福州向下游捷驶而去。马进、姚章不知小船用意,以为是欲渡海至他国求援,便令部下将士驾船紧追不舍,谁知后面大队南唐战船顺流而至,将吴越水军截住退路,前面南唐军小船却又回头堵住去路,前后夹击,箭矢狂飙,吴越水军死伤大半,马进、姚章受伤被擒。待福州城中吴越兵将发兵相救,怎奈江边滩涂泥稀淖深,滩宽二里,唯有三条木板铺驾的栈桥通达江边,大军无法靠近,只能眼睁睁看着南唐战船溯江而去。这一仗南唐军俘斩吴越兵将千余人,南唐主将永安军更名为忠义军。

福州遭袭消息报至杭州。六月，吴越国王弘俶命王兄钱仁俊为彰武军节度使、福州刺史。临行，弘俶叮嘱道："苏州是我吴越北大门，福州是南大门，苏州乃是平原，万一事急，杭州驰援极便，而福州多山岭阻隔，孤悬南隅，驰援极为不便，兄长驻守福州宜作长期孤守准备，需多修筑要塞，坚城深池，精兵利刃，更需辟荒造田，积粮富民，以备不测。以福州一州之力难以对邻国发起进攻，因此宜谨守保境安民之策，不可轻举妄动。"

仁俊来到福州，详细询问了南唐军突袭福州的经过以及战事失利的原因，又察看了地形及防御设施，经与众属僚商议，决定兴修台江大堤，填土治滩。

这闽江虽然也是自西向东奔流入海，但闽江口附近并无河水夹带大量泥沙沉积于海滩，以此闽江口水下无泥沙沉积形成之"门槛"，且闽江入海口亦非广阔喇叭状，因而闽江不似钱塘江那般每于海面大潮时即于江中掀起涌潮巨浪冲决堤岸，其江水只是随海潮涨落而涨落，修筑堤岸比之钱塘江自然容易许多。仁俊组织五万军民劈山取石，沿江砌堤，取土覆滩，营造农田，挖沟修渠，建闸排灌，把广阔滩涂改造成为数万亩良田，随之分别组织军民开展垦殖。又利用堤外江湾建起舰船泊位，于江边用巨木建起寨栅，在堤内高阜处建立水军营寨，使福州城与闽江之间不再受滩涂阻隔，从此福州水军牢牢控制了闽江水域。继而仁俊一鼓作气于长乐县建防潮海堤，并建有十座斗门以调控排水量，使堤内滩涂皆成良田，当地百姓受益匪浅。与此同时，仁俊又修整福州城墙以增强防御，使建州南唐军再不敢觊觎福州。

七月，南唐诸将请求抢占险要以拒周军，宋齐丘道："如此则结怨益深。"南唐主乃命诸将各自保守，不得擅自出击周兵，以此寿州之围更是危急。齐王景达驻军濠州，与寿州遥相应援，然军政大事皆由陈觉决断，虽拥兵五万却无决战之意，众将吏畏于陈觉无人敢言。

八月，南唐以镇海节度使林仁肇率水陆大军支援寿州。仁肇以满载薪禾战船顺风纵火驶向下蔡，欲焚毁浮桥，不料风向逆转，南唐兵败退。下蔡守将周军殿前指挥使、义成节度使张永德命人制成千余尺铁索，拦截于浮桥上游十余步远，索上系以巨木漂浮水中，使南唐兵不能靠近。

十月二十五日，周帝以赵匡胤为定国节度使兼殿前都指挥使；十二月十四日，以张永德为殿前都点检。

显德四年（957）春正月，周兵围困寿州日久，城中食尽，齐王景达乃由濠州派遣永安节度使许文稹、都军使边镐、北面招讨使朱元领兵数万溯淮水而上，以救寿州。大军驻扎于紫金山，排列十余寨，如同连珠状，与寿州城中烽火晨夕相应，又筑甬道直抵寿州,欲运粮草接济城中,绵亘数十里。待甬道修筑接近寿州时,李重进发起进攻,大破南唐军,斩杀五千人,夺取两个营寨。南唐清淮军节度使刘仁赡请求以边镐守濠州城(凤阳),自己领兵与周军决战,齐王景达不准,仁赡既急又气,以致成疾。

二月初八,李谷卧病在床,周帝命知枢密院事范质、宰相王溥前往探视,并商议寿州战事,李谷道:"寿州危困,破在旦夕,若能銮驾亲征,则将士争奋,寿州必可下矣!"周帝闻言遂欲再次亲征。

十六日,周帝以王朴暂任东京留守兼判开封府事,以三司使张美为大内都巡检,以侍卫都虞侯韩通为京城内外都巡检。十七日,周帝从大梁出发,二次东征。

南唐军善水战,以往与周作战,南唐水军锐敏,周军不能胜。自去年五月周帝从寿州返回大梁,便于城西汴水之侧造战船数百艘,命南唐降卒教周军水战,数月来,纵横出没,进退自如,战术大进,今以右骁卫大将军王环领水军数千由颍河入淮,南唐军大惊。

三月初二夜,周帝渡过淮河来到寿州城下。

初三晨,周帝身披甲胄驻于紫金山南,命殿前都指挥使赵匡胤攻击南唐军先锋寨及山北一寨,切断其甬道,使南唐兵首尾不能相救。赵匡胤攻破山寨,斩获三千余级。

南唐军北面招讨使朱元自恃有功,常违主帅节度。陈觉屡次向南唐主上表称朱元反复无常,不可带兵,南唐主乃以武昌节度使杨守忠代之。朱元接旨大为愤怒,门下客宋均劝道:"大丈夫何往不富贵!"乃于初四夜与先锋壕寨使朱仁裕等举寨万余人降于周。

初五早晨,周军诸将击败南唐军于紫金山寨,杀获万余人,生擒许文稹、边镐、杨守忠。南唐剩余败兵沿淮河东走,周帝乃令赵步领数百骑兵沿北岸追击,其余诸将以步骑兵循南岸追击,水军则由中流驾船而下。这一仗南唐兵战死、溺死及投降者约四万人,收获船舰、粮食、军仗以十万数,寿州守将刘仁赡得知援兵惨败,扼吭叹息。

初七,周帝征集邻近县民于淮水两岸修筑二城,以镇南唐军,并将下蔡浮桥迁于此,控制南唐濠、寿间应援之路,南唐齐王景达及陈觉乃从濠州逃回江宁。

南唐军节节败退,南唐主心急如焚,乃欲亲自督战,中书舍人乔匡舜上疏恳切谏阻,南唐主却恼其丧唐军之志而将其流放抚州。又询问神卫统军朱匡业、刘存忠守御之方略,朱匡业不好直言,乃吟诵罗隐诗句道:"时来天地皆同力,运去英雄不自由。"存忠亦赞同匡业之言,南唐主大怒,贬匡业为抚州副使,流放存忠于饶州。正部署兵马准备御驾亲征之时,陈觉却逃回江宁,言说周军精锐异常,说得南唐主一腔锐气化作虚无，竟把督军亲征之事搁过一边，从此不再提起，于是濠州、寿州一带孤危益甚。

周帝命向训为淮南道行营都监，统兵戍镇南唐军，自己率亲军回到下蔡，并贻书寿州，令刘仁赡自择祸福。过了三日未见复音，周帝乃亲至寿州城下催督攻城。其时刘仁赡病重已不能识人，监军使周廷构见周帝攻城甚急，料知城不可保，乃与营田副使孙羽等商议出降。当下草就降表，假以仁赡姓名，派人赍入周营面谒周帝，周帝览表甚喜，遣阁门使张保续入城传谕宣慰。二十一日，周帝于寿州城北大陈甲兵接受南唐军投降。仁赡卧病不能起，廷构等人抬着仁赡出城，周帝慰劳赏赐后令抬仁赡入城养病。

二十三日周帝下诏：赦免州境内死罪以下刑罚；因避唐罪而啸聚山林者，召令复业，不予问罪；有人被其杀伤者，不再结仇诉讼；以前政令有不便于民者，令本州条陈奏报。

二十四日，以刘仁赡为天平节度使兼中书令，制曰："尽忠所事，抗节无亏，前代名臣，几人堪比！朕之伐叛，得尔为多。"当天，仁赡卒，赐爵彭城郡主。又以清淮军为忠政军，以旌表仁赡之气节，以右羽林统军杨信为忠政节度使，同平章事。

二十九日，周帝还京。

四月，周帝将江南降卒分为六军、三十指挥，取号怀德军。又下诏引汴水入五丈河，从此齐、鲁舟楫皆可通达大梁。

五月，周帝以赵匡胤为义成节度使。

濠州位于淮河以南，倚山带水，东邻楚、泗二州，西近寿州，是南唐控扼淮河的军事重镇。周帝既归，五月，南唐濠州都监郭廷谓率领两千兵马乘轻舟溯淮河而上，直奔涡口，放火烧毁浮桥。这一仗周军伤亡颇多，储存军粮全部被焚，浮桥乃是周师向江淮前线运输兵马及粮草的关键，涡口浮桥的焚毁对周朝廷震动很大。周军在涡口失败后，武宁节度使武行德退保濠州以南九十里的定远县，郭廷谓选派壮士化装成商贩混入定远城内侦察军情，然后征集乡兵万余人、军卒五千人日夜训练，依山埋设伏兵，大破周军，守将武行德单骑逃走。郭廷谓虽在涡口、定远作战取胜，但孤军奋战，很难进一步扩大战果，遂回师濠州城内。

八月，周帝遣谏议大夫尹日就、吏部郎中崔颂由登州、莱州泛海至杭州，赐予吴越国王生辰御服红袍二领。周帝谕曰："朕将再行东征，此行决平江北，卿等还当来也！"

十月初三，吴越国王向周献白金五千两，绫一万匹，以助周伐唐，又进天清节金花银器一千五百两。

十月十九日，周帝第三次亲征南唐。

十一月初四，周帝御驾至镇淮军，半夜五鼓之时渡过淮河抵达濠州城西。南唐早已做好准备，不仅在此设置了栅栏，而且挖了护城河。周帝仔细观察地形，亲自排兵布阵，令康保裔带领数百名士兵骑骆驼渡护城河在先，赵匡胤率领骑兵紧随其后，一番激战，李重进终于率大军攻破濠州南关城。南唐尚有战船数百屯于濠州城北，周边水中植以巨木扎成水寨，周帝命水军进攻，拔除巨木，焚毁战船七十余艘，斩首二千余级。

十九日，探马来报，南唐遣战船数百艘欲救援濠州，泊于涣水之东。周帝亲自领水陆两军连夜进击，二十一日大破南唐军于洞口，斩首五百余级，降卒二千余人。

周军乘胜东进，二十三日至泗州城下，殿前都指挥使赵匡胤先攻其南，火焚城门，攻破水寨及月城，周帝乃居于月城城楼催督将士攻城。十二月初三，泗州守将范再遇投降，周帝以再遇为宿州团练使。周帝进入泗州城，下令禁止兵卒侵犯民田，竟无一兵一卒敢擅自入城，百姓欢悦，争献粮草。

初六晨，周帝率领亲军自淮北推进，命赵匡胤率步骑兵自淮南推进，其余诸将以水军顺淮水而进，共同追击南唐兵。初八追上南唐兵，两军且战且行。初九至楚州西北，大破南唐军。南唐败兵一路沿淮河东下，周帝以赵匡胤为先锋追击六十余里，擒保义节度使、濠泗楚海都应援使陈承昭而归。这一仗缴获战船三百余艘，余皆烧沉，俘获士卒七千余人，杀、溺死者不计其数，淮上之南唐战船尽失。

濠州团练使郭廷渭见周军节节胜利，知南唐已无力救援濠州，乃举城投降，周军得兵万人，粮数万斛。十四日，周帝以郭廷渭为濠州防御使。十八日，命郭廷渭率领濠州兵攻雄州。

周帝遣铁骑左厢都指挥使武守琦率领数百骑兵奔袭扬州（江都），唐人焚烧扬州官府、民居，驱赶百姓渡江南下。数日后周兵进入扬州，城中仅有重病不能行走的十余人而已。

周师进攻楚州已四十余日，南唐楚州防御使张彦卿固守不降，周帝乃宿于城下亲自督战。二十五日，周军终于攻克楚州，彦卿与都监郑昭业仍然率人巷战，矢刃皆尽，所部千余人至死无一人归降。这一日周军亦拔除泰州。

显德五年（958）二月初二，雄州刺史易文赟见楚州、扬州、六合相继陷落，雄州孤立无援，乃举城归附。

二月十五日，周帝自楚州抵达扬州，因长期战争，州城府署损毁严重，遂命韩令坤征集丁夫万余人于故州城东南隅筑小城作为府署。

周帝遣殿直官赵诲至杭州宣谕：仍请调遣艘舻至瓜步、迎銮、长风涉等处，以备周军渡江。

二十日，吴越国王进贡御衣、犀带，又供军米二十万石；命上直都指挥使邵可迁、路彦铢等率领战舰四百艘、水师二万至指定地点与周师会合，以进击南唐水军。

南唐屡败，江北尽失。三月，唐太弟李景遂前后上表十次，引咎辞去太子之位，言道："今国家危难而不能扶，请求出为藩镇。燕王弘冀乃嫡长子，又有军功，宜立为嗣，谨奏请为燕王上宝册。"齐王李景达亦以败军之责辞去元帅，南唐主乃以景遂为晋王，加天策上将军、江南西道兵马元帅、洪州大都督、太尉、尚书令，以景达为浙西道元帅、润州大都督。因浙西道正在用兵，景达坚决推辞，以此改受抚州大都督。立李弘冀为太子，参与政务决策。弘冀为人多疑猜忌，又刻薄严厉，景遂亲信左右尚有未出宫者，竟被斥逐出门。弘冀之弟安定公李从嘉害怕，不敢参与政事，乃专心于经籍图书以自娱。

南唐主得知周帝屯水军于江上，恐其渡江南下，又耻于自降尊号称蕃于周，乃遣兵部侍郎陈觉奉表向周帝请求传位于太子弘冀，再使弘冀听命于周国。其时，淮南唯有庐、舒、蕲、黄四州尚归南唐军驻守，其余十州皆已被周军占领。三月十五日，陈觉至迎銮镇，眼见周兵之盛，心中不免怯懦，对周帝道："请派人渡江取表，献淮南四州之地，划江为界，以求息兵。"言辞悲切。周帝道："朕此番兴师，原拟只取江北，尔主能举国归附，朕复何求！"陈觉拜谢而退。十六日，陈觉请周帝派遣周之阁门承旨刘承遇至江宁，周帝赐南唐主书信称"皇帝恭问江南国主"，表示接受南唐主表奏，并予慰问。

刘承遇至江宁，南唐主请赍表献江北四州，每年进贡财物数十万。承遇回周帝行在复命，从此江北悉归中原，周得州十四，县六十。

十九日，周帝赐南唐主书信："沿江诸军及两浙、湖南、荆南之军当罢兵归国，进攻庐、蕲、黄三道之军亦令收兵于近郊，待守城将士及家属上路后可遣人召我军将校付予守城之事。有须往来于大江南北的船舰，皆由北岸签发。"

二十日，陈觉辞行，周帝又赐南唐主书信，旨谕南唐主不必传位于子。

南唐主为避周信祖郭璟之讳，更名李景，自去帝号，称国主，凡天子仪制皆予简降，去年号，以周为正朔，祭告于太庙。当初冯延巳因劝说南唐主夺取中原而得宠，如今唐被周所败，丢失江北十四州，自受其辱，因之南唐主将左仆射、同平章事冯延巳罢为太子太傅，门下侍郎、同平章事严续罢为少傅，枢密使、兵部侍郎陈觉罢守本官。

吴越国王因战事停息，乃奏请周帝遣上直指挥使处州刺史邵可迁、秀州刺史路彦铢率领战舰四百艘、士卒万七千人屯驻通州。二十二日，周帝赐吴越犒军帛三万匹，送吴越军回镇所。

二十九日，周帝敕令：对已故淮南节度使杨行密、昇州节度使徐温等陵寝指定守陵户，江南群臣坟墓凡在江北者亦委长吏按时检视。

四月初四，周帝自扬州北还汴梁，吴越国王贺其新得江北十四州，乃献白金五千两、绢二万匹、细衣段二千连，又进龙舟一艘，天禄舟一艘。

四月初十夜，杭州城南发生大火，延及内城，及至早晨火势不减。十一日，眼见得火将焚及镇国仓，乃是吴越军粮储屯之地，吴越国王急命随从官员组织宫中人力砍伐仓廪四周林木花卉，拆毁与仓廪相连建筑，以绝火焰延及仓廪，又组织宫人奋力汲水灭火，保护宫中文档、财物。继而率领数名左右亲随至宫城北吴山之瑞石山（水龙所在），命人供以酒肴，亲自祷告道："不谷不德，天降之灾。宫室已矣！而仓廪储积，盖为师旅之备，毁之实所痛惜。若尽焚之，民命安仰？天其鉴之！"至午后火势渐弱，傍晚遂灭，约一万七千余户无家可归。当日，吴越国王痛下罪己诏，出居于都城驿，以示惩戒。原本数月来吴越国王身上不康，经此折腾竟觉神清气爽，对众人道："吾数月来苦受疾病折磨，火灾之后遂觉康裕。"众人听了纷纷祝贺。

十六日，吴越国王命王弟弘仪为东府安抚使。

五月十一日，周帝任命赵匡胤兼任忠武节度使，调安审琦为平卢节度使。

六月二十八日，前台州刺史、王弟弘仰薨。

钱弘仰，文穆王第十三子，母周氏。弘仰善骑射，通儒术，能书写。任职台州郡，吏民畏服，性虽严急，而政事宽简。终年仅二十四，谥曰：成显。

早于今年正月之时，衢州刺史、王弟钱弘偓病笃，吴越国王命王弟钱弘信为衢州刺史以代弘偓，正月二十五日弘偓薨。

钱弘偓，字赞尧，文穆王第十二子，母陈氏。弘偓生性仁慈，事母以恭勤闻名。出任衢州时恰逢岁旱，当地百姓议论欲避居他乡乞食，纷纷来到郡厅向弘偓告白作别，弘偓为之流涕，恳请父老乡亲暂留本土，自己将向邻近州郡借贷粮食赈济饥民。弘偓为政宽恕厚重，民多感其恩德，与吴越国王弘俶友爱尤笃。及薨，中外无不叹息，终年二十五岁。

八月十四日，周帝遣西上阁门使曹彬出使吴越，赐吴越国王骑兵钢甲二百付、步兵铁甲五千付及旗帜兵器等物，吴越国王待之甚厚。事毕，曹彬急欲归国，吴越国王以礼相赠，曹彬推阻数回，最后道："吾终不受，恐有沽名钓誉之嫌，暂且不恭受之。"乃悉收其数。回到汴梁，曹彬欲将所受之物皆献于国库，周帝道："以前人们奉使，向所使国乞索无厌，使四方各国轻视中朝。如今卿能如此，乃国家之幸，但彼国既然诚心送卿，卿尽可安心受之。"曹彬始拜受之。

十月二十八日，吴越国王由都城驿迁回子城，居思政堂。

第六十六回　病龙台柴荣壮志未酬　陈桥驿匡胤黄袍加身

　　自显德二年（955）以来，周帝先是西败蜀国，收复秦、阶、成、凤四州，继而三征南唐，尽得其长江以北淮南之地，不仅迫使南唐俯首就范，亦震慑了南方其他各方割据势力，为北伐扫除了后顾之忧。显德六年（959）三月十九日，周帝下诏称北疆尚未收复，拟御驾亲赴沧州。命义武节度使孙行友捍卫西山路，以宣徽南院使吴廷祚代理东京留守、判开封府事，三司使张美代理大内都部署。二十二日，命侍卫亲军都虞侯韩通等人率领水、陆大军出征，二十九日御驾从大梁出发。

　　四月十六日周帝抵达沧州，当日即统领步骑兵数万人直奔辽国边境。十七日，周军出战乾宁军，辽国宁州刺史王洪举城投降。二十六日周军至益津关，辽国守将终廷辉举城投降。二十八日，殿前都指挥使赵匡胤至瓦桥关，辽国守将姚内斌举城投降。二十九日，辽国莫州刺史刘楚信举城投降。五月初一，辽国瀛州刺史高彦晖举城投降。

　　五月初二，御驾至瓦桥关，周帝亲登高台视察六军。此时有父老乡亲百余人持牛酒进献，周帝问："此地叫什么名字？"父老答道："累世相传，称之为病龙台。"周帝默然骑马离去。

　　当日夜，周帝突发疾病。

　　初四，孙行友攻占易州，擒辽国刺史斩于市。

　　初五，以瓦桥关设置雄州，益津关设置霸州，征发滨州、棣州民夫数千人修筑霸州城。初七，以侍卫马步都指挥使韩令坤为霸州都部署，义成节度留后陈思让为雄州都部署，各自领兵戍守。

　　二十五日，李重进败北汉兵于百井，斩首二千余级。

　　三十日，周帝因病决定回师大梁。

　　却说赵普于滁州军事判官任上因处理盗贼案深得赵匡胤赏识。及至周帝以战功任赵匡胤为定国军节度使兼殿前都指挥使，赵匡胤即表奏周帝以赵普为定国军节度推官。上任节度推官后，赵普有意收集窥测赵匡胤的过往行迹、交友尚好、性格情操、处事风格等，对其了解颇深，深得匡胤信任。

　　赵匡胤出身于累世仕宦人家：高祖赵朓历任唐代永清、文安、幽都令；曾祖赵珽官至御史中丞；祖父赵敬曾任营、蓟、涿等州刺史；父亲赵弘殷官至飞捷指挥使。天成二年（927）三月二十一日，杜夫人生赵匡胤于洛阳夹马营赵氏府第，出生时赤光绕室，异香经宿不散，体有金色，三日不变。既长，容貌雄伟，气度豁达，识者知其非常人，以此赵弘殷对此子寄予极大希望，取名匡胤，望其长大后能够匡乱纠正，续嗣光祖。

由于生逢乱世，武夫当政，赵匡胤自幼尚武轻文，骑马射箭、枪刀棍棒一学即会，在父亲督促下亦曾延师就学儒家经典，早年曾写下《咏日》诗：

欲出未出光辣达，千山万山如火发。须臾走向天上来，胜却残星与月华。

字里行间迸发出统治天下之霸气。

赵匡胤青年时期适逢石晋末期。中原动乱，契丹兵占领汴京，中原军民奋起反抗，烽烟四起，太原刘知远趁机统兵南下夺取江山，建立后汉。身处乱世，京城兵燹不断，赵匡胤只得单身闯荡江湖，先后到过凤翔、泾州、长安、洛阳、复州（湖北天门）、随州、襄阳，几乎走遍了中原的西部和南部，拜访过父亲与岳父的故交复州防御使王彦超、随州刺史董宗本等人，皆未被录用。北归途中，路经宋州高辛庙，正当落魄消沉之际，便信手拿起香案上的杯珓（杯珓乃占卜专用之物，用一段毛竹根或蚌壳或用木头、玉制成蚌形，再从中剖为两半。祷卜时手捧闭合的杯珓，先于神前跪拜，默祷所求卜词，再将杯珓抛于地，因杯珓中间剖面为平面，落地时最稳定，外面为弧面，落地时不稳定，因此两块杯珓皆平面贴地最易，为下下卦；皆弧面贴地最难，为上上卦；一正一反为上下卦或中卦），心中默祷着自己前程吉凶，祷完卜词，抛杯珓于地，是上上卦。赵匡胤心中暗喜，乃再卜一次，仍是上上卦，顿时精神振作，于是重新默祷，卜问可否求得将尉之职，结果却得下下卦。赵匡胤心中愤怒道："既然求校尉都不能得，算什么好前程！"但转念一想道："莫非校尉非所宜，应居将军之职？"再默祷卜问，却是上下卦，心中疑惑道："莫非我前程不止将军？"乃再次卜问可否得任统帅之职，抛出杯珓，只见于地上转了数圈竟得上上之卦。赵匡胤大喜过望，将少年时隐于心中的疯狂欲望重新点燃起来，于是郑重其事地重新祷告，卜问可否问鼎天下，结果两片杯珓端端正正地落于地面，仍是上上之卦。赵匡胤激动万分，乃重整衣冠，庄重下拜，祈求神灵护祐，助己步步高登。此事一直隐藏于赵匡胤心中，不曾向任何人提过半句。直到赵普成为其智囊，二人有了深交之后，一次对酌，趁匡胤酒醉，赵普从朦胧酒意中断断续续得知这段经历。赵普早已知晓匡胤早年所作《咏日》诗，知其心怀异志，因此听其道出这段经历倒也并不吃惊，从此更是悉心辅佐匡胤，却也从不对旁人提起此事。

赵匡胤拜别高辛庙继续北上来到河北地界，适逢郭威奉命平定河中、凤翔、永兴三镇叛乱，正在招募士卒，匡胤遂应募入伍，成为郭威麾下亲兵。时为乾祐元年(948)冬,匡胤离家闯荡已有一年半。乾祐三年(950)十一月,朝中大乱,郭威领兵入京"清军侧",汉帝被乱兵所杀,在众将士拥立下郭威立国称帝,从此以周代汉。赵匡胤跟随郭威南征北战,屡立战功,因此郭威称帝不久即升赵匡胤为东、西班行首(禁军军校)。

郭威出身行伍,未曾从师学道,却亲赴曲阜拜谒孔府、孔庙,并正告诸臣:"孔子乃百世帝王之师,有国者敢不恭敬乎?"又曾对众大臣道:"朕长于军旅,未从师学问,不知治世之道,文武百官凡有益国利民之良策者皆可上书言事,然其文字要切实,不必堆砌华丽辞藻。"凡此种种,匡胤皆铭记于心。赵匡胤青少年时不喜读书,单爱枪棒,而此后能于余暇时读些书籍,以至称帝后确立崇文抑武之国策,可知郭威对其影响之深。

广顺三年(953)三月,周帝任郭荣为开封府尹,封晋王,协助其处理军国大事,郭荣乃以赵匡胤为开封府马直军使。

显德元年(954)正月,柴荣(即郭荣)即帝位,北汉乘周国皇帝易位之机大举南侵,柴荣御驾亲征。高平一战,赵匡胤因战功卓著而一跃升为殿前都虞侯、严州刺史。随即周帝整顿禁军,遣散军中羸弱病残,招募天下精壮以益禁军,由赵匡胤优先挑选强悍艺精之士组成殿前诸班,成为殿前司中精锐之师,作为皇帝近身侍卫。

赵匡胤执掌殿前司期间广泛结交武将,结成"义社十兄弟",主要有以下几人。

李继勋,大名元城(河北大名)人。显德初,以散员都指挥使升为殿前都虞侯,历任虎捷右厢都指挥使、侍卫步军都指挥使。曾因战事失利出为河阳三城节度使,又降为右武卫大将军,后以战功迁为左领军卫上将军,又升任右羽林统军。

石守信,开封浚仪人。太祖朝官至亲卫都虞侯,高平之战后以战功历迁亲卫左第一军都校、铁骑左右卫都校。征淮南后以战功充殿前司铁骑、控鹤四厢都指挥使。北镇契丹收复燕南四州,历任殿前都虞侯、殿前都指挥使、检校司空。

王审琦,辽西人。太祖广顺中,历官东、西班行首,内殿直都知铁骑指挥使等。显德二年(955)随周帝亲征北汉有功,擢升为东、西班都虞侯,后历任殿前司铁骑都虞侯、铁骑右二军都指挥使。周帝三征淮南,王审琦因军功升任散员都指挥使,后历任控鹤右厢都指挥使、铁旗右厢都指挥使。

三人之外尚有控鹤军都指挥使韩重赟、铁旗右厢都指挥使刘廷让、马步军都军头杨光美、解州刺史王政忠等人。

周帝北征突然发病,日见严重,以致中途休兵,不得不班师回朝。归途中赵普私下从医官处得知,周帝此症非延医用药所能治,恐怕时日无多,当下心中吃惊不小，却并非为周帝命运担忧，而是为赵匡胤前程着急。赵普从赵匡胤少年时《咏日》诗中已窥见其称霸天下之志，探知高辛庙卜珓之事后更确认其有驭龙腾云、掌控乾坤之命，并且深信以赵匡胤之能力必能实现抱负，因之赵普真心实意愿意辅佐匡胤步步攀登。如今正是大好时机，周帝一旦驾崩，身下唯有年仅七岁的儿子宗训可以继位，宗训母亲符氏亦年仅二十有余，朝中军政大权必然落入权臣之手，尤其是手握重兵的将帅之手。目前朝廷设有殿前司与侍卫亲军司，分掌全国兵权，殿前司首领乃先帝女婿、都点检张永德，统领三万兵马，侍卫亲军司首领乃先帝外甥马步军都指挥使李重进，统领六万兵马。此时赵匡胤仅为张永德手下的殿前司都虞侯，要想掌控军权，首先必须先除去张、李二人，或者至少是先除去一人，登上与另一人平起平坐的位置，从而掌控一半军权。赵普不愧为赵匡胤谋士，精心设计了一套先除张永德再去李重进的计谋。

这夜，赵匡胤于营帐中歇息，赵普与其对酌，边饮边谈论军中大事，酒至半酣，赵普问道："将军以为今上病况如何？"匡胤道："当今皇上年轻有为，体魄健壮，虽有小恙必无大碍，调养旬月自会大愈。"赵普遂将医官之言悄悄说了一遍，追问道："若果然如此，将军对国中大势作何打算？"赵匡胤对医官之言有所耳闻，亦知道赵普一心辅佐自己绝无二心，却还是故作吃惊道："此等传言切不可流传，先生之言只当是酒后醉语，本军只道不曾听见，免遭灭门之祸！"

赵普见匡胤并无嗔怪之意，胆子便大了起来，趁着几分醉意吟诵起匡胤少年时的《咏日》诗来，吟毕即瞪大眼睛看匡胤脸色。此时赵匡胤也有了几分醉意，闻听赵普吟诵自己儿时狂诗，也不发作，且看赵普还会说些什么。赵普见赵匡胤并无反应，便又进一步说起赵匡胤于宋州高辛庙珓卜凶吉之事，这下触发了赵匡胤心头之隐讳，勃然大怒，嗖的一声拔出佩剑道："你好大胆，竟敢编造谎言诬陷本军！"赵普用手推开匡胤佩剑，不慌不忙说道："将军不必如此，学生早就知道将军有龙腾霄汉、君临天下之志，亦有扫平群雄、一统九州之才，以此一心一意辅佐将军，愿助将军实现平生志向。若要加害将军何须等到今日，又怎会单独与将军私会于密室之中！"赵匡胤见赵普如此说，知其乃出于真心，遂将佩剑插回鞘中，拱手赔礼道："适才是本军莽撞，对先生失礼了。"

赵普接着说道："当今皇上英武过人，圣名盖世，文武大臣谁个不服！今上一旦驾崩，立个稚子当政，内有数多将帅，外有各地藩镇，皆手握重兵，届时有几个将帅能够听命于小皇帝！天下岂不重新骚乱。"赵匡胤忙问道："先生以为如何才能避免天下动乱？"赵普早已成竹于胸，说道："如今之计，将军必须趁今上健在，借皇帝之手除去张永德，如此殿前都点检之职非将军莫属。将军手握殿前司数万精兵，即有可能兵压众帅，权倾天下。"

赵匡胤一直是张永德手下大将，因受其赏识才得以步步高升，经济上亦多受其照顾，如今要除去永德，实属不忠不义，乃叹道："如此作为岂不陷我于不忠不义，我岂能为之！"赵普道："眼下殿前司张永德与侍卫司李重进不和，互相排斥构陷，一旦今上驾崩，二人必然火拼，届时天下复乱，太祖与今上创下的基业将毁于一旦，将军难道坐视不管？如此将军又谈何忠义！将军为了大局之忠义，必须舍弃私交之小忠义，此乃天理不可违也！"赵普之言匡胤无懈可击，唯长叹而已。良久，赵匡胤轻声问道："依先生之意该如何行动？"赵普见匡胤已被说动，乃凑近跟前附耳细语。赵匡胤听后思索良久，最后道："就依先生，只是不要过分伤害张永德将军。"

两日后，周帝翻阅四方申奏表章，却见其中有一木牌，长三寸，宽二寸，甚是精致，周边刻有云龙花纹，正面刻有"策点检为天子"字。周帝大为吃惊，此木牌乃是天赐还是神示？亦或是人为？周帝素来轻信神佛、天命，因此首先怀疑的就是现任殿前司都点检张永德一伙人所为，然因没有真凭实据，又恐引发文臣武将恐慌而不便大张旗鼓彻查，只能暗中观察。周帝联想张永德自恃手握重兵，又身为驸马，常与李重进争权夺利，挑起内讧，一旦自己归天，再无人节制于他，大周江山岂不要断送他手！但张永德毕竟是先帝爱婿，没有确凿证据不便治罪，思虑再三，周帝于还京之后加永德为检校太尉、同中书门下平章事，使其出任忠武军节度使，从而解除了张永德兵权。继而周帝以赵匡胤为殿前司都点检，赵匡胤、赵普终于达到第一阶段的目的。

木牌事件对周帝造成了巨大的精神压力，使他意识到自己已时日无多，以致病情迅速加重，不得不考虑身后之事。六月初九，周帝立符氏为皇后；立皇子宗训为梁王，领左卫上将军；皇子宗让为燕公，领左骁卫上将军。十五日，加王溥为门下侍郎，与范质皆参知枢密院事；以魏仁浦为中书侍郎同平章事，仍任枢密使；又以宣徽南院使吴廷祚为左骁卫上将军，充枢密使；加归德节度使、侍卫亲军都虞侯韩通同平章事，充侍卫亲军副都指挥使。

十九日，周帝召见范质等人入宫授临终遗命，当天周帝驾崩。

周帝为太子时多韬晦不露头角，即帝位后，指挥军队号令严明无人敢犯，攻城杀敌时矢石落其左右，众人皆为之失色，独帝略不动容，临机决策常出人意料，又勤于政事，诸司簿籍过目不忘。周帝善察奸邪，机揭隐恶，聪睿如神，闲暇时召儒士解读前史，商榷大义，群臣有过则当面质责，一旦认错即予赦免，有功则予厚赏，以此文武人才各尽其能，皆得其所，群臣无不畏其明而怀其惠，故能屡破敌镇，拓展疆土，所向无前。然而执法过于严峻，群臣职事小有过失往往处以极刑，即使素有才干声名亦不宽贷，事后亦常悔之。今既归天，远近臣民皆痛悼怀念！

二十日宣布遗诏,命梁王宗训于灵柩前即大周皇帝位,其时宗训仅七岁。

七月十九日,幼主任侍卫亲军都指挥使李重进领淮南节度使,副都指挥使韩通领天平节度使,殿前都点检赵匡胤领归德节度使,以山南东道节度使同平章事向拱为西京留守兼侍中。向拱即向训,为避新帝名讳改名向拱。

消息传至杭州,吴越国王深为慨叹,对众臣僚道:"天子之所以能统治万国,在于能讨伐强暴,扶助微弱,严其号令,统一法度,诚明信义,兼爱万民。周帝以诚信制御群臣,以正义感召诸国,王环因不投降而受赏赐,刘仁赡因坚守寿州而获褒奖,严续因尽忠而获释,蜀兵因反复而就诛。江南未服时,周帝亲冒矢石势在必克,既服则爱之如子,推诚尽言,为其远虑,周帝可谓是唐末、梁、唐、晋、汉诸朝以来前所未有之明君也。"继之又叹道:"一代明君英年早逝,却未曾将江山托付新一任英主,而由一位髫龄儒童执掌,手下又有众多骄兵悍将,恐怕祸乱将继踵而至矣!"于是严命安国衣锦军及中吴军节度使、苏州刺史钱文奉,宣德军节度使、湖州刺史钱弘偡,武胜军节度使、婺州刺史钱仁俶,静海军节度使、温州刺史钱弘偡,彰武军节度使、福州刺史钱仁俊,奉国军节度使、明州刺史钱弘億,各自修整城池,厉兵秣马,伺察诸国动向,坚决保境安民,以防南唐趁周国国丧向吴越挑衅,又派出精干细作赴京都探测动向。

八月,周幼主下制:加吴越国王食邑一千户,实封四百户,仍改赐崇仁昭德、宣忠保庆、扶天翊亮功臣。又敕:吴越国王元妃孙氏为吴越国贤德夫人,王世子惟濬为镇海、镇东等军节度副使,检校太保。

前两月周帝健在时,南唐主曾遣其子纪公李从善与钟谟一同入贡京师,周帝问钟谟:"江南亦训练士兵修整守备吗?"钟谟答道:"既已臣服于大国,怎敢复行此事?"周帝道:"不然,以往互为仇敌,今日已成一家,吾与汝国大义已定,保证别无他虞。然而世事难料,至于后世不可知也,回去后告诉汝主,趁我尚在位,抓紧修固城郭,整顿甲兵,据守要害,为子孙后代考虑。"钟谟归国将周帝所言告诉南唐主,南唐主乃修固金陵城,诸州城有不完善者皆新葺之,戍兵不足者皆予充实。

南唐主因金陵与周国仅一水之隔,而洪州险固且居大江上游,便召集群臣议论迁都之事,群臣多不赞同,只有枢密副使、给事中唐镐力挺,南唐主于是命人按都城规制经营洪州。

南唐自从淮南兵败,割让江北土地臣事于周,岁岁贡献,以致府藏空竭,钱币日少,物价腾贵。礼部侍郎钟谟请铸大钱,中书舍人韩熙载则请铸铁钱,从此南唐铸造当十大钱,币上铸文"永通泉货",又铸当二钱,文曰"唐国通宝",与开元钱同时通行。

九月初四，南唐太子李弘冀病逝，有司因其有捍卫浙西之功，谥曰：武宣。句容县尉张洎上言："太子之德主于孝敬，今谥以武功，非所以防微杜渐，倡导德行之道。"于是改谥为"文献"。

十一月，南唐改称洪州为南昌府，设立南都，以武清节度使何敬洙为南都留守，以兵部尚书陈继善为南昌尹。

赵匡胤取代张永德升任殿前司都点检后，即与赵普密谋开始实行第二步夺权计划，驱逐侍卫亲军马步都指挥使李重进。李重进乃周太祖亲外甥，又是佐命元勋，掌控侍卫亲军数万大军，逐走此人谈何容易，必须另设奇谋。先帝皇后（如今太后）符氏与赵匡胤弟弟赵匡义的夫人是亲姐妹，因此匡胤、赵普找来匡义共同商议，请匡义夫人入宫向太后报说："南唐国主听说大行皇帝归天，诸军调动频繁，恐有兴兵渡江北进之嫌。"劝说符太后命侍卫亲军马步都指挥使、淮南节度使李重进速赴任所扬州履职，以防南唐突然袭击。符太后胸无主见，消息闭塞，既然自家亲妹如此说，便慨然答应，下旨令李重进仍以侍卫亲军司马步都指挥使、淮南节度使之职赴扬州履职，从此实质上已削去其侍卫亲军指挥权。李重进离京，侍卫亲军司余下首领还有副都指挥使韩通、都虞侯韩令坤、马军都指挥使高怀德、步军都指挥使张令铎。其中高怀德、张令铎、韩令坤皆与赵匡胤交好，唯有韩通一人手握兵权，忠于大周，但其出身行伍，有勇无谋，刚愎暴戾，孤傲不逊，不足为虑。如此第二目标即轻而易举实现。

如今障碍已除，只差最后一步，赵匡胤、赵普、赵匡义开始商议夺取皇权。虽然张永德、李重进已被逐出京城，但侍卫亲军仍控制在韩通手中，若于京城中举事，一旦遭遇侍卫亲军抵抗，将使京城动乱，军民遭殃，宫廷焚毁，甚至引起全国各藩镇战乱，陷中原于兵燹。三人几经斟酌决定效法周太祖郭威夺取后汉江山之举，先率领殿前司主力出城举事，奉赵匡胤为帝，然后号令三军严守本位，听候封赏，最后入宫行禅位之礼。时间定于元旦佳节，此时朝廷官府休假，宫廷大臣、将帅、兵校皆沉醉于节日欢娱之中，信息不通，军令不畅，处于半休眠状态。自三军出城，由赵普负责于军中广造舆论，发动兵变。

显德七年（960）元旦，忽有镇、定两州奏报，称辽国与北汉联军南侵。朝廷内外正沉浸在佳节祥和喜庆之中，宰相范质、王溥见此凶讯，惊慌失措，来不及召集众臣商议，便匆匆决定命赵匡胤率领殿前司兵马即日北上征讨。赵匡胤早有准备，当即命把兄弟都指挥使石守信、都虞侯王审琦领部分兵马留守京城，监控侍卫亲军以防万一，又调侍卫亲军、马军都指挥使高怀德及步军都指挥使张令铎率本部兵马随己出征，如此韩通便失去实力。

正月初二，赵匡胤大军抵达开封府东北四十里的陈桥驿扎营。其时营中已遍传赵匡胤少年时的《咏日》诗,以及高辛庙珓卜故事、"策点检为天子"的天赐木牌等圣迹神相,俨然赵匡胤已是天命所归。这一夜全营将士彻夜未眠,纷纷攘攘,直至次日天刚微明,将校们呼叫着来到赵匡胤帐前,叫嚷道:"当今皇上年幼无知,我辈即使拼死沙场为国捐躯,有谁为我辈记功颁赏!宜先立点检为天子,然后才可北上破辽。""诸军无主,愿策太尉为天子。"赵匡胤尚未开口答话,众将士已拿来事先备下的云龙绣黄袍披于匡胤身上,匡胤推辞不得,便对众将士道:"汝等自贪富贵,立我为天子,能从我命则可,不然我决不为汝主。"众人同声嚷道:"唯命是听。"赵匡胤又道:"太后与主上吾皆北面事之,汝辈不得惊犯;朝中大臣皆我比肩共事,不得侵凌;朝廷府库、士庶百姓不得毁掠。遵令当赏,违者当戮。"众将士拜伏于地,高呼万岁。赵普又叮嘱道:"兴王易姓,虽云天命,实系人心。前军昨已过河,节度使各据方面,京城若乱,不惟外寇愈深,四方必转生变。若能严敕军士,勿令剽劫,都城人心不摇,则四方自然宁谧,诸将亦可长保富贵矣。"众将士无不遵命。

赵匡胤一面命人快马加鞭与石守信、王审琦等人联络开城接应,一面火速策动兵马回师京城,对周边百姓秋毫无犯。

侍卫亲军副都指挥使韩通闻讯,自皇宫内廷疾驰而出,欲调集兵马顽抗,路上被散员指挥使王彦升察觉,一路追至其家中将韩通及其家人全部杀死。

士兵们逼迫众大臣先后来到都点检府署,赵匡胤声泪俱下道:"吾受先帝厚恩,今被六军所逼,实属无奈,以至违负天地!"范质等人未及答话,军校们手持兵器叫嚷道:"我辈无主,今日须得天子。"范质等人面面相觑,不知如何应对。王溥机敏,迟疑片刻即退至阶下倒身下拜,众臣见状亦纷纷跪下高呼万岁。当下赵匡胤即命范质赴宫中知会符太后及幼主所发生之事,并劝说准备禅位,又命翰林承旨陶谷草诏禅位制书,按原来朝中班位高下及此番政变功劳大小确定廷前列班次序。安排停当,由宣徽使引导赵匡胤率领众大臣来到崇元殿,举行禅位大典,众官列班就位,宣徽使仍领幼主登临龙座,命翰林学士陶谷宣读禅位诏书:

天生蒸民,树之司牧,二帝推公而禅位,三王乘时而革命,其极一也。予末小子,遭家不造,人心已去,国命有归。咨尔归德军节度使、殿前都点检赵匡胤,禀上圣之姿,有神武之略,佐我烈祖,格于皇天;逮事世宗,功存纳麓,东征西怨,厥续懋焉。天地鬼神,享于有德,讴歌狱讼,归于至仁,应天顺民,法尧禅舜。如释重负,予其作宾。呜呼钦哉,只畏天命!

宣徽使引领赵匡胤跪倒龙墀北面拜受,升龙廷,换上龙袍,头戴衮冕。又扶掖幼主退位,赵匡胤登龙座,幼主奉上国玺,群臣拜贺,山呼万岁。

赵匡胤所领归德军在宋州(河南商丘),遂定国号为宋,年号建隆,定都开封。

宋皇帝将幼主及符太后迁至西宫，去帝号称郑王，尊符太后为周太后，郭氏、柴氏后代皆封官进爵。朝中文武百官原则上不予变动，范质、王溥仍任宰相，以赵普为枢密直学士。又赏赐有功将士，以石守信为归德军节度使、侍卫亲军马步军副都指挥使，以王审琦为泰宁军节度使、殿前都指挥使，以韩令坤为侍卫亲军马步军都虞侯，其余禁军将领亦分授官职，兼领节都使。随后，派遣使节分赴各藩镇、州、郡，宣告建立新朝大宋，称帝改元，大赦天下。

赵匡胤由穷困潦倒、颠沛流离、拼死杀敌、建功立业，直至登上皇帝宝座，凡十余年来多受各地寺庙佛祖神祇、僧道指点，登基之后，当即废止周帝毁寺令，允许天下寺院凡有条件者可自行重建修复。

建隆元年（960）春正月，大宋皇帝遣使至杭州宣谕，周已禅宋，大赦改元，仍封钱弘俶为吴越国王，敕曰：

卿显著事功，已书简册。虽将印盛列于鼎钟，极恩久悬于制诰。每怀中正，常用款嘉。今封卿为吴越国王，加食邑一千户，实封一百户。见命使臣，兼行册礼。故先诏示，俾咸知悉。

弘俶因避宋皇帝父名弘殷之讳，乃去弘字。单名钱俶。

吴越国王设宴款待来使，询问宋皇帝治国方略，理政信望，以及北国民情、经济、佛事兴衰等等诸多情况，来使一一作答。

三月，吴越国王遣使赴京，贡御服、锦绮、金帛贺宋主即位。

四月，宋帝敕授钱俶为天下兵马大元帅，加食邑一千户，实封五百户，赐王诰曰：

朕惟上天助祐，四海晏清。车书混一于华夷，雨露滋荣于稼穑。辛岁时之大稔，政庶务之小康。顺一阳而再陟郊坛，结三献而恭陈告谢。荷神心之昭格，覃庆泽于幽遐。乃眷保臣，方应重寄。表率恒高于华夏，镇临久荏于列藩。我有异恩，特垂殊宠！咨尔天下兵马大元帅、检校太师、尚书令、吴越国王钱宏俶：尔既推诚而奉朕，朕当开怀而奖尔。是用择兹吉日，降以殊恩。锡吴越之两藩，兼都督之名位。命尔令子，为予守臣。授双节于天朝，所以显元帅之隆重；效一方之职贡，岂不表臣子之忠诚？井田更易于初封，品秩弥光于旧物。不烦多训，用称彝章。加食邑三千九百户，实封三百户。吴越国王，功勋如故。改赐号曰：开吴镇海、崇文耀武、宣德守道功臣。符至奉行。

六月，宋帝敕加吴越国贤德夫人孙氏为贤德顺睦夫人，又授两军节度副使、吴越国王世子钱惟濬为金紫光禄大夫、检校太保，充节度使。

同月，敕升明州为奉国军，授王弟钱弘億为金紫光禄大夫、检校太保，充本军节度使。

自从大宋立国，新帝登基，昭义军节度使李筠愤愤不平，乃于四月起兵反叛。李筠，原名李荣，因避周帝柴荣讳而更名，辖有潞、泽、沁三州之地，已经营八年之久。枢密直学士赵普认为："李筠以为宋国初立，不轻用兵，我若倍道兼行，攻其不备，必可一战而胜。"宋帝果断决定速战速胜以威慑天下，令石守信、高怀德为西路，率兵自孟津渡河直趋天井关，慕容延钊、王全斌出东路，策应石守信。石守信、高怀德渡河疾驰，很快控制了天井关，李筠领三万兵马屯驻泽州之南，半月后宋军于长平大败叛军，歼敌二千余人。随后宋帝亲征，会师石守信击败李筠主力于泽州之南，斩杀数千人，李筠退入泽州婴城固守。宋军踊跃攻城，十余天不曾得手，不久潞州将领王全德、王延鲁先后向宋军投降，李筠势孤，坚守不出。宋军马全义率领死士数十人登城死战，虽中流矢血流如注仍拔箭奋战，终于杀入城内。李筠见大势已去，遂投火自焚。宋帝又乘胜进攻潞州，七月初二，李筠之子李守节举城投降。前后二月有余，李筠之乱被平定。

淮南节度使李重进知道自己被调离侍卫亲军乃是赵匡胤从中捣鬼，如今匡胤坐上龙椅，发号施令，怎能甘心，以此闻知李筠叛乱，李重进便欲与其联手南北夹击宋军。赵匡胤一面赐予李重进丹书铁券以示信任，一面笼络李重进宠臣翟守殉，使其力劝重进"稍缓其谋"以观其势，令李重进坐失夹击宋军大好时机。李筠叛乱平定后，赵匡胤随即令李重进领平卢节度使，移镇青州。李重进知道此乃调虎离山之计，便决意联唐抗宋。南唐主回书劝道："李筠起兵中原方乱，李帅若乘机而动或可一举灭宋，如今李筠败亡，人心已定，节帅以数千之众抗击鼎盛精兵，岂非以卵击石，自取灭亡。"

九月十七日，李重进孤注一掷发动叛乱。赵匡胤命石守信为扬州行营都部署，王审琦为副，率领禁军南下讨伐，又遣通事舍人武怀节至杭州宣谕，命吴越国王钱俶出兵江南，堵截李重进渡江南逃之路。

钱俶召集众大臣商议对策，群臣皆以为赵匡胤登基以来，除少数武将外，几乎留用了周朝全部大臣，妥善安置了周幼主及太后，秉承了周帝的治国方略，因此吴越国与宋国关系宜延续与周国的关系。钱俶乃遣上直都指挥使孙承祐统率大军至润州，以应王师。

赵匡胤再次御驾亲征，兵发京师，声势浩荡，马不停蹄直奔扬州城下。不数日，宋军攻破扬州，李重进全家自焚而死。

十一月，宋帝遣通事舍人王继筠、丁德裕来杭州宣谕，扬州已平，仍赐国信。吴越国王命衢州刺史、从弟钱弘信入贡京师，致贺宋帝平定二李之乱。

二李叛乱的迅速平息，极大地震慑了犹疑观望中的各地节度使，使得中原局势重新归于稳定。

第六十七回　焕新貌延寿复兴灵隐　释兵权天子独揽军政

却说杭州灵隐寺于唐朝会昌年间寺毁僧散，佛废经失，仅存废墟一片，吴越立国后虽稍稍兴复，却始终规制未宏，香火未盛。自从德韶就任僧统、赞宁主持佛事后，即拟邀请延寿大师主持灵隐寺兴复之事，却又遭逢周帝下令限制天下寺庙，复兴灵隐寺工程只得暂时搁置。显德六年（959）六月，周帝驾崩，德韶乃与赞宁一道迎请延寿大师前来杭州，实施灵隐寺复兴计划。好在规划方案、资金筹措、施工组织、再造金身等等诸事早年间皆已有所安排，只需立即实施即可。延寿大师因有兴复雪窦寺经验，对兴复灵隐寺成竹在胸，考虑到杭州乃吴越国首府，百姓集中之地，又有王室扶持，其规划自当辉宏，以此延寿大师在原定规划的基础上又补充了许多内容。

灵隐寺背靠北高峰，这北高峰乃是杭州最高峰，挺拔雄伟，高耸入云，峰顶有佛塔直插云霄，风云际会，时隐时现，犹如印度之须弥山。

寺南有飞来峰，玲珑剔透，洞穴穿连，藤绕林茂，猿呼鸟鸣，犹如印度之灵鹫山。《西湖游览志》描述飞来峰道："飞来峰，界乎灵隐（北高峰）、印度两山之间，盖支龙之秀演者，高不逾数十丈，而怪石森立，青苍玉削，若骇豹蹲狮，笔卓剑植，衡从偃仰，益玩益奇。上多异木，木假土壤，根生石外，娇若龙蛇，郁郁然丹葩翠蕤，蒙幂联络，冬夏常青。烟、雨、雪、月，四景尤佳。其下岩屙窈窕，屈曲通明……"。尹仲明诗曰：

湖山独爱飞来峰，孤猿长啸寒烟中。丹霞赤壁藏梵宇，布袜草履来仙翁。

松根诘曲络山骨，水光云气相冥濛。流传来自印度国，攘夺造化开鸿蒙。

飞来峰下岩洞玲珑，如伏虬飞凤，坡谷叠浪，妍态怪状，曾有人历数凡七十二洞。最南者是青林洞（又名金光洞、射旭洞、老虎洞），洞口有一石，上平如床，相传乃东晋印度僧人慧理和尚歇息之所；其北有龙泓洞（又名通天洞），据传此洞可通浙东，曾有人于洞中闻得江涛之声，澎然聒耳，似游龙翻腾其间，故有龙泓之名；再北有玉乳洞（蝙蝠洞），洞顶悬泉淅沥，钟乳宛若凝脂，故名玉乳；再往西是通天洞，洞顶有裂隙，可仰视天空，洒进一束天光，故有"一线天"之名，洞中寒气逼人，暑游最是畅快。此外尚有螺蛳洞、香林洞、千里洞、呼猿洞等。广顺元年（951），滕绍宗于青林洞右侧崖壁上雕凿成西方三圣佛像，当属飞来峰石刻造像之始。

　　飞来峰下有冷泉溪，长年不涸，淙淙流淌，声如琴瑟，游鱼悠畅，昔时涧浦深广，水量充沛，可以通舟。宋代郭祥正有诗云：

　　有灵何所隐，深浦老蒹葭。渔父一舟泊，却疑秋汉槎。

　　涧旁旧有连岩栈、状虎栈，涧中有卧龙石，石上有虬松，今皆不存。冷泉溪自西向东流至合涧桥下与南涧汇合继续东流，经九里松出灵隐浦注入西湖，西湖水再汇入钱塘江奔腾入于东海，故旧时州人可乘轻舟游西湖直入冷泉溪、灵鹫峰下，颇为方便。张光弼有诗赞合涧浦曰：

　　两涧何年合，一桥终日闲。桃花逐流水，未觉是人间。

　　东晋咸和元年（326），印度国慧理和尚由中原游历至杭州，在北高峰下的冷泉溪旁发现竟有灵山与印度国之灵鹫山酷似，不禁叹道："此乃中印度国灵鹫山一小岭，不知何时飞来？佛在世日多为仙灵所隐。"因之名其峰曰"飞来"，遂挂锡于山下青林洞中，仿效佛陀于灵鹫山下建坛说法故事，于合涧桥边结成草庵，名曰"灵鹫"，其周围数十里地区呼之为"印度"。从此慧理和尚云游民间，弘扬佛法，广结善缘，募款扩寺。一时间灵鹫寺香火日盛一日，十数年间竟香客云集。小小灵鹫寺已容纳不了众多香客，慧理乃于灵鹫山南麓新建南印度寺（现名下印度寺），又去合涧桥外建起一座大照壁，作为灵鹫、天竺两寺共用的山门。

　　南北朝梁武帝崇尚佛教，各地广兴寺庙，灵鹫寺地窄殿小，难以扩展，乃于冷泉溪之阳新建灵隐寺，规制渐宏，山门、宝殿气势辉煌，僧房斋堂排列有序。

　　隋开皇十七年（598），印度僧人宝掌于稽留峰之北建中印度寺，主供观世音菩萨。唐显庆二年（657），宝掌嘱诸弟子曰："吾曾誓言活千岁，今已千有七十二，宜西归矣。"言罢坐化圆寂，后人乃称其为千岁和尚，从此中印度寺以长寿高僧而著名。

　　唐时灵隐寺、印度寺香火日盛，善男信女云集，文人墨客亦慕名而来，为此又新建了许多亭台楼阁以增添文韵雅趣。杭州刺史元英于冷泉溪中建水榭，苏州刺史白居易为之题"冷泉"匾额，并作《冷泉亭记》云：

　　东南山水，余杭郡为最。就郡言，灵隐寺为尤。由寺观，冷泉亭为甲。亭在山下，水中央，寺西南隅。高不倍寻，广不累丈；而撮奇得要，地搜胜概，物无遁形。春之日，吾爱其草薰薰，木欣欣，可以导和纳粹，畅人血气。夏之夜，吾爱其泉淳淳，风泠泠，可以蠲烦析酲，起人心情。山树为盖，岩石为屏，云从栋生，水与阶平。坐而玩之者，可濯足于床下；卧而狎之者，可垂钓于枕上。矧又潺湲洁彻，粹冷柔滑。若俗士，若道人，眼耳之尘，心舌之垢，不待盥涤，见辄除去。潜利阴益，咳胜言哉？斯所以最余杭而甲灵隐也。杭自郡城抵四封，丛山复湖，易为形胜。先是，领郡者，有相里尹造作虚白亭，有韩仆射皋作候仙亭，有裴庶子棠棣作观风亭，有卢给事元辅作见山亭，及右司郎中河南元藇最后作比亭。于是五亭相望，如指之列，可谓佳境殚矣，能事毕矣。后来者，虽有敏心巧目，无所加焉。故吾继之，述而不作。

可见唐时灵隐寺、印度寺之兴远胜于西湖、杭州，郡人往灵隐寺、印度寺敬香游历者络绎不绝。后来为方便文人墨客游历、善男信女进香礼佛，唐刺史袁仁敬命人拓宽道路，复于道路两旁植松树，左右各三行，每行间距八九尺，凡九里，直达灵隐寺、印度寺。从此，一路上苍翠夹道，松风送爽，行者徜步其间倍感惬意，"九里松风"成为一大景观，余阙有诗赞道：

结驷向青郊，松阴九里遥。言从印度寺，自度小春桥。

偃寒成芝盖，萧瑟荫兰桡。相送将何赠，期君保后凋。

唐武宗灭佛，灵隐寺、灵鹫寺、下印度寺几乎全毁，僧人遣散，木、石移作官廨修葺之用，佛经、法器散失，佛像被毁，仅剩下部分僧房、斋舍留作民用。中印度寺因地处偏远，规模较小，因之损坏较少，得以残存，倒是一些供文人墨客抒情畅怀的亭台楼阁尚保存完好。

进入吴越国时期，境中安宁，国库充盈，百姓崇佛，渴思兴复，武肃王乃命人重建灵隐寺、下印度寺，但其规模始终不能及盛唐之时。

天福年间（936—944），僧人道翊得香木，命人刻成观音大士像，建上印度寺供奉。乾祐年间（948—950），又有僧人从勋从洛阳奉古佛舍利而来，供于殿中，昼夜放光，士民争相参拜，吴越国王特建印度观音看经院。

因下印度寺供奉鱼篮观音，中印度寺供奉白衣观音，上印度寺供奉香木观音，灵鹫山之南遂成为观音菩萨道场，人称小西天，而灵鹫山之北乃是佛祖如来道场。每年四月初八佛祖生日的浴佛节、十二月初八佛祖成道节、二月十五的佛祖涅槃节、二月十九观音菩萨诞辰日、九月十九观音菩萨出家日、六月十九观音菩萨成道日，"九里松"林荫道上善男信女奉香负帛络绎不绝，灵隐、印度庙堂佛前虔诚礼佛，梵音绕梁。

延寿大师悉心探访了整个灵隐寺、印度寺地区，北至北高峰，南至狮子峰，深切体会了慧理和尚何以视灵隐寺、印度寺地区为天竺国灵鹫山佛界，殚精竭虑于此建立寺院弘扬佛法。只是如今佛祖如来的道场，其规模、香火竟不及三天竺观音道场，延寿乃决心扩大灵隐寺规模，完善规制，重塑金身，使灵隐寺成为佛祖于江南的第一道场，实现慧理和尚的遗愿。延寿大师精心筹划，刻意拓建，终使灵隐寺面貌大为改观，成为杭州府乃至吴越国第一大寺院，称之为"灵隐新寺"。

　　寺院落成，延寿大师邀请吴越国王钱俶、袁德昭、钱億及众大臣、德韶国师、赞宁大师以及杭州诸大寺院住持、高僧一同参观，恳请指点改进。

　　延寿大师引领一行人逆冷泉溪西行，首先于右手边立有"见山亭"，步进亭中歇息，迎面便是灵鹫峰，峰下诸洞历历在目，山上峭石嶙峋参错，仿佛已临仙境。左手边隔冷泉溪于灵鹫寺原址矗立着"灵鹫塔（理公塔）"，以此纪念开山祖师慧理和尚，灵鹫塔六面七级，高三丈余，白石砌成，各层皆刻有佛像。

　　继续西行，道边溪畔相继有"虚白""冷泉"等亭，灵鹫山上灵树奇花簇拥着"候仙亭""观风亭"，皆是文人雅士赏景吟咏之所。冷泉亭原在冷泉溪中，四面环水，地势低洼，视野不广，延寿大师将此亭移至冷泉之阳，使此处水面扩大成为冷泉池。冷泉亭位置提高后，游人可于亭中凭栏俯视池中游鱼嬉戏，又可览赏灵鹫山四时景色，聆听灵隐寺袅袅梵音，还可远眺北高峰，飞云塔，冷泉亭遂成为文人雅士荟萃之所。

　　此外，灵鹫山周边尚有晋代得道高人许迈所建"思真堂"，后汉"易学"高人陆纬所建"九师堂"，晋杜明禅师为会稽谢灵运建"梦谢亭"等。"九师堂"乃陆纬隐居之所，堂中祀有淮南王刘安及九师之图像，因此亦名曰"隐居堂"，而"梦谢亭"乃因杜明曾梦见贤人相访，翌日灵运至，遂建此亭，又名"客儿亭"。

　　冷泉亭对面便是灵隐新寺山门。灵隐寺初建之时，山门及院墙紧临冷泉溪畔的道路，香客有乘轿骑马者，如在山门前下轿落马，往往拥堵道路，因此多需于合涧桥前下马步行。为香客游人方便进寺，延寿大师将山门移至天王殿正门，使其成为空门，再于天王殿东、西两旁复建偏门，作为无相门、无作门，平时香客游人皆由两侧偏门进出，天王殿正门唯有重大佛事或帝王贵宾到来时才开门相迎。

　　进入天王殿正门，迎面就是弥勒坐佛，右腿屈蹬，左腿盘坐，右手扶膝，左手数珠，宽袖缁衣，坦胸露腹，两耳垂肩，秃顶肥颐，眉开眼笑，喜形于色，乃是布袋和尚形象，进殿即见这尊"哈拉菩萨"像，人们自然而然产生亲切感，与人间衙门形成鲜明对照。见过这尊欢喜佛再看两旁四大金刚，尽管他们身穿甲胄，手执神器，甚至面目狰狞，怒目而视，亦不再觉得有多瘆人。弥勒坐佛背后乃是护法神韦驮菩萨立像，金身金甲，双手合十，降魔杵横托于双腕之上，双眼正视大雄宝殿，目光炯炯有神，守护着佛界安宁。

　　北出天王殿乃是一片园林，中间步道磨砖砌地，宽阔平整，直接大雄宝殿。步道两侧植数株古香樟，浓荫蔽日，周边植有金桂、银桂、丹桂、红梅、腊梅、雪梅以及各色四季花树，道旁又有各色花草，四季开花，色彩斑斓。走过步道便是大雄宝殿月台，周边砌白石栏杆，中间摆烛台香炉，前面放置数口大型水缸，缸中栽植粉、白莲花，既可观赏又供防火。两侧矗立两座实心石塔，八面九级，形似木塔，塔基为须弥座，雕刻"九山八海"，底层塔身八面满刻《大佛顶陀罗尼经》，其上每层均由平座、塔身和塔檐三部分段雕凿后砌筑组成，每层的壸门两旁雕刻菩萨像，其余几面雕刻佛经或佛教故事，塔顶仍置石刻塔刹，塔总高约四丈余，越往上塔径逐级收缩。因有两石塔及数多荷花缸的衬托，使得大雄宝殿及白石月台的境界更显得庄严圣洁，至高无上。

走进大雄宝殿，迎面正中是一座硕大莲台，其上端坐着释迦牟尼金身，双眼微睁，俯视着大千世界，洞察世间万物，神情肃穆，双唇轻启，作"说法相"，双腿盘坐于莲台上，作"吉祥坐"，左手搭扶右足，右手屈指作"说法印"，佛陀正全神贯注向世人说法。释迦牟尼佛两侧大殿后壁前分塑四座莲台，其上分别是迦叶佛、阿难佛、药师佛、阿弥陀佛。相传佛陀涅槃后，迦叶继续领导徒众，成为初祖；迦叶涅槃后阿难继续领导徒众，称为二祖；药师佛是东方净琉璃世界教主；阿弥陀佛是西方极乐世界教主。大殿东、西两侧分坐着十二圆觉菩萨，东面首座是文殊菩萨，其后依次是普眼、贤首、光音、弥勒、净音；西面首座是普贤菩萨，其后依次是妙觉、善慧、善见、金刚藏、威音，姿态各异，形象生动。释迦牟尼佛背后是海岛观音，菩萨赤脚立于海岛之上，慈眉善目，和蔼可亲，头戴披巾，身着天衣，腰束罗裙，随风飘逸，左手持净瓶，右手执柳枝，将甘露洒向世间，解脱众生危难。观音菩萨两侧是善财童子和龙女，四周乃观音菩萨解救八难的塑像，形象栩栩如生，姿态活灵活现。

大雄宝殿后面是法堂与藏经楼。法堂之前月台甚是宽阔，地面铺砌地砖，当听法僧众太多法堂容纳不下时，可于月台上席地而坐，足可容纳千人。月台高出大雄宝殿后庭丈余，两边有石级登台，月台两侧亦置莲花大缸数口。法堂乃是高僧、禅师为僧众宣讲佛法或皈戒集会之场所，堂中靠后壁设讲经台，台上设法座，后壁置佛祖传道说法画像，法座前置有讲经案，台前摆设香案，堂中整齐布置听法席。法堂前边两角置有钟、鼓，用以号令僧众奏行佛事，后壁两角各设一楼梯。二楼乃藏经阁，收藏各种经文、典籍、图谱、法器，藏经阁专门辟有写经室，上位端供香案、佛像，两壁经橱条目明朗，窗明几净，幽兰芬芳，四宝齐列，既圣洁又高雅。

北出藏经楼再拾级登上月台，便是华严殿。大殿正中莲台上毗卢遮那佛作吉祥坐，左、右靠后壁分别是文殊、普贤二位菩萨。普贤菩萨右手执如意，左手扶膝，双腿结跏趺坐，端坐于莲台上，驾驭坐骑六齿白象，乃是普贤愿行广大、功德圆满的象征。文殊菩萨右手微抬作指点状，左手握经卷搁于左腿，双脚结跏趺坐，端坐于莲台上，驾驭坐骑金毛狮子，表示文殊菩萨智慧之威猛。

从天王殿、大雄宝殿到藏经楼，东、西两侧皆有偏殿、回廊相连：有金地藏菩萨殿、大势至菩萨殿、观世音菩萨殿、迦蓝菩萨殿等等。

穿过西侧回廊继续西行，走过一片园林花圃便是新建罗汉堂，平面呈田字形，内留有四个天井，外墙百尺见方，号曰"百尺弥勒阁"，堂内塑造五百尊罗汉像，乃是追随释迦牟尼听法布道的五百弟子。罗汉们个个身怀绝技，各显神通，他们有的心慈面善，有的面目狰狞，有的眉开眼笑，有的谆谆说教，有的高举利器，有的手持宝物，有的脚踏恶魔，有的身骑猛兽，塑造得形象逼真，活灵活现。罗汉堂往北，穿过一片树林便是十来栋新建僧舍，约有五百余间，足可住下二千余僧人。

由大雄宝殿向东穿过东侧回廊，又是一片园林花圃，园林之间建有斋堂、念佛堂、客堂、清水池等。

众人参观完毕来到客堂休息，延寿大师总结道："经过此番扩建翻新，灵隐新寺已经拥有九殿十八阁七十二堂舍，共有殿宇房舍一千三百余间，足可容纳三千僧众。"众人赞不绝口，皆以为灵隐新寺当属吴越国乃至整个江南地区数一数二之大寺。当下延寿大师即虚心请众人点评，以便改进。

德韶大师乃吴越僧统，众人请其先言，德韶道："这灵隐新寺立意创新，构思缜密。譬如弥勒佛，其塑像历来是正襟端坐，双脚着地，面色静穆，圣洁威严，顶蓄螺髻发，颇具佛陀品相，弥勒转世后以契此之身来到世间教化众生，从此契此和尚形象深入人心。如今延寿大师将转世弥勒形象塑成佛像供奉于天王殿正中，彻底改变了天王殿原来的肃杀恐怖氛围，拉近了佛门与信众的距离，强化了信众对佛门的信任，这一创举必将迅速为梵界所效仿。再如罗汉堂，如今尊崇五百罗汉之风虽然日渐盛行，但于寺院中专建规模如此宏大的五百罗汉堂，虽有传说却未曾亲见，至少于我吴越国乃是首创。通常大寺只塑十六罗汉，新近落成之净慈寺亦只有十八罗汉，五百尊罗汉塑像工程之浩繁绝非一般寺院所能实现，何况每尊罗汉从形貌、姿态到法器、神兽等皆各不相同，又无既有形象可以借鉴，所用神匠非经验丰富、阅历广泛者难以胜任，其塑造之费神费力可想而知，灵隐新寺罗汉堂的创建为今后大型寺院的构建模式树立了榜样。还有大雄宝殿月台两侧的石砌经塔和荷花大缸，为宏伟高大的殿宇增添了神圣、高洁的气氛。总之，灵隐新寺的建设可谓是匠心独具，构思精巧，规模宏大，气势辉煌，将成为吴越乃至东南地区的核心寺院。作为主要寺院，其职能一是供僧众奉佛诵经、研习佛法，二是供信众参佛进香，为信众广施法雨，然法雨不仅应广施于信众，尚须广施于所有生灵。因之不妨于东侧园林中修建一处放生池，以放生水中生灵，鸟雀亦可于园林中放生，池上可以修建曲桥水榭，如此既是放生又可观赏游览，一举两得。寺前灵鹫山冷泉亭左侧有呼猿洞，至今山上却并无猿猴，不妨将此山作为放生山，可以放生猿猴、鼠兔等小动物，如此既作放生又增加灵鹫山灵性，岂不两全其美！"众人纷纷点头，连称此主意甚妙。

延寿大师又恭请吴越国王点评，吴越国王道："大师的大胆创新精神颇令我等敬佩，除山门弥勒塑像、五百罗汉堂、大雄宝殿前庭布局等以外，大雄宝殿内的布局亦颇有新意。通常寺院佛陀两侧往往侍立迦叶尊者和阿难尊者像，或者还有文殊、普贤二菩萨作为胁侍，与佛陀同处一台。而本寺大殿中佛陀端坐中央莲台，迦叶、阿难、药师、阿弥陀佛分别于佛陀两侧后壁各自端坐于单独莲台上，更显得大气庄严、平等和谐，足显大寺院气派。殿堂两侧，通常寺院多供奉十六罗汉或十八罗汉，而本寺却供奉十二圆觉菩萨，各自端坐本位，把个大雄宝殿塑造成圆觉道场。大雄宝殿中因只有佛陀与菩萨，规格品级大为提高，殿中氛围更显得庄严肃穆，令参拜信众肃然起敬。罗汉们则同置于罗汉堂，他们神态各异，各显神通，气氛十分活跃，似乎与百姓更为亲近，更易互相交流。如此安排，寺院中各大殿堂之功能、氛围各具特色，大雄宝殿之神圣庄严与山门之宽容严肃并济，罗汉堂神通活跃，华严殿静谧祥和，藏经阁清幽雅致，其构思可谓是独具匠心。灵隐寺、印度寺之佛事真可谓'慧理开山，延寿中兴'，灵隐新寺开光之后，必将推动吴越国佛门之兴盛。若说建议，本王历来主张儒、佛、道三家互相交融，相辅相成合力教化民众，以使百姓安康，社会安定，最终实现国家富强之愿望，如今灵隐寺、三印度寺皆是佛门圣地，中间之灵鹫山、冷泉溪则主要是儒道胜境，如能互相渗透将会更加完美，比如取国师意见，于东侧园林中建放生池，修曲桥回廊，更于周边山林中建露台亭阁，必会吸引许多文人仙道前来，或吟诗作画，或切磋佛道，相辅相长。又如飞来峰既然被比作印度之灵鹫山，不妨于山岩之间多建些佛窟佛像。飞来峰之石质软硬适中，崖壁陡峭，洞穴遍布，正适于雕凿造像，一旦飞来峰造成众多佛像，则整个灵隐寺、印度寺地区必将成为儒、佛、道三家水乳交融、圣英荟萃之地，不知诸位大师意下如何？"

众人一致认为德韶大师与吴越国王的意见极好，按此意见完善之后，灵隐寺、印度寺地区不仅可以成为吴越国乃至整个华夏东南地区之佛教圣地，更是佛、儒、道三家相互交融之地。

德韶国师、延寿大师又恭请吴越国王为大雄宝殿题写匾额。吴越国王以宝殿乃佛门圣洁之地，理当请两位大师题额为由婉拒，两位大师又坚请，钱俶推却不过，遂提议匾额仍沿袭旧名，题写为"觉皇殿"，以应殿中"圆觉道场"之意，众人一致赞同。

正当延寿大师准备按众人意见完善灵隐新寺之时，不料慧日永明院（净慈寺）开山祖师道潜法师突然圆寂。道潜法师于永明院驻锡七年，大力倡导法眼宗风,有弟子五百,规模可观,吴越国王署道潜为"慈化定慧禅师"。因永明院僧徒众多,其佛事不可有一日废止,且与王城仅一山之隔,过西湖长桥后翻过万松岭即是王城北门,因之王城与永明院的联络比灵隐新寺方便许多,如今灵隐新寺的建设也已基本完成,吴越国王乃与德韶、赞宁二位僧统商议,延请延寿大师驻锡慧日永明院,从此延寿大师一直住持此寺,直至圆寂。

杭州灵隐新寺大兴土木增塑佛像之时,苏州亦进行着一项重要工程,即修建虎丘云岩寺塔(虎丘塔)。

苏州地处太湖之滨,平原一望无际,唯城西北之虎丘高十余丈,虽不甚雄伟,却足以登高远望,加之山岩裸露,怪石迭起,沟深豁幽,树高林密,鸟语啾啾,凉风习习,亦是个文人聚会、相邀赏月的好去处。又有吴王阖闾的墓葬、剑池,孙武练兵的校场、点将台,以及项羽起兵的江东子弟集结地,晋代和尚竺道生对石头讲经说法的"千人坐"等古迹,因之常引得众多文人墨客、官吏绅士来此游览怀古,吟诗作画。唐时苏州刺史白居易曾于此开河筑堤,引水环山,使虎丘山水相映,亭榭相望,为其景色更增添了几分韵味。为方便百姓游览,白刺史征调民工于阊门至虎丘间挖掘河渠,使游客可乘船直达虎丘山下。如今河道两岸商贾聚集,已成繁华之地。

虎丘山上有云岩寺,沿石级而上穿过数座殿堂,直至虎丘峰顶便是云岩寺塔所在。此处于隋代原建有舍利塔,高不过六七丈,后倾圮,唐大历年间(766—779)又建一塔,亦圮。如今之塔始建于显德六年(959),现已竣工,平面呈八角形,双筒砖砌,共七级,高十六七丈,为仿木结构楼阁式砖塔,由外壁、回廊和塔心三部分构成。塔体外形下宽上窄,两侧轮廓线呈弧形,体型优美,塔外不设飞檐翘角,每层上端用砖砌双重屋檐,简洁朴实。整塔规模宏大,结构精巧,四周有佛祖事迹浮雕,顶层设有天宫,密藏金涂塔、经箱等宝物。金涂塔宝幢中安放九颗彩色舍利,乃是迦叶如来佛骨,经箱内装《妙法莲花经》,乃是吴越国王钱俶命人从日本赎回后抄写出许多份,分藏一份于此,落款建隆二年(961)十二月十七日。箱中又有用彩色丝线刺绣而成的观音菩萨像一帧,色彩鲜艳,形象逼真,乃是苏绣早期作品,其他宝物不计其数。

登上塔顶放眼四野:西临太湖,烟波浩渺;北眺大江,波浪滔滔;东接平原,湖港河汊星罗棋布;南望原野,良田万顷稻浪飘香。苏州城中北有北寺塔,南有瑞光塔,与云岩寺塔成鼎立之势,于军事上三塔具有眺望功能,且可互相传递信息。

此外苏州城中北有辟疆园,南有沧浪园,城外南有宝带长桥,西郊有虎丘山云岩寺、灵山馆娃宫、枫桥铁岭关、寒山寺,再往西则有太湖旖旎风光。苏杭风光甲于东南,"上有天堂,下有苏杭"之说即始于这一时期。

再说南唐自从献出江北十四州，都城与大宋仅一江之隔，国主李景日夜担心宋军会突发奇兵攻打江宁，遂惶惶不可终日。建隆二年（961）二月，李景下令迁都南都洪州（江西南昌），但洪州离大江亦不过三四百里，惶恐之心终不能去，加上迁簸劳顿，至六月竟病故于南都长春殿，终年四十有六，谥号：元宗。

七月，李景第六子李从嘉继位于江宁，改名李煜。

李煜生于天福二年（937），受其父皇影响，自幼喜好琴棋书画，尤其擅长填词。十八岁娶大司马周宗女儿周娥皇为妻，如今继位国主，立娥皇为皇后。娥皇不仅容颜俊美，而且通史书，善音律，尤工琵琶，因之夫妻情投意合。李煜本是文弱书生，虽对前朝周帝夺去江北十四州国土，逼迫父皇取消国号、帝号充满怨恨，却没有勇气和魄力恢复旧国，只是百般迎合大宋，遵其为正统，自己甘为藩国。

泉州留从效如今已经年老体衰，听闻南唐主李景亲率文武大臣至洪州，疑心此举乃为袭击泉州，遂遣其子留绍基前往江宁纳贡，暗中探听虚实。八月，未待绍基返回泉州，从效突然病故，统军使陈洪进趁机领兵软禁从孝全族，并派人遣送至江宁，同时推立副使张汉思权知清源军事，然汉思亦老不任事。

宋帝之母杜太后乃定州安喜人，治家严谨而有法度，颇受宋帝及其诸弟之敬重。宋帝登基时，太后接受礼拜，脸色严峻而不悦，宋帝问其故，太后道："为国君难。置身于万民之上，若是治国有道，则君位可尊，一旦失道，则欲为平民百姓亦不能够，岂不可忧。"建隆二年六月，太后身染重病，宋帝每日殷勤侍候，亲为煎汤熬药。太后自知时日不多，乃召宋帝及赵普嘱托后事，问匡胤："汝何以得天下？"匡胤答："全仗父母恩德。"太后道："非也，尔得天下乃因周皇帝令幼儿继位致使人心不附，若周朝有一年长圣明之主，尔岂能称帝？尔与光义皆我亲生，汝死后当传位于汝弟光义，光义再传于光美，光美再传位于尔子德昭。四海至广，万机至众，尔身边能臣骁将云集，唯立年长而贤德者为君，方得保社稷国家之安宁。"匡胤叩拜母后谢道："定遵母后教诲。"太后又示意赵普作记以为遗命。赵普记毕，落款"臣普记"，将誓书收藏于金匮中，即后人所谓之"金匮之盟"。

数日后，太后驾崩于慈德殿，享年六十，葬于安陵，谥曰：昭宪。

七月，宋帝命皇弟光义为开封府尹、同平章事，赵廷美为山南西道节度使。开封府城即五代时之汴州城，乃梁、晋、汉、周四朝国都，至宋仍为国都。自五代至宋，凡皇族出任开封府之职，即预示继位之可能。

太后去世之后，宋帝再三反思太后遗训，深知传位择人之重要，而更重要的乃是军权。唐末以来，中国动荡分裂、政权频繁更迭的局面令人痛心疾首，其根源即在大权旁落，尤其是将帅手握重兵之危害。如今李筠、李重进叛乱已经扫除，该是考虑如何安置手握重兵的众将帅以铲除动乱之根源的时候了。

八月某日，宋帝召见赵普问道："天下自唐季以来，数十年间，帝王凡易十姓，兵戈不息，苍生涂地，其故何也？吾欲息天下之兵，为国家建长久之计，须以何道？"赵普答道："陛下问及此道，天地神人之福也。唐季以来争战不息、国家不安者，其故在节镇太重、君弱臣强而已矣。今欲治之，无其他奇巧，唯稍夺其权，制其钱谷，收其精兵，天下自安矣。"宋帝深知欲改变君弱臣强之势，首要者便是收缴兵权，今禁军将领多是昔日同生共死的"义社"兄弟，曾是自己"黄袍加身"的功臣，如何不伤感情地收缴兵权，避免争斗流血，着实令宋帝颇费心机。

这一日，宋帝传令召集几位最亲密的禁军高级将领入宫赴宴，有归德军节度使、侍卫马步军都指挥使石守信，忠武军节度使、殿前副都点检高怀德，武成军节度使、殿前都指挥使王审琦等人。君臣开怀畅饮，痛叙旧情，酒酣情浓之时，众将官兴高采烈，唯宋帝微微叹息，众将以为乃怀念太后之故，遂纷纷上前劝解，宋帝叹道："吾非尔曹之力不得至此，念尔曹之德无有穷尽。然为天子，亦大艰难，殊不若为节度使之乐，吾终又未尝敢安枕而卧也。"众将追问何故。宋帝道："是不难知矣。居此位者，谁不欲为之？"闻听宋帝之言，众将皆大惊失色，急忙叩拜于地，乱纷纷说道："陛下何出此言，今天命已定，谁敢复有异心？"宋帝道："不然，尔曹虽无异心，麾下之人有欲富贵者，一旦以黄袍加汝之身，汝虽欲不为，其可得乎？"众将惊恐，不知所措，唯有叩拜痛哭而已。半晌之后有人道："臣等愚钝，唯请陛下哀怜，指示一可生之途。"宋帝遂慰勉众将道："人生如白驹过隙，稍纵即逝，所谓好富贵者，不过欲多积金钱，厚自娱乐，使子孙无贫乏耳。尔曹何不解去兵权，出守大藩，多买些好田宅，为子孙立下永不可动之家业。多置歌儿舞女，日夜饮酒相欢，以终天年，朕再与汝等约为姻亲，君臣之间两无猜疑，从此上下相安，不亦善乎！"众人听罢，方才缓过一口气，连连拜谢道："陛下为臣等思虑得如此周详，真可谓生死骨肉也。"

次日，众将纷纷称病不朝，请辞军职，宋太祖随即恩准，并改授：石守信为天平军节度使，高怀德为归德军节度使，王审琦为忠武军节度使，张令铎为镇宁军节度使。从此诸位将领皆以散官（有衔而无权之官）就第，殿前副都点检之职一直空缺，且取消了侍卫马步军都指挥使之职，禁军统领权完全掌控于天子一人之手。

如今之大宋，政权稳定，藩镇归服，军政大权皆独揽于宋帝之手，下一步该考虑的便是如何一统天下了。

当时北方主要军事力量，宋国有兵十九万三千，以步兵为主，辽国有兵三十万，且以骑兵为主，于华北千里平原作战，显然宋军处于劣势。初时，宋帝欲先消灭北汉，再举兵南下兼并南方诸国，乃以此策征询宰相魏仁浦，仁浦答道："如此则欲速而不达。"又征询武胜军节度使张永德，亦答道："彼兵虽少却悍，加之以北虏为援，未可遽取也。故以间谍离间鞑虏之心，设兵以扰其稼事，待其困弊，乃可图耳。"

一日寒夜，宋帝私访赵普，道："（吾大宋）一榻之外皆他人家也，吾不能寐，故来见卿。"赵普道："今南征北战正其时也，愿闻成算所向。"宋帝道："吾欲收太原。"赵普寻思良久，说道："太原当西、北二边，即使一举而下，则辽之边患我独挡之，何不姑且留之，俟削平诸国，北汉弹丸之地，将何所逃？"宋帝听罢哈哈笑道："正合吾意。五代以来中原地区兵连祸结，国库空虚，必先攻取巴蜀，再取广南、江南，如此国库得以富裕。北汉与辽为邻，若先取北汉，则辽国之患由我独力担当，不如令其苟延残喘，作我屏障，待我财用富足后再攻取不迟。"

"先南后北"方针既定，从此宋帝密切关注江南诸小朝廷动向，以便寻机进兵。

第六十八回　吞荆湖宋帝始谋雄图　并巴蜀中原再灭割据

　　建隆三年（962）夏，吴越受台风侵袭，狂风暴雨接连数日不止，山洪暴发，数抱大树被连根拔起，东阳、信安、新定三郡数地被淹，一片汪洋，冲毁农舍无数，灾民无家可归，吴越国王派遣使者分赴各地赈恤。

　　八月，钱塘江口受季风影响海潮大发，怒潮冲激石塘，漫越坝顶，冲毁堤内田地，百姓受害匪浅。涌潮过后，江滩上竟留下一条大鱼，长达九丈六尺，全身无鳞，咀大而无鳃，十分奇特，引得众人围观。有人入宫禀告，吴越国王携身边几位大臣及数十名亲兵并赞宁大师等一同来到江边观看，只见大鱼困于沙滩动弹不得。赞宁大师告诉众人此乃普陀山鳌鱼，被海涛卷来此地，当尽快将其放归普陀，切不可伤害于它。然此鱼体型特别巨大，众人皆束手无策动他不得。吴越国王调来水兵战船，欲绳捆索绑将其拖回江中，却是纹丝不动。有人建议，唯有挖沟引水通入大江，方能由水沟将大鱼拖回江中，吴越国王遂命众将士立即挖沟，但是江滩沙软泥稀，欲要挖深数尺，却需挖宽数十尺，进展极慢。又有人建议在水沟两侧先打下木桩，桩外填以竹席、树枝、稻草等物，再行挖沟。赞宁大师亦领了几名和尚一起高声念诵"阿弥陀经"，愿阿弥陀佛保佑众人挖沟成功，尽快护送鳌鱼顺利返回普陀山。终于水沟挖成，大鱼被船拉人推送入江中，为避免大鱼游向上游，众水兵将其一直送至钱塘江口放归大海。大鱼倒也乖巧，似乎懂得人意，于拖送过程中并不挣扎反抗，否则将导致船翻人亡之祸。临别之时，大鱼几度回身向众水兵点头告别。

　　大潮过后捍海塘损失不大，唯龙山闸口被彻底冲毁，海沙大量涌入龙山河，淤塞了河道，导致过江船只无法通行。吴越国王召集诸臣工商议修复龙山闸、疏浚龙山河之事，赞宁大师首先言道："此番海潮狂发，其势凶猛，决非以往涌潮可比，以致东海鳌鱼竟被狂潮卷来杭州，实乃妖孽作祟，欲绝此患，可于江边山上建镇江塔，以镇妖孽，守护江面安宁。"丞相元德昭道："赞宁大师之意甚好。若将龙山闸口设于塔下，则此塔便成为龙山渡口之标志，往来船只于远处即可眺见，岂不方便船家，夜间于塔顶悬一明灯，更可为过往船只导航引路。"同中书门下平章事钱偆道："此意甚好。现龙山闸口往西不足二里紧挨江边即有一小石山，高约七八丈，磐石裸露，正可用于建塔。龙山河疏浚时再西挖里许，船闸亦稍偏向西,即可以避免受海潮正面冲击,如此闸口及船闸受海潮冲击或会减轻许多。"其余人亦多附和三人意见。吴越国王乃决定:"于江边建造镇江塔,塔址由赞宁大师实勘后确定;龙山闸乃杭州通往浙东、浙西、浙南之主要通道,宜尽快启用,镇江塔亦宜同时开光,故其规模无须求高求大,塔之形制规模由赞宁大师规划制定,建造工程亦由其一并督办;待镇江塔选址确定后再决定龙山河西延方案,疏浚、西延龙山河、闸口建闸等事皆由钱偬负责。"

诸事安排停当,各人领命而去。不说钱偬疏河建闸之事,单说赞宁大师如何建造镇江塔。

赞宁大师领了几名工役来到江边,登上小石山向四周眺望。只见小石山紧临江边,虽不算高,却是周围数里之内唯一山丘,山顶乃整块巨岩,敲去表层内里是坚硬岩石,正可作为现成塔基,山下周围是泥土疏松的堆积层,极易开挖河道,山丘南面正对宽阔大江,无任何遮挡,于此建塔,江上过往船只一目了然,果然是建镇江塔之绝好位置。由江上船只遥望小石山,其背景乃是绵延起伏的青山焦岩,若镇江塔以白色为主调,于背景的深色映衬下将会极其醒目,便于锁定目标,其他任何颜色皆不及白色耀眼。

欲于数月之内将镇江塔建造完成,采用可以登临的楼阁式塔确实无此可能,最快捷的办法就是采用灵隐新寺大雄宝殿前实心石塔的模式。但灵隐新寺石塔主体乃大雄宝殿,以此石塔不宜太高大,仅四余丈高,而江滨镇江塔却是本地主体建筑,其体量可以不受限制。赞宁经过精心筹划,绘成图样,征询各方意见,然后请石匠精心挑选石材,分段雕凿塔体,最后于小石山上架叠成塔,前后仅用七八个月时间。开光之前赞宁请德韶、延寿诸大师、吴越国王及主要大臣等前来先行视察。

众人出子城通越门,顺着龙山河款款西行,走不多远便见西边远处矗立着一座白塔,犹如托塔天王手中之宝塔,于阳光照耀下熠熠生辉,煞是耀眼,又似韦驮菩萨的降魔杵拔地而起,威镇四方,令信众心中无比崇敬,感念太平,亦令四方妖孽不寒而栗,望而生畏。

在赞宁大师引导下,众人拾级登上小石山,只见山上正中岩基上石塔挺立,全身由白石雕刻砌筑而成,全塔八角九级,仿木楼阁式结构,高约六丈有余,体形逐级向上收缩,塔身挺拔稳定,塔刹直刺青天。最下为塔基,雕刻有山峰、海浪,象征"九山八海",塔基上立须弥座,束腰处刻有"陀罗尼经",其上即为塔身,共九级,每级塔体外面浮雕佛像、菩萨或经变故事,形象生动感人。这一石塔当属国中最精美、最典型的仿木结构石塔,众人绕塔观赏,皆赞不绝口。

龙山河于小石山下擦边而过,斜向西南里许汇入钱塘江,河上已建成江闸,闸门可以随时启闭,落潮时江面水位低于闸内丈余,满潮时江面水位稍高于闸内。东边约数里远处尚有第二道闸,闸门前后水位相差两三尺,如此大多时间船只皆可通过船闸往来于钱塘江与杭州内河之间。

石塔边建有数间营房,供守闸将士居住把守,以确保船闸航运安全,并负责夜间点灯悬于塔上,为夜航船只标示渡口方位。

众人视察完毕皆十分满意,只愿镇江塔开光后能降伏妖孽,从此保得沿江百姓不再遭受海潮侵害。

建隆三年(962)九月,武平节度使(原楚国)周行逢病危,弥留之际召心腹大臣嘱咐道:"与我同时起兵者,今唯张文表一人,吾死后张文表必反,当以杨师璠伐之,急迫时可自归朝廷(宋)。"周行逢死后,由其子周保权即位,保权时年仅十一岁。

十月,盘踞于衡州(湖南衡阳)的张文表闻听周行逢已逝,当即命士卒穿素衣孝服赶赴朗州(今常德)奔丧,途中趁机夺取了潭州,继而又欲进取朗州。保权依父帅遗命令杨师璠领兵抵敌,又派人至宋廷求援。

南平据有荆(湖北江陵)、归(湖北秭归)、峡(湖北宜昌)三州之地,有甲兵三万,乃是诸藩中最弱小者。建隆元年(960),高宝融去世,其弟高宝勖继位,宋帝赐封高宝勖为南平节度使。宝勖荒淫无道,大兴亭台楼阁,以致民怨鼎沸,谁知即位仅两年竟一命呜呼。建隆三年(962)十一月,宝融之子高继冲继位。

宋帝接到武平周保权告急文书大喜,道:"此乃夺取南平及武平之极好良机,真乃天赐也。"立即召集宰相范质等议定进军计策。

建隆四年(963)正月初六,宋帝遣西上阁门副使武怀节至杭州,赐吴越国王马、骆驼、羊等物,告知衡州张文表发兵袭击朗州,周保权请求大宋发兵支援之事,又道泉州张汉思只知奉唐而不知禀宋,命吴越国王责之。吴越国王受诏后立即遣使至泉州斥责汉思,泉州统军使陈洪进趁机驱逐汉思,自称留后,并归命于吴越,向大宋请命,吴越国王遂奏请宋帝以洪进为平海军节度使、检校太傅。向吴越遣使的同时,宋帝于当日亦遣使赐南唐马、骆驼、羊等物,同样告以衡州兵袭击朗州,大宋拟发兵救援之事,并告谕南唐瑾守边防,无须惊慌。

正月初七,宋帝诏命山南东道节度使慕容延钊为湖南道行营都部署,枢密副使李处耘为都监,调集安(湖北安陆)、复(湖北天门)等十州兵马会师襄州(湖北襄阳),南下援助武平,共同讨伐张文表。

二十一日,宋帝诏告南平,宋军拟借道南平征讨潭州,并请南平派出水军三千相助。

南平国主高继冲接诏,命叔父高保寅备下酒肉前往荆门犒劳宋军。二月九日,慕容延钊大摆宴席为高保寅接风洗尘,李处耘却暗中亲率数千轻骑驰往江陵。高继冲惊闻宋军已至,忙命将士整备防务,自己带亲兵策马出城十五里相迎。李处耘称慕容延钊大军随后即至,命南平国主等候于此,自己领众将士进入江陵城。待高继冲随慕容延钊回至江陵,全城已被宋军掌控,高继冲无奈只得向宋军奉表归降,献出所属三州十七县之地,人口十四万三千余口。

二月十日,宋军征调南平精兵万余人,与宋军合兵一处,昼夜兼程向朗州进发。此时武平大将杨师璠已击败张文表,周保权遂欲拒绝宋军入境,急忙召集众臣僚商议对策。观察判官李观象道:“张文表已败,而宋军仍急速南下,摆明意欲占据我湖南。如今南平已降,朗州势难独力抗争,不若附首称臣,或可保富贵。”指挥使张从富等武将竭力反对,周保权遂决定抗宋,命张从富积极备战,严阵以待。

慕容延钊兵分两路,一面命水师东指岳州(岳阳),一面派马步兵取道澧州(澧县)。武怀节率水师由江陵顺江而下,于三江口一举击败武平军,获战舰七百余艘,破敌四千余人,乘胜夺取岳州城。三月,李处耘前锋兵至澧州城南,武平军望风而逃,宋军拔取敖山寨后将所俘少壮湘军脸上刺字涂矾后放归朗州,武平士兵见状不寒而栗,遂纵火焚烧朗州城,将府库商铺洗劫一空后丢弃空城逃散。十日,慕容延钊领宋兵入城,张从富逃至西山被宋军擒杀,周保权在大将汪端保护下躲入一寺庙中,亦被宋军生擒。

至此,武平政权覆灭,湖南纳入大宋版图,共得十四州一监六十六县,户九万七千四百,人口约六十万。

宋军班师,荆帅高继冲、谭帅周保权随入京师。

此番宋军挥师南下首战告捷,使大宋势力楔入江南,荆、湖地区南通岭南,东临建康,西迫巴蜀,北连朝廷,得此长江中游战略要隘,从此大宋西可攻蜀,东可制唐,南通南汉,为以后入川灭蜀、东下取唐、南攻南汉奠定了基础。

南平、武平归宋不久,宋帝于荆、湖各地设置直隶州,或以原任州官继任,或由朝廷派官权知州事,再于州府中设置通判,由朝廷派刑部郎中等人赴任。通判身负特殊使命,有权直接向皇上奏报,以此得以监察控制州官,避免知州或知府滥用职权,结党营私。从此凡新收各州皆设置通判,数年之后逐渐推行于全国,诸州上报或下发表章、通告皆须通判与知州共同签发,否则不予发送。

十月,文武百官纷纷上表,奏请宋帝接受尊号,宋帝不允。众臣又联名上奏,宋帝仍坚辞不受。文武大臣三次上表,宋帝乃答应众臣请求。

十一月,宋帝南郊祭祀天地,大赦天下,改年号为乾德,文武百官奉玉册进今上尊号:应天广运仁圣文武至德皇帝。

南唐国主李煜命人向宋帝进贡贺礼，银、绢数以万计，恭贺宋帝南郊祭祀并上尊号。

吴越国王命侄钱昱奉礼入贡，金银、珠器、犀角、象牙、香药等价以万计。

宋帝遣引进使丁德裕送钱昱归杭，并传宋帝谕：仍加吴越国王食邑一千户，实封四百户。改赐：承家保国、宣德守道、忠贞恭顺功臣。又加：邕州建武军节度使、王世子惟濬为检校太尉。以钱昱为德化军节度使、本路安抚使兼知台州。

乾德二年（964）春正月初一，杭州雷电震天，大雨泼地，二月初一日全蚀，白天如同黑夜，皆天下少见之事。有占卜者上言道："如此异象，皆因大王未登正位所致。今天宠堂早已重建完成，大王宜早日复位，以应天意。"众大臣亦以为此议既合天意，亦顺民心，宜早日复位于天宠堂。见众人意见一致，吴越国王遂依众人之意将朝廷迁回天宠堂。

三月，宋帝下制授吴越国王：起复天下都元帅，加食邑一千户，实封四百户。

四月，杭州城南之宝塔寺重建完成，吴越国王命铸武肃王、文穆王、忠献王铜像供于寺中。

大宋立国之初多留用后周朝臣。至乾德二年（964）正月，宰相范质、王溥、魏仁浦等人多次上表请辞宰相之职，宋帝恩准。两天后，以枢密使赵普为门下侍郎、同中书门下平章事、集贤院大学士；以宣徽北院使李崇矩为检校太尉，充枢密使；皇弟赵光义仍主管开封府，同平章事。

赵普为人聪明机智，善察人品，明辨大势，又善于把握时机，于陈桥兵变、翦灭李筠、李重进叛乱、杯酒释兵权、先南后北统一全国等重大决策上皆起了重要作用。然赵普出身小吏，名望低微，大宋立国之初，宋帝迫于形势留用了大量后周旧臣，因之赵普虽受宋帝依重却并未登上相位，如今旧臣已去，赵普得以独掌相权，倒也忠心体国，置个人安危于不顾，忠心耿耿。

宋帝曾问赵普国家长久之计，赵普认为唐末以来动乱不止、生灵涂炭之根由就在于方镇权力太重，君弱臣强，欲纠治乱世，唯削夺其权、制其钱谷、收其精兵三条。宋帝采纳了赵普的建议，着力强化中央集权。乾德元年（963），大宋实施由朝廷直接任命京朝官员知县事，这些县官皆系朝廷命官，足可与节度使分庭抗礼，以削弱军镇势力；平定南平、武平之后，兼领数州的节度使所辖州郡（称支郡）直接隶属京师，杜绝形成新的方镇，以分化方镇之权，又于州郡知州之外另设通判，与知州共理州事，以限制知州权力；赵普拜相后即开始大规模收夺方镇财权，太祖下令各州赋税除地方支用外，钱帛全部输入京师，不得留占，取消"留使""留州"特权，既增强了中央财力，又削弱了州府处置财务之权。

位于西南面的蜀国拥有两川、汉中之地，共四十五州，都城成都，因晋、汉之时中原多事，蜀地得以据险一方，境内少有战事。常年的和平使得蜀国经济昌盛，财物富裕。蜀主孟昶崇尚文艺，君臣皆以奢侈为乐，以此政治平平，军事衰落，如今得知大宋一举兼并荆南、湖南二地，朝廷上下皆惊恐万状，不知所措。

宰相李昊主张议和，言道："臣观宋自立国以来，雄心勃勃，志在统一天下，不如及早向中原称臣纳贡，以保蜀中安宁，百姓免遭涂炭。"枢密使王昭远等人则主张抗宋。孟昶知道，一旦降宋，别人或可继续享有高官厚禄，唯自己必然失却帝王之位，甚至落到凄凉境地，遂命王昭远备战抗宋。

王昭远派兵坚守三峡，并于涪（涪陵）、泸（泸州）、戎（宜宾）等州招募棹手扩充水师，准备应战，又建议派人秘密联络北汉，与蜀军两面夹击宋军，夺取关右地区。

乾德二年（964）十月，孟昶遣枢密院孙遇、兴州军校赵彦韬为特使，赍蜡丸帛书潜往北汉联络，不料赵彦韬叛变，途经开封时将蜡丸帛书献于宋帝。宋帝正欲寻机伐蜀，得此蜡丸大喜笑道："有此蜡丸，吾之伐蜀师出有名矣！"

宋帝将伐蜀之事知会南唐与吴越，一旦需要，请两国出兵相助。吴越国王命亲从都指挥使、行军司马孙承祐等率师待命。

十一月初二，宋帝兵分两路大举伐蜀：北路军以忠武军节度使王全斌、武信军节度使崔彦进为西川行营凤州路正、副都部署，枢密副使王仁赡为都监，率步骑兵三万出凤州，顺嘉陵江南下；东路军以宁江军节度使、侍卫马步都指挥使刘光义为归州路副都部署，内省使、枢密承旨曹彬为都监，率步骑兵二万出归州沿大江西进。两路大军进川夹击，相约会师于成都，又以给事中沈义伦为随军转运使，均州刺史曹翰为西南面转运使，负责伐蜀大军后勤保障。

宋帝早在新得荆、湖之初即将目光转向巴蜀，大量搜集蜀中情报。十一月初三，王全斌、刘光义等人辞行，宋帝设宴为诸将壮行，席间手指地图向刘光义面授机宜道："蜀军于夔州（奉节东）江上设有铁链，横锁大江，夹江配有石砲轰击过往船只，切不可以水师先与之战，宜趁其无备驱步骑由陆路袭取两岸敌军营寨，待撤去铁链后方可发战舰西进。"

十一月三十日，蜀主孟昶命枢密使王昭远为北面行营都统，左、右卫圣马步军都指挥使赵崇韬为都监，率兵三万扼守广元、剑门要隘；山南节度使韩保正、洋州节度使李进为正、副招讨使，率领数万兵马屯驻兴元（汉中），两军互为犄角，以扼制宋军南下。

十二月，王全斌率领大宋北路军连克乾渠渡、万仞及燕子寨等，攻破兴州（陕西略阳），击溃蜀军七千余人，获军粮四十余万斛，兴州刺史蓝思绾退保西县（陕西勉县西）。西县乃入川之咽喉，蜀将韩保正闻知兴州已失，亦放弃兴元移师西县,派数万兵卒于城外依山结营,欲合力固守西县城。宋军先锋史延德领兵先行击败城外蜀兵,随即一举攻破西县城,生擒韩保正、李进,获粮三十万斛。宋军主力乘胜追击,直至嘉川(广元东北),杀得蜀兵尸横遍野,血流成河。蜀军残兵不得已烧毁栈道,退保葭萌(剑阁东)。

刘光义率领宋军东路水军亦步步逼进,十二月下旬攻入巫峡,击破松木、三会、巫山诸寨,歼灭蜀军五千余人,生擒战棹都指挥使袁德弘等千二百余人,缴获战舰二百余艘。接着溯江而进,直逼夔州镇江铁链,依宋帝所嘱弃舟登岸,待夺取大江锁链后再以战舰进逼至夔州城下。夔州守将宁江节度使(治夔州)高彦俦主张坚守城池,等待宋军师老兵疲再伺机破敌,监军武守谦却主张趁宋军立足未稳,迅速出击。十二月二十六日,武守谦不顾劝告,独自率领部下数千人出城迎战,被宋军击败逃回城中,宋军马军都指挥使张廷翰紧随其后突入城中,夔州守兵溃散。高彦俦虽奋力拼杀,怎奈寡不敌众,身负重伤逃回军府,眼见城破,遂将军府印信交予节度判官罗济后登楼自焚而亡。攻破夔州,由江入蜀即大门洞开,宋军逆江而上,万(万县)、开(开县)、忠(忠县)、遂(遂宁)等州纷纷献城投降。

北路军因栈道被焚毁而前进不得,王全斌遂率主力绕道嘉川(广元)东南的罗川小道迂回南进,另派一部修复栈道,夺取小漫天寨,然后两路军会合于大、小漫天寨之间的嘉陵江畔。蜀将王昭远、赵崇韬收拾残兵退保大漫天寨,率兵依江列阵。宋军夺得桥梁,分三路夹击,连克大漫天寨及周边诸寨,生擒义州刺史王审超、监军赵崇渥及三泉监军刘延祚,又三败蜀军主帅王昭远,直逼利州(广元)。王昭远只好弃城而逃,退保剑门(剑阁东北)。十二月三十日,宋军进据利州,获军粮八十万斛。

为瓦解蜀军抗宋意志,鼓舞宋军士气,宋帝命西川行营广发露布:凡蜀中官僚将士逃匿于民间者,一月之内自首赦免其罪;蜀中将士亡于军阵者,由大宋官府殓葬,勿使尸骸暴露荒野;因战事伤残之宋军将士由朝廷颁发缯帛以示抚恤。时值严冬,天降大雪,宋帝身穿貂裘于讲武殿视朝,对众大臣道:"朕身穿貂裘尚觉寒峭,西征将士何以御寒!"当即脱下裘皮衣冠,遣使火速赴川赐予王全斌,并转告全军将士今上关爱之情。消息迅速在宋、蜀两军中传播,宋军军情振奋,蜀军士气低衰。

孟昶闻知蜀军一败再败,急匆匆以重金招募三万士卒,由太子玄喆统领赶往剑门增援。玄喆不通战事,不谙军情,一路之上妻妾相伴,伶人嬉戏,游山玩水,不问战事。

剑门关险峻难攻,王全斌与部下将士商议对策,有人建议:攀越山间岩隙小道可直达剑门南二十里之青疆店,如此即可绕过剑门。部将康延泽道:"小道狭窄难登,大军势难通过,主帅不宜亲往,只宜派一偏将领少数先锋兵卒前往。如今蜀军屡战屡败,士气颓丧,待先锋军绕越剑门后,我大军可急攻剑门,如此剑门受我军南、北夹击,守城兵将必将自溃。"王全斌采纳此计,分派诸将依计而行。

王昭远得报青疆店发现宋军,大惊失色,匆忙领兵退守汉源坡(剑阁东北三十里),剑门关仅留少量兵将把守,被王全斌一举攻破。宋军合并一处,将蜀兵围困于汉源坡,赵崇韬布阵迎战。岂料蜀兵斗志已衰,一触即溃,万余兵马被歼,赵崇韬被擒,王昭远正欲逃跑,亦被生擒,剑州乃破。

前来增援的太子孟玄喆此时才到绵州(绵阳东),听说剑门已破,遂仓皇逃回成都。

蜀主孟昶见太子玄喆狼狈逃回,得知剑门天险已失,顿时魂飞魄散,忙召集群臣商议对策。老将石奉颁道:"宋军远道而来,难以持久,可聚兵坚守城池,待宋军师老兵疲自然退兵。"孟昶叹道:"我父子以锦衣玉食养兵四十年,岂料一旦用时竟不能为我多放一箭,今欲坚壁自守,还有谁肯效命!"

乾德三年(965)元月初,北路宋军已兵临成都城下,东路宋军亦逼近成都。元月七日,孟昶接受宰相李昊建议,由其草拟降表遣使送至宋营,王全斌随即率兵入城。十三日,王全斌于魏城(绵阳东北)举行受降仪式,亡国之君孟昶蜕下龙袍,绑缚双手,负荆向宋军请罪,王全斌受朝廷之命为其松绑,赦其罪过。

孟昶携全家老幼以及蜀国百官登船,顺江东下徙往开封,宋帝于伐蜀之前即命工役于开封右掖门南汴水之畔建造宅第五百余间,以备灭蜀后蜀主居住。

自宋军出兵至孟昶投降,前后仅六十六天,共得后蜀四十六州,二百四十县,五十三万四千零二十九户,由蜀中所得财物分水、陆两路运回开封,经数年方得运完,大大增强了大宋的经济实力。

宋军征蜀之前,宋帝因"蜀道难,难于上青天",而且蜀中境内常年无战事,百姓富裕,以此蜀主尚有一定威信,料想此次征蜀必会有许多恶战,乃于出征前亲自设宴鼓励众将士奋勇杀敌,一鼓作气夺取蜀国。席间告谕诸将"灭蜀后须将武器、粮草、土地皆纳入国库",却未强调不得扰民,严守军纪。灭蜀后,宋帝遣使犒赏入蜀官兵,东路军与北路军所得赏赐大体相当,北路军将士无论所遇艰辛、所得战功皆高于东路军,因此颇为不平,遂纷纷抢劫里民,盗窃国库。王全斌等不仅未加制止,甚至逼迫降官贿赂将帅,以致引发各地叛乱,甚至有少数入蜀宋军倒戈后协同叛乱,一时间蜀中局势混乱不堪。消息传入京都,宋帝十分恼怒,严令入蜀将士平定叛乱。

再说孟昶赴京前曾向王全斌请求:一是侍奉七旬老母同行,入京后仍由孟昶亲自奉养;二是请妥善保护先人陵寝;三是入京后待遇有如三国时蜀后主刘禅、南北朝时陈后主叔宝，赐予封号。孟昶又命其弟先行赴京向宋帝奉表求哀，二月十九日抵京，宋帝亲允孟昶请求："朕不食言，尔无过虑。"

乾德三年（965）五月十五日，孟昶一行二百多口抵达开封南郊，开封尹赵光义赴郊外迎接。十六日，孟昶带领丞相、两个儿子等三十三人跪于殿外，向宋帝请罪。宋帝命休假三日，二十二日于大明殿设宴为孟昶压惊接风。诏奉孟昶开府仪同三司、从一品、检校太师、中书令、秦国公，一时风光至盛。

孟昶于蜀称帝三十余年，发展生产，倡导文化，于蜀地颇有人望，赴京时成都万民夹道送行，乃是蜀地之精神领袖。如今蜀地叛乱频发，宋帝乃欲以优厚待遇令孟昶诚心臣服，并出面晓谕蜀地百姓归顺大宋，孟昶却以亡国之君无颜面对故国百姓为由婉言拒绝。蜀地叛乱越演越烈，由上官进、全师进率领的蜀兵和百姓联合反宋，竟提出"复蜀兴国"口号。宋帝思虑再三，决定令孟昶这一精神领袖永远消失，以瓦解叛军。六月十一日夜，孟昶无疾而终，享年四十有七，自抵京至突然离世竟不足一月。

孟昶突然弃世，"花蕊夫人"伤心欲绝。夫人才貌双全，举世皆名，孟昶曾有诗《避暑摩诃池上作》赞夫人道：

冰肌玉骨清无汗，水殿风来暗香满。绣帘一点月窥人，倚枕钗横云鬓乱。

起来琼户启无声，时见疏星渡河汉。屈指西风几时来，只恐流年暗中换。

"花蕊夫人"姓徐，青州人，自幼能文，尤其长于宫词，于文人中颇有声名，长成后得幸于蜀主，因其年轻貌美，遂赐号"花蕊"。孟昶既死，宋帝惮于夫人于文人中的影响，恐其将孟昶死因公诸于世，而此时尚有南唐、南汉、吴越、泉州、北汉诸国尚未纳入大宋版图，一旦自己背上鸩杀孟昶恶名，谁还敢归附中国？因之迅速将"花蕊夫人"接至宫中纳为皇妃，宁可顶个好色丑闻也绝不能背上鸩杀降王之名。"花蕊夫人"入宫后自然与世隔绝，再不能对宋帝形成毁誉威胁。

夫人入宫之后，宋帝曾命作诗，夫人乃作《述亡国诗》曰：

君王城上竖降旗，妾在深宫那得知。十四万人齐解甲，更无一个是男儿。

字里行间渗满亡国之痛，隐恨蜀主之无能，亦反映了宋国之霸道强悍。宋帝听了哈哈大笑，声震殿宇，笑得"花蕊夫人"心中发毛，阵阵作痛。

宋帝亦将孟昶母亲李氏接入宫中奉养。孟昶母亲乃唐庄宗李存勖侍女，因孟昶之父孟知祥颇得庄宗器重，乃将身边钟爱侍女嫁与知祥为妻。李氏为人精明善辩，入京后宋帝优礼相待，诏书称之为"国母"。宋帝召见时曾允诺道："国母善自爱，无戚戚思蜀，他日当送母归。"李氏道："妾家本太原，倘得归老故乡，不胜大愿。"宋帝喜道："待平北汉，当如母愿。"如今孟昶突然逝去，李氏竟无泪，以酒洒地告道："汝（孟昶）未能死于社稷，却苟生以致蒙羞。吾所以忍死者，因有汝在也。今汝已死，吾今生之何为！"因之绝食而死。

孟昶二子业已分封外地，因之孟昶之死再无人深究其因，外人更不得知。

孟昶既死，蜀地反叛势力失却精神支撑，遂陷入群龙无首状态，叛军气焰渐衰。

乾德四年（966）春正月，宋帝派遣使臣分赴江陵、凤翔，分赐前蜀国官员钱帛，又命丁德裕等人领兵巡抚西川，安抚百姓。

十二月，蜀中叛军彻底扫清，平蜀宋军奉诏回京。

北路军都监王仁赡自知北路军入蜀后军纪涣散，多有抢劫财物、伤杀百姓诸等不法行为，自己身为监军罪责难逃，乃抢先向宋帝禀告诸将不法之事，以求从轻处理。待王仁赡说完，宋帝问道："听说还有人向降官索要数百万钱，四名侍女，可有此事？"王仁赡惶恐跪倒在地："正是犯官。"宋帝乃道："蜀地山高，皇帝耳聪。"

宋帝将王全斌、崔彦进、王仁赡等征蜀北路军将领交由中书门下省定罪，众臣议定将诸将以虏夺蜀地子女、玉帛，擅开蜀地国库中饱私囊，收纳贿赂隐瞒财货，克扣军饷，屠杀降军兵将等罪依法处死。宋帝经再三斟酌，认为首先，虽然王全斌等横行不法，酿成蜀乱，但毕竟亲自将叛乱平息；其次这些人过去并无劣迹；最主要的是当今还有南汉、北汉、南唐、吴越等国尚未归入大宋版图，尚需鼓励众将士建功立业，以此对诸将过失不宜处之过严过急。宋帝下诏：贬王全斌为湖北随州崇义军留后；崔彦进为陕西安康昭化军留后；免去王仁赡枢密副使，降为右卫大将军。诏命：伐蜀将校有收受蜀人钱物者，一律退还原主。又下旨将二十七名参与叛乱的宋将押入京都，审理后斩首示众。

与北路军同时入蜀的东路军，由于以曹彬为监军，纪律严明，一路秋毫无犯。曹彬乃周太祖郭威贵妃的外甥，一向为人谦虚谨慎，清正廉洁，即使郭威为帝时也从不曾飞扬跋扈，宋帝当年与其同殿为官时曾相邀宴饮，曹彬因避与外臣交结之嫌而婉言拒绝。平蜀后，宋帝对东路军将领颇为赞赏，升曹彬为宣徽南院使，领义成节度使，曹彬辞道："诸将俱获罪，臣独受赏，于心不安。"宋帝又赏赐东路军副都部署刘光义、转运使沈义伦等人，曹彬乃受之。

由于蜀中叛乱牵扯了大宋兵力，以此这一时期宋帝未曾向南方诸国大规模用兵。

第六十九回　助统一吴越愿奉明主　祐族人钱王拟立宗祠

宋帝心存统一天下之宏志，自从制定先南后北征伐策略以来，连灭南平、武平、西蜀三国，加之朝廷一系列的改革措施，使得国力大大增强。面对迅速崛起的中原大国，南方所余诸国反应各不相同。

首先来看南唐。

国主李煜，字重光，初名从嘉，号钟隐，生于天福二年（937），适逢其祖李昇受禅立国。李煜为人仁孝，工于书画，善属诗文，又通音律，长于歌舞，乃一文艺才子，生得丰额重齿，有一目竟有双瞳子，众人皆以为乃圣人之相。父王李璟迁都南都时（961）立其为太子，留于江宁监国。李璟亡故，李煜遂嗣位于江宁，立妃周氏娥皇为国后，封弟从善为韩王，从益为郑王，从谦为宜春王，从度为昭平郡公，从信为文阳郡公。

李煜为太子时曾亲眼目睹南唐十数万大军被周军三次南征打得落花流水，父王无奈只得尽献江北十四州之地向周求和，并自去帝号，贬称江南国主，后为避中原淮南军之锋芒迁国都于洪州，可谓国耻深重！继位之后，李煜也曾稍树雄心，命洪州节度使、大都督、南都留守林仁肇每年秘密招募五千精兵，并于星子湖每年训练五千水军，又于南都设养马场，调集母马繁殖战马，拟于四年之内繁育三千匹战马。南都较之江宁偏僻许多，不易引起中原注意，于军事上，南都地处江宁上游，与江宁互为犄角，一旦中原攻击江宁，即可顺江而下前往驰援。如此十数年之后，南都将拥兵十数万，或可与江宁之兵同时渡江北上，收复江淮之地，以血国耻。

初登基时，李煜对百姓的生产、生活亦多曾关注，对民间疾苦寄予同情，从其早期诗词作品中可见一斑，有词《渔父（一名渔歌子）》：

浪花有意千里雪，桃花无言一队春。一壶酒，一竿身，快活如侬有几人。

一棹春风一叶舟，一纶茧缕一轻钩。花满渚，酒满瓯，万顷波中得自由。

《捣练子（一名深院月）》：

深院静，小庭空，断续寒砧断续风。无奈夜长人不寐，数声和月到帘栊。

云鬓乱，晚妆残，带恨眉儿远岫攒。斜托香腮春笋懒，为谁和泪倚阑干。

一段时间以来，大宋皇帝忙于征讨南平、武平，无暇东顾，因此南唐虽然丢失了江北十四州之地，却保住了江南的太平安宁，从而生产发展，国泰民安。如今大宋吞并了三国，国土面积大增，又攫取了无数财物，收编了许多兵马，国力急剧增强，今日之大宋远非往昔中原国家可比，因之李煜继位之初曾经有过的一丝雄心渐被打消，悄悄强兵富国的梦想亦彻底幻灭，从此死心塌地听命于宋，取悦于宋，唯求保持江南平安。

李煜将国政大事交付宰相及诸大臣处理，除有紧急军情国事外一律不予奏闻，自己终日与王后娥皇作词吟诵，复活旧谱，创作新音，命歌舞伎弹唱舞蹈，更与舞妓窅娘创作了金莲舞。所谓金莲舞，乃以大木雕成大莲花一朵，置于舞庭中央，旁侧置两朵稍小莲花，皆髹金漆粉，小莲装有小轮，可以任意移动，窅娘身穿紧身舞衣于大莲上翩翩起舞，彩带凌空飞扬，犹如嫦娥舞动彩虹，双足裹成尖角，穿上粉红绣鞋，不时高抬秀腿，犹如出水莲蕊凌空摇曳。两朵小莲上亦有舞妓与之伴舞，莲台之下有众多舞妓手持荷叶翩翩起舞，一阵轻风吹过，荷叶飘忽翻侧，莲花摇曳转腾，三座莲台时合时分，变化多端，气氛热烈，一时间赞誉金莲舞之声传遍九州。

这一时期李煜逃避现实，完全沉湎于风花雪月之中，对于这样一位文艺才子来说倒也不失为一段快乐时光，许多诗词反映了他当时的心情，如《玉楼春》：

晓妆初了明肌雪，春殿嫔娥鱼贯列。凤箫吹断水云间，重按霓裳歌遍彻。

临春谁更飘香屑？醉拍阑干情味切。归时休放烛光红，待踏马蹄清夜月。

《浣溪沙》：

红日已高三丈透，金炉次第添香兽。红锦地衣随步皱。

佳人舞点金钗溜，酒恶时拈花蕊嗅。别殿遥闻箫鼓奏。

由于李煜酷爱并擅长填词，对江南影响颇大，又大兴书画歌舞之风，可以说是李煜振兴了南唐文化。

再说南汉。

先是乾化元年（911）刘隐封为南汉王，其时天下已乱，中原朝士多避乱于岭南，加上唐时名臣谪死岭南，其子孙皆客居于此，许多名臣贤士遂为刘隐所用。

刘隐去世，其弟刘龑立，袭封南海王。贞明三年（917）刘龑称帝，国号大越，改元乾亨，后改国号为汉。刘龑生性聪悟而苛酷，每见杀人即不胜欢喜，又好奢侈，建有玉堂珠殿以储藏所搜刮之南海珍宝。

刘龑死，其子刘玢嗣位，改元光天。殡丧期间即召集伶人饮酒作乐，以裸男女相戏，或穿黑缞与娼女夜行，不问政事，由是盗贼竞起，妖人张遇贤攻陷州县，岭东皆乱。诸弟皆恶其行，其弟洪熙乃秘密训练勇士练习摔跤，趁刘玢设宴长春宫时进宫献技，刺杀刘玢及其左右。刘玢死时年二十四，在位两年。

刘玢既死，洪熙自立称帝，改元应乾，改名晟。刘晟担心众心不伏，乃立下严刑峻法以压制众人，又忌惮诸弟谋位，遂设法先后诛杀洪杲、洪昌、洪泽、洪雅，后又将洪弼、洪道、洪益、洪济、洪简、洪建、洪韦、洪昭诸弟同日杀害。当年湖南马希广、马希萼兄弟相残，刘晟趁机派兵夺取贺州、桂州及连、宜、严、梧、蒙诸州，后来又击败南唐军夺取了郴州。刘晟志得意满，乃大肆搜刮民财建离宫以供游猎，先后建有南宫、大明、昌华、甘泉、玩华、秀华、玉清、太微诸宫，不可胜数。又常常夜饮，每饮必醉，醉后妄杀无辜。数年后又杀其弟洪邈、洪政，诸弟皆被诛戮。

周显德五年（958），刘晟卒，年三十九岁。长子卫王刘铱继位，改元大宝。刘晟在位时不信任朝臣，唯宠幸宦官林延遇、宫婢卢琼仙等人，任由其胡作非为。刘铱愚蠢尤过其父，认为群臣皆有自己家室，自然眷顾子孙而不能尽忠，唯宦官无眷恋家室之虞，方可亲近信任，遂委政于宦者龚澄枢、陈延寿等，群臣中有欲用者，须先阉割后方可任用。刘铱自己则与宫婢、波斯女等淫戏于后宫，不省朝事。陈延寿又为刘铱引见女巫樊胡子，自言乃玉皇大帝降身。刘铱于内殿置帷幄，供陈法器，胡子头戴远游冠，身穿紫霞裙，端坐帐中宣谕祸福，称刘铱为太子皇帝，国事皆决策于胡子，卢琼仙、龚澄枢等争相附和。胡子告诫刘铱："澄枢等皆上天派来辅佐太子之人，有罪不可问。"

建隆元年（960），陈延寿对刘铱进言道："陛下之所以能得继天下，皆因先帝尽杀群弟也。"劝刘铱亦诛杀诸王。刘铱深以为然，遂杀其弟桂王璇兴。

刘铱部将邵廷琄曾劝谏刘铱道："我南汉趁唐末天下大乱得以于此地立国，至今已五十年，幸好中原多有变故，以此干戈不及于岭南。然长期以来我南汉君臣骄于无事，以致兵不识旗鼓号令，人主不察国家兴亡，如今天下丧乱久矣，乱久则必治，此乃自然之势也，今闻中原真主已出，必将尽有海内，其势非一统天下而不能已。"劝刘铱修兵备粮早做准备，或者悉献珍宝以奉中国，遣使通好。刘铱听了懵然不以为虑，反而因廷琄直言而深恨之。

乾德二年（964）宋军南征，克郴州，南汉大将暨彦赟与刺史陆光图皆战死，余众退保韶州。此时刘铱才想起邵廷琄之言，遂遣廷琄以舟兵出洸口抗击宋师。廷琄训练士卒，修整战备，南岭人皆倚重廷琄为良将。有告密者投无名书诬陷廷琄谋反，刘铱竟不审察，遣使者至军营赐廷琄死。士卒们拥至军门求见使者，诉说廷琄并无反状，廷琄仍被赐死，人们为廷琄立祠于洸口。

乾德三年（965）初，宋军一举攻下后蜀，蜀主孟昶出降。消息传来，刘铱请樊胡子宣示祸福，胡子言道："南汉国自有上天护祐，任凭中原如何变乱，影响不到我南汉，太子皇帝尽可安坐龙床，无须多虑。"龚澄枢、陈延寿等亦附和道："我南汉国据有五岭南北四十七州之地，地广人稠，物产丰富，比南唐、吴越、楚、蜀诸国强大，五岭乃我南汉国天然屏障，昔日秦、汉屡欲征伐南越，常被阻于南岭。我南汉尚有十余万大军驻守于五岭之外，进可取楚，退可守五岭，万无一失。国都番禺（今广州）南通大海，西连交州，万一有变，可以避居琼州或交州（今河内），再待机回师番禺，陛下尽可安心。”以此宋灭南平、武平、蜀国，刘𬬮皆不以为意，仍然天天于宫中享乐逍遥。

再来看吴越国。

听说宋军接连攻取南平、武平和西蜀诸国，诸大臣反响颇为强烈，大多以为宋军迟早会出兵东南诸国，吴越国王乃召集众臣僚商议应对之策。

两浙行军司马、亲从都指挥使孙承祐抢先道：“昔日周世宗三征淮南，我吴越皆出兵相助，结果是周国夺取了南唐江北十四州，而我吴越损兵折将，劳民伤财，却一无所获，岂有此理！如今宋军攻取南平、武平和巴蜀，华夏西南已尽为其所占领，扩张之势咄咄逼人，迟早将对我东南诸国兵戎相向。面对如此严峻形势，吴越唯有与南唐、南汉相联合，共同抗击宋军南下东进，方能保得生存。我吴越现有十五万兵马，南唐有二十五万，南汉亦有二十余万，合兵一处足有六十万之众。宋国兵马原有三十万，加上南平、武平、巴蜀之兵亦有六十余万，兵力大体相当。但宋国北方尚有北汉、辽国对其虎视眈眈，尚需于北疆驻扎二十万军队与北军抗衡，如此能用于南征之兵仅四十万而已。我东南诸国后方皆为大海，无后顾之忧，只要诸国齐心合力，以六十万大军对付四十万宋军，应不在话下，可保东南诸国平安无虞！”

三司使沈伦道：“孙将军言之有理。当今天下以地域而言，周禅宋时有州一百一十一，今宋兼并巴蜀得州四十五，吞并武平得州十四，攫取南平得州三，宋合计有州一百七十三。南唐有州二十一，南汉有州四十七，我吴越有州十三，泉州有州二，合计有州八十三，不足宋之半。以户口而言，周禅宋时有户九十六万七千三百五十三，所兼并之巴蜀有户五十三万四千零三十九，武平有户十九万七千三百八十八，南平有户四万三千三百，如今宋国合计户数为一百七十四万二千零八十，南唐有户六十五万五千零六十五，南汉约有五十八万户，我吴越有五十五万零七百户，泉州有约三万户，合计户数一百八十一万五千七百六十五户，东南诸国与宋户数大体相当。而中原连年战乱，每户人口数量则少于东南诸国，因之人口总量亦低于东南诸国总量。就财力而言，中原连年兵连祸结，民生凋敝，国库空虚，而东南诸国少有兵祸，致力生产，国库充盈，且藏富于民，因之东南诸国之财物远富于宋。战争胜负主要决定于财力和兵力，因此东南诸国只要同心协力，抵抗宋国扩张应该是有把握的。”

王兄钱弘偡刚由温州静海军节度使调任知福州彰武军事，现来杭州述职，吴越国王命其参与决策此事。弘偁听完孙承祐、沈伦言论,深表赞同,说道:"两位大人所言极是。我吴越立国至今,三代先王呕心沥血,付出了多少艰辛才有今日之盛世,如今之吴越,国泰民安,富甲天下,皆先王所赐,岂可拱手让人。宋国虽有甲兵四十万,其欲向东南诸国用兵,乃是非正义之师,我东南诸国只要齐心协力,联合反击,乃是正义之师,必能挫败宋军。何况宋军不谙水战,我南方诸军正可利用江南河湖港汊痛击宋军,必能将其击败。前者南平、武平、巴蜀被灭,乃是由于诸国疏于防范,未形成联盟,以致被宋军趁间各个击破,因之我东南诸国宜及早联络,形成联盟,共同决策,一致抗宋。若是抗宋成功,或可乘胜西进收复武平,重新形成以长江天堑为界的南北对峙局面。"

数人意见基本一致,似乎唯有东南诸国联合抗宋,吴越才能生存。

沉默片刻之后,检校右仆射、检校太保、王弟钱弘億开言道:"列位大人诉说了宋军势压天下,咄咄逼人,大有兼并诸国之势,因之必须联合抗宋方可各保平安。作为吴越国之臣民,此言合情合理,亦可谓忠贞之举,但是作为炎黄子孙,站在华夏一统的高度考量,则颇有不妥。众所周知,秦始皇乃一暴君,但是他用武力统一六国,结束了长达五百五十年的分裂割据态势,建立了统一强大、繁荣昌盛的大秦帝国,加上后来的大汉帝国,华夏一统延续了四百四十年,使得百姓得以安居乐业,可见秦始皇灭六国之战是正义之战,因之数年之间即取得胜利。汉之后出现了三国相争、五胡乱华、南北分裂的混乱局面,在长达三百七十年间,战乱不止,民不聊生,隋文帝用武力结束了分裂割据状态,开创了隋唐盛世,延续了三百二十余年的统一格局,可见隋文帝统一中国之战亦是正义之战。唐末,中国再次陷入中原政权频繁更迭、周边诸国割据纷争之混乱局面,百姓流离失所,百业凋敝,至今已近六十年,黎民百姓饱受兵燹之灾,分裂之苦,华夏统一乃是人心所向,万民之望。如今宋军迅速征服南平、武平、巴蜀诸国,大有统一全国之势,此乃应顺民心之举,合乎历史潮流,乃是正义之战。坚持分裂割据恰恰是非正义之战,最终必将失败,我吴越切不可与大宋为敌,而宜助宋实现统一,才是合天意、顺民心之举。"

丞相袁德昭老成持重,向来不抢先发言,今见弘億如此说,便开言道:"钱大人所言正是老夫反复思虑之事。自唐末丧乱以来,梁、唐、晋、汉诸朝有哪个皇帝对统一中华、造福百姓有过深谋远虑的策划?直到周朝,柴世宗倒颇有些统一中华、造福百姓之志,却英年早逝,空留遗憾。自周禅位,宋帝在柴世宗举措基础上大步前进,至今已收复西南三国,大有统一中华之势;于稳定政权方面,收缴兵权,消除了唐末以来历代政权频繁更迭之根源;于国计民生方面,招抚流民,鼓励垦荒,治河修堤,扶持农桑,轻徭薄赋,安定民生,凡此种种已彰显宋帝可谓明主。

再看东南诸国,南唐虽有二十余万兵将,但李煜本人已被宋帝所慑服,但求维持现状,不思有所进取,迟早将被宋国兼并。南汉刘𬬭荒淫无道,任由宦官专权,严刑峻法,横征暴敛,朝政混乱,民心愤怨,虽有二十余万兵将,却因久无战事,以致兵不识旗鼓,将不知存亡,刘𬬭却夜郎自大,自以为岭南之地万无一失,不思振作,毫无奋战之心,岂能抗拒宋军铁骑！我吴越虽兵精粮足,然地窄势弱,自然不能与宋抗衡。列位大人主张与南唐、南汉联合抗宋,试想诸国将推谁为首领？我吴越仅有十数万兵马,南唐、南汉自然不愿听命于我,若由南唐、南汉这些无勇无能、无知荒诞之辈为首领,岂是宋军之对手？我吴越与这等鼠辈为伍,岂不是自取灭亡,自受其辱！何去何从亦已昭然,援宋除藩,统一中国,乃顺天理合民心之举,联唐盟汉,死守东南,乃反天意违民心之死路,早晚被历史所淘汰。"

侍郎胡毅言道:"我吴越自武肃王建国,至今七十余年,扫平内乱,抵御外患,修建堤坝,大兴水利,扶持农桑,百业俱兴,今日之吴越,境内安宁,富甲天下。而中原地区长年战乱,民生凋敝,一旦归宋,朝廷势必会加重吴越赋税,令我吴越百姓的生活水准等同于中原,岂不可悲！"

侍郎鲍约道:"如若吴越与南汉、南唐结盟,共同抗宋,一旦失败,胡大人所言之事或将发生,蜀国灭亡后,蜀中财物正源源不断运往开封,此即明证。若是吴越发兵助宋统一中国,则吴越乃是功臣,大宋朝廷或许会对我格外尊重,胡大人所言之事便不会发生。可以说助宋统一中国,恰恰可以保护吴越百姓避免兵燹之灾。"

吴越国王钱俶审视朝廷中众臣,见已无其他见解,遂言道:"先祖武肃王对我吴越治国方略主要是:保境安民,善事中国;如遇真主,宜速归附。吴越立国之初,中原朝廷崩塌,周边群雄蜂起,吴越国地窄兵寡,无力兼并诸国进军中原,与其长期陷于战争,不如休兵息民,造福百姓,且以善事中国为外援,从而牵制邻国对我吴越之骚扰,故有'保境安民,善事中国'之国策。一统中华是天下之大计,民心之所向,亦是我钱氏宗族之宿愿,唯有华夏一统才能消弭战乱,国家政局方得稳定,异族方不敢侵凌,国中商贸得以繁荣,百姓安居乐业,能创建如此局面者即是真主,宜遵从先祖定下的'如遇真主,宜速归附'之策。诚如丞相所言,当今宋帝已于统一中国、稳定政局、造福于民诸多方面彰显了长足的进展,可谓是百多年来少有之明主,既遇明主,自当归附。至于归附之后吴越百姓的祸福得失,鲍大人言之有理,我助大宋统一中国之后,念在吴越助宋之功,宋帝或许不会立即改变吴越当前之格局,至少不致伤害吴越百姓。若朝廷对吴越仍不放心,所有后果皆由本王担当。若干年之后,中原修复了战乱造成之创伤,政局稳定,经济繁荣,届时吴越与中原融成一体,乃吴越百姓之幸,华夏民族之幸！"

　　方针既定,适逢宋帝长春节(赵匡胤生日三月二十一日)临近,吴越国王乃命王侄、台州刺史钱昱备好礼品入汴京致贺,计有御衣、金银器、锦绮等数以千计。

　　吴越国王又命亲从都指挥使、行军司马孙承祐等组织马、步、水三军于钱塘江及岸边校场大张旗鼓连日操练,以备随时支援宋军。

　　消息传至汴京,宋帝不知吴越连日操练兵马是何意图,乃与赵普商议。赵普道:"吴越历来善事中原,不会有异心,陛下如若不放心,不妨做一试探。臣闻得杭州有虎头岩,其山岩突出犹如虎首,陛下可敕吴越王:今有望气者言道,杭州有王气聚于虎头岩,卿宜及早凿去此岩,以绝后患。吴越王若奉敕凿去此岩,则证明确无异志,若抗旨不行,即可以此为由发兵征讨。"宋帝以为然。

　　吴越国王接宋敕,一看便知是宋帝试探之词,立即命人凿去虎头岩并向宋帝复命,宋帝遂释然。

　　八月二十九日,乃吴越国王钱俶生辰,宋帝遣通事舍人张延通来杭宣谕,仍赐生辰礼物致贺。

　　乾德三年(965)八月十七日,吴越前丞相吴程薨。

　　吴程,字正臣,山阴人,出身官宦世家,祖可信,定州虞唐县令。父蜕,大顺中登进士,解褐镇东军节度掌书记、右拾遗,累官礼部尚书。吴程起家校书郎,武肃王承制,累授检校户部员外郎,借绯。长兴初,武肃王为爱女于士族中选婚,吴程被选中,乃承制迁金部郎中,借金紫。因颇具管理才能,武肃王命提举诸司公事。文穆王继位,奏授吴程为职方郎中、观察支使、节度判官。天福中,文穆王之子弘偡遥典睦州,命吴程知州事。忠献王时,以吴程判西府院事,不久拜丞相。福州李儒赟伏诛,忠献王授吴程威武军节度使。乾祐三年,淮人入侵福州,吴程授诸军节度,俘获淮将查文徽。吴程早年因有父荫而不肯苦学,有人对其言道:"公子之相与群儒类,就怕他日登将相之位时却非饱学之士。"从此吴程遂肯勤学。文穆王时,有西府院官滕携曾梦见吴程化为赤龙,望南方而去,滕携因有此梦乃对人曰:"吴氏子非我所测也。"后来果然于福州有了一番作为。乾德初,吴程梦见一羽人为其算命,告之尚余三年,三年后吴程卒,终年七十三,谥曰:忠烈。

　　乾德四年(966)春正月初九,湖州刺史、宣德节度使、同平章事、王兄弘偡薨,终年三十八。

　　钱弘偡,字惠达,文穆王第八子,母陈氏,起家内衙诸军都知兵马使、检校司空。十八岁出任湖州刺史,有妖巫爬上衙门口的大树装神弄鬼,州民皆惊畏,弘偡曰"妖由人兴",乃命人用弩箭对准妖巫,妖巫果然求饶,弘偡命施鞭刑,并将其逐出州去,州民咸服。弘偡不仅深明为官之道,还擅长作诗,颇有奇句。弘俶嗣位,爱其才华,累授特进、检校太尉、宣德军节度使、吴兴郡王。建隆初,宋帝敕授同中书门下平章事。终年三十八岁,谥曰:恭义。弘偡临终前月余,有大星陨于西北方向。

夏五月二十二日,王从兄婺州刺史仁俶卒。仁俶系元懿次子。

六月,吴越国王敕授王养子、内衙都指挥使钱惟治为容州(今广西容县)宁远军节度使、金紫光禄大夫、检校太保。惟治乃让王钱弘倧之子,弘倧薨,吴越国王收为养子,悉心加以培养。

九月初十,二十八宿之箕斗宿冲犯女虚,次日,王兄知福州彰武军事钱弘偡薨。吴越国王避正寝于功臣堂,以示哀悼。

钱弘偡,字智仁,文穆王第二子(养子),本名弘俍。起家上直副兵马使、检校尚书右仆射,二十岁迁为东府安抚使。性简俭,善骑射,通文能书,历任静海、彰武二军节度使,文穆王时兼领睦州,洞晓政术,吏不敢欺。弘偡于治内均徭役,罢淫祀,吏民皆感其恩,从静海军(今浙江温州)移镇彰武军(今福建福州)时,吏民恸哭挽留,亦有携家跟随者,谓之“随使百姓”或“随使户”,出城日百姓送行,哭曰“愿公早回”。累授检校太尉,拜丞相。终年五十有四,谥:节惠。

冬十一月二十四日,吴越国王命王弟弘信接仁俶知婺州武胜军事。

乾德五年(967)二月初八,命睦州刺史、王叔钱元璀知福州彰武军事,以接弘偡。

二月初九,王弟奉国军节度使钱弘億薨。

钱弘億,字延世,文穆王第十子。母沈氏初孕时,文穆王梦见有僧人入寝帐,故小字和尚。起家内衙诸军左右都虞侯、检校左仆射,年二十一出为明州刺史,颇具善政。显德中,吴越国王命扩征民丁以充军旅,弘億坚决反对,辞理切直,吴越国王遂收回成命。吴越国王曾与诸臣僚论及时务,认为民之劳逸皆取决于君王之奢俭,以此作诗二首,以言节俭之志,命弘億应和,弘億乃作诗讽刺北方侯伯之多献淫巧,吴越国王大嘉赞许。忠献王弘佐时期,曾议铸铁钱,弘億认为行铁钱有八害,其中一害是“新钱(铁钱)既行,旧钱(铜钱)皆流入邻国”,指出恶币驱逐良币的规律,又一害是“可用于我国而不可用于他国,则商贾不行,百货不通”,指出通商对吴越的重要作用,忠献王纳其言遂停止铸铁钱。建隆初,奏授明州奉国军节度使、检校太保。一日梦见金甲神告其终期,遂设宴与众人告别,卧病三日而终,年三十九,谥曰:康宪。

时隔十一天,二十日吴越国王从兄温州刺史钱仁俊卒,系王叔元璙长子,谥曰:安简。

先是老丞相故去,继而一年之间六位亲人相继离世,吴越国王伤心不已,尤其是弘偡、弘億,年龄皆与弘俶相差不足一岁,自幼一起学习戏要,如今正值壮年,乃是吴越国王之左右手,竟突然英年早逝,怎不令人痛绝。

此时天下大势乃宋军正盛,华夏统一格局初现,吴越国王无暇沉浸于丧亲的悲痛,必须审慎思考,吴越一旦归附大宋,该如何保证百姓之平安富裕、钱氏子孙之幸福安康。吴越国王频繁召见朝廷大臣,访问社会贤达,礼拜高僧大德,探求护祐吴越平安之策,在大量访问调查基础上,吴越国王决定采取两项措施。

一是于杭州地区筹建三座佛塔:于西湖南岸雷锋山上建弘佛塔,以弘扬佛法,保佑吴越平安,劝导百姓崇佛敬佛、一心向善;于西湖北岸宝石山上建应天塔,意在应天顺人,祀求苍天赐福吴越万民安康;于钱塘江边月轮山上建六和塔,以求吴越百姓互相和敬,天下苍生和睦相处。敬请吴越僧统德韶、副僧统赞宁组织僧人分赴各地募集资金,不足经费由府库补给。

二是建立宗祠。大宋灭掉蜀国,将孟昶族人两百多口迁入京都开封,收复武平、南平,亦将周保权、高继冲及其族人迁入京都。吴越国王寻思道:"我吴越始终助宋统一中国,应不同于蜀国、武平、南平诸国,不至于把我钱氏族人亦迁去开封,不过按宋帝性格及处事方式,为了保证统一后大宋之长治久安万无一失,也或许会礼迎钱氏族人赴京任职。凡事须从最坏处打算,一旦钱氏主要族人皆迁往京都,或可导致祖庙冷落,族人流落他乡,如此乃我辈极大罪过。如今先祖武肃王后人已遍布吴越,北至苏州,南至福州,东至明州,西至衢州,皆有我钱氏子孙,为便于各地子孙承宗续嗣,接续香火,最好办法即是于各地建立宗祠,便于祭祀先祖,拢络族人,互爱互助,使族人不致流落他乡。"

吴越国王召来越州刺史、镇东军安抚使、十一弟钱弘仪,镇海军节度副使(杭州)、建武军节度使(安国衣锦军)王次子钱惟濬,奉国军节度使、明州刺史王继长子钱惟治(王兄宏偬之子),共同商讨建祠之事。弘仪建议不妨先赴越州禹陵考察禹王庙,察访姒家村,访明姒家村与禹王庙的依存关系、发展历程、香火传承、经济运行等等状况,以为借鉴,然后再行商定。

乾德五年(967)春二月十三日,吴越国王一行人来到东府备礼祭祀禹祠,同时拜阅了姒家族谱,访问其族人了解家族发展状况、禹王庙兴废经历、族庙依存关系、经济状况等。临行,吴越国王命越州刺史弘仪由越州府赐予陵庙庄田,设置守陵五户,由族人推选,庄田收成七成归守陵户,三成用于陵庙维护、祭祀及族人活动。

回到杭州,众人皆以为这种以祠庙为依托,宗人聚族而居的模式颇有益处:一是永续祖宗香火,不致湮废;二是族人亲情永固,团结互助,不似村人离心离德;三是以宗祠为依托,多置祠产,由贫穷族人租种,少收田租,帮助渡过困境,不使族人败落;四是组织族人兴学行医、兴修水利、垦殖农田、设置作坊、修桥铺路、积德行善;五是便于调解族人矛盾。如此以宗祠族人为核心,带动本乡本村百姓互敬互帮,可以杜绝偷盗抢劫、欺骗敲诈等不法行为,提倡行善节俭,崇尚教育文化,实现社会安定,教化百姓。为了少走弯路,稳步发展,当前宜以钱氏族人密集聚居的湖州与临安先行试点,建立祠堂,购置祠田,对本地族人登记造册,修订族谱,避免遗漏。临安由次子惟濬指派族人筹办,湖州由十四弟弘信命人筹办,待二地宗祠落成后先行实施,取得经验后于国中逐渐推行。

乾德六年(968)春三月初二,吴越老丞相元德昭薨。

元德昭,字明远,抚州南城县人。父仔倡,任新、抚、饶、信四州刺史,淮南节度使,检校太傅。仔倡任职信州时即与吴越交好,吴越衢州、睦州叛乱,仔倡以犄角之力助吴越。后来淮人攻袭,其下内叛,仔倡遂投奔于吴越,武肃王礼以宾席,因感其姓危氏颇为凶险,乃改为元,使其守钱塘郡。德昭起家镇东军节度巡官、钱塘县令,累授睦州军事判官、知台州新亭监。当年在信州时,仔倡曾使术师为诸子相面,术者指德昭曰:"独此子非武官。"以此延师授以文体。文穆王袭国,命其为丞相,曰:"元德昭有辅翼之才,吾子孙无所忧矣。"遂连掌文翰。忠献王时期吴越出兵南闽,凡兵机细务悉以委之,不久拜丞相。今王即位,礼遇弥至。德昭厚重多谋,临危不屈,每当众人意见不一之时,只要德昭发话,众人无有不从者。生性嗜酒,即使沉醉,却从不误事。晚年衰耗,吴越国王见之,谓左右曰:"吾向见德昭容色衰倦,一旦不讳,人谁辅我?"因泣下。德昭理家以孝友闻,每时序置酒,环列几席者凡四代。尝为诗云:"满堂罗绮兼朱紫,四代儿孙奉老翁。"及卧病在床,自写埋文,安排后事。终年七十有八,中外无不叹息,谥曰:贞正。

八月,宋帝遣使赐吴越国王生辰礼物。

九月十二日,知福州彰武军事、睦州刺史王叔元璙薨。

钱元璙,少强直,好诗学武。及长,从征有功,屡授是任。凡其麾下皆畏服其严明,无有敢犯者。与兄弟相处坦荡不疑,侍奉文穆及诸王皆尽臣礼,以此上下和睦。卒年六十有七。

十月初十,吴越国王命世子、建武、镇海两军副使惟濬,两浙行军司马孙承祐向大宋入贡,助宋郊祭。

十一月二十四日,宋帝亲至南郊祭天,大赦天下,改元开宝。

该月中,吴越丞相吴延爽于宝石山峰下建寺,南面西子湖湖面如镜,苏堤孤山浓荫婆娑,里湖荷塘叶绿花红,湖中游船如点点繁星,对岸南屏山下净慈寺瑞霭祥光,乃佛界胜境,两寺隔湖遥相对应。寺前陡坡竹茂林密,将寺院与凡尘隔绝,一条石径蜿蜒曲折穿凿于林间,由湖边通向山门,却是从凡界攀登佛门的唯一途径。寺院背靠宝石山峰,峰巅有落星石,武肃王钱镠曾赐名曰"寿星石",吴越国王乃赐寺名曰"崇寿禅院"，祀福天下百姓健康长寿，并祭奠近两年来归西的众多兄弟、王亲、臣僚。吴越国王命人于寺后峭壁上凿刻一个高宽各数丈的大"寿"字，以应其名。

开宝二年（969）春正月，宋帝制：加吴越王食邑三千户，实封六百户。

第七十回　倡六和杭州新建佛塔　平南汉大国复展疆域

　　话说吴越国中有一老儒，将天下诸姓氏汇编成册，名曰《百家姓》，献于吴越国王，钱俶仔细翻阅，只见上写道：

　　钱姒孙李　周吴郑王　冯陈褚卫　蒋沈韩杨

　　朱秦尤许　何吕施张　孔曹严华　金魏陶姜

　　……

　　钱俶读完，颇有天下百姓皆一家之感，认为对弘扬华夏统一、民族团结颇有益处，宜遍传于九州，普及于全民，唯为首几句还应仔细推敲，以免招致中原当权者之不满。

　　"钱"姓乃吴越之国姓，因之置于首位；"姒"姓乃夏朝国姓，又是春秋时越国国姓，如今于越州尚有姒姓聚居村落；"孙"姓是三国时东吴之国姓，起于吴越富春，孙坚曾为乌程侯、吴兴太守。"钱、姒、孙"三姓祖居地皆在吴越，都曾为国姓，故列于前三，唯"李"姓乃前朝大唐国姓，祖居地不在吴越，因怀念大唐盛世缘故而列于第四。其时华夏尚未统一，宋国仅是华夏诸国中之大国，但因距离吴越较远，故未将"赵"姓列入首句。吴越国王心中盘算：百家姓既是华夏各族百姓之总汇，天下第一姓当是华夏民族之国姓，岂可以吴越一地之国姓为天下第一姓。当今宋国正有统一全国之志，其势必成，以"赵"姓为首姓当是应顺历史潮流之举。"李"姓乃前唐国姓，唐朝创造了空前盛世，以"李"姓列于首句无可挑剔，但应将"李"姓列于"赵"姓之后，以表达大宋将胜于前唐之寓意，亦表达了华夏百姓祈求大宋创造空前繁荣昌盛之愿望，岂不美哉！然每句只有四姓，只得将姒姓从首句删去，毕竟夏朝及越国距今已经遥远，如此首句则可改为"赵李孙钱"。

　　吴越国王召来老儒，首先盛赞《百家姓》之意义，然后将自己意见与老儒探讨，道："《百家姓》对推进全国统一、团结各族百姓具有积极意义，既如此，这天下第一姓应以能实现华夏统一、号令九州百姓之国君当之。如今形势宋国必可于数年之内一统天下，综观宋帝所为，颇有唐代太宗皇帝之风范，将来大宋之盛或可超越前唐，因之本王以为天下第一姓宜以'赵'姓当之，'李'姓居其次，首句可改作'赵李孙钱'，未知可否？"

老儒喜道:"蒙王上赞誉,老儒不胜荣幸。首句四姓蒙王上审慎推敲,令老儒深受教益,眼界豁然开朗,就依王上之见予以修改,不过其次序老儒以为宜厚今薄古、尊大次小,孙吴、李唐已是往昔辉煌,而赵宋、吴越则是今日新盛,因之首句不妨改作'赵钱孙李',王上圣意以为如何?"

吴越国王听了觉得言之有理,且"赵钱孙李"之次序尚有赵宋胜于李唐、吴越胜于东吴之寓意,符合当今形势及百姓意愿,遂当即确定下来,形成今日之《百家姓》。

吴越国王命人将《百家姓》抄写成册,呈送宋帝御览,宋帝大喜,乃命吴越国王重奖老儒,并命安排雕版印刷,装订成册,发行于吴越境内及大宋全国。

开宝三年(970),杭州六和塔建成。

早在梁开平五年(911),武肃王于钱塘江北岸月轮山下一陡坡上的开阔平坦处建寺,因寺门外设有两座宝幢,以此人称"宝幢寺"或俗呼"大钱寺"。寺侧有一果园,呼之为南果园。如今"宝幢寺"已经废弃,空剩寺侧之果园。钱塘江水每日里自西向东排山倒海而来,于坎山至月轮山下受阻,江面又窄,狂涛怒潮遂全部发泄于两岸及月轮山上,最后撞得涛溅浪飞,不得不平静下来,缓慢地顺江向东涌去。而钱塘江涌潮每日里有昼夜二潮,由东向西浩浩荡荡奔腾而来,到得月轮山下突然受阻,形成狂浪击岸、怒涛压堤之势,亦不得不屈服于月轮山,最后向东南回折,于月轮山下形成一个急拐弯,经过定山、浮山向东南流去,潮势逐渐减弱,直至闻堰。月轮山因有钱塘江大堤保护,毫发无损,而大堤则屡被冲毁,不得不勤加修复,费力耗财,因之吴越国王乃与各主要大臣及德韶、赞宁、延寿等高僧商议,决定于南果园修建塔、寺,以镇江潮,并延请延寿、赞宁两位大师主持塔、寺之建设。

如今塔、寺皆成,延寿、赞宁恭请吴越国王并诸位大臣亲往视察。众人来到月轮山侧,远远望去,九级浮屠高耸于月轮山上,犹如韦驮菩萨挺立江边,日夜守护着钱塘江,守护着杭州城,绝不容江中水怪、各方鬼神兴风作浪。来到月轮山下拾级而上,便是塔院院门,进得院门转而向北,有一座石牌坊,石牌坊以里即是一片果园,平日里绿荫青葱,花开时梨白桃红,把座高耸入云的佛塔簇拥于鲜花嫩草之上,令人顿生崇敬之心。仰望佛塔,乃八面九级木塔,高五十余丈(相当于今七八十米),下宽上窄,塔顶宝刹直刺云间,层层宽檐翘角玲珑,风吹铃铛叮咚起乐,雨淋宝刹如珠垂帘。进入佛塔,塔心乃四方形佛龛,实为全塔的内层支柱,直至第七层,亦是下宽上窄,七层以上乃由中心木柱支承。第七层中心佛龛为释迦牟尼跏趺坐像,神态端庄慈祥;其下各层乃诸佛坐像,第二层为弥勒坐像,乃契此和尚形象;底层佛龛相对宽广,龛中塑三尊金身大佛坐像。塔身周边八面,底层除南、北两面开有塔门外，其余各面分别塑十二位圆觉菩萨坐像，整个场面乃是圆觉道场，上面各层周边亦塑有菩萨像，姿态各异，活灵活现。塔体外面有外走廊，可以赏览四外风光。往南眺望，有会稽、龙门诸山绵延起伏，钱塘江由山间流出，向西北奔腾而来，至塔下急转东去，浩浩荡荡直奔大海，与山北的西子湖组成一个反写的"之"字，以此这段江水被称之为"之"江。每到八月观潮时节，塔上即成为观潮之最佳去处，可以远观涌潮形成、壮大之全过程。塔下为龙山渡、鱼山渡，往来船只如梭，一派生机勃勃。北望乃是毛渊、湫峪，山高林密，郁郁葱葱。

宋朝进士曹勋为六和塔作记曰：

浙江介于吴越，一昼夜，涛头自海而上者再，疾击而远驰，虎骇而龙怒，猛如山立，歘如电转，掠堤突岸，摧陷田庐，为临安患久矣。冥冥中若有神物典司其事。钱氏有吴越时，曾以万弩射潮头，终不能却其势。后有僧智觉禅师延寿同僧统赞宁，创建斯塔，用以为镇，自是潮习故道，居民德之。……

后人亦有六和塔诗赞曰：

孤塔凌霄汉，天风面面来。红光积练净，岚色晓屏开。

独鸟冲波没，连帆带日归。狂涛日夜激，过此浪辄衰。

众人看罢佛塔，穿过果园来到西侧护塔寺中，延寿命小僧献上茶果，众人边品茗边纷纷议论。延寿大师首先禀告塔、寺兴建经过、花费损资、府库捐助、寺中现有僧侣状况等，最后道："建塔前，王上已赐名此塔曰'六和塔'，佛教有'六和敬'，六和者有：见和同解，即僧众须同心同力，确立共识；戒和同修，即既同修，须有规矩约束；身和同住，即既同住共修，须互相监督约束；口和无诤，即不得出语伤人，先想好再说；意和同悦：破迷开悟，离苦得乐，无论遇到善人恶人，顺境逆境，皆视为是助已消障增福，则喜悦之情自当油然而生；利和同均，即个人利益人人均等。如今塔成，恳请王上为赐名题额。塔院亦已完成，也请王上赐名题额。"

吴越国王道："大师所言之'六和敬'乃是佛门宗旨，今之六和塔与将建之宝石山塔、雷峰塔皆系吴越国之塔，全民之塔，因之'六和'之意不妨推及于全国全民。见和同解：目的在于维系社会安定，人人和谐相处。孔子曰'礼之用，和为贵'，唯有'和'方可使人们思想、生活、行动逐渐拉近，步调一致。戒和同修：国有国法，家有家规，法即是戒，人人守法方能共建精神文明。身和同住：共居一个国家就须自觉和睦相处，互相监督约束，遵纪守法。口和无诤：国人相处须友善交流，不可出语伤人，老子言'夫唯不争，故无忧'即此意也。意和同悦：对不同意见善于求同存异，消解矛盾，尊重对方，互相谅解。利和同均：唯有利益均等才能避免人心不平,国家动乱。一个国家,一方社会,如能做到人人六和,就必然能够兴旺发达,即使强大敌人亦不敢侵侮,即使用武力占领亦不能征服人心,因之将此塔名之曰'六和'。塔院寺名可题为'寿宁院',取祝愿吴越百姓健康长寿、安宁幸福之意。"

丞相吴延爽道:"王上对'六和'的诠释意义颇为深广,必得吴越百姓崇尚。去年宝石山刚落成'崇寿禅院',今又将六和塔院命名为'寿宁院',可谓是兄弟禅院,待宝石山上之塔建成,又可谓是姐妹双塔,因之'寿宁院'之名定得极好。"

吴越国王又道:"'六和'既充分体现了佛教'六和敬'之主旨,又包容了老子'天人合一''道发自然'的思想。老子曾言'六亲不和,案有孝慈,邦家昏乱,案有贞臣',实现六和自然是子孝臣贞,天下大同。孔子曰'君子和而不同',即是说君子当能和谐相处,包容不同见解;又曰'礼之用,和为贵',乃是指礼之运用贵在和谐恰当的处事治世。倡导'六和',将为我吴越消除矛盾冲突、创建和睦社会奠定基础。'六和塔'挺立于月轮山上,日夜注视钱塘江,将以佛法镇压水妖江怪,使不得兴风作浪,以保护江堤安全。此塔建于钱塘江急弯处,亦可为过往船只导航,夜晚于顶层多点明灯,更可为夜航船只指明方向。登塔远眺,面东正对大江海门,因之此处必将成为各地游客、文人雅士观赏钱江涌潮之绝好去处。可以说'六和塔'的建成乃是我吴越国又一功德无量之大事。"

赞宁大师命僧徒备好文房四宝,请吴越国王为塔、寺题写匾额,众人又游赏了周边景色,直至尽兴后方回。

开宝元年(968),北汉国主刘钧终日担心大宋北伐,数次遣使请求辽国出兵相援,辽国竟因刘钧擅自改元、不经奏报即援助李筠叛乱等事对刘钧不理不睬,并扣留使臣。北汉地狭产薄,既要岁岁贡奉辽国,又屡受大宋骚扰,渐渐国库空虚,国力日弱,无力与大宋抗衡,以此刘钧一筹莫展,遂积郁成疾,七月终于病逝。临终前刘钧欲传位于太原尹养子刘继恩,对丞相郭无为道:"继恩虽无能,然颇孝顺。"无为不答。九月,供奉官侯霸荣等十余人趁刘继恩宴饮后醉卧于阁中将其刺杀,郭无为遣兵将侯霸荣等人杀死,以此成为斩杀弑君凶犯的功臣,并拥立继恩同母异父弟刘继元为帝。继元乃世祖刘旻之外孙,睿宗刘钧之外甥、养子,为人残忍。刘旻有子十余人,皆不成器。继元即位,诸叔刘镐、刘锴、刘锜、刘锡皆为其所杀,唯刘铣一人佯装痴愚躲过一劫。继元诸兄弟自小由嫡母郭皇后抚养,继元妻段氏曾因小过受郭氏责罚,不久缘他病亡故,继元将此事归咎于郭氏,称帝后遣亲信范超缢杀郭氏于睿宗刘钧灵柩前。从此刘氏子孙遂绝,而刘继元对扶其上位的郭无为专权乱政的行为亦颇为不满,北汉内部矛盾重重。

宋帝探得消息,欲抓住这一良机一举荡平北汉,乃以昭义军节度使李继勋为河东行营前军都部署，侍卫步军都指挥使郭进为副都部署，宣徽南院使曹彬为都监，率领河东诸州精兵分潞州、汾州两路大军北征晋阳。宋军连克数寨直逼晋阳城下，北汉主刘继元据城坚守。宋帝下诏召继元出降，许诺封其为平卢节度使，封郭无为为安国军节度使。继元犹豫不决，郭无为力主投降，继元遂采纳无为意见。然左右将帅皆欲拒命坚守，无为仰天恸哭道："以孤城拒百万王师，奈何？"众人守意益坚。宦者卫德贵言无为有异志，继元遂缢杀无为。

十一月，辽国亦不愿北汉落入宋国之口，乃派大军驰援。宋军李继勋等久攻晋阳不下，又见辽兵南下势盛，担心腹背受敌，遂引兵而退。北汉军与辽军会合，乘机大掠晋、绛二州后北还。

开宝二年（969）二月，宋帝下令御驾亲征。先以曹彬、党进等人率军杀奔晋阳，又遣李继勋为河东行营前军都部署，赵赞为步军都虞侯，率兵随后跟进。命韩重赟为北面都部署，领兵阻挡辽国骑兵南下河北，命何继筠为石岭关（山西阳曲东北）部署，阻击辽军由幽州西进增援晋阳，然后御驾亲领大军北征。临行，宋帝对韩重赟道："辽国知我亲征定率兵来援，彼以镇、定无备，必由此而入，卿当为朕领兵倍道兼行，出其不意而破之。"

三月，宋帝来到晋阳，召集民夫挖壕立栅，命李继勋、赵赞、曹彬、党进四将四面攻城，遭北汉大将刘继业顽强抵抗。

不出宋帝所料，四月，辽军应北汉请求分道南下：一路入寇河北定州，遭韩重赟伏击，另一路欲经石岭关西进晋阳，亦受何继筠阻击。宋军擒获辽国武州刺史王彦符等百余人，战马七百余匹，斩首上千级。宋帝命将辽兵首级、铠甲列于太原城下以显示宋军之强盛，从而威胁晋阳守军，北汉军仍坚守不降。

宋军左神武统军陈承昭道："陛下左右有百万雄兵，何不用之。"宋帝见陈承昭鞭指远处汾水，恍然大悟，乃命众军将挖渠，引汾水灌城，水势汹涌，不可阻挡，城中一片汪洋。宋军乘小舟全面攻城，北汉兵拼死抵抗。宋军将南城挖开一个缺口，大水滔滔涌入城中，缺口迅速扩大。危急之际，刘继业率领北汉兵一面以乱箭驱散宋兵，一面于缺口中打下木桩，用柴草堵死缺口，再实以石块泥土将城墙修复，混战中双方死伤无数。

连续苦战四个月，已是夏暑季节，周围多成水泽，潮湿炎热，宋兵多中暑染疾。辽军再次南下增援北汉，宋军腹背受敌，诸将叩首请战，宋帝叹道："汝等皆吾亲军，休戚与共，宁不得晋阳亦不愿驱汝等赴死！"众将感泣不已，遂携城外万余户百姓一同班师。

继元见宋军退去，乃命军士挖沟泄水入台骀泽，水落泥干后城多坍圮。时驻晋阳之辽国使者韩知璠叹道："宋军只知其一而不知其二，若使城先浸而后涸，城必坍塌,并州(晋阳)将无活口矣!"

宋帝亲征晋阳无功而返,遂重新回到先南后北的策略上来,决心征伐南汉。

宋帝先命荆、湖转运使王明备好南下所需物资,开宝三年(970)九月一日,命潭州防御使潘美为贺州道行营兵马都部署,朗州团练使尹崇珂为副都部署,道州刺史王继勋为行营马军都监,率领十州兵马自郴州出发大举南征。同时诏命吴越国王、江南国主各自起兵出师,共伐南汉富州。

吴越国王接旨,立即召集文武大臣商议道:"今大宋征伐南汉,命我吴越发兵协同进攻富州(今广西昭平),然我军进兵富州须穿越南唐全境及湖南南境,路途遥远,粮草供应极为困难,且南唐与我素有小隙,一旦切断我粮道、归路,我军将腹背受敌,众位爱卿以为当如何处置?"

此时吴越支持"援宋统一中国"的丞相元德昭及弘億、弘僎等主要大臣皆已去世,而主张联合南方诸国共同抗宋的大臣,除弘僎去世外,孙承祐、沈沦、胡毅等皆健在。

行军司马孙承祐道:"如今宋军征伐南汉,乃是天赐良机。宋军孤军南征,粮路遥远,难以为继,如果此时我吴越与南唐携手,南唐军只须坚守大江,勿使宋国北军渡江南下,我军则西进直插南征宋军之后路,再令南汉军大举进攻宋军正面,则南征宋军将成为瓮中之鳖,笼中之鸟。即使我军不与其交战,南征宋军亦将被活活困死饿死,楚地即可轻易取得,形成划江而治、南北对峙的局面。然后与北汉联络,数家议定:我吴越由金陵以东渡江北伐,夺取淮南;南唐由金陵、江州、鄂州、潭州渡江北伐,夺取江淮、江汉;南汉由湘西北进夺取巴蜀;北汉由晋阳南下,夺取河东;最后诸国可形成合围,一举消灭宋国。如此我吴越不仅拥有沿海富庶之地,又控制了大江下游运河大部,全国经济大部将控制于我吴越手中;南唐控制中原、江南大部,地域最广,又有两京重地,自当满足;南汉取得湘西、巴蜀,尤其蜀中乃天府之国,以富庶著称,亦当称心如意;北汉素有南下之志,今得河东亦遂所愿。如此诸国于一段时间内将相安无事。"

上直都指挥使王谔附和道:"此意甚好。如今大宋命我与南唐共同出兵讨伐南汉,如此以来对我吴越调动兵马之事自然毫不防备,待其察觉我军动向,则为时已晚。南征宋军几乎全部聚集于楚地,孤军无援,唯有死路一条,待其被彻底歼灭之后,江南三国再与北汉合力攻宋,自可分而取之。"

建武军节度使、世子钱惟濬道:"宋帝诏命我军共伐富州,实乃试探吴越心意而已,决非真欲我出兵相助。伐蜀之时,宋军北路拥兵三万,东路两万,合计五万,仅六十六天消灭蜀军十四万。今合十州之兵,应不少于伐蜀时之五万大军,而南汉之兵多不识军事,远不如蜀兵,宋军独力征伐南汉已经胜算在握,根本无需我吴越出兵相助。如若真需我吴越出兵相助，则当于宋军发兵之前知会于我，便于我军充分准备，与宋军同时发兵。再者我吴越进兵富州必须借道南唐，尚须与江南国主会商安排，怎能草率发兵？诸多疑点说明宋帝命我出兵讨伐富州，并非真需我出兵相助，乃在于令我表明对讨伐南汉的态度。宋军必然时刻关注我军之动向，因此我军决不可造次行动，一旦发现我军有断其后路之势，宋军会立即暂停南征，转而围歼我军，而我军深处异国，孤立无援，断无生还之望。更为重要的是，我吴越以'保境安民，善事中国，若遇明主，宜早归附'为国策，如今之宋国皇帝大有统一中国之志，我吴越当全力支持，而不是与其为敌，坚持分裂。为今之计，宜尽快调集兵马待命，同时奏请宋帝下令，以表明我吴越支持大宋统一中国之决心。"

丞相吴延爽道："统一中国是大势所趋，民心所向，我吴越支持大宋统一中国，顺乎大势，合于民心，乃正义之举。况且江南诸国，南唐完全慑服于大宋，屡屡自贬身价；南汉则不思政事，盛行巫术，不修战备，夜郎自大；彰泉地窄人稀，国穷兵弱。我若与此等衰朽小国为伍，阻挡大宋统一中国，正是逆潮流而动，自取灭亡！再者，如今我吴越支持大宋统一中国，将来功成之后，我吴越君臣皆是功臣，自当封赏，不致贬损，吴越国或可完整保留，不至被分割肢解，社稷王祚或可得以久续。"

吴越国王道："两位爱卿所言正是本王之意。"遂调集兵马准备起师，并向宋帝请命。果然不久宋帝下旨，因路途遥远，命吴越国王罢兵。吴越国众大臣皆以为，此乃宋帝担心吴越与南唐趁其与南汉交战之机联手袭宋，故下此诏以为试探。

南汉皇帝刘铱满以为宋兵南下必经粤北之骑田、萌渚诸岭，故命南汉都统李承渥领兵十万驻守韶州（今广东韶关）。此处岭陡道险，易守难攻，南汉主以为守住此岭即守住了南汉之北大门，因此其余诸州防御薄弱，谁知宋军对南汉军部署了如指掌，竟一路西进，直取南汉西部兵力薄弱地区。

九月二十九日，宋军夺取富川（广西钟山），歼灭南汉兵数万，占领白霞（广西钟山西），南下包围贺州（广西贺县东南）。十月初，南汉主刘铱急命大将伍彦柔率水师万余人沿贺水北上增援贺州。二十日宋帅潘美设伏于贺州南，次日晨，南汉援军登岸，宋伏兵突击，杀死南汉兵过半，伍彦柔被杀，贺州守军盼增援无望遂降。

潘美为分散盘踞韶州的南汉兵力，以便分而歼之，乃扬言欲顺贺江入西江，东下进攻兴王府（广州）。南汉主刘铱得报果然惊慌，急命潘崇彻为马步军都统，领兵三万进驻贺江（广东封开东北），以拦截宋军。潘美却不急于与南汉主力决战，先攻取周围力量薄弱的昭州(广西乐平)、桂州(广西桂林)、连州(广东连县)，潘崇彻竟只图自保不往救援。十二月，潘美率宋军由连州东进直扑韶州，南汉都统李承渥见宋军已绕过南岭天险，自己兵马却被调走大半，仅凭现有兵力与其硬拼实难取胜。危急之际承渥调来象兵充当前锋，每头大象配以十余名勇士，手执兵器冲向宋军，其威其势所向无敌。潘美见状急于阵前设置巨型木马架拦阻，以强弓硬弩射杀象群。大象受惊后四散奔逃，南汉兵被踩踏或被射杀死伤大半，宋军趁势掩杀，一举攻下韶州，斩杀南汉兵数万。

宋军攻下连州时，南汉主刘鋹竟高兴地对众臣道："昭、桂、连、贺诸州本属湖南，今宋军取之，当可满足矣，或许不会继续南下。"众臣见主上愚昧如此，皆哭笑不得。

开宝四年(971)正月，宋军一鼓作气攻克韶州东的雄州(南雄)、韶州南的英州(英德)，继而步步逼近兴王府。南汉潘崇彻见扼守贺江口已毫无意义，遂不战而降。事已至此，南汉主方惊慌失措，勉强招集溃散兵卒及附近州县守军近六万人，由郭崇岳、植廷晓率领驻守马迳(广州北马鞍山)。

宋军沿北江南下，经泷头(英德南)栅江，于二十七日进抵马迳。南汉主见情势危急，忙命其弟祥王刘保兴率兵增援郭崇岳，自己则调集十余艘海船满载珍宝嫔御拟由海路逃遁，却被宦官乐范劫去。

二月初四，南汉大将植廷晓战死，宋军连夜进攻南汉营栅，南汉军大败，郭崇岳亦死于乱兵，刘保兴逃回兴王府。

龚澄枢、李托等人给南汉主献计道："宋军南征乃图吾国宝货尔，今宜焚为空城，则北师不能驻，自当还也。"刘鋹乃令尽焚府库宫殿。

翌日，宋军至白田，刘鋹不得已素衣白马出城投降。

宋军征战历经五月，终于消灭南汉，夺取六十州二百十四县土地。

四月，刘鋹君臣被押送开封。五月初一，宋帝献俘太庙，于明德门前历数南汉君臣罪恶，斩杀南汉丞相龚澄枢等，赦免南汉国主刘鋹，并封其为恩赦侯、右千牛卫大将军。

一日，宋帝亲赐刘鋹御酒，刘鋹大惊，跪地哀告道："罪臣承父祖基业，抗拒朝廷，劳动王师远征，其罪固当一死，蒙陛下隆恩，得以苟延至今。今天下太平，臣愿为大梁一布衣，求苟延旦夕之命，臣未敢饮此酒。"原来刘鋹有国时，常赐毒酒给不同政见的大臣。宋帝笑道："朕以赤心待人，怎会出此下策！"拿过酒杯一饮而尽，另赐刘鋹酒，刘鋹大窘，顿首谢罪。从此，刘鋹不断取悦于大宋天子，乃得以善终。

大宋朝堂自赵普为相后，倚仗皇帝宠信独揽大权，皇弟光义心存不满，遂屡屡向宋帝告其专权。宋帝以减轻赵普负担为由，命兵部侍郎薛居正、吕余庆参知政事，稍后又使二人与赵普同议政事，并轮流处理国政，以分化赵普相权，从此赵普与光义有隙。

乾德三年（965）初大宋灭蜀后，入蜀将士多有不法之事，引发民怨，宋帝欲命得力权臣入蜀知四川州府，以安定民心。赵普举荐参知政事吕余庆出知成都府，吕余庆乃宋帝幕府旧人，以此宋帝任其为参知政事，实为分散赵普相权，如今出吕余庆赴四川，赵普除去了一个分权之人。宋帝欲重用枢密直学士、右谏议大夫冯瓒，曾向赵普盛赞冯瓒"当世罕有，真奇士也"，赵普亦趁机举荐冯瓒出知川东重镇梓州。宋帝为监察地方官员的贪廉政绩，专门设置了武德司。赵普遣武德司亲信随冯瓒入川，一年后此亲信回京告发冯瓒与监军李美、通判等人受贿枉法等事，宋帝急召冯瓒等人回京交御史府审诘。赵普又派人于潼关截获冯瓒行囊，查得金带及其它珍玩等物，上书刘嶅之名，刘嶅时以工部郎中出任开封府判官，乃赵光义手下得力助手。赵普建议处死冯瓒，宋帝碍于光义情面乃于八月流放冯瓒至登州沙门岛，李美充军通州海门岛，刘嶅被免官。时开封府推官宋琪乃幽州人，与赵普同乡，故与宰相赵普、枢密使李崇矩相交甚善。初时开封府尹赵光义对宋琪礼遇有加，自冯瓒流放、刘嶅免官后，或是光义认为是宋琪向赵普密告冯瓒纳贿之事，因而对其心存不满，宋帝遂将宋琪逐出京师出知陇州，以安抚光义。从此光义与赵普间的矛盾愈深。

大宋立国之初，领有兵马的藩镇节帅有数十人。乾德元年（963）后，宋帝采纳赵普建议，或将他们调迁，或于死后不令其子孙袭职，咸以文官任知州，使节度使成为无权虚衔。开宝二年（969）初，天雄军节度使符彦卿、天平军节度使石守信、归德军节度使高怀德、镇宁军节度使张令铎、忠正军节度使王审琦、灵武军节度使冯继业等十二藩镇节帅来京师朝觐天子，宋帝以讨伐北汉与地方治理不力等理由，令部分节度使移镇他州，而以文臣权知潞州、大名府、灵州等地。十月，宋帝于禁中盛宴武行德、王彦超、白重赞、杨延璋、郭从义等后周时期任命的节度使，重演"杯酒释兵权"之故伎。席间，宋帝感慨言道："卿等皆宿将旧臣，久临大镇，政务繁杂，非朕所以优礼贤臣之意也。"酒意朦胧之际，众节帅未明白宋帝言下之意，竟借"宿将旧臣"话题大肆炫耀自己昔日战功劳绩，宋帝却冷冷说道："此皆前代故事，何足多论！"次日即解除了诸位节帅之职，令安远节度使兼中书令武行德迁任太子太傅，凤翔节度使兼中书令王彦超迁任右金吾卫上将军，护国节度使郭从义迁任左金吾卫上将军，定国节度使白重赞为左千牛卫上将军，保义节度使杨延璋为右千牛卫上将军，所迁官职皆属散官，并无实权。从此大宋皇帝依照赵普建议彻底解除了"方镇权力太重，君弱臣强"之患，为大宋的稳定奠定了基础。

原天雄节度使符彦卿与宋帝略有亲情。符彦卿生有五女，其中二女嫁与周世宗柴荣为妃，一女嫁与赵光义为妻。宋帝"杯酒释兵权"后，符彦卿即被解除殿前都虞侯之职，从此失去兵权。后来，光义推荐符彦卿担任禁军统领，彦卿在周世宗时期即与宋帝颇有交往，宋帝便于其来京朝贺时破例恩准其执掌兵权。赵普得知，屡屡谏阻，宋帝不听命发诏书，赵普竟扣下诏书，反复向宋帝陈述利害。宋帝问赵普："朕待彦卿甚厚，彦卿岂能负朕？卿何必苦疑彦卿！"赵普正色道："陛下何以能负周世宗？"一语惊醒宋帝，联想到昔日周帝如此信任自己，自己还是夺取了帝位，今日自己信任彦卿，岂知他日彦卿不会夺取帝位？符彦卿乃光义岳丈，光义身居相位，彦卿再掌兵权，这一将一相若是联手，复有何人能制！从此宋帝心中对光义开始有所防备。

按朝廷旧例，宰相、枢密使于宫中同息一室，等待次日皇帝接见。掌握三军调动的枢密使李崇矩与赵普交好，光义遂屡屡密告宋帝：两人同处一室，相交甚密。时间一久，宋帝对赵普亦心生芥蒂。

昔日赵匡胤、赵光义、赵普三人为得江山同心同德，如今却是各怀心事，矛盾重重。

第七十一回　修宗谱钱氏寻根留本　挑事端宋帝觊觎江南

　　自乾德五年（967）吴越国王决定建立钱氏宗祠以来，至今已有四年。如今临安、湖州两地已建成一批可开展祭祀庆典及各项活动之钱氏宗祠，每座宗祠征集田产数百亩，供贫困钱氏后裔租种，收成大部归租户自用，少部充公，作为维修宗祠、祭祀庆典、助学扶贫、修订谱牒以及修桥铺路、开河筑堤等项公益活动之用。如此，一可不忘祖宗恩德，永续香火；二可不弃贫弱之亲，相帮相扶；三可鼓励勤学上进，多出人才；四可提倡慈善公益，和睦相处；五可带动整个社会和谐向善，杜绝罪恶滋生。

　　钱俨，字诚允，文穆王亲生第十子，吴越国王钱俶十四弟，由崔夫人所出，原名弘信，为避宋帝之父的名讳而更名。自幼好学，文章清丽，落笔千言立就，著有《前集》五十卷、《后集》二十卷、《吴越备史》十五卷、《备史遗事》五卷、《忠懿王勋业志》三卷、《贵溪叟自叙诗》一卷、《皇猷录》一卷，世人推崇为大手笔。授开国伯、检校太傅，时镇湖州。因筹建钱氏宗祠须接续钱氏宗谱，钱俨乃广泛查阅历史典籍，探寻各地钱氏踪迹，悉心研究旧有宗谱，深入寻访族人见解，历时数年，经过反复订正核查，终于全面系统地整理出新的《钱氏宗谱》，大致如下。

　　始祖

　　早期黄帝轩辕氏，姬姓，所领部落主要活动于今陕西姬水之滨到陕北黄陵县一带（考古发现，距今五千至六千年前，各地已建成聚居部落，发展农业、畜牧业，发明了制陶业、独木舟等）；晚期黄帝有熊氏，复姓公孙，活动中心位于河南新郑（考古发现，距今四千五百年至五千五百年前，各地发现大量精美玉器、丝绸织物，创造文字用于记事，出现了构筑坚实的城墙、城门、角楼以及大量的殉人头骨，说明已逐渐向奴隶社会演化）。

　　黄帝得二子：一曰玄嚣，二曰昌意。

　　昌意生二子：一曰蟜极，二曰颛顼。

　　颛顼号高阳氏，姬姓，于高阳（河南濮阳）立国。

　　颛顼传数代生侟，侟生老童，老童生重黎，重黎生吴回，吴回生陆终，陆终第三子曰篯铿。

　　远祖

　　篯铿时期，适逢夏禹立国，建立夏朝，铿受封于彭城（今江苏徐州），为守藏吏、国师。历经夏、商两代，于彭城代代相传，故后人皆称之为彭祖。诸子孙迁至各州县，生根传宗，故至今《江苏徐州志》称城东北有彭祖墓，《浙江临安县志》称县东十里八百山有彭祖墓，《浙江孝丰县志》称广苕乡彭宅里有彭祖墓，《四川郿州志》称彭山县彭山有彭祖墓，《一统志》称河南鄢陵县北二十里彭祖岗上有彭祖墓。又福建有武夷山，乃彭祖后裔彭武、彭夷两兄弟迁徙至此定居而得名，可见彭祖后裔延续之久，分布之广。后人乃称彭祖寿八百，实为彭祖历代领彭城凡八百年，而非彭祖一人寿八百。

初祖

钱孚：篯孚率族人秘密西迁，故有"彭祖享寿七百九十七岁，得道西去，往流沙（中国西部有流沙国），不知所终"之说。篯孚西去至周国岐山，此地乃是始祖黄帝发祥地，周伯乃黄帝后裔，姬姓，篯孚亦黄帝后裔，故入周后即官拜泉府上士（钱、泉二字通用），负责管理钱粮事务。篯孚乃将篯姓之竹头去掉，以官为姓，成为钱姓始祖。

钱孚子孙传至五十二代孙钱林，字元茂，汉哀帝建平中为谏议大夫。因王莽势盛，专横跋扈，于元始五年（公元5）弃官南下，隐居于浙江长兴平望乡陂门里梓山之东，园林幽邃，花石佳致，层阁背山，高门临水。从此开族，子子孙孙，允文允武，自汉及吴魏至晋、宋、齐、梁、陈间，多显宦，为长兴著姓。墓在梓山。

五十四代孙钱敞，为东汉时中郎将（一云礼部郎）。

五十五代孙钱朔，字幼予，汉建武中黄门侍郎，骑都尉，代郡太守。

五十六代孙钱咸，汉旗门将军，高密太守。

江东钱氏支祖

五十九世，钱让，字德高，生于东汉安帝永初四年八月二十日。顺帝永和元年举孝廉，除历阳、章安二县长，后从太尉赵峻，辟为西曹掾，迁黄门选部侍郎。九江寇盗周生、范容作乱，诏授广陵太守、征东大将军，讨平之。桓帝建和元年拜广陵相、征东大将军，持节都督江左诸军事，徐、兖二州刺史，封富春侯。夫人徐氏，生子三：承、京、晟。后娶皇甫氏，生子一：耽。熹平元年三月十六日薨，春秋六十有三，加赠富春公，谥曰哀公，与夫人徐氏合葬长兴平望乡西北梓山。

六十世，钱京，字仲恭，仕东汉，历东宫舍人、太子洗马、黄门侍郎、高密太守、徐、兖二州刺史、越骑校尉右将军。夫人顾氏，生子五：徊、宝、毓、化、觉。析居无锡、乌程、昆山、陆安、於潜、吴兴等处，称为洗马支。公与夫人合葬长兴县吴概山，一云公葬雉山。

六十一世，钱宝，字宗珍，仕吴，前为将军司马、迁越骑校尉右将军，后任徐州刺史。夫人郑氏，生子二：腆、睦。公妣合葬雉山父茔侧。

311

六十二世,钱睦,字士信,仕吴,为黄门侍郎,安远将军,迁浔阳令,进东郡太守。夫人魏氏,生子二:秀、裔。公妣合葬雉山祖茔。

六十三世,钱秀,字子宏,仕吴,为五经博士,长秋、太常二卿。夫人徐氏,生子二:广、恩。公妣合葬雉山祖茔。

六十四世,钱广,字敬平,性孝友,博通群书,西晋大安中举孝廉,以平贼功累迁安远扬威征虏将军,都督江、洪二州诸军事。薨于永嘉二年,春秋五十有四,后二年赐以丹书,赠永安侯,谥忠壮。夫人周氏,生子四:维、弥、智绍、继。公妣合葬长兴县西二里湖陵山。

六十五世,钱弥,字德盛,善属文,仕晋,为陈州刺史,迁大司农,辅国大将军,授豫章侯。夫人魏氏,生子四:玮、基、慕、道济。公妣合葬长兴县戌山之南。

六十六世,钱玮,字瑞英,好学治书,旁贯庄老,仕晋,左常侍,太子黄门侍郎,出为潭中令,徐州别驾。理案清恕,抚民如子,致以慈父称之,加安远将军。夫人陆氏,生子五:元逊、谘询、修道、兴德、兴道。公妣合葬戌山父茔。

六十七世,钱兴德,字文灿,少而明敏,晓达时务,善书札古作,博通天文,仕晋,为本郡功曹,迁扬州主簿,员外散骑,转平乐令,冠军府记室参军,封关内侯。夫人吴氏,生子三:安仁、伯仁、法全。公妣合葬长兴县午酉山。

六十八世,钱伯仁,字德静,温厚端方,酷嗜孝义,士大夫咸器重之,刘宋泰始中举孝廉,除王府兵曹、参军,员外散骑常侍。萧梁革命,公遂挂冠归隐。女钱宝媛,适同郡(吴兴长城下若里)陈文讚(后谥陈景帝),生子陈霸先,字兴国,是为陈高祖武皇帝,尊封为昭皇后,故公以外戚追赠临川王。

六十九世,钱肃之,字子恭,齐建武元年补尚书,吏部郎中。梁时屡征不就,天监十三年诏授员外散骑常侍,全威将军,转给事中,十五年除邵陵王府文学。夫人王氏,继娶施氏,生子曰道始,再继娶万氏,生子曰道震。公葬长兴县大义村南十五里东侯山。

七十世,钱道始,字元德,自幼嗜学,经史百家,靡不究极其义,而气岸超出伦辈,天监中辟除法曹参军,大同中迁王府功曹,轻车将军,江州刺史。在任明练治体,剖决如流,奸雄畏威,窭乏被泽。当侯景逼台城,公与西郡太守陈霸先应援,败之于金陵;王僧辨欲窘霸先,斩其党杜龛;齐将徐嗣徽入寇,公据要出奇以破之。累立大勋,故霸先受禅,常谕公曰:卿有佐命功劳,虽属国戚,恩赉殊薄于众,今天下将定,安忍以繁剧之任浼卿。遂授昭远将军,又加扬威将军,充本郡瑞、嘉二陵令,兼本郡刺史,俾旋长兴,保护陵寝。薨年六十二,武帝悲悼,罢朝三日,赠安车将军、东阳太守、开国伯,追封建宁侯,谥曰:定。夫人王氏,生子六:纂为西宅祖、善明东宅祖、望达南宅祖、吉儿北宅祖、智远上宅祖、智昌下宅祖,称为洗马支，湖头六房是也。公葬湖州府东侯山。

七十一世，钱智昌，字子盛，幼而聪慧，文武兼通。陈武帝跃龙之始，公随父拒杜龛于大义栅一百余日，城垒之地即公居宅也，奇谋果决，遂得胜仗。天嘉二年迁吏部尚书，桂阳王府参计侍郎，转仁威将军，宣城太守。年四十二卒于京师，诏赠通直散骑常侍，宣毅将军，绥安县开国侯，御赐祭葬权厝大义村，大业二年卜迁成山。夫人张氏合兆焉，子二：瓛、进，女为陈宣帝贵妃。

七十二世，钱瓛，字贵章。公在髫龀间暗诵六经，甫学作文，有惊人语，少失怙，哀毁过礼，事母以孝闻。陈至德中，诏征甲门子弟，补本郡主簿。祯明元年移长沙王府法曹参军，以功加左卫殿中将军，袭晋安县开国子。既而叹曰：道之不行，时耶命耶，鷦鷯鼹鼠，不过一枝与盈腹足耳。遂隐林泉。隋大业中海寇侵掠郡邑，公仗义率众守御，境赖以安。又岁大饥，公开仓赈赡，远近沾恩。唐贞观十九年卒于私第，年七十三。夫人姚氏，生子三：元修、元裕、元师。公与夫人合葬成山父茔侧。

七十三世，钱元修，字文通。性淳谨笃厚，甘淡泊，以清白自守。贞观五年策试通经，补长兴县博士。七年诏天下贡民氏族源流，公录家谱。与沈怀远等数家连保京师。永徽二年，陈硕真谋逆，诏讨之，吴兴郡守李杭辟公议事，公遂请兵击寇，剿其余党。郡守奏其功，拜高平太守，扬威将军。以仪凤二年疾终。夫人徐氏，生子二：孝憬、孝本。公妣合葬成山绥安侯祖茔右。

七十四世，钱孝憬，字定方。幼聪慧，书通八体，射穿七札，耽玩典藉，工于诗歌，一触一咏，为缙绅所重，年十六以门阴授富春尉。公以奕世勋阀，族门鼎盛。大唐创业之后，是天下进贤之时，公独忘情簪笏，雅志高尚。十辟三公府，再以五品徵，虽羔雁继来，简书交至，而公终怀止足，挺然不屈。放情严谷，思全真璞。心爱临安土厚水清，包含正气。石镜居前，光分数里。苕溪处后，波漾十寻。九州之庙貌俨然，二月之芳踪宛在。加以金镛之梵宇禅宫，秦王之车辙马迹，义之献之游处主领犹存，郭生铨定真风，乔松尚翠，李八百隐居之地，唐君望仙去之壤。公识远仙机，智通物表，仰察尽天文之变，俯观知地理之宜，乃相县之东南境，茅山之下，躬迁祖宅。自此移家，俾子孙大振家声，百代之后以我为宗，故号茅山祖。时浙帅钱塘郡守表公世德，堪佐圣朝，诏赴阙廷，将加大用，委州县长吏备礼以迎。众心叶庆，共俟宠光，毋何天违福善之祥，遂有坏梁叹。忽萦疾恙，俄以寿终。夫人王氏，生子七：师宝、立义、立璀、立琬、师庆、师整、师道。公仍归葬於长兴县成山之原。

七十五世，钱师宝，字道珪，童时通孝经、论语，誉语亲曰："用天之道，分地之利，谨身节俭，以养父母，此圣人之至行也。吾日三省吾身，为人谋而不忠乎，与朋友交而不信乎，传不习乎，此孔门之高节也，唯此二者吾庶岁几焉。"遂谢徽辟，殚精载籍，极事亲之道，得乡党之誉，优哉游哉，聊以卒岁。年八十五岁无疾而终。夫人张氏，生子二：仁哲、仁昉。公墓在临安石镜乡大钱村。

七十六世，钱仁昉，字德纯，性格端秀，识量宏深。少禀清规，早怀干济。举孝廉高第，拜太子司仪郎，迁长城令。躬勤耕织，宾兴学校。疲瘵苏息，遍逃归附。家兴礼乐之风，民知谦让之节。任满阶临，老顾盼者千户。登车出境，童稚攀辕者数程。公之仁政感人者如斯。归老家庭，躬耕奉养。载丁艰疾，居丧合礼。清风雅望，今古垂芳。竟以寿终，年八十有一。娶本郡王氏，生三子：硕崇、硕琛、硕亶。葬临安县石镜乡钱宅墓次。

七十七世，钱硕亶，字文甫，生而俊秀，身长七尺。眉舒目明，好学耽书，识洞经史，精于天文历数，兼通地理元奥。常登石镜高峰，视前后山水形势，叹曰："峰峦拥抱，龙虎盘旋，气象深沉，必出豪杰。锺其运者，其我家子孙乎？"时海内晏如，江左丰阜。公以祖德高尚，忘其轩冕。韬光晦迹，坚隐邱园。玩水寻山，逍遥自适。于是江表知公之名，山林超俗之士多求访而交游焉。然而稼穑以躬，京坻岁积，赒赡三族，给奉燕游，遍及乡党，人莫不感其德者。迨及齿暮，厥德弥芳。寿七十有九，终于正寝。娶夫人本郡陈氏，生三子：湛、混、沛。公与夫人合葬临安县石镜乡钱宅墓侧。梁朝以元孙进封吴越爵，追赠尚书检校司空。夫人赠太安太夫人。

七十八世，钱沛，字子霂。曾学王右军书，八体超逸，真草俱成。唐穆宗知其名，诏授宣州旌德县令。享寿七十有八，以曾孙勋封吴越国王，梁追赠尚书，加右谏议大夫。开平元年（907）赠吏部尚书，敕建庙于杭州。乾化三年（913）加左仆射，封宏圣王。娶夫人童氏，生二子：宇、宙。公与夫人合葬衣锦南乡石锦溪北祖坟之侧。

七十九世，钱宙，字遵古。州郡屡聘，谢而不就，筑室石镜，躬行耕读。寿终于衣锦军城内，唐以武肃推恩，敕赠太府卿，加太尉，同中书门下平章事。梁开平二年（908），追封彭城侯，不久又进封建初王，入祠致飨。娶夫人水丘氏，生子：宽。公与夫人合葬于临安衣锦乡。

八十世，钱宽，字洪道。以嗣子吴越王功，大唐文德初年（888）敕授威胜军节度，检校尚书，赐绯鱼袋。景福二年（893）加职方郎中兼御史中丞，三年（894）加太府少卿，朝散大夫，检校礼部尚书。乾宁二年（895）四月十八日薨于安国衣锦军赐第，寿六十有一。梁开平四年（910）敕建三代祖庙于安国，累赠尚书左仆射，检校司空，开府仪同三司，特进太保、太尉、太傅、太师，中书令，封英显王。娶夫人水丘氏，生五子：镠、锜、镖、铎、铧。公与夫人合葬于衣锦乡清风里之南园。

以下为吴越钱氏庆系谱世系，略曰：

一世：钱镠，字具美。吴越国武肃王。

二世：钱元瓘，字明宝。吴越国文穆王。

三世：钱弘佐，字玄佑。吴越国忠献王。

钱弘倧，字文敏。吴越国忠逊王。

钱弘俶，字文德。吴越国王。

……

开宝四年（971）秋九月，宋帝遣使赐吴越国王生辰礼物，计有衣冠、剑佩等物。

十一月初一，吴越国王命子惟濬赴京，进贡郊祀礼品。

冬至，宋帝郊祀，下制：加吴越王食邑二千户，实封六百户。仍改赐：开吴镇海、崇文耀武、宣德守道功臣。

开宝五年（972），吴越国王命于西湖之北的宝石山上建九级浮图，名应天塔，归山下崇寿禅院祭扫管护。因崇寿院乃丞相吴延爽筹建，以此应天塔仍由吴延爽督建，赞宁大师协助。吴越国王又请净慈寺住持延寿大师于西湖之南、净慈寺之北的雷峰山上建造弘佛塔。该塔地处应天塔与六和塔之中点，与应天塔分峙西湖南、北，且西有南、北高峰塔，东有梵天寺塔，正位于诸塔之中心，呈众星捧月之势，又紧邻王城，塔中拟瘗埋佛螺髻发，故欲将此塔建成体量宏大、高耸云天、金碧辉煌、佛像众多的吴越第一塔。因延寿大师有扩建和筹建雪窦寺、灵隐寺、净慈寺等诸多佛事建筑的经验，又与赞宁大师共同主持了六和塔的建造，因而再次礼请延寿大师主持此事。

却说宋帝兼并南汉之后，即把目标锁定于南唐，然要发兵征讨南唐却须得先解决几大问题：一是南唐刚刚协助大宋消灭南汉，乃是大宋之亲密伙伴，如今要对其用兵，总得有个合情合理的因由，以免遭世人唾骂；二是大江天堑阻隔，如何保证顺利渡江，使损失降至最小；三是宋帝已经探明南唐大将林仁肇于南都积聚了十余万重兵，一旦宋兵渡江，必然遭受西起南都、东至江宁的全面抵抗，宋军将被困于江边，军需粮草供应不及，难以立足；四是之前征讨南汉耗费甚大，南汉即得却未能取得财物，以致宋国国库空虚。

南唐国主在宋帝消灭南汉掳归刘铱之后更加心灰意冷，整日沉醉于填词作赋、莺歌轻舞之中，或缠绵后宫，或参神礼佛，无心于国事。为了表明乃真心诚意臣服于大宋，李煜除自贬尊号称江南国主外，还削去诸弟王爵，改封国公，厚贡金帛财宝，尊大宋为正统，诏命无不执行，因之宋帝欲攻打南唐一时间难以找到借口。

按惯例，每年冬至皇帝都要率领文武大臣、礼仪官员赴南郊恭行郊祀礼，祭拜天地，祈求风调雨顺、五谷丰登，各藩国皆须进贡祭礼。开宝四年（971）十月，宋帝遣使至江宁，诏命以南唐韩国公李从善为本届郊祀礼的贡奉使，并命护送舞妓宵娘进京教习金莲舞。李煜听了目瞪口呆，一时间不知所措，李从善乃是李煜最亲密的王弟，亦是李煜最得力的谋臣，凡有机密又难以委决之事必与其商议，今宋帝指名从善赴京，若能短期内返回江宁则罢，一旦迁延时日，岂不是断了李煜之股肱。宵娘则是李煜身边除周后外最亲近的女人，李煜只要离开殿堂便会来到后宫，或与周后娥皇吟词作诗，谱写新曲，或与宵娘鼓瑟起舞，委婉弹唱，沉醉于艺术意境之中。如今周后体弱多病，而宵娘却正妙龄多姿，活力奔放，虽不在后妃之列，然在李煜心目中却已与周后不相上下，宋帝命宵娘进京，岂不令李煜惶恐无措。

稍稍冷静之后，李煜忙携从善进密室商议应对之策。

李煜道："素来向中原皇朝进贡皆由进贡国自行遣派贡奉使押送，如今宋帝竟钦定贡奉使，且命供奉使护送一歌舞妓一同进京，实在令人匪夷所思，不知宋帝又在打什么主意。"

从善道："小弟亦甚是费解，尤其是命宵娘进京，颇不合情理。弟闻宋帝素来不近女色，不好歌舞，民间传闻宋帝发迹前有'千里送京娘'故事，说的是赵匡胤年轻时路遇山贼强抢民女，被其救下，千里护送回乡，一路上恭谨守礼，民女京娘感其刚毅正直，英武俊秀，欲向其托付终身，匡胤以'千里送归只为仗义救人，今若苟循私情，与那响马何异？且君子岂为图报而施恩'为由婉拒，京娘竟投湖自尽。赵匡胤虽贵为皇帝，后妃却为数不多，由此看来，宵娘入京后未必被其霸占。待小弟进京后，种种谜团自可一探究竟，当尽快告知王兄，以便王兄得当应对。"

李煜道："王弟说得是，只是总觉得宋帝这次诏命颇为反常，怕是要对我南唐采取新举措，是凶是吉、是福是祸难以预料，还望王弟抵京后多方打探，尽快传回信息。"

从善道："宋对南方诸国用兵前总是先寻找借口，大造舆论。灭南汉前，宋帝曾以南汉主荒淫无道、迷信巫术为由，命我与吴越出兵助其讨伐；灭蜀前，蜀国派往北汉密使赵彦韬投宋，献出蜡丸帛书，告发蜀国联络北汉抗宋，为宋伐蜀提供了因由；灭武平、南平前，因武平内乱，周保权请宋助其平叛，以致宋军一举夺取武平、南平。如今江南唯我南唐与吴越尚有一定实力，而吴越素来取悦宋国，因之我南唐极有可能成为下一个攻击目标，国主当时时处处小心谨慎，无使宋国有任何理由伐我南唐，宋帝诏命之事国主还须谨慎处理！"

李煜道："王弟之意莫非是宋帝在有意挑起事端，令我对宋廷不满，为宋军伐唐制造借口？哦，这就是了，明明宋帝身边不乏贤臣良将，却要命我至亲骨肉进京，明明宋帝不好女色歌舞，却要宵娘入宫，这不明摆着是去我所依、夺我所爱，逼我愤懑，挑起事端吗？这皇帝真好阴险啊！"

从善劝道："既知如此，国主千万莫要自进圈套，古人云小不忍则乱大谋，国主还是遵旨而行为好。宋帝既有征伐之意，国主还当加强战备以防不测，尤其是金陵渡口以及江州、润州等江防要地务须做好充分准备。"

李煜唯有叹息而已。

韩国公李从善护送窅娘入京之后，李煜益发消沉，大宋帝国之威势犹如一张无形的强劲天网，笼罩着整个江南国土，令李煜难以喘息。窅娘走了，从此金莲舞不再，保卫江南之事更加艰难渺茫，李煜情绪抑郁。幸好皇后亲妹女英已经长成，容颜清丽，体态轻盈，颇有几分相似于窅娘，只是尚未发育到极致，李煜遂常常与其幽会，有词《菩萨蛮》为证：

花明月暗笼轻雾，今宵好向郎边去。刬袜步香阶，手提金缕鞋。

画堂南畔见，一向偎人颤。奴为出来难，教君恣意怜。

不久，李煜次子、宣城郡公仲宣意外夭亡。受此打击，皇后娥皇病情加重，亦于隆冬时节与世长辞。李煜悲愁交加，以致病倒近两个月，悲恸中唯有以诗抒情，悼念爱子与娇妻：

珠碎眼前珍，花凋世外春。未销心里恨，又失掌中身。

玉笥犹残药，香奁已染尘。前哀将后感，无泪可沾巾。

艳质同芳树，浮危道略同。正悲春落实，又苦雨伤丛。

秾丽今何在，飘零事已空。沉沉无问处，千载谢东风。

祸不单行，皇后灵堂刚刚撤除，李煜生母钟太后又突然中风仙逝，李煜含悲为母亲上谥号：圣尊皇太后。大臣们慑于大宋皇权，遂悄悄去掉皇字，谥曰"圣尊太后"。

李煜自幼颇有向佛悟性，如今亲人接连逝去，遂陷入无穷悲痛不能自拔，冥冥之中不免时时泛起六道轮回、因果报应等佛门说教，从此加倍崇信佛教，以致终于潜心向佛。

从善、窅粮音信杳无，任凭李煜望穿双眼，终不得见，只好日日酣饮，借酒浇愁，有《清平乐》为证：

别来春半，触目愁肠断。砌下落梅如雪乱，拂了一身还满。

雁来音信无凭，路遥归梦难成。离恨恰如春草，更行更远还生。

李煜亦深深关切和思念窅娘的处境，有词《喜迁莺》为证：

晓月坠，宿云微，无语枕频欹。梦回芳草思依依，天远雁声稀。

啼莺散，馀花乱，寂寞画堂深院。片红休埽尽从伊，留待舞人归。

李煜日夜盼望北方来信，不想却盼来了令人震惊的密报：镇守南都的洪州节度使、大都督林仁肇私通宋国，密谋助宋反唐。

林仁肇乃南唐名将，能征善战，威望颇高，于宋征南汉时曾建议李煜："驻守淮南的宋兵不多，且经年劳师远征，如今又攻打岭南，已经兵疲马乏，臣请率江州之兵自寿春渡江收复江北失地。为避免累及朝廷，可宣谕称此行动乃李某背叛朝廷所为，事成则社稷之福，事败则由李某承担。"李煜竟不敢采纳。宋帝素知林仁肇骁勇善战，对其颇为忌惮，乃欲设计将其除去。从善进京后，宋帝命人借故引从善侍从进一密室，这密室正中竟悬挂着林仁肇府中日常悬挂的画像，侍从诧异，疑惑问道："此系何人，缘何挂像于此？"主人不答，似有难色。因事关重大，侍从再三追问，主人寻思良久道："告诉你也无妨，反正此人即将来归。此乃南唐林仁肇将军，不久将以收复江北失地为名率兵佯攻宋国，再寻机北归，献上江州，今先送来此像为信物，届时此府将成为林将军府第。"侍从将此事原原本本禀告从善，从善又制成蜡丸命人火速报与李煜。

李煜看罢煞是不信。仁肇乃三朝元老，位极人臣，又深受信任，手握重兵镇守一方，素来忠心耿耿，怎会突然欺主卖国，其中或是有诈。但是细细想来，既然王弟由开封传出消息，至少说明宋朝廷对林仁肇驻守洪州颇为重视，甚至对洪州扩军之事已有所察觉，此事若不果断处置，其后果不堪设想。倘若林仁肇果然投宋，一旦领兵顺江而下，江宁则不保，江南亦将倾覆；若宋廷开始关注林仁肇，则早晚察知洪州扩军之举，如此便有了渡江南下、讨伐南唐之借口。命林仁肇秘密扩军原本是极机密之事，仅二三当事人知晓，因之此事又不便与众臣僚共同商议，思来想去，最妥善办法是命林仁肇自尽，以"暴病而亡"宣告天下。

林仁肇之死震动了整个南唐朝野，众臣僚纷纷为林仁肇惋惜，李煜心中亦甚是悲痛，却又无可奈何。

林仁肇死后，李煜立即命朱令赟为新任南都留守，将林仁肇所训练之兵勇秘密转入山区，并继续招募新兵加紧训练，以备抗击宋军。李煜告诫朱令赟："江南国土逼仄，再不能丧失尺寸之地。若北兵南侵，我南唐须举国一战，届时我将固守江宁，以南都新军为援，此乃唯一战胜北军之道，南都就依仗爱卿了。"令赟乃赴任南都。

朱令赟走后，李煜召来内殿传诏徐元瑀，令其为朱令赟监军，率领参事两人、内殿当值三人同赴南都，务于朱令赟之前到达，一是晓谕各等人员必须服从朱令赟指挥，二是严防北谍，三是监视当地军民对林仁肇之死有何反响，四是随时向朝廷报告朱令赟的一举一动，以免再发生类似林仁肇事件。

宋帝命李煜遣王弟李从善护送瑁娘进京，虽未挑起李煜的反抗，却除去了林仁肇这一心头大患。李煜知道，这次虽然躲过一劫，宋帝觊觎江南之心未泯，为了取悦宋国，不给其以武力征讨南唐的借口，遂下令贬损制度：江南凡下发文书皆称教，不称谕、旨；改中书省、门下省为左、右内史府，尚书省为司会府，御史台为司宪府，翰林为文馆，枢密院为光政院，以尊朝廷。

第七十二回　聚宗祠族人共祭先祖　破天堑宋军合围金陵

　　话说宋帝设计除去南唐大将林仁肇,解除了灭唐四大难题之一,为了解决其他问题,乃把目光投向吴越国。吴越自有国,素以中原为正统,曾于前朝时出兵进攻常州、润州以助周世宗讨伐南唐,如今宋军攻唐,若得吴越出兵相助,则许多难题可迎刃而解:一则吴越攻唐无天堑阻隔,如若进军顺利,可迅速进逼金陵城下,对唐军造成严峻威慑,如此以来唐军必然将金陵主力转向东南,为宋军渡江南下减小阻力,大大减轻宋军渡江作战的损失;二则宋军渡江难度既然降低,则用兵可以减少,所需粮草、军需、后勤皆可减少,国库空虚之困得以缓解;三是吴越助宋伐唐,可对金陵形成两面夹击之势,有四面楚歌之威,令唐军心惊胆战,丧失战斗意志,一举击垮其心态。

　　开宝五年(972)秋九月,吴越国王遣元帅府掌书记黄彝简入贡京师,事毕将归之时宋帝赐宴彝简,言道:"归与元帅言,朕于熏风门外已建离宫,规模壮丽不减江浙,赐名'礼贤宅',取礼敬贤臣之意,以待李煜与元帅。今李煜倔强不朝,暗修城池,选练军卒,图谋北进,故吾将讨之,元帅助我乎?望元帅无为他人'唇亡齿寒'之惑,果如此,则将以精兵坚甲奉赐。向克常州元帅有大功,俟江南平可暂来见,保无他阻,一慰延想耳,固不久留。朕执圭币三见于天,岂敢自诬?即当遣还也。"

　　彝简敬受天语,拜谢辞归,于返还杭州途中一路思考:"此事关乎吴越国之前途命运,若奉宋帝旨意出兵伐唐,一则违背武肃王'保境安民'遗训,令吴越军民卷入宋唐战争,伤害的是两国百姓。二则吴越出兵征唐,必然两败俱伤,唯宋国渔翁得利,唐亡吴越自然亦不存。三是凡亡国之君皆被押送入京,蜀主孟昶受封秦国公,不久即莫名而亡,'花蕊夫人'亦被霸占;南汉刘铱虽受封恩赦侯,却成为取悦朝廷天子的活宝,何其难堪!吴越国即使助宋伐唐有功,也难保独立地位,吴越国王充其量可保留个安乐王称号,不再有实权,宫中大臣更不知如何安置。宋国连年征伐周边诸国,资财耗尽,国库空虚,吴越一旦并入宋国,百姓自然受累。若是违抗宋帝旨意不出兵,则将来宋灭唐后必然对吴越用兵,届时吴越国后果更不堪设想。若要联唐抗宋,以当前唐国现状实为以卵击石,自取灭亡!王上若询问去就之计,命我决策,我该何以为对?"彝简思来想去不知如何是好,回到杭州面见吴越国王，只得毫无隐瞒地将宋帝面谕禀告王上，言毕即称一路风寒染患急疾，唯恐感染王上，以此急速告退，遂即潜遁保身，隐居安溪别业，终日躬耕吟诗，不问政事。

吴越国王将宋帝所言与众大臣商议，众臣多同意遵宋旨举兵击唐。吴越国王乃命两浙诸军都钤辖使沈承礼等加紧调集各方军马，集中训练，以备宋帝随时调用。

开宝六年（973）清明前，吴越国王偕越州刺史王十一弟钱仪、镇海军节度副使王次子钱惟濬、湖州刺史王十四弟钱俨、新任元帅府掌书记范垌等人视察湖州、临安钱氏宗祠。

吴越国王明白，大宋灭唐之后，南方小国唯剩吴越和彰泉。彰泉乃弹丸之地，自然与吴越共进退，而吴越归宋是既定方针，早晚之事。但归宋之后吴越国、吴越国王是否保留？吴越的王亲国戚何去何从？对吴越百姓有何影响？吴越社会是否稳定？种种问题无从预料。如今能做的唯有三件事：一是建寺造塔，教化百姓避恶扬善，只要百姓人人向善，罪恶自会销声匿迹，社会就会稳定，当今净慈寺六和塔已经建成，雷峰塔、应天塔亦在加紧筹备，弘扬佛事日渐兴盛；二是各州县建立儒家书院，尊崇儒学，提倡忠孝仁义，如此忤逆奸诈、逞强斗狠之风自可消灭；第三就是于乡村中以一村一姓建立宗祠，使得各乡各村百姓皆同祖同宗，彼此和睦相处，和衷共济，不使子孙因贫困而流落他乡或铤而走险，再团结异姓村民共同管好村中所有事务，如此自然村村安定、乡乡太平，如今先从钱氏宗祠抓起，完善之后即可推行于吴越全国。做好上述三事，即从思想意识、伦理道德、社会组织诸方面保证了社会稳定，只要形成宗教、儒学、宗族三股势力，无论将来由谁统治，皆受这三股势力的影响与制约，不至引起大的变故。如今宗教势力、儒学势力于吴越境内已经形成，唯宗族势力仅限于钱氏宗族试点阶段，因之吴越国王乃亲自视察，以便考察效果，总结经验尽快推行。

吴越国王一行人来到湖州，刺史钱俨事先已将散居于湖州各乡镇的钱氏族人召来州府，众人会聚于钱氏宗祠，男女老幼共七百余人。族人首次相聚分外亲切，攀亲论辈，忆祖思宗，畅叙往事，追古惜今，气氛十分热烈。见吴越国王一行进得祠来，众人纷纷拥上前来，近前的争相与王上握手问安，离远的跬足翘首引颈观看。吴越国王登上堂来，只见祠内大堂三间，后壁是三座灵龛，龛中分五层摆满了钱氏历代祖宗牌位：最上层正中是江东钱氏支祖钱让之位，左边灵龛最上层是二代祖钱京，右边灵龛最上层是三代祖钱宝，以下各代祖宗牌位依次分列于下面各层。大堂正中灵龛前摆放香案，案上布满各种祭品和香烛，案前设置大香炉，大堂两侧摆列数排座椅。吴越国王先招呼各坊各乡族长、长者就坐，向其了解各地族人情况,稍后钱俨禀过吴越国王宣告祭祀大典开始。众人起立,吴越国王于前面率领钱氏族人向先祖行祭礼,宣读祭文,焚化祭品,气氛肃穆,仪态恭谨,礼毕请众人落座,并向众人详细讲述建立宗族组织的目的意义,俾使宗祠组织功能更臻完善。

听完吴越国王介绍,众人七嘴八舌、议论纷纷,有的说有了宗祠族人亲如一家,即使有矛盾,由族长出面动之以情、晓之以理,很容易解决,不似以前动辄对簿公堂,即便各打数十大板亦未必解决问题;有的说这两年族人聚会,扬善伐恶,奖勤罚懒,崇儒尚学,倡孝重义,带动乡里民风淳朴敦厚,改善了社会风气;有的说宗祠有了祠产,供缺田少地族人租种,又可少交田租,为贫困族人解除了饥寒之忧,使流落他乡的游子得以回归故里与族人团聚;还有人说大力倡导积德扬善,发展生产,富人出钱,穷人出力,垦荒植田,兴修水利,修桥铺路,刊书办学,凡有利于族人兴旺发达之事皆人人踊跃,个个争先,无一不圆满完成;也有人建议于宗祠名下筹建养济院,收养无靠宗亲,添设育婴堂,抚育丧亲孤儿;还有人建议宗祠名下设立义仓,以备灾疫之需。

吴越国王说道:"众位宗亲之议论颇有意义,许多建议对安定社会秩序、和谐宗亲关系、改善百姓生计颇有裨益,凡宗祠有能力办到的皆可量力而行。其实有些事情王祖遗训中已有交代,譬如'多设养济院,收养无告四民。添设育婴堂,稽察乳媪,勿致阳奉阴违,凌虐幼孩',又如'子孙后代,莫轻弃吾祖先''子孙绍续家风,宣明礼教'等等,只是数十年来官府着眼于抓国事、政事,顾不到此等琐碎民事,如今有了宗祠,正可办好这些事。还有些事情仅凭宗祠之力难以实行,譬如建立较大规模的义仓,风、虫、水、旱、火诸等较大自然灾害的赈济等等,则应由官府出面由府库赈济。"稍一停顿后,吴越国王对湖州刺史钱俨道:"诸位宗亲所言之事就由湖州府会同宗祠族人共同处理,事毕禀报王府。"

未时过后就于祠堂院落中置席设宴,共庆湖州宗亲首次欢聚一堂恭祭先祖,会商宗族发展大计,吴越国王举杯分别向各乡里钱氏族长敬酒致意,勉励秉公办好族人之事。

次日,吴越国王继续向各乡里宗亲了解情况,征求意见,王次子钱惟濬先行赶赴临安,安排临安宗祠祭祀事宜。

第三日,吴越国王来到临安,惟濬已将散居临安各乡镇的钱氏族人招来,众人会聚于临安钱氏宗祠,祭祀先祖,欢聚畅叙。

事后,范垌将参加两地公祭的人员名册、公祭过程、宗亲所提建议等整理成档,带回杭州。

四月,宋帝以"重修天下图经,史馆独缺南唐诸州"为名,命翰林学士卢多逊出使江南,搜寻有关山川地形资料。李煜竟毫无防备,拱手将江南各地山川形势、兵力部署、粮草储备、人口分布等机密情报献给宋国,为宋军灭唐提供了详实材料。

正当宋帝积极筹谋伐唐之际,赵普却获罪被罢黜相位。

早在宋帝出兵征讨南汉之时,宋军直扑紧邻南唐西境的郴州,又命吴越国借道唐国南境出兵,共同讨伐南汉,因之南唐上下颇感危急。李煜急于探明宋帝真实意图,遂遣使进贡朝廷财物,其时宰相赵普权势极盛,可谓一人之下,万人之上,甚至在与皇弟赵光义的较量中亦占据上风,因之李煜亦向赵普遣送重礼。赵普刚送走南唐使者,恰逢皇帝诣府微访,一时来不及收拾南唐礼物,宋帝见厅中置有礼品十坛,问知来历后笑道:"江南国主向朝廷进贡了礼物,不想亦向丞相馈赠私礼,但不知内容何物?"赵普道:"适才受礼,尚未察看。"一边命人打开坛盖,却见坛中满盛瓜子金,赵普大为惶恐,忙向宋帝不迭请罪:"若知此,当奏闻而却之。"宋帝道:"江南国主以为宋国大事皆由汝等书生决定,遂有此赠,丞相但收无妨。"此事于宋帝心中不免有所警惕,相权过重,曾导致多少朝代大权旁落,酿成大祸。

开宝五年(972)九月,枢密使李崇矩之女嫁与赵普之子赵承宗,两人结成儿女亲家,宋帝得知后随即罢去李崇矩枢密使之职,出为镇国军节度使,不久又将李崇矩降为左卫大将军,其目的在于限制赵普权势。

其时朝廷曾有禁令,任何人不得私自贩运秦陇大木。赵普为建造私第派遣亲吏至秦陇购置木材,编成巨筏运至京师。亲吏趁机偷运大木于市场出售,谎称乃赵普托售。有人将宰相售卖大木之事报与宋帝,宋帝大怒,促令追查,欲治赵普罪,幸得王溥求情遂免深究。

赵普还曾私自以隙地换取御厨菜园,以扩大自己府第,又营建客栈以谋利,翰林学士卢多逊屡屡上奏弹劾。

开宝六年(973)六月,因弹劾赵普而被贬商州司户参军的雷德骧再被流放灵武,其子雷有邻以为乃赵普所为,遂击登闻鼓,状告宰相赵普包庇属僚多行不轨:相府属吏堂后官胡赞、李可度受托纳贿;前上蔡主簿刘伟伪造摄牒而得官;宗正丞赵孚授西川官却枉称有疾不赴任等。宋帝命下御史府按审,刘伟处死,胡赞等人决杖除名。

开宝六年(973)八月二十三日,宋帝罢去独占相位近十年之久的宰相赵普之职,使其出任河阳三城节度使、检校太傅、同平章事。

赵普罢相出镇时奏称:"人言臣轻贬皇弟开封尹,皇弟忠孝全德,岂有容人谤论之处。昭宪皇太后大渐之时,臣顾命于旁侧,君上悉知,愿圣上赐臣以清白!"

可见，宋帝贬斥赵普，实乃出于赵普与皇弟间矛盾激化，其焦点却是赵普反对赵光义继承皇位。赵光义自建隆二年（961）七月拜为开封府尹、同平章事，却一直未曾封王，朝会班次在宰相之下。赵普罢相不足一月光义即被赐为晋王，四天后朝会班次即位列宰相之上，足见赵普据相位压制了光义，而赵普专权又招致光义及众大臣嫉恨，终致罢相。

由于朝廷中矛盾激化，宋帝不得不放慢了征唐脚步。

宋帝深知欲统一中国、消灭南方诸小朝廷，若无精锐水军绝无可能，乃于夺取荆州、湖州之后即从二州军中选取建造战舰及熟谙水战之才于开封建造战舰，并招募数千子弟编为"水虎捷军"，教其水战。

自古南北相争以长江为天堑，虽有水军亦难渡江，时有一江南落第士人樊若水欲进身仕途，乃于长江最窄处之采石矶（今安徽马鞍山市西南）江面往来划船引绳测量江宽、水深、流速缓急，测算后入京向宋帝进献建浮桥渡江之计。众臣皆以为江宽、水深、流急，又无先例可循，难以施行，唯宋帝力排众议，当即命人制造供浮桥所用的船只，以彻底解决渡江难题。

为了笼络吴越共同伐唐，宋帝主动向吴越王示好，于开宝七年（974）夏五月遣进奏使文赟至杭州，御赐吴越国王御衣一袭、玉带一条、玉鞍勒马一副、金器二百两、银器三千两、锦绣一千段。

江南国主一直忧患宋帝有灭唐之举，因之一面向大宋表示畏服，修藩臣之礼，一面缮甲募兵，暗地备战，将兵力集聚于大江南岸各据点，尤以湖口（九江）、金陵（南京）和润州（镇江）为重。

南唐的臣服恭谨令宋帝难觅借口，无机可乘。宋帝乃于七月敕令吴越国王发兵攻打南唐之常州，一来考察吴越国王事宋是否真心；二来挑起吴越与南唐战争，为宋军出兵制造借口；三来分散南唐兵力，为宋军渡江减轻阻力，亦减少宋军攻唐所需财力、物力。诏曰：

敕钱俶：朕统御万拜，抚临兆庶，推至诚而待物，期率土以归心。布惠行仁，是予本志；兴师动众，非我愿为。惟彼江南，言修臣礼，久被抚绥之化，颇倾依附之心。贡封章则惟见恭勤，修外貌则多从减降，既云事大，每欲包荒。甘言尝信其赤心，内念岂疑其奸计。而又叠倾诚款，愿降册封，既礼分之未亏，故我心之无间，使人频至，词旨愈专，是以特降近臣，俾其略来赴阙，颁宣优厚，恩礼殊隆，何期终日包藏，一朝败露，不惟多方托故，恩避来朝，而乃修葺城池，选练军旅，教习战阵，抽点乡兵，为捍拒之谋，作攻守之备。朝廷养冠垂二十年，心狠貌恭，突然自败。向展为臣之礼，适展观衅之方，每云倾输，动彰狡诈，既云问罪，须至兴师。今者禁卫出军，云台选将，克期攻取，直抵昇州。卿任重统戎，心专荡寇，况早者曾披章奏，具述事宜，今验奸凶，果符陈请，闻兹讨伐，必罄忠勤。今候丁德裕到彼住三五日，可部领兵士起发，且往攻取常州。毗倚之怀，寤寐无已，故兹诏示，想宜知悉。

吴越国王接诏，当即密遣行军司马孙承祐潜赴大宋京都商定进军事宜，并命境内训练士卒，检阅兵甲。

八月，宋帝遣内客省使丁德裕来杭赐吴越国王生辰礼物，敕授吴越国王东南面招讨制置使，并赐御剑一口，御甲一副，金鞍御马一匹。命丁德裕为行营兵马都监，又以云骑、雄捷等指挥步兵几千人，辅助吴越进击常州。

九月，宋帝诏命江南国主李煜赴开封觐见，同时命曹彬为西南路行营马步军战棹都部署，潘美为都监，曹翰为先锋都指挥使，领兵十万分赴荆南、江陵等地待命。南唐君臣眼见宋国已于东、西两面集结重兵，大有一举灭唐之势，担心国主一旦北上势难回国，以此李煜称病不肯前往。宋帝复遣李穆为使至南唐督促，李煜哀声求道："我谨奉朝廷，但求苟安，若如此紧逼，唯拼死一搏。"李穆回道："朝或不朝国主自便，但以江南之兵力、财力恐难阻挡。"如此，宋帝终于有了用兵伐唐的口实。

如今宋帝既有吴越国相助，大大缓解了兵力、财力、物力不足的问题，又有樊若水浮桥渡江之计，解除了渡江难题，江南南都大将林仁肇已经除去，又有了"江南倔强不朝"的借口，所有问题迎刃而解，可以名正言顺地发兵南征了。

十月，宋帝发兵十万分五路进攻南唐：第一路由曹彬率荆州、湖州水军自荆南顺大江而下，攻击大江南岸各要寨；第二路由潘美率领步骑兵自和州（安徽和县）与采石间渡江，与曹彬军会合攻击金陵；第三路，京师水军自汴水南下至扬州渡江，攻取润州；第四路以黄州（湖北黄冈）刺史王明为江路巡检战棹都部署，牵制江西南唐军，不使增援金陵；第五路以吴越国王为昇州（金陵）东南面行营招抚制置使，率兵五万攻取常州、润州，进而合攻金陵。

李煜见形势危急，忙遣徐铉为特使进京入朝面见宋帝。徐铉久居江南，以名臣自负，颇有辩才，欲以口舌说服宋帝保存其国。入朝前夜徐铉绞尽脑汁思应对言词，待到入朝，仰面言道："李煜无罪，陛下师出无名。"宋帝召徐铉升殿近前，命其尽言其理，铉曰："李煜以小事大，如子之事父，未有过失，何以要发兵讨伐？"宋帝道："你说我与李煜犹如父子，可有父子分为两家而分庭者乎？"徐铉争辩："李煜事宋，历来恭勤谨慎，只因有病而未能入京面觐陛下，并无违诏抗命之意。"宋帝道："即令江南无罪，但天下一家，卧榻之旁岂容他人鼾睡！"宋帝一统江山之意已溢于言表，徐铉只得讪讪返回江南。

李煜又致书于吴越国王："今日无我，明日岂有君？一旦江山归于一统，君或可易地酬勋，不过如孟昶、刘铁辈，无非大梁一布衣耳。"吴越国王未作答，以书转达于宋帝。

李煜求和无望，欲殊死相拼，急令调集十余万兵马驻扎于金陵城内外，以抗击宋军，又令江西派兵增援金陵，并阻截宋军渡江。

润十月十六日，吴越国王亲率镇武军都指挥使金彦滔、镇国军都指挥使王谔、亲从指挥使凌超等统领五万大军，自杭州发兵攻打常州，以丁德裕为先锋使。二十二日，诸军进入常州境内，前锋所至南唐军望风而逃。二十四日，吴越国王至常州，攻克关城，常州兵据城自守。吴越国王驻营于九仙墩，命亲从指挥使凌超等分别扎营于四门，命镇国都指挥使王谔进攻江阴，镇武都指挥使金彦滔进攻宜兴，又命水军诸舰由吴兴出太湖而进。

十一月，宋帝遣弓箭库使王文宝至吴越军前宣谕：全力进攻常州、润州以分散南唐守江兵力，支援宋军渡江。仍赐吴越国王以金盒盛封汤药。

吴越国王乃迁行府于常州南门外，亲自督促全力进攻常州。

金彦滔猛攻宜兴，数日攻克，俘获南唐县令、县尉等官员以及士卒凡二百五十人，马八十匹，吴越国王命金彦滔献于大宋京师。

李煜见常州危急，忙命江宁大将卢绛率两万兵马救援常州。卢绛率本部兵马驻守于常州以西之吕城，与常州成犄角之势，互为应援。

十二月，吴越国王与诸将商定，由镇国军都指挥使王谔率领本部兵马隐伏于长江南岸之芦苇荡中，吴越国王亲率众军将四面猛攻常州城，吕城守军见常州势危，必倾力增援，待吕城空虚，王谔伏兵急速南下夺取吕城，再将卢绛兵马合围于常州与吕城之间歼灭。

十九日，吴越国王命众军将全力猛攻常州诸门，势在必得。州城四围战鼓震天，杀声彻地，砲石滚滚，兵勇争先，杀得城头守军疲于奔命。吕城卢绛得报果然急忙点起兵马冲出城来救援常州。吴越国王见卢绛领兵来援，急令围攻常州诸军抽出兵马将卢绛援军团团围住。王谔按计划领伏兵杀奔吕城，吕城守军毫无防备，被王谔水军破了水门，随之王谔诸军便似潮水般涌入吕城。吕城即破，王谔令部分兵将守城，自己亲领其余将士出城来战卢绛。常州守军眼见卢绛兵马被团团围困，却因诸门皆被吴越兵严密封锁而无法出城相援，卢绛见吕城已丢，眼见得常州进不去，吕城归不得，只好且战且走，绕过吕城向西北退去，意欲退走润州，却被由吕城杀来的王谔兵马截住，又好一阵厮杀。卢绛率领众兵将左冲右突，前挡后杀，终是摆不脱吴越兵的重重包围，见大势已去，也顾不得身边众将士，只带了几个贴身侍卫杀出重围，得以逃遁。这一仗吴越兵大获全胜，斩杀南唐军二千余人，俘获近万人。

次日，吴越国王命钤辖使沈承礼等告捷于大宋京师。

再说宋军，曹彬等率部顺江而下，连克铜陵、芜湖、当涂，进至采石，于十一月中旬按照樊若水之计于采石与和州间架起浮桥。南唐本以为于浩浩大江之上架设浮桥可谓是异想天开，以此疏于防卫，今见浮桥架成，人人惊慌失措。浮桥既成，潘美率步骑兵由浮桥过江，与曹彬水军合力将南唐郑彦华、杜真率领的水步兵两万人击溃，随之宋军主力渡江，十一月下旬连克金陵外围的新林寨、白鹭洲、新林港。

开宝八年（975）元月，宋军攻占金陵南的溧水，继而对南唐水寨发动火攻，一举歼灭南唐水军，对金陵城形成合围之势。西路王明军先后攻克鄂州（武汉）、池州、宣州等城池，切断了江州南唐军朱令赟的东援之路，金陵陷于孤立无援之境地。

二月，宋帝遣内直使陈理至吴越军营宣谕：命吴越军加紧攻取常州、润州，配合宋军攻下金陵，并赐吴越军卒戎服五万副，又赐吴越将帅服带、器帛等。吴越国王亲率大军屡攻城垒，怎奈常州城垒经过历次修葺加固实难攻取，有人建议效法文穆王抛射火油坛子之法焚烧城楼及城门，必可一举攻克。吴越国王念及此举不仅会令无数南唐将士葬身火海，还极有可能延及普通百姓人家，因之不许。时城中南唐军常趁夜黑月暗出城焚毁吴越军营寨栅，抢夺粮食物资。吴越国王从所俘南唐士卒处获悉，常州城中粮食已经告罄，以此军士出城抢劫，乃命各门营地官兵各于营前近城处搭建帐棚存放粮食，任由城中军民自由领取，但不得大量倒运，以防有人垄断取利。

三月，宋帝下敕：授吴越国王尚书令兼中书令。敕曰：

干戈之役，所以吊伐之功；雨露之恩，所以示旌嘉之宠。其有，任分尤寄，绩著简编。一心禀奉于朝廷，半载勤劳于师旅。用酬丕绩，特举徽章。咨而，吴越国王钱弘俶：天赋纯诚，神资秘略。玉钤金匮，生知战伐之机；列鼎鸣钟，世袭公王之位。斧钺之威权素重，梯航之职贡唯勤。特授大谋，共除残孽。训骁雄之士卒，所向无前；指要害之州城，期于必取。涉历寒暄之候，辛勤寇敌之威。简自朕心，岂忘嘉奖。捷书才至，赏典亟行。载征耆老之文，俾尽优崇之礼。尔其，恭膺休命，善抚奥区。知荷宠之难忘，思审终之为美。庇民尊主，传带砺于无虞；翼子贻孙，保箕裘于不坠。扶成昌运，永光令图！可特授尚书令，兼中书令，天下兵马大元帅。散官，如故。

吴越国王知道此乃敦促吴越军加紧攻唐之意，乃亲自修书致常州知军州事禹万诚："当今宋国已兼并了楚、蜀、南平、南汉诸国，不久必将统一中国，一个统一、强盛、富庶的宋国将会继盛唐而兴起，此乃天意所授，民心所向，将军何不顺天意民心而行！目前城中粮食告罄,军民饥饿难耐,将军应早日开城请降,以解城中军民之困,救众生灵于涂炭。我吴越虽已围城数月,却始终未曾放手强攻,其目的即在等待将军醒悟,使双方军民尽量减少牺牲。若将军能屈尊开城投降,本王自当礼遇将军,并向皇上请命厚待将军。"

禹万诚看了吴越国王亲笔书信,心潮澎湃,思绪翻腾:如今宋国是如日中天,势压四方,正如吴越国王所言,说不定大宋皇朝有朝一日将犹如大唐盛世般挺立于中国大地。而南唐却是日薄西山,气息奄奄,值此窘迫之际,国主却不思自强,终日耽于诗词书画,迷信佛经宗教,不理国事。自己为如此行将灭亡的小国拼死效力,却去与一个日益富强、即将统领全华夏的大国对抗,谈何忠,言何义?

夏四月,禹万诚终于决心投降,遣观察推官郑简携降表至吴越军门请命,吴越国王欣然允其所请。次日,禹万诚等来到行府请罪,吴越国王以情相待,赐以衣冠、器币等,又命置办粮食、羊、酒等送至其家中,继而派兵护送禹万诚等人进京,并亲自修了奏章禀明常州投降经过,为禹万诚等人请命。着令从军营中运送粮食、牛羊等至常州城中赈济军民,以此城中军民得以安心,秩序井然。

宋帝见了吴越国王奏报,又听禹万诚盛言吴越国王为人仁德,常州归降后军民颇受其恩泽,以此百姓安心,社会稳定,乃频频点头,大为赞许,随即命人制敕,遣使宣谕:

授王:守太师,仍赐开吴镇越、崇文耀武、宣德守道、中正功臣,天下兵马大元帅兼昇州东南招讨制置使、开府仪同三司、尚书令、中书令、上柱国、吴越国王,加食邑六千户,实封九百户,仍赐汤药及沿身法物等。

又遣上侍禁李辉来常州,赐吴越国王御衣一袭,玉带、玉鞍、勒马各一事,金器二千两,银器一万两,锦彩一万段。

吴越国王接诏,即修奏章一道:授宋内客省使丁德裕为常州刺史,命镇东军支使王通速报宋帝。宋帝见奏,复诏命客省使丁德裕权知常州。

常州既降,守军又获宽宥,周边江阴、宁远等南唐军以及沿江石桥等寨军兵亦纷纷来降,吴越国王皆宽宥之。

第七十三回　失国祚李煜痛别江南　佑社稷吴越力建佛国

　　开宝八年（975）五月，宋帝命吴越国王协助宋军进攻润州，然后与宋军会师于金陵，吴越国王乃奉诏遣两浙诸军都钤辖使沈承礼等率兵进攻润州。

　　南唐卢绛于常州城外几乎全军覆没，带了数名亲兵杀出重围直奔润州而来，沿途召集被杀散的部下兵卒共得二千余人。又有驻扎于江阴水寨的水军五千人，因江阴守军已投降吴越，乃逆江而上前来与卢绛会合，如此卢绛遂率领八千水步骑兵投奔润州守将刘澄。

　　沈承礼率吴越兵马来到润州城下，刘澄手下诸将及卢绛皆主张趁吴越兵马立足未稳，营垒不整，立即发兵袭击，刘澄不准，众将再三请战，刘澄决意不战。不得已，卢绛率领自己所部兵马出城冲击吴越军营，怎奈将弱兵寡，被吴越兵打得大败而归，刘澄趁机以不听军令、屡战屡败为由，将卢绛遣归江宁（金陵）。

　　刘澄心中十分清楚，蜀、楚、南汉诸国之兵遇到宋军皆一触即溃，南唐兵又何尝不是如此，与其伴随南唐一起覆灭，不如趁早降宋，或许尚可保留一官半职，享受荣华富贵，因之刘澄坚决反对出兵攻击吴越营垒。如今卢绛这块绊脚石已经除去，欲投降再无阻碍，于是悄悄派人与吴越国王联络，不久即开城投降。

　　吴越国王仍命刘澄暂时主政润州府，又留下部分吴越兵马驻守，再将刘澄兵马编入吴越军中，随军西征金陵。

　　金陵被宋军包围已经数月，国主李煜却将政事交于陈乔、张洎等大臣，军事交予皇甫继勋，自己仍然沉迷于声色佛事以逃避现实，作有《临江仙》词，借以抒发缅怀往事、对宋军围城无力挽回的心情：

　　樱桃落尽春归去，蝶翻轻粉双飞。子规啼月小楼西，玉钩罗幕，惆怅暮烟垂。别巷寂寥人散后，望残烟草低迷。炉香闲袅凤凰儿。空持罗带，回首恨依依。

　　这日，李煜得报润州守军已献城投降，吴越兵马正杀奔江宁（金陵），急忙登上城楼察看，只见城外西、南两面宋军营垒密密匝匝，杀气腾腾，严阵以待，东、北两面吴越军阵旌旗遍野，排列整齐，势压群酋，一时间大为震惊，遂传来皇甫继勋诘问缘由。到了此时皇甫继勋不得不如实奏明：宋军已围困江宁城数月，吴越兵围攻常州、润州，二城主帅亦皆已力竭投降，故而目前宋军与吴越军已完成对江宁之合围。李煜责问为何不早早通报，皇甫继勋道："臣怕影响国主雅兴，又恐国主担忧国事有损龙体健康,故未敢据实禀报。"李煜又问:"江宁既被围困数月,你作为统帅采取了何等措施以御强敌?"继勋答道:"按照国主旨意,屡派信使催促南都朱令赟发兵东进,以解江宁之危,但朱令赟兵马被宋军阻截于江西,东进不得。"李煜又问:"事已至此,作为三军统帅,你如今有何退敌之策?"继勋嗫嚅半晌,无言以对。李煜怒道:"如此无能之辈,留你何用!"遂命就地正法。

江宁岌岌可危,李煜慌了手脚,忙与陈乔商议对策:一是飞书南都,急命朱令赟务必火速发兵东进,以解江宁之危;二是广招市井青壮整训为兵;三是请"小长老"建坛求佛,保佑江南平安。

这"小长老"乃一淮北僧人,开宝初年来南唐说法,颇得李煜宠信,待之甚恭,谓之"一佛出世"。

朱令赟接到江南国主旨意,屡欲东进皆被宋军阻截,遂建造数十条多层巨舰,满载江州兵马顺江东下。巨舰四周皆布有弓箭手,上层多架设抛石机,如在江中遇到宋军拦截,即向其抛掷巨石,施放乱箭,其势汹汹,不可阻挡,若有普通战舰胆敢阻拦,即以巨舰撞沉之。每条巨舰后边又拖上三条大型木筏,筏上满载柴草,准备待巨舰驶近采石浮桥时点燃柴草焚毁浮桥,然后再继续顺江而下以解江宁之围。

宋军探马将此情况报与王明知晓,王明早早做好准备。朱令赟巨舰舰队乘风破浪来到安庆独树口(安庆之东),只见江中一个大沙洲挡住大江去路,大江被沙洲劈成南、北二路,江水缓缓流过沙洲两侧。为防巨舰被沙滩搁浅或撞上江底暗礁,巨舰水手们停止划水,改用竹篙探路,任由江水漂流前进。后面所拖木筏筏体轻巧,漂浮速度很快,皆被江水漂至巨舰两侧,为防木筏被江水冲走,水手们又增挂了绳索,将木筏牢牢拴于巨舰两侧。待舰队全部驶入沙洲两边江叉时,设伏于大江岸边芦苇丛中的宋军发声喊,同时向木筏及巨舰猛烈发射火箭,舰上官兵猝不及防,待到反应过来,筏上柴草已燃起熊熊大火,巨舰亦到处燃起火来。官兵们急欲砍断绳索推开木筏,怎奈木筏火势蔓延迅速,巨舰早陷于火海之中。霎时间舰上乱成一片,犹如被火围攻的狩猎场,士兵们于火海中狼奔豕突终无出路,哭骂声、惨叫声、爆裂声,撕心裂肺。朱令赟眼见无力回天,遂纵身跃入火海中自焚而死。这一仗江州数万水兵全军覆没。

李煜得报知道外援已经无望,乃命陈乔将新招募的民勇编为"排门军""凌波军""白甲军"等仓促应战,由于训练不足,又未上过战阵,一见宋军便纷纷溃逃。

李煜召来"小长老"询问对策,"小长老"道"贫僧当以佛力御之",随即登城大呼,向四周挥旗作法,随之又令僧俗军士高声念道"救苦菩萨",念得满城沸涌。未几，宋军向城上抛射矢石，犹如暴雨而下，李煜复召"小长老"作法，"小长老"竟吓得魂飞魄散，装病不起，李煜乃疑其荒诞，遂杀之。

李煜急招陈乔、徐铉等大臣商议，陈乔道："如今内无强兵外无援军，唯幸江宁城墙高阔坚固，或可死守。现时已是冬季，日后城外将是寒风肆虐，大雪纷飞，天寒地冻，鸟雀不存，宋军自然难以攻城。旷日持久，宋军粮草供应陷入困境，则不战自退矣。我南唐宜尽速继续招募民勇，整训战备，待宋军暂退江北后即可与江州剩余兵马联络，再图夺回江南防线。"众人皆以为唯有如此而已。

宋军渡江前宋帝曾告诫曹彬："宜以恩信取民心，不得滥杀抢掠；宜以威势令自归降，无须逞勇急击。即令城中困斗不得已而攻城，亦不得加害李煜及王族。"并赐尚方宝剑一口，宣谕："副将以下不听令者，定斩不赦！"潘美以下众将皆相顾失色，因之自围金陵以来，城外虽争战激烈，却未曾猛烈攻城，并多次致书李煜劝降。

李煜下决心至死不降，于宫中堆积柴草，言道："如若江宁城破，宁自焚而亡。"曹彬见劝降无望，遂决定攻城。

金陵城位于玄武湖之南，大致呈四方形，城墙高阔，十分坚固。东侧城墙正中有通济门，南侧城墙正中有聚宝门，西侧城墙正中有水西门，西北角有石城门，北侧城墙正中有玄武门，宫城位于城之中心。秦淮河由东南流向金陵城，至通济门（东门）转而南折，依次环东、南、西三面城墙的外围流至金陵城的西北角，最后径向西北流去，汇入长江，因之秦淮河为金陵城西、南及东部南段的天然护城河，城北及东部北段则靠挖壕引秦淮河水作为护城河。秦淮河畔芦苇丛生，岸边桃柳相间，虽已仲冬时节，桃柳残叶尚存，风光依旧。

十一月二十七日，时值冬至，两浙诸军都钤辖使沈承礼对诸将道："城中南唐军以为我军过冬至节必设宴享，因之军防必怠，我军宜出其不意以图之。"于是令各营灯火通明，大摆宴席，杯觥交错，高声醉骂。又召敢死士千人，分作数队：一队护送火油、火种至东门外，欲以火油焚毁城门；另一队每人背负沙土，待焚毁城门即以沙土扑灭油火；第三队负责护送前两队官兵，待油火扑灭后，随即扑入城中夺下东门；其余队员于前三队焚烧东门之时攀墙攻城，分散城中兵力。

值此月末，夜无月色，星光灰暗，仅近处略能辨清事物，正是夜间突袭的极好机会。吴越军营灯火辉煌，热闹非常，一片节日气氛，金陵城头却是灯光飘忽，阴冷死寂，食不果腹，气息奄奄。城上南唐士兵见吴越营中节日盛况，情绪更加低落，遂纷纷自寻挡风避寒处躲起安稳来。头领们亦以为吴越兵如此放任饮宴，谅不会发兵攻城，因此对士兵们亦不加管束，听任自便。

夜半时分，吴越千名勇士各自领命，沿秦淮河柳荫及苇丛茂密之处隐蔽前行,直至通济门南悄悄渡过护城河,复沿城墙根潜至通济门外,城上守军竟毫不察觉。待到吴越勇士将火油泼洒于城门点火燃烧时,城上守军方才惊觉,然为时已晚,顿时烈焰腾空,整个城门洞已是一片火海,浓烟滚滚翻腾,直烧得城门楼上亦靠近不得。城门洞南、北两侧的城墙上,吴越勇士正纷纷攀垒而上,南唐兵见状不知来了多少敌兵,顿时吓得不知所措,纷纷四散奔逃,好在吴越国王事先曾有圣命:攻城之时,凡南唐军有卸甲投降、弃戈逃生者,以及受伤不起、无力反抗者,皆不得任意杀戮。此时吴越大队兵马皆已涌入城中,南唐军无心抵抗,纷纷弃戈投降,金陵城乃告破。

南门外宋军见吴越已攻占东门,亦急忙猛攻南门。南门守军见东门已失,宋军又攻城甚急,知道死守无望,遂开门投降。

消息纷纷报于李煜,李煜脸色煞白。太子李仲禹来报:"东门、南门兵马大多已降,少数已退入内城……"李煜无心再听战报,只想着该如何自处,乃以目光征询丞相,汤悦会意,低声嗫嚅道:"陛下,势事已迫,为城中百姓着想,请下诏投降吧。"哭泣之后又补充道:"迟恐不及,有屠城之祸。"李煜再看向其余大臣,众人皆低头不语,知道再无良策了,抽泣半晌遂低声道:"降吧!祖父江山丧我手矣!"此时,李煜早已忘却"江宁城破,宁自焚而亡"的誓言。

十一月二十八日黎明,江南国主在司空殷崇义等大臣陪同下出宫城向宋军投降。临近宫门时有宦官来报,有数名宫人正于宫中点燃所积柴草投火自焚,李煜回头凝望宫中烟火,嗟叹不已。行不多远又见数名执事抬着传诏学士陈乔遗体匆匆而出,询问缘故,告曰:"陈学士自缢于政事堂,现送其回家。"刚出宫城东门,又有人报说勤政殿钟学士全家自尽,李煜掩面哭泣。

李煜等人身穿罪衣,头顶降表,趋步向宋军投降。曹彬接过降表,先是对李煜慰抚一番,随之命李煜致书各州县使其降宋,最后转述宋帝诏命:江南国主携眷属赴京请命。曹彬又命李煜等人回宫收拾财物,除国库封存外,其余皆可装船北上,仍归个人使用。

李煜率领诸兄弟近亲来到太庙向先祖辞行,面对先祖真容伤心欲绝,临别作《破阵子》曰:

四十年来家国,三千里地山河。凤阁龙楼连霄汉,玉树琼枝作烟萝,几曾识干戈。

一旦归为臣虏,沈腰潘鬓消磨。最是仓皇辞庙日,教坊犹奏别离歌,垂泪对宫城。

辞别太庙,李煜一行三百多人在宋军"护送"下来到大江之滨,早有数十条大船在此等候。李煜被送上指定的楼船中,伫立于船边最后凝望故国,因船体高大，岸边情形一览无遗：江边乃整齐排列的宋军阵列，后面是黑压压的江南百姓，虽然较远，却可看出许多人竟然于蒙蒙细雨中双膝跪于泥泞之中，远处是蜿蜒的金陵城墙，城中尚有几处袅袅黑烟。李煜思绪万千，不知又有多少旧臣宫娥为南唐灭亡而殉忠，顿时泪如雨下，不敢再往下想。

船过扬州，但见城垣荒凉，宫殿冷落，李煜不免回想数十年间广陵城数次劫难，乃顺口吟道：

江南江北旧家乡，三十年来梦一场。吴苑宫闱今冷落，广陵台殿已荒凉。

云笼远岫愁千片，雨打归舟泪万行。兄弟四人三百口，不堪闲坐细思量。

吟完泪如雨下。

江南国主降宋北去之时，江州军校胡德、牙将宋德明率领所部兵卒仍据城抵抗，宋将曹翰领兵围城，几番进攻皆徒劳无功，南唐军死守，终因粮尽力竭而城陷。破城后宋军所俘南唐兵将不过八百而已，曹翰恼恨，竟将其全部杀死，随后又大肆屠城，不留活口，城中财物抢劫一空。

大宋灭了南唐，得州十九，军三，县百八十，户六十五万五千零六十。

未攻金陵前，宋帝曾诏有司于南熏门外造宅一区，制度甚伟，名曰：礼贤，令学士陶谷草诏，以赐淮、吴越之先行来朝者。及吴越军攻克常州，宋帝乃召吴越进奏使汪知杲，以陶谷草诏示之，曰："元帅克常州有大功，一旦金陵攻克，可暂辍国政，一朝京师，以慰朕延想之意。愿遂之后即当复还，不久留也。"今既攻克金陵，吴越国王乃上表致贺，复遣大将孙承祐上表请入朝觐见。

十二月，宋帝敕遣东头供奉官徐靖赍赐吴越国王彩锦八对、御衣一袭、金盔一顶、金甲一副、御酒百瓶、驼马三百匹，仍赐御礼一通以褒克金陵之功。赐吴越国王麾下孙承祐为平江军节度使，沈承礼为宁海军节度使，又赐为防御使者三人，为刺史者六人，赏克金陵之功也，并诏：许吴越国王入宫觐见。

吴越宫中众大臣纷纷上言劝阻吴越国王入京觐见。

丞相吴延爽道："大宋新定南唐，其势正雄，统一中国势在必行。如今江南唯我吴越与漳泉未入大宋版图，王上入京如入虎口，必不放还，正可以此要挟吴越归降。至今江南诸国归降后，国主处境多极凄惨：后蜀归降，孟昶亲族及主要官僚皆押送入京，尚未足月孟昶即亡故，"花蕊夫人"纳入后宫，孟母绝食而亡；南汉战败而降，刘铱及其宗室以及龚澄枢、李托等文武大臣百余人押送入京，刘铱百般讨好宋帝，受尽屈辱，才得苟活；金陵城破，李煜及宗亲三百余口与主要大臣皆押送入京，李煜被封"违命侯"，终日以泪洗面，不堪屈辱，生不如死。我吴越虽于灭唐有功，但宋帝终有觊觎吴越之心，不可不防，一旦王上入京，恐被宋帝控制，吴越国将不攻自破矣！"

平江军节度使孙承祐道:"吴越东绝大海,北濒大江、太湖,西、南皆崇山峻岭,易守难攻,又有十余万水步骑兵,宋军欲攻取吴越自然要劳民伤财。王上坐镇吴越,宋帝自当谨慎从事,王上入京,则宋帝以为吴越已群龙无首,可以任意摆布,因之王上万不可贸然入京,自受其缚。"

吴越国王道:"列位臣工不必担心,今上乃雄才大略、高瞻远瞩之英主,一心欲统一中国,复兴华夏,我吴越一心助其完成统一大业,绝无分裂割据之意,乃今上之股肱,宋帝岂会自断股肱,陷己于不义,受天下唾骂?吴越归宋乃是既定国策,今我入京朝觐,表明归宋之诚意,或会恩准保全吴越国旧制;若拒不入觐,则显得我吴越尚怀二心,犹如南唐,必将招致宋军相攻,届时吴越百姓陷于兵燹之灾,俶将无颜面对。"遂决意入京。

宋帝遣供奉官张福贵、淮南转运使刘德言拓宽古河道,自瓜州口至润州江口直达龙舟堰,以便吴越国王大型舟楫航行,其堰遂名曰:大通堰。又将京城之南、熏风门外东侧之新建大第"礼贤宅"大肆装饰,连亘数坊,栋宇宏丽,储备丰足,供需皆御用之物,以待吴越国王驻节。沿途各驿站备下供需之物及丰厚赏赐,宋帝亲谓御厨曰:"钱王,浙人也,今来朝,宜创作一二南食以适其口味。"御厨乃仓促应对,一夕献食,取羊肉做成肉酱,号称旋鲊,此后宋朝大宴皆首荐之。

却说延寿大师自受吴越国王之托于西湖南岸雷峰山上兴建弘佛塔以来,呕心沥血,日夜赶工,至开宝七年(974)十一月已建至四层。近来自知西归之日已近,却有一桩心愿未了,原来延寿早年间曾受天台山上普贤菩萨与观世音菩萨点化,以此立誓要在天台山建坛弘佛,普度众生,而此时德韶大师已经圆寂,延寿只得致书吴越国王,向其言明自己须得回归天台山了结心愿,请吴越国王安排人手接替修建弘佛塔事宜。其时吴越国王正忙于调兵遣将围攻常州,接到延寿大师书信,即刻将常州兵事委与麾下大将孙承祐,自己策马奔回杭州。大师将建塔之事一一详细禀告,并命人记载清楚,以便后人接续工作。

适逢十一月十七日,乃是延寿大师七十一岁生辰,吴越国王乃于宫中设素宴,请来各寺高僧,一为大师祝寿,二为大师赴天台送行。席间吴越国王询问延寿大师:"现有高僧否?"延寿道:"高僧虽有,惜无人识得,长耳和尚就是定光佛再来,王上如能供养他,必得大福大贵。"吴越国王听了,随即亲自延请长耳和尚居最上座。

长耳和尚年岁与延寿大师相仿,号法真,年十三进具,遍参诸方,得法于云峰存公。长耳和尚生有异象,耳长九寸,上过于顶,下可结颐,人皆呼长耳和尚而不知其名,面如土色,旧衲敝垢,常不修边幅,踯躅街头。唐明宗天成二年(927)自天台国清寒岩游至钱塘,武肃王待以宾礼,居于法相律寺(在西湖西南赤山附近）。

长耳和尚被吴越国王礼供，询知缘由后嘟囔道："弥陀绕舌。"吴越国王闻言惊愕，忙追问缘由，长耳和尚笑而不答，吴越国王遂疑惑延寿乃弥陀如来化身。急寻延寿时，大师已经离去，忙命人前往永明寺拜访，延寿已向天台而去，再回身寻找长耳和尚，亦不见踪影。吴越国王怅惘不已，但因常州军务紧急，不容耽搁，只得又火速赶回常州行府。

如今攻克金陵，吴越国王率军班师回到杭州，首先拜访长耳和尚，谁知长耳和尚于上次素宴后不久即跏趺而逝，其高足漆其真身以便长久保存。吴越国王疾首顿足，痛惜未能在其生前聆听教化，嗟叹不已，遂与僧统赞宁商定，将相邻的法相律寺与定光庵合并为定光禅寺，意在纪念定光佛转世僧长耳和尚。寺中有山泉盘瀑飞洒，溅沫如珠，虽旱不竭，吴越国王将此泉名为"定光泉"。刘世亨有诗曰：

湖上招提信少双，翠微楼阁白云窗。耳闻古佛遗真像，眼见高僧竖大幢。

衲挂紫藤惊鼠窜，钵分沧海毒龙降。怀香欲叩毗尼藏，寸莛临钟不易撞。

再询问延寿大师近况，告曰："大师刚于本月二十六日跏趺西归。"吴越国王惊愕跌坐于交椅，半晌无言，良久始信"天机不可泄露"。

原来，自那日吴越国王于宫中设素宴为延寿庆生送行毕，大师即赶往天台山，于山上开坛说法，重点传授菩萨戒，度戒万人。十二月二十四日，大师身感不适，二十六日辰时，焚香告众，跏趺而逝。按佛教仪轨如法举行荼毗（火化），其周身皆是舍利，犹如鳞砌一般，乃是大师精进修持、证得圣果之信物（色身舍利），与他的等身著述（法身舍利）一起长留世间。

吴越国王虽然痛悔最后时刻未能聆听大师教诲，却也知道此乃佛祖旨意，天意不可违也。

开宝九年（976）正月初六，吴越国王亲自与延寿大师众弟子一道恭奉大师灵骨舍利至大慈山建塔安放，并树碑建亭，后又建永明塔院永受香火，将永明院的演法堂易名为"宗镜堂"，赐延寿大师号：智觉禅师。吴越归宋后，宋太宗赐永明塔院匾额曰"宁寿禅院"，追赐延寿大师为"宗照大师"。

后人皆以为永明延寿大师乃阿弥陀佛化身，遂以延寿大师之诞辰十一月十七日为阿弥陀佛圣诞，以静慈寺后殿为弥陀殿。

自延寿大师主持永明寺以来，永明寺名声日隆，以此周边又新建了兴教寺（开宝五年972）等许多寺庙，逐渐形成继灵隐、天竺之后又一佛寺群落，从此南屏山有了"佛国山"之别称。

因吴越国中杭州净慈寺有弥陀圣迹、定光寺有定光佛圣迹、明州奉化雪窦山有弥勒圣迹、普陀山有观世音圣迹等传闻日盛，又有天台山的天台宗道场，还有闻名遐迩的杭州灵隐寺、净慈寺、天竺寺，余杭径山寺，明州天童寺，奉化雪窦寺，苏州云岩寺等诸多寺院，又于越州赡县石佛寺有中国东南第一大石佛，因之吴越境内僧徒云集，佛事频繁，信众远来，香火日盛。

于吴越国王助宋征战常州、润州之时，福州刺史、吴越国王从子钱昱于福州城的南半部增筑夹城，以加强城外驻军之防御，同时保护城南大量新迁百姓。新筑夹城由船厂门往东至晋安河，折向南至东西河，再折向西沿河至白马河西，再折向北，于迎仙门南与原罗城会合，长十八里。城墙高丈六尺，厚八尺，除利用原有河道作护城河外，新开护城河三千余尺。城东开东武门（与罗城海晏门相接），东南开通仙门（与美化门相接），正南开合沙门（又名光顺门，与宁越门相接），城西开怡山门，与清远门相接。从此福州城中内有唐罗城，外有梁罗城，南有外夹城，城城相护，犹如铜墙铁壁。

昔日王审知治理闽中有德政，民皆拥戴，唐帝封为琅琊王，唐亡，梁太祖封为闽王，后唐同光三年（925）卒，年六十四，谥曰忠懿。民众感怀闽王德政，乃于郡治之东、庆城寺左建忠懿王庙，永祀香火，以祐万民。忠懿王诸子孙无德无能，互相攻杀，终致闽中后继无人，忠懿王庙亦香火湮灭，庙堂损毁。刺史钱昱见此情状颇为痛惜，乃命人纠集工匠复缮一新，又撰《重修忠懿王庙碑文》曰：

百姓爱之如父母，三军畏之如神明……。武肃王表率诸侯，荡平大憝，吴越尽归于赐履，江、淮咸奉于专征。以其（王公审知）能务忠勤，远求荐擢，遂奏授本道廉察，及泉州符印，偕命焉！

忠懿王庙乃得以香火复盛，流传至今。

第七十四回　奉宋诏钱王入京觐见　遵遗旨皇弟秉承大统

开宝九年（976）春正月十三日，吴越国王奉诏入京觐见。一行人自杭州出发，拟乘船由运河北上，百官至武林门外码头送行。船队画舫多姿，旗幡飘彩，喜乐阵阵，队列齐整，显示出吴越国的富庶以及君臣之风采。

二月初一，吴越国王行至平望（吴江之南，亦称松陵），作《过平望》诗：

风静度长川，清吟倚画船。未分山有树，惟见水连天。

沙嘴牛眠草，波心鸟触烟。宵征还有兴，皎皎玉轮圆。

随之船至京口，又有《金陵》诗曰：

不用论京口，先须问石头。虎山终自伏，带水漫长游。

青盖曾彰谶，黄奴肯识羞。分明前鉴在，刚地弄戈矛。

继而有《陈国》诗曰：

批破陈书后，都无御敌心。庭花春易尽，璧月夜难沉。

臣爵妖姬醉，新诗狎客吟。江神如访问，教到井中寻。

初三日，宋帝赐吴越国王剑履上殿，凡下书诏皆不直呼姓名，制曰：

汉郧侯以第一论功，方赐剑履上殿；唐汾阳以累赠元老，乃命诏书不名。斯越其章，乃殊乎礼。咨尔吴越国王钱俶，岳重雄名，神符妙略。横江负海，世为开国之臣，履信资忠，位袭仗君之节。爵位崇极，逾三十年。昨以吴人不庭，致使王师问罪，付东南之兵柄，荡常润之寇尘。始则兵钺亲临，早平边垒；次则师徒适至，克彼江城。洎僭国之倾亡，亦纯诚之赞助。望阙入觐，执圭来朝。当妖氛未平，按彤车而发愤；及凶徒尽扫，望金阙以来奔。为臣及兹，其节可尚，天朝典礼，汝特为优。带剑不名，所尊非过，朕今议赏，惟尔悠宜。所以异乎群寮，殊彼恒品。

初四日，船到宝应，宋帝遣引进使翟守素至，赐吴越国王汤药，以金盒盛之，又赐金鞍辔马二匹，押御厨、仪鸾、翰林皆至。

初七日，吴越国王船至泗州，宋帝遣内臣至，赐马三百匹、驼一百头，以载行李。

十四日，宋帝遣内司宾泊内臣至，赐吴越国王夫人孙氏汤药二金盒、法酒五十瓶、茶果五十盒。吴越国王作《感内降夫人赐家室药物金器》诗曰：

鱼轩相逐拜龙轩，圣主俄推望外恩。锡宠便藩光石窌，内嫔迢递下金门。

嵩衡压地何曾重，鸡犬升仙未足论。臣憨已平难展报，只将忠孝训儿孙。

该日，船近京畿，宋帝诏山南西道节度使、兴元尹、皇三弟秦王赵光美专往迎接慰劳，并赐法酒一百瓶、果子一百盒。吴越国王作《感皇弟远降见迎》诗曰：

千年遭遇觐真王，敢望青宫赐显扬。祇合承华趋令德，岂宜中道拜元良。

深思转觉干坤大，力弱难胜雨露滂。早暮三思恩泰极，饱餐丰馔饱亲光。

翌日，吴越国王一行由兴元尹、秦王赵光美陪同进入京师，宋帝诏光美代赐宴于迎春苑，又诏吴越王居"礼贤宅"。数日前，宋帝曾亲幸此宅，躬自阅视，妥作安排。

适逢宋帝长春节，吴越国王作《读圣寿诗并序》曰：

今者行李，已届宋都。当潜跃之大邦，遇圣朝之华诞。捧觞续寿，虽瞻宸极之闲；发言为诗，敢有封人之祝。谨课圣节日，读圣寿诗一章，辄缮写进呈。

功格皇天伪国平，八方臣妾尽来庭。骏奔幸逐朝宗水，崔跃俄逢绕电星。

就日心虽悬紫阙，祝尧身尚处洪溟。寿山耸峙将何愿，泰华千霄万仞青。

自离杭入京以来，一路上宋帝对吴越国王恩礼有加，以此吴越国王心中颇多感触，但此等事情皆是礼节交往，并不代表宋帝对吴越之真实态度。十八日，吴越国王向宋帝启奏：内客省使丁德裕自奉圣命监军吴越直至就任常州刺史以来，颇多不法之事，民有怨愤。宋帝即命彻查，不久将丁德裕贬为房州刺史，由此事得见宋帝对吴越国王之信任。

二十一日，吴越国王偕子惟濬等于崇德殿朝见宋帝，贺大宋平江南，进"允朝觐表"，贡奉宝犀玉带及宝玉、金器五千余事，上酒千瓶，绢五万匹。宋帝赏玩宝犀玉带良久，笑道："朕有三条，与此不同！"吴越国王请求宣示，宋帝道："汴河一条，淮河一条，扬子江一条。"吴越国王叹服宋帝胸怀之宽阔。随后宋帝赐宴于长春殿，席间赐黄金照匣、黄金钞锣及瓶、盘等，皆御用之物。

二十二日，吴越国王进宫谢恩，宋帝诏宴于后苑。

二十九日，宋帝驾幸"礼贤宅"，赐金二千两、银三万两、绢二万疋。又赐吴越国王世子、建武军节度使钱惟濬及陪臣通儒学士崔仁冀等绢帛有差。该日，吴越国王遣世子又进云龙纹通犀带两条、金玉宝器五千事。

三月初一，宋帝再幸"礼贤宅"，吴越国王贡白金十万两、绢五万匹、乳香五万斤，以助朝廷郊祭。宋帝又敕：进封吴越王夫人孙氏为吴越国王妃，封王女为彭城郡君，仍诏内臣赐王妃汤药、法酒、茶果等五百余事。制曰：

以尔贤明有素，令淑流芳，俪我元臣，开于列国，推心倾戴，金石无渝，抗志荡平，烟尘共扫，望云展礼，尽室偕来。鱼轩趋象魏之朝，翟衣见珩璜之节，以前古未行之典，为明朝特出之恩。

吴越国王献白金六万两、绢五万段致谢。

翌日早朝有大臣上言：于异姓诸侯王中素无封妻为妃之典。宋帝曰："可自我朝开启。盖旌忠贤，何必古也。"封异姓王之妻为妃乃始于此。

一日，宋帝诏宴吴越国王于宫苑，唯晋王赵光义、秦王赵光美侍坐。酒酣，宋帝凝视吴越国王良久，但见气度轩昂，资质聪颖，神情凝重，性情敦厚，喜爱之情油然而生，乃笑说道："真王公之材。"宋帝长吴越国王两岁，而晋王则小其十岁，宋帝遂命吴越国王与晋王、秦王叙昆弟之礼，一旦礼成，吴越国王即可成为御弟。此事非同小可，吴越国王急忙磕头谢道："臣乃燕雀微物，与鸾凤集翼，是驱臣于速死之地也。"宋帝命中人搀起，吴越国王叩头辞让再四，继之以泣，方才作罢。

宋帝将幸洛阳，亲祀故里，乃诏吴越国王归国。吴越国王恳请随驾，宋帝不许，唯留吴越王子惟濬从行。

这日，吴越国王请辞，宋帝诏：遣赐金器二千两、银器一万两、银三万两、袭衣、玉束带、玉鞍辔、御马一匹、细马五匹、绫罗锦缎二十八万匹、银装戎器八百事、散马一百匹、衙坠腰带、络缝衫等共二千事，又赐吴越国王麾下将帅等官、钱、帛有差。宋帝对吴越国王道："南北风土不同、渐及炎暑，宜加调护，卿可早归。"于是手赐金印一方，仍授旧封诰命。又亲赐密封黄绫包袱一封，说道："卿至途中宜密视之。"吴越国王洒泪进言："愿三岁一朝。"宋帝道："川陆迂远，当俟我诏旨，即来。"

次日，王妃入宫中拜辞，又赐金器三百两、衣著二千四、银二千两。

三月初七，吴越国王一行离京返杭，宋帝诏命秦王赵光美赐宴于迎春苑。又敕：遣引进使翟守素押翰林、御厨、仪鸾送至睢阳。

翌日，又遣入内小底乘驿车至，赐吴越国王汤药二金盒，王妃汤药一金盒。

船行五日，吴越国王于舟中礼拜之后密开宋帝所赐黄包袱，内中皆群臣乞留吴越国王之奏疏，多达数十轴。细细查看，朝中大臣除晋王赵光义之外几乎皆有奏疏。翻阅内容，无非是钱氏于吴越有德政，深得国民拥戴；吴越富庶，兵甲整肃；吴越地处海陬，北有大江、太湖阻隔，东邻无涯大海，西、南皆是崇山峻岭，易守难攻；钱俶一旦放归，万一不尊中国，届时用兵，恐将耗费财物，损失兵将，延误时日，今若将其久留京中，待之以礼，晓之以义，则可使吴越军民渐行化解，归顺中国。从诸多奏疏字里行间可以看出乃是有人授意所为，甚至许多言辞皆大同小异。吴越国王反复寻思，若是果真有人授意，则此人只能是宋帝本人或是晋王光义，别人既无能力亦无魄力煽起此举。仔细回忆，自离杭州入京觐见，宋帝言行豁达，态度亲和，未见有半点阴谋迹象。自己已经身居京中，宋帝既欲久留，按众大臣奏疏之意执行就是，又何必将奏疏秘密转达于己。由此看来授意人绝非宋帝本人，只能是晋王光义。此人虽有帝王之相，位居一人之下万人之上，但观其行远不如宋帝坦诚，自居开封尹以来，广揽人才，培植亲信，如今开封府俨然已是小朝廷。原来朝中尚有宰相赵普与之抗衡，自从赵普罢相，光义更是大权独揽。那日宋帝命与晋王、秦王叙昆弟之礼时，光义虽脸带笑容，神情中却透出一股冷漠，正因察知这一细节，以此自己坚不奉命。这数十轴奏疏中唯缺晋王奏疏，足见晋王意在避嫌，幸得宋帝知吴越国王为人素来忠厚谨慎，对朝廷小心敬畏，故不准奏，并谓众臣曰："无须多虑，倘若不欲归我，必不肯入京，今放归杭州，适可结其心也。"吴越国王临行时曾向宋帝力陈，愿子孙世世奉藩属之礼，宋帝道："尽吾一生，尽汝一世，令汝享有二浙也。"吴越国王得宋帝亲口誓约，欣喜万分，以为大保其国矣！从奏疏事件中吴越国王体悟到：当今皇上确是英明之主，处事以仁义为先，而晋王光义则善于阴谋。从此吴越国王对宋帝心存感激，而对大宋朝廷却存有几分疑惧。

归途中吴越国王作《路次再感圣恩》诗，曰：

洪涛泛泛雨霏霏，芳草如茵柳袅丝。贴水碧禽飞一字，隔烟青嶂展双眉。

南风入隙开襟久，西照临窗卷箔迟。惭愧圣恩优渥异，不教炎暑冒长歧。

又有《小窗》诗曰：

粉云牙贴小窗凉，坐见澄波泛夕阳。更持夜深方有意，半环新月上重床。

《舟中偶书》：

轻舟画舸枕江滨，眼底波涛日日新。瞑目稳收双足坐，不劳询问醉禅人。

四月二十日，吴越国王一行回到国城杭州，诸兄弟、宗亲、宫廷大臣皆至武林门运河码头迎接，附近百姓亦焚香顶礼前往迎拜，气氛十分欢畅热烈。

当晚，吴越宫中大摆宴席，庆贺吴越国王朝觐归来。吴越国王心情兴奋，向众兄弟宗亲、大臣属僚讲述了途中见闻、皇帝恩遇、宋主风采、大宋国策，又着重转达宋帝誓约："尽吾一生，尽汝一世，令汝享有二浙也。"众人闻言纷纷赞颂皇帝恩德。

杯觥交错，渐生醉意，丞相吴延爽言道："王上北上之时，王室宗亲、文武大臣多以为恐难放还，皆十分担心王上安危，适逢崇寿院应天塔落成，微臣便与诸大臣商议将此塔改名为'保俶塔'，落成之日请诸多高僧大德为其开光，并祈福保佑我王顺利归来，今王上果然安然无恙，皆缘有佛法护祐，以此福星高照。"

吴越国王听闻此言十分吃惊，心中叫苦道："宋帝召我觐见，国中竟建起'保俶塔'，这不明显怀疑朝廷有害我之心，置吴越国于大宋敌对之地吗？但吴延爽乃自己亲舅，又是丞相，其用意亦是担忧自己的安危，宴会上大家正高兴之际，不便说些令人不快的话，何况若将'保俶塔'再改回'应天塔'，岂不平添此地无银三百两之嫌。好在今上乃英明豁达之主，谅不至因手下大臣之荒唐作为而引发事端，只好等待合适机会再做补救。"

吴越国王又问起灵隐寺弘佛塔境况，不想自延寿大师离去后，该塔却因工程宏大、装饰豪华而一直没有合适人接手，遂停工至今。如今正好赞宁大师已完成保俶塔的建造工程，吴越国王乃亲自出面延请赞宁继续督造弘佛塔。

四月三十日，吴越国王登功臣堂大殿处理国事，命移座于东北偏，对殿上文武大臣道："西北者，神京所在，天威不违颜咫尺，某岂敢宁居乎？"当日，命王子钱惟治备礼诣阙谢恩。

五月，宋帝郊祀毕，下制：加吴越王食邑三千户，实封一千户。

八月，宋帝敕：遣进奏使汪知杲至杭州，赐国信及生辰礼物。

再说宋帝自罢去赵普宰相之职，又赐开封尹皇弟光义为晋王，光义班次列于宰相之上，从此朝廷权利核心大为改变：原先乃赵普与光义分权鼎立，互相制约，宋帝于其间协调，游刃有余，政权稳定；如今光义一人独揽大权，以此宋帝须与其直面，二人矛盾遂日益突现。此时的赵光义于府中聚集了大批幕僚将校，知名者竟达数十人，又广交天下豪杰俊士，结成强大势力，开封府俨然成为大宋朝廷中之小朝廷。当年昭宪杜太后嘱立"金匮之盟"时，宋帝三十有五，诸子尚年幼，太后遂有此嘱。十余年过后，宋帝诸子皆已成年，已有治世理国能力，因之赵普秉相时极力反对由光义嗣位，赵普与光义之矛盾即因此而激化。如今宋帝与晋王之间亦有诸多矛盾，宋帝遂萌生摒弃盟约立子为嗣之心。

开宝八年（975）六月，宋帝亲临晋王府。

当时开封城有三重城墙：核心是皇城，原是唐代宣武军节度使治所；其外围有内城，原是唐代汴州州城，周围二十里五十步；周世宗乾德二年（955）下令于州城外新建罗城，周围四十八里二百三十三步。有四条河道流经城中：汴河乃东南地区漕运进京之主要河道，由外城东南角东水门入城，向西北行，由内城东南角水门入内城，再西行出内城西南角水门，又经外城西水门出城；蔡河由蔡州北来，由上水门进入汴梁城，于外城南部绕行，再折向南，由外城南墙普济水门出城；五丈河由外城东墙东北水门入城，向西北行，由外城北墙广济河水门出城；宋建隆二年（961）开通金水河，引郑州西北的京河、索河入京师，由西北水门入城，供大内用水、灌溉后苑池塘并宫城外护城河供水。皇城南门宣德门至内城南门朱雀门为御街，两侧为各省、部、寺、府所在。晋王府位于内城之中，处于皇城之南、御街之西，南临汴河，与皇城之间隔着御史台及尚书省。晋王府北部为园苑花圃，地势稍高，有山林、奇石、名花、台亭，名曰"北园"，南部为殿堂、宫室、楼阁、馆舍,由回廊曲折相连。

　　晋王陪同皇兄参观完晋王府后,宋帝谓晋王道:"开封城中汴河、金水河、广济河互不相通,江淮及东南地区物资由汴河至京却进不了皇城,东北曹州、兖州漕运物资由广济河至京亦进不了皇城,朕欲新开一河,由汴河穿越晋王府引入皇城与金水河相连,再北出皇城引至广济河,如此三河相连,好处有三:一是由东南、东北漕运入京物资可直接进入皇城及晋王府,极为方便;二是三河相连便于调节诸河水量,不致干涸;三是解除晋王府缺水之患,可于北苑内挖塘建池,既可蓄水,又添园林景趣,御弟以为如何?"

　　光义见皇兄意思十分肯定,自然不好反对,便附和道:"如此甚好,开封府亦沾光了。"

　　宋帝道:"即如此,朕当尽快命人督办此事。"

　　其实,宋帝心中是醉翁之意不在酒。昔日梁、唐、晋、汉、周五代诸帝多由开封府进而入宫夺得帝位,如今光义乃是开封尹,宋帝不欲其继位,然晋王势已根深,又是亲弟,难以下手除去,故欲借魇胜之法,于开封府中开河,由北而南劈开北园高阜,切断龙脉以泄王气。这等做法于当时颇为盛行,但光义毕竟是宋帝亲弟,此事不便与旁人商议,宋帝只好亲自借故为之。

　　吴越国王进京朝觐,按惯例理当由开封尹晋王赵光义出面陪同接待,宋帝却出乎意料,处处安排兴元尹秦王赵光美出面,实在令人费解,尤其是命晋王、秦王与吴越国王行昆弟之礼,岂不是弃晋王嗣君之尊于不顾而与诸藩王相等同?难怪晋王面有难色。

　　开宝九年(976)三月初九,宋帝临幸西京洛阳。往常皇帝出行皆由光义留守京师,而此番出行竟命光义随行,以右卫大将军王仁赡权判留习三司兼知开封府事,以皇子德芳为检校太保,以贵州防御使、中书侍郎同平章事沈义伦为大内都部署,以光美为京兆尹。

　　十二日,宋帝一行来到巩县,祭拜安陵,宋帝恸哭,几乎晕厥。

　　十四日至洛阳,驻跸于儿时旧庐,宋帝鞭指小巷道:"儿时曾得一石马,与众童伴戏耍时常被偷走,为防丢失将石马埋于此地,不知今在否?"随从果然于此挖得石马。宋帝又兴致勃勃地向光义讲起许多儿时故事,原来携光义同归故居,其目的乃追忆童年往事,重叙兄弟情谊,避免同室操戈,以共保江山永固。

　　如今晋王权力远重于宰相,开封府势力亦可与朝廷相衡,唯军权仍由宋帝独掌,朝廷诸多政事多受开封府牵制,因此宋帝有意迁都洛阳,以摆脱开封府势力对朝廷决策的影响。宋帝与随行大臣商议迁都之事,言道:"开封地处中原腹地,有黄、淮二水及南北运河交通之便,今已成为政治、经济、交通之核心,运河又东连大江，进而可达两浙、荆湖、川蜀等富庶之地，以至辐射岭南，直至南海，故五代以来多以开封为京都。然就军事而言，开封却无山川之险，以此四面皆须重兵把守，尤其当今辽国仍强占燕云十六州，以致开封屡受辽兵骚扰侵袭。为保开封安宁，朝廷不得已驻军三十万，粮草、财物供给皆仰仗百姓，朕何忍心。若迁都洛阳，则东有嵩山，西有熊耳山，南有伏牛山，北有中条山及黄河，有十万兵马驻守足矣，可大大减轻百姓负担，又有黄河、渭河可直达洛阳及长安，漕运之便不减开封，故朕欲先迁都于洛阳，继而再定都长安，如此可据山河之险而去冗兵，一劳永逸以安天下。"

不料宋帝此议却遭众位大臣的激烈反对。

起居郎李符提出八条理由反对迁都：洛阳凋敝，宫阙残缺，郊庙未修，百官不备，畿内民困，军食不充，壁垒未设，军马难行。

铁骑左、右厢都指挥使李怀忠谏道："开封有汴渠漕运，每年自江淮运米数百万斛，数十万守军皆仰仗此漕运补给，陛下若迁都洛阳，如何获取供输？且府库重兵皆在开封，根本安固已久，不可动摇。匆忙迁都，臣实未见其便。"

宰相沈义伦则沉默不语。

晋王赵光义知道，一旦迁都，自己于开封十数年来培植的势力将大打折扣，遂亲自苦谏。

宋帝答道："定都开封势必以重兵拱卫京师，如此则削弱边防力量，其后患无穷。"

光义再三叩谏："国之长治久安在德不在险。"

宋帝听了沉默良久，在群臣的一致反对下，迁都之议遂不了了之。

宋帝曾无奈叹道："定都开封，不出百年即会耗尽天下民力。"果然百年之后开封陷落，徽、钦二帝远羁黄龙府，靖康之耻永留史册。

宋帝于西京洛阳驻留月余，将离洛阳途经巩县，又向父王陵墓悲恸告别，哭道："或许今世再无缘朝拜矣！"命河南府给予守陵户免租税一年。宋帝带光义等人登上阙台，更衣礼拜，取一箭射向西北，指箭落处道："此即吾安寝之地。"随后将儿时石马埋于箭落处作为标识，以此暗示光义人生苦短，当好自为之。

回到开封，宋帝即亲自至晋王府视察开河工程。

七月初三，晋王府新开河池竣工，宋帝亲幸府第观看。

十一日，京兆尹赵光美有疾，宋帝亲幸其府第探望，随后又于十三日、二十五日分别临幸，十五天内三次亲临府第探望，又并非大病，实乃空前之举。光义看在眼里，心中不免疑惑，再与皇上近来所作所为联系，看得出皇上对光义的信任已是日益降低，而对三弟光美，皇子德昭、德芳却是日益依重。迁都洛阳一事显然是皇上欲甩掉开封府及光义的影响,于开封府中开河修池,则是为了断龙脉泄王气,阻止光义觊觎帝位。种种迹象表明,光义继位将面临危机,只是皇帝尚念及手足情谊,未肯采取断然措施罢了。

开宝九年(976)冬十月二十日夜,宋帝崩于万岁殿,年五十。

对于宋帝的突然离世,朝廷并未发布细节。《续湘山野录》记载:是夜,宋帝登上太清阁四望,开始天气晴朗,星光灿烂,忽然间阴云四起,天地陡变,继而猛然降下雪雹,宋帝乃移杖下阁,急传宫钥开端门,召来开封尹赵光义,延入寝宫酌酒对饮,又让宦官、宫女尽行避去。守候在外者只是远观,烛影之下赵光义时或避席,有不可胜任之状。饮毕已是夜深三更,大殿下积雪已有数寸,忽见宋帝用柱斧戳雪,回顾赵光义道:"好佐!好佐!"遂解下衣带就寝,鼻息如雷,当晚赵光义也留宿于宫中。将近五更时,殿外守卫者寂无所闻,然宋帝已驾崩矣,赵光义遂接受遗诏,在宋帝灵柩前继承帝位。

新帝登基,大赦天下。光义为先帝谥曰英武圣文神德皇帝,庙号太祖,葬于永昌陵,即先帝亲定埋下儿时石马之所(河南巩县)。封先帝后宋氏为开宝皇后,迁于西宫;封皇弟赵光美为齐王,任开封尹兼中书令,改名廷美;先帝之子赵德昭为永兴军节度使兼侍中;武功郡王赵德芳为山南两道节度使,同平章事,兴元尹;先帝及廷美之子女皆称皇子、皇女。光义此举在于昭告天下,新帝将遵照杜太后遗命按顺序继承皇位,因之宫廷内部得以暂时安宁。

第七十五回　辞陵庙钱俶去国难回　献藩国吴越纳土归疆

宋太祖崩逝，新帝赵光义于十月末遣御使雷德让至杭州告哀。宋使到来之前，吴越国王即已得知太祖驾崩噩耗，但此事太过重大，以此宋使告哀时吴越国王还是大为震动。半年之前，太祖曾亲口允诺"尽吾一生，尽汝一世，令汝享有二浙"，仅半年多，太祖一生竟至终结，如此大宋的承诺自然亦是终结了。吴越国王于当年二月十五日抵京，三月初七离京，于京师逗留二十三天，对赵匡胤、赵光义兄弟俩多有了解，今上与其皇兄相比却有很大差别，虽然今上亦是雄才大略，胸怀统一中国之志，但其心胸远不如太祖皇帝宽广豁达，行事风格亦不及太祖皇帝光明磊落。吴越国王从未提起离京返杭时宋太祖赐黄袱一事，深知众大臣若得知此事必然坚决反宋，然如今太祖驾崩，新帝继位，大宋与吴越国关系将如何发展，吴越国将如何应对，尚须拭目以待，须得时时处处谨慎从事才是。为此吴越国王停食两日，罢朝十一日，一是表示对太祖皇帝哀悼，二是需要静下心来考虑对策。

这日朝会，吴越国王与诸位大臣商议应对之策，吴越国王问道："大宋皇帝突然驾崩，既无先兆又无遗诏，既无顾命大臣又无托孤遗命，因之市井街坊传言纷纭，疑窦丛生，对当今大宋朝廷多有不利。面对如此复杂局面，我吴越当如何应对，请众卿家各抒己见。"

因事态严重，以此朝堂上气氛肃穆，一时间鸦雀无声。吴越国王见众臣沉默不语，又道："众卿知道，本王素来主张以统一中国、造福百姓为主旨，大宋先皇胸怀统一中国大志，心系百姓安康，故本王竭力支持，以期华夏早日恢复大唐盛世。而今皇帝易位，局势尚未明朗，朝中隐伏诸多不稳定因素，我吴越当以何态度应对如此局面？众卿尽管畅所欲言。"

丞相吴延爽道："一千多年前，秦始皇用武力征服六国，却未能征服各国臣民之心，因此始皇帝刚去世诸国即起兵反秦，以致秦国很快灭亡。大宋用武力夺取了荆湘、湖南、后蜀、南汉、南唐诸国，却还有我吴越、漳泉、北汉三国，合计兵马约有二十多万，且今日之势与秦末颇为相似。当时秦国有赵高等奸臣弄权，令世子扶苏自尽，使秦二世袭帝位，如今大宋太祖皇帝不明不白新丧，光义不清不楚登基，其弟光美，太祖之子德昭、德芳皆心存芥蒂，矛盾一触即发，亦可谓危机四伏。值此时机只要我吴越举旗一呼，诸国必然振臂响应，迅速形成燎原之势，我吴越即可乘势夺下大宋江山，岂不美哉！"

平江军节度使、大将孙承祐抢言道："丞相所言正合我意。秦朝兴亡如此，隋朝兴亡亦如此，宋朝兴亡必然也如此。隋朝曾以武力消灭了北周、北齐和陈国，统一了中国，隋炀帝却弑父杀兄夺得帝位，结果是内臣效仿，外藩兴兵，内外交困，命丧雷塘，落得个凄惨下场，隋朝江山终被其表兄所得。当今大宋正步秦、隋后尘，走向分崩离析，我吴越兴兵号召天下义士共同反宋，正当其时。"

奉国军节度使钱惟治言道："当今大宋与秦末、隋末情况看似相同，但究其本质却大相径庭：秦始皇统一中国，废除分封制，乃顺应历史潮流之举，是大好事，但秦始皇好大喜功，急功近利，不顾百姓死活修长城、建驿道、广宫殿、筑陵墓，死伤百姓数十万，遂引得天怒人怨，导致秦朝很快灭亡；隋朝终结分裂局面，统一中国，又开凿南北大运河，连结中国各大江河之水运，乃是全国人民之愿，是大好事，但隋炀帝好大喜功，急功近利，不顾百姓死活，广修宫殿园林，贪图享乐，引得天怒人怨，导致隋朝灭亡；当今大宋，太祖先后兼并了荆湘、湖南、后蜀、南汉、南唐诸国，唯我吴越北汉、漳泉尚未归降，已基本实现一统中华，太祖曾欲迁都洛阳，进而再迁长安，若如此，兴建宫殿，两次迁都，不知要耗费多少人力、财力，现如今大宋尚未实现完全统一，根基未稳，财力不充，此时迁都岂不劳民伤财，影响全国统一进程？因之当今皇上竭力阻止迁都乃是明智之举，并非全是为了保全自己的实力，心中装的是国家百姓，此乃今上与秦始皇、隋炀帝之根本区别，足见当今皇上的雄才大略。尽管坊间有种种传言，甚至有今上弑兄篡位之说，但观其行，今上却是按照昭宪皇太后的遗旨而行，继位后又以光美为开封尹，显然将再传位光美，又以德昭为永兴军节度使、武功郡王，将是再传位之人，如此安排符合太后、太祖遗愿，亦稳定了朝廷局面。今上种种作为既安定了朝廷，亦稳定了全国大局，因之我吴越国决不可造次行事，以免引发祸端。"

镇海、镇东军节度副使钱惟濬道："吾观今上心思深沉，高深莫测，如今初登大位，重在稳定朝政，故官员职位、政策方针皆未作调整，以稳定人心。太祖初建大宋时亦曾如此，对前朝大臣大多原职录用，待朝政稳定大权独揽后，即将不听朝命的藩镇各个击破，又以杯酒释兵权方式将兵权掌控自己手中。新帝如今虽无断然行动，却难保今后亦无果断措施，因此我吴越尚须静观其变，不宜过早贸然行事。"

吴越国王道："评价一代君主首先着眼于两点：一是国家是否统一强盛，二是百姓是否富裕安定。秦、隋两朝皇帝皆致力于国家统一，又有许多前所未有的创举，当属明君，但过度消耗财力、物力，不管百姓穷困死活，终致天怒人怨，成为一代暴君,使得两朝皆二世而终。唐朝太宗皇帝虽然诛杀兄弟登上帝位,却能开疆拓土,维护国家统一,团结不同民族,造福全国百姓,创下贞观盛世为后人称道。当今皇帝虽于民间有种种不雅传闻,但其继位毕竟有昭宪太后遗言为依据,太祖在位时曾竭力辅佐,太祖欲迁都洛阳又竭力阻止,体现了爱惜民财之心。虽然今上较之太祖心胸不够豁达,待人不够真诚,但就目前情势判断,仍不失为一代明君,因之我吴越仍宜一如既往支持大宋。"

十一月,吴越国王遣元帅府衙内都指挥使、王子钱惟渲赍通天犀带一条、金器五百事、玳瑁器五百事、涂金银香龙等巨万,进京致贺新帝登基。

该月,新帝遣枢密都承旨武珍来杭宣制:加吴越王食邑五千户,实封一千户,仍赐龟鱼宝带、袭衣等。

同月,吴越国王妃孙氏因于朝觐路途劳累染病而逝,年四十五。

王妃,钱塘人,名太真,泰宁节度使孙承祐之姊也。自幼聪明过人,喜读书,尤喜《论语》《毛诗》,因其才色俱佳,被选入宫中,得宠册立为妃。孙氏仁德,十分节俭,宫中盛典除会客外皆不粉饰盛装。吴越国王率兵出征,孙氏即于国城安排内侍及时抚慰家属,吴越国王甚是赞赏。汉乾祐二年,承制拜夫人;周显德末,敕封吴越国贤德夫人;宋开宝五年,进封贤德顺睦夫人;九年,加封吴越国王妃。葬于石人岭下,谥曰:顺德恭穆夫人。

太平兴国二年(977)春二月,宋帝敕遣给事中程羽送来王妃治丧用品。

王妃之兄平江军节度使孙承祐于苏州灵岩山建九层砖塔,以悼念王妃,并作记云:

吴灵岩山,即古吴王夫差之别苑(馆娃宫)也!太湖渺白涵其侧;虎丘点翠映其后……。丙子岁(976)冬先国妃薨,遂基其岩,所以远骞崩之患;黜其材,所以绝朽蠹之余。不挥郢匠之斤,止运陶公之甓。自于径始,迨尔贺成,凡九旬有六日。……上笄地似千仞,塔拔山而九层。巍巍下瞰于婆娑,杳杳平观于寥沉。才疑涌出,或类飞来。如日之升,无远弗届。可以高擎天盖,可以久镇地舆。实在报先妃之慈,荐先妃之福也。

王妃之兄孙承祐奢僭异常,吴越国王曾赐其大片生龙脑十勒。一日有使者至,承祐取一大银炉,一并焚之,曰:聊以祝王寿。又用龙脑煎酥,制成骊山小样,山水、屋室、人畜、林木、桥道样样纤巧完备,工匠完工,承祐大喜,赠予蜡装龙脑山子一座。孙承祐富倾朝野,以千金于市中购得石绿一块,天质嵯峨如山,乃命工匠做成博山香炉,峰尖上作一暗窍冒烟,一侧向内倾斜,且悬有许多钟乳,空实相济,十分美观,呼之曰"不二山"。每当饮宴,必杀生无数,以鲤鱼腮肉做羹,可满足十余人食用,又圈鹿数百,唯选取鲜腴部位作为食材,庖人应接不暇,一餐饭不得少于二十道菜,同时设十口银锅烹饪。某次孙承祐宴客,席间指着宴席道:"今日席上,南之蝤蛑(梭子蟹),北之红羊,东之虾鱼,西之黍粟,无不毕备,可谓富有小四海矣。"吴越归宋之后,孙承祐为节度使,薪俸所入有所节制,不能再如以往豪侈,然而其卧内每夜必焚烛二炬,燃龙脑二两。承祐死后不数年,其子孙皆沦落为乞丐,多饿死者,可悲可叹,引为豪侈者戒。

却说平海军节度使、漳泉观察使陈洪进见宋军攻克南唐后吴越国王至开封朝觐天子,便急命其子文颢入贡京师,并请命入京朝觐,宋帝允准,不料行至南剑州(福建南平)得知太祖薨,遂返回泉州。新帝继位,加陈洪进检校太师,陈洪进乃于太平兴国二年(977)四月离泉州前往开封朝觐,新帝召见于崇德殿,颇受礼遇,自此洪进留居开封。

吴越国王十分关注陈洪进赴京动向,见无遣洪进返国之意,乃知闽国或将不复存在。吴越国王心中清楚,以赵光义性格很难容忍于大宋国中有吴越一国存在,自己终将如陈洪进一样留居京城,但吴越毕竟是先祖基业,难以割舍,因此试图为保持吴越国再做最后努力。

五月,吴越国王下令:今吴越与大宋已文轨大同,封疆无患,故凡吴越境内种种御敌之制悉命除之,境内诸州城宜将城门拆除,凡城防之物悉令撤去。此令一出,吴越境中许多州城、县城多被拆除或部分拆除,以示不再与任何人为敌,首先是不与大宋为敌。

八月,宋帝遣翰林学士都承旨李昉来杭州,赐吴越国王生辰礼物。

九月,吴越国王遣两军节度副使、世子钱惟濬入朝觐见,并陈述撤除诸城城防之事,上书乞准所赐诏书仍直呼名,宋帝不许。

当初吴越国王自开封返杭,境内弘佛塔已建起四层,预计再有二年十三层砖塔即可建成,遗憾的是仅仅半年多太祖皇帝竟早逝,看如今的形式,弘佛塔的建造怕是难以为继,只好匆匆于七层结顶。

鉴于宝石山上崇寿禅院的应天塔被丞相吴延爽改名为"保俶塔",按光义性格恐生嫌隙,因之吴越国王遂将弘佛塔改名曰"皇妃塔",以追荐于今年三月病逝的宋帝爱妃李氏,表达尊崇当今朝廷之意,借以消除应天塔改名的影响。吴越国王又亲撰皇妃塔记,曰:

敬天修德,人所当行之。俶纂承丕图,承平兹久;虽未致全盛,可不上体祖宗,师仰瞿昙氏慈力所沾溉耶。凡于万几之暇,口不辍诵释氏之书,手不停披释氏之典者,盖有深旨焉。诸宫监尊礼佛螺髻发,犹佛生存,不敢私秘宫禁中;恭率宝贝创窣波于西湖之浒,以奉安之,规抚宏丽,极所未见,极所未闻。宫监弘愿之始,以千尺十三层为率,爰以事力未充,姑从七级,梯曼初志未满为慊。

计砖灰土木油钱瓦石与夫工艺像设金碧之严,通缗钱六百万。视会稽之应天塔,所谓许元度者,出没人间凡三世,然后圆满愿心,宫监等合力于弹指顷幻出宝方,信多宝如来分身应现使之然耳,顾元度有所未逮。塔之成日,又镌《华严》诸经,围绕八面,真成不思议劫数大精进幢。于是合十指爪以赞叹之,塔因名之曰皇妃。

从全文记叙看,"塔因名之曰皇妃"与前文似无联系,但从字面上讲,皇乃宏大、辉煌、赞美皇天之意,妃古时通配,乃匹配、相当、陪衬、媲美之意,因之"皇妃塔"乃是"宏大辉煌与天地相匹配之塔",如此则"塔曰皇妃"与前面文字紧密相连矣。前者已有"保俶塔",乃为祈求钱俶长寿而定名,今则又有"皇妃塔",乃为追荐大宋皇妃而建,自可堵绝宋帝之嫌疑,可见吴越国王之煞费苦心。但这些乃是钱俶所思,却不便明言,后人读到"塔因名之曰皇妃"极难理解,遂有种种传说:一曰此塔为黄妃生子而建,二曰此塔乃黄妃出资而建。事实却是钱俶并无黄姓之妃。因该塔建于雷峰山上,百姓遂俗称"雷峰塔"。吴越国王命人将塔记书于《大方广佛华严经》之后,以为跋文,并刻石嵌砌于塔底层内壁上。

赞宁大师命人制成纯银阿育王塔,体方中空,塔内奉安佛螺髻发舍利黄金棺,塔基边长四寸许,塔身高约四寸半,四周镂刻佛陀本生故事,塔身上端四角竖立四根山花蕉叶,正中竖立塔刹,穿五重相轮,刹高七寸半,塔全高十二寸,全塔镂刻精美,图像丰富。为保护塔体不使撞坏磨损,塔体用越绫包裹装入铁函,铁函长、宽各约十一寸半,高十六寸半,函底铺垫越绫,再放置对径约七寸的银质镂空图案圆垫及方形委角铜镜,其上放置一口径近七寸、高约四寸半鎏金银钵及盖,盖仰置,以便稳定安置阿育王塔,钵内置一绿色琉璃瓶。为固定阿育王塔免因铁函晃动而移动,塔体外环绕一条鎏金银腰带,稳稳放入铁函中,其中还安置有玉雕善财童子及玉观音像,最后密封铁函。

这日,赞宁大师命建塔工人休假五日,又秘密安排六名擅长营造的可靠僧人及四名懂得营造法式的亲信宫监共同于塔底中央挖成地宫,以砖砌成一尺七寸见方、三尺半深的砖室,再延请杭州地区各大寺院主持和尚十余人、吴越国王以及数位亲信大臣等共同举行佛螺髻发奉安大典。赞宁大师率领众住持和尚恭行法事,僧人及宫监按照事先安排先将已密封好的铁函稳妥安置于地宫内,铁函一侧置一尊腾龙莲座金铜佛祖像,四周又置四面圆形铜镜,再撒入大量铜钱,用腰带箍紧,以填塞四周空间,阻止铁函及佛像晃动。安放完毕,命人用方形石板将地宫口密封,再压以巨石,又于地宫上砌砖,填土夯实,最后于地面砌回地砖,将地面打扫干净,恢复原样。瘗埋过程秘密进行,除参与此事的数十人,外人皆不知晓。

地宫密封完毕,赞宁大师引领吴越国王、各寺院方丈等人参观佛塔。

只见塔体宏大庄严,金碧辉煌,其规制前所未见,矗立于雷峰之巅,劈石为基,其上砌筑磐石,高出基岩七尺,以为塔身墙体基础。塔身八角形,外侧对径九丈,每边正中开一塔门,宽七尺,进深一丈四尺。塔体中又有内墙体,厚约一丈,平面为四方形,四面各有一门。内墙之内为塔心室,八角形,对径一丈六尺。内外墙体之间为回廊,设置楼梯。

底层外沿建有八角形塔裙,外砌砖墙,对径十四丈,只开一门供出入,各面墙上皆设窗棂子,供采光通风。塔裙基础外包砌岩石,高九尺,凿成双重须弥座,刻有须弥山、波涛纹,象征佛教"九山八海",刻有《大方广佛华严经》与吴越王《造塔记》的石刻砌于塔底层外墙外壁上。塔体用特制塔砖砌成,尤其是外墙内壁、内墙外壁的塔砖,两端中心皆有圆形深孔,直径八分,深三至四寸,内藏《一切如来心秘密全身舍利宝箧印陀罗尼经》,以竹签为轴,卷成经卷,裹以黄绢,束以锦带,插入砖孔中,外以木塞之。

二层往上,塔体外复建木结构外回廊。塔檐宽展,翘角凌风,黄墙黛瓦,朱栏画栋,铁马轻摇,铜铃叮咚,塔顶宝刹直插苍穹,在阳光照耀下金光四射,分外夺目。赞宁大师带领众人登上顶层,举目四望,犹如身处天庭俯视人间。雷峰地处西湖南岸,凸入湖中,因之俯瞰四周,三面临湖,湖边是翠荷临风,婀娜翻舞,湖面上游船如梭,笙箫悠扬,晴好时节湖面如镜,微风吹过波光粼粼,一派安逸欢乐气氛,南面则是层峦叠嶂,树高林密,数座寺院隐隐散布其间,黄墙黛瓦,香烟缭绕,钟声宏亮,梵音和谐,一派佛国祥和气氛。再往远处看,正北是松竹青葱宝石山,茂林修竹间衬托出红墙黛瓦的崇寿禅院,山上有保俶塔与皇妃塔一南一北遥相呼应,若将西湖比作一尊诺大香炉,则保俶塔与皇妃塔却似一对冲天红烛,似乎在祈求苍天保佑吴越平安。西边则是群山拱卫,绵延起伏,峥嵘威严,似乎伏有十万雄师,又有南北二高峰耸立天际,山巅各有一塔直刺青天,犹如两尊金刚守护着吴越国西大门。南面则有卧龙山与凤凰山,苍松翠柏,香樟红枫,交相叠翠,凤凰山下即是吴越王宫,宫顶殿角隐隐显露于丛林之上,好一派龙凤呈祥气派。东面则是一马平川,杭州罗城由南向北蜿蜒于西湖与市井之间保障百姓安全,城中熙熙攘攘,车水马龙,一派繁荣景象。

宋朝尹廷高有《雷峰夕照》诗曰:

烟光山色淡溟濛,千尺浮图兀倚空。湖上画船归欲尽,孤峰犹带夕阳红。

宋朝陈允平有《扫花游·雷峰落照》词曰:

数峰蘸碧,记载酒甘园,柳塘花坞。最堪避暑。爱莲香送晚,翠娇红妩。欸乃菱歌乍起,兰桡竞举。日斜处。望孤鹜断霞,初下芳杜。

遥想山寺古。看倒影金轮，逆光朱户。日暝烟带树。有投林鹭宿，凭楼僧语。可惜流年，付与朝钟暮鼓。漫凝伫。步长桥、月明归去。

正值吴越国王与赞宁大师商议于皇妃塔中各层如何供奉佛像之时，宋朝廷传来旨谕，命宰相范质长子、考工郎范旻为杭州知府。吴越国王接旨，知道吴越国终将不复存在了，虽然早有纳土归宋、实现中华一统之愿，却未料到竟会来得如此突然，且毫无商量余地，甚至有失尊严，心中不免波澜汹涌。想起先祖创基多么艰辛，经历多少磨难才实现吴越百姓数十年不知兵戈、富甲东南的局面，如今终于断送于自己之手，怎不痛心疾首，心潮澎湃。徘徊彷徨之际，恰看见西湖山水画中所题孙应锵诗：

牙城旧址扩篱蕃，留得西湖翠浪翻。有国百年心愿足，祚无千载是名言。

此诗正是当年先祖不填西湖、不自称帝的写照，亦是先祖遗训的精神。若从先祖受封彭城郡王（895年6月）算起，至今已八十二年，从先祖权知杭州兼杭越管内都指挥使（886年末）算起，则已九十一年，算得上是有国近百年，可以告慰先祖在天之灵。与国事相比，与吴越百姓安宁相比，个人颜面算得了什么！

太平兴国三年（978）春正月，宋考功郎范旻至杭州宣旨：钱俶来朝，范旻权知两浙诸军州事。此时吴越国王心情极为平静，自认该为吴越国做的事皆已圆满：一是各州县吏治体系完整，政治清明，为吴越地区的和平安定奠定了基础；二是各州县乡学已臻完备，每年为吴越地区输送儒学俊才，儒家思想将在吴越大地占主导地位；三是钱氏宗祠已于湖州、临安建成，钱氏宗族将会永续香火，宗族制度亦将于吴越地区广泛推行，为地方百姓规范礼教、和睦相济奠定基础；四是各州府皆建起了大型寺庙，稳定了一大批僧侣，引导百姓弃恶扬善，扶贫积德。有此四股势力，从此无论何人来治理吴越，皆须遵循儒佛之道，不能独断专行，为所欲为，因之范旻一到，吴越国王悉以山川土籍、管钥庾廪一一细授于旻。

吴越国王知道，此番入京，宋帝光义必不放还，遂率领诸子弟分别赴杭州、越州、临安拜别先王陵庙。吴越国王涕泣拜辞道："嗣孙俶不孝，不能守祭祀，又不能死社稷。今去国修觐，还邦未期，万一不能再扫松楸，愿王英德，各遂所安，无恤坠绪。"拜讫，恸哭欲绝，几不能起，山川亦为之惨然。

二月初六，吴越国王携节度使孙承祐等少数臣僚悄悄离开国城，北上京都。

三月初二，船至扬州，宋帝遣阁门使梁迥至泗州迎劳，又有内班阎承翰至，赐吴越国王汤药、茶酒及押诸司官迎接。

初七，船至洪泽驿，宋帝遣供奉官李思彦至，赐吴越国王汤药一金盒、玉鞍辔马一匹、散马三十匹及玳瑁觥毛红暖衣等物，又赐从行将校有差。吴越国王作《过楚州》诗曰：

驻马楚城南，秋光带雨寒。地平无岛屿，淮近足波澜。

圣德常柔远，烝民赖此安。行吟复行酌，朝野正多欢。

十五日，船至宿州，宋帝遣入内小底副行首蔡守恩赍诏至，赐吴越国王龙茶三斤，以金盒盛之；御酒二十瓶；荔枝、鹅梨、石榴共六百颗，以银装笼子盛封。

十七日，吴越国王至永城，宋帝遣王世子、两军节度使钱惟濬迎候，以内班李神佑领翰林、仪鸾、御厨诸司随世子至，又赐御筵一席。当日，吴越国王即遣节度使孙承祐先赍表进京陈谢。

二十三日，吴越国王至陈留，宋帝遣孙承祐护诸司供帐自京至，传宣抚问。二更，阁门使梁迥又至，复传宣抚问。

二十四日，吴越国王至京师，宋帝诏皇太弟、开封尹、齐王赵廷美赐宴于迎春苑，仍赐王对衣八事、玉排方腰带、金器一千两、银器一万两、细衣三千匹、玉辔鞍马一匹、锦彩万匹、钱千万，又赐宾佐崔仁冀等金、银、带、器、鞍马有差。该日，吴越国王居于礼贤宅，宋帝命所司于礼贤宅设山棚，陈鼓乐，以欢娱吴越王。

宋帝下诏赐吴越王剑履上殿，诏书不名，诏曰：

古者宗工大臣特被隆眷，或剑履上殿，或书诏不名，率由丰功，待以殊礼。今我兼其命数，用奖励贤，辉映古今，允为优异。咨尔吴越国王钱俶，德隆宏茂，器识深远，抚奥区于吴会，勒洪伐于宗彝。昨以江表不庭，王师致讨，委方面之兵柄，克常、润之土宇，辅翼帝室，震叠皇灵。而乃执圭来庭，垂绅就列，罄事君之诚悫，为群后之表仪。爰峻徽章，以旌元老。可特赐剑履上殿，书诏不名。

二十六日，吴越国王朝见宋帝于崇德殿，谢差亲王迎接并赏赐。当日，宋帝赐宴于长春殿，吴越国王进法酒五百瓶、金银器物三千两、绫锦一万事、龙凤香等二万事。

翌日，宋帝遣使赐吴越国王生料羊二百口、法酒三百瓶、粳米二百石、杂买钱一万缗、草料、柴炭等，又赐从行将校等官钱三万缗。

二十九日，宋帝遣内司宾赐吴越国王果子三十盒、法酒一百瓶、蒸羊食物等十匮。

三十日，宋帝于后苑宴请吴越国王，王复进宝玉、金银酒器等三千两，通天犀带一条，龙凤龟鱼带六事。席间，宋帝命众人射箭，每中的者即进金银器三百两。

四月初八，宋帝诏宴于崇德殿。

二十三日，宋帝宴吴越国王于后苑，泛舟于宫池，独命惟濬侍座，宋帝亲举御杯赐酒，吴越国王接而饮之。次日，王奉谢表，略曰：御苑深沉，想人臣之不到；天颜咫尺，唯父子以周亲。

二十六日，宋帝诏吴越国王宴于南郊御庄，王又上酒器、金银器皿等共二千余两，吴越国王酒酣，至暮方归第。

次日，宋帝遣内司宾赐吴越国王御衣红袍一副、彩衣六事、宝带一条、金银酒器三千两、细马四匹、御马一匹、仪鸾一副，吴越国王进表谢恩。

此时，平海军节度使、漳泉观察使、检校太师陈洪进入京朝觐已有八月，未见宋帝有放还之意，遂纳幕僚刘昌言之计上表进献漳、泉二州。宋帝见奏，遂优诏纳之，以陈洪进为武宁军节度使（治徐州），同平章事，赐第京师，诸子皆授刺史。宋朝廷又得漳、泉二州十四县，共十五万一千九百七十八户，兵一万八千七百。

宾佐崔仁冀对吴越国王谏道：“朝廷之意可知矣！大王不速纳土，祸将至矣！”左右大臣多以为不可，仁冀厉声说道：“今我等君臣皆在人掌握之中，去国千里，唯有羽翼乃能飞去尔！”

吴越国王早已料知吴越国终将难以为继，乃请以吴越封疆归于有司，乞罢吴越国王，解除天下兵马大元帅，并寝书诏不名之命，表略曰：

臣伏有恳诚，贮于肺腑，幸因入觐，辄敢上闻。盖虞神道之害盈，必冀天慈之从欲。臣近蒙朝廷赐以剑履上殿，诏书不名，仍以本道领募卒徒，尝营戈甲，特建国王之号，俾增师律之严，皆所以假其宠名，托于邻敌。方今幅员无外，名数洞分，岂可冒居，自罹公议？合从省罢，以正等威。除本道军士、器甲臣已曾奏纳外，其所封吴越国王及天下兵马大元帅职名，望皆许解罢。凡颁诏命，愿复名呼，庶圣朝无虚授之恩，微臣免疾颠之祸。

宋帝不许。

五月初三，宋帝遣内使赐吴越国王汤药四金盒、金器二百两、银三千两。

次日，吴越国王再次上言，略曰：

臣庆遇承平之运，远修肆觐之仪，宸眷弥隆，宠章皆极。斗筲之量实觉满盈，丹赤之诚辄兹披露。臣伏念祖宗以来，亲提义旅，尊戴中京，略有两浙之土田，讨平一方之僭逆。此际盖隔朝天之路，莫谐请吏之心。然而禀号令于阙庭，保封疆于边徼，家世承袭，已及百年。今者幸遇皇帝陛下嗣守丕基，削平诸夏，凡在率滨之内，悉归舆地之图。独臣一邦僻介江表，职贡虽陈于外府，版籍未归于有司，尚令山越之民，犹隔陶唐之化。太阳委照，不及蒋家，春雷发声，兀为聋俗，则臣实使之然也，罪莫大焉。不胜大愿，以所管十三州献于阙下执事，其间地里名数别具条析以闻。伏望陛下念奕世之忠勤，察乃心之倾向，特降明诏，允兹至诚。

五月初六，宋帝下诏从其所请，诏曰：

卿世济忠纯，志遵宪度，承百年之堂构，有千里之江山。自朕纂临，聿修觐礼，睹文物之全盛，喜书轨之混同，愿亲日月之光，遽忘江海之志。甲兵、楼橹，既悉上于有司，山川土田，又尽献于天府。举宗效顺，前代所无，书之简编，永彰忠烈。所请宜依。

于是，吴越国所部十三州、一军、八十六县、五十五万七百户、兵十一万五千以及民籍、仓库尽献于宋。宋帝御驾崇元殿受之，随即颁赐吴越国王誓书，曰：

皇帝锡命吴越国王钱俶：自朕纂临以来，独持短表，自献封疆，将三千里锦绣山川，十三郡鱼盐世界，皆归皇宋，尽属有司。誓书到日，率土之滨，皆不问罪犯轻重，各出图圄。钱氏之家，恐系远房，或高曾祖至曾玄孙以下，议杖刃伤遇死，一人至七人者放，七人以上者奏；无居址者，遇所属州军县邑僧寺道观，令自措躬安歇；无官者可以荫资，有官者重跻极品。忘议谗言，奉持减剥，并不如命。钱氏到日，如朕亲行。今给此书，永为照据，与国同休。

消息传回杭州，吴越国中诸将校军佐皆恸哭曰："吾王不归矣！"侍郎鲍约于太祖皇帝时曾极力怂恿吴越国王献土，如今果真归宋，鲍约竟拒绝北上，孤身窜处海上。吴越国王得知此事乃作诗曰："东遐迫兮西遐迫，鲍约何如罢钓归"，吴越迄今仍留存有遐迫庙。

第七十六回　戏周后李煜惨遭鸩杀　除根基钱氏被迫迁族

却说江南国主李煜于开宝八年（975）年底去国北行，到得开封后，蒙大宋皇帝开恩，被封为右千牛卫上将军，又赠了个令人烦恼的"违命侯"，妻周氏被封为郑国夫人，宋帝又赐第于京城南门（南勋门）外偏东约六七百步的一处僻静府邸，从此整日里只是闲坐于家中，朝廷中无人问津。李氏族人大多都有封赠，李朝旧官亦大多录用，徐铉、张洎等旧臣甚至得以重用，因之李煜倍感失落，整日沉醉于过去，江南印象总是挥之不去，遂写下《望江南》词两首：

闲梦远，南国正芳春。船上管弦江面渌，满城飞絮辊轻尘。忙杀看花人！

闲梦远，南国正清秋。千里江山寒色远，芦花深处泊孤舟，笛在月明楼。

开宝九年（976）二月，吴越国王钱俶入京朝觐，赐居"礼贤宅"，亦位于南勋门外东侧，居"违命侯"府邸之西，两府相去仅数百步之遥。自吴越国王驻跸"礼贤宅"，大宋皇帝屡屡亲登府第抚问，王公大臣自然亦是络绎不绝，一时间"礼贤宅"车水马龙好不热闹。宋帝又频频召吴越国王入宫，赐宴于宫殿或游苑，宴罢又赐御辇归第，十分恩宠荣耀。相隔仅数百步之遥的"违命侯"府却终日门可罗雀，清冷孤寂，除了内府派驻的禁军以及府内少数杂役外再无旁人出入，如此差别使得李煜不禁又怀念起往日时光，心头涌起国仇家恨，遂引发一片愁肠，乃作《忆江南》两首：

多少恨，昨夜梦魂中。还似旧时游上苑，车如流水马如龙。花月正春风。

多少泪，沾袖复横颐。心事莫将和泪滴，凤笙休向月明吹。肠断更无疑。

三月末，吴越国王归国，宋帝命引进使翟守素押翰林、御厨、仪鸾等风光排场送至睢阳，李煜不免又产生思归之情，写下《浪淘沙》两首：

帘外雨潺潺，春意阑珊。罗衾不耐五更寒。梦里不知身是客，一晌贪欢。

独自莫凭栏，无限江山，别时容易见时难。流水落花春去也，天上人间。

往事只堪哀，对景难排。秋风庭院藓侵阶。一任珠帘闲不卷，终日谁来。

金锁已沉埋，壮气蒿莱。晚凉天净月华开。想得玉楼瑶殿影，空照秦淮。

不久有消息传来，江州小将胡则逐走州官，自命为江州指挥使，仅以千余兵马抗拒宋军。宋将曹翰领兵攻城，屡攻不下，竟达数月之久，城陷后宋兵屠城，惨不忍睹。此后又有邵阳民变袭杀官吏、郴州百姓夺取官仓遁入山林……，李煜闻知心潮起伏,江南义士还是争气的,遂斟酒酹地向江州将士、江南父老致意。然待心潮平静后,又觉得如此抗争徒使百姓遭殃,心情又难免低落,随即写下《调寄乌夜啼》:

昨夜风兼雨,帘帏飒飒秋声。烛残漏断频欹枕,起坐不能平。

世事漫随流水,算来一梦浮生。醉乡路稳宜频到,此外不堪行。

十月,宋帝驾崩,种种传言流行于市,消息传入"违命侯"府,李煜不禁有些兴奋。大宋皇帝致使繁荣富庶的江南亡国,百姓遭殃,将自己拉下江南国主宝座,押送北国成为阶下囚,从此由炽盛辉煌的文学艺术创作境地陷入孤寂清冷的幽禁隔绝状态,不想仅仅十个月这位皇帝便暴亡,真乃上苍之报应。

新帝登基大赦天下,"违命侯"李煜晋爵陇西郡公,新帝指派南唐旧臣徐铉为陇西郡公府邸司笔札,一度使得李煜处境有所改观,然不久即发生了一件令其命丧黄泉之丑事。

宋帝赵光义早年娶滁州刺史尹廷勋之女为妻,早丧,光义登基后追册为皇后,谥曰淑德;后娶大将魏王符彦卿之第六女为妻,在光义为晋王时被封为越国夫人,开宝八年(975)十二月十九日病逝,光义继位,追封为皇后,谥曰懿德;符夫人死后太祖皇帝又为光义娶英州防御使李英之女为妻,开宝中封陇西郡君,光义继位,封为陇西郡夫人;开宝九年(976)太祖皇帝追念大将李处耘,遂聘其次女为光义妃,时年仅十七岁,未及娶,太祖去世,因之耽搁一直未迎入后宫。不料陇西郡夫人李氏一病不起,至三月十二日竟至离世。光义初登大宝,不仅中宫无主,而且后廷空虚,如今李处耘之女尚未入宫,即使入主中宫,年方十八,恐一时也难以胜任。光义初掌朝政,国事繁杂,无暇顾及后宫事务,因之急需一位熟谙后宫事务且又贤惠能干的后宫之主。思来想去,认定后宫之主非郑国夫人小周后莫属:论年龄,正属成年花季,风姿尚佳;论宫廷事务,已主持后宫近十年,当已积累许多经验;论歌舞诗画,与李煜相处十年已颇有见地;论人品,刚直无邪,朴实无华,为光义所敬仰。光义私下以为李煜整日圈于府第之中,肯定是度日如年,小周后自然亦不会好过,若接她来主持中宫,自会欣然从命。

陇西郡夫人病逝仅三日,光义即召见小周后,先是寒暄一番,气氛融洽之后进入正题,谁知小周后却不是"花蕊夫人",无论光义如何花言巧语,威逼利诱,竟毫无动摇之意。原来李煜远非孟昶可比,虽不谙政事,却是当代大词人,又擅长歌舞书画,对女人情真意切,细心体贴,小周后于少女时即仰慕之,因有诸多共同爱好,二人共同创编歌舞、研习书画、吟诗作词、游园赏景,以此情深意笃,赵光义只得暂时作罢。

旬日之后,赵光义再次召见郑国夫人,开门见山对小周后道:"历史上有许多国君以各种方式迎娶他人之妃作为国妃，远的不说只说近的：隋炀帝杨广弑父文帝杨坚，逼母妃宣华夫人成为自己皇妃；唐玄宗李隆基娶儿媳寿王妃杨玉环为皇贵妃，为安抚儿子寿王，另选左卫将军韦昭训之女为寿王妃；皇兄太祖皇帝则鸩杀孟昶，迎娶'花蕊夫人'为妃。诸多事例不胜枚举，你是希望我仿效皇兄或是仿效唐玄宗？"小周后道："陛下握有生杀大权，民女无可奈何，何况贱妾乃阶下囚，生死全在陛下手中。"光义又碰了钉子，二人再次不欢而散。

光义本是一个争强好胜、不达目的决不罢休之人。又过些时日，光义复召小周后入宫，欲以既成事实逼破小周后就范。小周后毕竟是江南弱女子，虽然尽力反抗，怎敌得过武将出身的赵光义，宋帝终强占了小周后，而且临出宫又放下狠话："从今以后你若遵从朕之旨意，为朕统领后宫，朕当厚待李煜，命其充任闲散显贵之职，任其填词吟诗，歌舞作乐，安度时日；你若放任不羁，屡拂朕意，则李煜或蹈孟昶复辙。李煜命运完全掌握于夫人手中！"

赵光义毕竟是当今皇帝，既说得出自然就做得到，小周后要保护李煜就得牺牲自己，却不愿又不能将此事告诉李煜，回到府中只是整日以泪洗面。李煜屡屡询问，小周后只是哭个不停，问急了遂抱怨李煜道："我们何以要投降而不死啊！"

此后，赵光义又单独召见过小周后数次，有时当天回府，有时留宿宫中三四日方回，时日一久，小周后心情略为平复些。小周后频繁应召入宫且留宿宫中，李煜心中也猜到了几分。在李煜一再追问下，小周后终于将所发生之事一一讲了出来，最后道："我为你能活着而不死，为你不被欺而受辱，我们都须学会于屈辱的境遇下生存！"李煜默默无言，泪如雨下，两人相拥而泣，失声痛哭。

日子一久，丑闻不胫而走，不仅宋帝强暴小周后之事流传于市井，甚至街巷间竟流传出春画，画名曰《熙陵幸小周后图》，画中女人被中年男子强暴，旁边竟有内侍模样之人协助，旁边多有皇家器物。很快有人将此画报送宫中，宋帝见之勃然大怒，急命开封府彻查此事，务必找出此画作者、散布者及其同党，并秘密处死。

此时吴越王钱俶二次入京已三个月，仍居"礼贤宅"，宋帝厚礼相待，于宅前设山棚、架花灯、陈鼓乐、演杂耍，好不热闹。李煜想起自己生日将近，再看看府中这死气沉沉的氛围，有心增添些生气，遂欲趁过生日之机阖府热闹一番，随即写下一首《虞美人》：

春花秋月何时了？往事知多少。小楼昨夜又东风，故国不堪回首月明中。

雕栏玉砌应犹在，只是朱颜改。问君能有几多愁？恰似一江春水向东流。

再收集起以前写的几首诗词，乃与小周后一起聚起江南同来的宫人日夜排练，以备生日时大家欢聚作乐。

早有人将李煜筹办生日宴之事报入宫中，赵光义正为街巷间流传的丑闻及春画怒火中烧,遂将一腔怒火撒向李煜。光义知道事已至此,再立小周后为后宫之主已不可能,若保持现状,则丑闻将更迅速传播,当今之策须当机立断,唯有采取太祖皇帝杀孟昶娶"花蕊"之策方可力挽烂局。

太平兴国三年(978)七月初七,李煜四十二岁生日,陇西郡公府张灯结彩,喜气洋洋,乃是李煜归朝以来最热闹、最欢乐的一天。小周后入宫时,姐姐大周后新丧,李煜情绪低沉,后来又逢宋军围城,再后来即成为大宋的阶下囚,何谈欢乐?今日难得李煜情绪极好,又得一众旧宫人热情高涨倾情排演,因之小周后暂时忘却眼前的不快,尽情高歌起舞,度过了最欢快的一天。

生辰欢宴直至深夜,李煜、小周后皆已微醉,大部分旧宫人已经散去,突然门吏来报皇帝圣旨到,李煜、小周后慌忙整装接旨,众下人回避。宫监登堂宣旨:命郑国夫人即刻入宫。不等李煜、小周后反应过来,众宫监七手八脚簇拥小周后并宫人臧氏(小周后去世后,臧氏屡封为美人、昭容,生有皇七子元偁,皇女晋国大长公主、申国大长公主。臧氏死后,追赠婕妤、贵妃。)下堂登辇扬长而去。李煜正欲问话,余下宫监奉上御酒一瓶,玉杯一只,酙满御酒奉与李煜道:"圣上御赐寿酒一瓶,贺陇西郡公寿诞。"事情来得太突然,不容李煜思考,宫监已将盛酒玉杯奉于面前。李煜乃是降王、俘囚,不比获罪的皇亲国戚,因之众宫监态度强硬,行动粗暴。此前小周后曾将赵光义种种言语告诉李煜,因之李煜早有准备,见此情景,知道孟昶之祸已经来临,便毫不犹豫取过玉杯一饮而尽。众宫监见状,嘴上不说,心中亦是十分感叹。

随即宫中传出话来:李煜自归朝以来,不思我统一中国之宏图,富国强兵之大略,每每以诗词称颂江南故国之风采,金陵旧城之华光,慨叹亡国之痛,诸如"故国不堪回首明月中""雕栏玉砌应犹在,只是朱颜改"等,意欲唤起江南百姓反对大宋,故予赐死以绝后患。鉴于郑国夫人丧偶,宜迎接入宫,贴身宫人亦宜入宫妥为安置,以颐夫人。

郑国夫人入宫仅数日,赵光义又匆匆迎娶李处耘次女入宫为妃,权充正宫,以掩盖曾经欲使郑国夫人主持后宫的真相。迎娶之日,仪文繁备,典礼隆盛,内宫外廷赐宴数日,并赐京师罢民,大宴三日,闹得京城沸沸扬扬,从此皇帝轻薄郑国夫人之说遂逐渐淡忘。

种种消息不断传入"礼贤宅",吴越王深为叹息:大宋国如此之大,美女、淑女、德女、贤女任由挑选,何以非看上一个有夫之妇,竟闹得满城风雨,丑闻不迭;李煜写几首词,无非怀恋过去,抒发一点郁闷之情,何至赐死?实在可悲可叹。设若于翰林院中给其安排一个职位,令其多多接触大宋统一中国、强兵富民的创举,或许就不至于整日沉湎于过去的江南,反而会写出大量歌颂大宋的诗词来,也就不至于酿成今日悲惨的结局。宋太祖赵匡胤曾对左右大臣说过："李煜文采颇好，可作翰林学士，却不能为一国之君。若能以作词之心思治国，不至成为阶下囚。"大宋君臣既然明知李煜治国无能，谅也威胁不了大宋安危，何至于非置其于死地。既认为李煜对大宋安危有威胁，何不于其被俘之初即处死，却于被俘两年半、对江南影响几乎完全消失之后才处死，岂不怪哉！吴越王冥思苦想促使赵光义赐死李煜的政治原因，猛然间想起近数月间大宋政局的重大事件恰恰是自己应召入京！自己入京仅三个月宋帝即赐死李煜，或许意在杀鸡给猴看，借以警告自己。吴越王联想第一次入京时太祖皇帝所赐黄袱中的奏折，越想越觉得示警的可能性极大。由这件事吴越王又一次感受到，赵光义虽然雄才大略，却亦有小人之心，此后凡宫中一切事务皆须格外小心谨慎。

果然不出吴越王所料，八月初六，李煜被赐死尚不足一月，宋帝下诏：令两浙发吴越王缌麻以上亲及管内官吏悉归京都。

所谓缌麻以上亲乃俗称之五服，即族曾祖父、族曾祖母、族祖父、族祖母、族父、族母、族兄弟、外孙、外甥、婿、妻之父母、舅父等。因有新修钱氏族谱作依据，很快即索引出各地钱氏缌麻以上亲四千余人，加上吴越地区原有官吏，合计五千余人，共发船一千零四十四艘，所过之处皆以官兵护送，直至京都。后蜀、南汉、南唐诸国灭亡时，亲族官吏押送至京者皆不过数百人，以南唐最多，亦不过三百人，如今吴越归京人数竟达五千之众，乃诸国数十倍之多，足见宋帝赵光义对吴越王于吴越国根基之深是何等不放心，因此非彻底清除不可。

从此，钱俶殚精竭虑为钱氏族人建立之宗祠、祖庙皆被冷落废弃，无人经管，唯有一些当地文人志士因仰慕吴越王之功德，尚常来参拜。数十年后，坟、庙、祠皆已荒芜不堪，乡亲父老、文人雅士见之皆为之流涕。宋神宗熙宁十年（1077），杭州郡守赵抃（清献公）于心不忍，乃奏请朝廷将龙山西南妙音山下之废佛寺妙音院赐名为"表忠观"，修葺一新后用以祭祀钱氏五王，并命钱氏裔孙、道士号"自然"者居于观中，责令其负责修护。寺旁有武肃王之子文穆、之孙忠献二王墓、庙，令道士"自然"一并祭扫看护，官家给田三百亩，以供维护之需。敕苏轼撰《表忠观碑记》云：

故吴越国王钱氏坟庙，及其父、祖、妃、夫人、子孙之坟，在钱塘者二十有六，在临安者十有一，皆芜秽不治，父老过之，有流涕者。谨按：故武肃王镠，始以乡兵破走黄巢，名闻江淮。复以八都兵讨刘汉宏，并越州以奉董昌，而自居于杭。及昌以越叛，则诛昌而并越，尽有浙东西之地，传其子文穆王元瓘。至其孙忠献王仁佐，遂破李景兵而取福州。而仁佐之弟忠懿王俶又大出兵攻景，以迎周世宗之师，其后，卒以国入觐。三世四王，与五代相为终始。天下大乱，豪杰蜂起，方是时，以数州之地盗名字者不可胜数，既覆其族，延及于无辜之民，罔有孑遗。而吴越地方千里，带甲十万，铸山煮海，象犀珠玉之富甲于天下，然终不失臣节，贡献相望于道。是以其民至于老死不识兵革，四时嬉游，歌舞之声相闻，至于今不废。其有德于斯民甚厚。皇帝受命，四方僭乱，以次削平。西蜀江南，负其险远，兵至城下，力屈势穷，然后束手。而河东刘氏百战守死，以抗王师，积骸为城，洒血为池，竭天下之力，仅乃克之。独吴越不待告命，封府库，籍郡县，请吏于朝，视去国如传舍，其有功于朝廷甚大。昔窦融以河西归汉，光武诏右扶风修其父祖坟茔，祀以太牢。今钱氏功德殆过于融，而未及百年，坟庙不治，行道伤嗟，甚非所以劝奖忠臣、慰答民心之义也。臣愿以龙山废佛寺曰妙音院者为观，使钱氏之孙曰自然者为道士居之。凡坟庙之在钱塘者，以付自然。其在临安者，以付其县之净土寺僧曰道微者。岁各度其徒一人，使世掌之。籍其地之所入，以时修其祠宇，封植其草木。有不治者，县令亟察之，甚者，易其人，庶几永终不堕，以称朝廷待钱氏之意。臣昧死以闻。

　　铭曰：天目之山，苕水出焉。龙飞凤舞，萃于临安。笃生异人，绝类离群。奋挺大呼，从者如云。仰天誓江，月星晦蒙。强弩射潮，江海为东。杀宏诛昌，奄在吴越。金券玉册，虎符龙节。大城其居，包络山川。左江右湖，控引岛蛮。岁时归休，以燕父老。晔如神人，玉带球马。四十一年，寅畏小心。厥篚相望，大贝南金。五朝昏乱，罔堪托国。三王相承，以符有德。既获所归，弗谋弗咨。先王之志，我维行之。天祚忠孝，世有爵邑。允文允武，子孙千亿。帝谓守臣，治其祠坟。毋俾樵牧，愧其后昆。龙山之阳，岿焉斯宫。匪私于钱，惟以劝忠。非忠无君，非孝无亲。凡百有位，视此刻文。

　　赵抃亦有诗云：

　　时维五纪乱何如？史册闲观亦皱眉。是地却逢钱节度，民间无事看花嬉！

　　钱氏宗祠因无后人经营遂逐渐被荒废侵占，宗族制度从此无人问津。直至宋仁宗景祐年间（1034—1037），吴越国时期武胜军节度推官范墉之三子范仲淹出任越州刺史，乃重新推行宗族制度。

　　范仲淹，字希文，苏州吴县人。曾祖范梦龄，仕吴越，中吴军节度判官，入宋后赠太师、徐国公；祖范赞时，仕吴越，终秘书监，入宋后赠太师、唐国公；父范墉，随钱俶归宋，任武胜军掌书记，封太师、周国公。范仲淹幼年丧父，早年常听兄长言及吴越国曾推行宗族制度，及至越州任所，亲自拜访禹陵、禹王庙及姒姓族人，调查宗族制度，又亲自查访吴越国时钱氏宗祠制度，认为对团结族人、安定社会、治学扶贫、发展生产皆有裨益，乃上奏朝廷大力推广，从此江南宗祠制度盛行于各地。

再说钱氏族人及吴越官吏数千人由宋军护送至京后，半数以上人皆授予官职，然于吴越却鲜有钱氏为官者，从此钱氏子孙八十余年不得回吴越故土归省，此举彻底杜绝了钱氏族人与吴越百姓之联系，大宋皇帝遂得高枕无忧矣！

宋帝自知刚鸩杀李煜，又尽发吴越王缌麻以上亲及管内官吏至京，钱俶难免疑虑，因之刚于八月六日诏令发吴越王亲，即于八月九日命以杭州伶人马迎恩等四十五人赐与吴越王，俾备旦夕宴乐，又不断设宴款待吴越王。

八月十四日，诏吴越王宴于后苑，泛游宫池。

八月二十四日，乃吴越王生辰，宋帝遣内使赐王生辰礼物。

九月九日重阳，诏王大宴于长春殿，欢乐终日。

九二十日，吴越王忽染风疾，宋帝传宣，旦夕遣使抚问。

九二十五日，遣内司宾赐王茶果、汤药等。

十月七日，吴越王入朝谢恩，宋帝赐宴于后苑。

十一月初一，宋帝至南郊祭祀，礼毕，诏：加王食邑二千户，实封一百户。

十二月初八，宋帝遣使赐王蒸羊、食物、茶果等共十二匮，法酒一百瓶。

十二月二十五日，诏王赐宴于长春殿，至暮归第，特取御前二只大烛送焉。

太平兴国四年（979）元宵佳节，按惯例京师元宵放灯三夜，今因吴越归宋，特令增添十七、十八两夜花灯。

宋帝对吴越王恩宠如此，在外人看来已荣冠朝堂，但于吴越王心中却十分清楚，今上有致力于讨伐四方、统一中国、澄清吏治、造福百姓的一面，亦有阴险狡诈、多疑狠毒的一面，从黄祐奏疏到太祖皇帝突然宾天即匆匆继位改元，从鸩杀李煜排挤赵普到突然诏命发钱氏宗亲至京，凡此种种皆显示出其手段之阴狠。宋帝对吴越王恩宠有加，朝中诸大臣必然心生嫉妒，一有风吹草动必然落井下石，因之吴越王必须时时处处小心谨慎，凡事关统一中国、造福百姓之举皆坚决支持，朝廷内部纷争、皇帝小过等则绝不参与，自身行止亦每每率先垂范。

时值隆冬，每逢上朝，清晨旁人尚无至者，吴越王必先至宫门，假寝以待。一日，夜漏四鼓，御驾启行，其时风雨大作，诸节镇无一人至，皇上见唯吴越王与世子惟濬在，叹息称赞良久，对吴越王道："卿已中年，宜避风冷，自今起凡入见不须太早。"仍取御前二大烛赐之。

太平兴国四年（979）春二月，宋帝决定御驾亲征北汉，彻底消灭最后一个割据政权，实现天下一统之夙愿，从而博取圣明天子之美誉。宋帝命各地官员征调粮草军备，发往太原行营，令宣徽南院使潘美为北路都招讨制置使，河阳节度使崔彦进、彰德节度使李汉琼、彰信节度使刘遇、桂州观察使曹翰各领本部兵马进军讨伐，又令云州观察使郭进为太原石岭关都部署，以阻击燕州、蓟州增援北汉之辽军。按常例，皇帝御驾亲征当命开封尹代理朝中日常事务，但光义常怀疑诸弟、侄对自己即位有异议，为防止宫廷政变，乃命开封尹廷美护驾同行，宰相沈伦为东京留守兼判开封府事，宣徽北院使王仁赡为大内都部署。

吴越王对宋帝命开封尹护驾同行的用意心知肚明，遂恳请宋帝自己亦携子惟濬等同行北征。宋帝道："卿已中年，体弱多病，不宜征战奔波，由惟濬代卿随朕北征，以遂卿之忠心。"

二月十五日，宋帝发兵京师。

三月，宋云州观察使郭进率部攻克西龙门砦，随即又大败辽军援兵于石岭关南，宋左飞龙使史业大败北汉鹰扬军，党项族首领、夏州节度使李继筠率部东进，助宋军攻打北汉，宋军北伐势如破竹，节节胜利。宋帝又以孟玄韶、则廷翰为兵马都钤辖，崔翰为总领马步军，同守镇州以御辽兵入侵。

四月，宋帝亲临前线，指挥宋军全面进击。宋军群情振奋，士气高涨，先克岢岚军，俘军使折令图；继克隆州，俘北汉招讨使李询等将；再克岚州，斩北汉宪州刺史郭翊，俘夔州节度使马延忠。宋军兵临太原城下，宋帝诏命北汉主刘继元献城投降，继元踞城固守拒不肯降，宋帝令以抛石机投石攻城，又于太原城外遍筑营寨，将太原城围得水泄不通。

辽主见宋军征讨北汉军情紧迫，急忙以宰相耶律沙为都统领兵前往增援。辽兵来至白马岭，遥望前面宋军营寨隔涧而扎，约万余人，耶律沙救汉心切，即令急速前行争先渡涧，忽闻号炮响起，宋军伏兵四出，正散处于涧中的辽兵猝不及防，毫无还击之力，遂被杀得七零八落。腿脚快的急忙忙逃回军中，却不想冲动了自家中军阵脚，宋军乘势渡涧冲击辽军，辽军溃不成军，耶律沙只得策马而逃。正逃命间山侧却又杀出一彪人马截住宋军，原来是辽将耶律斜轸奉辽主之命前来接应，郭进只得整队回师。

北汉主刘继元唯寄希望于辽军增援，闻报辽军已被郭进击退，吓得寝食难安，幸得建雄军节度使刘继业杀入城中，昼夜不懈巡守四城，乃得以苟延。

宋帝命众军将全力攻城，城上矢石如雨，宋军难以近城。

当时之太原城主城正方形，城周长四十里，向东筑有外城，南北宽三里，东西长十五里。主城之北有晋阳湖，东有汾河，自北向南流过外城，再于南城外折向西，然后于城西南折向南流去，北城墙外又有护城河与汾河相接。晋阳城西面乃高山，其余三面皆平原，以此北、东、南三面地势低平，汉军居高临下发矢投石，凭城死守，又有河水阻隔，宋军实难进取，唯西部地势高，易抛石发矢，利于压制城上守军。

五月初一，宋帝命众将士昼夜猛攻太原城西南角，不得懈怠，终于黎明攻陷羊马城。北汉宣徽使范超见宋军攻势凶猛，守城无望，遂率小股汉兵出城投降。

宋军攻城正盛，见有汉兵出城，立即将之包围，斩杀范超于阵前。少顷，北汉兵将范超妻儿斩杀于城上，枭首抛于城外，宋军方知错斩了范超。宋帝闻之不禁懊悔，令将士好生殓葬范超及其家人，并亲往阵前赐祭，城上将士为之动容。

北汉守军见守城无望，皆人心惶惶各寻退路，代州刺史刘继文、驸马卢俊趁乱投奔辽国，马步军都指挥使郭万超密令军士缒城至宋营约降，宋帝折矢为誓予以厚待，郭万超遂率兵投奔宋营，北汉主刘继元帐下诸卫士多半已出降。

宋帝见时机成熟，乃草诏晓谕继元："越王、闽主皆献地归朝，或授以大藩，或列于上将，臣僚子弟尽享官封。继元只要投降，必保终始，富贵还是灭亡由你自选！"以箭将诏书射入城中。继元急与众大臣商议，众臣皆以为死守已无望，不如及早投降，唯大将刘继业及其子刘延郎誓死与太原城共存亡。继元不甘心丧国，致仕左仆射马峰命家人将其抬入殿中，声泪俱下道："今宋天子亲征势如破竹，契丹援军受阻鞭长莫及，继续死拼徒增伤亡，一旦城破则生灵涂炭，繁华俱毁，万望陛下以百姓为念，忍牺牲刘氏天下之痛以保北汉百姓之安。"众臣听了纷纷落泪，继元见大势已去，乃遣客省使李勋奉表请降。

五月初六清晨，刘继元率百官白衣素缟出城投降。宋帝升城台，奏响鼓乐，下旨特赦，封继元为检校太师右卫上将军、彭城郡公。宋帝对北汉主道："卿今归顺于我，得以保全一方，深可嘉也。"因见北汉节度使刘继业忠勇，乃授其右领军卫大将军。继业本姓杨，单名业，太原人氏，刘崇爱其忠勇乃赐姓刘，改名继业，将其视为己孙，与继恩、继元并之，今既降宋，遂恢复本名杨业。

大宋削平北汉，得十州、一军、四十县，三万五千二百二十户，兵士三万，实现了扫平割据、一统天下之理想。自周世宗到宋太祖，数次征讨北汉皆未果，如今终被赵光义所灭，宋帝遂认为战功已超越皇兄匡胤，因之颇为志得意满，乃作《平晋诗》，令臣僚和韵，刻石立于行营"平晋寺"中。继而又有意乘胜伐辽，夺取幽蓟。

宋帝命中使康仁宝催督刘继元召集族属指日离开太原，监赴汴京，又将太原宫妓分赐有功将士，命毁旧城，改平晋县，焚毁庐舍，以榆次县为并州。诸事完毕，与众将商议伐辽之事，潘美等将帅多以为宋师北伐逾三月之久，今已师老兵疲，饷匮粮乏，不宜持续征战，且将士皆有希赏之意，若强行北进，恐于战事不利，唯都虞侯崔翰道："当乘胜势，机不可失，锐意北伐，不难进取。"宋帝遂决计北伐。

六月，宋帝北伐幽蓟，设置北面行营为攻辽据点，遣发京东、河北诸军赴北面行营以备军需，御驾亲统各路人马，分命将帅指挥。辽军未料宋军会乘胜北伐，猝不及防，遂节节溃败：宋军兵至东易州，辽刺史刘宇献城投降，光义留兵千人协助守城，继续东进涿州，辽涿州判官刘厚德亦开城投降；宋军直至幽州城郊，辽将耶律奚底率兵自城北攻击宋军，宋帝亲自率兵还击，辽兵败走；宋帝命定国节度使宋偓、河阳节度使崔彦进、彰信节度使刘遇、定武节度使孟玄哲分兵四面进攻燕京城,并将行营移置城北亲自督战,昼夜猛攻,幽蓟乃汉人聚居之地,百姓纷纷以牛酒犒师,支援宋军。

七月,据守顺州的辽国建雄军节度使刘廷素降宋,随后辽知蓟州刘守恩开城降宋,燕京城已是一座孤城,被宋军重重包围。辽主得报大为震惊,急派辽将耶律休哥率兵十万火速赶往燕京救援。赵光义正全力指挥宋军连番攻城,不想辽军援兵突至,遂于城外高梁河仓促应战,毕竟宋军以逸待劳,将士用命,辽军不敌,只得后退三十里扎下营寨。耶律休哥乃辽邦良将,智勇双全,部下精锐无不以一当十,当下探知宋帝驻跸城西高梁河畔,正亲自于中军指挥作战,遂命辽军骑兵主力迅捷扑入中军袭取宋帝。辽军铁骑历来锐不可挡,今又目标明确直取宋帝,赵光义当即慌了手脚。辽军趁势全面猛攻,横冲直撞,顷刻间宋军被搅得七零八落,溃不成军,万余宋兵被杀,伤者不计其数。赵光义由中军将士护卫,左突右冲,殊死拼杀,才得突围而出,然辽军骑兵紧追不舍,乱箭如飞蝗般向其射来,光义不幸腿中二箭,仍忍痛夹马奔逃。宋帝负伤怎逃得脱辽军铁骑追击,正在危难之际,只听得乱军中有人喝道:"圣驾有伤,我等当回马合力阻击辽兵,方可保圣驾平安脱险!"众兵将看时,只见一白袍小将正挥剑斩杀身边两名亡命奔逃的宋兵,欲阻止兵卒溃散,这一喊警醒了众将官,当即辅超挥动大刀,呼延赞舞起双鞭,众将回马合力迎战辽兵。此时宋帝一行人已逃离营寨三四十里,后边追赶的辽兵不过二三十人,在诸将合力围攻下辽兵渐渐抵挡不住,被杀得四散奔逃。

这白袍小将正是吴越王世子钱惟濬,此次随宋帝出征,临行前吴越王告诫惟濬务必保护宋帝安全,于军中须多建功立业,事关钱氏家族于宋家君臣心中的地位乃至安危,因之惟濬见宋帝势急,乃死命回击辽兵。

众将杀散辽兵赶上宋帝一行,见光义伤势不轻,不宜骑行,乃去涿州城中讨得一乘驴车,又命乡医处置了箭伤,方安卧于驴车缓缓驶入定州城。

高梁河一战宋军大败,大宋皇帝下落不明,众将多以为圣上已经蒙难。武功郡王赵德昭随宋帝征辽,其时尚在幽州城西,宋辽争战未息,军中不可一日无主,众将乃谋立德昭为帝,尚未议定即有消息传至:皇帝已驻跸定州。

征辽以失败告终,宋帝御驾还京,命孟玄喆屯兵定州,崔彦进屯兵关南(瓦桥关南),刘廷翰、刘汉琼屯守真定,潘美屯驻河东三交口,以抑制辽兵南侵,又将伐辽失职将领予以贬职,原西京留守石守信贬为崇信军节度使,刘遇贬为宿州观察使。

第七十七回　沐皇恩吴越融归一统　息干戈忠懿善始善终

自高梁河战败还京，宋帝心中懊丧不已：此番北征，宋军迅速克服北汉，完成了中华一统，本当彪炳史册，流芳千古，谁知却被辽军惨败，若是责任在手下将帅倒也罢了，却偏偏败于自己之手，以至差点丧命，真是颜面扫地；本就忌讳侄儿赵德昭有觊觎帝位之心，以此令其随己北征，自己败逃之时德昭却非但没有出兵相救，反而欲自立称帝，简直岂有此理！倒是外姓藩王钱俶之子钱惟濬于危难之时拼死杀散辽兵，方使自己得保性命，不由令人感叹不已。

大军还京多日，不见宋帝对收复北汉的众将官有行赏之意，诸将多怀怨望，武功郡王赵德昭恐军心不稳，酿成变乱，乃入宫谒见皇帝，请求论功行赏。不待德昭言毕，宋帝怒目道："战败归来，何功之有，论什么赏？"德昭道："却不可一概而论。征辽失利，却终究荡平了北汉，请陛下分别考核，量功行赏！"宋帝心中之气正没处撒，便盛怒道："待你为帝，赏亦未迟。"德昭原就知道这叔父皇帝时时嫌疑自己有谋篡帝位之心，今见如此说，如何受得了？回至府第越思越恼，越恼越怕，越怕越想，遂拔剑刎颈而亡，宋帝得报急往探视，涕泪交流道："痴儿，痴儿，何至于此？"宋帝回至宫中，颁诏赠德昭为中书令，封魏王，依照德昭生前奏请，对讨平北汉有功之臣论功行赏，加封皇弟齐王廷美为秦王，念钱惟濬救驾有功，特授为节度使兼待中。

从此，宋帝对吴越王的态度有了很大的改变，授吴越王为淮海国王，经中书省议定，加淮海国王钱俶食邑一万户，实封一千户。宋帝览毕，御笔改为加淮海国王食邑二万户，实封二千户。

太平兴国四年（979）八月二十四日，宋帝遣中使赐淮海国王生辰礼物。二十六日，淮海国王入朝谢恩，并贺平北汉，进金银器三千两，锦绮二百匹。宋帝宴王于苑中，又命世子惟濬侍坐，盛赞惟濬勤王之忠勇。

十月初六，宋帝遣内使赐淮海国王法酒二百瓶，御食八匮。

十一月十二日，宴淮海国王于长春殿。

十二月十九日，宋帝诏淮海国王宴于崇德殿，酒酣，至暮归第。

是年，金紫光禄大夫、检校太保、开国彭城侯、金州观察使、王弟钱弘仪薨，年四十八，赠：安化军节度使。

弘仪，文穆王第十一子，宋太祖建隆初为避宋讳改名仪。起家镇东军安抚使，乾德中奏授越州观察使。某年大旱，仪以私财八百代缴租赋，越州百姓无不感恩戴德。仪深信佛教内典，在越多经营佛事。弘俶即位，加金紫光禄大夫，检校太保，开国彭城侯。后随吴越王入宋，宋帝诏改慎、瑞、师三州观察使，又改金州观察使。是岁，卒于赐第。仪工草书，善弈碁，皆及上品。晓音律，能造新声，尤工琵琶，妙绝当世。

太平兴国五年（980）春正月，宋帝登朝元殿受朝贺。淮海国王遵宋帝圣命以剑履升殿，群臣观之，赞以为荣。

吴越王纳土之后，宋帝即命右补阙王永前往吴越整顿田税。王永来到吴越走访各地，民皆赞颂吴越王功德，掩息干戈、兴利除弊、奖励生产、推行贸易，使百姓得以安居乐业，两浙富庶冠于天下。吴越王统治时期田税按土地肥瘠、排灌难易、历年丰欠、复种次数等诸多因素考核，分为五等。王永慨叹吴越国田税管理之精细，乃向各州县索要田亩税收图籍，皆说吴越归宋时已上交有司，待回到杭州向州府索要，却又被告知宋帝诏命吴越王"缌麻以上亲及管内官吏悉赴阙"时，有吴越大臣名景房者借故将有关图籍调出，秘密沉于钱塘江中。王永急命人赴江中寻找，哪里还有踪影！江水昼夜二潮，汹涌澎湃，早已冲散不明去向，无奈之下欲命各州县重新核实造册，各州县吴越时官员已全部奉诏进京，现任官员皆一无所知，欲重新评估丈量或需数年方能完成，思来想去实在没有妥善之法。

一日，王永来到净慈寺祈求佛祖灵示，礼佛毕，主持延入方丈，王永乃以实相告，请求指点，主持和尚平和言道："吴越国钱氏三世五王治理吴越皆遵儒佛之道，以慈悲为怀，凡事以百姓利益为上，田税之制自当以有利百姓、有利生产为依据。景房之沉图籍于江，或是受我佛指点，担心一旦图籍归宋，见吴越土肥粮丰，朝廷便连年增加田税，与百姓不利，乃出此沉江之策。施主只须尊崇佛祖，慈悲为怀，心中有百姓，必会有良策令皇上满意，令百姓称颂。"

王永回到馆驿再三思虑谋划，决定不论田地好坏，田税皆以每亩一斗收取，此乃吴越时田税最低标准，百姓自然会满意，而且方法简单，立即可以施行。王永将此意与杭州刺史范旻商议，范旻坚决反对："按照如此办法，国库将少收一半以上！"王永道："本官走访各地，百姓皆对吴越三代五王感恩戴德，颇为怀念。今吴越新归大宋，诸州县官员对吴越尚未熟悉，百姓对大宋治国方略尚存疑虑，我今简化减少田赋税收，乃是我大宋对吴越百姓最大恩惠，必将使吴越百姓感念我大宋之恩德，淡化对吴越之怀念，对笼络吴越民心、安定吴越之治理必有裨益。数年之后再行改革，自然顺理成章无可非议。"范旻见王永如此说，即不再坚持己见，乃命各州县田税皆以每亩一斗执行。因图籍沉江，历年所欠赋税已无从考察，王永只得全部予以免除，因之吴越百姓皆感恩新朝。

王永回京，将于吴越改田税之事如实奏报朝廷。宋帝大为不悦，诘问王永："汝慷朝廷之慨，枉使国库受损，是何道理！"王永对道："使新附之邦蒙天子仁恩，致吴越百姓由感恩钱氏转而沐大宋皇恩，进而使吴越万民只知皇土而淡忘吴越，尽快融入大宋，若至如此，则臣虽获罪，死亦无恨矣。"宋帝听了乃转怒为悦，改田税之举遂予默认。

宋帝又追问景房沉图籍之事，不禁怒气填胸，欲诛景房。王永乃为景房解脱道："若是将图籍送达朝廷，自然就会按照吴越旧制征收田税，甚至比吴越时期征收更多，而历年拖欠之税赋自然亦要尽快追缴，如此则必然促使吴越百姓更加怀恋吴越之治而怨恨大宋，岂不适得其反。"宋帝听了，觉得王永说得有理，乃谪景房为沁水尉，景房遂屏居田里至卒。

王永减收田税，对大多农家，尤其是土肥水丰的平原农家自然得益颇多，而浇灌困难的贫瘠山区，吴越时亩产低于百斤者免税，如今却也要交一斗田税，因之贫困的山区反倒加重了负担。越州、明州地区原本瓷窑遍布，瓷品工艺精湛，上贡朝廷，远销海外，誉满天下，营销兴旺。自王永改制田税之后，种田人收益显著增加，越窑窑工几乎都出身农民，因之纷纷离窑返乡种田，一时间人心浮动，留下的窑工亦不再精心生产，以至越窑产量日渐减少，品质粗制滥造，从此日趋衰落，外销逐渐断绝，大约二十年后越窑终于消失。与越州、明州相反，地处吴越南部山区的处州龙泉地区皆山间小片农田，大多亩产不足百斤，如今亦须交田税一斗，当地农民纷纷涌入窑场做工，龙泉窑日渐兴盛，至南宋时，烧制出带冰裂纹的梅青瓷、天青瓷，把中国的制瓷业推向了一个新的高潮。

太平兴国五年（980）春三月清明节，宋帝御驾大明殿，召淮海国王一同击马球，凡五筹，并亲授御球及球杖。击球罢，宴于殿庑，对淮海国王道："卿已中年，宜以此为娱，况今乃清明令节，宜加调护。"

四月初一，淮海国王以风疾告假。宋帝遣御医、中使一日三至府第，仍赐汤药、茶果。此后，命人隔日一至问疾。

六月初三，宋帝亲幸"礼贤宅"，抚问再四，仍赐金器一千两、钱一万缗、银一万两、绫绢一万匹，淮海国王命子惟濬进宫致谢。

八月十一日，宋帝又亲临抚慰，御赐汤药二金盒。

八月二十三日，宋帝遣中使赐淮海国王生辰礼物。

九月十一日，淮海国王进朝于崇德殿致谢，复上金装定器二千事，水晶、玛瑙宝装器皿二十事，珊瑚树一株。

十月二十一日，宋帝诏宴淮海国王于朝元殿，至暮，以金装肩舆送王归第，仍以赐焉,又以御前二大烛为前导。

十一月初七,宋帝狩猎于城东,时风寒颇严,宋帝令中使传宣淮海国王可先回。

十一月十九,宋帝幸大明府,淮海国王奏请随驾出行,宋帝准奏,赐王乘肩舆同行。

太平兴国六年(981)春正月,淮海国王风疾复发,宋帝遣尚医、中使络绎而至,赐免朝。

二月,宋帝祀南郊,礼毕,下制加淮海国王食邑一万户,实封一千户。

五月,淮海国王尚患风疾,宋帝遣中使以紫白水晶棋子盛以金盒及杂宝文楸棋枰赐王,谕曰:"朕万机之暇颇留意之,卿疾未痊,宜用此自娱。"

这日,内臣赵海奉酒至淮海国王府第,门吏以为是传诏者,急忙回禀,淮海国王遂请进寝室见之。赵海问王:"疾如何?"王曰:"足疾已久沉痼,今又加之风眩。"赵海乃从怀中取药百粒,以奉王,其时王方命献茶,乃就茶尽吞之。诸子孙及左右见状,惶惧忧骇,无计可施,待赵海离去,家人皆泣,盖因有所疑也。淮海国王笑道:"主上待我甚厚,所赐必良药也。"翌日,宋帝闻知大惊,当即遣中使前往抚慰,又将赵海杖脊二十,加桎梏,令其坐于淮海国王府第门前三日,然后流放至海岛。淮海国王遣世子惟濬进宫陈谢,宋帝抚问良久,又赐汤药一金盒。

八月二十四日,宋帝遣内使赐淮海国王生辰礼物。翌日,宋帝亲幸"礼贤宅",时淮海国王病未痊愈,勉强起身出迎,欲行拜礼,宋帝亲拽之,抚问再四。宋帝赐细茶果二十盒,祛风法酒二十瓶,又赐王子以下绢帛有差。

十月初一,淮海国王朝谢于文德殿。皇上大悦,携手抚问良久,遂赐宴于长春殿,谓王曰:"卿恙稍可,天气严寒,宜避风冷,从此以后可免入朝。"淮海国王叩拜谢恩。

再说赵普自罢去相位,常遭卢多逊等谗害,以此郁郁不得志。赵普有妹夫侯仁宝曾在朝中供职,受其牵连调知岭南邕州。后卢多逊奏请宋帝命仁宝与孙全兴、刘澄、贾湜等同伐交州,仁宝被交州兵偷袭死于乱军之中,孙全兴等被斩。赵普深恨卢多逊,遂急于寻求机会复登相位以谋报复,因之时时窥测有关多逊动向。

时至太平兴国六年(981)八月,晋王府旧僚柴禹锡、赵熔、杨守一等密奏宋帝:秦王廷美骄恣不法,势将谋变;卢多逊交好秦王,或有勾通。赵普探知此消息,知时机已到,乃叩见宋帝,直陈道:"臣为旧臣时,参与见证昭宪太后遗命,备承恩迁,耿耿愚忠,无从告语。臣前次被贬,曾有人说臣诽谤皇上,臣曾上表自诉,极陈致诚,档册具在,尽可复稽。"宋帝命人核查太祖时案卷,果得赵普自诉表,略曰"皇弟光义，忠孝兼全，外人谓臣轻议皇弟，臣怎敢如此？且臣见证了昭宪太后之顾命，怎能有贰心？知臣莫若君，愿赐昭鉴……"宋帝乃复召赵普，言道："卿自诉表朕已阅览，知卿之忠耶！"

赵普是个极精细之人，知道宋帝最大心病乃是皇位传授之不顺：一是自己即位不顺，有"烛影斧声"之毁谤；二是按照昭宪太后遗命，自己将传位于廷美或德昭、德芳，而不能传于自己子孙。赵普乃乘机向宋帝献计道："昭宪太后临终，太祖皇帝与臣曾亲受遗命，由臣笔录，帝位传授顺序是：太祖之后传位于陛下，陛下之后传于廷美，廷美之后再传太祖之后。今德昭、德芳皆殁，唯廷美尚健在，若使廷美获罪徙边，即可削夺其继位之望，届时陛下将'金匮之盟'公之于世，则陛下之登基以至传位于陛下子孙皆名正言顺，世人绝无非议矣。"其时德昭已于太平兴国四年（979）八月自刎，德芳亦于太平兴国六年（981）三月暴亡，兄弟二人去世相隔仅一年有余。赵普之言正切中宋帝心病，宋帝乃叹道："人孰无过？朕不待五十已尽知四十九年之非矣，卿之忠心朕知之矣！"赵普乘势毛遂自荐，愿备位枢轴，为皇上静察奸变，宋帝乃于九月授赵普为司徒兼侍中，封梁国公，并命赵普密察秦王廷美之动向。

赵普网络旧臣明查暗访，终于查得卢多逊私遣堂吏交通秦王之事。多逊堂吏名赵白，与秦王府孔目官阎密，小吏王继勋、樊德明等朋比为奸。秦、卢交好皆由他数人往来交通，赵白曾将中书机密转告廷美，而卢多逊又曾言于廷美"愿宫车晏驾，尽力事大王"，廷美则遣樊德明往报多逊"承旨言正合吾意，愿早些晏驾"。赵普将查证之事一一入奏，宋帝叹道："朕尚强壮，廷美何性急至此！朕待多逊不薄，何以必欲廷美为帝？"赵普道："自夏朝建国至今，帝王多传位于子，太祖已误，陛下岂容再误？"宋帝遂降多逊为兵部尚书。数日后，将卢多逊下狱，并拘捕赵白、阎密、王继勋、樊德明等严加审问，令与多逊对质。多逊为相，与朝堂诸臣多有嫌隙，太子太师王溥等七十四人联名奏请："……卢多逊请依有司所断，削夺在身官爵，准法处斩。秦王廷美，亦请同卢多逊处分……"

太平兴国七年（982）四月，宋帝交由群臣议定：赵白、阎密、王继勋、樊德明等押赴都门外处斩；削夺卢多逊在身官爵，流配崖州；皇弟廷美勒归私第。赵普深恐事有反复对己不利，乃唆使开封府李符上言宋帝：廷美不知悔改，多有怨望。五月，宋帝降廷美为涪陵县公，送房州（湖北房县）安置。赵普又命房州官吏严加监管，致廷美不得自由，身心皆疲，遂气郁成疾，瘦弱不堪，于太平兴国九年（984）正月病逝于房州。

赵普复相后广为搜集当年曾贬损自己致使罢相的诸大臣劣迹，试图报复，乃召淮海国王世子钱惟濬说道："朝廷知卢多逊及其同党曾向元帅（吴越王）索取财物极多,如今尚有未查办者,恐日后有人不利于元帅,以此请将证据列状上呈。"惟濬归第,告于淮海国王,王对曰:"主上英明,凡大臣有过,主上皆明察秋毫,何需上状?"惟濬惧怕赵普专权,因与僚吏等再三坚请淮海国王列状上呈,淮海国王竟一把火将簿籍焚毁,对惟濬道:"吾入朝之初对朝中诸大臣咸有馈物,非独卢相也,岂可见人将溺而加石焉!汝等少年,慎勿为此,祸福我自当之!"惟濬将父王之言转告赵普,赵普深为叹服,称淮海国王真乃宽宏大度。

原来,当年宋帝命遣吴越王绸麻以上亲及管内官吏赴京,淮海国王因担心这数千族人及旧臣入京后受朝中诸臣冷遇排斥,乃不得已尽出私财,遍送朝中大臣,以求族人、旧臣平安,不受歧视。私财不足,复向诸妃外戚募集之,如继妃俞氏族人进金银数十万,犀二十株,通天犀(一尺以上者)赫犀玉带三十二条,水晶佛像十二尊,其余财物不计其数。今赵普查问淮海国王馈赠朝中大臣之事,卢多逊虽已失势,多数朝臣皆在,一旦此事公诸于众,诸大臣皆受牵连,人人自危,不仅对大宋朝廷之稳定不利,对钱氏族人亦将招恶,以致难以立足。今将诸案籍付之一炬,一了百了,众臣皆感念淮海国王之大度,从此朝廷之中上自皇帝下至诸臣皆以为钱俶真乃忠信仁义之君,对钱氏族人及吴越旧臣亦完全消除了隔阂。

太平兴国八年(983)正月十三日,宋帝遣中使赐淮海国王珍珠宝灯一座,又命坊市张灯于淮海国王府第前后,使王怡悦。

三月初三,宋帝诏加王食邑两千户,实封五百户。

八月二十三日,宋帝遣使赐淮海国王生辰礼物。翌日,王遣世子惟濬贡白龙脑香一百斤、金银陶瓷五百事、银二万两、黄金一千两。

十月,宋帝赐淮海国王珍珠黄盖。淮海国王以天下无事,兵革偃息,乃让大元帅及国封,表曰:

臣以蕞尔之躯,蒙被恩宠,赋禄百万,兼职数四。元帅之任实本于兵权,国王之号盖屏于帝室,尚书总百揆之重,中书掌八柄之繁,维师冠于上台,开府当于极品,臣之屑琐,罔克负荷。邦国之制式著等威,名器之间固有涯分,徒速罪戾,以取颠隮。伏望圣旨特从省罢。

宋帝准许罢兵权,其国封如故,仍加王食邑三千户,实封五百户,诏曰:

分茅胙土,所以彰世家之荣;大辂繁缨,所以表名器之重。至若褒宠勋德,度越典常,咨于旧章,爰推异数。乃有体好谦之德,形固让之辞,敦谕再三,确乎不拔,用曲至公之论,式光知止之风。淮海国王钱俶方岳炳灵,风云通感,奄有勾吴之地,不忘象魏之心。扫境来朝,举宗宿卫,籍其土宇,入于朝廷,式昭职贡,胙之淮海,居天子二老之任,启真王万户之封,并加宠章,用答忠顺。而乃屡形表疏,愿避官荣,发于深衷,诚不可夺。若以灵台偃伯,武库橐兵,天下一家书轨之无外，五侯九伯征伐之不行。愿寝元帅之名，勉徇由衷之请。其乃世祚明德，存于带砺之盟；帝贵良弼，宠以台辅之任。极驭贵之爵，增衍食之封，非足酬庸，适以昭德，勉膺渥泽，克副眷怀。可罢天下兵马大元帅，余如故。

十二月初六，宋帝遣中使赐筵一席，以仪鸾迎送至王第，近代绝无仅有。

雍熙元年（984）春二月初二，宋帝幸太乙宫，路经"礼贤宅"，淮海国王带病出府，于道旁恭迎，宋帝驻辇抚谕，至于再三。及圣驾返回，宋帝命走别路归，遣中使谕王：恐烦迎接，径由他路归矣。

十二月十一日，宋帝亲祀郊禋。礼毕，进封淮海国王为汉南国王，加食邑二千户，实封四百户。仍改赐：宁海镇国、崇文耀武、宣德宁道功臣。

雍熙二年（985）正月，宋帝知汉南国王善草隶书，乃遣中使至"礼贤宅"，命取汉南国王草书笔迹。王因风疾，手不能握笔，乃命人取往昔所书绢图草字遣世子惟濬同中使一同进献。宋帝诏奖谕，仍赐金匣、玉砚一副，龙凤墨一百斑，红绿笔一千管，盈丈纸二百轴，白绢三百匹。汉南国王因疾不能书写，乃命幕府宰相至诸大臣、文士皆以恩赐之金匣、玉砚撰写诗文，进上御览。

五月，宋帝幸"礼贤宅"，抚慰良久，命取汉南国王平日所书隶书观看，大加赞赏，并收取数幅。翌日，宋帝遣中使赐王御笔二百支、龙墨二十斑、红袍一副。

八月二十三日，宋帝遣中使赐王生辰礼物。

雍熙四年（987）春二月，宋帝以汉南国王兼武胜军节度使钱俶为南阳国王，仍赐领南阳节钺，加食邑两千户，实封一千户。异姓国王兼领节度使之职在宋朝实乃少有之事。

四月，钱俶将赴南阳，宋帝以其病未痊愈免其入辞，赐御衣一副、袭衣玉束带一条、金器一千两、玉石器皿一百事、银器一万两。仍诏山南道节度使、王子惟濬送王至尉氏县；诏雍州团练使王子惟渲、韶州刺史王子惟灏并从王行。该月二十六日，南阳国王从京师出发，宋帝遣中使赐御酒二百瓶、龙茶二斤、樱桃二金盒，又遣中使押翰林、仪鸾、御厨送王。

五月，南阳国王遣子惟灏进京谢恩，贡鳌山宝树一座、紫金丝带一条、金银器皿共一万两，宋帝抚问再四。

六月，宋帝命韶州刺史王子惟灏归南阳，加南阳国王食邑五千户，实封三百户，仍赐国信、汤药二金盒，茶饼二十匮，宝带一条，金器一千两，银装器皿等。又赐王子惟灏银二百两。

八月，南阳国王不康，宋帝敕遣东头供奉官高品、尚医李密并王孙相继至南阳，又遣中使王首宿至，赐王生辰礼物，并令抚问。

南阳国王再四上表让国王，宋帝敕遣给事中崔灏改封南阳国王为许王，加食邑一万户,实封二千户。仍改赐安时镇国、崇文耀武、宣德守道功臣。

端拱元年(988)二月,宋帝敕遣中使至南阳,进许王为邓王,加食邑一万户,实封三千户。

三月,邓王遣子惟治表贺改元,贡金饰玳瑁器皿五百事、玉器二十事、水晶盘四事、金二千两、银二万两、锦绮二万匹、羊二百口、法酒二百瓶,以为贺礼。

四月,宋帝命王子惟治归南阳,赐邓王御罗袍、玉带、玛瑙、嵌珍珠酒器八对,又赐御前金烛台一对。

七月,邓王不康,宋帝敕遣中使王守文、翰林医官王佑及邓王诸孙络绎而至,又敕遣供奉官诏加王食邑三万户,实封五千户,仍赐抚问,赍御药一金盒。

八月,邓王病情好转,遣子团练使惟渲进京谢恩,贡上黄犀一,大玉带器、金饰酒器一千事,黄绢草书八幅,隶字四幅。宋帝抚问再四,又敕遣皇城使李惠、河州团练使王继恩同王子惟渲至南阳赐王生辰礼物、国信。

八月二十三日,邓王宴饮至申时,虽微醉而兴未尽,歇息于寝斋之西轩,命左右读唐书数篇,继命诸子孙诵调章诗十数篇,继而风疾复发,至四鼓而崩。这夜,大流星坠落于正寝之上,光烛满庭。王以天成四年(929)八月二十三日四鼓而生,复以端拱元年(988)八月二十四日四鼓而崩,以生记崩,实周一甲子矣!

即日,王继恩先还京报讣,宋帝闻之哀悼不已,诏废朝七日。又敕王继恩押入内班贾继勋护丧,归于京师。

十月二十四日,王丧发南阳,十一月二十三日至京师。宋帝复发哀诏,暂停王灵于城东别墅。即日,命有司致祭。翌日,遣中使赍御筵一席,致献于王丧次前。

十一月二十五日,宋帝御驾文德殿,命工部侍郎郭贽持节追册邓王为秦国王。宋帝定谥曰忠懿,庙号仁宗。册曰:

皇帝若曰:昊穹眷祐,贤哲挺生,禀象纬之纯精,负经纶之盛业,作民父母,为国翰垣。其存也冠中台而长诸侯,其没也峻徽章而崇礼命。咨尔故安时镇国崇文耀武宣德守道功臣、武胜军节度、邓州管内观察处置等使、开府仪同三司、守太师、尚书令兼中书令、使持节邓州诸军事、行邓州刺史、上柱国、邓王、食邑九万七千户、食实封一万六千九百户、赐剑履上殿、诏书不名钱俶,嗣祖考之令德,莫东南之奥区,开国承家,本仁祖义;以忠孝而保社稷,以廉让而化人民;勤翊戴于累朝,克惠绥于一境,世传威略,志慕声明。当武库戢兵,洞阅诗书之府;洎秣陵问罪,雄张犄角之师。致区宇之同文,赖忠良之协力。逮于篡绍,益享崇高,蕴明哲而保身,务倾输而竭节,尽献土壤,来归阙庭,予嘉乃功,荐锡殊宠。而道隆简退,志尚谦冲,屡辞却毂之权,难夺范宣之让。朕深惟勋旧,俾就养颐,爰出殿于大邦,庶聿臻于眉寿,式繄元老,永辅眇躬。何天道之难谌,而梁木之斯坏！长沙既往，空存甲令之勋；征虏云亡，但见云台之像。赠赗从于异等，嗟悼废于临朝；宁酬柱石之勋，未极君臣之分。庸加典则，以厚始终。今遣使太中大夫、尚书工部侍郎、上柱国、汾阳郡开国侯、食邑一千户、赐紫金鱼袋郭赟持节册赠尔为秦国王。呜呼！德无不报，予敢忘于格言；魂而有知，尔尚钦于天命。呜呼哀哉！

十一月二十八日，宋帝复遣工部侍郎郭赟致祭于丧次。

端拱二年（989）正月十五，宋帝遣中使押翰林、仪鸾、卤簿、鼓吹葬忠懿王于河南府洛阳县贤相里陶公原，命大臣以下俱素服，送三十里，仍命有司撰碑文。出殡之日，除宋帝亲自安排卤簿、仪鸾、朝廷重臣外，送殡人众有故交旧臣、亲朋好友、佛门子弟、钱氏族人，达万人之多。

忠懿王为政清明，宽简大度，初胡进思阴谋除忠逊王，乃迎忠懿王继位，忠懿王力保忠逊得以安享天年，又以其子惟治养为世子，付以国事，意在传贤，与五代十国以至宋初诸帝弑亲夺位相比，真乃天壤之别。忠懿王秉政为治仁惠，俾使百姓物阜安康，不诛同气异图，不失同根旧志，擒文徽礼送还国，攻武进礼遇万诚，下金陵迫降李煜，使百姓免遭涂炭。俟宋平江南，乃遵祖训倾国助宋平蜀、唐、汉。至一统功成，即契数千里之国，献土称臣，去国如传舍，不计得失，以致民知易姓，不知国改，尚尧舜揖让之德，俾民免兵燹干戈，其功德岂可量哉！不亦皇皇大哉！归宋后，为保护吴越百姓和顺安泰、钱氏子孙安宁昌盛、吴越旧臣遂心称职，遂散尽家财贡奉宋廷，交好朝臣，克己勤谨。当赵普追问此事时，又将诸案籍付之一炬，维护了朝廷之安定。忠懿王心胸之宽阔，实乃世间少有！

秉政吴越期间，着力开发福州地区农田水利，成为继太湖湖滨、明越灌区、金衢盆地、沿海平原诸农业高产区之后的又一高产区。又募民开垦荒田，不取租税，尤其于松江地区辟土而耕，致境内无旷土，斗米十文。农业连年丰收，国库充盈，屡屡免除租赋，永为定式，民皆大悦。农业发达，亦带动百业兴旺，丝绸、陶瓷、茶业、造船、酿酒皆享誉中国。为推进儒学教育及佛教经籍，大力推行雕版印刷，使杭州之雕版印刷品质成为中国之冠，板质坚硬，雕工精细，错漏极少，印刷精良，字迹清晰，纸张优良，以致入宋后国子监本悉于杭州印刷，因之杭州成为活字印刷的发祥地。印刷术的发展亦带动了造纸业的发展，尤其带动了山区经济的改善。各地兴建寺庙、佛塔、书院、宗祠，推动了建筑艺术与园林艺术的昌盛，带动了建筑行业的发展。从此吴越各地经济发展，百姓富庶冠于天下。

忠懿王倾毕生精力于吴越社会之上进、和谐、忠顺、孝悌，以求吴越长治久安、兴旺发达。先是大力兴办儒家学堂，培养儒学士子，忠心报国，孝悌齐家；继之提倡佛家与儒家并重，各地广建寺庙，弘扬佛法，教化国民崇德扬善；归宋前曾于临安、湖州建立钱氏宗祠,试图以宗族制度作为社会基层组织,以血统关系维系民众,以求达到社会之和谐稳定,却因钱氏后人全部北迁而中止。

因吴越地区经济发达,百姓富庶,官民皆以文艺相高下,而忠懿王亦躬亲力行,博览经史,手不释卷,平生好吟咏,喜诗,有《宫中作》诗曰:

廊庑周遭翠幕遮,禁林深处绝喧哗。界开日影怜窗纸,穿破苔痕恶笋芽。

西第晚宜供露茗,小池寒欲结冰花。谢公未是深沉量,犹把输赢局上夸。

《村家》诗曰:

竹树参差处,危墙独术横。锄开芳草色,放过远滩声。

稚子当门卧,鸡雏上屋行。骑牛带蓑笠,侵晓雨中耕。

《渔者》诗曰:

罟网是生涯,柴扉隔水遮。不辞粗俗气,惟取大鱼虾。

贳酒方登陆,怜春亦种花。等闲乘一叶,放旷入烟霞。

编成三百余篇目,曰政本,国相袁德昭、翰林学士陶谷皆撰集序。其后,子惟演搜寻遗坠,总集为十卷,共撰后序,行于世。

忠懿王尤喜翰墨,作字善颠草,其斡旋盘结不减古人。

忠懿王生性俭素,虽穷极富贵而自取尤薄,常服大帛之衣,惟帐裀褥皆用绸绢紫绨,食不重味,秉性谦和,未尝忤物。

忠懿王生性孝友,眷恋庭闱,亲爱昆弟,礼敬臣民。不恃己才,不彰人过,存心忠顺谦和。攻金陵时,曾有人建议用火油坛攻城,宋军攻北汉及辽时,亦有人建言向宋帝献火油坛攻城之策,忠懿王担心伤及无辜百姓、荼毒生灵太甚皆不采纳。

忠懿王钱俶任太师、尚书令兼中书令、国王,凡四十年,为元帅三十年,位极富贵,善始善终,福履之盛,近代无比。

后 记

　　吴越有国近百年,至第五代国主忠懿王钱俶,毅然遵照初主武肃王遗训纳土归疆,以支持大宋王朝完成统一大业,并成功化解了大宋皇帝对吴越国的种种疑忌,至此,吴越国的故事讲完了。但是历史以及吴越百姓对钱氏三代五王如何评价? 他们纳土归疆的举措是否正确? 对吴越经济文化、社会发展又有何影响? 归宋后吴越百姓、钱氏后裔的生存状况如何? 带着对这些问题的思考,笔者经多方考证续成后记。

　　吴越开国之君钱镠所立遗训中有“善事中国,……如遇真主,宜即归附”之嘱,足见其胸怀维护华夏一统之大志。大宋立国,削平四方割据,决心统一中华,因此吴越国五主忠懿王钱俶乃遵从祖训毅然纳土归宋,并协助大宋朝廷实现中华一统,从而使吴越百姓得以平稳过渡,甚至竟不知吴越政权业已易姓,避免了兵燹之灾。归宋之初,宋帝及满朝大臣对吴越国臣民、钱氏族人仍然心存疑虑,因之宋太祖赵匡胤在钱俶首次入京朝觐后有赐黄袱之举,而宋太宗赵光义更有令忠懿王缌麻以上亲及吴越官吏四五千人入京听命之举。忠懿王对大宋朝廷的疑虑心知肚明,却委曲求全,始终以完成中华一统为衷志,全力支持宋帝完成统一大业,先是拆除吴越国中诸州城门,入京后又屡次奏请纳土归宋、除去国王称号、卸任天下兵马都元帅之职、交出十一万五千吴越兵马,并奏请准予随军出征辽国,终于彻底消除宋帝的猜疑。初入朝时,忠懿王为了保护钱氏族人及吴越旧臣免受朝臣歧视排斥,不得不违心地向朝中诸大臣赠送财物。赵普复相后欲借诸臣收受财物之事排除异己,忠懿王毅然烧毁所有凭证,维护了大宋朝堂的安定,从此朝中诸臣皆感念忠懿王之大度宽容,钱氏族人与吴越旧臣乃得以与大宋朝臣相融合。

　　于治国理政方面,吴越历代君王皆注重文化教育,培养治世人才。大宋建国,亦费尽心力扭转五代诸国武夫专政的局面,着力于文治,使宋代文明有了长足发展,即使武将亦颇具儒家风范。吴越五王除尊崇儒学外,亦尊崇佛、道,三管齐下,营建稳定社会。宋代亦儒、佛、道并尊,为弘扬佛教,推尊“五山十刹”为天下中心道场(五山乃宋朝官寺制度中最高等级寺院:杭州径山万寿禅寺、杭州灵隐寺、杭州净慈寺、明州天童禅寺、明州阿育王寺;十刹乃宋朝官寺制度中次高等级寺院：杭州中天竺寺、湖州万寿寺、南京灵谷寺、苏州光孝寺、奉化雪窦资圣禅寺、温州江心寺、福建闽侯崇圣寺、浙江黄山双林寺、苏州虎丘云岩寺、浙江天台国清寺），大多位于吴越境内，形成以杭州为中心的佛教文化圈；为尊崇道教，于各地圣定十大洞府（十大洞府：济南济源的王屋洞府、浙江黄岩的委羽洞府、西城洞府、西玄洞府、四川都江堰的青城洞府，浙江天台的赤城洞府，广东博罗的罗浮洞府，江苏句容的句曲洞府，苏州吴县的林屋洞府，浙江仙居的括苍洞府）。十大洞府吴越有四；又有三十六小洞天，吴越有十；七十二福地，吴越有十七。

因大宋于治国理政诸多方面与吴越国相一致，以此吴越钱氏后人伴随宋代朝堂始终。据调查，钱氏后裔于宋代中进士者凡三百二十人，有姓名记载者一百七十一人，宋历代皇帝统治期间皆有钱氏子孙官居要职。"钱氏家乘"中记载，宋代在朝为官的钱氏子孙如下。

三世孙钱文奉，字廉卿，文穆王兄钱元璙次子。以父荫袭中吴军节度使，知苏州，累加检校太尉兼中书令。公镇守苏州三十余年，爱民如子。曾建南园东庄，为吴中名胜，奇花异卉罗列园中，又垒土为山，引泉为池，俨如溪谷，延接宾旅，一时名士多依之。所聚图籍、古器无数，雅有鉴裁。又采史籍，著资谈二十卷。公年六十一卒，谥威显。

三世孙钱俨，字诚允，文穆王第十子，初名弘信，避宋讳更名俨。历官至节度使，授检校太傅，进爵开国伯。公文章精丽富瞻，落笔千言立就，世推为大手笔，所著有《前集》五十卷、《后集》二十卷、《吴越备史》十五卷、《备史遗事》十五卷、《忠懿王勋业志》三卷、《贵溪叟自叙传》一卷、《皇猷录》一卷。公年六十七薨，谥靖宣，葬和州。

四世孙钱惟演，封彭城郡公，谥文僖，追封思王。字希圣，忠懿王第八子。幼有俊才，入翰林，历工部、刑部、兵部侍郎，尚书，左丞枢密正、副使，保大、武胜、宣泰、崇信、泰宁等军节度使，兖州管内观察处置等使，判西京留守司，累封检校太傅，金紫光禄大夫，同中书门下平章事，开府仪同三司，上柱国，彭城郡开国公。仁宗景祐元年（1034）七月初六薨，春秋五十有八。所著有《典懿集》三十卷，又有《枢庭拥旄前后集》《伊川汉上集》《金坡遗事》《册府元龟》《飞白书叙录》《逢辰录》《奉藩书事》《执中记》《庆系谱》等书行世。公墓在洛阳邙山先王茔侧。娶陈氏封广平郡君，赠蒋国夫人；张氏封清和郡君，赠华国夫人。

四世孙钱昱，字就之。历仕由刺史至福州节度使，寿、泗、宿、郓四州团练使，卒赠刑部尚书、金紫光禄大夫、上柱国、守太师，封富水侯。

四世孙钱易，字希白，忠逊王钱弘倧之子。宋真宗咸平二年（999），年方十七，举进士，试崇政殿，日未中，三篇立就，试官恶其轻俊，特罢之。真宗景德三年

（1006）再举进士第二名，中贤良方正制科，授光禄寺丞。娶献穆大长公主。累擢知制诰、翰林学士。卒年五十九，赠太尉。著有《金闺集》六十卷、《瀛洲集》五十卷、《西垣集》三十卷、《内制集》二十卷、《青云总录》一百卷、《新书》十卷。姚盛氏，追封平阳郡夫人。

四世孙钱承礼，中吴军节度副使。

五世孙钱暄，字载阳，又字戴父，钱惟演第六子。初为供奉，历官驾部郎中、光禄寺少卿、少府监、榷盐铁副使、光禄寺卿，知抚、台、鄂、郓四州，累迁待制安抚使。后以子贵，封吴国公，进封邓国公、中顺大夫、宝文阁待制，京东、西路安抚使，赠镇国公，累赠太师、冀国公。神宗元丰八年（1093）五月初一薨，享寿六十有八。娶吴氏封杨国夫人，林氏封济南郡夫人。公墓在邙山先王茔侧。

五世孙钱彦远，字子高。登进士，举贤良方正，知润州，迁起居舍人，直集贤院，知谏院事，累赠太尉。著有《谏垣集》三十卷，又遗稿五卷。

六世孙钱景臻，会稽郡王，字道邃，冀国公钱暄第七子。熙宁七年（1074）尚仁宗第十公主（谥秦鲁国贤穆明懿大长公主）。王授安武军节度使，领军卫大将军、御史大夫、金紫光禄大夫，开府仪同三司，上柱国，驸马都尉，检校司空，少师，康国公，累赠太师、德阳、彭城、会稽等郡王。靖康元年（1126）十月六日薨于汴京赐第正寝，享年七十有二。公主薨于绍兴十二年（1142）十一月十四日，春秋八十有四。十四年（1144）九月，诏迁郡王灵柩自镇江合公主葬于天台护国寺南山之阳。

六世孙钱勰，字穆父，忠逊王之后。登进士，知开封府，累官至龙图阁学士，工部、户部侍郎，知青州兼京东路安抚使，权户部尚书。著有《会稽公集》一百卷。

六世孙钱允彊，文穆王之后，由明经仕至户部侍郎，擢工部尚书。

七世孙钱忱，会稽郡王长子，字伯诚，神宗召见赐名。初除庄宅副使，历仕哲宗、徽宗、钦宗、高宗四朝，秦、延、苣诸州团练防御使，宁武、泸州二军观察留后，承宣节度等使，开府仪同三司，检校少师，荣国公，累赠太师，汉国、豫国公。绍兴七年（1137）赐第府治东北白云山下。二十一年（1151）八月十六日薨于台州赐第，享年六十有九，葬天台县护国寺北山之麓。娶唐氏封越国夫人。

七世孙钱愐，会稽郡王第三子。初授承宣使，奉使金国，回迁德庆军节度使，开府仪同三司，检校太尉，封秦国公，赠太师、咸宁郡王。靖康元年（1126）奉母大长公主随侍高宗，扈从车架南渡，上赐公主第于台州，名"一行宅"。偕兄忱、愕、弟恺同守累朝铁券、铜爵、玉册、竹册、诏诰、遗像，世世宝藏，遂定居焉。

八世孙钱端仁，字迪道，钱忱长子。官至正议大夫，文华阁待制。高宗建炎四年（1130）五月十四日卒，春秋三十有一。累赠光禄大夫、少师、开国公。娶刘氏、陈氏,俱封一品夫人,次女为宋光宗次妃。

八世孙钱端礼,字处和,钱忱次子。隆兴二年进士,累官至参知政事,观文殿、资政殿大学士,谥忠肃。著有《诸史提要》十五卷。

八世孙钱端问,字仲文,冀国公钱暄之后。历任湖州通判,宝文阁学士,知平江府。卒于官。

九世孙钱笃,字群玉。仕亳州守,补承事郎,任江南东路转运使。

九世孙钱箸,字淇父,封郑国公。

九世孙钱湘,字仲达,官内殿直。

十世孙钱象祖,字伯同,号止安。官吏部尚书,同知枢密院,参知政事,进右丞相兼枢密使。谥忠靖,致仕太师,追封魏国公。

十一世孙钱罄,字安道。以屡平寇及破金兀术功补承信郎,充进武校尉。端平元年(1234)追封惠显侯,立庙于徽州淳安祀之。

十一世孙钱鼐,字悦道。与兄罄同心协力,破倪从庆擒管众、败兀术,官职亦与兄同。后追封惠济侯,同庙祀。

十二世孙钱至(谥),授承事郎,江东节度使。

十二世孙钱时敏,字端修,荣国公钱忱之后。早颖悟,读书一览成诵,属文敏捷。年十八以明经贡辟雍登第,历仕大理寺丞,秘书丞,驾部郎,兵部郎,右司郎兼权右史,礼部贡院参详官,拜工部侍郎、兵部侍郎,除敷文阁待制,特赠正议大夫,封开国伯。绍兴二十三年(1153)卒,享年六十八。

十二世孙钱时用,一名周材,字元英,荣国公钱忱之后。七岁能文,乡试第一,登建炎二年(1128)进士。历任大理寺司值,直学院学士兼侍讲,知常州府,迁给事中,以龙图阁学士告老。乾道二年(1166)卒,享年七十有二。

十三世孙钱应高,会稽郡王钱景臻之后,登景定三年(1262)进士。德佑元年(1275)元兵至溧阳,故人淮东转运使赵淮被执,公谋脱之不得。后闻淮瓜州遇难,愤不食,至荆溪,赴水死,时年七十五。

十三世孙钱秉文,官至翰林院学士。

十三世孙钱仲文,字质夫,登进士,任徽州府。为避元兵,迁居雄城之画溪,即先祖汉谏议大夫林公旧第也。常辑先人祠墓,以载谱牒。

十四世孙钱骥,字德超,号伯瞻,登进士,官翰林院直学士。元兴,屡征不起,隐于苕东之凤林里,自号世外逸民,崇祀乡贤祠。

十四世孙钱锐,字无挫,仕军前提点使,曾为宋拒元,忠迹载谱。

十四世孙钱道卿,字遂初,赐进士出身,仕太常博士。贾似道专政,弃官归隐,以所居(苏州)沧浪亭捐苏州府学,有碑记。德佑二年(1276)闻难殉节,世称靖节先生。

自宋建国至南宋都城杭州陷落，三百一十余年间，钱氏子孙始终如一，维护中央政权，抵御异族入侵。待元人入据江南，钱氏后裔或领兵抗元，或退隐山林，或自杀殉节，未见有人投元入朝为官，可见钱氏族人于政治上始终与赵宋皇朝相一致。

吴越立国之初，天下动荡、乱世纷争、弱肉强食、战火熊熊，武肃王钱镠为保证吴越国免受战火之殃，于各地建城筑池：先是于国城杭州修筑罗城，继而又修筑外城凡七十里，以保护城中百姓免受兵燹之苦；苏州城地处与杨吴对垒前沿，历经战乱，破坏严重，乃予修缮加高，并以石砌筑护墙加固，使之成为吴越北境之坚实堡垒；临安乃是吴越国重兵安国衣锦军的驻地，亦命修筑临安城，以抵御杨吴自西边犯境，成为杭州西境之稳固要塞；又于杭州之南、富春江西侧临江筑起新登城，以扼守富春江，抵御顺江而下之敌；杭州之东自有古城越州作为东府，因之杭州府之防卫体系颇为完备。此后，吴越国中各州县亦纷纷建起城池，或对原有城池加以修葺加固，明州、温州、婺州、衢州、嘉禾、湖州等城池皆焕然一新，有效保障了吴越境内的和平稳定。归宋之后，忠懿王钱俶为消除大宋皇帝的疑虑，证明维护一统之真心，乃下令拆除吴越国中各州县城池的城楼、城门，数量之众多达五十余城，足见当时吴越国防卫体系之严密。

于每百户人口需供养兵员数方面，北汉、南平、武平、漳泉诸小国需供养之人数皆超过五十人，蜀、南汉、南唐亦超过四十人，中原约三十三人，而吴越仅为二十一人。吴越国所养之兵又以军垦占相当数量，即使部分军营由国库供给，因运输距离甚短，后勤保障人员甚少，以此吴越百姓之军费负担较之其他诸国少了很多。吴越国之所以能以较少之三军数量来维护吴越境内的和平稳定，其原因在于以下几点。

一、以"保境安民"为基本国策，不扩张，无需豢养讨伐他国的远征军。

二、驻军主要负责本地区之"保境安民"工作，三军流动性极小，驻地稳定，容易实行军垦，形成稳固的军事基地，大大减少了军费开支，且军民关系融洽，驻军受到当地百姓大力支持，根基稳固。

三、各州县普遍建成坚固城池，互为联防，可谓已成铜墙铁壁。

四、"保境安民"与"睦邻友好""善事中国"相结合。对内致力于富国强兵，安邦惠民；对友邻和睦相处，首倡"保境安民"之策，吴、闽等邻国积极响应，皆以"保境安民"为国策；因一贯"善事中国"，以此得到中原诸朝的大力支持，当与邻国有矛盾时，中原王朝则起到牵制作用。

因吴越诸王坚定实行保境安民国策，又能善待百姓，体恤民情，以此吴越境内数十年未有外敌大举侵入,国中亦未曾发生起义,社会和谐,民生安定。于大宋统一华夏之前,吴越国平均每州领有人口户籍数达四万多户,同一时期南唐每州领有人口户籍数约三万户,其余诸国为一到一万五千户,中原及北汉地区因连年战争,百姓涂炭,流离失所,每州户籍数甚至不足一万户。

政局稳定乃是生产发展的有力保障。

唐末,钱塘江潮患频发,每当台风来临,又值大潮汛之时,自秦望山东南往下十八堡之地数千万亩皆成汪洋。"飓风拔木浪如山,振荡乾坤顷刻间。临海人家千万户,漂流不见一人还。"便是当时遭遇潮患的写照。吴越立国之初,武肃王钱镠调发军民二十余万,伐木砍竹,凿石烧土,修成数十里捍海石塘,有效抑制了钱塘江大潮的冲击,使得人民免除了海潮冲毁农田村舍、淹死人民牲畜之苦。

此后,武肃王又大规模疏浚西湖,开挖排灌水渠,于杭州城中凿成百余口水井,从此彻底解决了杭州百姓生活用水及农田灌溉问题。继而组织军民数十万人疏浚太湖,开挖疏通吴淞江,又挖北渠导水入浏河,挖南渠导淀山湖水入黄浦,兴修渠道水闸,将太湖以东广大涝洼地区开辟成排灌便利、旱涝保收的肥沃良田、圩田。宋初民间谚曰"太湖熟,天下粥;苏湖熟,天下足",乃是百姓对该地区富庶丰裕的褒扬。武肃王还疏浚越州鉴湖方圆三百六十里,重新修葺百里长堤及排灌水渠、堰、闸,溉田九十余万亩,于明州之南修坝筑堤八十余里,建成东钱湖及排灌沟渠,溉田五十万亩,从此钱塘江南岸之明、越平原(宁绍平原)连年丰收,成为吴越国中旱涝保收的第二大粮仓。为鼓励百姓开垦荒地,武肃王制订了新垦农田免收租税政策;为鼓励农民增产增收,减轻低产田农户负担,制订了五级核产征税制度;为稳定军垦兵士安心农事,制订了随军家属优抚政策;为保障河道排泄畅通,常年设置撩浅军。诸多举措大大调动了广大农民及军垦将士的生产积极性,使吴越地区连年丰收增产。继武肃王之后,历代吴越国主又先后组织开发了闽江口地区、瓯江口地区以及婺衢平原地区,使得吴越境内无旷土,斗米仅需十文。据史料记载,大宋初年,全国粮食平均亩产不足两石,其中北方地区多种粟,亩产不足一石,小麦,亩产略多于一石半,而太湖地区亩产稻谷约四至六石,少数田块甚至达到七石多,平均亩产大米二石半以上,足见太湖地区农田之丰腴。沈括《梦溪笔谈》记述:"北宋中期由发运司每年供应京师大米数量:淮南东路、淮南西路一百三十万石,江南东路九十九万一千一百石,江南西路一百二十万八千九百石,荆湖南路六十五万石,荆湖北路三十五万石,两浙路一百五十万石。总计丰歉平均每年交纳六百二十万石,其中两浙路约占七路总量的四分之一。"

吴越地区除粮食丰产外亦盛产桑麻。棉花传入之前丝麻乃是主要纺织原料,唐时越州、明州、湖州等地即盛产桑麻。吴越大力开发太湖流域之后，苏州嘉禾地区亦广为种植，以此吴越各地丝织业全面兴盛，产量巨大，"杭城机杼之声比户相闻"，"夜阑灯下，机不停梭"，成为华夏丝织业之中心。吴越末期，忠懿王先后向周进贡锦绮二十八万匹、色绢七十八万匹，后又向宋进贡绢十万匹、绫两万匹、锦丝六十万两，贡品中之丝葛、丝锦、绯绫、八蚕丝皆为极品，深受皇宫贵族喜爱。北宋太宗皇帝至道元年（995）于杭州设置"织务"，专管当地丝织品，每年收购绢二十五万匹，占浙西诸州的三分之一强。

吴越地处沿海，空气湿润，气候温暖，地多丘陵，土壤属酸性，颇宜植茶。吴越有国以来，种茶技术不断提高，茶叶声誉日上，如余姚瀑布岭之"仙茗"、余姚之"莈湖"、越州"日铸"，而浙西湖州长兴的"紫笋"茶、杭州西湖的"龙井"茶、苏州太湖西山的"碧螺春"则早已名冠九洲，乃历年进贡朝廷的贡品。《梦溪笔谈》记载，北宋嘉祐六年（1061）全国共十三个山场，其中太湖场收纳茶叶数量为十三场之首，超过十三场总和的六分之一。而此场除向朝廷贡茶数万斤以外，百姓自用茶数量亦甚大，尚未计算在内，可见吴越地区产茶之盛。

除农业兴盛领先，吴越地区手工业发展亦享誉全国。

越州青瓷于唐时已颇具盛名，茶圣陆羽在《茶经》中评价越瓷云："碗，越州上，鼎州次之，婺州再次，岳州又次，寿州、洪州更次。或说以邢州处越州上，殊为不然，若邢瓷类银，越瓷类玉，邢不如越一也；若邢瓷类雪，则越瓷类冰，邢不如越二也；邢瓷白而茶色丹，越瓷青而茶色绿，邢不如越三也。"到吴越国时期，越瓷技术有了更为长足的进展：第一，所用瓷泥经过调浆沉降，除去粗泥，所得瓷泥更为均匀细腻；第二，瓷胎更薄，制得成品颜如玉、明如镜、薄如纸、声如磬，品种繁多，肽质坚硬，叩音清脆，釉色稳定，器物装饰有印花、贴花、镂空等；第三，烧制时窑中还原环境控制得更成熟，窑中温度控制得更准确（温度低则产品颜色灰暗，温度高则透明度高，色泽明亮如翡翠）；第四，可以烧制尺寸更大的产品，近代钱元瓘墓出土的瓷缸，口径达到六十四厘米，底径三十六厘米，缸高三十七厘米，缸沿宽阔，缸唇厚实，外有四耳。吴越瓷器不仅畅销国内，亦是对外贸易的重要商品，远销东亚、东南亚、南亚、西亚乃至北非诸国。此时的越瓷在中国陶瓷史上，特别是青瓷发展史上，无论是花色、种类、质量、烧制规模皆达到了最高峰，所烧制的秘色瓷更成为青瓷中的佼佼者。

归宋后，朝廷将吴越原本按产量定税的五级税制改为无论收成高低一律按每亩一斗交税，越窑地处明越粮食高产地区，窑工们纷纷离窑回家种田。加上吴越王宫已不复存在，宋廷亦未要求越窑上交贡品，越瓷没有了销路，以致产品质量、产量皆显著下降，归宋二十年后，鼎盛百余年的越窑遂败落。吴越南部处州地区的龙泉窑,由于交通闭塞,对外流通不便,以此从隋唐至五代一直未曾兴盛。处州地处山区,田瘠土薄,吴越国时期许多农田可以免交租税,入宋改税后每亩亦要按一斗纳税,因之窑工不仅未曾散失,反有不少山民涌进窑场打工,更有不少家住山区的越窑老窑工亦相继加入到龙泉窑,为龙泉窑输入了越窑烧制青瓷的先进技艺,因之龙泉窑窑艺迅速发展。随着北宋皇朝对海外贸易的恢复和发展,龙泉窑产量亦相继大增。龙泉窑发祥地位于处州龙泉县小梅镇大窑村,村中有章生一、章生二兄弟二人,各主持一窑场,技艺各有特色。其中章生二烧成的瓷品胎白釉润,色如翠峦青梅,晶莹如玉,技胜一筹,号称"章龙泉"。章泉一急于胜过其弟,不意于某次出窑前降温过急,致使制品釉下出现无数纵横交错的裂纹,密如蛛网,使制品变得古朴大方,风格迥异,乃继续悉心钻研探究,终于烧制出釉面有粗细深浅不同的两种冰裂纹的产品,称之为金丝铁线,又因胎体灰黑,施釉技巧不同,形成紫口铁足的特殊风格。龙泉青瓷最大特点是胎薄而釉厚,釉色多梅子青、粉青,因而釉面光泽柔和,宛如美玉,其瓷品不仅誉满中国,亦成为东亚、中亚、西欧地区贵族们的奢侈品,乃是宋代出口海外的主要商品,被称之为"哥窑"。北宋中后期全国形成五大名窑:汝窑、官窑、哥窑、钧窑、定窑。进入南宋,五大名窑中四处被金人所占,南宋仅留有龙泉窑一处。南宋朝廷乃按照北宋旧制于临安设御用瓷窑两处,分别位于皇城西南的乌龟山麓和皇城北部的万松岭一带,分别称之为"郊坛下窑"和"修内司窑"。

　　吴越国时期,明州船舶制造技术已达到相当高的水平,远洋船舶以船身大、容积广、结构坚固、抗风涛力强著称于世,船舶之大者长达二十丈,可载六七百人,载货万斛,频繁航行于太平洋、印度洋上。明州造船基地主要有:姚江之南船厂,位于姚江南岸和义路段;三江口及甬江口沿岸造船厂,位于甬江口入海口招宝山下,其规模及造船条件皆胜于城北姚江南岸船厂。北宋中期之后,明州造船业更有了新的发展,明州是朝廷指定打造出使海外的大海舶定点造船厂,招宝山船厂名列全国十一处大型官营船厂前列,造船能力居全国之首。宋真宗时,全国官办船厂每年造漕运船近三千艘,其中明、婺、温、台四州合造五百三十艘,占全国五分之一,多数皆在明州。哲宗元祐五年(1090),诏温州、明州岁造船以六百艘为额,其数量居全国官营造船厂首位。招宝山船厂濒临甬江,船坞直通海口,建成新船可由滑道下水直接送至海面,十分方便,大型海舶一般都定于明州制造。宋太宗端拱二年(989)曾于杭州设市舶司,与广州、明州合称"三司",为全国三大外贸港口,到了淳化三年(992)四月,朝廷乃移杭州两浙路市舶司至明州定海(今镇海)。

　　此外,吴越国之海盐、酿酒、金属加工等行业亦领先于各地。

唐时江南道产盐区设四大转运场,两浙便拥有湖州、越州、杭州三场;设十大盐监,两浙又占五监,分别为苏州的嘉兴监、杭州的新亭监、越州的兰亭监、杭州的临平监、温州的永嘉监。除此五监以外,两浙还有一些规模较小的产盐地,如明州的鄮县,台州的黄岩、海宁,杭州的盐官,可见两浙盐区是江南道乃至全国最重要的食盐产区。因吴越境内数十年无战事,两浙地区不仅拥有广阔的盐场,更拥有安定的社会环境,盐工们不断提高生产技艺,加之蓬勃发展的贸易活动,使得吴越地区制盐业繁荣兴盛。

越地酿酒早在夏禹治水时即已有之。吴越国时期百废俱兴,酿酒之风亦逐渐繁盛,至宋代,吴越地区街市中已是酒肆林立,酿酒业之盛自不待言,甚至连济公和尚都常常喝得醉态朦胧,行痴装疯,演绎出许多传奇故事。

铸剑自古即以龙泉著名,铜镜则以湖州为最。入宋,尤其是南宋,杭州定为京都,吴越地区金属加工业更为兴盛,以至卖国贼秦桧竟被铸成铁身,面目栩栩如生,令人唾骂,遗臭万年。

经济的蓬勃发展为吴越国文化教育的兴盛打下了坚实的基础。

吴越国归宋前,于儒家教学方面,朝廷有择能院,州有书院,县有县学,乡有乡社,民间更有无数私塾,全境已形成完善的教育系统,培养了大批有治世才能的儒学俊才,孝悌齐家的儒学思想在吴越大地根深蒂固。据统计,北宋前期朝廷所用文臣以北宋旧臣居多,两浙路文臣仅占不足百分之三;北宋中期,面积不足北宋国土面积百分之四的两浙路文臣比例上升至百分之十一;北宋后期,两浙路文臣更是上升至百分之二十;至南宋,朝廷迁都至杭州,朝中虽仍有北方老臣,所占比例已很少,占南宋国土面积约百分之五的两浙路,其文臣竟占至百分之三四十,足见宋时吴越地区儒学教育之兴盛。

忠懿王钱俶广建寺院,大辟道场,更是将吴越建成"东南佛国",以弘扬佛法,教化百姓崇德扬善。

伴随儒家教学的兴盛和佛法的大力弘扬,儒家典籍及佛经的需求量倍增,以此吴越地区雕版印刷业亦迅速发展起来。吴越国时期,忠懿王钱俶曾为王祖武肃王刻印《诗文》二十卷、《婴兰堂集》及《大宗谱》;为父王文穆王刻印诗词《锦楼集》三百篇;为雷峰塔塔砖刻印《一切如来心秘密金身舍利宝箧印陀罗尼经》八万四千卷;永明延寿大师住持雪窦寺期间亦曾组织人刻印佛像、佛经传布于民间。入宋后,雕版印刷业于全国形成京都、杭州、蜀、闽四大中心,其中以杭州印刷质量最优。杭州雕版印刷之木版多选用质地坚硬的上好木料,印刷百份字迹仍然清晰,纸质柔韧耐用,薄而光洁,书中内容错漏极少。北宋时,京城国子监是官府刻印书籍之中心,所刻印书籍称为"监本"。据《两浙古刊本》统计,"监本刊于杭者,殆居大半",可见杭州印书业之盛。鉴于杭州印书业的繁忙,为提高效率,杭州雕版印刷工人毕昇于庆历(1041—1048)中发明了活字印刷。活字印刷极大提高了印书效率,宋神宗元丰三年(1080)下旨:"诏以新修经义付杭州镂版,……禁私印及鬻之者。"活字印刷奠定了现代印刷术之基础,使人类文化传播进入新的时代。

五代十国犹如一个大剧场,十几个舞台各自上演着自己的闹剧,甚至不同舞台互相串演,热闹惊险,凶狠悲惨,唯独吴越国,保境安民,发展生产,因之民殷国富,国力日强,在历史的长河中留下了光彩的一页。吴越国三世五王皆坚信:唯有九洲大地归于一统,才能彻底根除各自为政、互相攻伐的混乱局面,百姓才能安居乐业,中华民族才能振兴,国家才能兴旺发达,才能发扬光大先贤圣君的煌煌功业。因之,当大宋勃兴,显示出扫平割据、统一中国之势时,吴越毅然出兵相助,而后不计得失纳土归疆,实现华夏和平统一。